Rechtssprechung des Bundesgerichts
zum Sozialversicherungsrecht

Bundesgesetz über die Krankenversicherung (KVG)

Rechtsprechung des Bundesgerichts zum Sozialversicherungsrecht

Herausgegeben von

Prof. Dr. Erwin Murer
Universität Freiburg / Schweiz

und

Dr. Hans-Ulrich Stauffer
Rechtsanwalt, Basel

Bundesgesetz über die Krankenversicherung (KVG)

bearbeitet von

Dr. iur. Gebhard Eugster
Rechtsanwalt, ehem. Ombudsman
der sozialen Krankenversicherung

Schulthess § 2010

Zitiervorschlag:
Eugster, Rechtssprechung des Bundesgerichts zum KVG

Stand der Rechtssprechung: 1. Januar 2010
Stand der Gesetzgebung: 1. Januar 2010

Bibliografische Information der Deutschen Nationalbibliothek
Die Deutsche Nationalbibliothek verzeichnet diese Publikation in der Deutschen Nationalbibliografie; detaillierte bibliografische Daten sind im Internet über http://dnb.d-nb.de abrufbar.

© Schulthess Juristische Medien AG, Zürich · Basel · Genf 2010
  ISBN 978-3-7255-4852-1

www.schulthess.com

Vorwort zur ersten Auflage

Die Krankenversicherung ist einer der ältesten Zweige der schweizerischen Sozialversicherung. In der Bundesverfassung von 1874 wurde bereits 1890 Art. 34bis aufgenommen, der dem Bund die Befugnis und den Auftrag erteilte, die soziale Kranken- und Unfallversicherung einzurichten. 1912 wurde das Kranken- und Unfallversicherungsgesetz KUVG in einer Referendumsabstimmung knapp gutgeheissen, 1914 trat es in Kraft. Ein weiterer Meilenstein in der Entwicklung des KUVG war die 1. KUVG-Revision vom 13. März 1964, welche 1966 in Kraft trat und unter anderem namhafte Leistungserweiterungen beinhaltete.

In den Achtzigerjahren des letzten Jahrhunderts erfolgte die Ausgliederung der Unfallversicherung aus dem KUVG. 1984 trat das neu geschaffene Unfallversicherungsgesetz UVG in Kraft. Auf Anfang 1996 schliesslich folgte das neue, heute geltende Krankenversicherungsgesetz KVG vom 18. März 1994.

In der Geschichte der sozialen Krankenversicherung kann somit auf eine über hundertjährige Entwicklung zurückgeblickt werden. In dieser Entwicklung spiegelt sich namentlich im Leistungsbereich der ungeheure medizinische Fortschritt, die zunehmende Komplexität der Krankheitsbilder und in der Folge die Ausweitung des Leistungskataloges.

In dieser Entwicklung vom anfänglichen KUVG zum modernen KVG spielt die Rechtsprechung des Bundesgerichts eine bedeutende und gestaltende Rolle. Seit Beginn des letzten Jahrhunderts hat das Eidgenössische Versicherungsgericht und heute das Bundesgericht immer mehr mit entscheidenden Urteilen die Praxis geprägt. Es hat sich in zahlreichen Fällen zu Einzelfragen geäussert, die sich alleine aus dem Gesetz nicht befriedigend beantworten lassen.

Bis heute hat eine systematische Aufarbeitung und Darstellung dieser reichhaltigen Rechtsprechung nach Artikeln geordnet gefehlt. In der Praxis ist dies immer wieder als störender Mangel empfunden worden. Mit der vorliegenden Publikation wird nun diese Lücke geschlossen. Weit mehr als 1000 Bundesgerichtsentscheide sind gesichtet und zusammengefasst worden, darunter auch alle wichtigen nicht publizierten Urteile ab 2000. Entscheide, die vor Inkrafttreten des KVG – also noch unter der Herrschaft des alten KUVG – gefällt wurden, aber auch heute noch Bestand haben, sind ebenfalls erfasst worden. Publikationen, in welchen die Lehre auf das

Gesetz eingeht oder sich kritisch mit der Rechtsprechung befasst, sind in die vorliegende Arbeit aufgenommen worden. Damit ist der Zugriff auf die weiterführende Literatur erleichtert.

Die 1. KVG-Revision vom 24. März 2002 (in Kraft ab 1. Januar 2003) brachte schwergewichtig technische Korrekturen. Eine 2. KVG-Revision, welche eine Optimierung des Systems hätte bringen sollen, scheiterte nach dreijähriger parlamentarischer Beratung am 17. Dezember 2003. Der Bundesrat beschloss daraufhin, die Reformen etappenweise in Angriff zu nehmen. Seither ist das KVG eine permanente Baustelle. Auf den 1. Januar 2009 ist die neue, bis 31.12.2011 umzusetzende Spitalfinanzierung und die bis 31.12.2014 zu bewerkstelligende Änderung der Spitalplanung in Kraft getreten. Auf den 1.1.2011 wird die neue Pflegefinanzierung in Kraft treten. Dazu liegt naturgemäss noch keine Rechtsprechung vor. Der Verfasser hat jedoch Grundzüge der Neuordnungen kurz dargestellt.

Nun liegt einer der letzten Bände der Reihe «Rechtsprechung des Bundesgerichts zum Sozialversicherungsrecht» vor, in welcher bisher die Bände zur Unfallversicherung, Arbeitslosenversicherung, Alters- und Hinterlassenenversicherung, Invalidenversicherung, zu den Ergänzungsleistungen und zur beruflichen Vorsorge erschienen sind. Verfasser dieses Bandes ist Dr. iur. Gebhard Eugster, der seit 1993 in der frisch geschaffenen Ombudsstelle der sozialen Krankenversicherung als Stellvertreter des Ombudsman tätig war und von 1997 bis 2006 als Ombudsman wirkte. In dieser Tätigkeit hat er sich ein profundes Wissen zur Krankenversicherung angeeignet und mehrere beachtliche Publikationen zum Thema verfasst. Die vorliegende Publikation ist ein weiterer Ausdruck dieses grossen Wissens. Für seine immense Arbeit sei an dieser Stelle Herr Eugster herzlich gedankt. Ein weiterer Dank geht an die «Stiftung zur Förderung besonderer gemeinschaftlicher Aufgaben der sozialen Krankenversicherung», welche Grundlagenarbeiten zur Herausgabe dieser Publikation mit einem namhaften finanziellen Beitrag unterstützt hat. Schliesslich geht der Dank an den Schulthess Verlag für seine grosse Geduld und für die wie immer sorgfältige Herstellung der Publikation.

Freiburg/Basel, im Frühjahr 2010

Dr. Erwin Murer

Professor an der Universität
Freiburg/Schweiz

Dr. Hans-Ulrich Stauffer

Rechtsanwalt in Basel
Lehrbeauftragter der Universität Basel

Inhaltsverzeichnis

Abkürzungsverzeichnis

a.	auch
a.a.O.	am angeführten Ort
a.A./a.E.	am Anfang/am Ende
AB	Amtliches Bulletin der Bundesversammlung; bis 1966 Sten.Bull.
Abk.	Abkommen
AG	Aktiengesellschaft
a.M.	anderer Meinung
Abk.	Abkommen
Abs.	Absatz
AGVE	Aargauische Gerichts- und Verwaltungsentscheide
AHV	Alters- und Hinterlassenenversicherung
AHVG	Bundesgesetz über die Alters- und Hinterlassenenversicherung (SR 831.10)
AHVV	Verordnung über die Alters- und Hinterlassenenversicherung (SR 831.101)
AJP	Aktuelle Juristische Praxis, Pratique Juridique Actuelle
AL	Analysenliste
AlT	Arzneimittelliste mit Tarif
AlV	Arbeitslosenversicherung
ANAG	BG über Aufenthalt und Niederlassung der Ausländer (SR 142.20), aufgehoben durch das AuG
Änd.	Änderung
Anh.	Anhang
APF	Abkommen über die Personenfreizügigkeit (s. Rechtsquellenverzeichnis)
Art.	Artikel
AS	Amtliche Sammlung des Bundesrechts (Amtliche Sammlung)
ASS	Aspects de la sécurité sociale (Bulletin de la FEAS) ; Aspekte der sozialen Sicherheit
Asteriskus (*)	Hinweis auf verkürzte Zitierweise gemäss Literaturverzeichnis (S. XXI)
ATSG	BG vom 6. Oktober 2000 über den allgemeinen Teil des Sozialversicherungsrechts (SR 830.1)

ATSV	Verordnung vom 11. September 2002 über den allgemeinen Teil des Sozialversicherungsrechts (SR 830.11)
AuG	Bundesgesetz vom 16. Dezember 2005 über die Ausländerinnen und Ausländer (SR 142.20)
AVIG	Bundesgesetz vom 25. Juni 1982 über die Arbeitslosenversicherung und die Insolvenzentschädigung (SR 837.0)
AWV	Verordnung vom 17. Oktober 2001 über die Arzneimittelwerbung (Arzneimittel-Werbeverordnung, AWV)
BAG	Bundesamt für Gesundheit
BB	Bundesbeschluss
BBl	Bundesblatt der Schweizerischen Eidgenossenschaft
Bd./Bde	Band/Bände
bes.	besonders
betr.	betreffend
BfU	Beratungsstelle für Unfallverhütung
BG	Bundesgesetz
BGE	Entscheidungen des Schweizerischen Bundesgerichts (Amtliche Sammlung)
BGer	Bundesgericht
BGG	Bundesgesetz vom 17. Juni 2005 über das Bundesgericht (Bundesgerichtsgesetz, SR 173.110)
Bibl./bibl.	Bibliografie/bibliografisch
BLVGE	Basellandschaftliche Verwaltungsgerichtsentscheide
BE	Bern
BR	Bundesrat
BRB	Bundesratsbeschluss
BRE	Bundesratsentscheid
BSK	(Basler) Kommentar zum Schweizerischen Privatrecht
BSV	Bundesamt für Sozialversicherung
BV	Bundesverfassung der Schweizerischen Eidgenossenschaft vom 18. April 1999 (SR 101)
BVG	Bundesgesetz vom 20. Dezember 1946 über die berufliche Alters-, Hinterlassenen- und Invalidenvorsorge (SR 831.40)
BVGer	Bundesverwaltungsgericht
BVGE	Entscheidungen des Schweizerischen Bundesverwaltungsgerichts

BVO	Verordnung über die Begrenzung der Zahl der Ausländer vom 6. Oktober 1986 (SR 823.21)
BVers	Bundesversammlung
BVR	Bernische Verwaltungsrechtsprechung
BVV 2	Verordnung 18. April 1984 über die berufliche Alters-, Hinterlassenen- und Invalidenvorsorge (SR 831.441.1)
BZP	Bundesgesetz vom 4. Dezember 1947 über den Bundeszivilprozess (SR 273)
bzw.	beziehungsweise
C (Nummer)/(Jahr)	Beispiel: C 147/2004; nicht amtlich publiziertes Urteil des Eidgenössischen Versicherungsgerichts zur Arbeitslosenversicherung. Näheres unter www.bger.ch/Rechtsprechung/Nummerierung der Dossiers
CGSS	Cahiers genevois et romands de sécurité sociale
CHSS	Soziale Sicherheit, Zeitschrift des Bundesamtes für Sozialversicherung, Bern
Competence	Hospital Forum, Zeitschrift von H+, Die Spitäler der Schweiz
dBG-KVG	Bundesgesetz über die Anpassung der kantonalen Beiträge für die innerkantonalen stationären Behandlungen nach dem Bundesgesetz über die Krankenversicherung vom 21. Juni 2002 (SR 832.14)
Dep.	Departement(e)
ders./dies.	derselbe/dieselbe
d.h.	das heisst
Digma	digma. Zeitschrift für Datenrecht und Informationssicherheit, Zürich
Diss.	Dissertation
DSG	Bundesgesetz über den Datenschutz (SR 235.10)
E.	Erwägung
EDI	Eidgenössisches Departement für Inneres
EDMZ	Eidgenössische Drucksachen- und Materialzentrale
EDÖB	Der eidgenössische Datenschutz- und Öffentlichkeitsbeauftragte
EFTA-Abkommen	Abkommen mit der Europäischen Freihandelsassoziation (siehe Rechtsquellenverzeichnis)
EG	Europäische Gemeinschaft
EHIC	European Healthcare Insurance Card
EJPD	Eidgenössisches Justiz- und Polizeidepartement

ElG	Bundesgesetz vom 6. Oktober 2006 über Ergänzungsleistungen zur Alters-, Hinterlassenen- und Invalidenversicherung (SR 831.30)
EMRK	Europäische Menschenrechtskonvention (SR 01.101)
EOG	Bundesgesetz vom 25. September 1952 über den Erwerbsersatz für Dienstleistende und bei Mutterschaft (Erwerbsersatzgesetz; SR 834.10)
et al.	und andere
EU	Europäische Union
EuZ	Zeitschrift für Europarecht
EVG	Eidgenössisches Versicherungsgericht
EVGE	Entscheidungen des Eidgenössischen Versicherungsgerichts (bis 1969)
EWR	Europäischer Wirtschaftsraum
ExpK	Expertenkommission
f./ff.	und folgende (Seite/Seiten)
FINMA	Finanzmarktaufsicht
FMH	Verbindung der Schweizer Ärztinnen und Ärzte
Fn.	Fussnote
FR	Freiburg i. Ue.
FS	Festschrift
FZA	Freizügigkeitsabkommen (siehe Rechtsquellenverzeichnis)
GEi	Stiftung Gemeinsame Einrichtung
GGML	Geburtsgebrechensmedikamentenliste
GgV	Verordnung vom 9. Dezember 1985 über Geburtsgebrechen (SR 831.232.21)
GSG	BG über die von der Schweiz als Gaststaat gewährten Vorrechte, Immunitäten und Erleichterungen sowie finanziellen Beiträge (Gaststaatgesetz, GSG) vom 22. Juni 2007 (SR 192.12)
GVP	St. Gallische Gerichts- und Verwaltungspraxis
GVP-NW	Gerichts- und Verwaltungspraxis Nidwalden
gl.A./gl.M.	gleicher Ansicht/gleicher Meinung
H (Nummer)/(Jahr)	Beispiel: H 93/2004; nicht amtlich publiziertes Urteil des Eidgenössischen Versicherungsgerichts zur AHV
HAVE	Haftpflicht und Versicherung (Zeitschrift)
HILL	Health Insurance Liability Law (Fachartikel online)
HIV	Human Immunodeficiency Virus

HMG	Bundesgesetz vom 15. Dezember 2000 über Arznei-mittel und Medizinalprodukte (Heilmittelgesetz; SR 812.21)
HMO	Health Maintanance Organisation
Hrsg.	Herausgeber
I (Nummer)/(Jahr)	Beispiel I 144/2005; nicht amtlich publiziertes Urteil des Eidgenössischen Versicherungsgerichts zur Invalidenversicherung; Näheres unter www.bger.ch/ Rechtsprechung/Nummerierung der Dossiers
i.d.R.	in der Regel
i.S.v.	im Sinne von
infosantesuisse	Publikationsorgan des Dachverbands der Schweizer Krankenversicherer (santésuisse)
i.V.m.	in Verbindung mit
Ingr.	Ingress
insb.	insbesondere
IV	Invalidenversicherung
IVG	Bundesgesetz vom 19. Juni 1959 über die Invaliden-versicherung (SR 832.20)
Jg.	Jahrgang
JKR	Jahrbuch des Schweizerischen Konsumentenrechts
K (Nummer)/(Jahr)	Beispiel K 112/2002; nicht amtlich publiziertes Urteil des Eidgenössischen Versicherungsgerichts zum Krankenversicherungsrecht. Näheres unter www.bger. ch – Rechtsprechung – Nummerierung der Dossiers
kant.	kantonal/e/er
Kap.	Kapitel
KG	Kantonsgericht
KLV	Verordnung des EDI vom 29. September 1995 über Leistungen in der obligatorischen Krankenpflege-versicherung (SR 832.102)
KollVers	Kollektivversicherung
krit.	kritisch dazu/Kritik
KS	Kreisschreiben
KSK Aktuell	Publikationsorgan des Konkordats der Schweize-rischen Krankenversicherer (abgelöst durch info-santesuisse)
KUVG	BG über die Kranken- und Unfallversicherung (SR 832.10), aufgehoben durch das KVG und UVG
KV	Krankenversicherung
kv-rechtlich	krankenversicherungsrechtlich

KVers	Krankenversicherer
KVG	BG vom 18. März 1994 über die Krankenversicherung (SR 832.10)
KVV	Verordnung vom 27. Juni 1995 über die Krankenversicherung (SR 832.102)
LAMaL-KVG	siehe Literaturverzeichnis
LGVE	Luzerner Gerichts- und Verwaltungsentscheide
lit.	litera; Buchstabe
LOA	Leistungsorientierte Abgeltung der Apothekerdienstleistungen (Tarifvertrag)
LU	Luzern
LuZeSo	Luzerner Zentrum für Sozialversicherungsrecht, Rechtswissenschaftliche Fakultät der Universität Luzern; siehe Literaturverzeichnis
m.H.	mit Hinweis(en)
MC	Managed Care, Zeitschrift für Managed Care, Qualität und E-Health, EMH Editores Medicorum Helveticorum
MedBG	Bundesgesetz vom 23. Juni 2006 über die universitären Medizinalberufe (Medizinalberufegesetz; SR 811.11)
m.E.	meines Erachtens
MiGel	Liste der Mittel und Gegenstände im Anhang 2 zur KLV (SR 832.112.31)
MV	Militärversicherung
MVG	BG vom 19. Juni 1992 über die Militärversicherung (SR 833.1)
MWST	Mehrwertsteuer
N	Nationalrat
NFA	neuer Finanzausgleich
n.p.	nicht publiziert
NZS	Neue Zeitschrift für Sozialrecht
ODMS	Organisation de maintien de la santé (=HMO, siehe dort)
OG	Bundesgesetz über die Organisation der Bundesrechtspflege (SR 173.110), aufgehoben durch das BGG
OKP	Obligatorische Krankenpflegeversicherung
OR	BG vom 30. März 1911 betreffend Ergänzung des Schweizerischen Zivilgesetzbuches (Fünfter Teil: Obligationenrecht; SR 220)

P (Nummer)/(Jahr)	Beispiel: P 14/2003; nicht amtlich publiziertes Urteil des Eidgenössischen Versicherungsgerichts zu den Ergänzungsleistungen
pend.	pendent
Pra	Die Praxis des Bundesgerichts, Basel
Prot.	Protokoll
publ.	publiziert
PüG	Preisüberwachungsgesetz vom 20. Dezember 1985 (PüG; SR 942.20)
RDAF	Revue de droit administratif et de droit fiscal (et Revue genevoise de droit public)
RDAT	Rivista di diritto amministrativo ticinese
recht	Zeitschrift für juristische Ausbildung und Praxis, Bern
RKUV	Kranken- und Unfallversicherung, Rechtsprechung und Verwaltungspraxis ab 1984, herausgegeben vom Bundesamt für Sozialversicherung, bzw. Bundesamt für Gesundheit
RSDG/SZG	Revue Suisse de droit de la santé, Neuenburg; Schweizerische Zeitschrift für Gesundheitsrecht
RSKV	Kranken- und Unfallversicherung, Rechtsprechung und Verwaltungspraxis, herausgegeben vom Bundesamt für Sozialversicherung, bis 1983
Rz.	Randziffer
S.	Seite(n)
s.	siehe
SAeZ	Schweizerische Ärztezeitung, Bern
santésuisse	Verband der Schweizer Krankenversicherer
SBVR	Schweizerisches Bundesverwaltungsrecht, Heinrich Koller/Georg Müller/René Rhinow/Ulrich Zimmerli (Hrsg.), Bd. XIV, Soziale Sicherheit, Ulrich Meyer, Hrsg., 2. Auflage, Basel et al. 2007 (zit. SBVR-Autor/in)
SchlBest	Schlussbestimmungen
SchKG	BG vom 11. April 1889 über Schuldbetreibung und Konkurs (SR 281.1)
SemJud	La Semaine judiciaire, Genf
SGer	Schiedsgericht
SGGP	Schweizerische Gesellschaft für Gesundheitspolitik
SJZ	Schweizerische Juristen-Zeitung, Zürich
SL	Spezialitätenliste

SKZ	Schweizerische Krankenkassen-Zeitung, Solothurn
SozVers	Sozialversicherung(en)
SozVG	Sozialversicherungsgericht
SR	Systematische Sammlung des Bundesrechts
StGB	Schweizerisches Strafgesetzbuch vom 21. Dezember 1937 (SR 311.0)
S	Ständerat
SUVA	Schweizerische Unfallversicherungsanstalt
SVK	Schweizerischer Versicherungskurier, Bern
SVR	Sozialversicherungsrecht, Rechtsprechung, Basel
SVZ	Schweizerische Versicherungszeitung, Bern
SwissDRGs	Diagnosis Related Groups, System der Schweiz
SZG/RSDS	Schweizerische Zeitschrift für Gesundheitsrecht, Neuenburg
SZS	Schweizerische Zeitschrift für Sozialversicherung, Bern
TA	Tribunal administratif/Tribunal des assurances
TG-	Taggeld-
TarMed	Schweizer Arzttarif (Tarifwerk für die Abrechnung von Einzelleistungen)
TgVers	Taggeldversicherung
U (Nummer)/(Jahr)	Beispiel U 463/2002; nicht amtlich publiziertes Urteil des Eidgenössischen Versicherungsgerichts zum Unfallversicherungsgesetz (UVG). Näheres unter www.bger.ch – Rechtsprechung – Nummerierung der Dossiers
u.	und
u.a.	unter anderem
u.a.m.	und andere mehr
Übereink.	Übereinkommen
UeB	Übergangsbestimmung(en)
UNHCR	United Nations High Commissioner for Refugees (Der hohe Flüchtlingskommissar der Vereinten Nationen)
Urteilsbespr.	Urteilsbesprechung
UV	Unfallversicherung
UVG	BG vom 20. März 1981 über die Unfallversicherung (SR 832.20)
UVV	Verordnung vom 20. Dezember 1982 über die Unfallversicherung (SR 832.202)

VA	Vertrauensarzt
VG	Bundesgesetz vom 14. März 1958 über die Verantwortlichkeit des Bundes sowie seiner Behördenmitglieder und Beamten (Verantwortlichkeitsgesetz; SR 173.32)
VAG	Bundesgesetz vom 17. Dezember 2004 betreffend die Aufsicht über die privaten Versicherungseinrichtungen (SR 961.01)
VEB	Verwaltungsentscheide der Bundesbehörden (bis 1963, danach VPB)
versPers	versicherte Person
vgl.	vergleiche
V/VO	Verordnung
VG	Verwaltungsgericht/Versicherungsgericht
VGG	Bundesgesetz vom 17. Juni 2005 über das Bundesverwaltungsgericht; SR 173.32
VKL	Verordnung über die Kostenermittlung und die Leistungserfassung durch Spitäler und Pflegeheime in der Krankenversicherung vom 3. Juli 2002 (832.104)
VORA	Verordnung vom 12. April 1995 über den Risikoausgleich in der Krankenversicherung (832.112.1)
VPB	Verwaltungspraxis der Bundesbehörden (VPB), Hrsg. Bundeskanzlei
VPVK	Verordnung vom 12. April 1995 über die Beiträge des Bundes zur Prämienverbilligung in der Krankenversicherung (832.112.4)
VPVKEG	Verordnung über die Prämienverbilligung für Rentner und Rentnerinnen, die in einem Mitgliedstaat der EG, in Island oder in Norwegen wohnen (SR 832.112.5)
VStrR	BG vom 22. März 1974 über das Verwaltungsstrafrecht (SR 313.0)
VVG	BG vom 2. April 1908 über den Versicherungsvertrag (SR 221.229.1)
VwVG	BG vom 20. Dezember 1968 über das Verwaltungsverfahren (SR 172.021)
WuR	Wirtschaft und Recht, Zürich
ZAK	Zeitschrift für Ausgleichskassen (Publikation des Bundesamtes für Sozialversicherung)
ZBJV	Zeitschrift des bernischen Juristenvereins, Bern
ZGB	Schweizerisches Zivilgesetzbuch vom 10. Dezember 1907 (SR 210)

Ziff.	Ziffer(n)
zit.	zitiert
ZESAR	Zeitschrift für europäisches Sozial- und Arbeitsrecht
ZUG	Bundesgesetz vom 24. Juni 1977 über die Zuständigkeit für die Unterstützung Bedürftiger (Zuständigkeitsgesetz, SR 851.1)
ZV/ZVen	Zusatzversicherung(en)

Literaturverzeichnis

Literatur zur sozialen Krankenversicherung

Dieses Verzeichnis enthält nur Gesamtdarstellungen des Rechts der sozialen Krankenversicherung, Bearbeitungen grösserer Themenbereiche sowie Tagungs- oder Sammelbände mit Schwerpunkt KVG. Auf sie wird im Text in verkürzter Zitierweise hingewiesen. Verkürzte Zitierweisen werden mit einem Asteriskus (*) gekennzeichnet. Weitere, speziellere Literaturhinweise finden sich unter den einzelnen Titeln oder Artikeln.

AYER ARIANE/DESPLAND BÉATRICE, Loi fédérale sur l'assurance-maladie, édition annotée, Genf 2004.

DUC JEAN-LOUIS (Hrsg.), LAMal-KVG, Recueil de travaux en l'honneur de la société suisse de droit des assurances, Lausanne 1997 *(zit. LAMal-KVG*)*.

DUC JEAN-LOUIS, Colloques et journées d'étude, Lausanne 2002.

DUC JEAN-LOUIS (Hrsg.), 1366 jours d'application de la LAMaL, Colloque de Lausanne 1999, Institut de recherches sur le droit de la responsabilité civile et assurances – IRAL, Université de Lausanne *(zit. 1366 jours*)*.

EGLI PHILIPP, Die Krankenversicherer. Eine wirtschaftsverfassungsrechtliche Würdigung der Organisation der Krankenversicherer unter besonderer Berücksichtigung der aktuellen Diskussion um die Einheitskasse. Forum für Gesundheitsrecht Nr. 13, Zürich 2006 *(zit. Egli, Die Krankenversicherer*)*.

EUGSTER GEBHARD, Schweizerisches Bundesverwaltungsrecht, Bd. XIV, Soziale Sicherheit, Hrsg. Ulrich Meyer, 2. Auflage, Basel 2007 *(zit. SBVR-Eugster*)*.

GUILLOD OLIVIER/SPRUMONT DOMINIQUE/DESPLAND BÉATRICE, Droit aux soins, 13ᵉ Journée de droit de la santé, Bern 2007 *(zit. Droit aux soins*)*.

GÄCHTER THOMAS/SCHWENDENER MYRIAM (Hrsg), Rechtsfragen zum Krankheitsbegriff. 8. Zentrumstag des Luzerner Zentrums für Sozialversicherungsrecht (LuZeSo), Bern et al. 2009 (Tagungsband). *(zit. LuZeSo 2009*)*.

GÄCHTER THOMAS, Ausserkantonale Hospitalisation: Eine Tür zu mehr Wettbewerb im Gesundheitswesen. 4. Zentrumstag des Luzerner Zentrums für Sozialversicherungsrecht (LuZeSo), Bern et al. 2006 (Tagungsband). *(zit. LuZeSo 2006*).*

GREBER PIERRE-YVES/KAHIL-WOLFF BETTINA, Assurance-maladie, in: Introduction au droit suisse de la sécurité sociale, 4ᵉ édtion, Genf 2009, S. 97 ff. *(zit. Greber/Kahil-Wolff, Introduction*).*

LONGCHAMP GUY, Conditions et étendue du droit aux prestations de l'assurance-maladie sociale, thèse, Bern 2004 *(zit. Longchamp*).*

MAURER ALFRED, Das neue Krankenversicherungsrecht, Basel/Frankfurt a.M. 1996 *(zit. Maurer, KVR*).*

MOSIMANN HANS-JAKOB (Hrsg.), Aktuelles im Sozialversicherungsrecht, Zürich 2001 *(zit. MOSIMANN*).*

PFIFFNER RAUBER BRIGITTE, Das Recht auf Krankheitsbehandlung und Pflege, Diss., Zürich 2003 *(zit. Pfiffner Rauber*).*

BAG/BSV, Wissenschaftliche Forschungsberichte:
http://www.bag.admin.ch/themen/krankenversicherung/06392/06517/index.html?lang=de (Stand 01.12.2009).

Zum Bundesgesetz über den Allgemeinen Teil des Sozialversicherungsrechts (ATSG)

KIESER UELI, ATSG-Kommentar, 2. Auflage, Zürich 2009 *(zit. Kieser, ATSG-Kommentar*, Art. ...)*

KIESER UELI, Schweizerisches Bundesverwaltungsrecht, Bd. XIV, Soziale Sicherheit, Hrsg. Ulrich Meyer, 2. Auflage, Basel 2007 *(zit. SBVR-Kieser*).*

Gesetzesverzeichnis

Erlasse zur sozialen Krankenversicherung

Internationale Erlasse

	(ABl. L 38 vom 12. Februar 1999, S. 1). Der in der Systematischen Sammlung wiedergegebene Text der VO enthält die Änderungen aufgrund der Beschlüsse Nr. 2/2003 vom 15. Juli 2003 (AS 2004 1277) und Nr. 1/2006 vom 6. Juli 2006 (AS 2008 4273) des Gemischten Ausschusses Schweiz-EU sowie des Protokolls vom 26. Oktober 2004 über die Ausdehnung des Freizügigkeitsabkommens auf die neuen EG-Mitgliedstaaten (AS 2008 4219). *(zit. VO 1408/71)*. Ausdehnung auf Rumänien und Bulgarien: AS 2009 4831
0.831.109.268.1/11	Verordnung (EWG) Nr. 574/72 vom 21. März 1972 über die Durchführung der Verordnung (EWG) Nr. 1408/71, ABl. Nr. L 74 vom 27. März 1972, S. 1 (kodifiziert durch die Verordnung [EG] Nr. 118/97 des Rates vom 2. Dezember 1996, ABl Nr. L 28 vom 30. Januar 1997, S. 1); zuletzt geändert durch die Verordnung (EG) Nr. 307/1999 des Rates vom 8. Februar 1999 (ABl. L 38 vom 12. Februar 1999, S. 1) *(zit. VO 574/72)*. Ausdehnung auf Rumänien und Bulgarien: AS 2009 4875.

Die Schweiz hat mit einer grossen Zahl von Staaten Sozialversicherungsabkommen abgeschlossen, die auch die Krankenversicherung einbeziehen. Die entsprechende Liste ist zu finden unter:

http://www.bsv.admin.ch/themen/internationales/02094/index.html?lang=de

Materialien

Bericht und Entwurf der Expertenkommission vom 2. November 1990, Revision der Krankenversicherung, EDMZ 318.906d, Bern 1990 *(zit. Expertenber. zum KVG)*

Botschaft über die Revision der Krankenversicherung vom 6. November 1991; BBl 1992 I 93 ff. *(zit. Botschaft zum KVG)*

Altrechtliche Botschaften

Verwaltungspraxis des BAG

Kreisschreiben: http://www.bag.admin.ch/themen/krankenversicherung/ 02874/ 02877/06501/index.html

Informationsschreiben: http://www.bag.admin.ch/themen/krankenvers icherung/02874/03847/06504/index.html?lang=de

Benutzungshinweise

A. Aufgenommene Erlasse

Die vorliegende Ausgabe enthält die Artikel des Bundesgesetzes über die Krankenversicherung vom 18. März 1994 (KVG; SR 832.10) in der am 1. Januar 2010 geltenden Fassung. Als Nebenerlasse konnten mangels verfügbaren Raumes lediglich die Krankenversicherungsverordnung (KVV), die Leistungsverordnung (KLV) sowie die Verordnung über die Kostenermittlung und Leistungserfassung (VKL), je in der am 1. Januar 2010 geltenden Fassung, aufgenommen werden. Unberücksichtigt bleiben mussten auch Erlasse zum internationalen Recht und das ATSG.

B. Stand der Rechtsprechung

Die Bearbeitung beschränkt sich auf die bis 1. Januar 2010 amtlich publizierte oder bis dahin im Internet abrufbare Rechtsprechung.

C. Bearbeitete Daten und Zitierweise

1. Rechtsprechung

Die Bearbeitung umfasst die in der Amtlichen Sammlung (BGE) publizierte Rechtsprechung des Eidgenössischen Versicherungsgerichts (bis 31.12.2006) und des Bundesgerichts zum Bundesgesetz über die Krankenversicherung vom 18. März 1994 (KVG; SR 832.10). Sie enthält ferner die vom Gericht im Internet (www.bger.ch) zugänglich gemachten wichtigen, nicht publizierten Entscheidungen zum KVG ab 2000. Die publizierte und nicht publizierte Rechtsprechung zum alten Krankenversicherungsgesetz (KUVG) ist, soweit sie unter dem KVG weiterhin Gültigkeit beanspruchen kann, einbezogen worden. Wo notwendig oder wünschenswert, wird vermerkt, dass bestimmte altrechtliche Entscheidungen überholt sind. Publizierte kantonale Rechtsprechung findet Berücksichtigung, soweit sie Antwort auf höchstrichterlich noch nicht beantwortete Fragen gibt.

Zu den in der amtlichen Sammlung (BGE) publizierten Entscheidungen werden für den dort veröffentlichten Text Angaben zu allfälligen Fundstellen in anderen Publikationsorganen verzichtet. Das gilt in gleicher Weise für nicht amtlich publizierte, jedoch in der bundesamtlichen Reihe RKUV (Rechtsprechung Kranken- und Unfallversicherung) herausgegebene Texte. Für nicht in eine dieser beiden Sammlungen aufgenommene Urteilstexte werden in anderen Publikationsreihen vorhandene Fundorte angegeben.

Die amtlich publizierten Entscheidungen lassen sich auch im Internet konsultieren (www.bger.ch). Die genannten nicht publizierten Entscheidungen sind in der Bundesgerichtsdatenbank am einfachsten recherchierbar, wenn im Eingabefeld der Rubrik «weitere Urteile ab 2000» als Suchbegriff die exakte Dossiernummer der Entscheidung eingesetzt wird. Die Reihe RKUV ist für die Ausgaben ab 1998 unter www.bag.admin.ch unter dem Thema Krankenversicherung abrufbar.

2.   Bibliografie

Vor jedem Gesetzesartikel und, wo dies als zweckmässig erscheint, vor einzelnen Kapiteln findet sich die einschlägige Bibliografie. Häufig zitierte Werke (mittels Asterisk * gekennzeichnet) werden in Kurzform zitiert. Für die vollständigen bibliografischen Angaben ist das Literaturverzeichnis zu konsultieren. Zu den bearbeiteten Entscheidungen wird in summarischer Zitierweise auch auf vorhandene Kritik im Schrifttum hingewiesen, wobei kein Anspruch auf Vollständigkeit besteht.

1. Titel: Anwendbarkeit des ATSG

Art. 1

[1] Die Bestimmungen des Bundesgesetzes vom 6. Oktober 2000 über den Allgemeinen Teil des Sozialversicherungsrechts (ATSG) sind auf die Krankenversicherung anwendbar, soweit das vorliegende Gesetz nicht ausdrücklich eine Abweichung vom ATSG vorsieht.

[2] Sie finden keine Anwendung in folgenden Bereichen:

    a. Zulassung und Ausschluss von Leistungserbringern (Art. 35–40 und 59);

    b. Tarife, Preise und Globalbudget (Art. 43–55);

    c. Ausrichtung der Prämienverbilligung nach den Artikeln 65, 65a und 66a sowie Beiträge des Bundes an die Kantone nach Artikel 66;

    d. Streitigkeiten der Versicherer unter sich (Art. 87);

    e. Verfahren vor dem kantonalen Schiedsgericht (Art. 89).

Chronologie: *Titel:* Fassung gemäss Anhang Ziff. 11 des BG vom 6. Okt. 2000 über den Allgemeinen Teil des Sozialversicherungsrechts (ATSG), in Kraft seit 1. Jan. 2003 (SR 830.1). *ATSG* (SR 830.01; AS 2002 3371; BBl 1991 II 185; 3 BBl 1991 II 910; BBl 1994 V 921; BBl 1999 4523), in der Fassung der Revision 2 des Anhangs zum ATSG (AS 2002 3472 3474; BBl 2002 803). *Abs. 2 lit. c:* Fassung gemäss Ziff. I der V der BVers vom 21. Juni 2002, in Kraft seit 1. Jan. 2003 (AS 2002 3472 3474; BBl 2002 803).

Bibliografie: Egli, Die Krankenversicherer*; Gächter Thomas, Gesundheitsrecht. Ein Kurzlehrbuch, Basel 2008; Kieser, ATSG-Kommentar*, Art. 2, insbes. Rz. 26–29; Ders., Einführung einer Einheitskasse, in JKR 2003, Bern 2004, S. 105–128; Longchamp*, S. 23–93; Mahon, in Jean-François Aubert/Pascal Mahon, Petit commentaire de la Constitution fédérale de la Confédération suisse, Zürich/Basel/Genf 2003, Art. 117; Poledna, St. Galler Kommentar zu Art. 117 BV, Rz. 1, m. H.

I.   Rechtsgrundlagen der sozialen Krankenversicherung

1   Die Rechtsgrundlagen der sozialen KV sind Art. 117 BV, das KVG und das ATSG. Anders als Artikel 34bis aBV ist in Art. 117 BV nicht mehr die Rede davon, dass die Kranken- und Unfallversicherung «unter Berücksichtigung der bestehenden Krankenkassen» erfolgen soll. Daraus wird von einigen Autoren abgeleitet, dass damit grundsätzlich auch eine Einheitskasse eingeführt werden könnte (GÄCHTER, Gesundheitsrecht, Rz. 649; POLEDNA, St. Galler Kommentar zu Art. 117 BV, Rz. 1 m. H.; MAHON, Art. 117, Rz. 5). Nach dem Bundesgericht räumt Art. 117 BV dem Bund im Bereich der OKP ein mittelbar rechtliches Monopol ein (BGE 122 V 85; 130 I 26 E. 4.2; so auch GÄCHTER, Gesundheitsrecht, Rz. 729; krit. HOFMANN DAVID, La clause de besoin pour les médecins et la Constitution fédérale, in: AJP 7/2003 S. 789, 795 Fn. 56; POLEDNA TOMAS/BERGER BRIGITTE, Öffentliches Gesundheitsrecht, Bern 2002, S. 258). RICHLI PAUL, Einheitskrankenkassen, in: NZZ 07.01.2010 Nr. 4 S. 21.

2   Wo die Krankenversicherer hoheitlich wirken, haben sie sich an die Grundsätze rechtsstaatlichen Handelns zu halten (Art. 5 BV) und die Grundrechte zu respektieren (Art. 35 Abs. 2 BV). Ferner haben sie allgemeine Prinzipien des Verwaltungs- oder Sozialversicherungsrechts zu beachten.

3   Nach dem in der Volksabstimmung vom 17.05.2009 mit 67 Prozent Zustimmung angenommenen Art. 118a BV (AS 2009 5325) haben Bund und Kantone im Rahmen ihrer Zuständigkeit für die Berücksichtigung der Komplementärmedizin zu sorgen, was insbesondere die OKP betrifft.

4   Kassenreglemente in der OKP: Die KVers können in jenen Bereichen autonom reglementieren, für welche ihnen das KVG eine solche Befugnis einräumt (BGE 124 V 356 E. 2d, BGE 125 V 276 E. 2c/bb, BGE 127 V 43 E. 2a, BGE 130 V 546 E. 4.1; krit. DUC, AJP 8/2000 S. 1012 ff. Urteilsbespr. BGE 125 V 276). Darüber hinaus bleiben die Versicherer lediglich in der Organisation des Geschäftsbetriebes, in Personalfragen und in der Regelung administrativer Verfahrensabläufe autonom (SBVR-EUGSTER*, Rz. 13). Soweit autonome Regelungen zulässig sind,

stellen diese Sozialversicherungsrecht des Bundes dar; gestützt darauf ergangene Verfügungen sind solche i.S.v. Art. 5 Abs. 1 VwVG (RKUV 1986 K 706 487).

II.   Anwendbarkeit des ATSG (Abs. 1)

Im KVG vorgesehene Abweichungen vom ATSG finden sich in Art. 42   5 Abs. 1 Satz 3 und Abs. 6 KVG, Art. 57 Abs. 6 letzter Satz KVG, Art. 63 Abs. 1 KVG, Art. 72 Abs. 3 und Abs. 6 KVG, Art. 79 KVG und Art. 80 Abs. 1 KVG. Verwendet das KVG einen in den Art. 3 bis 13 ATSG definierten Terminus, ohne für den Begriffsinhalt ausdrücklich auf diesen zu verweisen (Beispiel: Art. 29 Abs. 1 und Art. 64 Abs. 7 KVG [Mutterschaft]), so ist durch Auslegung zu ermitteln, ob eine Abweichung zum ATSG gewollt ist.

Das ATSG ist grundsätzlich auch auf die freiwillige Taggeldversiche-   6 rung nach Art. 67 ff. KVG anwendbar. Es geht der Regelungsautonomie der Taggeldversicherer vor (Art. 67 KVG Rz. 3). Enthält das ATSG in seinen Art. 27–54 oder in den Einzelgesetzen (hier das KVG) zu nicht abschliessend geregelten Verwaltungsbereichen keine Regelung, ist subsidiär das VwVG anwendbar (Art. 55 Abs. 1 ATSG).

III.   Nichtanwendbarkeit des ATSG (Abs. 2)

ATSG ist auf das Verhältnis zwischen Versicherten und Versicherer zuge-   7 schnitten (BGE 130 V 215 E. 5.2 m.H. auf die Mat.; K 57/03 E. 5.2). Art. 1 Abs. 2 KVG schliesst Tatbestände, in welchen die Kvers nicht hoheitlich handeln, von der Anwendbarkeit des ATSG aus. Die Ausnahmen sind in Abs. 2 nicht abschliessend aufgezählt (BGE 130 V 215 E. 5.1; K 118/03 E. 5.1). Nach KIESER (ATSG-Kommentar*, Art. 2 Rz. 26) ist das ATSG auf das kantonale Verfahren bezüglich Einhaltung der Versicherungspflicht und der Zwangszuweisung (Art. 6 KVG) anwendbar. S.a. Art. 89 KVG Rz. 1 betr. Anwendbarkeit des ATSG in schiedsgerichtlichen Verfahren.

1a. Titel: Allgemeine Bestimmungen

Art. 1a Geltungsbereich

¹ **Dieses Gesetz regelt die soziale Krankenversicherung. Sie umfasst die obligatorische Krankenpflegeversicherung und eine freiwillige Taggeldversicherung.**

² **Die soziale Krankenversicherung gewährt Leistungen bei:**
   a. **Krankheit (Art. 3 ATSG);**
   b. **Unfall (Art. 4 ATSG), soweit dafür keine Unfallversicherung aufkommt;**
   c. **Mutterschaft (Art. 5 ATSG).**

Chronologie: *Art. 1a:* Eingefügt durch Anhang Ziff. 11 des ATSG vom 6. Okt. 2000, in Kraft seit 1. Jan. 2003 (AS 2002 3371; SR 830.1). *Alt: Art. 1:* AS 1995 1328; BBl 1992 I 93).

I. Der Begriff der sozialen KV (Art. 1a Abs. 1 KVG)

1   Die OKP ist der Hauptpfeiler der sozialen KV, während die TaggeldVers ein Akzessorium dazu darstellt (BGE 125 V 80 E. 4c/cc). Ein KVers nach Art. 12 KVG muss zwingend beide durchführen (BGE 125 V 80 E. 4c). Art. 1a Abs. 1 KVG schliesst i.V.m. Art. 12 Abs. 3 KVG Zusatzversicherungen vom Bereich der sozialen KV aus (BGE 131 V 271 E. 2; BGE 130 I 306 E. 1; K 1/06 E. 2 u.a.m.). Zum Thema eines Grundrechts auf Gesundheit und zu grundrechtlichen Ansprüchen auf medizinische Behandlung siehe LONGCHAMP*, S. 102 ff.; PFIFFNER RAUBER*, S. 5ff, S. 64 ff.; SBVR-EUGSTER* Rz. 11.

II. Die in der sozialen KV versicherten Tatbestände (Art. 1a Abs. 2 KVG)

Art. 1a Abs. 2 bestimmt die in der sozialen KV – der OKP und der Tag- 2
geldVers – gedeckten Kostenrisiken. Die Begriffe Krankheit, Unfall und
Mutterschaft (Art. 1a Abs. 2 lit. a bis c KVG) richten sich nach den Definitionen in Art. 3 bis 5 ATSG, welche in der Hauptsache die gleichen
sind wie vor der Herrschaft des ATSG (altArt. 2 KVG; K 54/05 E. 1
u.a.m.). Die Rechtsprechung zu altArt. 2 KVG ist unter dem ATSG weiterhin massgebend (K 1/05 E. 1.2 betr. altArt. 2 Abs. 1).

III. Krankheit (Art. 1a Abs. 2 lit. a KVG)

Bibliografie: Aerni Peter, Der Krankheitsbegriff in der schweizerischen So-
zial- und Privatversicherung, Diss., Genf 1950; Beck Konstantin, Der Begriff
der Krankheit aus gesundheitsökonomischer Sicht, in: LuZeSo* 2009, S. 25;
Büchler Andrea/Cottier Michelle, Transsexualität und Recht, oder: Das falsche Geschlecht: über die Inkongruenz biologischer, sozialer und rechtlicher
Geschlechterkategorisierungen, in: FamPra 2002, S. 20 ff.; Duc Jean-Louis, Pro-
blèmes liés à la dépendance aux drogues ou à l'alcool, IRAL, Lausanne 1998;
Gericke Gustav Adolf, Der Begriff «Krankheit» im Militär- und im Kranken-
und Unfallversicherungsgesetz, Diss., Zürich 1927; Keller Max, Rechtliche Bedeutung des Status «HIV-positiv», Basel/Frankfurt a.M. 1993; Kieser*, ATSG-
Kommentar*, Art. 3; Locher Thomas, Grundriss des Sozialversicherungsrechts,
3. Aufl., Bern 2003, S. 108; Longchamp*, S. 97 ff.; Meyer Ulrich, Krankheit als
leistungsauslösender Begriff im Sozialversicherungsrecht, LuZeSo 2009, S. 5;
Mosimann Hans-Jakob, AJP 2/99 S. 210, Urteilsbespr. BGE 124 V 119; SBVR-
Eugster*, Rz. 241 ff.; Schwendener Myriam, Krankheit und Recht. Der Krankheitsbegriff im schweizerischen Sozialversicherungsrecht, Diss. Zürich, 2008;
Staub Gonzales Catherine, Les notions de maladie et d'accident, in: Questions
de Droit 23/2003, S. 7 ff.; Traub Andreas, Krankheitswert und Behandlungsbedürftigkeit, LuZeSo* 2009, S. 47; Vontobel Jürg, Behandlungsbedürftigkeit und
Krankheitswert aus Sicht des Krankenversicherers, LuZeSo* 2009, S. 85; Wagner Pierre, Les définitions de la maladie, de l'accident et de la maternité (contribution à l'étude de l'art. 2 LAMal), in: LAMal – KVG*, S. 87 ff.; Ders., Die
Rechtsprechung des Eidgenössischen Versicherungsgerichts zur HIV-Infektion,
in: CHSS 1998, S. 81 f.

3 Der Krankheitsbegriff (Art. 3 Abs. 1 ATSG) ist ein Rechtsbegriff, der sich nicht notwendigerweise mit dem medizinischen Krankheitsbegriff deckt (statt vieler: BGE 130 V 284 E. 3 m.H.; K 92/06 E.2.2). Der Krankheitsbegriff ist auch ein Zweckbegriff (LONGCHAMP*, S. 105; SBVR-EUGSTER* Rz. 248). Er weist tautologischen Charakter auf (MEYER, Krankheit, S. 10 ff.; SCHWENDENER, Krankheit und Recht, S. 83 Fn. 445 m.H.). Das Vorliegen einer Krankheit (oder einer Gesundheitsschädigung durch Unfall) ist Grundvoraussetzung für den Anspruch auf OKP-Leistungen nach Art. 25 bzw. Art. 28 KVG (so schon altrechtlich; statt vieler BGE 118 V 107 E. 1a; BGE 114 V 162 E. 1a)

1. Krankheit als Nichtunfall (Art. 3 Abs. 1 Teilsatz 2 ATSG)

4 Das Kriterium des Nichtunfalls sollte im alten Recht vermeiden, dass es gesundheitliche Störungen gibt, die rechtlich weder Krankheit noch Unfallfolge sind (BGE 112 V 23 E. 3b; BGE 118 V 107 E. 1a). Es kann anderseits nicht sein, dass eine Gesundheitsbeeinträchtigung, die als Unfallfolge zu betrachten ist, zugleich eine Krankheit im Rechtssinne darstellt (9C_537/2007 E. 3.3). Der Unfallbegriff (Art. 4 ATSG) grenzt die Zuständigkeit der sozialen KV von derjenigen eines Unfallversicherers nach Art. 1a Abs. 2 lit. b KVG ab (RKUV 1999 KV 91 457 E. 2a, 1997 K 987 289 E. 4b). Alles, was nicht adäquatkausale Folge im Sinne eines Unfalls (LONGCHAMP*, S. 120 m.H.) ist, fällt unabhängig von der Ursache der Gesundheitsschädigung (RKUV 1999 KV 91 457 E. 2a; RKUV 1997 K 987 289 E. 4b; K 143/04 E. 8) und des Zeitpunkts ihres Eintritts (BGE 126 V 319 E. 4; RKUV 1998 KV 33 282 E. 2) in die Zuständigkeit der sozialen KV (BGE 129 V 402 Erw. 4.1; RKUV 1990 K 849 319). Mitunter kann aber ein UVG-Versicherer auch für Krankheiten

(ausserhalb von Berufskrankheiten) einstehen müssen, so namentlich im Zusammenhang mit dem Behandlungsrisiko (Art. 6 Abs. 3 UVG, BGE 128 V 169; RSKV 1972 98 125, 1973 162 34; RKUV 1993 U 160 32; 8C 396/2007 E. 4.3 m.H.; für die MV: Art. 18 Abs. 3 MVG) und mit Art. 128 UVV (vgl. a. 9C_ 537/2007 E. 3.3).

Die OKP nimmt im Unfallbereich aufgrund ihrer subsidiären Leistungs- 5 pflicht (Art. 1a Abs. 2 lit. b KVG) eine Auffangfunktion wahr, indem sie stets und erst zum Zuge kommt, wenn für eine bestimmte Leistungsposition keine anderweitige öffentliche oder private UV vorhanden ist. Sie kann aber auch komplementär leisten, indem sie Schadenspositionen übernimmt, welche die anderweitige UV nicht oder nicht vollständig deckt (BGE 126 V 319 E. 4; altrechtlich s. BGE 112 V 291 E. 2b, 112 V 283 E. 2). Zur Unterscheidung zwischen Subsidiaritätsvorbehalt und Komplementärklausel: BGE 109 V 145; RKUV 1988 K 762 96 E. 2c). Stets muss aber eine UV im technischen Sinne gegeben sein, der gegenüber der versicherten Person ein Leistungsanspruch zusteht (altrechtlich vgl. RKUV 1988 K 760 89 betr. Schweizerische Rettungsflugwacht). Im Verhältnis zu anderen Sozialversicherern ist Art. 64 Abs. 1 ATSG zu beachten. Siehe ferner Art. 78 KVG Rz. 5 (sanktionsweise Leistungskürzungen anderer Sozialversicherer).

2. Krankheit als Gesundheitsschaden

Krankheit als pathologischer Prozess: Die Beeinträchtigung im Sinne 6 von Art. 3 Abs. 1 ATSG ist als Funktionsstörung aufgrund pathologischer Prozesse zu verstehen (so schon unter dem alten KUVG: BGE 121 V 289 E. 2b; BGE 121 V 302 E. 3). Die Rechtsprechung versteht sie auch als ein von der Regel oder Norm abweichenden Körper- oder Geisteszustand (BGE 134 V 83 E. 3.1; BGE 129 V 32 E. 4.2.1). Sie zieht die Trennlinie zur Nichtkrankheit ferner vielfach mit dem Begriff des Krankheitswerts (statt vieler: BGE 129 V 32 E. 4.2.2; BGE 116 V 239 E. 3, 243 E. 3b/bb; s.a. Art. 17 KLV Ingr.). Die gesundheitliche Beeinträchtigung muss ein gewisses Mindestmass erreichen, um Krankheitswert zu erlangen (K 1/05 E. 1.2) bzw. das Krankheitskriterium der Behandlungsbedürftigkeit zu erfüllen (s.a. K 117/01 E. 3b). Für das kv-rechtliche Bestehen von Krankheit ist nicht begriffsnotwendig, dass eine Diagnose vorliegt (LONGCHAMP*, S. 125). Ebenso wenig ist eine bestimmte Dauer der Gesundheitsstörung erforderlich (a.a.O., S. 193 ff.).

7 *Natürliche physiologische Erscheinungen:* Grundsätzlich keine Krankheit ist, was in der natürlichen Entwicklung des Menschen liegt oder zu den natürlichen menschlichen Funktionen zählt (Beispiele: Zeugung; normal verlaufende Schwangerschaft, statt vieler: BGE 127 V 268 E. 3a; BGE 112 V 303 E. 1b; Geburt; Hilflosigkeit des gesunden Kleinkindes: BGE 125 V 8 E. 4c; Menstruation oder Klimakterium ohne behandlungsbedürftige Beschwerden: RKUV 1984 K 562 10, s.a. PFIFFNER RAUBER*, S. 212 betr. Hormontherapie in der Menopause; altersbedingt nachlassende Erektionsfähigkeit: BGE 129 V 32 E. 4.2.3 ff.). Zum Verhältnis von Alter und Krankheit siehe LONGCHAMP*, S. 144 ff., 160 ff. und 183 mit bibl. Hinweisen; SBVR-EUGSTER, Rz. 258.

8 *Natürliche ästhetische Beeinträchtigungen:* Schönheitsfehler, die im Rahmen der natürlichen Entwicklung entstehen, wie etwa abstehende Ohren (K 132/04 E. 2.2, RSKV 1983 529 93 E. 2) Schlupflider (K 1/05 E. 3) oder nicht dem angeblichen Schönheitsideal entsprechende Brüste, sind nicht Krankheit, soweit damit keine erheblichen Funktionsstörungen verbunden oder konkret zu erwarten sind (K 1/05 E. 1.2). Doch kann ein weit von der Norm abweichender ästhetischer Mangel Krankheitscharakter haben (K 4/04=RKUV 2005 KV 345 366, 370 E. 5.1; K 50/99 E. 4c=RKUV 2000 KV 113 126; s.a. Rz. 16 betr. Mammahypertrophie).

9 *Ästhetische Beeinträchtigungen als Folge von Krankheit oder Unfall:* Schwere Entstellungen, vor allem an sichtbaren und in ästhetischer Beziehung besonders empfindlichen Körperteilen, als Folge von Krankheit oder Unfall oder einer Behandlung, können Krankheitswert haben (BGE 102 V 69 E. 3; vgl. a. BGE 134 V 83 E. 3.2). Entstellung beurteilt sich nach objektiven Kriterien (K 15/04 E. 3.2.2; bei einer Mammaptose in casu verneint; ebenso VG LU Fall-Nr. S 04 348 15.03.2005 betr. Narbe nach Blinddarmoperation). Unter den Krankheitsbegriff fallen auch schwere Beeinträchtigungen der körperlichen Integrität, wie sie durch das äussere Erscheinungsbild nach einer krankheitsbedingten Mamma-Amputation hervorgerufen werden (BGE 111 V 229 E. 3b; siehe ferner BGE 121 V 119 E. 3 betreffend Hodenprothese). Anders dagegen überschüssige Haut nach massiver Gewichtsreduktion (RKUV 1985 K 638 197 E. 2; K 50/05 E. 2.3 und 3); erhebliche Beschwerden oder

Funktionseinbussen können auch bei leichteren ästhetische Einbussen Krankheitswert begründen (K 135/04 E. 1=RKUV 2006 KV 358 55; K 12/02 E. 2; K 12/04 E. 4 betr. Narben). Keine Krankheit liegt bei einer Agyrose (Amalgam Tatoo) vor (K 92/06 E.2.2). Einen Sonderfall bilden Vorkehren der plastischen und Wiederherstellungschirurgie bei echtem Transsexualismus; sie stellen grundsätzlich Krankheitsbehandlung dar (BGE 120 V 463 E. 5 und 6; K 46/05 =RKUV 2006 KV 361 133; Urteilsbespr. LONGCHAMP*, S. 134)

Psychische Komponenten bei ästhetischen Beeinträchtigungen: Lei-   10
densdruck oder Komplexen wegen ästhetischer Defizite wird in der Regel kein Krankheitswert zuerkannt. Anwendungsfälle: K 50/05 E. 3.1.2, K 135/04 E. 2.2=RKUV 2006 KV 358 55, 1985 K 638 E. 2a (Bauchfalten nach Abmagerungskur); SVR 2001 KV Nr. 29 E. 5 (Asymmetrie der Brüste); BGE 121 V 211 E. 6b, RKUV 1994 K 931 55 E. 3, K 15/04 E. 3.2.1, K 123/04 E. 3 (Leidensdruck bei Mammahypertrophie); K 132/04 E. 4, RSKV 1983 529 93, 95 (grosse Sensibilität eines Kindes mit abstehenden Ohren). Eine depressive Entwicklung bei Gesichtsnarben nach schwerer chronischer Akne wurde dagegen als krankheitswertig erachtet (BGE 129 V 167 E. 2).

Gewollte oder in Kauf genommene Gesundheitseinbussen: Nach RKUV   11
1990 K 846 247 E. 4a stellt Krankheit ein aleatorisches Phänomen dar. Weil die Ursache einer Gesundheitsstörung für den Krankheitsbegriff irrelevant ist (Rz. 4 hiervor), fallen indessen darunter auch Gesundheitsschäden als Folge von Artefakten. Gesundheitsschäden als Folge eines missglückten Suizids, der nicht als Unfall zu gelten hat (siehe Rz. 28 hiernach), sind dem Krankheitsbegriff zuzuordnen (BGE 97 V 1; RKUV 1993 K 922 161; vgl. a. BGE 98 V 144 E. 3; LONGCHAMP*, S. 163; SBVR-EUGSTER*, Rz. 245). Nicht geklärt ist, ob für die Behandlung von absichtlich herbeigeführten, als krankheits- und nicht unfallbedingt geltenden Gesundheitsschäden (s. Art. 1a Rz. 28) eine Verweigerung oder Kürzung von Leistungen der OKP zulässig ist (s. Art. 25 Rz. 82).

Die Rückgängigmachung einer Vasektomie nach freiwilliger Sterilisa-   12
tion stellt keine Pflichtleistung dar (RKUV 1986 K 681 235 E. 3a; heute ist Ziff. 3 Anhang 1 KLV zu beachten). Zu den bei nicht kassenpflichtigen Behandlungen eingetretenen, in Kauf genommenen Gesundheitsstörungen siehe Rz. 19 hiernach.

13   *Schulische und soziale Probleme:* Schwächen beim Erwerb schulischer Fähigkeiten infolge von Minderbegabungen wie etwa Legasthenie oder Dyslexie sind nicht Probleme der Gesundheit. Pädagogische Massnahmen stellen keine Krankheitsbehandlung dar (BGE 130 V 284 E. 5.1.2, 130 V 288, 290 E. 3.3 betr. Behandlung motorischer Störungen bei Kindern; s.a. die kant. Rechtsprechung gemäss BVR 2002 S. 176 E. 4 u. SVR 2002 KV Nr. 21, VG LU KV 59 482/20/01).

3.   Besondere Krankheitskategorien

14   *Berufskrankheiten* (KIESER, ATSG-Kommentar*, Art. 4 Rz. 73 ff.) fallen unter den Krankheitsbegriff (BGE 124 V 368 E. 3), ebenso einer Behandlung zugängliche *Behinderungen* (BGE 119 V 446; Krankengymnastik nach Bobath bei Trisomie 21) und *unfallähnliche Körperschädigungen* (Art. 9 Abs. 2 UVV), für die nicht ein UVG-Versicherer zuständig ist (RKUV 1986 K 685 295 E. 3). *Geburtsgebrechen* sind rechtlich wie Krankheiten zu behandeln (Art. 3 Abs. 2 ATSG; mehr dazu: Art. 27 KVG). Art. 3 Abs. 2 ATSG umfasst sowohl die in der GgV eingeschlossenen als auch die davon ausgenommenen Geburtsgebrechen (I 756/03 E. 2). *Akute und chronische Krankheiten (Art. 39 Abs. 1 und 3 KVG; Art. 49 Abs. 3 KVG,* LONGCHAMP*, S. 148 ff. und 185 ff.; SBVR-EUGSTER*, Rz. 269 ff.):* Die beiden Begriffe lassen sich vielfach nicht streng voneinander abgrenzen (BGE 124 V 362 E. 2c). Chronische Leiden können von akuten Phasen verschärft oder durch akute Erkrankungen überlagert werden (K 44/05 E. 2.4; K 157/04 E. 2.3). Die Akutphase dauert so lange, wie von einer laufenden Behandlung noch eine wesentliche Verbesserung der Gesundheit erwartet werden darf (BGE 125 V 177 E. 2c). *Schwangerschaftsabbruch:* siehe Art. 30 KVG. Für eine Leistungspflicht muss nicht in jedem Falle Krankheit im Sinne von Art. 3 Abs. 1 KVG gegeben sein (SBVR EUGSTER*, Rz. 275)

4.   Untersuchungs- und Behandlungsbedürftigkeit

15   Die Untersuchungs- und Behandlungsbedürftigkeit (siehe dazu auch Art. 25 Rz. 2) stellt die leistungsbezogene Komponente des Krankheitsbegriffs dar (K 92/06 E.2.2), der insofern leistungsbegrenzende Funk-

tion hat. Ohne diese Komponente liegt in der OKP kv-rechtlich keine Krankheit vor (K 1/05 E. 1.2; s.a. K 117/01 E. 3b). Behandlungsbedürftigkeit beurteilt sich grundsätzlich nach medizinischen Kriterien (LONGCHAMP*, S. 125). Behandlung ohne Notwendigkeit ist unwirtschaftlich. Behandlungsbedürftigkeit ist gegeben, wenn die Beeinträchtigung der Gesundheit die körperlichen oder geistigen Funktionen in so beträchtlichem Masse einschränken, dass der Patient ärztlicher Hilfe bedarf, die Gesundung ohne medizinische Hilfe wahrscheinlich nicht oder nicht mit Aussicht auf Erfolg innert angemessener Zeit zu erreichen wäre oder wenn dem Patienten nicht zugemutet werden kann, ohne wenigstens den Versuch einer Behandlung zu leben (K 1/05 E. 1.2). Auch eine konkrete gesundheitliche Bedrohung, die es abzuwenden gilt, kann Behandlungsbedürftigkeit begründen (K 55/05 E. 1.1; ungenau MAURER, KVR*, S. 29; a.M. wohl MOSIMANN, AJP 2/1999 S. 210, 212). Zur Abgrenzung zwischen Krankheitsbehandlung und medizinischer Prävention siehe die Ausführungen Art. 26 KVG.

5. Kasuistik im Überblick   16

– *Adipositas* ist Krankheit, wenn das Körpergewicht das der Körpergrösse entsprechende maximale Idealgewicht für den schweren Körperbautypus um 20% übersteigt (Wissenschaftliche Tabellen GEIGY; Ziff. 2.1 Anhang 1 KLV; BGE 102 V 73 E. 2a; RSKV 1976 269 204 E. 2a, 1976 252 115 E. 2a; RKUV 1991 K 863 73 E. 1a). Heute wird Adipositas auch nach dem Body-Mass-Index definiert: BMI =Gewicht in kg/Grösse in m² ; RKUV 1996 K 972 1, 5 E. 5c; K 171/00 E. 2c].

     – Stationäre Adipositasbehandlungen bei Kindern sind nicht kassenpflichtig; Ziff. 4 Anhang 1 KLV; K 68/06.

     – Zu den nicht anerkannten therapeutischen Massnahmen siehe Ziff. 4 Anhang 1 KLV, ferner: RSKV 1976 269 204 E. 2a (Chorion-Gonadotropin-Injektionen; Pregnyl); RKUV 1990 K 838 146, 148 (Resektion von Fettgewebe); RKUV 1991 K 859 51 E. 2 (Gastroplastik nach Mason); RSKV 1976 252 115 (intestinaler Shunt; heute gilt Ziff. 1.1 Anhang 1 KLV).

     – Vor einer operativen Adipositasbehandlung (Magenband, Magen-Bypass usw.) ist eine 2-jährige adäquate konservative Therapie zur Gewichtsreduktion erforderlich (Anhang 1 Ziff. 1 KLV; K 181/05 E. 1.3). Die Therapie muss zielgerichtet, zweckmässig, ärztlich angeordnet und kontrolliert sein (bejaht in 9C_820/2009 E. 2.2); nach kant. Gerichtspraxis muss sie dem chirurgischen Eingriff in zeitlicher Nähe vorausgegangen und im Wesentlichen ununterbrochen gewesen sein: SVG ZH: KV.2002.00055 E. 3.2.2; KG BL: BLVGE 2004 Nr. 45 m.H. S.a. I 43/98 (Magenbanding beim Geburtsgebrechen des Prader-Willi-Syndroms).

– Pflichtleistung bejaht, obwohl die Grenze eines BMI von 40 marginal unterschritten wurde (9C_820/2009 E. 2.1.2).

– 9C_224/2009 E. 4.2: Magenbanding und Magenbypass in casu gleichermassen zweckmässig, Magenbanding aber als vergleichsweise wirtschaftlicher beurteilt; in Frage stand ein dritter Bandersatz.

– *Akne:* BGE 129 V 167 E. 2: in casu psychische Störungen mit Krankheitswert bejaht; die Narbenbehandlung ist kassenpflichtig.

– *Alkoholismus* ist Krankheit. Er hat schon für sich genommen Krankheitswert (EVGE 1969 11, 12 E. b; BGE 101 V 77 E. 1a). Zum Krankheitsbegriff in diesem Zusammenhang s.a. Longchamp*, S. 140 Fn. 341 und 156 f. sowie Kieser, ATSG*, Art. 3 Rz. 24).

– *Amalgam-Allergie:* keine Aussage zum Krankheitswert in RKUV 1995 K 968 143 E. 2; vgl. a. BGE 130 V 185; BGE 123 V 53; BGE 125 V 278; K 61/05.

– *AIDS*, siehe HIV.

– *Andrenogenitales Syndrom* als Krankheit anerkannt: RKUV 1985 K 630 147; chirurgische Geschlechtsanpassung in casu Pflichtleistung.

– *Bauchfalten oder Fettschürzen* nach Abmagerungskur: Krankheitswert verneint in K 50/05 E. 2.3, K 135/04 E. 2.2=RKUV 2006 KV 358 55 (konservative Behandlung geht vor Chirurgie) und RKUV 1985 K 638 197 E. 2b. Eine Leistungspflicht wurde dagegen vom VG LU (Fall-Nr. S 02 323 28.03.2003) mit Bezug auf die Korrektur ausgeprägter Hängebrüste und schlaffer Haut am Bauch einer kleichwüchsigen Person nach starkem Gewichtsverlust als Folge eines Magenbandings.

– *Blepharochalasis (Dermatochalasis; Schlupflider)*: Sie muss pathologisches Ausmass annehmen, um Krankheit sein zu können (K 92/05 E. 2.2.2; K 15/07 E. 4). Chirurgische Behebung in casu

(K 1/05) nicht als Krankheitsbehandlung anerkannt. Siehe ferner K 117/01 E. 3a; K 62/05 E. 2 (Nachweis des Krankheitswerts durch Gesichtsfeldmessung). Vgl. a. K 5

– *Brustoperation, siehe Mamma-Operation.*

– *Debilität* stellt nicht ohne Weiteres Krankheit dar (RKUV 1983 534 119 E. 2).

– *Depression ist Krankheit:* RSKV 1977 298 167 E. 2b (Schwanger-schaftsdepression); RKUV 1991 K 863 S. 73 E. 2, 1988 K 756 18, 1984 K 591 197 (reaktive Depression); RKUV 1992 K 889 58 E. 2b/bb, RKUV 1997 K 984 119 (endogene Depression); BGE 129 V 167 E. 2 (depressive Entwicklung nach schwerer chronischer Akne).

– *Dermatochalasis*, siehe Blepharochalasis.

– *Drogensucht* ist Krankheit: BGE 118 V 107 E. 1b betreffend Heroin-sucht; RKUV 1991 K 856 21. Zur Methadon-Substitutionsbehand-lung als Pflichtleistung: BGE 118 V 107; RKUV 1993 K 910 42; RKUV 1995 K 962 71; Ziff. 8 Anhang 1 KLV. Zum Krankheitsbe-griff in diesem Zusammenhang: Longchamp*, S. 156 f.

– *Entwicklungsstörung, motorische, bei Kindern:* Krankheit bejaht, wenn die Störung somatische Auswirkungen hat, die das Kind in seinem Alltagsleben erheblich beeinträchtigen: BGE 130 V 284 E. 5.1.3; 130 V 288 E. 3.3.

– *Eryhtrophobie* (Erröten) kann Krankheitswert haben: RKUV 2000 KV 132 279 (Urteilsbespr. Pfiffner Rauber*, S. 174).

– *Fehlgeburt* ist Krankheit gleichgestellt: RKUV 1988 K 778 S. 320, 323; K 157/01=RKUV 2004 KV 300 383 E. 7.2.

– *Fettschürzen, siehe Bauchfalten*

– *Frühgeburt* ist keine Krankheit (RKUV 1988 K 778 320 E. 2).

– *Hilflosigkeit eines (gesunden) Kleinkindes* ist nicht Krankheit (BGE 125 V 8 E. 4c).

– *Hilflosigkeit im Alter* erfüllt den Krankheitsbegriff (RSKV 1974 199 119; Longchamp*, S. 165, bejaht das auch für das KVG; ebenso SVR 1999 KV Nr. 5 E. 4, TA Vaud).

– *HIV-Seropositivität:* Krankheitscharakter bejaht: BGE 116 V 239 E. 3, BGE 124 V 118 E. 5; krit. Leuzinger-Naef, Vorbestandener Gesundheitsschaden, S. 189 ff.; Dies. In SZS 1992 S. 65 ff.; Mo-simann, AJP 2/99 S. 210; Wagner, in: CHSS 1998, S. 81 f. je mit Hinweisen auf weitere Kritiken. S.a. Longchamp*, S. 118, 137.

- *Hodenprothesen-Implantation:* Krankheitsbehandlung bejaht: BGE 121 V 119 E. 3a.
- *Hyperstimulationssyndrom* nach IVF; die Behandlung ist Pflichtleistung: RKUV 1999 KV 91 457 E. 4b.
- *Hypertonie* kann Krankheitswert haben (RKUV 1984 K 594 229 E. 39).
- *Impotenz,* erektile Dysfunktion kann Krankheit sein: BGE 129 V 32 E. 4.2; zu den Erektionshilfen siehe Ziff. 1.4 Anhang 1 KLV und K 46/05 E. 4=RKUV 2006 KV 361 133 (Transsexualismus-Fall)
- *Insemination, künstliche:* ist Therapie und gesetzliche Pflichtleistung; Ziff. 3 Anhang 1 KLV; so schon unter dem alten Recht: RKUV 1999 KV 90 453; BGE 121 V 289 E. 2b und 302 E. 8; Urteilsbespr. PFIFFNER RAUBER*, S. 176. Die Pflichtleistung umfasst auch die begleitende Hormonbehandlung (BLVGE 2005 Nr. 49 S. 381 E. 2 und 3).
- *In-vitro-Fertilisation und Embryotransfer:* keine Pflichtleistung (Ziff. 3 Anhang 1 KLV): BGE 125 V 21, Urteilsbespr. DUC, in AJP 1999 S. 870; K 117/02 E. 3; K 107/03 E. 3 (Urteilsbespr. LONGCHAMP*, S. 141 ff.; krit. AYER ARIANE, in: plädoyer 1/2002, S. 57). Die Frage des therapeutischen Charakters dieser Massnahmen offen gelassen in BGE 119 V 26 E. 6; BGE 113 V 42 E. 4d/dd; s.a. RKUV 1995 K 966 133.
- *Juckreiz* kann Krankheitswert haben (K 12/04 E. 4; Keloidnarben).
- *Kapselfibrose* nach Brustprothesenimplantation kann Krankheitswert haben: RKUV 1997 K 987 289.
- *Karies* ist nach heutiger Auffassung Krankheit. Zur Pflichtleistungsfrage siehe Art. 31 Abs. 1 KVG; vgl. a. BGE 103 V 177 E. 3b.
- *Kosmetische Behandlungen:* siehe die Stichwörter Akne, andrenogenitales Syndrom, Bauchfalten, Blepharochalasis, Hodenprothese, Lipodystrophie, Mamma-Operation, Narben, Transsexualismus. Der Aufwand bei kassenpflichtigen kosmetischen Operationen hat sich im Rahmen der Wirtschaftlichkeit zu halten (BGE 102 V 69; BGE 120 V 463 E. 6b).
- *Lipodystrophie nach medikamentöser AIDS-Behandlung:* BGE 134 V 83; Frage des Krankheitswerts offen gelassen.
- *Mammahypertrophie (Makromastie; Mammahyperplasie):* Die Frage, ob sie für sich allein Krankheit darstellt, wurde in BGE 121 V 211 E. 4 (und RKUV 1996 K 972 1, E. 4; K 85/99=RKUV 2000

KV 138 357 E. 3b, Urteilsbespr. Fessler, SZS 2001 S. 95) offen gelassen, in RKUV 1994 K 931 55 E. 3d für Mammadysplasien und Asymmetrien der Mammae (K 132/02, K 80/00 E. 4c) verneint, dagegen in K 143/06 E. 4.3 bejaht. Mammahypertrophie kann Gegenstand eines Versicherungsvorbehalts sein (RKUV 1986 K 667 95, VG LU Fall-Nr. S 91 352 29.10.1992; das Urteil kann heute nur noch für die Taggeldversicherung relevant sein).

– *Mamma-Operationen*

– *Brustreduktion bei Mammahypertrophie* ist Krankheitsbehandlung, wenn die Mammahypertrophie körperliche oder psychische Beschwerden mit Krankheitswert verursacht (BGE 130 V 299 E. 3; K 85/99 =RKUV 2000 KV 138 357 E. 3a, RKUV 2004 KV 284 236, 242 E. 4.1 u.a.m). Für den Kausalzusammenhang mit der Mammahypertrophie ist überwiegende Wahrscheinlichkeit erforderlich (BGE 121 V 211 E. 4; RKUV 1992 K 903 S. 230 E. 3b). Er wird i.d.R. als erwiesen betrachtet, wenn das entfernte oder zu entfernende Gewebe ungefähr – im Sinne eines Richtwerts – 500 gr. je beidseits beträgt (BGE 121 V 211 E. 5a und 6b; K 147/05 E. 6.1; K 15/04 E. 3.2.1), kein Übergewicht vorliegt (Richtwert: BMI von mehr als 25; BGE 130 V 299 E. 3; K 171/00 E. 2c m.H.; RKUV 1996 K 972 1 E. 5c, 1991 K 876 S. 246 E. 3c) und kostengünstigere konservative Möglichkeiten der Behandlung der Beschwerden zu keinem genügenden Erfolg geführt haben (BGE 130 V 299 E. 6.2.3 ff.; K 123/04 E. 2.2.2; K 147/05 E. 2.3; K 94/04 E. 3.2; komm. Pfiffner Rauber*, S. 170). Weitere ältere Judikatur: RSKV 1972 125 77; RKUV 1986 K 679 226, 1991 K 884 303, 1994 K 931 55.

– *Brustprothesenimplantation* ist Krankheitsbehandlung, wenn sie nach medizinisch notwendiger Amputation vorgenommen wird (BGE 111 V 229 E. 3b). Ziff. 1.1 Anhang 1 KLV ist gesetzmässig (K 50/99 E. 4b=RKUV 2000 KV 113 126).

– Die Behebung von *Keloidnarben* nach Mammareduktion kann Pflichtleistung sein (K 12/04 E. 3 und 4).

– *Brustprothesenersatz* für alte Prothesen, die aus rein ästhetischen Gründen implantiert worden waren und deren Entfernung krankheitsbedingt notwendig ist, fällt nicht unter die Pflichtleistungen (K 50/99 E. 4c und 4d=RKUV 2000 KV 113 126, 1997 K 987 289 E. 4d).

– *Hypoplasie der Brust*: Die chirurgische Behandlung einer ausgeprägt tuberösen Brust ist kassenpflichtig (K 4/04=RKUV 2005 KV 345 366, 370 E. 5.1). Krankheitswert kann auch das völlige Fehlen der Brüste wegen unterbliebener Entwicklung haben (K 50/99 E. 4c=RKUV 2000 KV 113 126).

– *Asymmetrie der Brüste*: RKUV 1994 K 931 55 E. 3 und K 85/99 E. 3 f.=RKUV 2000 KV 138 357; SVR 2001 KV Nr. 29 (Asymmetrie ist für sich allein keine Krankheit; Urteilsbespr. FESSLER, in: SZS 2001 S. 95). Symmetrisierung nach krebsbedingter Brustoperation: Pflichtleistung verneint in K 132/02 und K 80/00, bejaht dagegen in K 143/06 E. 4.2 (beträchtliche Asymmetrie als Folge der postoperativen Komplikation einer Dermohypodermitis als sekundärer Gesundheitsschaden qualifiziert).

– *Meniskusriss* ohne Nachweis eines Unfalls oder einer unter das UVG fallenden unfallähnlichen Körperschädigung (Art. 9 Abs. 2 lit. c UVV) ist in der sozialen KV Krankheit (RKUV 1986 K 685 S. 295, 300 f.).

– *Narbenoperation*: Krankheitswert kann gegeben sein: BGE 102 V 69; BGE 129 V 167 E. 2: Gesichtsnarben nach schwerer chronischer Akne; K 12/04 E. 4: Keloidnarben nach chirurgischer Mammareduktion.

– *Neurose* ohne adäquaten Kausalzusammenhang mit einem Unfall ist als krankheitsbedingt zu qualifizieren (RSKV 1976 240 S. 35 E. 2).

– *Obstipation:* Spülsaugverfahren sind Krankheitsbehandlung (Art. 7 Abs. 2 Ziff. 1 KLV), auch die komplementärmedizinische Colonhydrotherapie kann Pflichtleistung sein: K 108/03 E. 4.

– *Ohren*, abstehende: Krankheitswert in RSKV 1983 529 93 E. 2 und K 132/04 E. 2.2 verneint.

– *Prophylaktische Massnahmen:* siehe Ausführungen zu Art. 26 KVG.

– *Psychische und geistige Erkrankungen,* siehe die Stichwörter Depression, Neurose, psychischer Leidensdruck, psychogene Fixierung, Psychosomatose, Schlafstörung, Stimmungsschwankung, Transsexualismus.

– *Psychischer Leidensdruck* oder Komplexe wegen eines ästhetischen Defizits gelten in der Regel nicht als Krankheit: siehe oben Rz. 10.

– *Psychosomatose:* als Krankheit anerkannt in RKUV 1984 K 589 185, vgl. a. RKUV 1994 939 162 E. 3b (psychogene Fixierung bei Lungenwegserkrankung).

– *Schlafstörungen mit Krankheitswert:* BGE 120 V 200 E. 6.
– *Schlupflider*, siehe Blepharochalasis; K 1/05 E. 3).
– *Schwangerschaft,* soweit sie normal verläuft, ist nicht Krankheit (siehe Ausführungen zu Art. 29 KVG). *Schwangerschaftsabbruch:* siehe oben Rz. 14 und Art. 30 KVG hiernach; altrechtlich BGE 107 V 99, RSKV 1982 517 S. 287.
– *Sprachstörungen:* Störung des Redeflusses (Stottern) als Krankheit grundsätzlich anerkannt: K 143/04 E. 5 ff.; Art. 10 KLV.
– *Sterilisation* zur Verhinderung der Zeugung eines kranken Kindes ist als Pflichtleistung nicht ausgeschlossen: RKUV 1985 K 653 296 E. 3b, aber nur gegeben, wenn in der Person der Versicherten ein krankhaftes Geschehen vorliegt (RKUV 1998 K 992 390 E. 3; Ziff. 3 Anhang 1 KLV ist in diesem Punkt gesetzmässig). *Deferenzplastik:* in RKUV 1986 K 681 S. 235 E. 3 nicht als Krankheitsbehandlung anerkannt.
– *Sterilität* ist Krankheit (BGE 125 V 21 E. 3, Urteilsbespr. Duc, AJP 1999 S. 870; BGE 121 V 289 E. 2b; BGE 121 V 302 E. 3; BGE 119 V 26 E. 2 m.H..; BGE 113 V 42 E. 3b; altrechtliche Praxis: RSKV 1971, S. 39 f.; RKUV 1999 KV 90 453; Longchamp*, S. 141). Zur *Vasektomie* oder *Sterilisation* als Krankheitsbehandlung siehe Ziff. 3.1 Anhang 1 KLV und RKUV 1986 K 681 S. 235 E. 2c.
– *Stimmungsschwankungen* sind nicht Krankheit (RSKV 1981 440 S. 59, 60 E. 2).
– *Suizid:* siehe oben Rz. 11.
– *Taubstummheit*: Krankheitswert in Frage gestellt in RKUV 1983 534 119 E. 2.
– *Transsexualismus* (echter) ist Krankheit: BGE 105 V 180 E. 1; s.a. die altrechtlichen, nach wie vor gültigen BGE 114 V 153 E. 4; BGE 114 V 162 E. 4f.; BGE 120 V 463 E. 5. Vor einer Geschlechtsumwandlung ist eine zweijährige, medizinisch begleitete Beobachtungszeit einzuhalten: K 110/05 E. 3.3, RKUV 2000 KV 106 63 E. 1b; BLVGE 2005 Nr. 47 S. 369 (s.a. EMGR Urteil-Nr. 29002/06 08.01.2009, wonach dieses Erfordernis unter Umständen EMRK-widrig sein kann; in casu Verstoss gegen Art. 8 EMRK). Für eine früher vorgenommene Gesichtsepilation besteht keine Leistungspflicht (K 142/03=RKUV 2004 KV 301 390, 394 E. 2.4; K 98/04 E. 3.1). Bei der Umwandlung von Frau zu Mann ist die Implantation einer Penisprothese kassenpflichtig (K 46/05 E. 5.2=RKUV 2006

KV 361 133; s. a. Ziff. 1.4 Anhang 1 KLV; K 133/95 5.3.1996),
ebenso eine lebenslange Hormonbehandlung zur Vorbeugung gegen
eine Osteoporose für eine Person, die nach einer nicht von der OKP
übernommenen Geschlechtsumwandlung Mann-Frau hormonal im
Zustand einer Frau in der Menopause ist (K 64/00 E. 2c =RKUV
2001 KV 155 140). S.a. LONGCHAMP*, S. 134 f.
– *Zahn:* Ein fehlender Zahn stellt keine Krankheit dar (RKUV 1990
K 846 247; Krankheitsbegriff im Recht der Gesundheitsvorbehalte;
ebenso wenig ein impaktierter *Weisheitszahn* ohne Komplikationen:
RKUV 1986 K 666 89, KUVG-Recht).

6. Verschiedene Abgrenzungsfragen

17 *Zusammentreffen von Krankheitstherapie mit anderen Behandlungszielen:* Therapeutische können mit nichttherapeutischen Behandlungszielen zusammentreffen, so etwa, wenn im Zuge einer krankheitsbedingten
Operation gleichzeitig eine kosmetische durchgeführt wird, ohne dass
zwischen beiden ein sachlicher Konnex besteht (K 93/04). Diesfalls ist
eine Kostenausscheidung vorzunehmen (RKUV 1991 K 859 55 E. 3;
SBVR-EUGSTER*, Rz. 639). S.a. Art. 25 Rz. 70 (Behandlungskomplex).

18 *Zusammentreffen mit Versicherungsfällen anderer Sozialversicherer:*
Zur Übernahme der Heilungskosten bei stationärer Behandlung, wenn
der zu behandelnde Gesundheitsschaden zum Teil auf einen von einem
anderen Sozialversicherer zu deckenden Versicherungsfall zurückzuführen ist oder wenn während stationärer Behandlung ein solcher Versicherungsfall eintritt, siehe Art. 64 Abs. 3 und 4 KVG (KIESER, ATSG-Kommentar*, Art. 64 Rz. 18 ff.). Art. 128 UVV regelt die Leistungspflicht,
wenn ein nach UVG versicherter Patient während eines unfallbedingten
Spitalaufenthalts erkrankt (Abs. 1) oder wenn dieser während eines solchen Spitalaufenthalts erkrankt (Abs. 2).

19 *Gesundheitsschäden als Folge nicht kassenpflichtiger Behandlungen:*
Für den Krankheitsbegriff nach Art. 3 Abs. 1 ATSG ist, wenn kein Un-
fall vorliegt, die Ursache der gesundheitlichen Beeinträchtigung ohne
Bedeutung (RKUV 1999 KV 91 457 E. 2a; RKUV 1997 K 987 289
E. 4b; s. Rz. 4 hiervor). Tritt bei der Durchführung oder als Spätfolge
einer nicht kassenpflichtigen Behandlung ein unter diagnostischen und

therapeutischen Gesichtspunkten selbständiger Gesundheitsschaden auf, so ist dessen Behandlung Pflichtleistung (Beispiele: RKUV 1999 KV 91 457 E. 4: Behandlung eines Hyperstimulationssyndroms nach IVF-Behandlung; RKUV 1997 K 987 289 E. 4b: Behandlung einer Kapselfibrose nach einer ästhetisch motivierten Mamma-Augmentationsplastik; K 64/00 E. 2c=RKUV 2001 KV 155 140: lebenslange Hormonbehandlung zur Osteoporosevorbeugung nach einer nicht kassenpflichtigen Geschlechtsumwandlung Mann-Frau).

Miteinbezug von Drittpersonen in die Behandlung: In gewissen Fällen 20 müssen Drittpersonen in eine Behandlung einbezogen werden, so etwa im Falle von Organtransplantationen (Ziff. 1.2 Anhang 1 KLV), bei einer Sterilisation des Mannes, wenn diese Massnahme bei der Frau nicht möglich oder erwünscht ist (Ziff. 3 Anhang 1 KLV) oder beim Einbezug von Familienmitgliedern bei indirekten Gentests (RKUV 1995 K 957 12: DNA-Analysen bei Verwandten wegen einer Risikoschwangerschaft der Versicherten).

IV. Unfall (Art. 1a Abs. 2 lit. b KVG)

Bibliografie: (Hauptwerke und Allgemeines): BORELLA ALDO; La giurisprudenza del Tribunale federale delle assicurazioni sulla nozione d'infortunio, in: Temi scelti di diritto delle assicurazioni sociali, Basel et al. 2006 S. 7 ff.; BÜHLER ALFRED, Der Unfallbegriff, in: Alfred Koller (Hrsg.), Haftpflicht- und Versicherungsrechtstagung 1995, St. Gallen 1995; FRÉSARD JEAN-MAURICE/MOSER-SZELESS, L'assurance-accident obligatoire, in: Schweizerisches Bundesverwaltungsrecht, Meyer Ulrich (Hrsg), Basel et al. 2006, S. 85; KIESER UELI, Der Unfallbegriff in der neueren Rechtsprechung, in: Unfall und Unfallversicherung, Schriftenreihe IRP-HSG, St. Gallen 2009 S. 9; KIESER*, ATSG-Kommentar*, Art. 4; MAURER ALFRED, Schweizerisches Unfallversicherungsrecht, 2. Aufl., Bern 1989; MAURER ALFRED, Recht und Praxis der schweizerischen obligatorischen Unfallversicherung, 2. Aufl., Bern 1963; MEYER ULRICH, Funktion und Bedeutung des Unfallbegriffes im schweizerischen Sozialversicherungsrecht, in: Alfred Koller (Hrsg.), Haftpflicht- und Versicherungsrechtstagung 1995, St. Gallen 1995, S. 281 ff.; RUMO-JUNGO ALEXANDRA, Bundesgesetz über die Unfallversicherung, in: Erwin Murer/Hans-Ulrich Stauffer, Reihe Rechtsprechung des Bundesgerichts zum Sozialversicherungsrecht, 3. Aufl., Zürich 2003; TOLUNAY ÖZGERHAN A., La notion de l'accident du travail dans l'assurance-accidents obligatoire en droit suisse, allemand et français, Diss. Neuenburg 1977; WAGNER PIERRE, Les définitions de la maladie, de l'accident et de la maternité (contribution à l'étude de l'art. 2 LAMal), in: LAMal – KVG*, S. 87 ff.

1.   Subsidiarität der Unfalldeckung

21   *Krankenpflegeversicherung:* Anders als im alten Recht (BGE 112 V 291 E. 2b, BGE 112 V 283 E. 1) ist die Deckung des Unfallrisikos in der OKP obligatorisch. Sie kann nur unter den Voraussetzungen von Art. 8 KVG ausgeschlossen werden. Die anderweitige UV gemäss Art. 1a Abs. 2 lit. b KVG kann eine private schweiz. Unfallversicherung (UV), die obligatorische UV nach UVG (BGE 126 V 319 E. 4) oder die MV, aber auch eine ausländische private oder soziale UV sein. Die OKP leistet subsidiär, kann aber auch komplementär sein, indem sie Behandlungskosten übernimmt, die die anderweitige UV nicht oder nicht vollständig deckt (BGE 126 V 319 E. 4a; zu den Begriffen subsidiär und komplementär: BGE 109 V 145 E. 1, RKUV 1988 K 762 96 E. 2c; zum Verhältnis zu Art. 64 ATSG: Kieser, ATSG-Kommentar*, Art. 64 Rz. 16). *Übergangsrecht:* Die Abgrenzung der Leistungspflicht zwischen verschiedenen Versicherern für Unfälle, die sich vor dem Inkrafttreten des KVG ereignet haben, wird durch Art. 102 Abs. 4 letzter Satz KVG geregelt (K 187/00 E. 3c).

22   *Taggeldversicherung:* Das Unfallrisiko ist subsidiär inbegriffen, soweit es nicht ausdrücklich ausgeschlossen worden ist (Art. 72 Abs. 1 KVG), kann aber auch komplementär zur obligatorischen oder einer anderweitigen UV gedeckt sein.

2. Der Unfallbegriff im Allgemeinen; Funktion in der KV

Unfall ist nach Art. 4 ATSG «die plötzliche, nicht beabsichtigte schä-   23
digende Einwirkung eines ungewöhnlichen äusseren Faktors auf den
menschlichen Körper, die eine Beeinträchtigung der körperlichen, geistigen oder psychischen Gesundheit oder den Tod zur Folge hat». Jeder
nicht unfallverursachte Gesundheitsschaden stellt Krankheit dar (Art. 3
Abs. 1 ATSG; altrechtlich: RKUV 1985 K 636 183 E. 1; BGE 118 V 107
E. 1a, BGE 98 V 144 E. 3 m.H.; s.a. Rz. 4 hiervor).

Der Unfalldeckung über die OKP kommt grosse praktische Bedeu-   24
tung zu, weil alle nichterwerbstätigen Personen wie auch alle Personen
ohne Sistierung nach Art. 8 KVG für Heilungskosten automatisch unfallversichert sind. Da jedoch bei Unfall die gleichen Leistungen wie
bei Krankheit zu erbringen sind (Art. 28 KVG), ist die Abgrenzung der
beiden Risiken von beschränkter praktischer Relevanz. Dem Unfallbegriff kommt in der sozialen KV lediglich die Bedeutung zu, die Zuständigkeit anderweitiger Unfallversicherer (Art. 1a Abs. 2 lit. b KVG) von
derjenigen der KVers (Art. 11 KVG) abzugrenzen. Ferner dient er der
Abgrenzung der krankheitsbedingten Kausystemerkrankungen (Art. 31
Abs. 1 KVG), die nur in Sonderfällen kassenpflichtig sind (Art. 17–19a
KLV), von den unfallbedingten Zahnschäden, die uneingeschränkt gedeckt sind (Art. 31 Abs. 2 KVG). Angesichts dieser limitierten rechtlichen Bedeutung des Unfallbegriffs in der KV beschränken wir uns im
Folgenden auf eine kurze Darstellung der bundesgerichtlichen Kasuistik
als Orientierungshilfe für den Praktiker, während für die Dogmatik und
die Kritik sowie die Fragen zur Adäquanz zwischen dem Unfallereignis und der zur Diskussion stehenden Gesundheitsproblematik auf die
Standardwerke zum ATSG und zum UVG (BÜHLER, FRÉSARD/MOSER-
SZELESS; MAURER, MEYER U, KIESER, RUMO-JUNGO) und die dort angeführte Spezialliteratur verwiesen wird.

Das Vorliegen eines Unfallereignisses muss zumindest mit Wahrschein-   25
lichkeit erstellt sein, wobei nur eine glaubhafte Sachdarstellung der
versPers Abklärungen des Versicherers auszulösen vermögen (BGE 114
V 298 E. 5b m.H.; U 102/06 E. 3.1; U 390/05 E. 2.2 u.a.m). Zur Glaub-
haftmachung bedarf es nicht unbedingt eines Beweises durch Zeugen
(BGE 103 V 175; U 269/03 E. 4.2; U 491/06 E. 3.2.1). Bei sich wi-

dersprechenden Aussagen der versPers kommt der Aussage der ersten Stunde meist grösseres Gewicht zu (BGE 121 V 45 E. 2a; U 236/03 = RKUV 2004 U 524 546 m.h. auf die Doktrin; 8C 126/2009 E. 4.1.1; U 236/98 E. 2c =RKUV 2000 Nr. U 377 183; U 360/02 E. 3.2 m.H. u.a.m.). Der fehlende Unfallnachweis kann nicht ohne Weiteres durch medizinische Feststellungen ersetzt werden (statt vieler: BGE 134 V 72 E. 4.3.2.2; U 71/07 E. 4.1; 8C 126/2009 E. 4.1.2). Der medizinische Begriff des Traumas deckt sich mit dem Unfallbegriff nicht (statt vieler: U 6/02 E. 2.3; U 71/07 E. 4.1 m.H.). Unkorrekte Unfalldeklarationen können zu Leistungsrückforderungen führen (U 100/06). Zur Beurteilung der Adäquanz zwischen dem Unfallereignis und den Gesundheitsfolgen ausführlich KIESER, ATSG-Kommentar*, Art. 4 Rz. 45 ff. S.a. BÜHLER, S. 258; RUMO-JUNGO, UVG S. 20 ff.; SBVR-FRÉSARD/MOSER-SZELESS, Rz. 79 ff. mit umfassender Bibliografie zum Thema.

3. Elemente des Unfallbegriffs

a)   Plötzlichkeit

26   Die Einwirkung muss auf einen *relativ kurzen, abgrenzbaren Zeitraum* beschränkt sein (8C 649/2008 E. 6.3; U 178/02 E. 1.1 m.H.; EVGE 1949 9, 12 E. 2; EVGE 1947 3, 9 E b in fine; U 178/02 E. 3.2: bei Lebensmittelvergiftungen muss der Konsum innert relativ kurzer Frist erfolgen; Drogenfall). Ein genereller Mindestzeitraum lässt sich nicht definieren (U 430/00 E. 4b=RKUV 2001 U 437 342). Der plötzliche Vorgang muss auch *einmalig* sein (U 178/02 E. 1.1 m.H.); wiederholte oder kontinuierliche Einwirkungen (Mikrotraumata) schliessen Unfallmässigkeit aus (BGE 134 V 72 E. 4.3.2.1; BGE 116 V 145 E. 2c; 8C 826/2008 E. 5.1; U 159/06 E. 2; U 45/07 E. 3.1; RKUV 1986 K 685 295 E. 3 (ausführlich dazu BÜHLER, 207 ff.; RUMO-JUNGO, S. 40 ff.; krit. KIESER, ATSG-Kommentar*, Art. 4 Rz. 16).

Kasuistik

Plötzlichkeit bejaht   27

–   bei der Transfusion gruppengleichen Bluts (EVGE 1961 201, 207).
–   beim Zeckenbiss, selbst wenn die Infektion erst Tage später manifest wird (BGE 122 V 230 E. 5c).
–   Bei Sonnenstich, Sonnenbrand, Hitzschlag und Erfrierungen, wenn sich diese im Gefolge ausserordentlicher Vorgänge einstellen, so etwa bei erzwungener Exposition (BGE 98 V 165; RKUV 1987 U 25 375 E. 3a: Fingererfrierung auf Bergtour ist in der Regel kein Unfall). Unfall dagegen bejaht beim Erfrieren der Finger auf einer Klettertour nach dem Reissen spezieller Kletterhandschuhe (U 430/00 E. 4b=RKUV 2001 U 437 342).
–   Arbeiten in einem Kühlraum während eines ganzen Tages (SemJud 1968 S. 305, 311).

Plötzlichkeit verneint

–   Tinnitus nach Gongschlagexposition während 10 bis 15 Minuten (U 26/00 E. 2).
–   Ein Lokomotivführer realisierte aus einer Distanz von 200 bis 300 m ein unerwartetes Haltesignal (EVGE 1956 S. 87).
–   Gesundheitliche Komplikationen im Zuge einer ärztlichen Behandlung während anderthalb Jahren, die sich aus mehreren chirurgischen Eingriffen zusammensetzte (8C 234/2008 E. 6).

Einmaligkeit verneint

–   Fussblasen bei Marsch (EVGE 1943 S. 103, 104).
–   Aktivierung eines Ostitisherdes nach wiederholten Massagen (EVGE 1949 S. 9, 12 E. 2).
–   S.a. U 85/03 E. 4=RKUV 2004 U 519 439: Entstehung eines malum perforans (Fusssohlengeschwür) bei einem Diabetiker nach dem Tragen engen Schuhwerks.

b)   Fehlende Absicht

Bibliografie: BENZ-SIEGRIST BARBARA, Suizid und Suizidversuch: aus der Sicht des obligatorischen Unfallversicherers, Schweizer Versicherung 12/1997, S. 39 ff.; FLEISCHLI HANS, Suizid und Suizidversuch (II): in der Rechtsprechung der sozialen Unfallversicherung, Schweizer Versicherung 1/1998, S. 39 ff.; KIND HANS, Suizid oder «Unfall». Die psychiatrischen Voraussetzungen für die Anwendung von Art. 48 UVV, SZS 1993, S. 276 ff.; KIESER, ATSG-Kommentar*,

Art. 4 Rz. 17 ff.; KIND HANS, Suizid oder « Unfall » ?: psychiatrische und versicherungsrechtliche Probleme, SZS 1986, S. 130 ff.; MOHAROS STÉPHANE, Le suicide en assurances sociales, in: CGSS Nr. 25 (2000), S. 97 ff.; PFIFFNER RAUBER BRIGITTE, Leistungen des Unfallversicherers bei Suizid; zur Gesetzeskonformität von Art. 48 UVV, in AJP 2003 S. 1240, Urteilsbespr. BGE 129 V 95.

28 Absichtliche Gesundheitsschädigung schliesst das Vorliegen eines Unfalls begriffsnotwendig aus (BGE 100 V 76 E. 1a; RKUV 1996 Nr. U 247 168 E. 2a; s.a. Art. 37 Abs. 1 UVG), es sei denn, die betreffende Handlung erweise sich wegen Urteilsunfähigkeit als unfreiwillig. Zum Suizid und zur Selbstverstümmelung (Artefakte) im Zustande *vollständiger* Urteilsunfähigkeit (Art. 16 ZGB) als Unfall oder als eindeutige Folge eines versicherten Unfalls siehe Art. 48 UVV, BGE 129 V 95, Urteilsbespr. PFIFFNER RAUBER, AJP 2003 S. 1240; BGE 113 V 61 E. 2b, 120 V 352, 115 V 151, RKUV 1996 U 267 309, U 306/03 E. 2 betr. Suizid nach Verkehrsunfall, U 258/02 E. 7.1 betr. Artefakte, in casu Münchhausen-Syndrom; BÜHLER, S. 212 ff., und FRÉSARD/MOSER-SZELESS, N. 61 ff.; KIESER, ATSG-Kommentar*, Art. 4 Rz. 20 ff.; RUMO-JUNGO, UVG, S. 190 ff. vgl. ferner die Toxikomaniefälle U 300/04 E. 4.3 und U 276/01 E. 2). Bezüglich Unfreiwilligkeit trägt die versPers die Beweislast (U 258/02 E. 7.1; RKUV 1996 Nr. U 247 168), wobei an den Nachweis der Selbstbeeinträchtigung keine überspitzten Anforderungen gestellt werden dürfen; bei Suizid ist dagegen von der Vermutung der Unfreiwilligkeit auszugehen (E. 2a und 2b). Für die Folgen eines Suizidversuchs, der die Merkmale eines Unfalls nicht erfüllt, hat im Bereiche der Heilbehandlung die KV aufzukommen (Rz. 11 hiervor).

c) Ungewöhnlicher äusserer Faktor

Bibliografie: BAER TURTÈ, Die Zahnschädigung als Unfall in der Sozialversicherung, SJZ 88 (1992), p. 321 ff.; HÜSLER MARKUS, Zahnschaden als Unfall, in: Riemer-Kafka Gabriela (Hrsg.), Der Zahnarztpatient – sozialversicherungsrechtliche und sozialhilferechtliche Fragen, Zürich 2008, S. 21; GALLIKER P., Skorpionstich, Schlangenbiss, Zeckenbiss: Unfallereignisse?, Versicherungskurier 1988, S. 2 ff.; GARAVAGNO ROBERTO, La cause extraordinaire dans la définition de l'accident, in: CGSS Nr. 10 (1993), S. 29 ff.; KIESER UELI, Kriterien des Unfallbegriffs nach Art. 4 ATSG, insbesondere Voraussetzung der Ungewöhnlichkeit, in HILL 2008, Fachartikel N. 9. Weitere Bibliografie hiernach zu einzelnen Themen.

Der Unfallbegriff verlangt ein von aussen auf den Körper einwirkendes 29
Ereignis (ausführlich dazu BÜHLER, S. 225). Einwirkung von aussen
liegt auch bei unkoordinierten (provozierten) Eigenbewegungen (BGE
130 V 117 E. 2.1; U 131/03 E. 2.4; 8C 268/2009 E.2 je m.H.), bei Über-
anstrengung und bei Schreck- oder Schockereignissen vor (siehe Rz. 55
hiernach). Die äussere Einwirkung kann ihre Ursache auch in einem
Krankheitsgeschehen haben (BGE 102 V 131 E. b: ein durch intermit-
tierenden Blutdruckabfall verursachter Sturz mit Beinbruch ist Unfall;
BGE 130 V 39: Schädel-Hirntrauma bei einem epileptisch bedingten
Sturz; RSKV 1976 261 163: Schenkelhalsfraktur durch Sturz bei Cere-
bralsklerose). Personen, welche wegen ihrer Behinderung ein höheres
Unfallrisiko verkörpern, dürfen bei der Beurteilung der Unfallmässigkeit deswegen nicht benachteiligt werden (8C 500/2008 E. 4.3).

Der äussere Faktor ist ungewöhnlich, wenn er den Rahmen des im jewei- 30
ligen Lebensbereich Alltäglichen oder Üblichen überschreitet, was nach
objektiven Gesichtspunkten zu beurteilen ist. Die Praxis berücksichtigt
aber in gewissen Fällen auch persönliche Eigenschaften der versPers,
wie etwa deren Konstitution oder deren berufliche oder ausserberufliche
Gewöhnung (zur Kritik der Doktrin an diesem Kriterium: BGE 134 V
72 E. 4.2.3 m.H.; s.a. Rz. 45 und 50 hiernach). In 8C 500/2008 E. 4.3,
8C 141/2009 E. 7.2 u. 8C 268/2009 E. 3.2 hält das Bger demgegenüber
fest, dass die individuellen Fähigkeiten der versPers kein massgebendes
Kriterium für die – sich nach objektiven Gesichtspunkten richtende –
Bejahung oder Verneinung der Ungewöhnlichkeit der äusseren Einwirkung sind. Die Ungewöhnlichkeit bezieht sich auf den Faktor selbst
und nicht auf dessen Auswirkungen. Es ist daher nicht relevant, ob der
äussere Faktor allenfalls schwerwiegende Folgen nach sich zieht (statt
vieler: BGE 122 V 230 E. 1, 121 V 35 E. 1 m.H.). Die offenkundige
Plötzlichkeit bedeutet nicht schon Ungewöhnlichkeit (RKUV 1996 U
253 199 E. 6c; U 131/03 E. 3.3). Für die Frage der Ungewöhnlichkeit
ist es unerheblich, wie oft sich ein bestimmter Vorgang im jeweiligen
Lebensbereich abspielt (U 131/03 E. 3.3). Sie kann auch nicht einzig
aufgrund der Tatsache verneint werden, dass die versicherte Person mit
dem Eintritt einer Gefahr rechnen musste (8C 827/2007 E. 4.2.1).

Bei Gesundheitsschäden, die erfahrungsgemäss innerhalb eines nor- 31
malen Geschehensablaufs als Folge von Krankheiten (namentlich de-
generativen Veränderungen) auftreten können, stellt die Praxis erhöhte
Anforderungen an die Bejahung der Ungewöhnlichkeit; die Ursache der

Schädigung muss unter besonders sinnfälligen Umständen gesetzt werden (BGE 134 V 72 E. 4.3.2.1; U 411/05 E. 3.1; U 533/06 E. 3.2 m.H.; RKUV 1999 U 345 420 E. 2b; BGE 99 V 136 E. 1 m.H.).

Fallgruppen

Übersicht Seite

Einwirkungen durch Sonne, Kälte oder Lärm

32 Bei starken Sonnen- und Kälteeinwirkungen liegen in der Regel keine Unfälle vor. Siehe die Kasuistik zum Thema Plötzlichkeit (Rz. 26 f. hiervor sowie 5C.18/2006 E. 2.2: Unterkühlung, weil der Tauchanzug gerissen war). Eine Souffleuse erleidet während einer Vorstellung nach einem Paukenschlag einen Hörsturz: kein ungewöhnlicher äusserer Faktor (U 245/05=RKUV U 578 170). Akuter Tinnitus nach Gongschlagexposition während 10 bis 15 Minuten: Merkmale der Plötzlichkeit und der Ungewöhnlichkeit nicht erfüllt (U 26/00 E. 2). S.a. den zivilrechtlichen Fall 5C.18/2006 E. 2.2 (Dekompressionstrauma beim Tauchen nach Riss des Taucheranzugs und Blockade des Hochdruckventils; Plötzlichkeit bejaht).

Infektionen

33 Infektionen gelten als Krankheiten, ausser in besonders atypischen Fällen (beispielsweise ein Sturz in verseuchtes Wasser; weitere Beispiele: BÜHLER, S. 226; s.a. BGE 129 V 402 Erw. 4.2: Spitalangestellte sticht

sich an einer gebrauchten Injektionsnadel: kein Unfall; RKUV 1992 U 146 91: Infektion einer Operationswunde durch einen sehr seltenen Keim: nicht ungewöhnlich). Typische Infektionen von Operationswunden können nicht Unfall sein (BGE 118 V 59 E. 3). Dem Unfall zuzuordnen sind Infektionen als adäquat kausale Folgen eines Unfalls oder der Heilbehandlung unfallbedingter Gesundheitsschädigungen (s. Art. 1a Rz. 4 betr. Behandlungsrisiko der UV und MV).

Das Eindringen von Infektionskeimen über banale Hautabschürfungen,   34 Kratzer oder durch Kratzen entstandene Hautdefekte begründet keinen Unfall (BGE 122 V 230 E. 3; BGE 129 V 402 Erw. 4.1; EVGE 1947 S. 3, 5; s.a. RKUV 2001 U 430 313 E. 4: Kratzen nach Zeckenbiss; U 85/03 E. 4: Entstehung eines malum perforans bei einem Diabetiker nach dem Tragen engen Schuhwerks). Die arbeitsbedingte Ansteckung mit Infektionserregern kann Berufskrankheit sein (Anhang 1 UVV).

Insektenstiche und Tierbisse

Insektenstiche (Bienen, Wespen, Zecken usw.) stellen in der Regel einen   35 ungewöhnlichen äusseren Faktor dar (betreffend Zecken: BGE 122 V 230 E. 5a; U 282/04 E. 2.2). Ein Zeckenbiss ist auch Unfall, wenn er eine Krankheit auslöst (U 435/00 E. 3b=RKUV 2001 U 430 314; in casu Pyoderma). Weitere Fälle: U 208/05 E. 4 (Zeckenbiss mit Borrelieninfekt, aber ohne Lyme-Borreliose) und U 418/04 E. 4 (Frage, ob eine Lyme-Borreliose Ursache einer Fibromyalgie sein kann). Treten nach einer Lyme-Borreliose als direkte Folge depressive Verstimmungen auf, so ist die Adäquanz nicht nach der Rechtsprechung zu psychischen Fehlentwicklungen nach Unfall zu beurteilen (RKUV 2001 Nr. U 432 S. 321; s.a. U 376/06 E. 4).

Vergiftungen

Durch Nahrungsmittel und Getränke: Als Unfall gilt die Verwechslung   36 von vermeintlich ess- oder trinkbaren, in Wirklichkeit aber ungeniessbaren oder giftigen Nahrungsmitteln. Anders wenn ein Irrtum über die Qualität eines an sich geniessbaren, aber verdorbenen oder vergifteten

Nahrungsmittels vorliegt (EVGE 1944 S. 101, 103 E. 2; kein Unfall bei «selbstverschuldeten oder erkennbaren» Qualitätsmängeln; ausführlich dazu BÜHLER, S. 230, und MAURER, UVR, S. 188). S.a. U 178/02 E. 3: Der Versicherte trank aus einer mit Methadon versetzten Cola-Flasche, in der er ein normales Getränk wähnte.

37 *Durch Arzneimittel oder Drogen:* Eine falsche Medikamentierung kann, namentlich wenn es sich um eine grobe und ausserordentliche Verwechslung handelt, den Unfallbegriff erfüllen (U 135/06 E. 4.2 m.H. auf BGE 85 II 344: Einspritzen eines falschen Kontrastmittels in zu starker Dosis erfüllt den Unfallbegriff. *Drogenmissbrauch:* Die Einnahme von Betäubungsmitteln begründet bei einem erfahrenen Drogenkonsumenten keinen ungewöhnlichen äusseren Faktor (RKUV 2000 Nr. U 374 175; U 175/06 E. 3.2 m.H.; U 276/01 E. 2b; U 300/04: dauermedikamentöse Einnahme des Schlafmittels Pentobarbital, das zum Tode führte). Kein ungewöhnlicher Faktor ist das Spritzen von Heroin unter die Zunge im Falle eines erfahrenen Drogenkonsumenten (RKUV 1990 U 107 281 E. 2a).

Unfälle beim Essen und Trinken

38 Bei Beschädigung eines Zahnes im Zuge eines normalen Kauakts ist der ungewöhnliche äussere Faktor zu bejahen, wenn der Schaden durch einen Gegenstand verursacht worden ist, der üblicherweise nicht im betreffenden Nahrungsmittel vorhanden ist (SVR 1999 UV Nr. 9 E. 3c/cc; U 367/04 E. 3.2=RKUV 2006 U 572 84; K 41/05 E. 2.1). Zur Rolle des Vorzustandes siehe Ausführungen zu Art. 31 Abs. 2 KVG Rz. 45, SBVR-EUGSTER* Rz. 453).

39 Ungewöhnlichkeit bejaht: eine Nussschale in einem Nussbrot oder einer Nussschokolade (BGE 112 V 201 E. 3a; BGE 114 V 169 E. 3), ein Knochensplitter in einer Wurst (BGE 112 V 201 E. 3b; RKUV 1992 U 144 83 E. 3b), ein Fruchtstein in einem Fruchtkuchen aus entsteinten Früchten (RKUV 1985 K 614 24 E. 3a), ein Steinchen in einem Reisgericht (RKUV 1999 U 349 477 E. 3a; s.a. den gleichen Tatbestand in K 41/05 E. 2.1 m.H. auf U 34/92 3.8.1992).

Ungewöhnlichkeit verneint: Knorpelrest in Wurst («Buureschüblig»;   40
RKUV 1992 U 144 82 E. 2a und E. 2c), Geschosssplitter (Schrot) in
einem Wildgericht (U 367/04 E. 4=RKUV 2006 U 572 84), Muschelschalen in Pizza «Frutti di Mare», gebacken mit Muschelschalen (U
305/02 E. 2.3), Fruchtstein in Fruchtkuchen mit nicht entsteinten Früchten (RKUV 1987 U 12 63 E. 2 und E. 3), Stein einer gedörrten Zwetsch-
gen in Tutti-frutti, Figur in Dreikönigskuchen (BGE 112 V 201 E. 3b),
Dekorationsperle auf Torte (RKUV 1985 K 614 24 E. 3a); Biss auf
hartes Biskuit («Totenbeinli»; BGE 103 V 177 E. 4b), auf Mehrsalzkorn
in Roastbeef (n.p. Urteil St. 10.4.1989; Zerbeissen von Bonbons (RKUV
1985 K 614 24 E. 3a), von hartgebratener Haut eines Lammgigots (n. p.
EVG-Urteil L. 6.4.1990), eines nicht geplatzten Maiskorns im Popcorn
(n.p. Urteil E. U 63/91 16.1.1992).

Das schädigende Objekt muss sich eindeutig identifizieren lassen. Das   41
Argument, dieses sei unerkannt verschluckt oder weggespült worden,
ist unbehelflich (8C 1059/2008 E. 3; U 252/02 E. 5=RKUV 2004 U 518
433; U 64/02 E. 2.2.1=RKUV 2004 U 515 418; U 153/02; U 211/00
E. 3; U 33/00 E. 2; RKUV 1993 K 921 156 E. 4 u.a.m.). Der Beweis
lässt sich allein aufgrund zahnmedizinischer Feststellungen nicht erbringen (U 326/02 12.6.2003 E. 3.2; U 211/00 E. 3; 8C 1059/2008 E. 4). Der
Versicherer hat dem Antrag, den beigebrachten Gegenstand untersuchen
zu lassen, grundsätzlich stattzugeben (K 152/03 E. 3.2).

Keine Ungewöhnlichkeit liegt vor, wenn beim Essen ein Fleischstück in   42
der Speiseröhre stecken bleibt (RKUV 2000 U 368 100 E. 2), wenn der
Versicherte irrtümlich annimmt, «Griotte au Kirsch» sei mit entsteinten
Kirschen fabriziert (U 8/06 E. 2.3; s.a. EVGE 1944 S. 101). Wer beim
Trinken mit dem Trinkglas durch Anschlagen eines Zahnes diesen beschädigt, ohne dass etwas Programmwidriges von Aussen eingewirkt
hätte, erleidet keinen Unfall (RKUV 1996 U 243 137). Anders verhält
es sich, wenn eine verPers infolge ihres arthrosebedingten motorischen
Handicaps an den Händen eine schwere Suppen-Tasse gegen die Zähne
der Oberkiefer-Front schlägt und dabei Zähne beschädigt (8C 500/2008
E. 5.2).

Unfälle im Wasser

44 Der unfreiwillige Ertrinkungstod ist stets Unfall. Nur im Falle aussergewöhnlicher Umstände ist bei einem freiwilligen Aufenthalt im Wasser der Unfallbegriff erfüllt (beispielsweise im Falle der Perforation des
Trommelfells beim Sprung ins Wasser vom 10-Meter-Brett: EVGE 1964
S. 65, 69 E. 2d). Zwischenfälle beim Tauchen, die mit programmwid-
rigen äusseren Einwirkungen zusammenhängen und die zu Gesundheitsschädigungen oder zum Tod führen, gelten als Unfall, nicht jedoch
die allzu schnelle Dekompression während eines fehler- und kompli-
kationsfreien Auftauchens (U 203/04 E. 3=RKUV 2005 U 539 119).
Siehe die in BGE 134 V 72 E. 4.2.2 und 4.3.2.2 aufgeführte Kasuistik,
5C.18/2006 E. 3.1 sowie die weiteren Hinweise bei Bühler, S. 232 ff.;
Rumo-Jungo, UVG S. 27 sowie Rz. 51 hiernach sub Wassersport; s.a.
Brusa Guido, Tauchunfall, SZS 1986 S. 27, 30 f.).

Körpereigene Bewegungen

45 Körpereigene Bewegungen erfüllen den Unfallbegriff nur, wenn der äussere Ablauf der Bewegung durch etwas Programmwidriges oder Sinnfälliges gestört wird. Beispiele: *Misstritt*: U 236/98 E. 3b=RKUV 2000
U 377 183; *Ausgleiten*: U 269/03 E. 4.3, RKUV 1993 U 162 53; *Über-
anstrengung*: BGE 116 V 136, 139 E. 3b; RKUV 1994 U 180 37 E. 2;
RKUV 1993 U 162 53 E. 3b; U 100/06 E. 4; 8C 268/2009 E. 3.2; zur
Kritik in der Doktrin bezüglich Konstitution und Gewöhnung: BGE 134
V 72 E. 4.2.3; vgl. a. RKUV 1994 U 180 37 E. 2, 1991 K 855 15 E. 3;
der Kraftaufwand muss messbar sein U 150/00 E. 2d.

46 Der Bewegungsablauf ist gesamthaft zu betrachten (U 222/05 E. 6.2
m.H.). Eine reflexartige Bewegung stellt für sich allein noch keinen ungewöhnlichen äusseren Faktor dar (U 144/06 E. 2.2 mit Zusammenfassung der Kasuistik). U 45/07 E. 3. Ungewöhnlichkeit ist ferner nicht
schon bei einer etwas ungewohnten, der zu verrichtenden Arbeit aber
angepassten Körperposition (Knie-, Hock- oder Kriechstellung usw.)
gegeben (BGE 99 V 136 E. 1). Das Auftreten von Schmerzen allein lässt
nicht auf Programmwidrigkeit schliessen (U 258/04 E. 3.2 m.H.; vgl. a.
BGE 129 V 466 E. 4.2.1; U 45/07 E. 3 m.H.; U 184/06 E. 2).

Ungewöhnlicher äusserer Faktor bejaht:
– Sprung von einem Baumstrunk von 1,2 Meter; bei der Landung
  Zähne zusammengeschlagen und beschädigt (U 288/02; verneint
  dagegen bei einer Person, die beim Aussteigen aus einem Wagen der
  S-Bahn bei einer Tritthöhe von etwa 43 cm mit dem rechten Fuss hart
  auf dem Perron auftrat: U 82/92 2.12.1993; s.a. U 258/04 E. 4.2).
– Verletzung beim Bergen eines Schafes, als sich dieses heftig wehrte
  (U 441/04 E. 2.2; Programmwidrigkeit bejaht).
– Aufprall zweier Autoscooter («Putsch-Autos»), Mund am Lenkrad
  aufgeschlagen und dadurch Zahnschaden erlitten (BGE 134 V 72
  E. 4.4.3, Änderung der Rechtsprechung von K 90/03=RKUV 2006
  K 351 3).
– Unvermutetes Einsacken eines schwergewichtigen Patienten, als er
  von der Krankenschwester vom Bett auf den Rollstuhl transferiert
  wurde (Diskushernie; RKUV 1994 U 185 79; s.a. die ähnlichen
  Fälle 8C 827/2007 E. 4.2.2 u. U 166/04 mit Zusammenfassung der
  Kasuistik zu den Verhebetraumata von Pflegepersonen).
– Beim Heben eines behinderten Pflegeheimbewohners zu zweit
  vermochte die eine Pflegerin den Griff nicht zu halten, sodass die
  andere unvermittelt und unerwartet die gesamte Last aufzufangen
  hatte, um einen Sturz zu vermeiden (U 9/04 E. 5).
– Seitliches und ruckartiges Wegschieben eines Fiat 500 mit der linken Hand bei gleichzeitigem Abstützen mit der rechten auf einem
  daneben stehenden Personenwagen (Leistenhernie; EVGE 1951
  S. 147, 150; krit. MAURER, Recht und Praxis, S. 98 Anm. 7).
– Programmwidrige Drehbewegung und einseitiger Druck auf die
  Wirbelsäule während des Anhebens eines Flügels durch einen Pia-
  nobauer und seinen Gehilfen (RKUV 1991 U 122 144 E. 3c).
– Anheben eines 150 kg schweren Geräts zu zweit durch Bauhandlan-
  ger in gebückter Stellung und in grosser Eile (RKUV 1994 U 180 37
  E. 3b und 3c).
– Ein Sanitärinstallateur versucht, einen eingemauerten Sockel einer
  Granitbank mit blossen Händen wegzureissen; Nervenkompression
  im Ellbogenbereich als Folge (RKUV 1991 K 855 15 E. 2b.
– Anheben einer über 200 kg schweren Telefonstange zu zweit und in
  leichter Kniebeuge (Lumbalgie; EVGE 1931 S. 15).

48 Ungewöhnlicher äusserer Faktor verneint

   – beim Trinken mit dem Trinkglas an einen Zahn gestossen und diesen
      beschädigt, ohne dass Programmwidriges eingewirkt hätte (RKUV
      1996 U 243 137).

   – bei eiligem Ansetzen einer Trompete, das einen Zahnschaden verur-
      sacht (SVR 2002 KV Nr. 40).

   – ruckartiges Bewegen eines Ventilrades mit dem Mittel-, Ring- und
      Kleinfinger auf Kopfhöhe, das zu Verschlüssen der Fingerarterien
      führt (BGE 99 V 136 E. 3a).

   – Distorsion des Handgelenks beim Erfassen eines mehrere Kilo-
      gramm schweren Behälters, um ihn auf ein Pult zu stellen (U 236/04
      E. 2.4).

   – Verhaftungsaktion, bei welcher ein Polizist mit seinen Schultern
      eine Türe einschlägt und sich dabei ein Rückenleiden einhandelt (U
      403/01 E. 3).

   – Lumbago nach Heben einer rund 30 kg schweren Lautsprecherbox
      ohne programmwidrige Einwirkung (U 65/02 E. 2.1).

   – Transport von 4 oder 5 Scheiben à 10 kg durch den Angestellten
      eines Fitness-Centers; das Abstellen der Gewichte in gebückter Hal-
      tung löst Lumbago aus (BGE 116 V 145 E. 3a).

   – Anheben eines Klavierflügels von rund 300 kg Gewicht durch einen
      Klavierbauer und seinen Gehilfen (RKUV 1991 U 122 144 E. 3c;
      krit. BÜHLER, S. 241).

   – Senken einer 85 Kilogramm schweren Steinplatte beim Verle-
      gen eines Natursteinbodens durch einen Maurer (U 7/00 E. 4; s.a.
      RKUV 1994 U 180 37).

   – Verschieben eines 200 kg schweren Harzfasses auf eine Palette und
      anschliessend horizontales Kippen auf einen Wagen; athletischer
      Mann (U 499/00 E. 3).

   – Heben eines Radiators aus Guss von 80 bis 100 kg durch einen an
      körperliche Arbeit gewohnten Mann (U 252/06 E. 3.2).

   – beim Transport eines Gusseisenradiators auf einer Treppe mit einem
      «Sackrolli» reflexartig nach dem wegzugleiten drohenden Radiator
      gegriffen (U 110/99 E. 2 f.).

   – Verhebetrauma mit Lumbovertebralsyndrom nach Wegwälzen eines
      schweren Steins mit Körperkraft (06.05.2002 U 477/00 E. 2; s.a. U
      144/06 E. 2.2).

– Anheben und Abstellen eines Gewichts von 165 kg zu zweit beim Abladen eines Containers ab einer Höhe von 70 cm; Magaziner (U 100/06 E. 4.1).

– Umbetten eines 100–120 kg schweren Patienten durch einen Hilfskrankenpfleger vom Operationstisch ins Bett (BGE 116 V 136 E. 3c; s.a. U 166/04 mit Zusammenfassung der Kasuistik zu den Verhebetraumata von Pflegepersonen (E. 4).

– Umbetten einer Patientin von 66 kg vom Bett in den Lehnstuhl (U 421/01 E. 3; vgl. a. U 331/05 E. 2).

– Fahrt mit einer rotierenden Vergnügungsbahn mit sich ändernden Geschwindigkeiten, bei denen der Körper zufolge häufiger und rascher Änderungen der Bewegungsabläufe stark belastet wird (RKUV 1996 U 253 205 E. 6a; HWS-Distorsion).

– Zusammenstoss zwischen zwei Scootern, weil bei diesen Vergnügungsfahrten die Kollision mit anderen Teilnehmern gesucht wird; Distorsion der Halswirbelsäule (RKUV 1998 U 311 468 E. 3b; anders im Falle eines Zahnschadens: BGE 134 V 72).

Diskushernien können, auch wenn der ungewöhnliche äussere Faktor   49 zu bejahen ist, nur dann als unfallkausal betrachtet werden, wenn das Unfallereignis von besonderer Schwere und geeignet war, eine Schädigung der Bandscheibe herbeizuführen. Vorausgesetzt wird weiter, dass die Symptome der Diskushernie (vertebrales oder radikuläres Syndrom) unverzüglich und mit sofortiger Arbeitsunfähigkeit auftreten (RKUV 2000 U 378 190, RKUV 2000 U 379 192 E. 3.1; U 475/05 E. 1.3 m.H.; U 224/06 E. 2.2; U 170/06 E. 3.4 u.a.m.). Ist die Diskushernie bei degenerativem Vorzustand durch den Unfall nur aktiviert, aber nicht verursacht worden, hat der UVG-Träger gestützt auf Art. 36 Abs. 1 UVG in aller Regel Taggelder und Pflegeleistungen so lange zu übernehmen, als der Status quo sine vel ante noch nicht wieder erreicht ist (8C 326/2008 E. 3.2; 8C 346/2008 E. 3.2.2 m.H.)

Sportunfälle

Bibliografie: Erni Franz, Sportunfälle – zwischen Prävention und Kürzung, in: Gabriela Riemer-Kafka (Hrsg.), Sport und Versicherung, Zürich 2007, S. 127 ff.; Cattaneo Daniele, Sport et assicurazioni sociali, in: Diritto senza devianza: studi in onore di Marco Borghi per il suo 60ᵉ compleanno, Basel 2006, S. 263–309;

MEYER ULRICH, Probleme des Unfallbegriffs bei sportlichen Betätigungen, in Sport und Versicherung, Zürich 2007, S. 39–68; SCHMID MARKUS, Sportverletzungen und Versicherungsrechtliches, in CaS 1/2006 S. 21 ff.; STIFFLER HANS-KASPAR, Sportunfall, insbesondere Skiunfall, in: Schaden – Haftung – Versicherung, Hrsg. Peter Münch/Thomas Geiser, Basel 1999, S. 631 ff.

50 Sportunfälle erfüllen infolge mechanischer Einwirkung auf den Körper (Sturz, Zusammenstoss etc.) in der Regel den Unfallbegriff (RKUV 1999 U 333 199 E. 3c/dd; U 96/03 E. 4.1.2; U 505/05 E. 1.3 u.a.m.). Ohne solche Einwirkung kommt es auf die Programmwidrigkeit des Bewegungsablaufs sowie die sportliche Erfahrung an. Ohne besonderes Vorkommnis ist bei einer Sportverletzung das Merkmal der Ungewöhnlichkeit zu verneinen (BGE 130 V 118 Erw. 2.2; U 127/05 E. 3.2 u.a.m.). Hingegen ist Unfall anzunehmen, wenn die sportliche Übung anders verläuft als geplant, nicht jedoch, wenn sich das in einer sportlichen Übung inhärente Risiko einer Verletzung verwirklicht (U 322/02=RKUV 2004 Nr. U 502 183 E. 4.4; RKUV 1992 U 156 258; U 411/05 E. 3.3; U 313/04 E. 2.2). Ungewöhnlichkeit kann trotz Regelverstosses gegeben sein (RKUV 1993 Nr. U 165 58 E. 3; U 96/03 E. 4.1.2 m.H).

Denn das Bundesgericht hat im Urteil 8C_500/2008 vom 11. Februar 2009 E. 4.3 unter Hinweis auf BGE 134 V 72 E. 4.2.3 S. 79 entschieden, dass die individuellen Fähigkeiten der versicherten Person kein massgebendes Kriterium für die – sich nach objektiven Gesichtspunkten richtende – Bejahung oder Verneinung der Ungewöhnlichkeit der äusseren Einwirkung sind. 11.02.2009 8C 500/2008.

51 Kasuistik nach Sportarten

– *Bergwandern:* Das harte Aufschlagen mit der Ferse auf dem Boden bei einer Bergwanderung stellt für sich allein genommen keinen Vorgang ungewöhnlicher Art dar (U 258/04 E. 3.2). S.a. EVGE 1943 S. 103 (Fussblase mit Wundinfektion als Folge eines Marsches; Unfall verneint) und U 85/03 E. 4.1 ff.
– *Eishockey:* Das Merkmal des ungewöhnlichen äusseren Faktors ist bei einem unzulässigen Bandencheck im nicht professionellen Eishockey zu bejahen (BGE 130 V 117 E. 3). Frage offen gelassen, wie es sich damit im professionellen Eishockey verhält: U 110/05 E. 2.2

in fine. Kein ungewöhnlicher Faktor liegt vor, wenn ein professioneller Spieler bei einer Schussabgabe mit dem Stock aufs Eis statt auf den Puck schlägt (8C 141/2009 E. 7.2).

– *Fallschirmspringen und Kunstflug:* Ungewöhnlichkeit negiert bei einer «explosionsartigen» Fallschirmöffnung und der damit einhergehenden abrupten Drehung von der Bauchlage in eine aufrechte Position (U 165/03 E. 3), ebenso bei einem Beschleunigungstrauma durch plötzliche Druckveränderung bei einem Kunstflug (U 370/01 E. 2b).

– *Fussball:* Ungewöhnlichkeit bejaht: Thrombose am linken Bein nach Schlag eines Gegenspielers in die Knieregion (U 505/05 E. 3.2), ebenso bei einem Schlag eines Mitspielers in den Rücken (U 127/05 E. 3.4; solche Schläge gehören anders als der Check im Eishockey nicht zum Spiel) und bei einem Fussballer, dessen Knie verdreht wurde, als ihm ein Gegenspieler in die Beine grätschte (RKUV 1993 U 165 58). Kein Unfall war dagegen das Verdrehen des Knies ohne Fremdeinwirkung; unfallähnliche Körperschädigung jedoch bejaht (U 71/07 E. 5.2.2; ebenso U 469/06 betreffend Adduktorenzerrung).

– *Golf:* Beim Abschlag den Ball nicht getroffen und mit dem Driver in den Boden geschlagen. Keine Programmwidrigkeit (U 475/05 E. 3).

– *Handball:* Gegenspielerin greift von hinten in den Wurfarm, um am Abwurf des Balles zu hindern (U 96/03 E. 4.1.2; Schulterverletzung; Programmwidrigkeit bejaht). Spieler stürzt nach einem Schubser durch einen Mitspieler; Ungewöhnlichkeit verneint (8C 272/2008 E. 3.2).

– *Kampfsport:* Beim Bodenkampf Jiu-Jitsu-Training unter seinen Trainingspartner geraten und versucht, diesen nach oben zu drücken; grosser Druck auf das Genick mit Stauchung und Quetschung der Halswirbelsäule. Keine Programmwidrigkeit (U 385/01 E. 2).

– *Reiten:* Nach einem Gangartwechsel vom Galopp in den Schritt wegen eines Stolpern des Pferdes ein Schleudertrauma erlitten. Kein Unfall. Anders beim Einbrechen eines Pferdes (U 296/05 E. 2.3).

– *Ski und andere Schneesportarten:* Beim Snow-Tubing mehrmals mit dem Steissbein auf der harten Schneepiste aufgeschlagen. In casu Programmwidrigkeit bejaht (U 411/05 E. 4), ebenso bei einem Skifahrer, der im buckligen Gelände auf einer vereisten Stelle ausglitt, danach unkontrolliert einen Buckel anfuhr und bei verdrehter Oberkörperhaltung auf den Boden aufschlug (RKUV 1999 U 345 420), verneint dagegen beim Überspringen eines Geländebuckels mit starker Kompression in einer Mulde (U 313/04 E. 2 und 3 m.H.). Ein Unfallereignis und ebenso eine unfallähnliche Körperschädigung wurden ferner verneint bei Kniebeschwerden nach dem Befestigen des Skis mittels Einklinken des Schuhs (05.10.2007 U 574/06 E. 6.2).

– *Turnen:* Salto rückwärts vom circa 1,60 Meter hohen «Schwedenkasten» auf eine weiche, etwa 40 Zentimeter dicke Matte. Keine Programmwidrigkeit festgestellt (U 134/00); ebenso bei einer Lehrerin, die im Turnunterricht eine Rolle vorwärts ausführte (U 98/01 E. 2), bei einem Rückwärtspurzelbaum mit Verletzungsfolge (U 322/02 E. 4.2 = RKUV 2004 Nr. U 502 183; nichts Ungewöhnliches liegt darin, dass eine Übung zwar nicht ideal verläuft, die Art der Ausführung sich aber noch in der Spannweite des Üblichen bewegt (a.a.O. E. 4.4). Programmwidrigkeit wurde dagegen bejaht bei einem fehlerhaften Absprung einer geübten Turnerin beim «Hechtsprung» (Knöchelverletzung; RKUV 1992 U 156 258 E. 3b; krit. Kieser, ATSG-Kommentar*, Art. 4 Rz. 28 und Bühler, S. 244 f.)

– *Volleyball:* Keine Ungewöhnlichkeit: Volleyballspieler, der nach einem geschlagenen Schmetterball in überstreckter Rückenlage mit anschliessender Landung in dieser spezifischen Körperlage starke Kreuzschmerzen verspürte (U 199/03 E. 4=RKUV 2004 U 523 634).

– *Wassersport:* Kopfsprung von einem Boot ins Meer mit einer Distorsion/Kontusion und Diskushernie der Halswirbelsäule als Folge. Unfallkausalität des Gesundheitsschadens verneint (U 163/05 E. 3). Kopfsprung vom 7-Meter-Sprungbrett mit schlechtem Eintauchen (Gehirnerschütterung): Keine Programmwidrigkeit (U 17/02 E. 2).

Verkehrs- und Flugunfälle

52   Die Ungewöhnlichkeit des äusseren Faktors ist zu bejahen beim Zusammenstoss zweier Autos, auch wenn der Vorgang alltäglich ist (U 131/03 E. 3.3f.; RKUV 1999 U 333 198 E. 3c). Bei einem Autounfall ohne Kollision liegt dagegen in der Regel kein Unfall vor (U 131/03 E. 3.3 m.H.: Vollbremsung führte zu einem Schleudertrauma bzw. zu einer Hyperflexions-Bewegung der Halswirbelsäule; 8C 325/2008 E. 2.2; s.a. BGE 134 V 72 E. 4.4.3: Aufschlagen des Kopfes gegen das Lenkrad

eines Auto-Scooters als Unfall qualifiziert). Eine leichte Kollision zwischen einem Automobil und einem Fahrrad begründet mit Bezug auf den Autolenker keine Ungewöhnlichkeit, weil es an der Freisetzung von erheblichen Kräften fehlt, die auf das Motorfahrzeug einwirken (U 491/06 E. 4.3). Anders verhält es sich dagegen im Falle einer frontalen, starken Kollision mit einem Fussgänger (U 180/04 E. 2). Ein Fehlverhalten anderer Verkehrsteilnehmer begründet keine Ungewöhnlichkeit: U 131/03 E. 3.2 und U 117/02 E. 2). Eine harte Landung eines Flugzeuges, die eine Rückenverletzung einer Flugbegleiterin zur Folge hat, begründet keinen Unfall (U 61/07 E. 3).

Unfälle bei medizinischer Behandlung

Bibliografie: Brusa Guido, Wie wird der ärztliche Eingriff zum Accident médical?, in: SZS 2000 S. 181; Largier André, Schädigende medizinische Behandlung als Unfall, Diss, Zürich 2002; Roggo Antoine/Staffelbach Daniel, Offenbarung von Behandlungsfehlern/Verletzung der ärztlichen Sorgfaltspflicht – Plädoyer für konstruktive Kommunikation, in AJP 4/2006 S. 407 ff.

Ein ungewöhnlicher äusserer Faktor liegt vor, wenn die Vornahme einer   53
medizinischen Massnahme vom medizinisch Üblichen ganz erheblich abweicht und zudem, objektiv betrachtet, entsprechend grosse Risiken in sich schliesst, so etwa bei groben und ausserordentlichen Verwechslungen und Ungeschicklichkeiten oder absichtlichen Schädigungen, mit denen niemand rechnet noch zu rechnen braucht (BGE 121 V 35 E. 1b; 8C 234/2008 E. 3.2 m.H.). Nicht beachtlich ist die haftpflichtrechtliche Qualifikation als Behandlungsfehler, die strafrechtliche Beurteilung (BGE 118 V 283 E. 2b; RKUV 1988 Nr. U 36 42 E. 3a, 1993 159 32 E. 2b) oder die Indikation der Behandlung (BGE 118 V 283 E. 3b). Allerdings muss die Gesundheitsschädigung auf einem Behandlungsfehler beruhen, damit die Rechtsprechungskriterien zur Ungewöhnlichkeit bei medizinischen Massnahmen Anwendung finden (RKUV 1992 U 153 202).

Ungewöhnlicher äusserer Faktor bejaht im Falle: 54
– von Transfusionen gruppenungleichen Blutes infolge Verwechslung (EVGE 1961 S. 201);

- einer Einspritzung eines falschen Kontrastmittels in zu starker Dosis (BGE 85 II 344 E. 1b);
- einer Anhäufung von Fehlleistungen im Falle einer Katheterangiografie, bei welcher eine Dissektion der Halsschlagader eintrat (BGE 118 V 283, n.p. E. 4 und 5);
- eines ins Auge des Patienten geratenen Spritzers der Polierpaste anlässlich zahnärztlicher Dentalhygiene (RKUV 1992 U 153 202).
- einer intravenösen Injektion einer zu hohen Dosis des Anästhesiemittels bei zu hoher Durchlaufgeschwindigkeit (RKUV 1993 Nr. U 176 204).
- des Zurücklassens eines 19 cm langen Teilstücks eines Blasenkatheters (Cystofix) in der Blase (U 56/01 E.3.3=RKUV 2003 U 492 371; VR 2005 UV Nr. 15).
- des Durchstechens einer Bindegewebsaponeurose bei Blutentnahme; Häufigkeit 1:25 000; 8C 526/2007 E. 4.

Aussergewöhnlicher äusserer Faktor verneint im Falle
- einer Einspritzung von Irgapyrin und Butazolidin im Rahmen des Üblichen mit ungewöhnlicher Reaktion des Patienten (EVGE 1966 S. 137, 139 E. 3);
- einer Rektoskopie mit anschliessender Bariumspülung, was zu einem Durchbruch in die Bauchhöhle führte (U 5/82 5.8.1983);
- einer unzureichenden postoperativen Überwachung nach indiziertem und lege artis durchgeführtem Eingriff (Claoué-Operation bei Kieferhöhlenentzündung (U 14/87);
- einer Bronchoskopie mit Perforation der arteria pulmonalis (U 15/87=RKUV 1988 U 36 S. 42);
- einer Infektion einer Operationswunde durch einen sehr seltenen Keim (RKUV 1992 U 146 91);
- einer Nasennebenhöhlenoperation, bei der die vordere Schädelbasis verletzt wird (SVR 1999 UV Nr. 9 E. 2);
- Verletzung der vorderen Schädelbasis bei endonasaler Operation der Nasennebenhöhlen (RKUV 1999 U 333 199 E. 3c/dd);
- einer Fremdkörperextraktion aus der Speiseröhre, wobei diese perforiert; anschliessende fehlerhafte postoperative Behandlung (RKUV 2000 U 368 101 E. 3 und 4);
- einer Ansteckung einer Operationswunde mit einer Mycobakterie (BGE 118 V 59);

– einer Schädigung von Nerven anlässlich einer äusserst heiklen Operation an einem Narbengewebe (BGE 121 V 35 E. 2);
– einer akzidentiellen Durapunktion mit Hypoliquorrhoe-Syndrom bei epiduraler Infiltration (U 185/03 E. 2);
– Algodystrophie des Oberarms und partielle Axonotmesis des plexus brachialis nach Eingriff an einer Rippe zu diagnostischen Zwecken (21.10.2003 U 62/03);
– einer Manipulation bei einer rheumatischen Untersuchung (U 234/04 E. 2.3);
– eines anaphylaktischen Schocks mit Todesfolge nach medizinisch indizierter Inhalation von Pentamidine (5C.295/2005 E. 2);
– unzweckmässige Wahl eines chirurgischen Eingriffs (Periostklappenplastik und unzweckmässige Wahl des Osteosynthesematerials (8C 234/2008 E. 7);
– eines unterlassenen Kaiserschnitts (U 225/99 E. 7=RKUV 2000 U 407 404);
– eines ischämischen Insults unmittelbar nach der Geburt des dritten Kindes ohne Kaiserschnitt, nachdem das erste mit Kaiserschnitt geboren wurde (U 135/06 E. 2.2); grosser Blutverlust im Rahmen der operativen Placentalösung nach problematischem Medikamenteneinsatz (a.a.O., E. 4f.).
– Verletzung des nervus alveolaris ohne präoperative Diagnostik anlässlich der Extraktion eines Weisheitszahnes (U 284/01 E. 4f.=RDAT 2002 II Nr. 90 S. 336); einer Verletzung des nervus lingualis (8C 213/2009 E. 3.2);

Schreckereignisse als Unfall

Bibliografie: KIESER UELI/HAEFLIGER JÜRG, AJP 2003 S. 1467, Urteilsbespr. BGE 129 V 177 ff.; SCHWENDENER MYRIAM, Vergewaltigung: eine opferhilferechtlich relevante Straftat als sozialversicherungsrechtlicher Unfall, in: M. Eckner/T. Kempin (Hrsg.), Recht des Stärkeren – Recht des Schwächeren, Zürich 2005, S. 338 ff.; PETERMANN BÜTTLER JUDITH, Das Schreckereignis und seine Konsequenzen: kann eine Krankheit ein Unfall sein? in: infosantésuisse, 3/2005, S. 13 ff.; PETERMANN BÜTTLER JUDITH, Opfer des Seebebens in Südostasien: Unfall oder Krankheit? in: SAeZ 2005, S. 398 f.; WEISS DAVID, Die Qualifikation eines Schreckereignisses als Unfall nach Art. 4 ATSG, in: SZS 2007 S. 45 ff.

55 Schreckbedingte plötzliche Einflüsse auf die Psyche sind Einwirkungen auf den menschlichen Körper gleichgestellt. Es bedarf eines aussergewöhnlichen (qualifizierten) Schreckereignisses, verbunden mit einem psychischen Schock, der durch einen gewaltsamen, in der unmittelbaren Gegenwart des Versicherten sich abspielenden Vorfalls ausgelöst wird, der eine überraschende Heftigkeit der seelischen Einwirkung zur Folge hat (BGE 129 V 177 E. 2.1; krit. WEISS, S. 45 ff.; s.a. Urteilsbespr. KIE-SER/HAEFLIGER, in AJP 2003 S. 1467). Dabei ist nicht der (psychisch) gesunde Mensch die Vergleichsgrösse, sondern eine «weite Bandbreite» von Versicherten (BGE 129 V 177 E. 2.1; U 324/04=RKUV 2005 U 545 212 E. 2.2 u.a.m.).

56 *Aussergewöhnliches Schreckereignis bejaht:*
   – Massive sexuelle Nötigung unter Drohung mit einem Messer in einem nächtlichen Hinterhof (U 193/06 E. 2.1);
   – bei einem Lokomotivführer, der realisierte, dass er eine Person tödlich überfahren hat, die sich in Selbstmordabsicht auf die Schienen gelegt hatte (RKUV 1990 U 109 300). Zu weiteren, als solche anerkannte und nicht anerkannte Schreckereignisse im Beruf der Lokomotivführer oder Bahnbeamten: EVGE 1939 S. 102; 1940 S. 91, 97 E. 3; 1956 S. 81, 88; 1963 S. 165, 170; siehe dazu die Hinweise in (U 324/04 E. 4.3=RKUV 2005 U 545 212), bei RUMO-JUNGO, UVG S. 38 f. und BÜHLER S. 250 f.
   – Seebeben vom 26. Dezember 2004 im Indischen Ozean mit der grössten bekannten Flutkatastrophe (Tsunami) in casu als aussergewöhnliches Schreckereignis qualifiziert (U 548/06 E. 4.4=SVR 2008 UV Nr. 7.

57 *Aussergewöhnliches Schreckereignis verneint im Falle*
   – eines Schichtführers, als ein Mitarbeiter einer Kehrrichtverbrennungsanlage in den Brennofen fiel. Ungewöhnlichkeit verneint, weil sich das Unglück nicht in unmittelbarer Gegenwart des Schichtführers abgespielt hat (U 273/02 =RKUV 2004 U 273 153);
   – einer Autokollision ohne Körperschädigung mit anschliessender starker Auseinandersetzung mit dem Lenker des anderen Fahrzeuges (RKUV 1991 U 128 225);
   – eines Piloten, der beim Landen über die Piste hinausfährt (U 324/04 E. 4.3=RKUV 2005 U 545 212);

– eines renitenten Disco-Besuchers, der von vier Sicherheitsleuten überwältigt, auf den Boden gelegt, mit Handschellen gefesselt, hinausgeführt und der Polizei übergeben wurde (8C 533/2008 E. 4.1);
– einer Inhaftierung (8C 649/2008 E. 6);
– einer Spitalangestellten, die sich an einer Spritze verletzte, welche vorher für einen HIV-positiven Patienten mit Hepatitis C gebraucht worden war (BGE 129 V 402 E. 3);
– einer Schussabgabe anlässlich einer Auseinandersetzung mit dem Versicherten. Schuss nicht in unmittelbarer Gegenwart des Versicherten abgefeuert (U 67/02 E. 3.1);
– einer versicherten Person, die ihren einem Tötungsdelikt zum Opfer gefallenen Sohn auffindet, weil sich das Delikt nicht in ihrer unmittelbaren Gegenwart abgespielt hat (RKUV 2000 U 365 89, 91 E. 3).

Frage offen gelassen   58
– bei einem Mann, der mit dem Messer bedroht und erpresst wurde (U 15/00);
– ob bei Ereignissen, bei denen weder die versicherte Person noch Drittpersonen verletzt oder getötet werden, namentlich bei deliktischen Handlungen wie Raubüberfall, Drohung, Erpressung etc. die bisherige Rechtsprechung zum Begriff des Schreckereignisses modifiziert werden soll (BGE 129 V 177 E. 2.2; vgl. a. U 46/04).

An den adäquaten Kausalzusammenhang zwischen psychischen Be-   59
schwerden und dem Schreckereignis (beurteilt nach der allgemeinen
Adäquanzformel: BGE 129 V 177 E.4.2; BGE 129 V 402 E. 4.3.1)
werden hohe Anforderungen gestellt (U 549/06 E.4.2; U 390/04 E. 2.1).
Eine Prädisposition zu psychischen Belastungen oder andere Gründe
verminderter Belastbarkeit schliessen Adäquanz nicht aus (BGE 129 V
177 E. 3.3).

Adäquanz bejaht im Falle
– massiver sexueller Nötigung unter Drohung mit einem Messer in einem nächtlichen Hinterhof (U 193/06 E. 2.1).

Adäquanz verneint im Falle einer
– Spielsalonaufsicht, die nach Geschäftsschluss von einem Vermummten mit der Pistole bedroht und (ohne dass sie körperlich angegriffen worden wäre) zur Geldherausgabe gezwungen worden war (BGE 129 V 177, 185 E. 4.3);

– Spielsalonaufsicht, die am Arbeitsplatz überfallen wurde, wobei der Täter sie unter Vortäuschung eines Waffenbesitzes zur Herausgabe des Bargeldes zwang (U 549/06 E. 4.1);
– Spielsalonaufsicht, die bei Arbeitsschluss von drei maskierten Männern überfallen wurde, wobei einer auf die Frau einschlug und ein anderer eine Pistole auf sie richtete (U 2/05 E. 2.2);
– einer Versicherten, die auf offener Strasse von einem Unbekannten angegriffen, zu Boden gedrückt und in Tötungsabsicht gewürgt worden war (RKUV 1996 U 256 215);
– einer Zeitungsverträgerin bei einem nächtlichen Angriff eines alkoholisierten Mannes mit Beschimpfungen und Würgen (U 390/04 E. 2.1);
– Konfrontation mit Polizeieinsatzübung. Begegnung als Hotelgast mit schwarz maskierten Polizeigrenadieren in einem Hotel (U 46/04 E. 2);
– in den hiervor erwähnten Fällen U 548/06 E. 4.4; U 15/00 E. 3; BGE 129 V 402 E. 3;
– schwerer Verkehrsunfall mit einem Toten und mehreren Verletzten als natürliche Teilursache eines nachfolgenden Suizids anerkannt; Adäquanz dagegen verneint: U 306/03 E. 3 m.H. auf Präjudizien zu anderweitigen Verkehrsunfalltatbeständen.

4. Unfallähnliche Körperschädigung

Bibliografie: BERETTA EFREM, Il requisito della repentinità in materia di lesioni parificabili a infortunio (art. 9 cpv. 2 OAINF) e temi connessi (prova, riduzione), RDAT 1991 II, S. 477 ff.; DUC JEAN-MICHEL, La jurisprudence du TFA concernant les lésions tendineuses, in SZS 2006, S. 529 ff.; BÜHLER ALFRED, Die unfallähnliche Körperschädigung, SZS 1996, S. 81 dd; KIESER CHRISTOPH/KIESER UELI, Die unfallähnliche Körperschädigung: Bemerkungen zu einem neuen EVG-Entscheid, SZS 2001, S. 580 ff. (U 398/00); MERCIER JEAN-LUC, Les lésions assimilées: assurance-accidents, Schweizer Versicherung 5–6/1998, S. 36 ff.; NIEDERBERGER OTMAR/STUTZ KLAUS, Wann liegt nach neuester Rechtsprechung des EVG eine unfallähnliche Körperschädigung (UKS) vor – auch an der Rotatorenmanschette?, SAeZ 2002, S. 999 f.

60 Der Begriff der unfallähnlichen Körperschädigungen gemäss Art. 6 Abs. 2 UVG, die in Art. 9 Abs. 2 UVV abschliessend aufgezählt sind (BGE 116 V 136 E. 4a m.H.), ist in der OKP nur für die Abgrenzung zur

Leistungszuständigkeit der UVG-Versicherung von Belang. Der UVG-Versicherer ist dann leistungszuständig, wenn das schädigende Ereignis sämtliche Unfallkriterien aufweist, mit Ausnahme der ungewöhnlichen äusseren Einwirkung (BGE 129 V 466 E. 2 m.H.).

Voraussetzung ist ein ausserhalb des Körpers liegendes, objektiv fest- 61 stellbares und sinnfälliges Ereignis. Es bedarf eines erhöhten Schädigungspotenzials, sei es zufolge einer allgemein gesteigerten Gefahrenlage, sei es durch eine programmwidrige Störung des Ablaufs einer alltäglichen Lebensverrichtung (BGE 129 V 466 E. 4.2.2 und 4.3). Körperschädigungen als Folge repetitiver Beanspruchungen (Mikrotraumata) fallen in die Zuständigkeit der KV (siehe Art. 1a Rz. 26). Schmerzen müssen unmittelbar im Anschluss an die Einwirkung des äusseren Faktors auftreten (BGE 129 V 466 E. 4.3 m.H.). Ihr Auftraten stellt aber keinen äusseren Faktor dar (BGE 129 V 466 E. 4.2.1; 8C 319/2009 E. 3.4.1). Beim Merkmal der Plötzlichkeit kommt es hauptsächlich auf die Einmaligkeit der schädigenden Einwirkung an (statt vieler: U 184/06 E. 2; U 159/06 E. 2; 8C 319/2009 E. 3.4.2).

Erhöhte Gefahrenlage verneint: Sehnenriss ohne erkennbares äusseres 62 Ereignis beim «Auflad oder Ablad» von Waren (U 497/05); Sehnenruptur an der Schulter, während ein Koch eine schwere Pfanne hebt (U 205/06 E. 3); Fehltritt beim Treppensteigen (U 233/05 E. 5.2); Wandern auf unebenem Waldboden, Distorsion des Knies (U 233/05 E. 5.2); Befestigen des Skis mittels Einklinken des Schuhs (U 574/06 E. 6.2); vermehrte Arbeitsbelastung, welche zu kontinuierlicher Zunahme von Kniebeschwerden führte (U 198/00 E. 3). Weitere: 8C 319/2009 E. 3.4.2.

Erhöhte Gefährdungslage anerkannt: Sprung aus einer Höhe von 60 cm 63 aus einem Bahngepäckwagen (U 266/00; s.a. 8C 158/2007 E. 4); Sprung von einer Verpackungskiste (U 398/00=RKUV 2001 Nr. U 435 S. 332; Urteilsbespr. CHRISTOPH/KIESER SZS 2001, S. 580 ff.); plötzliches Aufstehen aus der Hocke (116 V 145, 148 E. 2c); brüskes Umdrehen beim Kochen in Richtung Küchenschrank (U 5/02 E. 2); in gebückter Stellung arbeitender Techniker, der sich auf einen Zuruf hin brüsk erhebt (U 45/07 E. 3.3); Dozent, der von seinem Bürostuhl aufspringt und eine Rotations-/Seitenbewegung vollführt (U 159/06 E. 3.2; s.a. U 287/00); reflexartiges Auffangen eines weggekippten Einkaufwagens (U 222/05); Niederknien beim Verräumen von Faltkartons mit einem 50 cm hohen und mehr als 8 kg schweren Bund Schachteln (U 184/06); Heben eines

15 kg schweren sperrigen Tisches, verbunden mit einer Drehung, um ihn auf dem Rücken tragen zu können (U 123/04 E. 3.3); Verschieben eines schweren Wäschekorbes mit dem linken Fuss, ruckartige Bewegung (RKUV 2000 Nr. U 385 267); Aufheben oder Abstellen von Gewichten von 40 bis 50 kg (BGE 116 V 145, 149 Erw. 4); Rückenwirbelbruch zufolge Kontraktionen bei einem epileptischen Anfall (SVR 1998 UV Nr. 22); Versuch, balgende Hunde zu trennen, Ausrutschen auf unebenem Gelände (U 127/00); Stolpern mit unkoordinierter Ausweichbewegung des Beines und Anschlagen, Meniskusriss ausgelöst (U 158/00); Überspringens eines Astes auf unebenem Boden (8C 228/2007 E. 4); Abknicken infolge des Fehltritts, Bänderüberdehnung (8C 822/2007 E. 3.2).

64   Reguläre Landung eins Gleitschirmfliegers (U 137/06); brüsker Ausfallschritt beim Tennisspielen (U 398/06); Fussballer: Schussabgabe (U 611/06; Schlag ins Leere (RKUV 1990 U 112 373); Trainingsverletzung (U 20/00) und Verdrehen des Knies ohne Fremdeinwirkung (U 71/07 E. 6); Volleyball: Misstritt (U 92/00).

65   *Zur medizinischen Einordnung unter die unfallähnlichen Körperschädigungen i.S.v. Art. 9 Abs. 2 UVV:* Lumbago und Diskushernie zählen nicht zu den unfallähnlichen Körperschädigungen gemäss Art. 9 Abs. 2 UVV dar (BGE 116 V 145 E. 5 und 6; RKUV 1988 U 58 375 E. 2c). Art. 9 Abs. 2 lit. b UVV umfasst nicht Subluxationen oder Distorsionen (8C 1000/2008 E. 2.3; 8C 552/2008 E. 6.1; U 110/99 E. 4; U 236/04 E. 3.1; U 236/04 E. 3). Ein Rotatorenmanschettenriss lässt sich grundsätzlich unter die Art. 9 Abs. 2 lit. f UVV subsumieren (BGE 123 V 43). Art. 9 Abs. 2 lit. g UVV meint auch Bänderzerrungen und Bänderdehnungen (U 277/99 E. 4c; U 17/02 E. 3.2; RKUV 1990 Nr. U 112 373 E. 2b m.H.). Bei Sehnenverletzungen muss ein (zumindest teilweiser) Sehnenriss vorliegen (BGE 114 V 298, 306 E. 5c). Keine unfallähnliche Körperschädigung stellen nicht unfallbedingte Schäden an Sachen dar, welche infolge einer Krankheit eingesetzt wurden und einen Körperteil oder eine Körperfunktion ersetzen (Art. 9 Abs. 2 UVV).

V.   Mutterschaft (Art. 1a Abs. 2 lit. c KVG)

Bibliografie: Garcia Marie-Laure, La loi fédérale sur l'assurance-maladie du 18 mars 1994 vue sous l'angle de la maternité, in: CGSS 1999, S. 67 ff.; Kieser, ATSG-Kommentar*, Art. 5; SBVR-Eugster*, Rz. 286 ff.; Riondel Guylaine, La sécurité sociale des travailleurs frontaliers dans le cadre de l'Accord sur la libre circulation des personnes, signé entre la Suisse et la Communauté européenne: l'exemple de l'assurance maladie-maternité, in: CGSS 2003, S. 19 ff.; Wagner Pierre, Les définitions de la maladie, de l'accident et de la maternité (contribution à l'étude de l'art. 2 LAMal), in: LAMal – KVG, S. 87 ff.

Mutterschaft gemäss Art. 1a Abs. 2 lit. c KVG umfasst Schwangerschaft und Niederkunft sowie die nachfolgende Erholungszeit der Mutter. Mutterschaft wird nicht in ihrem Wesensgehalt definiert, sondern lediglich in ihrem zeitlichen Umfang bestimmt (EVG K 14/01 E. 2.3.1). Bei der Erholungszeit handelt es sich um die Zeit nach dem Wochenbett, die vom Begriff her die Grundlage für das Taggeld bei Mutterschaft gemäss Art. 74 KVG bildet (BGE 125 V 8 E. 4b). 66

Mutterschaft und Krankheit sind als zwei verschiedene versicherte Tatbestände konzipiert (BGE 124 V 291 E. 3c; so schon RSKV 1972 132 121 E. 2). Von Mutterschaft im Sinne des KVG ist auszugehen, soweit diese normal verläuft; was hingegen während oder nach der Schwangerschaft einem pathologischen Geschehen zugeordnet werden kann, fällt unter Krankheit (EVG K 14/01 E. 2.2). Die normal verlaufende Schwangerschaft ist dem Risiko Krankheit lediglich gleichgestellt, und zwar nur insofern, als die Krankenversicherer unter bestimmten Voraussetzungen die gleichen Leistungen zu erbringen haben wie bei Krankheit (statt vieler BGE 127 V 268 E. 3a; mehr dazu unter Art. 29 und Art. 64 Abs. 7 KVG). «Das KVG stellt die Mutterschaft, nicht jedoch die Kindschaft dem versicherten Risiko einer Krankheit gleich» (BGE 125 V 8 E. 5). Im Begriff Mutterschaft (Art. 1a Abs. 2 lit. c KVG) ist indes in den Grenzen von Art. 29 Abs. 2 lit. d KVG auch das Kind enthalten. Zu den Versicherungsleistungen während der Schwangerschaft gehört auch ein allfälliger Eingriff am Nasciturus (BGE 125 V 8 E. 4b). 67

Art. 2

Chronologie: AS 1995 1328; BBl 1992 I 93. Aufgehoben durch Anhang Ziff. 11 des ATSG vom 6. Okt. 2000 (AS 2002 3371; SR 830.1).

Der im Zuge der Einführung des ATSG aufgehobene Art. 2 enthielt die Legaldefinitionen für Krankheit, Unfall und Mutterschaft. Diese Begriffsbestimmungen finden sich neu in den Art. 3–5 ATSG. Die Umschreibungen in diesen Artikeln stimmen inhaltlich mit den Begriffen gemäss altArt. 2 Abs. 1 KVG überein (K 123/04 E. 2.1 betr. Krankheit; EUGSTER GEBHARD, ATSG und Krankenversicherung, in: SZS 2003 213, 216 ff.). Neu ist dagegen, dass Geburtsgebrechen Krankheiten nicht mehr bloss gleichgestellt sind (altrechtlich: Art. 14 VO III KUVG), sondern als solche gelten. S.a. Art. 27 KVG (Leistungen bei Geburtsgebrechen).

2. Titel: Obligatorische Krankenpflegeversicherung

1. Kapitel: Versicherungspflicht

1. Abschnitt: Allgemeine Bestimmungen

Art. 3 Versicherungspflichtige Personen

[1] Jede Person mit Wohnsitz in der Schweiz muss sich innert drei Monaten nach der Wohnsitznahme oder der Geburt in der Schweiz für Krankenpflege versichern oder von ihrem gesetzlichen Vertreter beziehungsweise ihrer gesetzlichen Vertreterin versichern lassen.

[2] Der Bundesrat kann Ausnahmen von der Versicherungspflicht vorsehen, namentlich für Personen, die im Sinne von Artikel 2 Absatz 2 des Gaststaatgesetzes vom 22. Juni 2007 mit Vorrechten, Immunitäten und Erleichterungen begünstigt sind.

[3] Er kann die Versicherungspflicht auf Personen ohne Wohnsitz in der Schweiz ausdehnen, insb. auf solche, die:

 a. in der Schweiz tätig sind oder dort ihren gewöhnlichen Aufenthalt (Art. 13 Abs. 2 ATSG) haben;

 b. im Ausland von einem Arbeitgeber mit einem Sitz in der Schweiz beschäftigt werden.

[4] Die Versicherungspflicht wird sistiert für Personen, die während mehr als 60 aufeinander folgenden Tagen dem Bundesgesetz vom 19. Juni 1992 über die Militärversicherung (MVG) unterstellt sind. Der Bundesrat regelt das Verfahren.

Chronologie: *Art. 3:* AS 1995 1328; BBl 1992 I 93. *Abs. 2:* Fassung gemäss Anhang Ziff. II 11 des Gaststaatgesetzes vom 22. Juni 2007, in Kraft seit 1. Jan. 2008 (SR 192.12). *Abs. 3 lit. a:* Fassung gemäss Anhang Ziff. 11 des ATSG vom 6. Okt. 2000, in Kraft seit 1. Jan. 2003 (AS 2002 3371; SR 830.1; alt: AS 1995 1328; BBl 1992 I 93). *Abs. 4:* Eingefügt durch Ziff. I der Änderung des KVG vom 24. März 2000, in Kraft seit 1. Jan. 2001 (AS 2000 2305 2311; BBl 1999 793).

Bibliografie: SBVR-Eugster*, Rz. 23 ff., Longchamp Guy, L'affiliation à l'assurance maladie sociale en Suisse, in: CGSS 2004 Nr. 32, S. 33 ff.; Duc Jean-

Louis, Notion de domicile dans les assurances sociales, AJP 3/2005 S. 302; Luginbühl Rudolf, Rechte der Versicherten bei Kündigung, Kassenwechsel und im
Leistungsfall, in: JKR 2003, Bern 2004, S. 23 ff.; Borella Aldo, L'affiliation à
l'assurance-maladie sociale suisse, avec des éléments de droit européen, Diss.
Lausanne 1993 *34*; Longchamp*, S. 200 ff.; Duc Jean-Louis, a loi fédérale sur
la partie générale du droit des assurances sociales, in: CGSS 2009 S. 91 ff.; Seydoux Yves, Medizinische Grundversorgung der Sans-Papiers: für gerechte Solidarität, in: infosantésuisse 12/2004, S. 21 ff. Für die Bibliografie zu zwischenstaatlichen Fragen siehe Art. 95a KVG.

Verordnung: KVV: Art. 1 (Versicherungspflicht); Art. 2 KVV (Ausnahmen von
der Versicherungspflicht); Art. 3 (Grenzgänger), Art. 4 (entsandte Arbeitnehmer),
Art. 5 (Personen im öffentlichen Dienst mit Aufenthalt im Ausland), Art. 6 (Personen mit Vorrechten nach internationalem Recht); Art. 10a (Sistierung der Versicherungspflicht bei Militärdienst).

Kreisschreiben (KS): BAG-KS 1.2 über die Nr. 1.2 – Sistierung der Versicherungspflicht bei längerem Dienst vom 10.05.2006; BAG-KS Nr. 7.3 – Verhältnis
der Krankenversicherung zur Militärversicherung vom 12.07.2006.

I. Allgemeines zur Versicherungspflicht (Art. 3 Abs. 1 KVG)

1. Versicherungspflicht für die gesamte Wohnbevölkerung

Das KVG schreibt aus Solidaritätsgründen (BGE 132 V 310 E. 8.3 1
m.H.) ein allgemeines Versicherungsobligatorium für die gesamte
schweiz. Wohnbevölkerung vor (Art. 3 Abs. 1). Es regelt die Versicherungspflicht und deren Ausnahmen abschliessend, sodass kant. Durch-
führungsrecht davon nicht abweichen darf (RKUV 1999 KV 81 337
E. 3b; K 130/03 E. 2.3.3.2; K 129/03 E. 2.3.3.2=RKUV 2006 K 352
6). Kein Argument für die Befreiung von der Versicherungspflicht können sein: Menschenrechte (K 70/00 E. 1; K 99/01 E. 3b; K 28/02 E. 5);
Glaubens- und Gewissensfreiheit (Art. 15 BV; RKUV 2000 KV 99
S. 1, K 57/00 E. 3a=RKUV 2001 KV 151 117; K 153/01; K 174/04);
Wirtschaftsfreiheit (Art. 27 BV; K 28/02 E. 5; K 138/05 E. 5); andere
Grundrechte (K 166/04 E. 3; K 48/01 E. 2b; K 71/03 E. 4; K 138/05
E. 5; K 37/05); die persönliche Bevorzugung von Alternativmedizin
(K 70/00 E. 1; K 120/00 E. 2; altrechtlich siehe RKUV 1984 K 588
181 E. 3); ein persönlich gewählter anderweitiger Versicherungsschutz
(K 127/00). Der sanktionsweise Kassenausschluss versicherungspflich-
tiger Personen (beispielsweise wegen Prämienzahlungsverzugs) ist nicht
möglich (BGE 126 V 265 E. 3b). Die Versicherungspflicht nach KVG
(Art. 3 KVG) kann nur durch einen Versicherer gemäss Art. 11 KVG
erfüllt werden (siehe Art. 4 Rz. 1). Fragen der Versicherungszugehörigkeit sind erhebliche Anordnungen i.S.v. Art. 49 Abs. 1 ATSG (SozVG
ZH KV.2004.00025 01.04.2004 E. 2.2).

2. Prinzip der Individualversicherung

Das Versicherungsverhältnis entsteht nicht automatisch (BGE 126 V 265 2
E. 3b), sondern erst auf Anmeldung durch die versicherungspflichtige
Person bzw. deren gesetzlichen Vertreter oder auf behördliche Zwangszuweisung hin (Art. 6 Abs. 2 KVG). Die Rechte und Pflichten der Versicherten beruhen auf der persönlichen Zugehörigkeit zum Versicherer

(K 36/01 E. 3b; so schon altrechtlich: BGE 101 V 129 E. 3; RSKV 1975 226 151; RKUV 1995 K 965 12 E. 3). Mit dem Beitritt einer Person ist nur diese selbst und kann nur sie allein versichert werden (Prinzip der Individualversicherung). Die OKP ist nicht als Familienversicherung konzipiert (K 137/02 E. 4.1; so schon altrechtlich: RKUV 1990 K 852 345 E. 4a). Doppelversicherungen sind weder möglich noch zulässig (BGE 130 V 448 E. 4.2 ff.; RKUV 1999 KV 71 188 E. 3b; LUGINBÜHL, JKR 2003 S. 32; anders altrechtlich: RSKV 1972 127 99). Vorrang hat jeweils das zuerst zustande gekommene Versicherungsverhältnis.

3. Versicherungspflicht und Familienrecht

3 Der Abschluss der OKP und der Wechsel des Versicherers gehören zu den laufenden Bedürfnissen der Familie i.S.v. Art. 166 Abs. 1 ZGB und die Prämienzahlung zum gebührenden ehelichen Unterhalt nach Art. 163 Abs. 1 ZGB (BGE 129 V 90 E. 3.1; BGE 125 V 430 E. 3b; BGE 125 V 435 E. 3b; K 4/07 E. 4.1; K 114/03 E. 5.1; altrechtlich: BGE 110 V 308 E. 3; BGE 101 V 229 E. 4; s.a. BGE 119 V 16 E. 6, RSKV 1977 290 118 E. 3; RKUV 1993 K 914 83 E. 2b/aa). Die Eltern schliessen die Versicherung im Namen und auf Rechnung der Kinder ab (9C_660/2007 E. 3.2). Die familienrechtliche Unterhaltspflicht zwischen Ehegatten und im Verhältnis zu den Kindern (Art. 276 Abs. 1 ZGB) für die durch das KVG gedeckten Behandlungskosten wird durch die Bezahlung der Prämien und der Kostenbeteiligung (Art. 64 KVG) geleistet (BGE 125 V 430 E.3b; BGE 125 V 435 E. 3b). Zur solidarischen Haftung der Ehepartner für Prämien: Art. 61 Rz. 5; zur Prämienzahlungspflicht für die Kinder: Art. 61 Rz. 6.

4. Beitrittsformalitäten

Art. 6a KVV (Angaben im Beitrittsformular)

4 Die Beitrittserklärung ist gesetzlich an keine besondere Form gebunden, erfolgt in der Praxis jedoch regelmässig mittels Formulars. Die den Beitritt erklärende Person ist an ihren Antrag gebunden, allerdings zeitlich nicht unbegrenzt, wenn das Versicherungsverhältnis nicht zustande ge-

kommen ist (BGE 130 V 448 E. 6.2.2). Sind die gesetzlichen Beitritts-
bedingungen erfüllt, entsteht das Versicherungsverhältnis auf den Zeitpunkt des Eingangs der Beitrittserklärung beim Versicherer. Ein zu Unrecht zugestandener Beitritt kann den Vertrauensschutz der versicherten
Person begründen (K 22/05 E. 4.1). Der Kvers stellt praxisgemäss für
jede versicherte Person einen Versicherungsausweis aus (häufig fälschlicherweise als Police bezeichnet; K 4/07 E. 4.2; so auch in 9C_477/2008
E. 4). Die Anwendung von Art. 12 VVG ist ausgeschlossen. Dagegen ist
per analogiam eine Berufung auf Irrtum gemäss Art. 23 ff. OR möglich
(SVR 2002 KV Nr. 27 E. 3a, TA Fribourg).

II.   Beitrittspflichtige Personen

1.   In der Schweiz wohnhafte Personen mit Beitrittspflicht (Art. 3 Abs. 1 KVG)
Art. 1 KVV

Abs. 1 begründet ein allgemeines Versicherungsobligatorium für jede   5
Person mit Wohnsitz in der Schweiz. Das Territorialitätsprinzip gilt
mithin grundsätzlich auch für die Versicherungspflicht (BGE 129 V
159 E. 3.6.1). Der Wohnsitz in der Schweiz bestimmt sich nach den
Art. 23–26 ZGB (Art. 1 Abs. 1 KVV; eine ganzjährige Aufenthaltsbewilligung begründet in der Regel Wohnsitz; Wohnsitzindizien im Überblick: K 34/04 E. 3 und 4=RKUV 2005 KV 344 360, 363 E. 3 m.H.;
K 121/04 E. 2.1; K 138/05 E. 2; s.a. I 275/02 E. 6.1 und K 34/04 E. 4.4
betr. Saisonnier). Der Wohnsitz ausländischer Staatsangehöriger bestimmt sich nach Art. 20 Abs. 1 lit. a IPRG (K 34/04 E. 4=RKUV 2005
KV 344 360; s.a. 9C_294/2007 E.5), derjenige von Kindern nach Art. 25
Abs. 1 KVG (9C_217/2007 E. 5.1=SVR 2008 KV Nr. 13). In Grenzfällen ist tendenziell für das Bestehen der Versicherungspflicht zu optieren
(vgl. a. BGE 129 V 77 E. 4.2; K 72/05 E. 2.3=RKUV 2006 KV 379 325;
9C_921/2008 E. 4.3).

2. In der Schweiz wohnhafte Personen ohne Beitrittspflicht (Art. 3 Abs. 2 KVG)

Art. 2 KVV; Art. 6 KVV

6 Art. 3 Abs. 2 KVG berechtigt den Bundesrat, neben denjenigen aufgrund des Gaststaatsgesetzes (SR 192.12) weitere Ausnahmen vorzusehen (siehe Art. 2 KVV). Sein Ermessensspielraum ist sehr weit (BGE 134 V 34 E. 5.5 m.H.; RKUV 2000 KV 102 16 E. 4b). Die Ausnahmen gemäss KVV sind eng umschrieben, stellen abschliessende Aufzählungen dar und unterliegen grundsätzlich einer restriktiven Interpretation (BGE 132 V 310 E. 8.3; BGE 129 V 77 E. 4.2; BGE 129 V 159 E. 3.6.1). Die Befreiung von der Versicherungspflicht ist entweder automatisch gegeben (Art. 2 Abs. 1 KVV; Art. 6 KVV) oder tritt auf Gesuch hin ein (Art. 2 Abs. 2 bis Abs. 8 KVV).

a)   Ausnahmen aufgrund von Nichtunterstellungen

7 *Ausnahmen aufgrund des* FZA (SR 0.142.112.681) *und des EFTA-Übereinkommens* (SR 0.632.31): In der Schweiz wohnhafte, diesen Abkommen unterstehende und in einem Mitgliedsstaat (als Grenzgänger oder in anderer Eigenschaft) erwerbstätige Personen sowie ihre nichterwerbstätigen Familienangehörigen sind von der Versicherungspflicht befreit (Art. 2 Abs. 1 lit. c und lit. f KVV; Beschäftigungslandprinzip). Für Personen, die nach Titel II Verordnung (EWG) Nr. 1408/71 dem schweiz. KV-Recht unterliegen und in der Schweiz wohnen, ist keine Ausnahme von der Versicherungspflicht vorgesehen (K 25/05 E. 3.2=RKUV 2006 KV 367 206). Für verschiedene Personenkategorien sieht die KVV unter bestimmten Voraussetzungen weitere Ausnahmen vor (Beispiele: Rentenbezüger ohne Anspruch auf eine schweizerische Rente und ihre Familienangehörigen, Art. 2 Abs. 1 lit. e KVV, s.a. Art. 27 der Verordnung (EWG) Nr. 1408/71; Arbeitslose mit Leistungsanspruch gegenüber einer mitgliedstaatlichen ausländischen Arbeitslosenversicherung, Art. 2 Abs. 1 lit. d KVV). Dazu ist noch keine Rechtsprechung ergangen. Zum

gemeinschaftsrechtlichen Begriff des Wohnens: BGE 131 V 222 E. 7.4, K 25/05 E. 4.1=RKUV 2006 KV 367 206; K 138/05 E. 3; SozVG ZH KV.2007.00088 18.12.2008 E. 3.2; zum Begriff des Arbeitnehmers und des Familienangehörigen: BGE 134 V 236 E. 5.2.

Liechtenstein: Im Verhältnis zu Liechtenstein gilt nicht das Erwerbsorts-, 8
sondern das Wohnortsprinzip [EFTA-Abkommen vom 4. Januar 1960 (AS 1960 590; BBl 1960 I 841), konsolidierte Fassung vom 21. Juni 2001, Anh. K Anlage 2 Protokoll 2 zu Anh. 2; SR 0.632.31; AS 2003 2685]. In der Schweiz wohnhafte Erwerbstätige, welche in Liechtenstein arbeiten, sowie ihre in der Schweiz wohnhaften Familienangehörigen sind deshalb der Versicherungspflicht nach KVG unterstellt.

Weitere Ausnahmetatbestände: Siehe Art. 2 Abs. 1 lit. a KVV und Art. 6 9
KVV. Art. 6 Abs. 1 KVV bezieht sich ausschliesslich auf Personen mit Wohnsitz in der Schweiz (zu altArt. 6 Abs. 1 KVV: BGE 129 V 159 E. 3.6.1; der in der Schweiz wohnhafte Sohn eines Angestellten einer im Ausland domizilierten internationalen Organisation kann vom Versicherungsobligatorium nicht ausgenommen werden; BGE 129 V 159 E. 3.2 ff.).

b)   Ausnahmen aufgrund von Befreiungsgesuchen
        Art. 2 Abs. 2–8 KVV; Art. 6 Abs. 3 KVV

Liste der kantonalen Stellen für Gesuche um Befreiung von der Versicherungs-pflicht: http://www.bag.admin.ch/themen/krankenversicherung/00316/index.html?lang=de (Stand 01.12.2009)

aa) Doppelbelastung aufgrund mehrfacher Versicherungspflicht: Art. 2 10
Abs. 2 KVV: Diese Bestimmung ist gesetz- und verfassungsmässig (BGE 132 V 310 E. 8.5.1) und gilt für Schweizer wie für Ausländer (RKUV 2000 KV 102 16 E. 4d). Der Ausdruck «keine Regelung über die Abgrenzung der Versicherungspflicht» in Art. 2 Abs. 2 KVV um-fasst auch Fälle, in denen ein Abkommen zur Anwendung nicht nur der schweiz. Vorschriften, sondern auch der Gesetzgebung des anderen Staates führt und damit die Abgrenzung der Versicherungspflicht nicht regelt. Eine solche Auslegung wäre auch im Rahmen des FZA oder des EFTA-Abkommens in Betracht zu ziehen (a.a.O. E. 8.5.3). Die Bedin-gungen von Art. 2 Abs. 2 KVV müssen kumulativ erfüllt sein (BGE 134

V 34 E. 6; BGE 129 V 159 E. 3.2; K 133/01 E. 4.1; K 138/98 E. 4b/cc; K 100/00 E. 3a). Doppelbelastung verneint bei einem Funktionär einer internationalen Organisation im Falle einer ausländischen Familienversicherung ohne Beitragspflicht für Kinder und Ehegattin: BGE 129 V 159 E. 3.3; s.a. K 167/00 E. 3c betr. Bayrische Beamtenhilfe).

11   Das ausländische Versicherungsverhältnis muss obligatorisch sein: BGE 132 V 310 E. 8.5.1 ff. m.H.; SVR 2000 KV Nr. 30 E. 4c; RKUV 2000 KV 102 16 E. 4c–e; s.a. K 167/00 E. 3c; K 44/01 E. 4a; K 105/01; K 100/00 E. 2c; K 133/01 E. 4.1; RKUV 1999 KV 81 337 E. 3b; K 107/98 E. 2c). Über Befreiungsgesuche nach Art. 2 Abs. 2 KVV entscheidet die zuständige kantonale Behörde Art. 10 Abs. 2 KVV; mehr dazu unter Art. 6 KVG Rz. 6.

12   *bb) Verschlechterung des bisherigen Versicherungsschutzes: Art. 2 Abs. 8 KVV:* Diese Bestimmung ist gesetzes- und verfassungskonform. Sie verstösst auch nicht gegen das Diskriminierungsverbot nach Art. 3 Abs. 1 der Verordnung (EWG) 1408/71 bzw. Art. 2 FZA (K 25/05=BGE 132 V 310 E. 8.5.6 u. E. 9). Es genügt nicht, dass eine Unterstellung unter die schweizerische Versicherung eine klare Verschlechterung des bisherigen Versicherungsschutzes zur Folge hätte, sondern es wird zusätzlich verlangt, dass sich die betroffene Person «auf Grund ihres Alters und/oder ihres Gesundheitszustandes» nicht oder nur zu kaum tragbaren Bedingungen im bisherigen Umfang zusatzversichern könnte. Die kritische Grenze für den noch möglichen Abschluss einer Zusatzversicherung (ZV) in der Schweiz liegt für den stationären Bereich bei 55 Jahren. Die Schwierigkeiten beim Abschluss von ZVen müssen ihren Grund im Alter oder Gesundheitszustand der versicherten Person haben (K 25/05 E. 6.3=RKUV 2006 KV 367 206; zur ratio legis ausführlich BGE 132 V 310 E. 8.5.6; siehe ferner K 44/01 E. 4b). Bei der Beurteilung des Befreiungsgrundes Gesundheit ist zu berücksichtigen, dass die Zusatzversicherer bereits beim Vorliegen einer geringfügigen Krankheit bzw. einem geringen Kostenrisiko die Aufnahme ablehnen oder Vorbehalte anbringen können (SozVG ZH KV.2006.00087 E. 3.3.3). Dagegen sind bloss potenziell mögliche Krankheiten nach Auffassung des Sozial-VG ZH (KV.2007.00076 E. 4.3.5) unbeachtlich. Art. 2 Abs. 8 KVV ist nicht anwendbar, so lange der Abschluss von ZVen in der Schweiz zu akzeptablen Bedingungen möglich ist (K 138/05 E. 4.1); dabei kann nur eine prohibitiv höhere Prämie einer schweiz. ZV einen Neuabschluss

als untragbar erscheinen lassen (SozVG ZH KV.2007.00043 E. 4.3.3).
Ist die bestehende Versicherung im Vergleich zur OKP nicht deutlich
höherwertig, kann der Abschluss der OKP nicht als klare Verschlechterung i.S.v. Art. 2 Abs. 8 KVV gelten (BGE 134 V 34 E. 7; SozVG
ZH KV.2008.00034 E. 3.3.4; KV.2006.00087 E. 3.3.4). Es sind strenge
Massstäbe anzuwenden. Art. 2 Abs. 8 KVV darf nicht dazu dienen,
blosse Nachteile zu verhindern, die eine Person dadurch erleidet, dass
das schweiz. System den Versicherungsschutz, den sie bisher unter dem
ausländischen System genoss, überhaupt nicht oder nicht zu gleich
günstigen Bedingungen vorsieht (9C_921/2008 E. 4.3). Art. 2 Abs. 8
KVV wird in Art. 10 Abs. 2 KVV nicht erwähnt, was ungeklärt ist
(9C_921/2008 E. 3.3).

cc) Weitere Befreiungstatbestände: Siehe Art. 2 KVV Abs. 4–7 (auslän-　13
dische Studenten, Schüler, Praktikanten und Stagiaires, Dozenten und
Forscher, in die Schweiz entsandte Arbeitnehmer usw.) und Art. 6 Abs. 3
KVV (ehemalige Beamte internationaler Organisationen; 9C_182/2009
die analoge Deckung betreffend). Auch ehemalige Angestellte internationaler Organisationen mit Sitz im Ausland können Befreiung verlangen
(zu altArt. 6 Abs. 3 KVV: BGE 131 V 174 E. 3.4). Über Befreiungsgesuche nach Art. 2 Abs. 4, 4bis und 5 sowie Art. 6 Abs. 3 KVV entscheidet
die zuständige kantonale Behörde Art. 10 Abs. 2 KVV; siehe dazu Art. 6
KVG Rz. 6.

Kasuistik (kantonale Praxis)
–　Auf ehemalige Beamte des Europarates im Ruhestand sind die Ver-
　ordnungen (EWG) Nr. 1408/71 und Nr. 1612/68 nicht anwendbar
　(BGE 134 V 34 E. 8).
–　Die Ausübung einer Assistenzarzttätigkeit nach erworbenem Studi-
　enabschluss fällt nicht unter die Weiterbildung i.S.v. Art. 2 Abs. 4
　KVV. Anders verhält es sich, wenn diese Tätigkeit Voraussetzung für
　ordentlichen Abschluss der deutschen Ärzteausbildung ist (SozVG
　ZH KV.2004.00022 E. 3.3.3).
–　Eine Stagiaire-Tätigkeit (Art. 2 Abs. 4 4 KVV) ist ein maximal 18
　Monate dauerndes, zu den branchenüblichen Ansätzen entlöhntes
　Berufspraktikum im Ausland; der oder die Stagiaire muss über eine
　abgeschlossene Ausbildung verfügen, muss im Ausland auf dem er-
　lernten Beruf tätig und darf höchstens 30 Jahre alt sein (SozVG ZH
　KV.2004.00100 E. 2.4.3).

- Die Lehr- und Forschungstätigkeit muss den Hauptzweck seines Aufenthaltes in der Schweiz bilden, damit eine Befreiung nach Art. 2 Abs. 4bis KVV möglich wäre SozVG ZH KV.2002.00119 E. 2.2.2). Voraussetzung bei einem Assistenzarzt, der neben der Arzttätigkeit in der Forschung arbeitet (SozVG ZH KV.2007.00061).
- Einer temporären Befreiung von der Versicherungspflicht steht die eingeschränkte Möglichkeit des Widerrufs nach Art. 2 Abs. 8 KVV entgegen (SozVG ZH KV.2002.00119 E. 2.2.3).

14 *dd) Gleichwertigkeit der ausländischen Versicherung: Art. 2 Absätze 2, 4, 4bis und 7 KVV:* Gleichwertig ist die in Art. 2 Absätze 2, 4, 4bis und 7 KVV verlangte ausländische Versicherung, wenn sie die Kosten ambulanter, teilstationärer und stationärer Behandlung bei Krankheit, Unfall und Mutterschaft sowie des Aufenthalts entsprechend dem Standard der allgemeinen Abteilung eines gemäss Spitalliste zugelassenen schweizerischen Spitals im wesentlichen voll deckt. Die Deckung muss daher grundsätzlich unbeschränkt sein. Bei Leistungsdifferenzen in der Höhe der gesetzlichen Kostenbeteiligung bleibt die Gleichwertigkeit gewahrt (BGE 134 V 34 E. 5.8). S.a. Art. 1 Abs. 2 lit. g KVV, ferner Art. 6 Abs. 3 KVV, in welchem der Terminus «entsprechend» als «gleichwertig» gemäss Art. 2 Abs. 2 KVV zu verstehen ist: BGE 134 V 34 E. 5.6. Keine Gleichwertigkeit: bei erheblichen Lücken im Versicherungsschutz (BGE 134 V 34 E. 5.9) und bei einer gesetzlicher Deckung von 80 Prozent der Krankheitskosten und Zusatzversicherung für die restlichen 20 Prozent (K 167/00 E. 3; s.a. K 105/01).

3. Nicht in der Schweiz wohnhafte Personen (Art. 3 Abs. 3 KVG)

Verordnung: Art. 1 Abs. 2 KVV; Art. 2 Abs. 6 KVV; Art. 4 KVV

Personen ohne Wohnsitz in der Schweiz sind der Versicherungspflicht 15
grundsätzlich nicht unterstellt. Es gibt jedoch zahlreiche Ausnahmen:
die in Art. 1 Abs. 2 KVV bezeichneten Personen, ferner die ins Ausland
entsandten Arbeitnehmer (Art. 4 KVV) und die Personen im öffentlichen Dienst mit Aufenthalt im Ausland (Art. 5 KVV).

a) Personen mit Aufenthaltsbewilligung

Art. 1 Abs. 2 lit. a, b und f KVV erklärt bestimmte Personen mit Auf- 16
enthaltsbewilligung als versicherungspflichtig (s.a. Art. 2 Abs. 7 KVV).
Ein Touristenvisum fällt nicht unter den in Art. 1 Abs. 2 lit. a KVV
genannten Art. 5 altANAG bzw. Art. 32 und 33 AuG (K 19/01 E. 4c).
Für eine «L»-Bewilligung kann dies dagegen selbst bei andauernder
ärztlicher Behandlung zutreffen, wenn die Bewilligung nicht gestützt
auf Art. 33 BVO erteilt wurde (BGE 129 V 77 E. 5.3 m.H.). Zu den
Aufenthaltsbewilligungen, die Wohnsitz in der Schweiz begründen:
K 34/04 E. 3 und 4.3=RKUV 2005 KV 344 360, 363; K 121/04 E. 2.1;
K 138/05 E. 2. Zu Art. 1 Abs. 2 lit. g KVV (Kurzaufenthalter ohne
Pflicht zur Aufenthaltsbewilligung gemäss FZA oder EFTA-Abkommen)
siehe Rz. 21 hiernach.

b) Personen ohne Aufenthaltsbewilligung

Ausländische Staatsangehörige oder Staatenlose ohne Aufenthaltsbe- 17
willigung können versicherungspflichtig sein, wenn sie in der Schweiz
Wohnsitz haben (Art. 3 Abs. 1 KVG; BGE 129 V 77 E. 5.1; K 34/04 E. 3
und 5=RKUV 2005 KV 344 360). Art. 1 Abs. 2 KVV kommt daher nur
zur Anwendung, wenn die ausländische Person nicht bereits aufgrund
von Art. 3 Abs. 1 KVG der Versicherungspflicht unterstellt ist (BGE 129
V 77 E. 5.1; K 22/04 E. 2.2.1=RKUV 2005 KV 315 25; s.a. K 16/05
E. 3.2). Die Frage, wann eine Person mit Wohnsitz im Ausland ihren
ausländischen Wohnsitz aufgegeben hat, richtet sich nach Art. 20 Abs. 1
lit. a IPRG: K 34/04 E. 3=RKUV 2005 KV 344 360. S.a. Art. 1 Abs. 2
lit. g KVV.

c) Asylgesuchstellende

MICCOLI MALHERBE RAFFAELA, Accès aux soins des requérants d'asile frappés d'une décision de non-entrée en matière, in: Asyl 21(2006) Nr. 3 S. 31–34.

18 Asylgesuchsteller, *Personen mit vorübergehendem Schutz (Art. 66 AsylG; SR 142.31) sowie vorläufig Aufgenommene (Art. 14a altA-NAG; Art. 83 AuG)* sind versicherungspflichtig (Art. 1 Abs. 2 lit. c KVV); ebenso im Rahmen von Sonderprogrammen des UNHCR aufgenommene behinderte Flüchtlinge (K 22/04=RKUV 2005 KV 315 25 E. 2.2.2. Asylgesuchsteller müssen daher unter dem Gesichtspunkt der KV als Einwohner des Kantons, dem sie zugewiesen sind, betrachtet werden (BGE 124 II 489 E. 2f.). Kantone und KVers können zur Wahrnehmung der Versicherungspflicht von Asylgesuchstellenden mit den Kantonen administrative Vereinbarungen abschliessen (Beispiele: BGE 128 V 263; BGE 133 V 353; K 135/01 E. 3; K 136/01; K 16/05), die jedoch die Vorschriften des KVG nicht ausser Kraft setzen können (vgl. K 131/01=SVR 2003 KV Nr. 3). Zur Einschränkung der Wahl des Versicherers und der Leistungserbringer siehe Art. 41 Abs. 4 Rz. 36. Eine Person, der Asyl gewährt wird, geniesst hinsichtlich der KV dieselbe Stellung wie eine Person mit Schweizer Bürgerrecht und schweiz. Wohnsitz (BGE 124 II 489 E. 2f ;K 147/04 E. 4).

d) Dem FZA oder dem EFTA-Übereinkommen unterstehende Personen

Bibliografie: Siehe die Hinweise zu Art. 95a KVG.

19 Das FZA und das EFTA-Übereinkommen durchbrechen das Territorialitätsprinzip in mehrfacher Hinsicht. Im Folgenden kann nur auf die allerwichtigsten Tatbestände hingewiesen werden. Für Weiterführendes muss die Spezialliteratur konsultiert werden (Hinweise unter Art. 95a KVG).

20 *aa) Erwerbstätige:* Angehörige eines Mitgliedsstaates (Art. 95a Abs. 2 KVG), die in einem ausländischen Vertragsstaat wohnen und in der Schweiz erwerbstätig sind, unterstehen der Versicherungspflicht in der Schweiz (FZA Anhang II A/1 lit. o Ziff. 3 lit. a i–iii; Beschäftigungslandprinzip; 8C_66/2009 E. 4.3.1). Das gilt für unselbständige (Art. 13 Abs. 2 lit. a der Verordnung (EWG) Nr. 1408/71) wie

für selbständige Erwerbstätigkeit (Art. 13 Abs. 2 lit. b der Verordnung (EWG) Nr. 1408/71), ebenso für *Grenzgänger* (Art. 19 Abs. 2 der Verordnung (EWG) Nr. 1408/71 und Arbeitslose während der Dauer des Exports von Leistungen der AlV (Art. 69 der Verordnung [EWG] Nr. 1408/71). Die Familienangehörigen dieser Personen müssen sich, auch wenn sie in einem Mitgliedsstaat zurückgeblieben sind, ebenfalls in der Schweiz versichern, falls sie nicht aufgrund von Erwerbstätigkeit ein eigenes Sozialrechtsstatut begründen (FZA Anhang II A/1 lit. o Ziff. 3 lit. a i–iii; FZA Anhang II A/1 lit. o Ziff. 3 lit. a iv). Zur Wahl des KVers: Art. 4a lit. a KVG. In die Schweiz *entsandte Arbeitnehmer* unterliegen dem Sozialrecht des Entsendesstaates, soweit Art. 14 Abs. 1 lit. a und b der Verordnung (EWG) Nr. 1408/71 erfüllt ist, und sind diesfalls in der Schweiz nicht versicherungspflichtig.

Versicherungspflichtig sind auch in der Schweiz erwerbstätige *Kurzauf-* 21 *enthalter*, wenn sie dafür gemäss FZA oder EFTA-Übereinkommen keine Aufenthaltsbewilligung benötigen, wenn sie für Behandlungen in der Schweiz nicht über einen gleichwertigen Versicherungsschutz verfügen (Art. 1 Abs. 2 lit. g KVV).

Nichterwerbstätige Familienangehörige eines in der Schweiz wohn- 22 haften und hier versicherungspflichtigen Arbeitnehmers oder Selbständigen unterstehen nicht der Versicherungspflicht, wenn sie in *Dänemark, Spanien, Portugal, Schweden oder im Vereinigten Königreich* leben (FZA Anhang II/1 lit. o Ziff. 3 lit. a iv). Die in *Ungarn* wohnenden nichterwerbstätigen Familienangehörigen von in der Schweiz arbeitenden und wohnenden Personen und von Arbeitslosen haben sich in Ungarn zu versichern (FZA Anhang II A/1 lit. o Ziff . 3 lit a iv).

Unterstellungswahlrecht: Selbständige und abhängig Beschäftigte (ein- 23 geschlossen Grenzgänger, Entsandte und Arbeitslose) können auf Antrag von der Versicherungspflicht befreit werden, wenn sie in Deutschland, Frankreich, Österreich, Finnland (mit Einschränkung auf die in Ziff. 2 lit. b/a/iv und v Anhang II FZA genannten Personen) Portugal oder Italien wohnen und dort krankenversichert sind (FZA Anhang II A/1 lit. o Ziff. 3 lit. b i.V.m. Ziff. i und iii; Art. 2 Abs. 6 KVV). Es ist nicht erforderlich, dass der ausländische Versicherungsschutz einer öffentlich-rechtlichen Versicherung gleichwertig ist. Er kann auch bei einer privaten Versicherung abgeschlossen sein (BGE 135 V 339 E. 4.3.2, E. 4.3.3 mit Ausführungen zu Besonderheiten im Verhältnis zu Frank-

reich), was zu Deckungslücken führen kann (a.a.O., E. 5.4). Die Ausübung des Wahlrechts schliesst die Koordination mittels Leistungshilfe
gemäss Art. 19 ff. der Verordnung (EWG) 1408/71 aus, ausgenommen
im Falle von Behandlungen, die während eines vorübergehenden Aufenthalts in der Schweiz notwendig werden (BGE 135 V 339 E. 4.2.2 u.
E. 5.4). Eine in der Schweiz erwerbstätige Person, die das Wahlrecht
nicht ausgeübt hat, ist in der Schweiz ohne Rücksicht darauf, ob sie in
der Schweiz oder in einem das Wahlrecht begründenden Vertragsstaat
wohnt, versicherungspflichtig. Die Frage nach einer allfälligen Befreiung von der Versicherungspflicht aufgrund des Gemeinschaftsrechts
stellt sich nicht (BGE 131 V 202 E. 2.2). Die Ausübung des Wahlrechts
ist ohne Einfluss auf die Unterstellung in den anderen Sozialversiche-
rungszweigen (BGE 135 V 339 E. 4.4.1).

24 *bb) Rentenberechtigte:* Der Versicherungspflicht in der schweiz. KV
unterliegen *nicht in der Schweiz wohnhafte Rentenbezüger* und deren
Familienangehörige, für die die Schweiz nach den Art. 28, 28a und
29 der Verordnung (EWG) Nr. 1408/71 der zuständige Staat ist (FZA
Anhang II A/1 lit. o Ziff. 3 a ii; Art. 1 Abs. 2 lit. d KVV). *Hauptanwen-
dungsfälle:* Versicherungspflichtig nach KVG sind nicht in der Schweiz
wohnhafte Rentenbezüger ohne Sachleistungsanspruch im Wohnland,
wenn sie nur eine Rente und diese aus der Schweiz beziehen (Art. 28
Abs. 1 VO 1408/71), ebenso Bezüger von Renten aus mehreren Vertragsstaaten, wenn eine Krankenversicherungsdeckung nur nach den
schweiz. Rechtsvorschriften besteht (Art. 28 Abs. 2 lit. a VO 1408/71).
In einem ausländischen Vertragsstaat wohnhafte *Familienangehörige*
eines nach KVG zu versichernden Rentenbezügers (FZA Anhang II A/1
lit. o Ziff. 3 lit. a ii), die nicht durch eine Erwerbstätigkeit ein eigenes
Sozialrechtsstatut begründen, unterliegen der Versicherungspflicht nach
KVG (Art. 27 und 28 VO 1408/71; FZA Anhang II A/1 lit. o Ziff. 3 lit. a
v FZA). Für Zwangszuweisungen ist die Gemeinsame Einrichtung zuständig (Art. 18 Abs. 2ter KVG).

25 In *Deutschland, Frankreich, Finnland, Italien, Österreich und Spanien*
wohnhafte Rentenbezüger, für welche die Schweiz nach den Art. 28, 28a
und 29 der Verordnung (EWG) Nr. 1408/71 der zuständige Staat ist, können sich wahlweise im Wohnland oder in der Schweiz versichern, wenn
sie nachweisen, dass sie im Wohnland für den Krankheitsfall gedeckt
sind (FZA Anhang II A/1 lit. o Ziff. 3 lit. b; s.a. Art. 2 Abs. 6 KVV). Die

nichterwerbstätigen Familienangehörigen von Rentnern in Spanien haben aufgrund des bilateralen Sozialversicherungsabkommens Schweiz/ Spanien (SR 0.831.109.332.1) gemeinsam mit diesen ein Wahlrecht. Der Entscheid über Befreiungsgesuche liegt bei der Gemeinsamen Einrichtung (Art. 18 Abs. 2bis KVG).

Kasuistik   26

– Ein Kind untersteht dem Versicherungsobligatorium in der Schweiz, wenn die Familie in der Schweiz wohnt, der Vater in der Schweiz und die Mutter in Deutschland arbeitet, wo das Kind mitversichert ist (SozVG ZH KV.2007.00042 30.09.2008; in E. 3.4.1 u. E. 4.3.2 wird ausführlich die Bedeutung von Art. 19 der Verordnung EWG Nr. 1408/1 dargelegt).

– Eine weder erwerbstätige noch berentete deutsche Staatsangehörige mit Wohnsitz in Deutschland, die in der Schweiz über einen «Ferienwohnsitz», aber über keine spezielle Aufenthaltsbewilligung verfügt, kann nicht der OKP angeschlossen sein und sich für eine Aufnahmepflicht nicht auf die Verordnung (EWG) Nr. 1408/71 berufen (K 22/05 E. 2.3 u. E. 3).

4. Versicherungsunterstellung zum Zwecke der Behandlung

Personen, die sich ausschliesslich zum Zweck ärztlicher Behandlung   27
oder zur Kur in der Schweiz aufhalten, können sich aufgrund von Art. 2 Abs. 1 lit. b KVV unabhängig von der Dauer einer Behandlung, der Tatsache einer Wohnsitznahme in der Schweiz oder der Art einer fremdenpolizeilichen Aufenthaltsbewilligung nicht rechtswirksam der OKP anschliessen. Ausschliesslichkeit ist gegeben, wenn andere Motive als Behandlungsziele für sich allein keinen Anlass zu einer Wohnsitzbegründung oder zur Erwirkung einer Aufenthaltsbewilligung in der Schweiz gegeben hätten. Wer sich mit der Absicht in der Schweiz aufhält, nach der Behandlung umgehend wieder in ein ausländisches Domizil zurückzukehren, kann sich nicht versichern (9C_217/2007 E. 5.2.2=SVR 2008 KV Nr. 13; vgl. a. K 145/03; SBVR-Eugster*, Rz. 122). Ärztliche Behandlung i.S.v. Art. 2 Abs. 1 lit. b KVV umfasst auch Leistungen bei Mutterschaft. Nach einem unzulässigen Versicherungsbeitritt sind allenfalls bezogene Leistungen zurückzuerstatten und Prämien zurückzugeben (s.a. RKUV 1999 KV 71 188 E. 3b).

III.   Sistierung der Versicherungsdeckung bei Militärdienst (Art. 3 Abs. 4 KVG)

28 Die Versicherungspflicht ist sistiert für Personen, die während mehr als 60 aufeinander folgenden Tagen der MV unterstellt sind (Art. 91a Abs. 1 KVV). Die Sistierung setzt keinen Antrag voraus. Die KVG-Deckung endet mit dem Zeitpunkt der Unterstellung unter das MVG von Gesetzes wegen. Für das Verfahren siehe Art. 10a KVV.

Art. 4 Wahl des Versicherers

[1] **Die versicherungspflichtigen Personen können unter den Versicherern nach Artikel 11 frei wählen.**

[2] **Die Versicherer müssen in ihrem örtlichen Tätigkeitsbereich jede versicherungspflichtige Person aufnehmen.**

Chronologie: AS 1995 1328; BBl 1992 I 93.

Kreisschreiben (KS): BAG-KS Nr. 1.1 – Aufklärung der interessierten Personen (01.10.2005) über die Pflicht der Krankenversicherer, die Personen, die an einer Aufnahme in die soziale Krankenversicherung interessiert sind, ohne Willkür zu beraten; BAG-KS Nr. 7.1 – Daten- und Persönlichkeitsschutz vom 01.04.2005.

Bibliografie: SBVR-Eugster* Rz. 124 ff.: s.a. die Bibliografie zu Art. 3 KVG.

I.   Freiheit in der Versichererwahl (Art. 4 Abs. 1 KVG)

1 Die freie Wahl des Versicherers ist ein zentrales Systemmerkmal der ordentlichen OKP. Sie beschränkt sich auf die in Art. 11 KVG genannten Versicherer. Die Versicherungspflicht kann nur bei diesen erfüllt werden (K 155/04 E. 4.2; K 109/03 E. 3.2; s.a. K 23/03 E. 1.2). Die Wahlfreiheit ist auch in fusionsvertraglichen Bestimmungen und im Rahmen von

Lösungen gemäss Art. 12 Abs. 5 KVV zu respektieren. Sie kann durch einen Gesamtarbeitsvertrag oder durch eine Vereinbarung zwischen KVers und Arbeitgeber nicht beschränkt werden (SVR 1998 KV Nr. 2, TA Genève). Keine Wahlfreiheit besteht bei einer Zwangszuweisung nach Art. 6 Abs. 2 KVG (K 104/02). Zur Einschränkung Wahlfreiheit bei besonderen Versicherungsformen wie HMOs oder Hausarztmodellen: Art. 41 Abs. 4 KVG (Art. 62 Abs. 1 KVV).

Zum Zwecke der Kosteneindämmung können die Kantone bei Asyl- 2 suchenden die Wahl des Versicherers und der Leistungserbringer einschränken (Art. 82a Asylgesetz, SR 142.31; Beispiel: BGE 133 V 353). Für die Durchführung sind zwischen Kantonen und Versicherern Vereinbarungen abgeschlossen worden (möglich auch in Form von Kollektivversicherungen: BGE 128 V 263; BGE 133 V 353; K 135/01 E. 3; K 136/01 E. 3c/aa =RKUV 2002 KV 224 369; K 16/05).

II.   Aufnahmepflicht der Versicherer (Art. 4 Abs. 2 KVG)

Art. 4 Abs. 2 KVG schreibt die gesetzliche Pflicht zur Aufnahme ver- 3 sicherungspflichtiger Personen vor (BGE 130 V 448 E. 5.1; BGE 124 V 393 E. 2c; s.a. BGE 129 V 394 E. 5.2 und K 133/03=SVR 2004 KV Nr. 22) und hebt die Vertragsfreiheit der KVers in diesem Punkt auf (BGE 130 I 26 E. 4.3). Die Aufnahme kann nicht auf bestimmte versicherungspflichtige Personen beschränkt werden, beispielsweise durch die reglementarische Festlegung eines bestimmten Höchsteintrittsalters oder der Zugehörigkeit zu einem bestimmten Beruf, Betrieb oder Personenkreis («geschlossene» Krankenkassen; s.a. 1P.150/2003 E. 5 betr. Schaffung einer kantonalen Krankenkasse). Dagegen kann und muss der Versicherer, der aufgrund seiner Durchführungsbewilligung (Art. 13 KVG) die OKP nur in einer bestimmten Region betreibt, ausserhalb dieser Region ansässigen Personen den Beitritt verweigern (K 133/03=SVR 2004 KV Nr. 22; vgl. a. K 86/01). Das Verlassen des regionalen Tätigkeitsgebiets führt zum automatischen Erlöschen der Versicherung (K 36/01 E. 2). Zur Unzulässigkeit von Kollektivverträgen siehe Art. 63.

Die KVers dürfen den Beitritt nicht durch administrative oder andere 4 Schikanen erschweren oder verunmöglichen. Keine Voraussetzung der Aufnahmepflicht ist, dass der Aufnahmebewerber den Namen der bisherigen Kasse nennt (K 39/03 E. 4.4) oder bei seiner Agentur persönlich vorspricht (K 39/03 E. 4.3). Ein unerlaubtes Zugangshindernis liegt vor, wenn ein KVers faktisch nur für einen ganz bestimmten Kreis von Personen mit günstiger Risikostruktur effektiv in Betracht fällt. Die konzernmässige Verbindung mehrerer Vers. i.S.v. Art. 11 KVG und allenfalls privater Versicherungseinrichtungen, die nicht im Bereich der sozialen KV tätig sind, gilt jedoch nicht a priori als unzulässige Risikoselektion (BGE 128 V 272 E. 7c; krit. SCHAER, Praxis des EVG, in: ZBJV 2006 S. 679, 6

Art. 4*a* Wahl des Versicherers für versicherungspflichtige Familienangehörige mit Wohnort in einem Mitgliedstaat der Europäischen Gemeinschaft, in Island oder in Norwegen

Es sind beim selben Versicherer versichert:

a. **die auf Grund der Erwerbstätigkeit in der Schweiz versicherungspflichtigen Personen und deren versicherungspflichtigen Familienangehörigen, die in einem Mitgliedstaat der Europäischen Gemeinschaft, in Island oder in Norwegen wohnen;**

b. **die auf Grund des Bezugs einer schweizerischen Rente versicherungspflichtigen Personen und deren versicherungspflichtigen Familienangehörigen, die in einem Mitgliedstaat der Europäischen Gemeinschaft, in Island oder in Norwegen wohnen;**

c. **die auf Grund des Bezugs einer Leistung der schweizerischen Arbeitslosenversicherung versicherungspflichtigen Personen und deren versicherungspflichtigen Familienangehörigen, die in einem Mitgliedstaat der Europäischen Gemeinschaft, in Island oder in Norwegen wohnen.**

Chronologie: Eingefügt durch Ziff. I des BG vom 6. Okt. 2000 (AS 2002 858; BBl 2000 4083). Fassung gemäss Ziff. I 8 des BG vom 14. Dez. 2001 betreffend die Bestimmungen über die Personenfreizügigkeit im Abk. zur Änd. des Übereink. zur Errichtung der EFTA, in Kraft seit 1. Juni 2002 (AS 2002 685 700; BBl 2001 4963).

Bibliografie: Siehe Art. 3 und 95a KVG.

Verordnung: Art. 15a KVV (Befreiung von der Pflicht, eine Versicherung anzubieten).

Art. 4a KVG weicht für die darin genannten Personen vom Grundsatz Wahlfreiheit gemäss Art. 4 KVG ab. Nach der bundesrätlichen Botschaft stellt dies keine Diskriminierung dieser Personen dar (BBl BBl 2000 4083, 4096). Zweck der Vorschrift ist es, die Durchführung der OKP (Beitrittskontrolle, Prämieninkasso, Kostenerstattungen für Leistungen usw.) zu vereinfachen (BBl BBl 2000 4083, 4096). Dagegen steht der Person, von der sich die Versicherungspflicht der Familienangehörigen ableitet, die freie Wahl gemäss Art. 4 Abs. 1 KVG uneingeschränkt zu, ebenso den in der Schweiz wohnenden Familienangehörigen. Die Aufnahmepflicht nach Art. 4 Abs. 2 KVG gilt auch für Familienangehörige gemäss Art. 4a KVG. Zur Befreiung von der Aufnahmepflicht für kleinere KVers: Art. 15a KVV.

Art. 5 Beginn und Ende der Versicherung

[1] **Bei rechtzeitigem Beitritt (Art. 3 Abs. 1) beginnt die Versicherung im Zeitpunkt der Geburt oder der Wohnsitznahme in der Schweiz. Der Bundesrat setzt den Versicherungsbeginn für die Personen nach Artikel 3 Absatz 3 fest.**

[2] **Bei verspätetem Beitritt beginnt die Versicherung im Zeitpunkt des Beitritts. Bei nicht entschuldbarer Verspätung entrichtet die versicherte Person einen Prämienzuschlag. Der Bundesrat legt dafür die Richtsätze fest und berücksichtigt dabei die Höhe der Prämien am Wohnort der versicherten Person und die Dauer der Verspätung. Für Versicherte, bei denen die Entrichtung des Beitragszuschlages eine Notlage zur Folge hätte, setzt der Versicherer den Beitragszuschlag herab, wobei er der Lage der Versicherten und den Umständen der Verspätung angemessen Rechnung trägt.**

[3] **Die Versicherung endet, wenn die versicherte Person der Versicherungspflicht nicht mehr untersteht.**

Chronologie: AS 1995 1328; BBl 1992 I 93.

Bibliografie: SBVR-Eugster* Rz. 98 ff.: s.a. die Bibliografie zu Art. 3 KVG..

Verordnung: KVV: Art. 6a (Angaben im Beitrittsformular); Art. 7 (Sonderfälle; hauptsächlich ausländische Staatsangehörige betreffend); Art. 7a (Fortdauer des Versicherungsschutzes für nicht mehr unterstellte Personen; s.a. Art. 132 KVV); Art. 7b (Information über die Fortdauer der Versicherungspflicht); Art. 8 (Prämienzuschlag bei verspätetem Beitritt); Art. 9 (Beendigung des Versicherungsverhältnisses).

Kreisschreiben (KS): BAG-KS Nr. 7.3 – Verhältnis der Krankenversicherung zur Militärversicherung vom 12.07.2006.

I. Beginn bei rechtzeitigem Beitritt (Art. 5 Abs. 1 KVG)

1 *Geburt oder Wohnsitznahme in der Schweiz:* Bei rechtzeitiger Erstanmeldung beim Versicherer beginnt der Versicherungsschutz im Zeitpunkt des Eintritts der Versicherungspflicht (BGE 125 V 76 E. 2b, Urteilsbespr. Pfiffner Rauber, AJP 1999 S. 1310; nicht aber vor der Wohnsitzbegründung: K 145/03 E. 2). Der Beginn kann jeder beliebige Tag im Monat sein. Er kann nicht auf einen Zeitpunkt vor oder nach dem Zeitpunkt des Eintritts der Versicherungspflicht verlegt werden (K 72/05 E. 2.3=RKUV 2006 KV 379 325). Erfolgt die Anmeldung innerhalb der drei Monate nach Art. 3 Abs. 1 KVG, beginnt die Versicherung rückwirkend auf den Zeitpunkt der Wohnsitznahme bzw. der Geburt (BGE 125 V 76 E. 2b; K 72/05 E. 2=RKUV 2006 KV 379 325). Ebenso sind die Prämien rückwirkend zu bezahlen (zur Prämie für den angebrochenen Monat siehe Art. 61 KVG Rz. 8). Die versicherungspflichtige Person kann nicht wählen, ob sie rückwirkend oder nur pro futuro versichert sein will.

2 *Schweizer, die ihren Auslandwohnsitz aufgegeben haben und in die Schweiz zurückkehren,* sind ab Einreisetag versicherungspflichtig und haben sich innert drei Monaten zu versichern (Art. 3 Abs. 1 KVG), wenn

nicht besondere Umstände gegen eine Wohnsitznahme in der Schweiz sprechen. Die Wohnsitznahme kann schon vor der Anmeldung bei der Einwohnerkontrolle stattgefunden haben (K 72/05 E. 2.3=RKUV 2006 KV 379 325).

II. Beginn bei verspätetem Beitritt; Sanktionen (Art. 5 Abs. 2 KVG)

Grundregel: Versicherungsbeginn im Zeitpunkt des Beitritts (Abs. 2 **3** *Satz 1)*. Bei verspätetem Beitritt beginnt die Versicherung im Regelfall im Zeitpunkt des Beitritts (Art. 5 Abs. 2 Satz 1 KVG; Art. 7 Abs. 1 letzter Satz KVV; Art. 7 Abs. 4 Satz 3 KVV; Art. 7 Abs. 7 KVV; Art. 7 Abs. 8 KVV). Die beitrittspflichtige Person hat im genannten Regelfall keinen Anspruch auf rückwirkenden Versicherungsbeginn (auch nicht bei Zwangszuweisung gemäss Art. 6 Abs. 2 KVG). Vor dem Beitritt entstandene Krankheitskosten sind von der versicherten Person zu tragen. Es können aber auch nicht rückwirkend Prämien eingefordert werden.

Sanktionen KVG bei verspätetem Beitritt (Abs. 2 Satz 2; Art. 8 KVV). Der **4** Prämienzuschlag nach Art. 5 Abs. 2, für dessen Anordnung ausschliesslich der KVers zuständig ist (BGE 129 V 159 E. 2.4), setzt ein fehlendes Versicherungsverhältnis und eine verspätete Beitrittserklärung voraus. Er bewirkt kein rückwirkendes Aufleben eines Leistungsanspruchs. Der Prämienzuschlag ist eine Verwaltungssanktion im Interesse der Durchsetzung des Versicherungsobligatoriums und der Solidarität. Er soll der Versuchung entgegenwirken, dass Personen der Versicherung erst beitreten, wenn sie krank geworden sind (BGE 129 V 267 E. 3.1).

Der als gesetzmässig erklärte Art. 8 Abs. 1 KVV regelt in Konkretisie- **5** rung des Verhältnismässigkeitsprinzips die Bemessung des Zuschlags (BGE 129 V 267 E. 4.1.2). Dieser stellt nicht eine einmalige Zusatzprämie dar, sondern ist während einer Periode zu erheben, die der doppelten Dauer der Verspätung entspricht (BGE 129 V 267 E. 3.3). Die KVers haben bei der Bemessung die konkreten Verhältnisse abzuklären, wobei die versicherte Person mitzuwirken hat (BGE 129 V 267 E. 5.3). Der Zuschlag muss auf der Grundlage der laufenden Prämie und nicht auf derjenigen berechnet werden, die während der Verspätung anwendbar war (BGE 129 V 267 E. 3.3 und 274 E. 5.2, K 32/02 E. 2.2). Zur maximal zulässigen Erhebungsdauer siehe Art. 8 Abs. 1 KVV; vgl. a. BGE 129 V 267 E. 4.3), zum Schicksal des Prämienzuschlags bei einem Versichererwechsel: Art. 8 Abs. 3 KVV.

III.   Ende der Versicherung (Art. 5 Abs. 3 KVG)

6 *Allgemeine Beendigungsgründe:* Die Versicherung endet aus den Gründen, welche die Versicherungspflicht erlöschen lässt (Art. 5 Abs. 3 letzter Satz KVG; K 36/01 E. 2), also mit dem Tod der versicherten Person, dem Zeitpunkt der Verlegung des Wohnsitzes ins Ausland (K 78/01 E. 4), der einwohneramtlichen Abmeldung von Personen mit Aufenthaltsbewilligung (Art. 7 Abs. 3 KVV; massgebend ist allerdings die tatsächliche Ausreise aus der Schweiz; vgl. K 102/05). Dagegen bleibt nach kant. Rechtsprechung ein Schweizer Bürger trotz einwohneramtlicher Abmeldung versicherungspflichtig, wenn im Ausland kein Wohnsitz begründet wird (GVP-NW. 6. Jahrgang 2006, S. 194; mehrjährige Auslandreise mit sporadischer Rückkehr in die Schweiz). Die Versicherungspflicht endet ferner mit dem Wegfall der Versicherungspflicht aufgrund des FZA oder des EFTA-Übereinkommens (Art. 7 Abs. 8 KVV).

7 Mit dem Eintritt des Ereignisses, das die Versicherungspflicht beendet, erlischt die Versicherung ohne Kündigungsformalitäten automatisch (vgl. a. BGE 125 V 106 E. 3). Der Konkurs einer juristischen Person, welche für einen Versicherten die Prämienzahlungspflicht übernommen hat, vermag das Versicherungsverhältnis nicht zu beenden (K 36/01 E. 3). In Grenzfällen ist tendenziell für das Bestehen der Versicherungspflicht zu optieren (vgl. a. BGE 129 V 77, 78 E. 4.2; K 72/05 E. 2.3=RKUV 2006 KV 379 325).

8 Besonders geregelt sind die Beendigungsgründe bei *Grenzgängern* (Art. 7 Abs. 4 KVV), von Personen mit Vorrechten nach internationalem Recht (Art. 7 Abs. 6 KVV), *Asylsuchenden* und vorläufig Aufgenommenen (Art. 7 Abs. 5 KVV) und bei *entsandten Arbeitnehmern* (Art. 4 Abs. 3 und 4 KVV).

9 *Ausschluss aus der Versicherung (Art. 9 und 90 KVV).* Die Versicherer können versicherungspflichtige Personen nicht aus der Versicherung ausschliessen, auch wenn sie über eine entsprechende reglementarische

Bestimmung verfügen sollten (BGE 126 V 265 E. 3b). Vorbehalten bleibt Art. 9 KVV, der sich auf im Ausland wohnhafte, der Versicherungspflicht nach KVG unterstehende Personen bezieht (Gesetzmässigkeit in Frage gestellt: GREBER, in: RDAF 1996 S. 246 f.; LONGCHAMP*, S. 235; MAURER, KVR*, S. 41 Fn. 95). Für Personen, die unter das FZA fallen, gilt Art. 90 Abs. 8 KVV, welcher die Ausschlussmöglicheit nicht vorsieht. Bezüglich der Rechtsfolgen im Falle eines Prämienzahlungsverzugs siehe Art. 61 KVG Rz. 26 und Art. 64a KVG.

Ende der Versicherung: keine weiter bestehende Leistungspflicht: Nach   10 dem Ausscheiden aus der OKP bestehen dieser gegenüber keine Ansprüche mehr für spätere Behandlungen von Rückfällen und Spätfolgen von Gesundheitsstörungen, die während der Zugehörigkeit zur OKP eingetreten sind (BGE 125 V 106 E. 3; a.M. MAURER, KVR*, S. 42). Das gilt in gleicher Weise für Behandlungen, die im Zeitpunkt, da die Versicherungspflicht erlischt, noch nicht abgeschlossen sind (so grundsätzlich schon unter dem alten Recht: BGE 105 V 283 E. 3; RSKV 1975 216 67; RKUV 1984 K 576 91 E. 4b und 4c; SVR 1998 KV Nr. 5 E. 3).

Art. 6 Kontrolle des Beitritts und Zuweisung an einen Versicherer

[1] **Die Kantone sorgen für die Einhaltung der Versicherungspflicht.**
[2] **Die vom Kanton bezeichnete Behörde weist Personen, die ihrer Versicherungspflicht nicht rechtzeitig nachkommen, einem Versicherer zu.**

Chronologie: AS 1995 1328; BBl 1992 I 93.

Bibliografie: SBVR-EUGSTER* Rz. 110 ff.

Verordnung: KVV: Art. 10 (Information über die Versicherungspflicht; Behandlung von Befreiungsgesuchen).

Übersicht

I.   Beitrittskontrolle (Abs. 1)

1   Die Kantone haben die Aufgaben nach Abs. 1 entweder den Wohngemeinden oder besonderen kant. Einrichtungen unter Mitwirkungspflicht
der Wohngemeinden übertragen. Die zuständigen Instanzen werden in
der Regel in den kant. Einführungsgesetzen zum KVG oder in den kant.
Gesetzen über die Prämienverbilligung bestimmt. Nicht geklärt ist die
Haftung des Kantons, wenn die Beitrittskontrolle im Einzelfall schuldhaft versäumt worden ist.

2   Bei materiellrechtlichen kant. Bestimmungen im Zusammenhang mit
der Überwachung der Versicherungspflicht und der Zwangszuweisung
handelt es sich um unselbstständiges kant. Ausführungsrecht zu Bundesrecht (K 130/03 E. 2.3.3.2; K 129/03 E. 2.3.3.2=RKUV 2006 K 352 6).

II.   Zwangszuweisung (Abs. 2)

3   Voraussetzung einer Zwangszuweisung ist, da sie zu keiner Doppelversicherung führen darf, stets ein fehlender Versicherungsschutz nach KVG
(BGE 128 V 263 E. 3b). Kein Zuweisungsrecht besteht daher, wenn
eine Person die Versicherungspflicht bereits erfüllt hat (BGE 129 V
159 E. 2.2). Der Versicherungsbeginn kann, weil eine verspätete Erfüllung der Versicherungspflicht vorliegt, nicht rückwirkend ausgesprochen
werden (BGE 129 V 159 E. 2.3; s.a. Art. 5 KVG Rz. 1). Zur Zwangszuweisung von Rentnern sowie deren Familienangehörigen, die in einem
EG-Staat, in Island oder Norwegen wohnen, siehe Art. 18 Abs. 2ter KVG.

4   Die zuzuweisende Person hat kein Recht auf die freie Wahl des Versicherers (Art. 4 Abs. 1 KVG; K 104/02). Der bezeichnete KVers hat
den Zuweisungsentscheid zu akzeptieren; die Zuweisung erfolgt, ohne
dass der betreffende KVers bestimmte Formalitäten zu erfüllen hätte
(K 21/04 E. 4). Vom Zugewiesenen unnötigerweise verursachte Kosten
können diesem auferlegt werden, wenn eine entsprechende kant. Vorschrift besteht (K 21/04 E. 4). Die zuständige Behörde hat eine angemessene Verteilung auf die KVers vorzunehmen (s.a. das Votum HUBER,
AmtlBull 1993 StR 1048), was in kant. Erlassen teilweise ausdrücklich
vorgeschrieben wird (siehe z.B. K 104/02). Wie sich ein KVers gegen

eine ihn diskriminierende Zuweisungspraxis zur Wehr setzen kann, regelt das KVG nicht.

Streitigkeiten über die Frage, ob eine der OKP nicht beigetretene Person 5 der Versicherungspflicht untersteht, sind im kant. Zwangszuweisungs- oder Ausnahmegesuchsverfahren (Art. 6 Abs. 1 KVG; Art. 10 Abs. 2 KVV) bzw. durch die Gemeinsame Einrichtung (Art. 19 Abs. 2ter KVG) zu beurteilen; die KVers sind dafür nicht zuständig (K 162/04 E. 5). Wird der Weiterbestand der Versicherungspflicht aufgrund von Art. 3 Abs. 1 KVG oder Art. 1 Abs. 2 KVV bestritten oder behauptet, so ist darüber nach Art. 49 Abs. 1 ATSG zu verfügen. Wird einer Beschwerde gegen einen Zuweisungsentscheid keine aufschiebende Wirkung zuerkannt, so ist der Zugewiesene während der Rechtshängigkeit prämienzahlungspflichtig (K 89/02 E. 2.3 f.).

III. Zuständigkeit zur Befreiung von der Versicherungspflicht

Gemäss Art. 10 Abs. 2 KVV entscheidet die zuständige kant. Behörde 6 über die in Art. 2 Abs. 2–5 und Art. 6 Abs. 3 vorgesehenen Gesuche um Befreiung von der Versicherungspflicht. Weshalb diese Bestimmung Art. 2 Abs. 8 KVV nicht erwähnt, ist nicht geklärt (9C_921/2008 E. 3.3). Für die Befreiung von Rentnern sowie deren Familienangehörigen, die in einem EG-Staat, in Island oder Norwegen wohnen, siehe Art. 18 Abs. 2bis KVG.

Verfahrensentscheidungen vor Inkrafttreten des BGG: Kant. Entscheide 7 über Zwangszuweisungen waren mit Beschwerde an das EVG anfechtbar (BGE 128 V 263 E. 1a). Die Berechtigung zur Beschwerde gegen kant. Entscheide kam dem EDI und nicht dem BSV zu (BGE 124 V 296 E. 1d; RKUV 2000 KV 102 16 E. 1; K 112/98 E. 1b=RKUV 2000 KV 114 132). Ein Kanton konnte einen Entscheid des kant. Versicherungsgerichts weder aufgrund von Art. 103 lit. a (Behördenbeschwerde) noch aufgrund von Art. 103 lit. b OG mit bundesgerichtlicher Verwaltungsgerichtsbeschwerde anfechten: K 129/03 E. 2.3.3.2=RKUV 2006 K 352 6 und K 130/03.

Art. 6a Kontrolle des Beitritts und Zuweisung an einen Versicherer für Versicherte mit Wohnort in einem Mitgliedstaat der Europäischen Gemeinschaft, in Island oder in Norwegen

[1] Die Kantone informieren über die Versicherungspflicht:

a. die auf Grund einer Erwerbstätigkeit in der Schweiz versicherungspflichtigen Personen, die in einem Mitgliedstaat der Europäischen Gemeinschaft, in Island oder in Norwegen wohnen;

b. die auf Grund des Bezugs einer Leistung der schweizerischen Arbeitslosenversicherung versicherungspflichtigen Personen, die in einem Mitgliedstaat der Europäischen Gemeinschaft, in Island oder in Norwegen wohnen;

c. die auf Grund des Bezugs einer schweizerischen Rente versicherungspflichtigen Personen, die ihren Wohnort von der Schweiz in einen Mitgliedstaat der Europäischen Gemeinschaft, nach Island oder nach Norwegen verlegen.

[2] Mit den Informationen nach Absatz 1 gelten auch die in einem Mitgliedstaat der Europäischen Gemeinschaft, in Island oder in Norwegen wohnhaften Familienangehörigen als informiert.

[3] Die vom Kanton bezeichnete Behörde weist Personen, die ihrer Versicherungspflicht nicht rechtzeitig nachkommen, einem Versicherer zu. Sie entscheidet über Anträge um Befreiung von der Versicherungspflicht. Artikel 18 Absätze 2bis und 2ter bleiben vorbehalten.

[4] Die Versicherer geben der zuständigen kantonalen Behörde die für die Kontrolle der Einhaltung der Versicherungspflicht notwendigen Daten bekannt.

Chronologie: *Art. 6a:* Eingefügt durch Ziff. I der Änderung des KVG vom 6. Okt. 2000, in Kraft seit 1. Juni 2002 (AS 2002 858 861; BBl 2000 4083), Fassung gemäss Ziff. I 8 des BG vom 14. Dez. 2001 betreffend die Bestimmungen über die Personenfreizügigkeit im Abk. zur Änd. des Übereink. zur Errichtung der EFTA, in Kraft seit 1. Juni 2002 (AS 2002 685 700; BBl 2001 4963).

Bibliografie: Siehe die Hinweise unter Art. 3 KVG und Rz. 19 und Art. 95a KVG.

Beansprucht eine in der Schweiz wohnhafte Person mit einer gesetzlichen KV aus einem ausländischen Vertragsstaat Leistungsaushilfe in der Schweiz, untersucht die Gemeinsame Einrichtung, ob sich die versicherte Person richtigerweise in der Schweiz versichern sollte. Sie prüft damit die gleiche Frage wie der für die Kontrolle der Versicherungspflicht zuständige Kanton. Die Intervention der Gemeinsamen Einrichtung beim Kanton kann dazu führen, dass dieser eine Befreiung von der Versicherungspflicht widerruft (siehe dazu HOHN, Umsetzung des Koordinationsrechts, S. 70).

Zu Abs. 3: Befreiungsgesuche nach Art. 2 Abs. 8 KVV sind nicht von der Gemeinsamen Einrichtung zu behandeln (23.04.2009 9C_921/2008 E. 3).

Art. 7 Wechsel des Versicherers

[1] **Die versicherte Person kann unter Einhaltung einer dreimonatigen Kündigungsfrist den Versicherer auf das Ende eines Kalendersemesters wechseln.**

[2] **Bei der Mitteilung der neuen Prämie kann die versicherte Person den Versicherer unter Einhaltung einer einmonatigen Kündigungsfrist auf das Ende des Monats wechseln, welcher der Gültigkeit der neuen Prämie vorangeht. Der Versicherer muss die neuen, vom Bundesamt für Gesundheit (Bundesamt) genehmigten Prämien jeder versicherten Person mindestens zwei Monate im Voraus mitteilen und dabei auf das Recht, den Versicherer zu wechseln, hinweisen.**

[3] **Muss die versicherte Person einen Versicherer verlassen, weil sie ihren Wohnort verlegt oder die Stelle wechselt, so endet das Versicherungsverhältnis im Zeitpunkt der Verlegung des Wohnortes oder des Stellenantritts beim neuen Arbeitgeber.**

[4] **Führt ein Versicherer die soziale Krankenversicherung freiwillig oder aufgrund eines behördlichen Entscheides nicht mehr durch, so endet das Versicherungsverhältnis mit dem Entzug der Bewilligung gemäss Artikel 13.**

[5] **Das Versicherungsverhältnis endet beim bisherigen Versicherer erst, wenn ihm der neue Versicherer mitgeteilt hat, dass die betreffende Person bei ihm ohne Unterbrechung des Versicherungsschutzes versichert ist. Unterlässt der neue Versicherer diese Mitteilung, so hat er der versicherten Person den daraus entstandenen Schaden**

zu ersetzen, insbesondere die Prämiendifferenz. Sobald der bisherige Versicherer die Mitteilung erhalten hat, informiert er die betroffene Person, ab welchem Zeitpunkt sie nicht mehr bei ihm versichert ist.

[6]Wenn der bisherige Versicherer den Wechsel des Versicherers verunmöglicht, hat er der versicherten Person den daraus entstandenen Schaden zu ersetzen, insbesondere die Prämiendifferenz.

[7]Der bisherige Versicherer darf eine versicherte Person nicht dazu zwingen, bei einem Wechsel des Versicherers auch die bei ihm abgeschlossenen Zusatzversicherungen im Sinne von Artikel 12 zu kündigen.

[8]Der Versicherer darf einer versicherten Person die bei ihm abgeschlossenen Zusatzversicherungen nach Artikel 12 nicht allein auf Grund der Tatsache kündigen, dass die versicherte Person den Versicherer für die soziale Krankenversicherung wechselt.

Chronologie: AS 1995 1328; BBl 1992 I 93; *Abs. 2, 6, 7 und 8:* Fassung gemäss Ziff. I der Änderung des KVG vom 24. März 2000, in Kraft seit 1. Okt. 2000 (AS 2000 2305 2311; BBl 1999 793).

Bibliografie: LONGCHAMP*, S. 221; LUGINBÜHL RUDOLF, Rechte der Versicherten bei Kündigung, Kassenwechsel und im Leistungsfall, in: JKR 2003, Bern 2004, S. 23 ff.; SBVR-EUGSTER* Rz. 124 ff. S.a. die Bibliografie zu Art. 3 KVG.

Verordnung: KVV: Art. 6a (Angaben im Beitrittsformular).

I.   Allgemeines zum Versichererwechsel

Die Möglichkeit des freien Versichererwechsels – ohne Rücksicht auf 1
Alter und Gesundheitszustand – ist eines der zentralen Systemmerkmale
und der Neuerungen der OKP. Sie soll eine gesunde Konkurrenz unter
den KVers fördern (BGE 124 V 333 E. 2a; s.a. BGE 128 V 272 E. 6d/
aa, 7b/bb und 8b/dd). Die Versicherten sollen unter den Angeboten das
vorteilhafteste frei wählen können (BGE 124 V 333 E. 2a). Die individuellen Motive eines Versichererwechsels sind allerdings ohne Belang (BGE 128 V 263 E. 3b). Der freie Versichererwechsel unterliegt
im KVG nur wenigen rechtlichen Schranken (siehe namentlich Art. 64a
Abs. 4 KVG), wird dagegen vor verschiedenen faktischen Beeinträchtigungen geschützt, beispielsweise durch die Unabhängigkeit der Prämienhöhe vom Eintrittsalter (BGE 127 V 38 E. 4b/bb).

II.   Ordentliche und ausserordentliche Kündigung
(Art. 7 Abs. 1 und 2 KVG)

Das KVG unterscheidet zwischen der ordentlichen (Art. 7 Abs. 1 2
KVG) und der ausserordentlichen Kündigung im Gefolge einer Prä-
mienanpassung (Art. 7 Abs. 2 KVG; BGE 124 V 333 E. 2; K 39/00
E. 5a=RKUV 2001 KV 172 283).

Die Prämien werden in der Regel jährlich angepasst. Der Versiche- 3
rerwechsel ist auch möglich, wenn die neue Prämie gegenüber bisher
gleich bleibt oder tiefer ausfällt (BGE 132 V 166 E. 9.2; Luginbühl, JKR
2003 S. 27; überholt sind BGE 124 V 333 E. 2b; K 15/99 E. 4b). Keine
Prämienanpassung im Sinne von Art. 7 Abs. 2 KVG ist die Änderung
des Prämientarifs zufolge Wohnortswechsels (Art. 61 Abs. 2 KVG; s.a.
RKUV 1999 KV 71 188 zu altArt. 7 Abs. 2 KVG) oder des Wechsels
von der Kinder- zur Erwachsenenprämie (Art. 61 Abs. 3 KVG), wenn
dieser unterjährig zu vollziehen ist. Kein Kündigungsgrund nach Art. 7
Abs. 2 KVG liegt ferner vor, wenn sich die persönliche Prämienlast
infolge Wegfalls von Prämienverbilligungsbeiträgen erhöht (K 45/02
E. 3.1.1).

Mit der Zweimonatefrist soll genügend Zeit eingeräumt werden, um 4
Angebotsvergleiche anstellen zu können (K 69/00 E. 3a). Verlangt ist

eine individuelle, verständliche Mitteilung an die versicherte Person (SVR 2000 KV Nr. 6, TA Genf). Nicht ausreichend sind Publikationen in der Presse oder in Versichertenzeitschriften (K 69/00 E. 3a). Was bei verspäteter Mitteilung der Prämie zu geschehen hat, ist in K 69/00 E. 3a offen geblieben. Eine versäumte Aufklärung über die Möglichkeit des Versichererwechsels lässt sich als unrichtige Auskunft, welche Vertrauensschutz begründen kann, oder als Verunmöglichung des Versichererwechsels gemäss Art. 7 Abs. 6 KVG werten (vgl. a. BGE 131 V 472 E. 5; K 13/06 E. 5.1.3).

5   Beweis der Prämienmitteilung ist im Grade überwiegender Wahrscheinlichkeit zu erbringen (n K 69/00 E. 3b). Der Versicherer hat vorab den Nachweis der Postaufgabe der Massensendung für die Wohnortsregion des Versicherten zu erbringen. Es sind aber zusätzlich die gesamten Umstände und weitere Indizien zu berücksichtigen. Der Versicherer muss für den in Frage stehenden Versand eine Verteilerliste vorlegen können (K 78/03=RKUV 2004 KV 299 381 E. 4.1 f.). Er trägt die Folgen der Beweislosigkeit. Nach Luginbühl (JKR 2003 S. 28) läuft diese Praxis auf eine Zustellungsfiktion hinaus.

III.   Kündigungsfristen und -termine (Art. 7 Abs. 1 und 2)

6   Die Kündigungsfristen und -termine (Art. 7 Abs. 1 und 2 KVG; Art. 94 Abs. 2, Art. 97 Abs. 2 und Art. 100 Abs. 2 KVV) sollen einen reibungslosen administrativen Ablauf ermöglichen (BGE 125 V 266 E. 5b). Die Kündigung stellt eine einseitige Gestaltungserklärung dar (BGE 126 V 480 E. 2d; K 15/99 E. 4c), die empfangs-, aber nicht annahmebedürftig ist (K 102/99 E. 4b; K 49/00 E. 3c; RKUV 1988 K 785 410). Die Kündigungsfrist ist eingehalten, wenn die Kündigung am letzten Tag der gesetzlichen Frist beim KVers zur gewöhnlichen Geschäftszeit eingegangen ist (Empfangstheorie); mit dem Poststempel des letzten Tages der Frist kann diese nicht eingehalten werden (BGE 126 V 480 E. 2d; K 39/00 E. 4 und 5=RKUV 2001 KV 172 283; RKUV 1991 K 873 E. 4a). Eine ins Postfach gelegte eingeschriebene Sendung gilt in jenem Zeitpunkt als zugestellt, in welchem sie auf der Post abgeholt wird (BGE 100 III 3; BGE 127 I 31). Eine nicht rechtzeitige Kündi-

gung entfaltet ihre Wirkung auf den nächstmöglichen Kündigungstermin (BGE 126 V 480 E. 2d; K 39/00 E. 5c =RKUV 2001 KV 172 283, 285; K 15/99 E. 4c; K 102/99 E. 4c; vgl. a. BGE 127 V 38 E. 4b/ee). Die Einführung des ATSG hat an diesen Fristwahrungsregeln nichts geändert (K 26/05=RKUV 2005 KV 337 295, 297 E. 3.5: Die Frist ist materiellrechtlicher Natur; Art. 39 ATSG ist nicht anwendbar). Nicht geklärt ist, ob eine Kündigungsfrist, die an einem Sonn- oder Feiertag endet, erst am nächsten Werktag abläuft, ferner, ob der bisherige KVers im Falle einer verspäteten Kündigung verpflichtet ist, dies dem neuen KVers mitzuteilen (vgl. a. BGE 130 V 448 E. 5.3.4). Ein Irrtum über die Wirkungen einer Kündigung ist ein unbeachtlicher Rechtsirrtum K 96/04 E. 4.2.3).

Kündigungsberechtigt sind die versicherte Person sowie ihr gesetzlicher 7 oder rechtsgeschäftlich ermächtigter Vertreter (BGE 132 V 166 E. 8.5.1; vgl. a. BGE 128 V 263 E. 4 und K 135/01 E. 4). In einem Verein organisierte Personen lassen sich durch den Vorstand auf einen neuen Versicherer übertragen, wenn sie diesem eine je individuell erteilte Kündigungsvollmacht ausgestellt haben (BGE 132 V 166 E. 8.5).

IV.   Besondere Versicherungsformen

Für die Kündigungstermine bei den besonderen Versicherungsformen 8 ist auf Art. 94 Abs. 2 (Wahlfranchisen), Art. 97 Abs. 2 (Bonusversicherung) und Art. 100 Abs. 3 KVV (eingeschränkte Wahl der Leistungserbringer; HMO/Hausarztmodelle) zu verweisen. Grundsätzlich schliesst Art. 7 KVG Kündigungsbeschränkungen im Verordnungsrecht nicht a priori aus (BGE 125 V 266 E. 5c). Die Beschränkung der Kündigungsmöglichkeit auf das Ende des Kalenderjahres in Art. 94 Abs. 2 KVV ist gesetzmässig. Die Reduktion der Prämie verlangt eine Berechnung aufgrund vollständiger Kalenderjahre (RKUV 1998 KV 39 375 E. 3c; BGE 124 V 333 E. 2c a.E.; K 30/01 E. 1b). Unterjährig einer Versicherung mit Wahlfranchise beigetretene Personen können ebenfalls den Versicherer auf Ende des Kalenderjahres wechseln.

V.   Erzwungene Versichererwechsel (Art. 7 Abs. 3 und 4)

9   Die Wohnortsverlegung betrifft den Wegzug aus dem Tätigkeitsgebiet eines nur regional tätigen KVers (Art. 4 Abs. 2 KVG). Der Stellenwechsel meint den Antritt einer neuen Stelle bzw. die Beitrittspflicht aufgrund eines neuen Arbeitsvertrages (Beispiel: BVGE 25.05.2007 A-1440/2006). Nicht geklärt ist die (m.E. zu verneinende) Frage, ob in diesen Fällen das Versicherungsverhältnis auch ohne Weiterversicherungsbestätigung nach Art. 7 Abs. 5 KVG beendet wird. S.a. Art. 94 Abs. 3 KVV betr. Fortführung von Wahlfranchisen und Art. 100 Abs. 4 KVV betr. Versicherungen mit eingeschränkter Leistungserbringerwahl.

10   Fällt die Durchführungsbewilligung oder Anerkennung weg (Abs. 4), so ist eine unterbrechungsfreie Weiterversicherung zu gewährleisten (Art. 13 Abs. 3 Satz 2 KVG; Art. 12 Abs. 5 KVV).

VI.   Weiterversicherungsbestätigung (Abs. 5 Satz 1)

11   Ein Wechsel des Versicherers kann in keinem Fall dazu führen, dass der Versicherungsschutz unterbrochen wird (BGE 128 V 263 E. 3b und 3c; K 108/06 E. 3.2; zur ratio legis vgl. a. BGE 127 V 38 E. 4b/bb). Als neuer Versicherer gilt derjenige, bei welchem die Aufnahme beantragt wurde (BGE 129 V 394 E. 5.1). Das Ende des Versicherungsverhältnisses wird erst mit dem Eingang der Mitteilung der Weiterversicherung beim bisherigen KVers bewirkt (BGE 130 V 448 E. 3.1). Teilt der neue KVers die Weiterversicherung erst nach Ablauf der Kündigungsfrist mit, endet das bisherige Versicherungsverhältnis auf das Ende des Monats, in welchem die verspätete Mitteilung beim bisherigen KVers eingegangen ist (BGE 127 V 38 E. 4b/ee; BGE 129 V 394 E. 5.1; BGE 130 V 448 E. 3.1).

12   Die Mitteilungspflicht (eine Nebenpflicht zu Art. 4 Abs. 2 KVG; BGE 130 V 448 E. 5.1) obliegt dem neuen KVers, nicht der versPers (a.a.O., E. 5.3 und E. 5.4). Für die Mitteilung ist keine besondere Form vorgeschrieben. Der KVers trägt die Folgen der Beweislosigkeit. Die

Mitteilung darf nur die personenbezogenen Daten enthalten, die für einen Kassenwechsel erforderlich sind (Art. 84a Abs. 1 lit. a KVG; a.a.O., E. 5.3.6). Der KVers ist gehalten, sie nach Möglichkeit in einem Zeitpunkt vorzunehmen, der die Aufnahme der versicherten Person an dem von ihr verlangten Termin oder mit möglichst geringer Verzögerung zulässt (a.a.O., E. 5.2).

Die versicherte Person hat dem neuen KVers den bisherigen Versiche- 13
rer bekannt zu geben, andernfalls sie einen allfälligen Schadenersatz-
anspruch nach Art. 7 Abs. 5 Satz 2 KVG zu verlieren droht (BGE 130
V 448 E. 5.4).

VII. Sanktionen bei Verzögerung eines Versicherer-
wechsels (Abs. 5 Satz 2)

Die Schadenausgleichspflicht des neuen Versicherers folgt den allge- 14
meinen Grundsätzen des Schadenersatzrechts (Widerrechtlichkeit und
Verschulden; BGE 130 V 448 E. 5.2). Art. 7 Abs. 5 Satz 2 KVG geht
dem BG vom 14. März 1958 über die Verantwortlichkeit des Bundes
(SR 170.32; BGE 129 V 394 E. 4) und grundsätzlich auch der Haftungs-
norm von Art. 78 ATSG vor. Die Prämiendifferenz ist nur eine der möglichen Schadenspositionen. Das EVG verneint eine Verzugszinspflicht
(K 86/01 E. 6; der Fall betrifft das Recht vor der Einführung des ATSG;
für die Zeit danach ist die Frage noch nicht geklärt; vgl. a. K 40/05
E. 4.3=RKUV 2006 KV 356 50). Der Klärung harrt ferner, ob der neue
Versicherer dem bisherigen für nach dem Kündigungstermin erbrachte
Leistungen Schadenersatz zu leisten hat (s.a. BGE 130 V 448 E. 4.7, wo
die Frage der Anwendbarkeit von Art. 78 ATSG offen gelassen wurde).

VIII. Sicherstellung des freien Wechsels
(Abs. 6–8)

Abs. 6 ist Abs. 5 Satz 2 KVG nachgebildet (BBl 1999 793, 821). Das zu 15
Art. 7 Abs. 5 Satz 2 KVG Gesagte gilt sinngemäss. Die in BGE 129 V
394 E. 5.1 beurteilte Verweigerung der Aufnahme liesse sich heute auch
unter Abs. 6 subsumieren (vgl. a. BBl 1999 793, 797, 820 und 836).

16   Der neue Absatz 7 verbietet dem Versicherer, so zu verfahren, dass eine versicherte Person, die den Versicherer für die OKP wechseln will, gleichzeitig auch die bei ihm abgeschlossenen Zusatzversicherungen kündigen muss (AS 2000 2305 2311; BBl 1999 793, 836) oder dass sich der Versicherer für den Fall eines solchen Versichererwechsels vertraglich das Recht zur Kündigung der Zusatzversicherungen einräumt (Abs. 8). Soweit die in den Abs. 7 und 8 erwähnten Verträge, Vereinbarungen oder statutarischen Ansprüche von der Gesetzesänderung (AS 2000 2305 2311; BBl 1999 793) betroffen sind, fallen sie mit deren Inkrafttreten dahin (Ziff. 1 der Übergangsbestimmungen zur Änderung des KVG vom 24. März 2000). Trotz der Abs. 7 und 8 bestehen aber nach wie vor Möglichkeiten, die Kündigung der Grundversicherung auf der Ebene der Zusatzversicherungen mit Nachteilen so zu verknüpfen, dass ein Wechsel des Grundversicherers behindert wird (so beispielsweise durch Zuschläge zu den Prämien, vgl. BVR 2001 KV Nr. 47, SozVG ZH). Zulässig ist, den Abschluss von Zusatzversicherungen vom Beitritt zur OKP abhängig zu machen.

IX.   Versichererwechsel: Ende der Leistungspflicht

17   Leistungspflichtig ist der Krankenversicherer, der im Zeitpunkt der Behandlung für die betreffende Person die OKP durchführt (Behandlungsprinzip; K 114/05 E. 1; K 27/06 E. 3.1), was auch bei unfallbedingten Behandlungen gilt (BGE 126 V 319 E. 4; K 43/02=RKUV 2003 KV 235 14, 16 E. 2.2; RKUV 1998 KV 33 282 E. 2; intertemporalrechtlich vgl. K 140/00 E. 2=RKUV 2001 KV 164 190, K 187/00 E. 3 und K 69/02=SVR 2005 KV Nr. 12). Bei einem Versichererwechsel ist daher der bisherige KVers für Behandlungen, die nach dem Ausscheiden bei ihm durchgeführt werden, nicht mehr leistungspflichtig. Zuständig ist der neue KVers. Bei Medikamenten steht jener KVers in der Pflicht, der im Zeitpunkt deren Bezugs bei der Apotheke Grundversicherer ist (BGE 126 V 319 E. 4; K 43/02=RKUV 2003 KV 235 14, 16 E. 2.2).

2. Abschnitt: Ruhen der Unfalldeckung

Art. 8 Grundsatz

[1] Die Deckung für Unfälle kann sistiert werden bei Versicherten, die nach dem Unfallversicherungsgesetz vom 20. März 1981 (UVG) obligatorisch für dieses Risiko voll gedeckt sind. Der Versicherer veranlasst das Ruhen auf Antrag der versicherten Person, wenn diese nachweist, dass sie voll nach dem UVG versichert ist. Die Prämie wird entsprechend herabgesetzt.

[2] Die Unfälle sind nach diesem Gesetz gedeckt, sobald die Unfalldeckung nach dem UVG ganz oder teilweise aufhört.

[3] Die soziale Krankenversicherung übernimmt die Kosten für die Folgen derjenigen Unfälle, welche vor dem Ruhen der Versicherung bei ihr versichert waren.

Chronologie: AS 1995 1328; BBl 1992 I 93.

Verordnung: KVV: Art. 11 (Sistierung der Unfalldeckung); Art. 91a (Prämienreduktion).

I.   Ratio legis und Sistierungsberechtigte

Mit Abs. 1 soll eine Doppelversicherung mit doppelter Prämienlast ver- 1 mieden werden. Voll versichert bedeutet, dass die Person sowohl gegen Berufs- als auch gegen Nichtberufsunfall nach UVG versichert ist. Die Deckung durch eine private UV gestattet keine Sistierung (missverständlich: K 90/00 E. 2=RKUV 2001 KV 157 150). Selbständigerwerbende ohne freiwillige UV nach Art. 4 Abs. 1 UVG müssen nach KVG unfallversichert bleiben (K 90/00 E. 2=RKUV 2001 KV 157 150). Die Sistierung ist antragsbedürftig in Schriftform (Art. 11 Abs. 1 KVV) und grundsätzlich nur pro futuro möglich. Eine rückwirkende Sistierung ist nach einer Verletzung der Aufklärungspflicht gemäss Art. 9 KVG oder Art. 27 ATSG zuzulassen.

2 Zur Prämienermässigung: Art. 91a KVV. Die Prämie für das Unfallrisiko ist in der Prämienrechnung separat auszuweisen (Art. 89 lit. a KVV; vgl. a. RKUV 1998 KV 23 56 E. 2e).

II.   Lückenloser Versicherungsschutz (Abs. 2 und 3)

3 Die Reaktivierung des Unfallversicherungsschutzes nach KVG geschieht mit dem Wegfall der UVG-Deckung automatisch (RKUV 2001 KV 157 150 E. 1b). Sie setzt nicht die Erfüllung von Melde- oder Anzeigepflichten voraus. Abs. 2 soll im Bereich der Heilungskosten jede nur denkbare Deckungslücke verhindern.

4 Abs. 3 betrifft Rückfälle oder Spätfolgen von Unfällen, die sich vor der Sistierung ereignet haben und für die nach KVG die OKP leistungszuständig ist. Massgebendes Kriterium ist, ob der KVers auch zu leisten hätte, wenn keine Sistierung beantragt worden wäre. Die versicherte Person hat dem KVers für die Dauer der Leistungspflicht während einer Sistierung keine Prämie zu bezahlen.

Art. 9 Information der versicherten Person

Der Versicherer hat die versicherte Person bei ihrem Beitritt zur sozialen Krankenversicherung schriftlich auf ihr Recht nach Artikel 8 hinzuweisen.

Chronologie: AS 1995 1328; BBl 1992 I 93.

Art. 10 Ende der Sistierung; Verfahren

[1] Der Arbeitgeber informiert eine aus dem Arbeitsverhältnis oder aus der Nichtberufsunfallversicherung nach dem UVG ausscheidende Person schriftlich darüber, dass sie dies ihrem Versicherer nach diesem Gesetz zu melden hat. Die gleiche Pflicht trifft die Arbeitslosenversicherung, wenn der Anspruch auf Leistungen ihr gegenüber erlischt und die betreffende Person kein neues Arbeitsverhältnis eingeht.

[2] **Hat die versicherte Person ihre Pflicht nach Absatz 1 nicht erfüllt, so kann der Versicherer von ihr den Prämienanteil für die Unfalldeckung samt Verzugszinsen seit der Beendigung der Unfalldeckung nach UVG bis zum Zeitpunkt, in dem der Versicherer davon Kenntnis erhält, verlangen. Hat der Arbeitgeber oder die Arbeitslosenversicherung die Pflicht nach Absatz 1 nicht erfüllt, so kann der Versicherer die gleichen Forderungen ihnen gegenüber geltend machen.**

Chronologie: AS 1995 1328; BBl 1992 I 93.

Verordnung: KVV: Art. 11 (Sistierung der Unfalldeckung).

Meldet die versPers dem KVers den Wegfall der Sistierung unentschuldigt zu spät, kann der Versicherer von ihr den Unfallprämienanteil für die Dauer der Verspätung nachfordern (Art. 10 Abs. 2 KVG; K 90/00=RKUV 2001 KV 157 150). Nicht geklärt ist, ob der Arbeitgeber oder die AlV für eine Nachforderung gemäss Art. 10 Abs. 2 Satz 2 KVG auf die versicherte Person Rückgriff nehmen kann. 1

Zu den Informations- und Meldepflichten von Arbeitgebern, AlV und Versicherten: Art. 11 Abs. 2 KVV. 2

2. Kapitel: Organisation

1. Abschnitt: Versicherer

Art. 11 Art der Versicherer

Die obligatorische Krankenpflegeversicherung wird betrieben durch:
   a. Krankenkassen im Sinne von Artikel 12;
   b. die privaten Versicherungsunternehmen, die dem Versicherungsaufsichtsgesetz vom 17. Dezember 2004 (VAG) unterstehen, die Krankenversicherung durchführen und über eine Bewilligung nach Artikel 13 verfügen.

Chronologie: AS 1995 1328; BBl 1992 I 93; *lit. b:* Fassung gemäss Anhang Ziff. II 4 des Versicherungsaufsichtsgesetzes vom 17. Dez. 2004, in Kraft seit 1. Jan. 2006 (SR 961.01).

Bibliografie: Siehe Art. 12 KVG.

Verordnung: Siehe Art. 12 KVG.

I.   System der Mehrfachträgerschaft

1 Die OKP ist dezentral organisiert und beruht auf dem System der Mehrfachträgerschaft, das im KVG insofern erweitert worden ist, als neu auch private Versicherungseinrichtungen zugelassen sind (BGE 128 V 272 E. 6d/aa). Die Versicherer sind Durchführungsorgane der sozialen KV (BGE 128 V 263 E. 3c/bb; RKUV 1997 KV 7 216 E. 2b) und erfüllen im Rahmen eines mittelbar rechtlichen Verwaltungsmonopols (BGE 122 V 85 E. 5b/bb/aaa; BGE 130 I 26 E. 4.2) Bundesverwaltungsaufgaben (BGE 130 V 196 E. 3; vgl. a. BGE 118 V 158 E. 7; RKUV 1997 KV 18

399, 416 E. 5 u E. 6.1). Ausfluss der dezentralen Organisation der sozialen KV ist, dass sich ein Versicherer das Verhalten der anderen KVers nicht anrechnen lassen muss (K 97/01 E. 2b/cc; K 123/00 E. 2 f/bb). Liste der zugelassenen Versicherer: http://www.bag.admin.ch/themen/krankenversicherung/

Delegation von Aufgaben an Dritte: Die zugelassenen KVers haben die   2 OKP selber durchzuführen (Rückversicherung vorbehalten: BGE 128 V 272 E. 6b). Die Delegation der Kernaufgaben der sozialen KV an einen Dritten ist grundsätzlich unzulässig (BGE 128 V 295, E. 4c/aa; krit. Schaer, Praxis des EVG, in: ZBJV 2006 S. 679, 693). Sie ist nur zulässig, soweit sie datenschutzkonform durchführbar ist. Die Aufwendungen für administrative und technische Dienstleistungen, die im Rahmen einer Aufgabendelegation von aussenstehenden Dritten erbracht werden, müssen marktgerecht und verhältnismässig sein (9C_601/2008 E. 4).

II.   KVers als Konkurrenten

Die Versicherungsträger sind Risikoträger und stehen in einem Konkur-   3 renzverhältnis zueinander (BGE 128 V 272 E. 6d/aa, E. 7b/bb, E. 8b/dd; BGE 124 V 333 E. 2a), was zur Eindämmung der Kosten im Gesundheitswesen beitragen soll (BGE 127 V 38 E. 4b/bb).

Es besteht kein Numerus clausus, sodass jederzeit neue Versicherer in   4 den Markt eintreten können (BGE 128 V 272 E. 6d/aa). Das Verzeichnis der zugelassenen Krankenversicherer ist abrufbar unter www.bag.admin. ch. Keine Versicherer sind der Dachverband der Schweizer Krankenversicherer (santésuisse; BGE 132 V 303 E. 4.4.1) und HMOs. Die Versicherer sind steuerbefreit (Art. 80 ATSG; vgl. a. BGer-Urteile 2P.12/2004 E. 3, RKUV 2005 KV 333 265 und 2P.303/2003).

Art. 12   Krankenkassen

¹ **Krankenkassen sind juristische Personen des privaten oder öffentlichen Rechts, die keinen Erwerbszweck verfolgen, hauptsächlich die soziale Krankenversicherung betreiben und vom Eidgenössischen Departement des Innern (Departement) anerkannt sind.**

²Es steht den Krankenkassen frei, neben der sozialen Kranken-versicherung nach diesem Gesetz Zusatzversicherungen anzubie-ten; ebenso können sie im Rahmen der vom Bundesrat festgesetzten Bedingungen und Höchstgrenzen weitere Versicherungsarten be-treiben.

³Die Versicherungen nach Absatz 2 unterliegen dem Versiche-rungsvertragsgesetz vom 2. April 1908 (VVG).

⁴Krankenkassen mit einem vom Bundesrat festgesetzten Mindest-bestand an Versicherten dürfen auch die Rückversicherung nach Artikel 14 durchführen.

Chronologie: AS 1995 1328; BBl 1992 I 93.

Bibliografie: ALBERTINE MICHELE, Parere sulla ricevibilità dell'iniziativa popolare «Per la costituzione di una Cassa malati cantonale per la gente», in: RDAT 2007 Nr. 1 S. 553–582; DUC JEAN-LOUIS, Droit privé et droit social, in: AJP 9/2209 S. 1163; KNAPP BLAISE, Avis de droit concernant la recevabilité de l'initiative populaire cantonale tendant à la création d'une caisse d'assurance-maladie can-tonale au canton du Tessin, in: RDAT 2007 Nr. 1 S. 477–500; EGLI PHILIPP, Die Krankenversicherer*; HAMMER STEPHAN/PULLI RAFFAEL/EGGIMANN J.-C., Auswir-kungen des KVG auf die Versicherer, in: CHSS 2001, S. 147 ff.; MOSER MAR-KUS, Wettbewerb unter Krankenkassen, in: Poledna Tomas/Jakobs Reto (Hrsg.), Gesundheitsrecht im wettbewerblichen Umfeld, Forum für Gesundheitsrecht, Zürich 2010; MOSIMANN HANS-JAKOB*, Krankenkassen und Krankenversicherung im Überblick, in: JKR 2003, Bern 2004, S. 3 ff.; POLEDNA TOMAS, Krankenversi-cherungen und ihre rechtliche Organisation, Forum Gesundheitsrecht 3, Zürich 2002, S. 36 ff.; RHINOW RENÉ A./KÄGI-DIENER REGULA, Aufsicht in der Kranken-versicherung: wo steht der Branchenverband «santésuisse», in SVVOR 2006 S. 57–77; RICHLI PAUL, Gutachten zu Rechtsfragen der Organisation der sozialen Krankenversicherung vom 13.08.2009, erstattet im Auftrag des Schweizerischen Versicherungsverbandes.

Verordnung: KVV: Art. 12 (Anerkennung von Krankenkassen); Art. 13 (Zusatz-versicherungen); Art. 14 (weitere Versicherungsarten); Art. 16 KVV (Bewilli-gung zur Durchführung der Rückversicherung).

Kreisschreiben (KS): BAG-KS Nr. 2.1 – Fusionen, Spaltungen, Umwandlungen und Vermögensübertragungen im Bereiche der sozialen Krankenversicherung vom 23.12.2005; BAG-KS Nr. 7.6 – Information im Vorfeld von Abstimmungen vom 18.03.2008.

I.   Begriff der Krankenkasse (Abs. 1)

Die Anerkennung gehört zur Legaldefinition der Krankenkasse und ist 1
unerlässlich für deren Zulassung (s. Art. 12 Abs. 4 KVV; Art. 12 Abs. 2
KVV). Das Kerngeschäft der KK muss die Durchführung der sozialen
KV sein. Krankenkassen wie auch die privaten Versicherungseinrichtungen, welche die OKP betreiben, dürfen keine wirtschaftliche Tätigkeit entfalten, deren Ergebnis sich in einem Gewinnanteil beim einzelnen Gesellschafter oder Mitglied niederschlägt (BGE 124 V 393 E. 2.c;
2P.12/2004 E. 3.5). Sie stehen einander in Rechten und Pflichten gleich
(BGE 124 V 393 E. 2.c), müssen sich jedoch ihr Verhalten gegenseitig
nicht anrechnen lassen (K 97/01 E. 2b/cc; K 123/00 E. 2 f/bb).

KVers können sich darauf beschränken, nur Personen einer bestimmten 2
Region zu versichern (Art. 4 Abs. 2 KVG; Gebietskrankenkassen; s.a.
Art. 7 Abs. 3 KVG). Die nachträgliche Einschränkung des Tätigkeitsgebiets ist mit einem entsprechenden Bewilligungsentzug verbunden (vgl.
BGE 125 V 80; K 133/03=SVR 2004 KV Nr. 22). Die Begrenzung der
Durchführung der OKP auf bestimmte Personenkreise ist dagegen nicht
zulässig (anders Art. 68 Abs. 2 KVG; vgl. a. BGE 128 V 272 E. 7b/aa;
1P.150/2003 E. 5). Der Einsatz moderner Technologien des Internet
birgt das Risiko faktisch geschlossener Krankenkassen in sich: BGE 128
V 272 E. 8 (Risiko in casu hingenommen). Zur Durchführung des UVG
durch Krankenkassen siehe Art. 70 Abs. 2 UVG.

II.   Zusatzversicherungen und beschränkte Kapitalversicherungen (Abs. 2)

Art. 13 und 14 KVV; Art. 59 Abs. 3 KVV

Bibliografie: BRULHART VINCENT, Quelques remarques relatives au droit applicable aux assurances complémentaires dans le nouveau régime de la LAMal, in: LAMal-KVG*, S. 735 ff.; DUC JEAN-LOUIS, De l'assurance d'une indemnité journalière en cas de maladie, in: AJP 1999 S. 919ff; Duc Jean-Louis, Jurisprudence en matière d'assurances complémentaires, in:1366 jours*; EUGSTER GEBHARD, Die Unterscheidung zwischen grund- und zusatzversicherten Leistungen im Spitalbereich, in: SZS 2005, S. 445 ff.; EUGSTER GEBHARD, Vergleich der Krankentaggeldversicherung nach KVG und VVG (bibl. Angaben unter Art. 71), S. 47; GRÜNIG CHRISTINE, Zusatzversicherungen: Deckungsumfang und -ausschluss, Rechte und Pflichten der Parteien, Rechtsweg, in: JKR 2003, Bern 2004, S. 47 ff.; KIESER UELI, Neuordnung der Zusatzversicherungen zur Krankenversicherung, in: AJP 1/1997, S. 11; LONDIS MARIA, Das Verhältnis der Krankenversicherer zu anderen Sozialversicherungen, SZS 2001, 132; MAURER ALFRED, Verhältnis obligatorische Krankenpflegeversicherung und Zusatzversicherung, in: LAMal-KVG*, S. 703 ff.; PÄRLI KURT, Verweigerter Abschluss einer Zusatzversicherung: Urteil des Bundesgerichts 5P.97/2006 vom 1. Juni 2006, in HAVE 2007 H. 1 S. 46–52; RITTER JEAN-BAPTISTE, Questions relatives aux assurances complémentaires à la LAMal, in: SVZ 1995, S. 191 ff.; SPIRA RAYMOND, Le nouveau régime de l'assurance-maladie complémentaire, in: SVZ 1995, S. 192 ff.; STREIT PETER, Zusatzversicherungen nach Versicherungsvertragsgesetz (VVG): Erfahrungen und Entwicklungen, in: CHSS 1997, S. 222 ff.; STÜRMER W. ET AL., Europäisches Zentrum für Wirtschaftsforschung und Strategieberatung prognos: Veränderungen im Bereich der Zusatzversicherungen auf Grund des KVG, Bern 2000; VIRET BERNARD, Assurances-maladie complémentaires et loi sur le contrat d'assurance, in LAMal-KVG*, S. 665 ff.; WOHNLICH DOMINIQUE, Zusatzleistungen im ambulanten Bereich der Krankenversicherung, Diss., Zürich 2002. S.a. die Bibliografie zu Art. 41 und 44 KVG.

Rechtsweg: HUNZIKER-BLUM FELIX, Der Rechtsweg bei Zusatzversicherungen zur Krankenversicherung: eine «Zivilisierung» durch die kantonalen Gesetzgeber liegt im Interesse aller Beteiligten, in: AJP 6/2008 S. 726–732 ; FONJALLAZ JEAN, Contentieux en matière d'assurances complémentaires à l'assurance maladie sociale, in: ASS 4/2001, S. 30 ff.; FONJALLAZ JEAN, Compétence et procédure en matière de contentieux des assurances complémentaires à l'assurance-maladie, in: Journal des tribunaux, 3. Droit cantonal 3/2000, S. 79 ff.; RASELLI NICCOLÒ, Verfahrensrechtliche Probleme bei der Beurteilung von Streitigkeiten aus Zusatzversicherungen zur sozialen Krankenversicherung, in: SZS 2005, S. 273 ff.

1. Zusatzversicherungen (ZVen; Abs. 2 Satz 1)

ZVen stehen in einem inneren Zusammenhang mit der OKP und sind zu 3
ihr insofern komplementär (zu diesem Begriff vgl. a. BGE 109 V 145
E. 1), als sie Leistungen anbieten, die die OKP nicht übernehmen darf
(K 92/01 E. 4). Das BGer umschreibt dies mit «*Mehrleistungen, die über
den Leistungsumfang der OKP hinaus gehen*» (9C_725/2008 E. 2.2 =
BGE 135 V S. pend.; BGE 126 III 345 E. 3b; BGE 130 I 306 E. 2.3; vgl.
a. K 140/02=RKUV 2005 KV 314 15, 22 E. 7.3; K 94/05 E. 4=RKUV
2006 KV 364 150; s.a. 9C_103/2007 E. 4; zum Begriff der ZVen s.a.
SBVR-Eugster*, Rz. 198). Die KVV dürfen im Gegensatz zu den privaten Versicherungseinrichtungen auch bei den ZVen keinen Erwerbszweck verfolgen (BGE 128 V 272 E. 6d/bb). Die Versicherten können
OKP und ZVen bei verschiedenen Versicherern abschliessen. Die beiden Versicherungsbereiche sind rechtlich in jeder Hinsicht gänzlich
getrennt. S.a. Art. 7 Abs. 7 und 8 KVG betr. unzulässiger Verknüpfung
von Grund- und Zusatzversicherungen. Eine untypische Form einer ZV
resultiert aus Art. 7a KVV. Zur notwendigen Durchführungsbewilligung
für ZVen: Art. 13 KVV.

Nicht geklärt ist, ob von Krankenkassen im Rahmen einer privaten Ver- 4
sicherungsgesellschaft (mit aufsichtsrechtlicher Billigung: BGE 128
V 272 E. 6d/bb) betriebene ZVen noch als ZVen i.S.v. Art. 12 Abs. 2
KVG gelten können. Daraus würde gegebenenfalls die Anwendbarkeit
von Art. 85 Abs. 2 und 3 VAG folgen (BGer 5P.407/2003; siehe Rz. 8
hiernach). Keine ZVen sind Kapitalversicherungen zur Deckung der Risiken Tod und Invalidität, die sich nicht unter Art. 14 KVV subsumieren
lassen (SozVG ZH 24.07.2009 KK.2009.00018 E. 3).

Die Praxis erachtet die von Krankenkassen betriebenen Taggeldversi- 5
cherungen nach VVG ebenfalls als ZVen i.S.v. Art. 12 Abs. 2 KVG (krit.
Duc, AJP 1999 S. 919; Londis Maria, SZS 2001, S. 132, 138; vgl. a.
BGE 126 V 490 E. 3b; 5C.41/2001 E. 2b/bb und 5C.288/2006 E. 3). Die
von privaten Versicherungseinrichtungen betriebene kollektive Taggeldversicherung gilt dagegen laut BVGE 25.05.2007 B-1298/2006 nicht als
«Zusatzversicherung zur sozialen Krankenversicherung» i.S.v. Art. 4
Abs. 2 lit. r VAG (in casu keine einer Krankenkasse nahe stehende Versicherungseinrichtung; s.a. Eugster, Vergleich der Krankentaggeldversicherung nach KVG und VVG, S. 95 ff.).

2. Beschränkte Kapitalversicherungen (Abs. 2 Satz 2)

6 Siehe Art. 14 KVV, welcher der am 27. Juni 1995 aufgehobenen (AS 1995 3867) VO vom 22.11.1989 über den Betrieb anderer Versicherungsarten durch anerkannte Krankenkassen (AS 1989 2430) entspricht. Es handelt sich um beschränkte Geldzahlungen bei Tod und Invalidität. Diese «weiteren Versicherungsarten» sind keine ZVen i.S.v. Art. 12 Abs. 2 KVG.

3. Massgeblichkeit des VVG (Abs. 3)

7 Die ZVen waren unter dem KUVG Teil des Sozialversicherungsrechts (BGE 124 V 134 E. 3 m.H.; RKUV 1998 KV 37 315 E. 3c; RKUV 1998 KV 50 502 E. 1).

8 *Rechtswege:* Ansprüche aus ZVen sind auf dem Zivilrechtsweg geltend zu machen (BGE 134 V 269 E. 2.1 m.H; BGE 123 V 324 E. 3a, BGE 124 V 134 E. 3). Für ZVen (aber nur für diese) gilt erstinstanzlich ein besonderes Verfahrensrecht (Art. 85 Abs. 2 und 3 VAG). Art. 85 Abs. 2 VAG beschränkt die Kantone nicht in ihrer Freiheit, die für die Beurteilung von ZVen nach Art. 12 Abs. 2 KVG zuständige Behörde – Zivilgericht oder Sozialversicherungsgericht – zu bezeichnen (BGE 125 III 461 E. 2; 5C.193/2003 E. 1; 5P.359/2006 E. 6.1; s.a. AGVE 2005 S. 89 und 4A 39/2009 E. 1: Taggeldversicherung nach VVG als Zusatzversicherung anerkannt; anders der kant. Richter in 5C.196/2002 und 5C.288/2006 E. 3 sowie bezüglich aufsichtsrechtliche Prämientarifgenehmigungen das BVGer in B-1298/2006 E. 2.3; s.a. Eugster, Vergleich der Krankentaggeldversicherung nach KVG und VVG, S. 95 ff.). Von Bundesrechts wegen ist nicht eine einzige gerichtliche Instanz vorgeschrieben (BGE 133 III 439 E. 2.2.2.2). Als Rechtsmittel an das Bundesgericht steht grundsätzlich die Beschwerde in Zivilsachen offen. Wo diese unzulässig ist, kommt die subsidiäre Verfassungsbeschwerde in Betracht (BGE 133 III 439 E. 2.1 und E. 3.1; 4D_128/2008 E. 1).

9 Ist der Leistungserbringer eine öffentlich-rechtliche Person des kant. Rechts, so ist das Verhältnis zwischen Leistungserbringer und Patient dem öffentlichen Recht (inklusive Verfahrensrecht) dieses Kantons un-

terstellt (9C_152/2007 E. 2.4), während das Verhältnis zwischen Patient und Zusatzversicherer auch hier zivilrechtlich ist (BGE 134 V 269 E. 2.8).

III. Krankenkassen als Rückversicherer (Abs. 4)
Art. 16–18 KVV

Vgl. a. BGE 128 V 272 E. 6b). Mindestbestand an Versicherten der 10 Krankenkassen: Art. 16 Abs. 1 lit. b KVV.

Art. 13 Bewilligung, Entzug der Bewilligung und Vermögensübertrag

[1] **Das Departement bewilligt den Versicherungseinrichtungen, welche die Anforderungen dieses Gesetzes erfüllen (Versicherer), die Durchführung der sozialen Krankenversicherung. Das Bundesamt veröffentlicht die Liste der Versicherer.**

[2] **Die Versicherer müssen insbesondere:**

 a. **die soziale Krankenversicherung nach dem Grundsatz der Gegenseitigkeit durchführen und die Gleichbehandlung der Versicherten gewährleisten; sie dürfen die Mittel der sozialen Krankenversicherung nur zu deren Zwecken verwenden;**

 b. **über eine Organisation und eine Geschäftsführung verfügen, welche die Einhaltung der gesetzlichen Vorschriften gewährleisten;**

 c. **jederzeit in der Lage sein, ihren finanziellen Verpflichtungen nachzukommen;**

 d. **auch die Einzeltaggeldversicherung nach diesem Gesetz durchführen;**

 e. **einen Sitz in der Schweiz haben;**

 f. **die soziale Krankenversicherung auch den versicherungspflichtigen Personen anbieten, die in einem Mitgliedstaat der Europäischen Gemeinschaft, in Island oder in Norwegen wohnen; auf Gesuch hin kann der Bundesrat Versicherer in besonderen Fällen von dieser Verpflichtung befreien.**

[3] Das Departement entzieht einem Versicherer die Bewilligung zur Durchführung der sozialen Krankenversicherung, wenn er darum ersucht oder die gesetzlichen Voraussetzungen nicht mehr erfüllt. Es sorgt dafür, dass der Entzug erst dann wirksam wird, wenn alle Versicherten von anderen Versicherern übernommen worden sind.

[4] Werden das Vermögen und der Versichertenbestand einer aufgelösten Krankenkasse nicht durch Vertrag auf einen anderen Versicherer nach Artikel 11 übertragen, so fällt bei privatrechtlich organisierten Krankenkassen ein allfälliger Vermögensüberschuss in den Insolvenzfonds der gemeinsamen Einrichtung (Art. 18).

[5] Entzieht das Departement einem Versicherer die Bewilligung zur Durchführung der sozialen Krankenversicherung nur für Teile des örtlichen Tätigkeitsbereichs, so hat der Versicherer einen Anteil seiner Reserven nach Artikel 60 abzugeben. Dieser Betrag ist auf die Versicherer umzuverteilen, welche die von der Einschränkung des Tätigkeitsbereiches betroffenen Versicherten aufnehmen. Der Bundesrat kann die Umverteilung des Betrages der gemeinsamen Einrichtung übertragen.

Chronologie: *Art. 13:* AS 1995 1328; BBl 1992 I 93; *Titel:* Fassung gemäss Ziff. I der Änderung des KVG vom 24. März 2000, in Kraft seit 1. Jan. 2001 (AS 2000 2305 2311; BBl 1999 793). *Abs. 1;* Fassung des zweiten Satzes gemäss Ziff. I der Änderung des KVG vom 24. März 2000, in Kraft seit 1. Jan. 2001 (AS 2000 2305 2311; BBl 1999 793). *Abs. 2 lit. f:* Eingefügt durch Ziff. I 9 des BG vom 8. Okt. 1999 zum Abk. zwischen der Schweizerischen Eidgenossenschaft einerseits und der EG sowie ihren Mitgliedstaaten andererseits über die Freizügigkeit (AS 2002 701; BBl 1999 6128). Fassung gemäss Ziff. I 8 des BG vom 14. Dez. 2001 betreffend die Bestimmungen über die Personenfreizügigkeit im Abk. zur Änd. des Übereink. zur Errichtung der EFTA, in Kraft seit 1. Juni 2002 (AS 2002 685 700; BBl 2001 4963). *Abs. 4 und 5:* Eingefügt durch Ziff. I des BG vom 24. März 2000, in Kraft seit 1. Jan. 2001 (AS 2000 2305 2311; BBl 1999 793).

Bibliografie: GIANINAZZI PIA, Rechte der Versicherten bei Insolvenz einer Krankenkasse, in: JKR 2003, Bern 2004, S. 161 ff.; MEIER ISAAK, Aufgaben der Aufsichtsbehörde und Schutz der Versicherten in der Insolvenz von Krankenkassen, in: JKR 2003, Bern 2004, S. 129 ff.; MEIER ISAAK/BRÖNNIMANN JÜRGEN/GIANINAZZI PIA, Probleme bei Insolvenz von Krankenkassen, Forum Gesundheitsrecht 6, Zürich 2003; RHINOW RENÉ A./KÄGI-DIENER REGULA, Aufsicht in der Krankenversicherung: wo steht der Branchenverband «santésuisse», in Verwaltungsorganisationsrecht, Staatshaftungsrecht, öffentliches Dienstrecht, 2006 S. 57–77; POLEDNA TOMAS/BERGER BRIGITTE, Öffentliches Gesundheitsrecht, Bern 2002, S. 233 ff.; VIRET BERNARD, Le principe de la mutualité dans l'assurance-maladie sociale, in: Mélanges André Grisel, Neuenburg 1983, S. 605 ff.; RKUV 2000 S. 259 (Werbung für Krankenkasseninitiative).

Verordnung: KVV: Art. 15 KVV (Durchführungsbewilligung); Art. 15a (Befreiung von der Pflicht, eine Versicherung anzubieten).

Kreisschreiben (KS): BAG-KS Nr. 2.1 – Fusionen, Spaltungen, Umwandlungen und Vermögensübertragungen im Bereich der sozialen Krankenversicherung vom 23.12.2005.

I. Bewilligungspflicht und -bedingungen (Abs. 1 und 2)

Sowohl die Krankenkassen als auch die privaten Versicherungseinrichtungen, die die soziale KV betreiben wollen, bedürfen einer Durchführungsbewilligung des EDI (Art. 13 Abs. 1 KVG; Art. 15 Abs. 2 KVV). Art. 15 Abs. 1 KVV regelt die Anforderungen an ein Bewilligungsgesuch. Der Zugang zur Tätigkeit der sozialen KV ist prinzipiell frei und setzt lediglich eine Durchführungsbewilligung und bei Krankenkassen eine Anerkennung voraus.

1. Grundsatz der Gegenseitigkeit und Gleichbehandlung (Abs. 2 lit. a)

2 Gegenseitigkeit wurde altrechtlich dahingehend definiert, dass zwischen Beiträgen einerseits und den Versicherungsleistungen anderseits ein Gleichgewicht bestehen müsse (Äquivalenzprinzip: BGE 116 V 345 E. 5b; K 147/04 E. 4.6) und dass allen Versicherten unter den gleichen Voraussetzungen die gleichen Vorteile zu gewähren sind (statt vieler: BGE 114 V 281 E. 4a; BGE 120 V 312, 318 E. 4b). Das Äquivalenzprinzips ist in der OKP nur noch von geringer Bedeutung, aber nicht entbehrlich (K 61/04 E. 5.2.2; BGE 131 V 147 E. 5.2). Es behält namentlich als Grundsatz des versicherungstechnischen Gleichgewichts von Einnahmen und Ausgaben seine Gültigkeit (vgl. a. BGE 125 V 266 E. 6d, BGE 126 V 14 E. 4; K 72/05 E. 4.2=RKUV 2006 KV 379 325). In der Taggeldversicherung behält es seinen altrechtlichen Gehalt (statt vieler: BGE 129 V 51 E. 1; K 58/06 E. 1, K 74/02 E. 2.1). Die übrigen Elemente der Gegenseitigkeitsdefinition lassen sich leicht aus dem Rechtsgleichheitsgebot (Art. 8 BV) oder dem Willkürverbot (Art. 9 BV) ableiten und weisen diesen Normen gegenüber kaum eigenständige Bedeutung auf (vgl. a. K 135/04 E. 2.3=RKUV 2006 KV 358 55; K 15/04 E. 3.2.2; K 63/05 E. 6.2; K 88/05 E. 2.2; 9C_786/2008 E. 3.1; altrechtlich statt vieler: BGE 112 V 291 E. 3b; BGE 106 V 177 E. 3). Das Gegenseitigkeitsprinzip reicht als gesetzliche Grundlage nicht für jegliche verwaltungsrechtliche Sanktion aus (BGE 125 V 266 E. 6d).

3 Versicherung auf Gegenseitigkeit bedeutet ferner Versicherungstätigkeit ohne Erwerbszweck (Art. 12 Abs. 1 KVG). Erträge dürfen nicht als Gewinnanteile ausgeschüttet werden, sondern haben im Interesse sämtlicher Versicherten Verwendung zu finden (2P.12/2004 E. 3.6 m.H.). Ausfluss des Gegenseitigkeitsprinzips ist sodann das Zweckentfremdungsverbot (Art. 13 Abs. 2 lit. a Teilsatz 2 KVG; s.a. BGE 135 V 39 E. 4.1). Die KVers können und dürfen über keine freien Mittel verfügen, die einen anderen Zweck als die Durchführung der sozialen KV haben (2P.12/2004 E. 3.6=RKUV 2005 KV 333 265). Selbst eine Mitfinanzierung einer Krankenkasse durch eine andere ist unzulässig (BGE 128 V 272 E. 6b und 6d/aa). Die höchstrichterliche Rechtsprechung scheint auch keine Quersubventionierung der Grundversicherung durch Zusatzversicherungen zuzulassen (BGE 130 V 196 E. 6.2; vgl. aber auch

128 V 272 E. 6b und E. 6d/bb). Dem Zweckentfremdung widerspräche ferner die Auslagerung des Kerngeschäfts einer Krankenkasse an eine juristische Person mit gewinnorientierter wirtschaftlicher Zwecksetzung (BGE 128 V 295 E. 4c/bb).

2. Organisation und Geschäftsführung (Abs. 2 lit. b)

Gesetz und Verordnung räumen den KVers grossen Gestaltungsspiel- 4 raum ein (BGE 128 V 272 E. 5c/cc). Die Anforderungen sind unterschiedlich. Die Grösse des Versichertenbestandes und der regionale Tätigkeitsbereich stellen wesentliche Determinanten dar (BGE 130 V 196 E. 5.1; BGE 128 V 272 E. 6c; K 133/03 E. 3).

Der Verwaltungsrat von zwei verschiedenen Krankenkassen kann sich 5 aus den gleichen Personen zusammensetzen. Eine konzernmässige Verbindung mehrerer KVers (Art. 11 KVG) und allenfalls privater Versicherungseinrichtungen, die nicht im Bereich der sozialen KV tätig sind, ist nicht an sich schon unzulässig, auch wenn dadurch die Risikoselektion durch zielgerichtete Risikoverteilung im Rahmen des Konglomerates erleichtert wird (BGE 128 V 272 E. 7). Das Betreiben einer Krankenkasse mit dem Ziel, eine Plattform für das Angebot eines Zusatzversicherers zu haben, rechtfertigt für sich allein keine Bewilligungsverweigerung (BGE 128 V 272 E. 6d/aa und E. 6d/bb). Siehe in diesem Zusammenhang auch die Motion von Ständerat Frick (06.3305) betr. Massnahmen gegen die Entsolidarisierung in der OKP durch so genannte Billigkassen (AB 2006 S 763, AB S 2007 793 ff. sowie 2008 809 ff.), mit welcher die Organisationsfreiheit von Krankenkassenkonzernen zur Vermeidung von Entsolidarisierungen beschränkt werden soll.

3. Finanzielle Sicherheit (Abs. 2 lit. c)

KVers müssen jederzeitige Zahlungsfähigkeit gewährleisten können. 6 Gesichert müssen auch die Beiträge an die Gemeinsame Einrichtung (Art. 18 KVG) und an den Risikoausgleich sein (Art. 105 KVG; BGE 130 V 196 E. 5.1). Liquidität schliesst Überschuldung nicht aus. Ist die finanzielle Sicherheit nicht mehr gewährleistet, sind die Prämien zu erhöhen und/oder andere zweckdienliche Massnahmen zu treffen (zum Mittel der Aktienkapitalerhöhung: a.a.O., E. 6.2). Die KVers haben der Aufsichtsbehörde eine mögliche Gefährdung der finanziellen Sicherheit anzuzeigen (a.a.O., E. 5.1). Ein KVers muss als zahlungsunfähig erklärt werden, sobald Solvenz und finanzielle Sicherheit nicht mehr gewährleistet sind. Bei einer Aktiengesellschaft (Art. 620 Abs. 3 OR; Art. 12 Abs. 1 lit. a KVV) und einer Genossenschaft (Art. 828 OR) trifft das zu, wenn sie i.S.v. Art. 725 Abs. 2 OR überschuldet sind, es sei denn, es bestehe konkrete Aussicht auf eine kurzfristige Sanierung (a.a.O., E. 5.4). Derselbe Überschuldungsbegriff ist bei Vereinen und Stiftungen anwendbar. Die Aufsichtsbehörde kann Sanierungsmassnahmen anordnen, dies zur Wahrung der Versicherteninteressen: a.a.O., E.5.5.

4.   Weitere Bewilligungsbedingungen (Abs. 2 lit. d–f)

7   Einzeltaggeldversicherung *(lit. d):* Die Vorschrift dient der Aufrechterhaltung einer sozialversicherungsrechtlichen TgVers (BBl 1992 I 147). Die Kvers können die OKP nicht betreiben, ohne auch die Einzeltaggeldversicherung nach KVG im Angebot zu haben (BGE 125 V 80 E. 4c/ cc). Es besteht keine gesetzliche Pflicht zur Führung von kollektiven Taggeldversicherungen.

8   *Sitz in der Schweiz (lit. e):* Diese Vorschrift hat ihren Grund im Aufsichtsrecht und in der Tatsache, dass die KVers Teil der öffentlichen Gewalt sind (BBl 1992 I 147). Vgl. a. K 23/03 E. 1.2 (eine liechtensteinische Krankenkasse in einem Rückforderungsprozess wegen unwirtschaftlicher Behandlung in einem schiedsgerichtlichen Verfahren als Klägerin nicht zugelassen).

9   *Versicherung von Personen mit Wohnsitz in einem EU-Staat, Island oder Norwegen (lit. f):* Die Vorschrift dient dazu, die mit dem FZA und dem EFTA-Abkommen von der Schweiz eingegangenen Verpflichtungen im Bereiche der Versicherungspflicht erfüllen zu können. Zu den Voraussetzungen einer Befreiung von der Durchführungsverpflichtung: Art. 15a KVV.

II. Entzug der Durchführungsbewilligung (Abs. 3–5)

Eine schlechte finanzielle Lage kann zum Entzug führen, und zwar ohne 10 Rücksicht auf die Gründe einer Überschuldung (BGE 130 V 196 E. 7). Ein konkursrichterlicher Konkursaufschub schliesst einen Entzug nicht aus (BGE 130 V 196 E. 5.5). Die nachträgliche Einschränkung des regionalen Tätigkeitsgebiets einer Krankenkasse ist mit einem entsprechenden Bewilligungsentzug verbunden (BGE 125 V 80; K 133/03 E. 3=SVR 2004 KV Nr. 22). Der Bewilligungsentzug in der OKP erstreckt sich auch auf die TgVers gemäss Art. 67 ff. KVG (BGE 125 V 80 E. 4c/cc). An einem Entzug ist so lange festzuhalten, als die Bewilligungsbedingungen nicht erfüllt sind (BGE 125 V 80 E. 5c/aa). Der Entzug auf Ersuchen des KVers ist mit einem längeren Ausschluss auf Wiederzulassung verbunden (BGE 125 V 80 E. 5). Weitere Gründe für einen Bewilligungsentzug können schlechte Geschäftsführung oder grobe Missachtung gesetzlicher Pflichten oder aufsichtsrechtlicher Auflagen sein (Art. 21 Abs. 5 lit. c KVG).

Abs. 4 betrifft den Fall, dass einer Krankenkasse die Durchführungsbe- 11 willigung entzogen wird, Vermögen und Versichertenbestand aber nicht durch Fusion oder einen anderen wirtschaftlichen Zusammenschluss auf einen KVers (Art. 11 KVG) übergehen (BBl 1999 793, 846); ein allfälliger Vermögensüberschuss im Bereiche der soz. KV soll dieser erhalten bleiben (vgl. a. BBl 1992 I 212 f. und Art. 99 Abs. 3 KVG).

Abs. 5 ist die gesetzgeberische Antwort auf BGE 125 V 80 E. 6. Diese 12 Vorschrift ändert aber nichts an der Tatsache, dass ein KVers für seine Verbindlichkeiten in seinem Tätigkeitsgebiet mit dem gesamten Vermögen haftet.

Art. 14   Rückversicherung

[1] Die Versicherer können Leistungen, die sie nach diesem Gesetz ausrichten, vertraglich rückversichern lassen.
[2] Rückversicherer bedürfen einer Bewilligung des Departements. Für die Erteilung dieser Bewilligung gilt Artikel 13 sinngemäss.
[3] Der Bundesrat legt den Mindestanteil der Leistungen fest, welche die Versicherer selber übernehmen müssen.

Chronologie: AS 1995 1328; BBl 1992 I 93.

Verordnung: KVV: Art. 16 (Durchführungsbewilligung); Art. 17 (Reserven); Art. 18 (Rückversicherung).

1 Der Vertrag, der dem Rückversicherungsverhältnis zugrunde liegt, ist vom KVG beherrscht (BBl 1992 I 147), wobei per analogiam das Obligationenrecht anwendbar ist, soweit sich dieses dem Sozialversicherungsrecht verträgt. Auch Versicherer, die als direkte KVers über eine Durchführungsbewilligung verfügen, bedürfen zusätzlich einer solchen für die Rückversicherung (anders BBl 1992 I 148). Mit der Vorschrift über den Mindestanteil der Leistungen soll ein so hoher Rückversicherungsanteil verhindert werden, dass der Versicherer nicht mehr als vollwertiger Sozialversicherungsträger gelten kann (BBl 1992 I 147). Die Rechtsprechung qualifiziert die Rückversicherung bestimmter Leistungen als Delegation von Aufgaben der zugelassenen, Rückversicherung nehmenden KVers (BGE 128 V 272 E. 6b; s.a. K 17/02 E. 4 und K 13/02 E. 6). Zwischen der versPers eines KVers und dem Rückversicherer besteht kein Rechtsverhältnis.

2 Die Rückversicherer, in diesem KVG-Bereich auch die Privatversicherer, sind steuerbefreit (Art. 80 ATSG). Zum aus Sicht der sozialen KV nicht zulässigen Anschluss ausländischer Krankenkassen an anerkannte Rückversicherer in der Schweiz unter dem KUVG: BGE 105 V 294 E. 2.

Art. 15   Haftung

Die Versicherten haften nicht für die Verpflichtungen der Versicherer.

Chronologie: AS 1995 1328; BBl 1992 I 93.

Unabhängig von der Rechtsform haften die Versicherten nicht persönlich für die Verbindlichkeiten der Versicherer (siehe Art. 29 Abs. 3 KUVG; BBl 1992 I 148). Es besteht auch keine Nachschusspflicht für Verlustvorträge. Zum Verbot von Sonderprämien siehe Art. 61 KVG Rz. 12. Umgekehrt haften die KVers den Versicherten nicht für Behand-

lungsfolgen (anders in der UV, IV und MV: Art. 1a KV Rz. 4; SBVR*-
Meyer, Rz. 121). Art. 78 ATSG bleibt vorbehalten.

Art. 16 und 17

Chronologie: AS 1995 1328; BBl 1992 I 93. Aufgehoben durch Anhang Ziff. 11
des ATSG vom 6. Okt. 2000 (AS 2002 3371; SR 830.1).

Bibliografie: Kieser, ATSG-Kommentar*, Art. 27 und Meyer Ulrich, Grundlagen, Begriff und Grenzen der Beratungspflicht der Sozialversicherungsträger
nach Art. 27 Abs. 2 ATSG, in: Sozialversicherungsrechtstagung 2006, St. Gallen
2006, S. 12.

Die Art. 16 und 17 sind durch Anhang Ziff. 11 des ATSG vom 6. Okt.
2000 (AS 2002 3371; SR 830.1) aufgehoben worden. Die entsprechende
Regelung findet sich neu in Art. 27 ATSG. Siehe BGE 131 V 472 E. 4;
C 36/06 E. 5 ff.; C 119/06 E. 3; 9C_1005/2008 E. 3;

2. Abschnitt: Gemeinsame Einrichtung

Art. 18

[1] Die Versicherer gründen eine gemeinsame Einrichtung in Form einer Stiftung. Die Stiftungsurkunde und die Reglemente der Einrichtung bedürfen der Genehmigung durch das Departement. Kommt die Gründung der gemeinsamen Einrichtung nicht zustande, so nimmt der Bundesrat sie vor. Er erlässt die nötigen Vorschriften, wenn sich die Versicherer über den Betrieb der Einrichtung nicht einigen können.

[2] Die gemeinsame Einrichtung übernimmt die Kosten für die gesetzlichen Leistungen anstelle von zahlungsunfähigen Versicherern.

[2bis] Die gemeinsame Einrichtung entscheidet über Anträge um Befreiung von der Versicherungspflicht von Rentnern und Rentnerinnen sowie deren Familienangehörigen, die in einem Mitgliedstaat der Europäischen Gemeinschaft, in Island oder in Norwegen wohnen.

[2ter] Sie weist Rentner und Rentnerinnen sowie deren Familienangehörige, die in einem Mitgliedstaat der Europäischen Gemeinschaft, in Island oder in Norwegen wohnen und die ihrer Versicherungspflicht nicht rechtzeitig nachkommen, einem Versicherer zu.

[2quater] Sie unterstützt die Kantone bei der Durchführung der Prämienverbilligung nach Artikel 65a für Versicherte, die in einem Mitgliedstaat der Europäischen Gemeinschaft, in Island oder in Norwegen wohnen.

[2quinquies] Sie führt die Prämienverbilligung nach Artikel 66a durch.

[2sexies] Die gemeinsame Einrichtung kann von den Kantonen gegen Entschädigung weitere Vollzugsaufgaben übernehmen.

[3] Der Bundesrat kann der gemeinsamen Einrichtung weitere Aufgaben übertragen, namentlich zur Erfüllung internationaler Verpflichtungen.

[4] Die Versicherer können ihr im gegenseitigen Einvernehmen bestimmte Aufgaben von gemeinsamem Interesse anvertrauen, namentlich im administrativen und technischen Bereich.

[5] Zur Finanzierung der Aufgaben nach den Absätzen 2 und 4 müssen die Versicherer zu Lasten der sozialen Krankenversicherung Beiträge an die gemeinsame Einrichtung entrichten. Die gemeinsa-

me Einrichtung fordert diese Beiträge ein und erhebt bei verspäteter Zahlung einen Verzugszins. Die Höhe der Beiträge und des Verzugszinses bemisst sich nach den Reglementen der gemeinsamen Einrichtung.

[5bis] Der Bund übernimmt die Finanzierung der Aufgaben nach den Absätzen 2bis–2[quinquies].

[6] Der Bundesrat regelt die Finanzierung der Aufgaben, die er der gemeinsamen Einrichtung nach Absatz 3 überträgt.

[7] Die gemeinsame Einrichtung führt für jede ihrer Aufgaben eine getrennte Rechnung. Sie geniesst Steuerfreiheit nach Artikel 80 ATSG.

[8] Auf Beschwerden an das Bundesverwaltungsgericht gegen Verfügungen der gemeinsamen Einrichtung nach den Absätzen 2bis, 2ter und 2[quinquies] ist Artikel 85bis Absätze 2 und 3 des Bundesgesetzes vom 20. Dezember 1946 über die Alters- und Hinterlassenenversicherung sinngemäss anwendbar.

Chronologie: AS 1995 1328; BBl 1992 I 93; *Abs. 2bis, 2ter, 2[quater]:* Eingefügt durch Ziff. I des BG vom 6. Okt. 2000 (AS 2002 858; BBl 2000 4083). Fassung gemäss Ziff. I 8 des BG vom 14. Dez. 2001 betreffend die Bestimmungen über die Personenfreizügigkeit im Abk. zur Änderung des Übereinkommens zur Errichtung der EFTA, in Kraft seit 1. Juni 2002 (AS 2002 685 700; BBl 2001 4963). *Abs. 2[quinquies], Abs. 2[sexies], Abs. 5, Abs. 5bis:* Eingefügt durch Ziff. I der Änderung des KVG vom 6. Okt. 2000, in Kraft seit 1. Juni 2002 (AS 2002 858 861; BBl 2000 4083). *Abs. 7:* Fassung des Satzes gemäss Anhang Ziff. 11 des ATSG vom 6. Okt. 2000, in Kraft seit 1. Jan. 2003 (AS 2002 3371; SR 830.1). *Abs. 8:* Eingefügt durch Anhang Ziff. 110 des Verwaltungsgerichtsgesetzes vom 17. Juni 2005, in Kraft seit 1. Jan. 2007 (AS 2006 2197; SR 173.32).

Bibliografie: Meier Isaak, Probleme der Insolvenz einer Krankenkasse, in: JKR 2003, Bern 2004, S. 129 ff.; Meier Isaak/Brönnimann Jürgen/Gianinazzi Pia, Probleme bei Insolvenz von Krankenkassen, Forum Gesundheitsrecht 6, Zürich 2003; SBVR-Eugster* Rz. 203 ff.; Sutter Rolf, Die Aufgaben der Gemeinsamen Einrichtung KVG: Abkommen über die Personenfreizügigkeit (APF), in: CHSS 2002, S. 91 f.

Verordnung: KVV: Art. 19 (Erfüllung internationaler Verpflichtungen); Art. 19a (Zuweisung von Aufgaben durch das Departement); Art. 20 (Revisionsstelle); Art. 21 (Berichte); Art. 22 (Streitigkeiten); VO über die Zulassung und Beaufsichtigung der Revisorinnen und Revisoren (Revisionsaufsichtsverordnung, RAV) vom 22. August 2007 (AS 2007 3989).

1 Die dezentrale Organisation der OKP mit Mehrfachträgerschaft erfordert eine Institution, die gemeinsame Aufgaben sämtlicher Krankenversicherer wahrnimmt. Der Gesetzgeber verpflichtete daher die Versicherer, die Stiftung Gemeinsame Einrichtung (GEi) zu gründen (Abs. 1; dies in Analogie zur Auffangeinrichtung gemäss Art. 56 Abs. 1 lit. b BVG und zur Ersatzkasse nach Art. 72 UVG; Votum Huber, AB S 1993 1052; BBl 1993 I 149). Eine obligatorische Vertretung der Versicherer in der GEi ist nicht vorgesehen (Votum Huber, AB S 1993 1052).

2 Die der GEi primär zugedachte Aufgabe war es, für zahlungsunfähige Versicherer in die Lücke zu springen (Abs. 2), weil es in einem Versicherungsobligatorium als nicht vertretbar erachtet wurde, dass die Versicherten das Risiko einer Insolvenz eines Versicherers zu tragen haben (Votum Huber AB S 1992 1291). Ein KVers ist zahlungsunfähig, wenn ihm oder der Konkursverwaltung die liquiden Mittel fehlen, um die Versicherungsleistungen innert angemessener Frist zu erbringen. Die Feststellung der Zahlungsunfähigkeit ist Aufgabe der Aufsichtsbehörde. Die Versicherten haben im Anschluss daran ein direktes und eigenes Forderungsrecht gegenüber der GEi. Heute bilden jedoch die internationalen Verpflichtungen aus den bilateralen Verträgen die Haupttätigkeit der GEi.

3 Die GEi ist als flexibles und offenes Instrument konzipiert (BBl 1992 I 149). In den Übergangsbestimmungen (Art. 105 KVG) wird ihr auch die Durchführung des Risikoausgleichs übertragen und nach Art. 19a KVV auf Weisung des Departements die Umverteilung von Reserven zwischen KVers (K 133/03 E. 5; s.a. Art. 13 Abs. 5 KVG betr. Umverteilung der Reserven im Falle einer nachträglichen regionalen Einschränkung des Tätigkeitsgebiets einer Krankenkasse).

4 Die GEi besitzt Verfügungsbefugnisse im Bereiche des Risikoausgleichs (Art. 15 Abs. 1 VORA; BGE 127 V 156; K 182/04; K 149/01; K 18/01; K 107/06; K 52/00; SVR 1998 KV Nr. 7) sowie der Umverteilung von Reserven gemäss Art. 19a KVV und Art. 13 Abs. 5 KVG; K 133/03 E. 5), des Insolvenzfonds und der Mehreinnahmen nach Art. 67 Abs. 2ter (Art. 22 Abs. 3 KVV), ferner im Rahmen von Art. 18 Abs. 2 und 2ter sowie 2[quinquies] KVG (Art. 2 VPVKEG; SR 832.112.5; K 75/05) zu erlassen.

Sie ist aber nicht zuständig für Befreiungen von der Versicherungspflicht nach Art. 2 Abs. 8 KVG (9C_921/2008 E. 3). S.a. Art. 90a KVG betr. Beschwerde an das Bundesverwaltungsgericht.

3. Abschnitt: Förderung der Gesundheit

Art. 19 Förderung der Verhütung von Krankheiten

[1] **Die Versicherer fördern die Verhütung von Krankheiten.**

[2] **Sie betreiben gemeinsam mit den Kantonen eine Institution, welche Massnahmen zur Förderung der Gesundheit und zur Verhütung von Krankheiten anregt, koordiniert und evaluiert. Kommt die Gründung der Institution nicht zustande, so nimmt der Bund sie vor.**

[3] **Das leitende Organ der Institution besteht aus Vertretern der Versicherer, der Kantone, der SUVA, des Bundes, der Ärzteschaft, der Wissenschaft sowie der auf dem Gebiet der Krankheitsverhütung tätigen Fachverbände.**

Chronologie: AS 1995 1328; BBl 1992 I 93.

Verordnung: KVV: 19 (Förderung der Gesundheit).

Kreisschreiben (KS): Nr. 2.2 – Stiftung Gesundheitsförderung Schweiz: Neuregelung Inkasso der Beiträge gemäss Artikel 20 KVG vom 18.12.2007; BAG-KS Nr. 2.3 – Auskunftspflicht der Versicherer gegenüber dem BAG vom 20.01.2009.

Art. 19 KVG bezweckt analog zur Beratungsstelle für Unfallverhütung [1] (BfU; www.bfu.ch) die Förderung der Gesundheit oder die Gesundheitserziehung im Sinne einer kollektiven – erziehend und sensibilisierend wirkenden – Prävention. Sie soll vornehmlich durch Aufklärung und Information geschehen. Systematisch ist Art. 19 richtigerweise nicht im Kapitel der Leistungen angeordnet (Art. 25 ff. KVG), denn er räumt den versicherten Personen keinen Anspruch auf individuelle Leistungen ein (SBVR-EUGSTER* Rz. 208; LONGCHAMP*, S. 133). Die individuelle Prävention ist in Art. 26 KVG geregelt. Mit Art. 19 KVG verbindet der Gesetzgeber die Erwartung einer Verminderung von Versicherungskosten und die Hebung der Lebensqualität (AB 1993 N 1836). Der jährlich bei den nach dem KVG obligatorisch versicherten Personen erhobenen Beiträge sind mehrwertsteuerpflichtig (BVGer 20.04.2009 A-1626/2006).

2 Nach dem geplanten Bundesgesetz über Prävention und Gesundheitsförderung und dem Vorentwurf Bundesgesetz über das Schweizerische Institut für Prävention und Gesundheitsförderung vom Februar 2009 soll die Stiftung Gesundheitsförderung Schweiz (Art. 19 KVG) in das neu zu gründende Schweizerische Institut für Prävention und Gesundheitsförderung, eine öffentlich-rechtliche Anstalt des Bundes, integriert werden.

Art. 20 Finanzierung, Aufsicht

[1]**Von jeder nach diesem Gesetz obligatorisch versicherten Person ist jährlich ein Beitrag für die allgemeine Krankheitsverhütung zu erheben.**

[2]**Das Departement setzt auf Antrag der Institution den Beitrag fest. Es erstattet den zuständigen Kommissionen der eidgenössischen Räte Bericht über die Verwendung dieser Mittel.**

[3]**Es übt die Aufsicht über die Tätigkeit der Institution aus. Budgets, Rechnungen und Rechenschaftsbericht sind dem Bundesamt zur Genehmigung vorzulegen.**

Chronologie: AS 1995 1328; BBl 1992 I 93; *Abs. 2 und 3:* Fassung gemäss Anhang Ziff. II 10 des BG vom 22. März 2002 über die Anpassung von Organisationsbestimmungen des Bundesrechts, in Kraft seit 1. Febr. 2003 (AS 2003 187 188; BBl 2001 3845).

Verordnung: KVV: Art. 23.

Der Gesetzgeber wollte die von den Versicherten zu erbringenden Beiträge begrenzen. Es sollten nicht mehr als 1,8 bis 2 Franken pro Jahr und versicherte Person sein (AB 1993 N 1836; AB 1994 N 15). Der von jeder versicherten Person erhobene Beitrag beträgt zurzeit (2006) 0,2 Franken pro Monat oder 2,4 Franken pro Jahr.

4. Abschnitt: Aufsicht und Statistik

Art. 21 Aufsicht

[1] Der Bundesrat überwacht die Durchführung der Krankenversicherung.

[2] Die Durchführung der in Artikel 12 Absatz 2 genannten Versicherungen wird von der Eidgenössischen Finanzmarktaufsicht (FINMA) nach der Gesetzgebung über die privaten Versicherungseinrichtungen beaufsichtigt.

[3] Das Bundesamt kann den Versicherern Weisungen zur einheitlichen Anwendung des Bundesrechts erteilen, von ihnen alle erforderlichen Auskünfte und Belege verlangen sowie Inspektionen durchführen. Diese können auch unangekündigt durchgeführt werden. Die Versicherer haben dem Bundesamt freien Zugang zu sämtlichen von ihm im Rahmen der Inspektion als relevant erachteten Informationen zu verschaffen. Sie müssen dem Bundesamt ihre Jahresberichte und Jahresrechnungen einreichen.

[4] Die Versicherer sind verpflichtet, dem Bundesamt im Rahmen der Aufsicht über den Vollzug dieses Gesetzes jährlich Angaben über die Daten zu machen, die im Rahmen der Fakturierung von Leistungen und der Versicherungstätigkeit anfallen.

[5] Missachtet ein Versicherer die gesetzlichen Vorschriften, so ergreift das Bundesamt je nach Art und Schwere der Mängel die folgenden Massnahmen:

  a. Es sorgt auf Kosten des Versicherers für die Wiederherstellung des gesetzmässigen Zustandes.

  b. Es verwarnt den Versicherer und fällt Ordnungsbussen aus.

  c. Es beantragt dem Departement den Entzug der Bewilligung zur Durchführung der sozialen Krankenversicherung.

[5bis] Das Bundesamt kann die Öffentlichkeit in Abweichung von Artikel 33 ATSG über Massnahmen nach Absatz 5 informieren.

[6] Die besonderen Bestimmungen über die Beaufsichtigung der privaten Versicherungseinrichtungen bleiben vorbehalten.

Chronologie: AS 1995 1328; BBl 1992 I 93; *Abs. 1:* Fassung gemäss Ziff. I der Änderung des KVG vom 23. Juni 2000, in Kraft seit 1. Jan. 2001 (AS 2000 2755; BBl 2000 255). *Abs. 2:* Fassung gemäss Anhang Ziff. 12 des Finanzmarktaufsichtsgesetzes vom 22. Juni 2007, in Kraft seit 1. Jan. 2009 (SR 956.1). *Abs. 3:*

Fassung gemäss Ziff. I der Änderung des KVG vom 23. Juni 2000, in Kraft seit 1. Jan. 2001 (AS 2000 2755; BBl 2000 255). *Abs. 4:* Fassung gemäss Ziff. I der Änderung des KVG vom 21. Dez. 2007 (Spitalfinanzierung), in Kraft seit 1. Jan. 2009 (AS 2008 2049 2057; BBl 2004 5551; alt: AS 2000 2755; BBl 2000 255). *Abs. 5 lit. c:* Fassung gemäss Ziff. I der Änderung des KVG vom 24. März 2000, in Kraft seit 1. Jan. 2001 (AS 2000 2305 2311; BBl 1999 793; alt: AS 1995 1328; BBl 1992 I 93). *Art. 5bis:* Eingefügt durch Ziff. I des BG vom 24. März 2000 (AS 2000 2305; BBl 1999 793). Fassung gemäss Ziff. I der V der BVers betr. Änderung des Anhangs zum ATSG vom 21. Juni 2002 (Revision 1 des Anhangs), in Kraft seit 1. Jan. 2003 (AS 2002 3453 3471; BBl 2002 803).

Bibliografie: EIDGENÖSSISCHES JUSTIZ- UND POLIZEIDEPARTEMENT, Gutachten des Bundesamtes für Justiz BJ betreffend die Überwachung der Dachverbände in der Krankenversicherung vom 21.06.2007; NYFFELER ROBERT, Aufsicht über die soziale Krankenversicherung, in: CHSS 2006, H. 3 S. 153–156; FLÜCK RETO, Das BSV verstärkt die Aufsicht über die Krankenversicherer, in: CHSS 1999, S. 315 ff.; HUNYADI PIROSKA, Die Wirkungen des Krankenversicherungsgesetzes werden evaluiert, in: CHSS 1997, S. 147 ff.; LAUBSCHER THEODOR, Die Aufsicht des Bundes über die Krankenversicherer nach dem neuen Recht, in: CHSS 1995, S. 244 ff.; MOSER MARKUS, Wettbewerb unter Krankenkassen, in: Poledna Tomas/ Jakobs Reto (Hrsg.), Gesundheitsrecht im wettbewerblichen Umfeld, Forum für Gesundheitsrecht, Zürich 2010, S. pend.; NYFFELER ROBERT, Aufsicht über die soziale Krankenversicherung, in: CHSS 2006, S. 153 ff.; RHINOW RENÉ A./KÄGI-DIENER REGULA, Aufsicht in der Krankenversicherung : wo steht der Branchenverband «santésuisse», in: Verwaltungsorganisationsrecht, Staatshaftungsrecht, öffentliches Dienstrecht, 2006 S. 57–77; WIEDMER DANIEL, Aufsicht im Rahmen der Solvabilitätskontrolle des Krankenversicherers, in: CHSS 2004, S. 45 ff.; DERS., Die Aufsicht über die KVG-Versicherer, in: CHSS 2000, S. 248 ff.

Verordnung: KVV: Art. 24 (Aufsicht über die Versicherungstätigkeit); Art. 25 (institutionelle Aufsicht); Art. 26 (Aufsicht über die Gemeinsame Einrichtung); Art. 27 (Mitteilung von Gerichtsentscheiden und Beschwerderecht des BAG); Art. 28 (Aufsichtsdaten der Versicherer), Art. 28a (Daten der von den Versicherern beauftragten Dritten, 28b KVV (Veröffentlichung der Daten der Versicherer); Art. 29 (Risikobestand); Art. 31 KVV (Veröffentlichung der Daten der Leistungserbringer); Art. 32 (Wirkungsanalyse).

Kreisschreiben (KS): BAG-KS Nr. 2.3 – Auskunftspflicht der Versicherer gegenüber dem BAG vom 20.01.2009.

I.   Zur Aufsicht im Allgemeinen

Das Aufsichtsrecht sowohl im Rahmen der Aufsicht über die Versicherungstätigkeit (Art. 24 KVV) als auch der institutionellen Aufsicht (Art. 25 KVV) ist vom Legalitätsprinzip beherrscht (BGE 125 V 80 E. 6b). Art. 21 Abs. 1 KVG begründet eine direkte Verbandsaufsicht. Die aufsichtsrechtliche Stellung der KVers ist gleich wie in anderen dezentralisiert vollzogenen Zweigen der Sozialversicherung (RKUV 1997 KV 7 216 E. 2a; krit. KUMMER/REICHERT, SZS 2000 S. 261, 278 u. MOSER, Wettbewerb unter Krankenkassen, S. pend.). 1

Bei den Krankenkassen in Stiftungsform übt das EDI die Stiftungsaufsicht und das BAG die Aufsicht über die soziale KV aus. Bei der Gemeinsamen Einrichtung (Art. 18 KVG) ist für die Aufsicht das EDI in Zusammenarbeit mit dem BAG zuständig (Art. 26 KVV). S.a. Art. 76 ATSG betr. Aufsicht des BR über die Durchführung der Sozialversicherungen. 2

II.   Institutionelle Aufsicht

Die institutionelle Aufsicht (Art. 25 KVV) soll die dauerhafte Einhaltung der Bedingungen der Durchführungsbewilligung und der Anerkennung (Art. 12 Abs. 1 KVG; Art. 12 KVV; Art. 13 Abs. 2 KVG) sicherstellen. Die Aufsichtsbehörde kann Weisungen an einzelne Versicherer erteilen, beispielsweise zur Sanierung bei Überschuldung (BGE 130 V 196 E. 5.5; BGE 135 V 39 E. 3). 3

III.   Aufsicht über die Versicherungstätigkeit

4 Die Aufsicht beschränkt sich gemäss Art. 21 Abs. 3 KVG auf die Tätigkeit der Kvers im Zusammenhang mit dem Leistungskatalog der OKP
(Art. 24–31 KVG) und der TgVers (Art. 67–77 KVG). Sie soll mittels
Weisungen eine einheitliche Anwendung des Bundesrechts gewährleis-
ten (Art. 21 Abs. 3 KVG). Diese können sich an einen einzelnen KVers
(Beispiel: BRE RKUV 1997 KV 18 399) oder in Form von Kreisschrei-
ben an alle KVers richten (RSKV 1976 250 96). Das BAG kann auch
in einem konkreten Versicherungsfall mit Weisungen intervenieren
(RKUV 1997 KV 7 216 E. 2b; vgl. a. BGE 110 V 30 E. 3; SBVR-
Meyer, Rz. 98). Ein Aufsichtsmittel zur Sicherstellung der einheitlichen
Anwendung von Bundesrecht ist die Anfechtung letztinstanzlicher kant.
Entscheide (Art. 91 ATSG). Es wird zwischen retrospektiver, aktueller
(oder unmittelbarer) und prospektiver Aufsicht unterschieden (BGE 135
V 39 E. 3).

IV.   Spezielle Aufsichtsbereiche

5 Zu den speziellen Aufsichtsbereichen zählt die Prämiengenehmigung
gemäss Art. 61 Abs. 5 KVG (BGE 135 V 39 E. 4.2; BRE RKUV 1997
KV 18 399 E. 4.2 und E. 6.2.2; BVGer C-6958/2008 E. 4). Dazu können
auch die Tatbestände von Art. 13 Abs. 3 Satz 2 KVG und Art. 13 Abs. 4
bis 5 KVG gerechnet werden (vgl. K 133/03 E. 5).

V.   Aufsichtsdaten
Art. 28 KVV

6 Abs. 4 in der Fassung 23. 6. 2000; AS 2000 2755; BBl 2000 255; in Kraft
bis 31.12.2008) ist ab 1.1.2009 Teil von Art. 22a KVG. Neu stellt Abs. 4
ab 1.1.2009 auf Gesetzesstufe (bis dahin Art. 28 KVV; Votum Brunner
AB 2006 S 48) eine umfassende Pflicht der KVers zur Datenlieferung
an das Bundesamt auf. Abs. 4 KVG erlaubt es dem BAG, Angaben – namentlich auch Rechnungsdaten – bis auf die Stufe der einzelnen Leistungserbringer zu erheben und auszuwerten. Die Wirtschaftlichkeits-

kontrolle im konkreten Leistungsfall oder mittels Durchschnittskostenvergleichs im Hinblick auf allfällige Honorarrückforderungen (Art. 59
Abs. 1 lit. b KVG) bleibt jedoch in der ausschliesslichen Zuständigkeit
der KVers. Zu den zu liefernden Daten siehe Art. 28 KVV.

VI. Aufsichtsrechtliche Sanktionen

Die erste Teilrevision des KVG vom 24.3.2002 (in Kraft ab 1. 1. 2003;   7
AS 2000 2305; BBl 1999 793, 823, 837) brachte für die Aufsichtsbehörde die Möglichkeit raschen Eingreifens und einen erweiterten Kata-
log von Sanktionen, die nunmehr die Wahrung der Verhältnismässigkeit
gestatten (BGE 130 V 196 E. 5.3; K 133/03 E. 4=SVR 2004 KV Nr. 22;
BBl 1999 793, 837). In Art. 21 Abs. 5bis KVG geht es darum, den fehl-
baren KVers an den Pranger zu stellen (BBl 1999 793, 838). Zu den
verwaltungsstrafrechtlichen Sanktionen: Art. 93a KVG.

VII. Verfahrensfragen

Anordnungen des BAG als Aufsichtsbehörde gegenüber den KVers sind   8
grundsätzlich nicht als anfechtbare Verfügungen i.S.v. Art. 5 Abs. 1
VwVG zu qualifizieren (RKUV 1997 KV 18 399 E. 5.2; s.a. BVGer
C-6958/2008 E. 1.2; RKUV 1999 KV 73 258 E. 1). Anders verhält es
sich, wenn die Anordnungen die Autonomie der Krankenversicherer tangieren (BRE RKUV 1997 KV 18 399 E. 5 und E. 7.2). Zu diesen Ausnahmen zählt die Genehmigung von Prämientarifen, weil die KVers bei
der Gestaltung der Prämien über eine (beschränkte) Autonomie verfügen
(BRE RKUV 1997 KV 18 399 E. II/7. 2, 1999 KV 62 43 E. 1.3).

Art. 21*a* Mitwirkung der Kantone

**¹Die Kantone können bei den Versicherern die gleichen amtlichen
Dokumente einholen, die von der Bundesbehörde für die Genehmigung der Prämientarife benötigt werden. Sie dürfen diese Unterlagen nur dazu verwenden, eine Stellungnahme nach Artikel 61
Absatz 4 zu erarbeiten oder die Versicherten über die Rechtfertigung der genehmigten Prämien zu informieren.**

²Im Einvernehmen mit einem Kanton kann ihm das Bundesamt in besonderen Fällen die Durchführung von Abklärungen bei den Versicherern im Sinne von Artikel 21 Absatz 3 anvertrauen.

Chronologie: *Art. 21a:* Eingefügt durch Ziff. I der Änderung des KVG vom 18. Dez. 1998, in Kraft seit 1. Juli 1999 (AS 1999 2041 2042; BBl 1998 1335 1342. *Abs. 1*: heute: nach Art. 61 Abs. 5. *Abs. 2:* Fassung gemäss Ziff. I der Änderung des KVG vom 21. Dez. 2007 (Spitalfinanzierung), in Kraft seit 1. Jan. 2009 (AS 2008 2049 2057; BBl 2004 5551; alt: AS 1999 2041 2042).

1   Art. 21a KVG geht auf Standesinitiativen der Kantone Genf (Nr. 96316; AB 1997 S 767) vom 15.10.1996 und Tessin (96326; AB 1997 S 780) vom 27.11.1996 zurück, die ihren Grund in Zweifeln an der Zuverlässigkeit der Rechnungskontrolle hatten, die das Bundesamt im Zuge der Prämiengenehmigung bei den KVers durchzuführen hat. Die Initianten befürchteten deshalb, dass durch die hohen Prämien ihrer Versicherten die Versichertenbeiträge in anderen Kantonen (vorab der deutschsprachigen Schweiz) quersubventionieren könnten.

2   Art. 21a Abs. 1 KVG gewährt den Kantonen lediglich ein umfassendes Einsichtsrecht und ein Vernehmlassungsrecht, aber keine Genehmigungskompetenz, die beim Bund verbleibt. Zu den Gründen siehe BBl 1998 1335, 1338 ff.

Art. 22 Kontrolle der Verwaltungskosten

¹Die Versicherer haben die Verwaltungskosten für die soziale Krankenversicherung auf das für eine wirtschaftliche Geschäftsführung erforderliche Mass zu beschränken.

²Der Bundesrat kann Bestimmungen über eine Begrenzung der Verwaltungskosten erlassen. Er berücksichtigt dabei insbesondere die allgemeine Lohn- und Preisentwicklung.

Chronologie: AS 1995 1328; BBl 1992 I 93.

Bibliografie: Frei Walter, Kennzahlen der Krankenversicherer 2007: die Verwaltungskosten sinken auch in absoluten Zahlen, in infosantésuisse 2008 Nr. 5 S. 22.

Verordnung: Art. 84 KVV (Verwaltungskosten).

Der KVers hat die ihm obliegenden gesetzlichen Aufgaben auf sparsame   1
Weise zu erfüllen. Er darf nicht mehr Mittel einsetzen als für eine ein-
wandfreie, wirtschaftliche Durchführung der sozialen KV erforderlich
ist. Die Aufsichtsbehörde kann die Angemessenheit von Verwaltungskosten prüfen, interveniert aber in der Regel nur bei Missbräuchen und
greift nicht ohne Not in die Betriebsautonomie der KVers ein. (BGE 135
V 39 E. 7.2; vgl. a. 2A.395/2002 E. 3.1 zum BVG). Die Preise für den
Einkauf von Dienstleistungen bei aussenstehenden Anbietern müssen
marktgerecht sein (9C_601/2008 E. 4).

Sämtliche Verwaltungskosten, zu denen auch die Kosten für die not-   2
wendigen medizinischen Abklärungen (Art. 45 Abs. 1 ATSG) und die
Prozessführung (RKUV 1992 K 891 70) zählen, sind über die ordentlichen Prämien abzudecken. Für die Erhebung von Versandgebühren
und ähnlichen Umtriebsentschädigungen ist im KVG kein Raum (anders
altrechtlich: RKUV 1991 K 858 28 betr. Zuschlag bei monatlicher oder
vierteljährlicher Prämienzahlung; RSKV 1970 78 180 betr. Kostenlosig-
keit des Verfügungsverfahrens). Der versicherten Person können dagegen durch Nachlässigkeit oder schuldhaftes Verhalten verursachte Abklärungskosten auferlegt werden, wenn dem KVers eine entsprechende
Befugnis reglementarisch eingeräumt ist (K 222/05 E. 5). Zur Erhebung
von verhältnismässigen Mahngebühren beim Prämienzahlungsverzug
siehe Art. 61 Rz. 15.

Der Bundesrat hat zu Abs. 2 noch nicht legiferiert. S.a. Art. 63 Abs. 1   3
KVG und Art. 102 KVV betr. Entschädigungen an Dritte.

Art. 22a Daten der Leistungserbringer

[1] **Die Leistungserbringer sind verpflichtet, den zuständigen Bun-
desbehörden die Daten bekannt zu geben, die benötigt werden, um
die Anwendung der Bestimmungen dieses Gesetzes über die Wirtschaftlichkeit und Qualität der Leistungen zu überwachen. Namentlich sind folgende Angaben zu machen:**

    a. Art der Tätigkeit, Einrichtung und Ausstattung, Rechtsform;

    **b. Anzahl und Struktur der Beschäftigten und der Ausbildungs-
plätze;**

    **c. Anzahl und Struktur der Patientinnen und Patienten in ano-
nymisierter Form;**

d. Art, Umfang und Kosten der erbrachten Leistungen;
e. Aufwand, Ertrag und finanzielles Betriebsergebnis;
f. medizinische Qualitätsindikatoren.

[2] Die befragten natürlichen und juristischen Personen sind zur Auskunft verpflichtet. Die Angaben sind kostenlos zur Verfügung zu stellen.

[3] Die Angaben werden vom Bundesamt für Statistik erhoben. Es stellt die Angaben nach Absatz 1 zur Durchführung dieses Gesetzes dem Bundesamt für Gesundheit, dem Eidgenössischen Preisüberwacher, dem Bundesamt für Justiz, den Kantonen und Versicherern sowie den in Artikel 84a aufgeführten Organen je Leistungserbringer zur Verfügung. Die Daten werden veröffentlicht.

[4] Der Bundesrat erlässt nähere Vorschriften zur Erhebung, Bearbeitung, Weitergabe und Veröffentlichung der Daten unter Wahrung des Verhältnismässigkeitsprinzips.

Chronologie: Fassung gemäss Ziff. I der Änderung des KVG vom 21. Dez. 2007 (Spitalfinanzierung), in Kraft seit 1. Jan. 2009 (AS 2008 2049 2057; BBl 2004 5551).

Verordnung: Art. 31 KVV (Veröffentlichung der Daten der Leistungserbringer).

1 Art. 22a Abs. 1 KVG weitet die bisher in Art. 21 Abs. 4 KVG auf Spitäler und Pflegeheime beschränkte Datenbekanntgabepflicht auf Leistungserbringer im ambulanten Bereich aus. Neu werden die zu liefernden Daten auf Gesetzesstufe in einer nicht abschliessenden Aufzählung (Abs. 1 lit. a bis f) geregelt und gegenüber dem bisherigen Verordnungsrecht (Art. 30 KVV) präzisiert und ergänzt. Die beizubringenden Daten sollen «ein Bild über die Tätigkeit der Leistungserbringer ermöglichen, indem sowohl die Infrastruktur bzw. die Aus- und Weiterbildung wie auch die erbrachten Leistungen und die dabei entstehenden Kosten anzugeben sind, ohne dabei die Anonymität der Patientinnen und Patienten in Frage zu stellen» (Botschaft betreffend die Änderung des BG über die KV vom 15. September 2004; Spitalfinanzierung; BBl 2004 5551, 5572).

Art. 23 Statistiken

[1] Das Bundesamt für Statistik erarbeitet die notwendigen statistischen Grundlagen zur Beurteilung von Funktions- und Wirkungsweise dieses Gesetzes. Es erhebt zu diesem Zweck bei den Versicherern, den Leistungserbringern und der Bevölkerung die notwendigen Daten.
[2] Die befragten natürlichen und juristischen Personen sind zur Auskunft verpflichtet. Die Informationen sind kostenlos zur Verfügung zu stellen.
[3] Das Bearbeiten von Daten zu statistischen Zwecken erfolgt nach dem Bundesstatistikgesetz vom 9. Oktober 1992.

Chronologie: Fassung gemäss Ziff. I der Änderung des KVG vom 21. Dez. 2007 (Spitalfinanzierung), in Kraft seit 1. Jan. 2009 (AS 2008 2049 2057; BBl 2004 5551; alt: AS 2000 2755; BBl 2000 255).

Bibliografie: Siffert Nicolas, Statistik der obligatorischen Krankenversicherung 2004, in: CHSS 2006 H. 5 S. 284–285; Eggli Yves, Statistik der Kosten und Leistungen, in: CHSS 2008 H. 4 S. 239–242; Statistik der obligatorischen Krankenpflegeversicherung, BAG, Bern 2004 ff.; Statistik der wählbaren Franchisen in der Krankenversicherung, BSV, 1999 ff.

Verordnung: Art. 28–29 KVV.

I.   Datenerhebung und Auskunftspflicht (Abs. 1 und 2)

Art. 23 Abs. 1 und 2 in der ab 1.1.2009 gültigen Fassung schreibt eine   1 obligatorische und kostenlose Auskunftspflicht für einen abschliessend umschriebenen Kreis von Personen und Institutionen vor. Ziel ist die Herstellung einer kohärenten Datenbasis zur Beurteilung der Funktions- und Wirkungsweise des KVG. Die Finanzierung der Auswertung der Daten geht nicht zu Lasten der Versicherten (AB 2006 S 47 ff.).

2 Neu ist, dass auch die Bevölkerung auskunftspflichtig ist. Laut bundesrätlicher Botschaft (BBl 2004 5551, 5573) sollen Informationen über
die Versorgung im ambulanten Sektor beschafft werden; die zu schaf-
fende Datenbasis soll Aufschluss geben über die Inanspruchnahme der
ambulanten Medizin und die dieser zugrunde liegenden Diagnosen,
das Leistungsgeschehen sowie die damit verbundenen Kosten. Durch
Verbindung der Daten aus dem ambulanten mit denen des stationären
Bereichs lassen sich der Verlauf einer Krankengeschichte über mehrere
Leistungserbringer verfolgen und damit Behandlungsverläufe nach-
zeichnen, wodurch die Wirksamkeit und Wirtschaftlichkeit unterschiedlicher Behandlungsformen und Versorgungsmodelle verglichen werden
könnten.

II.   Wirkungsanalyse (Art. 32 KVV)

Bibliografie: WICKI MARTIN, Der Beitrag der Forschung zur Weiterentwicklung
der Krankenversicherung, in: CHSS 2002, S. 350 f.; WICKI MARTIN, Erfahrungen
mit dem Evaluationsprojekt «Wirkungsanalyse Krankenversicherungsgesetz», in:
LeGes 2/2002, S. 75 ff.; WICKI MARTIN, Planung, Abwicklung und Begleitung
des Evaluationsprojekts Wirkungsanalyse KVG, in: CHSS 2002, S. 10 ff. S.a. die
Bibliografie zu Art. 105 KVG.

3 Das BAG hat aufgrund von Art. 32 KVV eine Wirkungsanalyse des KVG
durchzuführen, um zu ermitteln, ob und in welchem Grade das System
effizient ist, die gesetzlichen Ziele erreicht werden und wo allenfalls
Korrekturen notwendig sind. In den Jahren 1996 bis 2000 wurden rund
25 Studien zu Teilaspekten des KVG verfasst, deren Schlussfolgerungen
zu einem Ende 2001 veröffentlichten Synthesebericht (Bundesamt für
Sozialversicherung, Beiträge zur sozialen Sicherheit, Wirkungsanalyse
KVG: Synthesebericht, Bern 2001) verdichtet worden sind (s.a. die Botschaft des Bundesrat zur Änderung des BG über die KV [Strategie und
dringliche Punkte] vom 26. Mai 2005, BBl 2004 4259).

III. Massgeblichkeit des Bundesstatistikgesetzes (Abs. 3)

Das Bundesstatistikgesetz (BStatG; SR 431.01) gilt für alle Verwal- 4
tungseinheiten des Bundes (Art. 2 Abs. 1 lit. b BSG) und somit auch für
die mit der Aufsicht über die Durchführung der KV betrauten Behörden. Das BStatG enthält eine umfassende Regelung des Datenschutzes
und erlaubt es, im Rahmen der Aufsicht erhobene Daten zu statistischen
Zwecken zu bearbeiten (Art. 4 Abs. 1 BStatG). Alle Daten nach Abs. 1
und 2, die nur für statistische Zwecke verwendet werden, sind zu anonymisieren. Patientendaten dürfen nur in anonymisierter bzw. pseudony-
misierter Form vorliegen.

3. Kapitel: Leistungen

1. Abschnitt: Umschreibung des Leistungsbereichs

Art. 24 Grundsatz

Die obligatorische Krankenpflegeversicherung übernimmt die Kosten für die Leistungen gemäss den Artikeln 25–31 nach Massgabe der in den Artikeln 32–34 festgelegten Voraussetzungen.

Chronologie: AS 1995 1328; BBl 1992 I 93

Art. 24 verankert das Kostenerstattungsprinzip (PFIFFNER RAUBER*, S. 101), dies im Gegensatz zum Naturalleistungsprinzip im UVG oder IVG (8C 343/2009 E. 4.2f.=BGE 135 V …; BGE 123 V 53 E. 2b/bb, 131 V 191 E. 5, 1995 U 227 190; zur Abgrenzung siehe SBVR-EUGSTER* Rz. 987; KIESER, ATSG-Kommentar*, Art. 14 Rz. 9 ff.; SBVR-MEYER Rz. 123 ff.). Dies bedeutet auch, dass der KVers grundsätzlich nicht die Herrschaft über die Behandlung hat (PFIFFNER RAUBER*, S. 101; s. aber auch Art. 58 Abs. 3 KVG). Art. 24 statuiert gleichzeitig einen abschliessenden Leistungskatalog, was durch die Handlungsanweisung von Art. 33 Abs. 1 KVG bestätigt und unterstrichen wird. Das Kostenerstattungsprinzip gilt auch im System des Tiers payant (Art. 42 Abs. 2 KVG; SBVR-MEYER, Rz. 123), weil die KVers auch in diesem Falle die medizinischen Leistungen weder selber erbringen noch mittels Dienstleistungsaufträgen stellvertretungsweise durch Dritte erbringen lassen (a.M. KIESER, ATSG-Kommentar*, Art. 14 Rz. 11; DERS. Die ärztliche Anordnung der Spitalbehandlung aus rechtlicher Sicht, in: IRP-HSG Bd. 15, 2006, S. 250; LOCHER THOMAS, Grundriss des Sozialversicherungsrechts, 3. Aufl., Bern 2003, S. 207).

Art. 25 Allgemeine Leistungen bei Krankheit
(ab 01.01.2009 gültige Fassung)

[1] **Die obligatorische Krankenpflegeversicherung übernimmt die Kosten für die Leistungen, die der Diagnose oder Behandlung einer Krankheit und ihrer Folgen dienen.**

[2] Diese Leistungen umfassen:

a. die Untersuchungen, Behandlungen und Pflegemassnahmen, die ambulant, bei Hausbesuchen, stationär oder in einem Pflegeheim durchgeführt werden von:
   1. Ärzten oder Ärztinnen,
   2. Chiropraktoren oder Chiropraktorinnen,
   3. Personen, die auf Anordnung oder im Auftrag eines Arztes oder einer Ärztin Leistungen erbringen;

b. die ärztlich oder unter den vom Bundesrat bestimmten Voraussetzungen von Chiropraktoren oder Chiropraktorinnen verordneten Analysen, Arzneimittel und der Untersuchung oder Behandlung dienenden Mittel und Gegenstände;

c. einen Beitrag an die Kosten von ärztlich angeordneten Badekuren;

d. die ärztlich durchgeführten oder angeordneten Massnahmen der medizinischen Rehabilitation;

e. den Aufenthalt im Spital entsprechend dem Standard der allgemeinen Abteilung;

f. ...

f[bis]den Aufenthalt bei Entbindung in einem Geburtshaus (Art. 29);

g. einen Beitrag an die medizinisch notwendigen Transportkosten sowie an die Rettungskosten;

h. die Leistung der Apotheker und Apothekerinnen bei der Abgabe von nach Buchstabe b verordneten Arzneimitteln.

Chronologie: AS 1995 1328; BBl 1992 I 93. *Abs. 2 lit. a und e:* Fassung gemäss Ziff. I der Änderung des KVG vom 21. Dez. 2007 (Spitalfinanzierung), in Kraft seit 1. Jan. 2009 (AS 2008 2049 2057; BBl 2004 5551). *Abs. 2 lit. f:* Aufgehoben durch Ziff. I der Änderung des KVG vom 21. Dez. 2007 (Spitalfinanzierung), mit Wirkung seit 1. Jan. 2009 (AS 2008 2049 2057; BBl 2004 5551). *Art. 2 lit. f[bis]:* Eingefügt durch Ziff. I der Änderung des KVG vom 21. Dez. 2007 (Spitalfinanzierung), in Kraft seit 1. Jan. 2009 (AS 2008 2049, 2057; BBl 2004 5551). *Abs. 2 lit. h:* Eingefügt durch Ziff. I der Änderung des KVG vom 24. März 2000, in Kraft seit 1. Jan. 2001 (AS 2000 2305 2311; BBl 1999 793).

Art. 25 Abs. 2 Bst. a und f KVG
(ab 01.01.2011 gültige Fassung)

[¹... Siehe oben Fassung 2009]

² **Diese Leistungen umfassen:**

a. **die Untersuchungen und Behandlungen, die ambulant, stationär oder in einem Pflegeheim sowie die Pflegeleistungen, die in einem Spital durchgeführt werden von:**
   1. **Ärzten oder Ärztinnen,**
   2. **Chiropraktoren oder Chiropraktorinnen**
   3. **Personen, die auf Anordnung oder im Auftrag eines Arztes oder einer Ärztin beziehungsweise eines Chiropraktors oder einer Chiropraktorin Leistungen erbringen;**

f. *Aufgehoben*

[... Siehe Fassung 2009]

Chronologie: Fassung gemäss BG über die Neuordnung der Pflegefinanzierung vom 13. Juni 2008 (AS 2009 3517; BBl 2005 2033). Verordnung über die Änderung des Zeitpunkts des Inkrafttretens der Neuordnung der Pflegefinanzierung vom 4. Dezember 2009 (AS 2009 6847).

Bibliografie: Schneider Sandra, Evolution du catalogue des prestations dans la LAMaL, in: Droit aux soins, Bern: Weblaw 2007, S. 71–82; Filliettaz Curtet Caroline, Les soins de santé dans l'assurance-maladie sociale suisse: point de vue historique, in: CGSS 2004 Nr. 33, S. 127 ff.; Gross Jost, Rechte der Versicherten gegenüber den Leistungserbringern, in: JKR 2003, Bern 2004, S. 95 ff.; Longchamp*, S. 241 ff.; Pfiffner Rauber*, S. 121 ff., 219 ff.; Seydoux Yves, Medizinische Grundversorgung der Sans-Papiers: für gerechte Solidarität, in: infosantésuisse 12/2004, S. 21 ff.; wissenschaftliche Forschungsberichte des BSV/BAG: siehe die Internet-Adresse auf S. XXII (Literaturverzeichnis).

Zu grundrechtlichen Fragen: Coullery Pascal, Der Leistungskatalog der sozialen Krankenversicherung und seine verfassungsrechtliche Vernetzung, in: SZS 2003, S. 375 ff.; Ders. Der Grundsrechtsanspruch auf medizinische Leistungen, in AJP 6/2001 S. 632 ff.; Ders., Krankenkasse: Auf dem Weg zur Zweiklassenmedizin, in: Plädoyer 24(2006) H. 4 S. 38–45; Murer Erwin, Grundrechtsverletzungen durch Nichtgewährung von Sozialversicherungsleistungen?, in SZS 1995 S. 184 ff.; Pfiffner Rauber*, S. 5–67 und S. 81–84; Richli Paul, Hoheitliche Leistungspflichten und Leistungsbeschränkungen im Gesundheitswesen als Grundrechtsproblem, in: SVZ 1998, S. 243 ff.; Schürer Christian, Grundrechtsbeschränkungen durch Nichtgewähren von Sozialversicherungsleistungen, in: AJP 1/1997 S. 3 ff.

Verordnung: Krankenpflege-Leistungsverordnung (KLV); nähere und weitere Hinweise bei den einzelnen Bestimmungen hiernach. Für die Bezeichnung der Pflichtleistungen nach Art. 25 KVG siehe die Angaben unter Art. 33 und 52 KVG.

I. Diagnostische, therapeutische und pflegerische Zielsetzung (Abs. 1)

1. Diagnose einer Krankheit

Diagnostische Massnahmen sind kassenpflichtig, wenn sie der Klärung 1 einer manifesten Krankheit oder eines konkreten Krankheitsverdachts dienen (vgl. a. RKUV 1995 K 957 12, 15 E. 5). Die Leistungspflicht endet dort, wo die Therapie feststeht oder keine mehr möglich ist. Nicht primär zum Zwecke einer möglichen Therapie unternommene Abklärungen sind keine Pflichtleistungen (Einstellungs- und Tauglichkeitsuntersuchungen, Blutalkoholtests, Feststellung der Todesursache usw.)

oder «Check-ups» ohne zumindest subjektiv begründeten Krankheitsverdacht (Pfiffner Rauber*, S. 106, 205).

2. Behandlung einer Krankheit

2 Krankheitsbehandlung setzt das Vorliegen einer Krankheit oder einer
konkret drohenden Gesundheitsstörung voraus (K 55/05 E. 1.1; zum
Krankheitsbegriff und zur Behandlungsbedürftigkeit siehe Art. 1a KVG
Rz. 3 ff., Rz. 15). Sie muss therapeutischen Charakter haben. Abzustellen ist dabei nicht auf die Behandlungsmethode, sondern auf Ziel und
Zweck der Vorkehrung. Eine Behandlung ist therapeutisch, wenn sie die
Ursachen der Krankheit angeht, kann es aber auch sein, wenn sie eine
kausale Therapie ergänzt oder ersetzt, ohne das Grundleiden selber zu
beeinflussen (BGE 121 V 289 E. 6b, 121 V 302 E. 6b); Krankheitsbehandlung kann blosse Symptombekämpfung sein oder in der Beseitigung sekundärer krankheitsbedingter Beeinträchtigungen bestehen
(BGE 111 V 229 E. 1c, 121 V 119 E. 3a, 121 V 289 E. 4b, 121 V 302
E. 6b; K 4/04=RKUV 2005 KV 345 366, 268 E. 2.2 und 370 E. 5.1;
K 135/04 E. 1=RKUV 2006 KV 358 55). Krankheitsbehandlung umfasst ferner Massnahmen bei begründetem Krankheitsverdacht und pathologischen Prozessen im Frühstadium. Davon zu unterscheiden ist die
medizinische Prävention (Prophylaxe), für welche das KVG nur in den
Grenzen von Art. 26 KVG (Art. 12 KVV) aufkommt. Behandlungsziel
ist die möglichst vollständige Beseitigung der körperlichen oder psychischen Beeinträchtigung (statt vieler: BGE 130 V 532 E. 2.2, 121 V
302 E. 5b). Das Leistungsrecht des KVG differenziert nicht nach der
familiären Situation und in den Grenzen von Art. 32 Abs. 1 KVG auch
nicht nach dem Alter (BGE 131 V 271 E. 4).

3 Medizinische Versorgung während des Strafvollzugs wie auch eine rich-
terlich angeordnete medizinische Behandlung im Rahmen eines strafrechtlichen Massnahmevollzugs stellt kassenpflichtige Krankheitsbehandlung dar, wenn nach kv-rechtlichen Kriterien Behandlungsbedürftigkeit besteht und auch die übrigen Leistungsvoraussetzungen des KVG
(insbesondere Art. 32 Abs. 1 und Art. 56 Abs. 1 KVG, Zulassung des
Leistungserbringers) erfüllt sind (K 142/04 23. 5. 2006 E. 5.4; SBVR-
Eugster* Rz. 244; krit. Londis, SZS 2006 S. 126; altrechtlich: BGE 106
V 179 E. 4b; RKUV 1986 K 680 229 E. 2.

3. Pflegemassnahmen bei Krankheit

Art. 59a KVV (Rahmentarife für Langzeitpflege;
in Kraft bis 31.12.2010); Art. 7–9a KLV; Revisionen per
01.01.2011: AS 2009 3517, 3525, 3527, 6847

Pflegemassnahmen kommen im Rahmen von stationären und nichtstatio- 4
nären Behandlungen akuter Krankheiten oder als Pflege von Langzeitpatienten zu Hause oder in Pflegeheimen vor. Alleweil muss jedoch die
Pflege krankheitsbedingt sein (LONGCHAMP*, S. 159). Die Revision der
Pflegefinanzierung (Art. 25a KVG; AS 2009 3517; BBl 2005 2033) modifiziert die Art der versicherten Leistungen nicht, dagegen grundlegend
den Kostentragungsmodus, indem im Bereiche der Langzeitpflege der
Grundsatz der vollen Deckung der Kosten durch die OKP nicht mehr
gilt (Art. 25a Rz. 2 ff.) und die Versicherung auch für die Akut- und
Übergangspflege nicht die vollen Kosten zu übernehmen hat (Art. 25a
Abs. 2 KVG). Weil Art. 25 Abs. 2 lit. a KVG Leistungen mit Vollkos-
tendeckung umschreibt, die OKP für die spitalexterne Langzeitpflege
indessen nur noch Beiträge leistet (Art. 25a Abs. 1 KVG) und für die
Akut- und Übergangspflege ebenfalls nur partiell aufkommt (Art. 25a
Abs. 2 KVG; Art. 49a KVG), wird die ambulant, zu Hause oder im
Pflegeheim durchgeführte Pflege in der neuen lit. a von Art. 25 Abs. 1
KVG nicht mehr genannt. Für Pflegeleistungen, die anlässlich einer notwendigen stationären Behandlung in einem Spital erbracht werden, gilt
dagegen die Vollkostendeckung nach wie vor. Die betreffenden Kosten
bilden Teil des Stationärtarifs (Art. 49 Abs. 1 KVG) und werden nach
der Regel von Art. 49a Abs. 1 KVG finanziert.

II. Ambulant, stationär, teilstationär, Pflegeheim (Abs. 1 lit. a)

Bibliografie: LONGCHAMP*, S. 376 ff. ; SBVR-EUGSTER* Rz. 379 ff.

5   Ambulante, stationäre und teilstationäre Behandlung sind bundesrechtlich definierte Termini (a.M. Duc Jean-Louis, in LAMal-KVG*, S. 336
Fn. 4; zur Kontroverse: Kieser, AJP 8/2000 S. 1020, UrteilsBespr
K 174/98). Sie stellen Leistungsberechtigungen dar, die sich gegenseitig nicht ausschliessen. Es ist möglich, dass eine Person während eines
stationären Spitalaufenthalts Anspruch auf spitalexterne ärztliche Behandlung haben kann (altrechtlich: BGE 120 V 196 E. 2, mit heute nicht
mehr zutreffender Begründung). Allerdings kann es sich nur um medizinische Massnahmen handeln, die das Spital selber nicht zu erbringen
oder zu gewährleisten in der Lage ist. Der Beizug von Konsiliarärzten
durch das Spital bildet Teil der stationären Behandlung. Mit Art. 3 bis
6 VKL sind die Begriffe stationär, teilstationär und ambulant für die
Sonderzwecke der einheitlichen Ermittlung der Kosten und die Erfassung der Leistungen im Spital- und Pflegeheimbereich positivrechtlich
definiert. Widersprüche zur hiernach dargelegten Rechtsprechung sind
nicht erkennbar.

1.   Ambulante Behandlung und Hausbesuche

6   Eine Behandlung ist *ambulant*, wenn sich der Patient von seinem Wohn-
oder Aufenthaltsort zur Behandlung in die Behandlungsräume des Leistungserbringers begibt und gleichentags an seinen Wohn- oder Aufenthaltsort zurückkehrt (BGE 116 V 123 E. 2c; 103 V 74 76 E. 1). Das
KVG stufte Hausbesuche (anders als das KUVG: BGE 127 V 409 E. 2c/
aa) bis 30.06.2010 nicht als ambulante Behandlung ein, sondern gibt ihnen den Status einer eigenständigen Leistungskategorie (Art. 25 Abs. 2
lit. a KVG). Mit der Änderung von Art. 25 Abs. 2 lit a Ziff. 3 KVG durch
das Bundesgesetz über die Neuordnung der Pflegefinanzierung vom
13. Juni 2008 (AS 2009 3517; BBl 2005 2033) gelten ab 01.07.2010
Hausbesuche als ambulante Behandlung. Dies geschah in der Meinung,
der Begriff «ambulant» umfasse sowohl die Leistung in der Arztpraxis
als auch diejenige zu Hause (Votum Forster-Vanini AB SR 2006 S 652;
s.a. die Definition in Art. 5 VKL). Neu ist ferner die Befugnis der Chiropraktoren, paramedizinische Leistungen verordnen zu dürfen (siehe
Art. 25 KVG Rz. 21).

2. Stationäre und teilstationäre Behandlung

Bibliografie: Duc Jean-Louis, L'hospitalisation, plus spécialement l'hospitalisation d'un jour, et LAMal, in: LAMal-KVG*, S. 329 ff., 334 ff.; Longchamp*, S. 376 ff.; Kieser Ueli, Die ärztliche Anordnung der Spitalbehandlung aus rechtlicher Sicht, in: Medizin und Sozialversicherung im Gespräch, St. Gallen 2006, S. 239–264.

Das KVG hat die altrechtlichen Umschreibungen der ambulanten 7 und stationären Behandlung grundsätzlich übernommen (BGE 127 V 409 E. 2c/bb; K 141/02=RKUV 2005 KV 314 15, 19 E. 5.2; K 30/06 E. 4.2=SVR 2007 KV Nr. 16). Die Begriffe «stationäre oder teilstationäre Behandlung» sind dem Spital zugeordnet (BGE 126 V 484 E. 5c).

Stationäre Behandlung ist gegeben, wenn sich der Versicherte während 8 mehr als 24 Stunden unter Inanspruchnahme eines Spitalbetts in einer Heilanstalt zur Behandlung aufhält. Der Verbleib im Spital über Nacht verwandelt ambulant in stationär, auch wenn der Aufenthalt weniger als 24 Stunden dauerte (RKUV 1988 K 759 85 E. 1; RKUV 1991 K 869 163 E. 1a; K 30/06 E. 4.2=SVR 2007 KV Nr. 16; K 203/98 E. 2c/aa; K 204/98 E. 4b/aa; K 28/05 E. 3.1). *Stationäre Behandlung* liegt ferner vor, wenn der Eintritt oder die Einweisung ins Spital in der Absicht eines Aufenthalts von mehr als 24 Stunden erfolgte, die Hospitalisierung aber weniger lang dauerte, weil die eingewiesene Person gestorben ist oder in ein anderes Spital verlegt werden musste (BGE 130 V 424 E. 3.6; so auch Art. 3 Satz 2 VKL). Stationäre Behandlung ist sodann gegeben, wenn ab initio keine solche geplant war, mit der Behandlung zusammenhängende, unvorhergesehene Umstände aber einen Spitalaufenthalt von mehr als 24 Stunden erforderten (RKUV 1991 K 869 163). Anders dagegen wenn ein mit dem behandelten Leiden nicht zusammenhängendes Krankheitsgeschehen den Spitalaufenthalt verlängert (RKUV 1988 K 759 85; zur These, wonach in tariflicher Hinsicht zwischen der teilstationären und der stationären Phase zu differenzieren sei, siehe Duc Jean-Louis, in: L'hospitalisation, LAMal-KVG*, S. 386,). Eine stationäre Behandlung lässt sich nicht in eine ambulante umwandeln, indem die versicherte Person erklärt, die Kosten des Aufenthalts selber zu tragen (K 28/05 E. 3). Zur Spitalbedürftigkeit siehe Rz. 51 und 55 ff. hiernach.

Betreuung im Geburtshaus: Für die Abgrenzung von ambulant und sta- 9 tionär gelten die gleichen Regeln wie bezüglich Spitalaufenthalten. Ein auf weniger als 24 Stunden geplanter Aufenthalt in einem Geburtshaus wird zur stationären Behandlung, wenn vor Ablauf dieser Zeitspanne eine Überweisung in ein Spital notwendig wird (Art. 3 lit. d KLV). Die stationäre Betreuung in einem Geburtshaus wird gleich wie eine stationäre Behandlung in einem Geburtshaus finanziert (Art. 49a Abs. 1 KVG i.V.m. Art. 49 neuAbs. 1 KVG).

10 *Teilstationär* ist eine Behandlung, wenn der Aufenthalt in einer Einrichtung der teilstationären Krankenpflege weniger als 24 ununterbrochene Stunden dauert. Darunter fallen namentlich auch Aufenthalte in Tages- oder Nachtkliniken (BGE 127 V 409 E. 2c/bb; K 204/98 E. 4b/aa; K 140/02 E. 5). S.a. die Definition in Art. 4 VKL in der bis 31.12.2008 gültigen sowie Art. 5 VKL in der ab 1.1.2009 geltenden Fassung, ferner Art. 39 KVG Rz. 46, Art. 41 KVG Rz. 15 und Art. 49 KVG Rz. 26.

11 Mit Gesetzesrevision vom 21.12.2007 (AS 2008 2049; BBl 2004 5551; Spitalfinanzierung) bzw. vom 13.06.2008 (AS 2009 3517; BBl 2005 2033; Pflegefinanzierung) ist in Art. 25 Abs. 1 in lit. a wie auch lit. f der Terminus «teilstationär» gestrichen worden, weil es der Praxis nicht gelungen ist, dem Begriff der teilstationären Einrichtung klare Konturen zu geben; in der Regel wurden teilstationäre Leistungen wie ambulante abgerechnet (BBl 2004 5551, 5573; Votum Brunner AB 2006 S 49; K 140/02 E. 5; Art. 49 KVG Rz. 26). Teilstationäre Behandlung bildete jedoch eine eigenständige Behandlungskategorie (K 140/02 E. 7, K 141/02 E. 7=RKUV 2005 KV 314 S. 15). Die bis anhin dem teilstationären Bereich zugeschlagenen Aufenthalte in einer teilstationären Einrichtung, beispielsweise in einer Tages- oder Nachtklinik, gelten demgegenüber neu als ambulante Leistungen.

12 In den Beratungen zur neuen Pflegefinanzierung (AS 2009 3517; BBl 2005 2033) wurde erfolglos versucht, den Terminus «teilstationär» für den Pflegebereich wieder einzuführen, weil befürchtet wurde, dass mit der Streichung dieses Begriffs Einrichtungen mit ambulanten Tages- und/oder Nachtstrukturen, wie beispielsweise Tagesheime, von den kassenpflichtigen Pflegeleistungen ausgeschlossen würden, sodass sich pflegende Angehörige nicht mehr durch zeitweilige Inanspruchnahme solcher Institutionen entlasten könnten (AB 2006 S 653, AB 2007 N 1118, AB 2007 S 773, AB 2007 N 1781, AB 2008 S 16). S.a. Art. 25a Rz. 3.

3.   Behandlung und Pflege im Pflegeheim

Art. 59a KVV (Rahmentarife für Langzeitpflege;
in Kraft bis 31.12.2010), Art. 7–9a KLV; Revisionen per
01.01.2011: AS 2009 3517, 3525, 3527, 6847

Die Behandlung und Pflege von Akut- und Langzeitpatienten in Pfle- 13
geheimen fällt kv-rechtlich nicht unter den Begriff der stationären Behandlung, obwohl sich die Patienten dort stationär aufhalten (s.a. die
Definition der Langzeitpflege in Art. 6 VKL). Behandlung und Pflege
im Pflegeheim stellen einen eigenständigen Leistungstatbestand dar,
welcher der Behandlung und Pflege zu Hause gleichgestellt ist (Art. 50
KVG; vgl. BGE 126 V 484 E. 5c; zum neuen Begriff der Akut- und
Übergangspflege siehe Art. 25a Rz. 4).

4.   Behandlung und Pflege in Kuranstalten

Nach altem Recht lag keine ambulante Behandlung vor, wenn eine 14
Person ausserhalb ihrer Wohnung an einem Kurort Unterkunft bezog,
um eine Kurbehandlung zu absolvieren. Anders dagegen, wenn sie die
Therapien in der Badekuranstalt von ihrer eigenen bzw. ganzjährig oder
saisonweise gemieteten Ferienwohnung am Badekurort aus absolvierte
(BGE 107 V 170 E. 1; RKUV 1987 K 721 109; RKUV 1986 K 662 41
E. 2a). Die Badekur war neben der ambulanten Behandlung ein selbständiger Leistungstatbestand, was sie auch unter dem KVG ist. Die Unterscheidung ist heute weitgehend bedeutungslos. Die KVers vergüten
gestützt auf Art. 33 lit. f KVV ärztliche Konsultationen und Therapien
in Kuranstalten wie ambulante Behandlungen. Zu den Leistungen bei
Kuren siehe Rz. 45 f. hiernach.

III.   Ärztliche Behandlung (Abs. 1 lit. a Ziff. 1)

Art. 1–3d KLV und Anhang 1 KLV

Übersicht   Seite

1. Persönliche und delegierte Tätigkeit

15 Das KVG ist vom Prinzip beherrscht, dass in freier Praxis tätige, zugelassene Leistungserbringer ihre Leistung persönlich zu erbringen haben. Ärztliche Behandlung ist daher grundsätzlich die vom Arzt persönlich erbrachte medizinische Leistung. Dazu zählen ferner Verrichtungen, die von angestellten nichtärztlichen Medizinalpersonen unter direkter ärztlicher Aufsicht in den Räumen der Arztpraxis vorgenommen werden (delegierte ärztliche Tätigkeit). Die diesbezügliche Rechtsprechung zum KUVG ist weiterhin gültig (BGE 125 V 441 E. 2c; K 141/01 E. 4.3=RKUV 2003 KV 255 240; zum alten Recht statt vieler: BGE 114 V 266 E. 2; BGE 110 V 187 E. 2a; RKUV 1993 K 916 105; durch den TarMed überholt ist BGE 100 V 1). Der Arzt hat aber die eigentlichen ärztlichen Funktionen stets persönlich zu erfüllen. Das gilt namentlich für die Diagnosestellung, die Wahl oder Änderung der Therapie und allgemein für alle Bereiche, in denen das spezifische ärztliche Wissen oder die unmittelbare Beziehung zwischen Arzt und Patient ausschlaggebend ist (BGE 107 V 46 E. 4c). Auch ambulante Behandlung in einem Belegspital kann einer ärztlichen Delegierung zugänglich sein (RKUV 1989 K 795 33).

16 Die Tätigkeit der nichtärztlichen Medizinalperson hat innerhalb des Behandlungsgesamtkomplexes im Rahmen einer Hilfsfunktion zu bleiben (BGE 107 V 46 E. 4b; K 141/01=RKUV 2003 KV 255 240 E. 4.3). Es muss ein wesentliches rechtliches oder tatsächliches Subordinationsverhältnis vorliegen, was sich nicht nur durch eine organisatorische, sondern auch durch eine wirtschaftliche Abhängigkeit vom delegierenden Arzt definiert und nicht unbedingt einen Arbeitsvertrag voraussetzt (K 141/01 E. 4.4=RKUV 2003 KV 255 240; K 76/02 E. 2.3; krit. PFIFFNER RAUBER*, S. 134 im Zusammenhang mit delegierter Psychotherapie). Der Arzt muss in persönlichen Kontakt zum Patienten treten und die Arbeit der Hilfsperson überwachen. Es sind medizinische und allenfalls berufsethische Gesichtspunkte dafür massgebend, wie intensiv die ärztliche Überwachung und Kontrolle zu gestalten sind (BGE 107 V 46 E. 5; BGE 114 V 266 E. 2a; RKUV 1989 K 822 S. 341 E. 3). Die höchstrichterliche Rechtsprechung setzt der Delegierbarkeit nur sehr allgemein gehaltene Schranken; der behandelnde Arzt hat darüber nach den Geboten der ärztlichen Wissenschaft und Berufsethik sowie der beruflichen Qualifikation der Hilfskraft zu befinden (BGE 107 V 46 E. 4b). Sie hängt in jedem Fall

davon ab, ob der delegierende Arzt fachlich in der Lage ist, die Arbeit seines Angestellten zu überwachen und bei plötzlich auftretenden Problemen sachkundig einzugreifen (BGE 114 V 266 E. 2a). Der Arzt hat jedoch in jedem Fall die eigentlichen ärztlichen Funktionen persönlich zu erfüllen. Das gilt namentlich für die Diagnosestellung, die Wahl oder Änderung der Therapie und allgemein für alle Bereiche, in denen das spezifische ärztliche Wissen oder die unmittelbare Beziehung zwischen Arzt und Patient ausschlaggebend ist (BGE 107 V 46 E. 4c); eine Hilfsfunktion ist in der Regel nur delegierbar, wenn die behandelnde Person in räumlicher Nähe zur delegierenden Medizinalperson tätig ist (RKUV 1993 K 916 105 E. 3c; K 170/97 23.06 1999 E. 5; Ausnahmen ergeben sich naturgemäss im Rahmen von Art. 51 und 52 KVV).

Das Gesagte gilt auch für teilstationäre Einrichtungen und Spitäler (BGE 114 V 266 E. 2; Überwachung durch Belegarzt). Für delegierte ärztliche Tätigkeit kommen als nichtärztliche Therapeuten neben den zugelassenen Heilberufen gemäss Art. 46–50a KVV vor allem Psychologen und Psychotherapeuten in Frage (BGE 125 V 441 E. 2d; K 141/01 E. 4.3 f.=RKUV 2003 KV 255 240). Keine ärztliche Behandlung liegt vor, wenn ein Arzt sich selbst behandelt (BGE 133 V 416).

2. Ärztliche Psychotherapie

Art. 2 und 3 KLV

Bibliografie: Duc Jean-Louis, Psychothérapie déléguée dans le cadre de la LAMal, in: Psychothérapie déléguée, vol. 31 collection Blanche IRAL, Bern 2004, S. 155 ff. ; Herdt Jörg et al. – Ambulante Psychotherapie: der Aufwand der Neuregelung, in: MC Managed Care . -11(2007), Nr. 4, S. 32–34; Morin Ariane, Les rapports contractuels dans la psychothérapie déléguée, in: Kahil-Wolff Bettina/ Wyler Rémy (Hrsg.), Psychothérapie déléguée: rapport de soin – rapport de droit, Dorigny 2005, S. 175 ff.; Muheim Christine, La psychothérapie déléguée, in: Kahil-Wolff Bettina/Wyler Rémy (Hrsg), Psychothérapie déléguée: rapport de soin – rapport de droit, Dorigny 2005, S. 199 ff.; Flück Reto, Psychotherapie muss auch wirtschaftlich sein! in: SKZ 1995, S. 10 ff.; Hicklin Alois, Psychotherapie und Beurteilung der Wirtschaftlichkeit, in: SAeZ 1998, S. 198 ff.; Pfiffner Rauber*, S. 123 ff., 207 ff.

17 Art. 2 Abs. 2 KLV in der Fassung vom 05.06.2009 (AS 2009 2821)
umschreibt, was unter Psychotherapie zu verstehen ist. In Abs. 1 dieser Bestimmung wird nunmehr präzisiert, dass das Wirksamkeitsge-
bot von Art. 32 Abs. 1 KVG auch für die Psychotherapie gilt. Nur von
Ärzten durchgeführte Psychotherapie und die so genannte delegierte
Psychotherapie zählen zu den Pflichtleistungen (BGE 125 V 441 E. 2d;
K 141/01 E. 4.3=RKUV 2003 KV 255 240). Eine von KVers einseitig
erstellte Liste der Ärzte, welche die Voraussetzungen an die delegierte
Psychotherapie erfüllen, schliesst andere Ärzte nicht von der Leistungs-
pflicht aus (K 111/00 E. 3b/cc =RKUV 2001 KV 166 241). Selbständige
Psychotherapeuten sind dagegen wie schon unter dem alten Recht nicht
zugelassen (BGE 125 V 284 E. 4e und 4 f., Urteilsbespr. Duc, AJP 200
S. 216; BGE 131 V 178 E. 2.2.2; K 47/03 E. 2.2; altrechtlich statt vieler:
BGE 104 V 14 E. 2); ihre Leistungen sind auch dann nicht kassenpflichtig, wenn eine Überweisung durch einen Arzt erfolgte (BGE 125 V 284
E. 2a; RSKV 1983 522 53). Die Therapie muss in jedem Fall Krankheitsbehandlung sein (Art. 2 Abs.2 KLV) wobei für die Beurteilung
nicht die Dauer der Behandlung, sondern vielmehr die Natur der psychischen Störung massgebend ist (RKSV 1975 213 53, 1977 278 35).

18 Die unter dem KUVG (Art. 1 und 2 Vo 8 EDI; AS 1986 87) ergangene
Rechtsprechung zum Behandlungsrhythmus blieb unter dem KVG weiterhin anwendbar (BGE 125 V 441 E. 3b). Die degressive Skala der
Leistungsfrequenz von Art. 3 Abs. 1 KLV in der bis 31.12.2006 gültigen Fassung hatte den Charakter von Richtwerten (RKUV 1991 K 883
299 E. 3a; RKUV 1995 KV 969 167, 169 E. 2b; zur Verwaltungspraxis:
RKUV 1984 S. 209). Sie begründete keine unverrückbaren Leistungs-
maxima (RKUV 1995 K 696 167, 170). Davon konnte und musste in
begründeten Ausnahmesituationen abgewichen werden, so namentlich – aber nicht nur – bei schweren Krankheitsbildern (BGE 125 V 441
E. 4b; RKUV 1995 K 970 167, 170; SVR 2000 KV Nr. 29; K 10/03
E. 4.2=RKUV 2003 KV 263 S. 315; K 17/05 E.2.2; Pfiffner Rauber*,
S. 209 f.). Zeiten von Hospitalisationen in psychiatrischen Kliniken waren auf die Behandlungsdauer gemäss Art. 3 Abs. 1 KLV grundsätzlich
anrechenbar (K 17/05 E. 5.2), ebenso die vor einem Arzt- oder Kassenwechsel absolvierten Behandlungen. Aufgrund der Berichterstattung
nach Art. 3 Abs. 2 und 3 KLV sollte regelmässig überprüft werden
können, ob nach wie vor Krankheitsbehandlung vorliegt und das Wirtschaftlichkeitsgebot gewahrt ist (RKUV 1991 K 883 299, 301); auch

Psychotherapie muss wirtschaftlich sein (RKUV 1989 K 813 257 E. 2b; RKUV 1995 KV 969 167, 170). Die ab 1.1.2007 in Kraft stehenden Art. 3 und 3b KLV verstärken den Druck auf Leistungserbringer und Patienten, über das erforderliche Mass hinausgehende Therapie zu vermeiden, indem Letztere einer straffen, zeitlich gestaffelten Wirtschaftlichkeitskontrolle unterworfen wird, die praktisch in eine vertrauensärztliche Behandlungsführung ausmündet.

Therapien ohne Behandlungsgutsprache des KVers i.S.v. Art. 3 Abs. 3 19 KLV waren nicht zu entschädigen (RKUV 1995 K 969 167 E. 2b; s.a. RKUV 1995 K 970 S. 173 E. 3b; s.a. Art. 58 Rz. 3). Die Genehmigungen nach Art. 3 Abs. 3 KLV umfassten auch die Bestätigung der Wirtschaftlichkeit (RKUV 1999 K 994 320 E. 5e). Beides wird auch unter der Herrschaft der neuen Art. 3 bis 3c KLV Geltung beanspruchen können. Das KVG schreibt nicht vor, dass Psychotherapie zu supervisieren ist (9C_567/2007 E. 4.3.2). Nachgewiesene Grenzüberschreitungen bei Psychotherapie begründen Unzweckmässigkeit der Behandlung: 9C_567/2007. Keine Leistungspflicht besteht für die im Zusammenhang mit einer Psychotherapie entstandenen Dolmetscherkosten (K 138/01 E. 2=RKUV 2003 KV 239 62).

Zu den unter dem alten Recht diskutierten, heute durch den TarMed 20 überholten Tarifierungsfragen: RKUV 1982 497 161, 163 E. 2 und RKUV 1995 K 971 S. 179 E. 4b. Altrechtlich zu den kassenpflichtigen Therapiemethoden siehe die überholten BGE 103 V 173 und RKUV 1989 K 813 257, 262 E. 3.

IV. Chiropraktorische Behandlung (Abs. 2 lit. a Ziff. 2)
Art. 4 KLV

Chiropraktoren können nur in ihrem angestammten fachlichen Zustän- 21 digkeitsbereich Pflichtleistungen begründen. Sie sind in diesen Grenzen den Ärzten gleichgestellt und können ohne ärztliche Verordnung für die soziale KV tätig sein (I 783/03 E. 4). Art. 4 KLV bestimmt abschliessend die gemäss Art. 25 Abs. 2 lit. b KVG verordnungsfähigen Leistungen (altrechtlich vgl. K 113/00 E. 4=SVR 2001 KV Nr. 53). Bis 30.06.2010 konnten Chiropraktoren keine paramedizinischen Massnahmen gemäss Art. 25 Abs. 2 lit. a Ziff. 3 KVG (beispielsweise

Physiotherapie) zu Lasten der OKP anordnen. Mit der Änderung von Art. 25 Abs. 2 lit a Ziff. 3 KVG durch das Bundesgesetz über die Neuordnung der Pflegefinanzierung vom 13. Juni 2008 (AS 2009 3517; BBl 2005 2033) ist ihnen auch diesbezüglich Verordnungsbefugnis erteilt worden (AB 2006 S 653), soweit Gesetz oder Verordnung diese nicht ausdrücklich Ärzten vorbehalten (Art. 4 Ingress und lit. e KLV in der Fassung vom 24.06.2009; AS 2009 3527). Kassenpflichtig ist auch die von Chiropraktoren eingeholte konsiliarische Beratung bei Spezialisten. Chiropraktoren können bei Leiden, die ihren angestammten beruflichen Zuständigkeitsbereich beschlagen, Arbeitsunfähigkeitsatteste ausstellen (I 783/03 E. 4; altrechtlich: RSKV 1975 210 28 E. 3).

V.   Auf ärztliche Anordnung tätige Medizinalpersonen (Abs. 2 lit. a Ziff. 3)

Art. 5–11 KLV

1.   Verordnungspflicht und Verordnungsbefugnis

22   Alle nichtärztlichen Vorkehrungen von Gesundheitsfachleuten nach Art. 25 Abs. 2 lit. a Ziff. 3 KVG sind nur unter der Voraussetzung einer ärztlichen Anordnung vor Behandlungsbeginn Pflichtleistung (BGE 125 V 284 E. 4c und E. 4d). Nach dem alten Recht (BGE 103 V 79 E. b) musste eine vorgängige Anordnung in Schriftform vorliegen. Verordnungsfähig ist nur ein zugelassener Arzt (Art. 36 Abs. 1 und 2 KVG), anders als unter dem alten Recht (BGE 126 V 14 E. 3c/aa) aufgrund von

Art. 41 Abs. 1 Satz 1 KVG unabhängig davon, wo er praktiziert. Nicht beachtlich ist ferner, ob er tarifvertraglich gebunden ist (BGE 124 V 338 E. 2b/aa). Verordnungsfähig sind auch Ärzte zugelassener Spitäler. Zur Unterscheidung zwischen Verordnung und ärztlichem Auftrag (Art. 25 Abs. 2 lit. a Ziff. 3 KVG siehe Longchamp*, S. 464 ff.

Nicht abschliessend geklärt ist, ob Gesundheitsfachleute nach Art. 25　23 Abs. 2 lit. a Ziff. 3 KVG Aufgaben analog den Ärzten und unter den gleichen Kautelen (Rz. 15 ff. hiervor) delegieren können (im Grundsatz bejahend K 170/99 23.06.1999 betr. Physiotherapie). Die Frage der fachlichen Qualifikation wird in Tarifverträgen als Massnahme nach Art. 56 Abs. 5 KVG vielfach dahin beantwortet, dass die delegiert tätige Person die für eine Zulassung erforderliche Fachausbildungsvoraussetzung zu erfüllen habe. Nach der Praxis zur Krankenpflege zu Hause durch Spitex-Organisationen liegt es grundsätzlich im pflichtgemässen Ermessen der Leitung der Organisation und des zuständigen Arztes zu entscheiden, welche fachlichen und persönlichen Voraussetzungen für die Pflege der Versicherten zu Hause erforderlich sind (K 156/04 E. 4=RKUV 2006 Nr. KV 376 S. 303; 9C_597/2007 E. 4.1.2).

2. Physiotherapie (Art. 5 KLV), Ergotherapie (Art. 6 KLV), Ernährungs- und Diabetesberatung (Art. 9b und 9c KLV), Logopädie (Art. 10 KLV)

Die Pflichtleistungen sind in diesen Vorschriften abschliessend normiert　24 (so schon altrechtlich: BGE 114 V 258 E. 3a) und können auf bestimmte Indikationen begrenzt sein (Beispiel: K 143/04 E. 5 f. betr. Stottern). Bei Ergotherapie beschränkt sich Art. 6 Abs. 1 KLV auf die Formulierung des Behandlungsziels (BGE 130 V 284 E. 3; BGE 130 V 288 E. 3.1; SVR 2009 Nr. 7 S. 21 E. 4, TA Fribourg). Eine somatische Erkrankung i.S.v. Art. 6 Abs. 1 lit. a KLV ist im Falle motorischer Entwicklungsstörungen bei Kindern zurückhaltend anzunehmen (BGE 130 V 284 E. 5.1.3, BGE 130 V 288 E. 3.3; vgl. a. BVR 2002 S. 176 u. VG LU KV 59 482/20/01=SVR 2002 KV Nr. 21). Das von der Konsensuskonferenz entwickelte Scoreblatt ist ein Hilfsmittel zur Beurteilung der Kassenpflicht (BGE 130 V 288 E. 3.3, 292 E. 4.2; BGE 130 V 284 E. 5.3), dem keine normative oder sonst wie verbindliche Wirkung zukommt.

3. Krankenpflege zu Hause, ambulant oder im Pflegeheim
(Art. 7–9a KLV; Art. 59a KLV; s.a. Rz. 4 u. 13 hiervor)

Bibliografie: DESPLAND BÉATRICE, La prise en charge des soins de longue durée dans la loi sur l'assurance-maladie (LAMaL), in: CGSS 2008 Nr. 40 S. 113–127; DUC JEAN-LOUIS, Conditions requises pour donner des soins à domicile dans le cadre de la LaMal, in: CGSS 2003, S. 55 ff.; LANDOLT HARDY, Überblick über die Rechtsprechung des EVG im Jahr 2003 zu den sozialen Pflegeversicherungsleistungen, in: AJP 8/2004, S. 1019 ff.; LATZEL GÜNTHER, Pflegebedürftigkeit, Pflege- und Betreuungsleistungen – Annäherungen an den Bedarf, in: CHSS 1997, S. 250 ff.; LONGCHAMP*, S. 307 ff.; PFIFFNER RAUBER BRIGITTE, Stossende Ungleichbehandlung in der Pflege: Der Pflegeanspruch nach einem Unfall ist umfangreicher als bei einer Krankheit, in: Hill 2007 Fachartikel Nr. 3. S.a. die Bibliografie zu Art. 49 altAbs. 3 KVG und Art. 50 KVG.

a) Behandlungs- und Grundpflege (Art. 7 Abs. 2 lit. b und c KLV)

25 *Behandlungspflege* (Art. 7 Abs. 2 lit. b KLV) ist medizinische Hilfeleistung mit diagnostischer, therapeutischer oder palliativer Zielsetzung (BGE 131 V 178 E. 2.2.2; K 97/03=RKUV 2005 KV 328 186, 191 E. 3.2.1). Die Aufzählung in Art. 7 Abs. 2 lit. b KLV ist abschliessend; das Laminar-Flow-Verfahren ist darin nicht erfasst (BRE RKUV 1999 KV 69 150 E. II/4.1). *Grundpflege* (Art. 7 Abs. 2 lit. c KLV) ist pflegerische Leistung nichtmedizinischer Art bei krankheitsbedingten Beeinträchtigungen in grundlegenden alltäglichen Lebensverrichtungen (Ankleiden, Auskleiden; Aufstehen, Absitzen, Abliegen; Essen; Körperpflege; Verrichten der Notdurft; Fortbewegung). Sie kann in verschiedenen Formen gewährt werden, so als Unterstützung, als teilweise oder vollständige Übernahme der Verrichtungen im Ablauf des täglichen Lebens oder als Beaufsichtigung sowie Anleitung mit dem Ziel der eigenständigen Übernahme dieser Verrichtungen. Die Aufzählung in Art. 7 Abs. 2 lit. c Ziff. 1 KLV ist nicht abschliessend (BGE 131 V 178 E. 2.2.3, K 97/03=RKUV 2005 KV 328 186, 192, 193 E. 3.2.3). LONGCHAMP* (S. 168) erachtet Art. 7 Abs. 2 lit. c Ziff. 1 KLV als gesetzwidrig, soweit auch rein altersbedingte (mithin nicht durch Krankheit ausgelöste) Pflegebedürftigkeit zu Leistungen berechtigt. *Abklärung und Beratung* gemäss Art. 7 Abs. 2 lit. a KLV können sowohl im Dienste der

Behandlungs- als auch der Grundpflege stehen, müssen aber stets auf die Durchführung der Krankenpflege gerichtet sein (K 97/03=RKUV 2005 KV 328 186, 191 E. 3.2.1). Ziel und Zweck ist einzig die Bedarfsabklärung. Die Beratung im Umgang mit der Krankheit ist primär ärztliche Aufgabe (K 114/04 E. 3.3). Das Erfordernis ärztlicher Anordnung (Art. 8 KLV) setzt voraus, dass die versicherte Person in ambulanter ärztlicher Behandlung steht oder ärztliche Besuche zu Hause oder im Pflegeheim stattfinden (BGE 131 V 178 E. 2.2; K 97/03=RKUV 2005 KV 328 186, 190 E. 3.2).

Pflege nach Art. 7 KLV ist Personenhilfe und von der Sachhilfe bei der 26 Wirtschafts- und Lebensführung, zu welcher namentlich die Haushalthilfe zählt, abzugrenzen (BGE 131 V 178 E. 2.2.3; K 97/03=RKUV 2005 KV 328 186, 193 E. 3.2.3; BRE RKUV 1997 KV 9 247 E. II/4.1). Das Servieren des Essens ist keine Pflichtleistung (RKUV 1998 KV 28 180 E. II 3), dagegen die Hilfe beim Essen und Trinken (Art. 7 Abs. 2 lit. c Ziff. 1 KLV; RKUV 1996 S. 84). Nicht unter Art. 7 KLV fallen ferner Verrichtungen, bei welchen es hauptsächlich darum geht, die Patienten anzuleiten, ihre persönlichen Fähigkeiten zu entwickeln oder soziale Kontakte zu knüpfen (RKUV 1998 KV 27 161 E. II 8.2). Keine Pflichtleistung ist schliesslich die Pflege durch Familienangehörige oder Nachbarn, die nicht den Status von zugelassenen Leistungserbringern haben (BGE 126 V 330; K 141/06 E. 5.2; Art. 35 Rz. 10).

Psychiatrische Grundpflege (Art. 7 Abs. 2 lit. c Ziff. 2 KLV): Dazu zäh- 27 len Massnahmen, die der Überwachung und Unterstützung psychisch Kranker bei der Alltagsbewältigung dienen und nicht Psychotherapie, allgemeine Lebensberatung oder Sachhilfe darstellen (BGE 131 V 178 E. 2.2.1; K 97/03 =RKUV 2005 KV 328 186, 191 E. 3.2.1). Zur Alltagsbewältigung gehört auch eine minimale Fähigkeit zur Kommunikation und Kontaktnahme mit der Umwelt (K 113/04 E. 4.3; anders wohl RKUV 1998 KV 27 161 E. II 8.2). Ziel ist die Aufrechterhaltung oder Wiederherstellung der Selbständigkeit in den alltäglichen Lebensverrichtungen. Für psychiatrische Behandlungspflege ist im Rahmen von Art. 7 Abs. 2 lit. b KLV nur wenig Raum (BGE 131 V 178 E. 2.2.2; K 97/03=RKUV 2005 KV 328 186, 193 E. 3.2.2). Psychiatrische Grundpflege bedarf ärztlicher, aber nicht zwingend spezialärztlicher Anordnung (K 97/03=RKUV 2005 KV 328 186, 194 E. 4.1.

b)   Krankenpflege zu Hause versus Pflegeheim

Bibliografie: Duc, AJP 4/2001 S. 453 Urteilsbespr. K 37/00, BGE 126 V 334; Eugster Gebhard, Das Wirtschaftlichkeitsgebot nach Art. 56 Abs. 1 KVG, in: René Schaffhauser et al. (Hrsg.), Wirtschaftlichkeitskontrolle in der Krankenversicherung, St. Gallen 2001, S. 9 ff.; Longchamp*, S. 508 ff.; Landolt Hardy, Pflegebedürftigkeit im Spannungsfeld zwischen Grundrechtsschutz und Kosteneffizienz, SZS 2002, S. 97; Pfiffner Rauber Brigitte, Pflegeheim oder Hauspflege? Zur Leistungspflicht der obligatorischen Krankenpflegeversicherung, in: AJP 11/2000, S. 1403 ff.

28   Die Hauskrankenpflege soll den Kranken, namentlich Langzeitpatienten, Heilbehandlung und Pflege in ihrem häuslichen Umkreis ermöglichen (statt vieler: BGE 126 V 334 E. 2b). Liess sich die versPers zu Hause pflegen, durfte der K Vers jedoch bis zum Inkrafttreten der neuen Pflegefinanzierung (siehe Art. 25a KVG; AS 2009 3517; BBl 2005 2033) seine Vergütungen auf die Pflegeheimtaxen beschränken, wenn zwischen den Versicherungskosten für die Pflege zu Hause und den Pflegeheimtaxen ein grobes Missverhältnis besteht (zur Kritik an diesem Kostenvergleich: Duc, AJP 4/2001 S. 453 ff.; Ders. in: 1366 jours*, S. 109 ff.; Eugster, Wirtschaftlichkeitsgebot, S. 58 ff.; Pfiffner Rauber, S. 231 ff., 264 ff. m.H.; Landolt, SZS 2002, S. 97 ff.; Longchamp*, S. 308 ff.). Entscheidende Frage war dabei, ob Pflege zu Hause in medizinischer Hinsicht zweckmässiger war als in einem Pflegeheim. Persönliche, familiäre oder soziale Umstände konnten den Grad der Zweckmässigkeit wesentlich beeinflussen (BGE 126 V 334 E. 2; krit. Longchamp*, S. 523).

29   Kasuistik (zum bis 30.06.2010 gültiges Recht – siehe Art. 25a KVG; Urteilsbespr. Eugster, Wirtschaftlichkeitsgebot, S. 47 ff.)

–   *Spitex und Heimpflege gleichermassen wirksam und zweckmässig*
    –   Anspruch auf Spitex bejaht
        –   bei Mehrkosten von 48% (K 31/00 E. 2b=RKUV 2001 KV 169 261).
    –   Anspruch auf Spitex verneint
        –   bei fünfmal höheren Kosten (RKUV 1999 KV 64 64 E. 4b; krit. Duc, AJP 8/1999 S. 996 ff., Urteilsbespr. K 34/98; Ders. in: 1366 jours*, S. 103).
        –   kein generell grobes Missverhältnis bei 20% höheren Kosten für Spitex im Vergleich zum Pflegeheimaufenthalt: K 161/00 E. 4c.

     – Frage offen gelassen, ob für Fälle gleicher Wirksamkeit und Zweckmässigkeit der Massnahmen eine Wirtschaftlichkeitsgrenze in dem Sinne festzusetzen sei, dass ab einer bestimmten Kostendifferenz (beispielsweise 50%) generell ein grobes Missverhältnis zwischen Spitex- und Heimpflege anzunehmen sei: K 33/02 E. 2.2=RKUV 2004 KV 275 137.

– *Spitex-Pflege wirksamer und zweckmässiger als Heimpflege*
    – Anspruch auf Spitex bejaht
       – bei 1,9-mal höheren Spitex-Kosten (K 175/00 E. 3b =RKUV 2001 KV 162 179).
       – bei 2,86-mal höheren Spitex-Kosten (K 33/02 E. 2.2=RKUV 2004 KV 275 137).
       – bei 2,6 bis 2,9-mal höheren Spitex-Kosten (K 201/00 E. 3c).
    – Anspruch auf Spitex verneint
       – bei vier- bis fünfmal höheren Spitex-Kosten (K 95/03 E. 3.2).
       – bei drei- bis viermal höheren Spitex-Kosten (K 61/00 E. 4=RKUV 2001 KV 143 19).

– *Spitex-Pflege erheblich wirksamer und zweckmässiger als Heimpflege* (Fälle noch erwerbstätiger oder aktiv am gesellschaftlichen und sozialen Leben teilnehmender Personen)
    – Anspruch auf Spitex bejaht
       – doppelt so hohe Kosten für die Krankenpflege zu Hause als bei einem Heimaufenthalt (K 59/00 E. 3b=RKUV 2001 KV 142 15).
       – bis zu 3,5-mal höhere Kosten als bei Heimpflege (BGE 126 V 334 Erw. 3b; K 66/00 E. 3c=RKUV 2001 KV 144 23; s.a. K 52/99 =RKUV 2001 KV 141 10).
       – bei 35–37% höheren Spitex-Kosten (K 161/00 E. 4c).
    – Anspruch auf Spitex verneint
       – bei vier- bis fünfmal höheren Spitex-Kosten; Patientin ohne Erwerbstätigkeit oder Teilnahme am sozialen Leben (K 95/03 E. 3.2).
       – keine Übernahme jener Kosten, die bei Pflege zu Hause noch als vertretbar zu qualifizieren wären; Verbot der Austauschbefugnis zwischen wirtschaftlichen und nicht wirtschaftlichen Massnahmen (K 95/03 E. 4).

30 Diese Rechtsprechung wird unter der Herrschaft der neuen Pflegefinanzierung (Art. 25a KVG; AS 2009 3517; BBl 2005 2033) für die KVers voraussichtlich an Bedeutung verlieren, kann jedoch beachtlich bleiben, wenn die vom Bundesrat festzusetzenden Beiträge (Art. 25a Abs. 4 KVG) im konkreten Fall für Spitex zu Hause einerseits und im Pflegeheim anderseits im Einzelfall stark divergieren sollten.

c) Spitex-Leistungen und Hilflosenentschädigung

31 Das Zusammentreffen von Leistungen für Grundpflege nach Art. 7 Abs. 2 lit. c KLV und Hilflosenentschädigungen anderer Sozialversicherer kann grundsätzlich eine Überentschädigung begründen, die jedoch bei Pflegeheimaufenthalten praktisch nie eintritt (BGE 125 V 297 E. 5b), bei Krankenpflege zu Hause dagegen vorkommen kann (BGE 127 V 94 E. 5). Die versPers hat die durch ihre Pflegebedürftigkeit bedingten, nicht anderweitig gedeckten Kosten nachzuweisen und trägt dafür die Beweislast. Nicht konkret nachgewiesene Kosten, die nach allgemeiner Lebenserfahrung zu entstehen pflegen, bleiben jedoch anrechenbar (BGE 127 V 94 E. 5e; in casu 56% der HLE für schwere Hilflosigkeit ausgeklammert). Unter der neuen Pflegefinanzierung (Art. 25a KVG; AS 2009 3517; BBl 2005 2033) dürfte angesichts des Selbstkostenanteils der versPers und der möglichen Berücksichtigung der Hilflosenentschädigung bei der Festlegung der Restfinanzierung durch die Kantone (Art. 25a Abs. 5 KVG) eine Überentschädigung im Verhältnis zur Leistung des KVers voraussichtlich kaum mehr eintreten.

VI.   Medikamentöse Behandlung (Abs. 1 lit. b)

Bibliographie: AYER ARIANE, Prise en charge des médicaments «hors étiquette»: un espoir pour le traitement des maladies orphelins – Présentation de l'ATF 130 V 352, in: ASS/SZG 7/2005, S. 7 ff.; DUC JEAN-LOUIS, Quelques réflexions en rapport avec la dispensation des médicaments à la lumière de l'exemple vaudois, in: Jean-Louis Duc (dir.), LAMal–KVG*, S. 191 ff.; MARCUARD DOMINIQUE, Welche Medikamente übernimmt die obligatorische Krankenversicherung? in: CHSS 2001, S. 311 ff.

Beschränkung auf Listenpräparate: Für die ALT und die SL (wie auch 32 die Analysenliste) gilt das Listenprinzip (statt vieler: BGE 134 V 83 E. 4.1). Die OKP muss nur leisten, wenn ein Arzneimittel in der AlT oder der SL aufgeführt ist (statt vieler: BGE 130 V 532 E. 3.4; zur AlT: K 69/03 E. 4.2.2=SVR 2004 KV Nr. 9), andernfalls selbst dann nicht, wenn es ärztlich verordnet worden ist (K 63/02 E. 3.3 m.H.=RKUV 2003 KV 260 299) oder wirksam, zweckmässig und wirtschaftlich sein sollte (K 83/03 E. 4; vgl. a. K 156/01 E. 4.3.2.1=RKUV 2004 KV 272 109, 117; K 69/03=SVR 2004 KV Nr. 9 S. 31 E. 5.2) oder dadurch anderweitige, auch kassenpflichtige Gesundheitskosten eingespart werden (vgl. K 135/02 E. 4.3.2; K 69/03 E. 5.2=SVR 2004 KV Nr. 9). Ist ein Arzneimittel in der Schweiz nicht oder im compassionate use zugelassen, so handelt es sich zwangsläufig um ein Arzneimittel ausserhalb der SL und damit grundsätzlich um eine Nichtpflichtleistung (K 83/04 E. 3.1).

Der KVers kann die allgemeinen Eigenschaften der Wirksamkeit, 33 Zweckmässigkeit und Wirtschaftlichkeit von Medikamenten der SL oder AlT nicht in Frage stellen (vgl. a. K 123/00 E. 2c), dagegen prüfen, ob ihr Einsatz im konkreten Behandlungsfall indiziert und wirtschaftlich ist. Wird keine kassenpflichtige Behandlungsmethode angewendet oder liegt keine Krankheitsbehandlung vor, sind Medikamente auch dann nicht zu übernehmen, wenn diese in der ALT oder SL aufgeführt sind. Findet sich andererseits ein Arzneimittel weder in der SL noch in der AlT, so braucht nicht geprüft zu werden, ob die Behandlungsmethode, in deren Rahmen es angewendet wird, eine Pflichtleistung darstellt (BGE 118 V 274 E. 2a; BGE 120 V 200 E. 7a).

Beschränkung auf zugelassene Anwendungsbereiche: Pharmazeutische 34 Spezialitäten sind nur im Rahmen von Indikationen und Anwendungsvorschriften kassenpflichtig, die in Swissmedic registriert sind (BGE 130 V 532 E. 5.2.). In diesem Fall geniesst die medikamentöse Behandlung den Status wissenschaftlicher Anerkennung (K 43/99 E. 5b =RKUV 2001 Nr. KV 158 155; K 123/02 17.3.2003 E. 3.2; so schon altrechtlich: BGE 118 V 274 E. 3b; zum Begriff der Wissenschaftlichkeit: Art. 32 KVG Rz. 5). In den *swissmedic*-registrierten Anwendungsgrenzen gilt ein Arzneimittel als wirksam und zweckmässig, und wenn es dafür in die SL aufgenommen worden ist, diesbezüglich auch als wirtschaftlich (BGE 130 V 532 E. 5.1; K 156/01=RKUV KV 272 109,

117 E. 4.3.1.1). Grundsätzlich hat der Apotheker nach den Vorgaben der ärztlichen Verordnung zu handeln (BGE 132 V 18 E. 5; 9C_397/2009 E. 5.2f.). Wo dem Apotheker Einblick ins Patientendossier fehlt, kann er nicht verpflichtet werden, die Wirtschaftlichkeit des vom behandelnden Arzt ausgestellten Rezepts zu beurteilen (9C_397/2009 E. 5.2f.).

35   Die Anwendung eines Arzneimittels ausserhalb der SL-Limitierungen (Art. 73 KVV) macht dieses zu einem solchen «ausserhalb der Liste» bzw. zu einem «off-label-use» und damit zur Nichtpflichtleistung (statt vieler: BGE 130 V 532 E. 3.4 und 542 E. 5.3; altrechtlich: RKUV 1993 K 907 12). Die Bejahung einer Leistungspflicht für nicht registrierte bzw. in der SL nicht anerkannte Indikationen durch Analogieschluss ist unzulässig (K 123/02 E. 3.2). Ein in der SL nicht aufgeführtes Medikament, das eine Kombination von zwei darin enthaltenen Medikamenten ist, gilt ebenfalls als Arzneimittel «ausserhalb der Liste» (K 83/03 E. 5). Die Einordnung eines Arzneimittels in der SL in eine bestimmte therapeutische Gruppierung begrenzt den zugelassenen Anwendungsbereich ebenfalls. Sie schliesst andere swissmedic-registrierte Indikationsbereiche von den Pflichtleistungen aus (K 123/02 E. 3).

36   *Beschränkung der galenischen Formen und Packungsgrössen:* Nur die in der SL aufgeführten Angebote begründen Pflichtleistungen. Andere gelten als Arzneimittel «hors-liste» (vgl. a. K 63/02 E. 3.3). Der Apotheker hat die versPers über die fehlende Erstattungspflicht aufzuklären, wenn der Arzt eine nicht kassenpflichtige Packungsgrösse oder galenische Form verschrieben hat (vgl. a. BGE 132 V 18 E. 5).

37   *Beschränkung der Mengen und Anwendungsvorschriften gemäss Swissmedic-Registrierung und SL:* Dosierungsvorschriften gemäss Swissmedic-Registrierung sind Limitierungen, von der nur ausnahmsweise abgewichen werden darf (BGE 131 V 349; vgl. a. K 135/02 E. 4). Schwere Migräneerkrankungen können unter den Voraussetzungen eines Off-label-use (Rz. 38) eine Überschreitung der Dosierungsvorschriften rechtfertigen (K 100/04 E. 4). Bei abhängigkeitserzeugenden Arzneimitteln kann eine Überdosierung einen strafbaren Verstoss gegen das BetmG darstellen (6P.6/2007 E. 7; massive Verschreibung von Benzodiazepinen bei Drogenabhängigen). Die SL kann sodann vorschreiben, dass vor dem Einsatz eines bestimmten Medikaments eine Therapie mit einem anderen Arzneimittel durchzuführen ist (K 43/99 E. 5=RKUV 2001 KV 158 155). Keine Limitierung gemäss Art. 73 KVV liegt vor, wenn die

SL für die Arzneimittelabgabe die vorgängige Zustimmung des Vertrauensarztes verlangt (BGE 129 V 32 E. 5.3.2, RKUV 2004 KV 272 109, 114 E. 3.3.2; altrechtlich RKUV 1984 K 566 26 E. 2c).

Off-label-use (usage hors étiquette) ist der Einsatz eines in der Schweiz 38 zugelassenen Arzneimittels ausserhalb der Swissmedic-registrierten oder SL-zugelassenen Indikationen, Dosierungen oder Anwendungsarten. Er ist Pflichtleistung, wenn er im Rahmen eines Behandlungskomplexes erfolgt oder wenn es sich bei der betroffenen Indikation um eine Krankheit handelt, die lebensbedrohlich ist oder bei Nichtbehandlung eine dauernde Invalidität oder ein schweres chronisches Leiden hervorruft und mangels Alternativen nicht anders wirksam zu behandeln ist. Voraussetzung ist, dass das Arzneimittel einen grossen therapeutischen Nutzen erwarten lässt (BGE 130 V 532 E. 6.1; siehe dazu die Urteilsbespr. AYER, in ASS 2005 S. 7; BGE 131 V 349 E. 2.3; 9C_743/2007 E. 2) und dem Gebot der Wirtschaftlichkeit genügt (9C_305/2008 E. 1.3; 9C_56/2008 E. 2.3=SVR 2009 KV Nr. 1). Es kann aber nicht angehen, für die Behandlung nicht seltener Krankheiten im Rahmen einer Einzelfallbetrachtung zu Lasten der Grundversicherung Medikamente zu vergüten, welche aus ganz bestimmten Gründen gerade nicht in die Spezialitätenliste aufgenommen worden sind (9C_305/2008 E. 1.3; 9C_56/2008 E. 2.3=SVR 2009 KV Nr. 1).

Die Verwaltungspraxis bejaht unter diesen Bedingungen eine Pflichtleis- 39 tung auch bei einer *orphan indication* (so auch 9C_305/2008 E. 1.3). Es können selbst Arzneimittel im compassionate use in Frage kommen (K 83/04 E. 3.1; zu den Begriffen orphan indication und compassionate use siehe das Handbuch betreffend die SL, herausgegeben vom BAG, gültig ab 01.02.2008, S. 25, Internet-Adresse unter Art. 52 KVG). Bei erlaubter zulassungsüberschreitender Anwendung haben die KVers die Wirksamkeit des Arzneimittels zu prüfen. In K 156/01=RKUV 2004 KV 272 109, 118 E. 4.3.2.2 ist offen gelassen worden, ob sich beim Fehlen wirksamer und zweckmässiger Behandlungsalternativen ausnahmsweise eine Kostenübernahme ohne Wirksamkeitsnachweis rechtfertigen kann (in diesem Sinne SVR 1996 KV Nr. 87 betr. Neupogen, TA Vaud, altrechtlicher Fall). Beim off-label-use darf kein offenkundiges Missverhältnis zwischen Kosten und Nutzen bestehen.

Behandlungskomplex: Ein grundsätzlich nicht kassenpflichtiges Arznei- 40 mittel ist zu übernehmen, wenn es eine unerlässliche Voraussetzung zur

Durchführung von Pflichtleistungen bildet (BGE 130 V 532 E. 6.1; so schon altrechtlich: BGE 120 V 200 E. 7; RKUV 1998 K 991 302 E. 3b betr. Neupogen; ausführlich zum Behandlungskomplex Art. 25 Rz. 70.

41 *Austauschbefugnis*: Beim Bezug eines nicht kassenpflichtigen Arzneimittels besteht grundsätzlich kein Anspruch auf kompensationsweise Erstattung der Kosten eines kassenpflichtigen Medikaments, das den gleichen Zweck erfüllt wie das nicht kassenpflichtige (K 63/02 E. 3.3=RKUV 2003 KV 260 299; K 83/03 E. 6). Anders entschied das EVG in K 43/99 E. 6d =RKUV 2001 KV 158 155.

42 *Keine Pflicht zur Beschränkung auf Generika*: Das KVG verpflichtet den Arzt nicht, statt Originalpräparaten Generika oder unter den Originalpräparaten das kostengünstigste zu verschreiben (RKUV 1999 KV 62 43, 49 E. II/4.1 und 53 E. 6; Urteilsbespr. PIFFNER RAUBER*, S. 198 ff.). Zum Substitutionsrecht des Apothekers: Art. 52a KVG, zum höheren Selbstbehalt bei der Wahl bestimmter Originalpräparate: Art. 38a KLV.

VII. Analysen (Abs. 1 lit. b)

Bibliografie: FRIED ROMAN, Die Auswirkung der Revision der Analysenliste auf die Struktur des Praxislabors, in SaeZ 90 (2009) H. 9 S. 321.

43 In der Analysenliste (Art. 52 Abs. 1 lit. a Ziff. 1 KVG) sind die kassenpflichtigen Analysen abschliessend aufgezählt (K 55/05 E. 1.3; BRE RKUV 2000 KV 177 353 E. II/5.2). DNA-Analysen bei Verwandten wegen einer Risikoschwangerschaft können Pflichtleistung sein (RKUV 1995 K 957 12). Nur in Art. 12 KLV aufgeführte genetische Tests zur Krankheitsfrüherkennung sind kassenpflichtig (K 92/04=RKUV 2005 KV 316 31, 33 E. 3.1).

VIII. Mittel und Gegenstände (Abs. 1 lit. b)

Bibliografie: BELLWALD FRIEDRICH, Der Begriff des Hilfsmittels in der Unfallversicherung, in: SZS 2005, S. 309 ff.

KLV: Art. 20 und Art. 20a (Liste der Mittel und Gegenstände), Art. 22 (Limitierungen), Art. 24 (Vergütung); Anhang 2 KLV. Für die Leistungsbezeichnung siehe Art. 52 KVG; für die zugelassenen Abgabestellen: Art. 55 KVV.

Die kassenpflichtigen Mittel und Gegenstände sind in Anhang 2 KLV 44
(MiGel) abschliessend aufgezählt K 157/00 E. 3=RKUV 2002 KV 196
7; K 46/05 E. 3.3=RKUV 2006 KV 361 133; zu den Begriffsmerkmalen:
9C_678/2009 E. 4.2) und mitunter nur unter einschränkenden Bedingungen versichert (RKUV 2000 KV 118 151 betr. hydrokolloide Wundverbände; K 61/02 betr. Schuheinlagen). Nur genau der Produktebeschreibung einer MiGeL-Position entsprechende Mittel sind Pflichtleistung.
Die Anwendung einer analogen Positionsnummer für ein in der MiGel
nicht aufgeführtes Mittel ist grundsätzlich unzulässig (K 62/02 3.3 betr.
Compex-Gerät; K 157/00 E. 3c=RKUV 2002 KV 196 7 betr. Flüssigsauerstoff; vgl. a. K 46/05 E. 5.1=RKUV 2006 KV 361 133). Nimmt der
Zahnarzt in der Mundhöhle eine ärztliche Verrichtung vor (Art. 31 Abs. 1
KVG, Rz. 35 ff.), ist für Mittel und Gegenstände die MiGeL massgebend
(K 101/03 E. 4; Zahnschiene). Das Territorialitätsprinzip (Art. 34 Abs. 2
KVG) gilt auch für Mittel und Gegenstände. S.a. Art. 38 KVG Rz. hiernach.

Folgende altrechtliche Kasuistik ist durch das Listenprinzip des KVG
bzw. Art. 22 KLV überholt: BGE 111 V 324 E. 3, 108 V 29 E. 2; RKUV
1991 861 E. 2b, 1989 791 7 E. 2, 1987 752 422, 1987 707 10, 1985 K
633 170 E. 2, RSKV 1973 161 31.

IX.   Badekur (Abs. 2 lit. c)

Art. 25 KLV; Art. 33 lit. f KVV; für die zugelassenen
Heilbäder: Art. 57 und 58 KVV

Eine Badekur liegt vor, wenn der Versicherte die ärztlich verordneten 45
Therapien in einer ärztlich geleiteten Badekuranstalt zu absolvieren hat
und hierfür ausserhalb seiner Wohnung Unterkunft beziehen muss (weiterhin gültig: BGE 107 V 170 E. 1; RKUV 1986 K 662 41 E. 2a; RKUV
1987 K 721 109). Die Leistungen bestehen in einem zeitlich begrenzten
Beitrag (Art. 25 KLV: Fr. 10.– während höchstens 21 Tagen). Der medizinische Leistungsinhalt des Badekurbeitrages beschränkt sich auf
Bäder, während anderweitige Behandlungen separat abgerechnet werden (Art. 33 lit. f KVV; anders noch altrechtlich: BGE 107 V 170 E. 1).

Weitere Komponenten des Beitrags sind Fahrt- und Aufenthaltskosten. Einzelne Kurbäder sind keine Pflichtleistung (RKUV 1987 K 721 109, 110). Die Anwendung physikalischer Therapien während der Badekur oder der Badekur vorangehende Behandlungen sind grundsätzlich auch unter dem KVG keine unabdingbare Anspruchsvoraussetzung für den Badekurbeitrag (altrechtlich: BGE 114 V 272 E. 3b; RSKV 1979 374 160; RKUV 1987 K 709 15 E. 2a–E. 2c m.H.), wenngleich auch Badekuren wirtschaftlich sein müssen (K 37/02). Kassenpflichtig ist sodann die Behandlung interkurrenter Krankheiten während einer Badekur (s.a. BGE 109 V 270 E. 4b). Keinen Beitrag gibt es für Badekuren im Ausland, auch nicht im Umfang der Leistungen, die in der Schweiz angefallen wären. Es gibt auch hier keine Austauschbefugnis (zum alten Recht: RKUV 1987 K 716 57 E. 2b).

46 Die Badekur muss vor Antritt von einem zugelassenen Arzt verordnet worden sein. Unter dem KUVG war nur ein im Wahlrecht des Versicherten stehender Vertragsarzt verordnungsbefugt (RKUV 1987 K 721 109 f.), was nach dem KVG nicht mehr massgebend sein kann (Art. 25 KV Rz. 61).

X.   Medizinische Rehabilitation (Abs. 1 lit. c)
Anhang 1 Ziff. 11 KLV

Bibliografie: FORSTER ADRIAN, Fragen der medizinischen Triage und Kostengutsprache für die stationäre Rehabilitation, in: Medizin und Sozialversicherung im Gespräch, St. Gallen 2006, S. 231–238; LONGCHAMP*, S. 247 ff.; SBVR-EUGSTER*, Rz. 403 ff.

47 Medizinische Rehabilitation zeichnet sich dadurch aus, dass die Behandlung der Krankheit an sich abgeschlossen ist und dass Therapieformen zur Nachbehandlung von Krankheiten zur Anwendung gelangen. Sie bezweckt, die durch Krankheit oder deren Behandlung bewirkten Funktionseinbussen mit Hilfe medizinischer Massnahmen zu beheben (BGE 126 V 323 E. 2c; 9C_193/2007 E. 3) und kann eine berufliche, funktionale oder soziale Eingliederung zum Ziele haben (K 42/00 E. 2c=RKUV 2000 KV 135 338). Die Durchführung kann ambulant, in einem Spital, einem Pflegeheim oder in einer Kuranstalt erfolgen. Stationäre Rehabilitation erfordert Spitalbedürftigkeit (BGE 126 V 323 E. 2c; siehe Rz. 51

hiernach) und bedarf der vorgängigen Kostengutsprache des KVers (Anhang 1 Ziff. 11 KLV). Kein Anspruch auf stationäre Rehabilitation besteht, wenn diese ambulant oder in einem Kurmilieu durchführbar ist (K 180/00 E. 2b).

Abgrenzung zur Erholungskur: Für die im KVG nicht erwähnte Erho- 48
lungskur haben die KVers wie im bisherigen Recht (BGE 109 V 270
E. 4) keine Pflichtleistungen zu erbringen. Während die medizinische
Rehabilitation Funktionsfähigkeiten mit medizinischen Massnahmen
wiederherstellen oder verbessern soll, dient die Erholungskur der Genesung nach Erkrankungen, die eine wesentliche Verminderung des Allgemeinzustandes zur Folge haben (statt vieler: BGE 126 V 323 E. 2d).
Von der blossen Erholung ist die Notwendigkeit der Fortsetzung einer
begonnenen Behandlung unter Kurbedingungen zu unterscheiden. Es
sind diesfalls die gleichen Leistungen wie bei ambulanter Behandlung
zu erbringen (K 112/01 E. 1d).

Abgrenzung zur Langzeitpflege: Für die stationäre Rehabilitation von 49
Langzeitpatienten sind die Pflegeheime zuständig, soweit medizinisch
nicht ein Aufenthalt in einem Spital notwendig ist (Art. 39 Abs. 3 KVG;
zum Begriff der Langzeitbehandlung siehe Art. 6 VKL und neu Art. 25a
KVG. Nach Duc, L'établissement médico-social, in LAMaL-KVG*
(S. 272, 311) ist demgegenüber die medizinische Rehabilitation von
Langzeitpatienten nicht unter Abs. 3, sondern unter Abs. 1 von Art. 39
KVG zu subsumieren (s.a. Longchamp*, S. 250 f.). Nach einer Akuterkrankung können K 112/01 Langzeitpatienten Anspruch auf stationäre
Rehabilitation in Rehabilitationskliniken haben. Zu klären wird sein,
ob das auch für die spitalexterne Akut- und Übergangspflege gemäss
Art. 25a Abs. 2 KVG zutrifft.

Kasuistik

Spitalbedürftigkeit für stationäre Rehabilitation verneint: bei jährlich 50
zwei Monate dauernder stationärer Rehabilitation zur Behandlung von
Hirninfarktfolgen (K 42/00=RKUV 2000 KV 135 338), bei Arteriosklerose (BGE 124 V 362; RKUV 1999 KV 60 31). Nach Hüfttotalprothesen-Operation (K 180/00 E. 2b), bei schweren kardiovaskulären Risikofaktoren (K 91/00 E. 4), nach Behandlung eines Mammakarzinoms
(BGE 126 V 323), bei schwerem und instabilem Asthma (K 106/05
E. 2), bei Poliomyelitis (RKUV 1998 K 988 1), bei Erschöpfungszustand

nach schwerer Krankheit (K 112/01), bei psychiatrischer Rehabilitation ohne vorgängige psychiatrische Behandlung (9C_824/2007 E. 3.3.1; somatoforme Schmerzstörung), bei psychosomatischer Rehabilitation im Falle vorhandenen Potenzials ambulanter Rehabilitation (9C_193/2007; Burnout-Syndrom; vgl. zu dieser Diagnose auch GVP 2006 S. 59 ff.), bei einem Jugendlichen zur Adipositasbehandlung (K 68/06 E. 2.2.2).

51 *Spitalbedürftigkeit bejaht:* nach dreifacher kardiovaskulärer Revaskularisation mittels AC-Bypass (K 184/00 E. 2); chronifizierte Schizophrenie, Langzeithospitalisation nach fürsorgerischem Freiheitsentzug (K 20/06). Altrechtlich bejaht: bei Bewegungstherapie für Herz- und Kreislaufpatienten (RSKV 1978 331 153; heute siehe Ziff. 11 Anhang 1 KLV), bei Psychosomatose und Herzbeschwerden (RKUV 1984 K 589 185). *Zur Abgrenzung von der Badekur:* RKUV 1990 K 832 24, RSKV 1983 535 124; RSKV 1979 365 99; RSKV 1978 331 153; RSKV 1974 187 3. Weitere Kasuistik sub Rz. 55 ff. hiernach, Art. 49 Abs. 3 Rz. 23 und bei LONGCHAMP*, S. 385.

XI.   Aufenthalt in stationären Einrichtungen (Abs. 2 lit. e, alt lit. f, f^bis)

Übersicht Seite

1.   Aufenthaltskosten

52 Art. 25 Abs. 2 lit. e KVG stellt gegenüber Art. 25 Abs. 2 lit. a KVG einen selbständigen Leistungstatbestand dar. Die Position von Art. 25 Abs. 2 lit. e KVG umfasst die Kosten für Unterkunft und Verpflegung in einem Spital gemäss Art. 35 Abs. 2 lit. h KVG (Art. 39 Abs. 1 KVG; K 141/02=RKUV 2004 KV 314 15, 20 E. 5.3; s.a. LONGCHAMP*, S. 397). Aufenthalt im Spital liegt vor, wenn der Begriff stationärer Behandlung (Rz. 8 hiervor) erfüllt ist, kann aber prinzipiell auch ausserhalb dieses Tatbestandes gegeben sein, wenn aus medizinischen Gründen Unterkunftsräume und Verpflegung in Anspruch genommen werden müssen.

Neu Pflichtleistung ist der Aufenthalt bei Entbindung in einem Geburtshaus (lit. f^bis). Nicht gedeckt sind die Pensionskosten in Pflegeheimen (s. Art. 50 KVG).

Der Begriff der allgemeinen Abteilung i.S.v. Art. 49 Abs. 1 KVG (in der 53 bis 31.12.2008 gültigen Fassung) definierte die Leistungsgrenzen der OKP im stationären Bereich (s. Art. 39 KVG Rz. 2, Art. 49 KVG Rz. 3). Mit Gesetzesrevision vom 21.12.2007 (AS 2008 2049; BBl 2004 5551) wurde dieser Terminus fallen gelassen, weil er neu nicht mehr als geeignet erschien, den Leistungsumfang der OKP zu bestimmen (BBl 2001 771, 780; BBl 2004 5551, 5566). Dennoch bleibt er voraussichtlich auch unter dem neuen Recht eine Referenzgrösse, indem er im Behandlungs- und Pflegebereich den Qualitätsstandard der gesetzlichen stationären Leistungen umschreibt.

Allgemeine Abteilung nach Art. 25 Abs. 2 neu lit. e KVG bezeichnet we- 54 der einen örtlich abgegrenzten Spitalbereich noch definiert sie sich nach der Bettenzahl pro Zimmer. Die Art. 32 Abs. 1 und Art. 56 Abs. 1 KVG gelten auch hier (anders unter dem KUVG: RKUV 1988 K 772 261). Die Unterbringung in einem Ein- oder Mehrbettraum richtet sich in erster Linie nach dem, was für eine zweckmässige Behandlung (Art. 32 KVG) medizinisch notwendig ist. Ist medizinisch ein Aufenthalt in einem Ein- oder Zweibettzimmer geboten, zählt die entsprechende Unterbringung zum Standard der allgemeinen Abteilung. Der Standard der allgemeinen Abteilung bezieht sich auf jene Qualität, die bis anhin im Rahmen der allgemeinen Abteilung gewährleistet war (Votum Brunner AB 2006 S 48). Unter dem alten Recht konnte sich die Frage stellen, ob die dritte Spitalklasse eines Privatspitals etwas anderes sein konnte als die allgemeine Abteilung gemäss Art. 25 Abs. 2 lit. e KVG bzw. Art. 49 Abs. 1 KVG (K 36/03=RKUV 2004 KV 286 291 E. 6.3). Die Frage dürfte unter dem neuen Recht weiterhin aktuell bleiben.

2. Spitalbedürftigkeit

Bibliografie: Duc Jean-Louis, Établissements médicaux et planification hospita- lière, in : AJP 8/1997 S. 955; Ders., Les atteintes aux facultés visuelles, la LAMal et la jurisprudence du Tribunal fédéral des assurances, in: SZS 2004, S. 39 ff. m.H.; Ders., De la prise en charge par l'assurance-maladie obligatoire des frais de soins à domicile et lors de séjour dans un EMS – un point de la situation. In: LAMal: soins à domicile, soins en EMS; Collection Blanche IRAL, Bern 2005, S. 205 ff.; Longchamp*, S 379 ff.; Pfiffner Rauber*, S. 187 ff.; SBVR-Eugster* Rz. 390 ff.

55 Der Anspruch auf stationäre Leistungen erfordert einen behandlungsbedürftigen Gesundheitsschaden, einen Aufenthalt in einem Spital (BGE 99 V 70 ; K 61/04 E.5; K 68/06 E. 1.1.2) und Spitalbedürftigkeit. Eine Person ist spitalbedürftig, wenn die Behandlung wegen der apparativen und personellen Anforderungen notwendigerweise in einem Spital zu erfolgen hat. Sie kann es aber auch sein, wenn nach erfolgloser ambulanter Behandlung nur noch eine Hospitalisation Erfolg verspricht; die ambulanten Therapiemöglichkeiten müssen erschöpft sein (statt vieler BGE 126 V 323 E. 2b; 9C_369/2009 E. 2.2; K 51/00=RKUV 2000 KV 139 363, 365 E. 2b; altrechtlich: BGE 120 V 200 E. 6d/ee). Behandlung und Pflege im Pflegeheim kann nicht stationäre Behandlung i.S.v. Art. 25 Abs. 2 lit. a KVG sein (s. Rz. 60 hiernach).

56 Spitalbedürftigkeit kann sodann gegeben sein, weil diagnostische Abklärungen Spitalbedingungen erfordern (RKUV 1994 K 939 S. 162 E. 2b), oder wenn die Behandlung wegen besonderer persönlicher Lebensumstände im Spital durchgeführt werden muss (BGE 126 V 323 E. 2b), andernfalls die medizinische Versorgung nicht gewährleistet wäre, auch nicht mit den Mitteln der Krankenpflege zu Hause oder in einem Kurhaus (K 180/00 E. 2b: schwierige bauliche Wohnverhältnisse oder Unzumutbarkeit ambulanter Therapie; RKUV 1984 K 591 197 E. 2c: Fernhalten bei gestörten Familienverhältnissen – anders RKUV 1991 K 863 73 E. 2b; RSKV 1982 486 99: Entlastung der traumatisierten Familie; RKUV 1986 K 680 229 E. 2: sozialgefährlicher Straftäter im Massnahmevollzug; RKUV 1989 K 804 154: nicht realisierbare Behandlung während einer Abklärung nach Art. 90 StGB; Spitalbedürftigkeit dagegen verneint in RKUV 1987 K 739 254: Verkürzung der Arbeitsunfähigkeitsdauer dank stationärer Behandlung; Urteilsbespr. Eugster Gebhard, Wirtschaftlichkeitsgebot, in: IRP-HSG Bd 2, 2001S. 43 ff.).

57 Von solchen besonderen Umständen abgesehen, müssen die altrechtlichen Formulierungen, wonach die Intensität der notwendigen ärztlichen Behandlung nicht alleiniges Entscheidungskriterium dafür bilde, ob ihr Zustand eine Hospitalisierung rechtfertige (BGE 115 V 38 E. 3b/

aa), unter dem KVG als überholt betrachtet werden. Das Gleiche gilt für die a.a.O. anzutreffende Aussage, Spitalbedürftigkeit könne auch gegeben sein, wenn der Krankheitszustand eines Versicherten nicht unbedingt eine ärztliche Behandlung, sondern lediglich einen Aufenthalt im Spitalmilieu erfordere. Diese Begründungen hatten seinerzeit ihre Berechtigung, weil unter dem KUVG Pflegeheime rechtlich Spitalcharakter haben konnten (siehe Art. 39 Rz. 1 hiernach), lassen sich unter dem KVG jedoch nicht mehr halten, weil Spitäler nach Art. 39 Abs. 1 entweder Akutspitäler oder Rehabilitationskliniken für die medizinische Rehabilitation nach einer Akuterkrankung sind. Überholt ist nach dem Gesagten auch das altrechtliche Kriterium, wonach es für die Heilanstaltsbedürftigkeit nicht darauf ankam, ob das Heilen oder Pflegen im Vordergrund stand (BGE 107 V 54 E. 2b; RKUV 1992 K 892 S. 99 E. 3).

Die Dauer eines Spitalaufenthalts ist auf das erforderliche Mass zu beschränken (RKUV 1986 K 671 143 E. 2c; K 94/00 19.2.2002), darf indes nicht zum Voraus fix begrenzt sein, kann und soll aber prospektiv oder während des Spitalaufenthalts laufend kontrolliert werden (BGE 127 V 43 E. 2a und E. 2c 48 f.; krit. Duc, AJP 5/2002 S. 573 ff., Urteilsbespr. zu 127 V 43). Das ärztliche Ermessen bei der Beurteilung der notwendigen Dauer bleibt zu respektieren (K 94/00; RSKV 1986 K 761 143 E. 2b/c). S.a. Art. 49 Abs. 3 KVG Rz. 25 betr. Abgrenzung zur Pflegebedürftigkeit. 58

Dass eine stationäre Behandlung auf ärztlicher Einweisung beruht, reicht zur Bejahung der Spitalbedürftigkeit nicht aus (K 51/00 =RKUV 2000 KV 139 363, 365 E. 2b; altrechtlich statt vieler: BGE 120 V 200 E. 6 d/bb; RKUV 1989 827 S. 413 E. 2c, 1991 K 863 S. 73 E. 2b, 1994 K 929 18 E. 4). Spitalbedürftigkeit beurteilt sich nach objektiven Kriterien (RKUV 1994 K 929 18 E. 4). Massgebend sind die gesundheitlichen Verhältnisse im Zeitpunkt des Spitaleintritts (K 51/00=RKUV 2000 KV 139 363, 365 E. 2b; BGE 120 V 200 E. 6a; RKUV 1994 K 939 S. 162, 164 E. 3a; RKUV 1994 K 929 18, 20 E. 3b). Der Heilungserfolg rechtfertigt keine nachträgliche Bejahung nicht gegebener Spitalbedürftigkeit (K 51/00 =RKUV 2000 KV 139 363 E. 2b betr. Psoriasis; s.a. RKUV 1985 K 621 83). 59

Nur ein Aufenthalt in einem Spital gemäss Art. 35 Abs. 2 lit. h KVG (Art. 39 Abs. 1 KVG) kann Anspruch auf stationäre Leistungen begründen, nicht mehr wie unter dem alten Recht (K 77/00 E. 3b; BGE 107 V 60

54 E. 3) auch der Aufenthalt in Pflegeheimen (Art. 35 Abs. 2 lit. k KVG; siehe Art. 49 Abs. 3 KVG). Ein Pflegeheim kann unter dem KVG nicht als Spital betrachtet werden. Betreuung in einem Pflegeheim (Art. 39 Abs. 3 KVG) kann weder Aufenthalt noch Behandlung in einem Spital darstellen noch Spitalleistungen begründen (BGE 125 V 177; K 67/02 E. 3, K 77/00 E. 3b; K 186/00 E. 2; K 158/04 E. 4; contra Duc, in LA-MaL-KVG*, S. 271 ff.; Ders., in: 1366 jours*, S. 104; Ders. in: AJP 8/1997, S. 955; Longchamp*, S. 383 Fn. 1142, S. 393, S. 455). S.a. die Bibliografie zu Art. 49 altAbs. 3 sowie Art. 50 KVG.

61 Altrechtlich hing die Leistungspflicht für stationäre Leistungen davon ab, dass die Spitaleinweisung von einen spitalexternen Arzt angeordnet wurde (BGE 120 V 200 E. 6 d/cc und 210 E. 6 d/dd). Das ist für das KVG abzulehnen (SBVR-Eugster*, Rz. 341; Longchamp*, S. 386; anders Pfiffner Rauber*, S. 188 ff.; Maurer, KVR*, S. 71 Fn. 181). Keine formelle Leistungsvoraussetzung ist die rechtzeitige Anzeige des Spitalaufenthalts durch die versPers (s.a. Rz. 83 hiernach; anders altrechtlich: RSKV 1978 312 22, 1975 215 61) oder die vorgängige Zustimmung des Vertrauensarztes bzw. Kostengutsprache des KVers (BGE 127 V 43 E. 2e; krit. Duc, AJP 5/2002 S. 576, Urteilsbespr. zu BGE 127 V 43; s.a. Ziff. 11 Anhang 1 KLV betr. Vorabgenehmigung stationärer Rehabilitation; altrechtlich: EVGE 1967 S. 131; RSKV 1967 11 32).

62 *Teilleistung aufgrund der Austauschbefugnis:* Erweist sich eine Hospitalisation als unnötig, weil die Behandlung auch ambulant möglich gewesen wäre, so sind wenigstens die Kosten für die ambulante Behandlung zu vergüten (RKUV 2000 KV 100 6 E. 3, K 35/04 E. 7).

XII. Transport und Rettung (Abs. 2 lit. g)
Art. 33 lit. g KVV, Art. 26 und 27 KLV

Bibliografie: Duc Jean-Louis, De la prise en charge des frais de sauvetage en cas d'accident, dans l'assurance-accidents et dans l'assurance-maladie, in: Cahiers genevois et romands de sécurité sociale [CGSS], Hors série n° 3, 2001, S. 55 ff.; Duc Jean-Louis, Les frais de transport dans la LAMal, in: AJP 12/2004, S. 1503 ff.; Kieser Ueli, Transport, Rettung und Bergung; ärztliche Leistung. Leistungspflicht der Krankenpflegeversicherung, in: AJP 5/2005, S. 627 ff., Urteilsbespr. BGE 130 V 424; Longchamp*, S. 287 Fn. 814; Maurer Alfred, Transport- und Rettungskosten in der Krankenversicherung und andere Zweige der Sozialversicherung, in: Bettina Kahil-Wolff et al. (Hrsg.), Mélanges en l'honneur de Jean-Louis Duc, Lausanne 2001, S. 171 ff.; MEYER BEAT, Auslandleistungen nach KVG und im Bereich der Bilateralen Abkommen, JKR 2003 S. 67, 80; SCHLÄPPI RUEDI, Werden Such-, Bergungs-, Rettungs- und Transportkosten immer bezahlt? in: Schweizer Versicherung/SVK 1996, S. 42 f.

Medizinisch notwendiger Transport: Das KVG sieht bei den Transport-   63
kosten, die nur Personentransporte betreffen können, keine volle Kostendeckung vor, sondern beschränkt sich auf einen Beitrag (Art. 26 Abs. 1 KLV; BGE 130 V 424 E. 3.3, Urteilsbespr. KIESER AJP 5/2005, S. 627 ff.). Anspruch hat, wer zu Behandlungszwecken zu einem Leistungserbringer gebracht werden muss, ohne sich in der Notlage einer Rettungssituation zu befinden (a.a.O., 429 E. 3.2). Die medizinische Notwendigkeit muss ärztlich bescheinigt werden (a.a.O., 344 E. 2c/bb). Sie bestimmt sich nach den Gegebenheiten im Zeitpunkt, in welchem die Hilfe bestellt oder angeordnet wird (K 88/01 E. 3c=RKUV 2001 KV 193 520; K 88/01=SVR 2002 KV Nr. 25). Art. 26 Abs. 2 KVV verlangt nicht die Benutzung eines für Krankentransporte spezialisierten Fahrzeugs. Zweckmässigerweise kann auch ein Taxi in Frage kommen (BGE 124 V 338 E. 2c/bb; krit. DUC, AJP 2/1999 S. 208 ff., Urteilsbespr. BGE 124 V 338; s.a. SBVR-EUGSTER* Rz. 783). Die Rechtsprechung hatte noch nicht zu beantworten, ob medizinisch notwendige Transporte im Ausland einen Beitragsanspruch auslösen können. Ansprüche sind im Rahmen der internationalen Leistungsaushilfe (Art. 34 KVG Rz. 11ff.) gegeben, wenn und soweit die ausländische KV der sozialen Sicherheit medizinisch notwendige Transporte deckt.

Spitalverlegungstransporte: Die medizinisch notwendigen Transporte   64
von einem Spital in ein anderes sind als Teil der stationären Behandlung (Art. 33 lit. g KVV) und grundsätzlich durch die Pauschale gemäss Art. 49 Abs. 1 KVG gedeckt. Warum die Verlegung geschieht, ist belanglos, solange sie aus Behandlungsgründen notwendig ist und Spitalbedürftigkeit gegeben bleibt. Wird ein Patient notfallmässig in ein Spital eingewiesen und von dort sofort in ein anderes weiterverlegt, hat er den Status eines stationären Patienten, wenn die Einweisung zum Zwecke einer Hospitalisation von mehr als 24 Stunden erfolgt war (BGE 130 V 424 E. 3.6). Keine Leistungspflicht besteht für Verlegungstransporte ohne medizinischen Grund (BVR 2008 S. 232, 238 E. 4.3). Privatpati-

enten dürfen Verlegungskosten neben der Fakturierung gemäss Art. 49 KVG separat in Rechnung gestellt werden (9C_725/2008=BGE 135 V S. pend.).

65 *Rettungen:* Das KVG beschränkt die Leistungen bei den Rettungskosten ebenfalls auf einen Beitrag (Art. 25 Abs. 2 lit. g KVG; Art. 27 KLV; 50% der Kosten, höchstens Fr. 5000.– pro Kalenderjahr). Rettung ist die Befreiung aus einer Gesundheit und Leben akut bedrohenden Lage oder die notfallmässige Zuführung zur medizinischen Versorgung oder beides (K 47/04 E. 4.4=RKUV 2006 KV 381 348). Sie ist mehr als medizinischer Notfalltransport (s.a. K 47/04 E. 4.4). Der Begriff der Rettungskosten umfasst alle Massnahmen, die zur Rettung notwendig sind (BGE 130 V 424 E. 3.3). Die Notwendigkeit bestimmt sich nach den Gegebenheiten im Zeitpunkt, in welchem die Hilfe gerufen oder angeordnet wird (vgl. a. K 88/01 E. 3c=RKUV 2001 KV 193 520). Die Kosten der notwendigen ärztlichen Begleitung sind im Kostenbeitrag nach Art. 25 Abs. 2 lit. g KVG nicht inbegriffen. Ihre Übernahme ist unter Art. 25 Abs. 2 lit. a KVG zu prüfen (BGE 130 V 424 E. 3.3). Rettung im Ausland ist im KVG nicht versichert; es kann auch nicht ersatzweise der Beitrag nach Art. 26 KLV geleistet werden (K 47/04; a.M. Meyer, JKR 2003 S.80). Vorbehalten bleiben Rechtsansprüche aufgrund des FZA aus der VO (EWG) Nr. 1408/71. Siehe Art. 34 KVG Rz. 11ff. und Rz. 17 sowie SozVG ZH KV.2006.00085.

66 Die Übernahme der Kosten einer Evakuierung einer nicht verletzten Person setzt voraus, dass die Notsituation einen Bezug zu Elementen eines im KVG versicherten Risikos aufweist. Im Zusammenhang mit dem Unfallbegriff muss auf den Körper der versicherten Person wenigstens ein ungewöhnlicher äusserer Faktor eingewirkt haben, welcher rückblickend ohne Zweifel geeignet scheint, einen Gesundheitsschaden zu verursachen (wie ein Sturz oder ein Ausrutschen). Die Notwendigkeit einer Evakuierung kann aber auch auf Umständen beruhen, die dem Tatbestand Krankheit zuzuordnen sind, dann nämlich, wenn das Risiko eines Gesundheitsschadens bestand, welches sich im Falle einer erhöhten Gefahr für die Gesundheit der versicherten Person zweifelsfrei verwirklicht hätte (Beispiel: VG BE Fall Nr. 200 08 69920 KV: unvermeidliches Erfrieren in Bergnot). Anders verhält es sich im Fall einer Person, die zufolge Verlustes der Orientierung oder wegen misslicher Wetterverhältnisse in Bergnot gerät, ohne gesundheitlich akut und namhaft gefährdet

zu sein (BGE 135 V 88 E. 3.2; ähnlich SVR 2009 KV 6, TA Fribourg). Keine Rettung liegt vor, wenn der Leistungserbringer zum Zwecke von Bergungen und Überführungen von Toten bestellt worden ist.

Die Schadenminderungspflicht ist auch bei medizinisch notwendigen 67 Transporten und bei Rettungen zu beachten. Beispiel: Wenn nach einem Skiunfall ein Tranport mit einem Rettungsschlitten als zumutbar angesehen werden muss, hat sich der KVers nicht an den Mehrkosten eines Helikoptereinsatzes zu beteiligen. Auch die Notwendigkeit des adäquaten Transportmittels ist ex ante zu beurteilen (GVP 2006 S. 63). Der nach den Umständen begründete Verdacht eines schweren Gesundheitsschadens lässt daher einen Helikoptereinsatz als angemessen erscheinen, auch wenn er nach der späteren Diagnose im Spital keine Bestätigung erfuhr (BVR 2002 S. 421 E. 3c und E. 3d)

XIII. Apothekerleistung (Art. 25 Abs. 2 lit. h)
Art. 4a KLV

Bibliografie: Duc Jean-Louis, De certaines curiosités en matière de rémunération du pharmacien en application de la LAMaL, in SZS 2007 S. 403–415 ; Mesnil Marcel, Bringt die LOA eine Kostendämpfung? in: CHSS 2001, S. 318 ff.

Art. 25 Abs. 2 lit. h KVG soll ein Entschädigungsmodell ermöglichen, 68 welches die Tarifierung der Apothekerleistungen unabhängig vom Medikamentenpreis vorsieht. Damit soll die Abgeltung der pharmazeutischen Leistungen durch eine prozentuale Marge auf dem Medikamentenpreis abgelöst werden. Mit der Regelung von Art. 25 Abs. 2 lit. h KVG wird für bestimmte Medikamente der bisherige Medikamentenpreis in einen Preisanteil für das Medikament und einen Anteil für die pharmazeutische Fachleistung aufgeteilt. Damit soll der Anreiz zur Abgabe von teuren Medikamenten reduziert werden (BGE 132 III 414; 9C_766/2008 E. 8.2=SVR 2009 KV Nr. 12; 05.09.2006 K 158/05 E. 5.2=RKUV 2006 KV 382 356; 2A.452/2003 E. 3.4 betreffend MwSt-Pflicht für die Apotheker- und Patiententaxen). Die Leistungen der Apotheker gemäss Art. 25 Abs. 2 lit. h KVG umfassen hauptsächlich die Bemühungen gemäss Art. 4a Abs. 1 KLV (9C_766/2008 E. 8.2=SVR 2009 KV Nr. 12). Die Beratungsleistung (Art. 4a Abs. 1 lit. a KLV) ist unabhängig davon zu entschädigen, ob die versPers davon Gebrauch macht oder nicht; auch Versandapotheken können die Apothekertaxe beanspruchen (K 158/05 E. 6=RKUV 2006 KV 382 356). Zur leistungsorientierten Abgeltung (LOA) haben santésuisse und der Schweiz. Apothekerverband einen entsprechenden Tarifvertrag abgeschlossen.

XIV. Verschiedene Leistungsfragen

1. Bestimmung des leistungspflichtigen Krankenversicherers

69   Leistungspflichtig ist der KVers, der im Zeitpunkt der Behandlung für die versPers die OKP durchführt (Behandlungsprinzip); es kommt nicht darauf an, wann eine Krankheit entstanden oder erstmals in Erscheinung getreten ist (BGE 126 V 319 E. 4a; K 114/05 E. 1). Das gilt, sofern nach Art. 1a Abs. 2 lit. b oder Art. 102 Abs. 4 Satz 3 KVG kein anderer Versicherer zuständig ist, auch für Unfälle (BGE 126 V 319 E. 4; K 69/02 E. 3.2=SVR 2005 KV Nr. 12; RKUV 1998 KV 33 282, 284 E. 2). Bei einem Versichererwechsel ist der bisherige KVers für Behandlungen, die nach dem Ausscheiden bei ihm durchgeführt werden, nicht mehr leistungspflichtig. Bei Medikamenten ist jener KVers zuständig, der

im Zeitpunkt deren Bezugs bei der Apotheke Grundversicherer ist (K 43/02 E. 2.2=RKUV 2003 KV 235 14, 16). S.a. Art. 103 Abs. 1 KVG und Art. 102 Abs. 4 Satz 3 KVG).

2. Zusammentreffen von Pflicht- und Nichtpflichtleistungen

a) Behandlungskomplex

Treffen mehrere medizinische Massnahmen zusammen, die gleichzei-   70
tig verschiedene, jedoch unter sich zusammenhängende Zwecke verfolgen, die für sich allein genommen mit Bezug auf ihre Qualifikation als
Pflichtleistung oder Nichtpflichtleistung unterschiedlich zu beurteilen
wären (Behandlungskomplex), so ist zu prüfen, ob sich die einzelnen
Vorkehren nicht voneinander trennen lassen, ohne dass dadurch die
Erfolgsaussichten gefährdet würden. Ist das der Fall und dominiert die
nicht kassenpflichtige Leistung und steht die kassenpflichtige in ihrem
Dienste, ist grundsätzlich der gesamte Behandlungskomplex Nichtpflichtleistung (s.a. SBVR-Eugster*, Rz. 635 f.). Dominiert dagegen die
kassenpflichtige Leistung, sind sämtliche Massnahmen Pflichtleistung
(BGE 120 V 200 E. 7b; BGE 130 V 532 E. 6.1; K 153/06 E. 3.5.2 f.; vgl.
a. BGE 134 V 1 E. 6.2.1). Ein qualifizierter Konnex besteht namentlich,
wenn ein nichtpflichtiges Arzneimittel eine unerlässliche Voraussetzung
für die Durchführung von Pflichtleistungen bildet (RKUV 1998 K 991
306 E. 3b und 4; SVR 2003 KV Nr. 19 E. 5, VG LU; BGE 130 V 532
E. 6.1). Die Nichtpflichtleistungskomponenten müssen jedoch in jedem
Fall die Bedingungen von Art. 32 Abs. 1 KVG erfüllen (vgl. a. K 63/02
E. 4.2.1=RKUV 2003 KV 260 299). Treffen jedoch kassenpflichtige
und nicht kassenpflichtige Massnahmen ohne sachlichen Konnex zusammen, ist eine Kostenausscheidung vorzunehmen und die OKP nur
mit den kassenpflichtigen zu belasten (RKUV 1991 K 859 51). Zum Behandlungskomplex im Verhältnis zwischen IV und KVG: RKUV 1987
K 745 296; ZAK 1987 S. 249.

Kasuistik

Leistungspflicht verneint: BGE 120 V 200 E. 7b (Behandlung von Schlaf-   71
störungen mittels eines nichtpflichtigen Medikaments); RSKV 1976 269

204 (Nichtpflichtmedikamente in einem Adipositas-Behandlungsplan); RKUV 1988 K 753 3 (diagnostische Massnahmen und Labor im Zusammenhang mit Neuraltherapie und Nosodentherapie, eine Form der Homöopathie); RSKV 1970 59 15 (Hospitalisierung zum Zwecke einer Frischzellentherapie); EVGE 1968 240 (Antialkoholmassnahmen während einer Depressionsbehandlung); RKUV 1989 K 827 413 E. 2 (Hospitalisation zur Durchführung einer Iscador-Therapie); BGE 126 V 323 E. 3c (Eigenbluttherapie nach Hövler, Fusszonenreflexmassage, Moxatherapie, Colonhydrotherapie usw.); K 153/06 E. 3.5.2; K 64/04 (krankheitsbedingt notwendige Hospitalisation zum Zwecke der Durchführung einer nicht kassenpflichtigen zahnärztlichen Behandlung (K 153/06 E. 3.5.2 f.;). *Leistungspflicht bejaht:* RKUV 1998 K 991 302 E. 4 (Nichtpflichtmedikament als unerlässliches Element für die Durchführung einer Pflichtleistung).

72 Zur Zuständigkeitsabgrenzung zwischen IV und KV bei stationärer Behandlung, die nicht mehr mittels des Behandlungskomplexkriteriums geschieht: BGE 134 V 1. Wenn mehrere, in stationärer Heilbehandlung erbrachte medizinische Massnahmen, je für sich allein, in den Zuständigkeitsbereich verschiedener Versicherungen fallen, gleichzeitig erbracht werden und voneinander abgrenzbare Gesundheitsschäden betreffen, so ist grundsätzlich nicht Art. 64 Abs. 3 ATSG anwendbar; die dabei entstehenden Kosten sind in aller Regel nach dem Masse der Verursachung auf die verschiedenen Versicherer aufzuteilen (a.a.O. E. 81 und 8.2). S.a. RSKV 1975 234 208 (Die routinemässige Entfernung eines Meckelschen Divertikels, die anlässlich eines Eingriffs zur Behandlung des Leidens an sich vorgenommen wird, geht wegen ihrer geringen Bedeutung nicht zulasten der IV).

b) Komplikationen bei oder nach Nichtpflichtleistungen

73 Tritt bei der Durchführung oder als Spätfolge einer nicht kassenpflichtigen Behandlung ein unter diagnostischen und therapeutischen Gesichtspunkten selbständiger Gesundheitsschaden auf, so ist der vorhandene enge Konnex mit der Nichtpflichtleistung ohne Belang. *Pflichtleistung bejaht:* RKUV 1999 KV 91 457, 460 E. 4 (Hyperstimulationssyndrom nach IVF-Behandlung), RKUV 1997 K 987 289 E. 4b (Behandlung einer Kapselfibrose nach einer ästhetisch motivierten Mamma-Augmentationsplastik), K 64/00 =RKUV 2001 KV 155 140, 142 E. 2c (le-

benslange Hormonbehandlung zur Vorbeugung gegen eine Osteoporose für eine Person, die nach einer nicht kassenpflichtigen Geschlechtsumwandlung Mann-Frau im Zustand einer Frau in der Menopause ist). S.a. altArt. 41 Rz. 17 betr. Komplikationen während einer ausserkantonalen Behandlung aus persönlicher Konvenienz. Eine im Hinblick auf die Durchführung einer Nichtpflichtleistung vorgenommene Untersuchungsmassnahme wird kassenpflichtig, wenn sie ein behandlungsbedürftiges Leiden aufdeckt (RSKV 1983 540 148).

3. Aufklärungspflicht des Arztes oder Apothekers

Bibliografie: Honsell Heinrich, Die Aufklärung des Patienten über therapeutische Alternativen und Behandlungskosten, in: SJZ 102(2006) H. 18 S. 401–406; Gross Jost, Rechte der Versicherten gegenüber den Leistungserbringern, in: JKR 2003, Bern 2004, S. 95, 99f.; Longchamp*, S. 126, 244 ff.; Luginbühl Rudolf, Rechte der Versicherten bei Kündigung, Kassenwechsel und im Leistungsfall, in: JKR 2003, Bern 2004, S. 23 ff.

Den Arzt trifft gegenüber den Versicherten eine Aufklärungspflicht,   74 wenn er Massnahmen zu ergreifen oder vorzuschlagen gedenkt, von denen er weiss, dass sie nicht kassenpflichtig sind, oder über deren Pflichtleistungscharakter er im Zweifel ist oder sein müsste (BGE 127 V 43 E. 2 f., BGE 119 II 456; K 35/04 E. 6.3, K 83/03 E. 5; RKUV 2002 KV 220 309 E. 11.1.1; zu den Grenzen der Aufklärungspflicht: Luginbühl, JKR 2003 S. 40). Das Gleiche gilt, wenn eine versPers vom Arzt die Durchführung oder Veranlassung einer unzweckmässigen oder unwirtschaftlichen Behandlung wünscht. Beispiele für ärztliche Aufklärungspflichten sind der Wegfall der Akutspitalbedürftigkeit (K 35/04 E. 6.3), das Vorliegen einer zahnmedizinischen Nichtpflichtleistung (K 153/06 E. 4.3) oder die Anwendung eines nicht kassenpflichtigen Medikaments (K 128/99 E. 3b). Zu den aufklärungspflichtigen Tatbeständen dürfte nach Einführung von Art. 38a KLV auch der Hinweis auf vorhandene Generika gehören.

Der Apotheker hat beim verordnenden Arzt rückzufragen, wenn er an   75 der Indikation des verschriebenen Arzneimittels zweifelt. Das setzt allerdings voraus, dass er Einblick in die Behandlung als Ganzes hat, was in der Regel nicht der Fall ist (9C_397/2009 E. 4.3). Er hat die versPers auf die fehlende Kostenerstattungspflicht aufmerksam zu machen, wenn eine nicht kassenpflichtige Packungsgrösse oder galenische Form verschrieben worden ist (BGE 132 V 18 E. 5.3).

4. Austauschbefugnis

76   Die versPers kann nicht anstelle der Nichtpflichtleistung, die sie gewählt hat, ersatzweise die Erstattung der Kosten der Pflichtleistung beanspruchen, die sie hätte wählen können (BGE 133 V 115 E. 5; BGE 126 V 330 E. 1b; BGE 111 V 324 E. 2a; K 41/01 E. 5b; K 123/00 E. 2d; K 62/00 E. 2; K 60/06 E. 4.2; K 68/06 E. 2.2.4; K 95/03 E. 4; K 141/06 E. 5.2; RKUV 1994 K 933 68 E. 6a; RKUV 1987 K 707 3 E. 3a). Ein Austausch ist auch dann nicht möglich, wenn die Nichtpflichtleistung wesentlich kostengünstiger wäre als die Pflichtleistung (BGE 111 V 324 E. 2a; RKUV 1994 K 933 68 E. 6b). Ein Austausch von Leistungen kann hingegen dort stattfinden, wo eine medizinisch zweckmässige, aber teure Art der Leistungserbringung gewählt wird, obwohl eine kostengünstigere medizinisch ausreichend gewesen wäre (K 41/01 E. 5b; K 68/06 E. 3; siehe Art. 25 Rz. 41, 62 und Art. 32 KVG Rz. 14). Zum Verbot der Austauschbefugnis im Falle von Leistungen durch nicht zugelassene Leistungserbringer siehe Rz. 79. Es gibt auch keine Austauschbefugnis mit Bezug auf Leistungen von nicht zugelassenen Leistungserbringern mit dem Äquivalent zugelassener Leistungserbringer (BGE 126 V 330; 10.05.2007 K 141/06 E. 5.2).

5. Schadenminderungspflicht

77   Die Schadenminderungspflicht gilt als allgemeiner Rechtsgrundsatz (BGE 105 V 176 E. 2; RKUV 1995 U 213 68) auch in der OKP (BGE 118 V 107 E. 7b). Dagegen verstösst, wer sich nach dem Eintritt der Behandlungsbedürftigkeit keiner Behandlung unterzieht, verordnete Therapien vernachlässigt oder gar ein gesundheitsschädigendes Verhalten an den Tag legt, sofern dadurch die weitere Behandlung verteuert wird (SBVR-Eugster* Rz. 645). S.a. Art. 21 Abs. 4 ATSG, der im Bereich der KV zwar in der Hauptsache auf die freiwillige Taggeldversicherung zugeschnitten ist, in der OKP aber nach der Doktrin prinzipiell

ebenfalls anwendbar sein kann (KIESER, ATSG-Kommentar*, Art. 21 Rz. 113 m.H.; LONGCHAMP*, 329 f.; altrechtlich zur Taggeldversicherung: RKUV 1989 K 802 140).

Erweist sich eine Massnahme im Allgemeinen als zweckmässig und wirtschaftlich, kann der KVers die betreffende Leistung nicht im Einzelfall unter Hinweis auf die Schadenminderungspflicht wieder in Frage stellen (BGE 118 V 107 E. 7b). Das schliesst jedoch Überlegungen der Schadenminderungspflicht nicht aus (RKUV 1994 K 929 18 E. 4). Der KVers kann ferner, soweit zumutbar und zweckmässig, vor Inangriffnahme einer teuren Behandlung verlangen, dass die versPers zuerst einen Versuch mit einer kostengünstigeren unternimmt (BGE 130 V 299 E. 6.2.2.2: Physiotherapie vor Mammareduktionsplastik; K 42/02 E. 3: Zahnextraktionsversuch zuerst unter Sedation, statt sofort Vollnarkose; 9C_824/2007 E. 3.3.2 f.: ambulant vor stationär). 78

Die Versicherten haben unter den frei wählbaren, zweckmässigen Leistungserbringern (Art. 41 Abs. 1 KVG) nicht den tarifgünstigsten zu wählen; die Wahlfreiheit geht der Schadenminderungspflicht grundsätzlich vor (BGE 127 V 138 E. 4c/bb; s.a. Art. 56 Rz. 3, Art. 25 Rz. 29 und BVR 2008 S. 232 E. 2.3.2 und E. 4.1f.; altrechtlich: RSKV 1983 557 260 E. 4; RKUV 1988 K 754 9 E. 1b am Ende; LONGCHAMP*, S. 333, 391, 478; SBVR-EUGSTER* Rz. 648). Ausnahme: Kommen ausserhalb des in Art. 41 altAbs. 2 lit. b KVG umschriebenen örtlichen Bereichs mehrere auswärtige Behandlungsorte mit unterschiedlichen, aber gleichermassen zweckmässigen Behandlungsmethoden in Betracht, besteht grundsätzlich nur für das kostengünstigste Angebot volle Deckung (BGE 127 V 138 E. 4c/bb und 5; K 204/98 E. 4c/bb; krit. MEYER, Schranken und Freiräume von Art. 41 KVG, LuZeSo 2006, S. 7). Das gilt auch bei Tarifunterschieden für gleiche Behandlungsmethoden (K 204/98 E. 4c/bb). Zu bedenken ist, dass alle genehmigten Tarife als wirtschaftlich gelten (BGE 133 V 123 E. 7.1). 79

6. Vertrauensschutz im Leistungsrecht

Der Vertrauensschutz (Art. 9 BV; allgemeine Voraussetzungen: BGE 127 I 31 E. 3a; BGE 121 V 65 E. 2a; RKUV 2000 KV 126 223; 9C_918/2007 E. 3.1) kann aufgrund einer fehlerhaften oder pflichtwid- 80 rig unterlassenen Auskunft oder aufgrund eines irreführenden Verhaltens des KVers (RKUV 1999 KV 97 521 E. 4b; K 145/01 E. 3b; K 35/04 E. 6.2) eine vom materiellen Leistungsrecht abweichende Behandlung der versPers gebieten (9C_918/2007 E. 4.1). Ein solches Verhalten kann die anstandslose, ungerechtfertigte Ausrichtung von Leistungen über einen längeren Zeitraum sein, auf welche der Kvers aufgrund des Vertrauensschutzes gegebenenfalls nicht mehr zurückkommen kann (9C_918/2007 E. 3.3; RKUV 1999 KV 97 526 E. 5b; K 107/05 E. 3.4; K 141/01 E. 6; K 44/03 E. 5.2=SVR 2006 KV Nr. 6; s.a. RKUV 1989 K 818 324, RKUV 1984 K 564 18, 22). Das irreführende Verhalten können auch in ausweichenden, nicht bedeutsamen Antworten (RKUV 1991 K 862 68) oder mitunter auch in einem Untätigsein bestehen. So darf eine versPers, die von ihrem Arzt in ein Spital eingewiesen und dort aufgenommen wird, grundsätzlich darauf vertrauen, dass aus objektiver ärztlicher Sicht Spitalbedürftigkeit besteht, und darf zumindest ab dem Zeitpunkt, ab dem sie eine ablehnende Stellungnahme zum gestellten Kostengutsprachegesuch erwarten durfte, in guten Treuen die Disposition treffen, weiterhin auf Kosten der OKP in der Klinik zu verbleiben (K 50/03 E. 8).

Kasuistik

81 *Vertrauensschutz bejaht*

– bei einem Versicherten, der während 30 Monaten bzw. 3 Jahren unwissentlich gesetzlich nicht geschuldete Leistungen bezogen hatte (K 145/01 E. 4b; K 25/02 E. 5.2.2=RKUV 2002 KV 230 468; vgl. a. K 107/05 E. 3: leistungsrechtliche Praxisänderung aber pro futuro möglich);

– bei einem Versicherten, dem während rund eines Jahres widerspruchslos nicht kassenpflichtige Psychotherapie (K 141/01 E. 6) bzw. nicht vergütungsfähige Medikamente im System des Tiers payant entschädigt wurden (9C_918/2007 E. 3.3 ff.);

– im Fall einer Krankenkasse, welche einer Versicherten während dreier Monate Leistungen bei Krankenpflege zu Hause durch eine nicht zugelassene Krankenschwester vergütet hat (RKUV 1999 KV 97 521; s.a. RSKV 1977 330 197 E. 2).

– bei einem Kostengutsprachegesuch, zu dem der KVers dem Spital verspätet Stellung genommen hat (K 50/03 E. 8), ebenso im Falle einer der versPers fälschlicherweise gemachten Zusicherung der Übernahme von Spitalkosten (RKUV 1989 K 827 413 E. 3).

– bei länger dauernder Übernahme nicht kassenpflichtiger Arzneimittel. Dem Versicherten ist ausreichend Zeit einzuräumen, um seine Dispositionen ändern zu können (RSKV 1980 414 147 E. 2).

Vertrauensschutz verneint

– aus einer einmaligen Kostenübernahme kann nicht auf eine konstante Kassenpraxis geschlossen werden, welche einen Vertrauensschutz zu begründen vermöchte (K 44/03 E. 5.2=SVR 2006 KV Nr. 6);

– bei nicht erteilter Kostengutsprache im Spitalfall und im Falle früherer, von der Versicherung übernommener Hospitalisationen (K 35/04 E. 6.2).

– bei nicht erteilter Kostengutsprache für eine Auslandbehandlung (K 126/01).

– bei einer Leistungszusage durch einen Vertrauensarzt (K 123/00 E. 2e).

– Eine dem Versicherten von der Aufsichtsbehörde erteilte falsche Auskunft: keine Verbindlichkeit für die Krankenkasse (SVR 2001 KV Nr. 3).

– Taggeldzahlungen nach Erschöpfung der Anspruchsberechtigung (RKUV 1989 K 826 408).

7. Leistungsverweigerungen und -kürzungen als Sanktion

Art. 21 Abs. 1 bis 3 ATSG (schuldhafte Herbeiführung des Versicherungsfalls) ist auf die Sachleistungen der OKP nicht anwendbar. Fahrlässigkeitskürzungen sind auch bei den Sachleistungen des KVG ausgeschlossen. Leistungskürzungen bei Wagnissen (zum Begriff: Art. 50 Abs. 2 UVV; BGE 134 V 340; BGE 125 V 312 m.H.; U 187/99 E. 2=RKUV 2001 U 424 205; U 122/06 E. 2) und aussergewöhnlichen Gefahren sind nicht zulässig, abweichende reglementarische Versicherungsbedingungen nichtig (BGE 124 V 356). Nicht geklärt ist, ob für die Behandlung von absichtlich herbeigeführten, nicht unfallbedingten Gesundheitsschäden ein Leistungsanspruch gegeben ist (bejahend LONG- CHAMP*, S. 339; SBVR-EUGSTER*, Rz. 675).   82

83 Die unter dem alten Recht mögliche Kürzung oder Verweigerung von Leistungen wegen Verletzung reglementarischer Anzeigepflichten in der Krankenpflegeversicherung (BGE 104 V 9 E. 2; RKUV 1990 K 829 3) oder reglementarischer Vorschriften für das Verhalten während der Krankheit (EVGE 1968 S. 153, 160, RSKV 1972 141 180 E. 3, 1977 285 84 E. 1 f.; RKUV 1994 K 929 18 E. 4) ist unter dem KVG nicht mehr zulässig (a.M. Longchamp*, S. 334 ff.).

8.   Anmeldung zum Leistungsbezug und Krankmeldung

84 Ein Leistungsanspruch hängt nach KVG nicht von einer rechtzeitigen Krankmeldung ab (Verwirkung nach Art. 24 Abs. 1 ATSG vorbehalten; unklar Longchamp*, S. 335 ff., S. 387). Die versPers muss vor einem Spitaleintritt keine Kostengutsprache einholen (K 50/03 E. 8; mehr unter Rz. 61 hiervor). Die Leistungslisten (Anhang 1 und 2 KLV; SL; AlT; AL) schreiben verschiedentlich eine vorgängige vertrauensärztliche Genehmigung oder Kostengutsprache des KVers vor, ohne indessen zu präzisieren, ob die versPers oder der Leistungserbringer diese einzuholen hat und wie es sich mit dem Kostenerstattungsanspruch verhält, wenn dies nicht geschieht. Mehr zum Thema unter Art. 58 Abs. 3 lit. a KVG.

85 In Abweichung von Art. 29 Abs. 1 ATSG besteht in der OKP für die Leistungsanmeldung kein Formularzwang (Art. 42 Abs. 6 KVG). Zur Unfallmeldepflicht in koordinationsrechtlichen Zusammenhängen: Art. 111 KVV.

9.   Verrechnung

Bibliografie: Siehe Art. 64a KVG.

Verordnung: Art. 105c Abs. 5 KVV.

86 Die KVers sind befugt, ausstehende Prämien und Kostenbeteiligungen mit Vergütungen für Leistungsrückerstattungen zu verrechnen; kein Verrechnungsrecht steht den Versicherten zu. (BGE 126 V 265 E. 4a, 110 V 183 E. 2; K 102/00 E. 2=RKUV 2003 KV 234 7, K 114/03 E. 8

=RKUV 2005 KV 343 358 und K 72/05 E. 5.1.1=RKUV 2006 KV 379 325; K 7/06 E. 3.2; 9C_379/2009). Sie können gegen fällige Prämienforderungen nicht mit Erfolg die Einrede des nicht erfüllten Vertrages erheben (BVR 2008 S. 4.2.3). Die Verrechnung kann vom KVers geltend gemacht werden, auch wenn die Gegenforderung bestritten wird (Art. 120 Abs. 2 OR; RKUV 1980 411 120 E. 2b). Im Tiers payant (Art. 42 Abs. 2 KVG) ist sie gegenüber der versPers nicht möglich. Sie darf den betreibungsrechtlichen Notbedarf der versPers nicht beeinträchtigen (BGE 131 V 249 E. 1.2; I 305/03 E. 4; K 72/05 E. 5.1.2). Dieses bleibt auch zu respektieren, wenn die Rückforderung auf einem fehlerhaften Verhalten der versPers beruht: RKUV 1992 K 887 11 E. 3; BGE 131 V 249 E.

Zum Verrechnungsverbot während eines Leistungsaufschubs: Art. 105c   87 Abs. 5 KVV (überholt ist K 102/00 E. 6=RKUV 2003 KV 234 7: unzulässiges kantonalrechtliches Verrechnungsverbot). Zur Verrechnung im Konkurs: Art. 123 OR und Art. 213 Abs. 1 Ziff. 2 SchKG; im Taggeldbereich: keine Verrechnungspflicht: RKUV 1992 K 896 138, s.a. RKUV 1992 K 887 11 und 9C_86/2007 E. 2.2; eine Verrechnung von Taggeldern mit ausstehenden AHV-Beiträgen durch den TaggeldVers ist möglich, wenn die Ausgleichskasse ihre Beitragsforderung dem TaggeldVers schriftlich abgetreten hat (9C_108/2008 E. 4.3).

10. Leistungsfragen aus dem Bereich des ATSG

a)   Rückerstattung unrechtmässig bezogener Leistungen

Bibliografie: KIESER, ATSG-Kommentar*, Art. 25; KELLER PATRICE, La restitution des prestations indûment touchées dans la LPGA, in: KAHIL-WOLFF [Hrsg.], La partie générale du droit des assurances sociales, Lausanne 2003, S. 149, 167 ff.).

Für die allgemeinen Regeln siehe Art. 25 Abs. 1 und 2 ATSG sowie   88 Art. 2 bis 5 ATSV. Art. 25 Abs. 1 ATSG entspricht der altrechtlichen Spruchpraxis zu Art. 47 Abs. 1 AHVG (BGE 130 V 318 E. 5.2), der im KVG sinngemäss anwendbar war (BGE 126 V 23; RKUV 1995 K 985 6). Im Falle einer Rückforderung wegen unwirtschaftlicher Behandlung kann durch Vereinbarung der öffentlich-rechtliche Charakter der Rechtsbeziehung zwischen KVers und Leistungserbringer nicht geändert werden. Ein allenfalls neu begründetes Schuldverhältnis durch Novation, Schuldanerkennung oder Vergleich ist wie das ursprüngliche öffentlich-rechtlicher Natur (BGE 135 V 124 E. 4).

89 Die Rückforderung unrechtmässig erbrachter Leistungen gegenüber den Versicherten ist auch im Tiers payant zulässig (K 43/99 E. 6a=RKUV 2001 KV 158 161, K 147/03 E. 6.2=RKUV 2004 KV 283 233; K 25/02 E. 2.2.2=RKUV 2002 KV 230 468 scheint die Rückforderungsberechtigung im Tiers garant auf den Fall einzuschränken, dass die versPers die vergüteten Honorare dem Leistungserbringer nicht bezahlt hat. Hat ihm jedoch der KVers im Tiers payant Nichtpflichtleistungen erbracht, kann er diese nicht bei der versPers zurückfordern (K 128/99 E. 3a). Anders, wenn ein Arzt bei der Verordnung eines Arzneimittels eine Limitierung nicht beachtet hat und der KVers dieses im Tiers payant dem Apotheker vergüten muss (BGE 132 V 18 E. 5.3 f.). Die KVers sind grundsätzlich zur Rückforderung verpflichtet (altrechtlich: BGE 112 V 188 E. 3; s.a. Art. 56 Rz. 24 ff.).

90 Die Rückerstattungsvoraussetzungen (Art. 53 ATSG; BGE 130 V 318 E. 5.2) gelten auch für Leistungen, die auf rechtkräftig gewordenen formlosen Verfügungen beruhen. Rechtskraft ist eingetreten, wenn sich die versPers nicht innert angemessener Überlegungs- und Prüfungsfrist gegen die formlose Verfügung verwahrt hat (BGE 126 V 23 E. 4c; RKUV 1998 K 990 251 E. 3a; s.a. BGE 122 V 367 E. 3 u. BGE 129 V 110 E. 1.2.2 die AlV betreffend.

91 Nicht geklärt ist, ob für die Wahrung der einjährigen Verwirkungsfrist eine formelle Verfügung erforderlich ist (133 V 579, 584 E. 4.3.2), was altrechtlich nicht der Fall war (RKUV 1998 K 990 251 E. 2, RKUV 1990 K 835 80 E. 2b). Altrechtlich war kein Anspruch auf Erlass gegeben, wo eine nicht geschuldete Spitalleistung zurückgefordert wurde, welche der KVers aufgrund einer Kostengutsprache gegenüber dem Spital erbracht hatte (BGE 112 V 188 E. 3; krit. SBVR-Eugster* Rz. 656; s.a. 4D_128/2008 E. 3).

92 Für die Rückerstattungspflicht des Leistungserbringers sieht Art. 56 Abs. 2 KVG eine spezielle Ordnung vor für Rückforderungen von Leistungen, die über das erforderliche Mass hinausgegangen sind (BGE 126 V 23 E. 4a). Ferner sieht Art. 59 Abs. 1 lit. b KVG die Möglichkeit der Honorarrückerstattung als Sanktion vor.

b) Andere ATSG-Tatbestände

Verzicht (Art. 23 ATSG): Eine formlos verfügte Leistungsverweigerung 93
ist innert angemessener Frist anzufechten, andernfalls Verzicht oder Ak-
zept bzw. Rechtskraft angenommen wird (BGE 126 V 23 E. 4b, 110 V
164 E. 2b, 102 V 13, 16 E. 2 u.a.m.; mehr unter Art. 80 KV Rz. 6). Ein
stillschweigender oder ausdrücklicher Verzicht auf Versicherungsleistungen muss mit der erforderlichen Wahrscheinlichkeit nachgewiesen
sein (RSKV 1981 461 206).

Verzugszins (Art. 26 ATSG): Keine Erhebung von Verzugs- oder Ver- 94
gütungszinsen auf Kostenbeteiligungen nach Art. 64 KVG (K 40/05
E. 4.2.1 und E. 4.2.2=RKUV 2006 KV 356 50 sowie K 12/05 E. 3.3
und K 24/06 E. 3.2). Auf die Forderung eines Leistungserbringers ist
Art. 26 Abs. 2 ATSG nicht anwendbar (K 4/06 E. 2.2). Zum Verzugszins
im Rahmen von Art. 56 Abs. 2 KVG siehe dort unter Rz. 3, im Prämien-
sektor unter Art. 61 Rz. 17.

Art. 25a Pflegeleistungen bei Krankheit
(in Kraft ab 01.01.2011)

[1] Die obligatorische Krankenpflegeversicherung leistet einen Beitrag an die Pflegeleistungen, welche aufgrund einer ärztlichen Anordnung und eines ausgewiesenen Pflegebedarfs ambulant, auch in
Tages- oder Nachtstrukturen, oder im Pflegeheim erbracht werden.

[2] Die Leistungen der Akut- und Übergangspflege, welche sich im
Anschluss an einen Spitalaufenthalt als notwendig erweisen und
die im Spital ärztlich angeordnet werden, werden von der obligatorischen Krankenpflegeversicherung und vom Wohnkanton des
Versicherten während längstens zwei Wochen nach den Regeln der
Spitalfinanzierung (Art. 49a Abgeltung der stationären Leistungen)
vergütet. Versicherer und Leistungserbringer vereinbaren Pauschalen.

[3] Der Bundesrat bezeichnet die Pflegeleistungen und regelt das
Verfahren der Bedarfsermittlung.

[4] Der Bundesrat setzt die Beiträge differenziert nach dem Pflegebedarf in Franken fest. Massgebend ist der Aufwand nach Pflegebedarf für Pflegeleistungen, die in der notwendigen Qualität, effizient
und kostengünstig erbracht werden. Die Pflegeleistungen werden

einer Qualitätskontrolle unterzogen. Der Bundesrat legt die Modalitäten fest.

[5] Der versicherten Person dürfen von den nicht von Sozialversicherungen gedeckten Pflegekosten höchstens 20 Prozent des höchsten vom Bundesrat festgesetzten Pflegebeitrages überwälzt werden. Die Kantone regeln die Restfinanzierung.

Chronologie: AS 2009 3517; BBl 2005 2033.

Verordnung: Art. 7–9 KLV (ab 01.01.2011 gültige Änderungen: AS 2009 3527; AS 2009 3525, 6847).

Bibliografie: FUHRER BRUNO, Pflegefinanzierung: Erhebung von Pflegekosten, in: CHSS 2008 H. 1 S. 57–59.

I.   Einleitung

1 Die neue Pflegefinanzierung, in Kraft ab 01.01.2011 (AS 2009 3517, 3525, 3527, 6847), löst die bisherigen, als zeitlich befristet und als Kostenbremse gedachten Rahmentarife (Art. 104a KVG; Art. 59a KVV; Art. 9a KLV) ab und zielt auf eine Umverteilung der Kostentragung. Sie soll die aus demografischen Gründen zunehmende Belastung der KV im Bereiche der altersbedingten Pflegeleistungen begrenzen. Das neue Modell gilt für alle grundversicherten Personen, unabhängig von ihrem Alter, nicht aber für die stationäre Pflege im Spital. Zu den mit der neuen Pflegefinanzierung verknüpften Revisionen im AHVG und ElG: Art. 43bis Abs. 1 erster Satz, 1bis, 2 und 3 AHV und Art. 10 Abs. lit. a und Art. 11 Abs. 1 lit. c und Abs. 1bis ELG.

II. Beitragspflicht der KVers (Abs. 1)

Grundzüge der neuen Langzeitpflegefinanzierung: Die neue Pflegefinan- 2
zierung stellt einen Paradigmawechel dar. Zum einen wird gesetzlich
auf die Unterscheidung zwischen Behandlungs- und Grundpflege verzichtet. Zum anderen leistet die KV an die spitalexterne Pflege nur noch
gesamtschweizerisch einheitliche Beiträge nach Pflegebedarf, während
bisher das Prinzip einer vollen Kostendeckung zu Lasten der Versicherung galt, das allerdings nie voll umgesetzt worden ist. Das Finanzie-
rungsprinzip von Abs. 1 betrifft nur die *Langzeitpflege* (Forster-Vanini
AB 2008 S 18). Als solche gilt Pflege, die nicht Akut- und Übergangspflege nach Abs. 4 darstellt.

Als *ambulant* gilt auch Pflege, die durch die Spitex bei den Pflegebe- 3
dürftigen zu Hause erbracht wird (Forster-Vanini AB S 2006 S 652).
Einrichtungen mit Tages- oder Nachstrukturen müssen als Pflegeheim
oder als Spitex-Organisation zur Kassenpraxis zugelassen bzw. von
einer solchen Leistungserbringern geführt werden (Art. 7 Abs. 2ter KLV;
Forster-Vanini AB 2007 S 773; s.a. AB 2007 N 1118, AB 2007 S 773,
AB 2007 N 1781, AB 2008 S 16). Hierbei geht es um das Anliegen, dass
pflegebedürftige Menschen, die zu Hause von Angehörigen gepflegt
werden, zu deren Entlastung zeitweise in einer solchen Institution betreut werden können.

III. Akut- und Übergangspflege (Abs. 2)

Begriff der Akut- und Übergangspflege: Art. 25a Abs. 2 KVG definiert 4
die Begriffe der Akutpflege und Übergangspflege nicht (s.a. die Voten
Fetz AB 2007 S 773, Forster-Vanini AB 2007 S 773, Altherr AB 2007
S 775, Wehrli AB 2007 N 1783). Akutpflege knüpft beim Begriff der
Akuterkrankung an und versteht sich als Pflege in der Akutmedizin. Nach
den Materialien wird unter dem Begriff der Übergangspflege die Tatsache verstanden, dass Personen als Folge der Verringerung der Verweil-
dauer im Spital aufgrund der Einführung der DRGs (Diagnosis-related-
groups) nach stationärer Behandlung noch einen zeitlich begrenzten,
mithin vorübergehenden Pflegebedarf haben (Maissen AB 2007 S 775,
Maury Pasquier AB 2007 N 1106, Hassler AB 2007 N 1108). Nach

Art. 7 neu Abs. 3 KLV kennzeichnet sich Akut- und Übergangspflege dadurch, dass sie im Anschluss an einen Akutspitalaufenthalt notwendig bleibt. Unklar ist, ob daneben weitere Voraussetzungen erfüllt sein müssen, damit von Akut- oder Übergangspflege gesprochen werden kann (beispielsweise das noch nicht erreichte Stadium der Langzeitpflegebedürftigkeit).

5 *Zugelassene Leistungserbringer:* In der Übergangspflege zu Lasten der OKP können alle nach KVG für die spitalexterne Krankenpflege zugelassenen Leistungserbringer tätig sein (Art. 7 neuAbs. 3 KLV). In den Materialien wird die Möglichkeit erwähnt, dass auch Rehabilitationskliniken und Akutspitäler zur Erbringung von Akut- und Übergangspflege befugt sind (Altherr, AB 2007 S 775; Couchepin, AB 2007 S 776).

6 *Finanzierung der Akut- und Übergangspflege (Art. 25a Abs. 2 KVG):* Der Gesetzgeber weicht vom Beitragsprinzip gemäss Art. 25a Abs. 1 KVG ab, indem er eine Vollfinanzierung in Form einer Kostenrückerstattung nach einem Vertragstarif vorsieht. Dies wird damit begründet, dass die Akut- und Übergangspflege eine Folge der frühen Entlassung von Spitalpatienten im Zuge der Anwendung von DRGs (Art. 49 neu Abs. 1 KVG) sei, weshalb es sich als folgerichtig erweise, dass die Übergangspflege gleich finanziert werde wie die Spitalleistungen (Hassler AB 2007 N 1782). Die Akut- und Übergangspflege ist keine neue Leistungsart (anders möglicherweise Humbel AB 2008 N 871). Lediglich die Finanzierung ist anders als in Abs. 1. Zu den Einzelheiten der Finanzierung analog Art. 49a KVG s. Art. 7b Abs. 1 und 2 KLV.

IV.   Begriff der Pflegeleistungen (Abs. 3)

7 Der Begriff «Pflegeleistung» hat die gleichen Leistungen wie im bisherigen Recht (Art. 7 Abs. 2 KVV) zu umfassen, also Behandlungs- und Grundpflege (Art. 7 neuAbs. 3 KLV; Forster-Vanini AB 2006 S 643, 654, 657). Die neue Pflegeleistungsordnung stellt den Leistungsumfang nicht in Frage, sondern regelt die Aufteilung der Pflegekosten auf verschiedene Kostenträger.

V. Beitragsfestsetzung durch den Bundesrat (Abs. 4)

Keine formellen Mitwirkungsrechte der KVers: Mit der Neuregelung der 8
Pflegefinanzierung ist laut Votum Forster-Vanini (AB AB 2006 S 657)
mit Bezug auf Abs. 1 insofern ein Systemwechsel verbunden, als künftig nicht KVers und Leistungserbringer als Tarifpartner die Vergütungen
der OKP für die Pflegeleistungen bestimmen. Der Bundesrat legt ferner
nicht die Tarife für die spitalexterne Krankenpflege fest, sondern lediglich die von der KV zu erbringenden Beiträge. Wer die Tarife der Leistungserbringer festlegt, ist nach dem gesetzlichen Wortlaut und nach den
Materialien unklar (siehe Rz. 10 hiernach).

Einheitliche Beiträge: Die Beiträge sind gesamtschweizerisch einheit- 9
lich und in Franken definiert (Art. 33 lit. i KVV; neuArt. 7a KLV; s.a.
Maissen AB 2006 S 648; Stähelin AB 2006 S 646; Leuenberger AB
2006 S 657) und damit vom kant. Kostenniveau unabhängig. Der Bundesrat geniesst einen weiten Spielraum des Ermessens. Mit dem Gebot
der notwendigen Qualität sowie der effizienten und kostengünstigen
Leistungserbringung (Art. 25a Abs. 4 KVG) wird unter anderem aus-
gedrückt, dass es in der Pflege nicht für alle Pflegemassnahmen professionelle Pflegefachleute braucht. Für einfache, immer wiederkehrende
Handlungen können auch Laien angelernt werden (Forster-Vanini AB
2006 S 657).

Tariffragen: Art. 25a KVG normiert nicht expressis verbis, wer die Ta- 10
rife der öffentlichen und privaten Leistungserbringer der spitalexternen
Krankenpflege bestimmt und in welchem Verfahren das zu geschehen
hat. Abs. 2 der Übergangsbestimmungen zur Gesetzesänderung vom
13.06.2008 schreibt lediglich vor, dass die bei Inkrafttreten dieser Änderung geltenden Tarife und Tarifverträge innert drei Jahren an die vom
Bundesrat festgesetzten Beiträge an die Pflegeleistungen anzugleichen
sind und dass die Kantonsregierungen die Angleichung zu regeln haben.
Wie nach einem Wegfall der altrechtlichen Tarife zu verfahren ist, bleibt
offen.

Kostenneutrale Einführung: Die Einführung der neuen Pflegefinanzie- 11
rung soll grundsätzlich kostenneutral erfolgen, mit Ausnahme der Akut-
und Übergangspflege (AB 2007 N 1106). Der Anteil, der über die KV

zu bezahlen ist, soll der heutigen Quote entsprechen, ebenfalls jene der öffentlichen Hand (Schwaller AB 2006 S 644, Brändli AB 2006 S 645; Hassler AB 2007 N 1108). Der bisherige Kostendeckungsgrad durch die OKP wurde auf 55 bis 60 Prozent geschätzt (Forster-Vaniani AB 2006 S 643; AB 2007 N 1106; Langenberger AB 2006 S 647; s. Abs. 1 der Übergangsbestimmung zur Gesetzesänderung vom 13.06.2008). Nach der Neuordnung soll die Differenz zur vollen Kostendeckung von den Patienten und der öffentlichen Hand getragen werden, wobei den Patienten höchstens 20 Prozent des höchsten vom Bundesrat festgesetzten Pflegebeitrages überwälzt werden dürfen (Abs. 5).

12 *Kostenbeteiligung:* Auf den Leistungen nach Abs. 1 und 2 sind Selbstbehalt und Franchise (Art. 64 Abs. 1 und 2 KVG) zu erheben (s.a. Forster-Vanini AB 2006 S 643 und Maury Pasquier AB 2007 N 1120). Art. 25a Abs. 1 ist kein Anwendungsfall von Art. 64 Abs. 6 lit. a oder b KVG.

VI.   Maximale Belastung der Versicherten (Abs. 5)

13 Abs. 5 soll verhindern, dass der Patient wegen ungedeckter Pflegekosten verarmt. Er schafft für die Versicherten eine Art limitierter Tarifschutz, indem die KVers den Beitrag nach Abs. 4 entrichten, der Patient seine Quote nach Abs. 5 und die restlichen Kosten individuell pro Patient gemäss kantonalrechtlicher Regelung von der öffentlichen Hand finanziert werden (so auch Humbel AB 2007 N 1779).

14 Beispiel: Wenn die Tageskosten für die Pflege 180 Franken betragen und die KV gemäss Abs. 4 110 Franken übernehmen muss, so dürfen der versPers nur 22 Franken überwälzt werden (20 Prozent von 110 Franken), so dass sie pro Monat lediglich 660 Franken (zuzüglich der gesetzlichen Kostenbeteiligung nach Art. 64 KVG) selber zu tragen hat (Maury Pasquier AB 2007 N 1120). Die verbleibenden Kosten werden individuell pro Patient gemäss kantonalrechtlicher Regelung von der öffentlichen Hand finanziert (Humbel AB 2007 N 1779). Bei ungenügenden eigenen Mitteln der Pflegebedürftigen kommen die Auffangnetze der Ergänzungsleistungen und der Sozialhilfe zum Tragen (Forster-Vanini AB 2006 S 644).

15 Der Selbstkostenanteil nach Abs. 5 ist von den Einkommens- und Vermögensverhältnissen der Versicherten unabhängig. Er betrifft sodann le-

diglich die Pflegekosten, unter Ausschluss der Kosten für Medikamente, Labor, Mittel und Gegenstände, ärztliche Behandlung und anderweitige Therapien. Die Hotellerie- und Betreuungskosten voll gehen voll zulasten der Patienten. Die Kostenbegrenzung gilt nach unserem Verständnis sowohl für die Pflege zu Hause als auch im Heim.

Die Restfinanzierung gemäss Abs. 5 letzter Satz bezieht sich auf die   16 Differenz zwischen den fakturierten Pflegekosten einerseits und dem KV-Beitrag gemäss Abs. 4 sowie der Quote von 20 Prozent gemäss Abs. 5 anderseits. Der Gesetzgeber hat es abgelehnt, hierzu offen festzuschreiben, dass die Kantone von Bundesrechts wegen diese Differenz zu übernehmen haben. Er begnügte sich mit der Auflage an die Kantone, die Restfinanzierung zu regeln (s. AB 2007 N 1118, AB 2007 S 773, ferner die Voten Schenker AB 2007 N 1785, Ruey AB 2007 N 1785 und Humbel AB 2007 N 1779),

Art. 26 Medizinische Prävention

Die obligatorische Krankenpflegeversicherung übernimmt die Kosten für bestimmte Untersuchungen zur frühzeitigen Erkennung von Krankheiten sowie für vorsorgliche Massnahmen zugunsten von Versicherten, die in erhöhtem Masse gefährdet sind. Die Untersuchungen oder vorsorglichen Massnahmen werden von einem Arzt oder einer Ärztin durchgeführt oder angeordnet.

Chronologie: AS 1995 1328; BBl 1992 I 93.

Bibliografie: Longchamp*, S. 131 ff., 253 f.; SBVR-Eugster* Rz. 326, 402.

Verordnung: Art. 33 Abs. 2 und 5 KVG, Art. 33 lit. d KVV; Art. 12 KLV (Grundsatz), Art. 12a KLV (prophylaktische Impfungen), Art. 12b KLV (Massnahmen zur Prophylaxe von Krankheiten), Art. 12c KLV (Untersuchungen des allgemeinen Gesundheitszustandes), Art. 12d (Massnahmen zur frühzeitigen Erkennung von Krankheiten bei bestimmten Risikogruppen).

Art. 12 KLV zählt die kassenpflichtigen Leistungen der medizinischen   1 Prävention abschliessend auf (K 92/04=RKUV 2005 KV 316 31, 32 E. 2.2; K 23/04 E. 2.1=SVR 2006 KV Nr. 5; vgl. a. 134 V 83, 85 E. 4.1). Darin müssen nicht alle sinnvollen Präventivmassnahmen enthalten sein. Das Fehlen einer Leistung in der KLV kann daher kaum je eine echte Lücke darstellen (K 92/04 =RKUV 2005 KV 316 31, 3.1 E. 3.1).

2 Medizinische Prävention nach Art. 26 KVG umfasst Massnahmen zur Früherkennung von Krankheiten und zur Krankheitsverhütung. Ihr Kennzeichen ist, dass keine Indizien auf eine Erkrankung hinweisen bzw. die Krankheit, deren Eintritt verhindert werden soll, bloss eine Möglichkeit darstellt. Droht hingegen ein Gesundheitsschaden konkret, sind dadurch ausgelöste medizinische Vorkehrungen Krankheitsbehandlung i.S.v. Art. 25 Abs. 1 KVG (K 55/05 E. 1.1; K 5/06 E. 3.2). Entscheidend für die Abgrenzung ist, wie wahrscheinlich der Eintritt des befürchteten Gesundheitsschadens ist. Die Vorwegnahme bloss möglicher künftiger Krankheitsfolgen ist nicht Krankheitsbehandlung, sondern Prävention (K 23/04=RKUV 2005 KV 324 109, 110 E. 2.2; RKUV 1998 K 992 390 E. 3). Früherkennungsmassnahmen enthält auch Art. 13 KLV (besondere Leistungen bei Mutterschaft; vgl. a. BGE 112 V 303, 305 E. 2 und RKUV 1987 735 212).

3 **Kasuistik**

– *Badekuren:* Kein Anspruch auf Leistungen für rein prophylaktische Badekuren (RSKV 1982 503 193 E. 2b).
– *Kieferchirurgische Massnahmen* zur Behandlung möglicher neuromuskulärer Störungen stellen Prophylaxe dar (RKUV 1991 K 877 252 E. 3a).
– Mammareduktionsplastik zum Zwecke der Verhinderung einer in der Zukunft möglicherweise notwendig werdenden psychiatrischen Behandlung weist prophylaktischen Charakter auf (BGE 121 V 211 E. 4b; s.a. K 85/99 E. 5a=RKUV 2000 KV 138 357).
– *Methadonbehandlungen* weisen Gesichtspunkte der Prävention und Resozialisierung auf, sind aber dennoch nicht rein prophylaktische Anwendungen (BGE 118 V 107 E. 7c).
– *Schwangerschaftsabbruch:* altrechtlich: nicht bloss Prävention (BGE 107 V 99 E. 1c, RSKV 1982 517 287).
– *Sperma-Kryokonservierung* zur Behebung einer sekundären Krankheitsfolge bei Morbus Hodgkin ist keine Pflichtleistung, weder als therapeutische noch als Massnahme der medizinischen Prävention (K 23/04=RKUV 2005 KV 324 109).

- *Sterilisation* ohne konkret drohenden Gesundheitsschaden (RKUV 1998 K 992 390 E. 3)
- *Tromboembolieprophylaxe:* Genetische Analyse zur Abklärung eines genetisch bedingten Risikofaktors (APC-Resistenz) für die Entwicklung von Thromboembolien: rein prophylaktische Massnahme (K 55/05 E. 2.2.1).
- «Check-ups» ohne zumindest subjektiv begründeten Krankheitsverdacht (Pfiffner Rauber*, S. 106, 205).

Art. 27 Geburtsgebrechen

Die obligatorische Krankenpflegeversicherung übernimmt bei Geburtsgebrechen (Art. 3 Abs. 2 ATSG), die nicht durch die Invalidenversicherung gedeckt sind, die Kosten für die gleichen Leistungen wie bei Krankheit.

Chronologie: AS 1995 1328; BBl 1992 I 93; Fassung gemäss Anhang Ziff. 11 des ATSG vom 6. Okt. 2000, in Kraft seit 1. Jan. 2003 (AS 2002 3371; SR 830.1).

Bibliografie: Kieser, ATSG-Kommentar*, Art. 3 Rz. 28 ff. (Abs. 2: zum Begriff des Geburtsgebrechens); Eugster Gebhard, ATSG und Krankenversicherung; Streifzug durch Art. 1–55 ATSG, in: SZS 2003 S. 213 ff.

Verordnung: Art. 35 KVV (therapeutische Massnahmen bei Geburtsgebrechen); Art. 19a KLV (durch Geburtsgebrechen bedingte zahnärztliche Behandlungen); Spezialitätenliste: Geburtsgebrechenmedikamenteliste (GGML).

Geburtsgebrechen gelten als Krankheiten, wenn und soweit sie Untersuchungs- oder Behandlungsbedürftigkeit begründen oder Arbeitsunfähigkeit verursachen (Art. 3 Abs. 2 ATSG; Kieser, ATSG-Kommentar*, Art. 3 Rz. 29; zum Begriff des Geburtsgebrechens s.a. Eugster, in: SZS 2003 S. 213, 217 f.). Art. 27 KVG bezweckt die Koordination von IV und KV und verdeutlicht, dass die IV durch die KV abgelöst wird (K 135/02 E. 5.3.1), sobald ein IV-anerkanntes Geburtsgebrechen (I 756/03 E. 2) altersbedingt nicht mehr in die Zuständigkeit der IV fällt oder aus der Liste der Geburtsgebrechensliste der IV gestrichen worden ist. Die KV kommt sodann zum Zuge, wenn die versPers die Versicherungsklausel nach Art. 6 Abs. 2 und Art. 9 Abs. 3 IVG für Leistungen der IV nicht erfüllt (BGE 126 V 103 E. 2; zur Nichtanwendbarkeit der

Versicherungsklausel aufgrund des FZA siehe BGE 133 V 32 E. 5).
Art. 27 KVG nimmt damit eine Auffangfunktion wahr. BGE 126 V 103
E. 3b/bb hat die Frage offen gelassen, ob in sämtlichen denkbaren Kon-
stellationen bei Geburtsgebrechen, die durch die IV nicht gedeckt sind,
die OKP die Kosten für die gleichen Leistungen wie bei Krankheit zu
übernehmen hat.

2 Spezielle Leistungsbestimmungen finden sich in Art. 52 Abs. 2 KVG
(Analysen und Arzneimittel, Mittel und Gegenstände) sowie in Art. 19a
KLV (zahnärztliche Behandlung). E. 5.3.2 von K 135/02 hat offen gelassen, ob das Geburtsgebrechen für das Entstehen einer Leistungspflicht nach Art. 52 Abs. 2 KVG von der IV als solches anerkannt oder
bei dieser vor dem Erreichen des 20. Altersjahres angemeldet gewesen
sein muss (s.a. Art. 35 KVV). Im Übrigen gelten die allgemeinen Leistungsvoraussetzungen des KVG auch im Rahmen von Art. 27 KVG,
welcher die Geburtsgebrechen – von möglichen Ausnahmen aufgrund
von Art. 52 Abs. 2 KVG abgesehen – gegenüber anderen Krankheiten
nicht privilegiert (K 135/02 E. 5.2; SVR 2003 KV Nr. 19 E. 4d, VG LU).
In der GGML nicht aaufgeführte Medikamente gelten als Arzneimittel
«hors liste», auch wenn sie vor dem 20. Altersjahr von der IV übernommen worden sind (SVR 2003 KV Nr. 19 E. 4, VG LU).

3 Der Anspruch auf medizinische Massnahmen der IV nach Art. 13 IVG
(Geburtsgebrechen) erstreckt sich auch auf die Behandlung sekundärer
Gesundheitsschäden, die zwar nicht mehr zum Symptomenkreis des
Geburtsgebrechens gehören, aber nach medizinischer Erfahrung häufig
die Folge dieses Gebrechens sind. Zwischen dem Geburtsgebrechen und
dem sekundären Leiden muss ein qualifizierter adäquater Kausalzusammenhang bestehen (BGE 129 V 207 E. 3.3; I 32/06 E. 5.1; 06.07.2005
I 801/04; I 576/05 E. 3.1). Die Wurzelbehandlung eines kariösen Zahns
als mittelbare Folge des Geburtsgebrechens Ziff. 390 GgV Anhang (angeborene cerebrale Lähmungen) wurde mangels qualifizierten Kausal-
zusammenhangs nicht als medizinische Massnahme gemäss Art. 13 IVG
qualifiziert (06.07.2005 I 801/04 E. 2; s.a. 9C_319/2008 betreffend Ankylose bei Ziff. 463 und 464 GgV als Teile eines Albright-Syndroms).

4 Die Leistungen bei Geburtsgebrechen gehören zu den «Leistungen bei
Krankheit oder Mutterschaft» im Sinne von Art. 4 Abs. 1 lit. a der VO
(EWG) Nr. 1408/71. Die zu ihrer Behandlung notwendigen medizi-
nischen Massnahmen sind daher Leistungen bei Krankheit im Sinne die-

ser Bestimmung (BGE 133 V 320 E. 5.6). Die Frage, ob die Leistungen bei Geburtsgebrechen auch unter den Begriff der sozialen Vergünstigung im Sinne von Art. 9 Abs. 2 Anhang I FZA fallen, konnte in diesem Urteil offen bleiben (a.a.O., E. 5.8).

Art. 28 Unfälle

Die obligatorische Krankenpflegeversicherung übernimmt bei Unfällen nach Artikel 1 Absatz 2 Buchstabe b die Kosten für die gleichen Leistungen wie bei Krankheit.

Chronologie: AS 1995 1328; BBl 1992 I 93; heute: nach Art. 1*a* Abs. 2 Bst. b.

I.   Gleiche Leistungen wie bei Krankheit

In Art. 28 KVG kommt zum Ausdruck, dass Krankheit der Angelpunkt bleiben soll, von dem aus die im Falle anderer Versicherungsrisiken zu erbringenden Leistungen bestimmt werden (BBl 1992 I 151). Für die Leistungspflicht bei Unfall ist nicht danach zu unterscheiden, wann das versicherte Ereignis eingetreten ist (BGE 126 V 319 E. 4; RKUV 1998 KV 33 282, 284 E. 2). Wie es keinen Leistungsausschluss für Krankheiten, die vor dem 1.1.1996 eingetreten sind, gibt es einen solchen auch nicht für das Unfallrisiko, Subsidiarität nach Art. 1a Abs. 2 lit. b KVG oder Art. 102 Abs. 4 Satz 3 KVG vorbehalten. Die Kostenbeteiligung nach Art. 64 KVG ist bei Unfall in gleicher Weise wie bei Krankheit geschuldet (RKUV 1998 KV 23 56 E. 2a; auch im Falle einer Wahlfranchise, a.a.O. E. 2b). Einen Spezialfall regelt Art. 31 Abs. 2 KVG (unfallbedingte zahnärztliche Behandlung). 1

II. Schnittstellen zur obligatorischen Unfallversicherung

2 Gemäss Art. 36 Abs. 1 UVG erbringt die UV Pflegeleistungen und Kostenvergütungen auch dann, wenn die Gesundheitsschädigung nur teilweise Folge eines Unfalls ist. Anders als nach Art. 64 Abs. 3 ATSG gilt das auch bei ambulanter Behandlung. Zur Leistungspflicht nach UVG im stationären Bereich für Gesundheitsschäden, die während einer Hospitalisation auftreten (interkurrente Gesundheitsschäden) siehe Art. 64 Abs. 4 ATSG und Art. 128 Abs. 1 UVV. Ausführlich dazu KIESER*, ATSG, Art. 64, Rz. 31 ff. Verunfallt eine erkrankte Person in einer Heilanstalt, so erbringt der Kvers für die Dauer der stationären Behandlung der Krankheit die versicherten Leistungen für die gesamte Gesundheitsschädigung (Art. 128 Abs. 2 UVV).

3 *Leistungsgrenzen des UVG für Heilbehandlungen:* Ist der natürliche oder adäquate Kausalzusammenhang zwischen einem Gesundheitsschaden und einem nach UVG versicherten Ereignis nicht oder nicht mehr gegeben, so gilt dieser als Krankheit, weshalb die KV für Heilbehandlungen aufzukommen hat (zur Adäquanzbeurteilung: BGE 134 V 109 E. 2.1). Der Unfallversicherer hat auch die Möglichkeit, die durch Ausrichtung von Heilbehandlung anerkannte Leistungspflicht mit Wirkung ex nunc et pro futuro einzustellen, dies mit der Begründung, die adäquate Kausalität sei nicht oder nicht mehr ausgewiesen oder ein versichertes Ereignis liege gar nicht vor (BGE 130 V 384 E. 2; vgl. a. U 103/06 E. 3).

4 Anspruch auf Heilbehandlung nach UVG besteht nur so lange, als davon – prognostisch beurteilt (U 244/04 E. 3.1=RKUV 2005 U 567 388) – eine namhafte Besserung des Gesundheitszustandes erwartet werden kann (Art. 19 Abs. 1 UVG e contrario; Art. 10 Abs. 1 UVG; BGE 134 V 109 E. 4.1). Ist nur ein unbedeutender therapeutischer Fortschritt möglich, besteht kein Behandlungsanspruch (BGE 134 V 109 E. 4.3), ebenso wenig, wenn eine therapeutische Massnahme nur die sich aus einem stationär bleibenden Gesundheitsschaden ergebenden Beschwerden für eine begrenzte Zeit zu mildern vermag (U 244/04 E. 3.1=RKUV 2005 U 567 388). In solchen Fällen kann immerhin ein Heilungskostenanspruch nach KVG bestehen, Wirtschaftlichkeit der Behandlung (Art. 32 Abs. 1 KVG) vorausgesetzt. Gleiches gilt, wenn die Bedingungen von Art. 21 Abs. 1 lit. c UVG nicht erfüllt sind.

Verschlimmerung von Unfallfolgen durch Krankheit: Haben ein nach 5
UVG versichertes Unfallereignis einerseits und Krankheit anderseits
einen bestimmten Gesundheitsschaden gemeinsam verursacht (statt vieler: U 427/05 E. 2.3.2; U 112/02 E. 3.1.2), so hat der UVG-Versicherer
vollumfänglich für die Heilungskosten aufzukommen (Art. 36 Abs. 1
KVV). Die Leistungspflicht der KV beginnt, wenn zwischen dem Gesundheitsschaden und dem Unfall kein natürlicher und adäquater Kausalzusammenhang mehr besteht (U 239/05 E. 2.3), wobei somatische
Befunde und psychische Störungen getrennt zu prüfen sind (U 91/02
E. 4.2.1; U 252/04 E. 3.3 u.a.m.). Verursachen Unfall und Krankheit
unterschiedliche, einander nicht beeinflussende Schäden, ist Art. 36
Abs. 1 UVG nicht anwendbar (statt vieler: 113 V 54, 58 E. 2; U 427/05
E. 2.3.2), weshalb der KVers die auf die Krankheitsbehandlung entfallenden Kosten zu übernehmen und der UVG-Versicherer für die Kosten
der Unfallbehandlung aufzukommen hat. Müssen die Behandlungen
aus Gründen medizinischer Zweckmässigkeit gleichzeitig durchgeführt
werden, sind die Kosten zu ermitteln, die bei getrennter Behandlung angefallen wären, und die Gesamtkosten im Verhältnis der beiden separaten Kostenrechnungen aufzuteilen (BGE 134 V 1 E. 8.2 per analogiam).

Auslösung oder Verschlimmerung einer vorbestandenen Krankheit 6
durch Unfall: Ist entweder der (krankhafte) Status quo ante, oder aber
der Status quo sine erreicht (8C 452/2007 E. 1; U 523/06 E. 3.3; U
488/06 E. 2.1 u.a.m.), setzt für weiterhin notwendige Heilbehandlung
die Leistungspflicht des KVers ein.

Rückfälle und Spätfolgen: Nach Art. 11 UVV werden die Versicherungs- 7
leistungen auch für Rückfälle und Spätfolgen von Unfällen (zu den Begriffen: BGE 118 V 293 E. 2c; U 41/06 E. 2.6; 8C 436/2009 E. 2; 8C
826/2008 E. 2.2) gewährt, für Bezüger von Invalidenrenten jedoch nur
unter den Voraussetzungen von Art. 21 UVG (ausführlich dazu RUMO-
JUNGO, UVG S. 71). Das vorhersehbare Wiederauftreten von Beschwerden aus einem stationären Gesundheitszustand kann nicht dem den
Rückfall kennzeichnenden Wiederaufflackern einer vermeintlich geheilten Krankheit (Art. 11 UVV i.V.m. Art. 6 Abs. 1 UVG) gleichgesetzt
werden (U 244/04 E. 3.2= RKUV 2005 U 567 388). Die Behandlung
solcher Beschwerden fällt in die Zuständigkeit der KV.

Art. 29 Mutterschaft

[1] **Die obligatorische Krankenpflegeversicherung übernimmt neben den Kosten für die gleichen Leistungen wie bei Krankheit die Kosten der besonderen Leistungen bei Mutterschaft.**

[2] **Diese Leistungen umfassen:**

a. **die von Ärzten und Ärztinnen oder von Hebammen durchgeführten oder ärztlich angeordneten Kontrolluntersuchungen während und nach der Schwangerschaft;**

b. **die Entbindung zu Hause, in einem Spital oder einem Geburtshaus sowie die Geburtshilfe durch Ärzte und Ärztinnen oder Hebammen;**

c. **die notwendige Stillberatung;**

d. **die Pflege und den Aufenthalt des gesunden Neugeborenen, solange es sich mit der Mutter im Spital aufhält.**

Chronologie: AS 1995 1328; BBl 1992 I 93; *Abs. 2 lit. b:* Fassung gemäss Ziff. I der Änderung des KVG vom 21. Dez. 2007 (Spitalfinanzierung), in Kraft seit 1. Jan. 2009 (AS 2008 2049 2057; BBl 2004 5551). *Abs. 2 lit. d:* Eingefügt durch Ziff. I der Änderung des KVG vom 24. März 2000, in Kraft seit 1. Jan. 2001 (AS 2000 2305 2311; BBl 1999 793).

Bibliografie: KIESER, ATSG-Kommentar*, Art. 5; KIESER UELI, Leistungen der Krankenversicherung bei Mutterschaft – Kostenbeteiligung der Mutter, AJP 5/2002 S. 581; IMHOF EDGAR, Schweizerische Leistungen bei Mutterschaft und FZA/Europarecht, in: Europäisches Koordinationsrecht der sozialen Sicherheit und die Schweiz, 2006, S. 87–222; GARCIA MARIE-LAURE, La loi fédérale sur l'assurance-maladie du 18 mars 1994 vue sous l'angle de la maternité, in: CGSS 1999, S. 67 ff.; MONNARD SÉCHAUD CORINNE, Le problème des échographies, les mesures préventives en gynécologie. Quelles responsabilités? in: LAMal–KVG*, S. 163 ff; WAGNER PIERRE, Les définitions de la maladie, de l'accident et de la maternité (contribution à l'étude de l'art. 2 LAMal), in: LAMal – KVG*, S. 85 ff.

Verordnung: KLV: Art. 13 (Kontrolluntersuchungen), Art. 14 (Geburtsvorbereitung), Art. 15 (Stillberatung), Art. 16 (Leistungen der Hebammen).

Übersicht   Seite

I. Gleiche Leistungen wie bei Krankheit (Abs. 1)

Die normal verlaufende Schwangerschaft stellt nicht Krankheit dar (BGE 1
127 V 268 E. 3a; BGE 112 V 303 E. 1b u.a.m.; zur Abgrenzung von
Mutterschaft und Krankheit ausführlich KIESER, ATSG-Kommentar*,
Art. 5 Rz. 11 ff.). Art. 29 KVG führt die altrechtliche Unterscheidung
zwischen Leistungen bei Krankheit und den besonderen Leistungen bei
Mutterschaft weiter (BGE 127 V 268 E. 3b). Die beiden Leistungstat-
bestände sind auseinanderzuhalten, was hauptsächlich für die Frage der
Kostenbeteiligung bedeutsam ist (siehe Art. 64 Abs. 7 KVG Rz. 6 f., ferner Art. 1a Abs. 2 lit. c KVG Rz. 66 f.).

II. Besondere Leistungen bei Mutterschaft (Abs. 2)

Art. 29 Abs. 2 KVG zählt die Kategorien der besonderen Leistungen bei 2
Mutterschaft abschliessend auf. Zu Art. 29 Abs. 2 lit. a und c KVG siehe
Art. 13 bis 16 KLV. Besondere Leistungen bei Mutterschaft können erst
ab Beginn der Schwangerschaft erbracht werden (K 157/01=RKUV
2004 KV 300 383, 387 E. 5). Leistungen während der Schwangerschaft
sind für die Mutter bestimmt, auch Massnahmen am Nasciturus (BGE
125 V 8 E. 4b).

1. Kontrolluntersuchungen (Abs. 2 lit. a KVG; Art. 13 KLV)

Kontrolluntersuchungen sind Abklärungsmassnahmen zur Früherken- 3
nung von gesundheitlichen Risiken für Mutter und Kind (altrechtlich:
BGE 97 V 193; BGE 112 V 303 E. 1b). Bei normaler Schwangerschaft
sind sieben Untersuchungen kassenpflichtig (Art. 13 lit. a Ziff. 1 KLV);
weitere gehen zu Lasten der Schwangeren. Besteht die Gefahr, dass es
während der Schwangerschaft oder Geburt zu Komplikationen kommt

oder das Risiko für eine kindliche Störung erhöht ist, liegt eine Risikoschwangerschaft vor (K 14/01 E. 2.3.2). In diesem Falle sind alle Untersuchungen kassenpflichtig, die sich nach klinischem Ermessen und Art. 32 Abs. 1 KVG rechtfertigen (Art. 13 lit. a Ziff. 2 KLV). Die altrechtlichen BGE 112 V 303 und RKUV 1987 K 735 212 (Amniozentese) sind formal aufgrund des Listenprinzips des KVG überholt (Art. 13 lit. d KLV).

4 Während die *Risikoschwangerschaft* zum Tatbestand Mutterschaft (Art. 1a Abs. 2 lit. c KVG) zählt, fallen *Schwangerschaftskomplikationen* unter das Versicherungsrisiko Krankheit (Art. 1a Abs. 2 lit. a KVG). Art. 13 KLV, der Art. 29 Abs. 2 lit. a KVG konkretisiert, darf keine Leistungen zum Zwecke der Krankheitsbehandlung enthalten (BGE 127 V 268 E. 3b; K 14/01 E. 2.3.2). Alles, was sich gegen Schwangerschaftskomplikationen richtet, wie etwa Massnahmen zur Verhinderung einer Früh- oder Fehlgeburt (BGE 127 V 268 E. 3 m.H.; K 136/04), therapeutisch bzw. prophylaktisch ist (K 101/06 E. 4.1; Rhesusunverträglichkeit) oder der Abklärung einer manifesten Erkrankung oder eines Krankheitsverdachts dient, stellt Krankheitsbehandlung dar. Das gilt ebenso für eine vor der Niederkunft begonnene und nachher fortgesetzte Krankheitsbehandlung (K 14/01 E. 2). Die Leistungen nach Art. 29 Abs. 2 KVG verlieren andererseits ihren Charakter als besondere Leistungen bei Mutterschaft nicht, wenn sie im Rahmen einer Schwangerschaft mit Komplikationen erbracht werden (BGE 127 V 268 E. 3 E. 3b; K 157/01=RKUV 2004 KV 300 383, 387 E. 6; s.a. Art. 64 Rz. 6.

5 Zur Kontrolluntersuchung post partum: Art. 13 lit. e KLV. Behandlungen von Gesundheitsstörungen nach der Niederkunft, die mit dieser zusammenhängen, fallen unter das Versicherungsrisiko Krankheit (K 157/01=RKUV 2004 KV 300 383; Nachkürettage nach Fehlgeburt; siehe ferner K 14/01 E. 2). Auch die Abgabe einer Milchpumpe (Ziff. 01.01 MiGeL) zählt nicht zu den besonderen Leistungen bei Mutterschaft.

2. Entbindung (Art. 29 Abs. 2 lit. b KVG)

6 Unter den Begriff der Entbindung fällt auch die Frühgeburt (Geburt nach der 28. und vor Beendigung der 37. Schwangerschaftswoche), selbst wenn das Kind nicht lebensfähig ist. Die Geburt eines lebensfä-

higen Kindes vor der 28. Schwangerschaftswoche stellt ebenfalls eine Entbindung gemäss Art. 29 Abs. 2 lit. b KVG dar (altrechtlich: Art. 42 VO III KUVG). Keine Entbindung im Sinne von Art. 29 Abs. 2 lit. b KVG ist dagegen die *Fehlgeburt* (K 157/01=RKUV 2004 KV 300 383, 389 E. 7.2; RKUV 1988 778 320, 323 E. 2). Geburtshilfe i.S.v. Art. 29 Abs. 2 lit. b KVG umfasst m.E. Geburten mit und ohne Komplikationen, womit der *Kaiserschnitt aus medizinischen Gründen* und die medikamentöse *Einleitung der Niederkunft* wegen Geburtskomplikationen als besondere Leistungen bei Mutterschaft (Art. 29 Abs. 2 lit. b KVG) zu betrachten sind.

Tätigkeit der Hebammen: Siehe Art. 29 Abs. 2 lit. b KVG (Geburtshilfe), 7 Art. 13 lit. a Ziff. 1 KLV und Art. 14 - 16 KLV. Ein vorzeitiger Austritt aus einem Spital gemäss Art. 16 Abs. 2 KLV liegt vor, wenn die Wöchnerin dieses vor Ablauf von zehn Tagen ab dem der Geburt folgenden Tag verlässt (BGE 126 V 111 E. 4).

3. Kosten des gesunden Neugeborenen (Abs. 2 lit. d KVG)

Durch die KVG-Revision vom 24.3.2000 (AS 2000 2305; BBl 1999 I 8 838, 803) überholt ist BGE 125 V 8 E. 4c. Bei Rehospitalisation von Mutter und Kind kurz nach dem Spitalaufenthalt für die Entbindung bejaht das VG Bern eine Leistungspflicht für das gesunde Kind aus der Versicherung der Mutter während 10 Wochen in analoger Anwendung von Art. 14 Abs. 6 KUVG (BVR 2002 S. 90=SVR 2002 KV Nr. 13).

Art. 30 Strafloser Abbruch der Schwangerschaft

Bei straflosem Abbruch einer Schwangerschaft nach Artikel 119 des Strafgesetzbuches übernimmt die obligatorische Krankenpflegeversicherung die Kosten für die gleichen Leistungen wie bei Krankheit.

Chronologie: AS 1995 1328; BBl 1992 I 93; Fassung gemäss Ziff. II der Änderung des StGB vom 23. März 2001, in Kraft seit 1. Okt. 2002 (AS 2002 2989 2992; BBl 1998 3005).

Die KVers sind nicht befugt, die Rechtmässigkeit eines straflosen Schwangerschaftsabbruchs in Frage zu stellen (so schon das alte Recht: BGE 108 V 34; s.a. BBl 1998 3005, 3019). Die Praxen und Spitäler gemäss Art. 119 Abs. 4 StGB müssen nach dem KVG zugelassene Leistungserbringer sein, damit die KVers die Kosten zu übernehmen haben. Der Schwangerschaftsabbruch ist keine Leistung bei Mutterschaft i.S.v. Art. 29 Abs. 2 KVG und daher von der Kostenbeteiligungspflicht (Art. 64 Abs. 7 KVG) nicht befreit. Der straflose Schwangerschaftsabbruch, der zur Verhinderung gesundheitlicher Probleme vorgenommen wird, hat nicht bloss prophylaktischen Charakter (altrechtlich: BGE 107 V 99 E. 1c, RSKV 1982 517 S. 287). Zum Krankheitsbegriff in diesem Zusammenhang siehe SBVR-Eugster* Rz. 275 und Altrechtliches zur Spitalwahl: RKUV 1987 K 712 32 (überholt).

Art. 31 Zahnärztliche Behandlungen

[1] **Die obligatorische Krankenpflegeversicherung übernimmt die Kosten der zahnärztlichen Behandlung, wenn diese:**
   a. durch eine schwere, nicht vermeidbare Erkrankung des Kausystems bedingt ist; oder
   b. durch eine schwere Allgemeinerkrankung oder ihre Folgen bedingt ist; oder
   c. zur Behandlung einer schweren Allgemeinerkrankung oder ihrer Folgen notwendig ist.
[2] **Sie übernimmt auch die Kosten der Behandlung von Schäden des Kausystems, die durch einen Unfall nach Artikel 1 Absatz 2 Buchstabe b verursacht worden sind.**

Chronologie: AS 1995 1328; BBl 1992 I 93; *Abs. 2:* heute: nach Art. 1*a* Abs. 2 Bst. b.

Bibliografie: Despland Béatrice, Cancer du sein et soins dentaires, Kommentar zu BGE 130 V 472, in: plädoyer 5/2005, S. 65; Eugster Gebhard, Krankenversicherungsrechtliche Aspekte der zahnärztlichen Behandlung nach Art. 31 Abs. 1 KVG, in: Jean-Louis Duc (dir.), LAMal–KVG, S. 227 ff.; auch publiziert in: Schweizerische Monatsschrift Zahnmedizin 2/1997, S. 103 ff., mit Übersetzung auf französisch auf S. 116 ff.; Gaberthüel Martin, Pflichtleistung der Krankenversicherung?: Zahnsanierung bei psychischen Erkrankungen oder

Speicheldrüsenerkrankungen, in: SaeZ 89 (2008) H. 5 S. 174–176; GEBAUER URS/
GNOINSKI WANDA, Zahnmedizinische Geburtsgebrechen in der Invaliden- und
Krankenversicherung, in: Zahnarztpatient, Zürich 2008 S. 49–75; GRAETZ W.
KLAUS, Kommentar der Gesellschaft für Kiefer- und Gesichtschirurgie SGKG,
in: SaeZ 89(2008) H. 5, S. 176–179; ATLAS der Erkrankungen mit Auswirkungen auf das Kausystem, Schweizerische Zahnärztegesellschaft SSO (Hrsg.), Bern
2009; IMFELD THOMAS, Sinn oder Unsinn einer Zahnschadenversicherung aus der
Sicht der Zahnmedizin, in: Zahnarztpatient, Zürich 2008 S. 11–19; KOPP KÄCH
CLAUDIA, Zur Leistungspflicht der obligatorischen Krankenpflegeversicherung
für zahnärztliche Behandlungen (Überblick über die Rechtsprechung des EVG),
in: ZBJV 2002, S. 419 ff.; KVG-Leitfaden, Leistungspflicht im Fachbereich Kie-
fer- und Gesichtschirurgie, Hrsg. Schweizerische Gesellschaft für Kiefer- und
Gesichtschirurgie, Luzern 1999; RIEMER-KAFKA GABRIELA (Hrsg), Der Zahnarztpatient: sozialversicherungs- und sozialhilferechtliche Fragen: Tagungsband Lu-
ZeSO, Zürich 2008; SCHAER ROLAND, Die Praxis des EVG zur obligatorischen
Unfall- und Krankenversicherung in den Jahren 2001–2005, in: ZBJV 142
(2006) H. 9 S. 679, 698; SCHMOCKER ROLAND, Zahnschaden in der Kranken- und
Krankenzusatzversicherung aus medizinischer Sicht, in: Zahnarztpatient, Zürich
2008 S. 93–120; SCHMOKER ROLAND, Kausystem und neues KVG, in: Swissmed
3/1997; DERS., Leistungspflicht bei Verrichtungen am Kausystem, Ein Leitfaden
im Labyrinth, in: Swiss Dent 3/1992, S. 15 ff. (altrechtlich); SSO-Atlas der Erkrankungen mit Auswirkungen auf das Kausystem, Hrsg. Schweizerische Zahnärztegesellschaft, 3. Aufl. Bern 2008; STREIT DAN, La prise en charge des soins
dentaires dans l'assurance-maladie, in Jusletter 07.04.2008 und Schweizerische
Zeitschrift für Gesundheitsrecht, 2009 N. 12 S. 13 ff.; WEBER RICHARD, Zahnschaden in der Kranken- und Krankenzusatzversicherung aus juristischer Sicht, in:
Zahnarztpatient, Zürich 2008 S. 93–120.

Verordnung: Art. 17–19a KLV

Übersicht

I. Grundsatz und Einleitung

1 Zahnärztliche Behandlungen sind grundsätzlich keine gesetzliche
Pflichtleistung (BGE 124 V 185 E. 3e; BGE 125 V 278 E. 6). Das KVG
sieht jedoch in Art. 31 Abs. 1 KVG für den Risikobereich Krankheit Ausnahmen vor, die in den Art. 17–19a KLV konkretisiert werden (BGE 128
V 59 E. 2; BGE 128 V 135 E. 2). Abs. 2 KVG regelt die zahnärztliche
Behandlung unfallbedingter Zahnschäden. Zahnärztliche Behandlungsmethoden müssen wissenschaftlich anerkannt sein (BGE 133 V 115).

2 Der behandelnde Zahnarzt hat dem KVers die zur Leistungsbeurteilung
erforderlichen medizinischen Unterlagen (genaue Diagnose, Röntgen-
bilder, Operationsbericht usw.) herauszugeben (BGE 130 V 464 E. 5; K
93/06 E. 3.1; K 23/00 E. 7b=RKUV 2002 KV 202 91). Der KVers hat
von Amtes wegen abzukären, wenn greifbare Anhaltspunkte für einen
Tatbestand nach Art. 31 Abs. 1 KVG bestehen (K 11/06 E. 3; K 92/06
E. 3.2). Die Abklärungskosten sind grundsätzlich vergütungspflichtig
(K 92/06 E. 3.2; K 5/06 E. 3).

3 Der von der Schweiz. Zahnärztegesellschaft (SSO) edierte Atlas der
Kausystem- und Allgemeinerkrankungen gemäss Art. 17–19 KLV weist
keinen normativen Charakter auf (BGE 124 V 351 E. 2e; K 42/98 E. 5a
=RKUV 2002 KV 201 84; SVR 1999 KV Nr. 11 E. 2b, TA Neuenburg).

II. Krankheitsbedingte Zahnschäden (Abs. 1)

Das EDI hat zu jedem der Unterabsätze von Art. 31 Abs. 1 (lit. a–c) ei- 4
nen eigenen Artikel erlassen, nämlich zu lit. a den Art. 17 KLV, zu lit. b
den Art. 18 KLV und zu lit. c den Art. 19 KLV. Die Erstellung von Positivlisten hält sich in den Grenzen der Delegationsbefugnis (bezüglich
Art. 18 KLV: BGE 124 V 185 E. 5b). Die Art. 17–19a KLV zählen die
zahnärztlichen Pflichtleistungen abschliessend auf (statt vieler: BGE
130 V 464 E. 2.3). Liegt kein Tatbestand gemäss Art. 17–19a KLV vor,
besteht keine Kostenübernahmepflicht (BGE 126 V 319 E. 3).

1. Durch schwere Kausystemerkrankungen bedingte zahnärztliche Behandlungen (Abs. 1 lit. a; Art. 17 KLV)

a) Ratio legis

Die ratio legis zielt in drei Richtungen (BGE 125 V 16 E. 3a, Urteilsbe- 5
spr. Duc, AJP 1999 S. 871): Der versPers soll für die Kosten der zahnärztlichen Behandlung dann nicht aufkommen müssen, wenn er an einer
nicht vermeidbaren, schweren Kausystemerkrankung leidet (BGE 128
V 59 E. 4; BGE 128 V 70 E. 4a). Dagegen sollen Kausystemschäden,
die sich mit guter Mund- und Zahnhygiene vermeiden lassen, insbes.
Karies oder Parodontitis, von der Versicherungsdeckung ausgeschlossen
werden (BGE 124 V 346 E. 3b/bb; BGE 128 V 59 E. 4; BGE 128 V 70
E. 4a; zur nicht vermeidbaren Karies: BGE 128 V 59 E. 6a). Mit dem
Kriterien der Nichtvermeidbarkeit wird das Schadenminderungsgebot
in den Begriff des versicherten Ereignisses integriert (Schaer Roland,
Die Praxis des EVG, in: ZBJV 142 (2006) H. 9 S. 679, 698). Schliesslich bezweckt Abs. 1 lit. a auch, die zahnärztliche Behandlung von un-
vermeidbaren Kausystemerkrankungen nicht schwerer Natur von der
Kostenpflicht auszuklammern (BGE 127 V 328, E. 5a; K 104/99 E. 7).
Eine in Art. 17 KLV nicht erwähnte Kausystemerkrankung hat entweder
als vermeidbare oder als unvermeidbare nicht schwerer Natur zu gelten.

b)   Begriff der schweren Kausystemerkrankung (Abs. 1 lit. a)

6 Der Begriff setzt anders als in Art. 3 Abs. 1 ATSG eine qualifizierte Beeinträchtigung der Gesundheit voraus (BGE 127 V 328 E. 5; BGE 130
   V 464 E. 3.2; K 12/01 E. 3b). Nur schwere Erscheinungsformen erfüllen
   ihn (BGE 127 V 328 E. 5b; BGE 129 V 275 E. 4.2; K 42/98 E. 4=RKUV
   2002 KV 201 84). In allen Fällen nach Art. 17 KLV ist der Krankheitswert grundsätzlich nicht aufgrund der Pathologie ausserhalb, sondern
   innerhalb des Kausystems zu bestimmen (K 129/02 E. 3.2.2; s.a. K
   134/02 E. 4.2, K 6/05 E. 2.5; Grenzfall: Art. 17 lit. f Ziff. 2 KLV). Die in
   Art. 17 lit. a–f KLV aufgezählten Erkrankungen des Kausystems gelten
   grundsätzlich als schwer im Sinne des Ingresses dieser Bestimmung.
   Bei feststehender Diagnose stellt sich die Frage der Schwere der Erkrankung grundsätzlich nicht (K 10/99 E. 5b; K 5/06 E. 1.2; 9C_50/2007
   E. 4.2=SVR 2008 KV Nr. 3, SVR 1999 KV Nr. 11 E. 1b/bb, TA Neuenburg). Der allgemeine Krankheitsbegriff (Art. 3 Abs. 1 ATSG) ist u. a.
   erfüllt, wenn die versPers wesentliche, mit dem Kausystem verbundene
   Funktionen wie Kauen, Beissen, Zerteilen oder Artikulieren nicht auf
   befriedigende Weise erfüllen kann (BGE 125 V 16 E. 3a).

c)   Kasuistik zu Art. 17 KLV

7 *Art. 17 lit. a KLV: Erkrankungen der Zähne*

   Ziff. 1: *Idiopathisches internes* Zahngranulom. Zum Nachweis: Die
   blosse Möglichkeit eines solchen genügt nicht (K 132/03 E. 3.2; K
   71/02 E. 3; K 36/05).

   Ziff. 2: Die *Verlagerung* bzw. *Überzahl von Zähnen und Zahnkeimen* ist
   primäre Leistungsvoraussetzung: BGE 127 V 391 E. 5; K 89/98 E. 8;
   K 12/01 E. 5). *Verlagerung* ist eine Abweichung von Lage und/oder
   Achsenrichtung (BGE 130 V 464 E. 3.2; dass Zähne retiniert im Sinne
   «von noch nicht durchgebrochen» sind, reicht nicht aus: K 23/00 E. 7a
   =RKUV 2002 KV 202 91; K 93/01 E. 7; vgl. a. K 75/06 E. 3.2).

8 Für die Schwere der Kausystemerkrankung ist ein *qualifizierter Krankheitswert* erforderlich. Dieser ist nicht in den verlagerten Zähnen selbst
   zu sehen, etwa in einem bestimmten Grad der Normabweichung (BGE
   127 V 328 E. 7a). Verlagerung oder Überzahl allein begründen noch
   keine schwere Kausystemerkrankung. Vielmehr muss eine qualifizierte

Beeinträchtigung oder Bedrohung hinzutreten, die in einem Kausalzusammenhang mit der Verlagerung oder Überzahl steht. Trifft das
zu, muss nicht zusätzlich danach gefragt werden, ob die Erkrankung
insgesamt als schwer einzustufen ist (BGE 127 V 328 E. 7a; K 42/98
E. 4=RKUV 2002 KV 201 84). Für den Nachweis einer Verlagerung von
Weisheitszähnen ist bei chirurgischen Eingriffen der klinische, intraope-
rative Befund zu dokumentieren (K 152/06 E. 4.3.2).

Bei der *Dentition in Entwicklung* – im Sinne eines Richtwertes bis zum　9
18. Altersjahr – liegt der qualifizierte Krankheitswert entweder in der
Behinderung einer geordneten Gebissentwicklung oder in einem pathologischen Geschehen, allerdings nur dann, wenn sich die Pathologie
nicht durch einfache Massnahmen verhindern oder beheben lässt (BGE
127 V 328 E. 6a/aa; BGE 127 V 391 E. 3c/aa; BGE 130 V 464 E. 3.2;
K 93/01 E. 8 betr. Resorption, die eingetreten sein oder unmittelbar drohen muss). Bei *bleibender Dentition* bezieht sich der Krankheitswert auf
ein pathologisches Geschehen (BGE 130 V 464 E. 3.2; erhebliche Schäden an benachbarten Zähnen, am Kieferknochen oder an benachbarten
Weichteilen). Solange sich ein pathologisches Geschehen mit prophylaktischen Massnahmen verhindern lässt, liegt kein leistungsbegrün-
dender Krankheitswert vor (BGE 127 V 391 E. 3c/bb; BGE 127 V 328
E. 6a/bb). Das pathologische Geschehen muss in unmittelbarer Nähe
der verlagerten oder überzähligen Zähne liegen. Darmbeschwerden
(K 129/02 E. 3.2) oder Kopfschmerzen (K 134/02 E. 3, K 6/05 E. 2.5)
können keine Leistungspflicht auslösen.

Verlagerte Weisheitszähne: Der qualifizierte Krankheitswert ist zu ver-　10
neinen, wenn ein pathologisches Geschehen, z.B. eine Zyste oder ein
Abszess, mit einfachen Mitteln behoben werden kann, und erst zu bejahen, wenn entweder die Entfernung des Weisheitszahnes wegen besonderer Verhältnisse oder die Behandlung der Pathologie schwierig und
aufwändig sind (BGE 130 V 464 E. 4.4; nicht der Fall bei einer Peri-
coronitis: E. 6.2; vgl. a. K 73/03 E. 5.4). Werden gleichzeitig mehrere
Weisheitszähne entfernt, ist der Nachweis für jeden zu erbringen (a.a.O.,
E. 5).

Umfang der Leistungspflicht: BGE 127 V 328 E. 6c und 336 E. 7b. Die　11
Leistungen müssen in jedem Fall wirksam, zweckmässig und wirtschaftlich sein (BGE 127 V 328 E. 7b). Verlagerte Weisheitszähne werden in
der Regel nicht ersetzt (BGE 130 V 464 E. 4.3).

Art. 17 lit. b: Erkrankungen des Zahnhalteapparats

12 *Ziff.2: Juvenile, progressive Parodontitis*: Beweis dieses Leidens in casu nicht erbracht (K 88/03 E. 3.2.1 f.; SVR 1999 KV Nr. 11 E. 2b, TA Neuenburg). Zur Wiederherstellung der Kaufunktion gehört auch der notwendige Zahnersatz; Implantate im beurteilten Fall als wirtschaftlich qualifiziert (BGE 128 V 54 E. 3b).

Ziff. 3: Irreversible Nebenwirkungen von Medikamenten: Der Tatbestand betrifft eine durch Nebenwirkungen verursachte Parodontitis. Er ist in Art. 17 lit. b Ziff. 3 KLV systematisch richtig eingeordnet (BGE 127 V 339 E. 7; K 76/98 E. 7). Eine durch Chemotherapie bei Krebs verursachte irreversible Parodontopathie kann unter Ziff. 3 fallen (K 104/99 E. 4b; BGE 127 V 339; K 39/98 E. 4c), nicht dagegen die Behandlung von Zahnschäden (K 39/98 E. 4b).

Lit. c: Erkrankungen des Kieferknochens und der Weichteile

13 *Ziff. 1: Gutartige Tumore und tumorähnliche Veränderungen im Kiefer- und Schleimhautbereich:* Lichen ruber nicht als solche anerkannt; die Behandlung mittels Amalgamsanierung ist keine Pflichtleistung (K 107/99; K 17/03). Die Entfernung eines Fibroms aus dem Wangenbereich der Mundhöhle durch einen Zahnarzt ist als ärztliche Behandlung kassenpflichtig (BGE 128 V 135). Bei einer Agyrose (Amalgam Tatoo) liegt keine Krankheit vor (K 92/06 E.2).

14 *Ziff. 2: Maligne Tumoren im Gesichts-, Kiefer- und Halsbereich:* Bei gegebener Diagnose ist der qualifizierte Krankheitswert in jedem Fall gegeben (K 18/00 E. 3.1.3). Pflichtleistung bejaht bei strahlenbedingten Zahnschäden nach Epipharynxkarzinom (K 104/99 E. 8), bei Zahnschäden nach Chemo- und Radiotherapie beim Linfom non Hodgin der Mandeln als Folge der Tumortherapie (K 39/98 E. 4c). Der Kausalzusammenhang zwischen Behandlung und Abrasion von Zähnen wurde in K 62/04 nicht rechtsgenüglich erbracht.

15 *Ziff. 3: Osteopathien der Kiefer:* anerkannt bei einem Atrophiegrad VI nach Cawood, nicht dagegen bei einer normalen Atrophie des zahnlosen Alveolarfortsatzes (K 113/99 E. 3; 9C_50/2007 E. 5.2=SVR 2008 KV Nr. 3). Nur ein vollständiger Alveolarfortsatzabbau bis auf die Kieferbasis (9C_50/2007 E. 5.2.1) begründet eine extreme Atrophie: 9C_584/2008 E. 3.3.

Ziff. 4: Zysten (ohne Zusammenhang mit Zahnelementen): Eine radiku- 16
läre Zyste zählt nicht dazu. Hat sich aber eine radikuläre Zyste weit über
ihren Ursprung hinaus entwickelt, liegt eine kassenpflichtige ärztliche
Behandlung i.S.v. Art. 25 KVG vor (K 111/99 E. 6; K 131/03 E. 3 ff.;
s.a. K 43/01 E. 4 ff.; K 86/99 E. 3 ff. betr. Abszesse). Die Behandlung
des Zahnschadens selber bleibt Nichtpflichtleistung (K 111/99 E. 7).

Ziff. 5: Osteomyelitis der Kiefer: Die Osteomyelitis ist von der Ostitis 17
abzugrenzen (K 160/03 E. 3; s.a. K 3/04; K 74/05; K 5/06; K 144/06).
Ihre Diagnose muss überwiegend wahrscheinlich sein (K 177/04 E. 2.2;
K 74/05 E. 3.3). Gegebenenfalls sind auch Zahnprothesen zu entschädigen (BGE 125 V 16 E. 3a).

Lit. d: Erkrankungen des Kiefergelenks und des Bewegungsapparats

Ziff. 1: Kiefergelenksarthrose: Pflichtleistung bejaht, sofern eine kli- 18
nisch und röntgenologisch noch nicht manifeste Arthrose mit hoher
Wahrscheinlichkeit unmittelbar bevorsteht (K 62/99 E. 6b). Die chirurgische Therapie ist diesfalls als ärztliche Behandlung kassenpflichtig
(K 62/99 E. 5).

Lit. e: Erkrankungen der Kieferhöhle: Der Durchbruch einer radikulären 19
Zyste in die Kieferhöhle begründet eine kassenpflichtige ärztliche Be-
handlung i.S.v. Art. 25 KVG (K 111/99 E. 5 f.; K 131/03 E. 4 f.), ebenso
die Behebung eines extraodontoparodontalen Abszesses (K 86/99
E. 3 ff.; s.a. K 43/01 E. 4 ff.). Ein chirurgischer Verschluss einer Mund-
Antrumfistel mehrere Tage nach einer Zahnextraktion stellt durch die
OKP gedeckte zahnärztliche Leistung dar: K 10/99 E. 5b.

Lit. f: Dysgnathien: Art. 17 lit. f KLV enthält eine abschliessende Auf- 20
zählung der anerkannten Störungen. Störungen der Kaufunktion fallen
nicht darunter (BGE 129 V 275 E. 6.3). Nicht die Dysgnathie, sondern
deren Auswirkungen müssen schwer sein (BGE 129 V 275 E. 6.2;
K 146/05 E. 3). Sie muss unvermeidbar sein (BGE 129 V 275 E. 6.1).

Kasuistik:

Ziff. 1: Schlafapnoesyndrom 21

Behandlung des Schlafapnoesyndroms mittels Kieferorthese (Serenox)
als ärztliche Behandlung (Art. 25 KVG) qualifiziert (K 101/03 E. 3.3),

Leistungspflicht aber verneint, weil Kieferorthesen in der MiGel nicht aufgeführt sind (K 101/03 E. 4.2; 9C_678/2009=BGE 136 V S. pend.).

22 *Ziff. 2: Schwere Störungen des Schluckens*

Nicht darunter fallen Störungen der Kaufunktion (BGE 129 V 275 E. 7; K 111/02 E. 4.2). Der Begriff ist in seinem medizinischen Sinne zu verstehen (K 17/98 E. 3e=SVR 2002 KV Nr. 39). «Infantiles Schlucken» qualifiziert sich nicht als schwere Schluckstörung (K 4/00 E. 7a).

23 *Ziff. 3: Schwere Schädel-Gesichts-Asymmetrien*

Retromaxillie und ein offener Biss sind keine schweren Schädel-Gesichts-Asymmetrien (K 152/01 E. 5b=RKUV 2002 KV 210 169).

24 *Verschiedenes:*
   – Die Behebung der Vorverlagerung des Oberkiefers mittels Le-Fort-I-Osteotomie bei Retrognathie zur Verbesserung der intermaxillären Relation ist keine zahnärztliche Pflichtleistung (K 113/99 E. 3).
   – Zahnarzt, der in seiner Praxis einen unfallverletzten Finger seines Sohnes versorgte, nicht als Leistungserbringer anerkannt (K 192/00 E. 2).

2. Durch schwere Allgemeinerkrankungen bedingte zahnärztliche Behandlung (Abs. 1 lit. b KVG; Art. 18 KLV.

a) **Ratio legis**

25 Die versicherte Person soll nicht für die Kosten der zahnärztlichen Behandlung aufkommen müssen, wenn sie an einer nicht vermeidbaren Kausystemerkrankung leidet, die durch eine schwere Allgemeinerkrankung oder ihre Folgen bedingt ist (BGE 128 V 59 E. 4a; BGE 128 V 70 E. 4a). Ärztliche Behandlungen dieser Erkrankungen bleiben in jedem Fall Pflichtleistungen (BGE 128 V 135 E. 5). Die Kosten sind für alle zweckmässigen und wirtschaftlichen Massnahmen zu übernehmen, welche als Folge der schweren Allgemeinerkrankung notwendig sind (BGE 124 V 351 E. 2d). Art. 18 KLV, der sich methodisch im Rahmen der Delegationsbefugnis hält (BGE 124 V 185 E. 5b), enthält eine abschliessende Aufzählung (a.a.O., E. 4).

b)   Begriff der schweren Allgemeinerkrankung

Unter schwerer Allgemeinerkrankung ist eine Krankheit zu verstehen, 26
die keine Erkrankung des Kausystems selber darstellt, sich aber auf das
Kausystem schädigend auswirkt (BGE 124 V 346 E. 2; BGE 125 V 16
E. 1a; K 17/98 E. 2; s.a. BGE 130 V 472 E. 6.5.2 ff.). Die Kausystemerkrankung muss nicht schwer sein (BGE 128 V 66 E. 4b; BGE 127 V
339 E. 2b; K 76/98 E. 2b).

Folgen i.S.v. Art. 31 Abs. 1 lit. b KVG sind auch nicht vermeidbare 27
schädigende Effekte der Behandlung der schweren Allgemeinerkrankung (beispielsweise Schäden als Folge von Bestrahlungen oder Medikamenten; BGE 128 V 66 E. 5b; BGE 128 V 70 E. 6a; BGE 130 V
472 E. 5.2; vgl. a. K 226/05). Das gilt nicht für Zahnschäden, die durch
die Behandlung einer in Art. 18 KLV nicht aufgeführten Allgemeinerkrankung verursacht worden sind (BGE 130 V 472 E. 6.5.5 ff.). Keine
Anspruchsvoraussetzung ist, dass durch die zahnärztliche Behandlung
die schwere Allgemeinerkrankung geheilt oder gelindert wird (BGE 124
V 351 E.2d; s.a. BGE 129 V 80 E. 6.1).

c)   Unvermeidbarkeit

Die Kausystemerkrankung muss unvermeidbar sein (BGE 124 V 346 28
E. 3b/bb; BGE 128 V 59 E. 4; a.M. Pfiffner Rauber*, S. 121), nicht
dagegen die schwere Allgemeinerkrankung (BGE 128 V 59 E. 4a; BGE
128 V 70 E. 4a). Massgebend ist, ob die Kausystemerkrankung objektiv
vermeidbar war. Dies erfordert die Einhaltung der allgemein üblichen
Mund- und Zahnhygiene. Bei besonderer Karies- oder Parodontitisge-
fährdung ist ein höheres Mass erforderlich, das jedoch in zumutbarem
Rahmen bleiben muss (BGE 128 V 59 E. 6d; 9C_606/2007 E. 4). Allenfalls sind zur Gewährleistung einer ausreichenden Mund- und Zahnhygiene soziale Hilfen beizuziehen (BGE 128 V 70 E. 5a).

d)   Kasuistik

Lit. c Ziff. 7: Schwere psychische Erkrankungen mit konsekutiver 29
schwerer Beeinträchtigung der Kaufunktion
-   Bulimie und Anorexie sind Tatbestände von Art. 18 lit. c Ziff. 7 KLV
    (BGE 124 V 351 E. 2a). Zahnsanierungen sind kassenpflichtig, wenn

den Versicherten ein Zuwarten nicht zugemutet werden kann. Die Leistungspflicht beschränkt sich mithin nicht auf Prophylaxemassnahmen und professionelle Instruktion der Versicherten: BGE 124 V 351 E. 2c-2f; K 175/04 E. 1; K 181/00 E. 6). Die Kausystemerkrankung muss unvermeidbar sein (BGE 128 V 66 E. 5; K 181/00 E. 4).

– Bei lediglich erschwerter Durchführung einer genügenden Mundhygiene liegt keine Unvermeidbarkeit vor (BGE 128 V 70 E. 5a; Depression; vgl. a. 9C_232/2007 E. 3 und 4 bezüglich des Beweises einer schweren psychischen Beeinträchtigung, wobei namentlich die ersten Erklärungen zur Gesundheitslage bedeutsam sind).

– Abrasion der Zähne als mögliche Folge nächtlichen Bruxismus: Pflichtleistung verneint: K 11/06. Anders in BGE 128 V 66 E. 5 im Falle einer schweren Depression. S.a. K 62/04 (Kausalität zwischen Abrasion und Radiotherapie in casu verneint).

30 Lit. d: Speicheldrüsenerkrankungen: Speicheldrüsenresektion mit Xerostomie stellt eine Speicheldrüsenerkrankung dar (BGE 128 V 59 E. 3).

31 Von Art. 18 KLV nicht erfasste Diagnosen oder Indikationen:

– mit Diabetes zusammenhängende Kausystemschäden; Pflichtleistung verneint (BGE 124 V 346 E. 3b).

– durch Refluxösophagitis bedingte Kausystemerkrankung; keine zahnärztliche Pflichtleistung (BGE 124 V 185 E. 3).

– strahlenbedingte Zahnschäden nach Epipharynxkarzinom (K 104/99 E. 4; Frage offen gelassen).

– Zahnschäden nach Chemo- und Radiotherapie beim Linfom non Hodgkin der Mandeln (K 39/98 E. 3a), bei Brustkrebs (BGE 130 V 472 E. 6.5.6; für den Sachverhalt: K 68/03). DESPLAND BÉATRICE, Cancer du sein et soins dentaires, Komm. zu BGE 130 V 472, in: plädoyer 5/2005, S. 65

– Zahnextraktion nach einer Chemotherapie wegen einer Krebserkrankung (BGE 127 V 339 E. 3b).

– Kausystemerkrankungen zugeschriebene Dickdarmbeschwerder (K 129/02) oder Kopfschmerzen (K 134/02; K 6/05).

– Amalgamsanierung bei Amalgamunverträglichkeit: Keine Pflichtleistung (BGE 125 V 278 E. 7; K 35/03 E. 4.2; K 33/06 E. 3.1; s.a K 107/99, K 17/03; SVR 1999 KV Nr. 27; SVR 1998 KV Nr. 24, VC Luzern; zur Amalgamsanierung und EL: BGE 130 V 185). Vorlie gen einer Verordnungslücke verneint (BGE 125 V 278 E. 8). Dage gen sind Abklärungen durch einen Zahnarzt im Zusammenhang mit einer schulmedizinisch festgestellten Unverträglichkeit gegenüber Quecksilber(II)-amidchlorid und gegen Phenylquecksilberacetat als ärztliche Behandlung kassenpflichtig (SozVG ZH KV.2002.00077 E. 4.3.2).

3. Zahnärztliche Behandlung als Teil der Behandlung einer schweren Allgemeinerkrankung (Art. 31 Abs. 1 lit. c KVG; Art. 19 KLV)

a) Ratio legis

Die versPers soll Versicherungsschutz geniessen, wenn die zahnärzt- 32 liche Versorgung notwendiger Bestandteil der ärztlichen Therapie einer schweren Allgemeinerkrankung ist (BGE 128 V 59 E. 2b; 9C_712/2007 E. 4.2; 9C_675/2007 E. 4.2; zur Entstehungsgeschichte dieser Bestimmung: BGE 124 V 185 E. 3; RKUV 1998 KV 33 282 E. 3d). Keine Anspruchsvoraussetzung ist, dass die Kausystemerkrankung unvermeidbar war. Primärziel ist nicht die Behebung von Kausystemschäden, sondern die sachgerechte Behandlung einer schweren Allgemeinerkrankung, welche durch die fehlende Pflichtleistung für zahnärztliche Behandlungen nicht gefährdet werden soll. Die Ausnahme vom Grundsatz, dass die KV für die zahnärztliche Behandlung vermeidbarer Kausystemerkrankungen nicht aufkommt, wird im Interesse der sachgerechten Behandlung der schweren Allgemeinerkrankung in Kauf genommen. Es liegt ein mit dem so genannten Behandlungskomplex vergleichbarer Sachverhalt vor. Dagegen rechtfertigt es sich nicht, die zahnärztliche Behandlung von Kausystemschäden, die erst nach Durchführung der in Art. 19 lit. a-c KLV genannten Eingriffe oder Therapien aufgetreten sind und mit einer guten Mund- und Zahnhygiene vermeidbar gewesen wären, als Pflichtleistungen zu qualifizieren (9C 712/2007 E. 4.2; s.a. 9C 606/2007 E. 4). Die versPers muss sich die Kosten nicht anrechnen lassen, die auch ohne die durch schwere Allgemeinerkrankung eingetretene Behandlungsnotwendigkeit angefallen wären (9C_712/2007 E. 4.2).

Versichert ist auch der Zahnersatz mittels Zahnprothesen (BGE 124 V 33 196 E. 2d; SVR 1998 KV Nr. 26, TA Fribourg). Karies zählt nicht zu den Zahnherden i.S.v. Art. 19 KLV.

b)   Kasuistik

34   Eine zahnärztlich zu behandelnde Endokarditis (Art. 19 lit. d KLV) muss vorliegen. Sie darf nicht erst drohen oder bloss vermutet werden (K 64/04 E. 4.2; K 153/06 E. 3.4.3; 9C_675/2007 E. 4.2; Notwendigkeit zahnärztlicher Behandlung verneint bei Mitralklappeninsuffizienz (K 64/04 E. 4.3). Keine Leistungspflicht besteht im Falle von Wurzelbehandlungen und Zahnextraktionen, die durch vermeidbare Karies und adulte Parodontitis bedingt sind und Jahre nach Durchführung einer Herztransplantation vorgenommen wurden (9C_606/2007 E. 5). Nicht kassenpflichtig als Tatbestand von Art. 19 KLV ist ferner die zahnärztliche Behandlung eines Lichen ruber (K 107/99 E. 5c; K 17/03 E. 6), von Zahnschäden nach Chemo- und Radiotherapie beim Linfom non Hodgkin der Mandeln (K 39/98 E. 3a), von Zahnextraktionen nach einer Chemotherapie wegen einer Krebserkrankung (BGE 127 V 339 E. 3) oder Amalgamsanierungen bei Amalgamunverträglichkeit (BGE 125 V 278 E. 7c; K 33/06; weitere Zitate hiervor sub Rz. 31 hiervor), nach dem Einsetzen eines Herzschrittmachers (9C_675/2007 E. 4.2).

4.   Abgrenzung zwischen ärztlicher und zahnärztlicher Behandlung

35   Zwei Kriterien sind massgebend (BGE 128 V 143 E. 4b): Der organische Ansatzpunkt der Behandlung (1) und die therapeutische Zielsetzung (2). Zahnärztliche Behandlungen sind therapeutische Vorkehren am Kausystem (organischer Ansatzpunkt). Dieses umfasst die Zähne, den Zahnhalteapparat sowie die Organbereiche, die ein künstliches Gebiss aufzunehmen haben (BGE 120 V 194 E. 2). Ist die Massnahme auf ein anderes therapeutisches Ergebnis als die Verbesserung der Funktion der Zähne gerichtet (therapeutische Zielsetzung), liegt ärztliche Behandlung vor (Art. 25 KVG), und zwar selbst dann, wenn die Behandlung beim Kausystem ansetzt. Ist die Zuordnung nicht eindeutig, kommt der therapeutischen Zielsetzung das grössere Gewicht zu (BGE 128 V 143 E. 4b/cc; K 43/01 E. 5b; K 159/00 E. 5).

Als zahnärztliche Behandlung qualifiziert 36

– Kieferchirurgische Operation zur Anhebung des Oberkiefers und Setzen von Implantaten mit dem Ziel der Wiederherstellung der Kaufunktion: zahnärztliche Behandlung «bien que réalisé hors de la région alvéo-dentaire» (BGE 129 V 275 E. 2).

– Kauinsuffizienz bei ausgeprägter Alveolarkammatrophie im Ober- und Unterkiefer, maxillärer Retrognathie: Le-Fort-I-Osteotomie mit Beckenkamminterposition und Oberkiefervorverlagerung: zahnärztliche Behandlung (K 113/99 E. 3).

– Chirurgischer Korrektur einer Retromaxillie und eines offenen Bisses zum Zwecke der Verbesserung der Bissverhältnisse (K 152/01 E. 5=RKUV 2002 KV 210 169).

– Zahnherdsanierung nach Einsetzen eines Herzschrittmachers (9C_675/2007 E. 4).

– Die Amalgamsanierung bei Amalgamunverträglichkeit (K 35/03 E. 4.1); sie stellt keine Pflichtleistung dar (BGE 125 V 278 E. 7c; K 35/03 E. 4.2 f.).

– Altrechtlich, aber weiterhin gültig: Parodontalbehandlungen (RKUV K 684 285)

Als ärztliche Behandlung qualifiziert 37

– Behandlung mittels Aufbissschiene zur Entlastung arthrotischer Kiefergelenke, es sei denn, die Schiene diene der Kaufunktion oder dem Schutz der Zähne (BGE 128 V 143 E. 5).

– Aufbissschiene und Physiotherapie der Kaumuskulatur bei Tendomyopathie der Kaumuskulatur: K 159/00 E. 5 9C_678/2009=BGE 136 V S. pend.).

– Liegt ärztliche Behandlung vor, richtet sich der Anspruch auf Mittel und Gegenstände (Art. 25 Abs. 2 lit. b KVG) nach der MiGel (K 101/03 E. 4 9C_678/2009 E. 4=BGE 136 V S. pend. Zahnschiene; krit. SBVR-EUGSTER*, Rz. 627).

– Chirurgische Korrektur einer Retromaxillie und eines offenen Bisses zur Behebung einer ästhetischen Beeinträchtigung (K 152/01 E. 5a=RKUV 2002 KV 210 169).

– Umstellungsosteotomie im Unterkiefer bei asymmetrischer Progenie mit Zwangsbiss, myofaszialem Schmerzsyndrom, schmerzhaftem Kiefergelenk sowie massiv eingeschränkter Kaufunktion (K 62/99 E. 5).

- Entfernung einer tumorähnlichen Veränderung (Fibrom) aus der im Wangenbereich der Mundhöhle gelegenen Schleimhaut (BGE 128 V 135).
- Entfernung eines extraparodontalen Abszesses im Kieferknochen (K 86/99 E. 3 ff.; zahnärztlich: anschliessende Zahnbehandlung: E. 6).
- Entfernung einer radikulären Zyste, die sich weit über ihren Ursprung hinaus entwickelt hat (K 111/99 E. 5 f.; s.a. K 43/01). Zahnärztlich: Die Behandlung des Zahnschadens selber.

5. Geburtsgebrechen (Art. 19a KLV)

38 Zahnärztliche Behandlungen können nur Pflichtleistung sein, wenn die Voraussetzungen von Art. 31 Abs. 1 KVG gegeben sind, was nicht für alle Tatbestände von Art. 19a Abs. 2 KLV gesichert ist (BGE 129 V 80 E. 5.4; BGE 130 V 459 E. 1.2; K 146/05 E. 5.2). Es ist daher in jedem Einzelfall zu prüfen, ob das in Frage stehende Geburtsgebrechen nach Art. 19a Abs. 2 KLV eine schwere Kausystemerkrankung (Art. 31 Abs. 1 lit. a KVG) oder eine schwere Allgemeinerkrankung (Art. 31 Abs. 1 lit. b oder lit. c KLV) darstellt.

39 Die zu behandelnden Kausystemschäden müssen durch das Geburtsgebrechen bedingt (BGE 130 V 459 E. 2, K 35/03 E. 4.3) und unvermeidbar sein (K 48/03=RKUV 2004 KV 296 352, 358 E. 5.3). Die zahnärztliche Behandlung muss das Geburtsgebrechen nicht heilen oder lindern (BGE 129 V 80 E. 6.1).

40 Notwendig im Sinne Art. 19a Abs. 1 lit. a KLV ist eine zahnärztliche Behandlung, wenn sie aus medizinischen Gründen einen Eingriff erst nach dem 20. Altersjahr erfordert (BGE 130 V 294 E. 5.3.3 ff., BGE 130 V 459 E. 1.2; krit. SBVR-EUGSTER* Rz. 443). Zu Lasten der IV behandelte Kausystemerkrankungen können nach dem 20. Altersjahr bei erneuter Behandlungsbedürftigkeit Anlass zu zahnärztlichen Pflichtleistungen der OKP geben (K 48/03=RKUV 2004 KV 296 352, 358 E. 5.3). Die Frage ob eine Anmeldung bei der IV bereits während der Minderjährigkeit Leistungsvoraussetzung bildet, ist in K 61/97 E. 2d offen geblieben.

41 Zahnärztliche Behandlungen vor dem 20. Altersjahr als Folge von Geburtsgebrechen sind kassenpflichtig, wenn die versPers die Versiche-

rungsklausel gemäss Art. 6 IVG (BGE 126 V 103) nicht erfüllt (Art. 19 Abs. 1 lit. b KLV).

Kasuistik

Die Prognathia inferior congenita (Art. 19a Abs. 2 Ziff. 22 KLV) ist einer schweren Kausystemerkrankung nach Art. 31 Abs. 1 lit. a KVG gleichzustellen (BGE 129 V 80 E. 6). Bei einer 53-jährigen Person kann die Behandlung nicht mehr geburtsgebrechensbedingt sein (BGE 130 V 459 E. 3). 42

In K 62/99 E. 6a konnte keine Prognathia inferior congenita gemäss Art. 19 Abs. 2 Ziff. 22 KLV anerkannt werden (E. 6a), ebenso wenig in K 152/01 E. 5b=RKUV 2002 KV 210 169 ein offener Biss und eine Retromaxillie (Art. 19a Ziff. 21 KLV) und in K 146/05 E. 5.3 f. eine Micrognathia inferior congenita (Art. 19a Ziff. 20 KLV) bzw. einen mordus apertus congenitus (Art. 19a Ziff. 21 KLV; kephalometrische Werte nicht erreicht). 43

III.   Unfallbedingte Zahnschäden (Abs. 2)

Bibliografie: BÄR TURTÈ, Die Zahnschädigung als Unfall in der Sozialversicherung, in: SJZ 1992, S. 324 ff.

Zum Unfallbegriff siehe Art. 1a KVG Rz. 23 ff., zu den unfallbedingten Kausystemschäden Art. 1a Rz. 38. Lässt sich die unfallmässige Verursachung nicht nachweisen, trägt die versPers die Folgen der Beweislosigkeit; im Zweifel ist nicht zu ihren Gunsten zu entscheiden (BGE 126 V 319 E. 5). Für die intertemporalrechtlichen Fragen siehe Art. 103 KVG. 44

Wenn durch einen Unfall ein geflickter, aber noch funktionstüchtiger Zahn beschädigt wird, ist der KVers leistungspflichtig, auch wenn ein gesunder Zahn der unfallmässigen Einwirkung standgehalten hätte (BGE 114 V 169 E. 3b; U 367/04 E. 3.2=RKUV 2006 U 172 84; K 41/05 E. 2.1). Anders, wenn der vom Unfall betroffene Zahn schon so geschwächt war, dass er selbst einer normalen äusseren Einwirkung 45

nicht standgehalten bzw. bei einem beliebigen Anlass hätte brechen können (BGE 114 V 169 E. 3b; K 82/03 E. 4.1).

IV.   Wirtschaftlichkeit zahnärztlicher Behandlung

46 Von verschiedenen zweckmässigen Massnahmen kann nur die deutlich
kostengünstigere Pflichtleistung sein (BGE 124 V 196 E. 3; BGE 128
V 66 E. 6).

– Als wirtschaftlicher beurteilt: Abnehmbare Prothese bzw. Modelguss-
prothesen im Verhältnis zu Zahnimplantaten (BGE 128 V 54 E. 3c;
K 65/02 E. 3; K 7/01=SVR 2002 KV Nr. 42 E. 3c; s.a. BGE 124 V
196 E. 3 f.; K 165/03 E. 3), zwei einfache abnehmbare Teilprothesen
anstelle einer Totalprothese (BGE 128 V 66 E. 6), Zahnprothesen im
Rahmen von Art. 31 Abs. 1 lit. c KVG in casu wirtschaftlich (nach
Zahnextraktion im Hinblick auf eine Lebertransplantation: RKUV
1998 KV 33 282 E. 4 und 5), Massnahmen mit niedrigeren Kosten
für eine Behandlung, welche das Gebrechen nicht korrigiert, obwohl
eine wesentlich teurere Behandlungsalternative, die das Leiden kau-
sal angegangen wäre, einen längeren Bestand garantiert hätte (BGE
129 V 80 E. 6.2.3

– Wirtschaftlichkeit im Zusammenhang mit Anorexie: K 181/00 E. 6;
abnehmbare Rekonstruktion statt festsitzende Brückenkonstruktion.

– Unfallbedingte Zahnextraktion bei einem dreijährigen, unkoo-
perativen Kind. Vor einer Vollnarkose sind in Wahrnehmung der
Schadenminderungspflicht die Möglichkeit einer Sedation auszu-
schöpfen (K 42/02 E. 4; zur Schadenminderungspflicht s.a. Art. 25
Rz. 78).

– Kein Anspruch auf Vollnarkose bei einer Patientin mit ausgespro-
chener Angst vor Spritzen (K 164/03 E. 4.6).

– Der Beizug eines ärztlichen Assistenten bei einer Weisheitszahnbe-
handlung ist unbegründet (K 75/06 E. 4.1; K 73/03 E. 5.4).

– längerfristig günstigere und prognostisch bessere abnehmbare Rekonstruktion statt festsitzende Brückenkonstruktion.

2. Abschnitt: Voraussetzungen und Umfang der Kostenübernahme

Art. 32 Voraussetzungen

[1] Die Leistungen nach den Artikeln 25–31 müssen wirksam, zweckmässig und wirtschaftlich sein. Die Wirksamkeit muss nach wissenschaftlichen Methoden nachgewiesen sein.

[2] Die Wirksamkeit, die Zweckmässigkeit und die Wirtschaftlichkeit der Leistungen werden periodisch überprüft.

Chronologie: AS 1995 1328; BBl 1992 I 93.

Bibliografie: Bundesamt für Sozialversicherung (BSV), Handbuch zur Standardisierung der medizinischen und wirtschaftlichen Bewertung medizinischer Leistungen, Ausgabe 2000, Bern; DESCHENAUX FRANÇOIS-X., Le précepte de l'économie du traitement dans l'assurance-maladie sociale, en particulier en ce qui concerne le médecin, in: Sozialversicherungsrecht im Wandel, FS 75 Jahre EVG, S. 536 ff.; EUGSTER GEBHARD, Das Wirtschaftlichkeitsgebot nach Art. 56 Abs. 1 KVG, in: René Schaffhauser et al. (Hrsg.), Wirtschaftlichkeitskontrolle in der Krankenversicherung, St. Gallen 2001, S. 9 ff.; EUGSTER GEBHARD, Wirtschaftlichkeitskontrolle ambulanter ärztlicher Leistungen mit statistischen Methoden, Diss., Zürich 2003; EUGSTER GEBHARD, Le principe de l'économicité dans la LAMal, in: ASS 1/1999, S. 26 ff.; FMH Verbindung Schweizer ÄrztInnen, Wirksam, zweckmässig, wirtschaftlich – Betrachtung aus ärztlicher Sicht: Positionspapier und Checkliste zur Zweckmässigkeit, in: SaeZ 88(2007) H. 40 S. 1665–1669; LONGCHAMP*, S. 294 ff.; MEYER URS, Kriterien für die Aussagekraft einer Diagnose und den Wirksamkeitsnachweis einer Therapie, in: Urs Krieger (Hrsg.), Alternativen wozu?, Diagnose und Therapie im Spannungsfeld zwischen konventionellen, neueren und alternativen Methoden, Schriftenreihe SGGP Nr. 13, Horgen 1987; PETER KATHRIN/HITZ PATRICK/BOHNENBLUST HANS, Was heisst «wirksam, zweckmässig und wirtschaftlich»? in: CHSS 1997, S. 343 ff.; PFIFFNER RAUBER*, S. 136 ff.; SCARTAZZINI GUSTAVO, Le caractère efficace, approprié et économique des prestations dans l'assurance-maladie suisse, in: CGSS 2006 Nr. 36 S. 9–24; SPINNLER P., Rationierung und Rationalisierung: Versuch einer Begriffsbestimmung, in: SAeZ 1999, S. 2643 f.; STEURER JOHANN, Evidence-based Medicine: die Überprüfung der Wirksamkeit bestehender Massnahmen, in: SAeZ 1999, S. 2670 f.; WYLER DANIEL, Moral Hasard in der sozialen Krankenversicherung, in: SZS 2006 S. 226–236.

Komplementärmedizin: Duc Jean-Louis, Médecines parallèles et assurances sociales (plus spécialement au regard de la nouvelle LAMal), in: Cahiers médicaux-sociaux 1/1996, S. 41 ff.; Duc Jean-Louis, Médecines parallèles et assurances sociales, in: LAMal–KVG*, S. 147 ff.; Künzi Max, Komplementärmedizin und Gesundheitsrecht, Basel 1996; Künzi Max, Komplementärmedizin und Gesundheitsrecht, in: Nationalfondprojekt 34, Schweizerische Medizinische Wochenschrift 1994, S. 124; Supplementum S. 62; Melchart D./Mitscherlich F./Amiet M./Eichenberger R./Koch P., Programm Evaluation Komplementärmedizin (PEK), Schlussbericht 24. 4. 2005; Poledna Tomas/Nüesch Susanne, Komplementärmedizin in der sozialen Versicherung, in: AJP 6/2001, S. 638 ff.; Wicki Michael, Komplementärmedizin im Rahmen des Rechts, Diss., Bern 1998. Wissenschaftliche Forschungsberichte des BSV/BAG: siehe die Internet-Adresse auf S. XXII (Literaturverzeichnis).

I.   Einleitung

1   Wirksamkeit, Zweckmässigkeit und Wirtschaftlichkeit gehören zu den grundlegenden, kumulativ zu erfüllenden Voraussetzungen jeder Leistung (BGE 125 V 95 E. 2a; K 39/01 E. 1.2). Sie stellen die allgemeinen Anspruchsvoraussetzungen dar (K 42/00=RKUV 2000 KV 135 338 E. 2d) dar und sind ausserhalb des Tarifrechts auf zwei Ebenen zu beachten: einerseits bei der Bezeichnung der Leistungen, wo sie die allgemeinen Zulassungsvoraussetzungen einschränken, anderseits bei der Anwendung einer zugelassenen Applikation im konkreten Behandlungsfall. Zweck von Art. 32 ist die Sicherstellung einer effizienten, qualitativ hoch stehenden und zweckmässigen Gesundheitsversorgung zu möglichst günstigen Kosten (BGE 127 V 80 E. 3c/aa). Die Wirksamkeit, Zweckmässigkeit und Wirtschaftlichkeit muss nach dem Wissen im Zeitpunkt der Therapie beurteilt werden (9C_567/2007 E. 1.2; 9C_224/2009 E. 1.1). Den Ärzten steht dabei ein gewisser Ermessensspielraum zu (9C_224/2009 E. 1.1; 9C_567/2007 E. 1.2).

II.   Wirksamkeit (Abs. 1)

Wirksamkeit meint in Art. 32 Abs. 1 KVG die einfache Tatsache der all- 2
gemeinen Eignung zur Zielerreichung. Eine Leistung gilt als wirksam,
wenn sie objektiv geeignet ist, auf den angestrebten medizinischen Nutzen hinzuwirken (BGE 133 V 115 E. 3.1; 9C_824/2007 E. 3.3.2), bzw.
wenn sie den Verlauf einer Krankheit günstig beeinflusst. Wirksamkeit
stellt einen Teilgehalt der Zweckmässigkeit dar: RKUV 1999 Nr. KV 64
67 E. 3a; K 142/03 =RKUV 2004 KV 301 390 E. 1.2.

Der Begriff der Wirksamkeit löst den altrechtlichen Begriff der wis- 3
senschaftlichen Anerkennung ab (BGE 125 V 21 E. 4a; BGE 123 V
53 E. 2b/aa), die nach schulmedizinischen Kriterien beurteilt wurde
(BGE 123 V 53 E. 2a/aa; RKUV 2000 KV 132 279 E. 2b). Mit der neuen
Begrifflichkeit sollte Raum auch für die Komplementärmedizin geschaffen werden (BBl 1992 I 158; BGE 123 V 53 E. 3b). Die Beurteilung
der Wirksamkeit darf sich daher dem Grundsatz nach nicht auf eine nur
schulmedizinische Optik beschränken (BGE 123 V 53 E. 4a).

Wirksamkeitsnachweis: Art. 32 Abs. 1 KVG verlangt bloss den Nach- 4
weis der Wirkung, nicht auch den des Wirkungsmechanismus (BGE 123
V 53 E. 4a), der aber in der naturwissenschaftlich orientierten Medizin gleichwohl nach wie vor zu dokumentieren ist (BGE 133 V 115
E. 3.2.1). Es reicht nicht aus, die Wirksamkeit einer Behandlungsmethode einzelfallbezogen und retrospektiv auf Grund der jeweiligen konkreten Behandlungsergebnisse zu beurteilen (BGE 133 V 115 E. 3.2.1;
BGE 123 V 53 E. 4b), was auch für nicht schulmedizinische Behandlungsmethoden gilt. Der Wirksamkeitsnachweis kann auch mit Mitteln
der Statistik erbracht werden (BGE 123 V 53 E. 2c/bb und 67 E. 4c).

In der klassischen universitären Medizin gilt der Wirksamkeitsnachweis 5
als erbracht, wenn die Behandlungsmethode für das in Frage stehende
Behandlungsziel wissenschaftlich anerkannt ist (BGE 133 V 115 E. 3.2;
BGE 125 V 21 E. 5a), d.h. von Forschern und Praktikern der medizinischen Wissenschaft auf breiter Basis akzeptiert wird (BGE 133 V 115
E. 3.1; K 151/99 E. 2=RKUV 2000 KV 132 279; 9C_393/2007 E. 5.1;
I 897/05 E. 2; zum alten Recht: BGE 121 V 289 E. 7; 121 V 216 E. 2a/
aa; BGE 120 V 122 E. 1a, 211 E. 7a; BGE 120 V 472 E. 4a). Wichtig ist,
dass die Methode auf soliden, ausreichenden experimentellen Unterlagen beruht. Die Wirkung einer Therapie muss nach naturwissenschaft-

lichen Kriterien objektiv feststellbar, der Erfolg reproduzierbar und der Kausalzusammenhang zwischen dem therapeutischen Agens und seiner Wirkung ausgewiesen sein. Das trifft grundsätzlich auch für Nischenmethoden zu (BGE 133 V 115 E. 3.2.1). Auch die Erfolgsdauer kann ein wesentlicher Wirksamkeitsfaktor sein (siehe z.b. BGE 128 V 159 E. 5a).

6   Zum Wirksamkeitsnachweis in der Komplementärmedizin: BGE 123 V 53 E. 2c/bb und 65 E. 4a sowie das BSV-Handbuch der Standardisierung (S. 31), wonach die Prüfung der Wirksamkeit komplementärmedizinischer Methoden primär nach eigenen, diesen angepassten Kriterien zu erfolgen habe. Für die Komplementärmedizin reicht der Nachweis der Wirksamkeit im Sinne der effectiveness aus (BGE 123 V 53 E. 4a). Die Wirkung muss aber in jedem Fall in einer so hohen Anzahl von Behandlungsfällen feststellbar sein, dass sich die Ergebnisse nicht mehr durch die natürlichen Selbstheilungskräfte oder die Suggestivität der Behandlung (Placebo-Effekt) allein erklären lassen (SBVR-Eugster*, Rz. 566). Zur Akupunktur unter dem alten Recht: RKUV 1983 543 206. Nicht geklärt ist, ob der neue Art. 118a BV (siehe Art. 1 KVG Rz. 1) Auswirkungen auf die Art und Strenge des Wirksamkeitsnachweises im Bereiche der Komplementärmedizin hat.

III.   Zweckmässigkeit (Abs. 1)

7   Zweckmässigkeit setzt Wirksamkeit voraus (BGE 133 V 115 E. 2.2) und versteht sich als «angemessene Eignung im Einzelfall» (BGE 123 V 53 E. 2c/bb; K 142/03=RKUV 2004 KV 301 390 E. 1.3). Sie ist das massgebende Kriterium für die Auswahl unter den zweckmässigen Behandlungsalternativen (BGE 127 V 138 E. 5; K 102/02 E. 2=RKUV 2003 KV 253 229). Zweckmässig ist jene Anwendung, welche gemessen am angestrebten Erfolg und unter Berücksichtigung der Risiken den besten diagnostischen oder therapeutischen Nutzen aufweist (BGE 130 V 299 E. 6.1). Zu den leistungsrechtlich beachtlichen Behandlungszielen siehe Eugster, Wirtschaftlichkeitsgebot, S. 41 ff.

8   Die Beurteilung richtet sich grundsätzlich nach objektiven medizinischen Kriterien (BGE 130 V 532 E. 2.2; BGE 125 V 95 E. 4a; K 102/02 E. 2=RKUV 2003 KV 253 229); ist eine Indikation medizinisch ausgewiesen, ist es auch die Zweckmässigkeit (BGE 130 V 532 E. 2.2;

BGE 130 V 299 E. 6.1; BGE 127 V 138 E. 5; BGE 125 V 95 E. 4a;
RKUV 2000 KV 100 6 E. 2; K 42/00 E. 2d=RKUV 2000 KV 135 338).
Fehlt die Indikation für eine Massnahme, kann nur der Verzicht darauf
zweckmässig sein (BGE 125 V 95 E. 4b, unzweckmässige Herzopera-
tion; Urteilsbespr. Pfiffner Rauber*, S. 175 f.). Der Behandlungserfolg
muss – prognostisch beurteilt – mit einer gewissen Wahrscheinlichkeit
zu erwarten sein. Die Erfolgsaussichten dürfen zumindest nicht ganz
gering und müssen in jedem Fall real sein (K 78/92 20.11.1992; SBVR-
Eugster* Rz. 252; s.a. BGE 121 V 289 E. 7a; weitere Rechtsprechung zum Thema der notwendigen Erfolgshäufigkeit: SBVR-Eugster*
Rz. 571 Fn. 828).

Zweckmässigkeit und Notwendigkeit beurteilen sich prospektiv nach   9
der begründeten Erwartung eines bestimmten Erfolges. Können sie
ex ante – aus vorausschauender Sicht – bejaht werden, ist unbeachtlich, wenn sich die Behandlung bei Betrachtung ex post als unnötig,
unzweckmässig oder erfolglos erweist (BGE 131 V 78 E. 2, 130 V
299 E. 5.2, 121 V 289 E. 7b a.E.; K 147/05 E. 2.3 ; K 92/06 E. 3.3; K
112/03 E. 5.1=RKUV 2004 KV 307 467; K 47/06 E. 4.1=SVR 2008
KV Nr. 1; 9C_224/2009 E. 1.1). Anderseits vermag der Erfolg einer
Behandlung eine Nichtpflichtleistung nicht zu einer Pflichtleistung zu
verwandeln (K 85/99 E. 5b=RKUV 2000 KV 138 357 m.H.; K 51/00
E. 2b=RKUV 2000 KV 139 363; RKUV 1985 K 621 83 E. 2b). Die Einhaltung des Gebotes einer wirksamen, zweckmässigen und wirtschaftlichen Behandlung muss nach dem Wissen im Zeitpunkt der Therapie
beurteilt werden. Dabei ist ein gewisser ärztlicher Ermessensspielraum
zu respektieren (9C_567/2007 E. 1.2). Das Alter der versicherten Person
kann für die Frage der Wirksamkeit und Zweckmässigkeit beachtlich
sein (BGE 131 V 271 E. 4).

Zu den Begriffsdefinitionen der Verwaltung im Rahmen der Bezeich-   10
nung der Leistungen siehe Handbuch zur Standardisierung, S. 3.

IV.   Wirtschaftlichkeit (Abs. 1)

Wirtschaftlichkeit setzt Wirksamkeit und Zweckmässigkeit voraus. Sie   11
ist das massgebende Kriterium für die Auswahl unter den zweckmässigen Behandlungsalternativen. Wirtschaftlich ist bei vergleichbarem

medizinischem Nutzen die kostengünstigste Alternative (BGE 130 V 532 E. 2.2, 127 V 138 E. 5, RKUV 1999 KV 64 64 E. 3a, 1998 K 988 1 E. 3c; 9C_824/2007 E. 3.3.2). Unnötige therapeutische Massnahmen oder solche, die durch weniger kostspielige ersetzt werden können, sind daher nicht kassenpflichtig (BGE 130 V 299 E. 6.1 f., 124 V 196 E. 3, 121 V 216 E. 4b; K 120/04 E. 4.1.1; RKUV 1998 K 988 4 E. 3c). Eine vergleichsweise grössere medizinische Zweckmässigkeit kann die Übernahme einer teureren Applikation rechtfertigen (BGE 127 V 138 E. 5; K 112/03 E. 3.2=RKUV 2004 KV 307 467). Auch die vom Arzt veranlassten Leistungen müssen wirtschaftlich sein (BGE 130 V 377 E. 7.4). Das Wirtschaftlichkeitsgebot bezieht sich nicht nur auf Art und Umfang der durchzuführenden diagnostischen und therapeutischen Massnahmen, sondern auch auf die Behandlungsform, insb. die Frage, ob eine bestimmte Massnahme ambulant oder stationär durchzuführen ist und in welche Heilanstalt oder Abteilung einer solchen die versicherte Person vom medizinischen Standpunkt aus gehört (BGE 126 V 334 E. 2b).

12 Beim Kostenvergleich ist auf die massgebenden Tarife (Art. 43 ff. KVG) abzustellen. Nicht entscheidend ist eine gesamt- oder volkswirtschaftliche Betrachtungsweise; es sind einzig die Kosten für die OKP in Betracht zu ziehen (BGE 126 V 334 E. 2c; krit. PFIFFNER RAUBER*, S. 264 ff. m.H.; LONGCHAMP*, 308 ff., 417). Die Kostendifferenz zwischen Alternativen muss deutlich sein (BGE 124 V 196 E. 3; RKUV 1998 K 988 4 E. 3c). Wo es keine Alternative zum Vergleich gibt, beurteilt sich die Wirtschaftlichkeit nach dem Verhältnis von Kosten und Nutzen, wobei nur ein grobes Missverhältnis eine Leistungsverweigerung zu rechtfertigen vermag (BGE 109 V 41 E. 2b, 118 V 107 E. 7b; K 156/01 E. 3.1.2). Diese Regel wird auch bei unterschiedlicher Zweckmässigkeit verschiedener Behandlungswege angewendet (BGE 126 V 334 E. 3; Krankenpflege zu Hause versus Pflegeheim; siehe dazu Art. 25 Rz. 29).

13 Nach Auffassung von DUC JEAN-LOUIS (AJP 5/2002 S. 573, 577, Urteilsbespr. zu BGE 127 V 43), PFIFFNER RAUBER* (S. 187) und LONGCHAMP* (S. 296 Fn. 841 und S. 329) soll nicht die versPers das Kostenrisiko tragen müssen, wenn ein Leistungserbringer eine unwirtschaftliche Behandlung erbringt, es sei denn, sie habe ihr nach gehöriger Aufklärung über die Fraglichkeit der Leistungspflicht zugestimmt.

Teilleistung aufgrund der Austauschbefugnis: Erweist sich die als un- 14
wirtschaftlich qualifizierte Behandlung in medizinischer Hinsicht als
zweckmässig und wäre die als wirtschaftlich erachtete Alternative
ebenfalls indiziert gewesen, so hat der KVers zu entschädigen, was ihn
die wirtschaftliche Alternative gekostet hätte (BGE 121 V 216 E. 4b,
RKUV 2000 KV 100 6 E. 3; K 35/04 E. 7; K 42/04 E. 3; K 68/06 E. 3;
K 91/00 E. 6).

Kasuistik nach Themen 15
– *konservativ vor chirurgisch:* BGE 130 V 299 (Physiotherapie vor
  Mammareduktionsplastik); ebenso in K 135/04 E. 2.2=RKUV 2006
  KV 358 55 (Fettschürzenproblematik).
– *ambulant vor stationär:* RKUV 1987 K 739 254 (kein Anspruch
  auf stationäre Leistungen, wenn dadurch die Erwerbsausfalldauer
  im Vergleich zur Situation bei ambulanter Behandlung erheblich
  verkürzt wird; krit. EUGSTER, Wirtschaftlichkeitskontrolle, S. 43 f.);
  mehr zur Spitalbedürftigkeit: Kasuistik sub Art. 25 Rz. 55, zur medizinischen Rehabilitation: Art. 25 Rz. 51, zur Behandlungsbedürftigkeit: Art. 1a KVG Rz. 3 ff., Rz. 15, Art. 25 Rz. 2.
– *Kur statt Spital:* BGE 99 V 70; RKUV 1991 K 863 73 E. 2; *Badekur
  statt Bäderklinik:* RSKV 1983 535 124; RSKV 1974 187 3.
– *Pflegeheim oder Spitex versus Spital.* Siehe die Kasuistik zu Art. 49
  Abs. 3 KVG).
– *Pflegeheim versus Spitex:* Siehe Kasuistik sub Art. 25 KVG Rz. 29.
– *Minimierung der Spitalaufenthaltsdauer:* K 94/00; RSKV 1986
  K 761 143; s.a. die Kasuistik zu Art. 49 Abs. 3 KVG, Rz. 23 ff. (Ab-
  grenzung zur Langzeitpflegebedürftigkeit), und Art. 25 KVG Rz. 58
  zur Frage des ärztliches Ermessens.
– *Wirtschaftlicher Materialaufwand*: K 8/04 (Anzahl notwendiger
  Diabetesstreifen).
– *Vergleich von Behandlungsmethoden:* BGE 121 V 216 E. 4b (zwei
  medizinisch gleichwertige Behandlungsgeräte, aber unterschiedliche Kosten); 9C_224/2009 E. 4.2 (Magenbanding und Magenbypass gleichermassen zweckmässig, Magenbanding aber in casu als
  vergleichsweise wirtschaftlicher beurteilt).
– *Insulin-Zweipumpensystem* im Vergleich zu einem Ein-Pumpen-
  System in casu als wirtschaftlich erachtet, weil auch die Kosten vergleichbar waren (K 79/98 E. 5; komm. PFIFFNER RAUBER*, S. 166).

- *Fehlende Behandlungsalternativen: als noch verhältnismässig erklärt:* BGE 109 V 41 E. 3 (Daumenrekonstruktion mittels Transplantation einer Kleinzehe; Fr. 30000.–); BGE 121 V 289 E. 7b (sechs Zyklen künstlicher Inseminationen); BGE 119 V 446 (Bobath-Methode bei einem Kind mit Down-Syndrom; Kosten Fr. 6000.–).
- *Erfolgshäufigkeit als Wirtschaftlichkeitskriterium bei der Leistungszulassung:* BGE 114 V 258 E. 4b (Herztransplantation); BGE 113 V 42 E. 4d/cc; BGE 119 V 26 E. 3d (In-vitro-Fertilisation); BGE 121 V 289 E. 7 (homologe Insemination); BGE 114 V 153 E. 4; BGE 114 V 162 E. 4 (chirurgische Behandlung des Transsexualismus); RKUV 1994 K 950 279 (Psoriasis-Behandlung).
- *erster Behandlungsversuch mit der kostengünstigeren Lösung:* siehe Art. 25 KVG Rz. 77 (Schadenminderungspflicht).
- *Grenzüberschreitungen bei Psychotherapie* begründen Unzweckmässigkeit der Behandlung: 9C_567/2007.
- *Kaiserschnitt:* Nach der Doktrin (PFIFFNER RAUBER*, S. 215) steht der nicht medizinisch begründete Kaiserschnitt nicht im Einklang mit Art. 32 Abs. 1 und Art. 56 Abs. 1 KVG.
- *Zahnärztliche Behandlungen:* Siehe Art. 31 KVG, Rz. 46.
- *Wirtschaftlichkeit von Arzneimitteln:* Art. 52 KVG Rz. 7.
- *Überarztung:* Art. 56 und 59 KVG.

V.   Periodische Überprüfung (Abs. 2)

16 Abs. 2 hat nicht die Aufgabe, die Qualität medizinischer Leistungen laufend auf dem besten Stand zu halten, sondern durch den Ausschluss überholter Techniken unnötige Kosten zu sparen. Sie ist ein Instrument zur Sicherstellung der Wirtschaftlichkeit mittels Qualitätskontrolle. Überholte Leistungen sind aus dem Pflichtleistungskatalog auszumustern (9C_224/2009 E. 1.2; SBVR-EUGSTER* Rz. 633).

Art. 33 Bezeichnung der Leistungen

[1] Der Bundesrat kann die von Ärzten und Ärztinnen oder von Chiropraktoren und Chiropraktorinnen erbrachten Leistungen bezeichnen, deren Kosten von der obligatorischen Krankenpflege-

versicherung nicht oder nur unter bestimmten Bedingungen übernommen werden.

[2] Er bezeichnet die nicht von Ärzten und Ärztinnen oder von Chi-
ropraktoren und Chiropraktorinnen erbrachten Leistungen nach
Artikel 25 Absatz 2 sowie die Leistungen nach den Artikeln 26, 29
Absatz 2 Buchstaben a und c und 31 Absatz 1 näher.

[3] Er bestimmt, in welchem Umfang die obligatorische Kran-
kenpflegeversicherung die Kosten einer neuen oder umstrittenen
Leistung übernimmt, deren Wirksamkeit, Zweckmässigkeit oder
Wirtschaftlichkeit sich noch in Abklärung befindet.

[4] Er setzt Kommissionen ein, die ihn bei der Bezeichnung der Leistungen beraten. Er sorgt für die Koordination der Arbeit der genannten Kommissionen.

[5] Er kann die Aufgaben nach den Absätzen 1–3 dem Departement
oder dem Bundesamt übertragen.

Chronologie: AS 1995 1328; BBl 1992 I 93.

Bibliografie: Eidgenössisches Departement des Innern/Bundesamt für Gesundheit, Handbuch zur Antragstellung auf Kostenübernahme bei neuen oder umstrittenen Leistungen, Bern 200/2009; GÄCHTER THOMAS, Rationierung als Lösung
des Problems der Kostenentwicklung?, in: Rationierung und Gerechtigkeit im
Gesundheitswesen, Basel 2007, S. 121–131; LONGCHAMP*, S. 265 ff.; SCHNEIDER
SANDRA, Evolution du catalogue de prestations dans la LAMal, in Droit aux soins,
S. 71; SPINNLER P., Rationierung und Rationalisierung: Versuch einer Begriffsbestimmung, in: SAeZ 1999, S. 2643 f.

Verordnung: Art. 33 KVV (allgemeine Leistungen); Art. 37a–37f KVV (Kommissionen); Art. 2–19a KLV; Art. 25–27 KLV; Anhang 1 KLV.

Übersicht

I.   Einleitung

1 Die OKP übernimmt nicht alle praktizierten medizinischen Leistungen, sondern nur die zugelassenen (Art. 34 Abs. 1 KVG). Dabei setzt das KVG nur den Leistungsrahmen und überträgt die Detailgestaltung dem Verordnungsgeber, der je nach Regelungsbereich entweder Pflicht- oder Nichtpflichtleistungen zu bezeichnen hat. Der Gesetzgeber wollte im Übrigen den Leistungskatalog gegenüber dem alten Recht zumindest nicht einschränken (BGE 130 V 87 E. 6.3; RKUV 2000 KV 138 360 E. 3b).

2 *Allgemeine Zulassungsvoraussetzungen:* Art. 32 Abs. 1 KVG umschreibt mit den Geboten der Wirksamkeit, Zweckmässigkeit und Wirtschaftlichkeit auch die allgemeinen Zulassungsvoraussetzungen im Rahmen von Art. 33 KVG. In Art. 33 KVG geht es um die generelle Anerkennung oder Nichtanerkennung von bestimmten Behandlungsmethoden, um die Bewährung eines Behandlungsverfahrens als Methode in einer Vielzahl von Fällen (BGE 133 V 115 E. 3.2.1; 9C_479/2008 E. 5.2; RKUV 2000 KV 132 281 E. 2b). Die KVers haben mit Ausnahme der Vertretung in den beratenden Kommissionen (Art. 33 Abs. 4 KVG) bei der Bezeichnung der Leistungen keine Mitwirkungsrechte (vgl. a. BGE 127 V 80 E. 3e).

II.   Listenprinzip

3 Der Verordnungsgeber macht in reichem Masse von Leistungslisten Gebrauch (vgl. a. BGE 134 V 83 E. 4.1; BGE 130 V 532 E. 3.4; BGE 129 V 167, 125 V 21 E. 6a). Die ärztlichen Nichtpflichtleistungen sind von Gesetzes wegen in einer Negativliste aufzuzählen, während in den übrigen Bereichen Positivlisten mit abschliessenden Aufzählungen verwendet werden (BGE 134 V 83 E. 4.1; BGE 129 V 167 E. 3.2, E. 3.4; 9C_224/2009 E. 2.2). Das Listenprinzip bezweckt, Pflicht- und Nichtpflichtleistungen zwingend und so exakt wie möglich festzulegen (BGE 125 V 21 E. 5.b; K 117/02 E. 3a). Bei Positivlisten wird eine Leistung erst im Zeitpunkt der Aufnahme in die betreffende Liste zu einer Pflichtleistung (vgl. a. RKUV 1999 KV 94 498 E. 2; s.a. 9C_305/2008 E. 1.10; 9C_56/2008 E. 3.10=SVR 2009 KV Nr. 1: Bei der Beurteilung

des therapeutischen Nutzens eines Arzneimittels im Falle eines off-label-use war dem Umstand Rechnung zu tragen, dass die streitige Indikation nur relativ kurze Zeit nach dem Therapiebeginn in die SL aufgenommen worden ist). Dem Verordnungsgeber steht ein weiter Gestaltungsspielraum zu (BGE 129 V 167 E. 3.4, BGE 124 V 185 E. 6).

III.　Lücken in Leistungslisten

Eine richterliche Korrektur allfälliger Lücken in abschliessend kon-　4
zipierten Positivlisten ist, wo sie sich wie bei der SL systembedingt nicht überhaupt verbietet, nur in sehr engen Grenzen zulässig (BGE 130 V 472 E. 6; BGE 129 V 167 E. 3.4; BGE 124 V 185 E. 6; K 43/ 99=RKUV 2001 KV 158 155 E. 4). Sie kann in Frage kommen, wenn eine eindeutige Lücke im Sinne eines offensichtlichen Vergessens oder Versehens vorliegt oder die Lücke auf unhaltbaren Erwägungen des Verordnungsgebers beruht (BGE 124 V 346 E. 3b/aa; BGE 121 V 289 E. 4b; Longchamp*, S. 268 f.; SBVR-Eugster* Rz. 585). Anderweitige Listen-komplettierungen sind nicht zulässig (Longchamp*, S. 274), auch nicht aufgrund von Analogieschlüssen (BGE 130 V 532 E. 3.4; K 123/02 E. 3.2 u.a.m.); Ergänzungen sind dagegen möglich, wo die Aufzählung in einer Liste nicht abschliessend ist (BGE 125 V 21 E. 6a; K 117/02 E. 3b; SVR 2000 KV Nr. 39 E. 2d).

Bei der Überprüfung der Gesetzmässigkeit von Behandlungsmetho-　5
den, die in Anhang 1 KLV als Nichtpflichtleistung bezeichnet oder nur unter bestimmten Einschränkungen zugelassen sind, auferlegt sich der Richter die gleiche Zurückhaltung wie bei Positivlisten (BGE 125 V 21 E. 6, 129 V 167 E. 3.4, 131 V 338 E. 3.2; so schon altrechtlich: RKUV 1989 K 790 3 E. 2c; BGE 119 V 26 E. 4). S.a. Abs. 4 hiernach.

Kasuistik　　　　　　　　　　　　　　　　　　　　　　　　　6
– Die operative Behandlung von Erektionsstörungen ist keine Pflicht-
　leistung (Ziff. 1.3 Anhang 1 KLV; K 63/04).
– Refraktive Chirurgie mittels LASIK-Eximer-Laser zur Behandlung
　einer Anisometropie: K 112/04; siehe nunmehr Ziff. 6 KLV; vgl. a. I
　519/03; I 752/02 und I 120/01.
– Beispiel einer verspätet aufgehobenen Limitierung: RKUV 1999
　KV 94 498 E. 3b.

- Polysomnografie «bei dringender Verdachtsdiagnose»; Ziff. 2.1 Anhang KLV: K 47/06 E. 4.2.2=SVR 2008 KV Nr. 1: Es soll vermieden werden, dass die relativ kostspielige Massnahme gleichsam zur Routineuntersuchung bei Schlafstörungen wird. Die blosse Möglichkeit eines Schlafapnoesyndroms genügt mithin nicht; ebenso wenig reicht generell eine nach ärztlicher Einschätzung überwiegende, d.h. die 50%-Grenze übersteigende Wahrscheinlichkeit aus.

IV. Ärztliche und chiropraktische Leistungen (Abs. 1)

7   *Gesetzliche* Pflichtleistungsvermutung: Das Konzept von Abs. 1 beruht auf der im einzelnen Behandlungsfall widerlegbaren Vermutung, dass Ärzte wirksame und zweckmässige Behandlungsmethoden anwenden. Der Verordnungsgeber hat daher nur Applikationen aufzulisten, welche Art. 32 Abs. 1 KVG nicht genügen (BGE 131 V 338 E. 1.3; BGE 129 V 167 E. 3.2 u.a.m.). Die entsprechende Negativ- oder Ausschlussliste ist in Anhang 1 KLV integriert. Dieser umfasst nur Leistungen, zu denen die Leistungskommission Stellung genommen hat. Für sie gilt die (widerlegbare) Pflichleistungsvermutung (K 9/05 E. 4.1=RKUV 2005 KV 335 284). Für Chiropraktoren trifft die Pflichtleistungsvermutung in gleicher Weise wie für Ärzte zu (BGE 129 V 167 E. 3.2).

8   Bis zum Nachweis des Gegenteils enthält Anhang 1 ein vollständiges Verzeichnis der ärztlichen Nichtpflichtleistungen (BGE 125 V 21 E. 6a). Fehlt darin die Nennung einer Behandlungsmethode, greift die Pflichtleistungsvermutung (BGE 129 V 167 E. 4; K 9/05 E. 4.1=RKUV 2005 KV 335 284). Da die KVers keine unwirtschaftliche Leistungen übernehmen dürfen (K 151/99 E. 3=RKUV 2000 KV 132 279), haben sie jedoch das Recht und die Pflicht, mittels fachspezifischer Gutachten klären zu lassen, ob für die streitige Behandlungsmethode Art. 32 Abs. 1 KVG erfüllt ist (BGE 129 V 167 E. 5, K 9/05 E. 5 und 6=RKUV 2005 KV 335 284, K 151/99 E. 3=RKUV 2000 KV 132 279). Das geschieht ohne Mitwirkung der Leistungskommission (altrechtliche Urteile ohne vorgängige Begrüssung der Fachkommission: RKUV 1994 K 942 179 E. 8a; RSKV 1976 252 115 E. 2b).

V. Weitere Leistungen (Abs. 2)

Leistungen nichtärztlicher Medizinalpersonen nach Art. 25 Abs. 2 lit. a 9
Ziff. 3 KVG; Art. 46–52 KVV; Art. 33 lit. b KVV: Physiotherapie (Art. 5
KLV), Ergotherapie (Art. 6 KLV), spitalexterne Krankenpflege (Art. 7 ff.
KLV), Logopädie (Art. 10 f. KLV; K 143/04), Ernährungsberatung
(Art. 9b KLV) und Diabetesberatung (Art. 9c KLV). Die Aufzählungen
in diesen Artikeln stellen abschliessende Positivlisten dar (BGE 129 V
167 E. 3.2; K 143/04 E. 7; BRE RKUV 1998 KV 28 184 E. II/3; so
schon altrechtlich: BGE 114 V 258 E. 3a. Zu Art. 25 Abs. 2 lit. Ziff. 3
lit. h KVG siehe Art. 4a KLV (Art. 25 KVG Rz. 6).

Leistungen nach Art. 26 KVG (Art. 33 lit. d KVV; medizinische Prä- 10
vention) sind in der Liste von Art. 12 KLV abschliessend aufgezählt
(K 92/04=RKUV 2005 KV 316 31, 32 E. 2.2; K 23/04 E. 2.1=SVR 2006
KV Nr. 5). Der Verordnungsgeber verfügt über einen sehr grossen Gestaltungsspielraum und muss nicht alle sinnvollen Präventivmassnahmen
in den Leistungskatalog aufnehmen. Das Fehlen einer Massnahme in der
KLV kann daher kaum je eine echte Lücke darstellen (K 92/04=RKUV
2005 KV 316 31 E. 3.1). Siehe Art. 26 KVG.

Leistungen bei Mutterschaft (Art. 29 Abs. 2 lit. a und c KVG; (Art. 33 11
lit. d KVV): Art. 13, 15 KLV; Leistungen der *Hebammen* (Art. 29 Abs. 2
lit. b KVG): 16 KLV; *zahnärztliche Behandlungen* (Art. 31 Abs. 1 KVG;
Art. 33 lit. d KVV): Art. 17–19a KLV; *Badekuren* (Art. 25 Abs. 2 lit.c
KVG; Art. 33 lit. f KVV: Art. 25 KLV. *Transport- und Rettungskosten*
(Art. 25 Abs. 2 lit. g KVG; Art. 33 lit. g KVV: Art. 26 und 27 KLV.

VI. Neue oder umstrittene Leistungen (Abs. 3)

Auch in Abs. 3 geht es um die Erstellung einer Liste, die grundsätz- 12
lich abschliessend ist (BGE 129 V 167 E. 3.2, BGE 125 V 21 E. 5b in
fine). Bei im Anhang 1 KLV nicht aufgeführten neuen oder umstrittenen
Leistungen gilt die Pflichtleistungsvermutung nach Art. 33 Abs. 1 KVG.
Neue oder umstrittene Leistungen können durchaus wirksam, zweckmässig und wirtschaftlich sein (9C_224/2009 E. 2.2). Umstrittenheit bedeutet in der universitären Schulmedizin noch nicht erlangte oder nicht
mehr gegebene wissenschaftliche Anerkennung (zum Begriff: Art. 32

Rz. 5). Zur Möglichkeit der KVers, die fehlenden Voraussetzungen von Art. 32 Abs. 1 KVG mittels Gutachten nachzuweisen siehe Rz. 8 hiervor.

13   Die Aufnahme in den Anhang 1 KLV mit dem Vermerk «in Evaluation» besagt, dass die Behandlung als noch in Abklärung befindlich qualifiziert ist (s.a. LONGCHAMP*, S. 272). «Nein, in Evaluation» bedeutet Ablehnung der Leistungspflicht bis zu erneuter Beurteilung. «Ja, in Evaluation» heisst Bejahung der Leistungspflicht auf Zusehen hin oder bis zu einem bestimmten Datum. Die Leistungspflicht entfällt auch dann, wenn das «Nein, in Evaluation» während der administrativen Leistungsprüfung oder gerichtlichen Rechtshängigkeit eintritt (BGE 129 V 167 E. 5).

14   Zur Überwachung der Kriterien von Art. 32 Abs. 1 KVG im Rahmen der Anwendungsfälle von Art. 33 Abs. 3 KVG hat das EDI gestützt auf Art. 1 lit. b KLV in gewissen Fällen als Leistungsvoraussetzung Evaluationsregister vorgeschrieben (Beispiel: Anhang 1 KLV; Lebend-Leber-transplantation).

Register führende Zentren oder Leistungserbringer (Stand 01.12.2009):
http://www.bag.admin.ch/themen/krankenversicherung/02874/02875/06499/index.html?lang=de

VII.   Heterogener rechtlicher Charakter von Anhang 1 KLV

15   Das EDI hat nicht je separate Listen für die verschiedenen Tatbestände des Art. 33 Abs. 1–3 KVG aufgestellt, sondern mit Anhang 1 KLV ein Sammelbecken der bezeichneten Leistungen geschaffen. Für die rechtliche Bewertung der Liste ist daher im Einzelfall zu prüfen, ob eine Position von Anhang 1 KLV aus dem Einzugsbereich des Art. 33 Abs. 1 KVG/Art. 33 lit. a KVV oder des Art. 33 Abs. 2, 3 KVG/Art. 33 lit. b, c KVV in Frage steht (BGE 129 V 167 E. 4).

VIII. Kommissionen (Abs. 4)

Art. 37a–37f KVV

Die Fachkommissionen sind nach Zusammensetzung und Arbeitsweise 16
verwaltungsunabhängige, der Funktion nach aber verwaltungsinterne
beratende Kommissionen der für die Bezeichnung von Leistungen zuständigen Instanzen. Sie haben nicht die Kompetenz zum Erlass generell-abstrakter Normen (BGE 119 V 26 E. 4b; RKUV 1999 KV 94 498
E. 2b, 1990 K 837 138 E. 2b). Ihren Empfehlungen kommt auch nicht
die Qualität von Sachverständigengutachten im Sinne von Art. 12 lit. e
VwVG zu. Ihre Standpunkte sind für die Verwaltung nicht verbindlich
(RKUV 2000 KV 120 158 E. 4c/aa).

Wenn Streitpunkte medizinische und pharmazeutische Fragen betreffen, 17
deren Beantwortung besondere Fachkenntnisse verlangt, üben die Gerichte bei der Überprüfung der darauf beruhenden Entscheide Zurückhaltung. Das gilt, solange nicht ernsthafte Gründe ein Abweichen von
der Expertenmeinung rechtfertigen (BGE 129 V 32 E. 3.2.2; BGE 128
V 159 E. 3b/cc; BGE 121 V 216 E. 2b), so etwa bei einer «appréciation
manifestement erronnée, par exemple en cas d'arbitraire» (BGE 114 V
153 E. 3b). Die Meinungsäusserungen sind ferner nicht verbindlich, wo
sie direkt oder indirekt Rechtsfragen beantworten, Rechtsbegriffe wie
beispielsweise denjenigen der Krankheit interpretieren oder sich auf
ethische Überlegungen stützen (siehe beispielsweise BGE 131 V 338
E. 3.2 und 5.2; BGE 121 V 289 E. 4b; BGE 119 V 26 E. 4b).

IX. Delegation an das EDI oder Bundesamt (Abs. 5)

Der Bundesrat hat die Aufgaben nach Art. 33 Abs. 1–3 KVG mit Art. 33 18
KVV an das EDI delegiert.

Art. 34 Umfang

**[1] Die Versicherer dürfen im Rahmen der obligatorischen Kran-
kenpflegeversicherung keine anderen Kosten als diejenigen für die
Leistungen nach den Artikeln 25–33 übernehmen.**

² **Der Bundesrat kann bestimmen, dass die obligatorische Krankenpflegeversicherung die Kosten von Leistungen nach den Artikeln 25 Absatz 2 oder 29 übernimmt, die aus medizinischen Gründen im Ausland erbracht werden. Er kann bestimmen, in welchen Fällen die obligatorische Krankenpflegeversicherung die Kosten einer Entbindung übernimmt, die aus andern als medizinischen Gründen im Ausland erfolgt. Er kann die Übernahme der Kosten von Leistungen, die im Ausland erbracht werden, begrenzen.**

Chronologie: AS 1995 1328; BBl 1992 I 93.

Bibliografie: AYER ARIANE, Nul n'est censé ignorer … que les patients circulent librement en Europe, in: Revue médicale suisse 2(2006) Nr. 64 S. 1195–1199; BUCHER SILVIA, Hospitalisation im europäischen Ausland, in: Thomas Gächter (Hrsg.), LuZeSo*2006, S. 17–53; DIES., Le droit aux soins en cas de séjour temporaire dans un pays européen, in: Droit aux soins, Berne 2007, S. 83–121; CASTELLI NELLO, Le financement des prestations à l'étranger: projet pilote de l'OFSP, in: DROIT AUX SOINS*, 2007 S. 123–131; FRÉSARD-FELLAY GHISLAINE, Un accident de la circulation routière survenu à l'étranger: couverture d'assurance sociale et action subrogatoire, in: Journées du droit de la circulation routière, Bern 2006, S. 139–161; GROSS JOST, Schweizer Reha-Patienten im Ausland: nicht rechtens!, in: Competence 6/2004, S. 40 ff.; GUINCHARD JEAN-MARC, Prise en charge de traitement à l'étranger: position d'un canton, in: Droit aux soins, 2007 S. 133–139; KIESER UELI, Ausländische Personen und soziale Sicherheit, in: Ausländerrecht: eine umfassende Darstellung der Rechtsstellung von Ausländerinnen und Ausländern in der Schweiz, Basel 2009 S. 73–134; LONGCHAMP*, S. 259 ff.; MEYER BEAT, Auslandleistungen nach KVG und im Bereich der Bilateralen Abkommen, in: JKR 2003, Bern 2004, S. 67 ff.; MEYER ULRICH, Leistungseinkauf im Ausland, in: MC 4/2004 S. 22; PERROT SANDRINE, La coopération «sanitaire» transfrontalière: un cadre juridique en construction, in: Revue de droit sanitaire et social, 2008 Nr. 2. S. 282–291; ROHRER CHRISTOPH, Der Umfang des Versicherungsschutzes der schweizerischen obligatorischen Krankenversicherung bei vorübergehendem Aufenthalt im Ausland, in: SZS 2007 S. 498–508; SBVR-EUGSTER* Rz. 474 ff. Für die Bibliografie im Zusammenhang mit dem FZA siehe Art. 95a KVG.

Verordnung: KVV: Art. 36 (Leistungen im Ausland), Art. 36a (Pilotprojekte für die Kostenübernahme im Ausland), Art. 37 (Kostenübernahme für im Ausland wohnende Personen).

I. Verbindlicher Leistungskatalog (Abs. 1)

Abs. 1 bringt zum Ausdruck, dass der gesetzliche Leistungskatalog verbindlich und erschöpfend (statt vieler: BGE 125 V 21 E. 5b), gleichzeitig aber auch begrenzt ist. Die Leistungspalette ist für alle KVers zwingend und unabänderlich die gleiche (BGE 131 V 66 E. 5.2.2). Mehrleistungen sind über Zusatzversicherungen anzubieten (Art. 12 KVG). Abs. 1 untersagt Kulanzleistungen und ebenso Ermessensleistungen, wo nach KVG kein Ermessensspielraum besteht. Die Rechtsprechung leitet aus Art. 34 Abs. 1 KVG ferner das Listenprinzip ab (BGE 134 V 83 E. 4.1; BGE 130 V 532 E. 3.4). **1**

II. Im Ausland erbrachte Leistungen (Abs. 2)

Art. 34 Abs. 2 KVG setzt als gegeben voraus, dass Leistungen grundsätzlich nur kassenpflichtig sind, wenn sie in der Schweiz erbracht werden (Territorialitätsprinzip; BGE 128 V 75 E. 3b; altrechtlich: BGE 118 V 47 E. 1; zum Ausnahmefall der Grenzgänger: RKUV 1990 K 844 239 E. 3). Dieses Prinzip wird im KVG in zweifacher Hinsicht durchbrochen: Einerseits durch die bundesrätlichen Ausnahmeregelungen (Art. 36 KVV) und anderseits durch die Leistungsaushilfe im Ausland im Rahmen des FZA und des EFTA-Übereinkommens (Rz. 11 ff.). **2**

1. Behandlung im Ausland aus medizinischen Gründen: Art. 36 Abs. 1 KVV

3 Art. 34 Abs. 2 KVG und Art. 36 Abs. 1 KVV beziehen sich auf fehlende medizinische Angebote in der Schweiz (BGE 134 V 330 E. 2.2), hauptsächlich im Zusammenhang mit hoher technischer Spezialisierung, sehr seltenen Krankheitsbehandlungen (BGE 131 V 271 E. 3.2; K 1/06 E. 4; K 44/06 E. 4.3) oder unzumutbar langen Wartezeiten in der Schweiz (überholtes altes Recht: RKUV 1985 K 649 265). Für die kompetente Behandlung sehr seltener Erkrankungen braucht es für die Erreichung genügend hoher Fallzahlen mitunter ein die Grösse der Schweiz übersteigendes Einzugsgebiet. Der Bundesrat kann in solchen Fällen ausländische medizinische Kompetenzzentren als zugelassene Leistungserbringer bezeichnen (Art. 34 Abs. 1 KVG; Art. 58 Abs. 2 lit. b KVG).

4 Art. 34 Abs. 2 KVG ist eine reine «Kann»-Vorschrift (BGE 128 V 75 E. 3b); der Bundesrat ist nicht verpflichtet, eine Liste der anerkannten Auslandleistungen zu erstellen. Dass der dem EDI mit Art. 36 Abs. 1 KVV erteilte Auftrag unerledigt blieb, steht einer Leistungspflicht nicht zum Vornherein entgegen (BGE 128 V 75 E. 4b, 131 V 271 E. 3.1; K 141/03 E. 4.3 u.a.m. MEYER, JKR 2003 S. 75 ff.). Ob medizinische Gründe vorliegen, ist nach LONGCHAMP*, S. 262 eine Rechtsfrage.

5 Nur gravierende Versorgungslücken rechtfertigen ein Abweichen vom Territorialitätsprinzip. Existiert in der Schweiz eine allgemein anerkannte Behandlungsmethode, so liegt kein medizinischer Grund vor. Bloss geringfügige, schwer abschätzbare oder gar umstrittene Vorteile einer ausländischen Behandlung (BGE 134 V 330 E. 2.3, 131 V 271 E. 3.2; K 39/01; K 1/06; K 44/06 E. 4.3), aber auch der Umstand, dass ein Leistungserbringer im Ausland erfahrener ist, vermögen keinen medizinischen Grund i.S.v. Art. 34 Abs. 2 KVG abzugeben (K 102/02 E. 2=RKUV 2003 KV 253 229, 231; K 7/03 E. 2.2; K 65/03 E. 4; K 60/06 E. 6.4). Grundsätzlich sind medizinische Gründe im stationären Sektor zurückhaltend anzunehmen, weil eine zu grosszügige Praxis das Risiko in sich birgt, die schweiz. Spitalplanung negativ zu tangieren (BGE 134 V 330 E. 2.4 m.H.).

6 Wesentliche Behandlungsrisiken, die in der Schweiz deutlich höher sind als im Ausland, können ein medizinischer Grund sein (BGE 134 V 330

E. 2.2; BGE 131 V 271 E. 3.2; K 39/01 E. 3.2). Das Risiko beurteilt sich nicht nach subjektiven Kriterien (beispielsweise der Angst vor einer Operation), sondern nach objektiven Gesichtspunkten (K 102/02 E. 3.2=RKUV 2003 KV 253 229). Es besteht auch kein Leistungsanspruch im Umfange dessen, was eine Behandlung in der Schweiz gekostet hätte (Austauschbefugnis; BGE 134 V 330 E. 2.4, 131 V 271 E. 3.2). Für Auslandbehandlungen nach Art. 34 Abs. 2 KVG gilt Art. 32 Abs. 1 KVG ebenfalls (BGE 128 V 75 E. 4b; K 31/05 =RKUV 2005 KV 336 290 E. 3; K 44/00 E. 3.2). Nur eine nach schweizerischem Recht indizierte Behandlung kann einen Anspruch auf Auslandleistungen begründen (9C_479/2008 E. 6.2).

Kasuistik   7

Medizinischer Grund verneint:

- ausländische stationäre Therapie einer Skoliose, die in der Schweiz chirurgisch angegangen wird. Die Operationsrisiken bilden keinen medizinischen Grund (23.06.2003 K 102/02 E. 3.1=RKUV 2003 KV 253 229).
- Transpalpebrale Orbitadekompression im Ausland. Die in der Schweiz angewendete Operationsmethode war vom Risiko her verantwortbar (K 39/01 E. 3).
- Chirurgische Behandlung einer spina bifida im Ausland. Die Operation wäre auch in der Schweiz möglich gewesen (K 7/03 E. 3).
- Selektive Interne Radiotherapie (SIRT) bei Pankreaskarzinom. Kostenübernahme abgelehnt, weil in diesem Falle SIRT nicht innerhalb der Standardindikation lag (9C_479/2008).
- Katheterablation bei Vorhofflimmern mit Gefahr einer 1:1-Überleitung. Diese hätte auch in der Schweiz in medizinisch verantwortbarer Weise durchgeführt werden können (K 22/02).
- In der Schweiz nicht praktizierte intraoperatorische Radiotherapie, welche das Rezidivrisiko (Adenokarzinom des Rectums) vermindert, das sich aber nicht zuverlässig quantifizieren lässt (BGE 131 V 271 E. 3.4).
- in der Schweiz nicht praktizierte intraoperatorische Radiotherapie während der chirurgischen Entfernung eines Mamma-Karzinoms, womit zahlreiche postoperative radiologische Sitzungen vermieden werden konnten. Leistungspflicht abgelehnt, weil damit kein medizinischer Mehrnutzen verbunden war (K 1/06). Ebenso BGE 134 V

330: Quadrantektomie in Verbindung mit intraoperatorischer Radiotherapie, was die Erhaltung der erkrankten Brust erlaubt hätte. In K 44/06 wurde dagegen in einem speziell gelagerten Fall eine Mammakarzinombehandlung im Ausland als kassenpflichtig erklärt.

– Im Ausland durchgeführte Brachytherapie (spezielle Radiotherapie bei Prostatakarzinom), ist nicht kassenpflichtig, weil es in der Schweiz gleichwertige Behandlungsmethoden gibt (K 172/04 E. 4; vg. auch K 44/00 E. 3.1).

– Autismus: keine Leistungspflicht für eine Auslandbehandlung, weil in der Schweiz adäquate Therapieformen zur Verfügung stehen (K 60/06).

– Bipolare psychische Störung bei Toxikomanie: Behandlung wäre in der Schweiz möglich gewesen (K 24/04 E. 6 f.).

– Kieferrekonstruktion mit Knochengewebe mittels Mikrochirurgie: wäre auch in der Schweiz möglich gewesen: 9C_11/2007.

– Hüfttotalendoprothesen-Operation beidseits in einem Zuge, um die Dauer der Arbeitsunfähigkeit so kurz wie möglich zu halten (9C_1065/2008).

Medizinischer Grund bejaht: Keine Rechtsprechung.

2. Notfall im Ausland: Art. 36 Abs. 2 KVV

8 Merkmale des Notfalls sind die Unaufschiebbarkeit der Behandlung aus medizinischen Gründen und die Unangemessenheit der Rückkehr in die Schweiz (K 24/04 E. 4.2; K 65/03 E. 2.2; MEYER, JKR 2003 S. 72 ff.). Ein Notfall wird in der Regel durch eine plötzlich auftretende, nicht vorhersehbare Behandlungsnotwendigkeit ausgelöst (K 65/03 E. 2.2 und 9C_11/2007 E. 3.2; krit. zur Unvorhersehbarkeit als begriffsnotwendiges Notfallmerkmal: SBVR-EUGSTER* Rz. 478). Kein Notfall liegt vor, wenn die Rückreise in gesundheitlicher Hinsicht möglich und ohne medizinische Risiken ist (K 83/01 E. 2; K 65/03 E. 3). Die Angemessenheit richtet sich nach der Verhältnismässigkeit (MEYER, JKR 2003, S. 73), wobei auch nicht medizinische Aspekte zu berücksichtigen sind. So müssen die Rückreisekosten in einem vernünftigen Verhältnis zu den Behandlungskosten im Ausland zu stehen (K 7/02 E. 4; K 83/01 E. 2; K 24/04 E. 5.4). Die versPers hat sich grundsätzlich am ausländischen

Aufenthaltsort behandeln zu lassen (altrechtlich: BGE 118 V 47 E. 3). Kein Notfall i.S.v. Art. 36 Abs. 2 KVV liegt vor, wenn sich die versPers zum Zwecke der Behandlung ins Ausland begibt (K 44/06 E. 4.1). Sie hat den Notfall glaubhaft zu machen (vgl. K 120/06 und K 222/05). Kritisch zum strengen Notfallbegriff: MEYER, JKR 2003, S. 73. S.a. Art. 41 Abs. 2 KVG, Rz. 17 (Notfall im Zuge einer ausserkant. Behandlung). Für den Bereich des KVG ist nicht geklärt, ob die Notfallbehandlung auch medizinische Massnahmen umfassen kann, die nach dem KVG mangels wissenschaftlicher Anerkennung oder aufgrund von Anhang 1 KLV explizit nicht zugelassen sind (altrechtlich verneinend RKUV 1992 K 893 102).

Kasuistik   9

Notfallcharakter verneint im Falle

– einer Hysterektomie ohne Dringlichkeitscharakter in Italien (K 65/03).

– einer Kataraktoperation ohne Dringlichkeit (K 91/03).

– eines arthrotischen, akut schmerzhaften Knies ohne unmittelbare Behandlungsnotwendigkeit (K 7/02; Aufenthalt in der Slowakei).

– einer Schwangeren, die nicht die notwendigen Massnahmen für eine rechtzeitige Rückkehr in die Schweiz getroffen hatte (K 14/03).

– einer Dekompensation eines psychisch gestörten Drogenabhängigen im Ausland: Rückkehr wäre in casu angemessen gewesen (K 24/04).

– eines mehrmonatigen Sprachaufenthalts in den USA: Rückreise als angemessen beurteilt bei Rückreisekosten von Fr. 820.– und Untersuchungskosten im Ausland von Fr. 6622.80 (K 83/01; anders K 7/02 E. 4: Rückkehr aus der Slowakei in die Schweiz bei Behandlungskosten von DM 1207.– als unangemessen eingeschätzt).

Notfall bejaht im Falle

– einer Krebserkrankung der Zunge mit Metastasierung, zu der während eines USA-Aufenthalts eine sofortige Operationsindikation gestellt worden ist. Notfall bejaht, weil in der Schweiz noch keine Operationsvorbereitungen bestanden hatten (K 69/04).

Verschiedenes

– Idiopathischen Kammertachykardie (Herzrhythmusstörung). Operation in den USA. Keine Leistungspflicht des Wohnkantons aufgrund von Art. 41 Abs. 3 Satz 1 KVG (K 91/04=RKUV 2005 KV 317 35).

– Rettungen im Ausland sind nicht versichert (K 47/04=RKUV 2006
  KV 381 348).

3. Umfang der Kostenerstattung: Art. 36 Abs. 4 KVV

10 Für Leistungen nach Art. 31 Abs. 1 und 2 KVV (sowie für die Behandlung im Ausland von Grenzgängern, Entsandten und Personen im öffentlichen Dienst sowie ihre Familienangehörigen; Art. 3–5 KVV) wird
höchstens der doppelte Betrag derjenigen Kosten übernommen, die in
der Schweiz vergütet würden. Diese Regelung für die Personen nach
Art. 3–5 KVV gilt als Ausfluss des Gegenseitigkeitsprinzips (Art. 13
Abs. 2 lit. a KVG; K 188/98 E. 2a=RKUV 2001 KV 147 40). Fehlt im
Rahmen von Art. 36 Abs. 1 KVV in der Schweiz ein bestimmter Tarif, ist auf analog anwendbare Tarifpositionen auszuweichen (K 31/05
E. 8=RKUV 2005 KV 336 290). Es besteht eine weitgehende Mitwirkungspflicht der Versicherten bei der Beschaffung der entscheidungs-
notwendigen Daten, wobei an den Beweiswert eingereichter Unterlagen
hohe Anforderungen zu stellen sind (K 222/05 E. 4.2). Der KVers kann
namentlich auf die Vorlage von Originalrechnungen bestehen (K 222/05
E. 2.2).

4. Ausnahmen aufgrund des FZA und des
EFTA-Übereinkommens (Leistungsaushilfe)

Bibliografie: siehe die Angaben unter Art. 95a KVG.

11 Die Leistungsaushilfe in den Abkommensstaaten kann hier nur in groben Zügen skizziert werden. Für umfassendere Darstellungen wird auf
SBVR-Eugster* Rz. 488 ff. und die Bibliografie zu Art. 34 und 95a
KVG verwiesen. Der Begriff der Krankheit i.S.v. Art. 4 Abs. 1 lit. a der
Verordnung (EWG) 1408/71 umfasst auch den Nichtberufsunfall (BGE
135 V 339 E. 4.4.1 m.H.). Die Verdingungsstelle diesbezüglich ist nicht
die SUVA, sondern die Gemeinsame Einrichtung. Leistungen bei Krankheit sind auch Hilfsmittel zur Eingliederung Invalider (9C_415/2008
E. 3.3 und 5).

Eine in der Schweiz wohnhafte, nach KVG versicherte, dem FZA oder 12
dem EFTA-Abkommen unterstehende Person, die sich auf *Reisen oder im Urlaub in einem Mitgliedsstaat* aufhält und dessen Zustand unverzüglich Leistungen erfordert, hat Anspruch auf medizinische Sachleistungen nach den Vorschriften des am ausländischen Aufenthalts- oder Wohnort zuständigen Trägers, als ob er bei diesem versichert wäre [Art. 22 Abs. 1 lit. a Ziff. i der Verordnung (EWG) Nr. 1408/71; Leistungsaushilfe; 9C_61/2007 E. 2.3). Der Anspruch erstreckt sich auf Leistungen, die abhängig von der geplanten Aufenthaltsdauer und der Art der Leistungen notwendig sind (also nicht nur bei einem Notfall: ROHRER, SZS 2008, S. 502 f.). Die Leistungsaushilfe kommt nur zum Tragen, wenn die versPers einen Leistungserbringer des Systems der sozialen Sicherheit wählt. Wer Leistungsaushilfe beanspruchen will, muss ferner dem ausländischen Träger eine Attestierung vorlegen, die seinen Sachleistungsanspruch bescheinigt (Europäische Versicherungskarte; EHIC). Aufwendungen für Sachleistungen werden vom ausländischen Träger eines Mitgliedstaats für Rechnung des schweiz. Trägers erbracht und sind von diesem grundsätzlich zurückzuerstatten [Art. 36 der Verordnung (EWG) Nr. 1408/71; Art. 93–95 der Verordnung (EWG) Nr. 574/72].

Kasuistik (kant. Praxis)
– Ein Kind untersteht auch dann dem persönlichen Anwendungsbereich der Verordnung Nr. 1408/71, wenn seine Eltern weder als Arbeitnehmer noch als Selbständige zu qualifizieren sind (KG BL SV 09.01. 2009 E. 6.4.2; 730 08 139).
– Hat sich die versicherte Person nicht mit der EHIC ausgewiesen, bleibt es einer versPers unbenommen, die Übernahme der ihr im Ausland entstandenen Kosten direkt im schweiz. KVers geltend zu machen (Art. 34 Abs. 1 der Verordnung EWG Nr. 574/72; KG BL SV 09.01. 2009 730 08 139 E. 6.4.4; SozVG ZH KV.2006.00085 E. 3.7).
– Eine Person, die für die Unterstellung unter die ausländische KV optiert hat (Art. 3 KVG Rz. 23), kann für Behandlungen in ihrem ausländischen Wohnstaat keine Leistungsaushilfe durch die schweiz. KV in Anspruch nehmen (BGE 135 V 339 E. 4.4.2 u. E. 5.4).

Eine allfällige Kostenbeteiligung für Behandlungen in einem Mitglied- 13
staat richtet sich nach dem Recht der sozialen Sicherheit des betref-

fenden ausländischen Staates. Der schweiz. KVers ist nicht verpflichtet, das ausländische Kostenbeteiligungsrecht nachzuweisen oder seine Versicherten diesbezüglich aufzuklären oder zu beraten (Art. 27 ATSG), und noch weniger ist er befugt, darüber verfügungsweise zu befinden. Es genügt, wenn er die Versicherten auf das ausländische Recht verweist. Die Versicherten haben sich mit den Rechtsmitteln im aushelfenden Staat zur Wehr zu setzen, wenn sie die dort erhobene Kostenbeteiligung anfechten möchten (9C_61/2007 E. 2.2 und E. 2.3). Die ausländische Kostenbeteiligung ist vom schweiz. KVers auch dann nicht zu übernehmen, wenn die versPers die inländische Franchise im betreffenden Kalenderjahr bereits erbracht hat (9C_61/2007).

14   Zum Sachleistungsanspruch von Personen, die nach KVG versichert sind und in einem Mitgliedstaat wohnen, sich dort medizinisch zu versorgen, während eines vorübergehenden Aufenthalts in der Schweiz medizinische Hilfe benötigen oder als Grenzgänger wählen können, ob sie sich im Wohnland oder in der Schweiz behandeln lassen wollen (Art. 20 der Verordnung (EWG) Nr. 1408/71), siehe SBVR-Eugster* Rz. 509 ff.; zu den massgebenden schweizerischen Tarifen: Art. 37 KVV.

15   *Zustimmungsfall nach Art. 22 Abs. 1 lit. c der Verordnung (EWG) Nr. 1408/71:* Nach dieser Bestimmung kann sich eine dem FZA oder EFTA-Übereinkommen unterstellte, nach KVG versicherte Person zum Zwecke der Behandlung in einen ausländischen Vertragsstaat begeben, wenn der zuständige schweiz. KVers dem zustimmt. Die Genehmigung darf unter den Bedingungen von Art. 22 Abs. 2 Satz 2 VO 1408/71 nicht verweigert werden. Auf Art. 22 Abs. 1 lit. c der Verordnung (EWG) Nr. 1408/71 kann sich nicht berufen, wer nicht um Erteilung der Genehmigung des zuständigen Trägers nachgesucht hat (9C_479/2008 E. 6.1). Für eine nach schweizerischem Recht nicht indizierte und damit nicht kassenpflichtige Behandlung besteht auch nach Art. 22 der Verordnung (EWG) Nr. 1408/71 kein Recht auf eine solche im ausländischen Abkommensstaat (9C_479/2008 E. 6.1). Nicht geklärt ist die Befugnis der schweiz. KVers, Genehmigungen für von Art. 22 Abs. 2 Satz 2 der Verordnung (EWG) nicht erfasste Tatbestände zu erteilen.

16   *Auslandbehandlung aufgrund der passiven Dienstleistungsfreiheit*: Es besteht gestützt auf das FZA kein Rechtsanspruch auf Leistungen in einem ausländischen Vertragsstaat (BGE 133 V 624; 9C_479/2008 E. 6.2).

Das Verhältnis zwischen der Verordnung (EWG) Nr. 1408/71 und 17
Art. 34 Abs. 2 KVG bzw. Art. 36 Abs. 1 und 2 KVG ist nicht restlos geklärt (BUCHER SILVIA, Hospitalisation im europäischen Ausland, S. 47;
SBVR-EUGSTER* Rz. 503 f.). Nach kant. Rechtsprechung ist Art. 36
Abs. 5 KVV so auszulegen, dass das nationale Recht nur insofern durch
die internationale Leistungsaushilfe verdrängt wird, als sich diese als
das für den Versicherten günstigere Recht erweisen sollte. Die Verordnungen (EWG) Nr. 1408/71 und Art. 34 Nr. 574/72 stehen einer Anwendung von Art. 36 Abs. 2 KVV nicht entgegen, wenn der Anspruch
aus nationalem Recht gleich hoch oder höher ist als der, den die versi-
cherte Person erhalten hätte, wenn die Erstattung unter den Voraussetzungen der Sachleistungsaushilfe gemäss Art. 22 der Verordnung EWG
Nr. 1408/71 erfolgt wäre (KG BL SV 730 08 139 E. 7.1ff.; SozVG ZH
KV.2006.00085 E. 4.1ff.). Erweist sich, dass gemäss ausländischem
Recht eine Rückerstattung nicht möglich ist, oder dass dieses nur einen
Teil der Rechnung anerkennt, hat die versPers gemäss schweizerischem
Recht (Art. 36 Abs. 2 und 4 KVV) einen ergänzenden Anspruch auf
Übernahme der entstandenen Kosten bis höchstens zum doppelten Be-
trag für eine vergleichbare Behandlung an seinem Wohnort (SozVG ZH
KV.2006.00085 E. 6 betr. Rettungskosten; KG BL SV 730 08 139 E. 9).

4. Kapitel: Leistungserbringer

1. Abschnitt: Zulassung

Art. 35 Grundsatz

[1] Zur Tätigkeit zu Lasten der obligatorischen Krankenpflegeversicherung sind die Leistungserbringer zugelassen, welche die Voraussetzungen nach den Artikeln 36–40 erfüllen.

[2] Leistungserbringer sind:
   a. Ärzte und Ärztinnen;
   b. Apotheker und Apothekerinnen;
   c. Chiropraktoren und Chiropraktorinnen;
   d. Hebammen;
   e. Personen, die auf Anordnung oder im Auftrag eines Arztes oder einer Ärztin Leistungen erbringen, und Organisationen, die solche Personen beschäftigen;
   f. Laboratorien;
   g. Abgabestellen für Mittel und Gegenstände, die der Untersuchung oder Behandlung dienen;
   h. Spitäler;
   i. Geburtshäuser;
   k. Pflegeheime;
   l. Heilbäder;
   m. Transport- und Rettungsunternehmen;
   n. Einrichtungen, die der ambulanten Krankenpflege durch Ärzte und Ärztinnen dienen.

Chronologie: AS 1995 1328; BBl 1992 I 93; *Abs. 2 lit. i:* Fassung gemäss Ziff. I der Änderung des KVG vom 21. Dez. 2007 (Spitalfinanzierung), in Kraft seit 1. Jan. 2009 (AS 2008 2049 2057; BBl 2004 5551; alt: AS 1995 1328: teilstationäre Einrichtungen). *Abs. 2 lit. m und n:* Eingefügt durch Ziff. I der Änderung des KVG vom 24. März 2000, in Kraft seit 1. Jan. 2001 (AS 2000 2305 2311; BBl 1999 793).

Bibliografie: Duc Jean-Louis, Le Tribunal Fédéral des assurances et l'évolution du droit de l'assurance-maladie, Festschrift EVG, Bern 1992, S. 501; Essers Udo Adrian, Das Freizügigkeitsabkommen Schweiz–EG: Auswirkungen auf die Berufe der Humanmedizin, Diss., St. Gallen 2002; GROSS BEATRICE, Zulassung zur Tätigkeit zu Lasten der obligatorischen Krankenversicherung: santésuisse übernimmt eine öffentlich-rechtliche Funktion, in: Jusletter 19. März 2007; GROSS JOST, Rechte der Versicherten gegenüber den Leistungserbringern, in: JKR 2003, Bern 2004, S. 95 ff.; GROSS HAWK BEATRICE, Selbständige nichtärztliche Medizinalpersonen in der freien Praxis – Wieviel Freiheit belässt ihnen das Krankenversicherungsrecht?, Diss. Zürich 2008; KIESER UELI, Leistungserbringer in der Krankenversicherung: Rahmenbedingungen der Tätigkeit von Leistungserbringern zu Lasten der obligatorischen Krankenpflegeversicherung, in: SJZ 2003, S. 577 ff.; JAKOBS RETO, Gesundheitswesen und Kartellgesetz, in: Poledna Tomas/Jakobs Reto (Hrsg.), Gesundheitsrecht im wettbewerblichen Umfeld, Forum für Gesundheitsrecht, Zürich 2010, S. pend.; a.a.O., POLEDNA TOMAS, Gesundheitswesen und Vergaberecht – von der öffentlichen Aufgabe zum öffentlichen Auftrag, S. pend.; UHLMANN FELIX, Transparenz und Zugang zu Daten als Voraussetzung für den Wettbewerb, in: Poledna Tomas/Jakobs Reto (Hrsg.), S. pend.

Verordnung: Siehe die Angaben unter Art. 36–40 KVG; Art. 134 KVV (Besitzstand).

I. Anerkennung nur für zugelassene Leistungserbringer (Abs. 1)

1. Zulassungsbedingungen

Grundsätzlich bedürfen alle Leistungserbringer einer Zulassung (BGE 126 V 330 E. 1c), um für die OKP tätig werden zu können. Sie haben zwingend die Zulassungsbedingungen nach Art. 36–40 KVG zu erfüllen (BGE 125 V 448 E. 3; K 67/02 E. 3.3; K 137/04 E. 3.3=SVR 2006 KV Nr. 30). Tun sie dies, haben sie Anspruch auf Zulassung, die je nach Leistungserbringer in einem mehr oder weniger förmlichen Verfahren erfolgt. Von Art. 55a KVG abgesehen gibt es im ambulanten Bereich keine Bedürfnisklausel (LONGCHAMP*, S. 280; zum stationären s. Art. 39 Abs. 1 lit. d KVG). Anderseits ist grundsätzlich kein Leistungserbringer verpflichtet, für die OKP tätig zu werden (BGE 133 V 218 E. 7; K 124/06 E. 7.1). Das Rechtsverhältnis zwischen KVers und Leistungserbringer ist öffentlich-rechtlicher Natur (K 4/06 E. 3.1; zur Verdrängung des privatrechtlichen Auftrags durch das KVG: LONGCHAMP*, S. 245 Fn. 650; DUC, in: Festschrift EVG, S. 524).

2. Zulassung und Wirtschaftsfreiheit

2 Eine Nichtzulassung schliesst lediglich den Anspruch aus, zu Lasten der OKP abrechnen zu können, nicht auch das Recht auf gewerbliche Betätigung (BGE 132 V 6 E. 2.5.2). Die Zulassung oder Nichtzulassung als Leistungserbringer ist der Wirtschaftsfreiheit weitgehend entzogen (BGE 132 V 6 E. 2.5.2, 130 I 26 E. 4.3; K 49/05 E. 4.3.4; 2P.134/2003 E. 5). Es gibt keinen verfassungsmässigen Anspruch darauf, mit Hilfe von staatlichen Versicherungssystemen eine selbständige Erwerbstätigkeit aufnehmen und betreiben zu können (BGE 130 I 26 E. 6.3.4.5). Zur Frage, inwiefern Zulassungsbeschränkungen bei Ärzten gegen das Diskriminierungsverbot von Art. 2 FZA bzw. Art. 12 EGV verstossen können, siehe BGE 130 I 26 E. 3.3.

3. Tarifvertrag als Voraussetzung korrekter Leistungsabrechnung

3 Nebst der Zulassung muss der Leistungserbringer, um die Tätigkeit für die OKP aufnehmen zu können, einem Tarifvertrag nach Art. 46 KVG angeschlossen oder einem behördlichen Ersatztarif nach Art. 47 oder 48 KVG unterstellt sein (BGE 132 V 303 E. 4.4.3). Das Bestehen eines Tarifvertrages ist aber keine Voraussetzung für den Leistungsanspruch der versPers (Art. 46 KV Rz. 2).

4. Zulassung als Pflichtleistungsvoraussetzung

Die Zulassung ist eine Voraussetzung des Leistungsanspruchs der vers- 4
Pers (BGE 133 V 579 E. 3.2; K 62/00 E. 1; K 124/06 E. 4.3) und der
Tarifvertragsfähigkeit des Leistungserbringers. Keine Austauschbefugnis: Wird ein nicht zugelassener Leistungserbringer beansprucht, besteht
kein Recht auf Erstattung der Kosten, die bei einem zugelassenen angefallen wären (BGE 133 V 579 E. 3.4; BGE 126 V 330 E. 1b; K 124/06
E. 4.3). So kann im Falle der Wahl einer nicht zugelassenen Spitex-Organisation nicht ersatzweise beansprucht werden, was der KVers bei der
Wahl einer zugelassenen hätte vergüten müssen (K 137/04 E. 6=SVR
2006 KV Nr. 30), und zwar auch dann nicht, wenn die nicht zugelassene
kostengünstiger arbeitet als eine zugelassene (K 62/00 E. 2). Die fehlende Zulassung eines Leistungserbringers kann auch nicht dadurch umgangen werden, dass dessen Leistungen über einen zugelassenen Leistungserbringer abgerechnet werden (BGE 126 V 334 E. 3c). An oder für
einen nicht zugelassenen Leistungserbringer erbrachte Vergütungen sind
zurückzuerstatten (BGE 133 V 579 E. 3.2, E. 3.4).

5. Keine Behandlungspflicht der zugelassenen Leistungserbringer

Das KVG auferlegt den zugelassenen Leistungserbringern grundsätzlich 5
keine Behandlungspflicht (K 97/01 E. 2b/bb; 9C_61/2009 E. 4=SVR
2009 KV Nr. 13); entgegen BGE 130 I 306 E. 2.2 existiert sie aufgrund des KVG auch nicht bei Notfällen (siehe neu Art. 41a KVG).
Ein Leistungserbringer darf anderseits, wenn ein Tarifvertrag besteht,
die Behandlung von Versicherten einer bestimmten Vertragskasse nicht
systematisch verweigern, um sich in einem anstehenden Streitfall mit
dem KVers durchzusetzen (SBVR-Eugster* Rz. 709). Die Frage stellt
sich im vertragslosen Zustand nicht. Nach 9C_61/2009 E. 4=SVR 2009
KV Nr. 13 ist fraglich, ob sich aus dem Grundsatz der Bedarfsplanung
(Art. 39 Abs. 1 lit. d KVG) eine Behandlungspflicht der auf der Spitalliste aufgeführten Spitäler für OKP-Versicherte ergibt. Zur Pflicht dis-
kriminierungsfreier Behandlung von Auslandpatienten im Rahmen der
internationalen Leistungsaushilfe aufgrund der VO 1408/71: Hohn, Umsetzung des Koordinationsrechts, S. 79.

6 Die fehlende schweiz. Zulassung ist unbeachtlich bei Behandlungen im
   Ausland gemäss Art. 34 Abs. 2 KVG bzw. Art. 36 f. KVV. Im Rahmen
   der internationalen Leistungsaushilfe im Ausland (Art. 34 KVG Rz.
   11) regelt das Recht des aushelfenden Trägers die Zulassungsfrage. Der
   schweizerische KVers muss lediglich leisten, wenn der ausländische
   Leistungserbringer nach dem dortigen Recht zugelassen ist. Zur Notfallbehandlung durch einen nicht zugelassenen Leistungserbringer in der
   Schweiz siehe SBVR-Eugster* Rz. 710 (Bejahung der Leistungspflicht
   ohne Tarifbindung des Leistungserbringers).

II. Aufzählung der zulassungsfähigen Leistungs-
erbringerkategorien (Abs. 2)

7 Art. 35 Abs. 2 KVG zählt die zulassungsfähigen Gesundheitsberufe und
   Institutionen des Gesundheitswesens abschliessend auf (BGE 133 V 613
   E. 6.2; BGE 126 V 330 E. 1c; I 174/03 E. 5.2). Das KVG sieht – von
   Art. 55a KVG abgesehen – im ambulanten Bereich – im Gegensatz zum
   stationären (Art. 39 Abs. 1 lit. d und Abs. 3 KVG) – für die Zulassung
   keinen Bedarfsnachweis vor (BRE RKUV 1999 KV 72 211 E. II/3.4.2).
   Art. 35 Abs. 2 lit. e KVG betrifft selbständigerwerbende Leistungser-
   bringer.

8 Nach der Doktrin (Poledna, Ausstand von Leistungserbringern, AJP
   2004 S. 649, 650) ist die Aufzählung in Art. 35 Abs. 2 KVG insofern
   nicht vollständig, als einzelne Abteilungen eines Spitals aufgrund von
   Art. 39 Abs. 1 KVG eigenständige Leistungserbringer sein könnten
   (a.M. SBVR-Eugster* Rz. 712). Zu den Spitälern bleibt anzumerken,
   dass diese als Leistungserbringer auftreten, auch wenn die ärztliche Behandlung ganz oder teilweise durch Belegärzte erbracht wird (K 3/02
   E. 13.3; K 3/05 E. 5 und 8).

9 *Geburtshäuser:* Mit Gesetzesänderung vom 21.12.2007 (AS 2008 2049
   2057; BBl 2004 5551) sind per 1.1.2009 auch Geburtshäuser als Leistungserbringer anerkannt (Art. 25 KVG Rz. 9, Art. 39 KVG Rz. 53; zu
   den Zulassungsbedingungen: Art. 55a KVV). Keine eigenständigen
   Leistungserbringer mehr sind dagegen seit dieser KVG-Revision die
   Einrichtungen der teilstationären Krankenpflege (siehe Art. 25 KVG
   Rz. 10 ff., Art. 39 KVG Rz. 46 und Art. 41 KVG Rz. 15.

Kasuistik   10

Zur Tätigkeit für die OKP nicht zugelassen sind Berufskategorien wie
- Kosmetikerinnen (BGE 120 V 463 E. 6c; K 98/04 E. 4.1).
- Spitalexterne Fotografen (K 78/02; Urteilsbespr. SCHAER ROLAND, Die Praxis des EVG, in: ZBJV 142(2006) H. 9 S. 679, 701).
- Podologen; die Fusspflege bei Diabetikern durch zugelassene Spitex-Leute ist jedoch Pflichtleistung (Art. 7 Abs. 2 lit. b Ziff. 10 KLV).
- Familienangehörige, welche die Voraussetzungen von Art. 49 KVV nicht erfüllen, sind für die Krankenpflege zu Hause (Art. 7 KLV) als Leistungserbringer nicht zugelassen (BGE 126 V 330 E. 1c; K 141/06 E. 5.2); als Angestellte von Spitex-Organisationen können grundsätzlich auch Familienangehörige ohne Pflegeberufsausbildung tätig werden (K 156/04=RKUV 2006 Nr. KV 376 S. 303; s.a. K 141/06, 9C_597/2007 E. 3 und Art. 25 Rz. 23). Zum zugelassenen Arzt, der Familienangehörige behandelt: Art. 41 KVG Rz. 3.
- Selbständige nichtärztliche Psychotherapeuten (BGE 125 V 284 E. 4e und E. 4f.).
- Optiker (SVR 1996 KV Nr. 80; TA Fribourg; bleibt auch für das KVG gültig).
- Kurhäuser, die weder zugelassene Spitäler noch Pflegeheime sind.

Art. 36 Ärzte und Ärztinnen

[1] **Ärzte und Ärztinnen sind zugelassen, wenn sie das eidgenössische Diplom besitzen und über eine vom Bundesrat anerkannte Weiterbildung verfügen.**
[2] **Der Bundesrat regelt die Zulassung von Ärzten und Ärztinnen mit einem gleichwertigen wissenschaftlichen Befähigungsausweis.**
[3] **Zahnärzte und Zahnärztinnen sind für Leistungen nach Artikel 31 den Ärzten und Ärztinnen gleichgestellt.**

Chronologie: AS 1995 1328; BBl 1992 I 93.

Verordnung: KVV: Art. 38 und 39 (Ärzte); Art. 42 und 43 (Zahnärzte).

Art. 36a Einrichtungen, die der ambulanten Krankenpflege durch Ärzte und Ärztinnen dienen

Einrichtungen, die der ambulanten Krankenpflege durch Ärzte und Ärztinnen dienen, sind zugelassen, wenn die dort tätigen Ärzte und Ärztinnen die Voraussetzungen nach Artikel 36 erfüllen.

Chronologie: Eingefügt durch Ziff. I der Änderung des KVG vom 24. März 2000, in Kraft seit 1. Jan. 2001 (AS 2000 2305 2311; BBl 1999 793).

Bibliografie: Brusa Guido, Die Zulassung zur ärztlichen Tätigkeit unter dem Regime des KVG de lege ferenda, in: AJP 11/2002, S. 1367 ff.; Ders., Zulassung zur ärztlichen Tätigkeit unter dem KVG: Erteilung, Widerruf, Verzicht und Kontrahierungszwang, in: SZS 2002, S. 169 ff.; Kuhn Hanspeter, Some animals are more equal: der Zulassungsstopp gilt nicht für HMO und weitere ambulante Institutionen, in: SAeZ 88 (2007), S. 215; Poledna Tomas, Arzt und Krankenversicherung, in: Arztrecht in der Praxis, Zürich 2007 S. 393–419; Schären Fritz, Die Stellung des Arztes in der sozialen Krankenversicherung, Diss., Zürich 1973. Wissenschaftliche Forschungsberichte des BSV/BAG, siehe S. XXII (Literaturverzeichnis).

I. Zulassungsvoraussetzungen (Abs. 1)

1 Art. 36 Abs. 1 KVG betrifft ärztliche Medizinalpersonen i.S.v. Art. 2 Abs. 1 lit. a MedBG mit Diplom gemäss Art. 5 Abs. 1 MedBG und erfolgreicher Prüfung nach Art. 14 Abs. 1 MedBG, die in der freien Praxis tätig sind oder eine Tätigkeit ausüben, die mit den Aufgaben und der Führung einer freien Praxis vergleichbar ist (SBVR-Eugster*, Rz. 716).

2 Weiterbildung ist nach klaren Regeln organisiertes Lernen. Insoweit die (erfolgreiche) Weiterbildung mit einem Titel abschliesst, ist die Erlangung des Titels Zulassungsbedingung (9C_672/2009 E.3.3.1 m.H.). Die berufliche Erfahrung oder die Anerkennung in wissenschaftlichen Krei-

sen allein vermag einen fehlenden Weiterbildungstitel nicht zu ersetzen (vgl. K 88/04 E. 3.2 und E. 3.2.2=RKUV 2006 KV 374 291).

II.   Gleichwertige Befähigungsausweise (Abs. 2)

Zu den Anerkennungsbedingungen siehe Art. 39 KVV, zu ausländischen 3 Befähigungsausweisen und Weiterbildungstiteln die Art. 15 und 21 MedBG, ferner Art. 2 FZA und FZA Anhang III und Anhang K Anlage 3 des EFTA-Übereinkommens. S.a. BVGer C-89/2007, ferner K 163/03=BGE 133 V 33 und K 88/04=RKUV 2006 KV 374 291 (betr. die gleichwertige Weiterbildung gemäss Art. 42 Abs. 3 Satz 2 KLV; eine Weiterbildungszeit kann in Grenzen durch eine Zeit praktischer Tätigkeit, die dem Inhalt des Lernzielkatalogs entspricht und hauptamtlich erfolgt, kompensiert werden; mehr dazu unter Rz. 8 hiernach). Gegen die bundesamtliche Ablehnung der Gleichwertigkeitsanerkennung ist beim EDI Beschwerde zu führen; ein Sprungrekurs nach Art. 47 Abs. 2 VwVG ist nicht möglich (K 153/99; K 109/00).

III.   Zulassung von Zahnärzten (Abs. 3)

Verordnung: Art. 42 und 43 KVV.

Für Zahnärzte (Art. 2 Abs. 1 lit. b MedBG) gilt das in Rz. 1 hiervor Ge- 4 sagte sinngemäss. Zahnärzte waren im KUVG keine zugelassenen Leistungserbringer (RSKV 1981 454 147 E. 1) und zählten auch nicht zum medizinischen Hilfspersonal gemäss Art. 12 Abs. 2 Ziff. 1 lit. b KUVG (RSKV 1974 188 S. 6 E. 3; BGE 100 V 70 E. 1). Das EVG stellte sie jedoch für therapeutische Verrichtungen in der Mundhöhle, die nicht zahnärztliche Behandlungen nach odontologischen Methoden sind und die trotzdem nunmehr fast ausschliesslich von Zahnärzten vorgenommen werden, den Ärzten gleich (BGE 98 V 69 E. 3 u. BGE 102 V 1 E. 1; BGE 100 V 70 E. 2; BGE 105 V 300 E. 5b). Diese Praxis ist unter dem KVG weiterhin gültig (BGE 128 V 135 E. 6; BGE 128 V 143 E. 5a u.a.m.). Keine Zulassung besteht für Behandlungen ärztlicher Natur durch einen Zahnarzt ausserhalb des Kausystems (K 192/00; Zahnarzt versorgt in seiner Praxis einen unfallverletzten Finger).

V.   Einrichtungen der ambulanten Krankenpflege (Art. 36a KVG)

Chronologie: Eingefügt durch Ziff. I der Änderung des KVG vom 24. März 2000, in Kraft seit 1. Jan. 2001 (AS 2000 2305 2311; BBl 1999 793).

5   Art. 35 Abs. 2 lit. n KVG bzw. Art. 36a KVG bildet eine eigenständige Leistungserbringerkategorie (BGE 133 V 613 E. 6.2). Der Grund der Einfügung dieser Bestimmung bestand darin, dass vorher eine Rechtsunsicherheit darüber geherrscht hatte, ob Ärzte in der Form einer juristischen Person praktizieren dürfen (BGE 135 V 237 E. 4.2). Mit Art. 36a KVG soll ferner vermieden werden, dass durch die Schaffung von Gruppenpraxen die Zulassungsbedingungen von Art. 36 KVG umgangen werden. Es geht in der Hauptsache um Anstellungsverhältnisse von Ärzten ausserhalb von Spitälern, wie beispielsweise in HMOs, kann aber auch juristische Personen betreffen, welche Ärzte anstellen, ohne dem HMO-Modell zu folgen (BGE 133 V 613 E. 5.1.2; BGE 135 V 237 E. 4.3). Die betreffenden Einrichtungen dürfen auch in die Form einer AG gekleidet sein (a.a.O. S. 619 E. 5.3). Sie müssen über eine dem jeweiligen Zweck dienende entsprechende Infrastruktur verfügen (vgl. a. 2P.231/2006 E. 5.4). Weder die Einrichtungen gemäss Art. 35 Abs. 2 lit. n KVG noch die für sie tätigen angestellten Ärzte sind in diesem Rahmen dem Zulassungsstopp nach Art. 55a KVG unterstellt (BGE 133 V 613 E. 5.3 ff.).

6   Üben die einzelnen Ärzte ihre Tätigkeit als Arbeitnehmer der juristischen Person aus, so sind Leistungserbringer im Sinne des KVG nicht die Ärzte, sondern die juristische Person, welche eine Einrichtung im Sinne von Art. 35 Abs. 2 lit. n bzw. Art. 36a KVG ist. Da die ZSR-Nummer an den Begriff des Leistungserbringers anknüpft, muss diese Nummer der Einrichtung als solcher zugeteilt werden (BGE 135 V 237E. 4.4). Die juristische Person trägt die Verantwortung für die Wirtschaftlichkeit der Behandlung (a.a.O. E. 4.6.3). Art. 36a KVG regelt nicht die gewerbepolizeilichen Voraussetzungen für die Aufnahme einer Praxistätigkeit und schreibt den Kantonen nicht vor, die Ausübung des Arztberufes (auch) in Form einer «Ärzte-AG» zu gestatten (2P.231/2006 E. 5.4).

VI.　Zulassungsverfahren

Bibliografie: GÄHLER ERNST, K-Nummern für delegierte Psychotherapie sind freiwillig, in SAeZ 89(2008) H. 32 S. 1341.

Das KVG kennt für Ärzte kein förmliches Zulassungsverfahren (BGE　7 132 V 303 E. 4.3.1; K 153/05 E. 4.1, sondern verpflichtet sie lediglich, im Leistungsfall den Nachweis zu erbringen, dass die Zulassungsvoraussetzungen gegeben sind. Die KVers haben zu prüfen, ob der Arzt die betreffenden Bedingungen erfüllt (2P.35/2003 E. 3.2). Heute ist die Zulassungskontrolle beim Dachverband der schweiz. Krankenversicherer (santésuisse) zentralisiert, welcher diese Aufgabe stellvertretend für alle ihm angeschlossenen KVers wahrnimmt und dem jeweiligen Leistungserbringer mittels Erteilung einer Rechnungsstellernummer (RSN) bis auf Widerruf eine generelle Zulassung attestiert. Das Gesuch um Erteilung einer RSN-Nummer begründet ein öffentlich-rechtliches Rechtsverhältnis zwischen Leistungserbringer und santésuisse (BGE 132 V 303 E. 4.3.2; BGE 135 V 237 E. 2). Die Zulassung selber ist aber von der Gewährung einer RSN unabhängig (BGE 132 V 303 E. 4.4.1; K 153/05 E. 4.3; K 119/04 E. 5). Die Erteilung oder Verweigerung einer ZSR-Nummer durch santésuisse kann im Streitfall die Zuständigkeit des Schiedsgerichts begründen (BGE 132 V 303 E. 4). S.a. SBVR-EUGSTER* Rz. 731 und POLEDNA, Ausstand, AJP 6/2004 S. 649, 651.

Das Gesagte gilt sinngemäss für Zahnärzte, Apotheker, Chiropraktoren,　8 Hebammen, nichtärztliche Heilberufe nach Art. 35 Abs. 2 lit. e KVG, Laboratorien (2P.35/2003 E. 4.2). Die Leistungserbringer können erst ab dem Zeitpunkt der Zulassungsanerkennung fakturieren, auch wenn sie die Zulassungsvoraussetzungen schon vorher erfüllt haben (K 141/06 E. 5). Besondere Zulassungsverfahren sind für Spitäler und Pflegeheime (Art. 39 KVG) sowie Heilbäder (Art. 40 KVG; SVR 1998 KV Nr. 14) vorgesehen.

Art. 37 Apotheker und Apothekerinnen

　[1]**Apotheker und Apothekerinnen sind zugelassen, wenn sie das eidgenössische Diplom besitzen und über eine vom Bundesrat anerkannte Weiterbildung verfügen.**

²Der Bundesrat regelt die Zulassung von Apothekern und Apothekerinnen mit einem gleichwertigen wissenschaftlichen Befähigungsausweis.

³Die Kantone bestimmen, unter welchen Voraussetzungen Ärzte und Ärztinnen mit einer kantonalen Bewilligung zur Führung einer Apotheke den zugelassenen Apothekern und Apothekerinnen gleichgestellt sind. Sie berücksichtigen dabei insbesondere die Zugangsmöglichkeiten der Patienten und Patientinnen zu einer Apotheke.

Chronologie: AS 1995 1328; BBl 1992 I 93.

Bibliografie: KIESER UELI, Zugangsmöglichkeiten zur Apotheke – was sagt das Krankenversicherungsgesetz? in: HILL-2004-Fachartikel-2 (www.hilljournal.ch).

Verordnung: Art. 40 und 41 KVV.

I.   Zulassungsvoraussetzungen (Abs. 1)

1   Art. 37 Abs. 1 KVG betrifft Apotheker i.S.v. Art. 2 Abs. 1 lit. d MedBG mit Diplom gemäss Art. 5 Abs. 1 MedBG und erfolgreicher Prüfung nach Art. 14 Abs. 1 MedBG, die selbständigerwerbend sind oder eine Tätigkeit ausüben, die mit den Aufgaben und der Führung einer selbständigen Apotheke vergleichbar ist (SBVR-EGUSTER Rz. 723). Die Betreiber von Apotheken der Spitalpflege zu Hause (Laminar-flow-Verfahren) sind keine Apotheker, sondern Organisationen der Krankenpflege und Hilfe zu Hause nach Art. 7 Abs. 1 lit. b KLV (BRE RKUV 1999 KV 69 150 E. II/3.3 und E. II/3.7).

2   Mit der Erteilung einer Versandhandelsbewilligung erfüllt die betreffende Apotheke auch die Voraussetzungen als Leistungserbringer im Sinne des KVG (Art. 35 Abs. 2 lit. b und Art. 37 KVG (K 158/05 E. 6.5=RKUV 2006 KV 382 356). Die freie Leistungserbringerwahl

(Art. 41 Abs. 1 KVG) bei Apotheken ist auch in diesem Vertriebssystem zu beachten (vgl. 2P.169/2006 und 2P.32/2006 E. 3.4).

II. Gleichwertiger wissenschaftlicher Befähigungsausweis (Abs. 2)

Zu den Anerkennungsbedingungen: Art. 41 KVV, zu ausländischen Be- 3 fähigungsausweisen und Weiterbildungstiteln: Art. 15 und 21 MedBG, ferner Art. 2 FZA und FZA Anhang III und Anhang K Anlage 3 des EFTA-Abkommens. Bundesamtliche Ablehnungen sind beim EDI anfechtbar (K 136/99; vgl. a. Art. 36 KVG Rz. 3; BGE 133 V 33 und K 88/04=RKUV 2006 KV 374 291 zur Gleichwertigkeitsproblematik bei Ärzten).

III. Selbstdispensation (Abs. 3)

Bibliografie: Beck Konstantin/Kunze Ute/Oggier Willy, Selbstdispensation: Kosten treibender oder Kosten dämpfender Faktor?, in: MC 6/2004, S. 5.

Abs. 3 zielt nicht auf einen strukturpolitischen Schutz der Apotheken, in- 4 dem diese vor Konkurrenz geschützt werden sollen (2P.287/2002 E. 2.3; BGE 131 I 205 E.2.3.2), sondern will die Beibehaltung eines Netzes von öffentlichen Apotheken sichern und darüber hinaus verhindern, dass dem Gesundheitswesen durch zu grosszügig zugelassene Selbstdispensation übermässige Kosten erwachsen (2P.287/2002 E. 2.3; AGVE 2001 S. 127 E. 3b und 4). Zur Entstehungsgeschichte dieser Norm: BGE 131 I 198 E. 2.5; 2P.287/2002 E. 2.3, zum Verhältnis von Selbstdispensation und Versandhandelsapotheken: K 158/05 E. 7.6=RKUV 2006 KV 382 356 (in casu kein Verstoss gegen das Selbstdispensationsverbot). Die freie Wahl des Leistungserbringers (Art. 41 Abs. 1 KVG) gilt auch mit Bezug auf die Apotheken, mithin ebenfalls, wenn ein Arzt Selbstdispensation betreibt (siehe ferner 2P.169/2006 E. 2.2 und E. 3.4, eine Versandhandelsapotheke betreffend). Zu Art. 37 Abs. 3 KVG als zur Beschwerde legitimierende Schutznorm i.S.v. Art. 88 altOG: BGE 131 I 198 E. 2.5 f. (Legitimation verneint).

5 Art. 37 Abs. 3 KVG legt in Satz 2 ein einziges Beurteilungskriterium
fest und steckt damit einen sehr vagen, viel Spielraum eröffnenden Rahmen ab (2P.52/2001 E. 2c). Entsprechend fallen die kant. Ausgestaltun-
gen sehr unterschiedlich aus. Zum Verhältnis von Ärzten und Apothekern im Rahmen der Selbstdispensation s.a.: BGE 119 IA 433 E. 2 und
3; BGE 118 IA 175 E. 2c–2f; BGE 111 IA 184; Zum Vorteilsverbot
gemäss Art. 33 HMG: 2P.32/2006 E. 2. Im Vorentwurf zur Revision
des Heilmittelgesetzes (HMG; SR 812.21; VE Art. 25 und 25a HMG)
wird ein Verbot der ärztlichen Arzneimittelabgabe (Selbstdispensation)
im ambulanten Bereich vorgeschlagen. Die Kantone können jedoch die
Selbstdispensation erlauben, sofern der Zugang zu einer öffentlichen
Apotheke nicht gewährleistet ist.

Art. 38 Andere Leistungserbringer

**Der Bundesrat regelt die Zulassung der Leistungserbringer nach
Artikel 35 Absatz 2 Buchstaben c–g, i und m. Er hört zuvor die Kantone und die interessierten Organisationen an.**

Chronologie: *Art. 38:* Fassung gemäss Ziff. I der Änderung des KVG vom
24. März 2000, in Kraft seit 1. Jan. 2001 (AS 2000 2305 2311; BBl 1999 793;
alt: AS 1995 1328; BBl 1992 I 93). *Satz 1:* Fassung gemäss Ziff. I der Änderung
des KVG vom 21. Dez. 2007 (Spitalfinanzierung), in Kraft seit 1. Jan. 2009 (AS
2008 2049 2057; BBl 2004 5551).

Bibliografie: Duc Jean-Louis, Statut des physiothérapeutes dans la LAMal. Exa-
men de quelques questions, in: Revue romande de physiothérapie 1999, S. 97 ff.,
127 ff.; Gross Hawk Beatrice, Selbständige nichtärztliche Medizinalpersonen in
der freien Praxis: wie viel Freiheit belässt ihnen das Krankenversicherungsrecht?
Diss. Zürich 2008; Spycher Stefan, Zukünftige Rolle selbständiger psychologi-
scher PsychotherapeutInnen in der Krankenversicherung, in: CHSS 2007 H. 3
S. 152–156; Erläuternder Bericht des BAG zum Vorentwurf für ein Bundesgesetz
über die Psychologieberufe vom Mai 2005.

Verordnung: KVV: Art. 44 (Chiropraktoren; s.a. Art. 40 KLV betr. Schulen für
Chiropraktik), Art. 45 (Hebammen), Art. 47 (Physiotherapeuten), Art. 48 (Ergotherapeuten), Art. 49 (Pflegefachfrau und Pflegefachmann), Art. 50 (Logopäden), Art. 50a (Ernährungsberater), Art. 51 (Organisationen der Krankenpflege),
Art. 52 (Organisationen der Ergotherapie), Art. 52a (Organisationen der Physio-

therapie), Art. 53 und 54 (Laboratorien), Art. 55 (Abgabestellen für Mittel und Gegenstände), Art. 55a (Geburtshäuser), Art. 56 (Transport- und Rettungsunternehmen), Art. 57 und 58 (Heilbäder).

I.　Einleitung

Dem Bundesrat ist für die Erfüllung der Aufgaben nach Art. 38 KVG, die in seiner exklusiven Kompetenz liegen, ein weiter Ermessensspielraum eingeräumt (BGE 133 V 218 E. 6.3.1; BGE 125 V 284 E. 4e; BGE 126 V 330 E. 1c; K 88/04 E. 3.2=RKUV 2006 KV 374 291). Für selbständige nichtärztliche und nichtchiropraktorische Medizinalpersonen gilt die Regel, dass sich diese über einen Befähigungsausweis und über eine zweijährige praktische Tätigkeit (siehe die Art. 45 und 47–50a KVV) auszuweisen haben. Die Hebammen und die Personen nach Art. 35 Abs. 2 lit. e KVG müssen zusätzlich über eine kant. Zulassung verfügen (siehe Art. 44, 45, 46 KVV), die aber für sich allein für die Zulassung zur Tätigkeit für die OKP nicht genügt (2P.35/2003 E. 3.2). 　1

II.　Auf ärztliche Anordnung tätige Personen und Organisationen (Art. 35 Abs. 2 lit. e KVG; Art. 46–52 KVV)

Die nichtärztlichen Leistungserbringer gemäss Art. 35 Abs. 2 lit. e KVG sind in den Art. 46–56 KVV zulässigerweise abschliessend aufgezählt. Art. 46 Abs. 1 KVV lässt keine Ausnahmen zu (K 62/00 E. 2). Nicht zugelassen sind namentlich selbständige nichtärztliche Psychotherapeuten (BGE 125 V 284 E. 4e und f.; BGE 125 V 441 E. 2d). Die Einschränkung der Zulassung auf freiberufliche Medizinalpersonen ist nicht gesetzwidrig (BGE 133 V 218 E. 6.3.1). S.a. den Entwurf zum BG über die Psychologieberufe vom 30.09.2009 und die dazugehörige Botschaft: 　2

http://www.bag.admin.ch/themen/berufe/00994/index.html?lang=de;
Stand 1.12.2009).

3 *Physiotherapeuten:* Art. 47 KVV; Art. 5 KLV; Organisationen der Physiotherapie: Art. 52a KVV; *Ergotherapeuten:* Art. 48 KVV; *Organisationen der Ergotherapie:* Art. 52 KVV; Art. 6 KLV; *Logopäden:* Art. 50
KVV; Art. 10 f. KLV; *Ernährungsberater:* Art. 50a KVV.

4 *Pflegefachleute:* Art. 49 Abs. 1 KVV; Art. 7 ff. KLV: Die Umschreibung
der Zulassungsbedingungen ist nicht gesetzwidrig (K 62/00 E. 1) und
stellt einen zulässigen Eingriff in die Wirtschaftsfreiheit dar (altrechtlich: BGE 122 V 85 Erw. 5). Zulässig ist namentlich die Einschränkung
auf selbständige Erwerbstätigkeit (BGE 133 V 218 E. 6.3; K 124/06
E. 6.3). Es ist nicht bundesrechtswidrig, wenn Familienangehörige ohne
Befähigungsausweis nach Art. 49 KVV als Leistungserbringer nicht zugelassen werden (BGE 126 V 330; BGE 126 V 334 E. 3c). Eine ärztliche
Anordnung vermag eine fehlende Zulassung nicht zu ersetzen (K 62/00
E. 2).

5 *Organisationen der Krankenpflege:* Art. 35 Abs. 2 lit. e KVG; Art. 51
KVV. Für die Grundpflege darf die Spitex-Organisation nach pflicht-
gemässem Ermessen Personen ohne Pflegeberufsausbildung einsetzen,
wobei auch angestellte Familienangehörige in Frage kommen können
(K 156/04 E. 4.2=RKUV 2006 Nr. KV 376 S. 303; 9C_597/2007). Der
Einsatz von Personen ohne Pflegeberufsausbildung kann nach Mass-
gabe von Art. 43 Abs. 2 lit. d KVG auch tarifvertraglich geregelt werden
(K 156/04 E. 4.2; K 97/03 E. 2.3=RKUV 2005 KV 328 186; K 60/03
E. 3.2=RKUV 2003 KV 264 322.

6 Die Pflege durch eine nicht zugelassene Spitex-Organisation oder durch
bei dieser angestelltes Personal ist keine Pflichtleistung (BGE 133 V
218 E. 6.2; K 62/00 E. 2), und zwar selbst dann nicht, wenn die Pflege
von keinem zugelassenen Leistungserbringer erhältlich wäre (K 137/04
E. 4.3.3=SVR 2006 KV Nr. 30). Die Zulassungsbedingungen können
nicht dadurch umgangen werden, dass die Leistungen der Pflegeperson
lediglich pro forma über eine Spitex-Organisation abgerechnet werden
(BGE 126 V 334 E. 3c). Im Falle der Wahl einer nicht zugelassenen
Spitex-Organisation kann auch nicht ersatzweise beansprucht werden,
was der KVers bei der Wahl einer zugelassenen hätte vergüten müssen
(K 137/04 E. 6=SVR 2006 KV Nr. 30). Mehr zum Verbot der Austauschbefugnis siehe unter Art. 25 Rz. 76.

III. Weitere Tatbestände (Art. 35 Abs. 2 lit. c, d, f, g und m KVV)

Chiropraktoren (Art. 35 Abs. 2 lit. c KVG): Art. 44 KVV; s.a. Art. 4 (zu- 7 lässige Leistungsverordnungen) und Art. 40 KLV (Schulen für Chiropraktik). Chiropraktoren sind selbständig und ohne Überweisung durch andere Medizinalpersonen als Leistungserbringer zugelassen (I 783/03 E. 4; s.a. Art. 10 Abs. 1 lit. a UVG). Zu den *Hebammen:* Art. 35 Abs. 2 lit. d KVG): Art. 45 KVV; s.a. Art. 14–16 KLV.

Laboratorien (Art. 35 Abs. 2 lit. f KVG): Art. 53 und 54 KVV; Art. 42 8 und 43 KLV. Zur Gleichwertigkeit i.S.v. Art. 42 Abs. 3 Satz 2 KLV: Insoweit die (erfolgreiche) Weiterbildung mit einem Titel abschliesst, ist dessen Erlangung Zulassungsbedingung. Die berufliche Erfahrung oder die Anerkennung in wissenschaftlichen Kreisen allein vermag einen fehlenden Weiterbildungstitel nicht zu ersetzen (K 88/04 E. 3 und E. 4.2.3=RKUV 2006 KV 374 291). Eine Weiterbildungszeit kann unter Umständen durch eine Zeit praktischer Tätigkeit kompensiert werden (BGE 133 V 33 E. 9.4; Weiterbildung eines Arztes zum «Laborarzt» mit anschliessender praktischer Tätigkeit als Leiter eines medizinisch-analytischen Labors in Deutschland). Altrechtliches zur Rechtsmittelordnung: Das EVG war zuständig zur letztinstanzlichen Beurteilung der Gleichwertigkeit (K 162/03 E. 1.3=RKUV 2004 KV 290 315). Die Regelung von Art. 42 KLV beansprucht nur Geltung für die OKP; andere Rechtsgebiete, wie etwa kant. Gewerbe- oder Gesundheitsbestimmungen, werden dadurch weder berührt noch präjudiziert (K 162/03 E. 1.2=RKUV 2004 KV 290 315; 2P.35/2003 E. 3.2).

Verwaltungspraxis zur Frage der Gleichwertigkeit: http://www.bag.admin.ch/themen/krankenversicherung/02874/02875/06497/index.html?lang=de (Stand 01.12.2009).

Abgabestellen (Art 35 Abs. 2 lit. g KVG): Art. 55 KVV. Es kann sich da- 9 bei um Institutionen von sehr unterschiedlichem Profil handeln. Je nach Art der abgegebenen Mittel und Gegenstände können Abgabestellen Apotheken und Drogerien, Fachgeschäfte, Betriebe, Warenhäuser oder ausnahmsweise auch Arztpraxen sein (9C_678/2009 E. 4.2.3=BGE 136 V S. pend. Das Kriterium eines Vertrags mit dem KVers in Art. 55 KVV ist nicht bundesrechtswidrig (K 79/98 E. 4a; Urteilsbespr. Pfiffner Rauber*, S. 166). Eine Leistungspflicht kann aber nicht abgelehnt werden, wenn für ein Produkt keine Vertragsabgabestelle vorhanden ist (a.a.O., E. 4b).

Art. 39 Spitäler und andere Einrichtungen
(in Kraft bis 31.12.2008)

[1]**Anstalten oder deren Abteilungen, die der stationären Behandlung akuter Krankheiten oder der stationären Durchführung von Massnahmen der medizinischen Rehabilitation dienen (Spitäler), sind zugelassen, wenn sie:**
  a. **ausreichende ärztliche Betreuung gewährleisten;**
  b. **über das erforderliche Fachpersonal verfügen;**
  c. **über zweckentsprechende medizinische Einrichtungen verfügen und eine zweckentsprechende pharmazeutische Versorgung gewährleisten;**
  d. **der von einem oder mehreren Kantonen gemeinsam aufgestellten Planung für eine bedarfsgerechte Spitalversorgung entsprechen, wobei private Trägerschaften angemessen in die Planung einzubeziehen sind;**
  e. **auf der nach Leistungsaufträgen in Kategorien gegliederten Spitalliste des Kantons aufgeführt sind.**
[2]**Die Voraussetzungen von Absatz 1 Buchstaben a–c gelten sinngemäss für Anstalten, Einrichtungen oder ihre Abteilungen, die der teilstationären Krankenpflege dienen.**
[3]**Die Voraussetzungen nach Absatz 1 gelten sinngemäss für Anstalten, Einrichtungen oder ihre Abteilungen, die der Pflege und medizinischen Betreuung sowie der Rehabilitation von Langzeitpatienten und -patientinnen dienen (Pflegeheim).**

Chronologie: AS 1995 1328; BBl 1992 I 93.

Art. 39 Spitäler und andere Einrichtungen
(in Kraft ab 01.01.2009)

[1]**[...] unverändert. Siehe Abs. 1 hiervor.**
[2]**Die Kantone koordinieren ihre Planung.**
[2bis]**Im Bereich der hochspezialisierten Medizin beschliessen die Kantone gemeinsam eine gesamtschweizerische Planung. Kommen**

sie dieser Aufgabe nicht zeitgerecht nach, so legt der Bundesrat fest, welche Spitäler für welche Leistungen auf den kantonalen Spitallisten aufzuführen sind.

[2ter] Der Bundesrat erlässt einheitliche Planungskriterien auf der Grundlage von Qualität und Wirtschaftlichkeit. Er hört zuvor die Kantone, die Leistungserbringer und die Versicherer an.

[3] Die Voraussetzungen nach Absatz 1 gelten sinngemäss für Geburtshäuser sowie für Anstalten, Einrichtungen oder ihre Abteilungen, die der Pflege und medizinischen Betreuung sowie der Rehabilitation von Langzeitpatienten und -patientinnen dienen (Pflegeheim).

Chronologie: *Abs. 1:* AS 1995 1328; BBl 1992 I 93; *Abs. 2, Abs. 2^(bis), Abs. 2^(ter) und Abs. 2^(ter):* Fassung gemäss Ziff. I der Änderung des KVG vom 21. Dez. 2007 (Spitalfinanzierung), in Kraft seit 1. Jan. 2009 (AS 2008 2049 2057; BBl 2004 5551).

Verordnung: Art. 58a–Art. 58e KVV (Spitalplanungskriterien).

Bibliografie (Recht bis 31.12.2008): BIERSACK O., Wirtschaftswissenschaftliches Zentrum der Universität Basel: Die Planungsmethoden der Kantone, Basel 2000; DUC JEAN-LOUIS, Planification hospitalière cantonale et intercantonale, clauses de besoin cantonales, in: Colloques et journées d'étude 1999–2001, Lausanne 2002, S. 157 ff.; DERS., Établissements médico-sociaux et planification hospitalière, in: AJP 8/1997, S. 955 ff.; DERS., Planification hospitalière, Quelques réflexions relatives à une décision sur recours du Conseil fédéral, in AJP 1997 S. 459 ff.; DERS., Planification hospitalière, in: AJP 4/1997 S. 459; DERS., Révisions de la LAMal, in: Bettina Kahil-Wolff [Hrsg.], Les assurances sociales en révision, Lausanne 2002, S. 157 ff.; DERS., Les atteintes aux facultés visuelles, la LAMal et la jurisprudence du Tribunal fédéral des assurances, in: SZS 2004, S. 39 ff.; Zu den Thesen von Duc Jean-Louis s.a. die Bibliografie unter Art. 50 KVG; HAMMER S., INFRAS: Die Auswirkungen des KVG im Tarifbereich, Bern 2000; DUC JEAN-MICHEL, Prise en charge des frais d'hospitalisation dans une clinique privée, in SZS 2009, S. 123; MATTIG THOMAS, Grenzen der Spitalplanung aus verfassungsrechtlicher Sicht, Diss. Basel 2003; MÜLLER KLAUS, Grundlagen für die KVG-konforme Zulassung von Rehabilitationseinrichtungen, in: CHSS 1998, S. 337 ff.; MÜLLER MARKUS, Spitalplanung und Spitalfinanzierung aus der Sicht eines Spitals, in: Thomas Gächter (Hrsg.), Spitalfinanzierung, Spitäler im Spannungsfeld zwischen Grund- und Zusatzversicherung, Tagungsband LuZeSo* Luzern 2005, S. 79 ff.; LONGCHAMP*, S. 347 ff.; POLEDNA TOMAS, Die Stellung der Privatspitäler als Leistungserbringer, in: Jusletter vom 16. Mai 2005, S. 68 ff.; POLEDNA TOMAS,

Die Stellung der Privatspitäler als Leistungserbringer in der sozialen Kranken-versicherung und im Bereich der Zusatzversicherungen, Tagungsband LuZeSo*, Luzern 2005 S. 59; RICHLI PAUL, Die Spitalliste – Ein Planungsinstrument mit staats- und verwaltungsrechtlichen Geburtsgebrechen?, in: Das Recht in Raum und Zeit, FS für Martin Lendi, Zürich 1998, S. 407 ff.; ROGGO ANTON/STAFFEL-BACH DANIEL, Interkantonale Spitalplanung und Kostentragung – Stellenwert der «geschlossenen Spitalliste» im Falle von «medizinischem Grund» im weiteren Sinne, in: AJP 3/2006, S. 267 ff.; ROTHENBÜHLER M., Evaluation der Spitalpla-nungen und der Spitallisten nach Artikel 39 KVG, Bern 1999; SIFFERT N./ROSSEL R./GREPPI S./RITZMANN H., Analyse der Wirkungen des neuen Krankenversiche-rungsgesetzes auf die Finanzierung des Gesundheitswesens und andere Bereiche der sozialen Sicherheit, Bern 2000; SBVR-EUGSTER* Rz. 738 ff.; SPIRA RAYMOND, Les compétences des cantons en matière d'assurance obligatoire du soins, in: LAMal–KVG*, S. 63, 72 ff.; STÜRMER W. ET. AL., Europäisches Zentrum für Wirt-schaftsforschung und Strategieberatung prognos: Veränderungen im Bereich der Zusatzversicherung auf Grund des KVG, Bern 2000; STÜSSI FRANK, Wettbewerb durch eine erweiterte oder ohne Spitalplanung, Tagungsband des 3. Zentrums-tags LuZeSo*, 2006, Ausserkantonale Hospitalisation, S. 55. Wissenschaftliche Forschungsberichte des BSV/BAG, siehe S. XXII (Literaturverzeichnis) hiervor.

Bibliografie (Recht ab 01.01.2009): DUC JEAN-MICHEL, Prise en charge des frais d'hospitalisation dans une clinique privée, in SZS 2009, S. 123; RICH LUKAS, Neue Spitalfinanzierung im Kt. ZH, in Jusletter 19.01.2009.

I. Abs. 1 Einleitung: Der Spitalbegriff

1   Art. 39 Abs. 1 KVG Ingr. definiert den bundesrechtlichen Begriff des Spitals mittels Bestimmung seines Zwecks. Die Kantone können nur

Einrichtungen in ihre Spitalliste aufnehmen, welche die bundesrechtlichen Voraussetzungen eines Spitals erfüllen (BRE RKUV 2006 KV 385 E. 2.1). Als Pflegeheime zugelassene Einrichtungen können anders als unter dem KUVG (Art. 23 Abs. 1 VO III KUVG; BGE 107 V 54 E. 2b; BGE 115 V 38 Erw. 3b/bb; RKUV 1992 K 892 99) nicht mehr Spitäler sein (K 77/00 E. 3b; SBVR-EUGSTER* Rz. 739; a.M. DUC, Hospitalisation hors canton, S. 63 und LONGCHAMP*, S. 455), ebenso wenig hauptsächlich der Erholung dienende Kurhäuser (altrechtlich: BGE 120 V 200 E. 5a; betr. Säuglings- und Kinderheime: RKUV 1984 K 569 47). Die Weiterverwendung der altrechtlichen Heilanstaltsdefinition von BGE 120 V 200 E. 5a in BRE RKUV 2006 KV 385 E. 2.2 beachtet zu wenig, dass der Spitalbegriff des KVG enger ist als der Heilanstaltsbegriff des KUVG bzw. nur noch Akutspitäler oder Rehabilitationskliniken für Patienten nach Akuterkrankungen umfasst.

Das Vorhandensein einer organisch ausgeschiedenen allgemeinen Abteilung ist kein Begriffsmerkmal des Spitals (Art. 49 KVG Rz. 3; BGE 123 V 290 E. 6b/bb; s.a. BRE RKUV 1997 KV 10 257 E. II/2.3; zum KUVG: BGE 120 V 200 E. 5a, 99 V 70 E. 2; RKUV 1985 K 648 260). Allgemeine Abteilung bezeichnete unter dem bisherigen Spitalfinanzierungssystem ein Versicherungsprodukt, nämlich das Leistungspaket, das die KVG-Versicherten unter voller Kostendeckung zu Lasten der OKP beanspruchen können (9C_725/2008 E. 3.3=BGE 135 V S. pend.; BRE RKUV 2001 KV 183 438 E. II/2.2). Das ab 1.1.2009 geltende Recht (AS 2008 2049; BBl 2004 5551) hat die allgemeine Abteilung als Begriff zur Umschreibung des Leistungsumfangs für den medizinischen und pflegerischen Bereich formell aufgegeben (s.a. Art. 25 Abs. 2 neu lit. e KVG Rz. 53 f.). Er ist damit erst recht kein Begriffsmerkmal des Spitals mehr. 2

II.   Die einzelnen Zulassungsbedingungen (Abs. 1 lit. a bis e)

Das KVG führte für Spitäler und Pflegeheime ein förmliches Zulassungssystem ein, was gegenüber dem alten Recht einen wichtigen Systemwechsel darstellt (RKUV 1997 KV 10 257 E. II/2.1). Die Gesetzesrevision vom 21.12.2007 (AS 2008 2049; BBl 2004 5551; neue Spitalfinanzierung) hat den Wortlaut von Art. 39 Abs. 2 lit. d und e unberührt gelassen. 3

1. Lit. a bis c: Dienstleistungs- und Infrastruktur- voraussetzungen

4   Lit. a bis c entsprechen im Wesentlichen altrechtlichen Rechtsprechungskriterien zum Heilanstaltsbegriff (BGE 123 V 290 E. 6b/aa, 120
V 200 E. 5; BRE RKUV 2006 KV 385 E. 2.2). Die Prüfung der Zulassungsbedingungen nach lit. a–c KVG erfolgt in erster Linie durch den
Standortkanton (BRE RKUV 1997 KV 10 257 E. II. 4.1, BRE RKUV
2006 KV 385 E. II. 2.1). Kantone, die ein ausserkant. Spital auf ihre
Spitalliste setzen wollen, können auf die Prüfung des Standortkantons
abstellen oder eine solche selber vornehmen. Die Gesetzesrevision vom
21.12.2007 (AS 2008 2049; BBl 2004 5551; Spitalfinanzierung) hat
an dieser Regel nichts geändert. Die lit. a–c KVG galten unter dem bis
31.12.2008 gültigen Recht auch für Halbprivat- und Privatabteilungen
(BRE RKUV 1998 KV 54 521 E. II/3.2.1 und 3.2.6). Zu dieser nach
Umsetzung der genannten Gesetzesrevision für den medizinischen und
pflegerischen Bereich gegenstandslos gewordenen Spitalklassendiffe-
renzierung siehe Rz. 15 hiernach.

5   Das Aufgabengebiet des Spitals bestimmt die Anforderungen an Personal und Ausstattung. Nach der Praxis zum KUVG war neben der
zweckentsprechenden personellen und technischen Ausstattung (relatives Moment) ein minimaler Grundbestand an allgemeinen spitalmässigen Einrichtungen und Dienstleistungen notwendig (absolutes
Moment; BGE 120 V 200 E. 5a). Zu Letzterem gehört auch, dass die
Klinik für Notfallsituationen ausgerüstet sein muss (a.a.O., E. 5a; BRE
RKUV 2006 KV 385 E. 2.2). Merkmal eines Spitals ist, dass es Patienten aufnimmt, denen ärztliche und pflegerische Betreuung rund um
die Uhr mit spitalmässigen Kontrollmassnahmen zur Verfügung stehen
muss (BRE RKUV 2006 KV 385 E. 2.2). Eine Einrichtung, die sich auf
die medizinische Rehabilitation von Patienten spezialisiert, die eine solche Dienstleistung nicht benötigen, anderseits Pflegemassnahmen nach
Art. 7 Abs. 2 lit. b oder c KLV ambulant nur unzureichend in Anspruch
nehmen können, kann nicht Spital i.S.v. Art. 39 Abs. 1 KVG sein (BRE
RKUV 2006 KV 385 E. 2.3). Spitäler müssen über Ärzte und Fachpersonal mit mindestens gleichem Aus- und Weiterbildungsprofil verfügen,
wie es für eine Tätigkeit in freier Praxis vorgeschrieben ist (Art. 36–38
KVG). Lit. a verlangt aber wie schon unter dem KUVG (BGE 120 V 200

E. 5a) keine ärztliche Betreuung durch fest angestellte Spitalärzte (BRE RKUV 2006 KV 385 E. 2.2). Es ist das Spital, das als Leistungserbringer auftritt, auch wenn die ärztliche Behandlung ganz oder teilweise durch Belegärzte erbracht wird (K 3/02 E. 13.3; K 3/05 E. 5 und 8). An diesen Regeln hat sich mit der Gesetzesrevision vom 21.12.2007 (AS 2008 2049; BBl 2004 5551) nichts geändert.

2. Lit. d Bedarfsdeckungs- und Koordinationsvoraussetzung

Verordnung: KVV: Art. 58a (Planungskriterien: Grundsatz), Art. 58b (Versorgungsplanung), Art. 58c (Art der Planung), Art. 58d (interkantonale Koordination der Planungen), Art. 58e (Listen und Listenaufträge).

a) Zu den Pflichten und Kompetenzen von Bund und Kantonen

Die Rechtsprechung lässt die Frage offen, ob Art. 39 Abs. 1 lit. d KVG eine bundessozialversicherungsrechtliche Pflicht zur Spitalplanung begründet (BGE 126 V 172 E. 4a). Die Planung selber liegt in der ausschliesslichen Zuständigkeit der Kantone und wird damit durch das kant. Recht geregelt (BGE 132 V 6 E. 2.4.2, 125 V 448 E. 3b). Die Planungspflicht beschränkt sich auf die Leistungen der OKP. Mehrleistungen bzw. diese deckende Zusatzversicherungen sind ihr nicht unterworfen; eine Planungspflicht besteht lediglich mit Bezug auf die in Privat- oder Halbprivatabteilungen ausgelösten OKP-Leistungen (BGE 132 V 6 E. 2.4.2; Rz. 33). Eine explizite Aufführung des Zusatzversicherungsbereiches in einer Spitalliste ist jedoch nicht zwingend notwendig (BRE RKUV 1998 KV 54 521 E. II/3.2.5) **6**

Die Planungspflicht existiert einzig mit Bezug auf die kantonseigenen Spitäler. Eine gesamtschweiz. Spitalplanung ist nicht vorgeschrieben (RKUV 1996 KV 1 221 E. II/4.1), auch nicht nach der Gesetzesrevision vom 21.12.2007 (AS 2008 2049; BBl 2004 5551; Spitalfinanzierung). Siehe jedoch Art. 39 neuAbs. 2, Abs. 2bis und 2ter KVG. **7**

b)   Ziele der Spitalplanung: neues und altes Recht

8   *Versorgungssicherheit:* Ziel der Spitalplanung ist in erster Linie eine bedarfsgerechte Versorgung der Bevölkerung des planenden Kantons (Art. 39 Abs. 2 lit. d KVG; Art. 58a KVV). Die Kantone entscheiden autonom und im Rahmen eines grossen Ermessensspielraums (BGE 132 V 6 E. 2.4.2; BGE 126 V 182 E. 4b und 6d; BGE 130 I 126 E. 6.3.1.2), mit welchen Mitteln sie die Versorgungssicherheit gewährleisten.

9   *Optimale Ressourcenverwendung:* Ziel der Spitalplanung gemäss Art. 39 Abs. 1 lit. d KVG war bis zur Umsetzung der Gesetzesrevision vom 21.12.2007 (AS 2008 2049; BBl 2004 5551; Spitalfinanzierung) eine optimale Ressourcennutzung, ein Abbau von Überkapazitäten (BRE RKUV 2001 KV 183 438 E. 7.2.1: auch ohne formellen Bedürfnisnachweis) und damit die Kosteneindämmung (BGE 133 V 579 E. 3.4; BGE 132 V 6 E. 2.4.1; BGE 125 V 448 E. 3b; s.a. BRE RKUV 1997 K 10 263, 257 E. 4.2). Überkapazitäten liessen sich nicht mit dem Hinweis auf das Anrechnungsverbot für Überkapazitäten von altArt. 49 Abs. 1 KVG rechtfertigen (BRE RKUV 1999 KV 72 211 E. II/3.4.3, 2001 KV 183 438 E. 7.1.4). Der Abbau von Überkapazitäten betraf auch Privatspitäler und hatte ebenfalls über eine Bedarfsplanung zu erfolgen (BRE RKUV 2001 KV 183 438 E. 7.1.2). Dieser durfte aber nicht einseitig bei privaten Trägerschaften erfolgen, sondern musste grundsätzlich gleichmässig, allerdings nicht streng linear, bei privaten und öffentlichen Spitälern ansetzen (BRE RKUV 2001 KV 183 438 E. 7.1.4).

10   Bei der Wahl der planerischen Varianten verfügte der Kanton über ein Auswahlermessen (BRE RKUV 1999 KV 72 211 E. II/3.2, 2002 Nr. KV 219 297 E. 2.1). So konnte er Überkapazitäten durch Aufhebung von organisatorischen Spitaleinheiten (Variante «Konzentration») oder durch linearen Abbau von Spitalbetten (Variante «linearer Abbau») vermindern, und die Variante «Konzentration» wählen, wenn diese die Kosten wirksamer einzudämmen versprach als die Variante «linearer Abbau» (RKUV 1999 KV 72 211 E. II. 4.4). Die Praxis des Bundesrats bedeutete die Einführung einer im Gesetz nicht ausdrücklich vorgesehenen Bedürfnisklausel (BRE RKUV 1999 KV 72 211 E. II. 3.4.2; krit. Duc, AJP 4/1997 S. 459, 8/1997 959 ff. und SZS 1996 S. 287).

11   An den Zielen der Versorgungssicherheit, der optimalen Ressourcennutzung und dem Überkapazitätenabbau hat die Gesetzesrevision vom

21.12.2007 (AS 2008 2049; BBl 2004 5551) nichts Prinzipielles geändert. Mit welchen Mitteln diese Ziele erreicht werden sollen, erfährt dagegen aufgrund der starken Gewichtung des Wettbewerbs unter den Spitälern und dem neuen Finanzierungsmodell von Art. 49 neuAbs. 1 KVG eine entscheidende Umorientierung.

Abkehr von staatlicher Mengensteuerung: Das KVG schreibt den Kanto- 12
nen im Zuge der Gesetzesrevision vom 21.12.2007 (AS 2008 2049; BBl 2004 5551) keine Pflicht zu staatlicher Mengensteuerung vor (verbietet sie allerdings auch nicht). Während bisher auf Mengenlenkung durch staatliche Steuerung der Spitalkapazitäten gesetzt wurde (Beispiel: K 70/06; Rz. 34 ff. hiernach), soll das Ziel der Kosteneindämmung neu durch mehr Spitalwettbewerb erreicht werden. Es bleibt sodann beim Grundsatz, dass Kostenanteile aus Überkapazität wegen Unwirtschaftlichkeit nicht in die Tarifberechnung einbezogen werden dürfen (Art. 43 Abs. 4 KVG).

3. lit. e: Publizitäts- und Transparenzvoraussetzung

Übersicht   Seite

a)   Funktion und Natur der Spitallisten

Zweck der Spitalliste ist es, Transparenz und Publizität in der Frage zu 13
schaffen, welches die zugelassenen Spitäler und welches die ihnen zugewiesenen Aufgaben sind. Die Spitalliste ist mit einem öffentlichen Register vergleichbar (BGE 127 V 398 E. 2b/cc; BRE RKUV 1999 KV 83 345 E. II/2.2, 2001 KV 181 417, 423 E. II/2.1; K 67/02 E. 3.3; K 137/04 E. 3.3=SVR 2006 KV Nr. 30). Die Rechtsprechung, wonach die Aufnahme in eine Spitalliste von der Entscheidung über Spitalsubventionen abzugrenzen ist (BGE 126 V 172 E. 4b), hat mit dem Übergang von der Objekt- zur Leistungsfinanzierung (Art. 49 neuAbs. 1 KVG) ihre Rele-

vanz eingebüsst. Für die Kantone ist die Spitalliste nach Einführung der neuen Spitalfinanzierung (AS 2008 2049; BBl 2004 5551) von zentraler Bedeutung, weil sie die in Listenspitälern erbrachten Leistungen subventionieren müssen (Art. 49a KVG).

14   Spitallisten sind ihrem Wesen nach planwirtschaftliche Instrumente (BRE RKUV 1998 KV 54 521 E. II/3.2.3.1) und stellen Bundesrecht vollziehendes kant. Recht dar. Bei ihrer Erstellung haben die Kantone die allgemeinen Rechtsgrundsätze des Verfassungs- und Verwaltungsrechts zu beachten (BGE 126 V 172 E. 4b). Die spitalplanerischen Listenentscheide lassen sich grundsätzlich nicht mit Berufung auf die Wirtschaftsfreiheit anfechten (BGer-Urteil 2P.67/2004 E. 1.8; BRE RKUV 1997 KV 9 257 E. II.4.2 und II.11.3, 1999 KV 65 73 E. II.5.1).

15   Unter dem bis zur Umsetzung der Gesetzesrevision vom 21.12.2007 (AS 2008 2049; BBl 2004 5551) geltenden Recht mussten auch die privaten und halbprivaten Spitalabteilungen Platz auf einer Spitalliste finden, zumindest auf jener im Standortkanton, andernfalls sie nicht für die OKP tätig sein konnten (BRE RKUV 1998 KV 54 521 E. II/3, 1999 KV 84 356 E. II/4.2, 2001 KV 183 438 E. II/4.4). Hatte ein Kanton einem Spital nach dem Recht vor Einführung des KVG eine Betriebsbewilligung erteilt, so bestand für Halbprivat- und Privatabteilungen, beschränkt auf diese, ein Rechtsanspruch auf Aufnahme in die Spitalliste des Standortkantons (BRE RKUV 1999 KV 84 356 E. II/4.3, 2002 KV 219 306 f. E. 3.3). Die Aufnahme neuer Privat- und Halbprivatabteilungen war jedoch nur nach Massgabe der Spitalplanung möglich (BGE 132 V 6 E. 2.4.2; BRE RKUV 2002 KV 219 306 f. E. 3.3). Diese Spruchpraxis ist nach der genannten Gesetzesrevision überholt, weil die Art der Spitalabteilung für die Zulassungsfrage irrelevant ist.

b)   Einfluss auf die Leistungspflicht der KVers und der Kantone

16   Von der neuen Spitalkategorie der Vertragsspitäler gemäss Art. 49a Abs. 4 KVG abgesehen, können nur auf einer Spitalliste aufgeführte Spitäler für die OKP tätig sein (BGE 132 V 6 E. 2.4.1, 133 V 579 E. 3.3; a.M. zum alten Recht Duc, Statut des assurées, SZS 1996, S. 257, 283; Ders, AJP 8/1997, S. 955 u.a.m.), und dies auch nur im Rahmen der erteilten Leistungsaufträge. Die KVers sind gegenüber den Versicherten nur leistungspflichtig, wenn sich diese in einem Listenspital (BRE

RKUV 1999 KV 72 211 E. II/8.1) stationär behandeln lassen. Im Falle einer Hospitalisierung ist einem Vertragsspital gemäss Art. 49a Abs. 4 KVG können sich dort nur Versicherte eines vertragsschliessenden KVers zu Lasten der OKP behandeln lassen.

Nach BGE 125 V 448 E. 3b (u. BGE 133 V 123 E. 3.2) besteht ein 17 Leistungsanspruch der versPers auch dann, wenn das behandelte Leiden nicht vom Leistungsauftrag des Spitals erfasst ist (LONGCHAMP*, S. 357). Vergleichbares konnte altrechtlich geschehen, wenn ein Privatspital für seine Privatabteilung auf der Spitalliste des Wohnkantons figurierte, aber keinen Leistungsauftrag hatte (K 28/05 E. 4.1; K 34/02=RKUV 2004 KV 281 208 E. 6.2.1). Eine solche Konstellation kann unter dem ab 1.1.2009 geltenden Recht nicht mehr eintreten, weil jedes auf einer Spitalliste befindliche Spital einen Leistungsauftrag haben muss. Dagegen bleibt die Frage zu beantworten, ob eine Leistungspflicht besteht, wenn sich die versPers in einem Listenspital für ein Leiden behandeln lässt, das ausserhalb des Leistungsauftrags des betreffenden Spitals liegt.

Mit der Aufnahme in die Spitalliste ist über den anwendbaren Tarif 18 noch nichts entschieden (BGE 133 V 123 E. 4, 127 V 398 E. 2b/cc). Im Rahmen der Planung besteht kein Anspruch der Versicherten, sich am Wohnort oder in der Region zu Lasten der OKP stationär behandeln lassen zu können (RKUV 1999 KV 72 211 E. II/8.1).

c) Formulierung von Leistungsaufträgen

Das bisherige Recht enthielt keine Vorschriften zur konkreten Ausge- 19 staltung der Spitallisten. Die Kantone verfügten über einen erheblichen Ermessensspielraum (zu den Schranken: BRE RKUV 1998 KV 54 521 E. II/3.2.3.2). Mit Bezug auf die Detaillierung des Inhalts der Leistungsaufträge und deren Verknüpfung mit der Spitalliste hat der Bundesrat reichhaltige Spruchpraxis entwickelt, auf die hier nur verwiesen werden kann (BRE RKUV 1998 KV 54 521 E. II. 4.2.3, 1999 KV 83 345 II/3.1, 2001 KV 183 438 E. II/4.2.2 f., 2002 KV 217 249 E.II/7.1). Für das neue Recht ist Art. 58e KVV massgebend. Die KVV verzichtet in diesem Artikel auf die Vorschrift detaillierter Auflagen und Vorgaben, damit die in einem Wettbewerb stehenden Spitäler ihr Angebot relativ kurzfristig anpassen können. Sie schreibt anders als noch das alte Recht (n.p. BRE 15.2.2006, Fribourg, E. II/4.3.4) nicht vor, dass die Begründung der Spitalliste die Planungsdetails aufzuzeigen hat.

d)   Arten von Spitallisten und ihre Ausgestaltung

20 *Integrale Spitalliste:* Die integrale Liste unterscheidet nicht nach allgemeinen, privaten und halbprivaten Abteilungen eines Spitals (BRE RKUV 2001 KV 181 417 E. 2.2.1). Alle Abteilungen sind unterschiedslos zur Tätigkeit zu Lasten der sozialen KV zugelassen (BRE RKUV 1998 KV 54 521 E. 3.2.3.2, 1999 KV 85 365 E.II/4.2, 2002 KV 217 249 E. II/2.5). Zu den Nachteilen dieser Liste unter dem alten Recht: BRE RKUV 1999 KV 83 345 II/3.1). Nach der Neuregelung der Spitalfinanzierung (Gesetzesrevision vom 21.12.2007; AS 2008 2049; BBl 2004 5551; Art. 49 neuAbs. 1 KVG) kann es nur noch integrale Spitallisten geben (Brunner AB 2006 S 50; Forster-Vanini AB 2005 S 684). In eine integrale Spitalliste nicht aufgenommene Spitäler waren nach bisherigen Recht im planenden Kanton von der Tätigkeit zu Lasten der OKP ausgeschlossen (BRE RKUV 2001 KV 183 438 E. II/7.1.1). Dieser Grundsatz bleibt nach der Gesetzesrevision vom 21.12.2007 (AS 2008 2049; BBl 2004 5551) weiterhin gültig, Vertragsspitäler nach Art. 49a Abs. 4 KVG vorbehalten. Nicht Teil einer integralen Spitalliste bildete ein Spital, das nur für die Betten der (halb)privaten Abteilung auf der Spitalliste figurierte (BRE RKUV 2001 KV 181 417 E. 2.2.2; im neuen Recht ist die Differenzierung nach Spitalklassen mit Bezug auf die medizinischen und pflegerischen OKP-Leistungen überholt).

21 *Unterteilte Liste:* Beim Modell der unterteilten Liste war im bis 31.12.2008 geltenden Planungsrecht die eine Liste (A [allgemeine Abteilungen der öffentlichen und privaten Spitäler]) auf den Bedarf ausgerichtet (selektive Aufnahme von Spitälern und feste Bettenzuweisungen). Die andere Liste (B [private und halbprivate Abteilungen]) war offen und verzichtete auf eine staatliche Steuerung des Angebots (BRE RKUV 1998 KV 54 521 E. 3.2.3.2, 2001 KV 183 438 E. II 4.2.4 bis 4.2.4.2, 2002 KV 217 249 E. II/2.5). Auch Spitäler, welche bloss auf der Liste B figurierten, waren zur Behandlung zu Lasten der OKP zugelassen (RKUV 2001 KV 183 438 E. II 4.3.3; K 99/05 E. 2 m.H.). S.a. BGE 132 V 6 E. 2.4.1f. betr. Zulassungsanspruch von Privatkliniken und Spitalplanung für Zusatzversicherte; BRE RKUV 1999 KV 84 356 E. II. 4.3, 1999 KV 72 211 E. II/2. Weil aufgrund der Gesetzesrevision vom

21.12.2007 (AS 2008 2049; BBl 2004 5551) neu alle stationären Leistungen in zugelassenen Spitälern unabhängig davon, ob der Patient einzig nach KVG oder auch für die halbprivate oder private Spitalabteilung versichert ist, und unabhängig vom Status des zugelassenen Spitals als öffentlich oder privat, auf die gleiche Weise finanziert werden, ist eine Unterteilung der Spitalliste obsolet geworden.

Geschlossene und offene Spitallisten: Eine «geschlossene Liste» liegt 22 vor, wenn ein Kanton die ausserkant. Spitäler, die er zur Bedarfsdeckung gemäss Art. 39 Abs. 1 lit. e KVG benötigt, in der Spitalliste abschliessend aufzählt. *«Offene Spitalliste»:* Eine Spitalliste ist als «offen» zu bezeichnen, wenn sie Spitäler mit ausserkant. Standort nicht in die Spitalliste aufnimmt. Die Wahlfreiheit der Patienten erstreckte sich in diesem Falle nach bisherigem Recht auf alle ausserkant. Spitäler, die in ihrem Standortkanton auf der Spitalliste aufgeführt sind (BGE 125 V 448 E. 3a, Urteilsbespr. Meuwly, SZS 2003 S. 464 ff.; RKUV 1998 KV 54 521 E. II. 4.1.2 f.). Die Spruchpraxis des BR duldete offene Spitallisten bei kleinen Kantonen (BRE RKUV 1998 KV 54 521 E. II/4.1.2.3). Art. 58e Abs. 1 KVV lässt offene Spitallisten nicht mehr zu. Er verpflichtet zur Schaffung geschlossener Spitallisten.

Zum alten Recht: altArt. 41 Abs. 2 lit. b KVG beruhte auf dem Kon- 23 zept einer geschlossenen Spitalliste (BRE RKUV 1998 KV 54 521 E. II. 4.1.3.1). Eine solche beeinträchtigte die Freiheit der Spitalwahl (Art. 41 altAbs. 1 KVG) nach der bundesrätlichen Spruchpraxis nicht unverhältnismässig und war Spitalvertragslösungen ohne Aufnahme der involvierten ausserkant. Spitäler in die Spitalliste vorzuziehen (BRE RKUV 2001 KV 183 438 E. II./3.2.1.4).

e)   Revisionsweise Änderung von Spitallisten

Spitalplanung bedarf laufender Überprüfung (Art. 58a Abs. 1 KVV; 24 altrechtlich: BRE RKUV 1996 KV 1 221 E. II/4.2, 1999 KV 72 221 E. II/3.2). Die Zulassung eines Spitals steht daher in jedem Fall unter dem Vorbehalt einer notwendigen Anpassung der Spitalplanung und der Spitalliste (BRE RKUV 2001 KV 216 233 E. II/1.1.1). Nach der bundesrätlichen Praxis überwiegt bei den Spitallisten der Verfügungscharakter gegenüber dem Erlasscharakter, weshalb die Regeln über den Widerruf einer Verfügung angewendet werden (BRE RKUV 2001 KV 183 438 E. II/1.3 und 7.1.6, 2001 KV 216 233 E. II/2.2).

f) Spitalabkommen und Spitalliste

25 Die Kantone können sich die innerkant. fehlende medizinische Versorgung durch Verträge mit ausserkant. Spitälern sichern. Das Wahlrecht der Versicherten ist in diesem Falle auf die Abkommensspitäler beschränkt, soweit das kant. Recht nichts anderes vorsieht. Aufgrund von Art. 58e Abs. 1 KVV müssen Abkommensspitäler in die Spitalplanung einbezogen und auf der Spitalliste des die ausserkantonale Leistung sichernden Kantons aufgeführt sein. Werden ausserkant. Spitäler aufgrund eines interkant. Konkordats – ohne Berücksichtigung der Planung für eine bedarfsgerechte Spitalversorgung – in die Spitalliste aufgenommen, so verstösst dies gegen Art. 39 Abs. 1 lit. d KVG (BRE RKUV 2002 KV 217 249 E. II/8.3.1). Den planenden Kanton nicht binden konnte nach altem Recht der Umstand, dass ein Spital mit verschiedenen KVers Verträge abgeschlossen hat oder Vertragsverhandlungen führt (BRE RKUV 2001 KV 183 438 E. II/7.1.4).

III.   Abs. 2: Interkantonale Koordinierung der Planung
Art. 58d KVV

26 Abs. 2 ist mit Gesetzesrevision vom 21.12.2007 (AS 2008 2049; BBl 2004 5551) eingefügt worden. Der bis dahin anwendbare Abs. 2 ist mit Modifikationen nach Abs. 3 verschoben worden. Der ab 1.1.2009 in Kraft stehende Abs. 2 ist gemäss Abs. 3 der Übergangsbestimmungen zur Änderung vom 21. Dezember 2007 (Spitalfinanzierung) bis spätestens drei Jahre nach Einführung der leistungsbezogenen Pauschalen gemäss Art. 49 Absatz 1 sowie der Finanzierungsregelung nach Art. 49a (die bis spätestens 31.12.2011 zu realisieren sind) umzusetzen.

27 Die Planungspflicht besteht einzig mit Bezug auf die kantonseigenen Spitäler. Eine gesamtschweiz. Spitalplanung ist nicht vorgeschrieben (RKUV 1996 KV 1 221 E. II/4.1). Doch muss ein Kanton nach Art. 39 Abs. 2 KVG (in der ab 1.1.2009 gültigen Fassung) zwingend die Planung

anderer Kantone berücksichtigen (zu den Massnahmen: Art. 58d KVV).
Einerseits, um dadurch Überkapazitäten abzubauen oder zu verhindern,
anderseits, um den Weg zu grösseren, überkantonalen Versorgungsregionen zu ebnen. Die herkömmlichen kant. Versorgungsregionen waren
häufig sehr klein, so dass es zu Überkapazitäten kam, weil jede Region
nur für sich selber plante.

Die Spitalplanung eines Kantons darf sich auf die Deckung des Be- 28
darfs der eigenen Bevölkerung beschränken (RKUV 2001 KV 182
431 E. II 8.4.1; so auch Art. 58a Abs. 1 KVV), was im bis 31.12.2008
geltenden Recht in den Leistungsaufträgen an die Spitäler angemessen
zum Ausdruck kommen musste (RKUV 2001 KV 183 438 E. II 4.2.1).
Den interkant. Patientenströmen war allerdings bei der Planung
schon im bisherigen Recht Rechnung zu tragen (RKUV 1998 KV 54
521 E. II/4.2.1.1; RKUV 2002 KV 217 249 E. II 3.2, 3.2.1, 3.2.2).
Wollte ein Kanton eine Klinik für ausserkant. Patienten auf seine Spitalliste aufnehmen, so musste er in Abstimmung mit den anderen Kantonen
eine Bedarfserhebung vornehmen und dem Spital die entsprechenden
Kapazitäten zuweisen. Stellte sich dabei heraus, dass das Spital bereits
in einem oder mehreren Kantonen als ausserkant. Leistungserbringer
auf der Liste namentlich erwähnt war, so hatte der Standortkanton diesen Umstand bei der Zuweisung der Kapazitäten zu berücksichtigen. Soweit aber eine solche interkantonale Koordination nicht zustande kam,
musste sich seine Spitalliste auf die Deckung des Bedarfs der eigenen
Bevölkerung beschränken (RKUV 2001 KV 182 431 E. II 8.4.2). Mittels Koordination ist weiterhin zu vermeiden, dass bestimmte Patien-
tengruppen von mehreren Kantonen gleichzeitig in die Bedarfsplanung
einbezogen werden. Die Förderung der schweizweit freien Spitalwahl
durch Art. 41 Abs. 1bis KVG lässt verstärkte interkant. Patientenströme
erwarten. So kann ein plötzliches Abfliessen des Patientenstroms zu
Konkurrenzspitälern beim Verluste erleidenden Spital zu Überkapazitäten oder bei den Konkurrenzspitälern zu Engpässen führen. Art. 58d
KVV regelt die zu treffenden Massnahmen.

IV.   Art. 2bis: **Hochspezialisierte Medizin**

29 Die Kantone haben gemeinsam die Versorgungskapazitäten für die
hoch spezialisierte medizinische Versorgung zu planen. Sie müssen, um
die nötigen Planungsinstrumente ermitteln zu können, vorab eine gemeinsame Begrifflichkeit der hoch spezialisierten Medizin erarbeiten,
da dieser Terminus gesetzlich nicht definiert ist. Auf den 01.01.2010
ist eine interkantonale Vereinbarung zur hoch spezialisierten Medizin
(IVHSM) in Kraft getreten, der alle Kantone beigetreten sind. Die Kantone delegieren ihre diesbezüglichen Planungskompetenzen an das Be-
schlussorgan dieses Konkordats. Dieses bestimmt die Bereiche der hoch
spezialisierten Medizin, trifft die Planungsentscheide und nimmt die
Zuteilung auf die Spitäler vor. Ziel der Planung ist eine optimale Kosteneffizienz und eine hohe medizinische Ergebnisqualität. Beide sind in
hohem Masse von adäquaten Behandlungsfallzahlen abhängig. Bisher
konnte der Bundesrat über Art. 58 Abs. 3 lit. b KVG Einfluss auf die
Planung hoch spezialisierter Medizin nehmen (siehe z.B. Ziff. 1.2 Anhang 1 KLV; Transplantationschirurgie an bestimmten Zentren). Eine
Bewilligungspflicht für die Inbetriebnahme von Grossanlagen und anderen spitzenmedizinischen Einrichtungen im stationären und ambulanten
Bereich öffentlicher und privater Spitäler wurde im Parlament abgelehnt
(AB 2007 N 436, 438). Im Rahmen von Abs. 2bis kann sich die Planungspflicht nur auf bereits als kassenpflichtig anerkannte Leistungen erstre-
cken.

V.   Abs. 2ter: **Einheitliche bundesrätliche**
Planungskriterien
Art. 58a–58e KVV

Übersicht   Seite

Der ab 1.1.2009 in Kraft stehende Abs. 2ter ist mit Gesetzesrevision vom 21.12.2007 (AS 2008 2049; BBl 2004 5551) eingefügt worden. Er ist nach Abs. 3 der Übergangsbestimmungen zur genannten Revision bis spätestens drei Jahre nach Einführung der leistungsbezogenen Pauschalen gemäss Artikel 49 Absatz 1 sowie der Finanzierungsregelung nach Artikel 49*a* umzusetzen. 30

1. Einleitung und Grundsätzliches

Dem bis 31.12.2008 geltenden Art. 39 KVG liessen sich keine Richtlinien zur Planung oder zu den Auswahlkriterien im Falle eines Überangebots von Spitälern entnehmen. Der Bund konnte nur im Rahmen von Beschwerden gemäss Art. 53 KVG auf die Planung Einfluss nehmen (BGE 125 V 448 E. 3b; K 137/04 E. 4.3.2=SVR 2006 KV Nr. 30). 31

Mit den Planungskriterien gemäss Abs. 2ter sollen die Unterschiede in den verschiedenen kant. Planungskonzepten verringert und der effiziente Mitteleinsatz gefördert werden. Der Bund hat objektive Kriterien (nicht bloss Grundsätze – Votum Heberlein AB 2006 S 51) für die Spitalplanung der einzelnen Kantone, speziell aber für die Koordinierung der kant. Planungen, vorzugeben. Richtschnur der Kriterien haben die Qualität der Leistungen und die Kosteneffizienz im Bereiche der OKP zu sein. Die Planungshoheit der Kantone wird durch Art. 39 Abs. 2ter KVG nicht geschmälert. Mit Abs. 2ter soll nicht das Spitalangebot über den Bund gesteuert werden (AB 2007 S 1037). Die bundesrätliche Befugnis nach Art. 39 Abs. 2bis KVG ist lediglich subsidiär. Die Planungskriterien sind jedoch für die Kantone verbindlich. 32

2. Planungskriterien und -arten nach altem Recht

Bedarfsermittlung: Spitalplanung erforderte nach altem Recht eine nach objektiven Kriterien durchgeführte Ermittlung des Angebots an stationärer Versorgung im Kanton. Dem war der voraussichtlich künftige Bedarf an stationärer Versorgung gegenüberzustellen. Dabei wurde nach Patientenkategorien differenziert, üblicherweise nach Akutmedizin, medizinischer Rehabilitation, Psychiatrie und medizinischen Spezialitäten 33

(BRE RKUV 2002 KV 217 249 E. II/3.3.3). Die Privat- und Halbprivatabteilungen öffentlicher und privater Spitäler mussten berücksichtigt
werden, weil die Patienten dieser Spitalklassen stets auch Leistungen
der OKP beanspruchten (BGE 132 V 6 E. 2.4.1 m.h.; RKUV 1998
KV 54 521 E. II/3.2; RKUV 2002 KV 217 249 E. II/2.4). Die Kantone hatten aber nicht allen angebotenen Therapiemethoden Rechnung
zu tragen. Eine Zulassung als Leistungserbringer war nur für kassenpflichtige Komplementärmedizin möglich (BRE RKUV 2001 KV 182
431 E. II/8.3.2).

34   *Kapazitätsorientierung:* Unter dem bisherigen Recht mussten die gemäss Planung notwendigen Bettenkapazitäten mitsamt Leistungsaufträgen an die Spitäler, welche in die Spitalliste aufzunehmen waren, zugewiesen werden (statt vieler: BRE RKUV 2002 KV 217 249 E. 2.3;
RKUV 1999 KV 72 211 E. 3.2; BRE RKUV 1997 KV 10 257 E. II/4.2),
wobei prinzipiell auch die wenig praktikable Methode der Ermittlung
der Gesamtkapazität für alle medizinischen Disziplinen denkbar war
(BRE RKUV 2002 KV 217 249 E. II/3.3.3) und keine Pflicht bestand,
die Bettenkapazitäten nach Massgabe der Leistungsaufträge zu verteilen
(n.p. BRE 15.2.2006 Fribourg E. II/5.1). Die Bewirtschaftung höherer
Bettenzahlen als gemäss Spitalliste zugelassen konnte zu Leistungsrückforderungen gegenüber dem Spital führen (BGE 133 V 579 E. 3.3).
Kapazitätszuweisungen wurden als taugliches Mittel zur Kosteneindämmung (BRE RKUV 1999 KV 72 211 E. II/10.2) und als die einstweilen massgebende Determinante betrachtet (BRE RKUV 2001 KV 183
438 E. II/4.2.2). Geringe Funktion kam dem Wettbewerb unter den Spitälern zu (RKUV 1997 KV 10 257 E. 4.2). Demgegenüber ist nach der
Gesetzesrevision vom 21.12.2007 (AS 2008 2049; BBl 2004 5551) die
Pflicht zur Kapazitätszuweisung zumindest für den Fall leistungsorien-
tierter Planung nicht vorgesehen (Art. 58c lit. a und b KVV). Bei kapa-
zitätsorientierter Planung (Art. 58c lit. b und c KVV) kann Mengensteuerung angezeigt sein.

35   Bestimmungsgrössen für den Bettenbedarf waren nach der *analytischer
Metho*de hauptsächlich die Einwohnerzahl des Versorgungsgebietes, die
Entwicklung der Spitaleinweisungszahlen, die durchschnittliche Aufenthaltsdauer und die mittlere Bettenbelegung (BRE RKUV 2002 KV 217
249 E. II 3.3.1 und 3.3.2; s.a. BRE RKUV 1999 KV 72 211 E. II/3.4.2
zu den verwendeten Formeln für die Bettenbedarfsberechnung: BRF

RKUV 2001 KV 183 438 E. II/3.1.1.3, 1999 KV 72 211 E. II/3.4.1).
Zu den bundesrätlichen Zielwerten für die Bettenbelegung von 85 Prozent (Akutspitäler mit Notfallstation) bzw. 90 Prozent (Akutspitäler ohne Notfallstation und Höhenkliniken): BRE RKUV 1997 KV 16 343 E. 8.1.2, 1999 KV 72 211 E. II/3.4.1, 2001 KV 183 438 E. II/3.1.1.3; n.p.BRE 15. 2. 2006, Fribourg, E. II/4.3.3. Zum Notfalldienstbegriff: BRE RKUV 2003 KV 245 121 E. II/7.4.1; RKUV 2003 KV 246 141 E. II/5.6.1.

Bei der *normativen Methode* wird eine bestimmte Anzahl Betten oder 36
bestimmte Leistungsmengen auf eine näher definierte Anzahl Einwohner zwischen den Leistungserbringern, den Versicherern und den politischen Behörden ausgehandelt. Der Bundesrat liess beide Methoden zu, räumte jedoch der analytischen Priorität ein und wendete die normative lediglich als subsidiär an (n.p. BRE 15. 2. 2006, Fribourg, E. II/4.1; BRE RKUV 2001 KV K 183 438 E. 3.1.1.7).

3. Planungskriterien und -arten nach neuem Recht

Der Bedarf an OKP-Leistungen ist ohne Rücksicht darauf zu ermitteln, 37
in welcher Spitalabteilung (allgemein, halbprivat oder privat) sich die Patienten aufhalten (so schon bisher BGE 132 V 6 E. 2.4.2; RKUV 1998 KV 54 521 E. II/3.3.2; RKUV 2002 KV 217 249 E. II/2.4). *Leistungsorientierte Planung* (Art. 58c lit. a und b KVV) bedeutet, dass sich die Gliederung der zu planenden Leistungen auf Falldaten des im Rahmen von Art. 49 neuAbs. 1 KVG verwendeten Klassifikationssystems zu stützen hat. Zahl und Dauer der Hospitalisationen oder die Bettenbelegungsdichte können nur noch bezogen auf bestimmte Diagnosen, Indikationen oder medizinische Eingriffe relevante Grössen sein. Die *kapazitätsorientierte Spitalplanung* (Art. 58c lit. c KVV) dürfte demgegenüber in der Hauptsache dem bisherigen Konzept der Bettenzuweisung an Spitäler entsprechen. Die Wahlfreiheit in Art. 58c lit. b KVV widerspiegelt die Tatsache, dass Fallpauschalen in der medizinischen Rehabilitation und in der Psychiatrie gegenwärtig noch nicht oder nur in den Anfängen realisierbar sind.

4. Kriterien zur Auswahl der zuzulassenden Spitäler

38 Dem bisherigen Recht fehlten weitgehend rechtliche Kriterien für den Entscheid, welche Spitäler in die Spitalliste aufzunehmen sind. Die Kantone hatten einen erheblichen Ermessensspielraum. Ein Rechtsanspruch der Spitäler auf Aufnahme bestand nicht (BGE 133 V 123 E. 3.3, 132 V 6 E. 2.4.1, 126 V 172 E. 4b und 6d). Der Entscheid über die Aufnahme wurde hauptsächlich als ein politischer gewertet (BGE 132 V 6 E. 2.4.1 m.H.).

39 *Priorität des wirtschaftlicher arbeitenden Spitals:* Den Vorzug erhielten nach den Grundsätzen der bisherigen Spruchpraxis des BR Spitäler, welche die in Frage stehenden Leistungen gemäss Leistungsauftrag und nach einem umfassenden Vergleich mit komparablen Spitälern bei komparabler Qualität unter Berücksichtigung aller Umstände kostengünstiger erbringen als andere (BRE RKUV 1996 KV 1 221 E. II/4.2, 1996 KV 1 221 E. II/4.5 u.a.m.). Dieser Grundsatz ist in Art. 58b Abs. 4 lit. e KVV eingeflossen. Wesentlich neben den Kosten ist auch das Ergebnis, das mit den erbrachten Leistungen erzielt wird. Weiterhin gültig dürfte ferner die Regel sein, wonach es nicht auf einen reinen Zahlvergleich ankommt, sondern unvermeidbare, die Kosten steigernde Faktoren berücksichtigt werden müssen (altrechtliche Beispiele: besondere Dienstleistungen wie etwa Aufnahme schwieriger Behandlungsfälle: BRE RKUV 1997 KV 10 257 E. II/4.5, 1996 KV 1 221 E. II/4.2, BRE 15. 2. 2006, Fribourg, E. II/4.1; höhere und damit teurere Versorgungsstufe (BRE RKUV 1999 KV 72 211 E. II/6.4). Nicht massgebend sind nach wie vor Faktoren wie die Erhaltung und Förderung der regionalen Wirtschaft (Sicherung von Arbeitsplätzen, Lehrstellen usw. (BRE RKUV 1999 KV 72 211 E. II/8.5).

40 *Priorität der innerkantonalen Spitäler:* Die Kantone dürfen den Bedarf vorab mit den innerkant. öffentlichen und privaten Spitälern decken (BRE RKUV 1998 KV 54 521 II/E. 4.1.2, 2001 KV 183 438 E. II/3.2.1.2, 2002 KV 217 249 II/8.3.1; n.p. BRE 15. 2. 2006, Fribourg E. II/4.1), müssen aber nicht. Sie haben keine regional gleichmässige Bettendichte zu gewährleisten (RKUV 1999 KV 72 211 E. II/8.1).

41 *Einbezug ausserkantonaler Einrichtungen:* Die Kantone müssen – wie bis anhin – ausserkant. Spitäler auf ihre Spitalliste setzen, wenn sie auf diese für die stationäre Versorgung ihrer Bevölkerung angewiesen

sind (BRE RKUV 2001 KV 183 438 E, II/ 3.2.1.2 m.H.; neu: Art. 58e
Abs. 1 KVV i.V.m. Art. 58b Abs. 3 KVV). Diese Pflicht bestand bisher praxisgemäss nicht für kleine Kantone (BRE RKUV 1998 KV 54
521 E. II/4.1.2.3, 1999 KV 85 365 E. 4.2), ist aufgrund von Art. 58e
Abs. 1 KLV aber nunmehr auch für sie gegeben. Bei marginalen innerkant. Versorgungslücken sind weder ausserkant. (BRE RKUV 2001
KV 183 438 E. II 3.2.1.3 und 3.2.1.4 mit Definition der marginalen Ver-
sorgungslücke) noch innerkant. Spitäler zu evaluieren.

Die Aufnahme ausserkant. Spitäler durfte nach bisherigem Recht nicht   42
einzig vom Kriterium der Mitfinanzierung des Kantons abhängig gemacht werden (BRE RKUV 1996 KV 1 221, 230 E. II/5.3, 1999 KV 72
211, 235, E. II/6.2). Ein prinzipieller Vorrang des subventionierten Spitals bestand auch dann nicht, wenn mehrere ausserkant. private Trägerschaften zur Wahl standen (BRE RKUV 2002 KV 217 249 E. II/2.3).
Diese Argumente dürften unter dem neuen Spitalfinanzierungsmodell
(Art. 49 neuAbs. 1 KVG) überholt sein.

Einbezug privater Spitäler: Das Angebot der Privatkliniken ist bei der   43
Erstellung der Spitallisten zu berücksichtigen, was allerdings nicht um-
fassend, sondern nur auf angemessene Weise zu geschehen hat (Art. 39
Abs. 1 lit. d Teilsatz 2 KVG; n.p. BRE 15. 2. 2006, Fribourg, E. II/5.5.1;
BRE RKUV 2001 KV 183 438 E. II/7.1.5 und E. 7.2) und keinen Anspruch auf Aufnahme begründet (BGE 132 V 6 E. 2.4.1). Angemessene
Berücksichtigung bedeutet nicht bloss in dem Sinne Subsidiarität, als
Privatspitäler nur dort ihren Platz haben sollen, wo das Angebot durch
die öffentlichen und öffentlich subventionierten Spitäler nicht ausreichend abgedeckt werden kann. In den Beratungen zur Gesetzesrevision
vom 21.12.2007 (AS 2008 2049; BBl 2004 5551) wurde für das neue
Spitalfinanzierungssystem wiederholt postuliert, dass private und öffentliche Leistungserbringer bei der Erstellung der Spitallisten gleich zu
behandeln seien (Heberlein AB 2006 S 52; Humbel AB 2007 N 414, AB
2007 N 421; s.a. Fehr AB 2007 N 417, Ruey AB 2007 N 418).

Ein Kanton muss ausserkant. öffentliche oder private Spitäler nicht eva-   44
luieren, wenn er dank seiner eigenen Angebote darauf verzichten kann
s. Rz. 40 hiervor). Er geniesst in dieser Frage grossen Ermessensspielraum (BRE RKUV 1996 KV 1 221 E. II/ 4.1). Ausserkant. Privatspitäler
mussten bis anhin evaluiert werden, wenn sie einen erheblichen Beitrag
in die Versorgung der Kantonsbevölkerung geleistet hatten oder dafür in

Zukunft benötigt wurden (BRE RKUV 2001 KV 183 438 E. II/3.2.1.5 und 7.2.1). Wie weit dies unter dem ab 1.1.2009 gültigen Recht noch Gültigkeit beanspruchen kann, ist nicht geklärt.

45 Private Trägerschaften, deren Existenz von einem Gemeinwesen garantiert wird, gelten als öffentliche Trägerschaften, die nicht unter Art. 39 Abs. 1 lit. d Teilsatz 2 KVG fallen (BRE RKUV 2001 KV 183 438 E. II/7.1.4). *Einbezug neuer Spitäler:* zum bis 31.12.2008 gültigen Recht: BRE RKUV 1997 KV 10 257 E. II/5.4, 1998 KV 54 521, 549 E. II. 4.3.3, 2001 KV 219 297 E. II. 2.2.

VI.   altAbs. 2: Teilstationäre Einrichtungen

46 Mit Gesetzesrevision vom 21.12.2007 (AS 2008 2049; BBl 2004 5551; Spitalfinanzierung) bzw. vom 13.06.2008 (AS 2009 3517; BBl 2005 2033; Pflegefinanzierung) ist der Terminus «teilstationär» aus Art. 25 KVG eliminiert worden (siehe Art. 25 KVG Rz. 10 ff.). Entsprechend wurden revisionsweise auch die Art. 35 und 39 KVG angepasst.

47 Teilstationäre Einrichtungen konnten namentlich Tages- oder Nachtkliniken oder auch Einrichtungen der so genannten «One-day-surgery» sein (K 140/02 E. 5.2, K 204/98 E. 4b, K 203/98 E. 2c/bb). Teilstationäre Einrichtungen waren den Zulassungserfordernissen von Art. 39 Abs. 1 lit. d und e KVG nicht unterworfen, insb. nicht der Planungspflicht (BGE 127 V 409 E. 2a; K 203/98 E. 2a). S.a. Art. 41 KVG Rz.

VII.   Abs. 3: Pflegeheime und Geburtshäuser

1.   Pflegeheime

48 *Neuerungen gegenüber dem alten Recht des KUVG:* Das KVG unterscheidet im Gegensatz zum alten Recht des KUVG begrifflich zwischen Spital und Pflegeheim (K 77/00 E. 3 b). Pflegeheime mit Spitalcharakter gibt es im KVG anders als unter dem KUVG nicht mehr (K 77/00 E. 3b; altrechtlich: BGE 107 V 54, 115 V 38 E. 3b/bb; RSKV 1979 391 273 E. 2; s.a. BGE 120 V 200 E. 5a). Eine Einrichtung kann nur dann

gleichzeitig Spital und Pflegeheim sein kann, wenn sie als Spital zugelassen ist, für Langzeitpatienten über räumlich und organisatorisch klar getrennte Einheiten (Abteilungen) verfügt (K 77/00 E. 3b; s.a. K 91/01 und die Referenzen zu Art. 49 Abs. 3 KVG), nicht aber, wenn sie nur als Pflegeheim zugelassen ist. Das KVG definiert den (bundesrechtlichen) Begriff des Pflegeheims nicht, ebenso wenig den Begriff des Langzeitpatienten. Siehe dazu BGE 125 V 177 E. 3 sowie Longchamp*, S. 185 ff., 193 ff. und 449 ff.

Auch Abteilungen eines Akutspitals können Pflegeheimcharakter haben,   49 so namentlich im Falle psychiatrischer Dauerpatienten. Für diese gelten bezüglich Abgrenzung zur Akutspitalbedürftigkeit die gleichen Regeln wie für somatisch kranke Pflegeheimpatienten; nötigenfalls ist ein besonderer Pflegetarif festzulegen (K 20/06 E. 3.1). Beherbergen Akutspitäler entgegen ihrem Leistungsauftrag Patienten ohne Akutspitalbedürftigkeit, besteht bei pflegebedürftigen Personen eine Leistungspflicht auch ohne förmliche Zulassung des Spitals als Pflegeheim (Art. 49 Abs. 3 KVG).

Die altrechtlich irrelevante Frage, ob das Heilen oder Pflegen im Vordergrund steht (BGE 107 V 54; RKUV 1992 K 892 99) oder ob für ein   50 Pflegeheim Baubeiträge nach Art. 215 Abs. 3 AHVV erbracht werden (BGE 107 V 54), kann unter dem KVG für die Abgrenzung von Spitälern einerseits und Einrichtungen für Langzeitpatienten anderseits von Bedeutung sein.

Publizitäts- und Transparenzvoraussetzungen: Es gelten die gleichen   51 Regeln wie für Spitäler (K 67/02 E. 3.3; K 137/04). Nur Pflegeheime der kant. Pflegeheimliste können Leistungen für die OKP erbringen (K 67/02 E. 3; contra Duc, LAMaL-KVG*, S. 285 ff. und Longchamp*, S. 459), und zwar selbst dann, wenn eine pflegebedürftige Person nur in einem nicht zugelassenen Pflegeheim adäquat betreut werden kann (K 137/04 E. 3.3 und 4.3.3= SVR 2006 Nr. 30); krit. Duc, in: AJP 10/2003, S. 1243, Urteilsbespr. K 67/02). Auch ist keine Austauschbefugnis mit den Leistungen eines zugelassenen Pflegeheims gegeben (K 67/02 E. 4; K 137/04= SVR 2006 Nr. 30; s.a. K 124/06.

Nicht eindeutig geklärt ist die Frage der Leistungspflicht der OKP, wenn sich die pflegebedürftige Person in einem nicht zugelassenen Pflegeheim (nicht Altersheim) aufhält, die Leistungen jedoch von einer zugelassenen auswärtigen Spitex-Organisation erbracht werden (wohl bejahend BRE RKUV 1997 KV 2 1 E. II/5.1; SBVR-Eugster* Rz. 778; vgl. a. K 137/04 E. 5=SVR 2006 KV Nr. 30; nicht zugelassenes Pflegeheim, das auch nicht als Spitex-Organisation zugelassen ist, weshalb die Pflege durch heiminternes Personal nicht kassenpflichtig ist).

52 *Altrechtliche Praxis zur Pflegeheimplanung:* BVGer 5C_5733/2007 E. 11 f. (ausführlich, m.H.); RKUV 1997 KV 2 1 E. II/3.2 (Mindestbettenzahl als Zulassungskriterium akzeptiert). Zur Anwendung der Methode «PLAISIR» im Kanton Waadt (BRE RKUV 1999 KV 86 371 E. II/8, 2001 KV 186 471 E. II/4; Longchamp*, S. 517). Zu den Dienstleistungs- und Infrastrukturvoraussetzungen unter dem KUVG: BGE 120 V 200 E. 5, 107 V 54; RKUV 1987 K 710 22 E. 2 u.a.m. Nach dem ab 01.01.2009 geltenden Art. 58c lit. c KVV (AS 2008 5097) hat die Pflegeheimplanung kapazitätsbezogen zu geschehen.

2. Geburtshäuser

Art. 55a KVV

53 Geburtshäuser ohne eigene Infrastruktur für notfallmässige operative Eingriffe stellten unter dem bis 31.12.2008 gültigen Recht keine Spitäler i.S.v. Art. 39 Abs. 1 KVG dar (BRE RKUV 2001 KV 216 233 E. II/2.4; zum Recht unter dem KUVG: RKUV 1987 K 710 22). Seit der Gesetzesrevision vom 21.12.2007 (Art. 35 Abs. 2 lit. i KVG; AS 2008 2049; BBl 2004 5551) gelten Geburtshäuser als eigene Leistungserbringerkategorie und müssen deshalb nicht die für Spitäler erforderliche Infrastruktur aufweisen, gleichwohl aber für Notfälle gerüstet sein (Art. 55a KVV). S.a. Art. 25 KVG Rz. 9.

Art. 40 Heilbäder

[1] **Heilbäder sind zugelassen, wenn sie vom Departement anerkannt sind.**

[2] **Der Bundesrat legt die Anforderungen fest, welche die Heilbäder hinsichtlich ärztlicher Leitung, erforderlichem Fachpersonal, Heilanwendungen und Heilquellen erfüllen müssen.**

Chronologie: AS 1995 1328; BBl 1992 I 93.

Verordnung: Art. 57 und 58 KVV.

Liste der zugelassenen Heilbäder (Stand 01.12.2009):
http://www.bag.admin.ch/themen/krankenversicherung/02874/02875/06500/
index.html?lang=de

Es ist nicht zu beanstanden, dass die Art. 57 f. KVV die Voraussetzungen einer Anerkennung als Heilbad gemäss Art. 40 KVG in vergleichsweise unbestimmter Weise umschreiben (K 31/01=BGE 127 V 431 E. 2c; K 20/01 E. 2c).

2. Abschnitt: Wahl des Leistungserbringers und Kostenübernahme

Art. 41 (bis 31.12.2008 in Kraft stehende Fassung)

[1] Die Versicherten können unter den zugelassenen Leistungserbringern, die für die Behandlung ihrer Krankheit geeignet sind, frei wählen. Bei ambulanter Behandlung muss der Versicherer die Kosten höchstens nach dem Tarif übernehmen, der am Wohn- oder Arbeitsort der versicherten Person oder in deren Umgebung gilt. Bei stationärer oder teilstationärer Behandlung muss der Versicherer die Kosten höchstens nach dem Tarif übernehmen, der im Wohnkanton der versicherten Person gilt.

[2] Beanspruchen Versicherte aus medizinischen Gründen einen anderen Leistungserbringer, so richtet sich die Kostenübernahme nach dem Tarif, der für diesen Leistungserbringer gilt. Medizinische Gründe liegen bei einem Notfall vor oder wenn die erforderlichen Leistungen nicht angeboten werden:

a. bei ambulanter Behandlung am Wohn- oder Arbeitsort der versicherten Person oder in deren Umgebung;

b. bei stationärer oder teilstationärer Behandlung im Wohnkanton oder in einem auf der Spitalliste des Wohnkantons nach Artikel 39 Absatz 1 Buchstabe e aufgeführten ausserkantonalen Spital.

[3] Beansprucht die versicherte Person aus medizinischen Gründen die Dienste eines ausserhalb ihres Wohnkantons befindlichen öffentlichen oder öffentlich subventionierten Spitals, so übernimmt der Wohnkanton die Differenz zwischen den in Rechnung gestellten Kosten und den Tarifen des betreffenden Spitals für Einwohner und Einwohnerinnen des Kantons. In diesem Fall gilt das Rückgriffsrecht nach Artikel 72 ATSG sinngemäss für den Wohnkanton. Der Bundesrat regelt die Einzelheiten.

[4] Die Versicherten können ihr Wahlrecht im Einvernehmen mit dem Versicherer auf Leistungserbringer beschränken, die der Versicherer im Hinblick auf eine kostengünstigere Versorgung auswählt (Art. 62 Abs. 1 und 3). Der Versicherer muss dann nur die Kosten für Leistungen übernehmen, die von diesen Leistungserbringern ausgeführt oder veranlasst werden; Absatz 2 gilt sinngemäss. Die gesetzlichen Pflichtleistungen sind in jedem Fall versichert.

Chronologie: AS 1995 1328; BBl 1992 I 93.

Bibliografie: DUC JEAN-LOUIS, Les prestations en cas d'hospitalisation dans la LAMal, plus spécialement en cas de traitement fourni dans une clinique privée, in SZS 1996, S. 286; DERS., Commentaires: Choix, sans raisons médicales, d'un hôpital sis en dehors du canton de résidence ne figurant pas sur le plan hospitalier de ce dernier mais bien sur celui du canton de situation de l'etablissement, in: AJP 7/2000, S. 883–887; DERS., Hospitalisation hors du canton de résidence et plan hospitalisation, in: Plädoyer 5/1998, S. 63–69; DERS., Choix du fournisseur des soins, conventions et tarifs, protection tarifaire, in: Colloques et journées d'étude 1999–2001, IRAL, Lausanne 2002, S. 187 ff.; DUC JEAN-MICHEL, Prise en charge des frais d'hospitalisation dans une clinique privée, in SZS 2009, S. 123; FURRER MARIE-THERESE, Freie Arzt- und Spitalwahl: was wären die Folgen? in: CHSS 1999, S. 185 f.; JORDI MICHAEL, Bedeutung der ausserkantonalen Hospitalisation für die Kantone, in: Thomas Gächter (Hrsg.), Ausserkantonale Hospitalisation, Tagungsband 2006, S. 87; KIESER UELI, AJP 2000 S. 1020 Urteilsbespr. K 174/98; MEUWLY JEAN BENOÎT, Le choix du fournisseur de prestations et la prise en charge des coûts (art. 41 et 49 LAMal): la dernière jurisprudence du TFA, in: SZS 2003, S. 463 ff.; MEYER BEAT, Schranken und Freiräume von Art. 41 KVG, in: Thomas Gächter (Hrsg.), Ausserkantonale Hospitalisation, Tagungsband 2006, Universität Luzern, S. 1; MEYER BEAT, Tarifschutz und Tarifgestaltung bei ausserkantonaler Hospitalisation in der sozialen Krankenversicherung, in: SZS 2004, S. 527 ff.; MOSER MARKUS, Die Zuständigkeit der Kantonsregierung zur Tariffestsetzung nach KVG bei ausserkantonalen stationären Behandlungen, in: SZS 2006, S. 16 ff.; ZAHND DANIEL, Interkantonale Patientenwanderung im Spitalbereich, in: CHSS 2003, S. 355 ff.; ROGGO ANTON/STAFFELBACH DANIEL, Interkantonale Spitalplanung und Kostentragung – Stellenwert der «geschlossenen Spitalliste» im Falle von «medizinischem Grund» im weiteren Sinne, in: AJP 3/2006, S. 267 ff.; SCHMUTZ THOMAS, Aktuell aus dem Bundesgericht: Rechtsprechung des Eidgenössischen Versicherungsgerichts zu bernischen Tarifsstreitigkeiten in der sozialen Krankenversicherung, in: ZBJV 2005, S. 898 ff.

Übersicht

I.   Einleitung

1   Die freie Wahl unter den zugelassenen Leistungserbringern bezieht sich
    auf alle Kategorien von Leistungserbringern (Art. 35 Abs. 2 KVG) und
    erstreckt sich territorial auf die ganze Schweiz (anders altrechtlich un-
    ter dem KUVG: BGE 101 V 65 a.E.; BGE 126 V 14 E. 3c/aa). Nicht
    jede Wahl hat jedoch eine volle Kostendeckung zur Folge (s.a. BGE 125
    V 448 E. 3a; BGE 123 V 290 E. 6b/cc; K 37/04 E. 5.2). Im Spitalfall
    beschränkt sich die Wahlfreiheit auf das zugelassene Spital und nicht
    auch auf das medizinische Personal der Heilanstalt (SBVR-Eugster*,
    Rz. 952; BVR 2008 S. 232 E. 2.3.2). Mit der Wahlfreiheit wird nicht
    der Schutz oder die Gleichbehandlung der Leistungserbringer bezweckt
    (2P.169/2006 E. 3.3). Das Recht auf freie Wahl des Leistungserbringers
    bedeutet nicht auch, dass der K Vers im Systems des Tiers garant (Art. 42
    Abs. 1 KVG) für eine Behandlung dem Leistungserbringer eine Kosten-
    gutsprache erteilen muss (16.07.2009 9C_61/2009 E. 4.

2   Auch zugelassene Leistungserbringer ohne gültigen Tarifvertrag stehen
    im Wahlrecht (BGE 131 V 133; BGE 124 V 338 E. 2b/aa). Das freie
    Wahlrecht entfaltet, vom Tarifschutz abgesehen, keine Rechtswirkungen
    zwischen Leistungserbringer und versPers (vgl. a. 2P.32/2006 E. 3.4).
    Die Wahlfreiheit umfasst sodann das Recht zum Leistungserbringer-
    wechsel, sofern dies nicht in unwirtschaftlicher oder missbräuchlicher
    Weise geschieht. Art. 41 KVG enthält abschliessende Regelungen (BGE
    123 V 297 Erw. 3b/bb; K 203/98 E. 3b/bb). Die unter dem alten KUVG
    mögliche Einschränkung des Wahlrechts auf Leistungserbringer zur Ho-
    norierung ihrer Bereitschaft zur Vertragsbindung (BGE 126 V 14 E. 3c/
    aa; BGE 101 V 65 a.E.) ist überholt.

3   *Behandlung von Familienmitgliedern und Selbstbehandlung*: Die Leis-
    tungspflicht der OKP erstreckt sich auch auf ärztliche Behandlungen
    durch den Ehepartner der versicherten Person; der Ehegatte, der zu-
    gelassener Arzt ist, steht folglich ebenfalls im Wahlrecht seiner Gattin
    (und umgekehrt; BGE 125 V 430 E. 4b; zum alten Recht: RKUV 1990
    K 851 343). Vater oder Mutter mit ärztlichem Beruf und Zulassung
    nach Art. 36 KVG sind ferner im Wahlrecht ihrer Kinder (BGE 125 V
    435 E. 4a). Keine Pflichtleistung liegt dagegen vor, wenn sich ein Arzt
    selbst behandelt (BGE 133 V 416). Selbstbehandlung mittels einer nicht
    ärztlich verordneten Therapie (beispielsweise Medikamente) oder selbst

veranlasste diagnostische Abklärungen sind keine Pflichtleistung. Das gilt ebenso, wenn eine Medizinalperson nach Art. 25 Abs. 2 lit. a Ziff. 3 KVG Therapien, von Notfallsituationen abgesehen, ohne vorgängige ärztliche Anordnung vornimmt. Dagegen gehört die ärztlich verordnete Eigen- oder Heimbehandlung zu den Pflichtleistungen (altrechtlich: RKUV 1989 K 791 10, Heimbehandlung der Psoriasis mit Fototherapiegeräten).

Wahleinschränkung auf Vertragsärzte: Für die ordentliche OKP überholt 4 ist die altrechtliche KUVG-Praxis, wonach ein Behandlungsmonopol für Vertragsärzte bestand (RKUV 1984 K 583 224 E. 2b m.H.; RSKV 1975 220 106, 1969 49 106) und daher medizinische Massnahmen nur dann als ärztlich verordnet galten, wenn sie durch einen im Wahlrecht des Versicherten stehenden *Vertragsarzt* angeordnet wurde (RKUV 1987 K 721 109 f.; RSKV 1978 324 107 E. 2, 1971 108 195 E. 4; s.a. Art. 25 KV Rz. 61). Solche Einschränkungen sind jedoch aufgrund von Art. 41 Abs. 4 KVG möglich.

II. Ambulante Behandlung (Abs. 1 Satz 2)

Begriff des Wohnorts und der Umgebung: Der Wohnort muss praxis- 5 gemäss nicht mit dem Wohnsitz im Sinne des ZGB übereinstimmen (BGE 126 V 14 E. 3c/bb, BGE 126 V 484 E. 5d; BGE 131 V 59 E. 5.8). Er umfasst den engeren Begriff des Wohnorts, dann aber auch den vorübergehenden auswärtigen Aufenthaltsort in der Schweiz, z.B. während der Ferien oder auf einer Reise (BGE 126 V 14 E. 3c/bb; altrechtlich: RSKV 1977 288 99 E. 3b). Siehe dazu auch SBVR-Eugster* Rz. 945.

Die Umgebung des Wohn- oder Arbeitsorts ist im Einzelfall so festzu- 6 legen, dass für ambulante Behandlungen genügend Anbieter zur Verfügung stehen (BGE 127 V 409 E. 3a/bb a.E.). Sie ist im Einzelfall je nach Versorgungsdichte am Wohn- oder Aufenthaltsort enger oder weiter zu fassen (BGE 126 V 14 E. 3d; K 204/98 E. 4; krit. Meuwly, SZS 2003 S. 471). Umgebung kann mehr als ein kant. Territorium umfassen (BGE 126 V 14). Fehlte die Möglichkeit zu einer spezialärztlichen Behandlung am Wohnort der versPers oder in dessen Umgebung, so war unter dem KUVG grundsätzlich der nächstwohnende geeignete Spezialarzt zu wählen (Art. 20 Abs. 2 VO III KUVG; s.a. BGE 111 V 337). Das gilt unter dem KVG nicht mehr.

7   *Tarifrechtliche Fragen:* Art. 41 Abs. 1 KVG garantiert den Versicherten wie bei wohn- oder arbeitsortsnaher ambulanter Behandlung die volle Kostendeckung (Art. 64 KVG vorbehalten) bei medizinischen Gründen auch ausserhalb dieser Region (Art. 41 Abs. 2 KVG). Zur Differenzzahlungspflicht des Kantons bei ambulanter Behandlung in einem auswärtigen Spital aus medizinischen Gründen siehe Rz. 24 hiernach. Der Leistungserbringer hat den vertraglichen Tarif nach Art. 46 oder 48 KVG bzw. die Ersatztarife gemäss Art. 47 oder Art. 48 KVG anzuwenden. Eine Differenzierung der Tarife nach Kantonszugehörigkeit der Versicherten ist nur bei öffentlicher Subventionierung ambulanter Leistungen möglich (BGE 127 V 409 E. 3; s.a. RKUV 2004 KV 311 502 E. II/8 und K 37/04 E. 5.2). Zur Zulässigkeit von Subventionierungen: RKUV 2001 KV 179 377 II/6.6. Zur Wahl des tarifgünstigsten Leistungserbringers aus der Pflicht zur Schadenminderung siehe Art. 25 KV Rz. 7.

8   *Pflegeheimleistungen* richten sich nach Art. 41 Abs. 1 Satz 2 KVG, weshalb der am Pflegeheimort massgebende Tarif anwendbar ist (BGE 126 V 484 E. 5d). Bei Bevormundeten ist auf den effektiven Wohnort, nicht auf den Sitz der Vormundschaftsbehörde abzustellen (BGE 126 V 484 E. 5d). Diese Regeln gelten im Rahmen der Revision der Pflegefinanzierung (AS 2009 3517; BBl 2005 2033) aufgrund von Art. 41 neu-Abs. 1 Satz 2 KVG prinzipiell weiterhin, sind jedoch für die KVers insofern ohne Bedeutung, als die von der OKP zu leistenden Beiträge an die Pflege (Art. 7 Abs. 2 KLV) gesamtschweizerisch gleich sind. Sie bleiben daher nur für anderweitige (ambulante) Pflichtleistungen relevant.

III.   Stationäre oder teilstationäre Behandlung im Wohnkanton (Abs. 1 Satz 3)

9   *«Stationär» und «Wohnkanton»:* Die Begriffe «stationäre oder teilstationäre Behandlung» im Sinne von Art. 41 altAbs. 1 KVG sind dem Spital zugeordnet und umfassen nicht auch Pflege im Pflegeheim (BGE 126 V 484 E. 5c). Zu den begrifflichen Abgrenzungen von stationär, teilstationär und ambulant siehe Art. 25 Rz. 6 ff. «Wohnkanton» ist der Kanton, in welchem die versicherte Person Wohnsitz i.S.v. Art. 23 ff. ZGB hat (BGE 131 V 59 E. 5.7). Der Einzug in ein Altersheim schafft in aller Regel Wohnsitz am Ort des Heims (BGE 127 V 237 E. 2c). Verlegt eine

urteilsfähige und mündige pflegebedürftige Person ihren Lebensmittel-punkt selbstbestimmt in ein Pflegeheim, begründet sie dort Wohnsitz (vgl. BGE 133 V 309; BGE 131 V 59 E. 6.2; BGE 127 V 237 E. 2 und I 270/03, in BGE 130 V 404 n.p. E. 4.2; s.a. Duc Jean-Louis, AJP 3/2005 302).

Tarife für stationäre Behandlung im Wohnkanton: Mit dem Wohnkan-   10
tonstarif (Abs. 1 Satz 3) ist in der Hauptsache ein Pauschaltarif nach Art. 43 Abs. 2 lit. c und Abs. 3 KVG bzw. Art. 49 Abs. 1 KVG gemeint (BGE 123 V 290 E. 1b, BGE 123 V 310 E. 1c). Dieser garantiert den Wohnkantonsangehörigen die volle Deckung der Kosten der allge-meinen Abteilung (Behandlung, pflegerische Betreuung, Aufenthalt). Auswärtige geniessen dagegen grundsätzlich keine gänzliche Kosten-deckung (BGE 126 V 172 E. 3). Die betreffenden Mehrkosten haben die versPers aus Eigenmitteln oder aus allfälligen Zusatzversicherungen aufzubringen. Stehen im Wohnkanton verschiedene geeignete zugelas-sene Leistungserbringer zur Verfügung, so hat die versPers nicht denje-nigen mit dem günstigsten Tarif zu wählen (Art. 25 KVG Rz. 7).

Privatabteilungen: Wird die private oder halbprivate Abteilung eines   11
öffentlichen Spitals gewählt, besteht Anspruch auf die Vertragstaxe für die allgemeine Abteilung dieses Spitals. Diese ist auch massgebend, wenn die Wahl auf eine Privatklinik ohne allgemeine Abteilung fällt und die Behandlung medizinisch auch in einem öffentlichen Spital möglich wäre (BGE 125 V 101 E. 2; K 34/02 =RKUV 2004 KV 281 208 E. 6.2.2; K 99/05 E. 3.2).

Fehlender Tarifvertrag: Wenn für die allgemeine Abteilung eines zuge-   12
lassenen Wohnkantonsspital mit Leistungsauftrag ein vertraglicher Spi-taltarif oder ein behördlicher Ersatztarif fehlt, haben KVers und Spital bzw. im Streitfall – je nach gewähltem Rechtsweg – das Schiedsgericht oder das Versicherungsgericht einen Referenztarif festzusetzen, der den Anforderungen sowohl des Tariffestsetzungsrechts als auch des Tarif-schutzes genügt. Der Referenztarif ist namentlich so zu bemessen, dass die versPers in den Genuss einer vollen Kostendeckung gelangt (BGE 131 V 133; K 3/02; K 76/01; K 57/01).

IV. Ausserkantonale stationäre oder teilstationäre Behandlung

1. Aus persönlichen Gründen

13 Wird ein ausserkant. öffentliches Spital (allgemein, halbprivat oder privat) gewählt, so ist der Vertragstarif für die allgemeine Abteilung eines entsprechenden öffentlichen Spitals des Wohnkantons zu vergüten. Art. 41 Abs. 1 Satz 3 KVG legt eine obere Entschädigungsgrenze dar, welche die KVers nicht überschreiten dürfen. Daher dürfen KVers und Leistungserbringer keinen Tarifvertrag zu Lasten der OKP abschliessen, welcher zum Ergebnis hat, dass die OKP mehr als den Tarif gemäss Art. 41 Abs. 1 Satz 3 KVG zu vergüten hat (BVGer 25.05.2009 C-5666/2008; s.a. Meyer, SZS 2004 527, 541 f.). Nicht geklärt ist die Frage der Tarifwahl bei mehreren geeigneten öffentlichen Referenzspitälern (SBVR-Eugster* Rz. 956).

14 Besteht im Falle einer Hospitalisation in einer ausserkant. Privatklinik kein vertraglicher oder behördlicher Tarif, ist ein sachgerechter Referenztarif zu ermitteln (s.a. RKUV 1998 KV 54 521 E. II/3.2.4; RKUV 2001 KV 181 427 E. 3.2.4). Dieser orientiert sich an den Tarifen der öffentlichen Spitäler des Wohnkantons mit Leistungsauftrag für die in Frage stehende Behandlung (vgl. BGE 125 V 101 E. 2; K 34/02 E. 6.2.2=RKUV 2004 KV 281 208; Schaer, Praxis des EVG, in: ZBJV 2006 S. 679, 686). Privatspitäler sind nicht aufgrund vergleichbarer Kostenstrukturen in jedem Fall mit Privatspitälern zu vergleichen. Referenztarif kann zwar auch der Vertragstarif einer Privatklinik des Wohnkantons mit Leistungsauftrag sein, nicht aber, wenn die in Anspruch genommene Privatklinik keinen Leistungsauftrag hat (K 34/02 E.. 5. 2 und 6.2=RKUV 2004 KV 281 208). Können im Wohnkanton einzig zwei Privatspitäler (das eine öffentlich subventioniert, das andere nicht) zum Vergleich herangezogen werden, so kann weder der höchste noch der niedrigste Tarif Referenztarif sein (BGE 133 V 123 E. 8).

15 Für teilstationäre Behandlungen gelten die gleichen Regeln wie für stationäre. In Bezug auf in Spitälern erbrachte Leistungen wird tarifrechtlich nicht zwischen ambulant und teilstationär differenziert. Es gibt lediglich stationäre und ambulante Behandlungen (BGE 127 V 409 E. 2c/cc). In der Regel werden teilstationäre Leistungen als ambulante

abgerechnet (K 140/02 E. 7.2; K 141/02 E. 7.2=RKUV 2005 KV 314 S. 15) wobei die Vergütung der Behandlungskosten von den Aufenthaltskosten abzugrenzen sind (a.a.O., E. 7.3). Zur Eliminierung dieses Begriffs aus dem KVG siehe Art. 25 KVG Rz. 10 ff. sowie Art. 39 KVG Rz. 46.

2. Aus medizinischen Gründen (Abs. 2)

Bibliografie: Crivelli Luca/Hauser Jason/Zweifel Peter, Spitalleistungen ausserhalb des Wohnsitzkantons. Eine Evaluation des Artikels 41.3 KVG aus ökonomischer Sicht, Konkordat der Schweizerischen Krankenversicherer (Hrsg.), Solothurn 1997; Meuwly Jean Benoît, Le choix du fournisseur de prestations et la prise en charge des coûts (art. 41 et 49 LAMal): la dernière jurisprudence du TFA, in: SZS 2003, S. 463 ff.; Meyer Beat, Schranken und Freiräume von Art. 41 KVG, in: Thomas Gächter (Hrsg.), Ausserkantonale Hospitalisation, Tagungsband LuZeSo*, Luzern 2006, S. 1; Roggo Anton/Staffelbach Daniel, Interkantonale Spitalplanung und Kostentragung – Stellenwert der «geschlossenen Spitalliste» im Falle von «medizinischem Grund» im weiteren Sinne, in: AJP 3/2006, S. 267 ff.

Der Begriff der medizinischen Gründe: Der Begriff definiert sich gleich wie 16 unter dem KUVG, sodass der altrechtliche weiterhin gültig ist (BGE 127 V 138, 142 E. 4; 9C_408/2009 E. 4; K 77/01 E. 5.1=RKUV 2003 KV 254 234; altrechtlich: BGE 112 V 188, 191 f. E. 2b; RSKV 1979 368 117). Ob der Begriff der medizinischen Gründe nach Art. 41 Abs. 3 erster Satz KVG im Sinne der Umschreibung in Art. 41 Abs. 2 zweiter Satz und lit. b KVG zu verstehen ist, hat K 39/04=SVR 2005 KV Nr. 29 E. 3.1.2 offen gelassen.

a)   Notfall (Abs. 2 Satz 2 Teilsatz 1)

17 Der Notfall kennzeichnet sich durch die Unaufschiebbarkeit der medizinischen Behandlung und Unangemessenheit der Rückkehr an den Wohn- oder Arbeitsort (Art. 41 Abs. 1 Satz 2 KVG) bzw. der Hospitalisierung in einem Wohnkantonsspital nach Art. 41 Abs. 2 lit. b KVG (Satz 3; K 192/00 E. 2b; K 128/01 E. 4.1=RKUV 2002 KV 231 475; 9C_812/2008 E. 2.2; Meuwly, SZS 2003 S. 472 ff.). Der Notfalltatbestand kann auch gegeben sein, wenn während eines Aufenthalts im Wohnkanton der Dringlichkeit wegen eine Hospitalisation im nächstgelegenen ausserkant. Spital medizinisch unumgänglich ist (Meuwly, SZS 2003 S. 471, 475). Nicht als Notfall anerkannt wird die notfallmässige Behandlung, welche in einem zeitlichen und sachlichen Zusammenhang mit einer medizinischen Massnahme steht, die nicht aus medizinischen Gründen ausserkant. durchgeführt wurde. Unbeachtlich ist, ob die Notfallbehandlung voraussehbar oder mit einer gewissen Wahrscheinlichkeit zu erwarten war (K 81/05 E. 5=RKUV 2006 KV 369 232; Urteilsbespr. Fessler Josi, SZS 2006 S. 472). Es genügt, dass die Gesundheitsschädigung, die notfallmässig behandelt werden muss, zu den möglichen Risiken der ausserkant. Behandlung zählt; ein Kausalzusammenhang mit dem ausserkant. behandelten Leiden ist nicht erforderlich. Ebenso wenig kommt es darauf an, ob es sich um zwei voneinander unabhängige Gesundheitsschädigungen handelt. Anders verhält es sich lediglich, wenn der Notfall auch ohne die ausserkant. Behandlung eingetreten wäre (K 117/06; 9C_812/2008 E. 2.2 und E. 3). Die Begründung dieser Rechtspraxis in K 81/05 E. 5.2=RKUV 2006 KV 369 232 ist unzutreffend und das Ergebnis unbefriedigend, weil Art. 41 Abs. 3 KVG bei einem Notfall nicht den interkant. Lastenausgleich bezweckt; dieser betrifft nur das fehlende medizinische Angebot (SBVR-Eugster* Rz. 959).

b)   Fehlendes medizinisches Angebot (Abs. 2 Satz 2 Teilsatz 1)

18 Fehlendes Angebot bedeutet, dass für eine bestimmte Krankheit am Wohn- oder Arbeitsort (Art. 41 Abs. 1 Satz 2 KVG) bzw. in den öffentlich oder öffentlich subventionierten Spitälern des Wohnkantons (Satz 3) keine Behandlungsmöglichkeiten bestehen, die vorhandenen nicht zweckmässig oder nicht innert der medizinisch gebotenen Frist verfügbar sind (zu Letzterem zustimmend Longchamp*, S. 421). Medizi-

nischer Grund kann im Falle zeitlicher Dringlichkeit auch Platzmangel wegen voller Bettenbelegung sein (K 77/01 E. 5.1.2 m.H.=RKUV 2003 KV 254 234). Eine Behandlungsmöglichkeit in einem Spital der Spitalliste des Wohnkantons schliesst das Vorliegen eines medizinischen Grunds nicht prinzipiell aus (K 22/03= RKUV 2004 KV 273 119, 123 E. 3.3.2; K 77/01 E. 5.1.1=RKUV 2003 KV 254 234).

Mit der Wahl eines ausserkant. Spitals, das ein Wohnkanton zur Deckung 19
seines Spitalbedarfs in seine Spitalliste aufgenommen hat, ist das Kriterium des medizinischen Grundes gemäss Art. 41 Abs. 2 lit. b KVG nicht automatisch erfüllt (BGE 127 V 398 E. 2b/cc; zur Kritik durch die Doktrin siehe die Hinweise in 9C_548/2008 E. 3.3, 9C_690/2008E. 3.3; Urteilsbespr. Meuwly, SZS 2003 463, 481 ff.). Greift jedoch ein Kanton in seiner Spitalplanung für bestimmte stationäre Behandlungen der Wohnbevölkerung zu rund 80 % auf ausserkant. Kliniken zurück, kommt dies einem fehlenden Angebot innerkant. Behandlungsmöglichkeiten derart nahe, dass es sich rechtfertigt, auch diese geplante Auslagerung des Spitalbedarfs in ausserkant. Kliniken als medizinischen Grund im Sinne von Art. 41 Abs. 2 lit. b KVG gelten zu lassen (9C_548/2008 E. 3.4; 9C_549/2008 E. 3.4; 9C_690/2008 E. 3.4).

Ein medizinischer Grund kann ferner gegeben sein, wenn die auswär- 20
tige Behandlung einen erheblichen medizinischen Mehrwert aufweist (BGE 127 V 138 E. 5; K 112/03 E. 3.2=RKUV 2004 KV 307 467; K 22/03=RKUV 2004 KV 273 119 E. 3.3.2; K 77/01 E. 5.1.1=RSKV 2003 KV 254 234 ; K 193/00 E. 4c; Pfiffner Rauber*, S. 166 ff.). Lässt sich der Mehrwert nicht beweisen, hat die versicherte Person die Folgen der Beweislosigkeit zu tragen (K 22/03=RKUV 2004 KV 273 119, 124 E. 5.2.1.1. Aus Art. 10 Abs. 2 BV (BGE 126 I 112 E. 3a) lässt sich kein Recht auf freie Wahl der Therapie zu Lasten der OKP ableiten (K 22/03=RKUV 2004 KV 273 119 E. 5.2.1.2.

c) Kasuistik zu den medizinischen Gründen

medizinischer Grund verneint: 21

– Ein nicht (mehr) gegebenes Vertrauensverhältnis zum behandelnden Arzt: RSKV 1982 499 175 E. 2; K 83/98 12. 10. 1999.
– Angeblich ungenügende Fachkompetenz der Ärzte eines Spitals: K 22/03 E. 5.2.2.2=RKUV 2004 KV 273 119.

- Behandlung einer Hüftdysplasie mittels periacetabulärer Osteoto-
mie nach Ganz anstelle der im Wohnkanton praktizierten Triple-
Osteotomie nach Tönnis: K 22/03 E. 5=RKUV 2004 KV 273 119.
- Operation einer Rotatorenmanchettenruptur: K 14/05.
- Depressionen mit psychosomatischen Symptomen: K 112/03
E. 5.1=RKUV 2004 KV 307 468.
- Geografische Nähe des ausserkant. Spitals zum Wohnort der versi-
cherten Person; SVR 2002 KV Nr. 22 S. 81 E. 3, TA Fribourg.
- Notfalleintritt während einer aus persönlichen Gründen ausserkant.
durchgeführten Behandlung, wobei sich ein dieser inhärentes Risiko
realisierte: K 81/05= RKUV 2006 KV 369 232; Urteilsbespr. Fessler
Josi, SZS 2006 S. 472; K 117/06 E. 6.
- Verlegung in ein ausserkantonales Spital nach stationärer Initial-
behandlung im Wohnkanton zu einer medizinischen Versorgung,
die auch im Wohnkanton möglich gewesen wäre (BVR 2006 S. 91
E. 3.3.2 f.; Notfallbegriff nicht erfüllt).
- Behandlungsmöglichkeit im Wohnkanton in einer allgemeinen Ab-
teilung, nicht aber in der privaten: K 193/00 E. 4 (Psoriasis).
- Entbindung in einem ausserkantonalen Spital, weil der während der
Schwangerschaft konsultierte Gynäkologe nur in diesem Spital Ge-
burtshilfe leistet (SVR 1996 KV Nr. 76, TA Fribourg; altrechtlicher
Fall).

medizinischer Grund bejaht:
- Der im Wohnkanton der Versicherten für die anstehende Behandlung einzig zur Verfügung stehende Arzt weigert sich, den Eingriff
vorzunehmen: K 83/98 12. 10. 1999.
- Hüftgelenkseingriff bei einer im Kanton Freiburg wohnhaften Frau
im Kanton Bern, in der Nähe des Transplantationszentrums, dies mit
Blick auf mögliche Komplikationen als Folge einer früheren Nieren-
verpflanzung; der medizinische Grund muss nicht zwingender Natur
sein: K 92/85 23. 1. 1986; K 186/94 31. 3. 1995.
- Höhenunverträglichkeit kann unter gewissen Umständen einen
medizinischen Grund darstellen: K 77/01 E. 5.1.1=RKUV 2003
KV 254 234.
- Kein Spital des Wohnkantons der versicherten Person war in der
Lage, die Behandlung durchzuführen: RKUV 1985 K 625 115 E. 2
(Leukämie-Behandlung eines Kindes).

- Hochschwangere Frau, die notfallmässig in eine ausserkant. Klinik mit Neonatologie-Abteilung eingewiesen werden musste und wegen Bettenmangels in keine innerkant. Spezialklinik aufgenommen werden konnte: K 29/93 4. 8. 1993.
- Notfalleintritt während einer aus persönlichen Gründen ausserkant. durchgeführten Behandlung, wobei sich kein dieser inhärentes Risiko realisierte (9C_812/2008 E. 3.2).
- ein Notfall ist bei einer ausserkantonalen Spitalgeburt gegeben, wenn im konkreten Fall erstellt ist, dass die Schwangere sich nicht dazu oder zu einer mit der Schwangerschaft in Verbindung stehenden Behandlung dorthin begeben hat und während ihres ausserkantonalen Aufenthaltes in der Weise vom einsetzenden Geburtsvorgang überrascht wird, dass ein Rücktransport medizinisch unverantwortlich wäre. In casu Abreise in die Ferien gegen Ende der Schwangerschaft im Einverständnis mit der Gynäkologin und Geburt in der 38./39. Schwangerschaftswoche ungefähr zehn Tage vor dem errechneten Geburtstermin (9C_408/2009).

3. Differenzzahlungspflicht des Wohnkantons (Abs. 3)

Übersicht   Seite

aa) Rechtsnatur und ratio legis der Differenzzahlungspflicht: Die Kos-   22
tenübernahmepflicht des Kantons hat Subventionscharakter (BGE 123
V 290 E. 3b/aa und 309 E. 9; BGE 130 V 215 E. 5.4.2). Sie ist sozialversicherungsrechtlicher Natur (BGE 130 V 87 E. 6.2.2; BGE 130 V
215 E. 5.4), sozialpolitisch motiviert und stellt eine zweckgebundene
Leistung dar (BGE 130 V 87 E. 6.1; K 57/03 E. 5.4). Art. 41 Abs. 3 KVG
i.V.m. Art. 41 Abs. 2 lit. b KVG soll dem interkant. Lastenausgleich im
Bereiche des Spitalwesens und der verstärkten Koordination zwischen

den Kantonen dienen (BGE 123 V 290 E. 3b/aa; BGE 123 V 310 E. 4b; BGE 130 V 215 E. 5.4.2; K 81/05 E. 5.2=RKUV 2006 KV 369 232; Urteilsbespr. Fessler Josi, SZS 2006 S. 472). Weiteres Ziel von Art. 41 Abs. 3 KVG ist die Kosteneindämmung durch Verlagerung von Kosten des stationären Bereichs vom KVers auf den Wohnkanton (BGE 127 V 409 E. 3b/bb; BGE 130 V 87 E. 6.2.1; BGE 130 V 215 E. 5.4.2). Obwohl die Differenzzahlung eine kv-rechtliche Leistung darstellt, verleiht sie dem Wohnkanton nicht den Status eines KVers (BGE 130 V 87 E. 6.3; BGE 130 V 215 E. 5.4.3) oder eines Durchführungsorgans gemäss Art. 34 ATSG (BGE 130 V 215 E. 6.3.1; K 57/03 E. 5.4; K 118/03 E. 6.3.1). Die Differenzzahlung nach Art. 41 Abs. 3 KVG ist keine Fürsorgeleistung (BGE 124 II 489 E. 2f. betr. Asylgesuchsteller).

23   Die Kostenübernahmepflicht des Wohnkantons besteht bei Behandlungen im Ausland aus medizinischen Gründen nicht (K 91/04 E. 3=RKUV 2005 KV 317 35 ff.). Zur Frage der Behandlung aus medizinischen Gründen in einem nicht zugelassenen Spital siehe SBVR-Eugster* Rz. 961.

24   *bb) Der Begriff der Dienste:* Unter den Begriff der Dienste im Sinne des Art. 41 Abs. 3 Satz 1 KVG fallen grundsätzlich alle in den genannten Spitälern erbrachten Leistungen, ungeachtet der Form der Behandlung (stationär, teilstationär, ambulant; BGE 127 V 409 E. 3b, Urteilsbespr. Meuwly, SZS 2003 S. 485 ff.; BGE 130 V 215 E. 1.2; K 203/98 E. 3=SVR 2002 KV Nr. 34). Eine Differenzzahlungspflicht kann daher auch bei ambulanter Behandlung gegeben sein (BGE 127 V 409; K 204/98 E. 3; K 57/03 E. 1.1.2; K 118/03; K 203/98 E. 3c und d).

25   *cc) Privatpatientenverhältnisse:* Die Differenzzahlungspflicht besteht bei medizinischen Gründen auch, wenn sich die versPers in der Privat- oder Halbprivatabteilung eines ausserkant. öffentlichen oder öffentlich subventionierten Spitals behandeln lässt (BGE 123 V 290 E. 6c/aa und 308 E. 7; K 94/05 E. 4=RKUV 2006 KV 364 150). Nicht dagegen im Falle einer nicht öffentlichen oder öffentlich subventionierten Heilanstalt (BGE 123 V 310). Mit der Aufhebung der Subventionsberechtigung entfällt auch die Differenzzahlungspflicht (2P.153/2003 E. 1.5). Falls die nach Einzelleistungstarif in Rechnung gestellten Kosten in der Halbprivat- oder Privatabteilung tiefer ausfallen, als wenn nach dem für die OKP massgebenden Pauschaltarif der allgemeinen Abteilung abgerechnet würde, sind die Kosten entsprechend dem Tarif der OKP in Rechnung

zu stellen, und es ist der gemäss Rechtsprechung und dBG-KVG (SR 832.14) geschuldete Kantonsbeitrag zu kürzen (K 94/05 E. 2 ff.=RKUV 2006 KV 364 150).

dd) Wahl des auswärtigen Leistungserbringers: Zu wählen ist ein in me- 26
dizinischer Hinsicht geeignetes Spital. Bei mehreren geeigneten ausserkantonalen Spitälern hat die Wahl grundsätzlich auf jenes zu fallen, das
sich auf der Spitalliste des Wohnkantons der versPers befindet (K 77/01
E. 5.1.1=RKUV 2003 KV 254 234, 235). Kommen mehrere auswärtige
Behandlungsorte mit unterschiedlichen, aber gleichermassen zweckmässigen Behandlungsmethoden in Betracht, besteht grundsätzlich nur
für das kostengünstigste Angebot volle Deckung (BGE 127 V 138 E. 5;
K 204/98 E. 4c/bb; krit. MEYER, Schranken und Freiräume von Art. 41
KVG, LuZeSo* 2006 S. 7). Es gibt jedoch Ausnahmegründe (BGE 127
V 138 E. 4b/bb; s.a. RKUV 1986 K 691 393 E. 2b, RKUV 1985 K 625
115 E. 2).

ee) Tariffragen: Im stationären Bereich können zulässigerweise nach 27
Kantonszugehörigkeit der Patienten differenzierende Tarife bestehen
(SVR 2002 KV Nr. 34 E. 3b/bb; K 194/00 E. 3.5=RKUV 2006 KV 354
19; K 37/04 E. 5.2; s.a. BGE 123 V 290 E. 3b/aa). Dies auch im ambulanten Sektor, wenn die Ambulatorien öffentlich subventioniert sind
(BGE 127 V 409 E. 3a; SVR 2002 KV Nr. 34 E. 3b/aa; K 203/98 E. 3b).
Die Kantone sind bei der Tariffestsetzung grundsätzlich frei. Diese hat
sich in einem vernünftigen Rahmen zu bewegen (BGE 123 V 290 E. 6c/
bb; K 194/00 E. 3.5= RKUV 2006 KV 354 19). Hat der Wohnkanton
Kostengutsprache erteilt, kann er nicht nachträglich den angewende-
ten Tarif in Frage stellen. Streitigkeiten über die Höhe des Tarifs können nicht im Verfahren nach Art. 41 Abs. 3 KVG ausgetragen werden
(K 194/00 E. 3.3= RKUV 2006 KV 354 19). Die Kantone können durch
interkant. Vereinbarungen einen anderen Abrechnungsmodus als den in
Art. 41 Abs. 3 KVG festgelegten vorsehen (BGE 130 V 215 E. 5.4.2;
BGE 123 V 290 E. 3b/cc; K 194/00 E. 5=RKUV 2006 KV 354 19),
dürfen dabei aber nicht die Zielsetzungen von Art. 41 Abs. 3 KVG nicht
unterlaufen bzw. die KVers gegenüber der in der Bestimmung vorgeschriebenen Kostenverteilung schlechter stellen (SVR 2000 KV Nr. 41
E. 4; LONGCHAMP*, S. 423).

ff) Honorarschuldnerschaft: Gegenüber dem Spital sind die Patienten 28
auch mit Bezug auf den Tarifausgleichsanteil (Art. 41 Abs. 3 KVG)

Honorarschuldner (Art. 42 Abs. 1 KVG), haben jedoch gegenüber ihrem Wohnkanton einen Rückerstattungsanspruch (BGE 123 V 290 E. 4; 9C_408/2009 E. 3.1). Die KVers sind nicht in der Höhe der vom Spital «in Rechnung gestellten Kosten vorleistungspflichtig» (K 39/04= SVR 2005 KV Nr. 29 E. 3.1.2). Übernimmt der Kvers gegenüber dem Spital auch den Wohnkantonsanteil, steht ihm gegenüber dem Wohnkanton ein Rückerstattungsanspruch zu (BGE 123 V 290 E. 4; K 39/04 E. 3.1.2=SVR 2005 KV Nr. 29 S. 103).

29 *hh) Bundesrätliche Regelungsbefugnis (Abs. 3 letzter Satz):* Der Bundesrat hat von seiner Befugnis nach Art. 43 Abs. 3 letzter Satz KVG keinen Gebrauch gemacht. Er wäre dabei auch zum Erlass von Verfahrensbestimmungen befugt (BGE 130 V 215 E. 1.1.2; BGE 123 V 290 E. 3).

30 *gg) Verfahrensfragen:* Art. 41 Abs. 3 KVG regelt die Kostenübernahmepflicht des Wohnkantons abschliessend (BGE 123 V 290 E. 8, BGE 127 V 409 E. 3b/cc). Kant. materielles Ausführungsrecht kann keine selbständige Bedeutung haben (BGE 123 V 290 E. 8). Zuständigkeit und Verfahren zur Durchsetzung von Ansprüchen gegen den Wohnkanton beruhen dagegen auf selbständigem kant. Recht (BGE 123 V 290 E. 5, 130 V 215 E. 1.3.1, E. 4 f. mit Erwägungen zur Anwendbarkeit des ATSG). Das Bundesrecht schreibt nicht zwingend vor, dass die Versicherer Ansprüche gegen einen Kanton aufgrund von Art. 41 Abs. 3 erster Satz KVG direkt mit Klage bei einer allenfalls vom kant. Recht zu bezeichnenden Gerichtsbehörde geltend zu machen haben. Wo der Kanton verlangt, dass einer allfälligen gerichtlichen Auseinandersetzung eine Verfügung im Sinne von Art. 5 VwVG vorauszugehen hat, ist dieses Verfahren zwingend einzuhalten (K 57/03 E. 5.5 und E. 7.2.1; K 118/03 E. 6).

31 Partei kann neben der versicherten Person auch der KVers sein, wenn er den Wohnkantonsanteil übernommen hatte (BGE 123 V 290 E. 4, 127 V 422 E. 1b; K 39/04=SVR 2005 KV Nr. 29 E. 3.1.2). Nicht geklärt ist die Aktivlegitimation eines Zusatzversicherers (s.a. K 81/05=RKUV 2006 KV 369 232, K 39/04=SVR 2005 KV Nr. 29; SBVR-EUGSTER* Rz. 973). Streitigkeiten über die Höhe des Tarifs des ausserkant. Spitals können nicht im Verfahren nach Art. 41 Abs. 3 KVG ausgetragen werden (K 194/00 E. 3.3=RKUV 2006 KV 354 19). Die Anerkennung oder Nichtanerkennung medizinischer Gründe durch den Wohnkanton ist

für die KVers nicht verbindlich, was auch umgekehrt gilt (s.a. K 81/05; K 39/04=SVR 2005 KV Nr. 29.

Zur letztinstanzlichen Beurteilung der Leistungspflicht des Wohnkan-   32
tons durch das EVG: BGE 123 V 290 E. 3, 123 V 310 E. 3a, 130 V
215 E. 2.1, 127 V 138 E. 1;,127 V 409 E. 1, 127 V 422 E. 1. Zur Ge-
richtskostenfrage: BGE 130 V 87 E. 6.3, 123 V 290 E. 9.

V.   Versicherungsmodelle mit eingeschränkter Leistungserbringerwahl (Abs. 4)

Bibliografie: BAUR RITA, Die Entwicklung der besonderen Versicherungsformen im Rahmen des neuen Krankenversicherungsgesetzes, in: CHSS 2001,
S. 30 ff.; BAUR RITA, Experten-/Forschungsberichte zur Kranken- und Unfallversicherung, Managed Care-Modelle, Bestandesaufnahme 2004, BSB Büro
für Sozialwissenschaftliche Beratung (http://www.bag.admin.ch/kv/forschung);
BAUR RITA, L'évolution des formes particulières d'assurance dans le cadre de
la LAMal, in: CHSS 2001, S. 30 ff.; BAUR RITA, Managed Care-Modelle, Bestandesaufnahme 2004, BSB Büro für Sozialwissenschaftliche Beratung; BAUR
RITA/BANDI TILL/SCHÜTZ STEFAN, Tiefere Kosten dank neuen Versicherungsformen, in: CHSS 1998, S. 14 ff.; BAUR RITA/EYETT DORIS: Die Wahl der Versicherungsformen – Untersuchungsbericht 1 (1998), Bewertung der ambulanten
medizinischen Versorgung durch HMO-Versicherte und traditionell Versicherte –
Untersuchungsbericht 2 (1998), selbstgetragene Gesundheitskosten – Untersuchungsbericht 3 (1998); BAUR RITA/HUNGER WOLFGANG/KÄMPF KLAUS/STOCK
JOHANNES: Evaluation neuer Formen der Krankenversicherung. Synthesebericht
(1998), Hrsg. BSV/BAG. Experten-/Forschungsberichte zur Kranken- und Unfallversicherung (www.bsv.admin.ch/forschung); BAUR RITA/MING ARMIN/STOCK
JOHANNES/LANG PETER: Struktur, Verfahren und Kosten der HMO-Praxen. Untersuchungsbericht 4 (1998); CAMENISCH DENISE, Case Management in der Krankenversicherung, in: Care Management 1(2008) Nr. 2 S. 36f.; DUC JEAN-LOUIS,
«Autres formes d'assurance» au sens de l'article 41 alinéa 4 LAMal et hospitalisation, in: LAMal–KVG*, S. 393 ff.; FRITSCHI JÖRG, Netzwerke – von der Vision
zur Realität! in: Primary Care 2005, S. 48 f.; KÜHNE RENÉ/REICH OLIVIER, Das Lis-
tenmodell der Helsana, in: Managed Care 11(2007) Nr. 3 S. 28–31; BERCHTOLD
PETER/HESS KURT, Evidenz für Managed Care: europäische Literaturanalyse unter
besonderer Berücksichtigung der Schweiz, Schweizerisches Gesundheitsobser-
vatorium, Neuenburg 2006; Zur Leistungspflicht der Krankenversicherung bei
strafrechtlichen Massnahmen, in: SZS 2006, S. 126 ff.; MENOUD YVES, Les formes particulières de l'assurance obligatoire des soins, in: Colloques et journées

d'étude, Lausanne 2002, S. 245 ff.; MOSER MARKUS, Managed Care, Grundlagen zur 3. KVG-Revision (Teilprojekt). Experten-/Forschungsberichte des BAG zur Kranken- und Unfallversicherung; MOTAMED SANDRINE, Propositions pour clarifier le terme réseau appliqué au domaine de la santé, in Revue médicale suisse 4(2008) Nr. 172, S. 2024–2027; MÜNGER ISABEL/BERCHTOLD PETER/HESS KURT, Managed-Care-Modelle in der Schweiz im Jahr 2004, in: MC 7/2004, S. 35 ff.; SCHALLER PHILIPP, Managed Care en Suisse Romande: un leadership professionel, in: Care Management 1(2008) Nr. 4 S. 11, SCHALLER PHILIPP, Le réseau de Soins DELTA, Care Management 1(2008) Nr. 4 S. 12–15; SCHNEIDER JACQUES-ANDRÉ, Primes et qualité du soins: les organisations de maintien de la santé (ODMS) et la LAMaL, SZS 1999 S. 263 ff.; STRICKER BERNHARD, «Ärztenetzwerke» – Klärung eines Begriffs, in: SAeZ 2005, S. 883 ff.; ZWEIFEL PETER/LEHMANN HANS-JÖRG, Kostenvergleich zwischen HMO und traditioneller Grundversicherung, in: KSK aktuell 1999, S. 170 f.; Wissenschaftliche Forschungsberichte des BSV/ BAG siehe S. XXII (Literaturverzeichnis) hiervor.

33 Abs. 4 nimmt Bezug auf so genannte Health Maintenance Organisations (HMOs), Hausarztsysteme und Versicherungsmodelle mit Ärzteliste (Preferred-Provider-Organization/PPO). Zur Abgrenzung der verschiedenen Formen ist auf die Spezialliteratur zu verweisen. Sie kommen in der Praxis auch in Kombination mit Wahlfranchisen vor. Ziel der Einschränkung der Leistungserbringerwahl ist die Kosteneindämmung (K 58/02 E. 2.2=RKUV 2003 KV 241 74). Der Leistungskatalog darf in diesen Systemen weder erweitert (Art. 34 Abs. 1 KVG) noch eingeschränkt werden (Art. 41 Abs. 4 Satz 3 KVG; RKUV 2000 KV 108 74 E. 2b und K 58/02 E. 2.2=RKUV 2003 KV 241 74). So darf parallel zur SL keine eigene Arzneimittelliste (der wirtschaftlicheren unter den Originalpräparaten) kreiert, dagegen die Wahlfreiheit auf Generika begrenzt werden (BRE RKUV 1999 KV 62 43; Urteilsbespr. PFIFFNER RAUBER*, S. 197 ff.). Die Einschränkung der Leistungserbringerwahl tangiert die Qualität der Leistungen nicht. Auch eine HMO-Praxis unterliegt den Geboten von Art. 32 Abs. 1 KVG (K 6/01 E. 5c=RKUV 2001 KV 189 490).

34 Die Pflicht zur Inanspruchnahme der HMO erstreckt sich auf alle Leistungserbringer, beispielsweise auch auf Chiropraktoren (BGE 125 V 437; Urteilsbespr. STAFFELBACH, AJP 2000 889). Sie besteht nicht, wenn die Inanspruchnahme der HMO bei Notfällen nicht möglich oder angemessen ist (BGE 125 V 437 E. 3a) oder nicht im Ermessen der versicherten Person liegt, so etwa bei der strafrichterlichen Einweisung in

eine Heil- und Pflegeanstalt (K 142/04 E. 4.2; s.a. SZS 2006, S. 126 ff. betr. Arztwahl bei strafrechtlichen Massnahmen).

Wer sich ausserhalb von Notfällen nicht vom Hausarzt (Gatekeeper)   35 oder einem von diesem durch Überweisung bezeichneten Arzt oder Spital behandeln lässt, geniesst keinen Leistungsanspruch (RKUV 2000 KV 108 74; SVR 2001 KV Nr. 1; K 58/02 E. 2.2=RKUV 2003 KV 241 74. Auch im Falle einer Überweisung durch den Schularzt an einen Drittarzt ist vorgängig der Hausarzt (Gatekeeper) zu konsultieren (K 58/02 E. 3=RKUV 2003 KV 241 74, SVR 2001 KV Nr. 1).

Nach Art. 82a Asylgesetz (SR 142.31; AS 2006 4823, 2007 5575; BBl   36 2002 6845) können die Kantone für Asylsuchende und Schutzbedürftige ohne Aufenthaltsbewilligung die Wahl des Versicherers einschränken und einen oder mehrere Versicherer bezeichnen, welche eine besondere Versicherungsform nach Artikel 41 Absatz 4 KVG anbieten (Abs. 2). Sie können für Asylsuchende und Schutzbedürftige ohne Aufenthaltsbewilligung die Wahl der Leistungserbringer nach den Artikeln 36–40 KVG einschränken. Sie können dies vor der Bezeichnung eines Versicherers im Sinne von Absatz 2 tun (Abs. 3). S.a. BGE 133 V 353 (Rechtmässigkeit der Einschränkung der freien Arztwahl aufgrund eines Rahmenvertrages zwischen, KVers und Ärztegesellschaft bestätigt) und 17.08.2004 K 66/02=RKUV 2005 KV 312 S. 3 (Nichtberücksichtigung eines Arztes auf der Asyl-Hausarztliste: Feststellungsklage unzulässig).

Art. 41 (ab 1.1.2009 in Kraft stehende Fassung)

[1] Die Versicherten können für die ambulante Behandlung unter den zugelassenen Leistungserbringern, die für die Behandlung ihrer Krankheit geeignet sind, frei wählen. Der Versicherer übernimmt die Kosten höchstens nach dem Tarif, der am Wohn- oder Arbeitsort der versicherten Person oder in deren Umgebung gilt.

[1bis] Die versicherte Person kann für die stationäre Behandlung unter den Spitälern frei wählen, die auf der Spitalliste ihres Wohnkantons oder jener des Standortkantons aufgeführt sind (Listenspital). Der Versicherer und der Wohnkanton übernehmen bei stationärer Behandlung in einem Listenspital die Vergütung anteilsmässig nach Artikel 49a höchstens nach dem Tarif, der in einem Listenspital des Wohnkantons für die betreffende Behandlung gilt.

^1ter^ **Absatz 1bis gilt sinngemäss für Geburtshäuser.**

^2 Beansprucht die versicherte Person bei einer ambulanten Behandlung aus medizinischen Gründen einen anderen Leistungserbringer, so richtet sich die Kostenübernahme nach dem Tarif, der für diesen Leistungserbringer gilt.

^3 Beansprucht die versicherte Person bei einer stationären Behandlung aus medizinischen Gründen ein nicht auf der Spitalliste des Wohnkantons aufgeführtes Spital, so übernehmen der Versicherer und der Wohnkanton die Vergütung anteilsmässig nach Artikel 49*a*. Mit Ausnahme des Notfalls ist dafür eine Bewilligung des Wohnkantons notwendig.

^3bis^ **Medizinische Gründe nach den Absätzen 2 und 3 liegen bei einem Notfall vor oder wenn die erforderlichen Leistungen nicht angeboten werden:**

a. bei ambulanter Behandlung am Wohn- oder Arbeitsort der versicherten Person oder in deren Umgebung;

b. bei stationärer Behandlung in einem Spital, das auf der Spitalliste des Wohnkantons aufgeführt ist.

^4 Die Versicherten können ihr Wahlrecht im Einvernehmen mit dem Versicherer auf Leistungserbringer beschränken, die der Versicherer im Hinblick auf eine kostengünstigere Versorgung auswählt (Art. 62 Abs. 1 und 3). Der Versicherer muss dann nur die Kosten für Leistungen übernehmen, die von diesen Leistungserbringern ausgeführt oder veranlasst werden; Absatz 2 gilt sinngemäss. Die gesetzlichen Pflichtleistungen sind in jedem Fall versichert.

Chronologie: *Art. 1–3bis:* Fassung gemäss Ziff. I der Änderung des KVG vom 21. Dez. 2007 (Spitalfinanzierung), in Kraft seit 1. Jan. 2009 (AS 2008 2049 2057; BBl 2004 5551). Zum Zeitpunkt der Umsetzung siehe die Übergangsbestimmungen; *Abs. 4:* AS 1995 1328; BBl 1992 I 93.

Bibliografie: Duc Jean-Michel, Prise en charge des frais d'hospitalisation dans une clinique privée, in SZS 2009, S. 123.

Übersicht   Seite

I. Zeitpunkt der Umsetzung

Mit der KVG-Revision vom 21.12.2007 betreffend die Neuordnung der 1
Spitalfinanzierung (AS 2008 2049; BBl 2004 5551), in Kraft getreten
am 01.01.2009, ist auch Art. 41 KVG umgestaltet worden. Gemäss
Abs. 6 der Übergangsbestimmungen erfolgt die Umsetzung der Regelung nach Artikel 41 Absatz 1bis im Einführungszeitpunkt der leistungsbezogenen Pauschalen nach Artikel 49 Absatz 1 und der Finanzierungsregelung nach Artikel 49*a*, das heisst, spätestens am 01.01.2012. Bis zu
diesem Zeitpunkt gilt die bisherige Spitalwahlregelung (Art. 41 KVG
in der Fassung vom 18.03.1994). Die Einführungszeitpunkte können in
den Kantonen je nach Umsetzungsfortschritt unterschiedlich sein (s.a.
RICH LUKAS, Neue Spitalfinanzierung im Kanton Zürich, in Jusletter
vom 19.01.2009).

II. Grundsatz der freien Leistungserbringerwahl

Der unter Art. 41 altAbs. 1 Satz 1 KVV formulierte Grundsatz der freien 2
Leistungserbringerwahl findet seine Fortsetzung in Art. 41 neuAbs. 1
KVG (ambulant) und in Art. 41 Abs. 1bis Satz 1 KVG (stationär), wel-
cher bisheriger Rechtspraxis (BGE 125 V 448 E. 3a, Urteilsbespr. DUC,
AJP 2000 883) entspricht. Kein allgemein freies Wahlrecht besteht mit
Bezug auf Vertragsspitäler nach Art. 49a Abs. 4 KVG.

III. Ambulante Behandlung (Abs. 1 und 2)

Abs. 1 entspricht altAbs. 1 Satz 1 und 2. Die Gesetzesrevision vom 3
21.12.2007 (AS 2008 2049; BBl 2004 5551) änderte am bisherigen gesetzlichen Konzept nichts, sodass die diesbezügliche Rechtsprechung
weiterhin gültig bleibt. Auf die Einführung einer vollen Freizügigkeit
wurde im Rahmen der Revision dieser Bestimmung verzichtet, weil die
Tarife in den verschiedenen Kantonen noch sehr unterschiedlich sind
(Humbel AB 2007 N 442). Andere Leistungserbringer i.S.v. Abs. 2 sind
solche mit einem Praxisstandort ausserhalb der Wohn- oder Arbeits-
ortsregion (Abs. 1 Satz 2; Abs. 3bis lit. a KVG). Abs. 2 entspricht dem

bisherigen Recht (altAbs. 2 Satz 1). Neu ist dagegen, dass der Wohnkanton im Falle ambulanter Behandlung aus medizinischen Gründen in
auswärtigen Spitälern keine Leistungen mehr erbringen muss (anders
altrechtlich: altArt. 41 Rz. 24).

IV.   Stationäre Behandlung (Abs. 1bis, Abs. 3 und Art. 3bis)

4   *1. Hospitalisation in einem Spital der Spitalliste des Wohnkantons*: Der
Wohnkantonstarif nach Abs. 1bis Satz 2 garantiert den Wohnkantonsangehörigen wie bisher die volle Kostendeckung für die stationäre OKP-
Leistung nach den OKP-Standards in einem im Wohnkanton gelegenen
und von diesem zugelassenen Spital. Im Falle einer ausserkantonalen
Hospitalisation *aus persönlichen Gründen* ist das nicht in jedem Fall
gewährleistet.

5   *2. Faktisch erweiterte Spitalwahlfreiheit für ausserkantonale Hospitalisationen:* Neu subventioniert der Wohnkanton aufgrund von Art. 41
Abs. 1bis Satz 2 KVG die stationären Leistungen nicht nur wie bisher im
Falle einer Hospitalisation im Wohnkanton der versPers (siehe Rz. 25
zu Art. 41 altAbs. 1 hiervor), sondern auch bei ausserkant. Hospitalisationen in einem Listenspital aus persönlichen Gründen. Es findet ein
Export von Subventionen des Wohnkantons statt. Zum Schutze der Kantone mit tiefen Spitalkosten – diese sollen nicht für Kosten in Kantonen
mit hoher Kostenstruktur aufkommen müssen – beschränkt Abs. 1bis
jedoch die Leistungspflicht der Wohnkantone auf die Pauschalen, die
im jeweiligen Wohnkanton für Einheimische gelten (Voten Humbel AB
2007 N 441, Brändli AB 2007 S 754 und Forster-Vanini AB 2007 S
752). Auswärtige können daher wie bis anhin (BGE 126 V 172 E. 3)
nicht in jedem Fall erwarten, dass die OKP sämtliche Kosten deckt.

6   *3. Medizinische Gründe:* Der Notfallbegriff hat mit dem neuen Recht
keine Änderung erfahren, sodass die bisherige Rechtsprechung unverändert gilt (Art. 41 altAbs. 2 KVG Rz. 17). Beim fehlenden Angebot als
medizinischer Grund ist hervorzuheben, dass – anders als der Wortlaut
von Art. 41 altAbs. 2 lit. b KV – bei den innerkantonalen Spitälern nur
solche der Spitalliste des Wohnkantons berücksichtigt werden. Die Ver-
fügbarkeit der Leistung in einem im Wohnkanton nicht zugelassenen

innerkant. Spital, beispielsweise einem Vertragsspital nach Art. 49a Abs. 3 KVG, schliesst daher einen medizinischen Grund gemäss Art. 41 Abs. 3bis lit. b KVG nicht aus.

a) Genehmigungsvorbehalt des Wohnkantons (Abs. 3 Satz 2): Der Wohn- 7 kanton ist nur leistungspflichtig, wenn er die ausserkant. Behandlung bewilligt hat. Er kann nicht nur prüfen, ob medizinische Gründe tatsächlich gegeben sind, sondern kann im Genehmigungsverfahren auch den Behandlungsort bestimmen. Aufgrund dieses Rechts kann er die Spitalwahlfreiheit der Patienten einschränken (s.a. David AB 2006 S 56, Brunner AB 2006 S 55). Die Rechtsprechung gemäss Rz. 26 zu Art. 41 altAbs. 3 KVG betr. Wahl des wirtschaftlicheren Spitals dürfte aufgrund dieses Verfahrens weitgehend obsolet werden. Nach den Voten in den parlamentarischen Beratungen kann der Wohnkanton mittels seines Genehmigungsrechts seine Kostenbeteiligung (Art. 41 Abs. 3 KVG) auf ausserkant. Spitäler seiner Spitalliste beschränken und andere Listenspitäler einzig dann berücksichtigen, wenn lediglich diese die benötigte Behandlung zu gewährleisten in der Lage sind (Brunner AB 2006 S. 55; Schwaller AB 2006 S 56). Nach Couchepin (AB 2006 S 56) ist keine Genehmigung notwendig, wenn sich die versPers in einem ausserkant. Spital der Spitalliste ihres Wohnkantons hospitalisieren lässt.

b) Anteilmässige Kostenübernahme statt Differenzzahlungspflicht: Da 8 neu nicht mehr Spitäler (Objekte) finanziert werden, sondern Leistungen (siehe Art. 49 neuAbs. 1 KVG), besteht keine Differenzzahlungspflicht des Wohnkantons mehr, sondern eine anteilsmässige Kostenübernahme nach Art. 49a KVG. Subventioniert ist – nach wie vor aus sozialpolitischen Motiven – neu die einzelne, von der versPers in Anspruch genommene Leistung. Die Finanzierung nach neuAbs. 3 ist bis spätestens 31.12.2011 umzusetzen (siehe Rz. 1 zu neuArt. 49 KVG und Rz. 1 zu Art. 49a KVG). Bis dahin gilt die Finanzierungsregelung nach Art. 41 altAbs. 3 KVG. Abs. 3 beschränkt die Leistungspflicht des Wohnkantons im Gegensatz zu Art. 41 altAbs. 3 KVG (Rz. 24) auf stationäre Behandlungen. Im neuen Recht wird ferner nicht mehr nach öffentlichen, öffentlich subventionierten und anderen Spitälern, nach inner- und ausserkantonalen Spitälern sowie privaten und halbprivaten Spitalabteilungen unterschieden. Jedes zugelassene Spital kann Spital im Sinne von neuAbs. 3 sein. Die Grundsätze von BGE 123 V 310 werden damit zu Makulatur.

9 *4. Tariffragen:* Wie schon unter dem bisherigen Recht hängen die aus der OKP zu erbringenden Leistungen nicht davon ab, ob sich die versPers auf der allgemeinen, privaten oder halbprivaten Spitalabteilung eines zugelassenen Spitals hospitalisieren lässt. Das zugelassene ausserkantonale Spital hat ferner nach dem hier vertretenen Standpunkt für auswärtige OKP-Versicherte die Spitalpauschalen anzuwenden, die gemäss Kassentarif für Einheimische gelten (s.a. Stähelin AB 2007 S 753), sodass die bisher möglichen Mehrforderungen für ausserkantonale Patienten grundsätzlich ausgeschlossen sind. Für OKP-Leistungen können und dürfen nur die Pauschalen gemäss Art. 49 neuAbs. 1 KVG fakturiert werden, was die Tarifautonomie der Spitalträger gegenüber dem bisherigen Recht wesentlich einschränkt.

Art. 41a Aufnahmepflicht

[1] Im Rahmen ihrer Leistungsaufträge und ihrer Kapazitäten sind die Listenspitäler verpflichtet, für alle versicherten Personen mit Wohnsitz im Standortkanton des Listenspitals eine Aufnahmebereitschaft zu gewährleisten (Aufnahmepflicht).

[2] Für versicherte Personen mit Wohnsitz ausserhalb des Standortkantons des Listenspitals gilt die Aufnahmepflicht nur aufgrund von Leistungsaufträgen sowie in Notfällen.

[3] Die Kantone sorgen für die Einhaltung der Aufnahmepflicht.

Chronologie: Fassung gemäss Ziff. I der Änderung des KVG vom 21. Dez. 2007 (Spitalfinanzierung), in Kraft seit 1. Jan. 2009 (AS 2008 2049 2057; BBl 2004 5551). Zum Zeitpunkt der Umsetzung siehe die Übergangsbestimmungen.

I. Ratio Legis

1 Art. 41a KVG bezweckt die Sicherung einer spitalplanungskonformen Versorgung. Da die Listenspitäler von steuerfinanzierten Leistungen

profitieren (Art. 49a Abs. 1 und 2 KVG), sollen sie auch den ihnen in der Spitalplanung zugedachten medizinischen Versorgungsanteil erbringen und diese Pflicht nicht durch Aufnahmeverweigerungen unterlaufen können, insb. nicht durch die Selektion profitabler oder die Abwehr unrentabler Behandlungsfälle.

II. Spitäler im Wohnkanton der versicherten Person (Abs. 1)

Aufnahmeverpflichtet sind öffentliche und private Spitäler mit Standort im Wohnkanton, wenn sie in der Spitalliste dieses Kantons aufgeführt sind. Sie besteht nur mit Bezug auf Behandlungen, für welche das Wohnkantonsspital einen Leistungsauftrag (Art. 39 Abs. 1 lit. e KVG) hat. Das Spital hat sich so zu organisieren, dass es den Leistungsauftrag erfüllen kann bzw. die dafür notwendigen Kapazitäten vorhanden sind (Erstellung der Aufnahmebereitschaft). Im konkreten Behandlungsfall muss es die Patienten aufnehmen, wenn die entsprechenden Kapazitäten verfügbar sind (Aufnahmepflicht). 2

III. Ausserkantonal gelegene Spitäler (Abs. 2)

Für ausserkant. Patienten ist keine Aufnahmebereitschaft zu gewährleisten. Noch der Klärung bedarf, ob in Abs. 2 Leistungsaufträge des Wohnkantons oder des Standortkantons gemeint sind. Gemeint sein können in der Hauptsache wohl nur Leistungsaufträge aufgrund von Leistungsvereinbarungen, welche ein auswärtiger Wohnkantonen zur Sicherstellung der Spitalversorgung seiner Bevölkerung abgeschlossen hat. Für darüber hinausgehende Bedürfnisse ausserkant. Patienten hätten die Kantone demnach keine Aufnahmebereitschaft zu gewährleisten. 3

3. Abschnitt: Schuldner der Vergütung; Rechnungstellung

Art. 42 Grundsatz (bis 31.12.2008 geltende Fassung)

[1] **Haben Versicherer und Leistungserbringer nichts anderes vereinbart, so schulden die Versicherten den Leistungserbringern die Vergütung der Leistung. Die Versicherten haben in diesem Fall gegenüber dem Versicherer einen Anspruch auf Rückerstattung (System des *Tiers garant*). In Abweichung von Artikel 22 Absatz 1 ATSG kann dieser Anspruch dem Leistungserbringer abgetreten werden.**

[2] **Versicherer und Leistungserbringer können vereinbaren, dass der Versicherer die Vergütung schuldet (System des *Tiers payant*).**

[3] **Der Leistungserbringer muss dem Schuldner eine detaillierte und verständliche Rechnung zustellen. Er muss ihm auch alle Angaben machen, die er benötigt, um die Berechnung der Vergütung und die Wirtschaftlichkeit der Leistung überprüfen zu können. Im System des *Tiers payant* erhält die versicherte Person eine Kopie der Rechnung, die an den Versicherer gegangen ist. Der Bundesrat regelt die Einzelheiten.**

[4] **Der Versicherer kann eine genaue Diagnose oder zusätzliche Auskünfte medizinischer Natur verlangen.**

[5] **Der Leistungserbringer ist in begründeten Fällen berechtigt und auf Verlangen der versicherten Person in jedem Fall verpflichtet, medizinische Angaben nur dem Vertrauensarzt oder der Vertrauensärztin des Versicherers nach Artikel 57 bekannt zu geben.**

[6] **In Abweichung von Artikel 29 Absatz 2 ATSG ist für die Anmeldung von Leistungsansprüchen kein Formular nötig.**

Chronologie: AS 1995 1328; BBl 1992 I 93; *Titel:* Eingefügt durch Ziff. I der Änderung des KVG vom 8. Okt. 2004 (Gesamtstrategie und Risikoausgleich), in Kraft seit 1. Jan. 2005 (AS 2005 1071; BBl 2004 4259). *Abs. 1 Satz 3:* Eingefügt durch Anhang Ziff. 11 des ATSG vom 6. Okt. 2000, in Kraft seit 1. Jan. 2003 (AS 2002 3371; SR 830.1). *Abs. 6:* Eingefügt durch Anhang Ziff. 11 des ATSG vom 6. Okt. 2000, in Kraft seit 1. Jan. 2003 (AS 2002 3371; SR 830.1).

Bibliografie: KIESER, ATSG-Kommentar*, Art. 14 Rz. 9 ff.; LONGCHAMP*, S. 254 ff., 322 ff.; SBVR-EUGSTER*, Rz. 986 ff. Weitere Literaturangaben zu Abs. 3–5 unter Art. 57 und 84 KVG.

Verordnung: Art. 59 KVV.

Art. 42 Grundsatz (ab 1.1.2009 in Kraft stehende, nach Umsetzung der neuen Spitalfinanzierung anwendbare Fassung)

[1] **[...] unverändert**
[2] **Versicherer und Leistungserbringer können vereinbaren, dass der Versicherer die Vergütung schuldet (System des *Tiers payant*). Im Falle der stationären Behandlung schuldet der Versicherer, in Abweichung von Absatz 1, den auf ihn entfallenden Anteil an der Vergütung.**
[3] **Der Leistungserbringer muss dem Schuldner eine detaillierte und verständliche Rechnung zustellen. Er muss ihm auch alle Angaben machen, die er benötigt, um die Berechnung der Vergütung und die Wirtschaftlichkeit der Leistung überprüfen zu können. Im System des *Tiers payant* erhält die versicherte Person eine Kopie der Rechnung, die an den Versicherer gegangen ist. Bei stationärer Behandlung weist das Spital die auf Kanton und Versicherer entfallenden Anteile je gesondert aus. Der Bundesrat regelt die Einzelheiten.**
[4] **[...] unverändert**

Chronologie: *Abs. 2 und 3:* Fassung gemäss Ziff. I der Änderung des KVG vom 21. Dez. 2007 (Spitalfinanzierung), in Kraft seit 1. Jan. 2009 (AS 2008 2049 2057; BBl 2004 5551).

I. Bestimmung des Honorarschuldners (Abs. 1 und 2)

1. Tiers garant als das gesetzlich primäre System

1 *Bis 31.12.2008 geltendes Recht:* Das KVG steht auf dem Boden des Kostenerstattungsprinzips (Tiers garant; BBl 1992 I 151), dies im Gegensatz zum Naturalleistungsprinzip. Zur Abgrenzung siehe Art. 24 KVG hiervor. Davon zu unterscheiden ist die Frage, wer Honorarschuldner ist. Tiers garant bedeutet, dass die Versicherten gegenüber den Leistungserbringern Honorarschuldner sind, jedoch gegenüber ihren KVers einen Anspruch auf Rückerstattung der Kosten haben. Die elektronische Abrechnung ambulanter Arztleistungen gemäss Rahmentarif TarMed (ab 1. Januar 2006) änderte an diesem System nichts (die Frage musste in 9C_562/2007 E. 4f. nicht behandelt werden). Tiers payant besagt demgegenüber, dass nicht die Versicherten, sondern die KVers Honorarschuldner sind. Dieselbe Leistung kann nicht nebeneinander sowohl nach dem System des Tiers payant wie auch des Tiers garant eingefordert und (teil-)vergütet werden (BGE 131 V 191 E. 5). Bis zur Umsetzung der neuen Spitalfinanzierung war das Tiers garant das gesetzlich primäre System. Das trifft danach jedoch nur noch für den ambulanten Sektor zu (siehe Rz. 4 hiernach).

2 *Rückerstattungsanspruch und -frist:* Sowohl im Tiers garant (Abs. 1) als auch im Tiers payant (Abs. 2) besteht ein Anspruch auf Erstattung des Honorars eines frei praktizierenden Leistungserbringers durch den Versicherer in der Regel nur, wenn ein solcher nach den zivilrechtlichen Voraussetzungen gegeben ist (BGE 133 V 416 E. 2.1, 125 V 430 E. 3a, 125 V 435 E. 3a). KVG und KVV enthalten keine Frist, innerhalb welcher die KVers Leistungsrückerstattungen vorzunehmen haben (SBVR-Eugster* Rz. 642). Wenn die versicherte Person die Rückerstattung zu persönlichen Zwecken und nicht zur Honorarzahlung verwendet, liegt keine Veruntreuung i.S. des StGB vor (BGE 117 IV 256; RSKV 1973 179 157). Das Inkassoverlustrisiko gehört zum unternehmerischen Risiko des Leistungserbringers.

2. Abtretung

Bibliografie: Duc Jean-Louis, Cession, saisie et garantie d'un emploi conforme à leur but des prestations dans l'assurance obligatoire des soins dans la LaMal, in: SZS 2000, S. 447 ff.; Duc Jean-Louis, De la cession du droit aux prestations dans l'assurance-maladie obligatoire, in: SZS 2002, S. 272 ff.; Duc Jean-Louis, Du juge compétent pour trancher un litige en matière de cession de créance dans l'assurance-maladie sociale, Kommentar zum EVG-Urteil vom 17. August 2004 (RKUV 2005 KV 312 3), in: AJP 8/2005, S. 626 f.; Longchamp*, S. 257 Fn. 702.

Die Abtretung bedarf zu ihrer Gültigkeit der schriftlichen Form (Art. 165   3
Abs. 1 OR), die sämtliche Merkmale erfassen muss, welche die abge-
tretene Forderung hinreichend individualisiert (vgl. a. 9C_649/2007
E. 7.2.2). Streitigkeiten über die abgetretene Forderung zwischen dem
Leistungserbringer und dem Zedenten sind mittels Verfügung (Art. 49
ATSG) und damit im verwaltungsgerichtlichen Verfahren (Art. 56
ATSG) zu entscheiden (K 66/02=RKUV 2005 KV 312 3 E. 4; B 76/06
E. 2.3; krit. Duc, in AJP 5/2005 626, Urteilsbespr. K 66/02; zur Abtre-
tung altrechtlich: RSKV 1969 48 99 E. 1; BGE 127 V 439; krit. Duc,
SZS 2002 S. 272). Der Begriff der Abtretung, wie er in Art. 42 Abs. 1
Satz 2 verwendet wird, stimmt mit demjenigen von Art. 22 ATSG und
der Zession nach Art. 164 ff. OR überein. Es sind auch Globalzessionen
künftiger Forderungen zulässig, sofern diese bestimmt oder zumindest
bestimmbar sind (vgl. BGE 135 V 2 E. 6.1f.). Frage offen gelassen, ob
die Zulässigkeit der Zession auf Anwendungsfälle von Art. 42 Abs. 1
KVG beschränkt ist: K 115/04 E. 2.2. Im Tiers payant ist eine Abtretung
nicht möglich (K 115/04 E. 3).

3. Tiers payant als vertragliches System

Bis 31.12.2008 geltendes Recht: Die Vereinbarung nach Abs. 2 Satz 1   4
(Tiers payant) stellt eine Schuldübernahme des KVers dar, welche eine
Schuldbefreiung der Versicherten zur Folge hat (BGE 132 V 18 E. 5.2;
SBVR-Meyer, Rz. 123). Dessen Zahlungspflicht beschränkt sich auf
Pflichtleistungen (BGE 132 V 18 E. 7).

In den geltenden Spitaltarifverträgen besteht regelmässig das System ei-   5
nes bedingten Tiers payant. Der Versicherer hat innert einer bestimmten

Frist ein Gesuch um Kostengutsprache abzulehnen, wenn er die Voraussetzungen für eine Leistung als nicht erfüllt oder zu wenig abgeklärt erachtet, andernfalls diese als erteilt gilt (BGE 132 V 18 E. 5.2). Vielfach erteilen KVers auch Kostengutsprache, ohne dazu durch ein vertragliches Systems des Tiers payant gemäss Art. 42 Abs. 2 KVG verpflichtet zu sein bzw. ohne damit einen vertraglichen Schuldübernahmeanspruch des Spitals einzulösen. Das geschieht namentlich dort, wo der KVers im Rahmen von Art. 41 KVG Referenztarife zu vergüten hat. Zweck dieses Verfahrens ist es, die versPers vor Spitaleintritt von der Sicherstellung der Spitalkosten zu befreien (16.07.2009 9C_61/2009; vgl. a. BGE 111 V 31 E. 3 u. BGE 112 V 188 E. 3). Eine dem Leistungserbringer erteilte Kostengutsprache gilt grundsätzlich nicht als Anerkennung der Leistungspflicht des KVers gegenüber der versPers (BGE 111 V 28 E. 3, BGE 112 V 188 E. 1, BGE 127 V 43 E. 3; 9C_61/2009 E. 5.2.1=SVR 2009 KV Nr. 13), befreit diese aber immerhin gegenüber dem Leistungserbringer von der Honorarzahlungspflicht (BGE 132 V 18 E. 5.2). Zum Vertrauensschutz bei nicht erteilter Kostengutsprache: K 35/04 E. 6.2.

Die Verzugszinsregelung von Art. 26 Abs. 2 ATSG ist auf Forderungen von Leistungserbringern nicht anwendbar: K 4/06 E. 2.2 (in E. 3.1 wurde die Frage offen gelassen, ob Art. 104 Abs. 1 OR per analogiam zur Anwendung gelangen kann).

6 Tritt ein tarifvertragsloser Zustand ein, findet – sofern für diesen Fall vertraglich nichts anderes stipuliert ist – ein Wechsel vom bisher anwendbaren Tiers payant zum Tiers garant statt. Das bleibt im Rahmen von Art. 47 Abs. 1 KVG auch für die Kantonsregierung verbindlich (BRE in RKUV 2002 KV 220 309 E. 11.1.2; RKUV 2004 KV 265 1 E. II/7).

4. Tiers payant als gesetzliches System

7 *Ab 1.1.2009 geltendes Recht:* Aufgrund der Gesetzesrevision vom 21.12.2007 (AS 2008 2049; BBl 2004 5551), welche in Abs. 2 den Satz 2 einfügte, gilt für stationäre Behandlungen nach Umsetzung der Revision (bis spätestens 31.12.2011 zu realisieren) von Gesetzes wegen ausschliesslich das System des Tiers payant. Die Vereinbarung eines Tiers garant ist nicht möglich, m.E. auch nicht in der Form des bedingten Tiers

payant (s. Rz. 5). Zum Tiers payant für den Wohnkantonsanteil siehe Art. 49a Abs. 3 KVG. Der Gesetzgeber will mit dem gesetzlichen Tiers payant die Versicherten von einer (vielfach finanziell nicht tragbaren) Bevorschussung von Spitalleistungen befreien und die zweckmässige Verwendung der Vergütungen von Versicherer und Kanton sicherstellen.

II. Auskunftspflicht und Rechnungstellung des Leistungserbringers (Abs. 3)

Bibliografie: ALBERTINI MICHELE, Transmissione di diagnosi mediche e protezione dei dati: principi generali con particolare riferimento all'assistenza e cura domicilio nel Cantone Ticino, in: RDAT 2/2003, S. 443 ff.; BAERISWIL BRUNO, Daten- und Geheimnisschutz: Informationelle Selbstbestimmung der Patientinnen und Patienten sichern, in: MC 4/2004, S. 16; DUC JEAN-LOUIS, Quelques considérations sur le secret médical et assurances sociales, in: CGSS 2001, Nr. 3, S. 61 ff.; DERS., Secret médical et assurances sociales, in: Colloques et journées d'étude, Lausanne 2002, S. 459 ff; EICHENBERGER THOMAS, Löcher im Datenschutz der Krankenversicherer, SAeZ 2006, S. 505; EUGSTER GEBHARD/LUGINBÜHL RUDOLF, Datenschutz in der obligatorischen Krankenversicherung, in: Barbara Hürlimann et al. (Hrsg.), Datenschutz im Gesundheitswesen (Forum Gesundheitsrecht 2), Zürich 2001. S. 73 ff.; GUNTERN ODILO, Diagnose-Bekanntgabe an die Krankenversicherer. Insbesondere systematische Bekanntgabe von ICD-10-Codes/ Brief des Eidgenössischen Datenbeauftragten Odilo Guntern an das KSK, in: SAeZ 1998, S. 230 ff.; HÄNER ISABELLE, Datenschutz in der Krankenversicherung, DIGMA 2003, S. 147; KUHN HANSPETER, Datenschutz und KVG: Überlegungen zu Privatsphäre, Patientengeheimnis und Datenschutz in der Sozialversicherung am Beispiel KVG, in: SAeZ 2001, S. 1266 ff.; KUHN HANSPETER/GMÜR ROBERT, Datenschutz und Privatversicherer: Lichtstreifen am Horizont, in: SAeZ 2002, S. 2300 f.; KUMMER ANDREAS/REICHERT MARKUS, Vollzugsprobleme rund um das KVG, in: SZS 2000 S. 261, 272; LONGCHAMP*, S. 320 ff.; MARTY FRANZ, Diagnose-Code auf Arztrechnungen: Update 2004: eine Standortbestimmung aus hausärztlicher Sicht, in: Primary Care 2004, S. 1050 ff.; MATTIG THOMAS/LUTZ CORINNE, Versicherer sind nicht blosse Zahlstellen: der Datenschutz und die Weitergabe medizinischer Daten an die Versicherer, in: infosantésuisse 1–2/2004, S. 14 f.; MEIER PETER, Wieviel muss oder darf die Krankenkasse wissen? Datenschutz und Datenfluss unter dem Regime von TarMed im KVG-Bereich, in: SAeZ 2004, S. 1154 ff.; PETER CHRISTIAN, Leistungserbringer führen keinen Selbstbedienungsladen für Patienteninformationen: Besprechung des Entscheids des EVG K 7/05 vom 18. Mai 2006, in SAeZ 88(2007) H. 9 S. 272–374; SEILER BEAT, Konkrete Umsetzung des Datenschutzes in der Krankenversicherung: Beschreibung der Handhabung der medizinischen Akten durch den vertrauensärztlichen Dienst der Helsana Versicherungen AG, in: Barbara Hürliman et al. (Hrsg.), Datenschutz im Gesundheitswesen, Zürich 2001, S. 165 ff.; UTTINGER URSULA/ LUTZ C./FUCHS M., Datenschutz, verschiedene Versicherungsarten und die Adressierung von Briefumschlägen, in: SAeZ 2002, S. 2296 ff.; UTTINGER URSULA, Datenschutz in der Krankenversicherung, insbesondere im vertrauensärztlichen Dienst: Empfehlungen des EDÖB vom 17. April 2007 und Urteil des Bundesgerichts K 12/06 vom 21. März 2007, in: HAVE 2007 H. 3 S. 253–257; VAUCHER ALFRED, Médecin d'assurance et protection des données, in: Colloques et journées d'étude, Lausanne 2002, S. 491 ff. ; UTTINGER URSULA, Berufsgeheimnis, Schweigepflicht und Datenschutz, in: SVZ 2000, S. 240 ff.; S.a. die Bibliografie zu Art. 57 und 84.

8   *Datenschutz:* Art. 42 Abs. 3 und 4 (sowie Art. 84 und 84a KVG) stellen eine hinreichende formell-gesetzliche Grundlage i.S.v. Art. 17 Abs. 2 DSG dar (BGE 133 V 359 E. 6.4, 131 II 413 E. 2.3 S. 416 f; K 7/05 E. 4.3=RKUV 2006 KV 373 286; K 18/00 E. 2.2=RKUV 2004 KV 279 199; K 34/01 E. 5.b=RKUV 2002 KV 195 1). Sie gehen den Regeln des DSG vor, und im Einklang mit ihnen stehende Datenbearbeitungen sind gesetzmässig (BGE 133 V 359 E. 6.4; s.a. K 23/00 E. 7b). Abs. 3 und 4 KVG von Art. 42 schreiben nicht zwingend eine stufenweise Bekanntgabe der Behandlungsdaten durch den Leistungserbringer vor (BVGE 29.05.2009 C-6570/2007 E. 3.3.1 ff.)

9   Die Abs. 3 und 4 von Art. 42 KVG begründen keine verfahrensrechtliche, sondern eine materiellrechtliche Editionspflicht, die auch gilt, wenn Leistungen zurückzuerstatten sind (K 34/01 E. 4=RKUV 2002 KV 195 1). Streitigkeiten über die Akteneinsicht im Zusammenhang mit Art. 42 Abs. 3 und 4 KVG sind von den sozialversicherungsrechtlichen Behörden zu entscheiden (K 34/01 E. 5c; s.a. BGE 127 V 219 E. 1a/aa).

10 *Diagnoseangaben in Kostengutsprachegesuchen:* Für eine systematische Weitergabe der Eintrittsindikation oder -diagnose aufgrund tarifvertraglicher Vereinbarung ist laut BVGE C-6570/2007 E. 3.2 mit Art. 84 lit. c und Art. 84 Abs. 1 lit. a KVG die notwendige formellgesetzliche Grundlage gegeben (E. 3.2). Die Tarifvertragsparteien geniessen in der Ausgestaltung einen grossen Spielraum ein (a.a.O. E. 4). Sie haben jedoch die Art und den Detaillierungsgrad der Diagnosen umfassend und genau zu regeln, wobei das Verhältnismässigkeitsprinzip die Richtschnur sein muss, indem vorzugsweise Diagnosecodes zur Anwendung gelangen

und für besonders sensible medizinischen Daten besondere Lösungen getroffen werden, die dem Persönlichkeitsschutz entsprechend verstärkt Rechnung tragen (E. 5.3).

Rechnungskopie: Bis zur Schaffung von Art. 59 Abs. 5 KVV (AS 3573,   11 in Kraft ab 01.08.2007), war unklar, ob der Leistungserbringer oder der KVers zur Abgabe einer Rechnungskopie verpflichtet ist (K 99/02 E. 3.2). Das Zustellen der Rechnungskopie ist keine Voraussetzung dafür, dass der Versicherer die Kostenbeteiligung (Art. 64 KVG) einfordern darf (K 99/02 E. 3.2; 9C_233/2008 E. 3.2).

Rechnungstellungsregeln: Nichtpflichtleistungen sind in den Hono-   12 rarnoten zu kennzeichnen und rechnerisch auszuscheiden, namentlich im Falle privatärztlicher stationärer oder teilstationärer Behandlung: BGE 123 V 290 E. 6b/dd; BGE 127 V 422 E. 4b; K 140/02 E. 7.3. Neu gilt ab 1.1.2009: Für aus der OKP und Zusatzversicherungen erbrachte Leistungen sind zwei getrennte Rechnungen zu erstellen (Art. 59 Abs. 3 KVV in der ab 01.01.2009 geltenden Fassung). Diese Vorschrift schafft eine klare Trennung der Datenflüsse (zur altrechtlichen Funktion von Art. 59 Abs. 3 KVV: 9C_725/2009 E. 3.7.2=BGE 135 V S. pend.). An Zusatzversicherer dürfen diese Daten nur unter den Voraussetzungen von Art. 84a Abs. 5 lit. b KVG weitergegeben werden.

Diagnosen auf den Rechnungen: Zur umstrittenen Frage, ob Diagnosen   13 systematisch und gegebenenfalls bis zu welchem Detaillierungsgrad auf Rechnungen aufgeführt werden dürfen, siehe Art. 59 Abs. 2 KVV, die eingangs angeführte Bibliografie sowie BVGE C-6570/2007 E. 3.3.2. Was als genaue Diagnose zu gelten hat, ist nicht geklärt. Nach LONG-CHAMP* (S. 322) und KUMMER/REICHERT (SZS 2000 S. 272) ist ein drei- oder vierstelliger ICD-10-Code keine präzise Diagnose i.S.v. Art. 42 Abs. 4 KVG, weshalb sie in dieser Form auf den Rechnungen systematisch aufgeführt werden dürfe (contra: EICHENBERGER, in: SAeZ 2006, S. 505; EDÖB, Eidg. Datenschutzbeauftragter, 3. Tätigkeitsbericht 1995/96, 59 f.).

Die im Einzelfall zur Beurteilung der Leistungspflicht notwendigen   14 medizinischen Daten müssen nicht von Gesetzes wegen zwingend und systematisch auf der Rechnung figurieren. Das KVG lässt jedoch entsprechende tarifvertragliche Lösungen zu (BVGE C-6570/2007 E. 3.3.4.1 ff.), was grundsätzlich nicht als unverhältnismässig zu gelten hat, auch wenn auf Anonymisierungen verzichtet wird (E. 4.4). Art. 42 Abs. 3 und 4 KVG i.V.m. Art. 84 KVG und 84a KVG bilden eine genügende formell-gesetzliche Grundlage für eine tarifvertragliche Vereinbarung der systematischen Weitergabe der Diagnose und des Eingriffscodes mit der Rechnungsstellung (a.a.O. S. 3.3.4.6). Zu den aus dem Verhältnismässigkeitsprinzip folgenden Anforderungen siehe Rz. 13 hiervor.

15 Im Zusammenhang mit der Neuregelung der Spitalfinanzierung wurde ein parlamentarischer Antrag abgelehnt, wonach bei leistungsbezogenen Fallpauschalen der Leistungserbringer auf der Rechnung alle Angaben machen muss, welche für die Ermittlung der korrekten Fallpauschalen notwendig sind, insb. auch die relevanten Diagnosen und Prozeduren (AB 2007 N 442). S.a. Art. 59 Abs. 1bis und 1ter KVV.

III.   Ergänzende Auskünfte medizinischer Natur (Abs. 4)

16 Der Arzt hat die Krankengeschichte so zu führen, dass er die Auskunftspflichten nach Art. 42 Abs. 3 und 4 KVG erfüllen kann (9C_567/2007 E. 4.3.3; ausführlich zu Form und Inhalt einer genügenden Krankengeschichte). Es ist nicht vom Leistungserbringer zu beurteilen, welche Angaben er dem Versicherer zu liefern hat, sondern vom KVers (BGE 133 V 359 E. 6.5, Urteilsbespr. UTTINGER, HAVE 2007 S. 256; K 34/01 E. 4=RKUV 2002 KV 195 S. 1; K 7/05 E. 5.2.2=RKUV 2006 KV 373 286 betreffend die Herausgabe fakturierter ärztlicher Berichte). Der KVers hat sein Auskunftsbegehren nicht zu begründen (BGE 133 V 359 E. 8.1). Das Auskunftsrecht beschränkt sich auf notwendige und geeignete Daten (BGE 131 II 413 E. 2.5; BGE 133 V 359 E. 6.5; K 18/00 E. 2.2) und kann erforderlichenfalls auch eine vollständige Dokumentation der erbrachten Leistungen umfassen (BGE 133 V 359 E. 7; BGE 131 V 178 E. 2.4; K 105/04 E. 2.4; K 114/04 E. 2.4; K 97/03=RKUV 2005 KV 328 186 E. 3.4). Zur Prüfung des Behandlungsverhaltens eines Leistungserbringers können ferner Daten für Stichproben erhoben werden (BGE 133 V 359 E. 8.1). Es ist auch der Verwaltungsaufwand für alle Beteiligten zu würdigen (BGE 133 V 359 E. 8.2). Eine persönliche Einwilligung des Patienten in die Datenherausgabe ist nicht erforderlich

(BGE 133 V 359 E. 8.3; BGE 131 II 413 E. 2.5). Der Vertrauensarzt darf ohne Zustimmung der versicherten Person auch externe Gutachter beiziehen (BGE 131 II 413 E. 2.4).

Die Auskunftserteilung des behandelnden Arztes gegenüber dem Ver- 17
trauensarzt oder dem Versicherungsgericht ohne Ermächtigung durch die versPers stellt keine Verletzung des Arztgeheimnisses dar (K 18/00 E. 2.2= RKUV 2004 KV 279 199; K 136/03 E. 4; s.a. K 90/01 E. 2c =SVR 2002 KV Nr. 31; allenfalls sind Krankengeschichten zu anonymi- sieren: K 9/00 E. 6.3=RKUV 2003 KV 250 216). Obwohl der Leistungs- erbringer offenbarungspflichtig ist, darf er gegen den erklärten Willen des Patienten dem KVers oder dem Vertrauensarzt keine Auskünfte er- teilen (K 18/00 E. 2.2=RKUV 2004 KV 279 199).

IV. Persönlichkeitsschutz der Versicherten (Abs. 5)

Abs. 5 dient dem Persönlichkeitsschutz der Versicherten bzw. der Wah- 18
rung des Patientengeheimnisses (BGE 133 V 359 E. 8.3). Die Bekannt- gabe medizinischer Daten an den Vertrauensarzt stellt den Ausnahme- fall dar, die Weitergabe an die Verwaltung des KVers die Regel. Es ist deshalb zulässig, dass medizinische Auskünfte grundsätzlich der Ver- waltung und nicht systematisch dem Vertrauensarzt bekannt gegeben werden (BVGE C-6570/2007 E. 3.3.3). Das KVG trägt mit Abs. 5 dem Datenschutz genügend Rechnung (K 7/05 E. 4.3=RKUV 2006 KV 373 286; K 12/06 E. 6.4). Die versPers muss im Spital im Rahmen der von ihm auszufüllenden Eintrittsdokumentation ausdrücklich darauf hinge- wiesen werden, dass sie gemäss Art. 42 Abs. 5 KVG die Weitergabe der medizinischen Angaben an den Vertrauensarzt verlangen kann (BVGE C-6570/2007 E. 5.1.2). Der Leistungserbringer muss den Mitteilungs- weg über den Vertrauensarzt wählen, wenn die Persönlichkeitssphäre der versPers stark tangiert ist. Im Zweifelsfalle hat er nach diesem Procedere vorzugehen (E. 5.1.1). Grundsätzlich müssen weder die versPers noch der Leistungserbringer gegenüber dem KVers rechtfertigen, wenn sie vom Recht nach Art. 42 Abs. 5 KVG Gebrauch machen. Zur Aktenar- chivierung siehe Art. 84 und 57 KVG sowie Art. 59 Abs. 1ter KVV.

Art. 42*a* Versichertenkarte

[1] **Der Bundesrat kann bestimmen, dass jede versicherte Person für die Dauer ihrer Unterstellung unter die obligatorische Krankenpflegeversicherung eine Versichertenkarte erhält. Diese enthält den Namen der versicherten Person und die Versichertennummer der Alters- und Hinterlassenenversicherung (AHV).**

[2] **Diese Karte mit Benutzerschnittstelle wird für die Rechnungsstellung der Leistungen nach diesem Gesetz verwendet.**

[3] **Der Bundesrat regelt nach Anhören der interessierten Kreise die Einführung der Karte durch die Versicherer und die anzuwendenden technischen Standards.**

[4] **Die Karte enthält im Einverständnis mit der versicherten Person persönliche Daten, die von dazu befugten Personen abrufbar sind. Der Bundesrat legt nach Anhören der interessierten Kreise den Umfang der Daten fest, die auf der Karte gespeichert werden dürfen. Er regelt den Zugriff auf die Daten und deren Bearbeitung.**

Chronologie: Art. 42a: Eingefügt durch Ziff. I der Änderung des KVG vom 8. Okt. 2004 (Gesamtstrategie und Risikoausgleich), in Kraft seit 1. Jan. 2005 (AS 2005 1071; BBl 2004 4259). Abs. 1: Fassung des zweiten Satzes gemäss Anhang Ziff. 11 des AHVG vom 23. Juni 2006 (neue AHV-Versichertennummer), in Kraft seit 1. Dez. 2007 (AS 2007 5292 5263; BBl 2006 501).

Bibliografie: ALBERTINI MICHELE, Cartella sanitaria: diritti individuali et protezione dei dati, in: Diritto senza devianza: studi in onore di Marco Borghi per il suo 60° compleanno, Basel 2006, S. 5–67; BEURET AURORE, La protection des données dans le système de la carte d'assuré (art. 42a LAMaL, in Jusletter, 19.01.2009; FIESCHI MARIUS, Vers le dossier médical personnel: les données du patient partagées: un atout à ne pas gâcher pour faire évoluer le système de santé, in: Droit social 1/2005, S. 80 ff.; REY JEAN-CLAUDE, Eine Gesundheitskarte für die Schweiz? in: CHSS 2001, S. 341 ff.; STADLIN PETER, Versichertenkarte: Philosophie und Umsetzung des Konzeptes, in: Volkswirtschaft 81 (2008) H. 12 S. 59–60.

Verordnung: VO vom 14. Febr. 2007 über die Versichertenkarte für die obligatorische Krankenpflegeversicherung (VVK; SR 832.105); Erläuterungen des BAG zur VO vom 14. Febr. 2007 über die Versichertenkarte für die OKP; Erläuterungen des BAG zu den Änderungen vom 26. November 2008; VO vom 20. März 2008 über die technischen und grafischen Anforderungen an die Versichertenkarte für die obligatorische Krankenpflegeversicherung (VVK-EDI; SR

832.105.1); Erläuterungen des BAG zur VO vom 20. März 2008 über die technischen und grafischen Anforderungen an die Versichertenkarte.

Kreisschreiben: KS des BAG Nr. 7.7 vom 27.11.2008 betreffend Versichertenkarte. Weitere ausführliche Dokumentationen des BAG: http://www.bag.admin.ch/ehealth/06273/index.html?lang=de (Stand 01.12.2009).

Gemäss Bundesratsbeschluss vom 26. November 2008 (AS 2008 6145) 1 ist die Frist zur Einführung der Versichertenkarte auf den 1. Januar 2010 verschoben worden. Die Versicherer sind somit verpflichtet, die Versichertenkarten im Laufe des Jahres 2009 zu verteilen, damit jede versicherte Person am 1. Januar 2010 im Besitz ihrer Karte ist. Die Versichertenkarte ist in erster Linie ein Versicherungsausweis des versPers. Sie bedeutet nicht eine vorbehaltlose Zusicherung des KVers gegenüber der versPers, die Kosten von Pflichtleistungen ungeprüft zu übernehmen (vgl. 10.09.2004 K 84/01 R. 7.2).

4. Abschnitt: Tarife und Preise

Art. 43 Grundsatz

[1] Die Leistungserbringer erstellen ihre Rechnungen nach Tarifen oder Preisen.

[2] Der Tarif ist eine Grundlage für die Berechnung der Vergütung; er kann namentlich:

    a. auf den benötigten Zeitaufwand abstellen (Zeittarif);

    b. für die einzelnen Leistungen Taxpunkte festlegen und den Taxpunktwert bestimmen (Einzelleistungstarif);

    c. pauschale Vergütungen vorsehen (Pauschaltarif);

    d. zur Sicherung der Qualität die Vergütung bestimmter Leistungen ausnahmsweise von Bedingungen abhängig machen, welche über die Voraussetzungen nach den Artikeln 36–40 hinausgehen, wie namentlich vom Vorliegen der notwendigen Infrastruktur und der notwendigen Aus-, Weiter- oder Fortbildung eines Leistungserbringers (Tarifausschluss).

[3] Der Pauschaltarif kann sich auf die Behandlung je Patient oder Patientin (Patientenpauschale) oder auf die Versorgung je Versichertengruppe (Versichertenpauschale) beziehen. Versichertenpauschalen können prospektiv aufgrund der in der Vergangenheit erbrachten Leistungen und der zu erwartenden Bedürfnisse festgesetzt werden (prospektives Globalbudget).

[4] Tarife und Preise werden in Verträgen zwischen Versicherern und Leistungserbringern (Tarifvertrag) vereinbart oder in den vom Gesetz bestimmten Fällen von der zuständigen Behörde festgesetzt. Dabei ist auf eine betriebswirtschaftliche Bemessung und eine sachgerechte Struktur der Tarife zu achten. Bei Tarifverträgen zwischen Verbänden sind vor dem Abschluss die Organisationen anzuhören, welche die Interessen der Versicherten auf kantonaler oder auf Bundesebene vertreten.

[5] Einzelleistungstarife müssen auf einer gesamtschweizerisch vereinbarten einheitlichen Tarifstruktur beruhen. Können sich die Tarifpartner nicht einigen, so legt der Bundesrat diese Tarifstruktur fest.

[6] Die Vertragspartner und die zuständigen Behörden achten darauf, dass eine qualitativ hoch stehende und zweckmässige gesundheitliche Versorgung zu möglichst günstigen Kosten erreicht wird.

[7] **Der Bundesrat kann Grundsätze für eine wirtschaftliche Bemessung und eine sachgerechte Struktur sowie für die Anpassung der Tarife aufstellen. Er sorgt für die Koordination mit den Tarifordnungen der anderen Sozialversicherungen.**

Chronologie: AS 1995 1328; BBl 1992 I 93.

Bibliografie: Duc Jean-Louis, AJP 7/2001 S. 855, 853, Urteilsbespr. BRE 20.12.2000; Gross Hawk Beatrice, Selbständige nichtärztliche Medizinalpersonen in der freien Praxis – Wieviel Freiheit belässt ihnen das Krankenversicherungsrecht, Diss. Zürich 2008, S. 30 ff.; Güntert Bernhard J., Der Einfluss der Entschädigungssysteme auf die Kostenentwicklung, in: Max Künzi/Gerhard Kocher (Hrsg.), Neue Entschädigungssysteme im Gesundheitswesen, Schriftenreihe SGGP Nr. 20, Horgen 1991; Hammer Stephan/Pulli Raffael/Eggimann J.-C, Auswirkungen des KVG im Tarifbereich: Ergebnisse der Wirkungsanalyse Tarife, in: CHSS 2000, S. 203 ff.; Kuhn Hanspeter, «Eine Vollziehungsordnung [darf] nicht über den Rahmen hinausgehen, den das Gesetz absteckt», Zusammenfassung des Gutachtens von Prof. Regula Kägi-Diener zur Verfassungs- und Gesetzmässigkeit von Art. 59c KVV, in: SAeZ 2009;90 H. 51/16 S. 611; Marti Werner, Die Tarifprüfmethoden der Preisüberwachung am Beispiel der Spitaltarife, in: Paul Richli/Tomas Poledna (Hrsg.), Tarife im Gesundheitsrecht, Zürich 2002, S. 101 ff.; Marti Werner/Schumacher Erika, Preisüberwachung: ohne Benchmarking keine Wirtschaftlichkeit gemäss KVG/Interview von Erika Schumacher mit Werner Marti, in: Competence 11/2003, S. 27 ff.; Reinhardt Uwe/ Sandier Simone/Schneider Markus, Die Wirkungen von Vergütungssystemen auf die Einkommen der Ärzte, die Preise und auf die Strukturen ärztlicher Leistungen im internationalen Vergleich; Forschungsbericht 148, Bundesminister für Arbeit und Sozialordnung, Bonn 1986, S. 18 ff.; Schaller Olivier/Tagmann Christoph, Kartellrecht und öffentliches Recht: neuere Praxis im Bereich des Gesundheitswesens, in: AJP 6/2004, S. 704 ff; Schneider Sandra, Tarifbildung im schweizerischen Gesundheitswesen, in: CHSS 2001, S. 56 ff.; Staffelbach Daniel/Endrass Yves, Der Ermessensspielraum der Behörden im Rahmen des Tariffestsetzungsverfahrens nach Art. 47 in Verbindung mit Art. 53 Krankenversicherungsgesetz, Zürich 2006, Forum Gesundheitsrecht 14; Stüssi Frank, Tarife und Wettbewerb, in: Paul Richli/Tomas Poledna (Hrsg.), Tarife im Gesundheitsrecht, Zürich 2002. S. 77 ff.; zu den wissenschaftlichen Forschungsberichten des BSV/BAG: S. XXII (Literaturverzeichnis). Betreffend Vertragszwang s.a. die Bibliografie zu Art. 46 KVG.

Verordnung: Art. 59c KVV (Tarifgestaltung).

I.   Einleitung

1 Zweck des Tarifrechts ist eine kontrollierte Leistungshonorierung in der OKP. Von der Art und Weise der Honorierung gehen entscheidende Impulse für die Kostenentwicklung in der OKP aus (BBl 1991 EDMZ S. 79). Jede Tarifart hat eine eigene ökonomische Dynamik, die sich auf das Leistungsvolumen auswirkt. Tarifrecht kann und soll daher auch einen Beitrag zur Kosteneindämmung leisten (BRE RKUV 1997 KV 17 375 E. II/9. 3; so schon altrechtlich: BRE RSKV 1981 447 91 E. 4b). Zur Mengen ausweitenden Tendenz von Tagespauschalen und zu möglichen Fehlanreizen von Fallkostenpauschalen: BRE RKUV 2002 KV 220 309 E. II 8.2.2. Anreize zur Mengenausweitung bieten auch Einzelleistungstarife: RKUV 1998 KV 41 405 E. II/18. Ein anwendbarer Tarif ist ferner eine grundlegende Voraussetzung, um als Leistungserbringer mit einem KVers Rechtsbeziehungen aufnehmen zu können (BGE 132 V 303 E. 4.4.3; 9C_824/2007 E. 3.3; s. Art. 46 KV Rz. 2).

II.   Tarife und Preise (Abs. 1)

Art. 43 Abs. 1 KVG verankert i.V.m. Abs. 4 den Grundsatz, dass kein   2
Leistungserbringer, soweit eine Tarifschutzpflicht besteht, Tarife und
Preise frei bestimmen kann, sondern in jedem Fall vertragliche oder behördliche Tarife massgebend sind (BGE 131 V 133 E. 11; K 3/02 E. 12;
K 57/01 E. 13). Ein Tarif ist die Gesamtheit jener abstrakten Regeln,
die es erlauben, im Einzelfall den für eine bestimmte Leistung geschuldeten Betrag zu errechnen (BRE RKUV 2002 KV 220 309 E. 1.3.2; s.a.
BGE 116 V 130, 133 E. 2a u. BGE 109 V 197 E. 2b). Er unterscheidet
sich darin vom Preis, der ein Entgelt für eine bestimmte, unveränder-
liche Sache oder eine stets gleiche Dienstleistung ist (BRE RKUV 2002
KV 220 309 E. 1.3.2; s.a. Gross Hawk, S. 30 R7. 82). Der Tarifbegriff
muss sich nicht notwendigerweise mit einem gleich lautenden Terminus
in anderen Erlassen decken (RKUV 1984 K 561 3 E. 2d betr. Art. 129
Abs. 1 lit. a altOG).

III.   Tarifarten (Abs. 2 lit. a bis c und Abs. 3)

Abs. 2 und 3 nennen auf nicht abschliessende Weise verschiedene Ta-   3
rifgestaltungsmöglichkeiten. Im Bereich der Krankenpflege zu Hause
können die Tarife auch Zeit- oder Pauschaltarife oder eine Kombination
von beiden sein (Art. 9 Abs. 1 und 2 KLV). So kann ein bestimmter Zeittarif pro Tag oder Woche festgelegt werden (Zeitbudget; RKUV 1997
KV 9 247 E. 4.4). Bei der Versichertenpauschale (Abs. 3 Satz 1) ist es
unbeachtlich, ob die Versicherten der Versichertengruppe überhaupt behandelt werden und worin die Behandlung allenfalls besteht (Maurer,
KVR*, S. 81). Sie ist nicht primär auf eine Beschränkung der Leistungen ausgerichtet. Das Globalbudget soll dagegen dazu dienen, den Umfang der Vergütung festzulegen (BRE RKUV 1998 KV 38 322 E. II/9).
Zu den Einzelleistungstarifen und zum TarMed als Zeittarif siehe Abs. 5
hiernach, zur «Leistungsorientierten Abgeltung der Apothekerdienstleis-
tungen» (LOA): Art. 25 Abs. 2 lit. h KVG; s.a. Art. 25 Rz. 6.

Im Zuge der neuen Spitalfinanzierung (KVG-Revision vom 21.12.2007;   4
AS 2008 2049; BBl 2004 5551) werden Fallpauschalen auf der Grundlage eines DRG-Systems (Diagnosis Related Group) geschaffen (s.a.

Art. 49 neuAbs. 1 KVG Rz. 3). In einem solchen werden die einzelnen stationären Behandlungsfälle anhand bestimmter Kriterien (Diagnosen, chirurgische oder diagnostische Eingriffe, Schweregrad, Alter, Geschlecht usw.) zu Fallgruppen zusammengefasst, die medizinisch ähnlich und hinsichtlich des Behandlungskostenaufwands möglichst homogen sind. Jeder Patientenfall wird genau einer DRG zugeordnet. Für das in Ausarbeitung befindliche, ab 2012 anwendbare SwissDRG-System werden rund 950 Fallgruppen und verfeinerte Schweregrad-Einstufungen erwartet. Ausführlich zu den Prinzipien: INDRA PETER, Die Einführung der SwissDRGs in Schweizer Spitälern, SGGP Nr. 80 (bibl. Angaben unter Art. 49 KVG mit weiteren bibl. Hinweisen). Als Beispiel siehe K 31/05 E. 5=RKUV 2005 KV 336 290, 293.

IV.   Tarifausschluss (Abs. 2 lit. d)

5   K 49/05: Art. 43 Abs. 2 lit. d KVG ist lex specialis zu Art. 35 KVG (E. 4.3.1). Tarifausschluss soll Ausnahmecharakter haben. Er schränkt die grundsätzlich freie Wahl des zugelassenen Leistungserbringers ein (E. 4.3.2). Ein Tarifausschluss gemäss Art. 43 Abs. 2 lit. d KVG hält grundsätzlich auch vor Art. 101 Abs. 1 KVG stand (E. 4.4.4) und verstösst auch nicht gegen die Wirtschaftsfreiheit, die Eigentumsfreiheit (E. 4.3.4.1) oder das BG über den Binnenmarkt vom 6. Oktober 1995 (BGBM; SR 943.02; E. 4.3.5). S.a. Art. 58 Abs. 3 lit. b KVG (Wahleinschränkung als Instrument der Qualitätssicherung).

V.   Vertragliche und behördliche Tarife und ihre Bemessung (Abs. 4)

1.   Vertragliche Tarife

6   Die Vertragsparteien geniessen in den Grenzen des Gesetzes – namentlich der allgemeinen und besonderen Tarifgestaltungsgrundsätze – einen grossen Ermessensspielraum (BGE 126 V 344 E. 4a; BRE RKUV 1997 KV 17 375 E. II/9. 3, 1997 KV 8 220 E. 3), dürfen jedoch nicht in das gesetzliche Leistungsrecht eingreifen (s. Art. 46 KVG Rz. 4). «Tarifverträge stellen

keinen hoheitlichen Akt, sondern nur gegenseitige übereinstimmende Willenserklärungen mit behördlichem Genehmigungsvorbehalt dar» (9C_413/2009 E. 7.2 BRE RSKV 1981 447 91 E. 5). Zur Qualifikation von Tarifverträgen als öffentlich-rechtliche Verträge: BRE RKUV 2002 KV 215 210, 215 E. 4.1 mit Bejahung der Anfechtbarkeit eines Tarifvertrages wegen wesentlichen Irrtums sowie der clausula rebus sic stantibus (SBVR-Eugster* Rz. 849 m.H., Staffelbach/Endrass, Rz. 69).

a) Bundesrätliche Spruchpraxis zur betriebswirtschaftlichen Bemessung

Ausgangspunkt der Berechnung des Tarifs für einen einzelnen Leistungserbringer ist die konkrete Kostensituation. Wo der Tarif für eine unbestimmte Vielzahl von Leistungserbringern in Frage steht, dienen Betriebsmodelle als Ausgangspunkt (BRE RKUV 2001 KV 179 377 E. II/6.1; Urteilsbespr. Pfiffner Rauber*, S. 215 ff.). Mangelnde Auslastung (Überkapazität) darf nicht durch höhere Taxpunktwerte ausgeglichen werden (BRE RKUV 1998 KV 29 192 E. II/7. 2). Wird bei einem Leistungserbringer, dessen Tarif festzusetzen ist, die Mindestauslastung nicht erreicht, so ist Letztere zur Korrektur der Fixkosten hinzuzuziehen (BRE RKUV 2001 KV 179 377 E. II/6.1 betreffend Magnetic-Resonance-Imaging-Tarif; vgl. a. BRE RKUV 2002 KV 232 480 E. II/17.2.3 und BRE RKUV 2004 KV 268 40 E. II/7 ff.; Gross Hawk, S. 41 ff.). Auszugehen ist von einem rationell arbeitenden Leistungserbringer, was allerdings ein tieferes als das marktübliche Einkommen nicht ausschliesst (BRE RKUV 2002 KV 216 233 E. II. 8.8.1); durch ineffiziente Betriebsführung entstandene Kosten soll nicht die OKP zu tragen haben (BRE RKUV 2001 KV 179 377 E. II/6.1). Die Betriebswirtschaftlichkeit der Tarifbemessung verlangt eine regelmässige Neuüberprüfung der Verhältnisse (vgl. a. BRE RKUV 2001 KV 179 377 E. II/6.2). Instrumente der Kostenkontrolle dürfen die Qualität der Leistungen nicht beeinträchtigen (RKUV 1997 KV 9 247 E. 7). 7

Debitorenverluste und Inkassokosten sind in einem nach Art. 43 Abs. 4 KVG bemessenen Tarif einberechnet (K 108/01 E. 12). Nach der bundesrätlichen Spruchpraxis können Inkassoverluste – im Gegensatz zu den rein administrativen Inkassokosten – in Tarifen weder im System des Tiers garant noch des Tiers payant der OKP überwälzt werden (BRE RKUV 2001 KV 179 377 E. II/7.2.2, 2002 KV 212 185 E. II/10, 2002 8

KV 220 309 E. 11.1.2, 2004 KV 265 2 E. II/9.1, 2004 KV 311 502 E. II/8 betr. TarMed). Im Zusammenhang mit dem Inkasso sind jedoch die Zinsen auf das Umlaufvermögen als Kostenfaktor zu berücksichtigen (BRE RKUV 2001 KV 179 377 E. II/7.2.2 m.H.).

9   Die Tarife und Preise haben weder ein bestimmtes Minimal- noch standesgemässes Einkommen des Leistungserbringers zu garantieren oder zu erhalten (BRE RKUV 2002 KV 216 233 E. II 8.8.1, 1998 KV 29 200 E. II 7.2, 1998 KV 30 218 E. II/11, 1997 KV 5 137 E. II 4,); ein neuer Tarif kann auch zu Einkommensverlusten führen (BRE RKUV 2004 KV 268 40 E. II. 9). Für die Bestimmung des sachgerechten Honorars stellt die Praxis in der Regel auf Referenzeinkommen oder -tarife ab, beispielsweise auf die Gegebenheiten in anderen Kantonen, die allerdings keinen Anspruch auf entsprechende Anhebung des eigenen Einkommens begründen (RKUV 1997 KV 5 122 E. II/4; GROSS HAWK, S. 41 ff.). Kein Anspruch auf Anpassung des eigenen Tarife lässt sich aus Art. 43 Abs. 7 KVG herleiten (RKUV 1997 KV 5 122 E. II/5).

10   Kasuistik zum Referenzeinkommen
   –   Selbständig erwerbende Hebammen: Als Richtwert und Ausgangspunkt wird der Lohn einer Spitalhebamme herangezogen (BRE RKUV 1998 KV 30 205 E. II. 10; s.a. BRE RKUV 1998 KV 29 192 E. II. 7f.).
   –   Physiotherapeuten: auf die kant. Lohn- und Mietindizes abgestellt (BRE RKUV 2001 KV 185 456 E. II 9.2 und 9.3).
   –   Spitex: Modellrechnungen zur Bestimmung von kostendeckenden Stundenansätzen: BRE RKUV 1998 KV 38 322 E. II. 6–8 und RKUV 1998 KV 41 394 E. II/12. Diese Rechtsprechung ist unter der neuen Pflegefinanzierung (Art. 25a KVG; AS 2009 3517; BBl 2005 2033; Rz. 8) für die KVers insofern überholt, als Leistungserbringer der Spitex und KVers im Bereich der Langzeitpflege keine Tarife mehr aushandeln müssen.
   –   Zum Referenzeinkommen beim TarMed siehe SBVR-EUGSTER* Rz. 894.

11   Die bundesrätliche Spruchpraxis wendet Art. 43 Abs. 4 Satz 2 und 3 KVG per analogiam auch bei der behördlichen Festsetzung von Tarifen nach Art. 47 Abs. 1 KVG an (BRE RKUV 2001 KV 186 471 E. II/3.2.2 mit Ausführungen zum Umfang der Anhörungspflicht der Versichertenorganisationen).

b) Überprüfung von Vertragstarifen durch den Richter

Der Richter hat in einen Tarifvertrag nur mit grosser Zurückhaltung   12
und normalerweise nur dann einzugreifen, wenn die Anwendung einer
Tarifposition zu einer offensichtlich rechtswidrigen Benachteiligung
oder Privilegierung einer Partei führt, oder wenn sich der Tarif nicht
von objektiven Überlegungen leiten lässt (BGE 125 V 104 E. 3c, 126
V 344 E. 4a; K 61/04 E. 4.1; 9C_103/2007 E. 3). Die Rechtmässigkeit
von Leistungstarifen ist aufgrund von Art. 6 Abs. 1 EMRK nicht jeder
gerichtlichen Kontrolle entzogen (BGE 132 V 299 E. 4.3.2; K 61/04
E. 4.2; s.a. BGE 134 V 443 E. 3.3 und 135 V 39).

2. Behördliche Tarife

Vom EDI werden festgesetzt: die Tarife für die Vergütung von Analysen   13
(Art. 52 Abs. 1 lit. a Ziff. 1 KVG) und Arzneimitteln (Art. 52 Abs. 1 lit. a
Ziff. 2 und 52 Abs. 1 lit. b KVG; sowie für Mittel und Gegenstände, die
der Untersuchung und Behandlung dienen (Art. 52 Abs. 1 lit. a Ziff. 3
KVG). Versicherer und Leistungserbringer können nicht tarifvertraglich
in die betreffende Preisgestaltung eingreifen (BRE RKUV 2001 KV 177
353 E. II/4.3; Art. 52 Abs. 3 Satz 2 KVG betr. Praxislabor vorbehalten).
Im Bereich der Krankenpflege zu Hause und im Pflegeheim hat das EDI
unter dem bis 30.06.2010 geltenden Recht das EDI Maximaltarife festgelegt, die in Tarifvertragsverhandlungen nicht überschritten werden
durften (Art. 9a KLV; Art. 50 KVG Rz. 2 ff.). Nach dem ab 01.07.2010
geltenden Recht legt der Bundesrat Beiträge der KVers fest (Art. 25a
Abs. 4; Rz. 8 ff.). Zu den behördlichen Ersatztarifen siehe Art. 47 KVG.

VI. Einheitliche Tarifstruktur von Einzelleistungs- tarifen (Abs. 5)

1. Tarifstruktur und Taxpunktwert

Die Tarifstruktur besteht aus der Nennung der bewerteten Leistung und   14
der Zuweisung einer bestimmten Anzahl Taxpunkte. Die Festlegung des
Taxpunktwerts erfolgt in dezentralen Absprachen zwischen den Tarif-

vertragspartnern, kann aber auch Gegenstand eines Vertrages auf Landesebene sein (BRE RKUV 1999 KV 58 11 E. II. 11 und 12. 2). Die Multiplikation von Taxpunkten und Taxpunktwert ergeben den Preis der Leistung (BRE RKUV 1998 KV 29 196 E. II/5.1 und RKUV 1998 KV 30 211 E. II/6.1). Eine Tarifstruktur ist zu revidieren, wenn sie zu Fehlentwicklungen führt. Die Revision muss grundsätzlich kostenneutral sein. Vermag die neue Tarifstruktur das nicht zu erreichen, bleibt ein gewisser Spielraum einer Korrektur über den Taxpunktwert (BRE RKUV 2001 KV 185 456 E. 8.1; s.a. BRE RKUV 2002 KV 220 309 E. II/8.2.6 und BRE RKUV 2005 KV 332 254 E. II/7.2 betr. Wechsel eines Rechnungs- bzw. Tarifmodells, der grundsätzlich ebenfalls kostenneutral erfolgen muss; vgl. a. BRE RKUV 2004 KV 268 40 E. II. 9; BVGer C-4303/2007).

2.   Kasuistik aus der Spruchpraxis des Bundesrats

15 –   Wenn in einer gesamtschweizerischen Vereinbarung über die Tarifstruktur das System des Tiers payant oder andere Durchführungsmodalitäten festgelegt werden, können die Tarifvertragsparteien oder die kant. Genehmigungsbehörde davon nicht abweichen (BRE RKUV 1998 KV 30 209 E. II 4.2; s.a. BRE RKUV 2004 KV 265 E. II 7, 2002 KV 220 E. II 11.1.2).

–   Ein gesamtschweiz. Tarifvertrag, welcher lediglich eine gesamtschweiz. Tarifstruktur vorsieht, kann erst wirksam werden, wenn auf kant. Ebene ein Taxpunktwert festgelegt worden ist (BRE RKUV 1999 KV 63 56 E. II. 4).

–   Physiotherapie: Festsetzung des Taxpunktwertes auf kant. Ebene im vertragslosen Zustand nach der Genehmigung einer gesamtschweiz. einheitlichen Tarifstruktur durch den Bundesrat (BRE RKUV 2001 KV 185 456 II. E. 8).

–   Problematische provisorische Festsetzung des Taxpunktwertes auf kant. Ebene (BRE RKUV 1999 KV 63 56 E. II. 5 und 6).

–   Eine Tarifstruktur, die ein zeitliches Element vorsieht (in casu 10 Taxpunkte pro Viertelstunde), ist ein in Art. 43 KVG nicht vorgesehenes System, aber dennoch gesetzmässig (BRE RKUV 1999 KV 65 72 E. II/3.6; s.a. BRE RKUV 1997 KV 9 247 E. 4.4).

– Nach privaten und öffentlichen Spitälern differenzierende Tarife im
   ambulanten Bereich sind nicht schlechthin ausgeschlossen. Ein höherer Taxpunktwert von Privatkliniken aufgrund der Tatsache, dass
   in öffentlichen Spitälern ambulante Leistungen allenfalls subventioniert sind, rechtfertigt sich jedoch nicht (BRE RKUV 2004 KV 311
   502 E. II/8, 2005 KV 332 254 E. II/8; BVGer C-4303/2007 E. 5.2.3).
– Subventioniert ein Kanton die ambulanten Behandlungen in seinen
   Spitälern, können die Tarife für ausserkant. Patienten höher sein als
   für Kantonseinwohner (BGE 127 V 409 E. 3b/aa m.H.; SVR 2002
   KV Nr. 34 E. 3b/aa).

3.   TarMed

Bibliografie: BAPST LUDWIG, Gemeinsames Konzept zur kostenneutralen Einfüh-
rung von TarMed im Bereich der obligatorischen Grundversicherung nach KVG:
Version 2.2, Stand: 17. März 2001, in: SAeZ 2001, Supplementum 5a, S. 8 ff.;
BERNATH FRANÇOIS, Rechts- und Projektmanagementfragen rund um den TarMed,
in: Paul Richli/Tomas Poledna (Hrsg.), Tarife im Gesundheitsrecht, Zürich 2002,
S. 31 ff.; BRITT FRITZ, Tarife im Gesundheitsrecht – TarMed, in: Paul Richli/To-
mas Poledna (Hrsg.), Tarife im Gesundheitsrecht, Zürich 2002, S. 9 ff.; BRUNNER
HANS HEINRICH, Anmerkungen zu Starttaxpunktwert und sogenannt kostenneut-
raler Einführung der TarMed-Tarife, in: SAeZ 2001, Suppl. 5a, S. 3 ff.; FUHRER
BRUNO/SCHNEIDER SANDRA, TarMed in der Krankenversicherung: Bedeutung und
mögliche Entwicklungen, in: CHSS 2004, S. 42 ff.; HAEFELI A., Rahmenvertrag
TarMed und seine Anhänge: Ausgangslage im KVG-Bereich, in: SAeZ 2002,
S. 303 ff.; WEIDMANN JACQUES-HENRI, Unterschiedliche Taxpunktwerte in Arzt-
praxen und Spitälern: Warum? in: SAeZ 2004, S. 2680 f.; WEISSBURGER ANDREAS,
Der neue Arzttarif TarMed, in: CHSS 2002, S. 61 f.

Der auf den 1. Januar 2004 in Kraft getretene gesamtschweizerische Ta-   16
rif für ambulante ärztliche Leistungen (TarMed) ersetzt die bisherigen
kant. Arzttarife und den Spitalleistungskatalog (SLK). Seine allgemeinen Zielsetzungen des TarMed sind die Korrektur bestehender Tarif-
verzerrungen in der Bewertung ärztlicher Leistungen und eine bessere
Entschädigung für intellektuelle Leistungen gegenüber technischen:
BRE RKUV 2004 KV 311 502 E. II/4.2, 2005 KV 332 254 E. II/4.2.
Der TarMed beruht auf einer Vollkostenrechnung (BVGer C-4303/2007
E. 4.3.1 BRE RKUV 2004 KV 311 502 E. II/8). Investitionskosten sind
im Tarif eingeschlossen (BRE 2005 KV 332 254 E. II/8). Seine Einfüh-

rung hatte kostenneutral zu erfolgen (BRE RKUV 2004 KV 311 502 E. II/7.2, 2005 KV 332 254 E. II/7.2; BVGer C-4308/2007 E. 4). Der in der Vereinbarung zur Kostenneutralität vorgesehene Mechanismus zur Anpassung des Starttaxpunktwertes im TarMed ist bei hoheitlicher Festsetzung des Tarifs nicht anwendbar (RKUV 2005 KV 331 247 E. II/2.4 BVGer C-4303/2007 E. 4.3.2). Bei der Berechnung des TarMed-Starttaxpunktwerts waren allfällige Subventionen nicht zu berücksichtigen (BRE RKUV 2004 KV 311 502 E. II/8, 2005 KV 332 254 E. II/8). Bei beschränktem Leistungsspektrum und hoher Spezialisierung von Privatkliniken ist nicht nur den erbrachten, sondern allen erbringbaren Leistungen Rechnung zu tragen (BRE 2005 K 332 254 E. 7.4). Es dürfen nicht Taxpunktwerte für einzelne Fachbereiche geschaffen werden (BVGer C-4303/2007 E. 5.1.1). Der TarMed enthält auch Positionen für Nichtpflichtleistungen.

17   Der nationale Rahmenvertrag zwischen santésuisse und H+ vom 13. Mai 2002 inklusive Anhänge bildet integrierenden Bestandteil des TarMed (K 16/04=RKUV 2005 K 329 200). Er muss auf kant. Ebene durch Taxpunktwertvereinbarung konkretisiert werden (Anschlussvertrag). Gelingt das nicht, liegt ein vertragsloser Zustand vor, sodass der Tarif hoheitlich festzulegen ist (BRE RKUV 2004 KV 311 502 E. II/5; vgl. a. BRE RKUV 2005 KV 331 247 E. II/2.2 ff., 2005 KV 332 254 E. II/5.2 und E. II/7.2). Der Rahmenvertrag TarMed ist kein eigentlicher Tarifvertrag, sondern eine Tarifstruktur im Sinne des Art. 43 Abs. 5 KVG (K 16/04 E. 4.1= RKUV 2005 K 329 200). Gegen einen Genehmigungsentscheid des BR betreffend Änderung der Tarifstruktur des TarMed steht kein Rechtsmittel an das Bundesgericht offen (BGE 134 V 443 E. 3).

18   Zwischen santésuisse und der Ärzteschaft besteht eine Leistungs- und Kostenvereinbarung (LeiKoV). Sie dient der Kontrolle und Steuerung von Leistungen und Kosten im Bereich der freien Arztpraxis unter Einbezug von Leistungsargumenten und Veränderungen der Gestehungskosten. Im Weiteren gibt das nationale Steuerungsgremium Taxpunktwertempfehlungen für die einzelnen Kantone ab (STOFFEL, Die Leistungs- und Kostenvereinbarung (LeiKoV), in SAeZ 2006;87: 39, S. 1688, DERS., Die Leistungs- und Kostenvereinbarung (LeiKoV) als Prinzip, PrimaryCare 2005;5: Nr. 40, S. 813).

VII. Zielsetzungen und bundesrätliche Grundsätze (Abs. 6 und 7)

Art. 43 Abs. 6 ist die Leitschnur für die Tarifgestaltung (statt vieler: 19 BGE 131 V 133 E. 4; BGE 127 V 409 E. 2b). Abs. 6 umschreibt eine der zentralen Zielsetzungen des KVG (BGE 123 V 290 E. 6c/aa).

Der Bundesrat hat mit Art. 59c KVV Grundsätze für die Ausarbeitung 20 von Tarifen aufgestellt. Siehe dazu BVGer C-4303/2007 E. 3.3, ferner Gross Hawk, S. 57 ff. (bibl. Angaben unter Art. 43 KVG am Anfang) und Kuhn, in: SAeZ 2009;90 H. 51/16 S. 611, ferner C-4308/2007 E. 3.3.

Art. 44 Tarifschutz

¹ **Die Leistungserbringer müssen sich an die vertraglich oder behördlich festgelegten Tarife und Preise halten und dürfen für Leistungen nach diesem Gesetz keine weitergehenden Vergütungen berechnen (Tarifschutz). Die Bestimmungen über die Vergütung für Mittel und Gegenstände, die der Untersuchung oder Behandlung dienen (Art. 52 Abs. 1 Bst. a Ziff. 3), bleiben vorbehalten.**
² **Lehnt ein Leistungserbringer es ab, Leistungen nach diesem Gesetz zu erbringen (Ausstand), so muss er dies der von der Kantonsregierung bezeichneten Stelle melden. Er hat in diesem Fall keinen Anspruch auf Vergütung nach diesem Gesetz. Wenden sich Versicherte an solche Leistungserbringer, so müssen diese sie zuerst darauf hinweisen.**

Chronologie: AS 1995 1328; BBl 1992 I 93.

Bibliografie: Burri Bernhard, Freie Ärztewahl im Spitalbereich, in: SAeZ 2005, S. 775 ff.; Burri Bernhard, Zusätzliche Arztleistungen zulasten der Zusatzversicherungen bei Spitalaufenthalt, in: SAeZ 2003, S. 297 f.; Conti Christian, Zusatzhonorar des Arztes und KVG, in: AJP 10/2001, S. 1148 ff.; Ders, Faut-il payer le droit de choisir son médecin en cas de soins hospitaliers, in: SZS 2005, 533 ff.; Ders., Hospitalisation en privé et obligations des cantons, in: SZS 2002, S. 558 ff. Urteilsbespr. K 178/00; Ders., Application rétroactive d'un tarif de soins dans le cadre de la LAMal, in: AJP 10/2009 S. 1315; Duc Jean-Louis, Protection tarifaire et physiothérapie, in: Revue romande de physiothérapie N° 7 2002, S. 299 ff.;

KIESER UELI, Die Bedeutung des krankenversicherungsrechtlichen Tarifschutzes im stationären Bereich, in: SZS 2003, S. 419 ff.; KUHN HANSPETER, Zusatzrechnungen bei ärztlichen Zusatzleistungen, in: SAeZ 2000, S. 77 ff.; KUHN HANSPETER, Zusatzrechnungen bei Spitalbehandlung, in: SAeZ 1999, S. 2031 ff.; KUHN HANSPETER, Zusatzrechnungen für ärztliche Zusatzleistungen – zum Dritten: Bundesgerichtsentscheid vom 8. Juni 2000, in: SAeZ 2000, S. 2061 ff.; KUHN HANSPETER/KUMMER ANDREAS/WYLER DANIEL, Zu Zusatzrechnungen bei ärztlichen Zusatzleistungen (Briefwechsel zwischen) Andreas Kummer, Daniel Wyler und Hanspeter Kuhn, in: SAeZ 2000, S. 77 ff.; KUMMER ANDREAS/WYLER DANIEL, Zu Zusatzrechnungen bei ärztlichen Zusatzleistungen, in SAeZ 2000 S. 77 ff.; LONGCHAMP*, S. 342 ff.; MEYER BEAT, Tarifschutz und Tarifgestaltung bei ausserkantonaler Hospitalisation in der sozialen Krankenversicherung, in: SZS 2004, S. 527 ff.; MOSER MARKUS, Der Tarifschutz bei einer stationären Behandlung von Privatpatienten, in SZS 2007 S. 361, 452; weiteres Schrifttum zum Thema findet sich unter Art. 12 KVG.

I.   Der Begriff des Tarifschutzes (Abs. 1)

1   Der Tarifschutz umfasst die Pflicht der Leistungserbringer und der Versicherer zur Einhaltung der massgebenden Tarife und Preise sowohl im gegenseitigen als auch im Verhältnis zum Versicherten (BGE 131 V 133 E. 6; BGE 127 V 422 E. 3b; K 3/02 E. 6; K 76/01 E. 6). Er gilt sowohl im System des Tiers garant als auch des Tiers payant (BGE 126 III 36 E. 2a), findet jedoch seinen besonderen Sinn im Tiers garant, und betrifft alle für die OKP tätigen Leistungserbringer (BGE 131 V 133 E. 6; K 141/02=RKUV 2005 KV 314 15, 21 E. 6.2; K 5/03 E. 4.2=RKUV 2004 KV 285 238). Das Tarifschutzprinzip verbietet es, dass ein Leistungserbringer mangels eines regulären Tarifs die Honorare einseitig oder nach Massgabe von Verbandsempfehlungen festlegt (K 103/00 E. 4b; SVR 1999 KV Nr. 6; LUGINBÜHL, JKR 2003 S. 38; s.a. Art. 47 Rz. 14). Eine besondere Tarifschutzbestimmung enthält Art. 49 Abs. 4 KVG. Widerhandlungen gegen die Tarifschutzpflicht können zu Sanktionen nach Art. 59 Abs. 1 KVG führen (Art. 59 Abs. 3 lit. d KVG).

Der Tarifschutz ist auf gesetzliche Pflichtleistungen (BGE 134 V 269 2
E. 2.4; BGE 132 V 352 E. 2.5.1; BGE 129 I 346 E. 3.2; BGE 129 I
346 E. 3.2; 2P.25/2000 E. 8.3) und zugelassene Leistungserbringer
beschränkt. Der Tarifschutz gilt in Haftpflichtfällen ebenso (BGE 126
III 36 E. 2; K 152/99=SVR 2002 KV Nr. 44; SVR 2/2001 KV Nr. 14
S. 37, TA Neuchâtel) wie im tarifvertragslosen Zustand (BGE 131 V 133
E. 6; K 5/03=RKUV 2004 KV 285 238 E. 4.2; K 76/01 E. 6; K 57/01
E. 7), was aber nicht bedeutet, dass dem Leistungserbringer im vertragslosen Zustand bzw. im Tiers garant die Sicherstellung seiner Honorare
durch die Erhebung eines Kostenvorschusses in der Höhe der mutmass-
lichen Kosten verboten wäre (9C_61/2009 E. 3.3 und 5=SVR 2009 KV
Nr. 13). Zur Kontrolle der Einhaltung des Tarifschutzes ist im Falles des
Bestehens eines Tarifvertrages in formeller Hinsicht nach den entsprechenden tarifvertraglichen Regeln zu fakturieren (vgl. als Negativbei-
spiel 2P.231/2006).

Ausnahme von der Tarifschutzpflicht: Abgabestellen für Mittel nach 3
Art. 25 Abs. 2 lit. b und 52 Abs. 1 lit. a Ziff. 3 KVG unterstehen keiner gesetzlichen Tarifschutzpflicht (K 35/01 E. 2.1; K 11/04 E. 2; BBl
1992 I 176). Unklar ist, wie es sich mit dem Tarifschutz unter der neuen
Langzeitpflegefinanzierung (Art. 25a KVG; Rz. 10; AS 2009 3517; BBl
2005 2033) verhält.

II.   Verbot von Zusatzhonoraren (Abs. 1)

Einen Kassentarif ergänzende Zusatzhonorare sind für Pflichtleistun- 4
gen unzulässig (BGE 131 V 133 E. 6; BGE 127 V 422 E. 4b; K 141/02
=RKUV 2005 KV 314 15, 21 E. 6.2; K 5/03=RKUV 2004 KV 285
238 E. 4.2; 2P.63/2001E. 3.3), auch in Form von Gebühren (SVR 2000
KV 18, VG Luzern; Fall-Nr. S 98 688), und zwar unabhängig davon,
ob die versicherte Person mit einem Zusatz einverstanden ist oder nicht
(a.M. Duc, in AJP 10/2009 S. 1315, 1317 Fn. 4).

Zusatzhonorare kann es nur geben für «Mehrleistungen, die über den 5
Leistungsumfang der OKP hinaus gehen» (BGE 126 III 345 E. 3b, 130
I 306 E. 2.3; K 141/02=RKUV 2005 KV 314 15 E. 8.2.2; s.a.
9C_103/2007 E. 4), wobei jedoch zwischen ambulanten und stationären
Behandlungen zu unterscheiden ist. Mehrleistungen sind im ambulanten

Bereich für gesetzliche Pflichtleistung darstellende Behandlungen nicht möglich (BGE 126 III 345 E. 3b), ebenso wenig im teilstationären, wenn über einen Ambulant-Tarif abgerechnet wird (K 141/02=RKUV 2005 KV 314 15, 22 E. 7 und 8.2.2). «Echte» Mehrleistungen sind bei stationären Behandlungen ein besserer Spitalkomfort (privat/halbprivat; BGE 126 III 345, 350 E. 3b, 126 III 345 E. 3a, 130 I 306 E. 2.1) und die freie Wahl des Arztes im Spital (9C_725/2008 E. 2.2=BGE 135 V S. pend.; BGE 130 I 306 E. 2.2; K 34/02=RKUV 2004 KV 281 208 E. 6.2.2; BBl 2001 771, 780; BBl 2004 5551, 5566). Tarifschutz bedeutet jedoch nur, dass die Spitäler und die dort tätigen Ärzte für Patienten der allgemeinen Abteilung einzig die Kassentarife fakturieren dürfen. Darüber hinausgehende Honorare sind dagegen zulässig, wenn sich der Patient für den Privatpatientenstatus entschieden hat, und zwar auch dann nicht, wenn eine Leistung gegenüber der OKP keine Mehrleistung darstellt (9C_725/2008 E. 3.3 u. 3.7=BGE 135 V S. pend.).

6 *Rechtslage bis 31.12.2008:* Pflichtversicherte, die den Privatpatientenstatus wählen, verzichten damit regelmässig nicht auf die Leistungen der OKP (9C_725/2008 E. 3.7.2=BGE 135 V S. pend.; BGE 127 V 422 E. 4b). Im stationären Bereich können sie jene Leistung beanspruchen, welche die Kvers hätte erbringen müssen, wenn sie sich als Kassenpatientin hätten behandeln lassen (K 141/02= RKUV 2005 KV 314 15 E. 6.1 und 7.2; BGE 132 V 352 E. 2.5.1, 125 V 101 E. 2). Beim Referenztarif ist die Tarifregel von Art. 49 Abs. 1 KVG anwendbar (BGE 127 V 422 E. 5).

7 *Rechtslage ab 1.1.2009, umzusetzen bis spätestens 31.12.2011:* Mit der Aufgabe des Begriffs der allgemeinen Abteilung in Art. 49 Abs. 1 KVG in der Gesetzesrevision vom 21.12.2007 (AS 2008 2049; BBl 2004 5551) dürfen beim Aufenthalt in privaten oder halbprivaten Spitalabteilungen zugelassener Heilanstalten für kassenpflichtige medizinische Leistungen laut Materialien keine Zusatzhonorare verlangt werden (BBl 2004 5551, 5580). Dagegen sind für die freie Arztwahl im Spital, wo eine solche aus medizinischen Gründen möglich ist, und für die (nicht medizinisch notwendige) Unterbringung in einem Ein- oder Zweibettzimmer (BBl 2001 771, 780; BBl 2004 5551, 5566; Votum Brunner AB 2006 S 49) sowie für die über die Standards der allgemeinen Abteilung hinausgehende Pflege Sondervergütungen zulässig. Zum Begriff der allgemeinen Abteilung: Art. 49 Rz. 3, Art. 25 Abs. 2 neu lit. e KVG Rz. 53 f. und Art. 39 KVG Rz. 2.

III. Tarifschutz und Kostendeckung

Rechtslage bis 31.12.2008: Der Tarifschutz garantiert nicht, dass die 8
Tarife in jedem Fall kostendeckend sind (s.a. 9C_103/2007 E. 3 und
K 61/04 E. 4; vgl. a. BGE 131 V 191). Leistungserbringer und KVers
wahren den Tarifschutz, wenn sie gemäss Tarifvertrag fakturieren bzw.
vergüten (9C_103/2007 E. 4). Bei ausserkant. Behandlungen aus persönlichen Gründen besteht nur ein «verminderter» Tarifschutz, indem
sich die Leistungserbringer an die für ausserkant. Patienten massgebenden Tarife zu halten haben und sich die Leistungspflicht des KVers
nach den Regeln von Art. 41 altAbs. 1 KVG richtet (BGE 134 V 269
E. 2.5; BGE 127 V 398 E. 2b/dd; BGE 125 V 448 E. 3a, Urteilsbespr.
Duc, AJP 2000 883; K 120/04 E. 3.2; krit. Meyer, SZS 2004 533 ff.).
Rechtslage ab 1.1.2009, umzusetzen bis spätestens 31.12.1011: Die
dargelegte Grundregel gilt prinzipiell auch nach den Änderungen in
Art. 41 KVG (neuAbs. 1 und Abs. 1bis) im Zuge der Gesetzesrevision
vom 21.12.2007 (AS 2008 2049; BBl 2004 5551; Spitalfinanzierung).
Die Anwendung höherer Tarife zugelassener Leistungserbringer für
ausserkantonale Patienten als für Einwohner, wie das nach dem bis
31.12.2008 geltenden Recht insbesondere bei ausserkantonalen stationären Behandlungen möglich war, sind dagegen nach der Umsetzung
des neuen Rechts (Art. 49 KVG Rz. 1 und Art. 49a KVG Rz. 1) nicht
mehr zugelassen.

Gewisse Behandlungen werden aufgrund von Tarifverträgen nur zu All- 9
gemeintarifen ausgeführt (beispielsweise Transplantationen), was nicht
als diskriminierend gilt (BGE 123 I 112 E. 10c ff.).

IV. Ausstand (Abs. 2)

Bibliografie: Duc Jean-Louis, Les assurances sociales en Suisse, Lausanne
1995, S. 257 Fn. 375; Longchamp*, S. 293; Poledna Tomas, Ausstand von Leistungserbringern im Krankenversicherungsrecht: Überblick und Grundlagen, in:
AJP 6/2004, S. 649 ff.; SBVR-Eugster* Rz. 824 ff.; Wohnlich Dominique, Zusatzleistungen im ambulanten Bereich der Krankenversicherung, Diss., Zürich
2002, S. 102 ff.

10 Kein Leistungserbringer ist verpflichtet, für die soziale KV tätig zu sein (BGE 130 I 306 E. 2.1; Art. 45 KVG vorbehalten). Ein Leistungserbringer kann nicht einzelfallweise à la carte wählen, ob er für die OKP tätig sein will oder nicht und kann den Ausstand auch nicht nur mit Bezug auf bestimmte Krankenversicherer erklären. Der Widerruf der Ausstandserklärung ist grundsätzlich jederzeit möglich.

11 Ein in den Ausstand getretener Leistungserbringer kann durch Verschreibung verordnungspflichtiger Leistungen (Art. 25 Abs. 2 lit. a Ziff. 3, lit. b–d KVG) keine Pflichtleistungen bewirken (a.M. POLEDNA, AJP 6/2004 S. 649, 653; WOHNLICH, a.a.O., S. 115 f.) Die versicherte Person hat im Falle eines Ausstandes auch nicht Anspruch auf das Äquivalent dessen, was der Versicherer für die Behandlung bei einem zugelassenen Leistungserbringer hätte vergüten müssen (keine Austauschbefugnis; a.M. KIESER, AJP 8/2000 1020, 1022; UrteilsBespr K 174/98).

Art. 45 Sicherung der medizinischen Versorgung

Ist wegen des Ausstandes von Leistungserbringern die Behandlung der Versicherten im Rahmen dieses Gesetzes nicht gewährleistet, so sorgt die Kantonsregierung für deren Sicherstellung. Ein Tarifschutz gilt auch in diesem Fall. Der Bundesrat kann nähere Bestimmungen erlassen.

Chronologie: AS 1995 1328; BBl 1992 I 93.

Art. 45 regelt den Fall eines massiven, mitunter nahezu flächendeckenden Ausstandes von Leistungserbringern in einem oder mehreren medizinischen Fachbereichen, sodass ein medizinischer Notstand entsteht. Grund können beispielsweise unversöhnliche Differenzen zwischen Leistungserbringern und KVers sein. Die kant. Massnahmen stellen eine Art ultima ratio dar, die vorübergehender Natur und daher befristet sein sollen (BBl 1992 I 177). Mit der Regelungsbefugnis des Bundesrats kann dieser nötigenfalls auch in den Kompetenzbereich der Kantone im Gesundheitswesen eingreifen. Art. 45 KVG umfasst nicht eine generelle Behandlungspflicht, sondern führt nur zur behördlichen Anordnung, als Leistungserbringer für die soziale KV tätig sein zu müssen und sich den Regeln des KVG zu unterziehen. Die Instrumente von Art. 47 KVG gehen Art. 45 KVG vor. Art. 45 KVG entspricht altArt. 22ter KUVG, der kaum je zur Anwendung gelangen musste.

Art. 46 Tarifvertrag

[1] Parteien eines Tarifvertrages sind einzelne oder mehrere Leistungserbringer oder deren Verbände einerseits sowie einzelne oder mehrere Versicherer oder deren Verbände anderseits.

[2] Ist ein Verband Vertragspartei, so ist der Tarifvertrag für die Mitglieder des Verbandes nur verbindlich, wenn sie dem Vertrag beigetreten sind. Auch Nichtmitglieder, die im Vertragsgebiet tätig sind, können dem Vertrag beitreten. Der Vertrag kann vorsehen, dass diese einen angemessenen Beitrag an die Unkosten des Vertragsabschlusses und der Durchführung leisten müssen. Er regelt die Art und Weise der Beitritts- sowie der Rücktrittserklärung und ihre Bekanntgabe.

[3] Nicht zulässig und damit ungültig sind insb. folgende Massnahmen, ohne Rücksicht darauf, ob sie in einem Tarifvertrag oder in getrennten Vereinbarungen oder Regelungen enthalten sind:

    a. Sondervertragsverbote zu Lasten von Verbandsmitgliedern;

    b. Verpflichtung von Verbandsmitgliedern auf bestehende Verbandsverträge;

    c. Konkurrenzverbote zu Lasten von Verbandsmitgliedern;

    d. Exklusivitäts- und Meistbegünstigungsklauseln.

[4] Der Tarifvertrag bedarf der Genehmigung durch die zuständige Kantonsregierung oder, wenn er in der ganzen Schweiz gelten soll, durch den Bundesrat. Die Genehmigungsbehörde prüft, ob der Tarifvertrag mit dem Gesetz und dem Gebot der Wirtschaftlichkeit und Billigkeit in Einklang steht.

[5] Die Frist für die Kündigung eines Tarifvertrages und für die Rücktrittserklärung nach Absatz 2 beträgt mindestens sechs Monate.

Chronologie: AS 1995 1328; BBl 1992 I 93.

Bibliografie: Bossart Armin, Die Aufhebung des Kontrahierungszwanges in der obligatorischen Krankenpflegeversicherung zwischen ambulant tätigem Arzt und Krankenversicherer, Diss. St. Gallen 2007; Duc Jean-Louis, Encore et toujours:

Liberté de contracter ou obligation de contracter, in AJP 5/2008 S. 631–634; DERS., Du choix du fournisseur de soins et de l'obligation de contracter dans un régime d'assurance obligatoire selon le modèle de la LAMaL, CGSS 38 (2007) Nr. 38 S. 23–32 ; DERS., D'où peuvent venir les menaces sur le libre choix du médecin?, in AJP 3/2007 S. 311–316; DERS., Que penser de la suppression projetée de l'obligation de contracter dans l'assurance-maladie obligatoire des soins régies par la LAMal?, in: AJP 2004 S. 470 ff.; DERS., Application rétroactive d'un tarif de soins dans le cadre de la LAMal, in: AJP 10/2009 S. 1315; für weitere Bibliografie siehe Art. 35 u. 43 KVG.

Verordnung: Art. 59d KVV (leistungsbezogene Pauschalen; s.a. die SchlBest der KVV-Änderung vom 22. Oktober 2008 (AS 2008 5097).

I.   Einleitung

1   *Vertragsprinzip:* Die Leistungsvergütungen sollen, wo gesetzlich keine behördlichen Tarife vorgesehen sind, in Tarifverträgen zwischen Kvers und Leistungserbringern festgelegt werden (BRE RKUV 2001 KV 221 312 E. II/2.1, 2001 KV 177 353, 363 E. II/3.1, 1999 KV 58 11 E. II. 8 und 14, 1998 KV 42 410 E. II. 3. 1 und II. 3. 2; so schon altrechtlich: BGE 110 V 187 E. 3a; RKUV 1988 K 786 416 E. 4b), weil diese das Angemessene und Notwendige am besten beurteilen können (BGE 126 V 344, 349 E. 4a; K 61/04 E. 4.1). Vertragsverhandlungen sind selbst während eines hängigen Beschwerdeverfahrens (Art. 53 Abs. 1 KVG) möglich (BRE RKUV 2002 KV 215 210 E. II/2; ein bestehender Vertragstarif geht einem behördlich irrtümlich festgesetzten vor). Zur Rechtsnatur von Tarifverträgen siehe Art. 43 KVG N. 6.

Ein anwendbarer Tarif ist eine grundlegende Voraussetzung, um als 2
Leistungserbringer mit einem KVers Rechtsbeziehungen aufnehmen
zu können (BGE 132 V 303 E. 4.4.3; 9C_824/2007 E. 3.3). Das Bestehen eines Vertrags- oder behördlichen Ersatztarifs (Art. 47 KVG) ist
aber keine Voraussetzung für den Leistungsanspruch der Versicherten
(BGE 124 V 338, 341 E. 2b/aa; 9C_824/2007 E. 3.3; vgl. a. BGE 131
V 133; RKUV 2004 KV 287 298; K 79/98 E. 4a; Art. 35 KVG Rz. 3).

II.   Vertragsparteien (Abs. 1)

Es können Vertragsgemeinschaften gebildet werden, die bei den Ver- 3
handlungen um einen Tarifvertragsabschluss als Partner agieren können.
Die Behörde ist jedoch nicht befugt, Vertragsgemeinschaften zu bilden
(BVGer C-4303/2007 E. 3.1 BRE RKUV 2005 KV 332 254 E. II/6; s.a.
RKUV 2005 KV 331 247, 251 E. II/2.5). Die Versicherten können nicht
Vertragspartei sein (9C_824/2007 E. 3.3).

III.   Gegenstand und Inhalt des Tarifvertrages

Gegenstand eines Tarifvertrages können nur Pflichtleistungen gemäss 4
KVG sein. Tarifverträge dürfen nicht ins gesetzliche Leistungsrecht eingreifen, indem sie nichtpflichtige Leistungen als kassenpflichtig oder
pflichtige als nichtpflichtig erklären (BGE 132 V 18 E. 5.3; K 158/05
E. 5.1=RKUV 2006 KV 382 356; K 128/99 E. 3a; s.a. 2P.63/2001 E. 3.3
und 9C_824/2007 E. 3.3). So dürfen KVers und Leistungserbringer keinen Tarifvertrag zu Lasten der OKP abschliessen, welcher zum Ergebnis
hat, dass die OKP mehr als den Tarif gemäss Art. 41 Abs. 1 Satz 3 KVG
zu vergüten hätte (BVGer C-5666/2008 E. 4.1.2). Bei der Auslegung ist
davon auszugehen, dass der Vertrag in seinem Geltungsbereich sämtliche gesetzlich vorgesehenen Leistungen abdeckt, sofern nicht ein Teil
davon ausdrücklich ausgenommen ist (K 158/05 E. 5.1=RKUV 2006
KV 382 356). Neben dem Tarif als solchem kann der Vertrag alle gegenseitigen Rechtsbeziehungen regeln, die für die Vertragsanwendung
notwendig sind (so schon altrechtlich: BGE 110 V 187 E. 3a).

IV.   Vertragsverhandlungspflicht

5 Die KVers haben für die notwendigen Tarife zu sorgen, damit den Versicherten volle Kostendeckung garantiert ist, wenn sie sich an ihrem Wohn- oder Arbeitsort ambulant oder in der allgemeinen Abteilung eines in ihrem Wohnkanton gelegenen, dort für die allgemeine Abteilung zugelassenen öffentlichen oder privaten Spitals stationär behandeln lassen (BGE 131 V 133 E. 9.3; BRE RKUV 2006 KV 359 115 E. 2.2). Sie trifft eine entsprechende Tarifverhandlungspflicht, was eine zulässige Einschränkung der Wirtschaftsfreiheit gemäss Art. 27 BV darstellt (BRE RKUV 1999 KV 70 169 E. II/4.2). Die Initiative zu Verhandlungen hat nach bisheriger Praxis von den KVers auszugehen (BGE 131 V 133 E. 9.3; BGE 124 V 338 E. 2b/bb; K 3/02 E. 10.2; K 76/01 E. 10.2). Der einzelne KVers hat auch dann tätig zu werden, wenn die Bemühungen auf Verbandsebene erfolglos verlaufen sind (BGE 131 V 133 E. 9.2). Haben sich KVers einem Verbandsvertrag nicht angeschlossen, sind die Leistungserbringer dagegen zu Verhandlungen erst verpflichtet, wenn die dissidenten KVers einen Verhandlungsvorschlag unterbreitet haben (BRE RKUV 2004 KV 265 2 E. II/10). Scheitern die Bemühungen, sind die Verfahren nach Art. 47 KVG anwendbar (BGE 131 V 133 E. 9.2; BGE 124 V 338 E. 2b/aa; RKUV 2006 KV 359 115 E. 2.2).

6 Ein Spital, das nur für die private oder halbprivate Spitalabteilung auf der Spitalliste aufgeführt war, hatte unter dem bis 31.12.2008 gültigen Recht keinen Anspruch auf einen Tarifvertrag für die Bemessung der OKP-Leistungen (RKUV 2001 KV 181 417 E. 3; K 113/06 E. 4.2; K 115/06), ebenso wenig Spitäler, die keinen Leistungsauftrag hatten, oder für Leistungen, die ausserhalb des Leistungsauftrags lagen (vgl. a. K 34/02 E. 6.2.1=RKUV 2004 KV 281 208; K 99/05 E. 3.1; K 28/05 E. 4). Diese Rechtsprechung ist für das ab 1.1.2009 gültige Recht bzw. die bis spätestens 31.12.2011 umzusetzende Neuordnung der Spitalfinanzierung (Art. 49 neu Abs. 1 KVG; AS 2008 2049 2057; BBl 2004 5551) bedeutungslos, weil es keine unterteilten Spitallisten und keine Spitäler ohne Leistungsauftrag mehr geben wird (siehe Art. 39 Rz. 17 und 20).

V. Verbandsverträge (Abs. 2); wettbewerbs- hemmende Klauseln (Abs. 3)

Bibliografie: Krankenkassen und Tarifverträge, Veröffentlichungen der Schweizerischen Kartellkommission und des Preisüberwachers, Bern 1993.

Unter Verbandsverträgen sind tarifvertragliche Vereinbarungen zwi- 7
schen einem Verband von Kvers und einem Verband von Leistungserbringern zu verstehen, welche für die Mitglieder der betreffenden Verbände abgeschlossen werden. Neu gegenüber dem KUVG ist, dass die
Verbandszugehörigkeit nicht mehr die automatische Unterstellung unter
Verbandstarifverträge zur Folge haben darf. Abs. 2 begründet einen Anspruch auf Nichtbeitritt (RKUV 2001 KV 180 396, 409 E. 3.2.2). Der
in Artikel 46 Absatz 2 KVG vorgesehene angemessene Beitrag an die
Unkosten des Vertragsabschlusses und der Durchführung muss einem
bestimmten Betrag entsprechen und nicht einem Prozentualanteil am
Tarif (BRE RKUV 2002 KV 212 185 E. II/10).

Ein Verbandsmitglied kann nicht zum Voraus auf seine aus Art. 46 8
Abs. 2 KVG fliessenden Rechte verzichten (RKUV 2004 KV 265 2
E. II/4). Eine inhaltliche Änderung eines Tarifvertrages gilt nicht in jedem Fall automatisch für alle bereits beigetretenen Verbandsmitglieder
(RKUV 2001 KV 178 371 E. II/3.2.2). Es ist möglich, nur einer Vereinbarung über die Tarifstruktur, nicht aber dem vereinbarten Taxpunktwert
beizutreten (RKUV 1999 KV 58 11 E. II. 15). Zur Zwangsunterstel-
lung unter einen Verbandsvertrag im vertragslosen Zustand siehe Art. 47
Rz. 5.

Abs. 3 wurde in den parlamentarischen Beratungen aufgrund der 9
Empfehlungen der Kartellkommission aufgenommen (Bericht 2/93
über Krankenkassen und Tarifverträge, S. 17 ff.; Segmüller, AB 1993
NR 1860 und Huber, AB 1993 S 1073). Zu den Verbandsverträgen unter
dem KUVG s. Kartellkommission, Krankenkassen und Tarifverträge,
S. 148 , Rz. 422 und S. 150, Rz. 423 lit. b.

VII. Behördliche Genehmigung von Tarifverträgen (Abs. 4)

1. Zuständige Behörde und Genehmigungswirkung

10 Jede auf dem KVG beruhende tarifvertragliche Absprache ist genehmigungspflichtig. Bei einem komplexen mehrteiligen Einzelleistungsvertrag (wie das bei TarMed der Fall ist; Art. 43 Rz. 16 ff.) ist auch die Tarifstruktur genehmigungspflichtig. Voraussetzung ist grundsätzlich ein fertig abgeschlossener Vertrag oder Teilvertrag. Eine definitive Vereinbarung von Branchenverbänden über die Tarifstruktur und andere vertragliche Elemente, ohne aber eine Bestimmung des Taxpunktwerts, kann bereits ein genehmigungsbedürftiger Tarifvertrag sein (a.M., BERNATH, Rechts- und Projektmanagementfragen rund um den TarMed, S. 31 ff.). Bei TarMed war eine generelle bundesrätliche Vorabgenehmigung aus praktischen Erwägungen vorzunehmen.

11 Die Genehmigung hat konstitutive Wirkung (9C_413/2009 E. 5 so schon altrechtlich: RKUV 1988 K 779 324 E. 4; BRE RSKV 1981 447 91 E. 3, 1976 255 126 E. 3), weshalb nicht genehmigte Tarife nicht anwendbar sind. Die Genehmigungsbehörde darf einen abgelehnten Tarif nicht durch einen neuen ersetzen (BRE RKUV 2001 KV 177 353 E. 3.2 f.). Zur Anfechtung von Genehmigungsentscheiden s. Art. 53 Abs. 1 KVG. Wer einem Tarifvertrag nicht beitritt, kann dessen Genehmigung durch den Kanton nicht anfechten (BRE RKUV 2006 KV 359 115 E. 2.1, 2001 KV 178 371 E. 3.2.1).

2. Einklang mit Gesetz, Wirtschaftlichkeit und Billigkeit

Bibliografie: HIERLING DORIN/COULLERY PASCAL, Der Billigkeitsbegriff im Tarifrecht der Krankenversicherung: ein verkanntes Kostendämpfungsinstrument? in: SZS 2005, S. 159 ff.; JUNG MANUEL, Rolle und Einfluss der Preisüberwachung bei Gesundheitspreisen, in: CHSS 2002, S. 76 f.

12 Anders als unter dem alten Recht hat die Genehmigungsbehörde auch die Übereinstimmung mit dem Gebot der Wirtschaftlichkeit zu prüfen (BGE 123 V 280, 286 E. 6a; K 177/00 E. 2b; BRE RKUV 1998

KV 19 6 E.II/6a; zu einem Anwendungsfall: BRE RKUV 1997 KV 17 375 E. II/9/4 und II/10). Sie hat ferner die Auswirkungen eines Tarifs auf das Leistungsvolumen zu berücksichtigen (RKUV 2001 KV 179 377 E. II/6.5). Art. 46 Abs. 4 KVG gilt auch im Rahmen von Art. 47 (BVGer C-4303/2007 E. 3.1.

Die Prüfung auf Billigkeit soll nach altrechtlicher, auch unter dem KVG   13 gültiger Praxis die Interessen der Versicherten wahren und verhindern, dass allenfalls von einer Partei unter dem Druck der anderen ungerechtfertigte Zugeständnisse gemacht werden (BRE RSKV 1983 518 3 E. 5, BRE RSKV 1981 447 91 E. 4). Ein Tarifvertrag darf auch nicht einzelne Leistungserbringer ohne sachlichen Grund bevorzugen oder benachteiligen (05.09.2006 K 158/05 E. 5.1=RKUV 2006 KV 382 356), bloss auf Sonderinteressen von Einzelnen abstellen oder die Rechte der Versicherten beeinträchtigen (so schon altrechtlich: BGE 110 V 187, 192 E. 3a; RKUV 1988 K 786 416 E. 4b). Eine Frage der Billigkeit kann wie schon unter dem alten Recht die wirtschaftliche Tragbarkeit eines Tarifs sein (BRE RKUV 1997 KV 16 343 E. II/4.5, 1997 KV 17 375 E. II/10.1.3; altrechtlich: RKUV 1992 K 901 217 E. 5, 1984 K 601 275; vgl. a. BRE RKUV 1997 KV 5 122 E. II/8 und E. II/9); ein Tarif muss den Versicherten wirtschaftlich zumutbar sein (RKUV 2001 KV 179 377 E. II/8.2). Billigkeit kann ein stufenweises Anheben eines Tarifs rechtfertigen oder einer Teuerungsanpassung entgegenstehen (BRE RKUV 1997 KV 5 122 E. II/9).

3. Anhörung des Preisüberwachers

Bibliografie: Jung Manuel, Rolle und Einfluss der Preisüberwachung bei Gesundheitspreisen, in: CHSS 2002, S. 76 f.; Bericht der Geschäftsprüfungskommission des Ständerates vom 5. April 2002, BBl 2003. 307, 315 ff., 317 ff., 322 ff., 327 ff.; Stellungnahme des Bundesrates vom 30. September 2002, BBl 2003 334, 335 ff.

Die Genehmigungsbehörde hat, bevor sie einen Tarifvertrag genehmigt,   14 den Preisüberwacher anzuhören (Art. 14 Abs. 1 PüG; SR 942.20). Mit dessen Einbezug wird sichergestellt, dass bei der Prüfung des Tarifvertrages u.a. die sozialpolitischen Rahmenbedingungen für die Festsetzung oder Anpassung der Tarife berücksichtigt werden (BRE RKUV 1998

KV 19 10 E. 6b, 1997 KV 5 140 E. II/9 und II/10). Der Preisüberwacher hat sich jedoch nicht zu jedem Tarif zu äussern, der ihm unterbreitet wird (BRE RKUV 2002 KV 232 480, 484 E. II/4.1; RKUV 1998 KV 27 153 E. II/4). Zu den Kompetenzen des Preisüberwachers ausführlicher: BRE RKUV 1997 KV 16 343 E. 4.2–4.4. Die Nichtanhörung des Preisüberwachers ist eine Verletzung von Bundesrecht. Der Bundesrat hat daher kant. Tarifbeschlüsse aufzuheben und an die Vorinstanz zurückzuweisen, wenn der Preisüberwacher im kant. Verfahren nicht konsultiert worden ist und im Beschwerdeverfahren auf einer Anhörung besteht (BRE RKUV 1997 KV 8 220 II/E. 4; 1997 KV 16 343, 348 E. 4.3). Die bundesrätliche Spruchpraxis wich bei der Angemessenheitsprüfung (Art. 49 lit. c VwVG) von der Auffassung des Preisüberwachers nur ab, wenn der Amtsbericht auf einer falschen Auslegung des Bundesrechts beruhte oder irrtümliche Feststellungen, Lücken oder Widersprüche enthielt. Das galt auch dann, wenn die Vorinstanz es ablehnte, den Anträgen des Preisüberwachers zu folgen. Insoweit wird das Ermessen der Tarifpartner und Kantonsregierungen bei der Tariffestsetzung faktisch erheblich eingeschränkt (K 21/03 E. 4.2.2 m.H.; BRE RKUV 2002 KV 220 309 E.II 4.3; RKUV 1997 KV 16 343 E. 4.6 je m.H.).

Art. 47 Fehlen eines Tarifvertrages

[1] **Kommt zwischen Leistungserbringern und Versicherern kein Tarifvertrag zustande, so setzt die Kantonsregierung nach Anhören der Beteiligten den Tarif fest.**

[2] **Besteht für die ambulante Behandlung der versicherten Person ausserhalb ihres Wohn- oder Arbeitsortes oder deren Umgebung oder für die stationäre Behandlung einer versicherten Person ausserhalb ihres Wohnkantons kein Tarifvertrag, so setzt die Regierung des Kantons, in dem die ständige Einrichtung des Leistungserbringers liegt, den Tarif fest.**

[3] **Können sich Leistungserbringer und Versicherer nicht auf die Erneuerung eines Tarifvertrages einigen, so kann die Kantonsregierung den bestehenden Vertrag um ein Jahr verlängern. Kommt innerhalb dieser Frist kein Vertrag zustande, so setzt sie nach Anhören der Beteiligten den Tarif fest.**

Chronologie: AS 1995 1328; BBl 1992 I 93. *Abs. 2:* Fassung gemäss Ziff. I der Änderung des KVG vom 21. Dez. 2007 (Spitalfinanzierung), in Kraft seit 1. Jan. 2009 (AS 2008 2049 2057; BBl 2004 5551). AS 1995 1328; BBl 1992 I 93.

Bibliografie: STAFFELBACH DANIEL/ENDRASS YVES, Der Ermessensspielraum der Behörden im Rahmen des Tariffestsetzungsverfahrens nach Art. 47 in Verbindung mit Art. 53 Krankenversicherungsgesetz, Zürich 2006, Forum Gesundheitsrecht 14.

I. Nichtzustandekommen eines Tarifvertrages (Abs. 1)

1. Zuständigkeit und Befugnisse der Kantonsregierung

Der Kanton hat darüber zu wachen, dass die notwendigen Verträge tatsächlich abgeschlossen und ihm zur Genehmigung vorgelegt werden. Herrscht ein vertragsloser Zustand, hat er zur Durchsetzung des Tarifschutzes nach Anhörung der Parteien einen Tarif festzulegen (RKUV 2006 KV 359 115 E. 2.2). Zuständig ist die Regierung des Kantons, in welchem der Leistungserbringer seine ständige Einrichtung hat. Im Spitalbereich ist die Regierung des Spitalstandortkantons auch zuständig, wenn der Spitalträger ein anderer Kanton ist (BRE RKUV 2004 KV 266 25). Art. 47 KVG kommt auch für die Festlegung eines fehlenden Taxpunktwerts zur Anwendung (SVR 1997 KV Nr. 101 E. 3, TA Neuenburg; mehr unter Art. 89 Rz. 8). 1

Die Regel sind Tarifverträge (Art. 43 KVG Rz. 1 hiervor), Art. 47 Abs. 1 und 3 KVG die Ausnahmen. Voraussetzung für behördliches Intervenie- 2 ren sind gescheiterte Vertragsverhandlungen oder zumindest vorhanden gewesene Gelegenheiten, um zu verhandeln (BRE RKUV 2002 KV 214 202 E. II/5.2; RKUV 2002 KV 221 312 E. 3.1). Die Kantonsregierung kann gegebenenfalls auch von sich aus tätig werden (BRE RKUV 2002 KV 221 312 E. 3.1 und 329 E. 3.4). Sie kann nicht zu einem Vertrag zwingen (BVGer C-4303/2007 E. 5.2.1). Keinen Tarif nach Abs. 1 mussten die Kantone nach dem bis 31.12.2008 geltenden Recht für Spitäler festlegen, die nur für die private oder halbprivate Spitalabteilung auf der Spitalliste aufgeführt waren (RKUV 2001 KV 181 417, 425 E. 3.2.3 f.; K 113/06 E. 4.2; K 115/06), was nach dem neuen Spitalplanungsrecht (KVG-Revision vom 21.12.2007 (AS 2008 2049; BBl 2004 5551) nicht mehr eintreten kann (siehe Art. 39 Rz. 15 und 21).

3   Die Kantonsregierung darf und soll bei der Tariffestsetzung einen strengen Massstab anlegen (BVGer C-4303/2007 E. 3.2; BRE RKUV 1998 KV 41 394 E. II/6; RKUV 1998 KV 30 211 E. II/6; RKUV 1997 KV 16 343 E. II/3). Zur Verstärkung der Vertragsbereitschaft darf sie beiden Parteien auch gewisse Nachteile zumuten, die nur durch Verträge behoben werden können (BRE RKUV 2004 KV 265 2 E. II/9.1 m.H.).

4   Die Kantonsregierung darf auch die notwendigen Durchführungsvorschriften festlegen (vgl. a. RKUV 1998 KV 28 191 II/7.4), selbst ein neues Tarifmodell einführen (BRE RKUV 2002 KV 220 309 E. 8.2.2 und E. 11.1), nicht dagegen das System des Tiers payant, wo ein solches nur auf Tarifvertrag beruhen kann (BRE RKUV 2002 KV 220 309 E. 11.1.2, 2004 K 265 2 E. 7). Der Einwand einer Interessenkollision, weil der Kanton bei der Tariffestsetzung im vertragslosen Zustand im stationären Bereich sowohl Partei als auch verfügende Behörde sei, rechtfertigt keine Verschärfung der Kognition (BRE RKUV 2002 KV 220 309 E. II. 8.2.1; s.a. RKUV 2004 KV 265 2, 12 E. II/2.4. Aufgrund der Zuständigkeitsordnung von Art. 47 Abs. 1 KVG kann sich die Frage einer Ausstandspflicht der Kantonsregierung oder einzelner Regierungsmitglieder grundsätzlich nicht stellen (BRE RKUV 2003 KV 247 159, 163 E. II/2, s.a. RKUV 2004 KV 297 363 E. 2 betr. Ablehnung von Bundesräten und des Preisüberwachers).

2. Zwangsunterstellung von Verbandsmitgliedern

Für einem Verbandsvertrag nicht beigetretene, vertragslose Leistungs- 5
erbringer hat die Kantonsregierung einen Ersatztarif zu schaffen
(Art. 47 Abs. 1 KVG). Sie kann aber unter bestimmten Voraussetzungen
(s. insb. RKUV 2004 KV 265 2 E. 5) einen Verbandsvertrag auch für
die nicht beigetretenen Leistungserbringer als anwendbar erklären (BRE
RKUV 1998 KV 42 410 E. II/3.3; Urteilsbespr. Duc, in: AJP 2/1999
S. 204 ff.; BRE RKUV 1999 KV 70 169 E. II. 3. 3 f., 1999 KV 58
11 E. II. 14 und 15, 2001 KV 178 371 E. 6.2, 2001 KV 221 312 E. II/2.2,
2002 KV 212 185 E. II/8, 2002 KV 215 210 E. II/3), darf das aber nicht
in einem Stadium tun, da Vertragsverhandlungen noch möglich sind. Sie
kann für die Dauer des vertragslosen Zustands vorsorgliche Massnahmen treffen (RKUV 2002 KV 221 312 E. II. 3.1).

Wenn Versicherer einem Vertrag ihres Verbandes nicht beigetreten sind, 6
müssen in erster Linie sie darum bemüht sein, zu Vereinbarungen mit
der Gegenseite zu kommen, und nicht die Leistungserbringer, welche
dem Verbandsvertrag beigetreten sind. Die betreffenden Leistungserbringer können diesfalls sofort einen Antrag auf behördliche Tariffestsetzung stellen (RKUV 2004 KV 265 2 E. II/ 10). Die Kantonsregierung
hat dissidente Verbandsmitglieder vor der Verbindlicherklärung eines
Ersatztarifs anzuhören. Unter bestimmten Bedingungen reicht es aus,
den entsprechenden Verband zu konsultieren (RKUV 2002 KV 221 312
E. 3.2).

Auf die gegen einen Beschwerdeentscheid des Bundesrates betreffend 7
Festsetzung des Spitaltarifs durch die Kantonsregierung gerichtete Verwaltungsgerichtsbeschwerde war nach dem altrechtlichen Verfahrensrecht nicht einzutreten. Damit lag keine Verletzung des Anspruchs auf
Zugang zu einem Gericht gemäss Art. 6 Ziff. 1 EMRK vor, sofern – was
offen gelassen wurde – dessen Anwendbarkeit überhaupt zu bejahen
wäre (BGE 132 V 299 E. 4).

3. Anhörung des Preisüberwachers

Der Preisüberwacher ist vor der Tariffestsetzung anzuhören (RKUV 2002 8
KV 214 202 E. 4.1; RKUV 2002 KV 221 312 E. 3.3; BRE RKUV 1997

KV 16 343 E. II/4), der jedoch nicht verpflichtet ist, zu jeder Tariffestsetzung Stellung zu nehmen (RKUV 1998 KV 27 167 E. II 4; s.a. Art. 46 Rz. 1). Er ist auch zu konsultieren, wenn es um die Frage geht, ob ein bestehender Preis weiterhin angewendet werden kann oder gegebenenfalls zu senken ist (BRE RKUV 2001 KV 177 353 E. II/2.1). Geschieht das nicht, weist der Bundesrat im Beschwerdeverfahren die Sache an die Vorinstanz zurück (RKUV 2002 KV 214 202 E. 4.2). Dem Leistungserbringer ist grundsätzlich Einsicht in die Empfehlung des Preisüberwachers zu gewähren (RKUV 2003 KV 245 121 E. II/3.2; s.a. RKUV 2003 KV 246 141E. II/4).

4. Dauer des behördlichen Ersatztarifs

9 Der behördliche Ersatztarif bleibt bis zu einer Verhandlungslösung in Kraft (RKUV 1998 KV 38 322 E. II/10.1). Er muss nicht von Bundesrechts wegen eine bestimmte Mindestgeltungsdauer haben oder auf eine feste Dauer festgelegt sein (RKUV 2002 KV 214 202 E. II/3; RKUV 2003 KV 247 159 E. II/6.8.2). Befristungen auf einen bestimmten Zeitpunkt sind jedoch nicht ausgeschlossen (RKUV 1999 KV 70 169 ff., 180 E. II/6). Ist ein befristeter Tarif abgelaufen, kann er nicht erstreckt oder verlängert werden, sondern ist neu festzusetzen (RKUV 2002 KV 214 202 E. II/3).

II. Nichtbestehen eines Tarifs ausserhalb der Wohn- oder Arbeitsortsregion (Abs. 2)

10 Art. 47 Abs. 2 KVG stellt zusammen mit Art. 44 Abs. 1 KVG einen schweizweit flächendeckenden Tarifschutz sicher, der allerdings reduziert ist, wenn Wahlbehandlungen ausserhalb der territorialen Begrenzungen für Vollkostendeckungen stattfinden. In solchen Fällen stellt Abs. 2 sicher, dass die den anwendbaren Referenztarif (in der Regel den Wohnkantonstarif) übersteigenden Kosten auf einem KVG-konformen Tarif beruhen (BGE 134 V 269 E. 2.5; in BVGE C-5666/2008 E. 4.1.1 als unklare bzw. inkohärente Erwägung vermerkt; s.a. BRE RKUV 2001 KV 181 417 E. 3). Nach dem BVGer (a.a.O. E. 4.2.2) bezieht sich

Art. 47 Abs. 2 KVG im stationären Bereich ausschliesslich auf ausserkant. Hospitalisationen aus medizinischen Gründen. Im Zuge der Änderung der Spitalfinanzierung vom 21.12.2007 (AS 2008 2049; BBl 2004
5551) ist der Begriff der teilstationären Behandlung gestrichen worden
(siehe Art. 25 KV Rz. 10 ff. und Art. 39 KVG Rz. 46).

III. Fehlgeschlagene Erneuerung eines Tarifvertrags (Abs. 3)

Es gibt nur die zwei Möglichkeiten der Vertragsfestsetzung oder -ver-   11
längerung, wobei ein weites Auswahlermessen besteht. Die Kantonsregierung hat bei der Wahl – Festsetzung eines Tarifs oder Verlängerung
eines bisherigen – einen grossen Ermessensspielraum (K 76/01 E. 5.3;
BRE RKUV 2000 KV 179 377 E. II/3.1, 2001 KV 177 353 E. II/2.1;
RKUV 2001 KV 184 445 E. II/3.1; s.a. BRE RKUV 2002 KV 218 289
E. II/4.1 und die Zusammenfassung der Spruchpraxis in BRE RKUV
2006 K 384 E. 4), doch bleiben bei behördlichen Tariffestsetzungen die
allgemeinen und besonderen Tarifgestaltungsgrundsätze zu beachten
(Art. 43 Abs. 4 und 6 KVG, Art. 46 Abs. 2–4 KVG; BRE RKUV 2004
KV 311 502 E. II/3.3, 2003 KV 245 121 E. II/6.2, 2003 KV 246 141
E. 5.1, 2001 KV 177 353 E. II/2.1, 1998 KV 41 394 E. II/6 u.a.m.),
beispielsweise die Tarifierungsvorschrift von Art. 49 Abs. 1 KVG (BRE
RKUV 2003 KV 245 121 E. II/6.2). Als Folge einer Vertragsverlängerung herrscht weiterhin, wenn auch behördlich angeordnet, ein Vertragsregime. Die Behörde hat – im Gegensatz zur Vertragsgenehmigung
(Art. 46 Abs. 4 KVG) und zur Tariffestsetzung (Art. 47 Abs. 1 KVG) –
nicht zu prüfen, ob der zu verlängernde Tarifvertrag mit dem Gesetz
und dem Gebot der Wirtschaftlichkeit und Billigkeit im Einklang steht
(RKUV 2000 KV 179 377 E. II/3.1, 2001 KV 177 353 E. II/3.2).

In jedem Fall zuerst nach Art. 47 Abs. 3 KVG vorzugehen, ist nicht zwin-   12
gend (BRE RKUV 1997 KV 8 220 E. II/3, 1997 KV 16 343 E. 3). Abs. 3
ist sodann auch anwendbar, wenn ein vertragsloser Zustand lediglich
mit Bezug auf ein einzelnes Verbandsmitglied droht (BRE RKUV 2002
KV 218 289 E. II/3). Ein Verband kann dagegen nicht um Verlängerung auch für die nicht beigetretenen Mitglieder ersuchen (RKUV 2001
KV 177 353, 359 E. II/1.2.2). Die Parteien können nicht durch Abrede

die Möglichkeit einer behördlichen Tarifverlängerung ausschalten (BRE RKUV 2001 KV 184 445 E. II/3.2).

13 Die Verlängerung dient dazu, den Parteien nochmals eine Chance zu geben, sich vertraglich zu einigen, kann allerdings nur für jene Vertragsteile in Frage kommen, bei denen Vertragsfreiheit besteht (BRE RKUV 2001 KV 177 353 E. II. 4.3 ff.). Sie ist behördlich angeordnetes Vertragsregime. Eine Verlängerung ist selbst nach dem Scheitern von Verhandlungen nicht ausgeschlossen (BRE RKUV 2001 KV 184 445 E. II. 3.2). Sie kann mitunter auch gegen den Willen einer Vertragspartei, die eine Tariffestsetzung verlangt, angeordnet werden (BRE RKUV 2002 KV 218 289 E. II/4.1). Nicht zulässig ist eine Vertragsverlängerung mit Änderung einzelner Bestimmungen (RKUV 2002 KV 214 202 E. 3). Anders als bei der Festsetzung eines neuen Tarifs (BRE RKUV 2002 KV 218 289, 292 E. II/2; undeutlich: K 76/01 E. 5.3) sind bei der Verlängerung die Genehmigungskriterien nach Art. 46 Abs. 4 KVG grundsätzlich nicht zu prüfen (s. Art. 46 Rz. 12 f. hiervor) und es ist auch der Preisüberwacher nicht anzuhören (BRE RKUV 2002 KV 218 289 E. II/2, 2006 KV 384 E. 3). Allerdings ist eine Vertragsverlängerung basierend auf einem Taxpunktwert, welcher sich während der Kostenneutralitätsphase als zu hoch erwiesen hat, als dem Wirtschaftlichkeitsgebot nach Art. 43 Abs. 4 KVG widersprechend abgelehnt worden (BRE RKUV 2006 KV 384 E. 4.3, abrufbar unter http://www.bag.admin.ch/). Bei einer Streitigkeit, welche die Verlängerung eines gekündigten Tarifvertrages betrifft, ist für Beschwerden die Beschwerdeinstanz nach Art. 53 Abs. 1 KVG zuständig (altrechtlich: BRE RKUV 2001 KV 177 353 E. II/1).

IV.   Fehlender innerkantonaler Vertrags- oder Ersatztarif

14 Fehlt in einem Bereich, wo die versicherte Person von Gesetzes wegen Anspruch auf die volle Deckung der Kosten hat, sowohl ein ordentlicher Tarifvertrag als auch ein Ersatztarif nach Art. 47 Abs. 1 oder Abs. 3 KVG, was nach dem Gesetz nicht vorkommen sollte, so ist auf den Tarif eines vergleichbaren Leistungserbringers oder den Tarif für eine vergleichbare Leistung (SVR 1999 KV Nr. 6) als Referenztarif zurückzugreifen. Lässt sich ein solcher Tarif nicht ausmachen, ist eine auf den konkreten

Streitfall zugeschnittene Lösung zu treffen. Der Tarifschutz ist in jedem Fall zu wahren. Im Spitalsektor dürfen Referenztarife die Zielsetzungen der Spitalplanung nicht unterlaufen (K 34/02 E. 6.2.1=RKUV 2004 KV 281 208; BGE 131 V 133, 144 E. 12; K 99/05 E. 3; K 28/05 E. 4; krit. SCHAER, Praxis des EVG, in: ZBJV 2006 S. 679, 686 ff.). Bei einer vertragslosen Privatklinik mit Leistungsauftrag für die allgemeine Abteilung ist der Tarif einer Privatklinik mit dem beschriebenen Profil heranzuziehen (K 76/01 E. 13.2). Der Referenztarif ist im Streitfall vom Richter festzusetzen. Der betroffene Leistungserbringer ist beizuladen (BGE 131 V 133 E. 13; zu den Wirkungen der Beiladung: K 8/06 E. 1.2=RKUV 2006 KV 377 313; vgl. a. K 16/05 E. 2.1).

Art. 48 Tarifverträge mit Ärzteverbänden

[1] Bei der Genehmigung eines Tarifvertrages mit einem oder mehreren Ärzteverbänden setzt die Genehmigungsbehörde (Art. 46 Abs. 4) nach Anhören der Vertragsparteien einen Rahmentarif fest, dessen Mindestansätze unter und dessen Höchstansätze über denjenigen des genehmigten Vertragstarifes liegen.

[2] Der Rahmentarif kommt beim Wegfall des Tarifvertrages zur Anwendung. Ein Jahr nach dem Wegfall des Tarifvertrages kann die Genehmigungsbehörde den Rahmen ohne Rücksicht auf den früheren Vertragstarif neu festsetzen.

[3] Kommt ein Tarifvertrag mit einem Ärzteverband von Anfang an nicht zustande, so kann die Genehmigungsbehörde auf Antrag der Parteien einen Rahmentarif festlegen.

[4] Für Parteien, die einen neuen Tarifvertrag abgeschlossen haben, tritt der Rahmentarif mit der Vertragsgenehmigung ausser Kraft.

Chronologie: AS 1995 1328; BBl 1992 I 93.

I.   Zweck eines Rahmentarifs

1   Der Rahmentarif ist ein Reservetarif im Sinne eines Auffangnetzes
zur Vermeidung eines tariflosen Zustandes im Falle misslungener Ver-
tragserneuerung mit Ärzteverbänden (BRE RKUV 2001 KV 177 353
E. II/2.2; BRE RKUV 2001 KV 180 396 E. 3.1.2; altrechtlich: BGE 116
V 123 E. 2d). Er kann aber ausnahmsweise auch Initialtarif sein (siehe
Abs. 3). Art. 48 KVG folgt im Wesentlichen der bisherigen gesetzlichen
Ordnung von Art. 22 KUVG (BRE RKUV 2001 KV 180 396 E. 3.1.1
und E. 3.1.2 m. H. auf die Entstehungsgeschichte des Instituts der Rahmentarife).

II.   Festsetzung eines Rahmentarifs (Abs. 1)

2   *Persönlicher Geltungsbereich:* Ein Rahmentarif kann nur für Ärzte-
verbände, mithin nicht für einzelne Ärzte oder nicht in Verbandsform
organisierte Ärztegruppen erlassen werden (BRE RKUV 2001 KV 180
396 E. II/3.1.2). Es kann mehrere Rahmentarife pro Kanton geben (BRE
RKUV 2001 KV 180 396 E. II/3.5). Für die dem Tarifvertrag beigetretenen Nichtmitglieder eines Verbandes gilt der Rahmentarif ebenfalls
(BRE RKUV 2001 KV 180 396 E. II/3.1.2). Tritt ein Mitglied einem
Verbandsvertrag nicht bei, kann unter bestimmten Voraussetzungen
der Verbandsvertrag auf den Dissidenten als anwendbar erklärt werden
(BRE RKUV 2001 KV 180 396 E. II/3.2.2; s.a. Art. 47 KVG Rz. 5).

3   *Festsetzung des Rahmens:* Die Genehmigungsbehörde kann die Weite
des Rahmens in den Grenzen von Art. 43 Abs. 4 und 6, 46 Abs. 2 und 3
KVG frei festsetzen. Ein eher bescheidener Rahmen kann das Interesse
an einer Vertragslösung fördern (BBl 1992 I 183; BBl 1962 II 1271;
RKUV 1997 KV 5 122 E. 2.2). Es dürfen auch Regelungen getroffen
werden, die sich zum Nachteil der einen oder anderen Partei auswirken
können (RSKV 1976 256 137). Beim Einzelleistungstarif haben sich die
Rahmentarife an die Struktur von Art. 43 Abs. 5 KVG zu halten. Die
Mitwirkungsbefugnisse des Preisüberwachers (Art. 14 PüG; SR 942.20)
sind auch hier zu beachten (RKUV 2001 KV 177 353 E. II/2.2).

III. Anwendung des Rahmentarifs (Abs. 2)

Im vertragslosen Zustand können die Leistungserbringer in den Grenzen 4
der Mindest- und Höchstansätze des Rahmentarifs (Abs. 1) frei fakturieren, während die Versicherer für die in Rechnung gestellten Honorare
leistungspflichtig sind, wobei auch in diesem Fall der Tarifschutz gilt
(BGE 131 V 133 E. 6).

Die Genehmigungsbehörde ist zur Festsetzung eines neuen Tarifs nicht 5
verpflichtet, sondern kann den Rahmentarif nach Ablauf eines Jahres in
Kraft belassen (RKUV 2001 KV 180 396 E. 3.1.2). Das resultiert auch,
wenn sie nicht interveniert (RKUV 2001 KV 180 396 E. 3.4). Sie kann
statt eines neuen Rahmentarifs auch aufgrund von Art. 47 Abs. 1 KVG
einen neuen Tarif festsetzen oder den weggefallenen Vertrag verlängern
(RKUV 2001 KV 180 396 E. 3.3 in fine; s.a. RKUV 2001 KV 177 353
E. 2.2).

IV. Nicht zustande gekommener Tarifvertrag (Abs. 3)

Abs. 3 behandelt den Rahmentarif anders als Abs. 1 nicht als Reserve-, 6
sondern als Initialtarif. Die Genehmigungsbehörde ist nicht verpflichtet,
einen Rahmentarif festzusetzen (RKUV 2001 KV 180 396, 407 E. 3.1.2
und E. 3.3). Sie kann stattdessen auch einen Tarif nach Art. 47 Abs. 1
KVG festlegen (RKUV 1997 KV 5 135 E. 2.2; RKUV 2001 KV 177
353, 360 E. II/2.2; RKUV 2001 KV 180 396, 411 E. 3.3). Die Genehmigungsbehörde kann nur auf Antrag einer Vertragspartei handeln
(RKUV 1997 KV 5 135 E. 2.2).

V. Ausserkrafttreten des Rahmenvertrags (Abs. 4)

Als «Parteien, die einen neuen Tarifvertrag abgeschlossen haben», kön- 7
nen nur Ärzte und KVers gelten, die sich dem von ihren Verbänden eingegangenen Tarifvertrag angeschlossen haben (RKUV 2001 KV 180
396, 408 E. 3.2.1). Der Rahmenvertrag gilt weiterhin für KVers und
Ärzte, die dem neuen Verbandstarifvertrag nicht beigetreten sind. Zur

Möglichkeit, einen Verbandsvertrag für dissidente Verbandsmitglieder als anwendbar zu erklären siehe Art. 47 KVG Rz. 5.

Art. 49 Tarifverträge mit Spitälern
(in Kraft bis 31.12.2008)

[1] Für die Vergütung der stationären Behandlung einschliesslich Aufenthalt in einem Spital (Art. 39 Abs. 1) vereinbaren die Vertragsparteien Pauschalen. Diese decken für Kantonseinwohner und -einwohnerinnen bei öffentlichen oder öffentlich subventionierten Spitälern höchstens 50 Prozent der anrechenbaren Kosten je Patient oder Patientin oder je Versichertengruppe in der allgemeinen Abteilung. Die anrechenbaren Kosten werden bei Vertragsabschluss ermittelt. Betriebskostenanteile aus Überkapazität, Investitionskosten sowie Kosten für Lehre und Forschung werden nicht angerechnet.

[2] Die Vertragsparteien können vereinbaren, dass besondere diagnostische oder therapeutische Leistungen nicht in der Pauschale enthalten sind, sondern getrennt in Rechnung gestellt werden. Für diese Leistungen dürfen sie für Kantonseinwohner und -einwohnerinnen bei öffentlichen oder öffentlich subventionierten Spitälern höchstens 50 Prozent der anrechenbaren Kosten berücksichtigen.

[3] Bei Spitalaufenthalten richtet sich die Vergütung nach dem Spitaltarif gemäss den Absätzen 1 und 2, solange der Patient oder die Patientin nach medizinischer Indikation der Behandlung und Pflege oder der medizinischen Rehabilitation im Spital bedarf. Ist diese Voraussetzung nicht mehr erfüllt, so kommt für den Spitalaufenthalt der Tarif nach Artikel 50 zur Anwendung.

[4] Mit den Vergütungen nach den Absätzen 1–3 sind alle Ansprüche des Spitals für die allgemeine Abteilung abgegolten.

[5] Die Vertragspartner vereinbaren die Vergütung bei ambulanter Behandlung und bei teilstationärem Aufenthalt.

[6] Die Spitäler ermitteln ihre Kosten und erfassen ihre Leistungen nach einheitlicher Methode; sie führen hiezu eine Kostenstellenrechnung und eine Leistungsstatistik. Die Kantonsregierung und die Vertragsparteien können die Unterlagen einsehen. Der Bundesrat erlässt die nötigen Bestimmungen.

[7] Die Kantonsregierungen und, wenn nötig, der Bundesrat ordnen Betriebsvergleiche zwischen Spitälern an. Die Spitäler und die

Kantone müssen dafür die nötigen Unterlagen liefern. Ergibt der Betriebsvergleich, dass die Kosten eines Spitals deutlich über den Kosten vergleichbarer Spitäler liegen, oder sind die Unterlagen eines Spitals ungenügend, so können die Versicherer den Vertrag nach Artikel 46 Absatz 5 kündigen und der Genehmigungsbehörde (Art. 46 Abs. 4) beantragen, die Tarife auf das richtige Mass zurückzuführen.

Chronologie: AS 1995 1328; BBl 1992 I 93.

Bibliografie: Brunschweiler Martin, Aktuelle Rechtsprobleme der Tarifgestaltung in öffentlichen und öffentlich subventionierten Spitälern, in: Thomas Gächter (Hrsg.), Spitalfinanzierung, Spitäler im Spannungsfeld zwischen Grund- und Zusatzversicherung, Tagungsband LuZeSo, Luzern 2005, S. 47 ff.; Gyger Pius, Tarife im Spitalbereich im Spannungsfeld zwischen Wettbewerb und Regulierung, in: Paul Richli/Tomas Poledna (Hrsg.), Tarife im Gesundheitsrecht, Zürich 2002, S. 53 ff.; Koch Vincent, Überblick über die in den Akutspitälern der Schweiz angewandten Arten von Pauschaltarifen, in: CHSS 2002, S. 63 ff.; Müller Markus, Spitalplanung und Spitalfinanzierung aus der Sicht eines Spitals, in: Thomas Gächter (Hrsg.), Spitalfinanzierung, Spitäler im Spannungsfeld zwischen Grund- und Zusatzversicherung, Tagungsband LuZeSo, Luzern 2005, S. 79 ff. S.a. die Bibliografie zu Art. 41 KVG.

Übersicht

I.   Vorbemerkung zur Spitalfinanzierung

1 Mit Gesetzesrevision vom 21.12.2007 betreffend die Neuordnung der Spitalfinanzierung (AS 2008 2049; BBl 2004 5551) ist Art. 49 KVG einer grundlegenden Revision unterzogen worden. Die Bestimmung trat am 01.01.2009 in Kraft. Nach Abs. 1 der Übergangsbestimmungen (UeB) müssen die Einführung der leistungsbezogenen Pauschalen gemäss Artikel 49 Absatz 1 sowie die Anwendung der Finanzierungsregelung nach Art. 49*a* spätestens am 31.12.2011 abgeschlossen sein. Bis zu diesem Zeitpunkt gilt gemäss Abs. 4 Satz 1 (UeB) die bisherige Finanzierungsregelung (Art. 49 KVG in der Fassung vom 18. 03. 1994; AS 1995 1328; BBl 1992 I 93). Die Rechtsprechung zu Art. 49 altAbs. 1 KVG bleibt daher noch bis 31.12.2011 und für bis dahin nicht abgeschlossene Leistungsfälle darüber hinaus aktuell. Es ist deshalb zweckmässig, sie separat unter dem bisherigen Art. 49 KVG darzulegen.

II.   Pauschalprinzip (Abs. 1 Satz 1)

2 Satz 1 meint Pauschaltarife im Sinne von Art. 43 Abs. 2 lit. c und Abs. 3 KVG (BGE 123 V 290 E. 1b; BGE 123 V 310 E. 1c). Die Vorschrift ist nur für die Behandlung nach den Tarifen für die allgemeine Abteilung zu beachten (BGE 127 V 422 E. 4), gilt indes auch für Privatspitäler mit allgemeiner Abteilung. Die Aufteilung in Teilpauschalen (z.B. Tagespauschalen und Fallpauschalen für Arzthonorare) ist möglich, wenn die Anzahl kombinierbarer Pauschalen nicht zu gross ausfällt (BRE RKUV 2002 KV 220 309 E. II/8.1, 2003 KV 245 121, 132 E. II/6.5). Auch Eintrittspauschalen sind zulässig (K 113/06 E. 4.3.2; K 115/06 E. 4).

III.   Kostenaufteilung zwischen Kantonen und Prämienzahlern (Abs. 1 Satz 2)

3 *1. Ratio legis:* Der Eigenkostenanteil der Kantone von 50 Prozent der Betriebskosten soll einen Anreiz zu ökonomischer Planung und Betriebsführung schaffen und verhindern, dass die Kantone die Spitalkos-

ten unbeschränkt auf die Prämienzahler überwälzen (BRE RKUV 1997
KV 17 375 E. II/10. 1. 4; K 94/05 E. 3.2=RKUV 2006 KV 364 150). Die
Leistung des Kantons hat Subventionscharakter (BGE 127 V 409 E. 3,
123 V 290 E. 3b/aa). Die Regel von Abs. 1 Satz 2 gilt auch für die im
vertragslosen Zustand festzusetzenden Ersatztarife (BRE RKUV 1997
KV 16 343 E. II/5). Der Begriff der allgemeinen Abteilung i.S.v. Art. 49
Abs. 1 Satz 2 KVG bezeichnet keinen örtlich abgegrenzten Spitalbe-
reich, sondern hat die Funktion, die stationären Leistungen der OKP
zu definieren (9C_725/2008 E. 3.3=BGE 135 V S. pend.; BGE 123
V 290 E. 6b/bb; BGE 127 V 422E. 4b, Urteilsbespr. Duc, SZS 2002
S. 558). Zum genannten Begriff s.a. Art. 25 Abs. 2 neu lit. e KVG Rz. 53
f. und Art. 39 KVG Rz. 2.

2. Sachlicher Anwendungsbereich: Der Wohnkantonsanteil ist nur bei 4
innerkant. Hospitalisation zu leisten (K 156/05 E. 5), auch bei einer
Hospitalisation in der Privat- oder Halbprivatabteilung eines öffentlichen Spitals oder öffentlich subventionierten Privatspitals (BGE 127 V
422 E. 3 und 429 E. 5 und 6, Urteilsbespr. Meuwly, SZS 2003 S. 488 ff.;
K 178/00 E. 4b, Urteilsbespr. Duc, SZS 2002 S. 558; Schaer, Praxis
des EVG, in: ZBJV 2006 S. 679, 684 f.), nicht dagegen im Falle einer
nicht öffentlich subventionierten Privatklinik (BGE 123 V 310; K 21/
03=RKUV 2006 KV 362 136 E. 4.2.4; BGE 130 V 479 E. 5.4).

BGE 127 V 422 wurde aufgrund des als dringlich erklärten Bundesge- 5
setzes über die Anpassung der kant. Beiträge für die innerkant. statio-
nären Behandlungen nach dem KVG vom 21. Juni 2002 (dBG-KVG,
SR 832.14; AS 2002 1643; BBl 2002 4365 und 5847; AS 2004 4373;
BBl 2004 4259) in Etappen umgesetzt. Siehe dazu K 94/05=RKUV 2006
KV 364 150; K 8/05.

3. Rechtsanspruch der Versicherten: Art. 49 Abs. 1 Satz 2 KVG räumt 6
der versicherten Person einen Rechtsanspruch auf den Kantonsanteil
ein. Dieser geht auf den KVers über, wenn dieser gegenüber dem Spital die vollen Kosten der Hospitalisation im Tiers payant übernommen
oder ausserhalb einer solchen tarifvertraglichen Verpflichtung tatsächlich vergütet hat (BGE 123 V 290 E. 4; BGE 127 V 422 E. 1b). Ein
Übergang findet dagegen nicht statt, wenn es nicht der Versicherer war,
der dem Spital die Kantonsquote vergütet hat. Neu gilt nach Art. 49a gegenüber dem Wohnkanton ein anteilsmässiger Vergütungsanspruch des

Spitals (Abs. 1). Der Wohnkanton ist Honorarschuldner (Abs. 3), sodass die dargelegte Rechtspraxis unter dem neuen Recht überholt ist.

7   *4. Öffentliche Subventionierung:* Als öffentlich subventioniert gilt ein Spital, wenn der Kanton Beiträge an die Betriebskosten leistet (BRE RKUV 1997 KV 8 220 E. II/7.2; 1997 KV 10 257 E. 11.1, 1997 KV 16 343 E. 5.1; s.a. K 156/05 E. 4). Die Zahlung einer einmaligen Subvention erfüllt das Kriterium nicht (BRE RKUV 2003 KV 247 159, 166 E. II/5.3.1), ebenso wenig die Gewährung eines Baurechts in Verbindung mit Gegenleistungen (a.a.O., E. II/5.3.1) oder die Tatsache, dass eine Privateinrichtung ohne die gegenseitige Leistungserbringung mit einer öffentlichen Einrichtung nicht betrieben werden kann (a.a.O., E. II/5.3.3). Es besteht keine bundesrechtliche Verpflichtung der Kantone zur Subventionierung ambulanter Spitalleistungen (BGE 127 V 409 E. 3a/aa; mehr unter Rz. 26 hiernach). Die Rechtsprechung zur öffentlichen Subventionierung von Spitälern im stationären Bereich ist mit dem Übergang zur Leistungsfinanzierung nach Art. 49 Abs. 1 KVG in der Fassung vom 21.12.2007 (AS 2008 2049; BBl 2004 5551) gegenstandslos geworden.

8   *a) Privatisierung öffentlicher Spitäler:* Ein Kanton, der öffentliche Spitäler mit dem Ziel privatisiert und nicht mehr subventioniert, sich von der Kostenpflicht nach Art. 49 Abs. 1 KVG zu befreien, handelt missbräuchlich (BRE RKUV 1998 KV 32 258 E. II. 5. 5). Das trifft nicht zu, wenn hauptsächlich aus Wirtschaftlichkeitserwägungen Bettenkapazitäten von einer öffentlichen zu einer privaten Einrichtung verlagert werden (RKUV 2003 KV 247 159, 169 E. 5.4). Diese Rechtsprechung ist im Rahmen der neuen Spitalfinanzierung (siehe neuArt. 49 und 49a KVG) irrelevant.

9   *b) Nicht subventionierte Privatkliniken:* Auf nicht öffentlich subventionierte Privatkliniken ist Art. 49 Abs. 1 Satz 2 KVG nicht anwendbar (siehe Rz. 4 hiervor). Die KVers dürfen mit diesen eine höhere Deckungsquote als 50 Prozent vereinbaren (statt vieler: BGE 123 V 310 E. 4c; krit. Duc Jean-Louis, in: LAMal-KVG*, S. 329 ff., 374 ff.). Bei Privatspitälern mit Leistungsauftrag und Tarifvertragsanspruch hat der festzusetzende Tarif die gesamten anrechenbaren Kosten der allgemeinen Abteilung zu decken (RKUV 2003 KV 245 121 E. II/6.3). Im Rahmen einer behördlichen Tariffestsetzung besteht indes kein justiziabler Anspruch auf kostendeckende Tarife (K 21/03 E. 4.2.4=RKUV 2006

KV 362 136; krit. dazu SBVR-Eugster* Rz. 908; Schaer, Praxis des EVG, in: ZBJV 2006 S. 679, 683). Die dargelegte Rechtsprechung ist mit dem Übergang von der Objekt- zur Leistungsfinanzierung (Art. 49 neuAbs. 1; Art. 49a Abs. 1 KVG) obsolet geworden. Mit Art. 49a Abs. 3 KVG ist jedoch eine vergleichbare Kategorie von Spitälern ohne finanzielle Beteiligung des Kantons geschaffen worden.

IV. Die anrechenbaren Kosten (Abs. 1 Sätze 3 bis 5)

1. Ermittlung der anrechenbaren Betriebskosten

Mit den anrechenbaren Kosten sind im Wesentlichen Betriebskosten des   10
Spitals gemeint, für welches konkret ein Tarif festgesetzt werden soll. Transparenz hinsichtlich der Kosten der einzelnen Spitalabteilungen (allgemein, privat, halbprivat) ist unabdingbar (BRE RKUV 1997 KV 16 343 E. II/8. 5 und 9. 2). Es ist auf effektiv erbrachte, nicht bloss auf fiktive zukünftige Leistungen abzustellen (BRE RKUV 2003 KV 245 121 E. II/7.2, 1997 KV 8 220 E.II/ 9.3), ebenso auf die aktuellsten (BRE RKUV 2003 KV 247 159 E. II/6.1), und zwar selbst wenn sie den Daten mit Bezug auf die Bettenzahlen der Spitalliste widersprechen sollten (BRE RKUV 2004 KV 267 28, 33 E. 9.2.3). Es sind unter bestimmten Vorbehalten auch Kosten anrechenbar, die bloss auf Budgetdaten basieren (BRE RKUV 2004 KV 271 99 II/1.2.1). Die anrechenbaren Kosten werden ferner vielfach unter Berücksichtigung *normativer Zu- und Abschläge* und nicht nach Massgabe der effektiven Kosten ermittelt. Zu den Modellberechnungen des Preisüberwachers: BRE RKUV 1997 KV 16 343 E. II/8, 1997 KV 17 375 E. 8. Der Tarif soll nicht ausschliesslich auf der Grundlage von Vergleichen festgesetzt werden (BRE RKUV 2003 KV 246 141 E. 5.4.1). Zum Fixkostenanteil an den Betriebskosten: BRE RKUV 1999 KV 72 211 E. II/4.3.2, 1997 KV 16 343, 358, E. 8.1.1, zur Berechnung einer Pauschale für die Honorare von Belegärzten: RKUV 2003 KV 245 121 E. II/8.3; RKUV 2003 KV 246 141 E. II/5.4.2.

Die anrechenbaren Kosten sind im Zeitpunkt des Vertragsabschlusses zu   11
ermitteln, bei hoheitlicher Tariffestsetzung im Zeitpunkt des Datums des Tariferlasses (BRE RKUV 2002 KV 216 233 E. II/8; BRE RKUV 2002 KV 220 309 E. 1.6.2). Der Nachweis der Betriebskosten obliegt den

Spitalträgern (BRE RKUV 1997 KV 16 343 E. 7.1.3; BRE RKUV 2003 KV 245 121, 133 E. II/7.2; BRE RKUV 2003 KV 246 141E. II/5.3).

12 Es besteht kein Anspruch auf automatischen Ausgleich der Teuerung (BRE RKUV 1997 KV 16 343 E. II/8. 3; BRE RKUV 2001 KV 186 471 E. II/7.4.3). *Zinsen auf Umlaufvermögen* stellen grundsätzlich anrechenbare Betriebskosten dar (BRE RKUV 2003 KV 247 159 E. II/6.6, 2003 KV 246 141 E. 5.7, 1997 KV 16 343 II/E. 8.6), ebenso Lohnkosten des Spitalpersonals (BRE RKUV 2004 KV 271 99 E. II/2.1 f.).

13 Mit dem Übergang von der Objekt- zur Leistungsfinanzierung im Spitalsektor (Art. 49 neuAbs. 1; Art. 49a Abs. 1 KVG) ist die dargelegte Praxis zur Ermittlung der Betriebskosten obsolet geworden. Sie bleibt jedoch bis zur Einführung der neuen Spitalfinanzierung beachtlich.

2. Nicht anrechenbare Betriebskosten

a) Investitionskosten
b) Überkapazitäten
c) Forschung und Lehre
d) Betriebskosten von Privatspitälern

14 *a) Investitionskosten:* Bei öffentlichen und öffentlich subventionierten Spitälern sind die Investitionskosten (Bau und Einrichtung des Spitals und die damit zusammenhängenden Kosten für Kredite wie Zinsen oder Amortisationen) in Abzug zu bringen (BRE RKUV 1997 KV 8 220 E. II/8. 6, 8.7 und 9.3), allerdings nicht auch solche, die ausschliesslich der Wiederherstellung eines Schenkungskapitals dienen (BRE RKUV 2003 KV 247 159 E. II/6.5.3). Unter dem neuen Recht (Art. 49 Abs. 1 KVG in der Fassung vom 21.12.2007, AS 2008 2049, BBl 2004 5551) sind die Investitionskosten demgegenüber in die Tarifberechnung mit einzubeziehen (siehe Art. 49 neuAbs. 1 KVG Rz. 6).

15 *b) Überkapazitäten:* Ein Kanton, der Überkapazitäten nicht abbaut, soll die daraus entstehenden Kosten selber tragen (BRE RKUV 2002 KV 213 195 E. II/8.3.1). Diese Betriebskostenanteile werden praxisgemäss durch Bestimmung des Bettenbelegungsgrades und dessen Korrektur anhand von normativen Auslastungsschwellenwerten ermittelt (BRE RKUV 2002 KV 220 309 E. II/10.2, 2002 KV 213 195 E. II/8.3.1,

1997 KV 16 343 E. II/8.1; zur Korrektur durch einen minimalen Betten-belegungsgrad: BRE RKUV 1997 KV 17 375 E. II/8.4, 2003 KV 246 141 E. 5.6.1). Mit dem Betten- muss auch ein Kostenabbau verbunden sein. Ein Bettenabbau darf nicht mit höheren Tarifen kompensiert wer-den. Tritt keine Kostenreduktion ein, ist dem durch einen Abzug beim Betriebsaufwand Rechnung zu tragen (BRE RKUV 2002 KV 213 195 E. II/8.3.2, 2002 KV 214 202 E. II/5.3). Betriebskosten aus Überkapa-zitäten dürfen auch nach neuem Recht (Art. 49 neuAbs. 1 KVG) nicht verteuernd auf die Tarife durchschlagen (Art. 43 Abs. 4 und Art. 46 Abs. 4 KVG).

c) Forschung und Lehre: Der Tatbestand ist in Art. 7 VKL detailliert 16 geregelt. Der Begriff der Lehre und Forschung (Art. 49 Abs. 1 KVG) ist nach der bundesrätlichen Spruchpraxis in einem weiten Sinne zu verstehen. Sämtliche Kosten im Zusammenhang mit der Aus- und Wei-terbildung des medizinischen Personals sowie der Forschung sind von der Übernahme durch die KV ausgeschlossen (BRE RKUV 2002 KV 220 309 E. II/1.6.3 und 10.1). Ein Abzug ist vorzunehmen, wenn An-gestellte während eines Teils ihrer Arbeitszeit als Ausbildner tätig sind (BRE RKUV 2002 KV 220 309 E. II/1.6.3). Die entsprechenden Kosten sind individuell nachzuweisen (RKUV 1998 KV 32 258 E. II/7. 1), nor-mative Richtsätze reichen grundsätzlich nicht aus (BRE RKUV 1997 KV 17 375 E. 8.2, RKUV 2003 KV 246 141 E. II/5.6.2), sondern sind lediglich subsidiär zugelassen (BRE RKUV 1997 KV 16 343 E. 8.2, 2002 KV 220 309 E. II/E. 10.1.2). Wenn im Spital angestellte Medizi-nalpersonen in Ausbildung stehen, ist in Bezug auf sie die Ausbildungs-komponente im tieferen Lohn bereits berücksichtigt (BRE RKUV 1998 KV 32 258 E. II/7. 1). Zum neuen Recht (Art. 49 neuAbs. 3 lit. b KVG; Art. 7 VKL) siehe Rz. 6 zu neuArt. 49 KVG).

d) Betriebskosten von Privatspitälern: Nur die Kosten der allgemeinen 17 Abteilung sind anrechenbar, sodass diese auszuscheiden sind (BRE RKUV 1997 KV 8 220 E. II/9. 3; s.a. RKUV 1997 KV 16 343 E. II/8. 5 und 9. 2). Bei fehlender Ausscheidung ist von den anrechenbaren Kosten ein Abzug vorzunehmen (BRE RKUV 2004 KV 267 28 E. II/9.5, 2003 KV 246 141 E. 5.3, 2003 KV 245 121 E. II/7.4.3 mit Darlegung der Regeln). Dieser ist mit dem Intransparenzabzug gemäss Rz. 20 hiernach nicht abgegolten (BRE RKUV 2004 KV 267 28 E. II/9.5). Das in Rz. 13 hiervor Gesagte gilt auch hier.

18 Betriebskostenanteile aus Überkapazität (BRE RKUV 1999 KV 83 345 E. II. 4.4, 1997 KV 8 220 E. 8.7) und Kosten für Lehre und Forschung (BRE RKUV 2003 KV 245 121 E. II/6.3, RKUV 1997 KV 8 220 E. II/8.6) dürfen nicht berücksichtigt werden. Investitionskosten nicht subventionierter Privatspitäler sind nur soweit anrechenbar, als sie nicht von der öffentlichen Hand getragen werden, ausschliesslich die allgemeine Abteilung betreffen (BRE RKUV 2003 KV 246 141 E. 5.6, 2003 KV 245 121 E. II/6.3) und dem Wirtschaftlichkeitsgebot genügen (BRE RKUV 2004 KV 267 28 E. 9.2.2).

3. Zulässigkeit von Gruppentaxen

19 Die Pauschalen nach Art. 49 Abs. 1 KVG sind grundsätzlich für jedes Spital separat zu ermitteln. Gruppentaxen sind zulässig, wo die Spitäler bei entsprechender Struktur vergleichbare Kosten aufweisen (BRE RKUV 2005 KV 338 339 E. II/9.2, 2002 KV 200 309 E. 10.5, 1997 KV 16 343 E. 9.2).

4. Deckungsquote in der Übergangszeit

20 Solange Kostenstellenrechnung und Leistungsstatistik (Art. 49 Abs. 4 KVG) fehlen, ist von der Regel auszugehen, dass die Beteiligung der KVers desto näher an die Deckungsquote von 50% gerückt werden kann, je höher die Kostentransparenz ist (BRE RKUV 2003 KV 246 141 E. 5.2, 2003 KV 245 121 E. II/6.4, 2002 KV 220 309 E.6.5 f., 1997 KV 16 343 E. 7, 1997 KV 17 375 E. 7; vgl. a. BGE 126 V 344 E. 4b). Volle Kostentransparenz liegt vor, wenn eine gute Kostenstellenrechnung sowie eine vollständige, qualitativ gute und ausreichend detaillierte Kostenträgerrechnung (einschliesslich Leistungserfassung) vorhanden sind (BRE RKUV 2005 KV 338 339 E. II/6.2). Aber auch in der Übergangszeit müssen die Kosten ausgewiesen werden (BRE RKUV 2003 KV 246 141 E. 5.3, 2002 KV 220 309 E.6.5 f.).

21 Bei nicht öffentlich subventionierten Spitälern ohne Kostenstellenrechnung ist die maximale Deckungsquote (100%) ebenfalls nicht möglich (BRE RKUV 2003 KV 245 121 E. II/7.2; akzeptiert wurden in casu

88%; RKUV 2003 KV 246 141, 149 E. 5.2) Eine Tariferhöhung kann nicht alleine aus dem Grund verweigert werden, dass Kostenstellen-rechnung und Leistungsstatistik noch fehlen (BRE RKUV 1997 KV 16 343 E. 7.1; RKUV 1997 KV 17 375 E. 7.1). Ebenso kann das Fehlen dieser Instrumente einer Tarifsenkung nicht hinderlich sein (BRE RKUV 1999 KV 65 72 E. II. 2.2). Die hiervor dargelegte Rechtsprechung zur Deckungsquote wird mit der Umsetzung von Art. 49a Abs. 2 KVG überholt sein.

V.   Besondere diagnostische und therapeutische Leistungen (Abs. 2 KVG)

Es handelt sich hierbei um die Tarifierung von besonderen diagnos- 22 tischen oder therapeutischen Leistungen, die seltener erbracht werden und besonders komplex oder aufwändig sind (BBl 1992 I 185; BBl 2001 741, 789; BBl 2004 5551, 5578). Art. 49 Abs. 2 KVG bleibt auch anwendbar, wenn die Genehmigungsbehörde einen Tarif festsetzen muss (BRE RKUV 1997 KV 17 375 E. II/11. 1. 1).

VI.   Abgrenzung von Spital- und Pflegebedürftigkeit (Abs. 3)

Bibliografie: BRICE ANDRÉ, Quelques réflexions sur la jurisprudence du TFA, in: 1366 jours d'application de la LAMaL, IRAL, Lausanne 2000, S. 83; DUC JEAN-LOUIS, De l'hospitalisation des personnes âgées et de la prise en charge du frais découlants (art. 49 LAMal), in SZS 2001 S. 392; LONGCHAMP*, S. 398 ff.; MAURER, KVR*, S. 89; PFIFFNER RAUBER*, S. 187 ff.; SBVR-EUGSTER *Rz. 396; S.a. die Bibliografie unter Art. 25 (Rz. 55) und Art. 50 KVG.

Abs. 3 KVG betrifft die Schnittstelle zwischen Akutspitalbedürftigkeit 23 einerseits und Langzeitpflegebedürftigkeit (Art. 35 Abs. 2 lit. k KVG; Art. 39 Abs. 3 KVG; zum Begriff der Langzeitbehandlung s.a. Art. 6 VKL) andererseits. Er kodifiziert Rechtsprechungsgrundsätze zum KUVG (BGE 124 V 362 E. 1b, 125 V 177 E. 1b, 127 V 43 E. 2c; K 116/00 E. 1) und ist Ausfluss des Wirtschaftlichkeitsgebots (BGE 124 V 365 Erw. 1b; K 116/00 E. 1; K 120/04 E. 4.1.1). Langzeitpflegebedürftigkeit ist erreicht, wenn von einer weiteren Behandlung keine wesentliche Verbesserung der Gesundheit mehr erwartet werden darf (BGE 125 V 177 E. 2c; K 186/00 E. 2b; K 158/04 E. 4; K 20/06 E. 3.1). Ist kein Akutspital mehr notwendig, erlischt der Anspruch für stationäre Spitalleistungen mit sofortiger Wirkung. Doch gewährt die Praxis für den Wechsel ins Pflegeheim eine Übergangszeit bis zu einem Monat, während der noch die stationären Spitalleistungen auszurichten sind (BGE 124 V 362 E. 2c; K 14.04.2005 K 157/04 E. 2.3; K 44/05 E. 2.4; K 109/02 E. 3.3; K 20/06 E. 4; K 11/00 E. 3; altrechtlich: BGE 115 V 38 E. 3d m.H., RKUV 1991 K 853 3; LONGCHAMP*, S. 399 ff.; krit. BRICE, *1366 jours*, S. 83 ff.; MAURER, KVR*, S. 89; EUGSTER GEBHARD, Wirtschaftlichkeitsgebot, S. 27 ff.). Die Übergangsfrist kann sich auch für den Wechsel in eine geeignete Wohngemeinschaft für psychisch kranke Menschen rechtfertigen (K 175/05 E. 2.2.2). Im Übrigen kann sie nicht oder nicht in gleichem Masse gewährt werden, wenn nach der Hospitalisierung eine Rückkehr nach Hause beabsichtigt und möglich ist (K 180/04 E. 2.3; K 179/04 E. 2.2.3). Die Tarifvorschrift von Art. 49 Abs. 3 KVG kann nicht Tatbestände betreffen, wo eine nicht mehr akutspitalbedürftige Person keine Pflegebedürftigkeit aufweist, aber in gleicher Weise auch nicht Fälle, in denen Behandlung und Pflege eindeutig nicht mehr eines Aufenthalts in einem Spital bedürfen.

24   Kein Anspruch auf stationäre Spitalleistungen besteht, wenn die verPers im Spital bleiben muss, weil kein Pflegeheimplatz frei ist (BGE 124 V 362 E. 1b; K 158/04 E. 4; K 44/05 E. 2.3; K 157/04 E. 2.2; K 20/06 E. 3.4; K 186/00 E. 2b; K 56/00 E. 1; 9C_454/2007 E. 3.2; altrechtlich: BGE 115 V 38 E. 3b/bb m.H.) oder es in ihrer Wohnortsregion kein geeignetes Pflegeheim gibt (K 91/01 E. 2b; K 20/06 E. 3.3.2; altrechtlich: RKUV 1986 K 765 201, 205; s. aber auch RKUV 1991 K 870 166). So auch, wenn sich eine pflegebedürftige Person für die Dauer eines Spitalaufenthalts des Ehepartners hospitalisieren lässt (K 116/00). Zur Pflegebedürftigkeit im psychiatrischen Bereich: K 20/06 E. 3, K 44/05 E. 2, K 157/04 E. 2.

25   Bei der Abgrenzung zwischen Akutspitalbedürftigkeit und Langzeitpflegedürftigkeit steht dem behandelnden Arzt ein gewisser Beurteilungsspielraum zu (BGE 124 V 362 E. 2c; K 91/01 09.04.2002 E. 1; K 91/01 E. 1; K 180/04 E. 2.2; K 11/00 E. 2a). Die Übergangsfrist, die für solche Fälle gedacht ist, beginnt im Zeitpunkt, da die Kasse die versicherte Per-

son zum Wechsel ins Pflegeheim auffordert (K 91/01 E. 3; altrechtlich: BGE 101 V 68 E. 5). Zur Aufklärungspflicht des Arztes siehe Art. 25 Rz. 74.

VII. Ambulante und teilstationäre Behandlung im Spital (Abs. 5)

In Bezug auf in Spitälern erbrachte Leistungen wird tarifrechtlich nicht   26 zwischen ambulant und teilstationär differenziert (BGE 127 V 409 E. 2c/cc; K 203/98 E. 2c/cc; zur aufgehobenen Kategorie der teilstationären Einrichtungen siehe Art. 25 KVG Rz. 10 ff., Art. 39 KVG Rz. 46).

– Das Bundesrecht schreibt keine Subventionierung des ambulanten Bereichs im Spital vor (BGE 127 V 409 E. 3a/aa, K 203/98 E. 3b/bb; RKUV 1999 KV 65 72 E. II. 4), ebenso wenig eine Ausscheidung der Investitionskosten (BRE RKUV 2002 KV 232 480 E. II/14.2.1; vgl. a. BRE RKUV 2004 KV 311 502E. II/8). Zu diesem Thema im neuen Recht siehe Rz. 6 zu Art. 49 Abs. 1 KVG hiervor Rz. 14 zu Art. 49 neuAbs. 1 KVG hiernach.
– Es ist trügerisch, die Tarife des öffentlichen und des privaten Sektors miteinander zu vergleichen (BRE RKUV 1999 KV 65 72 E. II. 3. 3).

VIII. Kostenstellenrechnung und Leistungsstatistik (Abs. 6)

Die VKL (SR 832.104) regelt die Einzelheiten. Die VKL ist nicht dazu   27 bestimmt, im konkreten Leistungsfall die richtige Tariffestsetzung bzw. die richtige Ermittlung der kassenpflichtigen Leistungen zu überprüfen (K 61/04 E. 4.3). Die Spitäler haben auch eine Betriebsrechnung vorzulegen, welche die Kostenrechnung (bestehend aus der Kostenarten-, Kostenstellen und Kostenträgerrechnung) sowie die Ermittlung des Betriebserfolges umfasst (BRE RKUV 2002 KV 220 309 E. II/6.2 und RKUV 2005 KV 338 339 E. II/5.2 mit Hinweis auf die Massgeblichkeit des französischen und italienischen Wortlauts von Art. 49 Abs. 6 KVG).

IX. Betriebsvergleiche (Abs. 7)

28 Voraussetzung gültiger Betriebsvergleiche ist in qualitativer Hinsicht, dass die Referenzspitäler und das zu vergleichende Spital über dieselben rechnerischen Grundlagen in Form von Kostenstellenrechnungen verfügen (RKUV 3/2002 KV 213 195 E. 8.3.2) und ein vergleichbares Leistungsangebot und Patientengut aufweisen. Die Leistungen und Kosten innerhalb der Vergleichsgruppe der Spitäler müssen anhand bestimmter Kriterien fassbar und vergleichbar sein, so insb. hinsichtlich Diagnostik und Therapie, Zahl und Art sowie Schweregrad der Fälle. Wenn die Leistungen vergleichbar sind, so ist zu vermuten, dass auch deren Kosten gleich hoch liegen werden (BRE 2005 KV 325 159 E. 11.1, 2005 KV 326 E. 3.1; BVGE C-6570/2007 E. 4.2.4). Die Überprüfbarkeit des Kostenniveaus ist grundsätzlich nur im Vergleich zu Spitälern der gleichen Versorgungsstufe mit vergleichbarem Leistungsangebot und Patientengut möglich. Rehabilitationskliniken sind wegen der Spezialitätenvielfalt und der Verschiedenheit des Patientengutes sehr schwierig miteinander zu vergleichen (RKUV 3/2002 KV 213 195 E. 8.3.2). Ist jedoch das zu vergleichende Spital in der Krankenhaustypologie zwei oder mehr Stufen höher eingereiht als das Referenzspital, so lässt sich der Schluss ziehen, dass das tiefer eingestufte nicht gleich teuer oder gar teurer sein kann als das Referenzspital, ohne dass automatisch die Vermutung der unwirtschaftlichen Leistungserbringung entsteht (BRE 2005 KV 326 E. 3.3).

29 Auch der Preisüberwacher kann Fallkosten-Vergleiche zwischen Spitälern durchführen (BRE 2005 KV 325 159 E. 11.4). Aufgrund von Art. 49 Abs. 7 KVG lässt sich kein Anspruch auf Erhöhung der Tarife wirtschaftlich betriebener Kliniken ableiten (RKUV 3/2002 KV 213 195 E. 8.3.2, 2005 KV 326 172 E. 3.2).

Art. 49 Tarifverträge mit Spitälern (in Kraft seit 1.1.2009)

[1] **Für die Vergütung der stationären Behandlung einschliesslich Aufenthalt in einem Spital (Art. 39 Abs. 1) oder einem Geburtshaus (Art. 29) vereinbaren die Vertragsparteien Pauschalen. In der Regel sind Fallpauschalen festzulegen. Die Pauschalen sind leistungsbezogen und beruhen auf gesamtschweizerisch einheitlichen Strukturen.**

Die Vertragsparteien können vereinbaren, dass besondere diagnostische oder therapeutische Leistungen nicht in der Pauschale enthalten sind, sondern getrennt in Rechnung gestellt werden. Die Spitaltarife orientieren sich an der Entschädigung jener Spitäler, welche die tarifierte obligatorisch versicherte Leistung in der notwendigen Qualität effizient und günstig erbringen.

[2] Die Tarifpartner setzen gemeinsam mit den Kantonen eine Organisation ein, die für die Erarbeitung und Weiterentwicklung sowie die Anpassung und Pflege der Strukturen zuständig ist. Zur Finanzierung der Tätigkeiten kann ein kostendeckender Beitrag pro abgerechnetem Fall erhoben werden. Die Spitäler haben der Organisation die dazu notwendigen Kosten- und Leistungsdaten abzuliefern. Fehlt eine derartige Organisation, so wird sie vom Bundesrat für die Tarifpartner verpflichtend eingesetzt. Die von der Organisation erarbeiteten Strukturen sowie deren Anpassungen werden von den Tarifpartnern dem Bundesrat zur Genehmigung unterbreitet. Können sich diese nicht einigen, so legt der Bundesrat die Strukturen fest.

[3] Die Vergütungen nach Absatz 1 dürfen keine Kostenanteile für gemeinwirtschaftliche Leistungen enthalten. Dazu gehören insbesondere:

a. die Aufrechterhaltung von Spitalkapazitäten aus regionalpolitischen Gründen;

b. die Forschung und universitäre Lehre.

[4] Bei Spitalaufenthalten richtet sich die Vergütung nach dem Spitaltarif nach Absatz 1, solange der Patient oder die Patientin nach medizinischer Indikation der Behandlung und Pflege oder der medizinischen Rehabilitation im Spital bedarf. Ist diese Voraussetzung nicht mehr erfüllt, so kommt für den Spitalaufenthalt der Tarif nach Artikel 50 zur Anwendung.

[5] Mit den Vergütungen nach den Absätzen 1 und 4 sind alle Ansprüche des Spitals für die Leistungen nach diesem Gesetz abgegolten.

[6] Die Vertragsparteien vereinbaren die Vergütung bei ambulanter Behandlung.

[7] Die Spitäler verfügen über geeignete Führungsinstrumente; insbesondere führen sie nach einheitlicher Methode zur Ermittlung ihrer Betriebs- und Investitionskosten und zur Erfassung ihrer

Leistungen eine Kostenrechnung und eine Leistungsstatistik. Diese beinhalten alle für die Beurteilung der Wirtschaftlichkeit, für Betriebsvergleiche, für die Tarifierung und für die Spitalplanung notwendigen Daten. Die Kantonsregierung und die Vertragsparteien können die Unterlagen einsehen.

[8] In Zusammenarbeit mit den Kantonen ordnet der Bundesrat schweizweit Betriebsvergleiche zwischen Spitälern an, insbesondere zu Kosten und medizinischer Ergebnisqualität. Die Spitäler und die Kantone müssen dafür die nötigen Unterlagen liefern. Der Bundesrat veröffentlicht die Betriebsvergleiche.

Chronologie: Fassung gemäss Ziff. I der Änderung des KVG vom 21. Dez. 2007 (Spitalfinanzierung), in Kraft seit 1. Jan. 2009 (AS 2008 2049 2057; BBl 2004 5551). Abs. 2: S.a.: die UeB Änd. 22.10.2008 der VO vom 22. Juni 1995 über die Krankenversicherung (SR 832.102).

Art. 49 Abs. 1 erster Satz (Fassung gemäss BG über die Neuordnung der Pflegefinanzierung vom 13. Juni 2008, in Kraft ab 01.01.2011 (AS 2009 3517, 3525, 3527, 6847; BBl 2005 2033)

[1] Für die Vergütung der stationären Behandlung einschliesslich Aufenthalt und Pflegeleistungen in einem Spital (Art. 39 Abs. 1) oder einem Geburtshaus (Art. 29) vereinbaren die Vertragsparteien Pauschalen [...].

Bibliografie: Oggier Willy, Spitalfinanzierung de lege ferenda, Welche Finanzierungsform wird den Zielen des KVG am ehesten gerecht, in: Thomas Gächter (Hrsg.), Spitalfinanzierung, Spitäler im Spannungsfeld zwischen Grund- und Zusatzversicherung, Tagungsband LuZeSo*, Luzern 2005, S. 91 ff.

Verordnung: Art. 59d KVV (leistungsbezogene Pauschalen), Art. 59e KVV (Fallbeitrag); SchlBest der KVV-Änderung vom 22. Oktober 2008 (AS 2008 5097).

Bibliografie: Indra Peter, Die Einführung der SwissDRGs in Schweizer Spitälern und ihre Auswirkung auf das schweizerische Gesundheitswesen, Schweizerische Gesellschaft für Gesundheitspolitik SGGP Nr. 80, Zürich 2004; Bollinger Alfred, Leistungen abrechnen mit SwissDRG, in Competence 73 (2009) H. 1–2 S. 17; Schumacher Erika, SwissDRG: Chancen und Risiken, in: Competence 73

(2009) Nr. 1–2 S. 9; Schumacher Erika, Auf der Suche nach den SwissDRG-Tarifen, in Competence 73 (2009) Nr. 1–2 S. 14–15; Kohler Marc, Chancen und Risiken sind ungleich verteilt, in: Competence 73 (2009) Nr. 1–2 S. 13; Rich Lukas, Die geplante Umsetzung der neuen Spitalfinanzierung im Kanton Zürich: eine kritische Betrachtung, in Jusletter 19.01.2009; Conti Carlo, Brückenschlag bei Fallpauschalen in Spitälern: Rechnungskontrolle für Kantone und Versicherer gleich wichtig, in: HILL 2008 Fachartikel Nr. 3; Martin Jean, DRG: Nutzen und Risiken, in SAeZ 89(2008) H. 28/29 S. 1272; Kaufmann Thomas, Weniger Komplikationen durch DRG – aber wo liegen die Grenzen, in SAeZ 88(2007) H. 24, S. 1057–1058; Malk Rolf/Kampmann Thorsten/Indra Peter (Hrsg.), DRG-Handbuch für die Schweiz, Bern 2006.

I.   Zeitpunkt der Umsetzung

Nach Abs. 1 UeB müssen die leistungsbezogenen Pauschalen nach   1
Art. 49 neuAbsatz 1 KVG sowie die Finanzierungsregelung nach Artikel 49a KVG spätestens am 01.01.2012 eingeführt sein. Bis zu diesem Zeitpunkt gilt gemäss Abs. 4 Satz 1 UeB die bisherige Finanzierungsregelung (Art. 49 KVG in der Fassung vom 18. 03. 1994; AS 1995 1328). Das neue Recht kann daher je nach Umsetzungsfortschritt in den Kantonen zu unterschiedlichen Zeitpunkten zur Anwendung gelangen, spätestens aber am 01.01.2012 (s.a. Rich Lukas, Neue Spitalfinanzierung im Kt. ZH, in Jusletter 19.01.2009).

II. Von der Objekt- zur Leistungsfinanzierung (Abs. 1 Satz 1 und 2)

2   Das Prinzip der generellen Deckung der anrechenbaren Betriebskosten gemäss Art. 49 altAbs. 1 KVG) war objektbezogen, was wenig Anreiz zu betriebswirtschaftlichem Denken bot. Dieses richtete sich primär auf die Erreichung des Budgetziels und weniger auf die wirtschaftliche Erbringung der einzelnen Leistungen (BBl 2001 741, 788; BBl 2004 5551, 5577). Mit Art. 49 neuAbs. 1 KVG wird diese Objektfinanzierung durch ein auf der Entschädigung von Leistungen beruhendes System ersetzt.

III. Leistungsbezogene und vollkostenorientierte Fallpauschalen (Abs. 1 Satz 2 und 3)

3   Pauschalen müssen in der Regel leistungsbezogene und vollkostenorientierte Fallpauschalen sein. Die Praxis hat sich im akutsomatischen Bereich für ein DRG-System (Diagnosis Related Group) entschieden. Siehe dazu Art. 43 Rz. 4. Aufgrund der gesamtschweizerisch einheitlichen Fallpauschalen (Abs. 1 Satz 3) werden die Leistungen gesamtschweizerisch vergleichbar und transparent, was den Wettbewerb unter den Spitälern fördert. Einer Gliederung in eine praktikable Anzahl homogener Fachgruppen noch nicht ausreichend zugängliche Bereiche (Psychiatrie, zum Teil die medizinische Rehabilitation oder die Betreuung polymorbider Patienten) erfordern andere Pauschalen. Denkbar sind versorgungsbezogene Pauschalen, bei denen die Vergütung einen ganzen Behandlungspfad entschädigt (BBl 2004 5551, 5577). In der Psychiatrie kann auch die Abgeltung durch Tagespauschalen sinnvoll bleiben (BBl 2001 741, 788; BBl 2004 5551, 5578).

IV. Orientierung der Spitaltarife an Musterspitälern (Abs. 1 Satz 4)

4   Die Tarife sind nach produktionstechnisch effizienten Spitälern bzw. Musterspitälern auszurichten. Die Referenzspitäler müssen zum Vergleich geeignet sein, was voraussetzt, dass die Heterogenität der Spitä-

ler berücksichtigt wird. Die Besten unter den vergleichbaren Spitälern begründen den Sollwert. Von der neuen Spitalfinanzierung wird erwartet, dass nachgewiesene Bestleistungen von Modellspitälern in Zukunft die Grundlage zur Festlegung von Preisen für stationäre medizinische Leistungen bilden und dass sich die Preise mit der Zeit schweizweit angleichen, einstweilen aber noch stark divergieren können (Voten Humbel Näf AB 2007 N 441; Brändli AB 2007 S 754; Forster-Vanini AB 2007 S 752). Zum Genehmigungsverfahren siehe Art. 59d KVV und Abs. 2 UeB.

V. Systempflege und Weiterentwicklung (Abs. 2)

Die Systempflege betrifft hauptsächlich die inhaltliche Ausgestaltung 5 des Klassifikationssystems und der Informationstechnologie. DRGs erfordern fortlaufende Adaptation an neue Erkenntnisse und geänderte Verhältnisse. Da die (Weiter-)Entwicklung nur datenbasiert geschehen kann, verpflichtet Abs. 2 die Spitäler zu weitgehender Datentransparenz. S.a. Art. 59d Abs. 1 und 2 KVV sowie Art. 59e KVV (bundesrätliche Genehmigung des Fallbeitrags), ferner Abs. 1 und 3 der Schlussbestimmungen (Fristen für die Genehmigungsvorlage).

VI. Gemeinwirtschaftliche Leistungen (Abs. 3)

Art. 49 Abs. 1 KVG sieht eine Finanzierungsform mit kostendeckenden 6 Beiträgen vor. In die Finanzierung durch Versicherer und Kantone sind sämtliche Betriebs- und Investitionskosten mit Ausnahme von Kostenanteilen für gemeinwirtschaftliche Leistungen mit einzubeziehen. Neu gegenüber bisher ist der Einschluss der Investitionskosten auch bei den öffentlichen oder öffentlich subventionierten Spitälern (BBl 2001 741, 790; BBl 2004 5551, 5579; AB 2007 N 448, N 452; bisheriges Recht: Art. 49 altAbs. 1 Rz. 14). Mit der Vollkostenrechnung schafft das KVG in der Finanzierung gleich lange Spiesse für öffentliche und private Spitäler.

Art. 49 Abs. 3 will Faktoren ausschalten, welche die Vergleichbarkeit 7 von Spitalleistungen beeinträchtigen. Leistungen verschiedener Spitäler sind nur vergleichbar, wenn die von diesen erbrachten gemeinwirtschaftlichen Leistungen («prestations d'intérêt général») nicht in die Tariffestlegung einfliessen. Gemeinwirtschaftlich sind entweder Leistungen, deren Erbringung nicht zu den Aufgaben der OKP zählen (Beispiel: universitäre Lehre und Forschung) oder solche, an denen festgehalten wird, obwohl sie im Widerspruch zu den Geboten des KVG stehen (Beispiel: Aufrechterhaltung von Spitälern oder Überkapazitäten aus regionalpolitischen Gründen), mithin nicht primär den Interessen des KVG, sondern anderen Zielsetzungen dienen. Die Aufzählung in Abs. 3 ist nicht abschliessend, weshalb weitere gemeinwirtschaftliche Leistungen von den Vergütungen nach Art. 49 Abs. 1 KVG ausgenommen sein können. Genannt werden Vorhalteleistungen und Notfalldienste (BBl 2001 741, 790; BBl 2004 5551, 5579) und für andere Spitäler nicht gleichermassen geltende Aufnahmepflichten mit Bezug auf bestimmte Patientenkategorien (Votum Brunner AB 2006 S 58).

VII.   Kostenstellenrechnung, Leistungsstatistik (Abs. 7); Betriebsvergleiche (Abs. 8)

Verordnung: Art. 8 ff. VKL.

8   Die Kostenstellenrechnung und die Leistungsstatistik müssen neu alle für die Beurteilung der Wirtschaftlichkeit, für Betriebsvergleiche, für die Tarifierung und für die Spitalplanung notwendigen Daten enthalten. Die Kosten der Nutzung von Anlagen – diese kann auf der Grundlage von Miet- und Abzahlungsgeschäften beruhen – sind nach Art. 8 Abs. 2 VKL separat auszuweisen. Damit soll sichergestellt werden, dass unter dem Titel Miete nicht Kosten geltend gemacht werden können, die wesentlich höher ausfallen, als wenn der betroffene Sachgegenstand käuflich erworben worden wäre.

9   Nach Abs. 3 der Übergangsbestimmungen zur KVG-Revision vom 21.12.2007 (AS 2008 2049; BBl 2004 5551) muss die Spitalplanung spätestens drei Jahre nach dem Zeitpunkt der Einführung der leistungsbezogenen Pauschalen nach Artikel 49 neuAbs. 1 KVG sowie der Finanzierungsregelung nach Artikel 49a KVG auf Betriebsvergleiche zu Qualität und Wirtschaftlichkeit abgestützt sein. Der Vergleich kann sich

auf betriebswirtschaftliche Bestleistungen oder auf beste medizinische Ergebnisse beziehen (Abs. 1 Teilsatz 2). Vergleichen lassen sich sowohl der Schweregrad der Erkrankung des Patientenguts der verschiedenen Spitäler (medizinisches Benchmarking) als auch deren Kosten (Kostenbenchmarking), wodurch die relative Wirtschaftlichkeit vergleichbarer Spitäler ermittelt werden kann. Zu den Anforderungen an die Vergleichbarkeit siehe altArt. 49 Rz. 28.

Das KVG gibt keinen Aufschluss darüber, auf welchem Niveau die erwartete schweizweite Angleichung der Preise für stationäre Behandlungen in den kommenden Jahren erfolgen soll (qualitätsgerechter Zielpreis), ebenso wenig, mit welchen Methoden und zu welchem Zwecke Betriebsvergleiche durchzuführen sind. Anders als unter altArt. 49 Abs. 7 KVG sind Betriebsvergleiche kein Disziplinarmittel der KVers in Form eines Kündigungsrechts und eines Tarifanpassungsanspruchs mehr.

Art. 49a Abgeltung der stationären Leistungen

[1] **Die Vergütungen nach Artikel 49 Absatz 1 werden vom Kanton und den Versicherern anteilsmässig übernommen.**

[2] **Der Kanton setzt jeweils für das Kalenderjahr spätestens neun Monate vor dessen Beginn den für alle Kantonseinwohner geltenden kantonalen Anteil fest. Der kantonale Anteil beträgt mindestens 55 Prozent.**

[3] **Der Wohnkanton entrichtet seinen Anteil direkt dem Spital. Die Modalitäten werden zwischen Spital und Kanton vereinbart. Versicherer und Kanton können vereinbaren, dass der Kanton seinen Anteil dem Versicherer leistet und dieser dem Spital beide Anteile überweist. Die Rechnungsstellung zwischen Spital und Versicherer richtet sich nach Artikel 42.**

[4] **Mit Spitälern oder Geburtshäusern, welche nach Artikel 39 nicht auf der Spitalliste stehen, aber die Voraussetzungen nach den Artikeln 38 und 39 Absatz 1 Buchstaben a–c erfüllen, können die Versicherer Verträge über die Vergütung von Leistungen aus der obligatorischen Krankenpflegeversicherung abschliessen. Diese Vergütung darf nicht höher sein als der Anteil an den Vergütungen nach Absatz 2.**

Chronologie: Eingefügt gemäss Ziff. I der Änderung des KVG vom 21. Dez. 2007 (Spitalfinanzierung), in Kraft seit 1. Jan. 2009 (AS 2008 2049 2057; BBl 2004 5551). S.a. die UeB zu dieser Änderung.

I.   Zeitpunkt der Umsetzung

1   Art. 49a KVG ist mit der Gesetzesrevision vom 21.12.2007 betreffend die Neuordnung der Spitalfinanzierung (AS 2008 2049; BBl 2004 5551) eingeführt worden. Er trat am 01.01.2009 in Kraft. Gemäss Abs. 1 UeB müssen die leistungsbezogenen Pauschalen nach Artikel 49 Absatz 1 sowie die Finanzierungsregelung nach Artikel 49*a* spätestens am 01.01.2012 eingeführt sein. Bis zu diesem Zeitpunkt gilt gemäss Abs. 4 Satz 1 UeB die bisherige Finanzierungsregelung (Art. 49 KVG in der Fassung vom 18. 03. 1994; AS 1995 1328). Die Einführungszeitpunkte können mithin in den Kantonen je nach Umsetzungsfortschritt unterschiedlich sein (s.a. RICH LUKAS, Neue Spitalfinanzierung im Kt. ZH, in Jusletter 19.01.2009).

II.   Anspruchsberechtigte Spitäler (Abs. 1 und 2)

2   Für die Abgeltung der stationären Leistungen in Spitälern ist zu unterscheiden zwischen Listenspitälern, Nichtlistenspitälern mit Vertrag (Art. 49a Abs. 4) und übrigen Spitälern. Die Leistungen von Listenspitälern werden vom Kanton und aus Prämien der Versicherten finanziert (Abs. 1). Bei Leistungen von Nichtlistenspitälern mit Vertrag (Abs. 4) hat der KVers aus der OKP die vertraglich geschuldeten Leistungen zu erbringen; ein Anspruch auf den Kantonsbeitrag gemäss Abs. 1 besteht nicht. Bei den übrigen Spitälern hat die versPers weder gegenüber dem KVers noch dem Kanton einen Leistungsanspruch (Voten Brunner AB 2006 S 51 und Schwaller AB 2006 S 51).

III. Leistungsanspruch der Versicherten (Abs. 3)

Die versicherte Person hat gegenüber dem Kanton gleich wie gegenü- 3
ber dem K Vers einen subjektiven Rechtsanspruch auf den Kantonsanteil
(altrechtlich siehe BGE 127 V 422 E. 4b). Im Verhältnis zwischen Kanton und Spital gilt grundsätzlich das System des Tiers payant (Art. 42
neuAbs. 2 KVG). Der Kanton schuldet seinen Anteil im Einzelfall nur,
wenn die Leistungsvoraussetzungen erfüllt sind, was er in gleicher Weise
prüfen kann wie der K Vers.

IV. Vertragsspitäler (Abs. 4)

Diese mit Ziel und Zweck der Spitalplanung (Art. 39 Abs. 1 lit. d KVG) 4
im Widerspruch stehende Bestimmung (Votum Berset AB 2006 S 50)
soll ein zusätzliches Wettbewerbselement sein; effiziente Nichtlistenspitäler sollen Druck auf die Kostenstruktur der Listenspitäler ausüben.
Zudem soll vermieden werden, dass Privatspitäler «auf kaltem Weg
ausgehebelt» werden. Dies wurde befürchtet, weil im bundesrätlichen
Entwurf (BBl 2004 5593, 5595) nicht mehr vorgesehen war, dass Pri-
vatspitäler in der Spitalplanung angemessen zu berücksichtigen sind
(Art. 39 Abs. 1 lit. d KVG; Voten Schwaller und Heberlein AB 2006
S 51; indessen blieb Art. 39 Abs. 1 lit. d KVG am Ende unverändert).
Abs. 4 ist eine Zulassungsbestimmung für Nichtlistenspitäler und eine
Ausnahmeregelung zu Art. 39 Abs. 1 KVG.

Der letzte Satz von Abs. 4 ist Ausdruck des allgemeinen Wirtschaftlich- 5
keitsgebots; für gleiche Leistung und Qualität in vergleichbaren Spitälern darf ein K Vers in Verträgen mit Nichtlistenspitälern keinen höheren
Tarif als in Verträgen mit Listenspitälern der Spitalliste des Wohnkantons vereinbaren (vgl. a. die Voten Brändli und Brunner AB 2006 S
52/60). Das Tarifschutzgebot von Art. 49 neuAbs. 5 KVG gilt auch im
Rahmen von Art. 49a Abs. 4 KVG.

Art. 50 Tarifverträge mit Pflegeheimen

Beim Aufenthalt in einem Pflegeheim (Art. 39 Abs. 3) vergütet der Versicherer die gleichen Leistungen wie bei ambulanter Krankenpflege und bei Krankenpflege zu Hause. Er kann mit dem Pflegeheim pauschale Vergütungen vereinbaren. Die Absätze 7 und 8 von Artikel 49 sind sinngemäss anwendbar.

Chronologie: AS 1995 1328; BBl 1992 I 93; Fassung gemäss Ziff. I der Änderung des KVG vom 21. Dez. 2007 (Spitalfinanzierung), in Kraft seit 1. Jan. 2009 (AS 2008 2049 2057; BBl 2004 5551).

Art. 50 Kostenübernahme im Pflegeheim
(ab 01.01.2011 geltende Fassung)

Beim Aufenthalt in einem Pflegeheim (Art. 39 Abs. 3) vergütet der Versicherer die gleichen Leistungen wie bei ambulanter Krankenpflege nach Artikel 25a. Die Absätze 7 und 8 von Artikel 49 sind sinngemäss anwendbar.

Chronologie: Fassung gemäss Bundesgesetz über die Neuordnung der Pflegefinanzierung vom 13. Juni 2008; AS 2009 3517, 3525, 3527, 6847; BBl 2005 2033).

Bibliografie: Duc Jean-Louis, Statut des assurés dans des établissements médico-sociaux selon la LAMal, in: SZS 1996, S. 257 ff.; Ders., Etablissements médico-sociaux et planification hospitalière, in: AJP 8/1997, S. 955 ff.; Duc Jean-Louis, L'hospitalisation, plus spécialement l'hospitalisation d'un jour, et LAMal, in: Jean-Louis Duc (dir.), in LAMal–KVG*, S. 329 ff.; Ders., L'établissement médico-social et la LAMal, in: LAMal–KVG*, S. 271 ff.; Ders., Du statut dans la LAMal des assurés qui ont besoin de soins à domicile ou résident dans un établissement médico-social, et des dangers qui pourraient menacer le principe du libre choix du fournisseur de soins, au regard de deux arrêts récents du Tribunal fédéral des assurances, in: SZS 2000, S. 495 ff.; Ders., Contribution à une critique de la jurisprudence, in: Jean-Louis Duc (dir.), 1366 jours d'application de la LAMal, Lausanne 2000, S. 107, 111 ff; Ders., Jurisprudence et établissements médico-sociaux, in: Jean-Louis Duc (dir.), 1366 jours d'application de la LAMal*, S. 101 ff.; Ders., Urteilsbespr. K 67/02, in: AJP 10/2003, S. 1243; Longchamp*, S 307 ff., 508 ff..; Ders., Les atteintes aux facultés visuelles, la LAMal et la jurisprudence du Tribunal fédéral des assurances, in: SZS 2004,

S. 39 ff.; DERS., De la prise en charge par l'assurance-maladie obligatoire des frais de soins à domicile et lors de séjour dans un EMS – Un point de la situation. In: LAMal: soins à domicile, soins en EMS; Collection Blanche IRAL, Bern 2005, S. 205 ff.; DERS., La grande désillusion dans le domaine de l'hospitalisation de longue durée et dans celui des soins à domicile selon la LAMal, in Jusletter, 28. August 2006; DERS., Hospitalisation, dépendance et soins à domicile, in Temi scelti di diritto delle assicurazioni sociali, Lugano 2006, S. 75–87; DERS., De l'étendue du droit aux prestations de l'assurance-maladie en cas de résidence dans un EMS non subventionné: obligation des assureurs en cas d'hospitalisation ou de séjour en établissement médico-social, in: AJP 2/2008 S. 198. S.a. die Bibliografie zu Art. 25, vor Rz. 55.

Übersicht Seite

I.   Bis 31.12.2010 gültige Fassung von Art. 50 KVG

Gleiche Kosten wie bei ambulanter Krankenpflege: Die Beschränkung der Tarifierung auf die ambulante Krankenpflege schliesst Leistungen für die Kosten von Unterkunft und Verpflegung in einem Pflegeheim aus (BGE 129 I 346 E. 3.3; BGE 126 V 344 E. 3). Gleiche Kosten wie bei ambulanter Krankenpflege bedeutet nicht Kostenidentität (BRE RKUV 1997 KV 9 247 E. II/4. 2). Zur Abgrenzung zur stationären Behandlung siehe Art. 25 KVG Rz. 6 ff. und Art. 49 Abs. 3 KVG. 1

Tariffestsetzungsfragen: Aufgrund von Art. 104a KVG hat das EDI in Art. 9a Abs. 2 KLV Rahmentarife erlassen, die in Tarifverträgen nicht überschritten werden durften, ab 1.1.2005 (in Kraft bis 31.12.2006) auch nicht mehr bei voller Kostentransparenz (Übergangsbestimmung zum KVG; AS 2004 4375; BBl 2004 4259, 4277; RKUV 2005 KV 338 339 E. II/6.1). Das Tarifschutzgebot war in jedem Fall einzuhalten (BRE RKUV 2001 KV 186 471 E. II/10.3; RKUV 2005 KV 338 339 E. II/10; zur fraglichen Durchsetzbarkeit des Tarifschutzes siehe 9C_103/2007 und K 61/04), was aber vielfach missachtet wurde (krit. LONGCHAMP*, S. 524 f.). Zum Begriff der vollen Kostentransparenz: RKUV 2005 KV 338 339 E. II/6.2 m.H. 2

3   Die Tarife sind nach dem Pflegebedarf abzustufen (Art. 9 Abs. 4 KVV).
    Im Rahmen von Pauschalen sind ausschliesslich die Leistungen nach
    Art. 7 Abs. 2 KLV zu erfassen (ausführlich BRE RKUV 2002 KV 221
    313 E. II/5.3.3; Longchamp*, S. 519). Für die Kostenermittlung und
    die Leistungserfassung siehe die VKL. *Infrastruktur- und Betriebskos-
    ten* (Art. 7 Abs. 3 KLV) sind nicht anrechenbar, soweit sie der Erbrin-
    gung von Nichtpflichtleistungen dienen (BRE RKUV 2006 KV 372
    275 E. II/6.2). Sie können den Versicherten überbürdet werden (vgl. a.
    BGE 129 I 346 E. 3.3 und 3.4, BGer-Urteil 2P.83/2002 E. 3.5 zu Art. 7
    Abs. 2 KLV). Sämtliche durch die Erbringung von Pflegeleistungen zu
    Hause unmittelbar entstandenen direkten oder indirekten Kosten lassen
    sich dem Tarif zu Lasten der KV zurechnen (BRE RKUV 2002 KV 221
    312 E. II/5.3.3, 2006 KV 372 275 E.II/6.2). In dem Umfang, in dem
    sie beim Erbringen von Pflichtleistungen nach Artikel 7 KLV anfallen,
    sind die Wegkosten bei der Tarifberechnung mitberücksichtigt (BRE
    RKUV 1998 KV 41 394 E. II/21). Das KVG verzichtet darauf, die Pfle-
    geheime als Institutionen zu finanzieren (BRE RKUV 2001 KV 186
    471 E. II/4.1).

4   Kasuistik
    –   Pflegeheimtarife haben dem tatsächlichen Pflegeaufwand des jewei-
        ligen Pflegeheims im Pflichtleistungsbereich zu entsprechen (BRE
        RKUV 2005 KV 338 339 E. II/8.2, 1999 KV 86 371 E. II/9, 1998
        KV 28 188 E. II/6.1; Longchamp*, S. 517), was eine gewisse Pau-
        schalisierung nicht ausschliesst (BRE 2006 KV 370 257 E. II/8
        m.H.); Ausnahmen (Gruppentaxen) sind allerdings nur zulässig, wo
        Pflegeheime bei entsprechender Struktur vergleichbare Kosten auf-
        weisen (RKUV 1998 KV 28 188 E. II 6.1; krit. Longchamp*, S. 518;
        s.a. Duc, AJP 7/2001 S. 850, 853).
    –   Ohne die noch nicht erlassene einheitliche Kostenstellenrechnung
        (Art. 49 Abs. 6 KVG) sind die Anforderungen an den Nachweis der
        Kosten umso höher, je mehr die Tarife sich einer maximalen De-
        ckung der anrechenbaren Kosten annähern (RKUV 2001 KV 186
        471 E. II/5.1, 1998 KV 27 153 E. II. 7. 2; s.a. BGE 126 V 344 E. 4
        und 5). Ein für alle Heime einheitlicher Tarif konnte in dieser Phase
        toleriert werden (RKUV 2005 KV 338 339 E. II/9.2; BRE 2006 KV
        370 257 E. 8 m.H).
    –   Die Rahmentarife (Art. 9a KLV) können auch bei Nichterfüllung der
        Anforderungen an die Kostentransparenz unter gewissen Vorausset-

zungen voll ausgeschöpft werden (BRE 2006 KV 370 257 E. 6.1, 2006 KV 371 271 E. 5.1). Zu beachten ist, dass im Pflegeheimbereich die Anforderungen an die Kostentransparenz grösser sind als im Spitex-Bereich. Die Tariflimiten gemäss Art. 9a Abs. 1 KLV (Spitex-Bereich) dürfen zumindest dann voll ausgeschöpft werden, wenn die Kostentransparenz keine gravierenden Mängel aufweist (RKUV 2006 KV 372 275 E. 6.1). Zur Frage, unter welchen Bedingungen Rahmentarife eingehalten sind, s. BRE RKUV 2006 KV 370 257 E. 7.1.2 und 7.2.2, 2006 KV 372 275 E. 7.2 f. (Spitex-Bereich).

– Die Abgeltung der Bedarfsabklärung ist in den Rahmentarifen nach Art. 9a Abs. 2 KLV inbegriffen (RKUV 2006 KV 371 271 E. 8).

– Eine Verteilung der relevanten Kosten aus der Finanzbuchhaltung mittels fixer, für alle Institutionen gültiger Schlüssel auf die «Kostenträger» ist nicht transparent genug (BRE RKUV 2005 KV 338 339 E. II/8.2).

– Es ist nicht zulässig, mittels einer einfachen Gruppierung der Pflegestufen in vier Stufen einen Vergleich mit dem Rahmentarif zu ziehen (BRE RKUV 2005 KV 338 339 E. II/9.1).

– Bestehen zwischen den Pflegeheimen grosse Tarifunterschiede, müssen Betriebsvergleiche durchgeführt werden (Art. 49 Abs. 7 KVG). Die Tarife können auf das wirtschaftliche Mass reduziert werden (BRE RKUV 1998 KV 27 161 E. II/8.4).

– Eine Unterscheidung zwischen kurzen und langen Aufenthalten ist nicht zulässig (BRE RKUV 1998 KV 27 153 E. II/11; Longchamp*, S. 518).

– Zur Anwendung der Methode PLAISIR im Kanton Waadt: BRE RKUV 1999 KV 86 371 E. II/8; RKUV 2001 KV 186 471 E. II/4; Longchamp*, S. 517.

– Allgemeine Infrastrukturkosten der Spitex-Leistungserbringer gemäss Art. 7 Abs. 3 KLV: BGE 129 I 346 E. 3.3 lässt offen, was darunter zu verstehen ist (s.a. BGer-Urteil 2P.83/2002 E. 3.5). Artikel 7 Abs. 3 KLV ist nicht als dauernde Ausnahme zum allgemeinen Kostendeckungsprinzip zu verstehen (RKUV 2002 KV 221 312 E. II/5.3.3).

– Die Kantone sind befugt, die Pflegeheimbewohner die Investitionskosten tragen zu lassen: BGE 129 I 346 E.3.4 und 355 E. 5.2.

– Zum Charakter der Hilflosenentschädigung und der Pflegeleistungen nach Art. 7 Abs. 2 KLV siehe RKUV 1999 KV 86 371 E. II/11 und Art. 78 KVG Rz. 4. Zur Zuständigkeit der Kantone, Bestimmungen

über die Verwendung der Hilflosenentschädigung zu erlassen:
RKUV 1999 KV 86 371 E. II/11.4.

– Zu einer kantonalrechtlichen Verpflichtung, die Hilflosenentschädi-
gung an das Pflegeheim als Zusatz zu den Leistungen nach Art. 7
Abs. 2 KLV zu entrichten und zu deren tarifrechtlichen Relevanz:
RKUV 2001 KV 186 471 E. II/11.3–11.6.

– Wenn die Tarife der OKP die Pflegekosten nicht im gesetzlich erforderlichen Masse decken, ist es nicht Sache der Ergänzungsleistungen, Finanzierungslücken zu kompensieren (RKUV 2001
KV 186 471 E. II/10.4).

– Der Richter kann im Einzelfall nicht überprüfen, ob in einem behördlich genehmigten Pauschaltarif die kassenpflichtigen Kosten
(Art. 7 KLV) angemessen gewichtet worden sind, Verstösse gegen
das Verhältnismässigkeitsprinzip vorbehalten (K 61/04 E. 3 ff.; s.a.
9C_103/2007).

– Abteilungen eines Akutspitals können Pflegeheimcharakter haben,
so namentlich bei psychiatrischen Dauerpatienten. Für diese sind
nötigenfalls besondere Pflegetarife auszuhandeln oder festzulegen
(K 20/06 E. 3.3.2).

II.   Ab 01.01.2011 gültige Fassung von Art. 50 KVG

5 Im neuen Art. 50 KVG ist die Möglichkeit zur Vereinbarung von Pauschalen gestrichen worden, weil mit der bundesrätlichen Festsetzung
der nach KVG zu erbringenden Pflegeleistungen (Art. 25a Abs. 1 und
3 KVG) das Recht und die Pflicht von KVers und Pflegeheimen, die
von der OK zu erbringenden Leistungen vertraglich zu regeln, entfällt.
Die hiervor dargestellte Kasuistik zur vertraglichen Tariffestsetzung ist
damit für das Verhältnis zwischen KVers und Leistungserbringer gegenstandslos geworden.

6 Aufgrund der schweizweit einheitlichen Beiträge spielt der Ort des Pfle-
geheimaufenthalts für die Bemessung der Pflegeleistungen der Kvers
gemäss Art. 7 Abs. 2 KLV keine Rolle (anders bisher: BGE 126 V 484).
Weiterhin gültig ist, dass Pflegeheimaufenthalte keine Spitalleistungen
auslösen können (Art. 25 KVG Rz. 60) und dass auch Abteilungen von
Akutspitälern Pflegeheimcharakter haben können (K 20/06 E. 3.3.2; s.a.
Art. 39 KVG Rz. 49).

Art. 51 Globalbudget für Spitäler und Pflegeheime

[1] Der Kanton kann als finanzielles Steuerungsinstrument einen Gesamtbetrag für die Finanzierung der Spitäler oder der Pflegeheime festsetzen. Die Kostenaufteilung nach Artikel 49a bleibt vorbehalten.

[2] Der Kanton hört die Leistungserbringer und die Versicherer vorher an.

Chronologie: AS 1995 1328; BBl 1992 I 93; Abs. 1: Fassung gemäss Ziff. I der Änderung des KVG vom 21. Dez. 2007 (Spitalfinanzierung), in Kraft seit 1. Jan. 2009, AS 2008 2049 2057; BBl 2004 5551). Abs. 2: AS 1995 1328; BBl 1992 I 93.

In Abs. 1 handelt es sich um ein Globalbudget, das hier als ordentliches Finanzierungsinstitut eingesetzt werden kann (im Gegensatz zu Art. 54 KVG). Das Globalbudget besteht darin, dass der Kanton im Voraus für das kommende Jahr verbindlich festlegt, wie viel finanzielle Mittel für den Betrieb der Spitäler und Pflegeheime insgesamt zur Verfügung stehen. Das Gesamtvolumen wird auf die verschiedenen Leistungserbringer aufgeteilt, welche so zu wirtschaften haben, dass sie mit den ihnen zugesprochenen Budgets auskommen. Zeigt sich nach Abschluss des Rechnungsjahres, dass die eingenommenen Pauschalen nach Art. 49 Abs. 1 KVG bzw. Vergütungen nach Art. 50 KVG die Kosten nicht zu decken vermögen, so geht der ungedeckte Teil als Verlust zulasten des Spital- bzw. des Pflegeheimträgers. Weder die Versicherer noch die Versicherten haben nachzuleisten. Der Tarifschutz gilt auch im Falle einer Globalbudgetierung.

Art. 52 Analysen und Arzneimittel, Mittel und Gegenstände

[1] Nach Anhören der zuständigen Kommissionen und unter Berücksichtigung der Grundsätze nach den Artikeln 32 Absatz 1 und 43 Absatz 6:

    a. erlässt das Departement:

     1. eine Liste der Analysen mit Tarif,

     2. eine Liste der in der Rezeptur verwendeten Präparate, Wirk- und Hilfsstoffe mit Tarif; dieser umfasst auch die Leistungen des Apothekers oder der Apothekerin,

3. **Bestimmungen über die Leistungspflicht und den Umfang der Vergütung bei Mitteln und Gegenständen, die der Untersuchung oder Behandlung dienen;**

b. **erstellt das Bundesamt eine Liste der pharmazeutischen Spezialitäten und konfektionierten Arzneimittel mit Preisen (Spezialitätenliste). Diese hat auch die mit den Originalpräparaten austauschbaren preisgünstigeren Generika zu enthalten.**

[2] **Für Geburtsgebrechen (Art. 3 Abs. 2 ATSG) werden die zum Leistungskatalog der Invalidenversicherung gehörenden therapeutischen Massnahmen in die Erlasse und Listen nach Absatz 1 aufgenommen.**

[3] **Analysen, Arzneimittel und der Untersuchung oder der Behandlung dienende Mittel und Gegenstände dürfen höchstens nach den Tarifen, Preisen und Vergütungsansätzen gemäss Absatz 1 verrechnet werden. Der Bundesrat bezeichnet die im Praxislabor des Arztes oder der Ärztin vorgenommenen Analysen, für die der Tarif nach den Artikeln 46 und 48 festgesetzt werden kann.**

Chronologie: AS 1995 1328; BBl 1992 I 93. *Abs. 2:* Fassung gemäss Anhang Ziff. 11 des BG vom 6. Okt. 2000 über den Allgemeinen Teil des Sozialversicherungsrechts, in Kraft seit 1. Jan. 2003 (SR 830.1).

Bibliografie: BAG-Handbuch betreffend die Spezialitätenliste, gültig ab 01.02.2008; BÉLANGER MICHEL, Les médicaments génériques: l'apport du droit communautaire européen, ASS 2004, S. 23; JUNOD VALÉRIE, Avastin-Lucentis: un médicament à tout prix?, in: CGSS 2009 Nr. 42 S. 43; HUNKELER JOSEF, Der Medikamentenmarkt aus der Sicht der Preisüberwachung, in: CHSS 6/2001 S. 314 ff.; KIESER Ueli, Die Zulassung von Arzneimitteln im Gesundheits- und Sozialversicherungsrecht: unter besonderer Berücksichtigung von Arzneimitteln der Komplementärmedizin, insbesondere der Phytoarzneimittel, in AJP 8/2007 S. 1042–1050; BRAUNHOFER PETER, Arzneimittel im Spannungsfeld zwischen HMG und KGV aus der Sicht des Krankenversicherers, in: Thomas Eichenberger et al. (Hrsg.), Das neue Heilmittelgesetz, Zürich 2004, S. 103 ff.; DESPLAND BÉATRICE, La réglementation des médicaments dans la LAMal, in: ASS 2005, S. 30 ff.; PFIFFNER RAUBER*, S. 195 ff.

Verordnung: Art. 34 und 35 KVV; Art. 59b KVV; Art. 63–75 KVV; Art. 29–38 KLV.

Listen (Stand 01.12.2009) der Analysen und Arzneimittel sowie der Mittel und Gegenstände im Internet:

http://www.bag.admin.ch/themen/krankenversicherung/02874/02875/06491/index.html?lang=de. Für die Verwaltungspraxis und das Verfahren betreffend die Aufnahme neuer Leistungen in diese Listen:

http://www.bag.admin.ch/themen/krankenversicherung/00263/00264/04853/index.html?lang=de (Stand 01.12.2009). Das BAG-Handbuch zur SL und weitere Dokumte zur Verwaltungspraxis findet sich unter http://www.bag.admin.ch/themen/krankenversicherung/06492/07568/index.html?lang=de.

I.   Analysen, Arzneimittelliste (AlT), Mittel und Gegenstände

Verordnung: *AL:* Analysen: **KVV:** Art. 37f (Fachkommission), Art. 60 (Veröffentlichung), Art. 61 (Aufnahme, Streichung), Art. 62 (separate Bezeichnung bestimmter Analysen); Art. 72 (Veröffentlichung im Bulletin des BAG), Art. 73 (Limitierungen), Art. 74 (Gesuche und Vorschläge), Art. 75 (nähere Vorschriften); **KLV:** Art. 28 (Zuweisung zur KLV als Anhang 3; Publikation).

AlT: **KVV:** Art. 37e (Arzneimittelkommission), Art. 63 (Verweisung auf SL-Vorschriften; Publikation der AlT); Art. 72 (Veröffentlichung im Bulletin des BAG), Art. 73 (Limitierungen), Art. 74 (Gesuche und Vorschläge), Art. 75 (nähere Vorschriften); **KLV:** Art. 29: (Zuweisung zur KLV als Anhang 3; Publikation).

MiGel: **KVV:** Art. 37f (Fachkommission), **KLV:** Art. 20a (Liste der Mittel und Gegenstände; MiGel), Art. 21 (Anmeldung), Art. 22 (Limitierungen), Art. 23 (Anforderungen an die Zulassung), Art. 24 (Vergütung).

1 AL, AlT, MiGel und SL stellen abschliessende Aufzählungen der kassenpflichtigen Leistungen dar. Der Ingr. zur AlT enthält zahlreiche Auflagen und Richtlinien zur Wahrung der Wirtschaftlichkeit, zur Preisgestaltung und zur Tarifanwendung. Der Verordnungsgeber darf keine Leistung in die AL, AlT und MigGel aufnehmen, die den Anforderungen von Art. 32 Abs. 1 KVG nicht genügt. Anderseits ist er verpflichtet, alle wirksamen, zweckmässigen und wirtschaftlichen Produkte zuzulassen, die für eine hochstehende medizinische Versorgung notwendig sind, und muss gegebenenfalls auch ohne Antragstellung eines Leistungserbringers tätig werden.

II. Pharmazeutische Spezialitäten (Spezialitätenliste; SL)

Bibliografie: BERNET ARTHUR, Die Arzneimittel in der Krankenversicherung, in: SZS 1981, S. 32 ff.; BRANDT ARNO, Grundlage der Wirtschaftlichkeitsprüfung von Arzneimitteln, SGGP-Schriftenreihe (Schweizerische Gesellschaft für Gesundheitspolitiik), Muri 1990; DUC JEAN-LOUIS, Peut-on recourir contre la liste des spécialités (LS)? in: SZS 2003, S. 528 ff.; IMBACH SUSANNE, Aufnahme von Arzneimitteln in die Spezialitätenliste: Darstellung und kritische Würdigung der Rechtsprechung, SZS 1986, S. 1 ff.; JUNOD VALÉRIE, Les médicaments génériques au regard de la LAMal, in AJP 15/2006 Nr. 4 S. 396–406; LIVIO F. ET AL., Génériques et art. 38a OPAS: quel impact?, in SAeZ 2(2006) Nr. 61, S. 966–969; RHINOW RENÉ, Preisaufsicht des Bundes bei Arzneimitteln, in: WuR 33/1981, S. 16 ff.; SCHWEIZER MARK, Drittbeschwerde gegen arzneimittelrechliche Zulassungen, in: AJP 3/2005 S. 297 ff.

KVV: Art. 37e (Arzneimittelkommission), Art. 59b (Veröffentlichung von Preisvergleichen); Art. 64 (Veröffentlichung der SL), Art. 64a (Begriffe), Art. 65 (allgemeine Aufnahmebedingungen), Art. 65a (Beurteilung der Wirksamkeit), Art. 65b (Beurteilung der Wirtschaftlichkeit im Allgemeinen), Art. 65c (Beurteilung der Wirtschaftlichkeit bei Generika), Art. 65d (Überprüfung der Aufnahmebedingungen alle drei Jahre), Art. 65e (Überprüfung der Aufnahmebedingungen nach Patentablauf), Art. 66 (Indikationserweiterung), Art. 66a (Limitierungsänderung), Art. 66b (Co-Marketing-Arzneimittel), Art. 67 (Preise), Art. 68 (Streichung), Art. 69 (Gesuche), Art. 70 (Aufnahme ohne Gesuche), Art. 70a (nähere Vorschriften). Art. 71 (Gebühren und Kosten); Art. 72 (Veröffentlichung im Bulletin des BAG), Art. 73 (Limitierungen), Art. 74 (Gesuche und Vorschläge).

KLV: Art. 30 (grundsätzliche Zulassungsbedingungen), Art. 30a (Aufnahmegesuch), Art. 31 (Aufnahmeverfahren), Art. 32 (Wirksamkeit), Art. 33 (Zweckmässigkeit), Art. 34 (Wirtschaftlichkeit), Art. 35 (Preisvergleich mit dem Ausland), Art. 35a (Vertriebsanteil), Art. 35b (Überprüfung innert 36 Monaten), Art. 36 (Wirtschaftlichkeitsbeurteilung während der ersten 15 Jahre), Art. 37 (Überprüfung nach Patentablauf oder nach 15 Jahren), Art. 37b (Indikationserweiterung), Art. 37d (Umfang und Zeitpunkt der Überprüfungen), Art. 38 (Gebühren), Art. 38a (Selbstbehalt bei Arzneimitteln).

1. Konzept der Spezialitätenliste

Zulassungskonzept: Die SL umfasst in einer abschliessenden Aufzäh- 2
lung die pharmazeutischen Spezialitäten und konfektionierten Arzneimittel (BGE 134 V 83 E. 4.1; K 123/02 E. 3.2) und die dafür zulässigen Maximalpreise (9C_766/2008 E. 3.1=SVR 2009 KV Nr. 12). Das altrechtliche Zulassungskonzept hat im KVG keine Änderung erfahren (BGE 127 V 275 E. 2; zu den Besonderheiten des bloss empfehlenden Charakters der SL im alten Recht: K 63/02 E. 3.1.1; BGE 128 V 159 E. 3b/bb). Die Versicherer können sich bezüglich Zulassung nicht direkt mit den Pharmaherstellern oder Importeuren verständigen (BGE 109 V 207 E. 4d/bb). Die Preise SL richten sich hauptsächlich an die Apotheker und selbstdispensierenden Ärzte im Rahmen ambulanter Behandlung. Bei stationären Behandlungen sind die Medikamentenkosten Teil der Pauschale gemäss Art. 49 Abs. 1 Satz 1 KVG (unter dem KUVG: BGE 112 V 188 E. 2d), was aber nichts daran ändert, dass die SL bzw. deren Preise und Auflagen grundsätzlich auch für Spitäler verbindlich ist (Art. 67 Abs. 1 KVV; 9C_766/2008 E. 3.1=SVR 2009 KV Nr. 12).

Grundsätzliche Unvollständigkeit der SL: Aufgenommen werden nur 3
Spezialitäten, für welche die Pharmahersteller oder Importeure einen Antrag stellen. Systembedingt ist daher mit Lücken zu rechnen (auch weil das Aufnahmeverfahren längere Zeit dauern kann; vgl. a. K 63/02 E. 3.2=RKUV 2003 KV 260 299; K 83/03 E. 4). Für den Fall, dass ein wichtiges Arzneimittel in der SL fehlt, siehe Art. 70 KVV. Vor dem Aufnahmeentscheid abgegebene Medikamente sind keine Pflichtleis-

tung (K 83/03 E. 2; K 135/02 E. 4.3.2; altrechtlich: RSKV 1979 353 25
E. 2), und zwar selbst dann nicht, wenn sie wirtschaftlich sind (K 135/02
E. 4.3.2).

2. Zentrale Zulassungsbedingungen

4 Die zentralen Aufnahmebedingungen sind Wirksamkeit, Zweckmässigkeit und Wirtschaftlichkeit gemäss Art. 32 KVG (Ingr. von Art. 52
Abs. 1 KVG; Art. 65 Abs. 2 KVV; Art. 30 Abs. 1 lit. a und 32 ff. KLV;
BGE 129 V 32 E. 6.1.1), was periodisch überprüft wird (Art. 65 Abs. 7
und 67 Abs. 3 KVV, Art. 36 f. KLV). Sie sollen eine qualitativ hochstehende und zweckmässige Gesundheitsversorgung zu möglichst günstigen Kosten gewährleisten (BGE 129 V 32 E. 6.1.1; BGE 127 V 80 E. 3c;
zu den altrechtlichen Zielsetzungen: BGE 108 V 130 E. 8b).

a) Wirksamkeit des Arzneimittels

5 Arzneimittel müssen wirksam (Art. 65 Abs. 2 KVV; Art. 32 Abs. 1
KLV), ihr therapeutischer Wert nachgewiesen sein (BGE 110 V 109
E. 4; RKUV 1985 645 230 E. 4), und dies vor der Aufnahme in die SL
(RSKV 1982 508 220 E. 4). Eine vorläufige Aufnahme bis zu einem
definitiven Wirksamkeitsnachweis ist nicht möglich (BGE 128 V 159
E. 5c/bb). Der Wirksamkeitsnachweis bei allopathischen Spezialitäten
muss sich auf klinisch kontrollierte Studien stützen (Art. 65 Abs. 3 Satz
2 KVV; in der Regel Doppelblindstudien: altrechtlich: RKUV 1985 645
230 E. 4a; RSKV 1982 508 220 E. 3b; s.a. BGE 110 V 109 E. 4c; SVR
1994 KV Nr. 25 zur offen gelassenen Frage der Vereinbarkeit dieser Regel mit Strafrecht und Ethik bei Oncologica).

b) Zweckmässigkeit des Arzneimittels

6 Siehe die Art. 65 Abs. 2 KVV; Art. 30 Abs. 1 lit. a KLV; Art. 33 KLV).
Aufgrund von Nebenwirkungen allein kann die Zweckmässigkeit eines
Arzneimittels nicht ohne Weiteres verneint werden (BGE 129 V 32
E. 4.1). Die Frage, ob bei einem Medikament die Missbrauchsgefahr,
die ebenfalls Unzweckmässigkeit begründen kann (BGE 129 V 32 E. 5
und 43 E. 5.4), eine Nichtaufnahme gebietet, ist auch unter dem Blick-

winkel der Verhältnismässigkeit zu prüfen (BGE 129 V 32 E. 5.2). Das
Kriterium des medizinischen Bedürfnisses (Art. 32 Abs. 1 KLV, Fassung
29.9.1995, AS 1995 1328; zum KUVG: RKUV 1985 K 645 230 E. 4e;
RKUV 1984 K 602 294 E. 7b) ist mit Revision vom 02.07.2002 gestrichen worden (AS 2002 3013).

c)   Wirtschaftlichkeit des Arzneimittels

Siehe die Art. 65 Abs. 2 und 3bis ff. KVV: Die Wirtschaftlichkeitskon-   7
trolle des BAG ist ein Schutz für die Kostenträger der OKP und ein
Korrektiv dafür, dass die KVers die Preisgestaltung nicht beeinflussen können (altrechtlich: BGE 109 V 207 E. 5c). Sie ist mehr als eine
blosse Missbrauchskontrolle (altrechtlich: BGE 108 V 130 E. 8b, 109
V 191 E. 8, 109 V 207 E. 4c a.E. und 218), anderseits keine eigentliche
Preiskontrolle im Sinne einer Preisfestsetzung nach Massgabe der Gestehungskosten zuzüglich einer angemessenen Gewinnmarge (BGE 102
V 76 E. 2, BGE 109 V 207 E. 4). Die Preise müssen eine qualitativ hochstehende gesundheitliche Versorgung zu möglichst günstigen Kosten gewährleisten (Art. 52 Abs. 1 und 43 Abs. 6 KVG; Art. 67 Abs. 1 KVV;
BGE 129 V 32 E. 6.1.1, BGE 127 V 80 E. 3b). Auch eine Indikations-
ausweitung zieht eine Wirtschaftlichkeitsprüfung nach sich (K 148/06
E. 6.1=SVR 2008 KV Nr. 13). Ein Streit um die Wirtschaftlichkeit hat
ex lege als justiziabel zu gelten (RKUV 1984 K 561 3 E. 2d).

Die Wirtschaftlichkeit beurteilt sich kostenbezogen (Art. 34 Abs. 1   8
KLV) und durch Vergleich mit Produkten vergleichbarer Wirkungsweise
(Art. 34 Abs. 2 lit. b KLV; BGE 127 V 275 E. 2b; altrechtlich: BGE
102 V 76 E. 2; BGE 108 V 130 E. 7a; BGE 109 V 191 E. 5b; BGE 109
V 207 E. 4a, RSKV 1976 270 209). Der Preis muss in einem vernünf-
tigen Verhältnis zum angestrebten Nutzen stehen (BGE 127 V 275 E. 2b;
BGE 102 V 76 E. 2). Beim Preisvergleich ist besserer Wirksamkeit eines
neuen Arzneimittels Rechnung zu tragen (BGE 102 V 76 E. 3; BGE 127
V 275 E. 2b). Unwirtschaftlichkeit kann auch bloss für eine bestimmte
Indikation gegeben sein (BGE 118 V 274 E. 4b; im Übrigen überholtes
altes KUVG-Recht). Ein wichtiger Faktor ist auch die Preisgestaltung
im Ausland (Art. 65 Abs. 3bis KVV; Art. 34 Abs. 2 lit. a und Art. 35
KLV; Art. 59b KVV; zu den Gründen: BGE 105 V 186 E. 3; BGE 108 V
130 E. 8), insb. bei fehlenden Vergleichsprodukten (K 148/06 E. 6.1 ff.

=SVR 2007 KV Nr. 13), bildet aber nur eines der massgebenden Kriterien (altrechtlich: BGE 109 V 191 E. 3b).

9   Bezüglich Generika und Originalpräparate siehe Art. 65 Abs. 4 und Abs. 5 KVV (altrechtlich: BGE 108 V 150 E., 3; RKUV 1984 K 602 S. 294 E. 7c und RSKV 1983 532 S. 107: Preisunterschied zu Originalpräparaten von 25%). Zum Begriff des Originalpräparats s.a. BVGE 2007/42=C-2263/2006 E. 5.7. Nach Pfiffner Rauber* (S. 152) verbietet Art. 52 KVG eine Verschreibungspflicht für Generika nicht (Gleichwertigkeit mit dem Originalpräparat vorausgesetzt).

10 Betr. Wirksamkeit und Wirkstoff (Art. 32 Abs. 2 lit. b KLV): altrechtlich BGE 110 V 199 E. 3a; Tages- oder Kurkosten (Art. 35 Abs. 2 lit. c KLV): altrechtlich: BGE 110 V 199 E. 3b und 205 E. 3c, BGE 108 V 130 E. 7c; Packungsgrössen (BAG-Handbuch betreffend die SL): altrechtlich: BGE 109 V 207 E. 2 f.; Innovationszuschlag (Art. 65 Abs. 4 KVV; Art. 35 Abs. 2 lit. d KLV).

d)   Swissmedic-Registrierung

11 Swissmedic-Registrierung ist eine notwendige (Art. 65 Abs. 1 KVV; Art. 30 Abs. 1 lit. a KLV), nicht aber hinreichende Aufnahmebedingung (BGE 130 V 532 E. 3.3; K 63/02 E. 3.1.1). Sie begründet für sich allein noch keinen Zulassungsanspruch (K 43/99=RKUV 2001 KV 158 160 E. 5b; K 114/99 E. 3c/aa=RKUV 2000 Nr. KV 120 158; K 123/02 E. 3.2).

e)   Verbot der Publikumswerbung

12 Siehe Art. 65 Abs. 6 KVV: Normzweck dieses gesetzmässigen Verbots ist die Kosteneindämmung im Gesundheitswesen (BGE 129 V 32 E. 6.1.1 und 48 E. 6.4.1). Zum Verhältnis zu Art. 32 HMG: BGE 129 V 32 E. 6.1.2. Art. 2 AWV umschreibt Publikumswerbung als Arzneimittelwerbung, welche sich an das Publikum richtet. Arzneimittelwerbung umfasst alle Massnahmen zur Information, Marktbearbeitung und Schaffung von Anreizen, welche zum Ziel haben, die Verschreibung, die Abgabe, den Verkauf, den Verbrauch oder die Anwendung von Arzneimitteln zu fördern (Art. 2 AWV). Davon zu unterscheiden sind die grundsätzlich zulässige Fachwerbung und Informationen allgemeiner

Art über die Gesundheit oder über Krankheiten, sofern sich diese weder
direkt noch indirekt auf bestimmte Arzneimittel beziehen (BGE 129 V
32 E. 6.3; K 10/00 E. 5.1). Das Verbot gilt auch für sich bereits in der SL
befindliche Arzneimittel (BGE 129 V 32 E. 6.1.2). Der Verstoss gegen
das Verbot hat die Nichtaufnahme in oder die Streichung des Arzneimittels von der SL zur Folge, allenfalls aber auch mildere Massnahmen
(Mahnung, befristete Nichtaufnahme usw.; BGE 129 V 32 E. 6.4.1;
K 10/00 E. 6.4).

3.   Limitierungen nach Art. 73 KVV

Das BAG kann Indikationen und Anwendungsvorschriften stärker ein-   13
grenzen als die Heilmittelbehörde (Limitierungen; Art. 73 KVV), darf
aber den Rahmen der heilmittelrechtlichen Begrenzungen nicht erwei-
tern (BGE 130 V 532 E. 5.2). Nicht zulässig sind Erweiterungen im
konkreten Behandlungsfall durch Analogieschluss (K 123/02 E. 3.2).
Limitierungen sind Instrumente der Wirtschaftlichkeitskontrolle und
der Missbrauchsbekämpfung (K 156/01=RKUV 2004 KV 272 109,
113 E. 3.3.1), nicht Formen der Leistungsrationierung (BGE 130 V
532 E. 3.1; K 43/99=RKUV 2001 KV 158 E. 2d; K 123/02 E. 2). Im
Interesse rechtsgleicher Behandlung kann sich bei Limitierungen auch
ein gewisser Schematismus rechtfertigen (K 46/03 E. 2.5=RKUV 2003
KV 262 311). Keine Limitierung ist die vertrauensärztliche Genehmigung vor der Abgabe des Arzneimittels (BGE 129 V 32 E. 5.3.2). Anders als Swissmedic hat das BAG auch die Wirtschaftlichkeit zu prüfen
(K 43/99 =RKUV 2001 KV 158 160 E. 5b; K 123/02 E. 3.2), was Anlass
zu Limitierungen geben kann.

4.   Preiserhöhungen und -senkungen; Streichung aus der SL

Preiserhöhungen (Art. 67 Abs. 2 lit. a und b KVV): Das BAG hat eine   14
umfassende Prüfung vorzunehmen (BGE 127 V 275 E. 2), wobei die
gleichen Kriterien wie bei einer erstmaligen Aufnahme in die SL massgebend sind (so schon BGE 109 V 191 E. 2b). Nicht notwendig ist
der Nachweis einer neuen Indikation. Höhere Wirksamkeit gegenüber
einem Vergleichspräparat muss nicht notwendigerweise zu einer Preiser-

höhung führen (BGE 127 V 275 E. 3b). *Preissenkung* (Art. 67 Abs. 2bis und Art. 67 Abs. 3 KVV; Art. 35 Abs. 3, Art. 36 Abs. 2 und 37 Abs. 2 KLV): Auch geringfügige Preissenkungen können zur Wahrung der Wirtschaftlichkeit gerechtfertigt sein: K 148/06 E. 6.3=SVR 2007 KV Nr. 13. *Streichung aus der SL*: Siehe Art. 68 Abs. 1 lit. a sowie lit. b bis e KVV. Wo eine sanktionsweise Streichung als unverhältnismässig erscheint, sind mildere Sanktionen zu verhängen (BGE 129 V 32 E. 6.4.1 betreffend Publikumswerbung).

5.   Verfahrensrechtliche Fragen

15   Die Aufnahme oder Nichtaufnahme eines Arzneimittels in die SL beruht auf einer Verfügung i.S.v. Art. 5 VwVG (9C_766/2008 E. 3.2=SVR 2009 KV Nr. 12), die der Beschwerde an das Bundesverwaltungsgericht unterliegt (BVGE C-2055/2008 E. 1 und E. 6.4; s.a. C-5058/2007 E. 1.1.3 betr. AL). Die SL als Ganzes hat jedoch den Charakter einer Verordnung (BGE 127 V 80 E. 3c/bb; BVGE C-2055/2008 E. 6.2 f.; s.a. 9C_766/2008 E. 4.3.3=SVR 2009 KV Nr. 12). Auch für Preisanpassungen, namentlich Preissenkungen, und Änderungen im Bereiche der Limitierungen, Mengen oder Indikationen (9C_766/2008 E. 4.3=SVR 2009 KV Nr. 12; anders BRE RKUV 2003 KV 248 175 E. II/6 und BVGE C-2055/2008 E. 6.2; s.a.. Duc Jean-Louis, SZS 2003, S. 528 und Schweizer, AJP 3/2005 S. 297 ff.) beruhen auf Verfügung. Laut BGE 133 V 239 E. 8.3 kann die Beschwerdelegitimation eines Apothekers oder eines Apothekerverbandes bezüglich des Vertriebsanteils (Art. 67 Abs. 1bis und Abs. 1[quater] KVV) nicht zum Vornherein verneint werden (siehe dazu auch Duc, in: SZS 2003, S. 528 ff.). Im Zusammenhang mit den 2007 per 1.1.2008 angeordneten Preisanpassungen ist die Legitimation jedoch verneint worden (9C_766/2008 E. 5=SVR 2009 KV Nr. 12). Die KVers sind nicht beschwerdelegitimiert und gelten nicht als materielle Verfügungsadressaten des Aufnahmeentscheides (BGE 127 V 80 E. 3a).

16   Zum Thema der aufschiebenden Wirkung von Beschwerden gegen Preissenkungen und Streichungen von Spezialitäten: RKUV 1997 KV 4 25 E. 7, 2000 KV 120 158; RSKV 1979 380 203, 1978 345 236; SVR 1997 Nr. 93, SVR 2001 KV Nr. 12 (Anordnungen zur SL haben keine

Geldleistungen zum Gegenstand). Die aufschiebende Wirkung einer Beschwerde gegen die Streichung einer pharmazeutischen Spezialität darf nur dann entzogen werden, wenn dessen Belassung eine schwere Gefährdung der Interessen der KVers bedeuten würde (RSKV 1973 157 9. s.a. SVR 1997 KV Nr. 93). Altrechtliches: Das Bundesamt ist nicht legitimiert, gegen Entscheide der Rekursinstanz Beschwerde zu führen. Die Befugnis liegt beim EDI (BGE 127 V 149).

Ein Recht zu richterlicher Lückenfüllung in der SL besteht nicht (anders   17 im Rahmen von Art. 33 Abs. 3 und 5 KVG sowie Art. 33 lit. c KVV und Art. 1 KLV; K 63/02 E. 3.2=RKUV 2003 KV 260 299; s.a. RKUV 1999 KV 69 150 E. II. 4. 1 betr. Kompetenz der Kantone). Dagegen kann der Richter den Inhalt der SL überprüfen, beispielsweise Limitierungen oder Behandlungsauflagen (Anwendung als Monotherapie, Kombinationstherapie usw.), übt dabei jedoch grosse Zurückhaltung aus (K 43/99=RKUV 2001 KV 158 E. 4b; K 135/02 E. 4.3; K 46/03 E. 2.5=RKUV 2003 KV 262 311).

III.   Geburtsgebrechen (Abs. 2)

Siehe Art. 35 KVV. Zur Entstehungsgeschichte: Votum WICK, AB N   18 1993, S. 1862. Die SL enthält in Kapitel IV eine Geburtsgebrechensmedikamentenliste (GGML). Die versicherte Person muss die betreffenden Medikamente vor dem Erreichen des 20. Altersjahrs bezogen haben (Einleitung GGML; K 135/02 E. 5.2). Ausserhalb der GgV stehende Geburtsgebrechen sind vom Anwendungsbereich dieser Bestimmung ausgeschlossen (KIESER, ATSG-Kommentar*, Art. 3 Rz. 31 und EUGSTER, SZS 2003, S. 213, 217).

Art. 52a Substitutionsrecht

Apotheker oder Apothekerinnen können Originalpräparate der Spezialitätenliste durch die billigeren Generika dieser Liste ersetzen, wenn nicht der Arzt oder die Ärztin beziehungsweise der Chiropraktor oder die Chiropraktorin ausdrücklich die Abgabe des Originalpräparates verlangt. Im Falle einer Substitution informieren sie die verschreibende Person über das abgegebene Präparat.

Chronologie: Eingefügt durch Ziff. I der Änderung des KVG vom 24. März 2000, in Kraft seit 1. Jan. 2001 (AS 2000 2305 2311; BBl 1999 793).

Bibliografie: PIFFNER RAUBER*, S. 202.

K 158/05 E. 5.2=RKUV 2006 KV 382 356: Der Gesetzgeber wollte mit Art. 25 Abs. 2 lit. h KVG die von den Apothekern erbrachten Fachleistungen von den Medikamentenpreisen abkoppeln, namentlich mit dem Ziel, den Anreiz zum Verkauf teurer Medikamente zu beseitigen und den in Art. 52a KVG (in der Fassung vom 20. März 2000, in Kraft seit 1. Januar 2001) ermöglichten Absatz von Generika zu fördern. Dieses Ziel wird durch die Zulassung von Versandapotheken nicht in Frage gestellt. Mehr dazu unter Art. 25 Rz. 6.

Art. 53 Beschwerde an das Bundesverwaltungsgericht

[1] **Gegen Beschlüsse der Kantonsregierungen nach den Artikeln 39, 45, 46 Absatz 4, 47, 48 Absätze 1–3, 51, 54, 55 und 55a kann beim Bundesverwaltungsgericht Beschwerde geführt werden.**

[2] **Das Beschwerdeverfahren richtet sich nach dem Verwaltungsgerichtsgesetz vom 17. Juni 2005 (VGG) und dem Bundesgesetz vom 20. Dezember 1968 über das Verwaltungsverfahren (VwVG). Vorbehalten bleiben folgende Ausnahmen:**

    a. **Neue Tatsachen und Beweismittel dürfen nur so weit vorgebracht werden, als erst der angefochtene Beschluss dazu Anlass gibt. Neue Begehren sind unzulässig.**

    b. **Die Artikel 22a und 53 VwVG sind nicht anwendbar.**

    c. **Zur Einreichung einer Vernehmlassung setzt das Bundesverwaltungsgericht eine Frist von höchstens 30 Tagen. Diese kann nicht erstreckt werden.**

    d. **Ein weiterer Schriftenwechsel nach Artikel 57 Absatz 2 VwVG findet in der Regel nicht statt.**

    e. **In Beschwerdeverfahren gegen Beschlüsse nach Artikel 39 ist die Rüge der Unangemessenheit unzulässig.**

Chronologie: Fassung gemäss Ziff. I der Änderung des KVG vom 21. Dez. 2007 (Spitalfinanzierung), in Kraft seit 1. Jan. 2009 (AS 2008 2049 2057; BBl 2004 5551; alt: AS 1995 1328; BBl 1992 I 93; Anhang Ziff. 110 des Verwaltungsge-

richtsgesetzes vom 17. Juni 2005, AS 2006 2197; SR 173.32), Aufhebung mit
Wirkung seit 1. Jan. 2007.

Die Zuständigkeit des Bundesverwaltungsgerichts ist in Tariffragen von   1
derjenigen des Schiedsgerichts abzugrenzen. Nach dem altrechtlichen
BRE RKUV 1999 KV 63 56 E. 1.2 hing die Zuständigkeit des Bundesrates in einer Tarifsache auch davon ab, ob ein vertragsloser Zustand
vorlag, bei welchem der Bundesrat zur Schaffung eines Tarifs aufgeru-
fen war. Wenn streitig war, ob ein vertragsloser Zustand gegeben war
oder nicht, war das Schiedsgericht für die Beurteilung zuständig (BRE
RKUV 1999 KV 63 56 E. 1.2). War das Schiedsgericht nicht angerufen
worden, prüfte der Bundesrat vorfrageweise die Streitfrage, ob er es mit
einem vertragslosen Zustand zu tun hatte. Sein Entscheid war zu revidieren, wenn sich nachträglich aufgrund eines schiedsgerichtlichen Urteils
herausstellte, dass kein vertragsloser Zustand vorlag (BRE RKUV 1997
KV 17 375 E. II/13).

Abs. 2 (der ab dessen Inkrafttreten anwendbar war: BVGer C-536/2009   2
E. 2.1 h.H.) schreibt verschiedene Abweichungen vom regulären Ver-
fahren des Bundesverwaltungsgerichtes vor. Abs. 2 lit. a–d soll – als
Reaktion auf die langen Beschwerdeverfahren vor dem Bundesrat – das
Verfahren auf maximale Weise beschleunigen (Votum Brunner AB 2006
S 63). Lit. e soll bezüglich Spitalplanung mit dem Ausschluss der Ange-
messenheitsprüfung die Beschwerdemöglichkeiten einschränken. Davon
betroffen dürften hauptsächlich Privatkliniken sein. Als Grund wurde in
den parlamentarischen Beratungen in Anlehnung an die Rechtsprechung
(BGE 132 V 6; BGE 126 V 172) angeführt, dass die Nichtaufnahme
in die Spitalliste ein politischer Entscheid sei, welchen Gerichte nicht
wegen Unangemessenheit sollen umstossen können (AB 2006 S 64 ff.;
Votum Forster-Vanini AB 2007 S 763 ff.). Ermessensmissbrauch und
Ermessensüberschreitung sowie eine unvollständige oder ungenaue
Sachverhaltsfeststellung bleiben dagegen anfechtbare Bundesrechtsver-
letzungen (AB 2007 S 763 ff.).

Die Nichtaufnahme eines Spitals in die Spitalliste liegt ausserhalb des   3
Anwendungsbereiches von Art. 6 Ziff. 1 EMRK: BGE 126 V 172; BGE
132 V 6 E. 2b und 2.7.

5. Abschnitt: Ausserordentliche Massnahmen zur Eindämmung der Kostenentwicklung

Art. 54 Globalbudgetierung durch die Genehmigungsbehörde

[1] Die Versicherer können beantragen, dass der Kanton als befristete ausserordentliche Massnahme zur Eindämmung eines überdurchschnittlichen Kostenanstiegs einen Gesamtbetrag (Globalbudget) für die Finanzierung der Spitäler und Pflegeheime festsetzt.

[2] Der Kanton hat innert drei Monaten nach der Antragstellung über das Eintreten zu entscheiden. Er hört die Einrichtungen und die Versicherer vorher an.

Chronologie: AS 1995 1328; BBl 1992 I 93.

Art. 55 Tariffestsetzung durch die Genehmigungsbehörde

[1] Steigen die durchschnittlichen Kosten je versicherte Person und Jahr in der obligatorischen Krankenpflegeversicherung für ambulante oder stationäre Behandlung doppelt so stark an wie die allgemeine Preis- und Lohnentwicklung, so kann die zuständige Behörde verordnen, dass die Tarife oder die Preise für sämtliche oder bestimmte Leistungen nicht erhöht werden dürfen, solange der relative Unterschied in der jährlichen Zuwachsrate mehr als 50 Prozent gemessen an der allgemeinen Preis- und Lohnentwicklung beträgt.

[2] Zuständig ist:
  a. der Bundesrat bezüglich der von ihm genehmigten Tarifverträge nach Artikel 46 Absatz 4;
  b. das Departement bezüglich der Tarife oder Preise nach Artikel 52 Absatz 1 Buchstabe a Ziffern 1 und 2 sowie Buchstabe b;
  c. die Kantonsregierung bezüglich der von ihr genehmigten Tarifverträge nach Artikel 46 Absatz 4.

Chronologie: AS 1995 1328; BBl 1992 I 93.

Trotz sachgerechter Tarife kann die Kostenentwicklung bei einer oder 1
mehreren Kategorien von Leistungserbringern überborden. Zur Korrektur eines solchen Marktversagens stellt der Gesetzgeber staatliche
Eingriffsmöglichkeiten zur Verfügung. Er sieht hierfür die Instrumente
der Globalbudgetierung (Art. 54 KVG) sowie des Tarif- und Preisstopps
(Art. 55 KVG) vor.

In Art. 54 KVG fehlt im Gegensatz zu Art. 55 KVG eine Definition des 2
überdurchschnittlichen Kostenanstiegs, was in den parlamentarischen
Beratungen zu Kritik Anlass gab (Voten Cotti, AB 1992 S 1321; Loretan, AB 1992 S 1320, u.a.m.). Soweit ersichtlich, hat sich erst
RKUV 2002 KV 220 309 E. 13.2 mit der Frage befasst, ohne sich indessen in grundsätzlicher Hinsicht zu äussern. Es rechtfertigt sich die
sinngemässe Anwendung der Kriterien von Art. 55 Abs. 1 KVG. In BRE
RKUV 2002 KV 220 309 E. 13.2 Der Antrag nach Art. 54 Abs. 1 KVG
muss nicht von allen KVers gesamthaft ausgehen.

Das KVG regelt die Art und Weise der Budgetierung nicht. Das Vergü 3
tungsvolumen für das Budgetjahr dürfte notwendigerweise prospektiv
aufgrund der in den Vorjahren erbrachten Leistungen und der zu erwartenden Bedürfnisse festzulegen sein. Zuschläge zu den Vorjahreswerten
können sich für die allgemeine Teuerung, den Fortschritt in der Medizin
(Innovation) und altersdemografisch bedingten Mehrbelastungen rechtfertigen. Die betroffenen Leistungserbringer haben die Aufteilung des
Vergütungsvolumens gemeinsam zu regeln, wobei ihr Leistungsauftrag
und ihr statistisch ermitteltes Leistungsvolumen zu berücksichtigen
sind.

Alle KVG-Leistungen sind einem Tarifstopp gemäss Art. 55 KVG zu 4
gänglich, insbesondere auch die Spitaltaxen. Die KVers sind nicht ermächtigt, einseitig einen Tarifstopp anzuordnen. Sie haben dagegen das
Recht, wegen der Kostenentwicklung auf Verhandlungsbegehren um Tariferhöhungen nicht einzutreten.

Gegen Beschlüsse der Kantonsregierungen nach den Art. 51, 54 und 55 5
und 55a kann beim Bundesverwaltungsgericht Beschwerde geführt werden (Art. 53 Abs. 1 KVG).

Art. 55a Einschränkung der Zulassung zur Tätigkeit zu Lasten der Krankenversicherung

(bis 13.06.2008 gültige Fassung)

[1] **Der Bundesrat kann für eine befristete Zeit von bis zu drei Jahren die Zulassung von Leistungserbringern zur Tätigkeit zu Lasten der obligatorischen Krankenpflegeversicherung nach den Artikeln 36–38 von einem Bedürfnis abhängig machen. Er legt die entsprechenden Kriterien fest. Er kann diese Massnahme einmal erneuern.**

[2] **Die Kantone sowie die Verbände der Leistungserbringer und der Versicherer sind vorher anzuhören.**

[3] **Die Kantone bestimmen die Leistungserbringer nach Absatz 1.**

[4] **Eine erteilte Zulassung verfällt, wenn nicht innert bestimmter Frist von ihr Gebrauch gemacht wird. Der Bundesrat legt die Bedingungen fest.**

Chronologie: Eingefügt durch Ziff. I der Änderung des KVG vom 24. März 2000 (AS 2000 2305; BBl 1999 793). Abs. 1 Satz 3: AS 2005 1071; BBl 2004 4259.

Parlamentarische Initiative Übergangslösung Zulassungsstopp, Bericht der Kommission für soziale Sicherheit und Gesundheit des Nationalrates vom 25. März 2009 (BBl 2009 3413).

Bibliografie: AYER ARIANE, La clause du besoin pour les médecins et les cabinets médicaux, IDS, Universität Neuenburg, 2000; KUHN HANSPETER, Some animals are more equal: der Zulassungsstopp gilt nicht für HMO und weitere ambulante Institutionen, in: SAeZ 88(2007), S. 2159; HOFMANN DAVID, La clause de besoin pour les médecins et la Constitution fédérale, in: AJP 7/2003 S. 789; LONGCHAMP*, S. 291; POLEDNA TOMAS, Bedürfnisklauseln für ambulante Leistungserbringer nach Art. 55a KVG – Grenzen der Verfassungskontrolle, in: HILL-2004-Fachartikel-1 (www.hilljournal.ch); RUEFLI CHRISTIAN/MONACO GIANNA, Forschungsbericht 3/04, Wirkungsanalyse bedürfnisabhängige Zulassungsbeschränkung für neue Leistungserbringer (Art. 55a KVG), Hrsg. Bundesamt für Sozialversicherung/Bundesamt für Gesundheit (Internet-Adresse siehe S. XXII Literaturverzeichnis hiervor).

Verordnung: Verordnung über die Einschränkung der Zulassung von Leistungserbringern zur Tätigkeit zu Lasten der OKP vom 3. Juli 2002 (SR 832.103).

I.   Zur ratio legis

Der Zulassungsstopp wurde hauptsächlich eingeführt, um im Zuge der   1
Personenfreizügigkeit nach dem FZA und dem EFTA-Übereinkommen
den Zustrom von Ärzten aus den Vertragsstaaten zu beschränken (zur
Entstehungsgeschichte: BGE 130 I 26, E. 5.2.2.1; s.a. BGE 133 V 613
E. 4.2 und 06.09.2004 2P.134/2003 E. 4.2; K 112/06 E. 6.2.1). Die
Beschränkung betrifft nur den ambulanten Sektor. Die Einrichtungen,
die der ambulanten Krankenpflege durch Ärzte dienen (Art. 35 Abs. 2
lit. n KVG) unterliegen Art. 55a KVG nicht (BGE 133 V 613 E. 5.4;
siehe aber den ab 14.06.2008 geltenden Art. 55a Abs. 1 KVG). Der
Zulassungsstopp ist mit der BV und dem FZA mit der EG grundsätzlich vereinbar: BGE 130 I 26 E. 3 ff.; s.a. BGE 132 V 6, 15 E. 2.3; s.a.
06.09.2004 2P.134/2003 E. 1.4, 2.1 und 3.

II.   Zur zeitlichen Geltungsdauer

Mit Art. 6 der VO über die Einschränkung der Zulassung von Leis-   2
tungserbringern zur Tätigkeit zu Lasten der OKP vom 3. Juli 2002
(SR 832.103) hat der Bundesrat gestützt auf die Zwischenrevision vom
25. Mai 2005 (AS 2005 2353) den Zulassungsstopp ein erstes Mal bis
spätestens 3. Juli 2008 verlängert, dann mit Abs. 3 bis 31.12.2009 (AS
2008 3165). Schliesslich hat die Zulassungseinschränkung mit der Änderung von Art. 55a KVG vom 12.06.2009 (AS 2009 5265) in modifi-
zierter Form eine weitere Verlängerung bis 31.12.2011 erfahren.

III.   Verfahrensrechtliche Fragen

Während die Zuständigkeit zur Einführung beim Bundesrat liegt, bil-   3
det die Umsetzung auf der Ebene der Kantone unselbständiges Ausfüh-

rungsrecht, sodass der Zulassungsstopp auf kant. Ebene keiner zusätzlichen formellgesetzlichen Grundlage bedarf (BGE 130 I 26 E. 5.3.2.2, BGE 133 V 613 E. 4.2; s.a. 2P.134/2003 E. 2.1 f. zur bundesgerichtlichen Überprüfung kant. Ausführungsrechts).

4   Beschwerden gegen Beschlüsse der Kantonsregierung (und kant. Direktionen oder Departemente) nach Art. 55a KVG können beim Bundesverwaltungsgericht angefochten werden (Art. 34 VGG). Die Beschwerde an das Bundesgericht ist unzulässig (Art. 83 lit. r sowie Art. 86 Abs. 1 lit. d BGG; BGE 134 V 45 E. 1.3; 9G 2/2008 E. 1; 9C_133/2008; s.a. BGE 130 I 26 E. 5.3.2.2; 9C_35/2009). Die KVers sind nicht legitimiert, gegen kant. Zulassungsentscheide Beschwerde zu führen (K 112/06 E. 6.2.2).

Art. 55a Einschränkung der Zulassung zur Tätigkeit zulasten der Krankenversicherung

(vom 14. Juni 2008 bis 31. Dez. 2009 geltende Fassung)

[1] **Der Bundesrat kann die Zulassung von selbstständig und unselbstständig tätigen Leistungserbringern zur Tätigkeit zu Lasten der obligatorischen Krankenpflegeversicherung nach den Artikeln 36–38 für eine befristete Zeit von einem Bedürfnis abhängig machen. Er legt die entsprechenden Kriterien fest.**

[2] **Die Kantone sowie die Verbände der Leistungserbringer und der Versicherer sind vorher anzuhören.**

[3] **Die Kantone bestimmen die Leistungserbringer nach Absatz 1.**

[4] **Eine erteilte Zulassung verfällt, wenn nicht innert bestimmter Frist von ihr Gebrauch gemacht wird. Der Bundesrat legt die Bedingungen fest.**

Chronologie: Fassung gemäss Ziff. I der Änderung des KVG vom 13. Juni 2008 (bedarfsabhängige Zulassung), in Kraft vom 14. Juni 2008 bis 31. Dez. 2009 (AS 2008 2917 2918; BBl 2004 4293).

Verordnung: VO über die Einschränkung der Zulassung von Leistungserbringern zur Tätigkeit zu Lasten der obligatorischen Krankenpflegeversicherung (Änderung vom 14. Januar 2009; AS 2009 453; SR 832.103).

Mit der KVG-Änderung vom 13. Juni 2008 hat das Parlament die Formulierung «selbständig und unselbständig tätigen Leistungserbringer» in Absatz 1 von Art. 55a KVG eingefügt. Damit sollte klargestellt werden, dass Ärztinnen und Ärzte auch dann der bedarfsabhängigen Zulassung unterstehen, wenn sie angestellt sind. Letztere sind unselbstständig erwerbstätig. Sie gelten nicht als Leistungserbringer im technischen Sinn.

Art. 55a Einschränkung der Zulassung zur Tätigkeit zu Lasten der Krankenversicherung

(ab 01.01.2010 bis 31.12.2011 geltende Fassung)

[1] **Der Bundesrat kann die Zulassung von selbstständig und unselbstständig tätigen Leistungserbringern zur Tätigkeit zu Lasten der obligatorischen Krankenpflegeversicherung nach den Artikeln 36 und 37 sowie die Tätigkeit von Ärztinnen und Ärzten in Einrichtungen nach Artikel 36a und im ambulanten Bereich von Spitälern nach Artikel 39 für eine befristete Zeit von einem Bedürfnis abhängig machen. Er legt die entsprechenden Kriterien fest. Davon ausgenommen sind Personen mit folgendem Weiterbildungstitel:**

    a. **Allgemeinmedizin;**

    b. **Praktischer Arzt oder praktische Ärztin als einziger Weiterbildungstitel;**

    c. **Innere Medizin als einziger Weiterbildungstitel;**

    d. **Kinder- und Jugendmedizin.**

[2] **Die Kantone sowie die Verbände der Leistungserbringer und der Versicherer sind vorher anzuhören.**

[3] **Die Kantone bestimmen die Leistungserbringer sowie die Ärztinnen und Ärzte nach Absatz 1. Sie können die Zulassung an Bedingungen knüpfen.**

[4] **Eine erteilte Zulassung verfällt, wenn nicht innert bestimmter Frist von ihr Gebrauch gemacht wird. Der Bundesrat legt die Bedingungen fest.**

Chronologie: Fassung gemäss Änderung des KVG vom 12. Juni 2009 (AS 2009 5265); parlamentarische Initiative Übergangslösung Zulassungsstopp, Bericht der Kommission für soziale Sicherheit und Gesundheit des Nationalrates vom 25. März 2009 (BBl 2009 3413); Parlament. Initiative. Übergangslösung Zulassungsstopp. Bericht vom 25. März 2009 der Kommission für soziale Sicherheit und Gesundheit des Nationalrates. Stellungnahme des Bundesrates (BBl 2009 3413).

Verordnung: VO über die Einschränkung der Zulassung von Leistungserbringern zur Tätigkeit zu Lasten der obligatorischen Krankenpflegeversicherung, Änderung vom 21. Oktober 2009 (AS 2009 5339).

BAG: Änderungen und Kommentar im Wortlaut betreffend die Verordnung vom 3. Juli 2002 über die Einschränkung der Zulassung von Leistungserbringern zur Tätigkeit zulasten der obligatorischen Krankenpflegeversicherung, vorgesehene Änderungen per 1. Januar 2010, abrufbar unter http://www.bag.admin.ch/themen/krankenversicherung/06368/index.html?lang=de; Stand 01.12.2009.

1 Neu werden nur noch Spezialärzte und Apotheker von der Einschränkung erfasst. Grundversorger und Leistungserbringer nach Art. 38 KVG (Art. 35 Abs. 2 lit. c–g und m KVG) fallen also nicht mehr unter den Geltungsbereich. Anderseits erfährt der Geltungsbereich eine Ausdehnung auf die im ambulanten Bereich von Spitälern (Art. 39 KVG) tätigen Ärzte, dies als Massnahme gegen die dort in den vergangenen Jahren zu verzeichnende besonders starke Kostensteigerung.

2 Bei der Definition der Grundversorger dient als Abgrenzungskriterium die nach der Bundesgesetzgebung über die Medizinalberufe (MedBG; SR 811.11) abgeschlossene und nach der Verordnung vom 27. Juni 2007 über Diplome, Ausbildung, Weiterbildung und Berufsausübung in den universitären Medizinalberufen (SR 811.112.0) bezeichnete Weiterbildung. Das Kriterium des einzigen Weiterbildungstitels in Abs. 1 lit. c will Spezialärzte mit einem Weiterbildungstitel für innere Medizin vom Kreis der Grundversorger ausschliessen. Auf die Natur der tatsächlich zu Lasten der obligatorischen Krankenpflegeversicherung erbrachten Leistungen wird nicht abgestellt. Mit der gleichen Einschränkung in lit. b von Abs. 1 soll hauptsächlich vermieden werden, dass ein Spezialarzt den leicht zu erlangenden Titel eines praktischen Arztes erwirbt und so den Zulassungsstopp umgehen könnte.

3 Absatz 3 hält neu fest, dass die Kantone auch die Zulassung von Ärztinnen und Ärzten, die in Einrichtungen nach Artikel 36*a* KVG und im ambulanten Bereich von Spitälern nach Artikel 39 KVG tätig werden, von einem Bedürfnis abhängig machen dürfen. Neu ist ferner der

Satz, dass sie die Zulassung an Bedingungen knüpfen können (was sie allerdings schon bisher durften). Sie können damit u.a. auf Unterversorgungssituationen reagieren, indem sie dem Leistungserbringer vorschreiben, an einem bestimmten Ort zu praktizieren.

6. Abschnitt: Kontrolle der Wirtschaftlichkeit und der Qualität der Leistungen

Art. 56 Wirtschaftlichkeit der Leistungen

[1] Der Leistungserbringer muss sich in seinen Leistungen auf das Mass beschränken, das im Interesse der Versicherten liegt und für den Behandlungszweck erforderlich ist.

[2] Für Leistungen, die über dieses Mass hinausgehen, kann die Vergütung verweigert werden. Eine nach diesem Gesetz dem Leistungserbringer zu Unrecht bezahlte Vergütung kann zurückgefordert werden. Rückforderungsberechtigt ist:

    a. im System des *Tiers garant* (Art. 42 Abs. 1) die versicherte Person oder nach Artikel 89 Absatz 3 der Versicherer;

    b. im System des *Tiers payant* (Art. 42 Abs. 2) der Versicherer.

[3] Der Leistungserbringer muss dem Schuldner der Vergütung die direkten oder indirekten Vergünstigungen weitergeben, die ihm:

    a. ein anderer in seinem Auftrag tätiger Leistungserbringer gewährt;

    b. Personen oder Einrichtungen gewähren, welche Arzneimittel oder der Untersuchung oder Behandlung dienende Mittel oder Gegenstände liefern.

[4] Gibt der Leistungserbringer die Vergünstigung nicht weiter, so kann die versicherte Person oder der Versicherer deren Herausgabe verlangen.

[5] Leistungserbringer und Versicherer sehen in den Tarifverträgen Massnahmen zur Sicherstellung der Wirtschaftlichkeit der Leistungen vor. Sie sorgen insbesondere dafür, dass diagnostische Massnahmen nicht unnötig wiederholt werden, wenn Versicherte mehrere Leistungserbringer konsultieren.

Chronologie: AS 1995 1328; BBl 1992 I 93.

Bibliografie: BSV (Bundesamt für Sozialversicherung), Wie man Medikamentenvergünstigungen offen darlegt und weitergibt; Empfehlungen, in: infosantésuisse 3/2003, S. 10 f.; Deschenaux François-X., Le précepte de l'économie du traitement dans l'assurance-maladie sociale, en particulier en ce qui concerne le médecin, in: Sozialversicherungsrecht im Wandel, FS 75 Jahre EVG, S. 536 ff.; Eugster Gebhard, Wirtschaftlichkeitskontrolle ambulanter ärztlicher

Leistungen mit statistischen Methoden, Diss., Zürich 2003; Eugster Gebhard, Das Wirtschaftlichkeitsgebot nach Art. 56 Abs. 1 KVG, in: René Schaffhauser et al. (Hrsg.), Wirtschaftlichkeitskontrolle in der Krankenversicherung, St. Gallen 2001, S. 9 ff.; Felder Stefan, Disease-Management-Programme: eine kritische Sicht, in: Gesundheitsversorgung und Disease Management, Bern 2003, S. 237 ff.; Hicklin Alois, Psychotherapie und Beurteilung der Wirtschaftlichkeit, in: SAeZ 1998, S. 198 ff.; Longchamp*, S. 304 ff., 312 ff.; Saxer Urs, Korruption im Arzneimittelhandel: zum Vorteilsverbot gemäss Art. 33 HMG und dessen Koordination mit Art. 56 Abs. 3 KVG, in: AJP 12/2002 S. 1463 ff.; Wyler Daniel, Moral Hasard in der sozialen Krankenversicherung, in: SZS 2006 S. 226–236. S.a. die Bibliografie zu Art. 32 KVG.

Verordnung: Art. 76 KVV (Angaben über die erbrachten Leistungen).

Übersicht

I. Leistungsmengenbegrenzung als Wirtschaftlichkeitsgebot

Art. 56 Abs. 1 entspricht im Wesentlichen Art. 23 KUVG (BGE 130 V 377 E. 7.4; BGE 127 V 43 E. 2b). Die Bestimmung stellt ein an alle Leistungserbringer gerichtetes Handlungsgebot dar (9C_397/2009 E. 4.2), zielt auf das Quantitativ medizinischer Leistungen und regelt   **1** damit als lex specialis zu Art. 32 Abs. 1 KVG einen Anwendungsfall des allgemeinen Wirtschaftlichkeitsgebots im konkreten Behandlungsfall. Seine Einhaltung ist für die versicherte Person eine nach Art. 32 Abs. 1 KVG zu wahrende Anspruchsvoraussetzung (BGE 127 V 43 E. 2b; BGE 127 V 281 E. 5b; 125 V 95, 98 E. 2b). Wo die nichtärztliche, auf ärztliche Verordnung hin tätige Medizinalperson keinen Einblick in die Behandlung als Ganzes hat, ist sie nicht mitverantwortlich dafür, dass das erforderliche Mass nicht überschritten wird (9C_397/2009 E. 4.3). Die Erwähnung des Versicherteninteresses soll vor einer zu rigiden Anwendung des Wirtschaftlichkeitsgebots schützen (BGE 127 V 43 E. 3; Deschenaux, FS EVG, S. 537; Longchamp*, S. 304; ablehnend Eugster, Wirtschaftlichkeitskontrolle, S. 53 f.). Wirtschaftlichkeit beurteilt sich nach objektiven Kriterien (K 97/85 E. 8c; RSKV 1971 65 82 E. 5). Zur kostengünstigsten als der wirtschaftlichen Behandlungsalternative siehe Art. 32 KVG Rz. 11.

2   *Therapeutische Freiheit:* Der Arzt geniesst therapeutische Freiheit bloss in den Schranken des Wirtschaftlichkeitsgebot nach Art. 32 Abs. 1 und Art. 56 Abs. 1 KVG (BGE 110 V 187 E. 5a; K 97/85 19.10.87 E. 5b; sie bleibt aber im Rahmen dieser Bestimmung gewährleistet (BGE 103 V 145 E. 6; RSKV 1978 315 49). Dem Arzt steht in Diagnostik und Therapie ein gewisses Ermessen zu (9C_567/2007 E. 1.2; K 8/04 E. 2.4.2; s.a. K 94/00 und RKUV 1986 K 761 143 E. 2c.

3   *Wirtschaftlichkeit und Schadenminderungspflicht*: Im Einzelfall sind im Rahmen der Wirtschaftlichkeitsprüfung Überlegungen der Schadenminderungspflicht der Versicherten nicht ausgeschlossen (BGE 118 V 107 E. 7b; RKUV 1994 K 929 18 E. 4; s.a. Art. 25 Rz. 77 ff.). Die Praxis trennt die beiden Begriffe nicht klar. Die Schadenminderungspflicht kann sich nur mit Bezug auf wirtschaftliche Leistungen stellen. Die Wirtschaftlichkeit ist daher vor der Frage der Schadenminderungspflicht zu prüfen. Sie ist im Rahmen von Art. 56 Abs. 1 KVG auch von den Leistungserbringern zu wahren. Unter diesem Titel kann, soweit zumutbar, auch ein erster Therapieversuch mit einer kostengünstigeren Behandlung geboten sein (BGE 130 V 299 E. 6.2: Physiotherapie vor Mammareduktionsplastik; K 42/02; K 164/03 E. 4.6: Zahnextraktionsversuch zuerst unter Sedation statt sofort in Vollnarkose). Eine Frage der Schadenminderungspflicht, nicht der Wirtschaftlichkeit, ist die Wahl des Leistungserbringers mit dem günstigeren Kassentarif (BGE 133 V

123 E. 7; anders BGE 127 V 138 E. 5; K 204/98 E. 4c/bb; s.a. Art. 25
Rz. 29 und Rz. 79).

II. Wirtschaftlichkeitskontrolle

Die KVers sind dazu unter Wahrung des Verhältnismässigkeitsprinzips   4
verpflichtet (BGE 127 V 43 E. 2b und 51; BGE 133 V 359 E. 6.1). Von
der Wirtschaftlichkeitskontrolle zu unterscheiden ist die Rechnungskontrolle (Einhaltung der Tarifregeln und besonderer Leistungseinschrän-
kungen (K 124/03 E. 6.1.2; K 39/95; BVGE C-6570/2007 E. 3.1.1). Mit
Tarifverstössen kann allerdings das erforderliche Mass an Leistungen
ebenfallfalls überschritten werden (K 116/03 E. 4.2).

1. Einzelfallkontrolle

Die Wirtschaftlichkeitskontrolle erfolgt regelmässig a posteriori, kann   5
aber auch prospektiv oder während laufender Behandlung geschehen
(BGE 127 V 43 E. 2a und 48 f. betr. Etappierung von Kostengutsprachen im Spitalfall; siehe dazu auch Duc Jean-Louis, AJP 2002 S. 573).
Im Anhang 1 KLV sowie in der SL und der MiGel wird die Auflage
gemacht, dass bestimmte Leistungen vor Behandlungsbeginn durch den
Vertrauensarzt zu genehmigen sind (Art. 58 KVG Rz. 3; Art. 57 KVG
Rz. 5). Die KVers sind mit Bezug auf geltend gemachte Verstösse gegen Art. 32 Abs. 1 und Art. 56 Abs. 1 KVG beweisbelastet, wobei an
die Substantiierung im Hinblick auf ein schiedsgerichtliches Verfahren
keine hohen Anforderungen gestellt werden (9C_567/2007 E. 1.3). Im
stationären Sektor ist eine effiziente Wirtschaftlichkeitskontrolle mit
anonymisierten oder pseudonymisierten Daten nicht realisierbar, wenn
es darum geht, die Wirtschaftlichkeit im Einzelfall zu prüfen (BVGE
C-6570/2007 E. 4.3).

Möglich ist auch eine retrospektive systematische Kontrolle des Be-   6
handlungsverhaltens, indem alle Abrechnungen eines Leistungserbringers einer bestimmten Periode auf Wirtschaftlichkeit überprüft werden
(*analytische Prüfmethode* genannt). Zu den Anforderungen: BGE 99 V
193 E. 3, K 108/01 E. 6.2; K 107/01 E. 6.2.1; K 90/01 E. 3b=SVR 2002

KV Nr. 31; vgl. a. K 23/03 E. 8.3 f.. Das Schiedsgericht kann die Herausgabe der Krankengeschichten, Korrespondenzen und sonstigen Aufzeichnungen verlangen (K 90/01=SVR 2002 KV Nr. 31; Rz. 21 hiernach, ferner Art. 42 Rz. 16 und Art. 57 Rz. 8). Haben die KVers den Verdacht auf Unwirtschaftlichkeit in einzelnen Behandlungsfällen konkretisiert, muss das Schiedsgericht ergänzende Abklärungen treffen (K 23/03 E. 8.4).

2. Statistische Wirtschaftlichkeitskontrollen

Bibliografie: AMSTUTZ ROLAND, Der Statistik ausgeliefert? Die Wirtschaftlichkeitskontrolle durch santésuisse, in: René Schaffhauser et al. (Hrsg.), Medizin und Sozialversicherung im Gespräch, Schriftenreihe des Instituts für Rechtswissenschaft und Rechtspraxis der Universität St. Gallen, Bd. 15, 2006, S. 89 ff.; CATTANEO DANIELE, Il controllo dell' economicità delle cure prestate del medico, in LaMal–KVG*, S. 413 ff.; CEREGHETTI ANTONELLA, Nul n'est censé ignorer ... comment faire face à l'accusation de polypragmasie, in: Revue médicale suisse 4(2008) Nr. 177, S. 2356–2359; D'ANGELO MIRJAM, Wirtschaftlichkeitsverfahren der santésuisse nach der ANOVA-Methode, in SAeZ 89(2008) H. 21, S. 906–908; DUC JEAN-LOUIS, Des procès pour polypragmasie; un arrêt récent du Tribunal fédéral des assurances. AJP 2002, S. 76 ff.; DERS., La polypragmasie – notion, preuve, sanctions: vers une modification ou évolution de la jurisprudence?, in: AJP 2/2009 S. 203 ff.; DERS., La polypragmasie sous l'empire de l'article 23 LAMA et au regard de l'article 56 LAMal, in: CGSS 2001, Hors série Nr. 3, Etudes de droit social, S. 107 ff.; DERS., La polypragmasie dans l'assurance-sociale, in: CGSS 2007 Nr. 39 S. 59; DERS., Le médicin-conseil en droit des assurances sociales: le rôle du médecin-conseil selon les règles légales (assurance-maladie, assurance-accidents, AI, prévoyance professionnelle), in: Colloques et journées d'étude 1999–2001, Lausanne 2002, S. 503 ff.; EUGSTER GEBHARD, Überarztung aus juristischer Sicht, ein Konzert mit Misstönen, in: Thomas Gächter/Myriam Schwendener (Hrsg), Rechtsfragen zum Krankheitsbegriff, Bern et al. 2009, S. 97; DERS., Wirtschaftlichkeitskontrolle ambulanter ärztlicher Leistungen mit statistischen Methoden, Diss., Zürich 2003; FELLMANN WALTER, Arzt als Unternehmer – Kickbacks und ihre Grenzen, in: Poledna Tomas/Jakobs Reto (Hrsg.), Gesundheitsrecht im wettbewerblichen Umfeld, Forum für Gesundheitsrecht, Zürich 2010, S. pend.; GATTIKER MONIKA, Veranlasste Kosten – Einbezug in die Forderungen wegen Überarztung nach Art. 56 Abs. 2 KVG, in: AJP 2005 S. 1098; GIANELLA LUISA, Il controllo dell'economicità dei trattamenti medici: la nozione di polipragmasia nella giurisprudenza, in Temi scelti di diritto delle assicurazioni sociali, Lugano 2006, S. 121–133; HAEFELI ANDREAS, Ruinöse Verfahren ohne sichere Grundlagen, in: Thomas Gächter/Myriam Schwendener (Hrsg), Rechtsfragen zum Krankheitsbegriff, Bern et al. 2009, S. 145; DERS., Ruinöse Unrechtsprechung: Wirtschaftlichkeitsverfahren nach Art. 56 KVG, in: Jusletter 18.08.2008 und Schweizerische Zeitschrift für Gesundheitsrecht, 2009 H. 12 S. 55 ff.; HAEFELI SIMON, Wirtschaftlichkeitsverfahren in der Kritik, SAeZ 89(2008) H. 41, S. 1749–1750; HASLER NIKLAUS, Die Beurteilung der Wirtschaftlichkeit der ärztlichen Behandlung aufgrund von statistischen Angaben, in: Schweizerische Stiftung TELMED (Hrsg.), Medizinische Informatik in der Schweiz, Vorträge und Kurzbeiträge des Ersten Schweizerischen Symposiums für Medizinische Informatik vom 13. bis 14. März 1986 im Gottlieb Duttweiler Institut in Rüschlikon bei Zürich, Basel/Stuttgart 1986; ISELIN EDOUARD, Polypragmasie et étendu de l'obligation de restitution au sens de l'art. 56 al. 2 LAMal, in: SZS 2006 S. 106–125; JUNOD VALÉRIE, Polypragmasie: analyse d'une procédure controversée, in CGSS, 2008 Nr. 40, S. 129–174; KIESER UELI, Formelle Fragen der pauschalen Rückforderung gegenüber Leistungserbringern, in: René Schaffhauser et al. (Hrsg.), Wirtschaftlichkeitskontrolle in der Krankenversicherung, St. Gallen 2001, S. 101 ff.; KIESER UELI, AJP 2007 S. 514, Urteilsbespr. BGE 134 V 37; RAUBER PFIFFNER, in: AJP 5/2002 S. 578, komm. 139/00; REICH THEODOR, Durchschnittliche Behandlungskosten als Beweismethode? in: SJZ 1972, S. 120 ff.; ROMANENS MICHEL, Krankenkassen, santésuisse und Wirtschaftlichkeitsverfahren, die keine sind: eine Moratoriumsforderung für die ANOVA-Methode, in SAeZ 90 (2009) H. 1/2 S. 49 ff.; SCHMID HEINZ, Überlegung aus versicherungsmathematischer/statistischer Sicht, in: Wirtschaftskontrolle in der Krankenversicherung, St. Gallen 2001, S. 149 ff.; SCHÜRER CHRISTIAN, Honorarrückforderung wegen Überarztung bei ambulanter ärztlicher Behandlung – Materiellrechtliche Aspekte, in: René Schaffhauser/Ulrich Kieser (Hrsg.), Wirtschaftlichkeitskontrolle in der Krankenversicherung, St. Gallen 2001, S. 78 ff.; WENGER MATHIAS, Die Angst des Arztes vor der Polypragmasie, in: René Schaffhauser et al. (Hrsg.), Medizin und Sozialversicherung im Gespräch, Schriftenreihe des Instituts für Rechtswissenschaft und Rechtspraxis der Universität St. Gallen, Bd. 15 2006, S. 69 ff.

Verordnung: Art. 76 KVV.

Übersicht

a)   Arithmetischer Mittelwertvergleich (Durchschnittskostenvergleich)

aa)   Methodik und Beweiseignung

7   Das Verfahren besteht darin, dass die Kosten pro statistischem Behandlungsfall eines bestimmten Arztes (individueller Fallwert) mit den Kosten pro statistischem Behandlungsfall von Ärzten des gleichen medizinischen Fachgebiets verglichen werden (Gruppenfallwert). Der Behandlungsfall wird in der heutigen Praxis durch die Summe der Leistungen gebildet, die für eine versicherte Person während eines Kalenderjahres pro Leistungserbringer im Durchschnitt abgerechnet werden (K 127/01 E. 4.3). Das Verfahren gilt als gesetzmässig (9C_457/2009 E. 7.1; 9C_393/2007 E. 4.4; 9C_773/2008 E. 6; 9C_393/2007 E. 4.4). Der Durchschnittskostenvergleich ist eine *Beweismethode*; er bezweckt nicht die Schaffung einer Art von Wirtschaftlichkeitsdefinition (BGE 99 V 193 E. 3).

8   Mit Bezug auf die geeignete, anwendbare Methode – analytische Prüfmethode oder statistischer Vergleich – steht den Prüfinstanzen ein Auswahlermessen nach Massgabe der Zweckmässigkeit zu (K 6/06 E. 4.1; K 90/01 E. 3b=SVR 2002 KV Nr. 31; K 150/03 E. 6.1; K 46/04 E. 5.1; K 142/05 E. 7.1; K 113/03 E. 3.1), wobei der statistischen wo möglich der Vorzug gegeben wird (K 93/02 E. 5.2) und die beiden Methoden auch kombinierbar sind (K 148/04 E. 3.2; K 130/06 E. 4). Die Frage der zweckmässigen Prüfmethode ist im Rahmen des schiedsgerichtlichen Beweisverfahrens zu klären (K 9/00 E. 2.2.2=RKUV 2003 KV 250 216).

9   Die grundsätzliche Eignung des arithmetischen Mittelwertvergleichs zum Beweis unwirtschaftlicher Behandlung wurde wiederholt bestätigt (BGE 119 V 448 E. 5b; 9C_205/2008 E. 3.2; K 150/03 E. 6.4.1; K 6/06 E. 5.2; K 93/02 E. 7; K 46/04 E. 5.1; K 20/00 E. 7d). Dieser erbringt nicht bloss einen Indizienbeweis (RSKV 1970 65 82 E. 4; s.a. Longchamp*, S. 315 Fn. 915 zur Praxis im Kanton Waadt). Das Verfahren ist nicht EMRK-widrig (9C_205/2008 E. 4.4.2).

Fehlen die statistischen Grundvoraussetzungen, bleibt nur die analy- 10
tische Prüfmethode (BGE 99 V 193; RKUV 1987 K 749 349 betr. mangelnde adäquate Vergleichsgruppe; K 142/05 E. 7.1). Eine den Durchschnittskostenvergleich ergänzende analytische Einzelfallprüfung ist
nur erforderlich, wenn Praxisbesonderheiten abzuklären sind (K 6/06
E. 5.2; s.a. K 113/03 E. 7.2). Sind die Behandlungen grösstenteils von
den KVers im Einzelfall vorgängig genehmigt worden, so schliesst das
die Anwendung des Durchschnittskostenvergleichs aus (RKUV 1999
K 994 320 E. 5d und E. 5e, Urteilsbespr. Brusa, SZS 2000 S. 458). Der
geprüfte Arzt hat den Tatbestand vertrauensärztlicher Genehmigung
nachzuweisen (K 150/03 E. 5.2).

bb) Statistische Grundlagen und Grundvoraussetzungen

Die Prüfinstanzen stellen auf die Behandlungsfallstatistik von santé- 11
suisse ab, welche praxisgemäss als beweistauglich gilt (RSKV 1982 489
119 E. 3b; in BGE 130 V 377 nicht publizierte E. 6.4.1 von K 150/03;
K 142/05 E. 8.1.1; krit. Longchamp*, S. 320). Der Versuch eines Arztes,
die Behandlungsfallstatistik durch seine eigene Praxisstatistik widerlegen zu wollen, ist in der Regel chancenlos (9C_205/2008 E. 4.3.1 f. und
4.5.2). Unbeachtlich ist, dass eine gewisse Anzahl von Arztrechnungen
franchisebedingt den Krankenkassen nicht eingereicht worden sind
(9C_205/2008 E. 4.3.2).

Statistische Grundvoraussetzungen sind praxisgemäss: eine möglichst 12
homogene Vergleichsgruppe mit bestimmter Mindestgrösse, geogra-
fisch gleiches Tätigkeitsgebiet und ein Vergleich, der sich über einen genügend langen, aber auch nicht zu langen Zeitraum erstreckt (BGE 119
V 448 E. 4b; K 6/06 E. 4.2; K 142/05 E. 7.2; K 113/03 E. 3.2; K 124/03
E. 6.1.1; K 50/00 E. 5b; K 61/99 E. 6; RSKV 1978 315 49 E. 6b). Der
Durschnittskostenvergleich ist grundsätzlich auch möglich, wenn eine
als juristische Person auftretende Gruppenpraxis (Art. 36a KVG) unter
einer Sammel-ZSR-Nummer abrechnet (135 V 237 E. 4.6.4 f.).

Kasuistik

Anzahl Vergleichspraxen als genügend erachtet: 13
– RSKV 1982 505 201 E. 5b: drei dermatologische Praxen, als konstante (aber höchst fragwürdige) Praxis bestätigt in K 85/00 E. 5c;
   vgl. a. K 57/99 E. 6c.

- K 116/99 E. 8a: 4 bzw. 5 Spezialärzte für Physikalische Medizin und Rheumatologie.
- 9C_205/2008 E. 4.4.2: 184 Allgemeinpraxen.
- K 142/05 E. 8.1.2: 42 Allgemeinpraxen.
- K 113/03 E. 5.4: 17 Allgemeinpraxen.
- K 9/00 E. 6.2= RKUV 2003 KV 250 216: 65 bzw. 70 Chirurgen.

14 Homogenität der Vergleichsgruppe
- Für die Vergleichsgruppenzuteilung ist grundsätzlich der FMH-Titel massgebend (K 9/07 E. 8.3; K 116/99 E. 7; entgegen der in E. 7 vertretenen Auffassung kommt es jedoch auf die tatsächlich ausgeübte Tätigkeit an; so richtig K 61/99 E. 5d). Eine Veränderung des Patientenkreises aufgrund von Weiter- oder Fortbildung ist als Praxisbesonderheit zu berücksichtigen (K 108/01 E. 11.1).
- Eine besondere Gruppenbildung rechtfertigt sich nicht schon deshalb, weil der geprüfte Arzt eine besondere Therapie verwendet. Erforderlich wäre ein entsprechendes besonderes Patientengut (9C_457/2009 E. 8.3).
- Der Anspruch auf rechtliches Gehör umfasst nicht auch den Anspruch, die Namen der in der Vergleichsgruppe einbezogenen Ärzte zu kennen (9C_205/2008 E. 4.2.2). Dagegen hat der geprüfte Arzt Anspruch darauf, die anonymisierten Fallwerte der Vergleichsgruppenärzte zu kennen, um die Binnenverteilung der Fallwerte prüfen zu können (EUGSTER , Überarztung, in: LuZeSo 2009, S. 108 Rz. 30 und 54; s.a. 9C_205/2008 E. 4.9.2).
- Fälle mit Diskussionen zur massgebenden Vergleichsgruppe: K 148/04 E. 5.2; K 113/03 E. 5; K 9/00=RKUV 2003 KV 250 216 E. 6.2; K 129/95 23. 1. 1998 E. 6; K 116/99 E. 7; K 30/99 E. 8c; K 61/99 E. 5d; K 57/99 E. 6a; K 85/00 E. 5b). Dass bei Allgemeinpraktikern Ärzte häufig in Teilzeit tätig sind, lässt nicht den Schluss auf das Vorliegen einer besonders inhomogenen Vergleichsgruppe zu (K 150/03 E. 6.4.3, in BGE 130 V 377 n.p).
- Die Tauglichkeit der Vergleichsgruppe wird dadurch, dass die santésuisse-Statistik in der gewählten Vergleichsgruppe auch Honorarnoten von verstorbenen oder in den Ruhestand getretenen Ärzten miteinbezog, nicht beeinträchtigt, da nur Ärzte mit mindestens 50 Patienten und 100 000 Franken Umsatz berücksichtigt wurden (9C_205/2008 E. 4.2.2).

– Eine kantonsübergreifende Vergleichgruppenbildung ist grundsätzlich möglich (K 144/97 E. 4 f.=SVR 2001 KV Nr. 19; K 23/03
  E. 8.2; K 54/01 E. 3.1).

Die Prüfperiode darf weder zu kurz noch zu lang sein (BGE 119 V 448   15
E. 4b). Eine Vergleichsdauer von einem Jahr ist ausreichend (K 54/01
E. 5; RSKV 1982 489 119 E. 3b). Es ist nicht zu prüfen, wie der geprüfte
Arzt über die Jahre praktiziert hat (9C_205/2008 E. 4.4.1).

cc) Massgeblichkeit von Gesamtkostenindices

Die neuste Bundesgerichtspraxis vergleicht Gesamtkostenindices (alle   16
vom Arzt erbrachten und veranlassten Leistungen, soweit Letztere statistisch erfasst sind; BGE 133 V 37 E. 5.3.3, Urteilsbespr. KIESER, AJP
4/2007 514; K 9/07 E. 8.2; K 113/03 E. 8; K 130/06 E. 3). Eine auf
bestimmte Sparten beschränkte Prüfung (beispielsweise Konsultationen:
RKUV 1988 761 92; Medikamente: K 101/92 29.10.1993; K 30/83
3.8.1984) dürfte grundsätzlich nicht mehr zulässig sein (s.a. K 130/06
E. 3). Statistisch nicht erfasst sind zurzeit die von einem Arzt veranlassten Kosten durch Überweisungen an Spezialärzte oder Spitalwei-
sungen. Nicht massgebend sind der Zeitaufwand pro Behandlungsfall
(RKUV 1986 K 654 3 E. 4c) und das vom Leistungserbringer erzielte
Einkommen (K 142/05 E. 8.2.3; RKUV 1986 K 654 3 E. 4c).

dd) Beweisführung; Toleranzbereich

Der Beweis unwirtschaftlicher Behandlung ist im Grade überwiegender   17
Wahrscheinlichkeit zu erbringen (K 23/03 E. 5; K 101/92 29.10.1993
E. 5a). Liegt der arithmetische Mittelwert der Behandlungsfallkosten
eines Arztes erheblich über dem Mittelwert seiner Vergleichsgruppe,
erbringt das praxisgemäss den Beweis einer unwirtschaftlichen Behandlungsweise, soweit diese Tatsachenvermutung vom geprüften Arzt nicht
durch den Nachweis von Praxisbesonderheiten widerlegt wird. Beweis-
führend ist grundsätzlich die Überschreitung eines Toleranz- oder Si-
cherheitsbereichs (K 6/06 E. 4.2; BGE 119 V 448 E. 4c) von 20 bis 30
Prozent des Gruppenfallwerts (9C_205/2008 E. 4.7.2; K 150/03 E. 6.2;
K 113/03 E. 3.2 und 6.2; K 93/02 E. 5.2), von welchem nicht abgewichen werden soll (SVR 1995 KV Nr. 40; K 150/03 E. 6.1; K 148/04
E. 3.3.1 und E. 5.3; keine Teuerungsanpassung möglich: K 46/04 E. 5.3)

und nötigenfalls nur aufgrund stichhaltiger Begründung (K 148/04 E. 5.3). Das EVG hat Ausnahmen in K 30/99, K 123/99, K 116/99, K 61/99, K 134/99 geduldet. Mit dem Toleranz- oder Sicherheitsbereich soll eine gewisse Bandbreite zulässigen individuell-ärztlichen Verhaltens respektiert bleiben, um auch der Behandlungsfreiheit Rechnung zu tragen (RKUV 1988 K 761 92 E. 4c; RSKV 1978 315 49). Der statistische Vergleich genügt zum Beweis der unwirtschaftlichen Behandlungsweise; eines Nachweises anhand konkreter Einzelfälle bedarf es nicht (RKUV 1986 K 654 3 E. 4d m.H.).

ee) Fallwertkorrekturen aufgrund von Praxisbesonderheiten

18 Zeigt die Praxis des geprüften Arztes Merkmale, die sich vom durchschnittlichen Leistungsspektrum seiner Fachgebietsgruppe wesentlich unterscheiden und insofern als atypisch erscheinen, so kann sich ein höheres Honorarvolumen rechtfertigen. Praxisbesonderheiten müssen durch besondere Merkmale in der Zusammensetzung der Patienten der geprüften Praxis begründet sein (K 150/03 E. 6.5.4; K 142/05 E. 8.2.2). Fallwertwirksamen Praxisbesonderheiten wird durch einen Zuschlag zu dem den Toleranzbereich begrenzenden Indexwert Rechnung getragen (K 97/85 19.10.1987 E. 4c=RKUV 1988 K 761 92; K 50/00 E. 4b; K 83/05 E. 4.2; anderer, weniger korrekter Berechnungsmodus: K 435/95). In K 108/01 E. 8 wurde eine systematische Unterscheidung zwischen Toleranzwert und Zuschlag nicht als erforderlich erachtet, was abzulehnen ist. Eine andere Lösung besteht in der Ausklammerung der Fälle mit Praxisbesonderheiten aus der Fallwertberechnung (K 50/00 E. 4b/bb m.H.; K 108/01 E. 10.2; K 148/04 E. 3.3.2). An die Geltendmachung von Praxisbesonderheiten durch den geprüften Arzt dürfen keine übermässigen Anforderungen gestellt werden (9C_457/2009 E. 6.4). Dennoch hat er Praxisbesonderheiten so substantiiert vorzutragen, dass die Prüfinstanzen begründeten Anlass zu weiteren Abklärungen haben (K 83/05 E.7; K 113/03 E. 7.2; 9C_393/2007 E. 5.1f.). Er trägt die Beweislast, wenn von ihm geltend gemachte Praxisbesonderheiten nach richterlicher Abklärung des Sachverhalts (Art. 89 Abs. 5 KVG) unbewiesen bleiben (K 9/00 E. 6.3=RKUV 2003 KV 250 216). Die Rechtsprechung tendiert dahin, dass der Arzt nicht nur die Praxisbesonderheiten, sondern auch die damit verbundenen Mehrkosten nachzuweisen hat

(K 113/03 E. 7.2 f.; K 142/05 E. 8.2.1; kritisch dazu EUGSTER, Überarztung aus juristischer Sicht, S. 128 Rz. 93 ff.).

Kasuistik   19

Als Praxisbesonderheit in casu anerkannt:

– Kostenintensive Fälle über dem Durchschnitt («schwere Fälle»): RKUV 1993 K 908 37 E. 6a, 1986 K 654 3 E. 4c; K 45/95 14. 12. 1995; K 50/00 E. 6a; BGE 119 V 448 E. 2b, K 150/03 E. 6.5.3; K 5/07 E. 3.2); Beweis aber meist nicht erbracht.

– Frauenanteil in Allgemeinpraxen über dem Durchschnitt: RKUV 1986 K 654 3; s.a. K 107/01 E. 7.2.2.

– Psychosomatikeranteil und/oder polymorbide Patienten über dem Durchschnitt: RKUV 1986 K 654 3; K 113/03 E. 7.3; K 107/01 E. 7.2).

– Psychiatrische Patienten in einer Allgemeinpraxis über dem Durchschnitt (K 108/01 E. 10.1).

– Ausländeranteil über dem Durchschnitt: K 9/99 29.6.1999 E. 7b; anders K 113/03 E. 7.2; 9C_205/2008 E. 4.6: Der Arzt muss mit konkreten Beispielen nachweisen, dass Ausländer mehr Kosten verursachen.

– Hausbesuche über dem Durchschnitt und ein sehr grosses Einzugsgebiet: SVR 1995 KV Nr. 40 E. 4b.

– Patientenalter und langjährige Patienten über dem Durchschnitt: K 152/98 18. 10. 1999 E. 5; K 30/05 E. 5.5.1 ff.; K 93/02 E. 8.1; vgl. a. K 150/03 E. 6.5.1,. K 57/99 E. 6c, K 9/07 E. 8.4 und 9C_773/2008 E. 8.

– Keine Notfallpatienten: K 152/98 18. 10. 1999 E. 5; K 107/01 E. 7.2.3.

– Praxisanfänger und Anlaufpraxis: (RSKV 1982 489 119 E. 4a).

– Rückläufige Patientenzahl: K 152/98 18.10.1999 E. 5d; vgl. a. K 150/ 03 E. 6.5.1.

– Fremdsprachige Patienten über dem Durchschnitt: K 113/03 E. 7.2.

– Besondere Leistungsangebote und Behandlungsschwerpunkte: K 50/ 00 E. 5; K 113/03 E. 7.3 (Patienten in Methadonprogrammen und Psychischkranke über dem Durchschnitt; s.a. K 108/01 E. 10.1); K 45/95 14.12.1995 (Betreuung von Rehabilitationspatienten nach chirurgischen Eingriffen); Physiotherapie in einer Allgemeinpraxis (K 45/95 14.12.1995); Facharzt für Psychiatrie mit besonderem Patientengut (RKUV 1999 K 994 320 E. 5b). S.a. 9C_393/2007 E. 5.2

zu den Beweisanforderungen an kompensatorische Ersparnisse und K 5/07 E. 3.2 zum Nachweis eines besonderen Patientenguts.

In casu nicht als Praxisbesonderheit anerkannt:

– Besondere apparative Ausstattung: K 101/92 29.10.1993; s.a. BGE 106 V 40 (n.p. E. 3) und RSKV 1978 315 49 E. 6a.

– Bessere Ausbildung und sorgfältige Behandlung: K 102/92 29. 10. 1992; s.a. K 57/99 E. 6c, d K 148/04 E. 5.2 und 9C_205/2008 E. 4.8.2.

– Immigrantenanteil über dem Durchschnitt: K 83/05 E. 7.1 (Beweis nicht erbracht).

– Versorgung von zwei Pflegeheimen als Heimarzt: K 150/03 E. 6.5.5.

– Anfängerpraxis: K 83/05 E. 7.2 (kein Grund zur Erweiterung des allgemeinen Toleranzbereichs).

– Baldige Praxisaufgabe: K 152/98 18.10.1999 E. 5d.

– Besondere Leistungsangebote und Behandlungsschwerpunkte: Allgemeinpraktiker mit internistischer Praxis: SVR 1995 KV Nr. 40; komplementärmedizinische Praxisausrichtung: K 142/05 E. 8.1.3, 9C_457/2009 E. 8.2 betr. Akupunktur; Allgemeinpraktiker mit ambulanter Chirurgie (K 107/01 E. 7.2.4; s.a. K 57/99 E. 6c); Spezialisierung auf Diabetologie in einer Allgemeinpraxis (K 148/04 E. 5.2).

ff)   Fallwertkorrekturen aufgrund kompensatorischer Ersparnisse

20   Ein Arzt kann in einzelnen Leistungsbereichen (beispielsweise bei den direkten Arztkosten) gerade deswegen über dem Vergleichsgruppendurchschnitt liegen, weil er diesen in anderen (beispielsweise bei den Medikamenten) unterschreitet (kompensatorische Ersparnisse). Nach BGE 133 V 37 E. 5.3.3 ist nicht nach solchen kausalen Zusammenhängen zu forschen, weil für die Wirtschaftlichkeitsbeurteilung grundsätzlich neu auf den Gesamtkostenindex abzustellen ist (anders noch K 113/03 E. 3.3; K 142/05 E. 7.3, siehe aber auch E. 8.2.1; K 93/02 E. 5.4; K 83/05 E. 4..3). In diesem Punkt überholt sind: K 97/85=RKUV 1988 K 761 S. 92, K 101/92 29.10.1993 E. 8, BGE 119 V 448 E. 5a. Weil die KVers in der Statistik nicht erfassen, wie viele Hospitalisationen ein frei praktizierender Arzt verordnet, muss dieser den entsprechenden Nachweis führen, wenn er geltend macht, durch eine geringe Hospitalisationsrate Kosten einzusparen (9C_393/2007 E. 5.2).

gg) Mitwirkungspflichten der Parteien

Im schiedsgerichtlichen Verfahren kommt der Mitwirkungspflicht der 21
Parteien grosse Bedeutung zu (K 93/02 E. 5.1; K 142/05 E. 8.2.2).
Sie umfasst auch die Pflicht zur Edition von Urkunden (K 23/03 4.2
und K 90/01 E. 3a =SVR 2002 KV Nr. 31; K 150/03 E. 5.1; K 93/02
E. 5.1). Krankengeschichten können im schiedsgerichtlichen Verfah-
ren ebenfalls einverlangt werden, sind jedoch, wo keine Entbindung
vom ärztlichen Geheimnis vorliegt, zu anonymisieren (vgl. K 9/00
E. 6.3=RKUV 2003 KV 250 216; s.a. K 90/01 E. 2=SVR 2002 KV
Nr. 31 und K 34/01 E. 5=RKUV 2002 KV 195 1. Patienten können als
Zeugen befragt werden (9C_567/2007 E. 1.3).

hh) Berechnung des unwirtschaftlichen Mehraufwands

Der unwirtschaftliche Mehraufwand, welcher prinzipiell das Mass der 22
Rückforderung bestimmt, besteht in der Regel in der Differenz zwischen
dem Fallwert bzw. Index des geprüften Arztes und dem ihm zugebil-
ligten Index (Mittelwert plus Toleranzzone zuzüglich eines Zuschlags
für allfällige Praxisbesonderheiten; K 9/07 E. 8.6; 9C_773/2008 E. 8;
K 93/02 E. 8.1). Debitorenverluste und Inkassokosten sind unbeachtlich
(K 108/01 E. 12).

b) Andere statistische Vergleichsmethoden

Neben dem arithmetischen Mittelwertvergleich wurde in einzelnen Kan- 23
tonen das so genannte, heute kaum mehr praktizierte Perzentilsystem
angewendet, welches unter anderem die Häufigkeitsverteilung der Fall-
durchschnitte aller Ärzte der Vergleichsgruppe in die Berechnungen mit
einbezieht (K 47/90 14.1.92 u. K 69/91 12.1.93). Zu erwähnen bleibt
die ebenfalls kaum praktizierte stichprobenweise Einzelfallprüfung mit
Hochrechnung (Anwendungsfall: K 116/03 E. 5.1; vgl. a. RKUV 1987
K 749 349 E. 4b).

III. Rückforderung zu Unrecht bezahlter Leistungen (Abs. 2)

1. Allgemeines zur Rückerstattungspflicht

24 Art. 56 Abs. 2 Satz 2 ordnet die Rückerstattungspflicht des Leistungserbringers (BGE 126 V 23 E. 4a; BGE 133 V 579 E. 3.2 und 3.4), Art. 25 ATSG diejenige der Versicherten oder Dritter gemäss Art. 2 ATSV. Eine Rückerstattungspflicht kann auch als Sanktion in Frage kommen (Art. 59 Abs. 1 lit. b KVG). Im Falle einer Rückforderung wegen unwirtschaftlicher Behandlung kann durch Vereinbarung der öffentlich-rechtliche Charakter der Rechtsbeziehung zwischen KVers und Leistungserbringer nicht geändert werden. Ein allenfalls neu begründetes Schuldverhältnis durch Novation, Schuldanerkennung oder Vergleich ist wie das ursprüngliche öffentlich-rechtlicher Natur (BGE 135 V 124 E. 4.3).

25 Art. 56 Abs. 2 Satz 2 ist nicht nur auf unwirtschaftliche, sondern per analogiam auch auf andere nach dem KVG zu Unrecht bezogene Leistungen (beispielsweise infolge von Tarifkorrekturen; a.M. Duc Jean-Louis, in AJP 10/2009 S. 1315, 1317 f.). Die unter dem alten Recht notwendige Berufung auf die sinngemässe Anwendung von Art. 47 Abs. 1 AHVG (statt vieler: BGE 126 V 23; RKUV 1993 K 924 172) ist obsolet geworden. Die Rückerstattungspflicht nach Art. 56 Abs. 2 KVG verstösst nicht gegen die Wirtschaftsfreiheit (K 46/04 E. 5.4). Altrechtlich (BGE 103 V 145 E. 3, K 39/95 11. 7. 1996 E. 4a) bestand eine Pflicht zur Rückforderung. Zur Bedeutung der «Kann-Vorschrift» in Art. 56 Abs. 2 siehe die divergierenden Auffassungen von Eugster, Wirtschaftlichkeitskontrolle, S. 295 und Longchamp*, S. 317.

26 Der Kvers kann die Rückforderung gestützt auf Art. 25 Abs. 1 ATSG und unter den Voraussetzungen der Wiedererwägung oder der prozessualen Revision sowohl im System des Tiers garant als auch des tiers payant an die versPers richten (K 147/03=RKUV 2004 KV 283 233 E. 6.2; K 43/99=RKUV 2001 KV 158 155 E. 6). Im Tiers garant besteht ein Rückforderungsrecht möglicherweise einschränkend auf den Fall, dass die versicherte Person die vergüteten Honorare dem Leistungserbringer noch nicht bezahlt hat (K 25/02 E. 2.2.2=RKUV 2002 KV 230 468). Zur Verwirkungsfrist s. Art. 25 Abs. 2 ATAG. Der KVers kann anderseits gestützt auf Art. 56 Abs. 2 KVG auch im System des Tiers garant

beim Leistungserbringer rückfordern (BGE 127 V 281 E. 5.c; K 124/02
E. 2.2; K 173/05 E. 3.2; K 160/05 E. 3.3; krit. Duc, La polypragma-
sie, CGSS 3/2001 S. 107 ff.; Ders. AJP 1/2002 S. 76 ff., Urteilsbespr.
K 139/00; s.a. Pfiffner Rauber, AJP 5/2002 S. 578 ff.).

2. Frist zur Geltendmachung der Rückforderung

Es gilt für Art. 56 Abs. 2 KVG die gleiche Verwirkungsfrist wie in   27
Art. 25 Abs. 2 ATSG (BGE 133 V 579 E. 4.1; 9C_773/2008 E. 7; K 9/07
E. 7.1; altrechtlich zu Art. 47 Abs. 2 AHVG: K 93/02 E. 9.1; K 9/00
E. 2.1=RKUV 2003 Nr. KV 250 216), was auch der Fall ist, wenn sich
die Rückforderung auf einen Tarifvertrag stützt (BGE 133 V 579 E. 4.2;
RKUV 1993 K 924 172 E. 3b; s.a. K 167/04 E. 4). Wo kein obligato-
risches Schlichtungsverfahren besteht, wird die Verwirkungsfrist schon
durch eine formlose Rückerstattungsforderung des KVers gewahrt.
Die Vereinbarung einer Verwirkungsverzichtseinrede ist nicht möglich
(BGE 133 V 579 E. 4.3.5). Zur Wahrung der Verwirkungsfrist im Rahmen des Durchschnittskostenvergleichs s. Rz. 32 hiernach.

3. Rückerstattungsverfahren beim Durchschnittskosten-vergleich

Der Rückforderungsanspruch aufgrund des Durchschnittskostenver-   28
gleichs ist nicht an die Voraussetzungen der Wiedererwägung oder prozessualen Revision geknüpft (K 9/00 E. 5=RKUV 2004 KV 250 216;
RKUV 1993 K 924 172 E. 2c; Kieser, Formelle Fragen, S. 106). Die
Kvers sind grundsätzlich nicht verpflichtet, die Ärzte vor Erhebung
einer Rückforderung vorwarnend und aufklärend auf die bestehende
unwirtschaftliche Praxisführung aufmerksam zu machen (K 57/95
5. 7. 1996; K 97/85 19. 10. 1987 E. 6 ff.; unter dem Sanktionsrecht von
Art. 59 KVG in Frage gestellt).

a) **Kollektivklage**

29 Die KVers können gemeinsam, wenn auch je in eigenem Namen, Klage erheben und gemeinsam eine Gesamtforderung geltend machen (BGE 127 V 281 E. 5d; K 9/00 E. 6.4=RKUV 2004 KV 250 216 E. 3.2; K 142/05 E. 3.1), was auch im Tiers garant möglich ist (BGE 127 V 281; K 159/05 E. 3.3 und K 160/05 E. 3.3) und keiner Zustimmung der involvierten Versicherten bedarf (K 173/05 E. 3.3). Ein KVers kann ferner seine Rückforderung an einen anderen KVers abtreten (9C_649/2007 E. 7.2.1). Die Klage hat nicht schon beziffert zu sein (9C_773/2008 E. 4.6; 9C_393/2007 E. 4.2; RKUV 2003 KV 250 219 E. 2.2.2; K 116/03 E. 2.5; K 83/05 E. 3.3). Das Schiedsgericht muss nicht festlegen, welcher Betrag welchem KVers zukommt (BGE 127 V 281 E. 5d; K 142/05 E. 3.1; K 116/03 E. 2.6; K 30/05 E. 5.6). Ein Schlichtungsverfahren ist keine bundesrechtliche Prozessvoraussetzung (K 70/06, in BGE 133 V 579 n.p. E. 2.2; K 9/07 E. 6.4; K 127/01 E. 3.1). Die Kantone können jedoch ein solches vorschreiben: K 97/04=RKUV 2005 Nr. KV 318 71 E. 5.1; 9C_773/2008 E. 4.5.

30 Rückerstattungspflicht besteht im Falle statistischer Wirtschaftlichkeitskontrolle auch für Leistungen, die der Arzt aufgrund unwirtschaftlicher Verordnungsweise extern veranlasst hat, so insb. für von Apotheken abgegebene Arzneimittel: BGE 130 V 377 E. 7; K 113/03 E. 8; K 108/01 E. 13; K 9/00 E. 6.4= RKUV 2003 KV 250 216; K 83/05 E. 7.3; K 46/04 E. 6; zum alten Recht des KUVG: K 9/00 E. 6.4=RKUV 2004 KV 250 216. Sie müssen aber nicht in jedem Fall zwingend mit einbezogen werden (K 9/07 E. 8.5). Diese Praxis stösst auf einhellige Kritik der Doktrin (EUGSTER, Überarztung, S. 97, 132; GATTIKER, AJP 2005 S. 1098, 1108; ISELIN, SZS 2006, S. 106). Die KVers sind auch mit Bezug auf diese Kosten beweisbelastet (9C_649/2007 E. 7.2.3; Umstände, die Zweifel an der Statistik von santésuisse hervorriefen).

b) **Sachlegitimation**

31 Ein Krankenkassenverband kann nicht sachlegitimiert sein (BGE 111 V 342 E. 1c, BGE 110 V 347; RKUV 1984 K 583 139 E. 1; K 9/00 E. 3.2=RKUV 2003 KV 250 216, K 129/99 E. 1a; K 153/03 E. 3), jedoch in Vertretung der einzelnen, in der Klage klar bezeichneten Versicherer handeln (K 9/00 E. 3.2=RKUV 2003 KV 250 216; K 159/05 E. 3.3;

zu den formellen Anforderungen: 9C_649/2007 E. 4; 9C_393/2007
E. 4.1; K 116/03 E. 2.2; K 153/03 E. 3; K 23/03 E. 2, K 127/01 E. 3.3;
K 142/05 E. 3.1; K 9/00=RKUV 2003 KV 250 216 E. 3.2; K 124/03
E. 3.1; 9C_457/2009 E. 5; K 83/05 E. 3.1; die blosse Vorlage des Ver-
zeichnisses der Verbandsmitglieder, auf das verwiesen wird, genügt
nicht: K 87/98 E. 6; betr. Vollmachten siehe 9C_393/2007 E. 4.1. Die
Sachlegitimation kann nicht mittels Abtretungserklärung der beteiligten
KVers auf den Kassenverband übertragen werden (RKUV 1987 K 729
178 E. 3). Klageberechtigt sind nur Kvers, die für Leistungen des Rück-
erstattungspflichtigen Kosten erstattet haben: K 61/99 E. 3 f.; K 6/06
E. 3.3=SVR 2007 KV Nr. 5.

c) Verwirkung des Rückforderungsanspruchs

Die Verwirkungsfrist (s. Rz. 27 hiervor) beginnt in jenem Zeit- 32
punkt zu laufen, in welchem die Rechnungstellerstatistik von santé-
suisse den KVers zur Kenntnis gebracht wird (K 9/07 E. 7.1; K 9/00
E. 2.2.1=RKUV 2003 KV 250 216; SVR 2001 KV Nr. 19 E. 3; K 124/03
E. 5.2; K 127/01 E. 2.2.2; K 20/00 E. 5a; zum Beweis s.a. 9C_649/2007
E. 5), spätestens aber mit Ablauf von fünf Jahren, seitdem ihnen die
einzelne Rechnung eingereicht worden ist (K 9/00 E. 2.2.1; K 124/03
E. 5.1; BGE 103 V 145 E. 4, RSKV 1982 505 201 E. 4b, SVR 2001 KV
Nr. 19 E. 3; K 127/01 E. 2.1), also nicht mit Eingang der letzten Ab-
rechnung bei santésuisse (K 20/00 E. 5b) oder der Zeitpunkt der Erstel-
lung der Statistik (K 124/03 E. 5.2). Zur Fristwahrung ist die Klagebe-
zifferung grundsätzlich nicht notwendig (K 9/00 E. 2.2.2=RKUV 2003
KV 250 216; K 127/01 E. 2.2.3). Nicht erforderlich ist, dass der geprüfte Arzt von der fristwahrenden Klageerhebung Kenntnis erhalten hat
(K 127/01 E. 2.3.3.3).

Diese Regelung gilt unabhängig davon, gestützt auf welche Methode 33
die Rückforderung erfolgt (K 116/03 E. 4.4). Zur Fristwahrung genügt
es, bei der kantonalrechtlich vorgesehenen oder vertraglich vereinbarten Vermittlungs- oder Schlichtungsinstanz oder beim Schiedsgericht
gemäss Art. 89 Abs. 1 KVG ein Prüfungsbegehren zu stellen (BGE
133 V 579 E. 4.3.4; K 127/01 E. 2.3; K 9/00 E. 2.2.1=RKUV 2003
KV 250 S. 216; zum KUVG: BGE 103 V 145 E. 4; RSKV 1982 105
201 E. 4b; K 152/98 18. 10. 1999 E. 4c; K 101/92 29. 10. 1993 E. 3a).

34 Wird das Rückerstattungsbegehren fristgerecht erhoben, ist die Verwirkung ein für allemal ausgeschlossen (K 167/04 E. 4.2.2; K 127/01 E. 2.1; K 172/97 23. 4. 1999 E. 3a; K 124/03 E. 5.1; K 9/00 E. 2.1 m.H.=RKUV 2003 Nr. KV 250 218). Der Eintritt der Verwirkung wird lediglich im Umfang des geltend gemachten Rückforderungsbetrages gehemmt (K 9/00 E. 2.1=RKUV 2003 KV 250 218; SVR 2001 KV Nr. 19 E. 3; K 124/03 E. 5.2). Die Frage der Verwirkung ist von Amtes wegen zu prüfen (K 76/91 2. 6. 1992 E. 2a; K 99/87 27. 10. 1988 E. 2a; K 127/01 E. 2).

d)   Verzugszinspflicht

35 Den rückerstattungspflichtigen Leistungserbringer trifft grundsätzlich keine Verzugszinspflicht, abweichende tarifvertragliche Vereinbarung vorbehalten (BGE 103 V 145 E. 7b; BGE 117 V 351 E. 2; RKUV 1984 K 573 71 E. 6a; K 148/04 E.6; K 107/01 E. 8.1; K 108/01 E. 14; K 152/98 18. 10. 1999 E. 7).

IV.   Weitergabe von Vergünstigungen (Abs. 3 und 4)

36 Widerhandlungen gegen Art. 56 Abs. 3 KVG können zu Sanktionen nach Art. 59 Abs. 1 KVG führen (Art. 59 Abs. 3 lit. e KVG). Zu den Implikationen von Art. 56 Abs. 3 KVG bei der elektronischen Datenverarbeitung siehe die Weisung 04/3 des BAG vom 24.06.2004. Siehe ferner das Vorteilsverbot gemäss Art. 33 HMG (vgl. dazu 20.09.2007 2P.169/2006 E. 3).

V.   Tarifvertragliche Regelungen zur Wirtschaftlichkeit (Abs. 5)

Bibliografie: Pfiffner Rauber*, S. 204 f.; SBVR-Eugster* Rz. 817.

37 Abs. 5 bezweckt die tarifvertragliche Festlegung von Richtlinien und Verfahrensregeln zur Vermeidung unnötiger oder unzweckmässiger Leistungen bzw. zur Erleichterung der Wirtschaftlichkeitskontrolle, lässt

aber den Erlass generell-abstrakter Vorschriften zur Wirtschaftlichkeitsbeurteilung nicht zu (altrechtlich: RKUV 1985 620 71 E. 4; BGE 110 V
187 E. 4 ff.; s.a. BGE 127 V 43 E. 2a betr. generelle Begrenzungen der
Spitalaufenthaltsdauer). Die in den Tarifverträgen geregelte Pflicht, die
Leistungen über die ZSR-Nummer abzurechnen, ist eine Massnahme
nach Art. 56 Abs. 5 KVG; die Leistungserbringer sind verpflichtet, zu
solchen Regelungen Hand zu bieten (BGE 135 V 237 E. 4.6.5).

S.a. Art. 8a KLV (Kontroll- und Schlichtungsverfahren im Bereiche der　38
Krankenpflege zu Hause; zu Art. 8a Abs. 3 Satz 2 KLV als Konkreti-
sierung des Wirtschaftlichkeitsgebots: K 141/06 E. 2.3.3) und die Bestimmungen über die Qualitätssicherung (Art. 77 Abs. 1 KVV) sowie
die LOA (Art. 25 Rz. 6). Zur unnötigen Wiederholung diagnostischer
Massnahmen: LONGCHAMP*, S. 327 und SBVR-EUGSTER* Rz. 321.

Art. 57 Vertrauensärzte und Vertrauensärztinnen

[1] **Die Versicherer oder ihre Verbände bestellen nach Rücksprache mit den kantonalen Ärztegesellschaften Vertrauensärzte
beziehungsweise Vertrauensärztinnen. Diese müssen die Zulassungsvoraussetzungen nach Artikel 36 erfüllen und mindestens fünf
Jahre in einer Arztpraxis oder in leitender spitalärztlicher Stellung
tätig gewesen sein.**

[2] **Vertrauensärzte und Vertrauensärztinnen, die in der ganzen
Schweiz tätig sein sollen, müssen im Einvernehmen mit der Ärztegesellschaft des Kantons bestellt werden, in dem der Versicherer
seinen Hauptsitz oder der Verband der Versicherer seinen Sitz hat.**

[3] **Eine kantonale Ärztegesellschaft kann einen Vertrauensarzt
oder eine Vertrauensärztin aus wichtigen Gründen ablehnen; in diesem Fall entscheidet das Schiedsgericht nach Artikel 89.**

[4] **Vertrauensärzte und Vertrauensärztinnen beraten die Versicherer in medizinischen Fachfragen sowie in Fragen der Vergütung und
der Tarifanwendung. Sie überprüfen insbesondere die Voraussetzungen der Leistungspflicht des Versicherers.**

[5] **Sie sind in ihrem Urteil unabhängig. Weder Versicherer noch
Leistungserbringer noch deren Verbände können ihnen Weisungen
erteilen.**

[6] **Die Leistungserbringer müssen den Vertrauensärzten und Vertrauensärztinnen die zur Erfüllung ihrer Aufgaben nach Absatz 4**

notwendigen Angaben liefern. Ist es nicht möglich, diese Angaben anders zu erlangen, so können Vertrauensärzte und Vertrauensärztinnen Versicherte auch persönlich untersuchen; sie müssen den behandelnden Arzt oder die behandelnde Ärztin vorher benachrichtigen und nach der Untersuchung über das Ergebnis informieren. Können sie sich mit ihrem Versicherer nicht einigen, so entscheidet in Abweichung von Artikel 58 Absatz 1 ATSG das Schiedsgericht nach Artikel 89.

[7] Die Vertrauensärzte und Vertrauensärztinnen geben den zuständigen Stellen der Versicherer nur diejenigen Angaben weiter, die notwendig sind, um über die Leistungspflicht zu entscheiden, die Vergütung festzusetzen oder eine Verfügung zu begründen. Dabei wahren sie die Persönlichkeitsrechte der Versicherten.

[8] Die eidgenössischen Dachverbände der Ärzte und Ärztinnen sowie der Versicherer regeln die Weitergabe der Angaben nach Absatz 7 sowie die Weiterbildung und die Stellung der Vertrauensärzte und Vertrauensärztinnen. Können sie sich nicht einigen, so erlässt der Bundesrat die nötigen Vorschriften.

Chronologie: AS 1995 1328; BBl 1992 I 93. Abs. 6: Fassung Satz 4 gemäss Anhang Ziff. 11 des ATSG vom 6. Okt. 2000, in Kraft seit 1. Jan. 2003 (AS 2002 3371; SR 830.1).

Abs. 7

Fassung gemäss Änderung des KVG (Risikoausgleich) vom 21. Dezember 2007 (AS 2009 4755, gültig ab 01.01.2012):

[7] Die Vertrauensärzte und Vertrauensärztinnen geben den zuständigen Stellen der Versicherer nur diejenigen Angaben weiter, die notwendig sind, um über die Leistungspflicht zu entscheiden, die Vergütung festzusetzen, den Risikoausgleich zu berechnen oder eine Verfügung zu begründen. Dabei wahren sie die Persönlichkeitsrechte der Versicherten.

Bibliografie: Brunner Hans Heinrich, Der Vetrauensarzt – ungeliebter Appendix oder Drehscheibe des KVG?, in: Managed Care 10(2006) Nr. 2 S. 13–15.; Duc Jean-Louis, Quelques considérations sur le secret médical et assurances sociales, in: CGSS 2001, Nr. 3, S. 61 ff.; Ders., Secret médical et assurances sociales, in:

Colloques et journées d'étude, Lausanne 2002, S. 459 ff.; DERS., La direction du traitement médical et le contrôle de l'activité médicale par les assureurs sociaux, in: Pierre Tercier (resp.), Aspects du droit médical, Freiburg 1987, S. 203 ff.; DERS., Quelques considérations sur le secret médical et assurances sociales, la collecte des données relatives à la santé ainsi qu'à la capacité de travail et les médecins-conseils, in CGSS 2001 Nr. 3, S. 61 ff.; EUGSTER GEBHARD, Der Vertrauensarzt im Streit über Krankenversicherungsleistungen, in: Medizin und Sozialversicherung im Gespräch, St. Gallen, 2006, S. 123–154; DERS., Der Vertrauensarzt im Streit über Krankenversicherungsleistungen, in: René Schaffhauser et al. (Hrsg.), Medizin und Sozialversicherung im Gespräch, Schriftenreihe des Instituts für Rechtswissenschaft und Rechtspraxis der Universität St. Gallen, Bd. 15, 2006, S. 123 ff.; EUGSTER GEBHARD/LUGINBÜHL RUDOLF, Datenschutz in der obligatorischen Krankenversicherung, in: Barbara Hürlimann et al. (Hrsg.), Datenschutz im Gesundheitswesen (Forum Gesundheitsrecht 2), Zürich 2001. S. 73 ff.; GMÜR ROBERT/KUHN HANSPETER, Datenschutz, verschiedene Versicherungsarten und die Adressierung von Briefumschlägen: eine Entgegnung, in: SAeZ 2002, S. 2297 ff.; KIESER UELI, Das Institut des Vertrauensarztes nach KVG als Chance und Möglichkeit für die anderen Versicherungen?, in: Datenschutz im Gesundheits- und Versicherungswesen, St. Gallen 2008, S. 9–53; KUHN HANSPETER, Das EVG zur Herausgabe von Arztberichten an den Vertrauensarzt: im Ergebnis richtig – in der Begründung nicht nachvollziehbar: Urteil des EVG vom 18. Mai 2006, in SAeZ 88(2007) H. 9 S. 375–377; LOUIS VICTOR, Der Krankenkassen-Vertrauensarzt, SZS 1972, S. 74 ff.; MÄRKI URS, Das Rollenverständnis des Vertrauensarztes im Leistungsstreit der Krankenkasse, in: René Schaffhauser et al. (Hrsg.), Medizin und Sozialversicherung im Gespräch, Schriftenreihe des Instituts für Rechtswissenschaft und Rechtspraxis der Universität St. Gallen, Bd. 15, 2006, S. 115 ff.; MARTIN-ACHARD PIERRE, Médecins-conseils, in: Médecin et droit médical, Chêne-Bourg 2003, S. 200 ff.; MOSIMANN HUGO, Stellung und Aufgaben des Vertrauensarztes in der sozialen Krankenversicherung, in: CHSS 1997, S. 92 ff.; MÜLLER FREDY, Die Vertrauensärzte im Clinch gegensätzlicher Erwartungen, Interview mit den Vertrauensärzten Dr. med. Mosimann Hugo, Dr. med. Saner Paul und Dr. med. Vaucher Alfred, in: CHSS 1997, S. 94 ff.; SCHOCH HANS, Die Stellung der Vertrauensärzte in der Sozialversicherung, in: SAeZ 1991, S. 216 f.; UTTINGER URSULA, Datenschutz in der Krankenversicherung, insbesondere im vertrauensärztlichen Dienst: Empfehlungen des EDÖB vom 17. April 2007 und des Bundesgerichts K 12/06 vom 21. März 2007, in: HAVE 2007 H. 3 S. 253–257; PETER ROGER, Besteht eine Pflicht des Arztes auf Herausgabe von Daten seines Patienten an das Durchführungsorgan der obligatorischen Unfallversicherung, SZS 2001 S. 147 ff.; VAUCHER ALFRED, Médecin d'assurance et protection des données, in: Colloques et journées d'étude, Lausanne 2002, S. 491 ff.; VAUCHER ALFRED, Médecin-conseil de caisse-maladie: son rôle, ses limites, in: Colloques et journées d'étude, Lausanne 2002, S. 515 ff.; WERMELINGER AMÉDÉO, Vertrauensarzt bis-repetitatis: Urteil des Bundesverwaltungsgerichts vom 7. Dezember 2007, Krankenversicherung, Art. 57 KVG, in: Digma – Zeitschrift für Datenrecht und Informationssicherheit, 8(2008) H. 1 S. 50–51; ZOLLIKOFER JÜRG, Fähigkeitsausweis Vertrauensarzt, in: SAeZ 2003, S. 1267 ff.

Übersicht

I.   Stellung und Bestellung der Vertrauensärzte (Abs. 1–3)

1   Der Vertrauensarzt (VA) ist ein Organ der sozialen KV (K 6/01 E. 3=SVR 2002 KV Nr. 17), zählt aber von Gesetzes wegen nicht zu den gesellschaftsrechtlichen Organen des KVers (s.a. RKUV 1988 K 770 247 E. 1b). Seine Stellung ist gegenüber dem alten Recht gestärkt worden (BGE 127 V 43 E. 2d; BGE 127 V 154 E. 4b). Die KVers sind verpflichtet, Vertrauensärzte zu haben. Das EVG hat Art. 57 KVG auch im Bereiche der freiwilligen Taggeldversicherung nach KVG angewendet (BGE 127 V 154 E. 4b, K 29/03 E. 3.1; SVR 1999 KV Nr. 22 E. 3b; K 135/99; K 94/02 E. 2.2), was anfechtbar ist (SBVR-EUGSTER*, Der Vertrauensarzt, IRP-HSG* 2006 Bd. 35, S. 125).

2   Ein Ablehnungsgrund nach Abs. 3 kann gegeben sein, wenn sich der Vertrauensarzt im Umgang mit seinen Kollegen in der Praxis rüpelhaft benimmt oder wenn er bei seiner Beratung schwerwiegende fachliche Fehler begeht. Kein Ablehnungsgrund ist seine wirtschaftliche Abhängigkeit des Vertrauensarztes, wenn er vom KVers angestellt ist oder als Auftragnehmer honoriert wird (siehe Rz. 7 hiernach). Ein Arzt kann auch nicht als Vertrauensarzt abgelehnt werden, bloss weil er Leiter einer HMO ist (K 6/01 E. 5=RKUV 2001 KV 189 490).

II. Aufgaben und Befugnisse der Vertrauensärzte (Abs. 4)

Zur-Verfügung-Stellung medizinischer Sachkunde: Die Kompetenz des 3 VA beschränkt sich auf die Beantwortung medizinischer Fachfragen auf der Ebene der Tatsachenermittlung (K 6/01 E. 3=SVR 2002 KV Nr. 17=RKUV 2001 KV 189 490; K 8/04 E. 2.3). Ihm obliegt namentlich die Kontrolle der Zweckmässigkeit und Wirtschaftlichkeit der Behandlung. Dabei hat der VA das therapeutische Ermessen des behandelnden Arztes bezüglich Art und Menge der medizinischen Leistungen zu respektieren (9C_567/2007 E. 1.2; K 8/04 E. 2.4.2; SVR 2001 KV Nr. 4, TA Vaud; s.a. K 94/00 E. 2.4.2 und RKUV 1986 K 761 143 E. 2c). Er hat «die divergierenden Interessen der Versicherten, der Versicherer und der Leistungserbringer in vernünftiger Weise auszugleichen» (K 6/01 E. 3=RKUV 2001 KV 189 490). Sein medizinisches Urteil soll auch verhindern, dass der Versicherer Leistungen zu Unrecht verweigert (BGE 127 V 43 E. 2c). Er ist jedoch nicht berechtigt, verbindliche Kostengutsprachen abzugeben (K 123/00 E. 2e/bb), Verfügungen zu erlassen (RKUV 1988 K 770 247 E. 1b; s.a. K 156/01=RKUV 2004 KV 272 109 E. 3.3.2.2), dem behandelnden Arzt Weisungen zu erteilen oder gar den Patienten selber zu behandeln (BGE 127 V 43 E. 2e). Er ist dagegen befugt, kassenexterne Begutachten anzuordnen, denen sich die versPers zu unterziehen haben, andernfalls der KVers Leistungen vorübergehend oder dauernd kürzen oder verweigern kann. Voraussetzung ist, dass die versPers vorgängig auf die Folgen ihres Verhaltens hingewiesen worden ist (RKUV 1989 KV 820 333; s.a. RSKV 1974 202 144).

Beweisrechtliche Einordnung der Stellungnahmen: Vertrauensärztliche 4 Stellungnahmen haben Begutachtungsfunktion, sind jedoch blosse, für den Kvers wie auch den Richter (RSKV 1969 52 118) nicht verbindliche Meinungsäusserungen oder Empfehlungen (ähnlich wie bei Fachkommissionen: K 156/01=RKUV 2004 KV 272 109 E. 3.3.2.2. Sie sind schriftlichen Auskünften i.S.v. Art. 49 BZP gleichzustellen und haben beweisrechtlich den gleichen Stellenwert wie verwaltungsinterne Arztberichte und Gutachten eines öffentlichen UVG-Versicherers (K 6/01 E. 5b =RKUV 2001 KV 189 490, 2003 U 484 251 E. 3.2.1). Sie unterliegen dem integralen Akteneinsichtsrecht der Versicherten (K 34/00 E. 4d). Beizufügen bleibt, dass auch Aktengutachten voller Beweiswert zukommen kann, wenn sich der Gutachter auf Grund vorhandener Unterlagen mit ausreichenden, auf persönlichen Untersuchungen der versPers beruhenden ärztlichen Beurteilungen ein gesamthaft lückenloses Bild machen kann (RKUV 1988 U 56 366 E. 5b; RKUV 2001 U 438 345; K 140/05 E. 3.2). Zu Beweiswertfragen s.a. Art. 72 Rz. 2.

5   Die vorgängige vertrauensärztliche Stellungnahme zu einer Behandlung im Rahmen der präventiven Wirtschaftlichkeitskontrolle hat nicht die Bedeutung einer conditio sine qua non für die Vergütung der betreffenden Leistung (K 8/04 E. 2.3 m.H.; BGE 127 V 43 E. 2d; K 156/01 E. 3.3.2=RKUV 2004 KV 272 109). Die vertrauensärztliche Zustimmung zu einer bestimmten Medikamentenabgabe kann nicht formelle Anspruchsvoraussetzung sein (BGE 129 V 32 E. 5.3.2; K 156/01 E. 3.3.2.2=RKUV 2004 KV 272 109), ebenso wenig bei Hospitalisationen (K 120/04 E. 4.1.2). Zur vertrauensärztlichen Vorabgenehmigung s.a. Art. 58 Rz. 3 ff.

6   Bei Hausärzten (auch Spezialärzten) ist aufgrund des Vertrauensverhältnisses zur auftraggebenden versPers eine gewisse Zurückhaltung bei der Gewichtung ihrer Aussagen gerechtfertigt, sodass vertrauensärztlichen Stellungnahmen ein vergleichsweise stärkeres Gewicht zukommen (K 96/06 E. 5.1, K 144/06 E. 3.2.4; K 74/05 E. 3.2, K 177/04 E. 2.2, BGE 125 V 351 E. 3b/cc; 9C_965/2008 E. 3.3 u.a.m.; vgl. aber auch K 37/02, wo der Aussage eines langjährigen Hausarztes grösseres Gewicht beigemessen wurde als der Meinung des Vertrauensarztes. Für den Bereich der TgVers s. Art. 72 Rz. 2.

III.   Weisungsunabhängigkeit (Abs. 5)

7   Gemeint ist eine fachlich-inhaltliche Weisungsunabhängigkeit. In administrativer Hinsicht ist der Vertrauensarzt in die Hierarchie des Versicherers eingegliedert und von ihm angestellt oder beauftragt. Es besteht insofern ein vom Gesetzgeber in Kauf genommenes Abhängigkeitsverhältnis (siehe Rz. 2 hiervor; K 6/01 E. 5b=RKUV 2001 KV 189 490; s.a. K 39/01 E. 2.3; 9C_67/2007 2.4; I 885/06 E. 5.1; BGE 122 V 157 E. 1c. «Vertrauensärzte und Vertrauensärztinnen sind nicht Interessenvertreter, weder der Versicherer oder Leistungserbringer, noch der Versicherten» (K 8/04 E. 2.3).

IV. Mitwirkungspflicht der Leistungserbringer (Abs. 6)

Die Auskunftspflicht erstreckt sich auch auf die Herausgabe von Rönt- 8
genbildern, Operationsberichten und anderen Beweismitteln. Über was
Auskunft zu erteilen ist, liegt allein in der Entscheidungskompetenz des
VA, wobei das Verhältnismässigkeitsprinzip zu wahren ist (BGE 133 V
359 E. 6.5; K 7/05 E. 5.2.2=RKUV 2006 KV 373 286; K 34/01 E. 4;
K 18/00=RKUV 2004 KV 279 199 E. 2.2; vgl. a. BGE 127 V 43 E. 3).
Der Arzt muss überprüfbare Daten liefern und dies auch mit Bezug auf
Fakten sicherstellen, die nur der Abklärung des Leistungsanspruchs dienen (BGE 130 V 464 E. 5). Der VA hat sein Auskunftsbegehren nicht
zu begründen (BGE 133 V 359 E. 8.2). Der Leistungserbringer ist im
Rahmen von Art. 57 Abs. 6 KVG von seiner beruflichen Geheimhal-
tungspflicht entbunden (K 18/00=RKUV 2004 KV 279 199 E. 2.2; in
diesem Sinne wohl auch K 136/03 E. 4 und K 23/00=ZBJV 138/2002
422 E. 7b). Einer Einwilligung der versicherten Person zur Auskunftserteilung bedarf es nicht (BGE 133 V 359 E. 8.3; BGE 131 II 413 E. 2.5;
K 7/05 E. 4.3=RKUV 2006 KV 373 286). Sie kann dem Leistungserbringer jedoch die Weitergabe von Daten an den VA verbieten, was
aber in der Regel einen Verstoss gegen die Mitwirkungspflicht darstellt
(K 18/00 E. 2.2=RKUV 2004 KV 279 199).

Der KVers kann Leistungen verweigern, wenn ihm der Leistungserbrin- 9
ger notwendige Auskünfte vorenthält (K 97/03=RKUV 2005 KV 328
186 E. 3.4). Möglich ist diesfalls auch die Anordnung eines medizinischen Gutachtens in einem versicherungsgerichtlichen Verfahren
(K 23/00=ZBJV 138 2002 422 E. 7b). Widerhandlungen gegen Art. 57
Abs. 6 KVG können ferner zu Sanktionen nach Art. 59 Abs. 1 KVG führen (Art. 59 Abs. 3 lit. b KVG).

Das Recht der Versicherten, in begründeten Fällen eine Untersuchung 10
durch einen anderen Arzt zu verlangen (Art. 57 Abs. 6 Satz 3 KVG in
der bis 31.12.2002 geltenden Fassung), ist im Zuge der Einführung des
ATSG aufgehoben worden. Zur diesbezüglichen Aufklärungspflicht des
Kvers: K 135/99.

V.   Wahrung der Persönlichkeitsrechte der Versicherten (Abs. 7)

11 Abs. 7 dient dem Persönlichkeitsschutz der Versicherten (BGE 127 V 43 E. 3; K 7/05 E. 5.2.2=RKUV 2006 KV 373 286). Die Weiterleitung des medizinischen Dossiers einer versPers durch den Vertrauensarzt an einen externen Gutachter ist auch ohne deren Zustimmung zulässig (BGE 131 II 413 E. 2.1 und 2.4), ebenso die Überweisung eines Dossiers durch einen lokal tätigen Vertrauensarzt an den Vertrauensärztechef des betreffenden KVers, wenn der vertrauensärztliche Dienst organisatorisch und administrativ von den übrigen Verwaltungseinheiten des KVers klar abgetrennt ist (1C 44/2008; BVGE A-7375/2006 07.12.2007; krit. Wermelinger, Digma 8/2008 S. 50 f.). Die Weitergabe medizinischer Daten an die Verwaltung ist zulässig, soweit die Angaben für die Beurteilung eines Leistungsanspruchs oder für die Begründung einer Verfügung notwendig sind (1C 44/2008 E. 2.3). Die Schweigepflicht (Art. 33 ATSG) ist auch zwischen Vertrauensärzten verschiedener Krankenversicherer zu respektieren.

VI.   Vertrauensärztevertrag (Abs. 8)

12 Die entsprechende Regelung ist mit dem Vertrauensarztvertrag zwischen santésuisse (Dachverband der Krankenversicherer) und der FMH (Verbindung der Schweizer Ärztinnen und Ärzte) vom 14. Dezember 2001 erfolgt.

Art. 58 Qualitätssicherung

[1] **Der Bundesrat kann nach Anhören der interessierten Organisationen systematische wissenschaftliche Kontrollen zur Sicherung der Qualität oder des zweckmässigen Einsatzes der von der obligatorischen Krankenpflegeversicherung übernommenen Leistungen vorsehen.**

[2] **Er kann die Durchführung der Kontrollen den Berufsverbänden oder anderen Einrichtungen übertragen.**

³ Er regelt, mit welchen Massnahmen die Qualität oder der zweckmässige Einsatz der Leistungen zu sichern oder wiederherzustellen ist. Er kann insbesondere vorsehen, dass:

  a. vor der Durchführung bestimmter, namentlich besonders kostspieliger Diagnose- oder Behandlungsverfahren die Zustimmung des Vertrauensarztes oder der Vertrauensärztin eingeholt wird;

  b. besonders kostspielige oder schwierige Untersuchungen oder Behandlungen von der obligatorischen Krankenpflegeversicherung nur vergütet werden, wenn sie von dafür qualifizierten Leistungserbringern durchgeführt werden. Er kann die Leistungserbringer näher bezeichnen.

Chronologie: AS 1995 1328; BBl 1992 I 93.

Bibliografie: Bapst Ludwig/L'eplattenier Jean-Robert, Qualitätssicherung im medizinischen Labor durch die QUALAB: Grundlagen, Stand der Arbeiten und Massnahmen, in: CHSS 2002, S. 170 ff.; Bumbacher Beat/Haldi Heini/Gähler Ernst, Neuerungen in der Qualitätssicherung im Praxislabor per 1. Januar 2009, SAeZ 89(2008) H. 49 S. 2107–2108; Gross Hawk Beatrice, Selbständige nicht-ärztliche Medizinalpersonen in der freien Praxis – Wieviel Freiheit belässt ihnen das Krankenversicherungsrecht?, Diss. Zürich 2008; S. 65 ff., 168 ff.; Langenegger Manfred, Qualitätsmanagement im Gesundheitswesen – Rahmenbedingungen des BSV für die Umsetzung, in CHSS 3/1999 S. 151 ff.; Maurer Robert, Qualitätsicherung: Gedanken zur Umsetzung von Art. 58 KVG, in: Schweizerische medizinische Wochenschrift 1999, S. 1351 ff.; Piffner Rauber*, S. 145 ff.

Evaluation über die Rolle des Bundes bei der Qualitätssicherung nach KVG. Bericht der Geschäftsprüfungskommission des Ständerates vom 13. November 2007 (BBl 2008 7793). Stellungnahme des Bundesrates vom 18. Juni 2008 (BBl 2008 7889). Jahresbericht 2008 der Geschäftsprüfungskommissionen und der Geschäftsprüfungsdelegation der eidgenössischen Räte vom 23.01.2009 S. 22 Ziff. 3.2.3 (BBl 2009 2575). Bericht des Bundesrates zur Qualitätsstrategie des Bundes im Schweizerischen Gesundheitswesen vom 09.10.2009 (http://www.bag.admin.ch/themen/krankenversicherung/06368/index.html?lang=de; Stand 01.12.2009).

Verordnung: Art. 77 KVV; Art. 135 KVV.

Für die Liste der Leistungserbringer von Leistungen, die spezielle Qualitätskriterien erfüllen, und der registerführenden Zentren siehe die Website des BAG (www.bag.admin.ch).

Übersicht   Seite

I.   Programme zur Qualitätssicherung (Abs. 1 und 2)

1   Der Bundesrat hat mit Art. 77 Abs. 1 KVV die Qualitätskontrolle den Leistungserbringern oder deren Verbänden übertragen. Die Modalitäten sind mit den KVers in Verträgen zu regeln. Tarifverträge nach Art. 46 ff. KVG enthalten heute in der Regel die Klausel, dass sich die Leistungserbringer Qualitätssicherungsprogrammen zu unterziehen haben. Widerhandlungen durch Leistungserbringer gegen Art. 58 KVG können ferner zu Sanktionen nach Art. 59 Abs. 1 KVG führen (Art. 59 Abs. 3 lit. c KVG).

2   Die Geschäftsprüfungskommission des Ständerates hat am 17. November 2007 einen Bericht zur Rolle des Bundes bei der Qualitätssicherung nach KVG veröffentlicht. Sie unterbreitete dem Bundesrat darin Empfehlungen für ein verstärktes Engagement des Bundes, weil die an die Tarifpartner delegierte Umsetzung der Qualitätssicherung nicht zum erwünschten Erfolg geführt hat (AS 2008 7793; http://www.admin.ch/ch/d/ff/2008/7793.pdf, Stand 01.12.2009). Am 28.10.2009 hat der Bundesrat den Bericht zur Qualitätsstrategie des Bundes im Gesundheitswesen verabschiedet.

II.   Besondere Qualitätssicherungsmassnahmen (Abs. 3)

Verordnung: Delegation an das EDI, siehe Art. 77 Abs. 4 KVV.

1.   Vertrauensärztliche Zustimmung (lit. a)

Der Verordnungsgeber hat vom Instrument der vertrauensärztlichen Zu-   3
stimmung zu einer Leistung zahlreich Gebrauch gemacht. Beispiele aus
dem *Anhang 1* KLV: Ziffer 1.1 KLV (operative Adipositasbehandlung),
Ziff. 1.2 (Lebend-Lebertransplantation; autologes Epidermis-Äquiva-
lent), Ziff. 1.3 (Ballon-Kyphoplastie), Ziff. 1.4 (elektrische Neuromo-
dulation der sakralen Spinalnerven) u.a.m. Aus dem *Anhang 2* (MiGel):
Ziff. 0302.01.2: Insulinpumpensystem; Ziff. 09.02.01.001; Nervensti-
mulationsgeräte; Ziff. 14.10: Sauerstofftherapie). Die Rechtsprechung
hatte noch nicht zu klären, ob die vertrauensärztliche Zustimmung eine
formelle Anspruchsvoraussetzung im Sinne einer conditio sine qua non
darstellt, wird aber in 9C_918/2007 E. 4.3 implizit verneint (bejahend
wohl Longchamp*, S. 255; a.M. SBVR-Eugster* Rz. 228).

Die Genehmigungsauflage findet sich auch in der vom BAG erstellten   4
Spezialitätenliste (Art. 52 Abs. 1 lit. b KVG; Beispiele: Enbrel, Humira,
Genotropin u.a.m.), ohne sich allerdings hierfür auf Art. 58 Abs. 3 lit. a
KVG stützen zu können. Die vertrauensärztliche Zustimmung ist im ein-
zelnen Leistungsfall nicht formelle Anspruchsvoraussetzung (BGE 129
V 32 E. 5.3.2; K 156/01=RKUV 2004 KV 272 109 E. 3.3.2.2; altrecht-
lich: RKUV 1984 K 566 26 E. 2c; s.a. Art. 57 Rz. 5).

Ein Spezialfall ist der vertrauensärztliche Therapievorschlag im Bereich   5
der Psychotherapie (Art. 3 Abs. 3 KLV), wobei unklar ist, ob er sich
auf Art. 58 Abs. 3 lit. a KVG stützt. Die betreffenden Genehmigungen
stellen nicht blosse Kostengutsprachen dar, sondern beinhalten auch die
Bestätigung der Wirtschaftlichkeit der jeweiligen Behandlung (RKUV
1999 K 994 320 E. 5c; Art. 25 Rz. 19).

2. Beschränkung auf qualifizierte Leistungserbringer (lit. b)

6 Der eidgenössisch diplomierte Arzt darf prinzipiell auf dem gesamten Gebiet der Medizin tätig sein (BGE 110 V 187, 1 E. 5a; s.a. K 97/03 E. 4.1=RKUV 2005 KV 328 186: Für psychiatrische und psychogeriatrische Grundpflege bedarf es keiner fachärztlichen Anordnung). Art. 58 Abs. 3 lit. b KVG sieht für die OKP eine Ausnahme zu diesem Grundsatz vor. S.a. Art. 43 Abs. 2 lit. d KVG (Rz. 5).

7 Die blosse Absichtserklärung des EDI, für eine bestimmte Behandlung die Zahl der dafür zuzulassenden Leistungserbringer zu beschränken, genügt nicht für einem Leistungsausschluss in einem konkreten Behandlungsfall (BGE 131 V 338 E. 6.4; in casu die Lebend-Lebertransplantation betreffend).

8 Der Verordnungsgeber hat von Art. 58 Abs. 2 lit. b KVG regen Gebrauch gemacht. Beispiele aus *Anhang 1* KLV: Ziffer 1.2 KLV (Lungentransplantation; kombinierte Pankreas- und Nierentransplantation), Ziff. 2.1 (hämatopoïetische Stammzell-Transplantation; Polysomnografie; Polygrafie) u.a.m. Aus *Anhang 2* (MiGel): Ziff. 21.01.02.00.2: Atem- und Herzfrequenzmonitor; Ziff. 34.90: Wund-Vakuum-Therapiesystem u.a.m.

Art. 59 Verletzung der Anforderungen bezüglich Wirtschaftlichkeit und Qualität der Leistungen

[1] Gegen Leistungserbringer, welche gegen die im Gesetz vorgesehenen Wirtschaftlichkeits- und Qualitätsanforderungen (Art. 56 und 58) oder gegen vertragliche Abmachungen verstossen, werden Sanktionen ergriffen. Diese umfassen:

a. die Verwarnung;

b. die gänzliche oder teilweise Rückerstattung der Honorare, welche für nicht angemessene Leistungen bezogen wurden;

c. eine Busse; oder

d. im Wiederholungsfall den vorübergehenden oder definitiven Ausschluss von der Tätigkeit zu Lasten der obligatorischen Krankenpflegeversicherung.

[2] Über Sanktionen entscheidet das Schiedsgericht nach Artikel 89 auf Antrag eines Versicherers oder eines Verbandes der Versicherer. [3] Verstösse gegen gesetzliche Anforderungen oder vertragliche Abmachungen nach Absatz 1 sind insbesondere:

    a. die Nichtbeachtung des Wirtschaftlichkeitsgebotes nach Artikel 56 Absatz 1;

    b. die nicht erfolgte oder die mangelhafte Erfüllung der Informationspflicht nach Artikel 57 Absatz 6;

    c. die Weigerung, sich an Massnahmen der Qualitätssicherung nach Artikel 58 zu beteiligen;

    d. die Nichtbeachtung des Tarifschutzes nach Artikel 44;

    e. die unterlassene Weitergabe von Vergünstigungen nach Artikel 56 Absatz 3;

    f. die betrügerische Manipulation von Abrechnungen oder die Ausstellung von unwahren Bestätigungen.

Chronologie: Fassung gemäss Ziff. I der Änderung des KVG vom 8. Okt. 2004 (Gesamtstrategie und Risikoausgleich), in Kraft seit 1. Jan. 2005 (AS 2005 1071; BBl 2004 4259; alt: AS 1995 1328; BBl 1992 I 93). Zur Entstehungsgeschichte s.a. Art. 59 des Entwurfs und Botschaft betreffend die Änderung des Bundesgesetzes über die Krankenversicherung vom 18. September 2000 (BBl 1999 741, 793 ff. und 821; AB 2001 S 665; AB 2002 N 2114; AB 2003 S 340; AB 2004 S 460 ff.; AB 2004 N 1509 ff.).

I.   Allgemeines zu den Sanktionen

Die Massnahme nach Art. 1 lit. a KVG (Verwarnung) ist mit einer repressiven verwaltungsrechtlichen Sanktion vergleichbar, die verhindern soll, dass künftig wieder ein rechtswidriger Zustand eintritt; sie soll präventiv wirken, indem sie Druck auf den Leistungserbringer ausübt. Prävention bezweckt mittelbar auch Art. 1 lit. b KVG (Honorarrückerstattung). Primäres Ziel ist aber in erster Linie die Wiederherstellung des rechtmässigen Zustandes bzw. die Einziehung unrechtmässig erlangter

Vorteile, wie das im Verwaltungsrecht mit exekutorischen Sanktionen möglich ist. Bussen nach Art. 59 Abs. 1 lit. c KVG sind Zwangsmittel zur Durchsetzung der Einhaltung der Wirtschaftlichkeit und Qualität der Leistungen, haben auch pönalen Charakter, ohne aber eigentliche Strafen im Rechtssinne zu sein. Art. 1 lit. d KVG (Ausschluss) ist schliesslich der Domäne des Disziplinarrechts zuzuordnen. Alle Sanktionen nach Art. 59 Abs. 1 KVG setzen ein Verschulden voraus und unterliegen dem Verhältnismässigkeitsprinzip. Der zu Sanktionen nach Abs. 1 führende Sachverhalt muss sich nach dem 1.1.2005 ereignet haben (K 83/05 E. 4.1).

2 Art. 59 Abs. 1 KVG darf nicht für Versuche herhalten, Standpunkte in offenen Auslegungsstreitigkeiten zu gesetzlichen oder vertraglichen Bestimmungen mit Sanktionen durchzusetzen (vgl. 9C_61/2009). Sanktionen dürfen nur zur Ahndung von Verstössen gegen klares Recht, das der Leistungserbringer ohne Weiteres auch als solches erkennen konnte, ausgesprochen werden.

II.   Rückerstattung von Honoraren

3 Die Rückerstattungspflicht für Leistungen, die mittels statistischer Analyse als unwirtschaftlich erkannt wurden, ist nach Art. 59 Abs. 2 KV als Sanktion konzipiert (BBl 2001 741, 794). Zur Frage, ob Art. 56 Abs. 2 KVG für solche Rückerstattungsforderungen nicht mehr wie bisher die sedes materiae ist, gehen im Schrifttum die Meinungen auseinander. Die Sanktion nach Art. 59 Abs. 1 lit. b KVG tritt nicht neben den bisherigen Rückforderungstitel von Art. 56 Abs. 2 KVG, sondern an dessen Stelle (EUGSTER, Überarztung, S. 97, 138; a.A. ISELIN, SZS 2006 S. 106; s.a. 9C_393/2007 E. 4.4).

III.   Ausschluss von der Kassenpraxis

4 Art. 59 Abs. 1 lit. d entspricht materiell dem altrechtlichen Art. 59 KVG und dieser wiederum Art. 24 KVG (K 45/04 E. 3.3). Art. 59 Abs. 1 lit. d KVG schränkt die Ausschlussgründe gegenüber altArt. 59 KVG formal ein, indem abschliessend nur Verstösse gegen das KVG oder gegen Ta-

rif- und Qualitätssicherungsverträge massgebend sein können. Materiell bringt Art. 59 Abs. 1 lit. d KVG nichts grundlegend Neues.

Ein Ausschluss hat nach wie vor disziplinarischen Charakter (BGE 120 V 481 E. 2c; BGE 106 V 40 E. 5a/cc), muss wie auch seine Dauer verhältnismässig sein und ist daher in der Regel zu befristen (BGE 106 V 40 E. 5c). Der Ausschluss bezweckt ausschliesslich den Schutz der KVers, nicht auch der ärztlichen Standesregeln (BGE 120 V 481 E. 4). Er setzt keine Verwarnung mit ausdrücklicher Androhung voraus (K 45/04 E. 4.3; einschränkender BGE 106 V 40 E. 5a/cc) und konnte unter altem Recht nur bezüglich jener Versicherer gelten, die den Ausschluss klageweise beantragt haben (BGE 120 V 481 E. 4; RKUV 1986 K 657 18 E. 3c).

5. Kapitel: Finanzierung

1. Abschnitt: Finanzierungsverfahren und Rechnungslegung

Art. 60

[1] Die obligatorische Krankenpflegeversicherung wird nach dem Ausgabenumlageverfahren finanziert. Die Versicherer bilden für bereits eingetretene Krankheiten und zur Sicherstellung der längerfristigen Zahlungsfähigkeit ausreichende Reserven.

[2] Die Finanzierung muss selbsttragend sein. Die Versicherer weisen die Rückstellungen und Reserven für die obligatorische Krankenpflegeversicherung in der Bilanz gesondert aus.

[3] Die Versicherer führen für die obligatorische Krankenpflegeversicherung eine besondere Betriebsrechnung. Rechnungsjahr ist das Kalenderjahr. Die Prämien und die Leistungen für Krankheit und für Unfälle sind getrennt auszuweisen.

[4] Die Versicherer erstellen für jedes Geschäftsjahr einen Geschäftsbericht, der sich aus Jahresbericht und Jahresrechnung zusammensetzt. Der Bundesrat legt fest, in welchen Fällen zusätzlich eine Konzernrechnung zu erstellen ist.

[5] Der Geschäftsbericht ist nach den Vorschriften des Obligationenrechts über die Aktiengesellschaften und nach den Bestimmungen dieses Gesetzes zu erstellen.

[6] Der Bundesrat erlässt die notwendigen Vorschriften, insbesondere über die Rechnungsführung, die Rechnungsablage, die Rechnungskontrolle, den Geschäftsbericht, die Reservebildung und die Kapitalanlagen. Er legt fest, wie der Geschäftsbericht zu veröffentlichen oder der Öffentlichkeit zugänglich zu machen ist.

Chronologie: AS 1995 1328; BBl 1992 I 93. Abs. 4: Fassung gemäss Ziff. I des BG vom 8. Okt. 2004 (Gesamtstrategie und Risikoausgleich), in Kraft seit 1. Jan. 2005 (AS 2005 1071; BBl 2004 4259). Abs. 5 und 6: Eingefügt durch Ziff. I der Änderung des KVG vom 8. Okt. 2004 (Gesamtstrategie und Risikoausgleich), in Kraft seit 1. Jan. 2005 (AS 2005 1071; BBl 2004 4259).

Bibliografie: RIZZI ELISABETH, Der weisse Fleck soll weg: Krankenkassen-Anlagevorschriften, in Schweizer Versicherung, 22 (2009) Nr. 3 S. 22 f.; SIFFERT NICO-

LAS, Spezielle Auswirkungen des Krankenversicherungsgesetzes: Ergebnisse der Wirkungsanalyse Finanzierung, in: CHSS 2000, S. 206 ff.

Verordnung: KVV: *Finanzierungsverfahren*: Art. 78 (Reserve; s.a. Ziff. 5 SchlBest der KVV-Änderung vom 26. April 2006), Art. 79 (Defizitgarantie), Art. 80 (Kapitalanlagen); *Rechnungslegung:* Art. 81 (Grundsätze), Art. 82 (Kontenplan und Regeln für die Rechnungsführung), Art. 83 (Rückstellung für unerledigte Versicherungsfälle), Art. 84 (Verwaltungskosten), Art. 85 (Mitteilungen an das BAG), Art. 85a (Veröffentlichung). Revision: Art. 86 (Revisionsstelle), Art. 87 (Aufgaben der Revisionsstelle), Art. 88 (Bericht der Revisionsstelle); VO über die Zulassung und Beaufsichtigung der Revisorinnen und Revisoren (Revisionsaufsichtsverordnung, RAV) vom 22. August 2007 (AS 2007 3989).

Übersicht

I. Selbsttragende Finanzierung im Ausgabenumlageverfahren (Abs. 1 und 2)

Ausgabenumlageverfahren bedeutet, dass die laufenden Ausgaben 1 grundsätzlich durch die laufenden Einnahmen zu decken sind (BBl 1992 I 192). Die Prämien sind durch den KVers jährlich im Voraus so festzulegen, dass die selbsttragende Finanzierung (Art. 60 Abs. 2 KVG) jederzeit gewährleistet ist. Zur Durchführung des Ausgabenumlageverfahrens haben sie Annahmen zu treffen, wie sich Einnahmen und Ausgaben für die kommende Rechnungsperiode entwickeln werden. Dies erfolgt auf Grund von Schätzungen, die sich vorwiegend auf interne Statistiken der abgelaufenen Rechnungsperioden stützen (K 72/05 E. 4.4=RKUV 2006 KV 379 325).

Die Prämien dürfen nur für die Erbringung gesetzlicher Pflichtleistungen 2 und zur Deckung der dafür notwendigen Verwaltungskosten verwendet werden. Überschüsse sind den gesetzlichen Reserven zuzuweisen und Negativsaldi aus diesen zu decken (BGE 135 V 39 E. 4.1).

3 Die KVers sind mit Bezug auf Einkünfte und Vermögen der OKP und
der freiwilligen Taggeldversicherung nach KVG steuerbefreit (Art. 80
Abs. 1 KVG), nicht jedoch hinsichtlich derjenigen der Zusatzversicherungen (2P.29/2004; 2P.27/2004; 2P.12/2004; KIESER, ATSG-Kommentar*, Art. 80 Rz. 15.

Bibliografie: EIDGENÖSSISCHE STEUERVERWALTUNG, Rundschreiben vom 27. September 1996 betreffend die steuerlichen Auswirkungen des neuen Krankenversicherungsgesetzes, Ziff. II/2; KIESER, ATSG-Kommentar*, Art. 80 ATSG; KUSTER
RETO, Steuerbefreiung von Institutionen mit öffentlichen Zwecken, Diss. Zürich
1997; MAUTE WOLFGANG / STEINER MARTIN / RUFENER ADRIAN, Steuern und Versicherungen, 2. Aufl. 1999, S. 231; RICHNER FELIX, Steuerbefreiung von Krankenversicherern, Zürcher Steuerpraxis 1996; RUFENER ADRIAN, Besteuerungsnormen
für den Bereich des KVG, in: LAMal–KVG, S. 761 ff.

II. Reserven (Abs. 2)

Art. 12 Abs. 3, Art. 17 und Art. 78 KVV

4 Die Reserven sind regelmässig Gegenstand von Diskussionen. Haupt-
kritik sind Volumen und prozentuale Höhe sowie die Notwendigkeit
solcher Reserven, ausführlich dazu BVGer C-6958/2008 E. 4 ff. Zum
Problem der Aufteilung der Reserven nach Kantonen siehe die Interpel-
lation 08.3305 von Ständerätin Anita Fetz vom 10.06.2009 (AB 2008
S 819) und deren Motion 08.4046 vom 19.12.2008 (AB 2009 S 250).

III. Abgrenzung der verschiedenen Versicherungs-zweige (Abs. 3)

5 Die Kvers dürfen die Finanzierung der OKP nicht mit der Finanzierung
anderer Versicherungszweige vermengen. Entscheidend ist grundsätzlich, ob die Vermögenswerte dem Bereich der sozialen KV zugewiesen sind (2P.12/2004 E. 3.3=RKUV 2005 KV 333 265). Die Mittel der
OKP dürfen nicht für die Finanzierung von Zusatzversicherungen verwendet werden (BGE 130 V 196 E. 6.2; 2P.29/2004 E. 2.3; 2P.27/2004
E. 2.3). Zur Quersubventionierung der OKP aus Zusatzversicherungen:
BGE 128 V 272 E. 6d/bb: nicht grundsätzlich ausgeschlossen; in

9C_725/2008 E. 3.9=BGE 135 V S. pend. implizit bejaht; anders dagegen BGE 130 V 196 E. 6.2). S.a. SBVR Eugster* Rz. 185 und Tomas Poledna, Krankenversicherungen und ihre rechtliche Organisation, Forum Gesundheitsrecht 3, Zürich 2002, S. 22.

Die Mittel einer anerkannten Krankenkasse dürfen nur für die OKP-Bedürfnisse der eigenen Versicherten verwendet werden. Ein Kostenausgleich zwischen anerkannten Krankenkassen widerspricht dem Grundsatz der Gegenseitigkeit und verletzt das Zweckentfremdungsverbot (Art. 13 Abs. 2 lit. a KVG; BGE 128 V 272 E 6b und 6d/aa).   6

2. Abschnitt: Prämien der Versicherten

Art. 61 Grundsätze

[1] Der Versicherer legt die Prämien für seine Versicherten fest. Soweit dieses Gesetz keine Ausnahme vorsieht, erhebt der Versicherer von seinen Versicherten die gleichen Prämien.

[2] Der Versicherer kann die Prämien nach den ausgewiesenen Kostenunterschieden kantonal und regional abstufen. Massgebend ist der Wohnort der versicherten Person. Das Bundesamt legt die Regionen für sämtliche Versicherer einheitlich fest.

[3] Für Versicherte bis zum vollendeten 18. Altersjahr (Kinder) hat der Versicherer eine tiefere Prämie festzusetzen als für ältere Versicherte (Erwachsene). Er ist berechtigt, dies auch für die Versicherten zu tun, die das 25. Altersjahr noch nicht vollendet haben (junge Erwachsene).

[3bis] Der Bundesrat kann die Prämienermässigungen nach Absatz 3 festlegen.

[4] Für Versicherte, die in einem Mitgliedstaat der Europäischen Gemeinschaft, in Island oder in Norwegen wohnen, sind die Prämien je Wohnsitzstaat zu berechnen. Der Bundesrat erlässt Vorschriften, wie die Prämien dieser Versicherten und das Inkasso zu gestalten sind.

[5] Die Prämientarife der obligatorischen Krankenpflegeversicherung bedürfen der Genehmigung durch den Bundesrat. Vor der Genehmigung können die Kantone zu den für ihre Bevölkerung vorgesehenen Prämientarifen Stellung nehmen; das Genehmigungsverfahren darf dadurch nicht verzögert werden.

Chronologie: *Art. 61:* AS 1995 1328; BBl 1992 I 93. *Abs. 2:* Fassung gemäss Ziff. I der Änderung des KVG vom 24. März 2000, in Kraft seit 1. Jan. 2001 (AS 2000 2305 2311; BBl 1999 793). *Abs. 3:* Fassung gemäss Ziff. I der Änderung des KVG vom 18. März 2005 (Prämienverbilligung), in Kraft seit 1. Jan. 2006 (AS 2005 3587; BBl 2004 4327). *Abs. 3bis:* Eingefügt durch Ziff. I der Änderung des KVG vom 24. März 2000, in Kraft seit 1. Jan. 2001 (AS 2000 2305 2311; BBl 1999 793). *Abs. 4:* Eingefügt durch Ziff. I 9 des BG vom 8. Okt. 1999 zum Abk. zwischen der Schweizerischen Eidgenossenschaft einerseits und der EG sowie ihren Mitgliedstaaten andererseits über die Freizügigkeit (AS 2002 701; BBl 1999 6128). Fassung gemäss Ziff. I 8 des BG vom 14. Dez. 2001 betreffend die Bestimmungen über die Personenfreizügigkeit im Abk. zur Änd. des Übereink. zur Errichtung der EFTA, in Kraft seit 1. Juni 2002 (AS 2002 685 700; BBl 2001 4963). *Abs. 5:* Satz 2 eingefügt durch Ziff. I der Änderung des KVG vom 18. Dez. 1998, in Kraft seit 1. Juli 1999 (AS 1999 2041 2042; BBl 1998 1335 1342).

Bibliografie: Baumann Meret, Alte und neue Solidaritäten in der sozialen Krankenversicherung, in: Martin Eckner/Tina Kempin (Hrsg.), Recht des Stärkeren – Recht des Schwächeren, Zürich 2005; Duc Jean-Louis, Age et solidarité dans les récentes propositions de modification de la LAMal, in: SZS 2004, S. 547 ff.; Luginbühl Rudolf, Rechte der Versicherten bei Kündigung, Kassenwechsel und im Leistungsfall, in: JKR 2003, Bern 2004, S. 23 ff.; Marcuard Claudine, Solidarität in der Krankenversicherung, in: CHSS 1999 S. 69. ff.; Steiger Mariette, Gibt es Solidarität in der sozialen Krankenversicherung? in: MC 3/2005, S. 28 f. Für die wissenschaftlichen Forschungsberichte des BSV/BAG siehe die Internet-Adresse auf S. XXII (Literaturverzeichnis).

Verordnung: KVV: Art. 89 (Angabe der Prämien), Art. 90 (Prämienzahlung), Art. 90a (Vergütungszinsen), Art. 90b (Reihenfolge der Prämienermässigungen), Art. 90c (minimale Prämie), Art. 91 (Abstufung der Prämien), Art. 91a (Prämienreduktion bei anderweitiger Versicherung), Art. 92 (Prämientarife).

Kreisschreiben (KS): BAG-KS Nr. 5.1 – Prämien der obligatorischen Krankenpflegeversicherung vom 04.06.2008; BAG-KS Nr. 1.2 – Sistierung der Versicherungspflicht bei längerem Dienst vom 17. Mai 2006.

Prämienübersicht: http://www.bag.admin.ch/themen/krankenversicherung/00261/index.html?lang=de

Übersicht

I. Prämienfestsetzung und -erhebung durch die KVers (Abs. 1)

1. Einheitliche Individualprämie

1 Die KVers sind innerhalb der gesetzlichen Schranken zur Festsetzung der Prämien befugt (BGE 124 V 333 E. 2b, mit Bestimmung des Prämienbegriffs). Jede versicherte Person entrichtet eine einkommens- und vermögensunabhängige Individualprämie («Kopfprämie»). Für die Risiken Krankheit, Mutterschaft und Unfall wird eine Gesamtprämie erhoben (RKUV 1998 KV 23 56 E. 2e). Weiter gilt das Prinzip der Einheitsprämie pro Versicherer (K 47/01 E. 4.2=RKUV 2003 KV 259 295), welches lediglich durch die Abstufungen nach Art. 61 Abs. 3 KVG durchbrochen wird. Die Prämienhöhe variiert jedoch wettbewerbsbedingt von KVers zu KVers (BBl 1992 I 126 und 135).

2 Die altrechtliche Differenzierung nach Beitrittsalter oder Geschlecht ist nach dem KVG nicht mehr zulässig, noch weniger eine solche nach dem individuellen Morbiditätsrisiko (so schon altrechtlich: RSKV 1982 498 166 E. 3). Unzulässig sind schliesslich Prämiendifferenzierungen aufgrund der besonderen Risikostruktur des Versichertenbestandes eines Kollektivversicherungsvertrags (BGE 128 V 272 E. 7b/aa; 17.08.2004 K 66/02=RKUV 2005 KV 312 S. 3 E. 5; K 47/01 E. 4.2=RKUV 2003 KV 259 295 m.H. auf das alte Recht). Die Einzelversicherung darf jedoch administrativ im Rahmen von Kollektiv- oder Rahmenverträgen organisiert werden (vgl. BGE 128 V 263 E. 3c, K 136/01 E. 3c/aa =RKUV 2002 KV 224 369).

3 Sämtliche Verwaltungskosten, zu denen auch die Kosten für die notwendigen medizinischen Abklärungen (Art. 45 ATSG) und die Prozessführung (RKUV 1992 K 891 70) zählen, sind über die ordentlichen Prämien abzudecken. Für die Erhebung von Verwaltungskostengebühren (siehe z.B. den altrechtlichen RKUV 1991 K 858 28 betr. Zuschlag bei monatlicher oder vierteljährlicher Prämienzahlung) bleibt im KVG kein

Raum. Ausgenommen sind Bearbeitungsgebühren gemäss Art. 105b Abs. 3 KVV und Verwaltungskosten, die die versPers durch tadelnswertes Verhalten verursacht hat (K 222/05 E. 5).

2. Prämienzahlungspflicht und Prämienschuldner

Persönliche Schuldpflicht: Die Prämienzahlungspflicht ist eine verwaltungsrechtliche Pflicht (BGE 125 V 266 E. 6c), welche die versPers persönlich trifft (K 112/05 E. 4.2.2). Sie kann jedoch im Einverständnis mit dem KVers von Dritten übernommen werden, was jedoch am Rechtsverhältnis zwischen KVers und versPers nichts ändert (K 36/01 E. 3b; K 13/06 E. 4.5: Übernahme von Prämienschulden durch die Prämienverbilligungsbehörde). Ebenso ändert die Rechnungstellung an ein Familienhaupt an den gesetzlichen Schuldverhältnissen nichts (BGE 125 V 183 E. 3; K 137/02 E. 4.1; K 4/07 E. 4.2 f. «Familienpolice»; s.a. Art. 3 Rz. 2, 2P.455/1998 E. 2 sowie VG BE Nr. 200 09 369 KV betr. in casu verneinter Schuldmitübernahme für Prämien volljähriger Kinder). Aufgrund kant. Rechts kann die Ausgleichskasse bei Ergänzungsleistungsbezügern Beiträge für Prämien direkt an die KVers bzw. das kant. Amt für KV überweisen (8C 782/2007). Die Prämienzahlungspflicht endet mit der Versicherungspflicht, rückständige Prämien vorbehalten (altrechtlich: RKUV 1988 K 776 307). Die Schuld für fällige Prämien geht am Todestag auf den oder die Erben der versPers über (RSKV 1976 239 21). 4

Solidarische Haftung der Ehegatten: Die Prämien für die OKP gehören zum ehelichen Unterhalt i.S.v. Art. 163 ZGB (BGE 129 V 90 E. 3.3; BGE 119 V 16, 24 E. 6a; s.a. BGE 125 V 430 E. 3b, ferner Art. 3 KVG Rz. 3). Die Ehegatten haften daher für die betreffenden Prämien unabhängig vom Güterstand solidarisch (Art. 166 Abs. 3 ZGB; BGE 129 V 90 E. 3.1; K 4/07 E. 4.1; K 114/03 E. 5.1; auch wenn gegen einen der beiden Ehepartner bereits ein Verlustschein vorliegt: K 4/07 E. 4.3), und zwar ungeachtet der Tatsache, ob das der Beitragsforderung zugrunde liegende Versicherungsverhältnis während des ehelichen Zusammenlebens oder vorehelich im Hinblick auf familiäre Bedürfnisse begründet worden ist (BGE 129 V 90; Änderung der Rechtsprechung von BGE 119 V 16). Eine Saldoklausel in einer gerichtlich genehmig- 5 ten Scheidungskonvention ändert an der solidarischen Haftung nichts (9C_798/2008 E. 3.2). Mit der Aufhebung des gemeinsamen ehelichen Haushalts durch faktische oder richterliche Trennung endet die solidarische Haftung (K 140/01 E. 3.2 =RKUV 2004 KV 278 149, 151 f.; K 114/03 E. 5.1; RSKV 1978 328 142). Zuwarten mit der Geltendmachung der Prämienforderung während der gesetzlichen Verwirkungsfrist ist grundsätzlich noch nicht rechtsmissbräuchlich (9C_798/2008 E. 3.2). Beide Ehegatten sind im Prämienstreit unabhängig davon einsprache- und beschwerdelegitimiert, wer Adressat des Verwaltungsaktes ist (K 89/02 E. 1.3=RKUV 2004 KV 277 146).

6 *Kinderprämien:* Die Eltern schulden den unmündigen Kindern die Prämienzahlung als familienrechtlichen Unterhalt (Art. 276 Abs. 1 ZGB i.V.m. Art. 277 Abs. 1 ZGB), womit aber nicht auch bestimmt wird, wer gegenüber dem KVers Prämienschuldner ist (RKUV 2000 KV 129 232; 9C_660/2007 E. 3.3). Pflichtversicherungsprämien für unmündige Kinder zählen zu den laufenden Bedürfnissen der Familie (Art. 166 ZGB; BGE 125 V 435 E. 3b). Die Eltern haften dafür solidarisch (K 132/01 E. 3b/bb; altrechtlich: RKUV 1993 K 914 83E. 2b). Die Haftung besteht nur bis zum Erreichen der Volljährigkeit. Die solidarische Haftung der Eltern endet mit der gerichtlichen Trennung der Ehe (K 132/01 E 3b/bb; 9C_660/2007 E. 3.2). Die KVers können VersPers für ausstehende Prämien aus der Zeit vor dem vollendeten 18. Altersjahr belangen (K 5/00=RKUV 2000 KV 129 232 E. 2; 9C_660/2007 E. 3.2). Im Fall Nr. 200 09 369 KV verneinte das VG Bern eine Schuldmitübernahme für Prämien volljähriger Kinder.

7 *Prämienverbilligung:* Der KVers kann bei der versicherten Person die ganze Prämie einfordern, selbst wenn die Prämienverbilligung (Art. 65 KVG) noch aussteht: K 18/03 E. 3.2, Urteilsbespr. Fessler, in: SZS 2003, S. 545; K 115/05 E. 3.2; K 13/06 E. 4.5; 9C_5/2008 E. 1.4). Das Inkassorecht besteht auch, wenn die versPers durch die Sozialhilfebehörde unterstützt wird (K 112/05 E. 4.2.2).

3. Prämieneinheit und Zahlungsmodalitäten

8 Die Prämien sind im Voraus und in der Regel monatlich zu bezahlen (Art. 90 KVV, kleinstes Zahlungsintervall). Anders als unter dem al-

ten Recht (RKUV 1991 K 858 28) darf eine versPers nicht mit einem Zuschlag belegt werden, wenn sie sich für monatliche Prämienzahlung entscheidet. Ausstehende Prämien und Kostenbeteiligungen sind getrennt von anderen Zahlungsausständen zu mahnen und in Betreibung zu setzen (Art. 90 Abs. 3 KVV). Im Übrigen können die KVers die Zahlungsmodalitäten reglementarisch frei regeln. Die Möglichkeit monatlicher Prämienzahlung muss den Versicherten jedoch erhalten bleiben (K 72/05 E. 4.3.1=RKUV 2006 KV 379 325). Anders bei im Ausland wohnenden Versicherten: Art. 92a Satz 2 KVV. Tritt eine Person der Versicherung im Laufe des Monats bei, darf der KVers grundsätzlich die volle Monatsprämie einfordern (K 72/05=RKUV 2006 KV 379 325; auf Art. 90 KVV beruhende Praxis der Monatsprämie als kleinste Prämieneinheit; BGE 127 V 38 E. 4b/ee). Das gilt auch für den Sterbemonat (SVR 2002 KV Nr. 37, VG TG).

4. Prämienbefreiungen und -ermässigungen

Prämienbefreiung für Militärdienstzeiten: Siehe Art. 3 Abs. 4 KVG und   9 Art. 10a Abs. 2 KVV. Es werden nur ganze Monatsprämien berücksichtigt, die sich wie folgt berechnen: Die Summe der aufeinander folgenden Tage geteilt durch 30 ergibt die Anzahl Monate. Das Ergebnis wird auf ganze Monate ab- oder aufgerundet. Abgerundet wird, wenn die erste Ziffer nach dem Komma nicht grösser als 4 ist, andernfalls wird aufgerundet. Für die Frage, ab welcher Monatsprämie sistiert wird, gilt Folgendes: Beginnt der Dienst nach dem 15. des Monats, kann der Versicherer die Prämie für den entsprechenden Monat einfordern. Diese Diensttage werden bei der Berechnung der Summe der aufeinanderfolgenden Tage einbezogen (BAG-KS Nr. 1.2 – Sistierung der Versicherungspflicht bei längerem Dienst vom 17. Mai 2006).

Prämienreduktion beim Unfallrisikoausschluss: Siehe Art. 8 Abs. 1   10 KVG, Art. 10 Abs. 2 KVG (s.a. RKUV 2001 KV 157 150 E. 3), Art. 11 UVV), Art. 89 lit. a KVV sowie Art. 91a Abs. 2 und 4 KVV (vgl. a. RKUV 1998 KV 23 56 E. 2e). Ist der Prämienanteil für die Unfalldeckung zu Unrecht nicht geleistet worden, kann der Versicherer diesen mitsamt Verzugszins nachfordern (Art. 10 Abs. 2 KVG), was wohl nur in den Grenzen der Verwirkungsfrist gemäss Art. 24 ATSG zulässig sein dürfte (vgl. a. BGE 129 V 267 E. 4.3).

11   *Andere Ermässigungstatbestände:* Siehe Art. 91a Abs. 3 KVV: Personen mit Abrede- oder freiwilliger Versicherung nach UVG. Verboten sind Kollektivverträge zur Bildung von besonderen Risikogemeinschaften im Hinblick auf besonders günstige Prämien des Kollektivs (siehe Art. 63 KVG). Entschädigungen nach Art. 63 Abs. 1 KVG dürfen nicht als Prämienermässigungen weitergegeben werden (Art. 102 Abs. 2 KVV; K 47/01 E. 4.2=RKUV 2003 KV 259 295). Zu den besonderen Versicherungsformen: Art. 62 KVG. Skonti sind in den vom BAG gesetzten Grenzen zulässig (BAG-KS Nr. 5.1 – Prämien der obligatorischen Krankenpflegeversicherung vom 04.06.2008.

5.   Prämienanpassungen

12   Die Prämie der OKP ist aufgrund des Ausgabenumlageverfahrens (Art. 60 Abs. 1 KVG) wandelbar und wird i.d.R. auf Beginn eines Kalenderjahres neu festgesetzt. Unterjährige Prämienpassungen sind unter Einhaltung der Vorschriften von Art. 7 Abs. 2 KVG möglich (LUG-INBÜHL, JKR 2003 S. 27). Das altrechtliche Institut der Sonderprämien (statt vieler: BGE 116 V 345 E. 4b; RKUV 1994 K 951 289 E. 2b, 1993 K 915 87) ist nicht mehr zulässig.

6.   Prämienzahlungsverzug und Sanktionsfolgen

Übersicht   Seite

a)   Mahnverfahren (Art. 105b KVV)

13   Der Kvers hat säumige Schuldner spätestens drei Monate ab Fälligkeit schriftlich zu mahnen (Art. 105b KVV). Er ist nicht verpflichtet, Stundung oder die Möglichkeit von Ratenzahlungen zu gewähren (K 77/03

E. 5.2.3). Zur Nachfrist für die Zahlung und zur Aufklärung über die
Folgen des Zahlungsverzugs siehe Art. 64a Abs. 1 KVG.

Der KVers darf nur gemahnte Prämienausstände und Kostenbeteili-　14
gungen in Betreibung setzen (BGE 131 V 147 E. 5 und 6; ab 1.1.2006
ist Art. 64a Abs. 1 KVG anwendbar; zum KUVG-Recht: BGE 105 V
86; RSKV 1983 542 150 E. 3). Eine Mahnung gilt auch gegenüber dem
solidarisch haftenden Ehegatten (K 63/05 E. 8). Ihre Zustellung muss
im Grade überwiegender Wahrscheinlichkeit bewiesen sein (K 11/07
E. 5.2; K 151/03 E. 6). Ist die vereinbarte ordentliche Zustelladresse
beim Familienhaupt, gelten die an diesen adressierten Mahnungen für
alle davon betroffenen Familienmitglieder als rechtsgenüglich zugestellt (vgl. RSKV 1978 329 144 E. 3). Die Rechtswirksamkeit einer
Mahnung setzt ferner die Urteilsfähigkeit des Zustelladressaten voraus
(EVGE 1969 183, 191 E. II/2). Zur Mahnung als Voraussetzung eines
Leistungsaufschubs: Art. 64a Abs. 1 KVG.

Mahn- und andere Bearbeitungsgebühren: Der KVers kann bei schuld-　15
haft verursachten Zahlungsverzögerungen für die Mahnung eine angemessene Bearbeitungsgebühr erheben, wenn seine Reglemente
das vorsehen (Art. 105b Abs. 3 KVV; altrechtlich: BGE 125 V 276;
RKUV 2001 KV 151 117 E. 3b; K 79/02 E. 4=RKUV 2003 KV 251
226 (krit. Duc, in: AJP 8/2000 S. 1012 ff., Urteilsbespr. zu BGE 125 V
276); das ATSG änderte daran nichts (K 68/04=RKUV 2004 KV 306
463, 465 E. 5.3.3; K 40/05 E. 3=RKUV 2006 KV 356 50; K 112/05
E. 4.3; K 115/05 E. 3.2;). Schuldhaft handelt die versPers, wenn sich der
KVers ihres Verhaltens wegen zu Mahnungen veranlasst sieht (K 28/02
E. 6). Zulässigkeitsvoraussetzung ist jedoch, dass der KVers die Schuld
korrekt berechnet hat (K 7/06 E. 4.4=SVR 2007 KV Nr. 14) und nicht
selber Anlass zum Zahlungsverzug gegeben hat.

RKUV 1988 K 789 431 E. 2c.: Fünf Franken für die erste Mahnung　16
und fünfzehn Franken für die zweite sind nicht unangemessen, ebenso
eine Mahngebühr von 20 Franken (K 1/04). Mahn-, Dossier- und Zu-
stellkosten in Höhe von Fr. 30, 35 und 50 Franken wurden ebenfalls
nicht beanstandet (K 11/07 E. 4.1; ähnlich: K 24/06 E. 3.2). Der KVers
kann unter den Voraussetzungen von Art. 105b Abs. 3 KVV auch anderweitigen, vom Schuldner verursachten Inkassoaufwand in Rechnung
stellen. Als grenzwertig nicht beanstandet wurden vor der Einführung
dieser Bestimmung Bearbeitungsgebühren von 250 bis 300 Franken in

K 24/01=RKUV 2005 KV 327 178 E. 8 und K 76/03; s.a. K 132/01).
Mahngebühren und Umtriebsspesen können betrieben werden (statt vieler: K 144/03=SVR 2006 KV Nr. 1; K 24/06 E. 3.2; K 12/05 E. 3.1). S.a.
Art. 64a KVG (Folgen der Nichtbezahlung von Prämien und Kostenbeteiligungen).

b)   Verzugszins

17 Der säumige Prämienzahler ist verzugszinspflichtig (Art. 26 Abs. 1
ATSG; Art. 105a KVV: 5 Prozent), auch bei geringen Beträgen und
kurzfristigen Ausständen (K 112/05 E. 5.2; K 68/04=RKUV 2004
KV 306 463, 466 E. 5.3.4; nach LONGCHAMP [S. 232] und EUGSTER,
SZS 2003 [S. 225]. haben Prämien nicht grundsätzlich und generell
als gering i.S.v. Art. 26 Abs. 1 Satz 2 ATSG zu gelten; anders KIESER,
ATSG-KOMMENTAR*, Art. 26, Rz. 50). Keine Verzugs- oder Vergütungs-
zinspflicht besteht für ausstehende Kostenbeteiligungen (K 24/06 E. 3.2;
K 12/05 E. 3.3); der allgemeine Rechtsgrundsatz der Verzugszinspflicht
gilt bei Prämien und Kostenbeteiligungen nicht, weil der Gesetzgeber in
diesem Bereich umfassend legiferiert hat (K 40/05 E. 4.3=RKUV 2006
KV 356 50).

c)   Betreibungsverfahren

18 Die KVers sind zum Prämieninkasso verpflichtet, nötigenfalls auf dem
Rechtswege (Art. 64a Abs. 1 KVG; Art. 105b Abs. 1 KVV; s.a. BGE
131 V 147 E. 5.2 m.H.; K 149/06 E. 3; K 63/05 E. 6.2; K 88/05 E. 2.2;
K 149/06 E. 3; K 13/06 E. 4.2; 9C_5/2008 E. 1.2; 9C_786/2008 E. 3.1).
Auch Betreibung auf Konkurs ist möglich (BGE 125 III 250 E. 2). Der
KVers hat jedoch unnötige Betreibungen zu vermeiden. Ob er verschie-
dene vollstreckbare Forderungen in einem einzigen oder mehreren se-
paraten Betreibungsbegehren in Betreibung setzt, entscheidet sich nach
Zweckmässigkeitserwägungen (K 144/03 E. 4.3= SVR 2006 KV Nr. 1).

19 Bei Gütergemeinschaft sind der Zahlungsbefehl und alle übrigen Be-
treibungsurkunden auch dem anderen Ehegatten zuzustellen; die Dop-
pelzustellung ist nachzuholen, wenn erst im Laufe des Betreibungsver-
fahrens der Einwand des Güterstandes der Gütergemeinschaft erhoben
wird (K 107/02 E. 2 und 3=RKUV 2004 KV 274 129; s.a. 7B.64/2004
und 7B.13/2004). Der KVers (als Rechtsöffnungsinstanz) hat in der

Verfügung darauf hinzuweisen, dass es sich bei KVG-Prämienforderungen um Vollschulden gemäss Art. 233 ZGB handelt (K 107/02 E. 3.2.2 =RKUV 2004 KV 274 127).

Im Streitfall hat der Richter eine umfassende Kontrolle der Forderung 20 vorzunehmen. Der Beweis für Bestand und Umfang der Forderung ist mit der blossen Auflistung von Kostenbeteiligungen oder Prämien nicht erbracht (K 99/02 E. 4.2.1=RKUV 2003 KV 252 227), ebenso wenig mit EDV-Auszügen mit nicht nachvollziehbaren Codierungen (K 144/99 E. 4). Geltend gemachte Tilgung ist unter Mitwirkung des Zahlungspflichtigen von Amtes wegen abzuklären (K 132/01 E. 3b/aa). Tilgung darf grundsätzlich nicht verfügungsweise festgestellt werden (RSKV 1979 389 261 E. 2). Anders Abrechnungen (BGE 99 V 78).

Rechtsöffnung durch den KVers: KVers können für fällige Prämien- 21 forderungen und ausstehende Kostenbeteiligungen auch ohne rechtskräftigen Rechtsöffnungstitel die Betreibung einleiten, im Falle des Rechtsvorschlags nachträglich eine formelle Verfügung erlassen, mit dieser den Rechtsvorschlag aufheben und nach Eintritt der Rechtskraft derselben die Betreibung fortsetzen (BGE 121 V 109 E. 2 und 3; BGE 119 V 329 E. 2b; K 107/02 E. 4.2.1=RKUV 2004 KV 274 129; K 59/06 E. 2.3; nicht geklärt ist, ob dieses Prozedere auf nicht erhebliche Forderungen gemäss Art. 49 Abs. 1 ATSG beschränkt ist: K 68/04 E. 5.3.2=RKUV 2004 KV 306 463, 465). Dieses Vorgehen ist ferner erst nach vorgängiger, mittels Urkunde bewiesener Mahnung der zahlungspflichtigen Person zulässig (altrechtlich: BGE 131 V 147 E. 6.2. und 6.3). Eine direkte Fortsetzung der Betreibung ohne Erwirkung eines Rechtsöffnungsentscheides ist nicht zulässig, wenn der KVers schon vor Einleitung der Betreibung im Besitze einer rechtskräftigen Verfügung ist (9C_903/2009 E. 2.2; BGE 109 V 46 E. 3; RKUV 1984 K 577 102). Es ist nicht zulässig, bei gleicher Sachlage nach rechtskräftiger Erledigung im gleichen Streitpunkt in einer neuen Betreibung mit einer zweiten Verfügung nochmals zu entscheiden, um den Rechtsvorschlag zu beseitigen. Die betreffende Zuständigkeit liegt beim Rechtsöffnungsrichter (9C_903/2009 E. 2.3).

Betreibungskosten: Für die Betreibungskosten, da von Gesetzes wegen 22 geschuldet, ist Rechtsöffnung weder zu erteilen noch ein diesbezüglicher Rechtsvorschlag aufzuheben (K 68/04=RKUV 2004 KV 306 463, 465 E. 5.3.2; K 12/05 E. 3.4; K 79/02 E. 4=RKUV 2003 KV 251 226;

K 112/05 E. 5.1; K 115/05 E. 3.2; K 99/02 E. 1; K 144/03 E. 4.1). Sie können nicht verfügungsweise zugesprochen werden (K 78/00 E. 3.4). Die Bestreitung der Betreibungskosten ist nur durch betreibungsrechtliche Beschwerde an die Aufsichtsbehörde möglich (K 144/03 E. 4.1= SVR 2006 KV Nr. 1). Wenn ein KVers eine versPers für geschuldete Prämien betreibt, bevor sie eine beschwerdefähige Verfügung erlassen hat, darf sie das Mitglied nicht mit den Betreibungskosten belasten (RSKV 1972 128 101 m.H. auf EVGE 1968 S. 19, 20).

23 *Fortsetzung der Betreibung:* Der KVers muss die Zustellung seines Rechtsöffnungsentscheides bzw. dessen Rechtskraft beweisen können (BGE 130 III 396 E. 1.2.2 f.). Die Einreden gemäss Art. 81 Abs. 2 SchKG bleiben der versPers erhalten (BGE 128 III 246 E. 2; K 59/06 E. 2.3; RKUV 1993 919 124 E. 5b, Verlust der Einreden, nachdem das EVG den Rechtsvorschlag im Dispositiv selbst beseitigt hat, vgl. a. BGE 119 V 329 E. 5b). Unklar ist 9C_890/2009, welcher die Einreden nach Art. 81 Abs. 2 SchKG mit der Begründung und mit dem Hinweis auf BGE 130 III 524 nicht zuzulassen scheint, die involvierte Krankenkasse sei ein gesamtschweizerisch tätiger KVers.

24 Bestehen mehrere Prämienschulden und macht die versPers Tilgung der betriebenen Forderung geltend, so hat sie dafür den Nachweis zu erbringen. Art. 86 OR ist per analogiam anwendbar (9C_397/2008 E. 4.1).

25 Bei der Berechnung des Notbedarfs nach Art. 93 Abs. 1 SchKG können die Prämien der obligatorischen KV berücksichtigt werden, nicht jedoch die Prämien der Zusatzversicherungen (BGE 134 III 323 E. 3). Die unter die Jahresfranchise fallenden und vom Schuldner tatsächlich zu bezahlenden Gesundheitskosten sind in voller Höhe zu berücksichtigen (BGE 129 III 242 E. 4). Der Grundsatz, dass nur tatsächlich bezahlte Beträge veranschlagt werden können, gilt auch für OKP-Prämien (BGE 121 III 20). Das Konkursprivileg für Forderungen der sozialen KV (Art. 219 Abs. 4 SchKG) erstreckt sich nicht auf Mahn- und Betreibungskosten (BGE 127 III 470 E. 3).

d)   Aufschub der Leistungspflicht

26 Art. 90 Abs. 4 KVV in der bis 31.07.2007 gültigen Fassung: Die Fristen dieser Bestimmung sind Ordnungsvorschriften, deren Nichteinhaltung weder den Anspruch auf die Ausstände noch auf den der betreibungs-

rechtlichen Durchsetzung verwirkt. Der KVers muss nach unbenütztem Ablauf der Frist auch nicht das Mahnverfahren wiederholen. Der KVers kann das eingeleitete Betreibungsverfahren gleichwohl fortsetzen. Die einzige Konsequenz ist, dass die Sanktionsfolgen von Art. 64a Abs. 2 KVG nicht eintreten können (dagegen diejenige von Art. 64a Abs. 4 KVG). Art. 90 Abs. 4 und Art. 105b Abs. 1 und Abs. 2 KVV (anwendbar ab 1.8.2007) sollen verhindern, dass die Krankenversicherer mit der Inkassomassnahme zu lange zuwarten (9C_397/2008 E. 3.2; 9C_786/2008 E. 3.2; 9C_730/2008 E. 3.2; 9C_786/2008 E. 3.2). Siehe im Weiteren Art. 64a KVG und Art. 105c KVV.

7. Verrechnung

Grundsatz: Die KVers sind im Bereich der OKP prinzipiell befugt, aus- 27
stehende Prämien und Kostenbeteiligungen mit Ansprüchen auf Leistungsrückerstattungen zu verrechnen (K 72/05 E. 5.1.1=RKUV 2006 KV 379 325). Kein Verrechnungsrecht steht den Versicherten zu (K 114/03 E. 8=RKUV 2005 KV 343; K 102/00 E. 2=RKUV 2003 KV 234 7; K 1/04 E. 4; altrechtlich: BGE 110 V 183 E. 3, 108 V 45 E. 2, 122 V 331 E. 4). Die versPers ist nötigenfalls darüber aufzuklären (K 7/06 E. 3.2=SVR 2007 KV Nr. 14). Verrechnung kann geltend gemacht werden, auch wenn die Gegenforderung bestritten wird (Art. 120 Abs. 2 OR; RSKV 1980 411 120 E. 2b). Die KVers sind nicht zur Vornahme von Verrechungen verpflichtet (s.a. RKUV 1992 K 896 138: keinVerrechnungsanspruch der versPers in der Taggeldversicherung). Zur Möglichkeit der Verrechnung im Konkursverfahren nach Art. 191 SchKG siehe Art. 213 Abs. 1 Ziff. 2 SchKG.

Ausnahmen: Während des Leistungsaufschubs gemäss Art. 64a Abs. 2 28
KVG ist eine Verrechnung von Prämien und Kostenbeteiligungen nicht zulässig (Art. 105c Abs. 5 KVV; zu altArt. 90 Abs. 4 KVV: K 102/00= RKUV 2003 KV 234 7, 11 ff.). Ferner darf die Verrechnung das Existenzminimum der Versicherten (Art. 97 SchKG) nicht gefährden (K 72/05 E. 5.1.2=RKUV 2006 KV 379 325; BGE 131 V 249 E. 1.2; altrechtlich: BGE 107 V 72 E. 2; BGE 108 V 45 E. 1; RKUV 1992 K 887 11; s.a. BGE 115 V 341 E. 2c; RKUV 1997 U 268 38, 39 E. 3). Das Existenzminimum bleibt auch dann zu respektieren, wenn die Rück-

forderung auf einem fehlerhaften Verhalten des Versicherten beruht (RKUV 1992 K 887 11 E. 3). Unzulässig ist eine Verrechnung zwischen Positionen der OKP und solchen von Zusatzversicherungen (vgl. a. auch RKUV 1997 U 268 38). Zu einem unzulässigen Verrechnungsverbot aufgrund (überholten) kant. Rechts: K 102/00 E. 6=RKUV 2003 KV 234 7; K 23/06; K 38/06=RKUV 2006 KV 378 320.

8. Rückerstattung und Nachzahlung von Prämien, Verwirkung von Prämienforderungen

29 Die Verwirkung von Prämienforderungen infolge Zeitablaufs regelt Art. 24 ATSG, die Rückerstattungspflicht Art. 25 Abs. 3 ATSG (altrechtlich: BGE 122 V 331 E. 3a; K 114/03 E. 4). Für die Vollstreckungsverjährung und -verwirkung ist weiterhin Art. 16 Abs. 1 Satz 2 AHVG anwendbar (K 99/04 E. 2.1.2=RKUV 2005 KV 320 83, 85; zum Vergütungszins: Art. 90a KVV).

II.   Kantonale oder regionale Prämienabstufungen (Abs. 2)

Bibliografie: CRIVELLI LUCA, Warum das Tessin so hohe Prämien hat, in: Infosantésuisse 2008 Nr. 3 S. 19–21; KRAFT PETER, Grundversicherung: die Kantone haben sehr unterschiedliche Kostenstrukturen, in: infosantésuisse 2008 Nr. 9 S. 18; KRAFT PETER, Regionale Unterschiede wo man sie kaum vermutet: neue Fakten und Zusammenhänge dank dem Medizinalatlas der Schweiz, in: infosantésuisse 2007 Nr. 9 S. 16–17; SCHLEINIGER RETO, Wieso haben Kantone so unterschiedliche Gesundheitskosten, in: CHSS 2008 H. 1 S. 60–64;

Verordnung: Art. 91 Abs. 1 und 2 KVV; Art. 92 Abs. 3 KVV.

Prämienregionen: Die bundesamtliche Festlegung der Prämienregionen ist unter http://www.bag.admin.ch/themen/krankenversicherung unter der Rubrik Prämien abrufbar.

30 Art. 61 Abs. 2 KVG ist Ausdruck unterschiedlicher Leistungstarife in den Kantonen oder Regionen als Folge unterschiedlicher Leistungsangebote,

unterschiedlicher Beanspruchung medizinischer Leistungen durch die Bevölkerung und unterschiedlicher Leistungsgestehungskosten. Viele Kostenfaktoren sind von gesundheitspolitischen Massnahmen der Kantone abhängig. Aus diesem Grunde ist für die Prämientarifeinstufung auch der Wohnort, nicht der Arbeitsort massgebend (BBl 1992 I 193).

Abzustellen ist nicht auf den Wohnsitz i.S.v. von Art. 23 ff., sondern 31 auf den Wohnort (SVR 2005 KV Nr. 9 E. 2b, TA NE). Wohnort ist der Ort, wo eine Person ständig wohnt, ohne dort notwendigerweise ihren Wohnsitz zu haben. Wohnort ist mithin ein Aufenthaltsort, an welchem eine Person längere Zeit effektiv lebt und der nach ihrem Willen während einer gewissen Zeit aufrechterhalten bleiben soll. Bevormundete Pflegeheimbewohner zahlen Prämien nach den am Pflegeheimort massgebenden Tarifen (BGE 126 V 484 E. 5d). Zum Begriff des Wohnkantons gemäss Art. 41 Abs. 3 KVG als Wohnsitzkanton siehe BGE 131 V 59 E. 5.7 und SVR 1998 KV Nr. 17 E. 3, VG Luzern. Der KVers kann im Falle der Nichtanzeige des Wohnsitzwechsels in einen prämienteureren Kanton die Prämiendifferenz nachfordern (K 149/05).

III.   Kinder und junge Erwachsene (Abs. 3 und Abs. 3bis)

Die Abstufung nach Altersgruppen für Versicherte erfolgt aufgrund 32 der Geburtsjahre (Art. 91 Abs. 3 KVV). Volljährigkeit tritt mit dem 18. Geburtstag ein. Der Bundesrat hat von seiner Kompetenz gemäss Art. 61 Abs. 3bis noch keinen Gebrauch gemacht. Der KVers darf Kinder nicht von Prämien befreien (BRE RKUV 1997 KV 18 399 E. 6.2.1 und E. 10.3). Die Beiträge für Kinder müssen anderseits nicht kostendeckend sein (a.a.O., E. 6.2.1 und 427 E. 10.3). Die Kinder sind Prämienschuldner (9C_660/2007 E. 3.2). Zur solidarischen Haftung der Eltern siehe Rz. 6 hiervor.

IV.   In EU/EFTA-Staaten wohnende Versicherte (Abs. 4)

33 Siehe Art. 92a KVV (Prämienerhebung), Art. 92b (Prämienberech-
    nung), Art. 92c (Rechnungsführung). Mit den ausländischen Vertrags-
    staaten sind bisher noch keine Vollstreckungsabkommen abgeschlos-
    sen worden. S.a. Art. 61a KVG (Prämienerhebung für Versicherte mit
    Wohnort in der EG, in Island oder in Norwegen).

V.   Genehmigung von Prämientarifen (Abs. 5)

Bibliografie: BAG, Prämienfestsetzung und -genehmigung in der obligatorischen Krankenpflegeversicherung, Bericht in Erfüllung des Postulats Robbiani
(05.3625), September 2006; BERNHARD STEPHAN, Die Prüfung und Genehmigung der Krankenversicherungsprämien 1996 durch das BSV, in: CHSS 1996,
S. 32 f.; NYFFELER ROBERT, Prämientarife können nicht angefochten werden, in:
CHSS 2002, S. 365 f. (s.a. Rz. 38 hiernach).

Verordnung: Art. 92 KVV.

34 Das Gesetz enthält keine ausdrücklichen Kriterien für die Genehmi-
    gung. Das Verfahren will die Gesetzeskonformität der Prämientarife
    gewährleisten, wobei dem BAG ein gewisser Ermessens- und Beurtei-
    lungsspielraum zukommt (9C_599/2007 E. 2=SVR 2008 KV Nr. 9). Die
    den KVers gesetzlich eingeräumte Autonomie bei der Prämiengestaltung
    bleibt jedoch zu respektieren. Zweck der Prämienkontrolle und -geneh-
    migung ist die Prüfung der Angemessenheit der Prämie, die Gewährleis-
    tung der finanziellen Sicherheit der Krankenkassen, die Einhaltung der
    vorgeschriebenen Reserven und die Sicherstellung der Gleichbehand-
    lung aller Versicherten. Das BAG sieht sich darüber hinaus in der Rolle,
    die Interessen der Versicherten zu wahren, indem es deren Prämienbe-
    lastung möglichst tief hält, was mit der Autonomie der KVers bei der
    Prämienfestsetzung in Konflikt geraten kann (Art. 21 KVG Rz. 8 BVGer
    C-6958/2008; siehe BVGer C-6958/2008 E. 8: keine Prämienreduktion
    wegen zu hoher Reserven). Das BAG korrigiert Fehlbudgetierungen
    und erteilt nötigenfalls Weisungen für die Folgejahre (BGE 135 V 39
    E. 4.2). Die Prämiengenehmigung hat konstitutive Wirkung (Art. 92

Abs. 1 Satz 2 KVV) und begründet die Vermutung der Angemessenheit der Prämien (BGE 135 V 39 E. 6.2; 9C_658/2007 E. 2.3).

Zu den Obliegenheiten der K Vers und den Befugnissen des BAG siehe 35 Art. 92 KVV. Alle Verfahren zur Genehmigung der Prämientarife der OKP sind nach dem VwVG abzuwickeln (BRE RKUV 1997 KV 18 399 E. 7.1; RKUV 1999 KV 62 43 E. 1.2 f.). Bei der Genehmigung tritt das BAG den K Vers als Aufsichtsbehörde gegenüber: BRE RKUV 1997 KV 18 399 E. 5. Entscheide, die deren Autonomie tangieren, stellen Verfügungen i.S.v. Art. 5 Abs. 1 VwVG dar (Art. 21 KVG Rz. 8).

Die Genehmigungsverfügungen des BAG sind beim BVGer anfechtbar 36 (Art. 33 lit. d VGG; AS 2006 2197; SR 173.32]). Die Regelung in Art. 82 lit. a BGG, wonach das Bundesgericht Beschwerden gegen Entscheide in Angelegenheiten des öffentlichen Rechts beurteilt, umfasst – anders als vormals Art. 99 Abs. 1 lit. b und Art. 129 Abs. 1 lit. b OG (vgl. dazu BGE 131 V 66 E. 4 S. 70 ff., BGE 126 V 344 E. 1, BGE 116 V 130 E. 2) – auch Entscheide betreffend die Tarifgenehmigung (9C_599/2007 E. 1.1=SVR 2008 KV Nr. 9).

Altrechtliches Verfahrensrecht: Auf eine Beschwerde gegen Entscheide 37 des EDI zu einer Prämiengenehmigung durch das BAG konnte das EVG nicht eintreten. Eine Beschwerde an das EVG war ferner bei einer aufsichtsrechtlichen Weisung in einem Bereich unzulässig, in welchem die K Vers über keine Autonomie verfügen (RKUV 1997 KV 7 216 E. 2c).

VI.   Versichertenbeschwerde gegen Prämienverfügungen

Verfahrensrecht vor Einführung des BGG: Die Prämientarife von K Vers 38 waren Tarife im Sinne von Art. 129 Abs. 1 lit. b altOG (BGE 120 V 455 E. 1; K 106/03 E. 1.2=RKUV 2004 KV 228 306; BGE 112 V 283 E. 3 und 293 E. 1). Eine Beschwerde ans BGer gegen Verfügungen über Tarife als Ganzes war unzulässig (BGE 112 V 283 E. 3; BGE 112 V 291 E. 3b; K 84/01 E. 5; BGE 131 V 66, auch unter Berücksichtigung von Art. 6 Abs. 1 EMRK). Das galt auch dann, wenn ein Nichteintretensentscheid ergangen war (K 106/03 E. 1.3=RKUV 2004 KV 288 306, 307). Hingegen stand die Beschwerde offen gegen Verfügungen, welche in Anwendung eines Tarifs im Einzelfall erlassen worden sind (BGE 131 V 66 E. 1.2 m.H.; K 120/01 E. 2b m.H.=RKUV 2002 KV 227 408 mit Kommentar des BSV). In diesem Falle konnte das EVG Anordnungen des BAG zu den Prämientarifen inzident überprüfen (BRE RKUV 1997 KV 18 399 E. 5.1).

39 Kant. Versicherungsgerichte haben auf Beschwerden von Versicherten gegen Einspracheentscheide der KVers (Art. 52 ATSG), welche die Berechtigung der verfügten Prämienerhöhungen betreffen, einzutreten (BGE 120 V 346 E. 2b; K 120/01=RKUV 2002 KV 227 408 E. 2c; K 84/01 E .5). Der Richter überprüft die Handhabung des Ermessens nicht und Beurteilungsspielräume des BAG nur mit Zurückhaltung. Seine Überprüfungsbefugnis kann nicht weiter gehen als diejenige der Genehmigungsbehörde (BGE 135 V 39 E. 7.3, BGE 131 V 66 E. 5.2.2). Er beurteilt, ob der Prämientarif auf einer richtigen Anwendung von Bundesrecht beruht, insb. den Regeln von Art. 60 KVG sowie Art. 81 und 84 KVV entspricht. (BGE 131 V 66 E. 5.3; überholt sind BGE 112 V 283 E. 3 u. BGE 112 V 291 E. 3b sowie RKUV 1989 K 821 S. 336 E. 1b; s.a. 9C_599/2007 E. 2=SVR 2008 KV Nr. 9; K 154/05 E. 2.2, K 176/05 E. 2.2, K 186/05 E. 3 f. Nicht in seine Zuständigkeit fallen aufsichtsrechtliche Tatbestände, die einer Aufsichtsbeschwerde gemäss Art. 71 VwVG zugänglich sind (9C 707/2009 E. 2 betr. Rüge der Verwendung von Prämiengeldern für politische Abstimmungskämpfe). Die durch die Genehmigung begründete Vermutung der Angemessenheit der Prämientarife kann die versPers nur durch strikten Beweis des Gegenteils widerlegen (BGE 135 V 39 E. 6.2; 9C_658/2007 E. 2.3; 9C_601/2008 E. 2). Die Gültigkeit des Tarifs darf im Einzelfall nur bei schwerer Regelwidrigkeit, welche eine erhebliche Korrektur der Prämienhöhe nach sich zieht, verneint werden (BGE 135 V 39 E. 4.4 und 6.3; 9C_658/2007 E. 3).

Art. 61a Prämienerhebung für Versicherte mit Wohnort in einem Mitgliedstaat der Europäischen Gemeinschaft, in Island oder in Norwegen

Die Prämien der Familienangehörigen einer auf Grund einer Erwerbstätigkeit in der Schweiz, des Bezugs einer schweizerischen Rente oder einer Leistung der schweizerischen Arbeitslosenversicherung versicherten Person werden bei dieser Person erhoben.

Chronologie: Eingefügt durch Ziff. I des BG vom 6. Okt. 2000 (AS 2002 858; BBl 2000 4083). Fassung gemäss Ziff. I 8 des BG vom 14. Dez. 2001 betreffend die Bestimmungen über die Personenfreizügigkeit im Abk. zur Änd. des Übereink. zur Errichtung der EFTA, in Kraft seit 1. Juni 2002 (AS 2002 685 700; BBl 2001 4963).

Verordnung: KVV: Art. 92a KVV (Prämienerhebung), Art. 92b (Prämienberechnung), Art. 92c (Rechnungsführung).

Kreisschreiben (KS): BAG-KS Nr. 5.1 – Prämien der obligatorischen Krankenpflegeversicherung vom 04.06.2008.

Prämienübersicht EU/EFTA: http://www.bag.admin.ch/themen/krankenversicherung/00316/index.html?lang=de

Die Bestimmung steht im Zusammenhang mit den Abkommen gemäss Art. 95a Abs. 1 KVG. Sie dient der Sicherung des Inkassos. Sie stützt sich laut bundesrätlicher Botschaft auf den Grundsatz der Schweizer Rechtsprechung, wonach Versicherungsprämien und Kostenbeteiligungen der Familienangehörigen während des Zusammenlebens der Ehepartner unter die laufenden Bedürfnisse der Familie i.S.v. Art. 166 Abs. 1 ZGB zu subsumieren sind (s. Art. 60 Rz. 5 ff.) und jeder Ehegatte die eheliche Gemeinschaft mit Bezug auf die laufenden Bedürfnisse der Familie vertritt (Art. 3 KVG Rz. 3) und dafür haftbar gemacht werden kann (BBl 2000 4083, 4098).

Art. 62 Besondere Versicherungsformen

[1] **Der Versicherer kann die Prämien für Versicherungen mit eingeschränkter Wahl des Leistungserbringers nach Artikel 41 Absatz 4 vermindern.**

[2] **Der Bundesrat kann weitere Versicherungsformen zulassen, namentlich solche, bei denen:**

    a. **die Versicherten die Möglichkeit erhalten, sich gegen eine Prämienermässigung stärker als nach Artikel 64 an den Kosten zu beteiligen;**

    b. **die Höhe der Prämie der Versicherten sich danach richtet, ob sie während einer bestimmten Zeit Leistungen in Anspruch genommen haben oder nicht.**

2bis Die Kostenbeteiligung wie auch der Verlust der Prämienermässigung bei Versicherungsformen nach Absatz 2 dürfen weder bei einer Krankenkasse noch bei einer privaten Versicherungseinrichtung versichert werden. Ebenso ist es Vereinen, Stiftungen oder anderen Institutionen verboten, die Übernahme der Kosten, die sich aus diesen Versicherungsformen ergeben, vorzusehen. Von diesem Verbot ausgenommen ist die Übernahme von Kostenbeteiligungen auf Grund öffentlich-rechtlicher Vorschriften des Bundes oder der Kantone.

3 Der Bundesrat regelt die besonderen Versicherungsformen näher. Er legt insbesondere aufgrund versicherungsmässiger Erfordernisse Höchstgrenzen für die Prämienermässigungen und Mindestgrenzen für die Prämienzuschläge fest. Der Risikoausgleich nach Artikel 105 bleibt in jedem Fall vorbehalten.

Chronologie: AS 1995 1328; BBl 1992 I 93. *Abs. 2bis:* Eingefügt durch Ziff. I der Änderung des KVG vom 24. März 2000, in Kraft seit 1. Jan. 2001 (AS 2000 2305 2311; BBl 1999 793). S.a. die SchlBest zu dieser Änderung.

Bibliografie: Donnini François/Sottas Gabriel, Die wählbare Franchise unter der Lupe, in: CHSS 1997, S. 77; Eberhard Peter, Die wählbaren Franchisen in der Krankenversicherung, in: CHSS 2000, S. 331 ff.; Sommer Jürg/Leu Robert, Selbstbeteiligung in der Krankenversicherung als Kostenbremse, Basler Sozialökonomische Studien, Bd. 24, Basel 1984. Für die wissenschaftlichen Forschungsberichte des BSV/BAG siehe die Internet-Adresse auf S. XXII (Literaturverzeichnis).

Verordnung: Art. 90b KVV (Reihenfolge der Prämienermässigungen), Art. 90c KVV (minimale Prämie), Art. 92 Abs. 4 KVV (Auflagen für das Prämiengenehmigungsverfahren), Art. 93 (wählbare Franchisen), Art. 94 (Bei- und Austritt; Wechsel der Franchise); Art. 95 (Prämien bei wählbaren Franchisen), Art. 98 KVV (Prämien in der Bonusversicherung), Art. 101 (Prämien bei HMOs und Hausarztmodellen).

Kreisschreiben (KS): BAG-KS Nr. 5.1 – Prämien der obligatorischen Krankenpflegeversicherung vom 04.06.2008.

Übersicht

I.   Besondere Versicherungsformen (Abs. 1 und 2)

Art. 62 Abs. 1 bezieht sich auf HMOs (Health Maintenance Organiza-   1
tions) und Hausarztmodelle (Art. 98–101 KVV), Abs. 2 lit. a auf die
Versicherung mit wählbaren Franchisen (Art. 93–95 KVV) und Abs. 2
lit. b auf die so genannte Bonusversicherung (Art. 96–98 KVV). Zu den
HMOs und Hausarztmodellen siehe die Ausführungen unter Art. 41
Abs. 4 KVG. Zu Fragen des Beitritts und Austritts: Art. 3 KVG sowie Art. 94 (Wahlfranchisen), 97 (Bonusversicherung) und 100 KVV
(HMOs und Hausarztmodelle). Zu den besonderen Versicherungsformen für Personen mit Wohnort in einem Mitgliedstaat der Europäischen Gemeinschaft, in Island oder Norwegen: Art. 101a KVV.

II.   Verbot der Versicherung von Kostenbeteiligungen (Abs. 2bis)

Mit Abs. 2bis soll verhindert werden, dass der mit der höheren Franchise   2
beabsichtigte Anreiz zum bewussten Leistungsbezug wirkungslos wird.
Der Ausfall eines grossen Teils der Solidaritätsprämie der Gesunden
hätte zur Folge, dass dieser durch Prämienerhöhungen bei allen Versicherten wettgemacht werden müsste. Damit besteht die Gefahr, dass es
zu einem Entsolidarisierungsprozess zwischen gesunden und kranken
bzw. jungen und alten Versicherten kommt und dass damit das Soli-
daritätsprinzip in Frage gestellt wird (ausführlich dazu BBl 1999 793,
827, 842). Aufgrund von Abs. 2bis fallen bestehende Verträge, Vereinbarungen oder statutarische Ansprüche im Moment des Inkrafttretens der
neuen Bestimmungen in dem Umfang dahin, in dem sie diesen widersprechen (SchlBest zur KVG-Änderung vom 23. März 2000; AS **2000**
2305; BBl **1999** 793). S.a. Art. 64 Abs. 8 (Versicherungsverbot für Kostenbeteiligungen).

III. Höchstgrenzen der Prämienermässigungen (Abs. 3)

3 Bei den besonderen Versicherungsformen nach Art. 62 Abs. 1 und 2 KVG besteht das Risiko, dass sich ihrer vorwiegend Personen mit einem geringeren Krankheitsrisiko bedienen, sodass die Kosten nicht wegen Leistungsverzichten der Versicherten geringer sein würden. Aus diesem Grund soll der Bundesrat Höchstgrenzen für die Prämienermässigungen und beim Bonus/Malus-Prinzip auch Mindestgrenzen für den Prämienmalus vorschreiben können. Ziel ist die Erhaltung der «Solidarität zwischen Gesunden und Kranken» (K 121/02 E. 4=RKUV 2003 KV 249 213).

IV. Kasuistik

4 – Art. 94 Abs. 2 KVV ist gesetzmässig (BGE 124 V 333 E. 2a). Die Reduktion der Prämie verlangt eine Prämienberechnung aufgrund vollständiger Kalenderjahre (K 49/00 E. 3c). Die wählbare Franchise, die sich daran anschliesst, rechtfertigt, im Gegensatz zur Regel bei der gesetzlichen Franchise (Art. 103 Abs. 4 KVG), keine Unterbrechung (RKUV 1998 KV 39 375 E. 3c).
   – Art. 101c und Art. 95c KVV: Die Reduktion gemäss Art. 101c Abs. 3 KVV bemisst sich in Prozenten (9C_599/2007 E. 4.1=SVR 2008 KV Nr. 9; als ordentliche Versicherung gilt diejenige, die keine besondere Versicherungsform darstellt: a.a.O. E. 4.3), die Reduktion gemäss Art. 95c Abs. 2bis KVV bemisst sich in Franken (9C_599/2007 E. 4.1=SVR 2008 KV Nr. 9). Die maximal zulässige prozentuale Ermässigung gemäss Art. 103c Abs. 3 KVV berechnet sich unabhängig von der Wahl der Franchise in Prozenten der Prämie der ordentlichen Grundversicherung und ist frankenmässig (für eine bestimmte Prämienregion und Altersgruppe) immer gleich gross: 9C_599/2007 E. 4.3=SVR 2008 KV Nr. 9.
   – Die Höchstgrenzen der Prämienermässigung gemäss Art. 95 altAbs. 2 lit. d KVV sind gesetzmässig (K 121/02 E. 4=RKUV 2003 KV 249 213).
   – Der versPers hat keinen Anspruch auf eine Anpassung von altArt. 95 Abs. 2 lit. d KVV im Sinne einer proportionalen Erhöhung der

Höchstgrenzen der Prämienermässigung nach Massgabe der Kostensteigerung im Gesundheitswesen (K 121/02 E. 5=RKUV 2003 KV 249 213).

– Ein Rahmenvertrag, welcher gemäss Art. 26 Abs. 4 AsylV 2 eine Einschränkung der freien Wahl des Leistungserbringers im Sinne von Art. 41 Abs. 4 und Art. 62 KVG vorsieht, stellt keinen eigentlichen, in der OKP nicht mehr zulässigen Kollektivvertrag dar; vielmehr ist darin die Erbringung der angemessenen Fürsorgeleistung in Sachleistungsform gemäss Art. 82 Abs. 2 AsylG geregelt (BGE 133 V 353 E. 4.5).

Art. 63 Entschädigungen an Dritte

[1] **Übernimmt ein Arbeitgeberverband, ein Arbeitnehmerverband oder eine Fürsorgebehörde Aufgaben zur Durchführung der Krankenversicherung, so hat ihnen der Versicherer dafür eine angemessene Entschädigung auszurichten. Dies gilt in Abweichung von Artikel 28 Absatz 1 ATSG auch, wenn ein Arbeitgeber solche Aufgaben übernimmt.**

[2] **Der Bundesrat legt Höchstgrenzen für die Entschädigungen fest.**

Chronologie: AS 1995 1328; BBl 1992 I 93; Abs. 1: Fassung gemäss Anhang Ziff. 11 des ATSG vom 6. Okt. 2000, in Kraft seit 1. Jan. 2003 (AS 2002 3371; SR 830.1).

Verordnung: Art. 102 KVV.

Entschädigungen nach Art. 63 Abs. 1 KVG zählen zu den Verwaltungskosten. Sie dürfen den Versicherten nicht als Prämienermässigung weitergegeben werden (Art. 102 Abs. 2 KVV; K 47/01 E. 4.2=RKUV 2003 KV 259 295). Sie dürfen auch nicht höher sein als die Kosten, die dem KVers selber für die in Frage stehende Verrichtung entstehen würden (Art. 102 Abs. 1 KVV). Das DSG beschränkt die Möglichkeit der Delegierung von Aufgaben. Der Versicherer wird durch eine Aufgabenübertragung nach Art. 63 nicht von seiner Schweigepflicht gemäss Art. 33 ATSG befreit. Der Auftrag darf nicht so gehalten sein, dass der Arbeitgeber über seinen Arbeitnehmer besonders schützenswerte Personen, zu   1 denen insb. Informationen über die Gesundheit zählen, in Erfahrung zu bringen hat oder davon Kenntnis erlangt.

2 Im Bereich der OKP sind Kollektivverträge als Instrumente zur Bildung besonderer Risikogemeinschaften verboten (zum alten Recht: BGE 128 V 272 Erw. 7b/aa). Kollektivverträge können aber dazu dienen, dem Versicherungsnehmer einzelne administrative Aufgaben zu übertragen, so etwa die Auszahlung der Leistungen oder das Prämieninkasso (K 47/01 E. 4.2=RKUV 2003 KV 259 295; s.a. BGE 128 V 263 E. 3c, K 136/01 E. 3c/aa=RKUV 2002 KV 224 369). Die Praxis scheint diesbezügliche Entschädigungen ebenfalls unter Art. 63 Abs. 1 KVG zu subsumieren (K 47/01 E. 4.2=RKUV 2003 KV 259 295). Die Abgeltungen sind mehrwertsteuerpflichtig (BVGE A-1440/2006).

3. Abschnitt: Kostenbeteiligung

Art. 64

[1] Die Versicherten beteiligen sich an den Kosten der für sie erbrachten Leistungen.

[2] Diese Kostenbeteiligung besteht aus:

    a. einem festen Jahresbetrag (Franchise); und

    b. 10 Prozent der die Franchise übersteigenden Kosten (Selbstbehalt).

[3] Der Bundesrat bestimmt die Franchise und setzt für den Selbstbehalt einen jährlichen Höchstbetrag fest.

[4] Für Kinder wird keine Franchise erhoben, und es gilt die Hälfte des Höchstbetrages des Selbstbehaltes. Sind mehrere Kinder einer Familie beim gleichen Versicherer versichert, so sind für sie zusammen höchstens die Franchise und der Höchstbetrag des Selbstbehaltes für eine erwachsene Person zu entrichten.

[5] Die Versicherten leisten zudem einen nach der finanziellen Belastung der Familie abgestuften Beitrag an die Kosten des Aufenthalts im Spital. Der Bundesrat setzt den Beitrag fest.

[6] Der Bundesrat kann:

    a. für bestimmte Leistungen eine höhere Kostenbeteiligung vorsehen;

    b. für Dauerbehandlungen sowie für Behandlungen schwerer Krankheiten die Kostenbeteiligung herabsetzen oder aufheben;

    c. die Kostenbeteiligung bei einer Versicherung mit eingeschränkter Wahl des Leistungserbringers nach Artikel 41 Absatz 4 aufheben, wenn sie sich als nicht zweckmässig erweist;

    d. einzelne Leistungen der medizinischen Prävention von der Franchise ausnehmen. Dabei handelt es sich um Leistungen, die im Rahmen von national oder kantonal organisierten Präventionsprogrammen durchgeführt werden.

[7] Auf den Leistungen bei Mutterschaft darf der Versicherer keine Kostenbeteiligung erheben.

[8] Kostenbeteiligungen dürfen weder bei einer Krankenkasse noch bei einer privaten Versicherungseinrichtung versichert werden. Ebenso ist es Vereinen, Stiftungen oder anderen Institutionen verboten, die Übernahme dieser Kosten vorzusehen. Von diesem

Verbot ausgenommen ist die Übernahme von Kostenbeteiligungen auf Grund öffentlich-rechtlicher Vorschriften des Bundes oder der Kantone.

Chronologie: AS 1995 1328; BBl 1992 I 93; *Abs. 6d und Abs. 8:* eingefügt durch Ziff. I der Änderung des KVG vom 24. März 2000, in Kraft seit 1. Jan. 2001 (AS 2000 2305 2311; BBl 1999 793). S.a. die SchlBest zu Abs. 8.

Bibliografie: Donnini François/Sottas Gabriel, Die wählbare Franchise unter der Lupe, in: CHSS 1997, S. 77; Eberhard Peter, Die wählbaren Franchisen in der Krankenversicherung, in: CHSS 2000, S. 331 ff.; Grillberger Konrad/Pichler Johannes W. (Hrsg.), Selbstbehalte in der gesetzlichen Krankenversicherung aus ökonomischer und rechtlicher Sicht, Neuer wissenschaftlicher Verlag, Wien/Graz 2005, Buchbesprechung in: SZS 6/2005, S. 573–575; Sommer Jürg/Leu Robert, Selbstbeteiligung in der Krankenversicherung als Kostenbremse, Basler Sozialökonomische Studien, Bd. 24, Basel 1984. Für die wissenschaftlichen Forschungsberichte des BSV/BAG siehe die Internet-Adresse auf S. XXII (Literaturverzeichnis).

Verordnung: Zu Abs. 3: Art. 103 KVV (Franchise und Selbstbehalt); zu Abs. 4: Art. 93 Abs. 3 KVV (Höchstbetrag des Selbstbehalts); zu Abs. 5: Art. 104 KVV (Beitrag an die Kosten des Spitalaufenthalts); zu Abs. 6: Art. 105 KVV (Erhöhung, Herabsetzung oder Aufhebung der Kostenbeteiligung); zu Art. 105 Abs. 1bis KVV: Art. 38a KLV (Förderung der Generika); zu Art. 105 Abs. 3bis KVV: Art. 12e lit. c KLV (Mammographie-Screening).

Kreisschreiben (KS): BAG-KS Nr. 5.2 – Franchise und Selbstbehalt bei Kurzaufenthaltern vom 19.04.2005

Übersicht   Seite

I. Kostenbeteiligungspflicht bei allen Leistungen

Der Kostenbeteiligungspflicht unterstehen grundsätzlich alle Leistungen 1 in allen Versicherungsformen der OKP (anders altrechtlich: RKUV 1984 K 580 116), so namentlich auch Leistungen bei Unfall (K 198/00 E. 3; RKUV 1998 KV 23 56 E. 2a) und Leistungen, die – weil nur Anspruch auf Beiträge oder kein Tarifschutz besteht – nicht kostendeckend sind (K 11/04 E. 1), wie das für Beiträge an Brillen (Ziff. 25 MiGel) oder Transportkosten (Art. 26 KLV) zutrifft. Kostenbeteiligungspflicht besteht auch im Falle stationärer Behandlung im Zuge eines fürsorgerischen Freiheitsentzugs, selbst wenn die versicherte Person diesen als ungerechtfertigt erachtet (K 6/04 E. 3; K 134/00) oder wenn ein Regress auf einen Haftpflichtigen zur Diskussion steht (K 79/02; Arztfehler). Der KVers darf auf die Erhebung der Kostenbeteiligung nicht verzichten (BGE 129 V 396 E. 1.2).

Zeitliche Zuordnung: Franchise und Selbstbehalt werden pro Kalender- 2 jahr erhoben (Art. 103 Abs. 1 und 2 KVV). Für die zeitliche Zuordnung ist das Behandlungsdatum massgebend (Art. 103 Abs. 3 KVV). Behandlung meint die effektive Inanspruchnahme der Leistung, so z.B. den tatsächlichen Bezug eines Arzneimittels (K 43/02 E. 2.2=RKUV 2003 KV 235 14; K 88/05 E. 4.1).

Zu den Wahlfranchisen: Art. 93 KVV; zum Versichererwechsel im Laufe 3 des Kalenderjahres bzw. zur Anrechenbarkeit geleisteter Kostenbeteiligung: Art. 103 Abs. 4 KVV; zur Pauschale für Franchise und Selbstbehalt bei kurz dauerndem Versicherungsschutz: Art. 103 Abs. 5 KVV; zum Pauschalsystem bei der internationalen Leistungsaushilfe in der Schweiz: Art. 103 Abs. 6 KVV, bei der Ausübung des Behandlungswahlrechts nach Art. 20 VO (EWG) Nr. 1408/71 und Anhang II Abschnitt A/1 lit. o Ziff. 4 FZA: Art. 103 Abs. 7 KVV.

II. Beitrag an die Kosten eines Spitalaufenthalts (Abs. 5)

Zur Höhe des Beitrags: Art. 104 Abs. 1 KVV. Die versicherte Person hat 4 den Beitrag zu leisten, weil sie Lebenshaltungskosten eingespart hat, die während des Spitalaufenthaltes zu Hause angefallen wären (K 121/01

E. 5.3=RKUV 2006 KV 363 147; K 46/06 E. 3.3; K 135/06 E. 2.7=SVR 2007 KV Nr. 17). Befreit sind Leistungen bei Mutterschaft (Art. 104 Abs. 2 lit. b KVV) und Personen in familienrechtlicher Beziehung mit gemeinsamem Haushalt (Art. 104 Abs. 2 lit. a KVV). Gemeint sind Familienangehörige in gemeinsamem Haushalt, welche in einem Verhältnis familienrechtlicher Unterhalts- oder Unterstützungspflicht (Art. 163, 276 ff., 328 ff. ZGB) stehen. Erwachsene, nicht mehr in Ausbildung stehende Kinder, die noch bei den Eltern wohnen, zählen nicht dazu (K 135/06 E. 2=SVR 2007 KV Nr. 16), ebenso wenig Alleinstehende mit (K 46/06 E. 3.3) oder ohne Unterhaltspflichten (K 121/01 E. 2). Das Kriterium des gemeinsamen Haushalts ist gesetzmässig K 121/01 E. 5.1; K 46/06 E. 3.3).

III.   Spezielle bundesrätliche Regelungen (Abs. 6)

Bibliografie: Kommentar des BAG vom 16.12.2005 zu den Verordnungsänderungen vom 9.11. und 12.12.2005; Informationsschreiben des BAG vom 23.3.2006 zu Art. 38a KLV; Longchamp*, S. 155.

5   Der Bundesrat hat die Aufgaben nach lit. a, b und d mit Art. 105 KVV an das Departement delegiert. Gestützt auf Art. 105 Abs. 1 KVV hat das EDI Art. 38a KLV erlassen: Förderung der Generika durch einen Selbstbehalt von 20 Prozent bei bestimmten Originalpräparaten (siehe dazu die Generikaliste der SL). Zu lit. d: Art. 105 Abs. 3bis und Art. 12e lit. c KLV (Mammographie-Screening).

IV.   Ausnahme für Leistungen bei Mutterschaft (Abs. 7)

Bibliografie: Ayer Ariane, TFA et maternité: un tabou sans fin? in: plädoyer 1/2002, S. 57; Kieser Ueli, Leistungen der Krankenversicherung bei Mutterschaft – Kostenbeteiligung der Mutter, in: AJP 5/2002, S. 580 ff.

6   Als Leistungen bei Mutterschaft sind die Leistungen nach Art. 29 Abs. 2 KVG zu verstehen (K 136/04 E. 1.2; K 101/06 E. 3.2). Sie können ab Beginn der Schwangerschaft als solche erbracht werden (K 157/01

E. 5=RKUV 2004 KV 300 383). Die Behandlung von Schwangerschafts-komplikationen ist von der Kostenbeteiligung nicht befreit (BGE 127 V 268; K 101/06 E. 3.2; krit. KIESER, AJP 5/2002 S. 580 ff., Urteilsbespr. BGE 127 V 268; AYER, in: Plädoyer 1/2002, S. 57; altrechtlich: BGE 97 V 193 E. 2, BGE 107 V 99 E. 1c, BGE 112 V 303 E. 1b; RKUV 1995 K 957 12 E. 2; s.a. RKUV 1988 K 778 320 E. 1). Die in Art. 29 Abs. 2 KVG aufgeführten Leistungen verlieren ihren Charakter als besondere Leistungen bei Mutterschaft nicht, wenn sie im Rahmen einer Schwangerschaft mit Komplikationen erbracht werden (BGE 127 V 268 E. 3b letzter Satz; K 157/01 E. 6= RKUV 2004 KV 300 383). Unter Art. 29 Abs. 2 lit. b KVG fällt auch die Frühgeburt, selbst wenn das Kind nicht lebensfähig ist. Keine Entbindung im Sinne von Art. 29 Abs. 2 lit. b KVG ist dagegen praxisgemäss die Fehlgeburt (K 157/01=RKUV 2004 KV 300 383, 389 E. 7.1 f.; altrechtlich: RKUV 1988 778 320 E. 2). S.a. Art. 29 KVG Rz. 4.

Kasuistik

Kostenbeteiligungspflicht bejaht:
– Hospitalisation zur Abwendung einer drohenden Frühgeburt: BGE 127 V 268 E. 3 und 4; K 136/04 E. 3.2; Definition der Frühgeburt: E. 3.1.
– Medikamentöse Therapie nach der Entbindung wegen schon während der Schwangerschaft behandelter Komplikationen: K 14/01.
– Nachküretage nach Fehlgeburt: K 157/01 E. 7.2=RKUV 2004 KV 300 383, 389.
– Medikamentöse Behandlung bei Rhesusunverträglichkeit (K 101/06 E. 4.1).

Kostenbeteiligungspflicht verneint:
– Besuche der Hebamme (Leistung gemäss Art. 7 Abs. 2 KLV) nach einer vorzeitigen Spitalentlassung (Art. 16 Abs. 2 KLV) nicht wegen gesundheitlicher Störungen: BGE 126 V 111 E. 4b.

Nach den angenommenen Motionen Galladé 05.3589 (AB 2007 N 389), Häberli-Koller 05.3590 (AB 2007 N 389), Gutzwiler 05.3591 (AB 2006 S 673) und Teuscher 05.3592 (AB 2007 N 389) soll das KVG dahin geändert werden, dass die Behandlung von Schwangerschaftskomplikationen ebenfalls von der Kostenbeteiligung befreit sein soll. 7

V.   Verbot der Versicherung der Kostenbeteiligung (Abs. 8)

8   Mit dem Verbot soll verhindert werden, dass die im Prinzip vom Versicherten geschuldete Kostenbeteiligung zu einem vergleichsweise geringen Betrag versichert werden kann, was die Gefahr einer Entsolidarisierung in sich trägt (BBl 1999 793, 799, 828, 843). Siehe die Ausführungen zu Art. 62 Abs. 2bis KVG.

3a. Abschnitt: Nichtbezahlung von Prämien und Kostenbeteiligungen

Art. 64*a*

[1] Bezahlt die versicherte Person fällige Prämien oder Kostenbeteiligungen nicht, so hat der Versicherer sie schriftlich zu mahnen, ihr eine Nachfrist von dreissig Tagen einzuräumen und sie auf die Folgen des Zahlungsverzuges (Abs. 2) hinzuweisen.

[2] Bezahlt die versicherte Person trotz Mahnung nicht und wurde im Betreibungsverfahren ein Fortsetzungsbegehren bereits gestellt, so schiebt der Versicherer die Übernahme der Kosten für die Leistungen auf, bis die ausstehenden Prämien, Kostenbeteiligungen, Verzugszinse und Betreibungskosten vollständig bezahlt sind. Gleichzeitig benachrichtigt der Versicherer die für die Einhaltung der Versicherungspflicht zuständige kantonale Stelle über den Leistungsaufschub. Vorbehalten bleiben kantonale Vorschriften über eine Meldung an andere Stellen.

[3] Sind die ausstehenden Prämien, Kostenbeteiligungen, Verzugszinse und Betreibungskosten vollständig bezahlt, so hat der Versicherer die Kosten für die Leistungen während der Zeit des Aufschubes zu übernehmen.

[4] Solange säumige Versicherte die ausstehenden Prämien, Kostenbeteiligungen, Verzugszinse und Betreibungskosten nicht vollständig bezahlt haben, können sie in Abweichung von Artikel 7 den Versicherer nicht wechseln. Artikel 7 Absätze 3 und 4 bleibt vorbehalten.

[5] Der Bundesrat regelt die Einzelheiten des Prämieninkassos, des Mahnverfahrens und der Folgen des Zahlungsverzugs.

Chronologie: Eingefügt durch Ziff. I der Änderung des KVG vom 18. März 2005 (Prämienverbilligung), in Kraft seit 1. Jan. 2006 (AS 2005 3587; BBl 2004 4327).

Bibliografie: LONGCHAMP*, S. 241;.RÉTORNAZ VALENTIN, Le contentieux relatif aux primes d'asssurance-maladie au regard des articles 64a LAMaL et 105a à 105c OAMaL, in: AJP 8/2008 S. 954–962; WILLIAMS SUNSHINE, La question de la suspension des prestations dans l'assurance-maladie en Suisse, in: CGSS 39/2007 S. 75–89.

Altrechtlich: Duc Jean-Louis, Non-paiement des primes de l'assurance-maladie obligatoire et suspension du droit aux prestations selon la LAMal; in LAMal–KVG*, S. 457 ff.; Ders., Quelques aspects de la demeure de l'assuré dans le cadre de la LAMal, in: Défaillance de paiement, Fribourg 2002, S. 179 ff.; Ders., Quelques aspects de la demeure de l'assuré dans le cadre de la LAMal, in: La défaillance de paiement, Retard et défaut de paiement, Fribourg 2002, S. 184; Ders., Retard dans le paiement des primes et participations – Conséquences de la demeure de l'assuré, in CGSS 33/2004 S. 171 ff.; Ders., Du droit des assureurs-maladie de réclamer aux assurés le paiement de frais de sommation et autres en cas de retard dans le paiement de primes et participations, in: AJP 8/2000, S. 1012–1014; Ders., Retard dans le paiement des primes et participation: conséquences de la demeure de l'assuré, in: CGSS 2004, S. 171 ff.; Ders., Urteilsbesprechung zu BGE 125 V 276, in: AJP 8/2000, S. 1012 ff.; Longchamp*, S. 229 ff.

Verordnung: *Zu Abs. 1* und 2: Art. 105a KVV (Verzugszins); Art. 105b KVV (Mahn- und Betreibungsverfahren); zu *Abs. 3:* Art. 105c KVV (Leistungsaufschub); zu Abs. 4: Art. 105d (Versichererwechsel bei Säumigkeit); zu den Besonderheiten im Zusammenhang mit dem Wohnort in der EU, Island und Norwegen: Art. 105e KVV. S.a. die SchlBest der KVV-Änderung vom 27. Juni 2007.

Übersicht

I.   Mahnverfahren und Leistungsaufschub (Abs. 1–3)

Art. 105b und 105c KVV

1   Voraussetzung für die Zulässigkeit einer Betreibung ist nicht nur der schon unter dem bis 31.12.2005 gültigen Recht vorgeschriebene Erlass einer Mahnung (BGE 131 V 147 E. 5 und 6), sondern auch die Einräumung einer Nachfrist von 30 Tagen und eine vollständige, verständliche, Säumnisfolgenandrohung (Leistungsaufschub, Verbot des Versichererwechsels, Verzugszinspflicht, Unkostenrisiko). Mehr zum Mahnverfahren: Art. 61 KVG Rz. 13 ff. Während eines Aufschubs der Kostenübernahme darf der KVers nicht verrechnen (Art. 105c Abs. 5 KVV). Die Kantone oder Gemeinden sind nach dem KVG nicht verpflichtet, ausstehende Prämien zu übernehmen. Die Kantone legiferieren in dieser

Frage autonom (K 12/07 E. 3). Bundesrechtlich nicht geregelt ist ferner die interkantonale Koordination der Übernahme ausstehender Prämien, was sich namentlich bei einem Wohnsitzwechsel auswirkt. Keine Sozialhilfeleistung liegt vor, wenn die Übernahme nicht die Form einer materiellen Nothilfe an eine unterstützungsbedürftige Person darstellt (AGVE 2005 S. 288, 292 E. 2.1). Nicht geklärt ist sodann, ob der angeordnete Leistungsaufschub in Verfügungsform mitzuteilen ist. Die versPers kann in jedem Fall dazu eine Verfügung verlangen (Art. 51 Abs. 2 ATSG), ebenso das Gemeinwesen, wenn der KVers ausstehende Prämien und Kostenbeteiligungen bei der Gemeinde geltend machen kann (BGE 133 V 188). Kritisch zum Prinzip der rückwirkenden Leistungsgewährung nach Abs. 3: LONGCHAMP*, S. 240.

Altrechtliche Judikatur: Unter dem bis 31. Dezember 2005 gültigen 2
Recht (Art. 90 Abs. 4 KVV; AS 2002 3908; s.a. Art. 9 Abs. 2 KVV in der bis 31.12.2002 gültigen Fassung) durfte der KVers einen Leistungsaufschub erst nach Ausstellung eines Verlustscheines anordnen (BGE 129 V 455; K 117/04 E. 3=RKUV 2005 KV 322, mit der Feststellung, dass ein Leistungsaufschub im Falle eines Konkursverlustscheins unzulässig ist; s.a. K 139/03 E. 2.2.1 f.; RKUV 1995 K 961 52 E. 3b). Durch die Mitteilung an die kant. Stelle (Abs. 2 Satz 2) sollte die zuständige Instanz die Möglichkeit erhalten, den Leistungsaufschub abzuwenden (BBl 2004 4327, 4341; vgl. auch K 38/06=RKUV 2006 KV 378 320 zu altArt. 90 Abs. 4 KVV). Die Sozialhilfebehörde gemäss altArt. 90 Abs. 4 KVV war mit Bezug auf die richtige Anwendung dieser Bestimmung beschwerdelegitimiert (K 60/01E. 4b; K 61/01 E. 4.1; K 18/06). Das Recht eines Kantons, der sich gesetzlich zur Übernahme von Verlustscheinforderungen verpflichtete, durfte den Kvers die Ausübung des Leistungsaufschubsrechts verbieten (K 139/06). Zu einem nicht mehr relevanten kantonalrechtlichen Verrechnungsverbot nach dem bis 31.07.2006 gültigen Verordnungsrecht: K 102/00=RKUV 2003 KV 234 7.

II. Verhinderung des Versichererwechsels (Abs. 4)

Art. 105d KVV

3 Abs. 4 KVG begrenzt die Freizügigkeit beim Versichererwechsel (25.04.2008 9C_660/2007 E. 3.1; anders unter dem bis 31.12.2005 gültigen Recht, welches diese Form des Verwaltungszwangs nicht erlaubte: BGE 125 V 266; K 15/99 E. 4c; K 39/03 E. 4.3). Abs. 4 ist nicht willkürlich. Er soll Prämienerhöhungen wegen unbezahlter Prämien verhindern. (9C_477/2008 E. 4.2; BBl 2004 4327, 4340).

4 Nicht geklärt ist, ob das Versichererwechselverbot auch gilt, wenn ein Konkursverlustschein vorliegt. Die zu beantwortende Frage wird sein, ob die Sanktion die wirtschaftliche Erholung des Versicherten tangieren könnte (BGE 109 III 93 E. 1a; BGE 129 III 385 E. 5.1.1). Siehe dazu auch K 117/04=RKUV 2005 KV 322, 94 E. 3 (zu altArt. 9 Abs. 1 KVV bzw. altArt. 90 Abs. 4 KVV) und RKUV 1995 K 961 52 (zur Leistungssperre unter dem KUVG).

III. Revision

Art. 64a KVG steht aufgrund einer parlamentarischen Initiative (09.425; BBl 2009 6617; Entwurf: BBl 2009 6627; Stellungnahme des BR: BBl 2009 6631) in Revision. Die Neuregelung lautet in den Grundzügen wie folgt: Die Kantone übernehmen 85 Prozent der Verlustscheinforderungen der KVers. Im Gegenzug haben die Krankenversicherer die Versicherungsleistungen zu erbringen und von einer Leistungssistierung abzusehen. Zu den parlamentarischen Beratungen: AB 2009 N 1782; AB 2009 S 1237. Streitig ist noch, ob die Kantone befugt sein sollen, die Versicherten, die ihrer Prämienzahlungspflicht trotz Mahnung und Betreibung nicht nachkommen, auf einer Liste zu erfassen, die nur den Leistungserbringern, den Gemeinden und dem Kanton zugänglich ist. Die Kantone sollen damit die Kompetenz erhalten, Versicherte, welche ihre Prämien bezahlen können, aber nicht wollen, an den Pranger zu stellen.

4. Abschnitt: Prämienverbilligung durch Beiträge der öffentlichen Hand

Art. 65 Prämienverbilligung durch die Kantone

[1] Die Kantone gewähren den Versicherten in bescheidenen wirtschaftlichen Verhältnissen Prämienverbilligungen. Der Bundesrat kann die Anspruchsberechtigung auf versicherungspflichtige Personen ohne Wohnsitz in der Schweiz ausdehnen, die sich längere Zeit in der Schweiz aufhalten.

[1bis] Für untere und mittlere Einkommen verbilligen die Kantone die Prämien von Kindern und jungen Erwachsenen in Ausbildung um mindestens 50 Prozent.

[2] ...

[3] Die Kantone sorgen dafür, dass bei der Überprüfung der Anspruchsvoraussetzungen, insbesondere auf Antrag der versicherten Person, die aktuellsten Einkommens- und Familienverhältnisse berücksichtigt werden. Nach der Feststellung der Bezugsberechtigung sorgen die Kantone zudem dafür, dass die Auszahlung der Prämienverbilligung so erfolgt, dass die anspruchsberechtigten Personen ihrer Prämienzahlungspflicht nicht vorschussweise nachkommen müssen.

[4] Die Kantone informieren die Versicherten regelmässig über das Recht auf Prämienverbilligung.

[5] Die Versicherer sind verpflichtet, bei der Prämienverbilligung über die Bestimmungen von Artikel 82 Absatz 3 hinaus mitzuwirken, sofern sie dafür vom Kanton angemessen entschädigt werden.

[6] Die Kantone machen dem Bund zur Überprüfung der sozial- und familienpolitischen Ziele anonymisierte Angaben über die begünstigten Versicherten. Der Bundesrat erlässt die notwendigen Vorschriften dazu.

Chronologie: AS 1995 1328; BBl 1992 I 93. *Abs. 1bis:* Eingefügt durch Ziff. I des BG vom 18. März 2005 (Prämienverbilligung), in Kraft seit 1. Jan. 2006 (AS 2005 3587; BBl 2004 4327). Zur Entstehungsgeschichte: AB 2004 S 888 ff.; AB 2005 N 119 ff.; AB 2005 S 116 ff.; AB 2005 N 288 ff. *Abs. 2:* Aufgehoben durch Ziff. II 26 des BG vom 6. Okt. 2006 zur Neugestaltung des Finanzausgleichs und der Aufgabenteilung zwischen Bund und Kantonen (NFA), mit Wirkung seit 1. Jan. 2008 (AS 2007 5779 5817; BBl 2005 6029); s.a. die Schlussbestimmung zu dieser Änderung. *Abs. 4:* Fassung gemäss Ziff. I des BG vom 18. März 2005 (Prämienverbilligung), in Kraft seit 1. Jan. 2006 (AS 2005 3587; BBl 2004 4327).

Verordnung: VO über die Beiträge des Bundes zur Prämienverbilligung vom 7.11.2007; SR 832.112.4; AS 2007 6071); Art. 106 und 106a KVV (Prämienverbilligung durch die Kantone.

Bibliografie: Corti Guido, Riduzione individuali di premio nell'assicurazione malattie e competenze del Consiglio di Stato: parere del 1° lulio 2005, in: Rivista ticinese di diritto, 2006 Nr. 1 S. 399–413; Coullery Pascal/Kocher Ralf, Prämienverbilligung in der sozialen Krankenversicherung: der Rechtsbegriff der «bescheidenen wirtschaftlichen Verhältnisse» nach Artikel 65 KVG, in: CHSS 1997, S. 24 ff.; Hug Nicolas, Prämienverbilligung durch Beiträge der öffentlichen Hand in der Krankenversicherung, Analyse und Reformvorschläge aus ökonomischer und sozialpolitischer Sicht, Lizentiatsarbeit im Fach Sozialpolitik, Universität Basel, Basel 1996; Kocher Ralf, Die Wirkung der Prämienverbilligung in der Krankenversicherung, in: CHSS 1996, S. 134 ff.; ders., Prämienverbilligung des KVG: Erste Erfahrungen, in: CHSS 1998, S. 10; Nef Urs, Die Prämienverbilligung in der Krankenversicherung, mit einer Ehrenrettung für das «Giesskannenprinzip», in: LAMal–KVG*, S. 475 ff.; Preuck Reinhold, Individuelle Prämienverbilligung im Zeichen des neuen Finanzausgleichs, in: CHSS 2007 H. 5 S. 262–264; Preuck Reinhold/badni till, Prämienverbilligung zwischen wünschbaren Zielen und finanziellen Rahmenbedingungen, in: CHSS 2008 H. 3 S. 178–181; Schenker Matthias, Prämienverbilligung im Wandel: NFA und Motion des Parlaments sorgen für Veränderung, in: infosantésuisse 2008 Nr. 3 S. 22–23. Für die wissenschaftlichen Forschungsberichte des BSV/BAG siehe die Internet-Adresse auf S. XXII (Literaturverzeichnis).

Kreisschreiben (KS): BAG-KS Nr. 7.3 – Verhältnis der Krankenversicherung zur Militärversicherung vom 12.07.2006. Die kantonalen Stellen zur Prämienverbilligung sind sub http://www.bag.admin.ch/themen/krankenversicherung unter der Rubrik Prämien abrufbar.

I.   Anspruchsberechtigte und Verfahren (Abs. 1)

1   Der Anspruch auf Prämienverbilligung besteht gegenüber dem Kanton (K 45/02 E. 3.1.1). Die Kantone können selbständig festlegen, wie der Begriff der «bescheidenen wirtschaftlichen Verhältnisse» zu definieren ist, und bestimmen, welcher Personenkreis Anspruch auf Prämienverbilligung hat (BGE 124 V 19 E. 2; BGE 134 I 313 E. 3; BGE 131 V 202

E. 3.2.2; K 178/05 E. 1.2; 9C_5/2008 E. 1.3; SVR 1998 KV Nr. 20, TA
Vaud: Verbot, den in Abs. 1 umschriebenen Personenkreis einzuschränken). Die Festlegung des Berechtigungskreises erfolgt in den Kantonen
auf sehr heterogene Weise (BBl 2004 4327, 4336; BBl 1999 793, 812).

Die kant. Bestimmungen über die Prämienverbilligung sind auto- 2
nomes kant. Ausführungsrecht zum Bundesrecht (BGE 134 I 313 E. 3;
BGE 131 V 202 E. 4.2; BGE 124 V 19 E. 2; RKUV 1999 KV 56 1
E. 3; 9C_549/2007 E. 2.1; siehe aber auch K 112/98 E. 2=RKUV 2000
KV 114 132). Dies gilt auch für die Rückerstattung zu Unrecht erhal-
tener Verbilligungen (BGE 125 V 183 E. 2c) und einen allfälligen Erlass
einer Rückerstattungsforderung (9C_549/2007 E. 2.1). Die KVers sind
im Verfahren vor der Prämienverbilligungsbehörde nicht Verfahrenspartei. Sie haben keine Sonderstellung (K 13/06 E. 4.5).

In der Ausgestaltung der Prämienverbilligung (Kreis der Begünstigten, 3
Verfahren, Auszahlungsmodus etc.) geniessen die Kantone eine erhebliche Freiheit (BGE 122 I 343 E. 3f; BGE 124 V 19 E. 2a; K 45/02
E. 3.1.1; 2P.37/2003 E. 2). Sie sind nicht verpflichtet, die Anspruchsberechtigung in einem eigenständigen Verfahren abzuklären, sondern können auch an das Ergebnis des steuerrechtlichen Veranlagungsverfahrens
anknüpfen (2P.18/2000 E. 2). Das Prämienverbilligungsverfahren ist je
nach Kanton sehr unterschiedlich. In einem Teil der Kantone bedarf die
Prämienverbilligung eines Antrags der Versicherten, in anderen Kantonen wird der Anspruch von Amtes wegen ermittelt (zusammenfassende
Darstellung: BBl 2004 4327, 4337). Je nach Kanton wird die Prämienverbilligung an die Versicherten persönlich oder an ihre Versicherer
überwiesen (in diesem Falle tritt der Kanton ganz oder teilweise an die
Stelle der prämienpflichtigen Person: K 13/06 E. 4.5; 9C_5/2008 E. 1.4).
Art. 65 KVG steht jedoch im Zuge der geplanten Änderung von Art. 64a
KVG (siehe dort Rz. 5) in diesem Punkt ebenfalls in Revision. Danach
hätten die Kantone den Beitrag für die Prämienverbilligung direkt an die
Versicherer zu bezahlen, bei denen diese Personen versichert sind (BBl
2009 6617; Entwurf: BBl 2009 6627; Stellungnahme des BR: BBl 2009
6631; AB 2009 N 1782; AB 2009 S 1237).

II. Aktualität der Einkommens- und Familienverhältnisse (Abs. 3)

4 Das Abstellen auf Steuerdaten für die Ermittlung von Prämienverbilligungsansprüchen hat den Nachteil mangelnder Flexibilität und Aktualität der Bemessungsgrundlagen. Die Kantone haben daher die Möglichkeit zu schaffen, dass bei einer Verschlechterung der wirtschaftlichen Verhältnisse oder der Änderung der Familienverhältnisse von Versicherten eine allfällige Anspruchsberechtigung aufgrund der aktuellsten Bemessungsgrundlagen erfolgt (BBl 1999 793, 844; vgl. a. 2P.260/2003 E. 1). Abs. 3 Satz 2 soll verhindern, dass Prämienverbilligungen nur quartals- oder semesterweise rückwirkend ausbezahlt werden, während die Prämien monatlich zu entrichten sind (Art. 90 KVV) und die Versicherten damit die Prämienverbilligung zu bevorschussen hätten (BBl 1999 793, 845). Diese Konzeption ändert aber nichts daran, dass ein KVers berechtigt und verpflichtet ist, die vollen Prämienbeiträge einzufordern, selbst wenn für den betroffenen Versicherten der Anspruch auf Prämienverbilligungsbeiträge noch nicht abgeklärt oder die Prämienverbilligung bei ihm oder beim KVers noch nicht eingetroffen ist (K 18/03 E. 3.2, Urteilsbespr. Fessler, in: SZS 2003, S. 545; 9C_5/2008 E. 1.4; Art. 61 KVG Rz. 7; s.a. K 112/05 E. 4.2.2; K 115/05 E. 3.2; K 13/06 E. 4.5.

III. Kasuistik

5 – Ausschluss von Saisonniers und Kurzaufenthaltern von der Bezugsberechtigung als zulässig erachtet: BGE 122 I 343 E. 4a.
   – Gesetzmässigkeit einer kant. Verordnungsbestimmung, nach welcher das anrechenbare Einkommen einer im Konkubinat lebenden Person unter Berücksichtigung der Einkünfte beider im gemeinsamen Haushalt lebenden Personen zu berechnen ist (BGE 134 I 313).
   – Das Antragsprinzip und eine Formularpflicht sind nicht verfassungswidrig: 15.04.2003 2P.37/2003 E. 2.2.
   – Das Mitglied eines nicht zugelassenen Versicherers hat keinen Anspruch: K 112/98 E. 3=RKUV 2000 KV 114 132.

– Kein Anspruch auf Prämienverbilligung einer Person ohne Wohnsitz in der Schweiz vor Inkrafttreten des Freizügigkeitsabkommens mit der EG (2P.320/2006 E. 2.3).

– Rückforderungen zu Unrecht erbrachter Leistungen, in casu Prämienverbilligungen, werden im Allgemeinen nicht als Abgabe bezeichnet (9C_549/2007 E. 2.2 mit Ausführungen zu Erlassmöglichkeiten).

– Nach kant. Rechtsprechung (VG St. Gallen; GVP 2003 S. 26) ist die im kantonalen Recht vorgeschriebene Anspruchsvoraussetzung der Wohnsitznahme im Kanton im Kalenderjahr vor Beginn des Anspruchs auf Prämienverbilligung mit dem FZA nicht zu vereinbaren. Es besteht grundsätzlich vielmehr ab dem Zuzug in die Schweiz Anspruch auf Prämienverbilligung.

– Kantonales Recht, welches auf die persönlichen Verhältnisse am 1. Januar abstellt und Änderungen während des Anspruchsjahres grundsätzlich nicht mehr Rechnung trägt, verstösst nicht gegen das bundesrechtliche Gebot, auf die aktuellsten Einkommens- und Familienverhältnisse abzustellen (VG St. Gallen; GVP 2004 S. 36).

Verfahrensrechtliche Kasuistik vor Einführung des BGG

– Gegen letztinstanzliche kant. Entscheide im Bereich der Prämienverbilligung war grundsätzlich nicht das Rechtsmittel der Verwaltungsgerichtsbeschwerde (Art. 97 ff. bzw. Art. 128 altOG) gegeben, sondern dasjenige der staatsrechtlichen Beschwerde zu ergreifen (Art. 84 Abs. 2, Art. 86 Abs. 1 und Art. 87 altOG). Anders dagegen, wo sich die Prämienverbilligung auf die Verordnung über die Beiträge des Bundes zur Prämienverbilligung in der KV vom 12. April 1995 (SR 832.112.4) stützte oder richtigerweise hätte stützen sollen: BGE 124 V 19; RKUV 1999 KV 56 1 E. 3; RKUV 1998 KV 25 144 E. 2.

– Gegen einen letztinstanzlichen kant. Entscheid betreffend die Rückerstattung von in Form von Prämienverbilligungen gewährten Zuschüssen war die Verwaltungsgerichtsbeschwerde nicht zulässig: BGE 125 V 183 E. 2; s.a. 2P.455/1998 E. 1.

– Gegen ein letztinstanzliches kant. Urteil über die Rückerstattung von Beiträgen zur Prämienverbilligung stand die Verwaltungsgerichtsbeschwerde nicht offen: RKUV 1999 KV 82 341 E. 2b und c.

– Befugnis zur staatsrechtlichen Beschwerde der Eltern hinsichtlich einer Prämienverbilligung für ihre unterhaltsberechtigten Kinder: 2P.64/2001 E. 1b.
– Rechtzeitige Anmeldung als Anspruchsvoraussetzung für den Bezug von Prämienverbilligungen; staatsrechtliche Beschwerde: 2P.272/2003.

Art. 65a Prämienverbilligung durch die Kantone für Versicherte, die in einem Mitgliedstaat der Europäischen Gemeinschaft, in Island oder in Norwegen wohnen

Die Kantone gewähren folgenden Versicherten in bescheidenen wirtschaftlichen Verhältnissen, die in einem Mitgliedstaat der Europäischen Gemeinschaft, in Island oder in Norwegen wohnen, Prämienverbilligungen:

   a. den Grenzgängern und Grenzgängerinnen sowie deren Familienangehörigen;

   b. den Familienangehörigen von Kurzaufenthaltern und -aufenthalterinnen, von Aufenthaltern und Aufenthalterinnen und von Niedergelassenen;

   c. den Bezügern und Bezügerinnen einer Leistung der schweizerischen Arbeitslosenversicherung sowie deren Familienangehörigen.

Chronologie: Eingefügt durch Ziff. I des BG vom 6. Okt. 2000 (AS 2002 858; BBl 2000 4083). Fassung gemäss Ziff. I 8 des BG vom 14. Dez. 2001 betreffend die Bestimmungen über die Personenfreizügigkeit im Abk. zur Änd. des Übereink. zur Errichtung der EFTA, in Kraft seit 1. Juni 2002 (AS 2002 685 700; BBl 2001 4963).

Bibliografie: BSV, Informationen für die Kantone, Februar 2002, S. 19, für Versicherte ohne einen aktuellen Anknüpfungspunkt an die Schweiz Art. 66a KVG (Zuständigkeit des Bundes); Tuor Rudolf, Das Freizügigkeitsabkommen aus Sicht der Kantone – Ergänzungsleistungen, kantonale Familienzulagen, Prämienverbilligung in der Krankenversicherung und andere Leistungen, in: Erwin Murer (Hrsg.), Das Personenfreizügigkeitsabkommen mit der EU und seine Auswirkungen auf die soziale Sicherheit der Schweiz, Freiburger Sozialrechtstag 2000, Bern 2001, S. 227 ff.; Tuor Rudolf, Die Durchführung der APF-EU/CH in den übrigen Zweigen der Sozialen Sicherheit, insbesondere aus Sicht der Kantone, in: René Schaffhauser et al. (Hrsg.), Die Durchführung des Abkommens EU/CH über die Personenfreizügigkeit (Teil Soziale Sicherheit) in der Schweiz, Bd. I, St. Gallen 2001. S.a. die Bibliografie unter Art. 95a KVG.

Verordnung: Art. 106a KVV.

Art. 65a KVG betrifft Personen mit einem aktuellen Anknüpfungspunkt an einen bestimmten Kanton. Aufgrund des FZA muss die Schweiz Prämienverbilligung auch gewähren, wenn diese Personen in der Schweiz versichert sind, aber in einem EG-Staat wohnen. Die Prämienverbilligung stellt zwar nicht eine Leistung der KV im strengen Sinne dar, sichert aber den Bezügern die Sachleistungen, indem sie die Prämienlasten erleichtert (Botschaft betreffend die Änderung des KVG vom 31.5.2000, BBl 2000 4083, 4089). Die Prämienverbilligung qualifiziert sich als soziale Vergünstigung i.S.v. Art. 9 Anhang I zum FZA. Die Zuständigkeit liegt bei den Kantonen. Die kant. Bestimmungen über die Prämienverbilligung sind auch hier autonomes kant. Ausführungsrecht zum Bundesrecht (BGE 131 V 202 E. 4.2; 2P.122/2005 E. 1.1). Für Durchführungsfragen siehe die Informationen des BSV für die Kantone, Februar 2002, S. 19, für Versicherte ohne einen aktuellen Anknüpfungspunkt an die Schweiz sei auf Art. 66a KVG verwiesen (Zuständigkeit des Bundes).

Art. 66 Bundesbeitrag

[1] **Der Bund gewährt den Kantonen jährlich einen Beitrag zur Verbilligung der Prämien im Sinne der Artikel 65 und 65a.**

[2] **Der Bundesbeitrag entspricht 7,5 Prozent der Bruttokosten der obligatorischen Krankenpflegeversicherung.**

[3] **Der Bundesrat setzt die Anteile der einzelnen Kantone am Bundesbeitrag nach deren Wohnbevölkerung sowie nach der Anzahl der Versicherten nach Artikel 65a Buchstabe a fest.**

Chronologie: AS 1995 1328; BBl 1992 I 93; Fassung gemäss Ziff. II 26 des BG vom 6. Okt. 2006 zur Neugestaltung des Finanzausgleichs und der Aufgabenteilung zwischen Bund und Kantonen (NFA), in Kraft seit 1. Jan. 2008 (AS 2007 5779 5817; BBl 2005 6029; alt: AS 1999 2043; AS 1995 1328).

Verordnung: Art. 106 KVV.

Zum Prämienverbilligungsanspruch für Asylsuchende und Schutzbedürftige ohne Aufenthaltsbewilligung: Art. 82a Abs. 7 Asylgesetz (SR
142.31; AS 2006 4823, 2007 5575; BBl 2002 6845).

Art. 66*a* Prämienverbilligung durch den Bund für Versicherte, die in einem Mitgliedstaat der Europäischen Gemeinschaft, in Island oder in Norwegen wohnen.

[1] **Der Bund gewährt den Versicherten in bescheidenen wirtschaftlichen Verhältnissen, die in einem Mitgliedstaat der Europäischen Gemeinschaft, in Island oder in Norwegen wohnen und eine schweizerische Rente beziehen, Prämienverbilligungen; die Verbilligung wird auch ihren in der Schweiz versicherten Familienangehörigen gewährt.**

[2] **Die Finanzierung der Beiträge zur Prämienverbilligung an die Versicherten nach Absatz 1 erfolgt durch den Bund.**

[3] **Der Bundesrat regelt das Verfahren.**

Chronologie: Eingefügt durch Ziff. I der Änderung des KVG vom 6. Okt. 2000,
in Kraft seit 1. Juni 2002 (AS 2002 858 861; BBl 2000 4083). Fassung gemäss
Ziff. I 8 des BG vom 14. Dez. 2001 betreffend die Bestimmungen über die Personenfreizügigkeit im Abk. zur Änd. des Übereink. zur Errichtung der EFTA, in
Kraft seit 1. Juni 2002 (AS 2002 685 700; BBl 2001 4963).

Verordnung: Verordnung über die Prämienverbilligung in der KV für Rentner
und Rentnerinnen, die in einem Mitgliedstaat der Europäischen Gemeinschaft,
in Island oder Norwegen wohnen, vom 3. Juli 2001 verwiesen (SR 832.112.5;
VPVKEG).

Bibliografie: Siehe unter Art. 65a und 95a KVG.

Art. 66a KVG betrifft *Versicherte ohne einen aktuellen Anknüpfungspunkt an die Schweiz.* Die Zuständigkeit liegt beim Bund. Dieser hat
die Gemeinsame Einrichtung mit der Durchführung der Prämienverbilligung für diese Personengruppe beauftragt (Art. 18 Abs. 2[quinquies] KVG).
Er übernimmt die Kosten für die Prämienverbilligung für diese Versichertenkategorie (Art. 66a Abs. 2 KVG) und erstattet der Gemeinsamen

Einrichtung die anfallenden Verwaltungskosten (Art. 18 Abs. 5 KVG). Für das Verfahren siehe die VPVKEG, für Personen mit aktuellem Anknüpfungspunkt an einen bestimmten Kanton Art. 66a KVG.

3. Titel: Freiwillige Taggeldversicherung

Art. 67 Beitritt

[1] **Wer in der Schweiz Wohnsitz hat oder erwerbstätig ist und das 15., aber noch nicht das 65. Altersjahr zurückgelegt hat, kann bei einem Versicherer nach Artikel 68 eine Taggeldversicherung abschliessen.**

[2] **Er kann hiefür einen anderen Versicherer wählen als für die obligatorische Krankenpflegeversicherung.**

[3] **Die Taggeldversicherung kann als Kollektivversicherung abgeschlossen werden. Kollektivversicherungen können abgeschlossen werden von:**

    a. **Arbeitgebern für sich und ihre Arbeitnehmer und Arbeitnehmerinnen;**

    b. **Arbeitgeberorganisationen und Berufsverbänden für ihre Mitglieder und die Arbeitnehmer und Arbeitnehmerinnen ihrer Mitglieder;**

    c. **Arbeitnehmerorganisationen für ihre Mitglieder.**

Chronologie: AS 1995 1328; BBl 1992 I 93.

Bibliografie: Agier Jean-Marie, L'assurance collective perte de gain en cas de maladie avant l'entrée en vigueur de la LAMal et après, in: LAMal–KVG*, S. 567 ff.; Ballaman Patrick, Plaidoyer pour une assurance perte de gain maladie obligatoire, in: ASS 2/2003, S. 42 ff.; Brulhart Vincent, L'assurance collective contre la perte de gain en cas de maladie, in: Le droit social dans la pratique de l'entreprise, IRAL, Bern 2006, S. 99–111; Bundesamt für Gesundheit, Evaluation und Reformvorschläge zur Taggeldversicherung bei Krankheit, 30. November 2009, Bericht des Bundesrates in Erfüllung des Postulates 04.3000 der Kommission für soziale Sicherheit und Gesundheit des Nationalrates vom 16. Januar 2004; Duc Jean-Louis, Les indemnités journalières selon la LAMal et la LCA: brève critique de la jurisprudence du Tribunal fédéral des assurances, in: SZS 2003, S. 131 ff.; Ders., Les indemnités journalières selon la LAMal et la LCA, in: Colloques et journées d'étude, Lausanne 2002, S. 727 ff.; Ders., Les rapports entre assureurs LAA et assureurs LAMal, in: SZS 2004, S. 118 ff.; Ders., De l'assurance d'une indemnité journalière en cas de maladie, in : AJP 1999 S. 919 ff. ; Ders., Quelques réflexions à l'assurance d'une indemnité journalière selon la LAMal, in: SZS 1998, S. 251 ff.; Ders., Statut des invalides dans l'assurance-maladie d'une indemnité journalière, in: SZS 1987,

S. 177 ff.; Husmann David/Häberli Christoph, Die Fallstricke des Krankentag-
geldes, in: plädoyer 4/2002, S. 28 ff.; Kahil-Wolff Bettina, L'assurance facultative d'indemnités journalières selon la LAMal, in: Jean-Louis Duc (dir.), 1366
jours d'application de la LAMal, Lausanne 2000, S. 43 ff.; Kieser Ueli, Die Stellung der Nichterwerbstätigen in der freiwilligen Taggeldversicherung (Art. 67 ff.
KVG), in: LAMal–KVG, S. 585 ff.; Leuzinger-Naef Susanne, Flexibilisierte Ar-
beitsverhältnisse im Sozialversicherungsrecht, in: CHSS 1998, S. 125 ff.; Oggier
Willy, Assurance d'indemnités journalières, in: Gerhard Kocher et al. (Hrsg.),
Système de santé suisse 2001/2002, Solothurn 2001, S. 20 ff.; SBVR-Eugster*,
Rz. 1095 ff.; Scartazzini Gustavo, Krankentaggeldversicherung, Einwirkungen
der sozialen Krankenversicherung auf die Pflichten von Arbeitgeber und Arbeitnehmer bei Krankheit, in: AJP 6/1997, S. 667 ff.; Ders., L'assurance perte de
gain en cas de maladie dans la jurisprudence du Tribunal fédéral des assurances,
in: Luc Thévénoz et al. (éds.), Journée 1992 de droit du travail et de la sécurité
sociale, Zürich 1994, S. 64 ff.; Schaer Roland, Die Praxis des EVG zur obligatorischen Unfall- und Krankenversicherung in den Jahren 2001–2005, in: ZBJV
142(2006) H. 9 S. 679–735.

Verordnung: KVV: Art. 107 (Finanzierungsverfahren), Art. 108 (Prämientarife),
Art. 108a (Prämienerhebung), Art. 109 (Beitritt).

Kreisschreiben (KS): BAG-KS Nr. 6.1. – Einführung der Mutterschaftsentschädigung durch Änderung des Erwerbsersatzgesetzes vom 19.05.2005.

Übersicht

I. Einleitung

1. Gesetzliches Grundkonzept

1 Die Taggeldversicherung (TgVers) ist ein Akzessorium der OKP (BGE 125 V 80 E. 4c/cc) und für die Versicherten freiwillig, nicht aber für die KVers, die eine Versicherungs- und Abschlusspflicht trifft (Art. 13 Abs. 2 lit. d KVG; Art. 68 Abs. 1 KVG) trifft. Arbeitgebende können aufgrund von Gesamt- oder Normalarbeitsverträgen zum Abschluss einer TgVers verpflichtet sein. Schliessen sie trotzdem keine TgVers ab, werden sie gegenüber dem Arbeitnehmer schadenersatzpflichtig (BGE 127 III 318 E. 5 m.H.; zur Schadensberechnung: 4A 236/2008 E. 4 f.). Das Konzept der TgVers ist in den Grundlinien das gleiche wie unter dem KUVG. Selbst von punktuellen wesentlichen Änderungen wurde im KVG grundsätzlich abgesehen (BGE 126 V 490 E. 2b; BGE 127 V 154 E. 4b). Die KVers waren befugt, die bestehenden Versicherungsverhältnisse nach Massgabe des neuen Rechts fortzuführen (BGE 126 V 499 E. 3b; BGE 125 V 112 E. 2e).

2. Qualifikation als Erwerbsausfallversicherung

2 Die TgVers nach KVG ist im Gegensatz zum KUVG, wo sie ersatzweise Funktionen einer Krankenpflegeversicherung zu übernehmen hatte, als reine Erwerbsausfallversicherung konzipiert (9C_332/2007 E. 1; K 48/06 E. 2.1=SVR 2007 KV Nr. 19; RKUV 1998 KV 43 420 E. 2a; RKUV 2000 KV 116 145 E. 3d; s.a. K 188/98 E. 2b=RKUV 2001 KV 147 40). Allerdings können die Parteien als versichertes Risiko auch andere Schadenspositionen als Erwerbsausfälle in den Vertrag aufnehmen (BGE 128 V 149 E. 4a; RKUV 1998 KV 43 420 E. 2a). Gleichwohl steht die TgVers auch Nichterwerbstätigen offen (K 48/06 E. 2.1=SVR 2007 KV Nr. 19). Sie wird in K 58/05 E. 3.3=SVR 2008 KV Nr. 6 als Schadensversicherung qualifiziert.

3. Vertragsverhältnis und Vertragsautonomie

Das Rechtsverhältnis zwischen KVers und Vers beruht auf einem öf- 3
fentlich-rechtlichen Versicherungsvertrag (BGE 126 V 499 E. 2a; SVR
2002 KV Nr. 2 E. 2c/bb, K 14/00 E. 3a=RKUV 2000 KV 137 352;
9C_325/2009 E. 3.2.1; Zivilrecht ist subsidiär anwendbar, soweit es mit
Sozialversicherungsrecht zu vereinbaren ist: K 171/98 E. 2c=SVR 2002
KV Nr. 2; BGE 105 V 86 E. 2). Das KVG normiert lediglich die zentralen Eckpunkte der Versicherung und überlässt die weitere Ausgestaltung
den KVers (BGE 124 V 201 E. 3d). Die Vertragsautonomie wird durch
das auch für die TgVers geltende ATSG, die zwingenden Normen des
KVG, das Verfassungsrecht sowie allgemeine verwaltungs- oder sozialversicherungsrechtliche Prinzipien eingeschränkt (BGE 129 V 51 E. 1.1
und 60 E. 4.2, BGE 126 V 499 E. 2a, K 58/05 E. 3.2=SVR 2008 KV
Nr. 6; K 21/98 E. 3b=RKUV 2000 KV 111 115; so schon unter dem
KUVG: BGE 116 V 231 E. 3b, BGE 114 V 274 E. 2; BGE 113 V 212
E. 3b. Unzulässig sind Versicherungsbedingungen, die das gesetzliche
Leistungsrecht einschränken (BGE 130 V 546 E. 4.4 betr. Leistungskürzung wegen Grobfahrlässigkeit; K 42/01 E. 3 =RKUV 2001 KV 176 307
betr. reglementarische Herabsetzung der gesetzlichen Leistungsdauer).
Reglementarische Bestimmungen sind nach dem Vertrauensprinzip
auszulegen (24.07.2009 9C_325/2009 E. 3.2.1). Sie sind so zu interpretieren, wie sie der Versicherte bei pflichtgemässer Aufmerksamkeit
verstehen durfte und musste; eine mangelnde Klarheit darf sich nicht
zum Nachteil des Versicherten auswirken (BGE 129 V 51 E. 2.2 m.H.;
RKUV 1986 K 694 417). Stimmen sie im Falle eines gesamtschweizerisch tätigen KVers in den verschiedenen Amtssprachen nicht überein,
ist auf den für die versPers günstigeren Text abzustellen (RKUV 1992
K 895 132 E. 1b).

In Durchbrechung des Vertragsprinzips haben die KVers das Recht, über 4
das Gesetz hinausgehende Leistungen und andere Vertragsbedingungen
jederzeit auch zu Ungunsten der Versicherten anzupassen, sofern nicht
wohlerworbene Rechte entgegenstehen (BGE 124 V 201 E. 4d; K 58/06
E. 2; altrechtlich: BGE 113 V 301; RKUV 1993 K 920 151). Wesentliche Vertragsbedingungen sind zu ihrer Gültigkeit mitteilungspflichtig
(BGE 129 V 51 E. 2.2 m.H.). Unter Umständen besteht aber eine Hol-
schuld der versPers (RKUV 2000 KV 101 11 E. 2b; vgl. a. BGE 129 V
51 E. 2.3). Bei Reglementsänderungen reicht die Möglichkeit der Ein-

sichtnahme beim Versicherer nicht aus, wogegen die Publikation in der
Versichertenzeitschrift genügt (BGE 129 V 51 E. 2.4; BGE 120 V 33
E. 2c; s.a. K 78/03=RKUV 2004 KV 299 380 E. 3.1), wenn die Änderung darin klar erkennbar ist (RKUV 1987 K 730 184). Unerheblich ist,
ob die versicherte Person davon Kenntnis genommen hat (BGE 129 V
51 E. 2.4; RKUV 1990 K 833 27 E. 2). Für den Mitteilungsbeweis reicht
überwiegende Wahrscheinlichkeit aus (BGE 120 V 33 E. 3c, BGE 129
V 51 E. 2.4; erforderlich ist in jedem Fall ein Versandnachweis: K 78/03
=RKUV 2004 KV 299 380 E. 4.1).

II. Aufnahmeberechtigte Personen (Abs. 1) und Versichererwahl (Abs. 2)

1. Wohnsitz und Erwerbstätigkeit

5   Die KVers trifft unter den Voraussetzungen von Art. 67 Abs. 1 KVG eine
Aufnahmepflicht, soweit nicht voraussichtlich eine Überentschädigung
entsteht (Art. 109 KVV; K 21/98 E. 3a; 8C 402/2008 E. 3b). Beitreten können Erwerbs- und Nichterwerbstätige (K 48/06 E. 2.1; Kieser,
in: LAMal–KVG, S. 585 ff). Der Wohnsitzbegriff richtet sich nach
Art. 23 ff. ZGB (Art. 13 Abs. 1 ATSG). Personen, die unter das FZA
oder das EFTA-Abkommen fallen, früher der TgVers nach KVG angeschlossen waren und in einem ausländischen Vertragsstaat wohnen, kann
die TgVers nicht mit der Begründung verweigert werden, sie hätten in
der Schweiz keinen Wohnsitz (Art. 9 Abs. 1 VO [EWG] Nr. 1408/71).
Abs. 1 regelt mit den Alterslimiten ausschliesslich die Frage nach den
altersmässigen Voraussetzungen für den Abschluss einer TgVers und besagt nicht, dass diese mit dem Erreichen des 65. Altersjahres von Gesetzes wegen dahinfällt (BGE 124 V 201 E. 3b).

2. Beginn und Ende des Versicherungsverhältnisses

6   Der Beitritt in der Einzelversicherung ist antragsbedürftig. Die Reglemente des KVers regeln den Zeitpunkt des Versicherungsbeginns und die
Modalitäten des Austritts innerhalb der hiervor beschriebenen Schran-

ken frei (Rz. 3; K 96/04 E. 2). Für den Kvers ist der Vertrag grundsätzlich nicht kündbar, Sanktionen vorbehalten (Rz. 8 hiernach; vgl. a. 4A 419/2008 E. 1.4 betr. Taggeld nach VVG). Er kann auf Wunsch der versicherten Person auf die Einhaltung der vertraglichen Kündigungsfristen verzichten (K 171/98 E. 2c=SVR 2002 KV Nr. 2; K 96/04 E. 3 ff.).

Zulässige, vertraglich festzulegende Beendigungsgründe sind das Erreichen des 65. Altersjahres (BGE 124 V 201 E. 4d; s.a. K 42/01 E. 3=RKUV 2001 KV 176 307, ferner 4A 348/2007 E. 3.3), die Wohnsitzverlegung ins Ausland (es gilt grundsätzlich das Territorialitätsprinzip: K 150/99 E. 2c; RKUV 2000 KV 101 E. 2a; K 188/98 E. 2b=RKUV 2001 KV 147 40; FZA vorbehalten; s.a. K 180/05 E. 2.1; K 92/99 E. 2b=RKUV 2001 KV 168 256) und die definitive Aufgabe der Erwerbstätigkeit in der Schweiz (Frage mit Bezug auf arbeitsunfähige Grenzgänger offen gelassen in K 96/02 E. 6.3). Mit dem Eintritt dieser Tatbestände erlischt das Versicherungsverhältnis, ohne dass eine entsprechende Gestaltungserklärung notwendig wäre. So auch bei Erschöpfung des Leistungsanspruchs (Art. 72 Abs. 3 KVG; Art. 74 Abs. 2 KVG vorbehalten; BGE 125 V 106 E. 3), wobei weder gegenüber dem bisherigen noch einem anderen KVG-Vers ein gesetzlicher Neuabschlussanspruch besteht. Ein Neuabschluss ist aber zulässig (K 90/05).   7

Beendigung als Sanktion: Bei schweren Regelverstössen, die eine Fortführung des Vertrages mit der versPers als schlechthin unzumutbar erscheinen lassen, darf der Versicherer das Versicherungsverhältnis einseitig auflösen, so etwa bei einem versuchten oder vollendeten Versicherungsbetrug (BGE 111 V 318 E. 2; BGE 108 V 245 E. 2a; K 96/02 E. 5; s.a. BGE 124 V 118 E. 8; RSKV 1983 548 204 E. 3b). Der blosse Verzug in der Prämienzahlung, der nicht von erschwerenden Umständen begleitet ist, reicht nicht aus (BGE 111 V 318 E. 3, RKUV 1991 K 867 127, 1993 K 905 4, 1988 763 163, 1986 K 682 241). Der Ausschluss ist, wenn eine entsprechende reglementarische Vorschrift besteht, grundsätzlich vorgängig anzudrohen (BGE 111 V 318 E. 2; K 19/01 E. 3a/bb; RKUV 1993 K 905 4 E. 3b, 1986 K 677 214 E. 2). Die Grundsätze der altrechtlichen Praxis sind unter dem KVG weiterhin gültig. Zu den Verwirkungsfristen bei Sanktionen siehe Art. 72 KV Rz. 17 f.; vgl. a. Art. 69 KV Rz. 8.   8

Unter dem alten Recht (BGE 105 V 86) war der Austritt mit sofortiger Wirkung – d.h. ohne Einhaltung der Kündigungsfrist – aufgrund von   9

Vereins- oder Genossenschaftsrecht prinzipiell möglich. Der Vertragscharakter des Versicherungsverhältnisses unter dem KVG dürfte ein solches Vorgehen verbieten.

10 *Anspruchsbeendigung:* Mit dem Erlöschen des Versicherungsverhältnisses endet der Anspruch auf Leistungen für einen laufenden Versicherungsfall wie auch für Rückfälle und Spätfolgen im Zusammenhang mit Versicherungsfällen, die während der Dauer des Versicherungsverhältnisses eingetreten sind (BGE 125 V 112 E. 3b; BGE 125 V 106 E. 3; 9C_546/2007 E. 3.2; K 171/98 E. 3=SVR 2002 KV Nr. 2; K 21/98 E. 3c=RKUV 2000 KV 111 115; K 94/99 E. 5; zur anders lautenden Ordnung beim Taggeld nach VVG: BGE 127 III 106). Dies gilt auch dann, wenn die Taggelder wegen Überentschädigung gekürzt worden sind (Art. 72 Abs. 5 KVG), es sei denn, die Vertragsauflösung sei durch den Versicherer herbeigeführt worden (K 96/04 E. 5; 125 V 106, 111 E. 4). Ein Irrtum über die Wirkungen einer Kündigung ist ein unbeachtlicher Rechtsirrtum (K 96/04 E. 4.2.3).

3.   Wahl des Versicherers (Abs. 2)

11 Die TgVers ist häufig mit dem Arbeitsverhältnis verbunden, eine Verknüpfung von TgVers und OKP vielfach unzweckmässig und unerwünscht, weil die Kündigung der einen nicht das Erlöschen der anderen zur Folge haben soll (BBl 1992 I 200). Damit wird vermieden, dass die TgVers die freie Wahl und den freien Wechsel des Versicherers in der OKP behindert.

III.   Abschluss als Kollektivversicherung (Abs. 3)

Bibliografie: WEBER MAX, Die Kollektivversicherung bei anerkannten Krankenkassen, SZS 1968, S. 189 ff.; Von KAENEL ADRIAN, Verhältnis einer Krankentaggeldlösung zu Art. 324a OR, Tagungsband (siehe Bibl. zu Art. 67), S. 109; ZEHNDER KATRIN, Aufrechterhaltung des Versicherungsschutzes für Erwerbsausfall und Invalidität bei vorübergehender Unterbrechung der Erwerbstätigkeit, in: Collezione Assista: 30 anni/ans/Jahre Assista TCS SA, Genève 1998, S. 764 ff.

Grundsätzliche Zulässigkeit und Rechtsnatur: Die KVers sind gesetz- 12
lich nicht verpflichtet, auch kollektive TgVers anzubieten. Im Gegensatz
zur OKP (17.08.2004 K 66/02=RKUV 2005 KV 312 S. 3 E. 5; K 47/01
E. 4.2=RKUV 2003 KV 259 295; BGE 128 V 272 E. 7b/aa; zum alten
Recht: Art. 5bis Abs. 1 KUVG) ist der Kollektivvertrag in der TgVers jedoch zugelassen. Eine kollektive TgVers liegt vor, wenn ein und derselbe Vertrag über mehrere Personen abgeschlossen wird. Das EVG
qualifiziert sie als Versicherung zu Gunsten Dritter (BGE 100 V 65 E. 2;
RKUV 1997 K 983 117 E. 3b; BGE 120 V 38 E. 3b). Von der Kollektiv-
ist die Gruppenversicherung zu unterscheiden (BGE 100 V 193; RKUV
1986 K 695 420). Kollektivverträge bedürfen anders als unter dem alten
Recht keiner aufsichtsbehördlichen Genehmigung (Art. 4 VO II KUVG;
überholt ist damit RSKV 1982 495 154).

Die zugelassenen Versicherungsnehmer: Der Kreis der möglichen Ver- 13
sicherungsnehmer und Versicherten ergibt sich aus der engen Verbindung von Kollektivverträgen mit dem Arbeitsverhältnis, indem der Arbeitgeber mit einer solchen Versicherung seine Lohnfortzahlungspflicht
bei Krankheit nach Art. 324a OR abdeckt (BBl 1992 I 200; zum alten
Recht: Art. 2 VO II KUVG). Der Kreis der versPers wird entweder durch
namentliche Nennung der Versicherten oder durch abstrakte Bezeichnung bestimmt (vgl. a. 03.07.2001 5C.41/2001 E. 2f), der Beitritt kann
freiwillig oder vertraglich vorgeschrieben sein. Der Beitritt ist mit und
ohne Risikoprüfung möglich. Er kann auch aufgrund des Zügerrechts
nach Art. 70 Abs. 1 KVG oder im Rahmen eines Kollektivversicherer-
wechsels erfolgen (Art. 71 KVG).

Altrechtliches: Zum Begriff der Arbeitnehmerorganisation: RKUV 1987 14
K 747 335. Zum Akkordanten als Arbeitnehmer: Abzustellen ist auf die
für die AHV-Beitragspflicht und die im UVG massgebenden Kriterien
(BGE 100 V 129 E. 1b). Ein heute nicht mehr möglicher Kollektivver-
trag (Verein mit dem Zweck der Vermittlung von Versicherungen als
Kollektivversicherungsnehmer) wird in BGE 113 V 35 abgehandelt.

Direktes Forderungsrecht der Versicherten: Im Kollektivversicherungs- 15
verhältnis entstehen im Leistungsbereich Rechtsbeziehungen zwischen
dem Versicherer und den versPers (BGE 100 V 65 E. 2). Den Versicherten steht ein selbständiges Forderungsrecht gegen den Versicherer zu.
Art. 87 VVG bzw. Art. 112 Abs. 2 OR sind analog anwendbar (BGE 120
V 38 E. 3c; BGE 122 V 81; RKUV 1997 K 983 117 E. 3b; überholt:

RKUV 1993 K 909 38). Insoweit dem Arbeitnehmer ein direktes Forderungsrecht gegenüber dem Versicherer zusteht, ist der Arbeitgeber von
seiner Lohnfortzahlungspflicht befreit (BGE 120 V 38 E. 3c/bb; BGE
122 V 81 E. 1b; RKUV 1997 K 983 117 E. 3b). Taggeldzahlung an den
Arbeitgeber oder Verrechnung mit ausstehenden Prämien befreit den
Versicherer nicht (BGE 122 V 81). Das Prinzip des ausschliesslichen
Forderungsrechts der versPers wird indes durch Art. 19 Abs. 2 ATSG
i.V.m. Art. 72 Abs. 6 KVG durchbrochen, wonach Taggelder in dem
Ausmass dem Arbeitgeber zukommen, als er trotz Taggeldberechtigung
Lohn zahlt, sofern dieser die Taggeldversicherung mitfinanziert hat.

Art. 68 Versicherer

**¹ Die Versicherer nach Artikel 11 müssen in ihrem örtlichen Tätig-
keitsbereich jede zum Beitritt berechtigte Person aufnehmen.**

**² Das Departement anerkennt auch Krankenkassen, die ihre Tä-
tigkeit auf die Taggeldversicherung für Angehörige eines Betriebes
oder Berufsverbandes beschränken, wenn sie die entsprechenden
Voraussetzungen der Artikel 12 und 13 erfüllen.**

³ Die Artikel 11–16¹ gelten sinngemäss.

Chronologie: AS 1995 1328; BBl 1992 I 93. Abs. 3: Heute: die Art. 11–16. Fas-
sung gemäss Anhang Ziff. 11 des BG vom 6. Okt. 2000 über den Allgemeinen
Teil des Sozialversicherungsrechts, in Kraft seit 1. Jan. 2003 (AS 2002 3371;
SR 830.1).

I.   Aufnahmepflicht (Abs. 1)

1   Die Versicherer trifft nach Art. 11 KVG eine Abschlusspflicht (BGE 125
V 80 E. 4c/cc, BGE 126 V 499 E. 2b). In der Praxis marginalisieren sie
jedoch ihre Kontrahierungspflicht, indem sie die versicherbare Deckung
auf ein geringfügiges Taggeld beschränken (BGE 126 V 490 E. 2b; BGE
126 V 499 E. 2b). Der örtliche Tätigkeitsbereich findet Erwähnung, weil

die KVers ihre Tätigkeit mit aufsichtsrechtlicher Bewilligung auf eine bestimmte Region begrenzen dürfen (siehe Art. 4 Abs. 2 KVG).

II.   Betriebs- und Berufsverbandskrankenkassen (Abs. 2)

Betriebs- und Berufsverbandskrankenkassen sind Versicherungsträger, denen nur Angehörige eines bestimmten Betriebs oder Berufsverbandes beitreten können. Sie werden einzig für die TgVers zugelassen. Sie können nicht nebenbei auch die OKP betreiben. Anders unter dem alten Recht (Art. 3 Abs. 4 KUVG).   2

III.   Verweis auf die OKP (Abs. 3)

Sinngemäss anwendbar sind insb. die Gebote der Gegenseitigkeit, der Gleichbehandlung, des Erwerbsverbots (Art. 13 Abs. 2 lit. a KVG) sowie die Gewährleistung der finanziellen Sicherheit (Art. 13 Abs. 2 lit. b KVG). Private Versicherungseinrichtungen, die die Kriterien von Art. 11 lit. b KVG nicht erfüllen, können die TgVers nach KVG nicht durchführen. Der Bewilligungsentzug für die OKP umfasst zwangsläufig auch die TgVers nach KVG (BGE 125 V 80 E. 4). Das gilt auch umgekehrt.   3

Art. 69 Versicherungsvorbehalt

[1] Die Versicherer können Krankheiten, die bei der Aufnahme bestehen, durch einen Vorbehalt von der Versicherung ausschliessen. Das gleiche gilt für frühere Krankheiten, die erfahrungsgemäss zu Rückfällen führen können.

[2] Der Versicherungsvorbehalt fällt spätestens nach fünf Jahren dahin. Die Versicherten können vor Ablauf dieser Frist den Nachweis erbringen, dass der Vorbehalt nicht mehr gerechtfertigt ist.

[3] Der Versicherungsvorbehalt ist nur gültig, wenn er der versicherten Person schriftlich mitgeteilt wird und die vorbehaltene Krankheit sowie Beginn und Ende der Vorbehaltsfrist in der Mitteilung genau bezeichnet sind.

³ **Bei einer Erhöhung des versicherten Taggeldes und bei einer Verkürzung der Wartefrist gelten die Absätze 1–3 sinngemäss.**

Chronologie: AS 1995 1328; BBl 1992 I 93.

Bibliografie: Duc Jean-Louis, Réserves rétroactives en cas de réticence (assurance facultative d'une indemnité journalière). Notion de réticence. Troubles psychiques chez un chômeur de longue durée, in: AJP 6/2000, S. 734–738; Leuzinger-Naef Susanne, «HIV-Infektion und Folgen» als vorbehaltsfähige Krankheit, in: SZS 1992, S. 65 ff.; Dies., Vorbestehender Gesundheitszustand und Versicherungsschutz in der Sozialversicherung, Diss., Zürich 1994; Pärli Kurt, HIV/Aids und die Sozialversicherungen, Noch keine Therapie gegen die rechtliche Benachteiligung, in: CHSS 1998, S. 60 ff.; Viret Bernard, La réticence dans l'assurance-maladie privée et sociale, in: SZS 1975, S. 33 ff.; Wicki Ann-Karin, Rolle der Krankentaggeldversicherer bei Wiedereingliederung, in: CHSS 2004, S. 308 ff.; Wagner Pierre, Die Rechtsprechung des Eidgenössischen Versicherungsgerichts zur HIV-Infektion, in: CHSS 1998, S. 81 f.

I.   Einleitung

1   Der VersVorbehalt soll die Kostenfolgen der Aufnahmepflicht nach Art. 68 Abs. 1 KVG mildern (so schon BGE 115 V 388 E. 4b). Das Vorbehaltsrecht wurde in Anlehnung an Art. 9 VVG geschaffen, weicht aber in zentralen Punkten vom VVG-Konzept ab (BGE 102 V 193 E. 2; BGE 127 III 21 E. 2b/aa). Der Vorbehalt schliesst bis zu seinem Ablauf das Bestehen einer Leistungspflicht für das vorbehaltene Leiden aus (BGE 115 V 388 E. 5c), wenn zwischen diesem und der geltend gemachten Arbeitsunfähigkeit ein adäquater Kausalzusammenhang gegeben ist (RKUV 1984 K 594 229, 231; BGE 116 V 239 E. 4b/bb). Der KVers ist zur Anbringung von Vorbehalten nicht verpflichtet, hat jedoch alle Per-

sonen diesbezüglich nach den gleichen Kriterien zu behandeln (vgl. a. BGE 114 V 274 E. 4c). Vorbehalte sind nicht zustimmungsbedürftig; sie werden verfügt (BGE 96 V 7; RKUV 1984 K 608 349 E. 3e). Wenn ein Aufnahmebewerber auf verschiedene Schreiben des KVers zur Anerkennung eines Vorbehalts nicht reagiert und dazu keine Verfügung ergeht, kommt kein Versicherungsverhältnis zustande (altrechtlich: RKUV 1984 K 608 349; s.a. RSKV 1976 243 50, wonach die Regeln von Art. 25 Rz. 92 hier ebenfalls anwendbar sind). Zur Aufklärungspflicht über mögliche Vorbehalte (in RKUV 1984 K 608 349 E. 3d sinngemäss verneint) ist heute Art. 27 ATSG zu beachten.

II. Vorbehaltsfähige Tatbestände

Art. 69 Abs. 1 verweist nicht auf den Krankheitsbegriff von Art. 3 Abs. 1 ATSG. Krankheit i.S.v. Art. 69 Abs. 1 KVG umfasst auch unfallbedingte Gesundheitsschäden. Vorbehaltsfähig sind Gesundheitsschäden, die Arbeitsunfähigkeit begründen oder mit dem Risiko künftiger Arbeitsunfähigkeit behaftet sind (BGE 125 V 292 E. 3c, Urteilsbespr. Duc, AJP 2000 S. 734; s.a. BGE 127 III 21 E. 2a/bb). Nicht vorbehaltsfähig sind blosse Krankheitsdispositionen (kein Vorbehalt zugelassen: RSKV 1979 388 257 [Mammahypertrophie]; RKUV 1984 K 594 229 [Risikofaktoren; Hypertonie]; RSKV 1981 449 110 E. 1b [Adipositas]). HIV-Seropositivität gilt dagegen als Krankheit i.S. des Vorbehaltsrechts (BGE 116 V 239, BGE 124 V 118). Wegen normaler Schwangerschaft darf kein Vorbehalt angebracht werden (RSKV 1972 132 121).

III. Anzeigepflicht und Anzeigepflichtverletzung (Abs. 1)

Anzeigepflicht: Die Anzeigepflicht des Antragstellers ergibt sich aus Art. 28 Abs. 1 ATSG (zum Recht des alten KUVG siehe BGE 96 V 8 E. 1). Im Einzelnen ist Art. 4 Abs. 1 und 2 VVG per analogiam anwendbar: Anzuzeigen sind alle dem Antragsteller bekannten, für die Vorbehaltsfrage bedeutsamen Tatsachen der Gegenwart und Vergangenheit, soweit nach ihnen unmissverständlich gefragt wird (vgl. K 2/04 E. 2 und

E. 4; BGE 96 V 1 E. 3; RSKV 1978 309 3). Schuldhaft verletzt ein Aufnahmebewerber die Anzeigepflicht, wenn er der Kasse auf deren Frage hin eine bestehende Krankheit oder eine vorher bestandene, zu Rückfällen neigende Krankheit nicht anzeigt, obwohl er darum wusste oder bei der ihm zumutbaren Aufmerksamkeit darum hätte wissen müssen (BGE 125 V 292 E. 2; BGE 124 V 118 E. 3b m.H.; K 2/04 E. 2; 9C_28/2007 E. 2.2).

4   Die Beurteilung der Vorbehaltswürdigkeit einer Gesundheitsstörung steht einzig dem Versicherer zu (9C_28/2007 E.2.2; RKUV 1989 K 825 405 E. 2c). Das Vorbehaltsrecht besteht selbst bei geringer Möglichkeit einer Risikoverwirklichung; der Versicherer allein bestimmt das ihm als tragbar erscheinende Morbiditätsrisiko (BGE 114 V 274 E. 4b; RKUV 1987 K 733 198 E. 3). Nicht anzeigepflichtig sind vereinzelt aufgetretene Unpässlichkeiten harmloser Art (K 2/04 E. 4; BGE 109 V 36, 38 E. 1b, 106 V 170, 174 E. 3b; RKUV 1989 K 825 405), anders dagegen wahrgenommene Störungen von ernsthaft einzustufender Natur, auch wenn sie noch nicht diagnostiziert oder behandelt worden sind (9C_28/2007 E.2.2; K 24/03 E. 6).

5   *Zeitpunkt der Anzeigepflicht:* Die Anzeigepflicht ist im Zeitpunkt der Einreichung der Beitrittserklärung zu erfüllen. Für Erkrankungen, die zwischen Beitrittserklärung und vertrauensärztlicher Untersuchung bzw. Aufnahme eingetreten sind, besteht grundsätzlich eine Nachmeldepflicht: RKUV 1985 K 613 19 E. 3d; BGE 106 V 170, 175 E. 3c, 109 V 36 E. 3b; für das Privatversicherungsrecht bzw. das BVG: BGE 116 V 218 E. 5a m.H.; 4A 488/2007 E. 2.1.

6   *Folgen einer Anzeigepflichtverletzung:* Der Versicherer darf einen rückwirkenden Vorbehalt verfügen (BGE 125 V 292 E. 2, Urteilsbespr. Duc, AJP 2000 S. 734; 9C_28/2007 E. 2.2; für das alte Recht des KUVG: statt vieler: BGE 102 V 193 E. 2; RKUV 1992 K 886 7). Dieser soll die Wiederherstellung der regulären Ordnung bewirken (9C_28/2007 E. 2.2; RSKV 1975 206 8 E. 2; RKUV 1987 K 718 98 E. 3a; BGE 102 V 193 E. 2, 108 V 27 E. 1). Weil es sich nicht um eine Sanktion handelt, ist Verhältnismässigkeit nicht verlangt (RSKV 1979 361 70 E. 3, 1975 206 8 E. 2; unklar Leuzinger, Vorbestandener Gesundheitsschaden, S. 166, 167, 176). Die für das vorbehaltene Leiden erbrachten Leistungen sind zurückzuerstatten (Art. 25 Abs. 1 ATSG).

Wäre bei korrekter Erfüllung der Anzeigepflicht eine geringere Versi- 7
cherungsdeckung zugestanden worden, so kann der Versicherer die Deckung auf jenes Mass reduzieren, das bei richtiger Gesundheitserklärung
gewährt worden wäre (RKUV 1986 K 670 131 E. 3c; RSKV 1982 478
44, 1980 403 60 E. 2). Voraussetzung ist die Verschweigung eines stark
kompromittierten Gesundheitszustandes (RKUV 1987 K 718 98; RSKV
1980 424 206 E. 3). Ultima ratio ist die sanktionsweise Herabsetzung
der Versicherungsdeckung oder bei besonders schwerem Verschulden
die vollständige Vertragsaufhebung (BGE 124 V 118 E. 8; zum KUVG:
RSKV 1983 548 204).

Frist zur Geltendmachung einer Anzeigepflichtverletzung: Das Recht 8
der KVers zu Korrekturmassnahmen erlischt nach altrechtlicher Praxis
mit Ablauf eines Jahres vom Zeitpunkt an gerechnet, an welchem der
Versicherer von der rechtswidrigen Handlung Kenntnis erhielt oder von
dieser hätte Kenntnis nehmen sollen (9C_28/2007 E. 2.2; BGE 110 V
308 E. 1; RKUV 1991 K 873 187 E. 3d/aa m.H., 1992 K 886 7, 1987
K 714 42 E. 3b; zum Grad der gebotenen Aufmerksamkeit des KVers:
S. 44 E. 3c). Längere strafrechtliche Fristen gehen vor. Es handelt sich
um eine Verwirkungsfrist (RKUV 1987 K 714 42 E. 3b). Die einjährige
Frist wird auch mit einem informellem Entscheid gewahrt (RKUV 1986
K 670 131 E. 4b). Das ATSG hat daran m.E. nichts geändert.

Kasuistik zur Anzeigepflichtverletzung – allgemeine Tatbestände   9
– Was anzuzeigen ist, hängt davon ab, wie eingehend die gestellten
  Gesundheitsfragen lauten (K 2/04 E. 2 und E. 4; BGE 96 V 1 E. 3;
  RSKV 1978 309 3).
– Gesundheitserklärungen des Ehemannes für seine Frau: Sie muss
  sich alle gesundheitlichen Umstände entgegenhalten lassen, die
  bei eigenhändiger Gesundheitsdeklaration hätten angezeigt werden
  können und müssen (BGE 110 V 308 E. 2; RKUV 1984 K 584 144).
  S.a. Art. 5 Abs. 1 VVG (Anzeigepflicht beim Vertragsabschluss).
– Hilft ein Kassenmitarbeiter oder Agent beim Beantworten der
  Gesundheitsfragen, so bleibt der Antragsteller für die Antworten
  gleichwohl persönlich verantwortlich (BGE 96 V 8 E. 1; BGE 102
  V 193 E. 4; RKUV 1990 K 831 17 E. 3, 1984 K 570 52 E. 2, 1984
  K 581 124), es sei denn der Mitarbeiter habe durch sein Verhalten
  gegen Treu und Glauben verstossen (BGE 108 V 245 E. 4). An die
  Aufmerksamkeit des Aufnahmebewerbers beim Durchlesen des

vom Kassenmitarbeiter ausgefüllten Fragebogens sind keine hohen Anforderungen zu stellen (RSKV 1983 527 85).

– Keine Anzeigepflichtverletzung liegt vor, wenn die Krankheit dem KVers bekannt war oder hätte sein können (RSKV 1983 531 227). Er ist jedoch nicht zu Recherchen im Versichertendossier verpflichtet, ausser er habe aufgrund von Hinweisen Anlass dazu (BGE 112 V 185 E. 3c; BGE 108 V 245 E. 4b m.H.; BGE 96 V 8 E. 1 m.H.; RKUV 1987 K 714 42 E. 3c). Der bösgläubige Antragsteller kann sich grundsätzlich nicht auf ein Versäumnis des Versicherers berufen (BGE 108 V 245 E. 4b m.H.; RSKV 1977 279 39, 1979 372 155, 1980 403 60 E. 1; RKUV 1991 K 879 257 E. 3).

– Der Versicherer muss sich dem Vertrauensarzt bekannte Tatsachen anrechnen lassen: RSKV 1983 551 227, 228; RKUV 1991 K 854 11. Zur analogen Rechtslage im BVG: B 50/02 E. 3.2.

– Der Antragsteller muss sich eine beim Vertrauensarzt des KVers begangene Verschweigung anrechnen lassen (BGE 109 V 36).

– Aus einer objektiv unrichtigen Gesundheitsdeklaration darf nicht zwangsläufig auf eine schuldhafte Anzeigepflichtverletzung geschlossen werden. Der gerichtlichen Befragung unter Strafandrohung kommt deshalb eine wesentliche Bedeutung zu (RKUV 1984 K 570 52 E. 3b).

– Sprachprobleme des Aufnahmebewerbers: Die Unterschrift unter ein Gesundheitsformular, das im Auftrage des Versicherers von einem Agenten ausgefüllt wurde, bestätigte in diesem Falle nicht die Richtigkeit der Angaben: K 17/04=RKUV 2004 KV 298 374, 378 E. 4.2.

– Beauftragt der KVers den Arbeitgeber mit der Erledigung auf Aufnahmeformalitäten, so kann die Berufung auf eine Anzeigepflichtverletzung gegen Treu und Glauben verstossen (K 17/04=RKUV 2004 KV 298 374, 378; s.a. K 22/05 E. 4, K 2/04 E. 4 und RSKV 1983 555 249). Die Frage, ob ein Arbeitgeber nach heutigem Recht noch mit der Abnahme der Gesundheitserklärung betraut werden darf, liess das Gericht offen.

– Das Nichtbeantworten einer Frage ist grundsätzliche keine Anzeigepflichtverletzung, ausser die Frage müsse auf Grund der übrigen Gesundheitserklärung als in einem bestimmten Sinne beantwortet angesehen werden, indem sich das Nichtbeantworten als unterlassene Mitteilung bzw. Verschweigung eines Gesundheitsproblems darstellt, das die anzeigepflichtige Person kannte oder kennen musste (BGE 125 V 292 E. 3d). Ist weder auf eine positive noch eine negative Beantwortung der offen gelassenen Rubrik zu schliessen, hat der KVers den Sachverhalt abzuklären (RSKV 1983 537 134).

Kasuistik zur Anzeigepflichtverletzung – medizinische Tatbestände

Anzeigepflichtverletzung bejaht (nicht angegebene Tatbestände in Klammern)*:* RKUV 1986 K 670 131 (Psychotherapie); RKUV 1986 K 663 48 (Lipom; gefragt wurde nach «excroissances»); RKUV 1987 K 718 98 (posttraumatische Omarthrose); BGE 109 V 36 (bevorstehende Psychotherapie); BGE 112 V 185 E. 3, RKUV 1989 K 825 405 E. 2c (Varizen). RKUV 1997 K 984 119 (Depression; Praxisänderung zu RKUV 1992 K 889 61 E. 2b/bb: keine Unterscheidung mehr zwischen endogenen und anderen Depressionen); HIV-Seropositivität: BGE 116 V 239, BGE 124 V 118.   10

Anzeigepflichtverletzung verneint: BGE 125 V 292 E. 3c: Zweimalige Konsultation eines Psychiaters wegen einer beruflichen Belastungssituation (Stellenverlust bei behinderungsbedingt schwieriger Vermittelbarkeit; Urteilsbespr. Duc, AJP 2000 S. 734). K 2/04 E. 4 (einmalige Konsultation eines Allgemeinpraktikers und einmaliger Medikamentenbezug zur Behandlung eines depressiven Zustands ein Jahr vor der Gesundheitserklärung). RSKV 1981 449 110 E. 1b (Adipositas ohne Krankheitswert bzw. als potenzielles Krankheitsrisiko). BGE 109 V 36 E. 1b; BGE 106 V 170 E. 3b; K 2/04 E. 4 (vereinzelt aufgetretene Unpässlichkeiten).   11

IV.   Dauer eines Vorbehalts (Abs. 2)

Arbeitsunfähigkeitsperioden während der Vorbehaltsdauer dürfen nicht auf die Leistungsdauer gemäss Art. 72 Abs. 3 KVG angerechnet werden: BGE 115 V 388 E. 5c gilt auch unter dem KVG. Art. 77 Abs. 3 OR ist analog anwendbar. Die Vereinbarung einer längeren Vorbehaltsdauer als fünf Jahre ist unzulässig.   12

Bilaterale Abkommen: Versicherungszeiten bei ausländischen Krankengeldversicherern sind nach Massgabe von Art. 9 Abs. 2 VO (EWG) Nr. 1408/71 (s.a. Art. 6 Abs. 2 VO [EWG] Nr. 574/72) auf die Vorbe-   13 haltszeit nach Art. 69 Abs. 2 KVG anrechenbar, sodass diese verkürzt werden oder entfallen kann. Die versicherte Person hat ihren Übertritt innerhalb von drei Monaten nach dem Ausscheiden aus der ausländischen Taggeldversicherung geltend zu machen (FZA Anhang II, zu Anhang VI zur VO [EWG] Nr. 1408/71 Ziff. 7).

V.   Bezeichnung und Mitteilung eines Vorbehalts (Abs. 3)

1.   Beginn und Ende eines Vorbehalts, Zeitpunkt der Mitteilung

14 Die versicherte Person muss ab Beginn des VersVerhältnisses zweifelsfrei wissen, wie es um ihre VersDeckung bestellt ist (RKUV 1991 K 854 11 E. 2; RKUV 1989 K 807 198 E. 2c). Fehlende Schriftlichkeit, ungenaue Bezeichnung des Vorbehalts sowie fehlerhafte Angaben zum Nachteil der versicherten Person zu Beginn und Ende der Vorbehaltsdauer sind irreparable Mängel. Sie machen den Vorbehalt unwirksam. Dieser ist spätestens im Zeitpunkt der Bestätigung der Aufnahme oder Höherversicherung mitzuteilen. Danach ist er nur noch in Falle einer Anzeigepflichtverletzung zulässig (BGE 110 V 308 E. 1). Der Vorbehaltsverzicht bei der Aufnahme führt – von dieser Ausnahme abgesehen – zur Verwirkung des Vorbehaltsrechts (9C_28/2007 E. 2.2; RKUV 1989 K 807 199; RSKV 1981 469 265 E. 1b). Das gilt auch, wenn die Mitteilung nicht gewollt, sondern aus Unachtsamkeit des KVers unterlassen worden ist (RKUV 1991 K 854 11; RSKV 1975 230 183 E. 2 f.; RSKV 1973 182 179).

15 Der KVers hat die rechtzeitige Eröffnung zu beweisen. Ein uneingeschriebener Brief reicht dafür im Bestreitungsfalle nicht (RKUV 1990 K 843 235 E. 2a). Vorbehalte sind erhebliche Anordnungen im Sinne von Art. 49 Abs. 1 ATSG (s.a. BGE 96 V 7; RKUV 1984 K 608 349 E. 3e) und daher verfügungsweise mit Rechtsmittelbelehrung (Art. 49 Abs. 3 ATSG) zu eröffnen, was indessen für die Rechtwirksamkeit des Vorbehalts kein formelles Erfordernis ist.

2.   Genaue Benennung eines Vorbehalts

Ihr Zweck ist es, die Gefahr einer Verwechslung mit einer anderen   16
Krankheit als der vorbehaltenen auszuschliessen. Die Verwendung
medizinischer Fachbegriffe ist nicht zwingend (BGE 116 V 239 E. 4b;
RKUV 1987 K 728 172 E. 4). Die blosse *Beschreibung von Symptomen*
reicht aber regelmässig nicht aus (RKUV 1992 K 889 58 E. 2a; Frage
in RKUV 1984 K 596 239 E. 2 bezüglich Dysmenorrhoe offen gelassen). Unzureichend sind *Sammel- oder generalisierende Diagnosen*, so
beispielsweise die Bezeichnungen «Herzleiden» (RSKV 1972 149 248),
«affection psychique» (RKUV 1991 K 879 257 E. 4), «affection psychi-
atrique, psychonévrotique» (RKUV 1989 K 815 S. 277 E. 2), «Erkrankung des Zentralnervensystems» (RSKV 1980 402 58) oder «Krankheiten des rheumatischen Formenkreises» (RSKV 1983 524 67 E. 2).
Ein Vorbehalt darf ferner nicht pauschal auf alle Leiden eines Organs
ausgedehnt werden und sich auch nicht auf den ganzen Körper erstre-
cken, wenn nur ein bestimmtes Organ von der Krankheit betroffen ist.
Die Bezeichnung «Arthrose» ist daher zu wenig genau, wenn lediglich
ein Organ davon berührt ist (RSKV 1974 190 27 E. 2).

Kasuistik zu geeigneten Bezeichnungen: RKUV 1992 K 889 58 (Hy-   17
perthyreose als Folge von Hashimoto-Thyreoiditis); RKUV 1986 K 678
220 (Alkoholsucht, chronischer Alkoholismus, wobei diese Termini die
Folgekrankheiten des Alkoholabusus nicht erfassen: RKUV 1994 K 948
252); RKUV 1991 K 856 21 (Drogensucht); BGE 116 V 239 E. 3, BGE
124 V 118 (HIV-Erkrankung mit Folgen); RKUV 1986 K 667 95 (Mammahypertrophie, siehe aber RSKV 1979 388 257 und VG LU Fall-Nr. S
91 352 29.10.1992); RKUV 1984 K 594 229, RSKV 1980 K 424 206
E. 4 (Hypertonie); RKUV 1989 K 825 405 (Krampfadern); RKUV 1987
K 728 172 E. 3 («crise psychogène chez un patient immature avec traits
hystériques et personnalité borderline»); RKUV 1997 K 984 119 (Depression; Praxisänderung zu RKUV 1992 K 889 58; keine Unterscheidung mehr zwischen vorbehaltsfähigen endogenen und nicht vorbehaltsfähigen reaktiven Depressionen).

Kasuistik zu ungeeigneten Bezeichnungen: BGE 106 V 170 E. 3 (Fieb-   18
rigkeit und Brechreiz, die sich später als Symptome einer Zytomegalie
herausstellten); RSKV 1972 149 248 (Herzleiden und Folgen); RSKV
1980 402 58 (Erkrankungen des Zentralnervensystems und zerebrale

Anfallskrankheit); RSKV 1974 190 27 E. 2 (Arthrose bzw. akute Mus-
kelschmerzen); RKUV 1991 K 879 257 (affection psychique); n.p.
EVG-Urteil vom 16.12.1988 (Suizidalität).

19 *Begleit- oder Verlaufserkrankungen:* Ein für eine genau bezeichnete
Krankheit angebrachter Vorbehalt erstreckt sich nicht auf deren Begleit-
oder Verlaufserkrankungen (RKUV 1984 K 596 239 E. 2). Zur Erfassung solcher Folgen als unzulässig erachtete Bezeichnungen: Diabetes
(RKUV 1987 K 722 111), Alkoholismus (RKUV 1994 K 948 252),
«Herzleiden und Folgen» (RSKV 1972 149 248), «Dysmenorrhoe und
Folgen» (RKUV 1984 K 596 239 E. 2), «Folgen des Drogenabusus»
(RKUV 1991 K 856 21 E. 4c; s.a. RKUV 1994 K 948 252 E. 2b). Wenn
typische Folgeerkrankungen bereits bekannt sind, hat sie der Versicherer
ausdrücklich unter Vorbehalt zu stellen (RKUV 1987 K 722 11 E. 2c;
s.a. RKUV 1994 K 948 252 E. 2b). Ausnahme bildet die Rechtspre-
chung zur HIV-Infektion (BGE 116 V 239 E. 3 und 4; BGE 124 V 118
E. 5 und 6 («HIV-Erkrankung und deren Folgen» ist bei positivem HIV-
Test eine zulässige Formulierung).

V.   Höherversicherung (Abs. 4)

20 Schon unter dem KUVG wurde die Höherversicherung gleich wie
ein Erstbeitritt behandelt (BGE 96 V 8 E. 1; vgl. a. altArt. 2 Abs. 2
VO III KUVG). Bei Höherversicherung dürfen für die den bisherigen
Leistungsumfang übersteigenden Leistungen Versicherungsvorbehalte
angebracht werden, die spätestens 5 Jahre nach Beginn der Höherversicherung dahinfallen (K 141/99 E. 1c/aa). Die Verkürzung der Wartefrist ist wie ein Neueintritt zu behandeln. Das KVG unterscheidet nicht
zwischen dem Neueintritt und dem Wiedereintritt nach einer früheren
Zugehörigkeit zur TgVers (K 119/00 E. 3=RKUV 2001 KV 163 184;
BGE 96 V 13 E. 6; EVGE 1969 S. 5 E. 3. Die Verweigerung einer Höherversicherung im Falle eines risikobehafteten Gesundheitszustandes
stellt keinen Verstoss gegen das Gegenseitigkeitsprinzip dar (RKUV
1984 K 590 192 E. 3).

Art. 70 Wechsel des Versicherers

[1] Der neue Versicherer darf keine neuen Vorbehalte anbringen, wenn die versicherte Person den Versicherer wechselt, weil:

    a. die Aufnahme oder die Beendigung ihres Arbeitsverhältnisses dies verlangt; oder

    b. sie aus dem Tätigkeitsbereich des bisherigen Versicherers ausscheidet; oder

    c. der bisherige Versicherer die soziale Krankenversicherung nicht mehr durchführt.

[2] Der neue Versicherer kann Vorbehalte des bisherigen Versicherers bis zum Ablauf der ursprünglichen Frist weiterführen.

[3] Der bisherige Versicherer sorgt dafür, dass die versicherte Person schriftlich über ihr Recht auf Freizügigkeit aufgeklärt wird. Unterlässt er dies, so bleibt der Versicherungsschutz bei ihm bestehen. Die versicherte Person hat ihr Recht auf Freizügigkeit innert drei Monaten nach Erhalt der Mitteilung geltend zu machen.

[4] Der neue Versicherer muss auf Verlangen der versicherten Person das Taggeld im bisherigen Umfang weiterversichern. Er kann dabei die beim bisherigen Versicherer bezogenen Taggelder auf die Dauer der Bezugsberechtigung nach Artikel 72 anrechnen.

Chronologie: AS 1995 1328; BBl 1992 I 93.

Bibliografie: Duc Jean-Louis, De l'assurance d'une indemnité journalière en cas de maladie et du droit de libre passage, in: AJP 1999 S. 919 ff.; Rauber Daniel Walter, Die Freizügigkeit nach KVG, Diss. Bern, 1985.

I. Einleitung

1 Art. 70 Abs. 1 lit. a bis c KVG regelt drei Tatbestände eines unfreiwilligen Untergangs des VersVerhältnisses. Zweck von Art. 70 KVG ist es, die Kontinuität des bisherigen VersSchutzes bei einem anderen KVG-Vers zu gewährleisten (BGE 126 V 490 E.3). Die Besitzstandswahrung bezieht sich auf die nach KVG garantierte VersDeckung, nicht auch auf die Prämien und allfällige administrative Durchführungsvorschriften. Das Zügerrecht nach Art. 70 KVG ist nicht anwendbar beim Wechsel von oder zu einer TgVers nach VVG (von KVG zu VVG: BGE 126 V 490 E. 3b; vgl. a. K 94/99 E. 5; K 142/01 E. 5.1=RKUV 2002 KV 229 458, 1986 K 659 30 E. 1, 1985 K 628 136 E. 2; von VVG zu KVG: BGE 106 V 170 E. 1, 98 V 225; RKUV 1988 K 755 13 E. 2). Die Wohnsitzverlegung ins Ausland schliesst das Zügerrecht aus (vgl. a. RKUV 1985 K 642 215 E. 5c und K 87/05 E. 2.3).

II. Versichererwechsel ohne neue Vorbehalte (Abs. 1)

1. Aufnahme oder Beendigung des Arbeitsverhältnisses (lit. a)

2 Muss eine Person in die Betriebskrankenkasse (Art. 68 Abs. 2 KVG) ihres neuen Arbeitgebers eintreten, darf diese keine neuen Vorbehalte anbringen (vgl. den Anwendungsfall BGE 126 V 490 E. 1b). Voraussetzung ist, dass sie bis zum Stellenantritt einer TgVers nach KVG angeschlossen war. Wenn eine Person aufgrund eines Stellenwechsels eine Betriebskrankenkasse verlassen muss und beim neuen Arbeitgeber eine TgVers nach KVG abschliessen kann oder muss, gilt das Verbot neuer VersVorbehalte ebenfalls. Gleiches gilt, wenn ein Kollektivvertrag nach KVG durch einen anderen Kollektivvertrag nach KVG bei einem neuen KVers unmittelbar abgelöst wird («Quasi-Zügerrecht»). Die KUVG-Rechtsprechung zum Quasi-Zügerrecht (BGE 103 V 137 E. 1; RKUV 1986 K 695 420, 1984 K 598 253 E. 2), wonach dieses gegenüber dem Recht auf Übertritt in die Einzelversicherung (Art. 71 Abs. 1 KVG) prioritär ist, bleibt weiterhin gültig (K 142/01 E. 4.2.2=RKUV 2002 KV 229

458). Überholt sind BGE 112 V 23 und RKUV 1987 K 746 297, weil das KVG keine Art. 8 Abs. 2 KUVG entsprechende Regelung kennt.

Bei einem arbeitsvertraglichen Beitrittszwang zu einer Betriebskranken-   3
kasse oder einer Kollektivversicherung nach KVG kann die versicherte Person den Austritt aus den bisherigen Versicherungen auf den Zeitpunkt des Inkrafttretens des neuen Kollektivvertrages oder des ordentlichen Versicherungsbeginns in der neu massgebenden Betriebskrankenkasse erklären, wenn die ordentliche Kündigungsfrist aufgrund der neuen arbeitsvertraglichen Bedingungen nicht eingehalten werden kann (zum alten Recht: RKUV 1988 766 182).

2.   Verlassen einer regional tätigen Krankenkasse (lit. b)

Das Verlassen des örtlichen Tätigkeitsgebiets eines regional tätigen   4
KVers (Art. 68 Abs. 1 KVG; Art. 4 Abs. 2 KVG) führt zum Erlöschen der TgVers nach KVG. Die versicherte Person kann jedoch ohne Risiko neuer Vorbehalte zu einem anderen KVG-Taggeldvers wechseln. Das Verlassen des Tätigkeitsgebiets einer regional tätigen Krankenkasse oder einer Betriebskrankenkasse führt zum Erlöschen des Versicherungsverhältnisses, wenn das Zügerrecht gemäss Art. 70 Abs. 1 KVG nach gehöriger Aufklärung (Art. 70 Abs. 3 KVG) nicht oder nicht rechtzeitig geltend gemacht wird.

3.   Aufgabe der Durchführung der sozialen KV (lit. c)

Der Untergang der Durchführungsbewilligung nach Art. 13 Abs. 3 KVG   5
lässt die individuellen VersVerhältnisse erlöschen (Art. 68 Abs. 3 KVG; s. Art. 13 Rz. 10). Die nach KVG taggeldversicherten Personen können jedoch ohne ein Risiko neuer VersVorbehalte zu einem anderen Taggeldversicherer nach KVG wechseln. Die Bewilligungsbehörde sorgt dafür, dass die Versicherten darüber aufgeklärt werden, und bemüht sich darum, neue Versicherer zu finden, welche den Gesamtbestand der Versicherten zu übernehmen bereit sind (Art. 13 Abs. 3 Satz 2 KVG).

III. Fortführung bestehender Versicherungsvorbehalte (Abs. 2)

6 Das Zügerrecht darf nicht zu einer besseren VersDeckung führen als sie die versPers beim bisherigen Versicherer hatte. Die Vorbehalte müssen die Voraussetzungen von Art. 69 Abs. 3 KVG erfüllen. Auf Höherversicherungen bleiben Vorbehalte möglich.

IV. Aufklärung durch den Versicherer (Abs. 3)

7 Die Rechtsprechung zu Art. 71 Abs. 2 Satz 1 KVG ist per analogiam anwendbar. Zur Auslösung der Aufklärungspflicht muss ein Beitritt zu einem anderen Versicherer nicht als aktuell erscheinen (K 142/01 E. 5.2=RKUV 2002 KV 229 458). Eine rechtsgenügliche Aufklärung erfordert den Hinweis darauf, dass das Zügerrecht nur gegenüber Taggeldversicherern nach KVG gegeben ist (Art. 27 Abs. 1 ATSG). Schriftform ist Gültigkeitsvoraussetzung. Der Versicherungsschutz beim bisherigen Versicherer bleibt bis zur rechtsgenüglichen Information über das Zügerrecht bestehen und tritt beim neuen Versicherer auf diesen Zeitpunkt in Kraft, wenn das Zügerrecht im Anschluss an die genannte Information noch fristgerecht geltend gemacht wird. Der Verlust des Zügerrechts zufolge unterbliebener Aufklärung kann zur Folge haben, dass der fehlbare KVers der verPers Prämiendifferenzen zu entschädigen hat (RKUV 1986 K 692 400).

V. Weiterversicherung des Taggelds im bisherigen Umfang (Abs. 4)

8 Der neue Versicherer ist auch dann verpflichtet, das Taggeld im bisherigen Umfang weiter zu versichern, wenn das bei ihm gemäss Reglement höchstversicherbare Taggeld niedriger ist (BGE 126 V 490 E. 3). Die Anrechnung der bezogenen Leistungen auf die Dauer der Bezugsberechtigung (Art. 70 Abs. 4 KVG) ist nach der hier vertretenen Auffassung auch ohne ausdrückliche vertragliche oder reglementarische Ermächtigung zulässig (zum alten Recht: K 52/02 E. 3.4=RKUV 2003

KV 236 17). Auf einen Höherversicherungsanteil und bei Verkürzung der Wartezeit (Art. 73 Abs. 2 KVG vorbehalten) sind die Regeln über die Neuaufnahme anwendbar.

Art. 71 Ausscheiden aus einer Kollektivversicherung

[1] **Scheidet eine versicherte Person aus der Kollektivversicherung aus, weil sie nicht mehr zu dem im Vertrag umschriebenen Kreis der Versicherten zählt oder weil der Vertrag aufgelöst wird, so hat sie das Recht, in die Einzelversicherung des Versicherers überzutreten. Soweit die versicherte Person in der Einzelversicherung nicht höhere Leistungen versichert, dürfen keine neuen Versicherungsvorbehalte angebracht werden; das im Kollektivvertrag massgebende Eintrittsalter ist beizubehalten.**

[2] **Der Versicherer hat dafür zu sorgen, dass die versicherte Person schriftlich über ihr Recht zum Übertritt in die Einzelversicherung aufgeklärt wird. Unterlässt er dies, so bleibt die versicherte Person in der Kollektivversicherung. Sie hat ihr Übertrittsrecht innert drei Monaten nach Erhalt der Mitteilung geltend zu machen.**

Chronologie: AS 1995 1328; BBl 1992 I 93.

Bibliografie: Europa Institut Zürich, Tagungsband, Krankentaggeldversicherung: Arbeits-und versicherungsrechtliche Aspekte, Hrsg. Adrian von Kaenel, Zürich et al. 2007 (zit. Tagungsband); EUGSTER GEBHARD, Vergleich der Krankentaggeldversicherung nach KVG und VVG, in Tagungsband, S. 47; MATTIG THOMAS, Freizügigkeit in der Krankentaggeldversicherung nach VVG, Tagungsband, S. 99; MÜLLER HANS-RUDOLF, Grundlagen der Krankentaggeldversicherung nach VVG, Tagungsband, S. 19; WEBER MAX, Die Kollektivversicherung bei anerkannten Krankenkassen, ZS 1968, S. 189 ff.; Von KAENEL ADRIAN, Verhältnis einer Krankentaggeldlösung zu Art. 324a OR, Tagungsband, S. 109; ZEHNDER KATRIN, Aufrechterhaltung des Versicherungsschutzes für Erwerbsausfall und Invalidität bei vorübergehender Unterbrechung der Erwerbstätigkeit, in: Collezione Assista: 30 anni/ans/Jahre Assista TCS SA, Genf 1998, S. 764 ff.

I. Übertritt in die Einzelversicherung (Abs. 1)

1. Übertrittsberechtigte, Übertrittserklärung, Besitzstandswahrung

1 Das Übertrittsrecht betrifft den Tatbestand, dass eine Person unfreiwillig aus einer Kollektivversicherung nach KVG ausscheiden muss (K 132/06 E.5.2; K 142/01 E. 4.2=RKUV 2002 KV 229 458). Der Übertritt sichert den Besitzstand mit Bezug auf die bisherige VersDeckung. Das in Art. 70 KVG Rz. 1 Gesagte gilt hier sinngemäss. Die Höhe der in der EinzelVers zu gewährenden Deckung bestimmt sich grundsätzlich nach der Höhe des Taggelds, das im Kollektivvertrag in dem Zeitpunkt versichert ist, in welchem das Recht zum Übertritt in die Einzelversicherung entsteht (RKUV 1988 K 774 271 E. 2c). Aus der EinzelVers bezogene Leistungen können unter der KollVers angerechnet werden (K 52/02 E. 3.4=RKUV 2003 KV 236 17).

2 Das Übertrittsrecht steht lediglich Kollektivversicherten zu (BGE 126 V 490 E. 1b) und kann auch von kranken und arbeitsunfähigen Personen geltend gemacht werden (K 87/05 E. 2.3; altrechtlich: BGE 99 V 65, 68 E. 2; RKUV 1994 K 932 65 E. 3; RSKV 1980 404 65 E. 4). Die Übertrittserklärung kann formlos geschehen, sofern nicht Schriftform vereinbart ist (altrechtlich: RKUV 1988 K 769 243 E. 5b, 1986 K 655 7 E. 2a). Die Annahme eines konkludenten Übertritts in Form der Einreichung eines Arztzeugnisses bzw. eines Leistungsbegehrens wurde in BGE 102 V 65 sowie RKUV 1988 K 769 243 und RKUV 1991 K 864 81 E. 3b abgelehnt, bejaht dagegen in BGE 101 V 141 aufgrund des Verhaltens der Krankenkasse; s.a. RSKV 1977 273 4 betr. Übertrittserklärung eines Bevormundeten mit stillschweigender Duldung durch den Vormund). Die Berufung auf eine fehlende Übertrittserklärung kann rechtsmissbräuchlich sein (RKUV 1986 K 655 E. 2d m.H.; s.a. RKUV 1986 K 661 38 m.H.). Die fehlende Unterschrift auf der Übertrittserklärung macht diese nicht in jedem Fall zu einer rechtsunwirk-

samen (RSKV 1972 141 180 E. 2). Die unterlassene oder nicht rechtzeitige Übertrittserklärung beendet das Versicherungsverhältnis, ebenso
Leistungsansprüche für einen laufenden Versicherungsfall oder für spätere Rückfälle (K 52/02=RKUV 2003 KV 236 17, 22 E. 3.4; K 132/06
E. 5.1). Zur sinngemässen Anwendbarkeit von Art. 73 KVG im Rahmen
der TgVers nach VVG siehe Art. 100 Abs. 1 VVG u. BGE 127 III 235
(Unzulässigkeit eines Gesundheitsvorbehalts in der Einzelversicherung
im Falle von Alkoholmissbrauch).

2.   Grenzgänger und Saisonniers

Wohnsitz in der Schweiz ist namentlich bei Grenzgängern (zum Begriff   3
nach dem FZA: BGE 135 II 128) und Saisonniers keine Voraussetzung
des Übertrittsrechts (K 87/05 E. 2.4; vgl. a. BGE 105 V 280 E. 2; RKUV
1991 K 864 81 E. 2b m.H.). Die Grenzgänger sind zum Übertritt berechtigt (EVGE 1968 S. 8), auch wenn die Grenzgängerbewilligung abläuft und krankheitshalber nicht erneuert wird (BGE 103 V 71 E. 4a;
K 21/98 E. 4b=RKUV 2000 KV 111 115; RKUV 1985 K 642 S. 215
E. 5c). Übertreten konnte auch ein Ausländer, der in der Schweiz ein Berufspraktikum absolvierte, ohne hier Wohnsitz zu haben (RKUV 1996
K 977 107). Das Übertrittsrecht erlischt, sobald die Erwerbstätigkeit in
der Schweiz aus krankheitsfremden Gründen endet (K 188/98 E. 2b/dd
=RKUV 2001 KV 147 40). K 96/02 E. 6.3 lässt die Frage offen, ob der
Einzelversicherungsschutz eines Grenzgängers, der die Erwerbstätigkeit
in der Schweiz aufgegeben oder die Arbeitsfähigkeit nach krankheitsbe-
dingtem Verlust des Grenzgängerstatus wieder erlangt hat, aufgehoben
werden darf.

Durch den Übertritt in die Einzelversicherung bleibt das Recht auf Ver-   4
sicherungsleistungen auf dem Gebiet der Schweiz gewahrt (RKUV 1987
K 741 266 E. 2; K 87/05 E. 2.3). In der Grenzzone wohnhafte einzelversicherte Grenzgänger (auch Saisonniers: RKUV 1987 K 741 266 E. 2)
haben die gleichen Taggeldansprüche wie Einzelversicherte mit Wohnsitz in der Schweiz. Bei Verlegung des Wohnsitzes von der Grenzzone
in das weiter entfernte Ausland fällt die Leistungspflicht dahin (BGE
105 V 280 E. 2; BGE 103 V 71 E. 4b; K 92/99 E. 3=RKUV 2001 KV
168 256).

5 Ein Saisonnier kann nach Beendigung der Saisonstelle in die EinzelVers übertreten (K 21/98 E. 3; EVGE 1968 S. 8 f.; RKUV 1987 Nr. K 741 S. 269 E. 2; vgl. a. BGE 103 V 71 E. 4b und RKUV 1996 Nr. K 977 107 E. 3c), nach RKUV 1988 Nr. K 755 13 E. 2c zumindest dann, wenn die Absicht besteht, im Folgejahr wieder eine Saisonstelle anzutreten. Ein während seines Aufenthalts in der Schweiz arbeitsunfähig gewordener Saisonnier hat keinen gesetzlichen Anspruch auf Taggelder, wenn er danach dauernd im nicht grenznahen Ausland lebt (K 92/99 E. 3=RKUV 2001 KV 168 256). Während einer Zwischensaison ohne Erwerb im In- oder Ausland besteht kein Taggeldanspruch (K 150/99 E. 1; RKUV 1994 K 932 65 E. 3). Die Klärung, wieweit die dargelegte Rechtsprechung zu den Grenzgängern und Saisonniers aufgrund der Regeln des freien Personenverkehrs gemäss FZA und EFTA-Abkommen zu revidieren sein wird, steht noch aus.

3. Fortführung bisheriger Versicherungsvorbehalte

6 Auch Vorbehalte, die aufgrund kollektivvertraglicher Abrede während der Dauer der KollVers nicht wirksam waren, können beim Übertritt in die EinzelVers weitergeführt werden, soweit die Frist nach Art. 69 Abs. 2 KVG noch nicht abgelaufen ist. Neue Vorbehalte sind für Erhöhungen der in der KollVers gedeckten Taggelder möglich, ebenso im Falle der Herabsetzung einer Wartefrist (Art. 72 Abs. 2 KVG vorbehalten).

4. Wechsel des Versicherers nach Vertragskündigung

7 Das Zügerrecht nach Art. 70 Abs. 1 KVG geht Art. 71 Abs. 1 KVG vor (siehe dort Art. 71 Rz. 2). Nach dem alten Recht musste der neue Kollektivversicherer alle Versicherten des bisherigen Kollektivvertrages übernehmen (Art. 12a Vo II KUVG in der Fassung gemäss Änderung vom 3. Dezember 1990). Das KVG und seine Nebenerlasse enthalten keine entsprechende Bestimmung.

8 *Freizügigkeitsabkommen unter Versicherern:* Die Mitglieder von santésuisse haben ein Reglement vom 14.11.2001 beschlossen, welches das Freizügigkeitsabkommen zwischen dem Schweiz. Versicherungsver-

band (SVV) und dem Dachverband der Schweizer Krankenversicherer (santésuisse) vom 19.2.2002/25.2.2002 (FZA-VVG; www.santesuisse. ch; *www.svv.ch*) im Verhältnis zwischen KVG-Taggeldversicherern als sinngemäss anwendbar erklärt. Das Reglement gilt für die santésuisse angeschlossenen KVers. Das FZA-VVG regelt den Übertritt einer einzelnen versicherten Person von einer Kollektivtaggeldversicherung in eine andere und den Übergang von Versichertenbeständen von einem Kollektivversicherer zu einem anderen. Dieses Abkommen wurde per 31.12.2006 gekündigt und durch ein ab 1.1.2007 in Kraft stehendes neues Abkommen abgelöst.

Einstufung nach Eintrittsaltersgruppen: Werden die Prämien in der Ein- 9 zelversicherung nach Eintrittsaltersgruppen abgestuft (Art. 76 Abs. 3 KVG), so sind die übertretenden Versicherten in die in der KollVers massgebend gewesene Eintrittsalterseinstufung einzuteilen. Voraussetzung ist, dass die Prämien in der KollVers nach dem Eintrittsalter abgestuft werden und dass das auch in der EinzelVers vorgesehen ist.

II.   Aufklärung über das Übertrittsrecht (Abs. 2)

Die Aufklärungspflicht besteht unabhängig vom Grund des Aus- 10 scheidens aus der KollVers (RKUV 1985 K 628 136) und auch dann, wenn ein Übertritt in die EinzelVers im Zeitpunkt des Ausscheidens aus der KollVers nicht aktuell erscheint (RSKV 1978 340 215 E. 2b; K 142/01=RKUV 2002 KV 229 458 E. 5.2). Die Aushändigung des VersAusweises und der VersBedingungen reicht nicht aus (RSKV 1978 340 219 E. 2a). Das Schriftlichkeitsgebot kodifiziert die Gerichtspraxis zum alten Recht (Art. 12 Vo II KUVG; BGE 100 V 135). Schriftform ist Gültigkeitsvoraussetzung. Die Berufung auf nicht eingehaltene Schriftlichkeit oder unterlassene Aufklärung kann jedoch missbräuchlich sein (K 132/06 E. 5.2; BGE 101 V 139; BGE 101 V 141 E. 1; RKUV 1984 K 598 253, 1985 K 628 136 E. 1; RSKV 1980 404 65 E. 2).

Der Zeitpunkt der Aufklärungsmitteilung durch den KollVersicherer be- 11 stimmt den Zeitpunkt der Beendigung des Versicherungsschutzes in der KollVers und im Falle fristgerechter Übertrittserklärung den Beginn des VersSchutzes in der EinzelVers (anders nach der Doktrin beim Taggeld nach VVG; Müller, Grundlagen, S. 40). Kann die versicherte Person den Übertritt in die EinzelVers nicht innert drei Monaten seit Beendigung ihres Arbeitsvertrages geltend machen, ist ein rückwirkender Beitritt in die EinzelVers auf diesen Zeitpunkt nicht möglich (K 142/01=RKUV 2002 KV 229 458 E. 5.2; anders unter dem alten Recht: Art. 11 Abs. 2 Vo II KUVG; RKUV 1984 K 602 343, 1985 K 628 136 E. 1 m.H., 1989 K 797 99 E. 4b). Bei Krankheit ist zu beachten, dass sich die Zugehörigkeit zur KollVers aufgrund der Sperrfrist von Art. 336c Abs. 1 lit. b und Abs. 2 OR verlängern kann (vgl. BGE 102 V 65 E. 2; RKUV 1993 K 906 10).

Art. 72 Leistungen

[1] **Der Versicherer vereinbart mit dem Versicherungsnehmer das versicherte Taggeld. Sie können die Deckung auf Krankheit und Mutterschaft beschränken.**

[2] **Der Taggeldanspruch entsteht, wenn die versicherte Person mindestens zur Hälfte arbeitsunfähig (Art. 6 ATSG) ist. Ist nichts anderes vereinbart, so entsteht der Anspruch am dritten Tag nach der Erkrankung. Der Leistungsbeginn kann gegen eine entsprechende Herabsetzung der Prämie aufgeschoben werden. Wird für den Anspruch auf Taggeld eine Wartefrist vereinbart, während welcher der Arbeitgeber zur Lohnfortzahlung verpflichtet ist, so kann die Mindestbezugsdauer des Taggeldes um diese Frist verkürzt werden.**

[3] **Das Taggeld ist für eine oder mehrere Erkrankungen während mindestens 720 Tagen innerhalb von 900 Tagen zu leisten. Artikel 67 ATSG ist nicht anwendbar.**

[4] **Bei teilweiser Arbeitsunfähigkeit wird ein entsprechend gekürztes Taggeld während der in Absatz 3 vorgesehenen Dauer geleistet. Der Versicherungsschutz für die restliche Arbeitsfähigkeit bleibt erhalten.**

[5] **Bei Kürzung des Taggeldes infolge Überentschädigung nach Artikel 78 dieses Gesetzes und Artikel 69 ATSG hat die arbeitsunfähige versicherte Person Anspruch auf den Gegenwert von 720 vollen Taggeldern. Die Fristen für den Bezug des Taggeldes verlängern sich entsprechend der Kürzung.**

[6] **Artikel 19 Absatz 2 ATSG kommt nur zur Anwendung, wenn der Arbeitgeber die Taggeldversicherung mitfinanziert hat. Vorbehalten bleiben andere vertragliche Abreden.**

Chronologie: AS 1995 1328; BBl 1992 I 93. *Abs. 2, 3, 5 und 6:* Fassung gemäss Anhang Ziff. 11 des ATSG vom 6. Okt. 2000, in Kraft seit 1. Jan. 2003 (AS 2002 3371; SR 830.1).

Bibliografie: Duc Jean-Louis, De l'assurance d'une indemnité journalière en cas de maladie, in : AJP 1999 S. 919ff.; Duc Jean-Louis, Les atteintes aux facultés visuelles, la LAMal et la jurisprudence du Tribunal fédéral des assurances, in: SZS 2004, S. 39 ff.; Eugster Gebhard, Zum Leistungsrecht der Taggeldversicherung nach KVG, in: LAMal–KVG, S. 495–566; Kieser ATSG-Kommentar*, Art. 6; Kieser Ueli, Die Stellung der Nichterwerbstätigen in der freiwilligen Taggeldversicherung (Art. 67 ff. KVG), in: LAMal–KVG, S. 585 ff.; Lindenmann Rolf, AHV-Beitragspflicht auf Taggeldern der Kranken- und Unfallversicherung: weshalb unterliegen Taggelder der Kranken- und Unfallversicherung nicht der Beitragspflicht?, in: ASS, 2006 Nr. 6 S. 6–8; Von Kaenel Adrian, Verhältnis einer Krankentaggeldlösung zu Art. 324a OR, Tagungsband (bibl. Angaben unter Art. 71), S. 109; Wicki Ann-Karin, Rolle der Krankentaggeldversicherer bei Wiedereingliederung, in: CHSS 2004, S. 308 ff.

Übersicht

I. Versicherte Risiken und Höhe des Taggelds (Abs. 1)

1. Versicherte Risiken

1 Der Erwerbsausfall bei Krankheit (Art. 72 Abs. 2 KVG) und bei Mutterschaft (Art. 74 KVG) sind nicht getrennt versicherbar. Das Unfallrisiko ist subsidiär (Art. 1a Abs. 2 lit. b KVG) inbegriffen, soweit es vertraglich nicht ausdrücklich ausgeschlossen wird (Art. 72 Abs. 1 KVG), kann aber auch komplementär zur obligatorischen oder einer anderweitigen UV gedeckt sein. Die Taggeldversicherer dürfen reglementarisch nicht limitierend in das gesetzlich normierte Leistungsrecht eingreifen (BGE 130 V 546 E. 4.4). Der vertragliche Ausschluss bestimmter Einzelrisiken (Krankheiten, Gefahrensituationen usw.) ist nicht erlaubt.

2. Höhe des versicherbaren und des versicherten Taggeldes

2 Die Höhe des versicherten Taggeldes beruht auf Vereinbarung (Art. 72 Abs. 1 KVG). Der Versicherer ist nicht zur Gewährung einer bedarfsgerechten Deckung verpflichtet. (BGE 126 V 490 E. 2b; BGE 126 V 499 E. 2b; so schon altrechtlich: RKUV 1991 K 868 123). Hinsichtlich der zu gewährenden Taggeldhöhe steht ihm grundsätzlich die volle Freiheit zu. Die Praxis erlaubt ihm, das höchstversicherbare Taggeld generell auf minimale Ansätze zu begrenzen (BGE 126 V 490 E. 2, BGE 126 V 499 E. 2a m.H. auf die Kritik der Doktrin; s.a. Duc, AJP 1999 S. 919; Ders. SZS 2003 S. 131 ff.). Zu beachten bleibt das Gebot rechtsgleicher Behandlung (Art. 109 KVV; so schon BGE 114 V 274 E. 4c). Der Versicherer darf die Höhe des Taggeldes nicht – beispielsweise wegen Überversicherung – ohne Zustimmung der versicherten Person herabsetzen (K 14/00 E. 3a=RKUV 2000 KV 137 352, Urteilsbespr. Frésard, SZS 2001 S. 98; RKUV 2000 KV 137 352, 354; altrechtlich: BGE 111 V 329 E. 2b; RKUV 1991 K 878 255). Dagegen können die Parteien vereinbaren, die Deckung auf den Zeitpunkt des Eintritts ins AHV-Alter zu reduzieren (BGE 124 V 201 E. 4d; eine Verkürzung der gesetzlichen Leistungsdauer ist dagegen nicht zulässig: K 42/01 E. 3=RKUV 2001 KV 176 307).

II. Eintritt des Versicherungsfalls und Leistungsbeginn (Abs. 2)

1. Anspruchsauslösender Arbeitsunfähigkeitsgrad

Abs. 2 bezieht sich nur auf Personen, die eine Erwerbstätigkeit ausüben   7
(K 48/06 E. 2.1). Anders als unter dem alten Recht (Art. 12bis Abs. 1
KUVG; RSKV 1971 111 225, 1983 533 113) begründet gesetzlich und
zwingend bereits hälftige Arbeitsunfähigkeit einen Taggeldanspruch.
Dieser kann vertraglich allerdings schon bei einem tieferen Grad
einsetzen (vgl. a. Art. 73 Abs. 1 KVG; 9C_74/2007 E. 3.1; K 42/05
E. 1.1=RKUV 2005 KV 342 356; K 6/02 E. 2c).

2. Begriff der Arbeitsunfähigkeit

Bibliografie: Murer Erwin (Hrsg), Nicht objektivierbare Gesundheitsbeein-
trächtigungen: Ein Grundproblem des öffentlichen und privaten Versicherungs-
rechts sowie des Haftpflichtrechts, Freiburger Sozialrechtstage 2006, Bern 2006;
Riemer-Kafka Gabriela (Hrsg.), Case Management und Arbeitsunfähigkeit,
Luzerner Beiträge zur Rechtswissenschaft, Bd. 13 Zürich et al. 2006 (hiernach:
Case Management); Schaffhauser René/Schlauri Franz (Hrsg.), Medizin und
Sozialversicherung im Gespräch, Schriftenreihe IRP-HSG Bd. 35, St. Gallen
2006 (hiernach: *Medizin und Sozialversicherung*); dies., Schmerz und Arbeitsunfähigkeit, Schriftenreihe IRP-HSG Bd. 23, St. Gallen 2003 (hiernach: *Schmerz
und Arbeitsunfähigkeit*); Brunner Andreas, Arbeitsunfähigkeit und Schaden-
minderungspflicht – Zumutbarkeit der Verweisungstätigkeit, in: Case Management und Arbeitsunfähigkeit, Zürich 2006, S. 77 ff.; Jeger Jörg, Somatoforme
Schmerzstörung und Arbeitsunfähigkeit, in Medizin und Sozialversicherung,
S. 155 ff.; Mayer Christfried-Ulrich, Schmerz und Arbeitsunfähigkeit, S. 85 ff.
(systematische Darstellung des Arbeitsunfähigkeitsbegriffs); Meyer Ulrich,
Der Rechtsbegriff der Arbeitsunfähigkeit, in: Schmerz und Arbeitsunfähigkeit,
S. 27 ff.; Meyer Ulrich, Die Rechtsprechung zur Arbeitsunfähigkeitsschätzung,
in Medizin und Sozialversicherung, S. 211 ff.; Murer Erwin, Grenzen von Recht
und Medizin bei der Aufklärung der Arbeitsunfähigkeit, in: Riemer-Kafka Gabriela (Hrsg.), Case Management, S. 49; Rüedi Rudolf, Arbeits- und Erwerbsun-
fähigkeit aus der Sicht des EVG, in: ZAK 1980, S. 156 ff.; Saurer Andreas/Da-
voine Georges-André/Godinat Gilles/Petite Dominique, Crise socio-économique
et évaluation de l'incapacité de travail, SZS 2000 S. 1 ff.; Schuler Constantin,
Ärztliche Beurteilung der Arbeitsfähigkeit, in: ZAK 1991, S. 46 ff.; Riemer-

KAFKA GABRIELA, Arbeitsunfähigkeit – hat man nun den Begriff im Griff?, in: SZS 2004, S. 108 ff. Weitere und umfassende Literaturangaben bei KIESER UELI, Schweizerisches Sozialversicherungsrecht, Zürich 2008, S. 162 ff.

8   Arbeitsunfähigkeit ist ein eigenständiges Element der Krankheitsdefinition (KIESER, ATSG-Kommentar*, Art. 3 Rz. 17) und stellt in der sozialen KV die leistungsrechtliche Komponente des für die freiwillige Taggeldversicherung massgebenden Krankheitsbegriffs dar. Ob Arbeitsunfähigkeit vorliegt, ist Tatfrage (KIESER, ATSG-Kommentar*, Art. 3 Rz. 18). Arbeitsunfähigkeit ist die durch eine Gesundheitsschädigung bedingte Unfähigkeit, im bisherigen Beruf oder Tätigkeitsbereich zumutbare Arbeit zu verrichten (Art. 6 ATSG). Sie bedeutet Einbusse an funktionellem Leistungsvermögen (K 42/05 E. 1.3=RKUV 2005 KV 342 356; K 20/02 E. 2a; BGE 114 V 281 E. 1.c). Als arbeitsunfähig gilt eine Person, die infolge eines Gesundheitsschadens ihre bisherige Tätigkeit nicht mehr, nur noch beschränkt oder nur unter der Gefahr, ihren Gesundheitszustand zu verschlimmern, ausüben kann (BGE 130 V 343 E. 3, BGE 128 V 149 E. 2a, BGE 129 V 51 E. 1.1; 9C_546/2007 E. 3.3). Die KUVG-Praxis ist weiterhin anwendbar: 9C_74/2007 E. 3.2; RKUV 1998 KV 45 430; s.a. BGE 114 V 281 E. 1c, BGE 101 V 144 E. 2b; RKUV 1987 K 720 105 E. 2; RSKV 1983 553 240 E. 1, 1982 482 74, 1982 504 198 u.a.m.). Das ATSG hat daran nichts Grundlegendes geändert (BGE 130 V 343 E. 3.1.1). Für die KV ist nicht geklärt, wie die Arbeitsunfähigkeit einer Person zu bemessen ist, die im Zeitpunkt der Erkrankung arbeitslos ist (zum UVG: U 301/02=RKUV 2004 U 501 179). Der Bezug von Arbeitslosentaggeldern lässt zwar vermuten, dass die versPers während dieser Zeit arbeitsfähig war; Ausnahmen sind aber möglich (RKUV 1987 K 742 272 E. 2b). Die prospektive Festsetzung der Arbeitsfähigkeit ist zulässig. Die Prognose ist jedoch einer Überprüfung ex post zugänglich (U 3/04=RKUV 2005 U 560 398). KVers und Richter sollen nicht ohne hinreichenden Grund von einer ärztlichen Beurteilung der Arbeitsunfähigkeit abweichen (RSKV 1983 558 265). Bei Teilzeitarbeit ist der Grad der Arbeitsunfähigkeit aufgrund des vor dem Unfall zuletzt ausgeübten Pensums zu berechnen; es erfolgt keine Umrechnung auf ein 100%-Pensum (BGE 135 V 287 E. 4).

9   Bei nichterwerbstätigen Personen ist anhand eines Betätigungsvergleichs die krankheitsbedingte Behinderung im bisherigen Aufgabenbereich festzustellen (K 48/06 E. 2.1; K 48/06 E. 2.1 f.; K 42/05 E. 1.3=RKUV

2005 KV 342 356; altrechtlich s. RSKV 1975 211 43. Nicht massgebend ist die bloss medizinisch-theoretische Schätzung der Arbeitsunfähigkeit (9C_546/2007 E. 3.3; K 42/05 E. 1.3=RKUV 2005 KV 342 356; BGE 114 V 281 E. 1c; BGE 111 V 235, 239 E. 1b; RKUV 1987 K 720 105 E. 2; vgl. a. 9C_74/2007 E. 5.1). Eine medizinisch-theoretische Rest-arbeitsfähigkeit kann sozialpraktisch nicht verwertbar sein und diesfalls einen Taggeldanspruch begründen (RSKV 1982 482 74). Ist die TgVers auf Krankheit beschränkt und zeigt sich, dass eine Arbeitsunfähigkeit teilweise auf Unfall, teilweise auf Krankheit zurückgeht, so ist ein Krankentaggeld nur in dem Ausmass geschuldet, als die Arbeitsunfä-higkeit auf Krankheit beruht (9C_537/2007 E. 2.1). S.a. Art. 36 Abs. 1 UVG (Zusammentreffen verschiedener Schadensursachen).

Eine somatoforme Schmerzstörung vermag in der Regel keine länger 10 dauernde Arbeitsunfähigkeit zu begründen; vielmehr besteht die Vermu-tung, dass somatoforme Schmerzstörungen oder ihre Folgen mit einer zumutbaren Willensanstrengung überwindbar sind (BGE 130 V 352; BGE 131 V 49 E. 1.2; BGE 132 V 65, 70 E. 4.2.1; Kieser, ATSG-Kom-mentar*, Art. 3 Rz. 19). Diese Praxis gilt auch in der TgVers (K 110/06 E. 3.2.2) und auch bezüglich Fibromyalgie (BGE 132 V 65).

Abgrenzung zur Invalidität: Die Begriffe der Invalidität (Art. 8 ATSG) 11 und der Arbeitsunfähigkeit decken sich nicht (BGE 114 V 281 E. 4b m.H.), weshalb die Invaliditätsbemessung anderer Sozialversicherer den Taggeldversicherer nicht bindet (9C_74/2007 E. 5.1; K 85/02 E. 5.2; BGE 114 V 290 E. 6; siehe aber auch 9C_108/2008 E. 4.2). Wo der fest-gestellte Invaliditätsgrad deutlich höher ist als der bescheinigte Arbeits-unfähigkeitsgrad, sind jedoch Abklärungen geboten (RKUV 1986 K 696 423 E. 2b). Schwierige Vermittelbarkeit begründet keine Arbeitsunfä-higkeit (9C_74/2007 E. 5.1; K 9/06 E. 5.2; K 224/05 E. 4.3; BGE 129 V 460 E. 4.3; BGE 114 V 281 E. 5b; RKUV 1989 K 812 255; K 64/05 E. 4.1=RKUV 2006 KV 380 341).

3. Länger dauernde Arbeitsunfähigkeit
   (Art. 6 Satz 2 ATSG)

Der Grad der Arbeitsunfähigkeit ist mit Bezug auf den bisherigen Beruf 12 festzusetzen, solange von der versicherten Person nicht verlangt werden kann, ihre Restarbeitsfähigkeit in einem anderen Berufszweig zu verwerten (Schadenminderungspflicht; BGE 129 V 460 E. 4.2; BGE 114 V 281 E. 1d; 9C_74/2007 E. 3.2; K 224/05 E. 3.1.2 mit Hinweisen auf die Gründe, die diese Praxis rechtfertigen). Für den Berufswechsel ist eine Übergangszeit von drei bis fünf Monaten ab Fristansetzung zu gewähren, während welcher der Taggeldanspruch aufrechterhalten bleibt (BGE 129 V 460 E. 4.3; 9C_546/2007 E. 3.4; BGE 114 V 281 E. 5b; BGE 111 V 235 E. 2a; RKUV 1987 K 720 105 E. 3; RKUV 2000 KV 112 122 E. 3; K 42/05 E. 1.3=RKUV 2005 KV 342 356). Diese Praxis gilt nur für in ihrem bisherigen Tätigkeitsbereich dauernd arbeitsunfähige Versicherte, welche zur Schadenminderungspflicht einen Berufswechsel vorzunehmen haben. Besteht keine vollständige Arbeitsunfähigkeit im bisherigen Tätigkeitsbereich oder eine grössere als in einer leidensangepassten Arbeit, bleibt kein Raum für die Anwendung der Übergangszeitpraxis (K 9/06 E. 5.2; K 224/05 E. 3.1.2). Das Gleiche gilt, wenn sich die verPers über lange Zeit trotz Zumutbarkeit nicht um die Verwertung der Restarbeitsfähigkeit bemüht hat (9C_332/2007 E. 5).

13 Die Schadenminderungspflicht besteht unabhängig davon, ob noch ein Arbeitsverhältnis existiert, und losgelöst davon, ob die versPers arbeitsvertraglich verpflichtet ist, den Beruf zu wechseln (9C_595/2008 E. 4.1). Die Übergangszeit darf nicht verkürzt werden, wenn die versicherte Person in keinem Arbeitsverhältnis mehr steht (K 64/05 E. 4.1 und 4.4=RKUV 2006 KV 380 341). Bei der Bemessung ihrer Dauer ist schwieriger Vermittelbarkeit Rechnung zu tragen (K 64/05 E. 4.1=RKUV 2006 KV 380 341). Zumutbarkeit und Realisierbarkeit eines Berufswechsels sind von Amtes wegen abzuklären (K 138/99 E. 2b). Der Versicherer hat die versicherte Person zum Berufswechsel aufzufordern (9C_546/2007 E. 3.4 und E. 7.2; K 14/99=RKUV 2000 KV 112 122 E. 3a; vgl. a. BGE 127 III 106, 5C.74/2002 E. 3a; beachte ferner Art. 21 Abs. 4 ATSG).

14 Nach Ablauf der Übergangszeit hängt der TG-Anspruch von der Höhe des Restschadens ab bzw. von der Differenz zwischen dem, was die versicherte Person ohne Krankheit in ihrem bisherigen Beruf verdienen könnte, und dem Einkommen, das sie zumutbarerweise im neuen Beruf erzielt oder erzielen könnte. Verbleibt ein krankheitsbedingter Erwerbsausfall, der im bisherigen Beruf des Versicherten anspruchsbegründender Arbeitsunfähigkeit entspräche, so ist die TgVers dafür

grundsätzlich weiterhin vergütungspflichtig (BGE 129 V 460 E. 4.2; BGE 114 V 281 E. 3c f.; K 149/00 E. 3a). Dabei ist zu beachten, ob und wie weit der Erwerbsausfall noch als Folge von Krankheit oder aber bereits als Ausdruck von Arbeitslosigkeit anzusehen ist. Dem Faktor einer schwierigen Vermittelbarkeit ist bei der Ermittlung des zumutbaren Verdienstes Rechnung zu tragen. K 224/05 E. 4.3.

4. Aufgeschobener Leistungsbeginn (Wartefrist)

Art. 72 Abs. 2 Satz 2 KVG ist als Karenzfrist von zwei Tagen Arbeits-   15
unfähigkeit zu verstehen. Die Vereinbarung eines früheren Leistungsbeginns ist möglich. Die Abrede einer Wartefrist nach Art. 72 Abs. 2 Satz 3 KVG dient der Prämienlastverminderung und bei Unselbständigerwerbenden der Koordination mit der Lohnfortzahlungspflicht nach Art. 324a OR. Die Wartefrist beginnt grundsätzlich im selben Zeitpunkt wie die Lohnfortzahlung wegen gesundheitlich bedingter ganzer oder teilweiser Arbeitsunfähigkeit (K 58/05 E. 6.2.2=SVR 2008 KV Nr. 6). Der KVers darf nicht verlangen, dass während der Wartezeit vollständige Arbeitsunfähigkeit gegeben sein müsse (RSKV 1983 554 243; altrechtlich) oder dass Leistungsanspruch erst nach einer bestimmten Periode tatsächlicher Arbeit beim Versicherungsnehmer entstehe (altrechtlich: RKUV 1986 K 693 410 E. 3).

Aufgeschoben wird nicht der TG-Anspruch, sondern der Leistungs-   16
beginn; die Wartefrist setzt mit der Entstehung des Taggeldanspruchs ein (BGE 124 V 368 E. 2a, Urteilsbespr. Pfiffner Rauber, AJP 1999 S. 483). Nicht geklärt ist, ob die Aufschubszeit bei wiederholter Erkrankung diagnoseunabhängig von Gesetzes wegen mit jeder Arbeitsunfähigkeitsperiode neu beginnt. Entsprechende altrechtliche Reglementsbestimmungen galten als gesetzeskonform (RKUV 1985 K 641 211). Die Vertragsordnung sollte die Koordination mit Art. 324a OR anstreben (RSKV 1979 354 30; altrechtliche Verwaltungspraxis: RSKV 1978, S. 71). Die Anrechenbarkeit der Wartezeit auf die Mindestbezugsdauer nach Art. 72 Abs. 3 Satz 4 KVG erfordert eine entsprechende Vertragsbestimmung (zur altrechtlichen Ordnung: BGE 113 V 212 E. 3c und E. 4; RSKV 1983 539 143). Die Wartezeit kann gemäss K 58/05 E. 6.2.2 nur solange und soweit an den TG-Anspruch angerechnet werden, als

der Arbeitgeber nach Zivilrecht oder öffentlichem Recht zur Lohnfortzahlung im Krankheitsfalle verpflichtet ist (Art. 324a und 342 Abs. 1 lit. a OR). Nicht geklärt ist, ob die Anrechenbarkeit vertraglich auch bei Selbständigerwerbenden vorgesehen werden kann.

5. Geltendmachung des Leistungsanspruchs und Meldung der Arbeitsunfähigkeit

17 Der TG-Anspruch ist beim Versicherer anzumelden, was mittels Formular zu geschehen hat, wo ein solches zur Verfügung gestellt wird (Art. 29 ATSG; K 181/04 E. 2.2=RKUV 2006 KV 368 226). Die Reglemente können vorschreiben, dass Leistungen bis zum Zeitpunkt der Meldung der Arbeitsunfähigkeit verweigert werden, wenn die rechtzeitige Anzeige nach den Umständen verlangt werden konnte (BGE 129 V 51 E. 1.2; BGE 127 V 154 E. 4; K 181/04 E. 2.2=RKUV 2006 KV 368 226). Eine Vertragsbestimmung, welche bei unverschuldet unterbliebener Meldung die Leistungen auf ein halbes Jahr vor dem Meldetag beschränkt, ist zulässig (BGE 129 V 51 E. 3.3 ff.; krit. SVBR-Eugster* Rz. 1141). Legen die Reglemente nur eine Sanktion fest, die als solche als verhältnismässig gelten kann, so spielt der Grundsatz der Verhältnismässigkeit im Einzelfall keine Rolle. Anders dagegen, wenn das Reglement variable Sanktionen vorsieht (BGE 104 V 9 E. 2; RSKV 1978 336 18e3 E. 2; RKUV 1990 829 6 E. 3c). Keine Voraussetzung dafür bildet, dass dem Versicherer aus der Verspätung ein Schaden erwachsen ist (BGE 129 V 51 E. 4.3 m.H.). Ebenso ist eine vorgängige Mahnung, die Meldevorschriften einzuhalten, nicht erforderlich (BGE 99 V 129 E. 1). Notwendig ist dagegen, dass der KVers der verPers die reglementarischen Bestimmungen über die Meldepflicht rechtzeitig bekannt gegeben hat (BGE 129 V 51 E. 2.2; K 70/01 E. 3=SVR 2002 Nr. 18). Sanktionen sind (unter Vorbehalt längerer strafrechtlicher Verjährungsfristen) innerhalb eines Jahres seit dem Tag zu verhängen, an dem die Kasse vom Fehlverhalten der versPers Kenntnis erhielt oder hätte Kenntnis nehmen sollen (BGE 99 V 129 E. 4). Bei entschuldbarer Verspätung sind Sanktionen nicht zulässig (BGE 129 V 51 E. 3.2; BGE 127 V 154 E. 4a; K 181/04 E. 2.2=RKUV 2006 KV 368 226).

Zweck der Meldepflichten ist, dass die TgVers ihre Kontrollfunktion   18
rechtzeitig wahrnehmen können (BGE 129 V 51 E. 3.2; K 181/04
E. 2.2=RKUV 2006 KV 368 226; K 70/01 E. 3b; s.a. BGE 98 V 155
E. 3, BGE 99 V 129 E. 1; RKUV 1987 K 738 251 E. 2b). Die Arbeitsunfähigkeit kann auch telefonisch gemeldet werden, wenn die Reglemente
keine besondere Mitteilungsform vorschreiben (RSKV 1970 71 139).
Die versicherte Person hat sich eine vom Arzt versehentlich unterlassene Meldung anrechnen zu lassen (BGE 104 V 9 E. 1 in fine; RKUV
1990 K 829 3 E. 2b und E 3, 1987 K 738 251). Die Meldung an eine
beteiligte Privatversicherung statt an den leistungszuständigen KVers
ist unzureichend (BGE 97 V 70 E. 2a; BGE 96 V 8 E. 2; EVGE 1967
S. 131), ebenso ein Kostengutsprachegesuch des Spitals (RKUV 1973
171 98 E. 4).

Für Unfälle, die nicht beim UVG-Versicherer oder bei der MV gemeldet   19
sind, besteht eine bundesrechtliche Anzeigepflicht (Art. 111 KVV). Die
Reglemente der KVers können die Taggeldausrichtung von der Anmeldung des Falles beim UVG-Versicherer, bei der MV oder der IV abhängig machen (K 73/05 E. 5.1=RKUV 2006 KV 353 12; s.a. Art. 70
Abs. 3 ATSG; altrechtlich: altArt. 17 Abs. 3 VO III KUVG; RKUV 1992
K 897 141 m.H.). Eine mit der Nichtanmeldung verbundene Sanktion
muss verhältnismässig sein (K 73/05 E. 5.2=RKUV 2006 KV 353 12).

6.   Abklärung des Leistungsanspruchs (Abs. 6)

Der KVers hat dafür Sorge zu tragen, dass nur Leistungen zur Ausrich-   20
tung gelangen, auf die die versPers tatsächlich Anspruch hat (K 74/02
E. 2.2=RKUV 2004 KV 284 236). Aufgabe des Arztes ist es, den Gesundheitszustand zu beurteilen und dazu Stellung zu nehmen, in welchem Umfang und bezüglich welcher Tätigkeiten die versPers arbeitsunfähig ist. Im Weiteren sind die ärztlichen Auskünfte eine wichtige
Grundlage für die Beurteilung der Frage, welche Arbeitsleistungen der
Person noch zugemutet werden können (BGE 125 V 261 E. 4 m.H.).
Arbeitsunfähigkeit muss im Grade überwiegender Wahrscheinlichkeit
bewiesen sein, was in der Regel ein ärztliches Attest erfordert und von
Amtes wegen abzuklären ist (Art. 43 Abs. 1 ATSG). In seinem Aufgabenbereich kann auch ein Chiropraktor beweiskräftig bescheinigen (altrechtlich: RSKV 1975 210 28).

21   Im Rahmen der freien Beweiswürdigung ist es grundsätzlich zulässig, dass der KVers den Entscheid allein auf versicherungsinterne Entscheidungsgrundlagen stützt. An die Unparteilichkeit und Zuverlässigkeit solcher Grundlagen sind jedoch strenge Anforderungen zu stellen (BGE 122 V 157). Der Versicherer kann versicherungsexterne Gutachter beiziehen, wobei dessen Wahl in seinem pflichtgemässen Ermessen liegt. Dem Versicherten steht grundsätzlich kein Wahlrecht zu (K 74/02=RKUV 2004 KV 284 236 E. 2.2, RKUV 1989 K 820 333 E. 1b, RKUV 1985 K 646 235 E. 4; vgl. nunmehr auch Art. 44 ATSG). Die Weigerung, sich einer Begutachtung oder einer vertrauensärztlichen Überprüfung zu unterziehen, kann sanktionsweise ein vorläufiger Entzug oder eine verhältnismässige Kürzung der Leistungen zur Folge haben (K 74/02=RKUV 2004 KV 284 236 E. 2.3 f. und E. 3, RKUV 1989 K 820 333; vgl. a. Art. 43 Abs. 3 ATSG und RSKV 1980 406 83 E. 2a). Unklar ist, ob die Weiterleitung des medizinischen Dossiers durch den Vertrauensarzt an einen externen Gutachter – wie das in der OKP zulässig ist (BGE 131 II 413 E. 2) – ohne Zustimmung der versicherten Person möglich ist. Die vorläufige Einstellung der Taggeldzahlungen wegen medizinischer Abklärungen ist rechtzeitig mitzuteilen (RKUV 1991 K 882 293 E. 3).

22   Zum Beweiswert von: Arztberichten: K 115/99=RKUV 2000 KV 124 214, 11.08.2003 K 59/03 E. 3.2.1, K 27/05 E. 4.2 f.; von verwaltungsinternen Berichten und Gutachten: BGE 123 V 331 E. 1c, BGE 122 V 157 E. 1c, RKUV 2003 U 484 251 E. 3.2.1, RKUV 2003 U 309 457; von verwaltungsexternen Gutachten: BGE 125 V 351 E. 3b/bb, BGE 104 V 209 E. c, RKUV 1993 U 167 95 E. 5a; von Parteigutachten: BGE 125 V 351. Zu den hausärztlichen Berichten siehe Art. 57 Rz. 6.

7.   Einkommensausfall als Anspruchsvoraussetzung

23   Für den Anspruch auf Taggelder muss neben Versicherungsdeckung und Arbeitsunfähigkeit eine durch den Versicherungsfall verursachte Verdiensteinbusse ausgewiesen sein (BGE 114 V 281 E. 3b; BGE 110 V 318 E. 5; K 215/05 E. 2.1; K 13/05 E. 3c; RKUV 2000 KV 137 352 m.H.; vgl. a. BGE 130 V 35 E. 3.2 und E. 3.3 und 8C 402/2008), dies im Beweisgrad überwiegender Wahrscheinlichkeit (RKUV 1990 K 829 3 E. 3c). Das gilt auch bei Selbständigerwerbenden (K 67/05 E. 4; RSKV

1978 314 39 E. 3; RKUV 1986 K 702 461E. 2c). Ist laut Reglement nur Erwerbsausfall versichert, besteht kein Taggeldanspruch, auch wenn ungedeckte Krankheitskosten vorhanden sind (K 215/05 E. 2.2; K 16/03 E. 2.2.2).

Das KVG bestimmt nicht, auf welcher Einkommensgrundlage das   24 Krankengeld zu berechnen ist. Die KVers sind zur autonomen Regelung dieser Frage befugt (RKUV 1986 K 688 363 E. 3 m.H.). Ein Krankengeldanspruch einer ohne Barlohn im Betrieb oder Gewerbe ihres Ehemannes mitarbeitenden Ehefrau ist gegeben, wenn ihre Mitarbeit in quantitativer und qualitativer Hinsicht über das übliche Mass hinausgeht (RKUV 1986 K 688 363 E. 2b). Vgl. a. BGE 110 V 318 E. 3, wonach für den Arbeitsausfall einer Hausfrau nicht ein abstrakter Wert im Sinne eines Hausfrauenlohns eingesetzt werden kann. Sie auch Art. 68 Abs. 2 ATSG und Art. 78 KVG Rz. 7.

Krankentaggeldanspruch von Arbeitslosen: Es sind zwei Eventualitäten   25 zu unterscheiden: Wenn die versPers die Arbeitsstelle durch Kündigung in einem Zeitpunkt verliert, da sie bereits zufolge Krankheit arbeitsunfähig ist, so ist zu vermuten, dass sie – Gegenbeweis vorbehalten – eine Erwerbstätigkeit ausüben würde, wenn sie nicht krank wäre (1). Die Vermutung einer Erwerbstätigkeit kann jedoch keinen zeitlich unbegrenzten Bestand haben; sie entfällt, wenn sich die verPers über Jahre trotz Zumutbarkeit nicht um die Verwertung der Restarbeitsfähigkeit bemüht hat (9C_332/2007 E. 5). Wird sie nach dem Eintritt der Arbeitslosigkeit arbeitsunfähig, so ist zu vermuten, dass sie – Gegenbeweis vorbehalten – auch ohne Krankheit erwerbslos wäre (2); 9C_332/2007 E. 2; K 215/05 E. 2.3.2; K 16/03 E. 2.3.2; K 146/03 3.3.2; s.a. 4A 344/2007 E. 3 betreffend TgVers nach VVG; s.a. Urteilsbespr. Fessler 1998 S. 469). Grundsätzlich reduziert sich der Taggeldanspruch – entsprechende Deckung vorausgesetzt – auf die wegen fehlender Vermittlungsfähigkeit entgangene Arbeitslosenentschädigung (Art. 15 Abs. 1 AVIG) bzw. das entgangene kantonale Arbeitslosentaggeld (SVR 1999 KV Nr. 10 E. 3; SVR 1998 KV Nr. 4 E. 5b, SVR 1997 KV Nr. 100), wenn die Person nach dem Eintritt der Arbeitslosigkeit arbeitsunfähig wird (BGE 128 V 149 E. 3b; RKUV 1998 KV 43 420 E. 3b; SVR 1999 KV Nr. 10 E. 3; K 16/03 E. 2.3.2; K 146/03 3.3.2; 4A 344/2007 E. 3.3.1 f.; altrechtlich:BGE 102 V 83 E. 1; RKSV 1984 526 81; 1982 511 258, 1977 291 122; vgl. a. BGE 103 IA 497 E. 6; alte Verwaltungspraxis: RSKV 1975 S. 75; s.a.

Art. 23 Abs. 2 und 25 Abs. 2 UVV). Die versPers darf aber nicht auf eine Anmeldung bei der AlV verzichtet haben (RSKV 1982 511 253 E. 2b). Auf das Arbeitslosentaggeld ist nur so lange abzustellen, als nicht angenommen werden muss, die versPers hätte aller Wahrscheinlichkeit nach eine neue Stelle antreten können, wenn sie nicht krank gewesen wäre (RSKV 1983 K 526 81). Ist der Anspruch auf AlV-Taggelder erschöpft, endet auch der TG-Anspruch nach KVG, es sei denn, die versPers vermag im Beweisgrade überwiegender Wahrscheinlichkeit nachzuweisen, dass sie ohne Krankheit eine Stelle gehabt hätte (9C_332/2007 E. 2; K 121/06 E. 2; RKUV 1998 KV 43 420 E. 3b; RKUV 1987 K 742 272 E. 2b; RSKV 1983 519 27, 1983 K 526 81).

26   Bei Stellenverlust nach Eintritt der Arbeitsunfähigkeit ist für die Bemessung des Taggeldes grundsätzlich der Lohn massgebend, den die versicherte Person ohne Arbeitsunfähigkeit erzielt hätte (K 215/05 E. 2.3.2; K 16/03 E. 2.3.2; K 146/03 3.3.2; RKUV 1998 KV 43 420 E. 3b, 1994 K 932 61 E. 3b). Ist das Arbeitsverhältnis wegen Gesundheitsproblemen der versPers, insb. lang dauernder Arbeitsunfähigkeit, aufgelöst worden, so besteht die Erwerbseinbusse im krankheitsbedingt entgangenen Lohn.

8.   Selbstverschuldete Herbeiführung
     des Versicherungsfalls

27   Zur selbstverschuldeten Herbeiführung des Versicherungsfalls siehe Art. 21 ATSG. Bei Fahrlässigkeit sind keine Sanktionen zulässig (Art. 21 Abs. 1 ATSG; anders altrechtlich: BGE 106 V 22; vgl. a. BGE 130 V 546 E. 3). Entsprechende Vertragsbestimmungen sind nichtig (BGE 130 V 546 E. 3; zum Privatversicherungsrecht, wo Kürzungen wegen Fahrlässigkeit weiterhin zulässig sind: BGE 128 III 34.

28   Die altrechtliche Fahrlässigkeitspraxis ist überholt [so namentlich EVGE 1969 S. 11, BGE 101 V 77 E. 3, 1977 285 84, 1982 506 208, RKUV 1985 K 609 3 (Alkoholkrankheit); RSKV 1970 73 149; RSKV 1974 191 31 (Fahren in angetrunkenem Zustand), BGE 107 V 225, BGE 98 V 8; RSKV 1969 52 122, 1981 453 143 E. 2, 1982 481 67 E. 4, RKUV 1993 K 923 166 (Verkehrsregelverletzungen), Suizidversuch (RKUV 1993 K 922 161; s.a. BGE 98 V 144).

9. Wagnisse und aussergewöhnliche Gefahren

Nicht geklärt ist, ob in der TgVers bei Wagnissen und aussergewöhn- 29
lichen Gefahren (zu den Definitionen: Art. 49 und 50 UVV) Leistungen
wie unter dem alten Recht (BGE 98 V 8, BGE 98 V 144 E. 2; RKUV
1986 K 697 428, 1984 K 600 266; RSKV 1976 267 199) gekürzt oder
verweigert werden dürfen (was in der OKP nicht möglich ist: BGE 124
V 356 E. 3; Frage für die TgVers offen gelassen in BGE 124 V 356 E. 2d;
siehe Art. 25 Rz. 82). Zum Begriff des Wagnisses: BGE 134 V 340.

10. Territorialitätsprinzip

Das Territorialitätsprinzip gilt auch im Leistungsrecht der TgVers nach 30
KVG und bedeutet, dass für die Zeit des Aufenthaltes im Ausland kein
Anspruch auf Taggelder besteht, sofern ein solcher in den Reglementen
des jeweiligen KVers nicht vorgesehen ist (K 180/05 E. 2; K 92/99 E. 2;
so schon altrechtlich: BGE 118 V 50 Erw. 1 m. H.; K 92/99 E. 2b). Es ist
zulässig, einen TG-Anspruch von einer Hospitalisierung während eines
Auslandaufenthaltes abhängig zu machen (K 92/99 E. 3a; zu einem Sonderfall des Begriffs des Spitalaufenthalts: 9C_325/2009 E. 3.2.2). Zu
den Sonderregeln für Grenzgänger und Saisonniers siehe Art. 71 Rz. 3.

III. Leistungsdauer im Allgemeinen (Abs. 3)

Die gesetzliche Leistungsdauer ist vertraglich nicht zum Nachteil der 31
Versicherten abänderbar (K 42/01=RKUV 2001 KV 176 307 E. 3; s.a.
RKUV 1998 KV 36 308; zum alten Recht: BGE 113 V 301; RKUV
1985 K 627 129 E. 2). Die Bestimmungen von Art. 72 Abs. 2–5 KVG
sind zwingend (statt vieler: BGE 129 V 51 E. 1; RKUV 2001 KV 176
307 E. 3; RKUV 2000 KV 101 11 E. 1). Die Entschädigungsperiode von
720 Tagen setzt grundsätzlich an dem Tag ein, an dem der Taggeldanspruch der versPers entsteht (4A 236/2008 E. 5). Bei vorbehaltenen
Krankheiten beginnt die gesetzliche Leistungsdauer im Zeitpunkt des
Ablaufs der Vorbehaltsfrist (BGE 115 V 388 E. 5c). Auf verschiedene
Krankheiten zurückzuführende Arbeitsunfähigkeitsperioden werden zu-

sammengezählt. Unfallbedingte Gesundheitsschäden gelten, wenn das Unfallrisiko versichert ist, ebenfalls als Erkrankungen. Bei vertraglich vorgesehener Herabsetzung der Deckung im Falle des Eintritt ins AHV-Alter (BGE 124 V 201 E. 4) darf der Versicherer die Dauer eines laufenden Leistungsanspruches nicht auf weniger als 720 Tage innerhalb von 900 Tagen einschränken (K 42/01 E. 3=RKUV 2001 KV 176 307).

IV. Leistungsdauer bei Teilarbeitsfähigkeit (Abs. 4)

32   Im Gegensatz zur altrechtlichen Praxis (BGE 98 V 81 E. 3b; RKUV 1989 K 823 391; RSKV 1973 178 151) zählen Tage teilweiser Arbeitsunfähigkeit bei der Berechnung der Leistungsdauer nach Art. 72 Abs. 3 KVG als ganze Tage. Es findet anders als in Art. 72 Abs. 5 KVG keine proportionale Verlängerung der Bezugs- und Berechnungsperiode statt (BGE 127 V 88 E. 1c; K 52/02 E. 3.1 f.=RKUV 2003 KV 236 17). Letztinstanzlich nicht restlos geklärt ist, wie das versicherte Taggeld zur Deckung der Restarbeitsfähigkeit zu bestimmen ist. Nach K 6/02 ist auf den Grad der Arbeitsunfähigkeit und auf das mutmasslich noch erzielbare Invalideneinkommen nach Erschöpfung der maximalen Bezugsdauer von 720 Tagen abzustellen (E. 2c). Eine später eintretende Verschlechterung des Gesundheitszustandes fällt ausschliesslich unter den Versicherungsschutz für die restliche Arbeitsfähigkeit nach Abs. 4 (K 58/05 E. 6.2.1=SVR 2008 KV Nr. 6). Ist eine Restarbeitsfähigkeit von 50% versichert, kann ein erneuter Taggeldanspruch erst in Frage kommen, wenn eine Erhöhung des Arbeitsunfähigkeitsgrades eintritt, der gemäss Gesetz oder Reglement Recht auf Taggeld gibt. Erreicht das Leistungsvermögen gegebenenfalls anschliessend wieder das Niveau der seinerzeit festgestellten Restarbeitsfähigkeit, entfällt der Taggeldanspruch (E. 2c). In K 58/05 E. 6.1 ist die Frage offen geblieben, ob die Versicherung der Restarbeitsfähigkeit ein selbständiges neues Versicherungsverhältnis darstellt.

V. Leistungsdauer bei Überentschädigung (Abs. 5)

33   Die Rechtsprechungsgrundsätze zu altArt. 12bis Abs. 4 KUVG (BGE 98 V 75 E. 3) finden weiterhin Anwendung (BGE 125 V 106 E. 2b, BGE

120 V 58 E. 3e; zur Entstehungsgeschichte von Art. 72 Abs. 5 KVG: BGE 127 V 88 E. 1c). Die Lösung von Art. 72 Abs. 5 KVG ist vertraglich nicht zum Nachteil der Versicherten abänderbar (BGE 129 V 51 E. 1, RKUV 2001 KV 176 307 E. 3). Es ist von jenem Tag, für welchen zuletzt Taggeld bezogen wurde, zurückzurechnen und zu prüfen, ob der Gegenwert von 720 vollen Taggeldern innerhalb der erstreckten Entschädigungs- und Berechnungsperiode bezogen worden ist (K 141/99 E. 2b/aa; RKUV 1989 K 823 391 E. 3, S. 394 a.E.; anders möglicherweise BGE 125 V 106 E. 2b, BGE 127 V 88 E. 1b: «Le calcul étant effectué retrospectivement, à partir du jour où l'indemnité a été accordée pour la première fois.» Für die Berechnung vgl. a. BGE 98 V 75, 78 E. 3 u. BGE 98 V 81 E. 3b; RKUV 1989 K 823 391; RSKV 1973 178 151). Das wegen Überentschädigung reduzierte Taggeld ist bei Teilarbeitsunfähigkeit so lange auszurichten, bis die versicherte Person den Gegenwert von 720 halben Taggeldern erhalten hat (BGE 127 V 88). Die Bezugsdauer kann sich auch nachträglich verlängern, wenn ein UVG-Versicherer rückwirkend Taggeldleistungen zu übernehmen hat und den Kvers im betreffenden Umfang schadlos hält (RKUV 1995 K 963 76).

Art. 73 Koordination mit der Arbeitslosenversicherung

[1]**Arbeitslosen ist bei einer Arbeitsunfähigkeit (Art. 6 ATSG) von mehr als 50 Prozent das volle Taggeld und bei einer Arbeitsunfähigkeit von mehr als 25, aber höchstens 50 Prozent das halbe Taggeld auszurichten, sofern die Versicherer auf Grund ihrer Versicherungsbedingungen oder vertraglicher Vereinbarungen bei einem entsprechenden Grad der Arbeitsunfähigkeit grundsätzlich Leistungen erbringen.**

[2]**Arbeitslose Versicherte haben gegen angemessene Prämienanpassung Anspruch auf Änderung ihrer bisherigen Versicherung in eine Versicherung mit Leistungsbeginn ab dem 31. Tag unter Beibehaltung der bisherigen Taggeldhöhe und ohne Berücksichtigung des Gesundheitszustandes im Zeitpunkt der Änderung.**

Chronologie: AS 1995 1328; BBl 1992 I 93. Abs. 1: Fassung gemäss Anhang Ziff. 11 des ATSG vom 6. Okt. 2000, in Kraft seit 1. Jan. 2003 (AS 2002 3371; SR 830.1).

Bibliografie: Europa Institut Zürich, Tagungsband, Krankentaggeldversicherung: Arbeits- und versicherungsrechtliche Aspekte, Hrsg. Adrian von Kaenel, Zürich et al. 2007 (zit. Tagungsband); EUGSTER GEBHARD, Vergleich der Krankentaggeldversicherung nach KVG und VVG, in Tagungsband, S. 47; MATTIG THOMAS, Freizügigkeit in der Krankentaggeldversicherung nach VVG, Tagungsband, S. 99; MÜLLER HANS-RUDOLF, GRUNDLAGEN der Krankentaggeldversicherung nach VVG, Tagungsband, S. 19; ZEHNDER KATRIN, Aufrechterhaltung des Versicherungsschutzes für Erwerbsausfall und Invalidität bei vorübergehender Unterbrechung der Erwerbstätigkeit, in: Collezione Assista: 30 anni/ans/Jahre Assista TCS SA, Genf 1998, S. 764 ff.

I.   Voraussetzungen des Taggeldanspruchs (Abs. 1)

1   Art. 73 KVG kommt zum Zuge, wenn die Arbeitslosenversicherung gleichzeitig mit TG-Leistungen in Anspruch genommen wird (9C_332/2007 E. 7). Das koordinationsrechtliche Gegenstück zu Art. 73 KVG in der AlV ist Art. 28 Abs. 4 AVIG (BGE 128 V 149 E. 2b; C 303/02 E. 3.1). Der TG-Anspruch nach Art. 73 KVG setzt voraus, dass die verPers ohne Arbeitsunfähigkeit Anspruch auf Taggelder der AlV (oder auf Arbeitslosentaggelder nach kant. Recht; SVR 1998 KV Nr. 4 E. 5b) hätte (BGE 128 V 149 E. 3b; K 16/03 E. 2.3.1; K 146/03 3.3.1).

2   Die versPers kann das volle Krankentaggeld beanspruchen, wenn sie zu mehr als 50 % arbeitsunfähig ist (Art. 73 Abs. 1 Teilsatz 1 KVG) und hat in diesem Fall keinen Anspruch auf Arbeitslosenentschädigung. Bei einer Arbeitsfähigkeit zwischen 50 % und 75 % erbringen AlV und KV je das halbe Taggeld (C 303/02 E. 3.1). Hat die versicherte Person aufgrund der Schadenminderungspflicht eine neue berufliche Tätigkeit zu suchen, so ist Letztere für die Bemessung des Arbeitsunfähigkeit im Rahmen von Art. 73 Abs. 1 KVG massgebend (K 149/00 E. 3 und 4). Der Fall, dass die versPers bei bloss 50%iger Arbeitsunfähigkeit ein volles Krankentaggeld erhält, ist koordinationsrechtlich nicht geregelt (C 303/02 E. 5.1).

Taggelder der Kranken- oder Unfallversicherung, die Erwerbsersatz dar-   3
stellen, werden von der Arbeitslosenentschädigung abgezogen (Art. 28
Abs. 2 AVIG; BGE 128 V 149 Erw. 3b; C 303/02 E. 5.2; vgl. a. K 149/00
E. 4). Die Leistungen auf Grund von Art. 73 Abs. 1 KVG unterstehen
ebenfalls dem Überentschädigungsverbot (BGE 128 V 149 E. 3c;
K 149/00 E. 4. S.a. Art. 102 Abs. 2 VVG (C 303/02 E. 4.1); zur Unbe-
achtlichkeit der Qualifikation der TgVers nach VVG als Summen- oder
Schadenversicherung: a.a.O., E. 5.1) und zur sinngemässen Anwendbar-
keit von Art. 73 KVG im Rahmen der Taggeldversicherung nach VVG:
Art. 100 Abs. 1 VVG.

II.   Herabsetzung der Wartefrist (Abs. 2)

Durch die Möglichkeit einer Herabsetzung der Aufschubsfrist soll si-   4
chergestellt werden, dass zwischen der Leistungspflicht der AlV (Art. 28
Abs. 1 AVIG) und der KV keine Lücke entsteht, wenn die versicherte
Person eine längere Wartefrist als 30 Tage abgeschlossen hat. Die Regelung gilt sowohl für die Einzel- wie auch die Kollektivversicherung
(vgl. K 141/99 E. 1). Art. 73 Abs. 2 KVG unterscheidet nicht zwischen
Ganz- und Teilarbeitslosigkeit und räumt das Recht auf Abänderung
der bestehenden Versicherung unabhängig vom Gesundheitszustand ein
(BGE 128 V 149, E. 3c). Die vor der Anpassung bezogenen Taggelder
sind auf die Leistungsdauer gemäss Art. 72 Abs. 3 KVG anrechenbar
(K 141/99 E. 1).

Art. 74 Taggeld bei Mutterschaft

[1] **Die Versicherer haben bei Schwangerschaft und Niederkunft das
versicherte Taggeld auszurichten, wenn die Versicherte bis zum Tag
ihrer Niederkunft während mindestens 270 Tagen und ohne Unterbrechung von mehr als drei Monaten versichert war.**

[2] **Das Taggeld ist während 16 Wochen zu leisten, wovon mindestens
acht Wochen nach der Niederkunft liegen müssen. Es darf nicht auf
die Dauer der Bezugsberechtigung nach Artikel 72 Absatz 3 angerechnet werden und ist auch nach deren Ausschöpfung zu leisten.**

Chronologie: AS 1995 1328; BBl 1992 I 93.

Bibliografie: Imhof Edgar, Schweizerische Leistungen bei Mutterschaft und FZA/Europarecht, in: Europäisches Koordinationsrecht der sozialen Sicherheit und die Schweiz, 2006, S. 87–222; Jaccottet-Tissot Catherine/Thonney Thierry, Indemnités journalières en cas de grossesse et de maternité, in: Colloques et journées d'étude, Lausanne 2002, S. 853 ff.; Kieser ATSG-Kommentar*, Art. 5 Rz. 15; Garcia Marylaure, La loi fédérale sur l'assurance-maladie du 18 mars 1994 vue sous l'angle de la maternité, CGSS 23 (1999), S. 75.

Kreisschreiben (KS): BAG-KS Nr. 6.1. – Einführung der Mutterschaftsentschädigung durch Änderung des Erwerbsersatzgesetzes vom 01.07.2005.

I.   Berechnung der absolvierten Versicherungsdauer (Abs. 1)

1   Versicherungszugehörigkeit von 270 Tagen muss tatsächlich gegeben sein. Es wird ab dem Zeitpunkt der Niederkunft rückwärts gerechnet, ob sie effektiv erfüllt ist. Der Nachweis, im Zeitpunkt des Versicherungsabschlusses nicht schwanger gewesen zu sein oder von der Schwangerschaft keine Kenntnis gehabt zu haben, ist unbehelflich (RSKV 1976 249 94; RKUV 1988 K 778 320). Die Frist von 270 Tagen darf reglementarisch nicht verlängert werden (anders noch das alte Recht, allerdings bezüglich Zusatzleistungen: RKUV 1990 K 845 244). Versicherungszeiten bei mehreren Versicherern sind zusammenzuzählen. Aufgrund von Sozialversicherungsabkommen können auch ausländische Versicherungszeiten zu berücksichtigen sein (vgl. RKUV 1988 K 778 320 E. 2 und RSKV 1982 490 128 E. 1a; zum FZA siehe Art. 9 Abs. 2 VO 1408/71 und Art. 6 Abs. 2 VO 574/72, ferner FZA Anhang II, zu Anhang VI zur VO 1408/71 Ziff. 7).

II.   Bezug des Mutterschaftsurlaubs (Abs. 2)

2   Reglementarische Vorschriften über die Meldung einer Arbeitsunfähigkeit sind auf das Taggeld bei Mutterschaft nicht anwendbar (K 181/04

E. 5=RKUV 2006 KV 368 226). Die Versicherte darf die vollen 16 Wochen auf die Zeit nach der Niederkunft verlegen (K 181/04 E. 5.1=RKUV 2006 KV 368 226; die Rechtsprechung zu Art. 14 Abs. 4 KUVG bzw. BGE 112 V 195 E. 2 ist überholt). Eine Wartezeit (Art. 72 Abs. 2 Satz 3 KVG) kann bei den 16 Wochen zum Abzug gelangen (was altrechtlich nach BGE 116 V 118 E. 3c nur für ein das gesetzliche Minimum übersteigendes Taggeld zulässig war). Für die Berechnung der Frist bis zur Niederkunft war unter dem alten Recht nicht auf den Zeitpunkt der tatsächlichen Geburt, sondern vom prognostisch festgelegten Geburtstermin auszugehen (RKUV 1986 K 658 21 E. 3a). Die vor der Niederkunft aufgrund krankheitsbedingter Arbeitsunfähigkeit (Art. 72 Abs. 2 KVG) ausgerichteten Taggelder dürfen nicht auf die 16 Wochen nach Art. 74 Abs. 2 KVG angerechnet werden (BGE 124 V 291 E. 3; krit. KIESER ATSG-Kommentar*, Art. 5 Rz. 15 in fine zum Ausschluss eines Krankentaggeldanspruchs bei Arbeitsunfähigkeit innerhalb der 16 Wochen nach der Niederkunft). Der Anspruch auf Taggeld endet spätestens 16 Wochen nach der Niederkunft. Er erfordert nicht Arbeitsunfähigkeit (K 181/04 E. 5.1=RKUV 2006 KV 368 226), aber grundsätzlich einen durch den Mutterschaftsurlaub bedingten Erwerbsausfall (s. Art. 72 KVG Rz. 23). Wenn jedoch die Erwerbstätigkeit im Hinblick auf die bevorstehende Geburt nicht früher als acht Wochen vor der Niederkunft definitiv aufgegeben wird, kann der Versicherten der fehlende Erwerbsausfall nicht entgegengehalten werden (altrechtliche Praxis – RKUV 1986 K 658 21 E. 4 – per analogiam; s.a. RKUV 1986 K 704 475).

Das Taggeld nach Art. 74 KVG ist ergänzend zur Mutterschaftsentschä- 3 digung gemäss EOG (SR 834.1) zu erbringen (siehe Art. 16 Abs. 1 EOG und Art. 110 KVV), bei Überentschädigung jedoch zu kürzen. Die gesetzliche Leistungsdauer (Art. 74 Abs. 2 KVG) wird, wie das in Art. 72 Abs. 5 KVG der Fall ist, dadurch nicht verlängert.

Art. 75 Finanzierungsverfahren und Rechnungsablage

[1] **Die Taggeldversicherung wird nach dem Ausgabenumlageverfahren finanziert. Die Versicherer bilden für bereits eingetretene Krankheiten und zur Sicherstellung der längerfristigen Zahlungsfähigkeit ausreichende Reserven. Im Übrigen gelten die Absätze 2–4 von Artikel 60 sinngemäss.**

²Wendet der Versicherer in der Kollektivversicherung einen Prämientarif an, der von demjenigen der Einzelversicherung abweicht, so muss er für die Einzel- und die Kollektivversicherung getrennte Rechnungen führen.

Art. 76 Prämien der Versicherten

¹ Der Versicherer legt die Prämien für seine Versicherten fest. Er erhebt für gleiche versicherte Leistungen die gleichen Prämien.

² Gilt für die Entrichtung des Taggeldes eine Wartefrist, so hat der Versicherer die Prämien entsprechend zu reduzieren.

³ Der Versicherer kann die Prämien nach dem Eintrittsalter und nach Regionen abstufen.

⁴ Artikel 61 Absätze 2 und 4 gelten sinngemäss.

⁵ Der Bundesrat kann für die Prämienreduktion nach Absatz 2 und für die Prämienabstufungen nach Absatz 3 nähere Vorschriften erlassen.

Art. 77 Prämien in der Kollektivversicherung

Die Versicherer können in der Kollektivversicherung von der Einzelversicherung abweichende Prämien vorsehen. Diese sind so festzusetzen, dass die Kollektivversicherung mindestens selbsttragend ist.

Chronologie: AS 1995 1328; BBl 1992 I 93. *Art. 76 Abs. 4:* Heute Art. 61 Abs. 2 und 5.

1 Die Prämienfestsetzungshoheit liegt wie in der OKP beim einzelnen KVers (Art. 76 Abs. 1 Satz 1 KVG). Zum Begriff des Ausgabenumlageverfahrens gemäss Art. 75 Abs. 1 KVG siehe Art. 60 Abs. 1 Rz. 1. Art. 76 Abs. 1 Satz 2 KVG folgt auch aus Art. 68 Abs. 3 KVG i.V.m. Art. 13 Abs. 2 lit. a KVG). Der KVers darf die Prämien nicht nach dem Geschlecht differenzieren. Zur steuerrechtlichen Behandlung von Prämien als Berufsauslagen Unselbständigerwerbender: 2C 681/2008 E. 3.5.5 (Abzugsfähigkeit verneint; anders beim Arbeitgeber).

2 *Prämienzahlungsverzug in der Einzelversicherung:* Das KVG regelt die Folgen des Prämienzahlungsverzugs für die TgVers nach KVG nicht,

sondern überlässt diese Frage der Gestaltungsfreiheit der Vertragsparteien, die allerdings bestimmte Rechtsprechungsgrundsätze zu beachten
haben. Die Regeln des alten Rechts können weiterhin Geltung beanspruchen. Danach müssen Sanktionen verhältnismässig und vertraglich
verankert sein (BGE 111 V 318 E. 3f.; RKUV 1990 K 847 252; RKUV
1989 K 800 130). Ein Leistungsausschluss für die Dauer der Säumnis ist
verhältnismässig, ebenso eine Vorschrift, wonach die Prämienzahlung
den Taggeldanspruch nicht rückwirkend wieder aufleben lässt; für die
während des Verzuges laufenden oder eingetretenen Versicherungsfälle
sind Leistungen lediglich für Entschädigungsperioden auszurichten, die
in die Zeit nach Eingang der ausstehenden Prämien beim KVers fallen
(s.a. RKUV 1992 896 138 und 9C_86/2007 E. 3). Ein Rücktritt vom
Vertrag ist praxisgemäss nur in Fällen zulässig, wo die Weiterführung
des Vertrages für den Versicherer nicht mehr zumutbar ist (siehe Art. 69
KV Rz. 8 hiervor).

Einstellung im Anspruch war unter dem alten Recht nicht formell zu 3
verfügen (altrechtlich: RKUV 1988 K 763 163 E. 4b). Bezüglich ATSG
ist die Frage nicht geklärt. Die altrechtliche Praxis verlangte eine vorgängige Mahnung, wenn eine solche vertraglich vorgesehen war (BGE
105 V 86; RSKV 1983 542 153). Die versPers hat kein Recht darauf,
dass rückständige Prämien auf ausstehende Taggelder angerechnet werden, um einer Leistungssperre zu entgehen (RKUV 1992 896 138; vgl.
a. 9C_86/2007 E. 2.2).

Prämienzahlungsverzug in der Kollektivversicherung: Wo die Vertrags- 4
bestimmungen nichts anderes vorsehen, ist der Versicherungsnehmer
Prämienschuldner: BGE 106 V 170 E. 4. Soweit Prämien nicht von den
Versicherten selbst geschuldet sind, dürfen die vertraglichen Leistungen
nicht wegen Verzugs in der Prämienzahlung eingestellt werden. Die
Krankenversicherer können sich in den Verträgen jedoch das Recht
vorbehalten, bei Verzug in der Beitragszahlung vom Vertrag vor Ablauf
der ordentlichen Kündigungsfrist zurückzutreten. Diese unter dem alten Recht positivrechtlich verankerten Grundsätze (siehe altArt. 6 Vo II
KUVG) können unter dem KVG weiterhin Gültigkeit beanspruchen.

4. Titel: Besondere Bestimmungen zur Koordination, zur Haftung und zum Rückgriff

Art. 78 Leistungskoordination

Der Bundesrat kann die Koordination des Taggeldes regeln und sorgt dafür, dass die Versicherten oder die Leistungserbringer durch die Leistungen der sozialen Krankenversicherung oder durch deren Zusammentreffen mit den Leistungen anderer Sozialversicherungen nicht überentschädigt werden, insb. beim Aufenthalt in einem Spital.

Chronologie: Fassung gemäss Anhang Ziff. 11 des ATSG vom 6. Okt. 2000, in Kraft seit 1. Jan. 2003 (AS 2002 3371; SR 830.1). Alt: AS 1995 1328; BBl 1992 I 93.

Bibliografie: Duc Jean-Louis, Droit privé et droit social, in: AJP 9/2209 S. 1163; Ders., Le législateur de la LAMaL et la surindemnisation. Quelques réflexions relatives à l'interprétation de l'article 12 LAMaL au regard des dispositions de la LAMal, CGSS 1999, S. 22; Ders., Coordination entre les prestations de l'assurance-maladie pour perte de salaire et celles de la prévoyance professionnelle, SZS 1998 S. 432–439; Ders., Coordination en matière de soins (assurance militaire, assurance-accidents, AVS, AI, prestations complémentaires, prévoyance professionnelle, assurance-chômage). Coordination en matière d'indemnités journalières et de rentes (assurance militaire, assurance-accidents, AI, prestations complémentaires, assurance privée), Coordination en matière d'allocation pour impotent (assurance militaire, assurance-accidents, AI), in: Colloques et Journées d'études 1999–2001, IRAL 2002, S. 259 ff.; Frésard-Fellay Ghislaine, Un accident de la circulation routière survenu à l'étranger: couverture d'assurance sociale et action subrogatoire, in: Journées du droit de la circulation routière, Bern 2006, S. 139–161; Schlauri Franz, Die Leistungskoordination im neuen Krankenversicherungsrecht, in: LAMal–KVG*, S. 639 ff.

Verordnung: KVV: Art. 110 KVV (Abgrenzung der Leistungspflicht: Grundsatz), Art. 111 (Unfallmeldung); *Vorleistungspflicht:* Art. 112 (im Verhältnis zur UV und MV), Art. 113 (im Verhältnis zur IV), Art. 114 (Informationspflicht), Art. 116 (unterschiedliche Tarife); *Rückvergütung von Leistungen anderer Sozialversicherer:* Art. 117 (Grundsatz), Art. 118 (Auswirkungen auf die Versicherten), Art. 119 (unterschiedliche Tarife); Art. 122 Abs. 1 (Überentschädigung bei Sachleistungen), Art. 122 Abs. 2 (Taggeld bei mehreren KVers).

Kreisschreiben (KS): BAG-KS Nr. 6.1. – Einführung der Mutterschaftsentschädigung durch Änderung des Erwerbsersatzgesetzes vom 01.07.2005.

I.   Einleitung

Art. 78 KVG betrifft die Koordination von Leistungen sowohl der Tag-   1
geld- als auch der Krankenpflegeversicherung, einerseits innerhalb des
KVG und anderseits im Verhältnis zu anderen Sozialversicherungen des
Bundes (nicht aber zu Leistungen der Privatassekuranz oder anderen
Schadenausgleichssystemen: K 96/02 E. 8.3; K 107/04=RKUV 2005
KV 350 421 E. 3.2 ff.; Duc Jean-Michel, Urteilsbespr., AJP 12/2005
1541).

II.   Koordination im Bereich der Krankenpflege

1.   Reihenfolge der Leistungszuständigkeit

Im Bereich der Heilbehandlungen regeln nicht das KVG, sondern die   2
Art. 64 und 65 ATSG die Koordination. Nach dem in Art. 64 Abs. 1
ATSG verankerten Grundsatz der absoluten Priorität hat ausschliesslich
eine einzige Sozialversicherung die Heilbehandlungskosten zu übernehmen. Ein nach Art. 64 Abs. 2 ATSG subsidiärer Sozialversicherungsträ-

ger wird nicht leistungspflichtig (BGE 134 V 1 E. 6.1). Die KV steht an letzter Stelle und nimmt eine Auffangfunktion wahr. Gegenstand von Art. 65 ATSG bilden sämtliche Sachleistungen ausserhalb der Heilbehandlungen i.S.v. Art. 64 Abs. 1 ATSG. KIESER subsumiert darunter die Mittel und Gegenstände gemäss Art. 25 Abs. 2 lit. d KVG (ATSG, Art. 65 Rz. 11). Im Gegensatz zu Art. 64 Abs. 1 ATSG ist die Prioritätenordnung hier eine relative (KIESER*, a.a.O, Rz. 4; krit. SBVR-SCHLAURI Rz. 238). Es können komplementäre oder subsidiäre Leistungen nachfolgender Sozialversicherungszweige zu denjenigen der vorangehenden treten.

3 Sollte Art. 110 KVV auch die Koordination von Heilbehandlungen i.S.v. Art. 64 ATSG umfassen, was nicht klar ist, so geht der Grundsatz der absoluten Priorität von Art. 64 Abs. 1 ATSG dieser Verordnungsbestimmung vor. Nach BGE 125 V 297 E. 3c; BGE 127 V 94 E. 3a begründete altArt. 110 KVV eine *relative Priorität* der anderen Versicherungen im Sinne einer Nachrangigkeit der Leistungen der OKP. Falls ein anderer Unfallversicherer nach Art. 1 Abs. 2 lit. b KVG vorhanden ist, schliesst dieser Artikel eine Leistungspflicht der OKP für sachlich kongruente Leistungen des Unfallversicherers aus. Leistungen der sozialen KV gehen dagegen Fürsorgeleistungen vor (K 147/04 E. 4.2; K 22/04=RKUV 2005 Nr. KV 315 25, 30 E. 2.3.1).

2. Überentschädigung in der OKP

4 Art. 122 Abs. 1 KVV definiert die Überentschädigung bei Sachleistungen (Art. 14 ATSG); sie spielt in der OKP kaum eine Rolle. Unter altArt. 78 Abs. 2 KVG (AS 1995 1328) und altArt. 122 KVV (AS 1995 3867) konnte Überentschädigung auch beim Zusammentreffen von Sachleistungen mit Geldleistungen entstehen (BGE 125 V 297 E. 5b, BGE 127 V 94 E. 3 und E. 5 betreffend Hilflosenentschädigungen und Grundpflege gemäss Art. 7 Abs. 2 lit. c KLV). Die Kumulation dieser Versicherungsleistungen, die beide weder unter Art. 64 noch Art. 65 ATSG fallen, ist weiterhin möglich, darf aber zu keiner Überentschädigung führen (Art. 69 ATSG). Aufgrund der neuen Pflegefinanzierung (Art. 25a KVG)dürfte die Überentschädigungsfrage auf Seiten der KVers praktisch nicht mehr relevant sein.

BGE 124 V 356 E. 3a scheint implizite eine nachrangige Leistungspflicht 5
der OKP zu bejahen, wenn der UVG-Versicherer eine Leistungspflicht
für Heilbehandlungen aufgrund von Art. 37 Abs. 1 UVG (absichtliche
Herbeiführung des Versicherungsfalls) sowie 49 Abs. 1 UVV verweigert
(a.M. SCHLAURI, in: LAMal-KVG*, S. 659; SBVR-FRÉSARD/MOSER-SZE-
LESS, Rz. 380 betr. Taggeld). Anders der altrechtliche BGE 107 V 225,
wonach im Falle einer Leistungskürzung durch einen Drittversicherer
wegen Selbstverschuldens kein Anspruch auf Leistungen gegenüber der
Krankenkasse bestand, welche über das hinausgingen, was dem Mitglied ordentlicherweise aufgrund von Gesetz und Statuten zustand. S.a.
Art. 25 Abs. 2 BVV 2 (BGE 122 V 306). Nach SVR 1999 KV Nr. 29
(TA Genf) kann der KVers Leistungen nicht in grundsätzlicher Hinsicht
verweigern, wenn eine Insassenversicherung wegen Grobfahrlässigkeit
keine Leistungen erbringt. Vielmehr sei zu prüfen, wie der Sachverhalt
nach den Grundsätzen der obligatorischen UV zu beurteilen sei bzw. ob
die UV zu Leistungssanktionen berechtigt gewesen wäre.

III.   Koordination im Bereich der Taggeldversicherung

Bibliografie: DUC JEAN-MICHEL, Urteilsbespr. K 107/04, in: AJP 2006 1541; DUC
JEAN-MICHEL, L'allocation de maternité et la coordination avec les autres prestations, in: AJP 14/2005 S. 1010; DUC JEAN-LOUIS, Coordination entre les prestations de l'assurance-maladie pour perte de salaire et celles de la prévoyance
professionnelle, in: SZS 1998, S. 432 ff; RÜEGG MARKUS, Praxisleitfaden zur Koordination von Erwerbsausfall-Leistungen, in AJP 1/2009, S. 23–32; KIESER UELI,
Die Taggeldkoordination im Sozialversicherungsrecht, in: AJP 2000 S. 249 ff.;
LUGINBÜHL RUDOLF, Lohnzahlung oder Versicherungsleistung? Zur Koordination
von KVG- und VVG-Taggeldern, in: HILL-2004-Fachartikel-13 (www.hilljour-
nal.ch); SCHAER ROLAND, Koordination von Taggeldleistungen, Tagungsband
(siehe Bibl. zu Art. 69), S. 163; SCHLAURI FRANZ, Der zumutbare Resterwerb in
der Überentschädigungsberechnung der Sozialversicherungen, in: Bettina Kahil-
Wolff/Pierre-Yves Greber/Mirela Çaçi (Hrsg.), Mélanges en l'honneur de Jean-
Louis Duc, Lausanne 2001, S. 275 ff.; STAUFFER HANS ULRICH, Leistungsaufschub
in der beruflichen Vorsorge: Krankentaggeld und Invalidenleistungen, in: Schweizer Personalvorsorge 19(2006) H. 2 S. 65–66.

6 Das ATSG behandelt die Taggeldkoordination nicht. Der Bundesrat hat lediglich das Zusammentreffen von Taggeldleistungen mehrerer Taggeldversicherer nach KVG geregelt (Art. 122 Abs. 2 KVV). Für die Taggeldkoordination ist Art. 110 KVV massgebend, welcher eine *relative Priorität* der anderen Sozialversicherungen begründet (Rz. 3 hiervor). Eine koordinationsrechtliche Sonderbestimmung stellt Art. 128 Abs. 1 UVV dar (welcher keine eigenständige Leistungspflicht des KVers begründet: 9C_537/2007 E. 2.2).

1. Begrenzung des Taggeldanspruchs auf die krankheitsbedingten Einbussen

7 KVG und KVV regeln diesen Tatbestand nicht ausdrücklich. Art. 69 Abs. 2 ATSG ist in diesem Zusammenhang sinngemäss anwendbar. Der krankheitsbedingt entgangene Verdienst und die anderen Kostenpositionen dieser Bestimmung bilden die massgebende Überentschädigungsgrenze. Anders als unter altArt. 122 Abs. 2 lit. c KVV (AS 1995 3867) kann jedoch der «Wert der verunmöglichten Arbeitsleistung» bei der Bemessung der Überentschädigung unter dem ATSG nicht mehr berücksichtigt werden (9C_332/2007 E. 8; Frage in K 48/06 E. 2.4 offengelassen; zur Auslegung dieser altrechtlichen Bestimmung : K 48/06 E. 2.3).

8 *Durch den Versicherungsfall mutmasslich entgangener Verdienst:* Für die Bemessung des Einkommensausfalls kommt es darauf an, was die versPers während der Periode, für die sie Taggeld beansprucht, verdient hätte, wenn sie in dieser Zeit nicht arbeitsunfähig geworden wäre (BGE 126 V 468 E. 4a; K 48/06 E. 2.2; K 67/05 E. 6; RSKV 1981 452 128 E. 3, 1982 473 21, 1987 K 742 272 E. 1). Mit Bezug auf eine Arbeitsunfähigkeitsperiode, für die Lohn bezahlt wurde, liegt kein krankheitsbedingt entgangener Verdienst vor (K 83/00 E. 5b). Auch Lohnausfall im Ausland ist beachtlich (RKUV 1996 K 977 107 E. 3f.; der Saisonnier ohne Erwerb in der Zwischensaison hat keinen Taggeldanspruch: RKUV 1994 K 932 61 E. 3; K 150/99 E. 1. Ebenso kann der Einkommensausfall in einem Nebenerwerb zu berücksichtigen sein (K 15/03). S. auch Art. 72 KVG Rz. 23ff.

9 Bei Unselbständigerwerbenden ist i.d.R. der vor Eintritt der Arbeitsunfähigkeit erzielte Lohn wegleitend, bei Selbständigerwerbenden sind es

die Geschäftsergebnisse der vorangegangenen Monate oder Rechnungsjahre (K 67/05 E. 6; RKUV 1986 K 702 461 E. 2c). Bei Selbständigerwerbenden entsprechen die Einkommensdaten von Steuerveranlagungen (RKUV 1986 K 702 461 E. 2c) und AHV-Beitragsverfügungen grundsätzlich nicht der krankheitsbedingten Erwerbseinbusse (K 57/04 E. 3.3; K 90/05 E. 6), können jedoch den Wert von Indizien haben (RSKV 1981 Nr. 452 S. 145 E. 3), wenn die ihnen zugrunde liegenden Verhältnisse nicht zu weit zurückliegen. Nicht verwendbar ist sodann das für die Rentenberechnung ermittelte durchschnittliche Jahreseinkommen, während das für die Invaliditätsbemessung als massgebend erachtete Valideneinkommen Indizien liefern kann (K 67/05 E. 6; K 90/05 E. 6 m.H.). Spesen, die Entschädigungen für effektive Auslagen darstellen, sind keine anrechenbaren Einbussen (RSKV 1974 200 125 E. 2), dagegen betriebliche Fixkosten (RSKV 1981 452 128 E. 3a). Die Versicherten haben dem KVers über die Einkommensfaktoren Auskunft zu erteilen (Art. 28 Abs. 2 ATSG; altrechtlich: RSKV 1978 341 222). S.a. Art. 72 KVG Rz. 23ff.

Durch den Versicherungsfall verursachte Mehrkosten: Bezüglich der 10 «durch den Versicherungsfall verursachten Mehrkosten» (Art. 69 Abs. 2 ATSG) wird auf KIESER ATSG-Kommentar*, Art. 69 Rz. 17 ff. und SBVR-EUGSTER* Rz. 1168 und 1175 verwiesen. Mehrkosten sind nachzuweisen, es sei denn, dass sie nach der allgemeinen Lebenserfahrung zu entstehen pflegen und sich im üblichen Rahmen halten (BGE 110 V 318 E. 3; BGE 105 V 193 E. 2, RSKV 1973 176 139 E. 4: Beträge von drei bis fünf Franken pro Tag ohne konkreten Nachweis anerkannt; vgl. a. BGE 127 V 94 E. 5). Der vertragliche Ausschluss von anderweitig nicht gedeckten Kosten von der Überentschädigungsberechnung, wie er unter dem KUVG möglich war (BGE 105 V 193; RKUV 1986 K 702 461 E. 3; K 65/99 E. 3a) dürfte als Eingriff in das gesetzlich geregelte Leistungsrecht (BGE 130 V 546 E. 4.4) unter Art. 69 ATSG nicht mehr möglich sein.

Altrechtliche Kasuistik

– Nach der Praxis zum KUVG waren bei der Überentschädigungsberechnung z.B. folgende Aufwendungen anrechenbar: Krankentransporte mit Taxi, Tramspesen für den Besuch im Spital; Kosten für einen Unfallhandschuh; Franchise und Selbstbehalt, Kosten einer Haushalthilfe (BGE 110 V 318 E. 3; RSKV 1982 511 253 E. 3, 1980

394 9 E. 2; RSKV 1977 296 149 E. 2; RSKV 1973 176 139 E. 4; KIESER ATSG-Kommentar*, Art. 69 Rz. 19).

2. Taggelder anderer Sozialversicherer

11 Art. 110 KVV legt für den Taggeldbereich die subsidiäre Leistungspflicht der KV fest. Eine Leistungskumulation bleibt möglich, soweit keine Überentschädigung resultiert (K 48/06 E. 2.4: UVG- und KVG-Taggelder; zu altArt. 110 KV: BGE 124 V 368 E. 2b; BGE 125 V 297 E. 3c; K 73/05 E. 2.2). Taggelder der IV schliessen, soweit keine Überentschädigung besteht, einen gleichzeitigen Anspruch auf Krankengeld der KV nicht aus. Kollidiert das Recht eines Versicherten auf berufliche Umschulung durch die IV mit der Pflicht zur Schadenminderung gegenüber dem KVers im Krankengeldbereich, so hat der Anspruch auf Umschulung in dem Sinne Vorrang, dass der gegenüber dem KVers bestehende Krankengeldanspruch deswegen grundsätzlich keine Schmälerung erfahren darf (K 20/02 E. 2c; altrechtlich: BGE 111 V 235 E. 2c). Im Falle eines Anspruchs auf Wartetaggelder (Art. 18 Abs. 2 IVG) besteht kein Anspruch auf weitere Auszahlung von Krankentaggeldern. Werden jedoch Massnahmen der IV nicht ernsthaft ins Auge gefasst, und wird daher ein Anspruch auf Wartetaggelder abgelehnt, besteht der Anspruch auf Krankentaggelder weiter (BGE 129 V 460 E. 4.4). Zum Zusammentreffen von KVG-Taggeldern mit solchen der MV siehe KIESER, Taggeldkoordination, AJP 3/2000 S. 249, 258 contra SCHLAURI, in SBVR-Schlauri 1998 Rz. 239.

12 Zur Verzahnung von KV und AlV bzw. IV siehe Art. 73 Abs. 1 KVG und Art. 28 Abs. 4 AVIG, der im Unterschied zu Art. 15 Abs. 2 Satz 1 AVIG nur die vorübergehende Arbeitsfähigkeit regelt (BGE 128 V 149 E. 3b; BGE 126 V 124 E. 3b). Art. 28 Abs. 2 AVIG statuiert den subsidiären Charakter der Leistungspflicht der AlV und soll eine Überentschädigung verhindern (BGE 128 V 149 E. 3b). Die Leistungen aufgrund der Regel von Art. 73 Abs. 1 KVG unterstehen ebenfalls dem Überentschädigungsverbot (BGE 128 V 149 E. 3c).

3. Zusammentreffen mit Taggeldern nach VVG

Während unter Art. 26 Abs. 3 KUVG der soziale KVers auch kongruente   13
Leistungen von privaten Versicherungsträgern (sowie von Haftpflichtigen oder Arbeitgebern) in die Überentschädigungsberechnung mit einbeziehen konnte (BGE 107 V 230 E. 1), durfte er unter altArt. 78 Abs. 2
KVG seine Taggelder nicht aufgrund des Bezugs von VVG-Taggeldern
kürzen, weil diese Bestimmung nur die intersystemische Koordination
regelte (K 96/02 E. 8.3; K 107/04=RKUV 2005 KV 350 421 E. 3.2 ff.),
was unter Art. 78 KVG in der heute geltenden Fassung und unter dem
ATSG weiterhin gültig bleibt.

4. Zusammentreffen mit Renten

Die Koordination von Taggeld und Sozialversicherungsrenten wird in   14
Art. 68 ATSG geregelt, der eine relative Prioritätenordnung begründet.
Der KVers leistet subsidiär bis zur Überentschädigungsgrenze (K 73/05
E. 2.2=RKUV 2006 KV 353 12; Kieser, ATSG-Kommentar*, Art. 68
Rz. 18 ff.; altrechtlich: BGE 114 V 281 E. 4b m.H.; s.a. das Kürzungs-
recht der BVG-Vorsorgeeinrichtung gemäss Art. 24 und 26 BVV 2, BGE
128 V 243 E. 2a). Für die Bemessung der Überentschädigung ist auf die
gesamte Abrechnungsperiode abzustellen. Es ist eine Globalrechnung
vorzunehmen (BGE 128 V 149), was auch unter Art. 69 ATSG gilt (BGE
128 V 149 E. 4a; K 60/02; Kieser, ATSG-Kommentar*, Art. 69 Rz. 13
m.H. auf die Doktrin; s.a. BGE 132 V 27 E. 3.1 zum Verhältnis von
Leistungskürzung und Überentschädigungsberechnung im UVG). Anrechenbar sind die aus der Verwertung einer Restarbeitsfähigkeit effektiv erzielten Einkünfte, nicht auch bloss hypothetische (K 15/03 E. 3.2.2;
RKUV 1994 K 953 303; BGE 123 V 88 m.H.).

Verrechnung mit Rentennachzahlung: Stellt sich nach Zusprechung einer   15
IV-Rente heraus, dass diese zusammen mit den ausgerichteten Taggel-
dern eine Überentschädigung begründet, kann die Ausgleichskasse den
Überentschädigungsbetrag auf Ersuchen des KVers nach KVG mit der
Rentennachzahlung verrechnen (Art. 50 Abs. 2 IVG; Art. 20 Abs. 2 lit. c
AHV). Einwendungen gegen die Überentschädigungsberechnung sind
im Verfahren der KV vorzubringen (I 632/03 E. 2.3; I 296/03 E. 4.1.1;

K 2/03 E. 2.1; RKUV 1989 K 805 187 E. 5c). Da sich die Verrechnungs-möglichkeit direkt aus dem Gesetz ergibt, muss der Taggeldversicherer nach KVG nicht zusätzlich über einen Rückforderungstitel verfügen. Einer Einwilligung der versPers bedarf es ebenfalls nicht (I 632/03 E. 2.3).

16 Das gilt nicht für eine Drittauszahlung an einen Versicherer nach VVG. Deren Leistungen lassen sich nicht unter Art. 20 Abs. 2 AHVG subsu-mieren. Eine Drittauszahlung lässt sich aber allenfalls auf Art. 50 Abs. 2 IVG i.V.m. mit Art. 85bis IVV stützen bzw. auf eine unterschriftliche Zu-stimmung der versPers zur direkten Überweisung an den bevorschus-senden TgVers nach VVG (09.12.2005 I 632/03 E. 2.3 E. 3.2 f.; s.a. I 282/99, Urteilsbespr. Fessler, SZS 2000 S. 379; das Rückforderungs-recht i.S.v. Art. 85bis IVV muss eindeutig sein: BGE 135 V 2 E. 4). Die Verrechnung darf nicht das Existenzminimum der versPers gefährden (Art. 25 KVG Rz. 85).

17 Altrechtliche Kasuistik
   – Der Taggeldanspruch erlischt mit der Entstehung eines IV-Ren-tenanspruchs nicht automatisch. Invalidenrente und Taggeld sind vielmehr, soweit keine Überentschädigung entsteht, kumulierbar (BGE 125 V 106 E. 2a; BGE 120 V 58 E. 1 m.H. auf die Kritik von Duc, SZS 1987, S. 179;
   – Werden Taggelder wegen Überentschädigung nicht ausgerichtet, ist der Anspruch darauf nicht inexistent oder aufgehoben (K 65/99 E. 3c=RKUV 2000 KV 116 145; s.a. BGE 120 V 58 E. 2b).
   – Eine Ehepaar-Invalidenrente ist bei der Überversicherungsermitt-lung in dem Umfang nicht anzurechnen, in welchem die Gattin eines Versicherten unabhängig von seiner eigenen gesundheitlichen Be-einträchtigung eine Rente beanspruchen könnte (BGE 115 V 122; BGE 102 V 8; RSKV 1980 410 112; RKUV 1987 K 748 343; zum UVG und zum geltenden Recht: U 53/07).
   – Fürsorgeleistungen sind keine sachlich kongruenten Leistungen (RKUV 1984 K 571 63 E. 3b), ebenso wenig Genugtuungsansprü-che (BGE 101 V 236; RSKV 1976 236 6).

IV. Meldepflichten zur Sicherung der Koordination

Art. 111 KVV soll es dem Krankenversicherer ermöglichen, seine Zu- 18
ständigkeit rasch prüfen und seine koordinationsrechtlichen Interessen
rechtzeitig wahrnehmen zu können. Die KVers können zudem die Ausrichtung ihrer Taggelder reglementarisch auch von der Anmeldung des
Falles bei der UV nach UVG, bei der MV oder der IV abhängig machen,
sofern begründete Aussicht auf Leistungen dieser Versicherer besteht,
und eine Ablehnung oder Säumnis mit verhältnismässigen Sanktionen
belegen (K 73/05 E. 5.1 f.=RKUV 2006 KV 353 12; siehe ferner Art. 70
Abs. 3 ATSG, Art. 51 Abs. 2 UVV; altrechtlich: Art. 17 Vo III KUVG;
RKUV 1984 K 575 89 betr. begründete Aussicht; RKUV 1984 K 574
84 betr. Rückzug des Leistungsgesuchs bei der IV, der in casu als Leis-
tungsverzicht qualifiziert wurde). Wenn der OKP-KVers Vorleistungen
nach Art. 70 ATSG erbracht hat, ist er anstelle der säumigen Person
(Art. 70 Abs. 3 ATSG) zur Leistungsanmeldung bei der IV befugt (BGE
135 V 106 E. 6 m.H.; s.a. BGE 99 V 165 E. 1, BGE 98 V 54).

V. Vorleistungspflicht

Bibliografie: Kummer Andreas, Vorleistungspflicht und Regress, in: KSK aktuell
5/1998, S. 78 ff.; Mosimann Hans-Jakob, Intersystemische Vorleistungspflichten
nach Art. 70 f. ATSG sowie weitere einzelgesetzliche Vorschriften, in: Prekäres
Leistungsverhältnis im Sozialversicherungsrecht, St. Gallen 2008, S. 107–127.

Siehe Art. 70 Abs. 2 lit. a ATSG, welcher mit altArt. 112 KVV überein- 19
stimmt (BGE 131 V 78 E. 2), und Art. 112–116 KVV. Der KVers hat
vorzuleisten, wenn zweifelhaft ist, ob er oder ein anderer Sozialversicherer Sachleistungen oder Taggelder zu erbringen hat (negativer Kompetenzkonflikt); eine Vorleistungspflicht des KVers besteht nur, wenn dieser leistungspflichtig wird, falls der andere Sozialversicherer seine Leistungspflicht zu Recht bestreitet (RKUV 1992 K 900 178). Ein negativer
Kompetenzkonflikt liegt beispielsweise zwischen KVG-Vers und UVG-
Vers vor, wenn die Unfallkausalität eines Gesundheitsschadens streitig
ist (BGE 131 V 78 E. 3.1), nicht dagegen, wenn das Vorliegen von Arbeitsunfähigkeit oder Behandlungsbedürftigkeit in Frage steht (K 146/99
E. 1), wenn im Krankentaggeldbereich das Bestehen einer krankheitsbe-

dingten Arbeitsunfähigkeit zu verneinen ist (K 110/06 E. 3), wenn der UVG-Versicherer den Fall mangels Unfallkausalität unter Verweigerung weiterer Leistungen abschliesst (K 146/99), wenn keine Pflichtleistungen des KVG in Frage stehen, so etwa ein nicht auf der SL aufgeführtes Arzneimittel (BGE 131 V 78 E. 4.2) oder nicht kassenpflichtige Leistungen im Ausland (BGE 131 V 78 E. 4.3). Die Vorleistungspflicht bleibt dagegen bestehen, wenn sich eine prospektiv korrekt als indiziert erachtete Behandlung nachträglich als unzweckmässig erweist (BGE 131 V 78 E. 2). Keine Vorleistungspflicht nach Art. 70 Abs. 2 lit. a ATSG besteht im Verhältnis zu haftpflichtigen Dritten (altrechtlich: RSKV 1983 560 275). Wenn im Zeitpunkt der Leistungserbringung noch keine Zweifel an der Bestimmung des zuständigen Versicherungsträgers bestanden, diese aber nach der Leistungsausrichtung entstehen, liegt kein Anwendungsfall von Art. 70 ATSG vor (8C 512/2008 E. 3.1).

20 Nicht abschliessend geklärt ist, ob Art. 70 Abs. 2 lit. a ATSG Platz greifen kann, wenn der UVG-Vers anfänglich seine Leistungspflicht anerkannte, ab einem bestimmten Zeitpunkt aber die Taggeldleistungen aufgrund eines zumutbaren Berufswechsels reduzierte (K 110/06 E. 3.1; verneinend: K 146/99 E. 2, implizite bejahend K 149/00 E. 1a und 2). Wo Leistungskumulation zulässig ist, wie das für Geldleistungen zutrifft, kann sich die Frage der Vorleistungspflicht nicht stellen (BGE 127 V 373 E. 5a; B 31/00 E. 5a).

VI.   Regress

Bibliografie: LUGINBÜHL RUDOLF, Der Regress des Krankenversicherers, in: Alfred Koller (Hrsg.), Haftpflicht- und Versicherungsrechtstagung 1999: Tagungsbeiträge, St. Gallen 1999, S. 29 ff.

21 Der Regress ist für die soziale KV in Art. 72 ff. ATSG geregelt. Die Praxis zu altArt. 79 KVG bleibt unter dem ATSG weiterhin gültig. Im Verhältnis zu einem haftpflichtigen Dritten ist der KVers für Pflichtleistungen nach KVG primär leistungspflichtig und erhält dafür einen Regressanspruch (LUGINBÜHL, S. 42). Er kann die versPers für die Erstattung der Heilungskosten nicht an den haftpflichtigen Dritten oder dessen Haftpflichtversicherer verweisen.

Kasuistik
–   Der Krankenversicherer subrogiert nicht in die Franchise und den
    Selbstbehalt der versicherten Person; der so genannte «Bruttore-
    gress» ist nicht möglich (BGE 129 V 396 E. 1.2).
–   Dem Krankenversicherer steht gegenüber dem Haftpflichtversi-
    cherer ein integrales Regressrecht zu. Sind die Haftpflichtansprüche
    auf den KVers übergegangen, stehen der verPers diesbezüglich keine
    eigenen Ansprüche mehr zu (K 43/03 E. 4.2).
–   Leistungserbringer haben gegenüber dem haftpflichtigen Dritten
    keinen Erstattungsanspruch für die Differenz zwischen dem Kas-
    sentarif und einem Selbstzahlertarif (BGE 126 III 36 Erw. 2a und 40
    Erw. 2b/bb; K 152/99=SVR 2002 KV Nr. 4).

Nicht geklärt scheint, wie zu verfahren ist, wenn die versPers nach er-   22
folgter Subrogation gemäss Art. 72 Abs. 1 KVG den Versicherer wechselt und während der Zugehörigkeit zum neuen KVers weitere Behandlungen anfallen, die Teil des Haftpflichtanspruchs bilden (mehr dazu bei
Luginbühl, S. 44 und SBVR-Eugster* Rz. 1184).

Art. 78a Haftung für Schäden

**Ersatzansprüche der gemeinsamen Einrichtung, von Versicherten
und Dritten nach Artikel 78 ATSG sind beim Versicherer geltend zu
machen; dieser entscheidet darüber durch Verfügung.**

Chronologie: Eingefügt durch Anhang Ziff. 11 des ATSG vom 6. Okt. 2000, in
Kraft seit 1. Jan. 2003 (AS 2002 3371; SR 830.1).

Art. 79 Einschränkung des Rückgriffs

**Die Einschränkung des Rückgriffs nach Artikel 75 Absatz 2 ATSG
ist nicht anwendbar.**

Chronologie: Fassung gemäss Anhang Ziff. 11 des ATSG vom 6. Okt. 2000, in
Kraft seit 1. Jan. 2003 (AS 2002 3371; SR 830.1; alt: AS 1995 1328; BBl 1992
I 93).

Art. 79a Rückgriffsrecht des Wohnkantons

Das Rückgriffsrecht nach Artikel 72 ATSG gilt sinngemäss für den Wohnkanton für die Beiträge, die er nach den Artikeln 41 und 49a geleistet hat.

Chronologie: Eingefügt durch Ziff. I der Änderung des KVG vom 21. Dez. 2007 (Spitalfinanzierung), in Kraft seit 1. Jan. 2009 (AS 2008 2049 2057; BBl 2004 5551).

5. Titel: **Besondere Bestimmungen zum Verfahren und zur Rechtspflege, Strafbestimmungen**

Art. 80 Formloses Verfahren

[1]Versicherungsleistungen werden im formlosen Verfahren nach Artikel 51 ATSG gewährt. Dies gilt in Abweichung von Artikel 49 Absatz 1 ATSG auch für erhebliche Leistungen.

[2]...

[3]Der Versicherer darf den Erlass einer Verfügung nicht von der Erschöpfung eines internen Instanzenzuges abhängig machen.

Chronologie: *Art. 80:* Fassung gemäss Anhang Ziff. 11 des ATSG vom 6. Okt. 2000, in Kraft seit 1. Jan. 2003 (AS 2002 3371; SR 830.1). *Abs. 2:* Aufgehoben durch Anhang Ziff. 11 des ATSG vom 6. Okt. 2000, in Kraft seit 1. Jan. 2003 (AS 2002 3371; SR 830.1). *Abs. 3:* AS 1995 1328; BBl 1992 I 93 (Erstfassung des Artikels).

Bibliografie: KIESER, ATSG-Kommentar*, Art. 51; EUGSTER GEBHARD, Streifzüge, in SZS 2003 213, 233 ff.; DUC JEAN-LOUIS, Les rapports entre assureurs LAA et assureurs LAMaL, SZS 2004 S. 118; GRÜNIG CHRISTINE, Verfahrensfragen in der KV, in: Mosimann*, S. 178 ff.

Verordnung: Art. 127 KVV (Frist für den Verfügungserlass).

I.   Allgemeines zum Verfügungsverfahren in der KV

Das Verfügungsverfahren ist in Art. 49–51 ATSG geregelt. Verfügungen 1 aufgrund von Art. 51 Abs. 2 ATSG sind innerhalb von 30 Tagen zu erlassen (Art. 127 KVV; die Frist wurde altrechtlich als Ordnungsvorschrift gewertet: RSKV 1985 K 624 107 E. 5 m.H.). Verfügungsbefugt sind die KVers und in Teilbereichen die Gemeinsame Einrichtung (Art. 15 Abs. 1 VORA; Art. 22 Abs. 3 KVV; Art. 18 Abs. 2 und 2ter sowie 2^{quinquies} KVG). Welche Instanz zum Erlass einer Verfügung versicherungsintern zuständig ist, kann der Versicherer autonom festlegen. Die Verfügungsbefugnis ist nicht an Dritte delegierbar (BGE 128 V 295, E. 4c/aa). Im Streit zwischen Versicherer und Versichertem kommt dem Leistungserbringer keine Parteistellung zu (BGE 123 V 310 E. 3b/bb; RKUV 1989 K 803 148, 151 E. 2a).

2 Zustellung ins Ausland hat, wo staatsvertraglich nichts anderes geregelt ist, auf dem diplomatischen oder konsularischen Weg zu erfolgen (BGE 135 V 293 E. 2.1.1 ff.; s.a. RKUV 1991 U 131 277, RKUV 1998 KV 30 246). Nach Art. 3 Abs. 3 der VO (EWG) Nr. 574/72 können Bescheide oder sonstige Schriftstücke eines Trägers eines Mitgliedstaats, die für eine im Gebiet eines anderen Mitgliedstaats wohnende oder sich dort aufhaltende Person bestimmt sind, dieser unmittelbar mittels Einschreiben mit Rückschein zugestellt werden. Diese Zustellmöglichkeit gilt jedoch nicht für Gerichte (BGE 135 V 293 E. 2.2.3).

3 *Verfügungen sind zulässig*
   – im Falle einer Zession nach Art. 42 Abs. 1 Satz 3 KVG gegenüber dem Leistungserbringer (K 66/02=RKUV 2005 KV 312 3, 4 E. 4; s.a. Duc, in: AJP 5/2005 626, Urteilsbespr. K 66/02).

Verfügungen sind nicht zulässig
   – gegenüber Leistungserbringern (BGE 114 V 319 E. 4a; BGE 119 V 309 E. 3b; RKUV 1993 K 917 E. 3b). Eine entsprechende Verfügung wäre nichtig (K 40/01 E. 4c =SVR 2002 KV Nr. 38; K 128/03 E. 5.3).
   – unter KVers gleichen Ranges (BGE 132 V 166 E. 4; BGE 130 V 215 E. 5.3; K 57/03 E. 5.3.1; K 118/03 E. 5.3.1; zum UVG siehe BGE 127 V 176 E. 4a; BGE 125 V 324 E. 1b; BGE 120 V 489 E. 1a).
   – im Verhältnis zwischen UVG-Versicherer und einem KVers (U 303/03 E. 2.1; U 177/01, krit. Duc, SZS 2004 S. 118 ff.).
   – Zur Feststellung einer Schuldentilgung (RSKV 1979 389 261). Anders bei Prämienabrechnungen (BGE 99 V 78; siehe nunmehr auch Art. 49 Abs. 1 ATSG, wonach über erhebliche Prämienforderungen zu verfügen ist; K 68/04 E. 5.3.2=RKUV 2004 KV 306 463).

Zulässigkeit nicht geklärt:
- Verfügungen gegenüber Versicherungsnehmern bei Kollektivverträgen (schon unter dem KUVG umstritten: BGE 99 IA 423 E. 2; RSKV 1974 192 34, RSKV 1969 46 79; BGE 116 V 345).
- Verfügungen im Verhältnis zwischen Rückversicherern und Versicherern (altrechtlich wurde verfügt: BGE 99 V 78; BGE 105 V 294 E. 2; vgl. a. RSKV 1970 59 15 E. 1, RKUV 1998 KV 37 315 E. 3c/aa und 320 E. 4b).

II. Formlose Leistungszusprechung: Art. 80 Abs. 1 KVG

Eine formlose Leistungsverfügung muss den Hinweis enthalten, dass die 4 versPers, wenn sie damit nicht einverstanden ist, eine formelle Verfügung verlangen kann (BGE 132 V 412 E. 3; U 527/06 E. 3.1; U 316/05 E. 3.2). Art. 80 Abs. 1 KVG ändert an der Verfügungspflicht bei fehlendem Einverständnis der betroffenen Person (Art. 49 Abs. 1 ATSG) nichts (BGE 133 V 188 E. 3.3). Der KVers darf auch ohne Gesuch der betroffenen Person formell verfügen, wenn zum Vornherein mit deren Nichteinverständnis zu rechnen ist (altrechtlich: BGE 96 V 13; Grünig, Verfahrensfragen, S. 179). Auch die Sozialhilfebehörde, welche durch die Übernahme von Prämienausständen einen Leistungsaufschub abwenden kann (altArt. 90 Abs. 4 KVV; AS 2002 3908; Art. 64a Abs. 2 KVG; Art. 105c KVV), kann Anspruch auf Erlass einer an sie adressierten beschwerdefähigen Verfügung gemäss Art. 51 Abs. 2 ATSG in Verbindung mit Art. 49 Abs. 1 ATSG haben (BGE 133 V 188 E. 3). Nicht geklärt ist, wann in der KV eine Leistung im Sinne von Art. 49 Abs. 1 ATSG bzw. Art. 80 Abs. 1 KVG als erheblich zu gelten hat (s.a. BGE 132 V 412 E. 3 und 4) und ob auch die Kostenbeteiligung unter den Leistungsbegriff fällt.

Fragen der Versicherungszugehörigkeit sind erhebliche Anordnungen 5 i.S.v. Art. 49 Abs. 1 ATSG (SozVG ZH KV.2004.00025 01.04.2004 E. 2.2). Zur Verfügungspflicht in Prämienstreitigkeiten ist auf Art. 61 KVG Rz. 21 zu verweisen und bezüglich Rückforderungen von unrechtmässig bezogenen Leistungen auf Art. 3 ATSV (s.a. BGE 133 V 579 E. 4.3.2: Frage offen gelassen, ob für die Frist zur Wahrung eines Rückforderungsanspruchs des KVers gegenüber einer versPers eine formelle Verfügung notwendig ist).

6 Die versicherte Person hat ihr Nichteinverständnis mit einem formlosen Entscheid innerhalb vernünftiger Frist kundzutun, andernfalls Verzicht oder Anerkennung bzw. Rechtskraft der formlosen Verfügung anzunehmen ist (BGE 132 V 412 E. 5, BGE 129 V 110 E. 1.2.2; BGE 126 V 23 E. 4b, BGE 110 V 164 E. 2b, BGE 102 V 13 E. 2a; RKUV 1990 K 835 80 E. 2a; s.a. BGE 134 V 145 betr. UVG).

Stillschweigender Verzicht bzw. Rechtsbeständigkeit angenommen
– bei Widerspruch erst nach 17 Monaten (K 172/04 E. 2.2)
– nach zwei und mehr Jahren: BGE 102 V 13 E. 2b; RKUV 1989 K 793 18 E. 2; RSKV 1981 464 230 E. 2; RSKV 1980 417 160 E. 1; 8C 62/2008 E. 3.2.3.
– nach Ablauf eines Jahres im Falle einer Vertretung durch eine Amtsstelle (RSKV 1979 379 199) bzw. sechs Monaten (U 316/05 E. 3; der Anwalt hätte innert 90 Tagen handeln müssen).

Stillschweigender Verzicht bzw. Rechtsbeständigkeit abgelehnt
– bei Widerspruch nach 14 Monaten (RKUV 1986 K 690 385 E. 3),
– nach neun Monaten (RSKV 1981 461 206 E. 1b).
– nach zehn Monaten (U 527/06 E. 3.2 m.H. auf die Praxis im UVG und AVIG).
– nach 11 Monaten (RKUV 1988 K 783 390 E. 3b).

7 Dies jeweils im Wesentlichen mit der Begründung, die betroffene Person sei nicht rechtskundig vertreten gewesen. Ein Anwalt muss in der Regel innerhalb von 90 Tagen Einsprache erheben (U 316/05 E. 3). Vgl. a. U 527/06 E. 3 zur Praxis in der UV und der AlV, in der auch wesentlich kürzere Fristen für eine Annahme der Rechtsbeständigkeit akzeptiert wurden. Die angemessene Überlegungs- und Prüfungsfrist ist auch zu wahren, wenn die formlose Verfügung in Verletzung von Rechtsvorschriften ergangen ist (C 7/02=SVR 2004 ALV Nr. 1 S. 1 E. 3.2). Siehe ferner Art. 25 Rz. 92. Eine formlose Verfügung erlangt auch im Verhältnis zum KVers Rechtsbeständigkeit. In diesem Falle kann der KVers nur unter den Voraussetzungen der Wiedererwägung oder Revision (Art. 53 ATSG) darauf zurückkommen (K 8/07 E. 4; K 52/02 E. 4.2=SVR 2003 KV Nr. 11).

Gegen Verfügungen des KVers kann bei diesem Einsprache (Art. 52 **8** Abs. 1 ATSG) und gegen den Einspracheentscheid des KVers beim zuständigen Versicherungsgericht Beschwerde (Art. 56 Abs. 1 ATSG) erhoben werden. Mehr dazu in den ATSG-Kommentierungen. Vergleichsweise Einigungen zwischen Versicherten und Versicherungsträgern sind im Beschwerdeverfahren nicht nur bei reinen Streitigkeiten über sozialversicherungsrechtliche Leistungen zulässig (K 114/05 E. 2.1=SVR 2007 KV Nr. 8), sondern auch im Falle von Streitigkeiten über gegenseitige Ansprüche (Sozialversicherungsleistungen und -beiträge; BGE 131 V 417).

Eine Rechtsverweigerungs- und Rechtsverzögerungsbeschwerde nach **9** Art. 56 Abs. 2 ATSG setzt voraus, dass die betroffene Person vorgängig – ausdrücklich oder sinngemäss – den Erlass einer anfechtbaren Verfügung oder eines Einspracheentscheids verlangt hat (K 55/03 E. 2.4; VG Luzern, Fall-Nr. S 05 645 20.01.2006). Weigert sich der KVers, über den gegenüber einer versPers bis zur vollständigen Bezahlung der angefallenen Betreibungskosten verhängten Leistungsaufschub zu verfügen, ist das Gemeinwesen legitimiert, dagegen Rechtsverweigerungsbeschwerde zu erheben (BGE 133 V 188 E. 2–5). Bei einer Beschwerde gemäss Art. 56 Abs. 2 ATSG kann der Richter den Streit nicht materiell entscheiden, sondern hat die Sache an die Krankenkasse zum Erlass einer Verfügung oder eines Einspracheentscheides zurückzuweisen (RKUV 2000 KV 131 243 E. 2d, Änderung der Rechtsprechung; aus prozessökonomischen Gründen gleichwohl materiell entschieden: K 90/99).

Art. 81

Aufgehoben durch Anhang Ziff. 11 des ATSG vom 6. Okt. 2000, in Kraft seit 1. Jan. 2003 (AS 2002 3371; SR 830.1).

Die aufgehobene Bestimmung (AS 1995 1328; BBl 1992 I 93) betraf das Akteneinsichtsrecht. Der betreffende Tatbestand ist neu in Art. 47 ATSG geregelt.

Art. 82 Besondere Amts- und Verwaltungshilfe

In Abweichung von Artikel 33 ATSG geben die Versicherer den zuständigen Behörden auf Anfrage kostenlos die notwendigen Auskünfte und Unterlagen für:

a. die Ausübung des Rückgriffsrechts nach Artikel 41 Absatz 3;

b. die Festsetzung der Prämienverbilligung.

Chronologie: Fassung gemäss Ziff. I der V der BVers betr. Änderung des Anhangs zum ATSG vom 21. Juni 2002 (Revision 1 des Anhangs), in Kraft seit 1. Jan. 2003 (AS 2002 3453 3471; BBl 2002 803). Erstfassung von Art. 82 KVG: AS 1995 1328; BBl 1992 I 93.

Verordnung: Art. 120 KVV (Information der Versicherten über geleistete Verwaltungshilfe).

Die allgemeine Amts- und Verwaltungshilfe wird in Art. 32 ATSG ATSG geregelt. Von praktischer Bedeutung ist in der KV namentlich die Verwaltungshilfe nach Art. 32 Abs. 2 ATSG, welche in Systemen mit Mehrfachträgerschaft auch diejenige zwischen Organen der verschiedenen Versicherer umfasst. Art. 84a Abs. 1 lit. a KVG regelt ebenfalls einen Tatbestand des Informationsaustausches zwischen Organen, die das gleiche Sozialversicherungsgesetz anwenden (BBl 2000 255, 263, 265). Nach der Doktrin unterscheidet sich die Verwaltungshilfe nach Art. 32 Abs. 2 ATSG insofern von der Verwaltungshilfe nach Art. 84a Abs. 1 lit. a KVG, als sie ein schriftliches und begründetes Gesuch im Einzelfall verlangt, während Art. 84a Abs. 1 lit. a KVG Verwaltungshilfe ohne Gesuch und auch ausserhalb von Einzelfällen betrifft (KIESER, ATSG-Kommentar*, Art. 32 Rz. 25; s.a. K 90/01 E. 2b). Für beide Formen der Verwaltungspflege gilt das Datenschutzgesetz. Der KVers darf keine Verwaltungshilfe leisten, wenn er dadurch gegen Vorschriften des Datenschutzes verstossen würde.

Art. 83 Versichertennummer der AHV

Die mit der Durchführung, der Kontrolle oder der Beaufsichtigung der Durchführung dieses Gesetzes betrauten Organe sind befugt, die Versichertennummer der AHV nach den Bestimmungen des Bundesgesetzes vom 20. Dezember 1946 über die Alters- und

Hinterlassenenversicherung für die Erfüllung ihrer gesetzlichen Aufgaben systematisch zu verwenden.

Chronologie: *Art. 83:* Aufgehoben durch Anhang Ziff. 11 des ATSG vom 6. Okt. 2000, in Kraft seit 1. Jan. 2003 (AS 2002 3371; SR 830.1; alt: AS 1995 1328; BBl 1992 I 93). Fassung gemäss Anhang Ziff. 11 des AHVG vom 23 Juni 2006 (Neue AHV-Versichertennummer), in Kraft seit 1. Dez. 2007 (AS 2007 5292 5263; BBl 2006 501).

Der ursprüngliche Art. 83 KVG (AS 1995 1328; BBl 1992 I 93) betraf die Schweigepflicht. Die entsprechende Bestimmung findet sich neu in Art. 33 ATSG.

Die AHV-Versichertennummer ist in der sozialen KV datenschutzkonform einzusetzen, namentlich bei der Verwendung innerhalb von Versicherungskonzernen mit mehreren KVG-Vers. Die Schweigepflicht nach Art. 33 ATSG gilt auch im Verhältnis zwischen KVG-Versicherern eines Konzerns oder einer Versicherungsgruppe. S.a. Art. 42a Abs. 1 Satz 2 KVG (Versichertenkarte).

Art. 84 Bearbeiten von Personendaten

Die mit der Durchführung, der Kontrolle oder der Beaufsichtigung der Durchführung dieses Gesetzes betrauten Organe sind befugt, die Personendaten, einschliesslich besonders schützenswerter Daten und Persönlichkeitsprofile, zu bearbeiten oder bearbeiten zu lassen, die sie benötigen, um die ihnen nach diesem Gesetz übertragenen Aufgaben zu erfüllen, namentlich um:

   a. für die Einhaltung der Versicherungspflicht zu sorgen;

   b. die Prämien zu berechnen und zu erheben;

   c. Leistungsansprüche zu beurteilen sowie Leistungen zu berechnen, zu gewähren und mit Leistungen anderer Sozialversicherungen zu koordinieren;

   d. den Anspruch auf Prämienverbilligungen nach Artikel 65 zu beurteilen sowie die Verbilligungen zu berechnen und zu gewähren;

   e. ein Rückgriffsrecht gegenüber einem haftpflichtigen Dritten geltend zu machen;

f. **die Aufsicht über die Durchführung dieses Gesetzes auszuüben;**

g. **Statistiken zu führen;**

h. **die Versichertennummer der AHV zuzuweisen oder zu verifizieren;**

i. **den Risikoausgleich zu berechnen.**

Chronologie: Erstfassung: AS 1995 1328; BBl 1992 I 93. *Art. 84 Ingress:* Fassung gemäss Anhang Ziff. 11 des AHVG vom 23 Juni 2006 (neue AHV-Versichertennummer), in Kraft seit 1. Dez. 2007 (AS 2007 5292 5263; BBl 2006 501). *Art. 84 lit. a bis g:* Fassung gemäss Ziff. I der Änderung des KVG vom 23. Juni 2000, in Kraft seit 1. Jan. 2001 (AS 2000 2755; BBl 2000 255: Botschaft über die Anpassung und Harmonisierung der gesetzlichen Grundlagen für die Bearbeitung von Personendaten in den Sozialversicherungen vom 24. November 1999). *Lit. d:* heute Art. 65 und 65a KVG. *Lit. h:* eingefügt mit Anhang II Ziff. 11 der Änderung vom 23. Juni 2006 des AHVG (neue AHV-Versichertennummer), in Kraft seit 1. Dez. 2007 (AS 2007 5259, 5263, 5268; BBl 2006 501). *Lit. i:* eingefügt durch die Änderung des KVG (Risikoausgleich) vom 21. Dezember 2007, in Kraft ab 1.1.2012 (AS 2009 4755).

Bibliografie: Duc Jean-Louis, Quelques considérations sur le secret médical et assurances sociales, la collecte des données relatives à la santé ainsi qu'à la capacité de travail et les médecins-conseils, in CGSS 2001 Nr. 3, S. 61 ff.; Keller Urs, Wer muss was wissen, wer darf was wissen?: Datenschutz aus Sicht der Hausarztnetze – Datenschutz und Managed Care, in: Care Management 1(2008) Nr. 1 S. 28–29; Locher Heinz, Die Behörden erheben mehr Daten als das KVG verlangt: rechtlich gesehen, in Competence 73 (2009) H. 3 S. 14 f.; Longchamp*, S. 320 ff.; Peter Roger, Besteht eine Pflicht des Arztes auf Herausgabe von Daten seines Patienten an das Durchführungsorgan der obligatorischen Unfallversicherung?, SZS 2001 S. 147 ff.; Uhlmann Felix, Transparenz und Zugang zu Daten als Voraussetzung für den Wettbewerb, in: Poledna Tomas/Jakobs Reto (Hrsg.), Gesundheitsrecht im wettbewerblichen Umfeld, Forum für Gesundheitsrecht, Zürich 2010, S. pend.; Uttinger Ursula, Bleibt der Datenschutz auf der Strecke?: Problematischer Austausch von Informationen in Versicherungszweigen, die ein Obligatorium und einen privaten Zusatz kennen, in: Schweizer Personalvorsorge 19(2006) H. 9 S. 73–74; Dies., Berufsgeheimnis, Schweigepflicht und Datenschutz, in: SVZ 2000, S. 240 ff.; Uttinger, Persönlichkeitsschutz in der sozialen und privaten Krankenversicherung, HAVE 2/2002 S. 151; Dies., Datenschutz in der Krankenversicherung, insbesondere im vertrauensärztlichen Dienst: Empfehlungen des EDÖB vom 17. April 2007 und Urteil des Bundesgerichts vom 21. März 2007, K 12/06, in: HAVE 3/2007, S. 253; Uttinger Ursula/Lutz C./ Fuchs M., Datenschutz, verschiedene Versicherungsarten und die Adressierung von Briefumschlägen, in: SAeZ 2002, S. 2296 ff.; beachte auch die bibliografischen Angaben unter Art. 42 und 57 KVG. Wissenschaftliche Forschungsberichte des BSV/BAG: siehe die Internet-Adresse auf S. XXII (Literaturverzeichnis).

Verordnung: KVV: Art. 6a Abs. 3 (Beitrittsformulare); Art. 59 Abs. 1bis (Bearbeitung diagnosebezogener Daten); Art. 59 Abs. 1ter (Aufbewahrung diagnosebezogener Daten); Art. 76 (Angaben über die erbrachten Leistungen); Art. 76 (Angaben über die erbrachten Leistungen); Art. 120 KVV (Information der Versicherten über die Bekanntgabe von Daten); Art. 130 KVV (Kosten der Bekanntgabe und Publikation von Daten).

Kreisschreiben (KS): BAG-KS Nr. 7.1 – Daten- und Persönlichkeitsschutz vom 09.03 2005; Nr. 7.2 – Bundesgesetz und Verordnung über das Öffentlichkeitsprinzip der Verwaltung (Öffentlichkeitsgesetz, BGÖ; Öffentlichkeitsverordnung, VBGÖ) vom 18.05.2005; Nr. 7.4 – Auskunfts- und Akteneinsichtsrechte vom 12.12.2006. S.a. RKUV 1997 S. 31 betr. Art. 8 DSG.

Art. 84 KVG stellt eine Generalklausel mit exemplifikativer, mithin nicht abschliessender Aufzählung wichtiger gesetzlicher Aufgaben dar, die eine Personendatenbearbeitung gestatten. Der Datenschutz gehört zu den Kernaufgaben eines KVers, welche nicht delegierbar sind (BGE 128 V 295). Die Art. 84 und 84a KLV gelten sowohl für die OKP als auch die freiwillige Taggeldversicherung nach Art. 67 ff. KVG-Versicherer sind Bundesorgane im Sinne von Art. 3 lit. h DSG (BGE 133 V 359 E. 6.4, BGE 131 II 413 E. 2.3; K 34/01 E. 5a=RKUV 2002 KV 195 S. 1; s.a. BGE 123 II 534 E. 1a, 540 E. 3c). Art. 42 Abs. 3 und 4 sowie Art. 84 und 84a KVG stellen die von Art. 17 Abs. 2 DSG geforderte formelle gesetzliche Grundlage zur Bearbeitung von besonders schützenswerten Personendaten und Persönlichkeitsprofilen dar (BGE 133 V 359 E. 6.4; K 7/05 E. 4.3=RKUV 2006 KV 373 286; RKUV 2002 KV 195 5 E. 5b; s.a. Art. 43 KVG Rz. 10 ff. betr. Diagnoseangaben). Die Datenbearbeitung richtet sich in erster Linie nach den spezialgesetzlichen Bestimmungen des KVG (Art. 42 Abs. 2 und 3 KVG; Art. 84 und 84a KVG), welche dem DSG vorgehen (BGE 133 V 359 E. 6.4) und die Rechtsgrundlage für sämtliche Bearbeitungen von Personendaten in der sozialen KV bilden, die zur Erfüllung der auf dem KVG beruhenden Aufgaben benötigt werden. Ist eine Datenbearbeitung nach diesen Bestimmungen rechtmässig, besteht kein Raum, sie gestützt auf das Datenschutzgesetz als unrechtmässig zu erklären (BGE 133 V 359 E. 6.4, siehe dazu Uttinger, HAVE 3/2007, S. 256; K 12/06 E. 6.4=SVR 2007

KV Nr. 15; zum UVG: 8C 192/2008 E. 3.2.1). Die Vorschriften des DSG gelten jedoch uneingeschränkt, wenn und soweit im KVG nicht davon abweichend legiferiert worden ist. Zur Datenbearbeitung nach Art. 84 KVG zählt auch die Aktenaufbewahrung (Art. 8 lit. e DSG; s.a. 1P.49/2007 E. 2 betr. die zulässige Verweigerung der Herausgabe von Originalkrankenakten an den Patienten durch ein öffentliches Spital). Wie im Bereiche des UVG besteht ferner ein Anspruch auf Aussonderung und Vernichtung von Aktenstücken mit unrichtigem Inhalt (Art. 5 Abs. 2 bzw. Art. 25 Abs. 3 lit. a DSG; 1A.6/2001 E. 2 f.). Art. 84 KVG erlaubt es einem Vertrauensarzt, Personendaten einem von ihm konsultieren Spezialisten mitzuteilen (BGE 131 II 413 E. 2.1). Der Vertrauensarzt ist verantwortlich für den Schutz der Daten durch beigezogene Konsiliarärzte (Art. 10a und Art. 16 Abs. 1 DSG; a.a.O., S. 418, E. 2.4).

Art. 84a Datenbekanntgabe

[1] **Sofern kein überwiegendes Privatinteresse entgegensteht, dürfen Organe, die mit der Durchführung, der Kontrolle oder der Beaufsichtigung der Durchführung dieses Gesetzes betraut sind, Daten in Abweichung von Artikel 33 ATSG bekannt geben:**

   a. **anderen mit der Durchführung sowie der Kontrolle oder der Beaufsichtigung der Durchführung dieses Gesetzes betrauten Organen, wenn die Daten für die Erfüllung der ihnen nach diesem Gesetz übertragenen Aufgaben erforderlich sind;**

   b. **Organen einer anderen Sozialversicherung, wenn sich in Abweichung von Artikel 32 Absatz 2 ATSG eine Pflicht zur Bekanntgabe aus einem Bundesgesetz ergibt;**

   b[bis] **Organen einer anderen Sozialversicherung für die Zuweisung oder Verifizierung der Versichertennummer der AHV;**

   c. **den für die Quellensteuer zuständigen Behörden, nach den Artikeln 88 und 100 des Bundesgesetzes vom 14. Dezember 1990 über die direkte Bundessteuer sowie den entsprechenden kantonalen Bestimmungen;**

   d. **den Organen der Bundesstatistik, nach dem Bundesstatistikgesetz vom 9. Oktober 1992;**

   e. **Stellen, die mit der Führung von Statistiken zur Durchführung dieses Gesetzes betraut sind, wenn die Daten für die Er-**

füllung dieser Aufgabe erforderlich sind und die Anonymität der Versicherten gewahrt bleibt;

f. den zuständigen kantonalen Behörden, wenn es sich um Daten nach Artikel 22*a* handelt und diese für die Planung der Spitäler und Pflegeheime sowie für die Beurteilung der Tarife erforderlich sind;

g. den Strafuntersuchungsbehörden, wenn die Anzeige oder die Abwendung eines Verbrechens die Datenbekanntgabe erfordert;

h. im Einzelfall und auf schriftlich begründetes Gesuch hin:

   1. Sozialhilfebehörden, wenn die Daten für die Festsetzung, Änderung oder Rückforderung von Leistungen beziehungsweise für die Verhinderung ungerechtfertigter Bezüge erforderlich sind,

   2. Zivilgerichten, wenn die Daten für die Beurteilung eines familien- oder erbrechtlichen Streitfalles erforderlich sind,

   3. Strafgerichten und Strafuntersuchungsbehörden, wenn die Daten für die Abklärung eines Verbrechens oder eines Vergehens erforderlich sind,

   4. Betreibungsämtern, nach den Artikeln 91, 163 und 222 des Bundesgesetzes vom 11. April 1889 über Schuldbetreibung und Konkurs.

[2] ...

[3] Daten, die von allgemeinem Interesse sind und sich auf die Anwendung dieses Gesetzes beziehen, dürfen in Abweichung von Artikel 33 ATSG veröffentlicht werden. Die Anonymität der Versicherten muss gewahrt bleiben.

[4] Die Versicherer sind in Abweichung von Artikel 33 ATSG befugt, den Sozialhilfebehörden oder anderen für Zahlungsausstände der Versicherten zuständigen kantonalen Stellen die erforderlichen Daten bekannt zu geben, wenn Versicherte fällige Prämien oder Kostenbeteiligungen nach erfolgloser Mahnung nicht bezahlen.

[5] In den übrigen Fällen dürfen Daten in Abweichung von Artikel 33 ATSG an Dritte wie folgt bekannt gegeben werden:

a. nicht personenbezogene Daten, sofern die Bekanntgabe einem überwiegenden Interesse entspricht;

b. Personendaten, sofern die betroffene Person im Einzelfall schriftlich eingewilligt hat oder, wenn das Einholen der Einwilligung nicht möglich ist, diese nach den Umständen als im Interesse der versicherten Person vorausgesetzt werden darf. [6] Es dürfen nur die Daten bekannt gegeben werden, welche für den in Frage stehenden Zweck erforderlich sind. [7] Der Bundesrat regelt die Modalitäten der Bekanntgabe und die Information der betroffenen Person. [8] Die Daten werden in der Regel schriftlich und kostenlos bekannt gegeben. Der Bundesrat kann die Erhebung einer Gebühr vorsehen, wenn besonders aufwendige Arbeiten erforderlich sind. [...]

Chronologie: Art. 84a ist eingefügt worden durch Ziff. I der Änderung des KVG vom 23. Juni 2000, in Kraft seit 1. Jan. 2001 (AS 2000 2755; BBl 2000 255: Botschaft über die Anpassung und Harmonisierung der gesetzlichen Grundlagen für die Bearbeitung von Personendaten in den Sozialversicherungen vom 24. November 1999). *Abs. 1:* Fassung gemäss Ziff. I der Änderung des KVG vom 21. Dez. 2007 (Spitalfinanzierung), in Kraft seit 1. Jan. 2009 (AS 2008 2049 2057; BBl 2004 5551). *Abs. 1 lit b^bis:* eingefügt mit Anhang II Ziff. 11 der Änderung des AHVG vom 23. Juni 2006 (neue AHV-Versichertennummer), in Kraft seit 1. Dez. 2007 (AS 2007 5259, 5263, 5268; BBl 2006 501). *Abs. 1 lit. f:* Fassung gemäss Ziff. I der Änderung des KVG vom 21. Dez. 2007 (Spitalfinanzierung), in Kraft seit 1. Jan. 2009 (AS 2008 2049 2057; BBl 2004 5551). *Abs. 1 lit. h Ziff. 4:* Fassung gemäss Ziff. I der V der BVers betr. Änderung des Anhangs zum ATSG vom 21. Juni 2002 (Revision 1 des Anhangs), in Kraft seit 1. Jan. 2003 (AS 2002 3453 3471; BBl 2002 803). *Abs. 2:* aufgehoben durch Ziff. I der Revision 1 des Anhangs zum ATSG (AS 2002 3453 3471; BBl 2002 803). *Abs. 3, 4 und 5:* Fassung gemäss Ziff. I der Revision 1 des Anhangs zum ATSG (AS 2002 3453 3471; BBl 2002 803. *[...]:* Aufgehoben durch Anhang Ziff. 11 des ATSG vom 6. Okt. 2000 (AS 2002 3371; SR 830.1).

Bibliografie: Siehe Art. 84 KVG.

1   Art. 84a KVG regelt, unter welchen Voraussetzungen die in dieser Bestimmung genannten Organe in Abweichung von der Schweigepflicht gemäss Art. 33 ATSG Daten (eingeschlossen Personendaten) genau definierten Dritten offenbaren dürfen. Er bildet die in Art. 19 Abs. 1 i.V.m. mit Art. 17 DSG verlangte gesetzliche Grundlage für das Zugänglichmachen von Personendaten wie Einsichtgewähren, Weitergeben oder Veröffentlichen (Art. 3 lit. f DSG; BGE 133 V 359 E. 6.4, 131 II 413

E. 2.3). Auch im Rahmen von Art. 84a KVG sind, soweit das KVG keine Ausnahme vorsieht, die Regeln des DSG zu beachten.

Zu Art. 84a Abs. 1 lit. a KVG: Diese Bestimmung beschränkt die Be- 2 kanntgabe von Daten auf das, was für die Erfüllung einer Aufgabe erforderlich ist, die einem Organ durch das KVG übertragen ist. Die Daten übermittelnde Stelle muss genauso wie die Daten empfangende in Erfüllung einer gesetzlichen Aufgabe handeln. Das Recht zur Weitergabe von Informationen durch einen Versicherer an einen anderen beschränkt sich auf das, was in einem solchen Falle konkret und unmittelbar notwendig ist (BGE 130 V 448 E. 5.3.6). Tatbestände zu Art. 84a Abs. 1 lit. a KVG lassen sich nicht zahlreiche finden. Eine darunter zu subsumierende Information ist beispielsweise die Weiterversicherungsbestätigung nach Art. 7 Abs. 5 KVG (BGE 130 V 448 E. 5.4), die Mitteilung ausstehender Prämien gemäss Art. 64a Abs. 4 KVV oder die Weiterleitung irrtümlich beim KVers eingereichter Gesuche, Anmeldungen und Eingaben (Art. 30 ATSG).

Die Schweigepflicht entfällt, soweit einer Person oder Stelle ein Akten- 3 einsichtsrecht zusteht. Einer Einwilligung der Betroffenen bedarf es nicht (K 90/01 E. 2b). Eine kant. Bestimmung, wonach die Parteien im Verfahren vor dem Schiedsgericht von der Pflicht zur Wahrung des Berufsgeheimnisses entbunden sind, soweit dies zur Feststellung des Sachverhalts in der streitigen Angelegenheit erforderlich ist, stellt neben altArt. 81 Abs. 1 lit. d KVG (heute Art. 47 Abs. 1 lit. c ATSG) eine hinreichende gesetzliche Grundlage für die Entbindung der Partei vom Berufsgeheimnis (in casu eines Arztes) und für die Auskunftspflicht gegenüber dem Schiedsgericht dar (K 90/01 E. 2c).

Das datenschutzrechtliche Auskunftsrecht (Art. 8 DSG) besteht auch in 5 der sozialen KV. Die versPers hat grundsätzlich – und prinzipiell unabhängig von einem Interessennachweis und jederzeit – das Recht, eine Kopie ihres medizinischen und anderweitigen Dossiers zu erhalten, soweit dieses ihre Person betreffende Daten enthält. Sie muss sich ohne ihr Einverständnis nicht mit der Einsicht in das Dossier am Geschäftssitz des Versicherers oder einer nur mündlichen Auskunftserteilung begnügen (BGE 125 II 321 E. 3; s.a. BGE 127 V 219 E. 1; BGE 123 II 534 E. 3; BGE 125 II 473 E.4; BGE 122 I 153). Daneben besitzt sie ein aus dem Anspruch auf rechtliches Gehör (Art. 29 Abs. 2 BV) fliessendes verfahrensrechtliches Akteneinsichtsrecht (Art. 47 Abs. 1 lit. a und b

ATSG), das während eines hängigen Verfahrens (und nach BGE 122 I 153 E. 6a u. BGE 129 I 249 E. 3 unter bestimmten Voraussetzungen auch ausserhalb) geltend gemacht werden kann, sich aber auf aufgaben- oder entscheidungsrelevante Akten beschränkt (BGE 125 II 473 E. 4c/cc), allerdings auch nicht ihre Person betreffende Daten umfassen kann. Die zu beschreitenden Rechtswege unterscheiden sich je nachdem, ob das datenschutzrechtliche oder das verwaltungsrechtliche Einsichtsrecht im Streite steht (BGE 123 II 534 E. 1 und 2f.; BGE 127 V 219; s.a. 8C 192/2008 E. 3.3; U 387/99 E. 1b; 2A.355/1999 E. 4).

Art. 84b Sicherstellung des Datenschutzes durch die Versicherer (in Kraft ab 1.1.2012)

Die Versicherer treffen die erforderlichen technischen und organisatorischen Massnahmen zur Sicherstellung des Datenschutzes; sie erstellen insbesondere die gemäss Verordnung vom 14. Juni 1993 zum Bundesgesetz über den Datenschutz notwendigen Bearbeitungsreglemente. Diese werden dem oder der Eidgenössischen Datenschutz- und Öffentlichkeitsbeauftragten zur Beurteilung vorgelegt und sind öffentlich zugänglich.

Chronologie: Eingefügt duch die Änderung des KVG (Risikoausgleich) vom 21. Dezember 2007, in der Hauptsache in Kraft ab 1.1.2012 (AS 2009 4755; BBl 2004 5551).

Art. 85 Einsprache (Art. 52 ATSG)

Der Versicherer darf den Erlass eines Einspracheentscheides nicht von der Erschöpfung eines internen Instanzenzuges abhängig machen.

Chronologie: Fassung gemäss Anhang Ziff. 11 des ATSG vom 6. Okt. 2000, in Kraft seit 1. Jan. 2003 (AS 2002 3371; SR 830.1). Erstfassung: AS 1995 1328; BBl 1992 I 93.

Art. 86 Beschwerde (Art. 56 ATSG)

Die Versicherer dürfen das Recht der Versicherten, Beschwerde bei einem kantonalen Versicherungsgericht zu erheben, nicht von der Erschöpfung eines internen Instanzenzuges abhängig machen.

Chronologie: Fassung gemäss Anhang Ziff. 11 des ATSG vom 6. Okt. 2000, in Kraft seit 1. Jan. 2003 (AS 2002 3371; SR 830.1). Erstfassung: AS 1995 1328; BBl 1992 I 93.

Bibliografie: Londis Maria, Das Verhältnis der Krankenversicherer zu anderen Sozialversicherungen, SZS 2001, S. 132.

Ein Privatversicherer ist nicht befugt, gegen Verfügungen eines UVG-Versicherers Rechtsmittel zu ergreifen (BGE 125 V 339 E. 2; Urteilsbespr. Londis, SZS 2001 139ff.), was auch im Verhältnis zu Verfügungen eines KVG-Versicherers Gültigkeit beanspruchen kann.

Art. 87 Streitigkeiten unter Versicherern

Bei Streitigkeiten der Versicherer unter sich ist das Versicherungsgericht desjenigen Kantons zuständig, in dem der beklagte Versicherer seinen Sitz hat.

Chronologie: Fassung gemäss Anhang Ziff. 11 des ATSG vom 6. Okt. 2000, in Kraft seit 1. Jan. 2003 (AS 2002 3371; SR 830.1). Erstfassung: AS 1995 1328; BBl 1992 I 93.

Art. 87 KVG regelt die Frage der örtlichen Zuständigkeit des Schieds- 1 gerichts (BGE 130 V 215 E. 5.3; K 118/03 E. 5.3). Aufgrund des Verfügungsverbots im Verhältnis zwischen KVers (Art. 80 KVG Rz. 3) haben sie sich bei Streitigkeiten untereinander direkt an das nach Art. 87 KVG örtlich zuständige kant. Versicherungsgericht zu wenden. Gemäss Art. 1 Abs. 2 KVG sind schiedsgerichtliche Streitigkeiten der KVers unter sich vom Anwendungsbereich des ATSG ausgenommen (BGE 132 V 166 E. 4; BGE 130 V 215 E. 5.3; K 118/03 E. 5.3; K 57/03 E. 5.3).

Im KVG fehlt für den Falle eines negativen Kompetenzkonflikts zwi- 2 schen KVers eine Art. 78a UVG entsprechende Bestimmung; über die

Leistungspflicht der involvierten KVers wird im versicherungsgerichtlichen Verfahren entschieden (K 16/05 E. 3.1). Geldwerte Streitigkeiten im Verhältnis zwischen einem KVers und einem UVG-Vers sind im Verfahren nach Art. 78a UVG auszutragen (U 303/03 E. 2.1 als obiter dictum; a.m. Frésard, SBVR-Frésard/Moser-Szeless Rz. 700 Fn. 923). Streitigkeiten zwischen Versicherern und Wohnkantonen im Rahmen von Art. 41 (alt)Abs. 3 KVG lassen sich nicht unter das in Art. 1 Abs. 2 lit. d KVG bzw. Art. 87 KVG genannte Verfahren subsumieren; der Wohnkanton ist nicht Versicherer (BGE 130 V 215 E. 5.4.3; K 57/03 E. 5.4.3).

Art. 88

Der aufgehobene Art. 88 regelte die Vollstreckung. Die entsprechende Bestimmung findet sich neu in Art. 54 ATSG.

Chronologie: Aufgehoben durch Anhang Ziff. 11 des BG vom 6. Okt. 2000 über den Allgemeinen Teil des Sozialversicherungsrechts (AS 2002 3371; SR 830.1).

Art. 89 Kantonales Schiedsgericht

[1] **Streitigkeiten zwischen Versicherern und Leistungserbringern entscheidet ein Schiedsgericht.**

[2] **Zuständig ist das Schiedsgericht desjenigen Kantons, dessen Tarif zur Anwendung gelangt, oder desjenigen Kantons, in dem die ständige Einrichtung des Leistungserbringers liegt.**

[3] **Das Schiedsgericht ist auch zuständig, wenn die versicherte Person die Vergütung schuldet (System des *Tiers garant,* Art. 42 Abs. 1); in diesem Fall vertritt ihr Versicherer sie auf eigene Kosten.**

[4] **Der Kanton bezeichnet ein Schiedsgericht. Es setzt sich zusammen aus einer neutralen Person, die den Vorsitz innehat, und aus je einer Vertretung der Versicherer und der betroffenen Leistungserbringer in gleicher Zahl. Die Kantone können die Aufgaben des Schiedsgerichts dem kantonalen Versicherungsgericht übertragen; dieses wird durch je einen Vertreter oder eine Vertreterin der Beteiligten ergänzt.**

⁵ Der Kanton regelt das Verfahren; dieses muss einfach und rasch sein. Das Schiedsgericht stellt unter Mitwirkung der Parteien die für den Entscheid erheblichen Tatsachen fest; es erhebt die notwendigen Beweise und ist in der Beweiswürdigung frei.

⁶ Die Entscheide werden, versehen mit einer Begründung und einer Rechtsmittelbelehrung sowie mit den Namen der Mitglieder des Gerichts, schriftlich eröffnet.

Chronologie: AS 1995 1328; BBl 1992 I 93.

Bibliografie: Balde Juliane, Tribunal arbitral des assurances: de la maîtrise des coûts de la santé, in Cahiers Genevois et romands de sécurité sociale, 2008 Nr. 40 S. 57–69; Frésard-Fellay Ghislaine, Les tribunaux arbitraux institués par l'article 57 LAA, in: SZS 1989, S. 295 ff.; Ritter Jean-Baptiste, Le contentieux du droit médical selon la LAMal, in: Aussurances sociales en révision, Lausanne 2002, S. 249 ff.; Schweizer Rudolf, Die kantonalen Schiedsgerichte für Streitigkeiten zwischen Ärzten oder Apothekern und Krankenkassen, Diss., Zürich 1957.

I.   Einleitung

Die Schiedsgerichte nach Art. 89 KVG sind ständige staatliche Fach- oder Sondergerichte der sozialen KV und werden nur wegen des paritätischen Einbezugs von Vertretern der Versicherer und der Leistungserbringer als Schiedsgerichte bezeichnet. Sie urteilen nicht auf Verfügung, sondern auf Klage hin im Sinne ursprünglicher Gerichtsbarkeit (BGE 119 V 309 E. 3b, BGE 114 V 326 Erw. 4a; BGE 112 V 23 E. 1).   1

In schiedsgerichtlichen Materien ergangene Verfügungen sind nichtig (K 40/01 E. 4c=SVR 2002 KV Nr. 38). Auf das Verfahren vor dem kant. Schiedsgericht findet das ATSG keine Anwendung (Art. 1 Abs. 2 lit. e KVG; K 139/04 E. 3.3.1= SVR 2006 KV 31; K 143/03 E. 5.2=RKUV 2004 KV 289 309).

II. Sachliche Zuständigkeit des Schiedsgerichts (Abs. 1)

1. Auf dem KVG beruhende Rechtsbeziehungen

2 Die sachliche Zuständigkeit ist für alle Streitigkeiten zwischen KVers und Leistungserbringern zu bejahen, wenn und soweit sie Rechtsbeziehungen zum Gegenstand haben, die sich aus dem KVG ergeben oder auf Grund des KVG eingegangen worden sind (BGE 111 V 342 E. 1b). Ob es sich um eine Streitigkeit zwischen KVers und Leistungserbringern handelt, bestimmt sich danach, welche Parteien einander in Wirklichkeit gegenüberstehen (RKUV 1986 K 671 143 E. 1c, 1991 K 874 235 m.H.). Der Streitgegenstand muss die besondere Stellung der KVers oder Leistungserbringer im Rahmen des KVG betreffen. Liegen der Streitigkeit keine solchen Rechtsbeziehungen zu Grunde, sind nicht die Schiedsgerichte, sondern allenfalls die Zivilgerichte sachlich zuständig (BGE 134 V 269 E. 2.1; BGE 132 V 303 E. 4.1 BGE 132 V 352 E. 2.1; BGE 131 V 193 E. 2, je m.H.; s.a. 8C_343/2009 E. 3.2=BGE 135 V S. pend. betr. Art. 57 UVG).

3 Die Frage der sachlichen Zuständigkeit lässt sich nicht losgelöst von mitunter komplexen materiellrechtlichen Erwägungen wie beispielsweise über die Natur des betreffenden Rechtsverhältnisses, dessen konkrete Rechtswirkungen und die Zuordnung der ihm zu Grunde liegenden Rechtsnormen zum Privatrecht oder zum öffentlichen Recht beurteilen (BGE 135 V 124 E. 3.2; K 139/04 E. 3.3.2=SVR 2006 KV 31). Die Zuständigkeit des Schiedsgerichts nach Art. 89 Abs. 3 KVG besteht unabhängig davon, ob eine Vergütung von der versPers (System des Tiers garant) oder vom KVers (Tiers payant) geschuldet wird (BGE 127 V 281 E. 5d; K 51/01 E. 4; K 160/05 E. 3.2; K 25/02 E. 3=RKUV 2002 KV 230 468).

Es genügt nicht, dass der Kläger behauptet, es liege ein aus dem KVG 4 abgeleiteter Anspruch vor (BGE 134 V 269 E. 2.2 m.H.). Zur Abgrenzung ist vielmehr auf den von der klagenden Partei eingeklagten Anspruch und dessen Begründung abzustellen. Sofern Anknüpfungspunkt für die Zuständigkeit eine Tatsache darstellt, der auch materiellrechtlich entscheidende Bedeutung zukommt, ist darüber ausnahmsweise nicht im Rahmen der Eintretensfrage, sondern des Sachentscheides zu befinden. Wo der Umfang der Leistungen der OKP strittig ist und nicht ein Anspruch aus Privatversicherungsrecht, ergibt sich die Zuständigkeit der Gerichte nach KVG (K 5/03 E. 2.2=2004 KV 285 238).

Art. 89 KVG stellt gegenüber der Zuständigkeit des Versicherungsge- 5 richts gemäss Art. 86 KVG lex specialis dar (BGE 131 V 191 E. 2 m.H.), ebenso gegenüber der Zivilgerichtsbarkeit. Die Schiedsgerichte können insb. nicht im Bereiche der Krankenzusatzversicherungen (Art. 12 Abs. 2 KVG) tätig werden, es sei denn, dass im Streit um Zusatzversicherungsleistungen in Wirklichkeit um die Tragweite des Tarifschutzes nach KVG geht (BGE 132 V 352 E. 2.5; K 92/01; 9C_152/2007; altrechtlich: BGE 121 V 311 E. 2b m.H.; RKUV 1988 K 764 168 E. 2b); wo der Umfang der Leistungen der OKP strittig ist, und nicht ein Anspruch aus Privatversicherungsrecht, ergibt sich die Zuständigkeit der Gerichte nach KVG (K 5/03=2004 KV 285 238 E. 2.2; K 36/03 E. 5f. =RKUV 2004 KV 286 291).

2.   Schiedsgerichtliche Streitgegenstände

Gegenstand schiedsgerichtlicher Verfahren können sein: Fragen der Ta- 6 rifanwendung und des Tarifschutzes, Durchführungsbestimmungen in Tarif- und Zusammenarbeitsverträgen, die Rechtmässigkeit von Leistungsbezügen und allfällige Rückforderungen (Art. 56 KVG Rz. 28), die Zulassung von Medizinalpersonen (Art. 36 KVG Rz. 7; K 111/00 E. 3b/cc=RKUV 2001 KV 166 241, BGE 111 V 342 E. 1b), die Verhängung von Sanktionen gegenüber Leistungserbringern (Art. 59 KVG), die Ablehnung von Vertrauensärzten (Art. 57 Abs. 3 und Abs. 6 KVG) und Streitigkeiten zwischen der Gemeinsamen Einrichtung und Leistungserbringern (Art. 22 Abs. 2 KVV).

3. Kasuistik zur sachlichen Zuständigkeit

7 Zuständigkeit bejaht für die Prüfung
   – ob ein Tarif (und welcher Tarif) anwendbar ist (BGE 121 V 311;
     K 40/01 E. 4 =SVR 2002 KV Nr. 38; s.a. K 140/02; K 141/02=
     RKUV 2005 KV 314 15), wie es um dessen Rechtmässigkeit im
     einzelnen Leistungsfall steht (K 36/03=RKUV 2004 KV 286 291
     E. 6.2), wie bei fehlendem behördlichen Vertrags- und behördli-
     chem Ersatztarif zu verfahren ist (K 124/02=RKUV 2004 KV 287
     298, 304 E. 6), wie bei ausserkant. Behandlung ohne medizinische
     Gründe tarifschutzkonform zu fakturieren ist (Art. 41 Abs. 2 KVG;
     K 92/01 E. 4; s.a. 9C_202/2008 E. 2.7);
   – der Rückforderung;
       – von Leistungen, die aufgrund eines behördlich rückwirkend
         herabgesetzten Taxpunktwerts zu Unrecht erbracht worden sind:
         K 173/05 E. 3, K 159/05 E. 3 und K 160/05 E. 3; s.a. Art. 56
         KVG Rz. 25; eine gemeinsame Klage der KVers (Art. 56 Abs. 2
         KVG Rz. 28) ist auch in einem solche Falle möglich (K 159/05
         E. 3.3); s.a. 9C_413/2009.
       – von zu Unrecht erbrachten Leistungen der OKP, wenn der rück-
         erstattungspflichtige Leistungserbringer nicht als solcher zuge-
         lassen ist: K 119/04 (vgl. a. RKUV 1993 K 924 172 u. K 170/97
         23. 6. 1999 betr. Rückerstattung von Leistungen aus unzulässi-
         ger Delegation an einen nichtärztlichen Therapeuten).
       – eines nach Art. 44 Abs. 1 KVG unzulässigen Zusatzhonorars
         oder eines infolge falscher Tarifanwendung überhöhten Honorars
         (9C_725/2008 E. 1.2=BGE 135 V S. pend.; K 5/03=RKUV 2004
         KV 285 238 E. 2.3; s.a. K 36/03=RKUV 2004 KV 286 291,
         K 124/02=RKUV 2004 KV 287 298, K 143/03; K 37/04);
       – aus unwirtschaftlicher Behandlung (9C_563/2007; 9C_562/2007
         E. 5), die mittels Durchschnittskostenvergleichs festgestellt
         wurde: Art. 56 Abs. 2 KVG (s. dort sub Rz. 28). Der öffentlich-
         rechtliche Charakter der Rechtsbeziehung zwischen KVers und
         Leistungserbringer kann nicht durch Vereinbarung geändert
         werden. Ein allenfalls durch Novation, Schuldanerkennung oder
         Vergleich neu begründetes Schuldverhältnis wird nicht zu einem
         solchen privatrechtlicher Natur. Es bleibt bei der sachlichen Zu-
         ständigkeit des Schiedsgerichts (BGE 135 V 124 E. 4.3);

– von Nachforderungen eines Spitals aufgrund von rückwirkenden Taxpunktwerterhöhungen (BGE 124 V 22 E. 2b; zum Thema s.a. Duc, in AJP 10/2009 S. 1315);

– der Herausgabe von Patientendaten durch den Leistungserbringer an den KVers (K 34/01=RKUV 2002 KV 195 1);

– ob der KVers im System des Tiers payant die Verlängerung einer Kostengutsprache für eine stationäre Behandlung von einer medizinischen Rechtfertigung abhängig machen darf (BGE 127 V 43 E. 1b); s.a. 8C_343/2009 E. 4.4=BGE 135 V S. pend. betr. Art. 57 UVG;

– ob die vom Spital geltend gemachten Leistungen zulässigerweise über die Grundleistung hinausgehende Mehrleistungen darstellen (in casu Fakturierung eines Privatpatiententarifs für den Aufenthalt eines Privatpatienten auf der Intensivstation: BGE 132 V 352 E. 2, insb. E. 2.5.4 m.H. auf die analogen Fragestellungen in K 140/02, K 141/02=RKUV 2005 KV 314 15 und K 5/03=RKUV 2004 KV 285 238);

– der Tragweite eines interkant. Spitalabkommens im Streit zwischen einem KVers und einem Leistungserbringer. In casu ging es um eine Streitigkeit im Zusammenhang mit Zusatzversicherungen (9C_152/2007);

– der Erteilung oder Verweigerung einer Rechnungsstellernummer durch santésuisse (BGE 132 V 303 E. 4.3; K 153/05 E. 5);

– eines Streits um das Kompensationsvolumen als Folge einer provisorischen Verrechnung eines überhöhten Taxpunktwerts (BRE 2006 KV 384 E. 1.2.3).

Zuständigkeit verneint für die Prüfung   8

– der Auswirkungen einer automatischen Anpassung eines Taxpunktwertes, die sich auf eine Indexklausel in einem bereits früher genehmigten Tarifvertrag abstützt (BGE 123 V 280 E. 6: Änderung der Rechtsprechung von BGE 119 V 317 E. 5). Zuständig ist die Genehmigungsbehörde; sie kommt zum Zuge, wenn eine Änderung unter dem Blickwinkel der Wirtschaftlichkeit und Billigkeit als wesentlich bezeichnet werden muss (K 124/02=RKUV 2004 KV 287 298, 304 E. 6.2);

– der Taxpunktwertfestlegung, wenn sich die Tarifvertragsparteien darauf nicht einigen konnten (SVR 1997 KV Nr. 101 E. 3, TA Neuenburg. Die Parteien können nicht vereinbaren, dass das Schiedsgericht für eine solche Streitigkeit zuständig sein soll (a.a.O., E. 4);

- der Einhaltung der ärztlichen Berufspflicht (BGE 120 V 481 E. 4);
- der Festsetzung des Starttaxpunktwerts zum TarMed (K 16/04= RKUV 2005 K 329 200 E. 4);
- von Rückforderungen, wenn Leistungen aus Zusatzversicherungen erbracht worden sind (K 28/06 E. 2.7);
- ob ein Streit über den vom ausserkant. Leistungserbringer bei Wahlbehandlungen über den anwendbaren Wohnkantontarif hinaus verlangten Betrag eine Streitigkeit im Sinne von Art. 89 KVG darstellt (BGE 134 V 269);
- einer Streitigkeit zwischen KVers und Wohnkanton bezüglich Differenzzahlungen nach Art. 41 altAbs. 3 KVG (BGE 130 V 215 E. 5.4.3; K 57/03 E. 5.4.3; K 118/03 E. 5.4.3);
- der privatrechtlichen Rechtsbeziehung zwischen Leistungserbringer und Leistungsbezüger bzw. der Frage des zivilrechtlichen Honoraranspruchs, wenn die Aufklärung über eine nicht gesicherte Kassenpflichtigkeit einer Leistung unterblieben ist (9C_292/2007 E. 1.2).

III. Örtliche Zuständigkeit des Schiedsgerichts (Abs. 2)

9 Der Gerichtsstand nach Art. 89 Abs. 2 KVG derogiert den ordentlichen Gerichtsstand des Betreibungsortes am Wohnsitz des Schuldners nach Art. 83 Abs. 2 und Art. 46 Abs. 1 SchKG (BGE 135 V 124 E. 4.3.2).

IV. Zuständigkeit im Tiers garant (Abs. 3)

10 Der Zweck von Art. 89 Abs. 3 Satz 2 KVG besteht darin, dass die verPers im System des Tiers garant davor geschützt werden soll, die Kosten tragen zu müssen, wenn der Arzt tarifwidrig fakturiert, Tarifschutzbestimmungen verletzt oder eine unwirtschaftliche Leistung erbracht hat (K 129/06 E. 3=SVR 2008 KV Nr. 2). Der Vertretungsanspruch ist auf Tatbestände des Tiers garant beschränkt (K 129/06 E. 5.1 f.=SVR 2008 KV Nr. 2). Hat der KVers als Tiers payant die tarifvertraglich vorgeschriebene Leistung erbracht, bleibt kein Raum für die Anwendung von Art. 89 Abs. 3 Satz 2 KVG, weil in diesem Falle, was nach Art. 89 Abs. 1 KVG Rechtswegvoraussetzung ist, kein Streit zwischen KVers

und Leistungserbringer vorliegt (BGE 131 V 191 E. 3; K 81/04). Die Vertretung ist nicht durch eine Vollmacht der versPers zu legitimieren (9C_202/2008 E. 1; s.a. K 124/02 E. 2.3=RKUV 2004 KV 287 298). Die Frage, ob eine versPers im System des tiers payant per analogiam einen Vertretungsanspruch nach Abs. 3 Satz 2 erheben kann, weil sie als Kostenbeteiligungspflichtige von der Rechnungstellung betroffen ist, konnte in K 59/02 offenbleiben, wurde jedoch «eher verneint». Über den Vertretungsanspruch, der eine besondere Leistungskategorie der OKP darstellt, ist im Streitfall im Verfahren nach Art. 49 ff. ATSG zu entscheiden (BGE 131 V 191; vgl. a. RKUV 1989 K 803 148 E. 3a, altrechtlich).

Der KVers kann im System des Tiers garant auch gegen den Willen der versPers in deren Namen Klage erheben (BGE 121 V 311 E. 4b; K 124/02 E. 2.3=RKUV 2004 KV 287 298; K 37/04 E. 2.3; altrechtlich: RSKV 1980 393 3 E. 2). Ohne Antrag der versPers ist er dazu jedoch nicht verpflichtet (BGE 97 V 20 E. 2). Die versPers ihrerseits kann anderseits nicht selber an das Schiedsgericht gelangen, sondern nur über ihren KVers. Ebenfalls nicht möglich ist, dass ein Leistungserbringer gegen eine versPers vor dem Schiedsgericht klagt (BGE 121 V 311 E. 4b; BGE 97 V 20 E. 2 a.E.).   11

Bei einer Tarifstreitigkeit, in welcher auch der Leistungserbringer involviert ist, muss die versicherte Person entweder an das kant. Versicherungsgericht gelangen oder aber im System des Tiers garant vom KVers Klageerhebung nach Art. 89 Abs. 3 KVG verlangen (BGE 124 V 128; K 59/02 E. 1). Sie kann aber nicht gleichzeitig sowohl den versicherungs- als auch den schiedsgerichtlichen Weg beschreiten (so wohl K 57/01 E. 15 in fine). Im Falle des versicherungsgerichtlichen Vorgehens ist die Möglichkeit der Beiladung des Leistungserbringers zu prüfen (siehe BGE 131 V 133 E. 12.3 K 8/06 E. 1.2=RKUV 2006 KV 377 313 und K 3/02 E. 13.3), um zu erreichen, dass sich die Rechtskraft der versicherungsgerichtlichen Entscheidung auch auf den Leistungserbringer erstreckt (s.a. BGE 97 V 20 E. 1). Erhebt der Leistungserbringer im System des Tiers garant gegenüber der versPers auf dem Zivilprozessweg Klage auf Honorarzahlung, kann der Zivilrichter vorfrageweise die Anwendbarkeit eines bestimmten sozialversicherungsrechtlichen Tarifs prüfen (BGE 121 V 311 E. 4).   12

13 Der KVers hat im Rahmen von Art. 89 Abs. 3 Satz 2 allfällige Gerichts-
kosten und Entschädigungen an die Gegenpartei zu übernehmen. Dies
gilt auch im Falle des Weiterzugs des Klageentscheides an das Bundesgericht (9C_567/2007 E. 8).

V. Bezeichnung und Zusammensetzung des Schiedsgerichts (Abs. 4)

1. Zusammensetzung des Schiedsgerichts

14 Die in Abs. 4 KVG vorgeschriebene Zusammensetzung des Schiedsgerichts stellt eine bundesrechtliche, für die Kantone verbindliche Mini-
malvorschrift dar. Die paritätische Besetzung mit Vorsitz einer neutralen
Person ist gleichsam Wesensmerkmal des Schiedsgerichts. Einzelrich-
terliche Entscheide können sich daher höchstens auf rein formelle Entscheide beziehen, wie etwa Prozesserledigungen zufolge Rückzugs oder
Vergleichs oder Ausstandsbegehren, nicht jedoch Nichteintretensent-
scheide mangels sachlicher Zuständigkeit des Gerichts betreffen (BGE
135 V 124 E. 3.2.1; K 28/06 E. 1.1; K 139/04 E. 3.3.1=SVR 2006 KV
31; 9C_149/2007 E. 2.2.2 f.=SVR 2008 KV Nr. 17). Der Einzelrichter
kann keinen Nichteintretensentscheid zufolge fehlender Legitimation
der Kläger erlassen (SVR 1998 KV Nr. 13).

15 Art. 30 Abs. 1 BV und Art. 6 Ziff. 1 EMRK geben auch im Rahmen
von Art. 89 KVG einen Anspruch auf einen gesetzlichen und unpartei-
ischen Richter (K 139/04 E. 3.5 m.H.=SVR 2006 KV 31; 9C_149/2007
E. 3.5=SVR 2008 KV Nr. 17), was auch Teilgehalt des Anspruchs auf
rechtliches Gehör ist (K 153/03 E. 2.1.2 m.H.; 9C_393/2007 E. 3.4.1).
Der Anspruch umfasst ebenfalls das Recht, dass diejenigen Richter mit-
entscheiden, die auf gesetzlichem Weg gewählt bzw. ernannt worden
sind (K 97/04 E. 3= RKUV 2005 KV 318 71), und das Recht auf eine
(numerisch) richtige Besetzung des Gerichts (K 28/06 E. 1.3; K 139/04
E. 3.5=SVR 2006 KV 31; 9C_149/2007 E. 3.5=SVR 2008 KV Nr. 17).
Die Mitwirkung von vier nicht formgültig gewählten Schiedsrichtern verletzt Art. 30 Abs. 1 BV (K 27/04=SVR 2006 KV Nr. 3; vgl. a.
K 97/04 E. 6 ff.=RKUV 2005 KV 318 71), ebenso das Versäumnis, die
Auswechslung der Vertretung der KVers der beklagten Ärztin mitzuteilen (K 153/03 E. 2.2).

Ob kant. Schiedsgerichte nach Art. 89 KVG auch mit nicht im Kanton 16
wohnhaften Schiedsrichtern besetzt werden können, bestimmt sich mangels einer bundesrechtlichen Regelung nach kant. Recht (BGE 124 V
22 E. 6; noch offen gelassen in RKUV 1997 KV 14 309 E. 9). Eine Änderung der personellen Zusammensetzung des Spruchkörpers während
des Prozesses verletzt Art. 30 BV nicht per se (9C_393/2007 E. 3.4.2 m.
Hinw. auf 4A 325/2007 E. 2.3; EVG C 67/98 E. 1c). Unzulässig wäre
die grundlose Ersetzung von Richtern nach wesentlichen Prozesshand-
lungen (6P.102/2005 E. 3 und 4).

2. Befangenheit und Ausstand

Der Ausstand von kant. Gerichtsmitgliedern richtet sich grundsätzlich 17
nach kant. Recht, das allerdings die bundesrechtlichen Mindestan-
sprüche beachten muss (9C_132/2008 E. 4.1). An die Unparteilichkeit
der von den Parteien ernannten Schiedsrichter können nicht die gleich
strengen Anforderungen gestellt werden wie an andere Richter (BGE
132 V 303 E. 4.2 mit ausführlicher Begründung; BGE 124 V 22 E. 5a).
Schiedsgerichte nach Art. 89 KVG sind mit Art. 6 EMRK vereinbar
(9C_132/2008 E. 4.2; BGE 119 Ia 81 E. 4a; Urteil des EGMR in Sachen
Le Compte et al. gegen Belgien vom 23. Juni 1981, Serie A, Band 43,
Ziff. 55).

Befangenheit ist immer dann zu bejahen, wenn der Schiedsrichter bei 18
einer der im Prozess auftretenden Parteien Funktionen innehat, sei dies
als Organ, Funktionär oder Mitarbeiter (K 29/04 E. 2.3; altrechtlich und
nach wie vor gültig: 31.07.1997 K 49/97=RKUV 1997 Nr. KV 14 309
E. 5b; BGE 114 V 292 E. 3f.; BGE 115 V 257 E. 5). Ausstandspflicht
besteht regelmässig auch für Personen, die leitende Mitglieder eines Ver-
sicherungsverbands oder einer Leistungserbringerorganisation sind oder
früher in einer solchen Stellung tätig waren. Indes sind Vertreter eines
Kassenverbandes nicht grundsätzlich ausgeschlossen. Doch wurden
beispielsweise ein Geschäftsführer eines regionalen Kassenverbandes
(K 29/04 E. 3.1) und der Präsident eines Krankenkassenverbandes als
objektiv befangen erklärt (SVR 1998 KV Nr. 1 S; für weitere Kasuistik
siehe den Überblick in K 29/04 E. 2.3). Auf der Seite der Leistungserbringer galt in einem Tarifstreit zwischen einer Privatklinik und einer

Krankenkasse der Präsident der kant. Privatkliniken nicht als befangen (BGE 124 V 22 E. 5; s.a. 9C_149/2007 E. 5.1=SVR 2008 KV Nr. 17), ebenso wenig in einem Überarztungsprozess ein beratender Arzt oder Vertrauensarzt einer verfahrensbeteiligten Krankenkasse (9C_132/2008 E. 4.3). Der blosse Umstand, dass ein Richter ausserhalb seines Amtes, abstrakt, ohne Bezug zum konkreten Verfahren, eine politische oder wissenschaftliche Meinung geäussert hat, begründet für sich allein noch keine Befangenheit (9C_149/2007 E. 5.2=SVR 2008 KV Nr. 13 m.H. auf BGE 118 Ia 282 E. 5e, 105 Ia 157 E. 6a; I 269/05 E. 1). Ebenso begründet nicht Befangenheit, dass die gleiche Person bereits in der Schlichtungsinstanz mitgewirkt hat (RSKV 1979 355 37).

VI.   Regelung des Verfahrensrechts (Abs. 5)

19 *Bundesrecht und kantonales Recht:* Abs. 5 stellt bundesrechtliche Mindestanforderungen an das Verfahren auf. Im Übrigen beruht das Verfahren auf selbständigem kant. Recht (K 116/03 E. 2.3; K 143/03 E. 6.1=RKUV 2004 KV 289 309; K 9/00 E. 3.2=RKUV 2003 KV 250 216. Ein durchgeführtes Schlichtungsverfahren ist im neuen Recht nicht mehr bundesrechtlich vorgeschriebene Eintretensvoraussetzung (altrechtlich: BGE 119 V 309 E. 1a m.H.), kann jedoch im kant. Verfahrensrecht als obligatorisch vorgesehen werden (9C_773/2008 E. 4.5; K 70/06 E. 2.2=SVR 2008 KV Nr. 4; K 9/07 E. 6.4; K 97/04 E. 5.1=RKUV 2005 KV 318 71; K 143/03 E. 8=RKUV 2004 KV 289 309; K 127/01 E. 3.1; s.a. SVR 2003 KV Nr. 13, SG BS), was mit dem Anspruch auf ein rasches Verfahren vereinbar ist (K 143/03 E. 8=RKUV 2004 KV 289 309); fraglich ist dagegen, ob in einem Tarifvertrag eine Art Rekursverfahren gegen Vermittlungsvorschläge einer vertraglichen Schlichtungsinstanz zulässig ist (K 113/00 E. 2b). Ein solches Verfahren kann insbesondere nicht die Umkehr der Parteirollen zur Folge haben (BGE 132 V 18 E. 2.3). Wer entscheidend zur Verfahrensverzögerung beigetragen hat, kann sich nicht auf die Verletzung des Beschleunigungsgebots berufen (9C_244/2008 E. 5).

20 *Parteien und Legitimation:* Auch Verbände von Versicherern können Verfahrenspartei sein (BGE 125 V 297 E. 1b; BGE 111 V 342 E. 1c). Die Legitimation von Kläger und Beklagtem in einem Schiedsge-

richtsverfahren ist eine materiellrechtliche Frage. Ob einer Partei Aktiv- oder Passivlegitimation zukommt, ist eine Tatfrage, über welche das zuständige Schiedsgericht im Rahmen des Sachurteils zu entscheiden hat (SVR 1999 KV Nr. 13; K 143/03 m.H. auf BGE 111 V 342 E. 1c; SVR 1999 KV Nr. 13 E. 2b).

Feststellungsentscheide: Ein Feststellungsentscheid ist auch im Verfahren 21 nach Art. 89 KVG zulässig, wenn ein schützenswertes rechtliches oder tatsächliches Interesse an der Feststellung besteht und ein rechtsgestaltendes Begehren nicht in zumutbarer Weise möglich ist (Art. 49 Abs. 2 ATSG; BGE 132 V 18 E. 2.1, 121 V 311 E. 4; K 91/00=RKUV 2001 KV 173 286 E. 2c m.H. auf RKUV 1988 K 764 168 E. 3, 1984 K 579 112 und RSKV 1983 544 186; K 66/02=RKUV 2005 KV 312 3, 4 E. 5; 9C_152/2007 E. 3.2 mit weiterführenden Hinweisen).

Kostenentscheide: Das Schiedsgericht hat für die Bestimmung der Höhe 22 des Anwaltshonorars die Wichtigkeit und Schwierigkeit der Streitsache, den Umfang der Arbeitsleistung und den Zeitaufwand des Anwalts zu berücksichtigen (K 140/02 E. 9.3; BGE 114 V 83 E. 4b). Zu der zu wahrenden Begründungspflicht für Kostenentscheide: K 116/03 E. 2.7; RKUV 2000 KV 128 231 E. 4b m.H. Das EVG trat seinerzeit auf Rügen gegen einen schiedsgerichtlichen Kostenentscheid ein (RKUV 2000 KV 128 230 E. 4a). Die durch einen Rechtsanwalt vertretenen, obsiegenden K Vers haben letztinstanzlich Anspruch auf Parteientschädigung (SVR 1995 KV Nr. 40 E. 5b; K 159/05 E. 4). Nach der zu Art. 25 KUVG ergangenen Rechtsprechung bestand auch im schiedsgerichtlichen Verfahren ein bundesrechtlicher Anspruch auf unentgeltliche Rechtspflege und Verbeiständung (RKUV 1987 K 717 95).

Art. 90

Aufgehoben durch Anhang Ziff. 110 des Verwaltungsgerichtsgesetzes vom 17. Juni 2005, mit Wirkung seit 1. Jan. 2007 (AS 2006 2197; SR 173.32).

Art. 90a Bundesverwaltungsgericht

[1] **Über Beschwerden gegen die auf Grund von Artikel 18 Absätze 2bis und 2ter erlassenen Verfügungen und Einspracheentscheide der gemeinsamen Einrichtung entscheidet in Abweichung von Artikel 58 Absatz 2 ATSG das Bundesverwaltungsgericht. Es entscheidet auch über Beschwerden gegen die auf Grund von Artikel 18 Absatz 2[quinquies] erlassenen Verfügungen der gemeinsamen Einrichtung.**

[2] **Das Bundesverwaltungsgericht beurteilt Beschwerden gegen Beschlüsse der Kantonsregierungen nach Artikel 53.**

Chronologie: *Art. 90a und Abs. 1:* Eingefügt durch Ziff. I der Änderung des KVG vom 6. Okt. 2000 (AS 2002 858; BBl 2000 4083); Fassung gemäss Anhang Ziff. 110 des Verwaltungsgerichtsgesetzes vom 17. Juni 2005, in Kraft seit 1. Jan. 2007 (AS 2006 2197; SR 173.32). *Abs. 2:* Eingefügt durch Ziff. I der Änderung des KVG vom 21. Dez. 2007 (Spitalfinanzierung), in Kraft seit 1. Jan. 2009 (AS 2008 2049 2057; BBl 2004 5551). Alt: AS 1995 1328; BBl 1992 I 93.

Art. 91 Bundesgericht

Gegen Entscheide des kantonalen Schiedsgerichts kann nach Massgabe des Bundesgerichtsgesetzes vom 17. Juni 2005 beim Bundesgericht Beschwerde geführt werden.

Chronologie: AS 1995 1328; BBl 1992 I 93. Aktuell Fassung gemäss Anhang Ziff. 110 des Verwaltungsgerichtsgesetzes vom 17. Juni 2005, in Kraft seit 1. Jan. 2007 (AS 2006 2197; SR 173.32).

Art. 92 Vergehen

Mit Geldstrafe bis zu 180 Tagessätzen, sofern nicht ein mit einer höheren Strafe bedrohtes Verbrechen oder Vergehen des Strafgesetzbuches vorliegt, wird bestraft wer:

    a. sich durch unwahre oder unvollständige Angaben oder in anderer Weise der Versicherungspflicht ganz oder teilweise entzieht;

b. **durch unwahre oder unvollständige Angaben oder in anderer Weise für sich oder andere Leistungen nach diesem Gesetz, die ihm nicht zukommen, erwirkt;**

c. **als Durchführungsorgan im Sinne dieses Gesetzes seine Pflichten, namentlich die Schweigepflicht, verletzt oder seine Stellung zum Nachteil Dritter, zum eigenen Vorteil oder zum unrechtmässigen Vorteil anderer missbraucht;**

d. **Vergünstigungen nach Artikel 56 Absatz 3 nicht weitergibt.**

Chronologie: AS 1995 1328; BBl 1992 I 93. Aktuell Fassung gemäss Art. 333 des Strafgesetzbuches (SR 311.0) in der Fassung des BG vom 13. Dez. 2002, in Kraft seit 1. Jan. 2007 (AS 2006 3459). Lit. d: Eingefügt durch Anhang Ziff. II 8 des Heilmittelgesetzes vom 15. Dez. 2000, in Kraft seit 1. Jan. 2002 (SR 812.21).

Bibliografie: Duc Jean-Louis, Les dispositions pénales de la LAMal, in: Martin Schmid/Martin Killias (Hrsg.), Le droit pénal et ses liens avec les autres branches du droit, Mélanges en l'honneur du Professeur Jean Gauthier, Bern 1996, S. 167ff.; Homberger Thomas, Die Strafbestimmungen im Sozialversicherungsrecht, Diss., Basel 1993.

Kreisschreiben (KS): BAG-KS Nr. 2.3 – Auskunftspflicht der Versicherer gegenüber dem BAG vom 20.01.2009.

Der Tatbestand des Betruges (Art. 146 StGB) umfasst auch den Tatbestand von Art. 92 lit. b KVG (20.09.2004 6S.298/2004 E. 2.2; betrügerisches Erwirken von Krankentaggeldern; arbeitsunfähig geschrieben und trotzdem voll gearbeitet; vgl. a. 05.05.2003 6S.89/2003). Die Erbringung unnötiger medizinischer Leistungen und unsachgerechte Tarifanwendungen können gegenüber der verPers Betrugstatbestände begründen, die jedoch in jedem einzelnen konkreten Behandlungsfall nachgewiesen sein müssen (6P.145/2006 E. 3). Im Verhältnis zu den KVers ist dem Umstand Rechnung zu tragen, dass zum Leistungserbringer – anders als gegenüber den Patienten – kein besonderes Vertrauensverhältnis besteht (a.a.O. E. 3; s.a. 6P.6/2007 E. 9.1). Für Delikte nach Art. 92 KVG gilt seit 1.10.2002 eine Verfolgungsverjährung von siebeneinhalb Jahren (K 70/06 E. 6.6, nicht in BGE 133 V 579). Sowohl Versicherte als auch Leistungserbringer können gegen Art. 92 lit. b KVG verstossen (vgl. a. I 296/06 E. 4.1).

2 Im System des Tiers garant stellt die Leistung der Krankenkasse an den
   Versicherten kein anvertrautes Gut dar. Die Verwendung der Kassenleis-
   tung zu anderen Zwecken als der Bezahlung des Leistungserbringers
   stellt keine Veruntreuung i.S.v. Art. 140 StGB dar (BGE 117 IV 256).
   Eine ärztliche Verordnung für Medikamente (Art. 25 Abs. 2 lit. b KVG)
   stellt gleich wie der altrechtliche Krankenschein (BGE 103 IV 178) eine
   Urkunde im Sinne von Art. 251 Abs. 1 StGB dar (6P.6/2007 E. 9.2 f.;
   in casu ging es um die Ausstellung von Rezepten für Arzneimittel, die
   nicht zu therapeutischen Zwecken, sondern als Dopingmittel im Sport
   eingesetzt wurden).

Art. 93 Übertretungen

Mit Busse wird bestraft, wer vorsätzlich:
   **a. in Verletzung der Auskunftspflicht unwahre Auskunft erteilt
   oder die Auskunft verweigert;**
   **b. sich der Pflicht zur Amts- und Verwaltungshilfe nach Arti-
   kel 32 ATSG und nach Artikel 82 des vorliegenden Gesetzes
   entzieht;**
   **c. sich einer von der Aufsichtsbehörde angeordneten Kontrolle
   widersetzt oder diese auf eine andere Weise verunmöglicht;**
   **d. gegen das Verbot in Artikel 62 Absatz 2bis oder 64 Absatz 8
   verstösst.**

Chronologie: AS 1995 1328; BBl 1992 I 93. Aktuell Fassung gemäss Art. 333
des Strafgesetzbuches (SR 311.0) in der Fassung des BG vom 13. Dez. 2002, in
Kraft seit 1. Jan. 2007 (AS 2006 3459). *Lit. b*: Fassung gemäss Anhang Ziff. 11
des ATSG vom 6. Okt. 2000, in Kraft seit 1. Jan. 2003 (AS 2002 3371; SR 830.1).
Lit. d: Eingefügt durch Ziff. I der Änderung des KVG vom 24. März 2000, in
Kraft seit 1. Jan. 2001 (AS 2000 2305 2311; BBl 1999 793).

Kreisschreiben (KS): BAG-KS Nr. 2.3 – Auskunftspflicht der Versicherer gegenüber dem BAG vom 20.01.2009.

Art. 93*a* Ordnungswidrigkeiten

[1] Versicherer, Rückversicherer und die gemeinsame Einrichtung werden mit Busse bis zu 5000 Franken bestraft, wenn sie vorsätzlich oder fahrlässig:

    a. die Durchsetzung der Versicherungspflicht (Art. 4–7) erschweren;

    b. den Pflichten und Weisungen nach den Artikeln 21–23 zuwiderhandeln;

    c. Vorschriften über das Finanzierungsverfahren und die Rechnungslegung (Art. 60) verletzen;

    d. Vorschriften über die Prämien der Versicherten (Art. 61–63) verletzen;

    e. Vorschriften über die Kostenbeteiligung (Art. 64) verletzen;

    f. die Erfüllung von internationalen Abkommen über Soziale Sicherheit beeinträchtigen.

[2] In Abweichung von Artikel 79 ATSG verfolgt und beurteilt das Bundesamt diese Widerhandlungen nach dem Bundesgesetz vom 22. März 1974 über das Verwaltungsstrafrecht.

Chronologie: *Art. 93a:* Eingefügt durch Ziff. I der Änderung des KVG vom 24. März 2000, in Kraft seit 1. Jan. 2001 (AS 2000 2305 2311; BBl 1999 793). *Abs. 2:* Fassung gemäss Ziff. I der V der BVers betr. Änderung des Anhangs zum ATSG vom 21. Juni 2002 (Revision 1 des Anhangs), in Kraft seit 1. Jan. 2003 (AS 2002 3453 3471; BBl 2002 803).

Kreisschreiben (KS): BAG-KS Nr. 2.3 – Auskunftspflicht der Versicherer gegenüber dem BAG vom 20.01.2009.

Die Delikte nach Art. 93 und 93a KVG verjähren in längstens drei Jahren (Art. 109 und 333 StGB; Art. 11 VStrR; (K 70/06 E. 6.6, nicht in BGE 133 V 579).

Art. 94 Widerhandlung in Geschäftsbetrieben

Die Artikel 6 und 7 des Bundesgesetzes vom 22. März 1974 über das Verwaltungsstrafrecht sind anwendbar.

Chronologie: AS 1995 1328; BBl 1992 I 93.

Art. 95

Chronologie: Aufgehoben durch Anhang Ziff. 11 des ATSG vom 6. Okt. 2000 (AS 2002 3371; SR 830.1). Erstfassung: AS 1995 1328; BBl 1992 I 93.

Der aufgehobene Art. 95 bestimmte, dass die Strafverfolgung Sache der Kantone sei. Die entsprechende Bestimmung findet sich neu in Art. 79 Abs. 2 ATSG.

6. Titel: Verhältnis zum europäischen Recht

Art. 95*a*

[1] **Für die in Artikel 2 der Verordnung Nr. 1408/71 bezeichneten Personen und in Bezug auf die in Artikel 4 dieser Verordnung vorgesehenen Leistungen, soweit sie im Anwendungsbereich dieses Gesetzes liegen, gelten auch:**

a. **das Abkommen vom 21. Juni 1999 zwischen der Schweizerischen Eidgenossenschaft einerseits und der Europäischen Gemeinschaft und ihren Mitgliedstaaten andererseits über die Freizügigkeit (Freizügigkeitsabkommen) in der Fassung des Protokolls vom 26. Oktober 2004[4] über die Ausdehnung des Freizügigkeitsabkommens auf die neuen EG-Mitgliedstaaten, sein Anhang II und die Verordnungen Nr. 1408/71 und Nr. 574/72 in ihrer angepassten Fassung;**

b. **das Übereinkommen vom 4. Januar 1960 zur Errichtung der Europäischen Freihandelsassoziation in der Fassung des Abkommens vom 21. Juni 2001 zur Änderung des Übereinkommens, sein Anhang K und Anlage 2 zu Anhang K sowie die Verordnungen Nr. 1408/71 und Nr. 574/72 in ihrer angepassten Fassung.**

[2] **Soweit Bestimmungen dieses Gesetzes den Ausdruck «Mitgliedstaaten der Europäischen Gemeinschaft» verwenden, sind darunter die Staaten zu verstehen, für die das in Absatz 1 Buchstabe a genannte Abkommen gilt.**

Chronologie: *Art. 95a:* Fassung gemäss Art. 2 Ziff. 11 des BB vom 17. Dez. 2004 über die Genehmigung und Umsetzung des Prot. über die Ausdehnung des Freizügigkeitsabkommens auf die neuen EG-Mitgliedstaaten zwischen der Schweizerischen Eidgenossenschaft einerseits und der EG und ihren Mitgliedstaaten anderseits sowie über die Genehmigung der Revision der flankierenden Massnahmen zur Personenfreizügigkeit, in Kraft seit 1. April 2006 (AS 2006 979 994; BBl 2004 5891 6565; Freizügigkeitsabkommen: SR 0.142.112.681; AS 2006 995; EFTA-Übereinkommen: SR 0.632.31. *Abs. 1:* Verordnung (EWG) Nr. 1408/71 des Rates vom 14. Juni 1971 zur Anwendung der Systeme der sozialen Sicherheit auf Arbeitnehmer und Selbstständige sowie deren Familienangehörige, die innerhalb der Gemeinschaft zu- und abwandern; in der jeweils gültigen Fassung des Freizügigkeitsabkommens (SR 0.831.109.268.1) bzw. des revidierten EFTA-Übereinkommens. Abs. 1 lit. a: Abkommen: SR 0.142.112.681; Protokoll:

AS 2006 995. *Abs. 1 Lit.b:* Berichtigt von der Redaktionskommission der BVers (Art. 58 Abs. 1 ParlG – SR http://www.bk.admin.ch/ch/d/sr/c171_10.html).

BAG/BSV-Informationsschreiben: BSV, Informationsschreiben des BSV 1/03 an die zuständigen kantonalen Stellen betreffend Aufnahme der Grenzgänger in die gesetzliche Krankenversicherung in Frankreich vom 29.01.2003.

Bibliografie: SBVR-Eugster*, Rz. 38 ff. und Rz. 488 ff.

Sammelbände: MURER ERWIN (Hrsg.), Das Personenverkehrsabkommen mit der EU und seine Auswirkungen auf die soziale Sicherheit der Schweiz, 3. Freiburger Sozialrechtstag 2000, Bern 2001 (*zit. Sammelband Personenverkehrsabkommen*); SCHAFFHAUSER RENÉ/SCHÜRER CHRISTIAN (Hrsg.), Die Durchführung des Abkommens über die Personenfeizügigkeit (Teil Soziale Sicherheit) in der Schweiz, St. Gallen 2001 (*zit. Schaffhauser/Schürer, Sammelband APF*); SCHAFFHAUSER RENÉ/SCHÜRER CHRISTIAN (Hrsg.), Rechtsschutz der Versicherten und Versicherer gemäss Abkommen CH/EU über die Personenfreizügigkeit (APF) im Bereich der Sozialen Sicherheit, St. Gallen 2002 *(zit. Schaffhauser/Schürer, Sammelband Rechtsschutz)*; GÄCHTER THOMAS (Hrsg.), Das europäische Koordinationsrecht der sozialen Sicherheit und die schweiz. Erfahrungen und Perspektiven, Zürich/Basel/Genf 2006 *(zit. Gächter, Sammelband Europäisches Koordinationsrecht)*.

Aufsätze und Monografien: BERGMANN JAN, Die materiellen Grundzüge des Koordinationsrechts der EU im Bereich der Sozialen Sicherheit, in: Schaffhauser/Schürer, Sammelband APF, S. 27–56; DERS., Überblick über die Regelungen des APF betreffend die Soziale Sicherheit in Schaffhauser/Schürer (Hrsg.), in: Schaffhauser/Schürer, Sammelband Rechtsschutz, S. 9–48; DERS., Die materiellen Grundzüge des Koordinationsrechts der EU im Bereich der Sozialen Sicherheit, in: Schaffhauser/Schürer, Sammelband APF, S. 27–56; DERS., Das europäische Sozialrecht des Freizügigkeitsabkommens EU–Schweiz, in: NZS 2003, S. 175 ff.; BORCHARDT KLAUS-DIETER, Grundsätze des Rechtsschutzes gemäss APF, in: Schaffhauser/Schürer, Sammelband Rechtsschutz, S. 49 ff.; BORELLA ALDO/GRISANTI LUCA, La rilevanza della giurisprudenza della Corte di giustizia delle Comunità europea per il giudice svizzero nell'applicazione dell'ALCP, in: Diritto senza devianza, Studi in onore di Marco Borghi per il suo 60° compleanno, Bellinzona et al. 2006, S. 205 ff.; BREITENMOSER STEPHAN/ISLER MICHAEL, Der Rechtsschutz im Personenfreizügigkeitsabkommen zwischen der Schweiz und der EG sowie den EU-Mitgliedstaaten, in: AJP 9/2002, S. 1003 ff.; BREITENMOSER STEPHAN, Der Rechtsschutz gemäss dem Personenfreizügigkeitsabkommen vom 21. Juni 1999 im Bereich der Sozialen Sicherheit, in: Schaffhauser/Schürer, Sammelband APF, S. 27 ff.; BROMBACHER STEINER MARIA VERENA, Die soziale Sicherheit im Abkommen über die Freizügigkeit der Personen, in: Felder/Kaddous (Hrsg.), Accords bilatéraux Suisse–UE (Commentaires), Basel/Genf/München et al. 2001, S. 353 ff.; Bucher Silvia, Die Rechtsmittel der Versicherten gemäss APF im Bereich der Sozialen Sicherheit, in: Schaffhauser/Schürer, Sammelband Rechtsschutz, S. 87–169; Dies., Abkommen über die Personenfreizügigkeit (APF) und Rechtsschutz. Rechtsmittel und Rechtsprechung durch schweizerische Gerichte, in: CHSS 2002, S. 95–96; Dies., Hospitalisation im europäischen Ausland, in: Thomas Gächter (Hrsg.), Ausserkantonale Hospitalisation, LuZeSo*, 2006, S. 17–53; Dies., Le droit aux soins en cas de séjour temporaire dans un pays européen, in Guillod/Sprumont/Despland (Hrsg.), Droit aux soins, Bern et al. 2007, S. 83–121; Cardinaux Basile, Der Rechtsschutz der Versicherer gemäss Personenfreizügigkeitsabkommen CH/EU in: Schaffhauser/Schürer, Sammelband Rechtsschutz, S. 171 ff.; Doleschal Josef, Die sozialversicherungsrechtlichen Bestimmungen im Freizügigkeitsabkommen und dessen Anhang II, in: Murer, Sammelband Personenverkehrsabkommen, S. 21 ff.; Ders., Grenzüberschreitende Regelungen der Sozialen Sicherheit und Personenfreizügigkeit in Europa, in: CHSS 1998, S. 45; Epiney Astrid, Zur Bedeutung der Rechtsprechung des EuGH für die Auslegung und Anwendung des Personenfreizügigkeitsabkommens, in: ZBJV 2005, S. 1 ff.; Fillon Jean-Claude, Krankenversicherung für Grenzgänger: Umsetzung des Abkommens in Frankreich, in: CHSS 2002, S. 93 f.; Fréchelin Kati, Folgen des Abkommens über den freien Personenverkehr in den Bereichen der Krankenversicherung, der Unfallversicherung und der Familienzulagen, in: CHSS 1999, S. 132 ff.; Dies., Kranken- und Unfallversicherungsschutz in den EU-Staaten, in: CHSS 1999, S. 134 ff.; Dies., Les dispositions en matière de sécurité sociale dans l'accord sur la libre circulation des personnes: réglementation en matière d'assurance-maladie, assurance-accidents, allocations familiales et dispositions concernant la gestion de l'accord, in: Murer, Sammelband Personenverkehrsabkommen, S. 41 ff.; Hailbronner Kay, Freizügigkeit nach EU-Recht und dem bilateralen Abkommen mit der Schweiz über die Freizügigkeit der Personen, in EuZ 2003, S. 48 ff.; Hohn Ursula, Rechtsprobleme bei der Umsetzung des Koordinationsrechts in der Krankenversicherung, in: Gächter, Sammelband Europäisches Koordinationsrecht, S. 61 ff.; Imhof Edgar, Das bilaterale Abkommen über den freien Personenverkehr und die Soziale Sicherheit, SZS 2000, S. 22 ff.; Ders., Eine Anleitung zum Gebrauch des Personenfreizügigkeitsabkommens und der Verordnung (EWG) Nr. 1408/7 1, in: Mosimann*, S. 19–110; Ders., Schweizerische Leistungen bei Mutterschaft und FZA/Europarecht, in: Gächter, Sammelband Europäisches Koordinationsrecht, S. 87–221; Ders., FZA/EFTA-Übereinkommen und soziale Sicherheit – ein Überblick unter Berücksichtigung der bis Juni 2006 ergangenen höchstrichterlichen Rechtsprechung, in: Jusletter vom 23. Oktober 2006; Ders., Das Freizügigkeitsabkommen EG-Schweiz und seine Auslegungsmethode – sind die Urteile Bosman, Kohll und Jauch bei der Auslegung zu berücksichtigen?, in: ZESAR 2007, S. 157–169 und S. 207–2 19 sowie in: ZESAR 2008, S. 425–435; Ders., Über den sozialversicherungsrechtlichen Arbeitnehmerbegriff im Sinne des persönlichen Anwendungsbereichs der Verordnung (EWG) Nr. 1408/7 1, in: SZS 1/2008, S. 22 ff.; DERS., Über die Kollisionsnormen der Verordnung Nr. 1408/7 1 (anwendbares Recht, zugleich Versicherungsunterstellung), in: SZS 4/2008, S. 313 ff.; IMHOF EDGAR/ CARDINAUX BASILE, Die Grundlinien des «Allgemeinen Teils» der Verordnung (EWG) Nr. 1408/7 1, unter ausführlicher Darstellung wichtiger EuGH-Entscheide, in: Murer*, Sammelband Personenverkehrsabkommen, Tagungsunterlage, Anhang I, S. 1–75; KAHIL-WOLFF BETTINA, L'assurance-maladie sociale vue sous l'angle de l'accord sur la libre circulation des personnes Suisse–CE, in: SZS 2000, S. 232.; DIES., L'accord sur la libre circulation des personnes Suisse–CE et le droit des assurances sociales, in: SJ 2001/04, S. 81–135; DIES., Heilkuren an südeuropäischen Stränden und andere Entwicklungen rund um die Verordnung (EWG) Nr. 1408/7 1, in: SZS 2004, S. 578 ff.; DIES., Der soziale Schutz von Bauarbeitern im grenzüberschreitenden Kontext, in: Pierre Tercier et al. (Hrsg.), Gauchs Welt: Recht, Vertragsrecht und Baurecht, FS für Peter Gauch zum 65. Geburtstag, Zürich 2004, S. 841 ff.; DIES., Im APF nicht geregelte Fragen des Rechtsschutzes, in: Schaffhauser/Schürer, Sammelband Rechtsschutz, S. 67 ff.; DIES., Assujetissement, cotisations et questions connexes selon l'Accord sur la libre circulation des personnes CH–CE, Bern 2004; DIES., La coordination européenne des systèmes nationaux de sécurité sociale, in: Meyer Ulrich (Hrsg.), SBVR/Soziale Sicherheit, 2. Auflage, Basel/Genf/München 2007, S. 151 ff.; DIES., Erwerbstätige aus der Schweiz im Ausland: Hürden im Leistungsrecht, in: Riemer-Kafka (Hrsg), Arbeit im Ausland – Sozialversicherungsrechtliche Hürden, Luzerner Beiträge zur Rechtswissenschaft, Zürich et al., 2009, S. 67; KAHIL-WOLFF BETTINA/PACIFCO CORINNE, Sécurité sociale, droit du travail et fiscalité: le droit applicable en cas de situations transfrontalières, in: Assujettissement, cotisations et questions connexes selon l'Accord sur la libre circulation des personnes CH–CE, Bettina Kahil-Wolff (Hrsg.), Bern 2004, S. 25 ff.; LEIBER PATRICIA, Krankheit und Unfall – Die sich aus dem Freizügigkeitsabkommen ergebenden Änderungen im Bereich der sozialen Kranken- und Unfallversicherung, in: Murer, Sammelband Personenverkehrsabkommen, S. 189 ff.; LEUZINGER-NAEF SUSANNE, Ausländische Erwerbstätige in der Schweiz: Hürden im Leistungsrecht, in: Riemer-Kafka (Hrsg), Arbeit im Ausland – Sozialversicherungsrechtliche Hürden, Luzerner Beiträge zur Rechtswissenschaft, Zürich et alii, 2009, S. 37; DIES., Sozialversicherungsgerichtsbarkeit und Personenfreizügigkeit, in: SJZ 8/2003, S. 193 ff.; MEYER BEAT, Auslandleistungen nach KVG und im Bereich der Bilateralen Abkommen, in JKR 2003 S. 67, 81 ff.; MÜLLER ROLAND A., Soziale Sicherheit, in: Thürer/Weber/Zäch (Hrsg.), Bilaterale Verträge Schweiz–EG, Ein Handbuch, Zürich 2002, S. 139 ff.; MURER ERWIN, Die Sicherung für den Fall der Krankheit: das Beispiel Schweiz, in: Zeitschrift für ausländisches und internationales Arbeits- und Sozialrecht 1998, S. 423 ff.; PAUSE JEAN-CLAUDE, Umsetzung des Abkommens im Bereich der Krankenversicherung im Kanton Genf, in: CHSS 2003, S. 272 ff.; PETERMANN BÜTTLER JUDITH, Die Aufgaben der Krankenversicherer: Abkommen über die Personenfreizügigkeit (APF), in: CHSS 2002, S. 89 f.; Rabia Lucia, Behandlung von Patienten aus EU- und EFTA-Staaten: europäische Versicherungskarte und Ansprüche, in: SAeZ 2004, S. 1487 ff.; Ribaut Pierre, Internationale Koordination der Krankenversicherung, in: CHSS 2003, S. 264 ff.; Riondel Besson Guylaine, La sécurité sociale des travailleurs frontaliers dans le cadre de l'accord sur la libre circulation, signé entre la Suisse et la Communauté Européenne: l'exemple de l'assurance maladie-maternité, in CGSS 30 2003 S. 19 ff.; Riondel Guylaine, L'évolution de la prise en charge des soins de santé à l'étranger dans le cadre des relations communautaires, in: CGSS 2004, S. 111 ff.; Riondel Guylaine, Le droit d'option en matière de l'assurance-maladie dans le cadre de l'accord sur la libre circulation des personnes, in: CGSS 2009, S. 13 ff.; Rohrer Christoph, Der Umfang des Versicherungsschutzes der schweizerischen obligatorischen Krankenversicherung bei vorübergehendem Aufenthalt im EU-Ausland, in: SZS 5/2007, S. 498 ff.; Schürer Christian, Die Durchführung der Kranken- und Unfallversicherung gemäss Abkommen EU/CH über die Personenfreizügigkeit, in: Schaffhauser/Schürer, Sammelband APF, S. 139 ff.; Simon Anne-Claire, L'accès aux soins de santé transfrontaliers dans l'Union Européenne: la proposition Bolkenstein consacre-t-elle la jurisprudence de la Cour de justice? In: Journal des tribunaux, Droit européen 2005, Nr. 115, S. 12 ff.; Spira Raymond, L'application de l'Accord sur la libre circulation des personnes par le juge des assurances sociales, in: Felder/Kaddous (Hrsg.), Accords bilatéraux Suisse–UE (Commentaires), Basel/Genf/München et al. 2001, S. 369 ff.; Wicki Ann-Karin, Krankenversicherungspflicht in der Schweiz im zwischenstaatlichen Bereich: Unterstellung und Befreiung, in: CHSS 1997, S. 158 ff.; Wiedmer Daniel, Maladie et accidents, in: Murer*, Sammelband Personenverkehrsabkommen, S. 203 ff. Windisch-Graetz Michaela, Europäisches Krankenversicherungsrecht, Wien 2003.

Übersichten zur Bundesgerichtsrechtsprechung: Bucher Silvia, Rechtsprechung des Eidgenössischen Versicherungsgerichts zum Freizügigkeitsabkommen, in: SZS 2003 S. 67–83, SZS 2004 S. 405–435, SZS 2006 S. 49–65, SZS 2007 S. 308 u. 434, SZS 2008 S. 409–462; Dies., Die sozialrechtliche Rechtsprechung des Bundesgerichts zum FZA und zu Anhang K des EFTA-Übereinkommens, in: SZS 5/2009 S. 409–425; Imhof Edgar., FZA/EFTA-Übereinkommen und soziale Sicherheit – ein Überblick unter Berücksichtigung der bis Juni 2006 ergangenen höchstrichterlichen Rechtsprechung, in: Jusletter vom 23. Oktober 2006; Kahil-Wolff Bettina/Sonnenberg Carole/Rohrer Christoph, Récents développements de la coordination des régimes nationaux de securité sociale, in: Epiney Astrid/Wyssling Markus (Hrsg.), Schweizerisches Jahrbuch für Europarecht 2006/2007, Bern/Zürich 2007, S. 131 ff.; Metral Jean, L'Accord sur la libre circulation des personnes, Coordination des systèmes de sécurité sociale et jurisprudence du Tribunal fédéral, in: HAVE 3/2004, S. 185 ff.; METRAL JEAN/MOSER-SZELESS MARGRIT, L'Accord sur la libre circulation des personnes, Coordination des systèmes de sécurité sociale et jurisprudence du Tribunal fédéral (II), in: HAVE 2/2007, S. 162 ff.

S.a. die Angaben unter Art. 65a KVG.

7. Titel: Schlussbestimmungen
(ursprünglich 6. Titel)

1. Kapitel: Vollzug

Art. 96

Der Bundesrat ist mit dem Vollzug dieses Gesetzes beauftragt. Er erlässt die Ausführungsbestimmungen.

Chronologie: AS 1995 1328; BBl 1992 I 93.

Mit Art. 96 (s.a. Art. 81 ATSG) weicht das KVG von Art. 46 Abs. 1 BV   1
ab, wonach die Kantone das Bundesrecht vollziehen; der Vollzug des
KVG ist vielmehr Aufgabe des Bundes, es sei denn, das KVG bestimme
ausdrücklich etwas anderes. Die Verordnungsgebung kann jedoch nur
ausführend sein (Art. 96 Satz 2 KVG; Art. 182 Abs. 2 BV). Das heisst,
dass sie innerhalb des übergeordneten Rechts bleiben muss (BGE 126
III 36 S. 39 E. 2b/bb, 103 IV 192 E. 2a, 126 V 265 E. 4b; K 117/04
E. 3.3=RKUV 2005 KV 322).

Die wichtigsten Ausführungsverordnungen zum KVG sind die KVV   2
(statt vieler: BGE 129 V 32 E. 3.2.1, 126 V 265 E. 4b) und die KLV
(BGE 127 V 268 E. 1; K 157/01 E. 3.2=SVR 2005 KV Nr. 5). Für weitere Verordnungen zum KVG siehe das Rechtsquellenverzeichnis auf
S. XXIII.

2. Kapitel: Übergangsbestimmungen

Art. 97 Kantonale Erlasse

[1] **Die Kantone erlassen bis zum Inkrafttreten des Gesetzes die Ausführungsbestimmungen zu Artikel 65. Der Bundesrat bestimmt, bis
zu welchem Zeitpunkt sie die übrigen Ausführungsbestimmungen
erlassen müssen.**

[2] Ist der Erlass der definitiven Regelung zu Artikel 65 nicht fristgerecht möglich, so kann die Kantonsregierung eine provisorische Regelung treffen.

Chronologie: AS 1995 1328; BBl 1992 I 93.

1 Art. 97 Abs. 1 KVG begründet eine Kompetenzdelegation zu Gunsten der Kantone im Bereiche der Prämienverbilligung nach Art. 65 KVG (12.07.2001 2P.64/2001 E. 1). Zu einem Anwendungsfall von Abs. 2: 25.04.2000 2P.18/2000 E. 2.

Art. 98 Fortführung der Versicherung durch anerkannte Krankenkassen

[1] Die nach dem Bundesgesetz vom 13. Juni 1911 anerkannten Krankenkassen, welche die Krankenversicherung nach dem vorliegenden Gesetz fortführen wollen, haben dies dem Bundesamt spätestens sechs Monate vor dem Inkrafttreten dieses Gesetzes mitzuteilen. Gleichzeitig haben sie die Prämientarife für die obligatorische Krankenpflegeversicherung und die freiwillige Taggeldversicherung zur Genehmigung nach den Artikeln 61 Absatz 4 und 76 Absatz 4 einzureichen.

[2] Krankenkassen, deren Tätigkeitsbereich sich nach bisherigem Recht auf einen Betrieb oder einen Berufsverband beschränkte, können die Taggeldversicherung weiterhin in diesem beschränkten Rahmen durchführen. Sie haben dies in der Mitteilung nach Absatz 1 anzuführen.

[3] Der Bundesrat erlässt Bestimmungen über die Aufteilung des bisherigen Vermögens der Krankenkassen auf die nach neuem Recht weitergeführten Versicherungen.

Chronologie: AS 1995 1328; BBl 1992 I 93. *Abs. 1:* Art. 61 Abs. 4 und 76 Abs. 4: heute: Art. 61 Abs. 5 und 76 Abs. 4.

Anwendungsfall von Abs. 2: BGE 126 V 490, 493 E. 1b.

Art. 99 Verzicht auf die Fortführung der sozialen Krankenversicherung

[1] Krankenkassen, welche die Krankenversicherung nicht nach diesem Gesetz fortführen, verlieren mit dem Zeitpunkt des Inkrafttretens dieses Gesetzes ihre Anerkennung. Sie haben dies ihren Mitgliedern und dem Bundesamt spätestens sechs Monate vor Inkrafttreten dieses Gesetzes schriftlich mitzuteilen.

[2] Sind diese Krankenkassen bei Inkrafttreten dieses Gesetzes nicht im Besitze einer Bewilligung zum Betrieb von Versicherungen im Sinne des VAG[1], so haben sie sich aufzulösen. Vorbehalten bleibt die auf einen Betrieb oder Berufsverband beschränkte Durchführung einer Krankengeldversicherung. Das Bundesamt entscheidet nach Rücksprache mit der FINMA, welcher Teil des Vermögens dieser Krankenkassen nach Absatz 3 zu verwenden ist.

[3] Wird das Vermögen einer aufgelösten Krankenkasse nicht durch Fusion auf einen anderen Versicherer im Sinne von Artikel 11 dieses Gesetzes übertragen, so fällt ein allfälliger Vermögensüberschuss bei privatrechtlich organisierten Krankenkassen in den Insolvenzfonds der gemeinsamen Einrichtung (Art. 18).

Chronologie: AS 1995 1328; BBl 1992 I 93. *Abs. 2:* Fassung des dritten Satzes gemäss Anhang Ziff. 12 des Finanzmarktaufsichtsgesetzes vom 22. Juni 2007, in Kraft seit 1. Jan. 2009 (SR 956.1).

Art. 100 Andere Versicherer

Chronologie: AS 1995 1328; BBl 1992 I 93. Aufgehoben durch Ziff. II 43 des BG vom 20. März 2008 zur formellen Bereinigung des Bundesrechts, mit Wirkung seit 1. Aug. 2008 (AS 2008 3427; BBl 2007 6121).

Art. 101 Leistungserbringer, Vertrauensärzte und Vertrauensärztinnen

[1] Ärzte und Ärztinnen, Apotheker und Apothekerinnen, Chiropraktoren und -praktorinnen, Hebammen sowie medizinische Hilfspersonen und Laboratorien, die unter dem bisherigen Recht zur Tätigkeit zu Lasten der Krankenversicherung zugelassen waren, sind auch nach neuem Recht als Leistungserbringer zugelassen.

[2]Anstalten oder deren Abteilungen, die nach bisherigem Recht als Heilanstalten gelten, sind als Leistungserbringer nach neuem Recht zugelassen, solange der Kanton die in Artikel 39 Absatz 1 Buchstabe e vorgesehene Liste der Spitäler und Pflegeheime noch nicht erstellt hat. Die Leistungspflicht der Versicherer und die Höhe der Vergütung richten sich bis zu einem vom Bundesrat zu bestimmenden Zeitpunkt nach den bisherigen Verträgen oder Tarifen.

[3]Vertrauensärzte und Vertrauensärztinnen, die unter dem bisherigen Recht für einen Versicherer (Art. 11–13) tätig waren, dürfen von den Versicherern oder ihren Verbänden auch nach neuem Recht mit den Aufgaben nach Artikel 57 betraut werden. Die Absätze 3–8 von Artikel 57 sind auch in diesen Fällen anwendbar.

Chronologie: AS 1995 1328; BBl 1992 I 93.

Verordnung: Art. 8 Abs. 1 der Verordnung vom 12. April 1995 über die Inkraftsetzung und Einführung des KVG (SR 832.101).

Abs. 1

1 Abs. 1 KVG ist im Kontext der generellen Zulassungsvoraussetzungen nach Art. 35–40 KVG zu sehen. Sinn und Zweck des Besitzstandes gemäss Art. 101 Abs. 1 KVG liegt darin, dass Medizinalpersonen, welche vor dem 1. Januar 1996 zugelassen worden waren, ihre Zulassung auch für den Fall behalten, dass sie ihrerseits bei In-Kraft-Treten des KVG sich nicht über die zweijährige praktische Weiterbildung gemäss Verordnung auszuweisen vermochten (K 49/05 E. 4.4.3). Ein Tarifausschluss gemäss Art. 43 Abs. 2 lit. d KVG hält auch vor Art. 101 Abs. 1 KVG grundsätzlich stand (K 49/05 E. 4.4.4).

2 Art. 101 Abs. 2 KVG stellt bezüglich der Leistungspflicht bei stationärer Behandlung eine lex specialis gegenüber der allgemeinen Bestimmung von Art. 102 Abs. 1 KVG dar (SVR 1999 KV Nr. 26 E. 4).

Abs. 2

3 BGE 133 V 123 E. 4; K 22/03 E. 5.2.2.1: Anwendungsfälle eines Kantons ohne Spitalliste (nicht mehr aktuelle Rechtsprechung); nicht massgebend für die Zulassung ist, ob zwischen einer Heilanstalt und den anerkannten Krankenkassen unter dem alten Recht ein Tarifvertrag bestanden hatte (K 150/98 E. 3 ff.). S.a. BRE RKUV 1998 KV 27 161 E. II 2.

Art. 102 Bestehende Versicherungsverhältnisse

[1] Führen anerkannte Krankenkassen nach bisherigem Recht bestehende Krankenpflege- und Krankengeldversicherungen nach neuem Recht fort, so gilt für diese Versicherungen mit dem Inkrafttreten dieses Gesetzes das neue Recht.

[2] Bestimmungen der Krankenkassen über Leistungen bei Krankenpflege, die über den Leistungsumfang nach Artikel 34 Absatz 1 hinausgehen (statutarische Leistungen, Zusatzversicherungen), sind innert eines Jahres nach Inkrafttreten dieses Gesetzes dem neuen Recht anzupassen. Bis zur Anpassung richten sich Rechte und Pflichten der Versicherten nach dem bisherigen Recht. Die Krankenkasse ist verpflichtet, ihren Versicherten Versicherungsverträge anzubieten, die mindestens den bisherigen Umfang des Versicherungsschutzes gewähren. Die unter dem früheren Recht zurückgelegten Versicherungszeiten sind bei der Festsetzung der Prämien anzurechnen.

[3] Nach bisherigem Recht bestehende Versicherungsverhältnisse bei Krankenkassen, die ihre Anerkennung verlieren und das Versicherungsgeschäft als Versicherungseinrichtung im Sinne des VAG fortführen (Art. 99), fallen mit Inkrafttreten dieses Gesetzes dahin. Die Versicherten können jedoch ihre Fortführung verlangen, wenn die Versicherungseinrichtung die entsprechende Versicherung weiterhin anbietet.

[4] Nach bisherigem Recht bestehende Versicherungsverträge mit anderen Versicherern als anerkannten Krankenkassen für Risiken, die nach diesem Gesetz aus der obligatorischen Krankenpflegeversicherung gedeckt werden, fallen mit dessen Inkrafttreten dahin. Über diesen Zeitpunkt hinaus bezahlte Prämien werden zurückerstattet. Versicherungsleistungen für Unfälle, die sich vor dem Inkrafttreten ereignet haben, sind jedoch nach den bisherigen Verträgen zu gewähren.

[5] Nach bisherigem Recht bestehende Versicherungsverträge mit anderen Versicherern als anerkannten Krankenkassen für Risiken, die nach diesem Gesetz aus der freiwilligen Taggeldversicherung gedeckt werden, können innert eines Jahres nach dessen Inkrafttreten auf Verlangen des Versicherungsnehmers oder der Versicherungsnehmerin dem neuen Recht angepasst werden, wenn der Versicherer die freiwillige Taggeldversicherung nach diesem Gesetz durchführt.

Chronologie: AS 1995 1328; BBl 1992 I 93. Abs. 2: VAG: Siehe heute: das BG vom 17. Dez. 2004 (SR 961.01).

Bibliografie: KIESER UELI, Die Neuordnung der Zusatzversicherung zur Krankenversicherung, Eine Würdigung der übergangsrechtlichen Bestimmung von Art. 102 Abs. 2 KVG, AJP 1/1997, S. 11 f.; MAURER ALFRED, Verhältnis obligatorische Krankenpflegeversicherung und Zusatzversicherung, in LAMal-KVG*, S. 703, 725; Weitere Bibliografie siehe unter Art. 12 KVG.

Abs. 1

1   Nicht mehr aktuelle Rechtsprechung zur Taggeldversicherung: K 96/02 E. 2.3; K 92/99 E. 2a u.a.m; K 119/99 E. 2b (keine Rückwirkung neuen Rechts); vorbehalten bleibt Art. 103 Abs. 2 KVG: K 59/99 E. 1; K 65/99 E. 2; K 26/00 E. 2.1. BGE 125 V 106 E. 1.

Abs. 2

2   Der Gesetzgeber wollte mit Abs. 2 KVG sicherstellen, dass die KVG-Revision nicht zu einem Abbau des Versicherungsschutzes führt (Bestandesgarantie; 5C.194/2000 E. 3a; 5C.244/2000 E. 3a; gilt auch für per 1.1.1996 abgeschlossene Zusätze: K 103/99). Der Gesetzgeber wollte grundsätzlich alle im Zeitpunkt des Inkrafttretens des KVg bestehenden Versicherungsverhältnisse während einer relativ kurzen Übergangsfrist weiter gelten lassen; dies betrifft auch den Privatpatientenstatus (SVR 2001 KV Nr. 11). Die Krankenkassen haben lediglich den bisherigen Versicherungsschutz hinsichtlich dessen Umfang (im Sinne der Leistungen) zu garantieren, nicht aber die freie Wahl des Leistungserbringers (BGE 133 III 607 E. 3.2 und 3.3).

Kasuistik

–   Abs. 2 gilt nicht für die Taggeldversicherung; diese kennt keine Übergangsbestimmung (BGE 125 V 112 Erw. 2e; BGE 126 V 499 E. 3b; K 52/02 E. 2=SVR 2003 KV Nr. 11; K 8/02).

–   Die Deckung für Aufenthalte in Spitälern, für welche eine solche unter dem alten Recht bestand, kann nicht ausgeschlossen werden (BGE 124 III 434).

–   In casu keine Verpflichtung, eine Spitalzusatzversicherung «allgemeine Abteilung ganze Schweiz» mit uneingeschränkt freiem Wahlrecht anzubieten (5C.150/2006), ebenso wenig eine Halbprivatversicherung ohne Einschränkung auf Spitäler mit Tarifverträgen (BGE 133 III 607; 5C.20/2007 E. 3).

– Der Besitzstand ist auch mit Bezug auf Bestimmungen zu wahren, die Versicherungsnehmern ohne zivilrechtlichen Wohnsitz in der Schweiz Anspruch auf Kassenleistungen einräumen (RKUV 1997 KV 6 160 E. 4b).

– Keine Verpflichtung, eine Zusatzversicherung anzubieten, welche die Kosten für ambulante Behandlung bis zur Höhe eines Privattarifs deckt (BGE 126 III 345; 5C.162/2000; SVR 2001 KV Nr. 11).

– Der Versicherer darf neben der den Besitzstand wahrenden Zusatzversicherung verschiedene andere, gleichartige, nach Risikogesichtspunkten differenzierende Versicherungsprodukte anbieten (BGer-Urteil 5C.161/2001).

– Ein Versicherungsnehmer kann nicht einen neuen Vertrag mit geringerem Leistungsumfang eingehen und im Nachhinein auf die Bestandesgarantie pochen (5C.244/2000).

– Eine Verpflichtung zur Anrechnung unter dem früheren Recht zurückgelegter Versicherungszeiten besteht nur, wenn der Prämientarif auch unter dem neuen Recht auf die zurückgelegten Versicherungszeiten Rücksicht nimmt (Art. 102 Abs. 2 Satz 4 KVG: BGE 124 III 229 E. 3.

Streitigkeiten betreffend die Besitzstandswahrung sind auf dem Zivil- 3
rechtsweg zu entscheiden (BGE 123 V 324 E. 3a; BGE 124 V 134 Erw. 3; BGE 124 III 44; 5C.244/2000 E. 1 u.a.m.; die grundsätzliche Kostenfreiheit gilt nur für das kantonale Verfahren: RKUV 1998 KV 35 290 E. 4; keine Befreiung von der Leistung einer Parteientschädigung: 09.01.2001 5C.244/2000 E. 5; s.a. 12.11.2008 4A 382/2008 E. 5; zum Verfahren bezüglich Leistungen während der Übergangsfrist oder vorher: BGE 126 V 323 E. 1; BGE 124 V 134; K 16/99 E. 1 f.; K 41/01 E. 2a (nicht mehr aktuelle Rechtsprechung).

Abs. 4

Art. 102 Abs. 4 Satz 3 KVG Satz stellt klassisches Intertemporalrecht dar. 4
Er enthält zwei Aussagen: erstens, dass für die genannten Unfälle das bestehende Versicherungsverhältnis mit Inkrafttreten des KVG nicht wegfällt, und zweitens, dass der Krankenversicherer nach KVG dafür nicht einzustehen hat. Der KVers steht nicht in der Pflicht, soweit mit Bezug für Spätfolgen oder Rückfälle eines vor dem 1.1.1997 erlittenen Unfalls

eine Leistungspflicht einer Einrichtung der Privatassekuranz oder einer nicht anerkannten Krankenkasse besteht (K 140/00 E. 2=RKUV 2001 KV 164 190; K 187/00; K 69/02=SVR 2005 KV Nr. 12). Der Privatversicherer kann ihm eine allfällige vertragliche Subsidiärklausel nicht entgegenhalten (K 140/00=RKUV 2001 KV 164 190). Für die prioritäre Leistungspflicht des Privatversicherers ist es nicht notwendig, dass ein noch laufender Vertrag besteht (K 187/00 E. 3a).

5   Art. 102 Abs. 4 letzter Satz KVG betrifft nicht die Haftpflichtversicherer. Entfällt die Leistungspflicht des primär haftenden Dritten zufolge Verjährung, wird die subsidiär haftende KV leistungspflichtig (RKUV 2000 KV 105 60 E. 2).

Art. 103 Versicherungsleistungen

[1]**Versicherungsleistungen für Behandlungen, die vor dem Inkrafttreten dieses Gesetzes vorgenommen worden sind, werden nach bisherigem Recht gewährt.**

[2]**Beim Inkrafttreten laufende Krankengelder aus bestehenden Krankengeldversicherungen bei anerkannten Krankenkassen sind noch für längstens zwei Jahre nach den Bestimmungen des bisherigen Rechts über die Leistungsdauer zu gewähren.**

Chronologie: AS 1995 1328; BBl 1992 I 93.

Abs. 1

1   Es gibt im KVG keine Leistungsausschlüsse für Krankheiten, die vor dem 1.1.1996 eingetreten sind. Behandlungskosten für Spätfolgen und Rückfälle von Unfällen, die sich vor dem Inkrafttreten des KVG ereignet haben und für die weder ein Sozialversicherer (Art. 110 KVV) noch ein Versicherer nach Art. 102 Abs. 4 letzter Satz KVG einzustehen hat, gehen zulasten des Versicherers, der im Zeitpunkt der Behandlung die OKP der betroffenen versPers führt (Behandlungsprinzip; BGE 126 V 319 E. 4; K 69/02 E. 3.2=SVR 2005 KV Nr. 12; K 27/06 E. 3.1).

Abs. 2

2   Zur heute nicht mehr aktuellen Rechtsprechung siehe BGE 125 V 106, 109 E. 1; BGE 127 V 88, 93 E. 2; 01.04.2004 K 96/02 E. 2.3;

17.02.2000 K 65/99; 13.11.2000 K 141/99 E. 2; 27.10.2000 K 3/00 E. 2f.; 29.10.2002 K 52/02 E. 2=SVR 2003 KV Nr. 11.

Art. 104 Tarifverträge

[1] Mit dem Inkrafttreten dieses Gesetzes werden bestehende Tarifverträge nicht aufgehoben. Der Bundesrat bestimmt, bis wann sie an das neue Recht anzupassen sind.

[2] Versicherer, welche die soziale Krankenversicherung erst unter dem neuen Recht aufnehmen, haben ein Recht auf Beitritt zu Tarifverträgen, die unter dem bisherigen Recht von Krankenkassenverbänden abgeschlossen worden sind (Art. 46 Abs. 2).

[3] Der Bundesrat bestimmt den Zeitpunkt, von dem an Spitäler und Pflegeheime Artikel 49 Absätze 6 und 7 einzuhalten haben.

Chronologie: AS 1995 1328; BBl 1992 I 93.

RKUV 1998 KV 46 479 (Beispielfall); K 43/98 E. 4b.

Art. 104a Übernahme der Kosten für ambulante Krankenpflege, Krankenpflege zu Hause oder in einem Pflegeheim

[1] Solange für die Leistungen der Krankenpflege, die ambulant oder zu Hause von Krankenschwestern und Krankenpflegern sowie von Organisationen der Krankenpflege und der Hilfe zu Hause durchgeführt werden, keine von Leistungserbringern und Versicherern gemeinsam erarbeiteten Grundlagen der Tarifberechnung bestehen, kann das Departement durch Verordnung festlegen, in welchem Ausmass diese Leistungen übernommen werden dürfen.

[2] Solange die Kosten der Leistungen von Pflegeheimen nicht nach einheitlicher Methode (Art. 49 Abs. 7 und Art. 50) ermittelt werden, kann das Departement durch Verordnung festlegen, in welchem Ausmass diese Leistungen übernommen werden dürfen.

Chronologie: *Art. 104a:* Eingefügt durch Ziff. I der Änderung des KVG vom 24. März 2000, in Kraft seit 1. Jan. 2001 (AS 2000 2305 2311; BBl 1999 793).

Abs. 2: Fassung gemäss Ziff. I der Änderung des KVG vom 21. Dez. 2007 (Spitalfinanzierung), in Kraft seit 1. Jan. 2009 (AS 2008 2049 2057; BBl 2004 5551).

Art. 104a KVG wird mit dem Bundesgesetz über die Neuordnung der Pflegefinanzierung vom 13. Juni 2008 (BBl 2008 5247, 5250) per 30.06.2010 (AS 2009 3517) aufgehoben.

Art. 105 Risikoausgleich (gültig bis 31.12.2011)

[1]**Versicherer, die unter ihren Versicherten weniger Frauen und ältere Personen haben als der Durchschnitt aller Versicherer, müssen der gemeinsamen Einrichtung (Art. 18) zugunsten von Versicherern mit überdurchschnittlich vielen Frauen und älteren Personen Abgaben entrichten, welche die durchschnittlichen Kostenunterschiede zwischen den massgebenden Risikogruppen in vollem Umfang ausgleichen.**
[2]**Für den Vergleich massgebend sind die Strukturen der Bestände innerhalb eines Kantons und jedes Versicherers.**
[3]**Die gemeinsame Einrichtung führt den Risikoausgleich unter den Versicherern innerhalb der einzelnen Kantone durch.**
[4]**Der Risikoausgleich ist auf die Dauer von zehn Jahren ab Inkrafttreten dieses Gesetzes befristet. Der Bundesrat erlässt die Ausführungsbestimmungen zum Risikoausgleich unter Wahrung der Anreize zur Kosteneinsparung durch die Versicherer.**
[4bis]**Die Geltungsdauer des Risikoausgleichs wird um fünf Jahre ab Ablauf der Frist nach Absatz 4 verlängert.**
[5]**Der Bundesrat regelt ferner:**
  a. die Erhebung von Verzugszinsen und die Ausrichtung von Vergütungszinsen;
  b. die Leistung von Schadenersatz;
  c. die Frist, nach deren Ablauf die gemeinsame Einrichtung eine Neuberechnung des Risikoausgleichs ablehnen darf.

Chronologie: *Abs. 4bis:* Eingefügt durch Ziff. I der Änderung des KVG vom 8. Okt. 2004 (Gesamtstrategie und Risikoausgleich), in Kraft seit 1. Jan. 2005 (AS 2005 1071; BBl 2004 4259). *Abs. 5:* Eingefügt durch Ziff. I der Änderung des KVG vom 24. März 2000, in Kraft seit 1. Jan. 2001 (AS 2000 2305 2311; BBl 1999 793).

Bibliografie: Bandi Till, Risikoausgleich in der Krankenversicherung: Verbesserung durch Ausbau? in: CHSS 1999, S. 202 ff.; Bandi Till, Die Ergebnisse des Risikoausgleichs bis zum Jahr 1996, in: CHSS 1998, S. 12 ff.; Baumann Meret, Der Risikoausgleich im KVG – ein Ausgleich des Risikos? in: SZS 2005, S. 370 ff.; Beck Konstantin, Risiko Krankenversicherung, Risikomanagement in einem regulierten Krankenversicherungsmarkt, Bern/Stuttgart/Wien 2004; Duc Jean-Louis, De la compensation des risques, in: AJP 8/2004, S. 969 ff.; Spycher Stefan, Risikoausgleich in der Krankenversicherung; Notwendigkeit, Ausgestaltung und Wirkungen, Diss., Basel, Bern/Stuttgart/Wien 2002; Ders., Reformvorschläge für den Risikoausgleich in der Krankenversicherung, in: CHSS 2000, S. 149 ff.; Ders., Risikoausgleich im KVG – wie weiter? in: CHSS 2004, S. 109 ff.; Wissenschaftliche Forschungsberichte des BSV/BAG: siehe die Internet-Adresse auf S. XXII (Literaturverzeichnis).

Verordnung: VO vom 12. April 1995 über den Risikoausgleich in der Krankenversicherung (VORA; SR 832.112.1).

Kreisschreiben (KS): BAG-KS Nr. 7.5 vom 19.12.2006 – Versichertenbestand im Risikoausgleich: Asylsuchende, vorläufig Aufgenommene und Schutzbedürftige ohne Aufenthaltsbewilligung, welche sich in der Schweiz aufhalten und Sozialhilfe beziehen.

Übersicht

I. Zweck des Risikoausgleichs

Der Risikoausgleich beruhte in der ursprünglichen gesetzlichen Ausgestaltung von Art. 105 KVG (AS 1995 1328) auf der Annahme, dass Frauen und ältere Personen insgesamt höhere Versicherungskosten verursachen als Männer und jüngere Personen. Versicherer mit mehr Männern oder jüngeren Versicherten als andere Versicherer können daher tiefere Prämien anbieten als Versicherer mit überdurchschnittlich vielen Frauen oder älteren Personen. Die KVers wiesen im Zeitpunkt des Inkrafttretens des KVG grosse Unterschiede in der Risikostruktur auf, sodass die Startchancen nicht für alle Versicherer die gleichen waren. Der Risikoausgleich sollte erstens diesen Wettbewerbsnachteil mildern und auf Dauer beheben, zweitens Solidarität zwischen Gesunden und Kranken herbeiführen und drittens die Risikoselektion durch die Versicherer vermindern. Mehr zur Entstehungsgeschichte und zur ratio legis: K 17/02 E. 5; BGE 128 V 272 E. 7; s.a. BBl 1991 IV 917 ff. und BBl 2004 4259, 4274; RKUV 1997 K 981 81).

2   Mit der Befristung auf zehn Jahre (Abs. 4) wurde die Erwartung verbunden, dass sich die Unterschiede in den Risikostrukturen aufgrund der Möglichkeit des freien Versichererwechsels (Art. 7 Abs. 1 und 2 KVG) und der Einheitsprämie (Art. 61 Abs. 1 KVG) verringern würden, was sich jedoch nicht einstellte, weshalb mit Abs. 4bis eine Verlängerung um weitere fünf Jahre beschlossen wurde. Bis zum Inkrafttreten des neuen Risikoausgleichs gemäss Ziff. II der Übergangsbestimmungen zur KVG-Änderung vom 21. Dez. 2007 gilt derjenige gemäss Art. 105 KVG weiterhin. Der Risikoausgleich ist auf die Dauer von fünf Jahren ab Inkrafttreten dieser Änderung (1. Jan. 2012) befristet (Abs. 7 UeB). Freizügigkeit, Einheitsprämie und Risikoausgleich bedeuten nicht, dass es aus Sicht des Gesetzes keine unerwünschte Risikoselektion (mehr) geben kann (BGE 128 V 272 E. 7c).

II.   Modalitäten des Risikoausgleichs

3   Grundsätzlich muss der gesamte Versichertenbestand einer Krankenkasse am Risikoausgleich teilnehmen (RKUV 1997 K 981 81 E. 4d/ bb in fine). Die Ausklammerung einzelner Personenkategorien bedarf einer ausdrücklichen Rechtsgrundlage (siehe Art. 105a KVG und Art. 4 Abs. 2bis VORA). Keine Ausnahme gibt es für Grenzgänger und entsandte Arbeitnehmer (K 18/01) sowie für Rheinschiffer (K 149/01; K 178/04; s.a. Art. 4 Abs. 2 VORA).

4   Der Risikoausgleich wird mittels provisorischer und definitiver Ermittlung in zwei Etappen durchgeführt, was gesetzeskonform ist. Die gegenüber der definitiven Berechnung zuviel oder zuwenig bezahlten Beträge sind zu verzinsen (Art. 12 Abs. 7 VORA). Die Zinspflicht auf zuwenig entrichteten Beträgen stellt keine Sanktion wegen nicht fristgerechter Zahlung, sondern einen wegen des zweistufigen Modells der Beitragserhebung notwendigen Ausgleich dar (BGE 127 V 156 E. 3; K 52/00 E. 4e). Die Risikoausgleichszahlungspflicht kann mit der Pflicht des

Einzelnen zur Zahlung öffentlich-rechtlicher Abgaben (Steuern, Kausal-
abgaben, Gebühren usw.) nicht verglichen werden; es handelt sich vielmehr um ein kv-rechtliches Vollzugsmittel (K 52/00 E. 4d). Die KVers
müssen jederzeit in der Lage sein, die Abgaben an den Risikoausgleich
zu leisten. Es besteht nur eine beschränkte Möglichkeit von Ratenzahlungen (BGE 130 V 196 E. 5).

III.   Überholte Rechtsprechung

Zum dringlichen Bundesbeschlusses vom 13. Dezember 1991 über be-   5
fristete Massnahmen gegen die Entsolidarisierung in der KV, zur Ge-
setz- und Verfassungsmässigkeit der Verordnung IX über die KV betreffend den Risikoausgleich unter den Krankenkassen: BGE 120 V 455;
BGE 122 V 405; SVR 1997 Nr. 91, 92 und 99; RKUV 1995 K 967 136
(Erlass vorsorglicher Massnahmen im Bereiche des Risikoausgleichs).

Zur Verzugszinspflicht: Art. 105 KVG in der bis 31.12.2000 gültigen Fas-   6
sung bildete keine genügende gesetzliche Grundlage für die Erhebung
von Verzugszinsen gemäss aArt. 12 Abs. 4 VORA (K 79/97=RKUV
1997 KV 13 303; K 58/01; K 164/00=SVR 2002 KV Nr. 6; so schon
K 169/95 E. 7 =RKUV 1997 KV 981 81 betreffend Art. 13 Abs. 4 VO
IX, welche Bestimmung durch Art. 1 Abs. 2 des dBB über befristete
Massnahmen gegen die Entsolidarisierung in der KV vom 13.12.1991
nicht gedeckt war (AS 1991 2694; AS 1992 1838). In K 52/00=RKUV
2001 KV 145 28 wurde die Gesetzmässigkeit der in aArt. 12 Abs. 5
VORA (in der bis 31.12.1998 gültig gewesenen Fassung) festgelegten
Verzinsungspflicht der aus provisorischer und definitiver Rechnungsstel-
lung sich ergebenden Differenzbeträge bejaht. Dies galt auch für Abs. 7
dieser Bestimmung in der ab 1.1.1999 gültigen Fassung (K 58/01 E. 1.2).

Art. 105 Risikoausgleich (gültig ab 01.01.2012)

...

Art. 105 wird aufgehoben durch die Änderung des KVG (Risikoausgleich) vom
21. Dez. 2007 (AS 2009 4755). Die Regelung des Risikoausgleichs findet sich
neu in Ziff. II der Übergangsbestimmungen zur KVG-Änderung vom 21. Dez.
2007 (AS 2009 4755).

Neuer Risikoausgleich ab 1.1.2012 (UeB zur Änderung des KVG [Risikoausgleich] vom 21. Dezember 2007) (AS 2009 4755).

II

Übergangsbestimmungen zur Änderung vom 21. Dezember 2007 (Risikoausgleich).

1. Weiterführung des bisherigen Risikoausgleichs

Bis zum Inkrafttreten der Änderung vom 21. Dezember 2007 (Risikoausgleich) gilt der bisherige Risikoausgleich nach Artikel 105.

2. Neuer Risikoausgleich

[1] **Versicherer, die unter ihren Versicherten weniger Frauen, ältere Personen und Personen mit einem erhöhten Krankheitsrisiko haben als der Durchschnitt aller Versicherer, müssen der gemeinsamen Einrichtung (Art. 18) zugunsten von Versicherern mit überdurchschnittlich vielen Frauen, älteren Personen und Personen mit einem erhöhten Krankheitsrisiko Abgaben entrichten, welche die durchschnittlichen Risikounterschiede zwischen den massgebenden Risikogruppen in vollem Umfang ausgleichen.**

[2] **Als Kriterium für das erhöhte Krankheitsrisiko ist der Aufenthalt in einem Spital oder Pflegeheim (Art. 39) im Vorjahr, der länger als drei Tage dauert, massgebend.**

[3] **Für den Vergleich massgebend sind die Strukturen der Versichertenbestände im Kalenderjahr, für welches der Risikoausgleich erfolgt (Ausgleichsjahr). Die durchschnittlichen Risikounterschiede für das Geschlecht und das Alter, sowie die Folgekosten eines Aufenthaltes in einem Spital oder in einem Pflegeheim richten sich nach den Verhältnissen im Kalenderjahr vor dem Ausgleichsjahr; die Ermittlung der Aufenthalte in einem Spital oder Pflegeheim erfolgt für die Berechnung der durchschnittlichen Risikounterschiede aufgrund der Verhältnisse im vorletzten Kalenderjahr vor dem Ausgleichsjahr, für die Berechnung der Abgaben und Beiträge im Ka-**

lenderjahr vor dem Ausgleichsjahr. Personen, die im Zeitpunkt des massgebenden Aufenthaltes im Spital oder Pflegeheim nicht nach diesem Gesetz versichert waren, werden für die Ermittlung der Aufenthalte in einem Spital oder Pflegeheim nicht berücksichtigt.

[4] Die gemeinsame Einrichtung führt den Risikoausgleich unter den Versicherern innerhalb der einzelnen Kantone durch.

[5] Der Bundesrat erlässt die Ausführungsbestimmungen zum Risikoausgleich unter Wahrung der Anreize zur Kosteneinsparung durch die Versicherer. Er umschreibt den für den Risikoausgleich massgebenden Aufenthalt in einem Spital oder in einem Pflegeheim näher und bezeichnet die Ausnahmen.

[6] Der Bundesrat regelt ferner:

    a. die Erhebung von Verzugszinsen und die Ausrichtung von Vergütungszinsen;

    b. die Leistung von Schadenersatz;

    c. die Frist, nach deren Ablauf die gemeinsame Einrichtung eine Neuberechnung des Risikoausgleichs ablehnen darf.

[7] Der Risikoausgleich ist auf die Dauer von fünf Jahren ab Inkrafttreten der Änderung vom 21. Dezember 2007 (Risikoausgleich) befristet.

III

[1] Dieses Gesetz untersteht dem fakultativen Referendum.

[2] Es tritt unter Vorbehalt von Absatz 3 am 1. Januar 2012 in Kraft.

[3] Ziffer II/1 tritt am 1. Januar 2011 in Kraft.

Verordnung: VO über den Risikoausgleich in der Krankenversicherung (VORA), Änderung vom 26. August 2009 (AS 2009 4761).

Der Vorschlag zur Revision des Risikoausgleichs war in der bundesrätlichen Botschaft zur Änderung des KVG (Spitalfinanzierung; BBl 2004 5551) nicht enthalten. Er wurde in den parlamentarischen Beratungen vom Ständerat aufgrund eines Antrags seiner Gesundheitskommission eingebracht (AB 2006 S 70). Ziel der Revision war eine Verfeinerung des Risikoausgleichs durch den Einbezug des Gesundheitszustands der Versicherten in die Ausgleichsformel, um dadurch die Risikoselektion der KVers einzudämmen, die stattdessen vermehrt in ein effizienzför- 1 derndes Kostenmanagement investieren sollen. Mehr dazu in der BAG-Mitteilung «Kommentar und Inhalt der Änderungen der Verordnung vom 12. April 1995 über den Risikoausgleich in der KV (VORA) vom 27.08.2009», abrufbar unter http://www.bag.admin.ch/themen/kranken-versicherung/06368/index.html?lang=de (Stand 01.12.2009).

Art. 105a Versichertenbestand im Risikoausgleich

[1] **Asylsuchende, vorläufig Aufgenommene und Schutzbedürftige ohne Aufenthaltsbewilligung, welche sich in der Schweiz aufhalten und Sozialhilfe beziehen, sind vom massgebenden Versichertenbestand für den Risikoausgleich ausgenommen.**

[2] **Die Verwaltungsbehörden der Kantone und Gemeinden sowie ausnahmsweise des Bundes geben auf schriftliche Anfrage hin den zuständigen Organen der sozialen Krankenversicherung kostenlos diejenigen Daten bekannt, die für die Ermittlung der Versicherten nach Absatz 1 notwendig sind.**

[3] **Zur Erfüllung seiner Aufgaben nach diesem Gesetz kann das Bundesamt von den Versicherern Daten zu den Versicherten nach Absatz 1 verlangen.**

Chronologie: *Art. 105a:* Eingefügt durch Ziff. I der Änderung des KVG vom 16. Dez. 2005, in Kraft seit 1. Jan. 2007 (AS 2006 4823 4825; BBl 2002 6845, 6915).

Viele asylsuchende Personen sind junge Männer. Für diese hat der Versicherer auf Grund ihres oft eher schlechteren Gesundheitszustandes höhere Gesundheitskosten zu tragen und gemäss KVG trotzdem Abgaben an den Risikoausgleichsfonds zu leisten (K 182/04 E. 3). Für diese besonderen Fälle kommt der Risikoausgleich seiner «Ausgleichsfunktion» nicht nach (K 48/04 E. 3.2.2). Der Versicherer wird im Gegenteil für diese besondere Gruppe von Versicherten finanziell doppelt belastet. Art. 105a KVG soll hier Abhilfe schaffen (BBl 2002 6845, 6915 ff.).

Art. 106 Bundesbeiträge

Chronologie: AS 1995 1328; BBl 1992 I 93.

Aufgehoben durch Ziff. II 43 des BG vom 20. März 2008 zur formellen Bereinigung des Bundesrechts, mit Wirkung seit 1. Aug. 2008 (AS 2008 3427 3452; BBl 2007 6121); alt: AS 1995 1328 ; AS 1999 2043 2044; BBl 1997 III 1339, IV 841.

3. Kapitel: Referendum und Inkrafttreten

Art. 107

[1] **Dieses Gesetz untersteht dem fakultativen Referendum.**
[2] **Der Bundesrat bestimmt das Inkrafttreten. Er kann die Fristen in den Artikeln 98 Absatz 1, 99 Absatz 1 und 100 verkürzen.**

Datum des Inkrafttretens: 1. Jan. 1996 Art. 11–14, 18, 61 Abs. 4, 76 Abs. 4, 97–104 und 107 Abs. 2: 1. Juni 1995 (Art. 1 der V vom 12. April 1995 über die Inkraftsetzung und Einführung des BG vom 18. März 1994 über die Krankenversicherung [AS 1995 1367]).

Schlussbestimmungen der Änderung vom 24. März 2000

[1] **Soweit die in den Artikeln 7 Absatz 7, 62 Absatz 2bis und 64 Absatz 8 erwähnten Verträge, Vereinbarungen oder statutarischen Ansprüche von der vorliegenden Änderung betroffen sind, fallen sie mit deren Inkrafttreten dahin.**
[2] **Die Kantone erlassen bis zum Inkrafttreten dieser Änderung die Ausführungsbestimmungen zu Artikel 65. Ist der Erlass der definitiven Regelung zu Artikel 65 nicht fristgerecht möglich, so kann die Kantonsregierung eine provisorische Regelung treffen.**

AS **2000** 2305; BBl **1999** 793.

Übergangsbestimmung der Änderung vom 8. Oktober 2004

...

AS 2004 4375; BBl 2004 4259. Aufgehoben durch Ziff. I des BG vom 20. Dez. 2006 (Pflegetarife) (AS 2006 5767; BBl 2006 7555 7563).

Schlussbestimmungen zur Änderung vom 18. März 2005 (Prämienverbilligung)

Das in Artikel 65 Absatz 1bis festgesetzte System der Prämienverbilligung für Kinder und junge Erwachsene in Ausbildung wird innert einem Jahr nach Inkrafttreten dieser Änderung durch die Kantone umgesetzt.

AS **2005** 3587; BBl **2004** 4327.

Übergangsbestimmungen der Änderung vom 20. Dezember 2006

[1] Bis zum Inkrafttreten einer neuen Regelung für die Kostenübernahme der Leitungen der Krankenpflege zu Hause, ambulant oder im Pflegeheim dürfen in Abweichung von Artikel 25 Absatz 2 Buchstabe a die auf Grund von Artikel 104a vom Departement festgesetzten Rahmentarife nicht überschritten werden. Vorbehalten sind dabei diejenigen Tarife und Tarifverträge, die am 1. Januar 2004 bereits die Rahmentarife überschritten haben. Sie werden auf der am 1. Januar 2004 geltenden Höhe begrenzt. Vorbehalten bleiben die vom Departement vorgenommenen Anpassungen an die Teuerungsentwicklung gemäss dem Landesindex der Konsumentenpreise. [2] Die Tarife werden erstmals per 1. Januar 2007 und danach jährlich der Teuerung angepasst.

AS **2006** 5767; BBl **2006** 7555 7563.

Übergangsbestimmungen zur Änderung vom 21. Dezember 2007 (Spitalfinanzierung)

[1] Die Einführung der leistungsbezogenen Pauschalen nach Artikel 49 Absatz 1 sowie die Anwendung der Finanzierungsregelung nach Artikel 49a mit Einschluss der Investitionskosten müssen spätestens am 31. Dezember 2011 abgeschlossen sein.

[2] Der Bundesrat bestimmt:

  a. die Einführungsmodalitäten;

  b. das Verfahren, nach dem die vor Inkrafttreten dieser Änderung getätigten Investitionen in die Tarifberechnung einbezogen werden.

[3] Die kantonalen Spitalplanungen müssen spätestens drei Jahre nach dem Einführungszeitpunkt nach Absatz 1 den Anforderungen nach Artikel 39 entsprechen. Dabei müssen sie auf Betriebsvergleiche zu Qualität und Wirtschaftlichkeit abgestützt sein.

[4] Kantone und Versicherer beteiligen sich bis zum Einführungszeitpunkt nach Absatz 1 entsprechend der vor der Gesetzesänderung geltenden Finanzierungsregelung an den Kosten der stationären Behandlungen. Während der Frist zur Anpassung der Spitallisten gemäss Absatz 3 haben die Kantone ihren Kostenanteil in allen Spitälern, die auf den aktuell gültigen Spitallisten aufgeführt sind, zu übernehmen.

[5] Die Kantone setzen ihren Finanzierungsanteil nach Artikel 49a Absatz 2 spätestens per 1. Januar 2012 fest. Kantone, deren Durchschnittsprämie für Erwachsene im Einführungszeitpunkt nach Absatz 1 die schweizerische Durchschnittsprämie für Erwachsene unterschreitet, können ihren Vergütungsanteil zwischen 45 und 55 Prozent festlegen. Bis zum 1. Januar 2017 darf die jährliche Anpassung des Finanzierungsanteils ab erstmaliger Festsetzung höchstens 2 Prozentpunkte betragen.

[6] Die Umsetzung der Regelung nach Artikel 41 Absatz 1bis erfolgt ebenfalls im Einführungszeitpunkt nach Absatz 1.

AS **2008** 2049; BBl **2004** 5551.

Übergangsbestimmung zur Änderung vom 12. Juni 2009

[1] Die vor dem 1. Januar 2010 bestehenden Zulassungen bleiben bestehen.

[2] Die Tätigkeit von Ärztinnen und Ärzten, die bis am 1. Januar 2010 in einer Einrichtung nach Artikel 36*a* oder im ambulanten Bereich eines Spitals nach Artikel 39 tätig waren und weiterhin in einer solchen Einrichtung oder in einem solchen Bereich tätig bleiben, wird nicht von einem Bedürfnis abhängig gemacht.

AS **2009** 5265; BBl **2009** 3413 3423

Anhang

Anhang 1

Verordnung   832.102
über die Krankenversicherung
(KVV)

vom 27. Juni 1995 (Stand am 1. Januar 2010)

Der Schweizerische Bundesrat,

gestützt auf Artikel 81 des Bundesgesetzes vom 6. Oktober 2000[1]
über den Allgemeinen Teil des Sozialversicherungsrechts (ATSG),
auf Artikel 96 des Bundesgesetzes vom 18. März 1994[2]
über die Krankenversicherung (Gesetz/KVG) und
auf Artikel 82 Absatz 2 des Heilmittelgesetzes vom 15. Dezember 2000[3]
(HMG),[4]

verordnet:

1. Teil: Obligatorische Krankenpflegeversicherung

1. Titel: Versicherungspflicht

1. Kapitel: Allgemeine Bestimmungen

1. Abschnitt: Versicherungspflichtige Personen

Art. 1   Versicherungspflicht

[1] Personen mit Wohnsitz in der Schweiz nach den Artikeln 23–26 des Zivilgesetzbuches[5] (ZGB) unterstehen der Versicherungspflicht nach Artikel 3 des Gesetzes.

[2] Versicherungspflichtig sind zudem:

    a.[6] Ausländer und Ausländerinnen mit einer Kurzaufenthalts- oder Aufenthaltsbewilligung nach den Artikeln 32 und 33 des Bundesge-

---

AS **1995** 3867
1   SR **830.1**
2   SR **832.10**
3   SR **812.21**
4   Fassung gemäss Ziff. I 8 der V vom 18. Aug. 2004 (AS **2004** 4037).
5   SR **210**
6   Fassung gemäss Ziff. I 4 der V vom 24. Okt. 2007, in Kraft seit 1. Jan. 2008 (AS **2007** 5627).

setzes vom 16. Dezember 2005[7] über die Ausländerinnen und Ausländer (AuG), die mindestens drei Monate gültig ist;

b.[8] unselbstständig erwerbstätige Ausländer und Ausländerinnen, deren Kurzaufenthaltsbewilligung weniger als drei Monate gültig ist, sofern sie für Behandlungen in der Schweiz nicht über einen gleichwertigen Versicherungsschutz verfügen;

c.[9] Personen, die ein Asylgesuch in der Schweiz nach Artikel 18 des Asylgesetzes vom 26. Juni 1998[10] (AsylG) gestellt haben, und Personen, welchen nach Artikel 66 des AsylG vorübergehender Schutz gewährt wurde, sowie Personen, für welche die vorläufige Aufnahme nach Artikel 83 AuG verfügt worden ist;

d.[11] Personen, welche in einem Mitgliedstaat der Europäischen Gemeinschaft wohnen und nach dem in Artikel 95*a* Buchstabe a des Gesetzes genannten Abkommen vom 21. Juni 1999[12] zwischen der Schweizerischen Eidgenossenschaft einerseits und der Europäischen Gemeinschaft sowie ihren Mitgliedstaaten andererseits über die Freizügigkeit (Freizügigkeitsabkommen) sowie seinem Anhang II der schweizerischen Versicherung unterstellt sind;

e.[13] Personen, welche in Island oder Norwegen wohnen und nach dem in Artikel 95*a* Buchstabe b des Gesetzes genannten Abkommen vom 21. Juni 2001[14] zur Änderung des Übereinkommens zur Errichtung der Europäischen Freihandelsassoziation (EFTA-Abkommen), seinem Anhang K und Anlage 2 zu Anhang K der schweizerischen Versicherung unterstellt sind;

f.[15] Personen mit einer Kurzaufenthalts- oder einer Aufenthaltsbewilligung nach dem Freizügigkeitsabkommen oder dem EFTA-Abkommen, die mindestens drei Monate gültig ist;

---

7 SR **142.20**
8 Fassung gemäss Ziff. I 4 der V vom 24. Okt. 2007, in Kraft seit 1. Jan. 2008 (AS **2007** 5627).
9 Fassung gemäss Ziff. I 4 der V vom 24. Okt. 2007, in Kraft seit 1. Jan. 2008 (AS **2007** 5627).
10 SR **142.31**
11 Eingefügt durch Ziff. I der V vom 3. Juli 2001 (AS **2002** 915). Fassung gemäss Ziff. I der V vom 22. Mai 2002 (AS **2002** 1633).
12 SR **0.142.112.681**
13 Eingefügt durch Ziff. I der V vom 3. Juli 2001 (AS **2002** 915). Fassung gemäss Ziff. I der V vom 22. Mai 2002 (AS **2002** 1633).
14 SR **0.632.31**
15 Eingefügt durch Ziff. I der V vom 22. Mai 2002 (AS **2002** 1633).

g.[16] Personen, die während längstens drei Monaten in der Schweiz erwerbstätig sind und nach dem Freizügigkeitsabkommen oder dem EFTA-Abkommen hierfür keine Aufenthaltsbewilligung benötigen, sofern sie für Behandlungen in der Schweiz nicht über einen gleichwertigen Versicherungsschutz verfügen.

Art. 2   Ausnahmen von der Versicherungspflicht

[1] Es unterstehen nicht der Versicherungspflicht:

a.[17] aktive und pensionierte Bundesbedienstete, die nach Artikel 1*a* Absatz 1 Buchstabe b Ziffern 1–7 und Artikel 2 des Bundesgesetzes vom 19. Juni 1992[18] über die Militärversicherung (MVG) der Militärversicherung unterstellt sind;

b.   Personen, die sich ausschliesslich zur ärztlichen Behandlung oder zur Kur in der Schweiz aufhalten;

c.[19] Personen, die nach dem Freizügigkeitsabkommen[20] sowie seinem Anhang II, dem EFTA-Abkommen[21], seinem Anhang K und Anlage 2 zu Anhang K oder einem Abkommen über Soziale Sicherheit wegen ihrer Erwerbstätigkeit in einem anderen Staat den Rechtsvorschriften dieses Staates unterstellt sind;

d.[22] Personen, die wegen des Bezugs einer Leistung einer ausländischen Arbeitslosenversicherung nach dem Freizügigkeitsabkommen sowie seinem Anhang II oder dem EFTA-Abkommen, seinem Anhang K und Anlage 2 zu Anhang K den Rechtsvorschriften eines anderen Staates unterstellt sind;

e.[23] Personen, die keinen Anspruch auf eine schweizerische Rente haben, aber nach dem Freizügigkeitsabkommen sowie seinem Anhang II Anspruch auf eine Rente eines Mitgliedstaates der Europäischen Gemeinschaft oder nach dem EFTA-Abkommen, seinem Anhang K und Anlage 2 zu Anhang K Anspruch auf eine isländische oder norwegische Rente haben;

---

16   Eingefügt durch Ziff. I der V vom 3. Dez. 2004 (AS **2004** 5075).
17   Fassung gemäss Ziff. I der V vom 11. Sept. 2002, in Kraft seit 1. Jan. 2003 (AS **2002** 3908).
18   SR 833.1
19   Eingefügt durch Ziff. I der V vom 22. Mai 2002 (AS **2002** 1633).
20   SR **0.142.112.681**
21   SR **0.632.31**
22   Eingefügt durch Ziff. I der V vom 22. Mai 2002 (AS **2002** 1633).
23   Eingefügt durch Ziff. I der V vom 22. Mai 2002 (AS **2002** 1633).

f.[24] Personen, die als Familienangehörige einer unter den Buchstaben c, d oder e erwähnten Person in deren ausländischen Krankenversicherung mitversichert sind und entweder Anspruch auf Leistungsaushilfe haben oder für Behandlungen in der Schweiz über einen gleichwertigen Versicherungsschutz verfügen;

g.[25] Personen, die als Familienangehörige einer Person in deren ausländischen Krankenversicherung mitversichert sind und Anspruch auf Leistungsaushilfe haben.

[2] Auf Gesuch hin von der Versicherungspflicht ausgenommen sind Personen, die nach dem Recht eines Staates, mit dem keine Regelung über die Abgrenzung der Versicherungspflicht besteht, obligatorisch krankenversichert sind, sofern der Einbezug in die schweizerische Versicherung für sie eine Doppelbelastung bedeuten würde und sie für Behandlungen in der Schweiz über einen gleichwertigen Versicherungsschutz verfügen. Dem Gesuch ist eine schriftliche Bestätigung der zuständigen ausländischen Stelle mit allen erforderlichen Angaben beizulegen.[26]

[3] ...[27]

[4] Auf Gesuch hin von der Versicherungspflicht ausgenommen sind Personen, die sich im Rahmen einer Aus- oder Weiterbildung in der Schweiz aufhalten, wie namentlich Studierende, Schüler und Schülerinnen, Praktikanten und Praktikantinnen sowie Stagiaires, sowie die sie begleitenden Familienangehörigen im Sinne von Artikel 3 Absatz 2, sofern sie während der gesamten Geltungsdauer der Befreiung für Behandlungen in der Schweiz über einen gleichwertigen Versicherungsschutz verfügen.[28] Dem Gesuch ist eine schriftliche Bestätigung der zuständigen ausländischen Stelle mit allen erforderlichen Angaben beizulegen. Die zuständige kantonale Behörde kann die betreffende Person höchstens für drei Jahre von der Versicherungspflicht befreien. Auf Gesuch hin kann die Befreiung um höchstens drei weitere Jahre verlängert werden. Die betreffende Person kann die Befreiung oder einen Verzicht auf die Befreiung ohne besonderen Grund nicht widerrufen.[29]

---

24 Eingefügt durch Ziff. I der V vom 22. Mai 2002 (AS **2002** 1633). Fassung gemäss Ziff. I der V vom 6. Juni 2003, in Kraft seit 1. Jan. 2004 (AS **2003** 3249).
25 Eingefügt durch Ziff. I der V vom 6. Juni 2003, in Kraft seit 1. Jan. 2004 (AS **2003** 3249).
26 Fassung gemäss Ziff. I der V vom 22. Mai 2002 (AS **2002** 1633).
27 Aufgehoben durch Ziff. I der V vom 22. Mai 2002 (AS **2002** 1633).
28 Fassung gemäss Ziff. I der V vom 6. Juni 2003, in Kraft seit 1. Jan. 2004 (AS **2003** 3249).
29 Eingefügt durch Ziff. I der V vom 25. Nov. 1996 (AS **1996** 3139). Fassung gemäss Ziff. I der V vom 3. Juli 2001, in Kraft seit 1. Juni 2002 (AS **2002** 915).

[4bis] Auf Gesuch hin von der Versicherungspflicht ausgenommen sind Dozenten und Dozentinnen sowie Forscher und Forscherinnen, die sich im Rahmen einer Lehr- oder Forschungstätigkeit in der Schweiz aufhalten, sowie die sie begleitenden Familienangehörigen im Sinne von Artikel 3 Absatz 2, sofern sie während der gesamten Geltungsdauer der Befreiung für Behandlungen in der Schweiz über einen gleichwertigen Versicherungsschutz verfügen.[30] Dem Gesuch ist eine schriftliche Bestätigung der zuständigen ausländischen Stelle mit allen erforderlichen Angaben beizulegen. Die zuständige kantonale Behörde kann die betreffende Person höchstens für drei Jahre von der Versicherungspflicht befreien. Auf Gesuch hin kann die Befreiung um höchstens drei weitere Jahre verlängert werden. Die betreffende Person kann die Befreiung oder einen Verzicht auf die Befreiung ohne besonderen Grund nicht widerrufen.[31]

[5] Auf Gesuch hin von der Versicherungspflicht ausgenommen sind in die Schweiz entsandte Arbeitnehmer und Arbeitnehmerinnen, welche gestützt auf eine zwischenstaatliche Vereinbarung über soziale Sicherheit von der Beitragspflicht in der schweizerischen Alters-, Hinterlassenen- und Invalidenversicherung (AHV/IV) befreit sind, sowie die sie begleitenden Familienangehörigen im Sinne von Artikel 3 Absatz 2, wenn der Arbeitgeber oder die Arbeitgeberin sich verpflichtet, dafür zu sorgen, dass während der gesamten Geltungsdauer der Befreiung für Behandlungen in der Schweiz mindestens die Leistungen nach KVG versichert sind. Diese Regelung gilt sinngemäss auch für andere Personen, die gestützt auf eine zwischenstaatliche Vereinbarung durch eine Ausnahmebewilligung während eines vorübergehenden Aufenthaltes in der Schweiz von der Beitragspflicht in der AHV/IV befreit sind. Die betreffende Person und der Arbeitgeber oder die Arbeitgeberin können die Befreiung oder einen Verzicht auf die Befreiung nicht widerrufen.[32]

[6] Auf Gesuch hin von der Versicherungspflicht ausgenommen sind Personen, die in einem Mitgliedstaat der Europäischen Gemeinschaft wohnen, sofern sie nach dem Freizügigkeitsabkommen[33] sowie seinem Anhang II von der Versicherungspflicht befreit werden können und nachweisen, dass sie im Wohnstaat und während eines Aufenthalts in einem anderen Mitgliedstaat

---

30 Fassung gemäss Ziff. I der V vom 6. Juni 2003, in Kraft seit 1. Jan. 2004 (AS **2003** 3249).

31 Eingefügt durch Ziff. I der V vom 3. Juli 2001, in Kraft seit 1. Juni 2002 (AS **2002** 915).

32 Eingefügt durch Ziff. I der V vom 25. Nov. 1996, in Kraft seit 1. Jan. 1997 (AS **1996** 3139).

33 SR **0.142.112.681**

der Europäischen Gemeinschaft und in der Schweiz für den Krankheitsfall gedeckt sind.[34]

[7] Auf Gesuch hin von der Versicherungspflicht ausgenommen sind Personen, die über eine Aufenthaltsbewilligung für Personen ohne Erwerbstätigkeit nach dem Freizügigkeitsabkommen oder dem EFTA-Abkommen verfügen, sofern sie während der gesamten Geltungsdauer der Befreiung für Behandlungen in der Schweiz über einen gleichwertigen Versicherungsschutz verfügen. Dem Gesuch ist eine schriftliche Bestätigung der zuständigen ausländischen Stelle mit allen erforderlichen Angaben beizulegen. Die betreffende Person kann die Befreiung oder einen Verzicht auf die Befreiung ohne besonderen Grund nicht widerrufen.[35]

[8] Auf Gesuch hin von der Versicherungspflicht ausgenommen sind Personen, für welche eine Unterstellung unter die schweizerische Versicherung eine klare Verschlechterung des bisherigen Versicherungsschutzes oder der bisherigen Kostendeckung zur Folge hätte und die sich auf Grund ihres Alters und/oder ihres Gesundheitszustandes nicht oder nur zu kaum tragbaren Bedingungen im bisherigen Umfang zusatzversichern könnten. Dem Gesuch ist eine schriftliche Bestätigung der zuständigen ausländischen Stelle mit allen erforderlichen Angaben beizulegen. Die betreffende Person kann die Befreiung oder einen Verzicht auf die Befreiung ohne besonderen Grund nicht widerrufen.[36]

Art. 3   Grenzgänger und Grenzgängerinnen

[1] Nicht der Versicherungspflicht nach Artikel 1 Absatz 2 Buchstaben d und e unterstellte Grenzgänger und Grenzgängerinnen, die in der Schweiz eine Erwerbstätigkeit ausüben, sowie ihre Familienangehörigen, sofern diese im Ausland nicht eine krankenversicherungspflichtige Erwerbstätigkeit ausüben, werden auf eigenes Gesuch hin der schweizerischen Versicherung unterstellt.[37]

[2] Als Familienangehörige gelten Ehegatten sowie Kinder bis zum vollendeten 18. Altersjahr und Kinder, die das 25. Altersjahr noch nicht vollendet haben und in Ausbildung begriffen sind.

---

34 Eingefügt durch Ziff. I der V vom 3. Juli 2001, in Kraft seit 1. Juni 2002 (AS **2002** 915).
35 Eingefügt durch Ziff. I der V vom 3. Juli 2001 (AS **2002** 915). Fassung gemäss Ziff. I der V vom 22. Mai 2002 (AS **2002** 1633).
36 Eingefügt durch Ziff. I der V vom 3. Juli 2001, in Kraft seit 1. Juni 2002 (AS **2002** 915).
37 Fassung gemäss Ziff. I der V vom 22. Mai 2002 (AS **2002** 1633).

Art. 4   Entsandte Arbeitnehmer und Arbeitnehmerinnen

[1] Arbeitnehmer und Arbeitnehmerinnen, die ins Ausland entsandt werden, sowie die sie begleitenden Familienangehörigen im Sinne von Artikel 3 Absatz 2 bleiben in der Schweiz versicherungspflichtig, wenn sie:

a. unmittelbar vor der Entsendung in der Schweiz versicherungspflichtig waren; und

b. für einen Arbeitgeber oder eine Arbeitgeberin mit Wohnsitz oder Sitz in der Schweiz tätig sind.

[2] Die Versicherungspflicht für die Familienangehörigen entfällt, wenn diese im Ausland eine krankenversicherungspflichtige Erwerbstätigkeit ausüben.

[3] Die Weiterdauer der Versicherungspflicht beträgt zwei Jahre. Die Versicherung wird vom Versicherer auf Gesuch hin bis auf insgesamt sechs Jahre verlängert.

[4] Für Personen, die gestützt auf eine zwischenstaatliche Vereinbarung über soziale Sicherheit als Entsandte gelten, entspricht die Weiterdauer der Versicherung der Dauer der Entsendung nach dieser Vereinbarung. Dies gilt auch für andere Personen, die gestützt auf eine solche Vereinbarung während eines vorübergehenden Auslandaufenthaltes der schweizerischen Gesetzgebung unterstellt sind.

Art. 5   Personen im öffentlichen Dienst mit Aufenthalt im Ausland

[1] Folgende Personen und die sie begleitenden Familienangehörigen im Sinne von Artikel 3 Absatz 2 sind versicherungspflichtig:

a. Bundesbedienstete des Eidgenössischen Departements für auswärtige Angelegenheiten (EDA), die der Versetzungsdisziplin unterstellt sind;

b. Bundesbedienstete des EDA oder eines anderen Departements, die ausserhalb der Schweiz tätig sind;

c. Personen, die sich aufgrund ihrer Tätigkeit für eine andere schweizerische Körperschaft oder Anstalt des öffentlichen Rechts im Ausland befinden.

[2] Die Versicherungspflicht für die Familienangehörigen entfällt, wenn diese im Ausland eine krankenversicherungspflichtige Erwerbstätigkeit ausüben.

[3] Das lokal angestellte Personal ist der obligatorischen Versicherung nicht unterstellt.

Art. 6[38] Personen mit Vorrechten nach internationalem Recht

[1] Personen nach Artikel 2 Absatz 2 Buchstaben a und c des Gaststaatgesetzes vom 22. Juni 2007[39], die Vorrechte, Immunitäten und Erleichterungen geniessen, sind mit Ausnahme der privaten Hausangestellten nicht versicherungspflichtig. Sie werden auf eigenes Gesuch hin der schweizerischen Versicherung unterstellt.

[2] Die privaten Hausangestellten der in Absatz 1 genannten begünstigten Personen sind versicherungspflichtig, wenn sie nicht im Staate ihres Arbeitgebers oder ihrer Arbeitgeberin oder in einem Drittstaat versichert sind. Das EDA regelt die Anwendungsmodalitäten dieser Bestimmung.

[3] Die mit Vorrechten, Immunitäten und Erleichterungen begünstigten Personen, die ihre Tätigkeit bei einer zwischenstaatlichen Organisation, einer internationalen Institution, einem Sekretariat oder einem anderen durch einen völkerrechtlichen Vertrag eingesetzten Organ, einer unabhängigen Kommission, einem internationalen Gerichtshof, einem Schiedsgericht oder einem anderen internationalen Organ im Sinne von Artikel 2 Absatz 1 des Gaststaatgesetzes vom 22. Juni 2007 eingestellt haben, sind auf Gesuch hin von der Versicherungspflicht ausgenommen, wenn sie für Behandlungen in der Schweiz bei der Krankenversicherung ihrer früheren Organisation über einen entsprechenden Versicherungsschutz verfügen. Dem Gesuch ist eine schriftliche Bestätigung der zuständigen Stelle ihrer früheren Organisation mit allen erforderlichen Angaben beizulegen.

2. Abschnitt: Beginn und Ende der Versicherung

Art. 6a[40] Angaben im Beitrittsformular

[1] Die Versicherer dürfen auf dem Beitrittsformular nur Angaben verlangen, die für den Beitritt zur obligatorischen Krankenpflegeversicherung oder bei einem Wechsel des Versicherers erforderlich sind.

[2] Das Beitrittsformular darf keinerlei Angaben, Hinweise und Verbindungen zu den Versicherungen nach Artikel 12 Absatz 2 des Gesetzes und zur freiwilligen Taggeldversicherung nach den Artikeln 67–77 des Gesetzes enthalten.

---

38 Fassung gemäss Anhang Ziff. 15 der Gaststaatverordnung vom 7. Dez. 2007 (SR **192.121**).
39 SR **192.12**
40 Eingefügt durch Ziff. I der V vom 26. April 2006 (AS **2006** 1717). Siehe auch die SchlB dieser Änd. am Ende dieser Verordnung.

[3] Die Versicherer dürfen die Personendaten nur für die im Gesetz vorgesehenen Aufgaben bearbeiten.

Art. 7   Sonderfälle[41]

[1] Ausländer und Ausländerinnen mit einer Niederlassungsbewilligung oder einer Kurzaufenthalts- oder einer Aufenthaltsbewilligung nach Artikel 1 Absatz 2 Buchstaben a und f sind verpflichtet, sich innert drei Monaten zu versichern, nachdem sie sich bei der für die Einwohnerkontrolle zuständigen Stelle angemeldet haben. Bei rechtzeitigem Beitritt beginnt die Versicherung im Zeitpunkt der Anmeldung des Aufenthaltes. Bei verspätetem Beitritt beginnt die Versicherung im Zeitpunkt des Beitritts.[42]

[2] Ausländer und Ausländerinnen mit einer Kurzaufenthaltsbewilligung nach Artikel 1 Absatz 2 Buchstabe b müssen ab Einreise in die Schweiz versichert sein.[43]

[2bis] Personen ohne Aufenthaltsbewilligung nach Artikel 1 Absatz 2 Buchstabe g müssen ab Aufnahme der Erwerbstätigkeit in der Schweiz versichert sein. Auch bei einem verspäteten Beitritt beginnt die Versicherung am Tag, an dem die Erwerbstätigkeit aufgenommen worden ist.[44]

[3] Bei den in den Absätzen 1 und 2 bezeichneten Personen endet die Versicherung am Tag des bei der für die Einwohnerkontrolle zuständigen Stelle gemeldeten Wegzugs aus der Schweiz, in jedem Fall am Tag der tatsächlichen Ausreise aus der Schweiz, oder mit dem Tod der Versicherten.

[3bis] Bei den im Absatz 2bis bezeichneten Personen endet die Versicherung am Tag der Aufgabe der Erwerbstätigkeit in der Schweiz, spätestens aber am Tag der tatsächlichen Ausreise aus der Schweiz, oder mit dem Tod der Versicherten.[45]

[4] Grenzgänger und Grenzgängerinnen sowie ihre Familienangehörigen, die der schweizerischen Versicherung unterstellt sein wollen (Art. 3 Abs. 1), müssen sich innert drei Monaten nach Beginn der Gültigkeit der Grenzgängerbewilligung versichern. Bei rechtzeitigem Beitritt beginnt die Versicherung im Zeitpunkt des Beginns der Gültigkeit der Bewilligung. Versichern

---

41   Fassung gemäss Ziff. I der V vom 26. April 2006 (AS **2006** 1717).
42   Fassung gemäss Ziff. I der V vom 22. Mai 2002 (AS **2002** 1633).
43   Fassung gemäss Ziff. I 4 der V vom 24. Okt. 2007, in Kraft seit 1. Jan. 2008 (AS **2007** 5627).
44   Eingefügt durch Ziff. I der V vom 3. Dez. 2004 (AS **2004** 5075).
45   Eingefügt durch Ziff. I der V vom 3. Dez. 2004 (AS **2004** 5075).

sie sich später, beginnt die Versicherung im Zeitpunkt des Beitritts.[46] Die Versicherung endet mit der Aufgabe der Erwerbstätigkeit in der Schweiz, mit dem Ablauf oder dem Widerruf der Grenzgängerbewilligung, mit dem Tod der Versicherten oder mit dem Verzicht auf die Unterstellung unter die schweizerische Versicherung. Im letzteren Fall darf ohne besonderen Grund kein neues Gesuch gestellt werden.

[5] Asylsuchende sowie Schutzbedürftige sind verpflichtet, sich unmittelbar nach Zuweisung an die Kantone nach Artikel 27 des Asylgesetzes vom 26. Juni 1998[47] zu versichern. Vorläufig Aufgenommene sind verpflichtet, sich unmittelbar nach Verfügung der vorläufigen Aufnahme zu versichern. Die Versicherung beginnt im Zeitpunkt der Einreichung des Asylgesuchs oder der Anordnung der vorläufigen Aufnahme oder der Gewährung vorübergehenden Schutzes. Sie endet am Tag, an dem diese Personen die Schweiz nachgewiesenermassen verlassen haben oder mit ihrem Tod.[48]

[6] Die mit Vorrechten, Immunitäten und Erleichterungen begünstigten Personen, die der schweizerischen Versicherung unterstellt sein wollen (Art. 6 Abs. 1), haben sich innert sechs Monaten nach Erhalt der Legitimationskarte des EDA zu versichern. Die Versicherung beginnt am Tag, an dem sie diese Karte erhalten haben. Sie endet mit der Aufgabe der amtlichen Tätigkeit in der Schweiz, mit dem Tod der Versicherten oder mit dem Verzicht auf die Unterstellung unter die schweizerische obligatorische Versicherung. Im letzteren Fall darf ohne besonderen Grund kein neues Gesuch gestellt werden.[49]

[7] Aktive und pensionierte Bundesbedienstete nach Artikel 2 Absatz 1 Buchstabe a, die aus der Militärversicherung ausscheiden, müssen sich innert drei Monaten nach Ausscheiden aus der Militärversicherung bei einem Versicherer nach Artikel 11 des Gesetzes für Krankenpflege versichern. Bei rechtzeitigem Versicherungsbeitritt beginnt die Versicherung im Zeitpunkt des Ausscheidens aus der Militärversicherung.

[8] Versicherungspflichtige Personen nach Artikel 1 Absatz 2 Buchstaben d und e sind verpflichtet, sich innert drei Monaten nach Entstehung der Versicherungspflicht in der Schweiz zu versichern. Versichern sie sich innert dieser Frist, so beginnt die Versicherung im Zeitpunkt der Unterstellung

---

46 Fassung des ersten bis dritten Satzes gemäss Ziff. I der V vom 3. Juli 2001, in Kraft seit 1. Juni 2002 (AS **2002** 915).

47 SR **142.31**

48 Fassung gemäss Ziff. I der V vom 27. Juni 2007, in Kraft seit 1. Jan. 2008 (AS **2007** 3573).

49 Fassung gemäss Anhang Ziff. 15 der Gaststaatverordnung vom 7. Dez. 2007 (SR **192.121**).

unter die schweizerische Versicherung. Versichern sie sich später, beginnt die Versicherung im Zeitpunkt des Beitritts. Die Versicherung endet, wenn diese Personen die Voraussetzungen für eine Unterstellung unter die schweizerische Versicherung nach dem Freizügigkeitsabkommen[50] sowie seinem Anhang II oder dem EFTA-Abkommen[51], seinem Anhang K und Anlage 2 zu Anhang K nicht mehr erfüllen.[52]

Art. 7a[53]   Fortdauer des Versicherungsschutzes für nicht mehr unterstellte Personen

Die Versicherer können Personen, die nach Artikel 1 Absätze 1 und 2 Buchstaben a und c sowie den Artikeln 3–6 der obligatorischen Krankenpflegeversicherung unterstellt waren, auf vertraglicher Basis eine Fortdauer des Versicherungsschutzes anbieten. Der Vertrag kann beim gleichen oder bei einem anderen Versicherer abgeschlossen werden. Die Finanzierung von Leistungen, welche denjenigen der obligatorischen Krankenpflegeversicherung entsprechen, richtet sich nach den Grundsätzen der sozialen Krankenversicherung. Die Versicherungsverhältnisse unterliegen dem Bundesgesetz vom 2. April 1908[54] über den Versicherungsvertrag.

Art. 7b[55]   Fortdauer der Versicherungspflicht

Die Versicherer informieren die Versicherten nach Artikel 6a Absatz 1 des Gesetzes schriftlich über eine Fortdauer der Versicherungspflicht.

Art. 8   Prämienzuschlag bei verspätetem Beitritt

[1] Die Erhebungsdauer für den Prämienzuschlag bei verspätetem Beitritt nach Artikel 5 Absatz 2 des Gesetzes entspricht der doppelten Dauer der Verspätung, höchstens jedoch fünf Jahren.[56] Der Prämienzuschlag beträgt 30 bis 50 Prozent der Prämie. Der Versicherer setzt den Zuschlag nach der finanziellen Lage der Versicherten fest. Hat die Zahlung des Prämienzuschlages eine Notlage für die Versicherten zur Folge, setzt der Versicherer einen Zuschlag

---

50   SR **0.142.112.681**
51   SR **0.632.31**
52   Eingefügt durch Ziff. I der V vom 3. Juli 2001 (AS **2002** 915). Fassung gemäss Ziff. I der V vom 22. Mai 2002 (AS **2002** 1633).
53   Eingefügt durch Ziff. I der V vom 25. Nov. 1996, in Kraft seit 1. Jan. 1996 (AS **1996** 3139).
54   SR **221.229.1**
55   Eingefügt durch Ziff. I der V vom 3. Juli 2001, in Kraft seit 1. Juni 2002 (AS **2002** 915).
56   Fassung gemäss Ziff. I der V vom 9. Nov. 2005, in Kraft seit 1. Jan. 2006 (AS **2005** 5639).

von weniger als 30 Prozent fest und trägt dabei der Lage der Versicherten und den Umständen der Verspätung angemessen Rechnung.

[2] Wenn eine Sozialhilfebehörde für die Prämien aufkommt, wird kein Prämienzuschlag erhoben.

[3] Wechselt die versicherte Person den Versicherer, hat der bisherige Versicherer dem neuen Versicherer den Prämienzuschlag im Rahmen der Mitteilung gemäss Artikel 7 Absatz 5 des Gesetzes anzugeben. Ein einmal festgelegter Prämienzuschlag bleibt auch für spätere Versicherer verbindlich.[57]

Art. 9[58]   Beendigung des Versicherungsverhältnisses

Kommen Versicherte, auf welche die schweizerische Gesetzgebung über die Sozialhilfe nicht anwendbar ist, ihrer Zahlungsverpflichtung nicht nach, und kann das Vollstreckungsverfahren nicht durchgeführt werden oder hat es keine Zahlung der Prämien oder keine Kostenbeteiligung zur Folge, so kann der Versicherer nach schriftlicher Mahnung und Hinweis auf die Folgen des Zahlungsverzuges das Versicherungsverhältnis beenden.

3. Abschnitt: Aufgaben der Kantone

Art. 10

[1] Die Kantone informieren periodisch die Bevölkerung über die Versicherungspflicht. Sie achten insbesondere darauf, dass Personen, die aus dem Ausland zuziehen, sowie Eltern von Neugeborenen rechtzeitig informiert werden.

[1bis] Mit der Information über die Versicherungspflicht von Kurzaufenthaltern und -aufenthalterinnen, von Aufenthaltern und Aufenthalterinnen sowie von Niedergelassenen gelten auch deren Familienangehörige als informiert, die in einem Mitgliedstaat der Europäischen Gemeinschaft, in Island oder Norwegen wohnen.[59]

[2] Die zuständige kantonale Behörde entscheidet über die in den Artikeln 2 Absätze 2–5 und 6 Absatz 3 vorgesehenen Gesuche.[60]

---

57 Eingefügt durch Ziff. I der V vom 9. Nov. 2005, in Kraft seit 1. Jan. 2006 (AS **2005** 5639).

58 Fassung gemäss Ziff. I der V vom 11. Sept. 2002, in Kraft seit 1. Jan. 2003 (AS **2002** 3908).

59 Eingefügt durch Ziff. I der V vom 3. Juli 2001 (AS **2002** 915). Fassung gemäss Ziff. I der V vom 22. Mai 2002 (AS **2002** 1633).

60 Fassung gemäss Ziff. I der V vom 25. Nov. 1996, in Kraft seit 1. Jan. 1997 (AS **1996** 3139).

[3] Die rentenauszahlenden Sozialversicherer und die Organe der Arbeitslosenversicherung unterstützen die Kantone bei der Information über die Versicherungspflicht von Personen nach Artikel 6*a* Absatz 1 Buchstaben b und c des Gesetzes.[61]

2. Kapitel: Sistierung der Versicherungspflicht und der Unfalldeckung[62]

Art. 10*a*[63]   Sistierung der Versicherungspflicht

[1] Die Sistierung der Versicherungspflicht nach Artikel 3 Absatz 4 des Gesetzes beginnt am Tag, an dem die versicherte Person dem MVG[64] unterstellt wird.

[2] Die versicherte Person ist ab Beginn der Unterstellung unter die Militärversicherung von der Prämienzahlung befreit, wenn sie die Unterstellung mindestens acht Wochen vor deren Beginn ihrem Versicherer meldet. Hält sie diese Frist nicht ein, so erhebt der Versicherer ab dem nächsten ihm möglichen Termin, spätestens aber acht Wochen nach der Meldung keine Prämie mehr.

[3] Die für den Militärdienst zuständige Stelle stellt sicher, dass die versicherte Person ihrem Versicherer nach Dienstantritt die voraussichtliche Dauer der Unterstellung und später allenfalls deren vorzeitige Beendigung meldet.

[4] Die für den Zivildienst zuständige Stelle stellt sicher, dass die versicherte Person ihrem Versicherer jede nachträgliche Änderung der Dauer der Unterstellung meldet.

[5] Falls trotz der Sistierung Prämien bezahlt werden, rechnet sie der Versicherer an später fällige Prämien an oder erstattet sie zurück.

[6] Das Bundesamt für Gesundheit (BAG) kann den Versicherern für die Prämienberechnung Weisungen erteilen.

[7] Der Versicherer muss den für die Prämienverbilligung zuständigen kantonalen Behörden diejenigen Personen melden, deren Versicherungspflicht

---

61   Eingefügt durch Ziff. I der V vom 3. Juli 2001, in Kraft seit 1. Juni 2002 (AS **2002** 915).
62   Ursprünglich vor Art. 11 Fassung gemäss Ziff. I der V vom 11. Dez. 2000 (AS **2001** 138).
63   Eingefügt durch Ziff. I der V vom 11. Dez. 2000 (AS **2001** 138). Fassung gemäss Ziff. I der V vom 26. April 2006 (AS **2006** 1717). Siehe auch die SchlB dieser Änd. am Ende dieser Verordnung.
64   SR **833.1**

sistiert worden ist, und sie über die tatsächliche Dauer der Sistierung informieren.

Art. 11   Sistierung der Unfalldeckung[65]

[1] Die Sistierung der Unfalldeckung nach Artikel 8 des Gesetzes erfolgt auf schriftlichen Antrag der Versicherten und beginnt frühestens am ersten Tag des dem Antrag folgenden Monats.

[2] Der Arbeitgeber oder die Arbeitslosenversicherung haben die Versicherten vor Ende des Arbeitsverhältnisses, des Anspruchs auf Arbeitslosenentschädigung oder der Nichtberufsunfalldeckung schriftlich darüber zu informieren, dass sie den Krankenversicherer vom Erlöschen der Unfalldeckung in Kenntnis setzen müssen. Die Versicherten haben den Krankenversicherer innerhalb eines Monats nach der Information durch den Arbeitgeber oder die Arbeitslosenversicherung in Kenntnis zu setzen.

2. Titel: Organisation

1. Kapitel: Versicherer

Art. 12   Anerkennung von Krankenkassen

[1] Die Krankenkassen im Sinne von Artikel 12 des Gesetzes müssen in einer der folgenden Rechtsformen organisiert sein:

   a. als Verein (Art. 60 ZGB[66]), Stiftung (Art. 80 ZGB), Genossenschaft (Art. 828 des Obligationenrechts[67], OR) oder Aktiengesellschaft mit anderen als wirtschaftlichen Zwecken (Art. 620 Abs. 3 OR);

   b. als juristische Person des kantonalen öffentlichen Rechts.

[2] Die Anerkennung wird gleichzeitig mit der Erteilung der Durchführungsbewilligung nach Artikel 13 des Gesetzes ausgesprochen. Sie wird auf den Anfang eines Kalenderjahres wirksam. Das Gesuch ist dem BAG[68] bis am 30. Juni des Vorjahres einzureichen. Dem Gesuch sind beizulegen:

   a. die Statuten, die Gründungsurkunde oder der betreffende kantonale oder kommunale Erlass sowie ein Handelsregisterauszug;

---

65 Eingefügt durch Ziff. I der V vom 11. Dez. 2000 (AS **2001** 138).
66 SR **210**
67 SR **220**
68 Die Bezeichnung der Verwaltungseinheit wurde in Anwendung von Art. 16 Abs. 3 der Publikationsverordnung vom 17. Nov. 2004 (SR **170.512.1**) angepasst. Die Anpassung wurde im ganzen Text vorgenommen.

b. die Bestimmungen über die besonderen Versicherungsformen in der obligatorischen Krankenpflegeversicherung (Art. 62 KVG) und über die freiwillige Taggeldversicherung (Art. 67–77 KVG) sowie die allfälligen allgemeinen Bestimmungen über die Rechte und Pflichten der Versicherten;

c. die Prämientarife der obligatorischen Krankenpflegeversicherung und der freiwilligen Taggeldversicherung nach den Artikeln 67–77 des Gesetzes;

d. ein Budget für die obligatorische Krankenpflegeversicherung und für die freiwillige Taggeldversicherung nach den Artikeln 67–77 des Gesetzes;

e. eine nach den unter Buchstabe d bezeichneten Versicherungsarten gegliederte Übersicht über die Reserven und Rückstellungen;

f. falls die Krankenkasse Zusatzversicherungen und weitere Versicherungsarten nach Artikel 12 Absatz 2 des Gesetzes zu betreiben beabsichtigt, die Mitteilung, dass bei der Eidgenössischen Finanzmarktaufsicht (FINMA)[69] ein entsprechendes Gesuch gestellt worden ist.

[3] Die minimale Reserve einer um die Anerkennung nachsuchenden Krankenkasse (Art. 78) hat derjenigen einer Krankenkasse mit einem Versichertenbestand von 10 000 Personen zu entsprechen.[70] Als Berechnungsgrundlage dienen die um einen Zuschlag von 50 Prozent erhöhten durchschnittlichen Krankenpflegekosten gemäss der letzten durch das BAG erstellten Statistik über die soziale Krankenversicherung. Bei Krankenkassen mit stark eingeschränktem örtlichem Tätigkeitsbereich kann das BAG eine tiefere minimale Reserve zulassen.

[4] Das Eidgenössische Departement des Innern (Departement) spricht die Anerkennung aus, wenn die gesetzlichen Voraussetzungen erfüllt und die Prämientarife vom BAG genehmigt worden sind.

[5] Das Departement entzieht einer Krankenkasse die Anerkennung, wenn sie darum ersucht oder die gesetzlichen Voraussetzungen nicht mehr erfüllt. Es sorgt dafür, dass der Entzug der Anerkennung erst wirksam wird, wenn alle Versicherten von anderen Versicherern übernommen worden sind.

---

69   Die Bezeichnung der Verwaltungseinheit wurde in Anwendung von Art. 16 Abs. 3 der Publikationsverordnung vom 17. Nov. 2004 (SR **170.512.1**) angepasst. Die Anpassung wurde im ganzen Text vorgenommen.
70   Fassung gemäss Ziff. I der V vom 6. Juni 2003, in Kraft seit 1. Jan. 2004 (AS **2003** 3249).

Art. 13   Zusatzversicherungen

Die Krankenkassen können die in Artikel 12 Absatz 2 des Gesetzes vorgesehenen Zusatzversicherungen betreiben, wenn ihnen das Eidgenössische Justiz- und Polizeidepartement die entsprechende Bewilligung erteilt hat.

Art. 14   Weitere Versicherungsarten

Als weitere Versicherungsarten im Sinne von Artikel 12 Absatz 2 des Gesetzes gelten:

a. ein Sterbegeld von höchstens 6000 Franken;

b. ein Sterbegeld bei Unfalltod von höchstens 6000 Franken;

c. Invaliditätsentschädigungen bei Krankheit und Unfall von höchstens je 6000 Franken;

d. eine Invaliditätsentschädigung bei Lähmung von höchstens 70 000 Franken.

Art. 15   Bewilligung zur Durchführung der sozialen Krankenversicherung

[1] Die in Artikel 13 des Gesetzes vorgesehene Bewilligung wird auf den Beginn eines Kalenderjahres wirksam. Das entsprechende Gesuch muss dem BAG bis zum 30. Juni des Vorjahres eingereicht werden. Diesem sind beizulegen:

a. von den Krankenkassen die in Artikel 12 Absatz 2 Buchstaben a–e genannten Unterlagen;

b. von den privaten Versicherungseinrichtungen die Unterlagen, aus denen die Bewilligung zur Durchführung der Krankenversicherung nach dem Versicherungsaufsichtsgesetz vom 23. Juni 1978[71] hervorgeht, sowie die in Artikel 12 Absatz 2 Buchstaben b–e genannten Unterlagen.

[2] Das Departement erteilt die Bewilligung, wenn die gesetzlichen Voraussetzungen erfüllt und die Prämientarife vom BAG genehmigt worden sind.

---

71   [AS **1978** 1836, **1988** 414, **1992** 288 Anhang Ziff. 66 733 SchlB Art. 7 Ziff. 3 2363 Anhang Ziff. 2, **1993** 3204, **1995** 1328 Anhang Ziff. 2 3517 Ziff. I 12 5679, **2000** 2355 Anhang Ziff. 28, **2003** 232, **2004** 1677 Anhang Ziff. 4 2617 Anhang Ziff. 12. AS **2005** 5269 Anhang Ziff. I 3]

Art. 15a[72]   Befreiung von der Pflicht, eine Versicherung anzubieten

[1] Von der Verpflichtung nach Artikel 13 Absatz 2 Buchstabe f des Gesetzes wird nur der Versicherer mit weniger als 100 000 Versicherten befreit, sofern er:

    a. weder in einem Mitgliedstaat der Europäischen Gemeinschaft noch in Island und Norwegen Leistungen anbieten will;

    b. Leistungen nur in einem, mehreren oder allen unter Buchstabe a erwähnten Staaten anbieten will, in denen er bereits im Zeitpunkt der Einreichung des Befreiungsgesuches Leistungen angeboten hat.[73]

[2] Das Befreiungsgesuch muss dem BAG spätestens bis zum 30. Juni eingereicht werden. Die Befreiung wird auf den 1. Januar des nächsten Jahres wirksam.

[3] Das Departement entscheidet über die Befreiung.

2. Kapitel: Rückversicherer

Art. 16   Bewilligung zur Durchführung der Rückversicherung

[1] Die Bewilligung zur Durchführung der Rückversicherung nach Artikel 14 des Gesetzes kann erteilt werden an:

    a.[74] Institutionen, welche die Leistungen der Krankenversicherung im Sinne des Gesetzes für mindestens 250 000 Personen rückversichern;

    b.[75] Krankenkassen mit mindestens 250 000 Versicherten;

    c. privaten Versicherungseinrichtungen, die zur Rückversicherung von Krankenversicherungsleistungen zugelassen sind.

[2] Artikel 15 Absatz 1 findet sinngemäss Anwendung. Das Departement erteilt die Bewilligung, wenn die gesetzlichen Voraussetzungen erfüllt sind.

[3] Die Bestimmungen über die Versicherer sind sinngemäss auf die Rückversicherer anwendbar, soweit sie diese betreffen.

---

72   Eingefügt durch Ziff. I der V vom 3. Juli 2001, in Kraft seit 1. Juni 2002 (AS **2002** 915).
73   Fassung gemäss Ziff. I der V vom 22. Mai 2002 (AS **2002** 1633). Siehe auch die SchlB dieser Änd. am Ende dieser Verordnung.
74   Fassung gemäss Ziff. I der V vom 26. April 2006 (AS **2006** 1717).
75   Fassung gemäss Ziff. I der V vom 26. April 2006 (AS **2006** 1717).

Art. 17 Reserven

[1] Das BAG erlässt Weisungen über die Reservebildung für die Rückversicherung.

[2] Die Bewilligung zur Durchführung der Rückversicherung wird entzogen, wenn der Bestand eines Rückversicherers während mehr als eines Jahres unter das geforderte Mass nach Artikel 16 Absatz 1 sinkt.[76]

Art. 18 Rückversicherung

[1] Ist ein Versicherer rückversichert, so dürfen die Rückversicherungsprämien 50 Prozent der gesamten von den Versicherten geschuldeten Prämien nicht übersteigen.

[2] Die Rückversicherer haben die Rückversicherungsverträge sowie deren Abänderungen und Ergänzungen dem BAG einzureichen. In den Verträgen ist die Kündigung zu regeln. Sie müssen wenigstens auf das Ende jedes dem Inkrafttreten des Vertrages folgenden Kalenderjahres kündbar sein. Die Kündigungsfrist muss mindestens sechs Monate betragen. Der Rückversicherer hat dem BAG die Kündigung unverzüglich zur Kenntnis zu bringen.

3. Kapitel: Gemeinsame Einrichtung

Art. 19[77] Erfüllung internationaler Verpflichtungen

[1] Die gemeinsame Einrichtung nimmt die sich aus Artikel 95a des Gesetzes ergebenden Aufgaben als Verbindungsstelle wahr. Sie erfüllt auch die Aufgaben als aushelfender Träger am Wohn- oder am Aufenthaltsort der Versicherten, für die aufgrund von Artikel 95a des Gesetzes Anspruch auf internationale Leistungsaushilfe besteht. Sie ist ausserdem zuständig für die Durchführung der Leistungsaushilfe und die Aufgaben als Verbindungsstelle aufgrund anderer internationaler Vereinbarungen.[78]

[2] Die gemeinsame Einrichtung übernimmt überdies Koordinationsaufgaben zur Erfüllung der sich aus Artikel 95a des Gesetzes ergebenden Verpflichtungen. Namentlich erfüllt sie folgende Aufgaben:

---

76 Fassung gemäss Ziff. I der V vom 26. April 2006 (AS **2006** 1717).
77 Fassung gemäss Ziff. I der V vom 3. Juli 2001, in Kraft seit 1. Juni 2002 (AS **2002** 915).
78 Fassung gemäss Ziff. I der V vom 6. Juni 2003, in Kraft seit 1. Jan. 2004 (AS **2003** 3249).

a.[79] sie ermittelt aufgrund der anerkannten Kostenstatistiken des zuständigen Organs der Europäischen Gemeinschaft (Verwaltungskommission für die Soziale Sicherheit der Wanderarbeitnehmer) die Ansätze je Person, die die Versicherer der Prämienberechnung für die in einem Mitgliedstaat der Europäischen Gemeinschaft oder in Island oder Norwegen wohnhaften Versicherten im Sinne der Artikel 94 und 95 der in Artikel 95a des Gesetzes genannten Verordnung (EWG) Nr. 574/72[80] in ihrer angepassten Fassung[81] (Verordnung EWG 574/72) zu Grunde zu legen haben;

b.[82] sie ermittelt zu Handen des BAG aufgrund der Kostenstatistiken der schweizerischen Krankenversicherung die jeweiligen Jahresdurchschnittskosten für Krankenpflegeleistungen, die den zuständigen Trägern der Mitgliedstaaten der Europäischen Gemeinschaft und den zuständigen Trägern in Island und Norwegen für deren in der Schweiz wohnhafte Versicherte im Sinne der Artikel 94 und 95 der Verordnung EWG 574/72 in Rechnung zu stellen sind;

c.[83] sie erstellt bis zum 30. April einen Bericht zu Handen des BAG über die durchgeführte Leistungsaushilfe unter Angabe der Zahl der Fälle, der Gesamtkosten und der ausstehenden Rückzahlungen. Die Daten sind nach den Mitgliedstaaten der Europäischen Gemeinschaft, nach Island und Norwegen und nach den schweizerischen Versicherern zu differenzieren.

[3] Die Versicherer tragen proportional zur Anzahl der bei ihnen obligatorisch für Krankenpflege versicherten Personen die Kosten der Aufgaben, welche die gemeinsame Einrichtung als aushelfender Träger erfüllt, sowie die Kosten der Berichterstattung gemäss Absatz 2 Buchstabe c. Der Bund trägt die durch die Vorfinanzierung der Leistungsaushilfe entstehenden Zinskosten. Zudem trägt er die Kosten der Aufgaben, welche die gemeinsame Einrichtung als Verbindungsstelle erfüllt sowie die Kosten für die Ermittlungen gemäss Absatz 2 Buchstaben a und b.

---

79   Fassung gemäss Ziff. I der V vom 22. Mai 2002 (AS **2002** 1633).
80   Verordnung (EWG) Nr. 574/72 des Rates vom 21. März 1972 über die Durchführung der Verordnung (EWG) Nr. 1408/7 1 (ABl Nr. L 74 vom 27. März 1972) (ebenfalls kodifiziert durch die Verordnung [EG] Nr. 118/97 des Rates vom 2. Dezember 1996); zuletzt geändert durch Verordnung (EG) Nr. 307/1999 des Rates vom 8. Februar 1999 (ABl Nr. L 38 vom 12. Februar 1999).
81   SR **0.831.106.11**; noch nicht veröffentlicht.
82   Fassung gemäss Ziff. I der V vom 22. Mai 2002 (AS **2002** 1633).
83   Fassung gemäss Ziff. I der V vom 22. Mai 2002 (AS **2002** 1633).

[4] Haben Versicherer und Leistungserbringer gemäss Artikel 42 Absatz 2 des Gesetzes vertraglich vereinbart, dass der Versicherer die Vergütung schuldet, so wird die gemeinsame Einrichtung bei der Durchführung der Leistungsaushilfe den vertragsschliessenden Versicherern gleichgestellt.

Art. 19a[84]   Zuweisung von Aufgaben durch das Departement

Wird eine Umverteilung von Reserven zwischen Krankenversicherern nötig, kann das Departement die Umverteilung der gemeinsamen Einrichtung übertragen.

Art. 19b[85]   Kosten für die gesetzlichen Leistungen

Die Kosten für die gesetzlichen Leistungen gemäss Artikel 18 Absatz 2 des Gesetzes umfassen:

a. die Kosten der Leistungen aus der obligatorischen Krankenpflegeversicherung;

b. die Leistungen der freiwilligen Taggeldversicherung;

c. die Risikoabgaben in den Risikoausgleich;

d. die mit der Gewährung der Leistungen nach den Buchstaben a–c verbundenen Verwaltungskosten.

Art. 20   Revisionsstelle

Die gemeinsame Einrichtung hat eine Revisionsstelle zu bezeichnen. Die Artikel 86–88 sind sinngemäss anwendbar.

Art. 21   Berichte

Die gemeinsame Einrichtung reicht dem BAG bis zum 30. Juni des Folgejahres einen Jahresbericht über ihre Tätigkeit ein. Dem Jahresbericht beizufügen sind für jeden Aufgabenbereich:

a. eine Betriebsrechnung;

b. eine Übersicht über die Reserven;

c. der Bericht der Revisionsstelle.

---

84   Eingefügt durch Ziff. I der V vom 28. Sept. 1998 (AS **1998** 2634).
85   Eingefügt durch Ziff. I der V vom 26. April 2006 (AS **2006** 1717).

Art. 22[86]   Streitigkeiten

[1] Bei Streitigkeiten zwischen der gemeinsamen Einrichtung und einem Versicherer ist Artikel 87 des Gesetzes anwendbar. Vorbehalten bleiben Absatz 3 und Artikel 15 der Verordnung vom 12. April 1995[87] über den Risikoausgleich in der Krankenversicherung.[88]

[2] Bei Streitigkeiten der gemeinsamen Einrichtung mit einem Leistungserbringer gilt Artikel 89 des Gesetzes.

[3] Die gemeinsame Einrichtung entscheidet bei Streitigkeiten zwischen ihr und einem Versicherer in der Form einer Verfügung im Sinne von Artikel 5 des Bundesgesetzes vom 20. Dezember 1968[89] über das Verwaltungsverfahren über:

    a.   die Umverteilung von Reserven nach Artikel 19*a*;

    b.   die Erhebung von Beiträgen an den Insolvenzfonds und die Auszahlung von Leistungen aus dem Insolvenzfonds;

    c.   die Auszahlung der Mehreinnahmen nach Artikel 67 Absatz 2[ter.90]

[4] Der Rechtsmittelweg richtet sich nach den allgemeinen Bestimmungen der Bundesrechtspflege.[91]

4. Kapitel: Förderung der Gesundheit

Art. 23

[1] Bezüglich der Aufsicht über die in Artikel 19 Absatz 2 des Gesetzes vorgesehene Institution sind die Artikel 20 und 21 sinngemäss anwendbar. Der Rechenschaftsbericht ist zu veröffentlichen.

[2] Zusammen mit den im Rahmen der Aufsicht vorzulegenden Unterlagen stellt die Institution dem BAG ihren Antrag für den Beitrag (Art. 20 Abs. 1 KVG) des Folgejahres zu. Dem Antrag sind ein Tätigkeitsprogramm und ein Budget beizulegen.

---

86   Fassung gemäss Ziff. I der V vom 11. Sept. 2002, in Kraft seit 1. Jan. 2003 (AS **2002** 3908).

87   SR **832.112.1**

88   Fassung gemäss Ziff. I der V vom 26. April 2006 (AS **2006** 1717).

89   SR **172.021**

90   Eingefügt durch Ziff. I der V vom 3. Dez. 2004 (AS **2004** 5075). Fassung gemäss Ziff. I der V vom 26. April 2006 (AS **2006** 1717).

91   Eingefügt durch Ziff. I der V vom 26. April 2006 (AS **2006** 1717).

5. Kapitel: Aufsicht

1. Abschnitt: Zuständigkeiten

Art. 24   Aufsicht über die Versicherungstätigkeit

[1] Das BAG beaufsichtigt die Durchführung der obligatorischen Krankenpflegeversicherung und der freiwilligen Taggeldversicherung nach den Artikeln 24–31 und 67–77 des Gesetzes.

[2] Die FINMA beaufsichtigt die Durchführung der in Artikel 12 Absatz 2 des Gesetzes genannten Versicherungen.

Art. 25   Institutionelle Aufsicht über die Krankenkassen

Das BAG sorgt dafür, dass die Krankenkassen und die Institutionen nach Artikel 16 Absatz 1 Buchstabe a jederzeit in der Lage sind, die mit der Anerkennung und der Durchführungsbewilligung verbundenen Bedingungen zu erfüllen.

Art. 26[92]   Aufsicht über die gemeinsame Einrichtung

Die gemeinsame Einrichtung nach Artikel 18 des Gesetzes untersteht der Aufsicht des Departements. Das BAG unterstützt das Departement bei der Durchführung dieser Aufgabe in den ihm zugewiesenen Bereichen. Es prüft namentlich die finanziellen Verhältnisse der gemeinsamen Einrichtung und erstattet dem Departement regelmässig Bericht.

2. Abschnitt: Beschwerde durch das BAG

Art. 27[93]

[1] Die Entscheide der kantonalen Versicherungsgerichte (Art. 57 ATSG und 87 KVG), der kantonalen Schiedsgerichte (Art. 89 KVG) und des Bundesverwaltungsgerichts bezüglich der sozialen Krankenversicherung sind dem BAG zu eröffnen.

[2] Das BAG ist berechtigt, gegen Entscheide nach Absatz 1 Beschwerde beim Bundesgericht zu erheben.

---

92 Fassung gemäss Ziff. I der V vom 15. Juni 1998, in Kraft seit 1. Aug. 1998 (AS **1998** 1818).
93 Fassung gemäss Ziff. II 95 der V vom 8. Nov. 2006 über die Anpassung von Bundesratsverordnungen an die Totalrevision der Bundesrechtspflege, in Kraft seit 1. Jan. 2007 (AS **2006** 4705).

3. Abschnitt: Aufsichtsdaten

Art. 28[94]   Daten der Versicherer

[1] Die Daten, die von den Versicherern nach Artikel 21 Absatz 4 des Gesetzes weitergegeben werden müssen, dienen dazu:

    a. die einheitliche Anwendung des Gesetzes zu überwachen;

    b. die Kostenentwicklung zu verfolgen;

    c. die Wirtschaftlichkeit der erbrachten Leistungen zu kontrollieren (statistische Kontrolle der Kosten nach Geschlecht, Alter, Wohnort, Leistungserbringer);

    d. die Gleichbehandlung der Versicherten sicherzustellen;

    e. sicherzustellen, dass die Prämienunterschiede den kantonalen und regionalen Kostenunterschieden entsprechen und die Mittel der Sozialversicherung ausschliesslich zu deren Zwecken eingesetzt werden;

    f. die Entscheidungsgrundlagen für die Durchführung von gesetzlich vorgesehenen ordentlichen oder ausserordentlichen Massnahmen zur Eindämmung der Kostenentwicklung vorzubereiten;

    g. die Wirkungen des Gesetzes zu verfolgen und Entscheidungsgrundlagen für allfällig notwendige Gesetzes- und Gesetzesvollzugsänderungen bereitzustellen.

[2] Das BAG sorgt dafür, dass den Krankenversicherern durch die Bereitstellung der Daten möglichst wenig Aufwand entsteht. Es stellt die Resultate der Erhebungen den am Vollzug des Gesetzes beteiligten Stellen zur Verfügung.

[3] Die Versicherer müssen dem BAG jährlich pro versicherte Person namentlich folgende Daten weitergeben:

    a. Alter, Geschlecht und Wohnort der Versicherten;

    b. ihren Ein- und Austritt sowie die Todesfälle;

    c. die von den Versicherten im Rahmen der sozialen Krankenversicherung abgeschlossenen Versicherungsarten mit Angabe der Höhe der Prämie und der Franchise;

    d. Umfang, Art, Tarifpositionen und Kosten der im Laufe eines ganzen Jahres erhaltenen Rechnungen für Leistungen nach dem Gesetz;

---

94   Fassung gemäss Ziff. I der V vom 22. Okt. 2008, in Kraft seit 1. Jan. 2009 (AS **2008** 5097).

e. die jeweiligen Erbringer der Leistungen;

f. die Höhe der erhobenen Kostenbeteiligung.

[4] Sie müssen dem BAG die Daten nach Absatz 3 auf elektronischen Datenträgern zur Verfügung stellen. Das BAG kann sie davon auf Gesuch hin für eine befristete Zeit befreien, wenn ihnen die Lieferung mangels technischer Voraussetzungen nicht möglich ist.

[5] Die Versicherer haben die Daten korrekt, vollständig, fristgerecht, auf eigene Kosten und unter Wahrung der Anonymität der Versicherten zu liefern.

[6] Sie müssen dem BAG auf eigene Kosten jährlich die vollständigen Angaben des Zahlstellenregisters übermitteln.

[7] Das BAG erlässt nach Anhören der Versicherer Weisungen zu den nach den Absätzen 1–6 zu treffenden Vorkehren.

Art. 28a[95]   Daten der von den Versicherern beauftragten Dritten

Auf Verlangen des BAG müssen Dritte, die von den Versicherern beauftragt sind, die Angaben nach Artikel 21 Absatz 4 des Gesetzes und nach Artikel 28 zur Verfügung stellen, sofern die von den Versicherern zur Verfügung gestellten Daten für die Aufsichtstätigkeit über die Durchführung der Krankenversicherung nicht ausreichen.

Art. 28b[96]   Veröffentlichung der Daten der Versicherer

[1] Das BAG veröffentlicht die Daten nach Artikel 28 so, dass namentlich Angaben über die Versicherungsform, die Versicherungsleistungen und die Kosten, gesondert nach Alter, Geschlecht und Region sowie nach Kategorien von Leistungserbringern, Betrieben und Pflegeleistungen, ersichtlich sind.

[2] Das BAG veröffentlicht je Versicherer folgende Kennzahlen der sozialen Krankenversicherung:

a. Einnahmen und Ausgaben;

b. Ergebnis je versicherte Person;

c. Reserven;

d. Rückstellungen für unerledigte Versicherungsfälle;

---

95 Eingefügt durch Ziff. I der V vom 22. Okt. 2008, in Kraft seit 1. Jan. 2009 (AS **2008** 5097).

96 Eingefügt durch Ziff. I der V vom 22. Okt. 2008, in Kraft seit 1. Jan. 2009 (AS **2008** 5097).

    e. Krankenpflegekosten;

    f. Risikoausgleich;

    g. Verwaltungskosten;

    h. Versichertenbestand;

    i. Prämien;

    j. Bilanz und Betriebsrechnung.

Art. 29   Risikobestand

Für die Berechnung der von den Versicherern zu meldenden durchschnittlichen Versichertenbestände sind bei unterjährigen Versicherungszeiten die zusammengezählten Versicherungsmonate, geteilt durch zwölf, massgebend.

Art. 30[97]

Art. 31[98]   Veröffentlichung der Daten der Leistungserbringer

[1] Das BAG veröffentlicht die Ergebnisse der vom Bundesamt für Statistik gestützt auf Artikel 22a des Gesetzes und durch das BAG nach Artikel 51 des Bundesgesetzes vom 26. Juni 2006[99] über die universitären Medizinalberufe erhobenen Daten so, dass namentlich folgende Angaben oder Kennzahlen der sozialen Krankenversicherung nach Leistungserbringer oder nach Kategorien von Leistungserbringern ersichtlich sind:

    a. Leistungsangebot der Leistungserbringer;

    b. Diplome und Weiterbildungstitel der Leistungserbringer;

    c. medizinische Qualitätsindikatoren;

    d. Umfang und Art der erbrachten Leistungen;

    e. Kostenentwicklung.

Art. 32   Wirkungsanalyse

[1] Das BAG führt in Zusammenarbeit mit den Versicherern, Leistungserbringern und Kantonen sowie Vertretern der Wissenschaft wissenschaftliche

---

97   Aufgehoben durch Ziff. I der V vom 22. Okt. 2008, mit Wirkung seit 1. Jan. 2009 (AS **2008** 5097).

98   Fassung gemäss Ziff. I der V vom 22. Okt. 2008, in Kraft seit 1. Jan. 2009 (AS **2008** 5097).

99   SR **811.11**

Untersuchungen über die Durchführung und die Wirkungen des Gesetzes durch.

[2] Diese Untersuchungen haben den Einfluss des Gesetzes auf die Situation und das Verhalten der Versicherten, der Leistungserbringer und der Versicherer zum Gegenstand. Insbesondere ist zu untersuchen, ob die Qualität und Wirtschaftlichkeit der Grundversorgung gewährleistet ist und die sozial- und wettbewerbspolitischen Zielsetzungen des Gesetzes erreicht werden.

[3] Das BAG kann für die Durchführung der Untersuchungen wissenschaftliche Institute beiziehen und Expertengruppen einsetzen.

3. Titel: Leistungen

1. Kapitel: Bezeichnung der Leistungen

Art. 33   Allgemeine Leistungen

Das Departement bezeichnet nach Anhören der zuständigen Kommission:

a. die von Ärzten und Ärztinnen oder Chiropraktoren und Chiropraktorinnen erbrachten Leistungen, deren Kosten nicht oder nur unter bestimmten Bedingungen von der obligatorischen Krankenpflegeversicherung übernommen werden;

b. die nicht von Ärzten und Ärztinnen oder Chiropraktoren und Chiropraktorinnen erbrachten Leistungen nach Artikel 25 Absatz 2 des Gesetzes;

c. die neuen oder umstrittenen Leistungen, deren Wirksamkeit, Zweckmässigkeit oder Wirtschaftlichkeit sich in Abklärung befinden; es bestimmt die Voraussetzungen und den Umfang der Kostenübernahme durch die obligatorische Krankenpflegeversicherung;

d. die medizinischen Präventionsmassnahmen nach Artikel 26 des Gesetzes, die Leistungen bei Mutterschaft nach Artikel 29 Absatz 2 Buchstaben a und c des Gesetzes und die zahnärztlichen Behandlungen nach Artikel 31 Absatz 1 des Gesetzes;

e. die von der obligatorischen Krankenpflegeversicherung zu übernehmenden Mittel und Gegenstände nach Artikel 52 Absatz 1 Buchstabe a Ziffer 3 des Gesetzes; es setzt Höchstbeträge für ihre Vergütung fest;

f. den in Artikel 25 Absatz 2 Buchstabe c des Gesetzes vorgesehenen Beitrag an die Kosten von Badekuren; dieser Beitrag dient der Deckung von Kosten bei Badekuren, die nicht durch andere Leistungen aus der obligatorischen Krankenpflegeversicherung gedeckt sind; er kann während höchstens 21 Tagen pro Kalenderjahr ausgerichtet werden;

g. den in Artikel 25 Absatz 2 Buchstabe g des Gesetzes vorgesehenen Beitrag an die Transport- und Rettungskosten; die medizinisch notwendigen Transporte von einem Spital in ein anderes sind Teil der stationären Behandlung.

Hinweis: Ab 01.01.2011 (AS 2009 3525; AS 2009 6847; Neuordnung der Pflegefinanzierung) wird Art. 33 Bst. b, h und i wie folgt lauten:

Das Departement bezeichnet nach Anhören der zuständigen Kommission:

b. die nicht von Ärzten und Ärztinnen oder Chiropraktoren und Chiropraktorinnen erbrachten Leistungen nach den Artikeln 25 Absatz 2 und 25a Absätze 1 und 2 des Gesetzes;

h. das Verfahren der Bedarfsermittlung;

i. den in Artikel 25a Absätze 1 und 4 des Gesetzes vorgesehenen und nach Pflegebedarf differenzierten Beitrag an die Pflegeleistungen.

Art. 34   Analysen und Arzneimittel

Die Listen nach Artikel 52 Absatz 1 Buchstabe a Ziffern 1 (Analysenliste) und 2 (Arzneimittelliste) sowie Buchstabe b (Spezialitätenliste) des Gesetzes werden nach Anhören der zuständigen Kommission erstellt.

Art. 35   Therapeutische Massnahmen bei Geburtsgebrechen

Die bis zum Erreichen der gesetzlich vorgeschriebenen Altersgrenze von der Invalidenversicherung für Geburtsgebrechen erbrachten therapeutischen Massnahmen nach Artikel 52 Absatz 2 des Gesetzes sind anschliessend von der obligatorischen Krankenpflegeversicherung zu übernehmen.

2. Kapitel: Umfang der Kostenübernahme

Art. 36   Leistungen im Ausland

[1] Das Departement bezeichnet nach Anhören der zuständigen Kommission die Leistungen nach den Artikeln 25 Absatz 2 und 29 des Gesetzes, deren Kosten von der obligatorischen Krankenpflegeversicherung im Ausland

übernommen werden, wenn sie in der Schweiz nicht erbracht werden können.

[2] Die obligatorische Krankenpflegeversicherung übernimmt die Kosten von Behandlungen, die in Notfällen im Ausland erbracht werden. Ein Notfall liegt vor, wenn Versicherte bei einem vorübergehenden Auslandsaufenthalt einer medizinischen Behandlung bedürfen und eine Rückreise in die Schweiz nicht angemessen ist. Kein Notfall besteht, wenn sich Versicherte zum Zwecke dieser Behandlung ins Ausland begeben.

[3] Die obligatorische Krankenpflegeversicherung übernimmt im Rahmen von Artikel 29 des Gesetzes die Kosten einer Entbindung, die im Ausland stattgefunden hat, weil nur so das Kind die Staatsangehörigkeit der Mutter oder des Vaters erwerben konnte oder weil das Kind, in der Schweiz geboren, staatenlos wäre.

[4] Für Leistungen nach den Absätzen 1 und 2 und für die Behandlung im Ausland von Grenzgängern und Grenzgängerinnen, entsandten Arbeitnehmern und Arbeitnehmerinnen und Personen im öffentlichen Dienst sowie ihren Familienangehörigen (Art. 3–5) wird höchstens der doppelte Betrag der Kosten übernommen, die in der Schweiz vergütet würden, in den Fällen von Absatz 3 höchstens der einfache Betrag.

Für Versicherte nach den Artikeln 4 und 5 richtet sich die Kostenübernahme nach den Tarifen und Preisen an ihrem letzten Wohnort in der Schweiz. Sofern die Behandlung für Versicherte nach Artikel 1 Absatz 2 Buchstaben d und e nicht nach den Regeln über die internationale Leistungsaushilfe erfolgt, richtet sich die Kostenübernahme nach den Tarifen und Preisen an ihrem letzten Wohn- oder Arbeitsort in der Schweiz; lässt sich keiner dieser Orte ermitteln, so richtet sich die Kostenübernahme nach den Tarifen und Preisen des Kantons, in dem der Versicherer seinen Sitz hat.[100]

[5] Vorbehalten bleiben die Bestimmungen über die internationale Leistungsaushilfe.[101]

Art. 36a[102]   Pilotprojekte für die Kostenübernahme für Leistungen
im Ausland

[1] Das Departement kann Pilotprojekte bewilligen, die in Abweichung von Artikel 34 des Gesetzes eine Kostenübernahme durch Versicherer für

---

100 Dritter Satz eingefügt durch Ziff. I der V vom 3. Juli 2001 (AS **2002** 915). Fassung gemäss Ziff. I der V vom 22. Mai 2002 (AS **2002** 1633).
101 Eingefügt durch Ziff. I der V vom 3. Juli 2001, in Kraft seit 1. Juni 2002 (AS **2002** 915).
102 Eingefügt durch Ziff. I der V vom 26. April 2006 (AS **2006** 1717).

Leistungen vorsehen, die in Grenzgebieten für in der Schweiz wohnhafte Versicherte erbracht werden.

[2] Das Bewilligungsgesuch ist vier Monate vor dem voraussichtlichen Beginn des Pilotprojekts einzureichen.

[3] Pilotprojekte müssen folgende Anforderungen erfüllen:

a.[103] Die Projektdauer beträgt vier Jahre ab der Genehmigung durch das Departement; sie kann einmal um bis zu vier Jahre verlängert werden; Gesuche für neue Pilotprojekte können bis zum 31. Dezember 2012 eingereicht werden.

b. Sie werden von einem oder mehreren Kantonen und von einem oder mehreren Versicherern gemeinsam eingereicht.

c. Sie stehen den Versicherten offen, die bei einem am Pilotprojekt beteiligten Versicherer der obligatorischen Krankenpflegeversicherung versichert sind und ihren gewöhnlichen Aufenthalt in einem am Pilotprojekt beteiligten Kanton haben.

d. Sie umschreiben in einer Liste die im Ausland erbrachten Leistungen, die von der obligatorischen Krankenpflegeversicherung übernommen werden; diese Leistungen müssen die gesetzlichen Voraussetzungen erfüllen.

e. Sie enthalten eine Liste mit den ausländischen Leistungserbringern, die im Rahmen des Pilotprojekts Leistungen erbringen dürfen; diese Leistungserbringer erfüllen die gesetzlichen Anforderungen für Leistungserbringer entsprechend.

f. Die Tarife und die Preise für die im Ausland erbrachten Leistungen:

1. werden zwischen den Versicherern und den ausländischen Leistungserbringern vereinbart,

2. liegen zwischen den für die soziale Krankenversicherung im Ausland geltenden üblichen Tarifen und den in der Schweiz verbindlichen Tarifen,

3. erfüllen die Anforderungen der Artikel 43, 49 und 52 des Gesetzes entsprechend.

g. Die zwischen Versicherern und ausländischen Leistungserbringern vereinbarten Tarife oder Preise müssen von den ausländischen Leistungserbringern eingehalten werden; die ausländischen Leistungser-

---

103 Fassung gemäss Ziff. I der V vom 24. Juni 2009, in Kraft seit 1. Aug. 2009 (AS **2009** 3525). Siehe auch die UeB dieser Änd. am Ende des Textes.

bringer dürfen für die Leistungen nach Buchstabe d keine weitergehenden Vergütungen berechnen.

h. Sie beinhalten ein Konzept zur wissenschaftlichen Projektbegleitung durch eine aussenstehende Expertin oder einen aussenstehenden Experten und die Verteilung der dafür vorgesehenen Kosten zwischen Kantonen und Versicherern.

⁴ Die Versicherer können für die im Ausland erbrachten Leistungen ganz oder teilweise auf die Erhebung des Selbstbehalts, der Franchise (Art. 103) und des Beitrags an die Kosten des Spitalaufenthalts (Art. 104) verzichten.

⁵ Der im Rahmen der wissenschaftlichen Projektbegleitung ausgearbeitete Bericht wird dem Departement zur Kenntnis gebracht.

Art. 37[104] Kostenübernahme für im Ausland wohnhafte Personen

¹ Bei stationärer Behandlung in der Schweiz übernimmt der Versicherer die Pauschalen, die nach Artikel 49 Absatz 1 des Gesetzes in Rechnung gestellt werden, für:

a. Grenzgängerinnen und Grenzgänger sowie ihre Familienangehörigen, die in der Schweiz versichert sind;

b. Versicherte, die in einem Mitgliedstaat der Europäischen Gemeinschaft, in Island, Liechtenstein oder Norwegen wohnen und bei einem Aufenthalt in der Schweiz aufgrund von Artikel 95a des Gesetzes Anspruch auf internationale Leistungsaushilfe haben;

c. Versicherte, die in Belgien, Deutschland, Frankreich, den Niederlanden, Österreich oder Ungarn wohnen und sich nach Artikel 95a des Gesetzes wahlweise im Wohnstaat oder in der Schweiz behandeln lassen können.

---

104 Fassung gemäss Ziff. I der V vom 22. Okt. 2008, in Kraft seit 1. Jan. 2009 (AS **2008** 5097).

3. Kapitel:[105] Kommissionen

Art. 37*a*[106]   Beratende Kommissionen

Beratende Kommissionen nach Artikel 33 Absatz 4 des Gesetzes sind:

   a. die Eidgenössische Kommission für allgemeine Leistungen und Grundsatzfragen (Leistungs- und Grundsatzkommission);

   b. die Eidgenössische Kommission für Analysen, Mittel und Gegenstände (Analysen-, Mittel- und Gegenständekommission);

   c. die Eidgenössische Arzneimittelkommission.

Art. 37*b*   Allgemeine Bestimmungen

[1] Der Bundesrat ernennt die Mitglieder der Kommissionen. Die Kommissionen werden von einem Vertreter oder einer Vertreterin des BAG präsidiert.

[2] Die Kommissionen geben sich eine vom Departement zu genehmigende Geschäftsordnung, welche namentlich folgende Punkte regelt:

   a. Organisation und Arbeitsweise der Kommission, insbesondere Einsetzung, Aufgaben und Zusammensetzung von Ausschüssen;

   b. Richtlinien und Verfahren zur Leistungsbezeichnung;

   c. die Stellvertretung der Mitglieder;

   d. den Beizug von Experten und Expertinnen; dieser ist bei Beratung von Leistungen der nicht vertretenen Kreise obligatorisch;

   e. die direkte Antragsstellung der Ausschüsse an das BAG bzw. an das Departement.

[3] Das Departement genehmigt die Einsetzung von Ausschüssen und wählt deren Mitglieder. In die Ausschüsse können auch Personen gewählt werden, die nicht bereits Mitglied einer Kommission sind. Präsidiert werden die Ausschüsse durch ein Mitglied.

[4] Das BAG führt das Sekretariat der Kommissionen und sorgt für die Koordination der Arbeiten. Es kann Dritte mit der Führung des Sekretariates beauftragen.

---

105 Eingefügt durch Ziff. I der V vom 25. Juni 1997, in Kraft seit 1. Jan. 1998 (AS **1997** 1639).
106 Fassung gemäss Ziff. I der V vom 27. Juni 2007, in Kraft seit 1. Jan. 2008 (AS **2007** 3573).

Art. 37c[107]

Art. 37d[108]   Eidgenössische Kommission für allgemeine Leistungen
und Grundsatzfragen

[1] Die Eidgenössische Kommission für allgemeine Leistungen und Grundsatzfragen berät das Departement bei der Bezeichnung der Leistungen nach Artikel 33, bei der Ausarbeitung der Bestimmungen nach den Artikeln 36 Absatz 1, 77 Absatz 4 und 105 Absatz 4 sowie bei der Beurteilung von Grundsatzfragen in der Krankenversicherung unter Berücksichtigung der ethischen Aspekte bei der Leistungsbezeichnung.

[2] Sie hat insbesondere die folgenden Aufgaben:

    a.   Definition von Grundsätzen im Leistungsbereich sowie Beratung und Vorschlag von Verordnungsbestimmungen zu Grundsätzen im Leistungsbereich;

    b.   Festsetzung von Grundsätzen, damit der Datenschutz und die Interessen der Versicherten bei der Leistungsbezeichnung in der Krankenversicherung gewahrt werden;

    c.   Ausarbeitung von Kriterien für die Beurteilung von Leistungen nach Artikel 33 Absatz 3 des Gesetzes und Artikel 70.

[3] Sie besteht aus 20 Mitgliedern. Davon vertreten:

    a.   sechs Personen die Ärzteschaft;

    b.   eine Person die Spitäler;

    c.   eine Person die Apothekerschaft; diese Person vertritt gleichzeitig auch die Arzneimittelkommission;

    d.   fünf Personen die Krankenversicherer und die Unfallversicherer nach dem Bundesgesetz vom 20. März 1981[109] über die Unfallversicherung (UVG), wobei mindestens zwei Personen die Vertrauensärzteschaft vertreten;

    e.   zwei Personen die Versicherten;

    f.   eine Person die Kantone;

    g.   eine Person die Analysen-, Mittel- und Gegenständekommission;

---

107 Aufgehoben durch Ziff. I der V vom 27. Juni 2007, mit Wirkung seit 1. Jan. 2008 (AS **2007** 3573).

108 Fassung gemäss Ziff. I der V vom 27. Juni 2007, in Kraft seit 1. Jan. 2008 (AS **2007** 3573).

109 SR **832.20**

h. eine Person die Dozenten und Dozentinnen der Laboranalytik (wissenschaftlicher Experte beziehungsweise wissenschaftliche Expertin);

i. zwei Personen die medizinische Ethik.

Art. 37e   Eidgenössische Arzneimittelkommission

[1] Die Eidgenössische Arzneimittelkommission berät das BAG bei der Erstellung der Spezialitätenliste nach Artikel 34. Überdies berät sie das Departement, in ihrem Bereich, bei der Ausarbeitung der Bestimmungen nach den Artikeln 36 Absatz 1, 75, 77 Absatz 4 und 105 Absatz 4.

[2] Sie besteht aus 20 Mitgliedern. Davon vertreten:

a. vier Personen die Fakultäten der Medizin und Pharmazie (wissenschaftliche Experten und Expertinnen);

b. drei Personen die Ärzteschaft;

c. drei Personen die Apothekerschaft;

d. eine Person die Spitäler;

e. drei Personen die Krankenversicherer und die Unfallversicherer nach dem UVG[110];

f. zwei Personen die Versicherten;

g. zwei Personen die Pharmaindustrie;

h. eine Person die Kantone;

i. eine Person das Schweizerische Heilmittelinstitut.[111]

Art. 37f   Eidgenössische Kommission für Analysen, Mittel und Gegenstände[112]

[1] Die Eidgenössische Kommission für Analysen, Mittel und Gegenstände berät das Departement bei der Erstellung der Analysenliste nach Artikel 34, bei der Beurteilung und Festsetzung der Vergütung von Mitteln und Gegenständen nach Artikel 33 Buchstabe e sowie bei der Ausarbeitung der Bestim-

---

110 SR **832.20**
111 Fassung gemäss Ziff. I der V vom 27. Juni 2007, in Kraft seit 1. Jan. 2008 (AS **2007** 3573).
112 Fassung gemäss Ziff. I der V vom 27. Juni 2007, in Kraft seit 1. Jan. 2008 (AS **2007** 3573).

mungen nach den Artikeln 36 Absatz 1, 75, 77 Absatz 4 und 105 Absatz 4, die ihren Bereich betreffen.[113]

[2] Sie besteht aus 19 Mitgliedern. Davon vertreten:[114]

a. zwei Personen die Dozenten und Dozentinnen der Laboranalytik (wissenschaftliche Experten und Expertinnen);

b. zwei Personen die Ärzteschaft;

c. eine Person die Apothekerschaft;

d. zwei Personen die Laboratorien;

e. eine Person die Spitäler;

f.[115] vier Personen die Krankenversicherer und die Unfallversicherer nach dem UVG[116];

g. zwei Personen die Versicherten;

h.[117] eine Person das Schweizerische Heilmittelinstitut;

i. eine Person die Diagnostica- und Diagnostica-Geräte-Industrie;

k.[118] eine Person die Abgabestellen für Mittel und Gegenstände;

l.[119] zwei Personen die Hersteller und Vertreiber von Mitteln und Gegenständen.

Art. 37g[120]

---

113 Fassung gemäss Ziff. I der V vom 27. Juni 2007, in Kraft seit 1. Jan. 2008 (AS **2007** 3573).

114 Fassung gemäss Ziff. I der V vom 15. Dez. 2003 (AS **2003** 5279).

115 Fassung gemäss Ziff. I der V vom 27. Juni 2007, in Kraft seit 1. Jan. 2008 (AS **2007** 3573).

116 SR **832.20**

117 Fassung gemäss Ziff. II 13 der V vom 17. Okt. 2001, in Kraft seit 1. Jan. 2002 (AS **2001** 3294).

118 Fassung gemäss Ziff. I der V vom 27. Juni 2007, in Kraft seit 1. Jan. 2008 (AS **2007** 3573).

119 Eingefügt durch Ziff. I der V vom 15. Dez. 2003 (AS **2003** 5279). Fassung gemäss Ziff. I der V vom 27. Juni 2007, in Kraft seit 1. Jan. 2008 (AS **2007** 3573).

120 Aufgehoben durch Ziff. I der V vom 27. Juni 2007, mit Wirkung seit 1. Jan. 2008 (AS **2007** 3573).

4. Titel: Leistungserbringer

1. Kapitel: Zulassung

1. Abschnitt:[121] Ärzte und Ärztinnen

Art. 38   Weiterbildung

Ärztinnen und Ärzte haben sich über einen Weiterbildungstitel nach Artikel 20 des Medizinalberufegesetzes vom 23. Juni 2006[122] (MedBG) auszuweisen.

Art. 39   Gleichwertigkeit wissenschaftlicher Befähigungsausweise

[1] Ärztinnen und Ärzten mit eidgenössischem Diplom gleichgestellt sind Ärztinnen und Ärzte, die über ein nach Artikel 15 des MedBG[123] anerkanntes ausländisches Diplom verfügen.

[2] Ärztinnen und Ärzten mit eidgenössischem Weiterbildungstitel gleichgestellt sind Ärztinnen und Ärzte, die über einen nach Artikel 21 des MedBG anerkannten ausländischen Weiterbildungstitel oder über eine kantonale Bewilligung zur selbstständigen Berufsausübung gemäss Artikel 36 Absatz 3 MedBG verfügen.

Abschnitt:[124] Apotheker und Apothekerinnen

Art. 40   Weiterbildung

Apothekerinnen und Apotheker haben sich über eine zweijährige praktische Weiterbildung in einer Apotheke auszuweisen.

Art. 41   Gleichwertigkeit wissenschaftlicher Befähigungsausweise

Apothekerinnen und Apothekern mit eidgenössischem Diplom gleichgestellt sind Apothekerinnen und Apotheker, die über ein nach Artikel 15 des MedBG[125] anerkanntes ausländisches Diplom oder über eine kantonale Be-

---

121 Fassung gemäss Art. 17 der V vom 27. Juni 2007 über Diplome, Ausbildung, Weiterbildung und Berufsausübung in den universitären Medizinalberufen, in Kraft seit 1. Sept. 2007 (SR **811.112.0**).
122 SR **811.11**
123 SR **811.11**
124 Fassung gemäss Art. 17 der V vom 27. Juni 2007 über Diplome, Ausbildung, Weiterbildung und Berufsausübung in den universitären Medizinalberufen, in Kraft seit 1. Sept. 2007 (SR **811.112.0**).
125 SR **811.11**

willigung zur selbstständigen Berufsausübung gemäss Artikel 36 Absatz 3 MedBG verfügen.

Abschnitt: [126] Zahnärzte und Zahnärztinnen

Art. 42   Zulassung

Zugelassen sind Zahnärztinnen und Zahnärzte, die über ein eidgenössisches Diplom verfügen und sich über eine zweijährige praktische Weiterbildung in einer zahnärztlichen Praxis oder einem zahnärztlichen Institut ausweisen.

Art. 43   Gleichwertigkeit wissenschaftlicher Befähigungsausweise

Zahnärztinnen und Zahnärzten mit eidgenössischem Diplom gleichge-stellt sind Zahnärztinnen und Zahnärzte, die über ein nach Artikel 15 des MedBG[127] anerkanntes ausländisches Diplom oder über eine kantonale Be-willigung zur selbstständigen Berufsausübung gemäss Artikel 36 Absatz 3 MedBG verfügen.

Abschnitt: Chiropraktoren und Chiropraktorinnen

Art. 44

[1] Chiropraktorinnen und Chiropraktoren haben nachzuweisen, dass:

a. sie eine Ausbildung nach den Artikeln 14 und 33 des MedBG[128] er-folgreich abgeschlossen haben;

b. sie eine Weiterbildung nach den Artikeln 17–19 des MedBG erfolg-reich abgeschlossen haben.[129]

[2] ...[130]

126 Fassung gemäss Art. 17 der V vom 27. Juni 2007 über Diplome, Ausbildung, Weiterbil-dung und Berufsausübung in den universitären Medizinalberufen, in Kraft seit 1. Sept. 2007 (SR **811.112.0**).
127 SR **811.11**
128 SR **811.11**
129 Fassung gemäss Art. 17 der V vom 27. Juni 2007 über Diplome, Ausbildung, Weiterbil-dung und Berufsausübung in den universitären Medizinalberufen, in Kraft seit 1. Sept. 2007 (SR **811.112.0**).
130 Aufgehoben durch Art. 17 der V vom 27. Juni 2007 über Diplome, Ausbildung, Weiter-bildung und Berufsausübung in den universitären Medizinalberufen, mit Wirkung seit 1. Sept. 2007 (SR **811.112.0**).

³ Die Bestimmungen über die Anwendung von ionisierenden Strahlen zu chiropraktischen Zwecken, insbesondere Artikel 11 der Strahlenschutzverordnung vom 22. Juni 1994[131], bleiben vorbehalten.

5. Abschnitt: Hebammen

Art. 45

¹ Die Hebammen haben nachzuweisen:

    a.[132] das Diplom einer Schule für Hebammen, das von einer von den Kantonen gemeinsam bezeichneten Stelle anerkannt oder als gleichwertig anerkannt worden ist, oder ein nach dem Bundesgesetz vom 13. Dezember 2002[133] über die Berufsbildung anerkanntes Diplom;

    b. eine zweijährige praktische Tätigkeit bei einer nach dieser Verordnung zugelassenen Hebamme oder in der geburtshilflichen Abteilung eines Spitals oder in einer fachärztlichen Praxis unter der Leitung einer Hebamme;

    c. eine Zulassung nach kantonalem Recht.

² ...[134]

6. Abschnitt: Personen, die auf ärztliche Anordnung hin Leistungen erbringen, und Organisationen, die solche Personen beschäftigen

Art. 46   Im Allgemeinen

¹ Als Personen, die auf ärztliche Anordnung hin Leistungen erbringen, werden Personen zugelassen, die einen der folgenden Berufe selbständig und auf eigene Rechnung ausüben:

    a. Physiotherapeut oder Physiotherapeutin;

    b. Ergotherapeut oder Ergotherapeutin;

    c.[135] Pflegefachfrau oder Pflegefachmann;

    d. Logopäde oder Logopädin;

---

131 SR **814.501**
132 Fassung gemäss Ziff. I der V vom 3. Dez. 2004 (AS **2004** 5075). Siehe auch die SchlB dieser Änd. am Ende dieser Verordnung.
133 SR **412.10**
134 Aufgehoben durch Ziff. I der V vom 3. Dez. 2004 (AS **2004** 5075).
135 Fassung gemäss Ziff. I der V vom 3. Dez. 2004 (AS **2004** 5075).

e.[136] Ernährungsberater oder Ernährungsberaterin.

[2] Diese Personen müssen nach kantonalem Recht zugelassen sein und die übrigen Zulassungsvoraussetzungen erfüllen, welche in dieser Verordnung festgelegt sind.

Art. 47   Physiotherapeuten und Physiotherapeutinnen

[1] Die Physiotherapeuten und Physiotherapeutinnen haben nachzuweisen:

a.[137] das Diplom einer Schule für Physiotherapie, das von einer von den Kantonen gemeinsam bezeichneten Stelle anerkannt oder als gleichwertig anerkannt worden ist, oder ein nach dem Bundesgesetz vom 13. Dezember 2002[138] über die Berufsbildung anerkanntes Diplom;

b.[139] eine zweijährige praktische Tätigkeit bei einem Physiotherapeuten, einer Physiotherapeutin oder in einer Organisation der Physiotherapie, die nach dieser Verordnung zugelassen sind, in einer physikalisch-therapeutischen Spezialabteilung eines Spitals oder in einer fachärztlichen Praxis unter der Leitung eines Physiotherapeuten oder einer Physiotherapeutin, welche die Zulassungsvoraussetzungen dieser Verordnung erfüllen.

[2] ...[140]

Art. 48   Ergotherapeuten und Ergotherapeutinnen

[1] Die Ergotherapeuten und Ergotherapeutinnen haben nachzuweisen:

a.[141] das Diplom einer Schule für Ergotherapie, das von einer von den Kantonen gemeinsam bezeichneten Stelle anerkannt oder als gleichwertig anerkannt worden ist, oder ein nach dem Bundesgesetz vom 13. Dezember 2002[142] über die Berufsbildung anerkanntes Diplom;

b. eine zweijährige praktische Tätigkeit bei einem Ergotherapeuten oder einer Ergotherapeutin, die nach dieser Verordnung zugelassen

---

136 Eingefügt durch Ziff. I der V vom 25. Nov. 1996, in Kraft seit 1. Jan. 1997 (AS **1996** 3139).

137 Fassung gemäss Ziff. I der V vom 3. Dez. 2004 (AS **2004** 5075). Siehe auch die SchlB dieser Änd. am Ende dieser Verordnung.

138 SR **412.10**

139 Fassung gemäss Ziff. I der V vom 24. Juni 2009, in Kraft seit 1. Aug. 2009 (AS **2009** 3525).

140 Aufgehoben durch Ziff. I der V vom 3. Dez. 2004 (AS **2004** 5075).

141 Fassung gemäss Ziff. I der V vom 3. Dez. 2004 (AS **2004** 5075). Siehe auch die SchlB dieser Änd. am Ende dieser Verordnung.

142 SR **412.10**

sind, oder in einer Arztpraxis, einem Spital oder einer Organisation der Ergotherapie unter der Leitung eines Ergotherapeuten oder einer Ergotherapeutin, welche die Zulassungsvoraussetzungen dieser Verordnung erfüllen.

2 ... [143]

Art. 49[144]   Pflegefachfrau und Pflegefachmann

Die Pflegefachfrauen und Pflegefachmänner haben nachzuweisen:

a. das Diplom einer Schule für Gesundheits- und Krankenpflege, das von einer von den Kantonen gemeinsam bezeichneten Stelle anerkannt oder als gleichwertig anerkannt worden ist, oder ein nach dem Bundesgesetz vom 13. Dezember 2002[145] über die Berufsbildung anerkanntes Diplom;

b. eine zweijährige praktische Tätigkeit bei einer Pflegefachfrau oder einem Pflegefachmann, die oder der nach dieser Verordnung zugelassen ist, oder in einem Spital oder einer Organisation der Krankenpflege und Hilfe zu Hause unter der Leitung einer Pflegefachfrau oder eines Pflegefachmanns, die oder der die Zulassungsvoraussetzungen dieser Verordnung erfüllt.

Art. 50   Logopäden und Logopädinnen

Die Logopäden und Logopädinnen haben nachzuweisen:

a. eine vom Kanton anerkannte dreijährige theoretische und praktische Fachausbildung mit erfolgreich abgelegter Prüfung in folgenden Fächern:

1. Linguistik (Linguistik, Phonetik, Psycholinguistik),

2. Logopädie (Logopädische Methodenlehre [Beratung, Abklärung, Behandlung], Sprachbehindertenpädagogik, Sprachbehindertenpsychologie, Sprachpathologie),

3. Medizin (Neurologie, Otorhinolaryngologie, Phoniatrie, Psychiatrie, Stomatologie),

4. Pädagogik (Pädagogik, Sonderpädagogik/Heilpädagogik),

---

143 Aufgehoben durch Ziff. I der V vom 3. Dez. 2004 (AS **2004** 5075).

144 Fassung gemäss Ziff. I der V vom 3. Dez. 2004 (AS **2004** 5075). Siehe auch die SchlB dieser Änd. am Ende dieser Verordnung.

145 SR **412.10**

5. Psychologie (Entwicklungspsychologie, klinische Psychologie, pädagogische Psychologie einschliesslich Lernpsychologie, Sozialpsychologie),

6. Recht (Sozialgesetzgebung);

b.[146] eine zweijährige praktische Tätigkeit in klinischer Logopädie mit überwiegender Erfahrung im Erwachsenenbereich, wovon mindestens ein Jahr in einem Spital unter fachärztlicher Leitung (Oto-Rhino-Laryngologie, Psychiatrie, Kinderpsychiatrie, Phoniatrie oder Neurologie) und in Begleitung eines Logopäden oder einer Logopädin, welche die Zulassungsvoraussetzungen dieser Verordnung erfüllen; ein Jahr kann unter entsprechender fachärztlicher Leitung und in Begleitung eines Logopäden oder einer Logopädin, welche die Zulassungsvoraussetzungen dieser Verordnung erfüllen, in einer Facharztpraxis absolviert werden.

Art. 50a[147]   Ernährungsberater und Ernährungsberaterinnen

[1] Die Ernährungsberater und Ernährungsberaterinnen haben nachzuweisen:

a.[148] das Diplom einer Schule für Ernährungsberatung, das von einer von den Kantonen gemeinsam bezeichneten Stelle anerkannt oder als gleichwertig anerkannt worden ist, oder ein nach dem Bundesgesetz vom 13. Dezember 2002[149] über die Berufsbildung anerkanntes Diplom;

b. eine zweijährige praktische Tätigkeit bei einem Ernährungsberater oder einer Ernährungsberaterin, die nach dieser Verordnung zugelassen sind, oder in einem Spital, einer Arztpraxis oder einer anderen privaten oder öffentlichen Organisation unter der Leitung eines Ernährungsberaters oder einer Ernährungsberaterin, welche die Zulassungsvoraussetzungen dieser Verordnung erfüllen.

[2] ...[150]

---

146 Fassung gemäss Ziff. I der V vom 25. Nov. 1996, in Kraft seit 1. Jan. 1997 (AS **1996** 3139).

147 Eingefügt durch Ziff. I der V vom 25. Nov. 1996, in Kraft seit 1. Jan. 1997 (AS **1996** 3139).

148 Fassung gemäss Ziff. I der V vom 3. Dez. 2004 (AS **2004** 5075). Siehe auch die SchlB dieser Änd. am Ende dieser Verordnung.

149 SR **412.10**

150 Aufgehoben durch Ziff. I der V vom 3. Dez. 2004 (AS **2004** 5075).

Art. 51   Organisationen der Krankenpflege und Hilfe zu Hause

Organisationen der Krankenpflege und Hilfe zu Hause werden zugelassen, wenn sie:

    a. nach der Gesetzgebung des Kantons, in dem sie tätig sind, zugelassen sind;

    b.[151] ihren örtlichen, zeitlichen, sachlichen und personellen Tätigkeitsbereich festgelegt haben;

    c.[152] über das erforderliche Fachpersonal verfügen, das eine dem Tätigkeitsbereich entsprechende Ausbildung hat;

    d.[153] über Einrichtungen verfügen, die dem Tätigkeitsbereich entsprechen;

    e.[154] an Massnahmen zur Qualitätssicherung nach Artikel 77 teilnehmen, die gewährleisten, dass eine dem Tätigkeitsbereich entsprechende, qualitativ hoch stehende und zweckmässige Krankenpflege erbracht wird.

Art. 52   Organisationen der Ergotherapie

Organisationen der Ergotherapie werden zugelassen, wenn sie:

    a. nach der Gesetzgebung des Kantons, in dem sie tätig sind, zugelassen sind;

    b.[155] ihren örtlichen, zeitlichen, sachlichen und personellen Tätigkeitsbereich festgelegt haben;

    c.[156] über das erforderliche Fachpersonal verfügen, das eine dem Tätigkeitsbereich entsprechende Ausbildung hat;

---

151 Fassung gemäss Ziff. I der V vom 17. Sept. 1997, in Kraft seit 1. Jan. 1998 (AS **1997** 2272).

152 Fassung gemäss Ziff. I der V vom 17. Sept. 1997, in Kraft seit 1. Jan. 1998 (AS **1997** 2272).

153 Fassung gemäss Ziff. I der V vom 17. Sept. 1997, in Kraft seit 1. Jan. 1998 (AS **1997** 2272).

154 Fassung gemäss Ziff. I der V vom 17. Sept. 1997, in Kraft seit 1. Jan. 1998 (AS **1997** 2272).

155 Fassung gemäss Ziff. I der V vom 17. Sept. 1997, in Kraft seit 1. Jan. 1998 (AS **1997** 2272).

156 Fassung gemäss Ziff. I der V vom 17. Sept. 1997, in Kraft seit 1. Jan. 1998 (AS **1997** 2272).

d.[157] über Einrichtungen verfügen, die dem Tätigkeitsbereich entsprechen;

e.[158] an Massnahmen zur Qualitätssicherung nach Artikel 77 teilnehmen, die gewährleisten, dass eine dem Tätigkeitsbereich entsprechende, qualitativ hochstehende und zweckmässige Ergotherapie erbracht wird.

Art. 52a[159] Organisationen der Physiotherapie

Organisationen der Physiotherapie werden zugelassen, wenn sie:

a. nach der Gesetzgebung des Kantons, in dem sie tätig sind, zugelassen sind;

b. ihren örtlichen, zeitlichen, sachlichen und personellen Tätigkeitsbereich festgelegt haben;

c. ihre Leistungen durch Personen erbringen, welche die Voraussetzungen nach Artikel 47 erfüllen;

d. über Einrichtungen verfügen, die dem Tätigkeitsbereich entsprechen;

e. an Massnahmen zur Qualitätssicherung nach Artikel 77 teilnehmen, die gewährleisten, dass eine dem Tätigkeitsbereich entsprechende, qualitativ hoch stehende und zweckmässige Physiotherapie erbracht wird.

7. Abschnitt: Laboratorien

Art. 53 Grundsatz

Als Laboratorien werden Einrichtungen zugelassen, die:

a. medizinische Analysen durchführen;

b. nach kantonalem Recht zugelassen sind;

c. an den Qualitätssicherungsmassnahmen nach Artikel 77 teilnehmen;

---

157 Fassung gemäss Ziff. I der V vom 17. Sept. 1997, in Kraft seit 1. Jan. 1998 (AS **1997** 2272).

158 Fassung gemäss Ziff. I der V vom 17. Sept. 1997, in Kraft seit 1. Jan. 1998 (AS **1997** 2272).

159 Eingefügt durch Ziff. I der V vom 24. Juni 2009, in Kraft seit 1. Aug. 2009 (AS **2009** 3525).

d. den übrigen von der Gesetzgebung des Bundes oder des Kantons festgesetzten Anforderungen an Laboratorien entsprechen;

e.[160] vom BAG anerkannt sind, wenn sie Untersuchungen zur Erkennung übertragbarer Krankheiten durchführen;

e[bis.161] über eine entsprechende Bewilligung des BAG verfügen, wenn sie zyto- oder molekulargenetische Untersuchungen durchführen;

f. über zweckentsprechende Einrichtungen und das erforderliche Fachpersonal verfügen; die Zulassungsbedingungen nach Artikel 54 erfüllen.

Art. 54   Zulassungsbedingungen

[1] Als Laboratorium ist ohne weitere Bedingungen zugelassen:

a. das Praxislaboratorium eines Arztes oder einer Ärztin, wenn:

1. Analysen im Rahmen der Grundversorgung nach Artikel 62 Absatz 1 Buchstabe a für den Eigenbedarf des Arztes oder der Ärztin durchgeführt werden,

2. das Ergebnis der Analysen grundsätzlich im Verlauf der Konsultation vorliegt (Präsenzdiagnostik),

3. das Praxislaboratorium räumlich und rechtlich Teil der Praxis des behandelnden Arztes oder der behandelnden Ärztin ist;

b. das Spitallaboratorium für Analysen, die nach Artikel 62 Absatz 1 Buchstabe a im Rahmen der Grundversorgung für den Eigenbedarf durchgeführt werden;

c. die Offizin eines Apothekers oder einer Apothekerin sowie das Spitallaboratorium für Analysen nach Artikel 62 Absatz 1 Buchstabe a im Rahmen der Grundversorgung, die von einem anderen Leistungserbringer angeordnet sind.[162]

[2] Spitallaboratorien, die für den Eigenbedarf des Spitals Analysen durchführen, sind zugelassen, wenn sie unter der Leitung eines Arztes oder einer Ärztin, eines Apothekers oder einer Apothekerin oder eines Leiters oder einer Leiterin mit einer vom Departement anerkannten Hochschulausbildung na-

---

160 Fassung gemäss Ziff. I der V vom 15. Juni 1998, in Kraft seit 1. Aug. 1998 (AS **1998** 1818).

161 Eingefügt durch Art. 37 Ziff. 2 der V vom 14. Febr. 2007 über genetische Untersuchungen beim Menschen, in Kraft seit 1. April 2007 (SR **810.122.1**).

162 Fassung gemäss Ziff. I der V vom 6. Juni 2003, in Kraft seit 1. Jan. 2004 (AS **2003** 3249).

turwissenschaftlicher Richtung oder einer vom Departement anerkannten, für die Durchführung der Analysen geeigneten höheren Fachausbildung stehen.

[3] Laboratorien, die im Auftrage eines anderen zugelassenen Leistungserbringers neben den Analysen der Grundversorgung weitere Analysen durchführen, sind zugelassen, wenn:

a. sie unter der Leitung eines Arztes oder einer Ärztin, eines Apothekers oder einer Apothekerin oder eines Leiters oder einer Leiterin mit einer vom Departement anerkannten Hochschulausbildung naturwissenschaftlicher Richtung stehen;

b. sich die leitende Person nach Buchstabe a über eine Weiterbildung in der Laboranalytik ausweist, deren Inhalt vom Departement geregelt wird.

[4] Das Departement kann für die Vornahme von bestimmten Analysen weitergehende Anforderungen an Einrichtungen sowie Qualifikation und Weiterbildung von Laborleitung und Laborpersonal vorsehen. Es kann im Weiteren für die Durchführung bestimmter Analysen einzelne Zentren bestimmen und sie mit der Führung von Evaluationsregistern beauftragen.

[5] Das Departement kann Ausführungsbestimmungen zu Absatz 1 Buchstabe a erlassen.[163]

8. Abschnitt: Abgabestellen für Mittel und Gegenstände

Art. 55

Wer nach kantonalem Recht zugelassen ist und mit einem Krankenversicherer einen Vertrag über die Abgabe von der Untersuchung oder Behandlung dienenden Mitteln und Gegenständen abschliesst, darf zu Lasten dieses Versicherers tätig sein.

---

163 Eingefügt durch Ziff. I der V vom 6. Juni 2003, in Kraft seit 1. Jan. 2004 (AS **2003** 3249).

8*a*. Abschnitt: [164] Geburtshäuser

Art. 55*a*

Wer nach kantonalem Recht zugelassen ist und mit einem Krankenversicherer einen Vertrag über die Abgabe von der Untersuchung oder Behandlung dienenden Mitteln und Gegenständen abschliesst, darf zu Lasten dieses Versicherers tätig sein.

Die Geburtshäuser sind zugelassen, wenn sie:

  a. den Anforderungen nach Artikel 39 Absatz 1 Buchstaben b–e des Gesetzes entsprechen;

  b. ihren sachlichen Tätigkeitsbereich nach Artikel 29 des Gesetzes festgelegt haben;

  c. eine ausreichende medizinische Betreuung durch eine Hebamme sicherstellen;

  d. Vorkehrungen zur Einleitung von Massnahmen im medizinischen Notfall getroffen haben.

9. Abschnitt: Transport- und Rettungsunternehmen

Art. 56

Wer nach kantonalem Recht zugelassen ist und mit einem Krankenversicherer einen Vertrag über die Durchführung von Transporten und Rettungen abschliesst, darf zu Lasten dieses Versicherers tätig sein.

10. Abschnitt: Heilbäder

Art. 57   Im Allgemeinen

[1] Heilbäder werden zugelassen, wenn sie unter ärztlicher Aufsicht stehen, zu Heilzwecken vor Ort bestehende Heilquellen nutzen, über das erforderliche Fachpersonal sowie die zweckentsprechenden diagnostischen und therapeutischen Einrichtungen verfügen und nach kantonalem Recht zugelassen sind.

[2] Das Departement kann vom Erfordernis der vor Ort bestehenden Heilquelle Ausnahmen bewilligen. Es berücksichtigt dabei die bisherige Praxis der Krankenversicherer.

---

164 Eingefügt durch Ziff. I der V vom 22. Okt. 2008, in Kraft seit 1. Jan. 2009 (AS **2008** 5097).

Art. 58 Heilquellen

[1] Als Heilquellen gelten Quellen, deren Wasser aufgrund besonderer chemischer oder physikalischer Eigenschaften und ohne jede Veränderung ihrer natürlichen Zusammensetzung eine wissenschaftlich anerkannte Heilwirkung ausüben oder erwarten lassen.

[2] Die chemischen oder physikalischen Eigenschaften sind durch Heilwasseranalysen gutachtlich nachzuweisen und alle drei Jahre durch eine Kontrollanalyse durch die zuständige kantonale Instanz zu überprüfen.

11. Abschnitt: [165] Planungskriterien

Art. 58*a* Grundsatz

[1] Die Planung für eine bedarfsgerechte Versorgung nach Artikel 39 Absatz 1 Buchstabe d des Gesetzes umfasst die Sicherstellung der stationären Behandlung im Spital oder in einem Geburtshaus sowie der Behandlung in einem Pflegeheim für die Einwohnerinnen und Einwohner der Kantone, die die Planung erstellen.

[2] Die Kantone überprüfen ihre Planung periodisch.

Art. 58*b* Versorgungsplanung

[1] Die Kantone ermitteln den Bedarf in nachvollziehbaren Schritten. Sie stützen sich namentlich auf statistisch ausgewiesene Daten und Vergleiche.

[2] Sie ermitteln das Angebot, das in Einrichtungen beansprucht wird, die nicht auf der von ihnen erlassenen Liste aufgeführt sind.

[3] Sie bestimmen das Angebot, das durch die Aufführung von inner- und ausserkantonalen Einrichtungen auf der Liste nach Artikel 58*e* zu sichern ist, damit die Versorgung gewährleistet ist. Dieses Angebot entspricht dem nach Absatz 1 ermittelten Versorgungsbedarf abzüglich des nach Absatz 2 ermittelten Angebots.

[4] Bei der Beurteilung und Auswahl des auf der Liste zu sichernden Angebotes berücksichtigen die Kantone insbesondere:

    a. die Wirtschaftlichkeit und Qualität der Leistungserbringung;

---

165 Eingefügt durch Ziff. I der V vom 22. Okt. 2008, in Kraft seit 1. Jan. 2009 (AS **2008** 5097).

b. den Zugang der Patientinnen und Patienten zur Behandlung innert nützlicher Frist;

c. die Bereitschaft und Fähigkeit der Einrichtung zur Erfüllung des Leistungsauftrages nach Artikel 58e.

[5] Bei der Prüfung der Wirtschaftlichkeit und Qualität beachten die Kantone insbesondere:

a. die Effizienz der Leistungserbringung;

b. den Nachweis der notwendigen Qualität;

c. im Spitalbereich die Mindestfallzahlen und die Nutzung von Synergien.

Art. 58c   Art der Planung

Die Planung erfolgt:

a. für die Versorgung der versicherten Personen in Spitälern zur Behandlung von akutsomatischen Krankheiten sowie in Geburtshäusern leistungsorientiert;

b. für die Versorgung der versicherten Personen in Spitälern zur rehabilitativen und zur psychiatrischen Behandlung leistungsorientiert oder kapazitätsbezogen;

c. für die Versorgung der versicherten Personen in Pflegeheimen kapazitätsbezogen.

Art. 58d   Interkantonale Koordination der Planungen

Im Rahmen der Verpflichtung zur interkantonalen Koordination der Planungen nach Artikel 39 Absatz 2 des Gesetzes müssen die Kantone insbesondere:

a. die nötigen Informationen über die Patientenströme auswerten und diese mit den betroffenen Kantonen austauschen;

b. die Planungsmassnahmen mit den davon in ihrer Versorgungssituation betroffenen Kantonen koordinieren.

Art. 58e   Listen und Leistungsaufträge

[1] Die Kantone führen auf ihrer Liste nach Artikel 39 Absatz 1 Buchstabe e des Gesetzes die inner- und ausserkantonalen Einrichtungen auf, die not-

wendig sind, um das nach Artikel 58*b* Absatz 3 bestimmte Angebot sicher-zustellen.

[2] Auf den Listen wird für jedes Spital das dem Leistungsauftrag entspre-chende Leistungsspektrum aufgeführt.

[3] Die Kantone erteilen jeder Einrichtung auf ihrer Liste einen Leistungs-auftrag nach Artikel 39 Absatz 1 Buchstabe e des Gesetzes. Dieser kann insbesondere die Pflicht zum Notfalldienst beinhalten.

2. Kapitel: Rechnungstellung

Art. 59

[1] Die Leistungserbringer haben in ihren Rechnungen folgende Angaben zu machen:

a. Kalendarium der Behandlungen;

b. erbrachte Leistungen im Detaillierungsgrad, den der massgebliche Tarif vorsieht;

c. Diagnosen im Rahmen von Absatz 2;

d.[166] Kennnummer der Versichertenkarte nach Artikel 3 Absatz 1 Buch-stabe f der Verordnung vom 14. Februar 2007[167] über die Versicher-tenkarte für die obligatorische Krankenpflegeversicherung;

e.[168] Versichertennummer nach dem Bundesgesetz vom 20. Dezember 1946[169] über die Alters- und Hinterlassenenversicherung.

[1bis] Für die Bearbeitung der diagnosebezogenen Daten treffen die Versicherer die nach Artikel 20 der Verordnung vom 14. Juni 1993[170] zum Bundesgesetz über den Datenschutz erforderlichen technischen und organisatorischen da-tensichernden Massnahmen.[171]

---

166 Eingefügt durch Art. 18 der V vom 14. Febr. 2007 über die Versichertenkarte für die obligatorische Krankenpflegeversicherung, in Kraft seit 1. Jan. 2010 (SR **832.105**; AS **2008** 6145).

167 SR **832.105**

168 Eingefügt durch Art. 18 der V vom 14. Febr. 2007 über die Versichertenkarte für die obligatorische Krankenpflegeversicherung, in Kraft seit 1. Jan. 2010 (SR **832.105**; AS **2008** 6145).

169 SR **831.10**

170 SR **235.11**

171 Eingefügt durch Ziff. I der V vom 22. Okt. 2008, in Kraft seit 1. Jan. 2009 (AS **2008** 5097).

[1ter] Zur Aufbewahrung der diagnosebezogenen Daten werden die Personalien der Versicherten pseudonymisiert. Die Aufhebung der Pseudonymisierung kann nur durch den Vertrauensarzt oder die Vertrauensärztin des Versicherers erfolgen.[172]

[2] Versicherer und Leistungserbringer können in den Tarifverträgen vereinbaren, welche Angaben und Diagnosen in der Regel nur dem Vertrauensarzt oder der Vertrauensärztin des Versicherers nach Artikel 57 des Gesetzes bekannt zu geben sind. Im Übrigen richtet sich die Bekanntgabe der Diagnose nach Artikel 42 Absätze 4 und 5 des Gesetzes. Das Departement kann auf gemeinsamen Antrag der Versicherer und der Leistungserbringer einen gesamtschweizerisch gültigen, einheitlichen Diagnose-Code festlegen.

[3] Der Leistungserbringer muss für die von der obligatorischen Krankenpflegeversicherung übernommenen Leistungen und die anderen Leistungen zwei getrennte Rechnungen erstellen.[173]

[4] Bei Analysen erfolgt die Rechnungsstellung an den Schuldner der Vergütung ausschliesslich durch das Laboratorium, das die Analyse durchgeführt hat. Pauschaltarife nach Artikel 49 KVG bleiben vorbehalten.[174]

[5] Haben Versicherer und Leistungserbringer vereinbart, dass der Versicherer die Vergütung schuldet (System des *Tiers payant*), so hat der Leistungserbringer der versicherten Person die Kopie der Rechnung nach Artikel 42 Absatz 3 des Gesetzes zukommen zu lassen. Er kann mit dem Versicherer vereinbaren, dass dieser die Rechnungskopie zustellt.[175]

---

172 Eingefügt durch Ziff. I der V vom 22. Okt. 2008, in Kraft seit 1. Jan. 2009 (AS **2008** 5097).

173 Fassung gemäss Ziff. I der V vom 22. Okt. 2008, in Kraft seit 1. Jan. 2009 (AS **2008** 5097).

174 Eingefügt durch Ziff. I der V vom 6. Juni 2003, in Kraft seit 1. Jan. 2004 (AS **2003** 3249).

175 Eingefügt durch Ziff. I der V vom 27. Juni 2007, in Kraft seit 1. Aug. 2007 (AS **2007** 3573).

3. Kapitel: Tarife und Preise[176]

1. Abschnitt: [177] Grundsätze

Art. 59a   Rahmentarife[178]

[1] Wenn die Kostenberechnungen für die Leistungen nach Artikel 7 der Krankenpflege-Leistungsverordnung vom 29. September 1995[179] der Pflegefachfrauen und Pflegefachmänner (Art. 49), der Organisationen der Krankenpflege und Hilfe zu Hause (Art. 51) oder der Pflegeheime (Art. 39 Abs. 3 KVG) ungenügend sind, kann das Departement Rahmentarife für diese Leistungen festlegen. [180]

[2] Die Rahmentarife stellen die Wirtschaftlichkeit und Zweckmässigkeit der Leistungsvergütung nach Artikel 32 KVG sicher.

Art. 59b[181]   Preisvergleiche

[1] Das BAG kann Preisvergleiche zwischen Arzneimitteln, die in der Spezialitätenliste aufgeführt sind, veröffentlichen.

[2] Es kann auf Gesuch hin Privaten die Bekanntgabe von solchen Preisvergleichen bewilligen, wenn jede Werbung ausgeschlossen ist.

Art. 59c[182]   Tarifgestaltung

[1] Die Genehmigungsbehörde im Sinne von Artikel 46 Absatz 4 des Gesetzes prüft, ob der Tarifvertrag namentlich folgenden Grundsätzen entspricht:

    a.   Der Tarif darf höchstens die transparent ausgewiesenen Kosten der Leistung decken.

    b.   Der Tarif darf höchstens die für eine effiziente Leistungserbringung erforderlichen Kosten decken.

    c.   Ein Wechsel des Tarifmodells darf keine Mehrkosten verursachen.

176 Fassung gemäss Ziff. I der V vom 17. Sept. 1997, in Kraft seit 1. Jan. 1998 (AS **1997** 2272).
177 Eingefügt durch Ziff. I der V vom 17. Sept. 1997 (AS **1997** 2272).
178 Eingefügt durch Ziff. I 8 der V vom 18. Aug. 2004 (AS **2004** 4037).
179 SR **832.112.31**
180 Fassung gemäss Ziff. I der V vom 3. Dez. 2004 (AS **2004** 5075).
181 Eingefügt durch Ziff. I 8 der V vom 18. Aug. 2004 (AS **2004** 4037).
182 Eingefügt durch Ziff. I der V vom 27. Juni 2007, in Kraft seit 1. Aug. 2007 (AS **2007** 3573).

[2] Die Vertragsparteien müssen die Tarife regelmässig überprüfen und anpassen, wenn die Erfüllung der Grundsätze nach Absatz 1 Buchstaben a und b nicht mehr gewährleistet ist. Die zuständigen Behörden sind über die Resultate der Überprüfungen zu informieren.

[3] Die zuständige Behörde wendet die Absätze 1 und 2 bei Tariffestsetzungen nach den Artikeln 43 Absatz 5, 47 oder 48 des Gesetzes sinngemäss an.

Art. 59d[183]   Leistungsbezogene Pauschalen

[1] Die Tarifpartner müssen dem Bundesrat nach den Artikeln 46 Absatz 4 und 49 Absatz 2 des Gesetzes den Tarifvertrag zur Genehmigung unterbreiten. Der Tarifvertrag muss die einheitliche Tarifstruktur und die Anwendungsmodalitäten des Tarifs beinhalten. Zusammen mit dem Gesuch um Genehmigung müssen namentlich folgende Unterlagen eingereicht werden:

a.   die Berechnungsgrundlagen und Berechnungsmethode;

b.   die Instrumente und Mechanismen zur Gewährleistung der Qualität der Leistungen im Rahmen der Tarifanwendung;

c.   die Schätzungen über die Auswirkungen der Anwendung des Tarifs auf das Leistungsvolumen und auf die Kosten für sämtliche nach Artikel 49 Absatz 1 des Gesetzes geregelten Bereiche, einschliesslich der vor- und nachgelagerten Bereiche.

[2] Im Falle eines auf einem Patienten-Klassifikationssystem vom Typus DRG (*Diagnosis Related Groups*) basierenden leistungsbezogenen Vergütungsmodells muss der Tarifvertrag zusätzlich das Kodierungshandbuch sowie ein Konzept zur Kodierrevision enthalten. Dem Gesuch um Genehmigung beizulegen sind ergänzende Unterlagen über die Anforderungen, die die Spitäler erfüllen müssen, damit sie bei der Erarbeitung der Tarifstruktur einbezogen werden können.

[3] Die Tarifpartner müssen dem Bundesrat die Anpassungen des Tarifvertrags, namentlich jene der Tarifstruktur oder der Anwendungsmodalitäten, zur Genehmigung unterbreiten.

[4] Der Bezug zur Leistung, der nach Artikel 49 Absatz 1 des Gesetzes herzustellen ist, muss eine Differenzierung des Tarifes nach Art und Intensität der Leistung erlauben.

---

183   Eingefügt durch Ziff. I der V vom 22. Okt. 2008, in Kraft seit 1. Jan. 2009 (AS **2008** 5097). Siehe auch die SchlB dieser Änd. am Ende dieses Textes.

Art. 59e[184]   Fallbeitrag

[1] Soll ein Fallbeitrag nach Artikel 49 Absatz 2 des Gesetzes erhoben werden, so müssen die Tarifpartner dem Bundesrat den entsprechenden Betrag zur Genehmigung unterbreiten. Dem Gesuch sind ein Tätigkeitsbericht der Organisation und ein Budget beizulegen, mit denen die Notwendigkeit des beantragten Betrags begründet wird.

[2] Wird der Fallbeitrag erhöht, so müssen die Tarifpartner dem Bundesrat den Fallbeitrag erneut zur Genehmigung unterbreiten.

[3] Für die Aufteilung der Finanzierung des Fallbeitrags gilt Artikel 49a Absätze 1 und 2 des Gesetzes sinngemäss.

2. Abschnitt:[185] Analysenliste

Art. 60[186]   Veröffentlichung

Die Analysenliste (Art. 52 Abs. 1 Bst. a Ziff. 1 KVG) wird in der Regel jährlich herausgegeben. Ihr Titel und die Fundstelle werden in der Amtlichen Sammlung des Bundesrechts veröffentlicht.

Art. 61   Aufnahme, Streichung

[1] Vorschläge um Aufnahme einer Analyse in die Analysenliste können beim BAG eingereicht werden.

[2] Das BAG prüft den Vorschlag und unterbreitet ihn der zuständigen Kommission. Bei der Prüfung der Vorschläge kann es aussenstehende Experten oder Expertinnen beiziehen. Es ist befugt, von sich aus oder auf Antrag der zuständigen Kommission die Aufnahme einer Analyse von ergänzenden Prüfungen abhängig zu machen.

[3] Eine in die Analysenliste aufgenommene Analyse ist zu streichen, wenn sie die Aufnahmebedingungen nicht mehr erfüllt.

---

184 Eingefügt durch Ziff. I der V vom 22. Okt. 2008, in Kraft seit 1. Jan. 2009 (AS **2008** 5097). Siehe auch die SchlB dieser Änd. am Ende dieses Textes.
185 Ursprünglich 1. Abschn.
186 Fassung gemäss Ziff. I der V vom 26. Juni 2002 (AS **2002** 2129).

Art. 62[187]   Separate Bezeichnung bestimmter Analysen

[1] Das Departement bezeichnet diejenigen Analysen, die:

- a. im Rahmen der Grundversorgung von Laboratorien nach Artikel 54 Absatz 1 durchgeführt werden können;
- b. von Chiropraktoren und Chiropraktorinnen gestützt auf Artikel 25 Absatz 2 Buchstabe b des Gesetzes veranlasst werden können;
- c. von Hebammen gestützt auf Artikel 29 Absatz 2 Buchstabe a des Gesetzes veranlasst werden können.

[2] Das Departement bezeichnet die im Praxislabor des Arztes oder der Ärztin vorgenommenen Analysen, für die der Tarif nach den Artikeln 46 und 48 des Gesetzes festgesetzt werden kann.

3. Abschnitt:[188] Arzneimittelliste mit Tarif

Art. 63

[1] Die Arzneimittelliste mit Tarif (Art. 52 Abs. 1 Bst. a Ziff. 2 KVG) wird in der Regel jährlich herausgegeben. Ihr Titel und die Fundstelle werden in der Amtlichen Sammlung des Bundesrechts veröffentlicht.

[2] Für die Aufnahme eines Arzneimittels in die Arzneimittelliste mit Tarif finden die Bestimmungen über die Spezialitätenliste sinngemäss Anwendung.

4. Abschnitt:[189] Spezialitätenliste

Art. 64[190]   Veröffentlichung

Das BAG veröffentlicht die Spezialitätenliste (Art. 52 Abs. 1 Bst. b KVG) in elektronischer Form.

Art. 64a[191]   Begriffe

[1] Als Originalpräparat gilt ein vom Schweizerischen Heilmittelinstitut Swissmedic (Institut) als erstes mit einem bestimmten Wirkstoff zugelassenes Arz-

---

187 Fassung gemäss Ziff. I der V vom 23. Febr. 2000, in Kraft seit 1. April 2000 (AS **2000** 889).

188 Ursprünglich 2. Abschn.

189 Ursprünglich 3. Abschn.

190 Fassung gemäss Ziff. I der V vom 21. Nov. 2007, in Kraft seit 1. Jan. 2008 (AS **2007** 6837).

191 Eingefügt durch Ziff. I der V vom 26. April 2006 (AS **2006** 1717).

neimittel, einschliesslich aller zum gleichen Zeitpunkt oder später zugelassenen Darreichungsformen.

[2] Als Generikum gilt ein vom Institut zugelassenes Arzneimittel, das im wesentlichen gleich ist wie ein Originalpräparat und das mit diesem aufgrund identischer Wirkstoffe sowie seiner Darreichungsform und Dosierung austauschbar ist.

[3] Als Co-Marketing-Arzneimittel gilt ein vom Institut zugelassenes Arzneimittel, das sich von einem anderen vom Institut zugelassenen Arzneimittel (Basispräparat) mit Ausnahme der Bezeichnung und der Packung nicht unterscheidet.

Art. 65[192]   Allgemeine Aufnahmebedingungen

[1] Ein Arzneimittel kann in die Spezialitätenliste aufgenommen werden, wenn es über eine gültige Zulassung des Instituts verfügt.

[2] Arzneimittel, für die Publikumswerbung nach Artikel 2 Buchstabe b der Arzneimittel-Werbeverordnung vom 17. Oktober 2001[193] betrieben wird, werden nicht in die Spezialitätenliste aufgenommen.

[3] Arzneimittel müssen wirksam, zweckmässig und wirtschaftlich sein.

[4] Die Inhaberinnen der Zulassungen für Originalpräparate müssen dem BAG die Nummern der Patente und der ergänzenden Schutzzertifikate sowie deren Ablaufdatum mit dem Gesuch um Aufnahme in die Spezialitätenliste angeben.

[5] Das BAG kann die Aufnahme mit Bedingungen und Auflagen verbinden.

Art. 65a[194]   Beurteilung der Wirksamkeit

Die Beurteilung der Wirksamkeit von allopathischen Arzneimitteln muss sich auf klinisch kontrollierte Studien abstützen.

---

192 Fassung gemäss Ziff. I der V vom 1. Juli 2009, in Kraft seit 1. Okt. 2009 (AS **2009** 4245).
193 SR **812.212.5**
194 Eingefügt durch Ziff. I der V vom 26. April 2006 (AS **2006** 1717). Fassung gemäss Ziff. I der V vom 1. Juli 2009, in Kraft seit 1. Okt. 2009 (AS **2009** 4245).

Art. 65*b*[195] Beurteilung der Wirtschaftlichkeit im Allgemeinen

[1] Ein Arzneimittel gilt als wirtschaftlich, wenn es die indizierte Heilwirkung mit möglichst geringem finanziellem Aufwand gewährleistet.

[2] Die Wirtschaftlichkeit wird aufgrund des Vergleichs mit anderen Arzneimitteln und der Preisgestaltung im Ausland beurteilt.

[3] Der Auslandspreisvergleich erfolgt summarisch, wenn er mangels Zulassung in den Vergleichsländern zum Zeitpunkt des Gesuchs um Aufnahme nicht oder nur unvollständig vorgenommen werden kann.

[4] Die Kosten für Forschung und Entwicklung sind bei der Beurteilung der Wirtschaftlichkeit eines Originalpräparates angemessen zu berücksichtigen. Zur Abgeltung dieser Kosten wird im Preis ein Innovationszuschlag berücksichtigt, wenn das Arzneimittel in der medizinischen Behandlung einen Fortschritt bedeutet.

Art. 65*c*[196] Beurteilung der Wirtschaftlichkeit bei Generika

[1] Bei Generika werden für die Beurteilung der Wirtschaftlichkeit die geringeren Kosten für die Entwicklung im Vergleich zum Originalpräparat berücksichtigt.

[2] Ein Generikum gilt bei der Aufnahme in die Spezialitätenliste als wirtschaftlich, wenn sein Fabrikabgabepreis gegenüber dem mit ihm austauschbaren Originalpräparat:

a. mindestens 20 Prozent tiefer ist, sofern das Schweizer Marktvolumen des Originalpräparates und von dessen Co-Marketing-Arzneimittel während vier Jahren vor Patentablauf im Durchschnitt pro Jahr 8 Millionen Franken nicht übersteigt;

b. mindestens 40 Prozent tiefer ist, sofern das Schweizer Marktvolumen des Originalpräparates und von dessen Co-Marketing-Arzneimittel während vier Jahren vor Patentablauf im Durchschnitt pro Jahr zwischen 8 Millionen und 16 Millionen Franken liegt;

c. mindestens 50 Prozent tiefer ist, sofern das Schweizer Marktvolumen des Originalpräparates und von dessen Co-Marketing-Arzneimittel während vier Jahren vor Patentablauf im Durchschnitt pro Jahr 16 Millionen Franken übersteigt.

---

195 Eingefügt durch Ziff. I der V vom 26. April 2006 (AS **2006** 1717). Fassung gemäss Ziff. I der V vom 1. Juli 2009, in Kraft seit 1. Okt. 2009 (AS **2009** 4245).
196 Eingefügt durch Ziff. I der V vom 26. April 2006 (AS **2006** 1717). Fassung gemäss Ziff. I der V vom 1. Juli 2009, in Kraft seit 1. Okt. 2009 (AS **2009** 4245).

[3] Massgebend für die Berechnung des Fabrikabgabepreises des Generikums ist das ausländische Durchschnittspreisniveau zum Zeitpunkt des Patentablaufs des Originalpräparates in der Schweiz gemessen an dessen meistverkauften Packung.

[4] Das Schweizer Marktvolumen pro Jahr nach Absatz 2 bemisst sich auf der Basis des Fabrikabgabepreises des Originalpräparates und von dessen Co-MarketingArzneimittel und muss sämtliche Handelsformen desselben Wirkstoffes umfassen. Das Gesuch um Aufnahme eines Generikums in die Spezialitätenliste muss das Schweizer Marktvolumen gestützt auf Umsatzerhebungen eines unabhängigen Institutes enthalten.

[5] Generika, die vor der Preisüberprüfung des Originalpräparates nach Artikel 65e in die Spezialitätenliste aufgenommen werden, werden nach der Preisüberprüfung zur Wahrung des Abstands preislich angepasst.

Art. 65d[197] Überprüfung der Aufnahmebedingungen alle drei Jahre

[1] Das BAG überprüft sämtliche Arzneimittel, die in der Spezialitätenliste aufgeführt sind, alle drei Jahre daraufhin, ob sie die Aufnahmebedingungen noch erfüllen.

[2] Ergibt die Überprüfung der Wirtschaftlichkeit aufgrund der umsatzstärksten Packung, dass der geltende Höchstpreis zu hoch ist, so verfügt das BAG auf den 1. November des Überprüfungsjahres eine angemessene Preissenkung.

[3] Die Inhaberinnen der Zulassungen haben dem BAG alle notwendigen Unterlagen zuzustellen. Das Departement erlässt zum Verfahren der Überprüfung nähere Vorschriften.

Art. 65e[198] Überprüfung der Aufnahmebedingungen nach Patentablauf

[1] Das BAG überprüft Originalpräparate unmittelbar nach Ablauf des Patentschutzes daraufhin, ob sie die Aufnahmebedingungen noch erfüllen. Verfahrenspatente werden bei der Überprüfung nicht berücksichtigt.

[2] Bei der Überprüfung der Wirtschaftlichkeit werden die Kosten für Forschung und Entwicklung nicht mehr berücksichtigt.

[3] Ergibt die Überprüfung der Wirtschaftlichkeit, dass der geltende Höchstpreis zu hoch ist, so verfügt das BAG eine Preissenkung.

---

197 Eingefügt durch Ziff. I der V vom 1. Juli 2009, in Kraft seit 1. Okt. 2009 (AS **2009** 4245).

198 Eingefügt durch Ziff. I der V vom 1. Juli 2009, in Kraft seit 1. Okt. 2009 (AS **2009** 4245).

Art. 66[199]   Indikationserweiterung

[1] Lässt das Institut für ein Originalpräparat, das ohne Limitierung in der Spezialitätenliste aufgenommen ist, eine neue Indikation zu, so überprüft das BAG das Originalpräparat erneut daraufhin, ob die Aufnahmebedingungen erfüllt sind.[200]

[2] Die Inhaberinnen der Zulassungen für Originalpräparate müssen das BAG unaufgefordert informieren, sobald ihnen das Institut die Zulassung einer neuen Indikation für ihr Originalpräparat erteilt hat.

Art. 66a[201]   Limitierungsänderung

[1] Stellt die Zulassungsinhaberin für ein Arzneimittel der Spezialitätenliste ein Gesuch um Änderung oder Aufhebung einer Limitierung, so überprüft das BAG die Wirksamkeit, Zweckmässigkeit und Wirtschaftlichkeit des Arzneimittels.

[2] ...[202]

Art. 66b[203]   Co-Marketing-Arzneimittel

Ist ein nach den Artikeln 65a–66a zu überprüfendes Originalpräparat auch Basispräparat eines Co-Marketing-Arzneimittels, so wird dieses gleichzeitig mit dem Basispräparat überprüft.

Art. 67[204]   Preise

[1] Die Spezialitätenliste enthält die bei Abgabe durch Apothekerinnen und Apotheker, Ärztinnen und Ärzte sowie Spitäler und Pflegeheime massgebenden Höchstpreise.[205]

---

199 Fassung gemäss Ziff. I der V vom 26. April 2006 (AS **2006** 1717). Siehe auch die SchlB der Änd. vom 27. Juni 2007 am Ende dieser Verordnung.

200 Fassung gemäss Ziff. I der V vom 1. Juli 2009, in Kraft seit 1. Okt. 2009 (AS **2009** 4245).

201 Eingefügt durch Ziff. I der V vom 26. April 2006 (AS **2006** 1717). Siehe auch die SchlB dieser Änd. am Ende dieser Verordnung.

202 Aufgehoben durch Ziff. I der V vom 1. Juli 2009, mit Wirkung seit 1. Okt. 2009 (AS **2009** 4245).

203 Eingefügt durch Ziff. I der V vom 26. April 2006 (AS **2006** 1717).

204 Siehe die SchlB der Änd. vom 2. Okt. 2000 am Ende dieser Verordnung.

205 Fassung gemäss Ziff. I der V vom 2. Okt. 2000, in Kraft seit 1. Jan. 2001 (AS **2000** 2835).

[1bis] Der Höchstpreis besteht aus dem Fabrikabgabepreis und dem Vertriebsanteil.[206]

[1ter] Der Fabrikabgabepreis gilt die Leistungen, Abgaben inbegriffen, der Herstellungs- und der Vertriebsfirma bis zur Ausgabe ab Lager in der Schweiz ab.[207]

[1quater] Der Vertriebsanteil gilt die logistischen Leistungen ab. Er setzt sich wie folgt zusammen:

    a. für Arzneimittel, die aufgrund der Einteilung des Instituts verschreibungspflichtig sind, aus:

        1. einem im Verhältnis zur Höhe des Fabrikabgabepreises bemessenen Zuschlag (preisbezogener Zuschlag), namentlich für Kapitalkosten, Lagerhaltung und ausstehende Guthaben,

        2. einem Zuschlag je Packung, namentlich für Transport-, Infrastruktur- und Personalkosten;

    b. für Arzneimittel, die aufgrund der Einteilung des Instituts nicht verschreibungspflichtig sind, aus einem preisbezogenen Zuschlag.[208]

[2] Für die Erhöhung der in der Spezialitätenliste festgesetzten Preise bedarf es einer Bewilligung des BAG. Die Bewilligung kann nur erteilt werden, wenn:

    a. das Arzneimittel die Aufnahmebedingungen noch erfüllt;

    b. seit der Aufnahme oder der letzten Preiserhöhung mindestens zwei Jahre verstrichen sind.

[2bis] ...[209]

[2ter] Übersteigt der bei der Aufnahme eines Arzneimittels in die Spezialitätenliste dem verfügten Höchstpreis zugrunde gelegte Fabrikabgabepreis den bei der Überprüfung der Wirtschaftlichkeit ermittelten Fabrikabgabepreis um mehr als 3 Prozent und betragen die dadurch erzielten Mehreinnahmen mindestens 20 000 Franken, so kann das BAG den Inhaberinnen der Zulassung für ein Arzneimittel zur Rückerstattung der seit der Aufnahme erzielten

---

206 Eingefügt durch Ziff. I der V vom 2. Okt. 2000, in Kraft seit 1. Jan. 2001 (AS **2000** 2835).

207 Eingefügt durch Ziff. I der V vom 2. Okt. 2000, in Kraft seit 1. Jan. 2001 (AS **2000** 2835).

208 Eingefügt durch Ziff. I der V vom 2. Okt. 2000 (AS **2000** 2835). Fassung gemäss Ziff. I der V vom 1. Juli 2009, in Kraft seit 1. Okt. 2009 (AS **2009** 4245). Siehe auch die SchlB dieser Änd. am Ende dieser Verordnung.

209 Eingefügt durch Ziff. I der V vom 26. Juni 2002 (AS **2002** 2129). Aufgehoben durch Ziff. I der V vom 1. Juli 2009, mit Wirkung seit 1. Okt. 2009 (AS **2009** 4245).

Mehreinnahmen an die gemeinsame Einrichtung nach Artikel 18 des Gesetzes verpflichten.[210]

3 ...[211]

4 ...[212]

Art. 68   Streichung

[1] Ein in der Spezialitätenliste aufgeführtes Arzneimittel wird gestrichen, wenn:

    a.   es nicht mehr alle Aufnahmebedingungen erfüllt;

    b.   der in der jeweils geltenden Liste enthaltene Preis ohne Zustimmung des BAG erhöht wird;

    c.[213] die Inhaberin der Zulassung für ein Originalpräparat die gemäss Artikel 65 Absatz 5 verfügten Auflagen und Bedingungen nicht erfüllt;

    d.[214] die Inhaberin der Zulassung des Arzneimittels direkt oder indirekt Publikumswerbung dafür betreibt;

    e.[215] die Gebühren oder Kosten nach Artikel 71 nicht rechtzeitig entrichtet werden.

[2] Streichungen werden drei Monate nach ihrer Veröffentlichung im Bulletin des BAG (Art. 72 Bst. a) wirksam. Beim Vorliegen besonderer Gründe werden sie mit der Veröffentlichung wirksam.[216]

Art. 69[217]   Gesuche

[1] Das Gesuch um Aufnahme eines verwendungsfertigen Arzneimittels in die Spezialitätenliste ist beim BAG einzureichen.

---

210   Eingefügt durch Ziff. I der V vom 26. Juni 2002 (AS **2002** 2129). Fassung gemäss Ziff. I der V vom 26. April 2006 (AS **2006** 1717).

211   Aufgehoben durch Ziff. I der V vom 1. Juli 2009, mit Wirkung seit 1. Okt. 2009 (AS **2009** 4245).

212   Eingefügt durch Ziff. I der V vom 25. Nov. 1996 (AS **1996** 3139). Aufgehoben durch Ziff. I der V vom 2. Okt. 2000, mit Wirkung seit 1. Jan. 2001 (AS **2000** 2835).

213   Fassung gemäss Ziff. I der V vom 1. Juli 2009, in Kraft seit 1. Okt. 2009 (AS **2009** 4245).

214   Eingefügt durch Ziff. I der V vom 26. Juni 2002 (AS **2002** 2129). Fassung gemäss Ziff. I der V vom 26. April 2006 (AS **2006** 1717).

215   Eingefügt durch Ziff. I der V vom 26. Juni 2002 (AS **2002** 2129).

216   Fassung gemäss Ziff. I der V vom 15. Juni 1998, in Kraft seit 1. Aug. 1998 (AS **1998** 1818).

217   Fassung gemäss Ziff. I der V vom 26. Juni 2002 (AS **2002** 2129).

[2] Für jede Änderung eines in die Spezialitätenliste aufgenommenen Arzneimittels oder seines Preises ist ein neues Gesuch einzureichen. Bei Änderung in der Zusammensetzung der Wirkstoffe ist dem Gesuch die geänderte Zulassung des Instituts beizulegen.[218]

[3] Aus den Unterlagen, die dem Gesuch beigelegt sind, muss hervorgehen, dass die Aufnahmebedingungen erfüllt sind.

[4] Das Gesuch um Aufnahme in die Spezialitätenliste kann eingereicht werden, wenn die vom Institut im Rahmen der Voranzeige nach Artikel 6 der Arzneimittelverordnung vom 17. Oktober 2001[219] bestätigten Angaben zur Indikation und zur Dosierung vorliegen. Das BAG tritt auf das Gesuch ein, sobald ihm die dazu gehörende Dokumentation vollständig vorliegt.[220]

Art. 69a[221]

Art. 70[222]   Aufnahme ohne Gesuche

Das BAG kann ein vom Institut zugelassenes Arzneimittel, das für die medizinische Behandlung von grosser Bedeutung ist, auch ohne Antrag des Herstellers oder Importeurs oder gegen dessen Antrag in die Spezialitätenliste aufnehmen oder darin belassen. Es legt dabei die Höhe der Vergütung fest, die der Versicherer zu übernehmen hat.

Art. 70a[223] Nähere Vorschriften

Das Departement erlässt nähere Vorschriften:

  a. zum Verfahren der Aufnahme eines Arzneimittels in die Spezialitätenliste;

  b. über die Wirksamkeits-, Zweckmässigkeits- und Wirtschaftlichkeitskriterien;

  c. zum Verfahren der Überprüfung der Aufnahmebedingungen nach den Artikeln 65d und 65e.

---

218 Fassung gemäss Ziff. I der V vom 26. April 2006 (AS **2006** 1717).
219 SR **81 2.212.21**
220 Fassung gemäss Ziff. I der V vom 26. April 2006 (AS **2006** 1717).
221 Eingefügt durch Ziff. I der V vom 26. Juni 2002 (AS **2002** 2129). Aufgehoben durch Ziff. I der V vom 27. Juni 2007, mit Wirkung seit 1. Aug. 2007 (AS **2007** 3573).
222 Fassung gemäss Ziff. I der V vom 26. April 2006 (AS **2006** 1717).
223 Eingefügt durch Ziff. I der V vom 1. Juli 2009, in Kraft seit 1. Okt. 2009 (AS **2009** 4245).

Art. 71   Gebühren und Kosten

[1] Für jedes Gesuch hat der Gesuchsteller eine Gebühr zu entrichten.

[2] Ausserordentliche Auslagen, namentlich für weitere Expertisen, können zusätzlich in Rechnung gestellt werden.

[3] Für jedes in die Spezialitätenliste aufgenommene Arzneimittel sowie für jede darin aufgeführte Packung ist jährlich eine Gebühr zu bezahlen. Diese deckt die Kosten der Herausgabe der Spezialitätenliste.

[4] Das Departement setzt die Höhe der Gebühren fest.

5. Abschnitt:[224]
**Gemeinsame Bestimmungen für die Analysenliste,
die Arzneimittelliste mit Tarif und die Spezialitätenliste**[225]

Art. 72   Veröffentlichungen im Bulletin des BAG[226]

Im Bulletin des BAG werden veröffentlicht:[227]

    a. Streichungen aus der Spezialitätenliste;

    b.[228] andere Änderungen der Spezialitätenliste;

    c. Änderungen der Arzneimittelliste mit Tarif, die keine Neuauflage dieser Liste erfordern;

    d.[229] Änderungen der Analysenliste, die ausserhalb der jährlichen Publikationen wirksam werden;

    e.[230] Änderungen der Mittel- und Gegenständeliste (Art. 33 Bst. e), die ausserhalb der jährlichen Publikationen wirksam werden.

224 Ursprünglich 4. Abschn.
225 Fassung gemäss Ziff. I der V vom 17. Sept. 1997, in Kraft seit 1. Jan. 1998 (AS **1997** 2272).
226 Fassung gemäss Ziff. I der V vom 15. Juni 1998, in Kraft seit 1. Aug. 1998 (AS **1998** 1818).
227 Fassung gemäss Ziff. I der V vom 15. Juni 1998, in Kraft seit 1. Aug. 1998 (AS **1998** 1818).
228 Fassung gemäss Ziff. I der V vom 2. Okt. 2000, in Kraft seit 1. Jan. 2001 (AS **2000** 2835).
229 Fassung gemäss Ziff. I der V vom 6. Juni 2003, in Kraft seit 1. Jan. 2004 (AS **2003** 3249).
230 Eingefügt durch Ziff. I der V vom 27. Juni 2007, in Kraft seit 1. Aug. 2007 (AS **2007** 3573).

Art. 73   Limitierungen

Die Aufnahme in eine Liste kann unter der Bedingung einer Limitierung erfolgen. Die Limitierung kann sich insbesondere auf die Menge oder die medizinischen Indikationen beziehen.

Art. 74   Gesuche und Vorschläge

Das BAG kann, nach Anhören der zuständigen Kommission, Weisungen über die Form, den Inhalt und die Einreichungsfrist von Gesuchen betreffend die Spezialitätenliste und Vorschläge betreffend die Analysenliste oder die Arzneimittelliste mit Tarif erlassen.

Art. 75[231]   Nähere Vorschriften

Das Departement erlässt, nach Anhören der zuständigen Kommissionen, nähere Vorschriften über die Erstellung der Listen.

4. Kapitel:
Kontrolle der Wirtschaftlichkeit und der Qualität der Leistungen

Art. 76   Angaben über die erbrachten Leistungen

Die Versicherer können gemeinsam Angaben über Art und Umfang der von den verschiedenen Leistungserbringern erbrachten Leistungen und die dafür in Rechnung gestellten Vergütungen bearbeiten, dies ausschliesslich zu folgenden Zwecken:

    a.   Analyse der Kosten und deren Entwicklung;

    b.   Kontrolle und Sicherstellung der Wirtschaftlichkeit der Leistungen im Sinne von Artikel 56 des Gesetzes;

    c.   Gestaltung von Tarifverträgen.

Art. 77   Qualitätssicherung

[1] Die Leistungserbringer oder deren Verbände erarbeiten Konzepte und Programme über die Anforderungen an die Qualität der Leistungen und die Förderung der Qualität. Die Modalitäten der Durchführung (Kontrolle der Erfüllung und Folgen der Nichterfüllung der Qualitätsanforderungen sowie

---

231   Fassung gemäss Ziff. I der V vom 1. Juli 2009, in Kraft seit 1. Okt. 2009 (AS **2009** 4245).

Finanzierung) werden in den Tarifverträgen oder in besonderen Qualitätssicherungsverträgen mit den Versicherern oder deren Verbänden vereinbart. Die Bestimmungen haben den allgemein anerkannten Standards zu entsprechen, unter Berücksichtigung der Wirtschaftlichkeit der Leistungen.

[2] Die Vertragsparteien sind verpflichtet, das BAG über die jeweils gültigen Vertragsbestimmungen zu informieren. Das BAG kann über die Durchführung der Qualitätssicherung eine Berichterstattung verlangen.

[3] In den Bereichen, in denen kein Vertrag abgeschlossen werden konnte oder dieser nicht den Anforderungen von Absatz 1 entspricht, erlässt der Bundesrat die erforderlichen Bestimmungen. Er hört zuvor die interessierten Organisationen an.

[4] Das Departement setzt nach Anhören der zuständigen Kommission die Massnahmen nach Artikel 58 Absatz 3 des Gesetzes fest.

5. Titel: Finanzierung

1. Kapitel:
Finanzierungsverfahren, Rechnungslegung und Revision

1. Abschnitt: Finanzierungsverfahren

Art. 78   Reserve

[1] Die Versicherer haben jeweils für eine Finanzierungsperiode von zwei Jahren das Gleichgewicht zwischen Einnahmen und Ausgaben sicherzustellen. Sie müssen ständig über eine Sicherheitsreserve verfügen.[232]

[2] und [3] ...[233]

[4] In der obligatorischen Krankenpflegeversicherung muss die Sicherheitsreserve des Versicherers bezogen auf das Rechnungsjahr je nach dem Versichertenbestand mindestens folgenden Prozentsatz der geschuldeten Prämien (Prämiensoll) erreichen:

---

232 Fassung gemäss Ziff. I der V vom 6. Juni 2003, in Kraft seit 1. Jan. 2004 (AS **2003** 3249).
233 Aufgehoben durch Ziff. I der V vom 6. Juni 2003 (AS **2003** 3249).

Anzahl Versicherte	Minimale Sicherheitsreserve in %
bis 50 000	20
zwischen 50 000 und 150 000	15
über 150 000	10.[234]

[5] Versicherer mit weniger als 50 000 Versicherten sind verpflichtet, eine Rückversicherung abzuschliessen. Davon ausgenommen ist die freiwillige Taggeldversicherung.[235]

Art. 79   Defizitgarantie

[1] Besitzt der Versicherer die Defizitgarantie eines Gemeinwesens oder einer Einrichtung, die ihrerseits über die Garantie eines Gemeinwesens verfügt, so wird Artikel 78 Absatz 5 sinngemäss angewandt, sofern sich der Garant verpflichtet hat, im Falle eines Defizits die Garantieleistung unverzüglich auszuzahlen.

[2] Bei der Einreichung des Budgets hat der Versicherer dem BAG zu bestätigen, dass die Garantie noch besteht. Wird die Garantie gekündigt, so hat ihm dies der Versicherer unverzüglich bekannt zu geben.

2. Abschnitt: Kapitalanlagen

Art. 80

[1] Die Krankenkassen achten bei ihren Anlagen auf die Sicherheit, die Erhaltung der erforderlichen Liquidität und eine ausgewogene Risikoverteilung unter Berücksichtigung eines angemessenen Ertrages.[236]

[2] Die Krankenkassen erstellen ein Anlagereglement. Das Reglement und seine Änderungen sind dem BAG zur Kenntnis zu bringen.

[3] Folgende Anlagen in Schweizer Franken, Euro, Pfund Sterling, US-Dollar und Yen sind für die Krankenkassen zulässig:[237]

---

234 Fassung gemäss Ziff. I der V vom 26. April 2006 (AS **2006** 1717). Siehe auch die SchlB dieser Änd. am Ende dieser Verordnung.

235 Fassung gemäss Ziff. I der V vom 6. Juni 2003, in Kraft seit 1. Jan. 2004 (AS **2003** 3249). Siehe auch die Schlussbestimmungen dieser Änd. am Ende dieses Erlasses.

236 Fassung gemäss Ziff. I der V vom 23. Febr. 2000, in Kraft seit 1. April 2000 (AS **2000** 889).

237 Fassung gemäss Ziff. I der V vom 23. Febr. 2000, in Kraft seit 1. April 2000 (AS **2000** 889).

a. Anlagen bei öffentlich-rechtlichen Körperschaften und bei Banken und Sparkassen im Sinne des Bankengesetzes[238];

b.[239] Wertpapiere und andere Anlagen, die an einer Börse kotiert sind, davon höchstens ein Viertel in ausländischen Anlagen und höchstens 5 Prozent der Anlagen der Kasse pro Gesellschaft;

c.[240] Anlagen in Form von Immobilien und von grundpfandgesicherten Darlehen in der Schweiz inklusive Verwaltungsliegenschaften und Verwaltungsräumlichkeiten, die für die Tätigkeit der Kasse notwendig sind, bis zu 40 Prozent der Anlagen der Kasse, sowie Beteiligungen an Immobiliengesellschaften bis zu 5 Prozent der Anlagen der Kasse;

d. Anlagen und Guthaben von Betriebskrankenkassen im eigenen Betrieb bis zu 10 Prozent der Anlagen der Kasse; der Betrieb hat der Kasse jährlich einen Bonitätsnachweis zuzustellen;

e. Anlagen in oder bei Institutionen, die der Durchführung der sozialen Krankenversicherung dienen, bis zu 20 Prozent der Anlagen der Kasse: die Anlagen haben zu marktüblichen Bedingungen zu erfolgen; die Kasse hat dafür zu sorgen, dass die Mittel der sozialen Krankenversicherung nur zu deren Zwecken verwendet werden und dass dem BAG die Jahresrechnung (Betriebsrechnung und Bilanz) der betreffenden Institution zugestellt wird.

[4] Das BAG kann von den Krankenkassen Auskünfte über die vorgenommenen Anlagen verlangen und Weisungen zur Einhaltung der Grundsätze von Absatz 1 erteilen. Es kann ihnen einzelne Anlagen untersagen oder Einschränkungen vorschreiben.

[5] Für die Anlagen der privaten Versicherungseinrichtungen gelten die Bestimmungen über die Beaufsichtigung dieser Einrichtungen.

3. Abschnitt: Rechnungslegung

Art. 81   Grundsätze

[1] Die Versicherer führen für die soziale Krankenversicherung eine gesonderte Rechnung. Aufwand und Ertrag sind getrennt auszuweisen für:

---

238 SR **952.0**
239 Fassung gemäss Ziff. I der V vom 23. Febr. 2000, in Kraft seit 1. April 2000 (AS **2000** 889).
240 Fassung gemäss Ziff. I der V vom 23. Febr. 2000, in Kraft seit 1. April 2000 (AS **2000** 889).

    a. die obligatorische ordentliche Krankenpflegeversicherung;

    b. jede besondere Versicherungsform nach Artikel 62 des Gesetzes;

    c. die Taggeldversicherung.

[2] Versicherer, die eine gesonderte Rechnung für die kollektive Taggeldversicherung (Art. 75 Abs. 2 KVG) führen, richten ihr Rechnungswesen so ein, dass sie die jährlichen Betriebsergebnisse jedes Kollektivvertrages ausweisen können.

[3] Das BAG kann zur Rechnungsführung Weisungen erteilen. Fehlen Weisungen, so sind die Artikel 662a und 957–963 OR[241] anwendbar.

Art. 82   Kontenplan und Regeln für die Rechnungsführung

Für die Durchführung der sozialen Krankenversicherung erarbeiten die Versicherer gemeinsam einen einheitlichen Kontenplan und einheitliche Regeln für die Rechnungsführung und reichen sie dem BAG zur Genehmigung ein. Mit der Genehmigung werden diese Grundlagen für alle Versicherer verbindlich. Können sich die Versicherer nicht einigen, erlässt das Departement im Einvernehmen mit dem Eidgenössischen Justiz- und Polizeidepartement die entsprechenden Richtlinien.

Art. 83   Rückstellungen für unerledigte Versicherungsfälle

[1] Jeder Versicherer hat Rückstellungen für unerledigte Versicherungsfälle zu bilden:

    a. für die obligatorische Krankenpflegeversicherung;

    b. für die Taggeldversicherung.

[2] Die Versicherer berichtigen in der laufenden Rechnung die bilanzierten Rückstellungen, wenn diese nicht mit dem tatsächlichen, aufgrund der Vorjahreskosten berechneten Bedarf übereinstimmen.

Art. 84   Verwaltungskosten

[1] Die Verwaltungskosten der Krankenversicherung müssen unter den folgenden Bereichen verteilt werden:

    a. Obligatorische Krankenpflegeversicherung;

    b. Taggeldversicherung;

    c. Zusatzversicherungen und weitere Versicherungsarten.

[2] Diese Verteilung erfolgt entsprechend dem tatsächlichen Aufwand.

241 SR **220**

Art. 85   Mitteilungen an das BAG

¹ Die Versicherer haben dem BAG bis zum 31. März des dem Geschäftsjahr folgenden Jahres die Bilanz, die Betriebsrechnung und einen Bericht zum abgeschlossenen Geschäftsjahr einzureichen. Der Beschluss des zuständigen Organs des Versicherers über die Genehmigung der Rechnung kann spätestens bis zum 30. Juni nachgereicht werden.²⁴²

² Die Versicherer haben dem BAG bis zum 31. Juli des laufenden Geschäftsjahres ein Budget für das folgende Geschäftsjahr einzureichen.

³ Die Bilanz, die Betriebsrechnungen und das Budget sind auf den vom BAG erstellten Formularen einzureichen.

Art. 85a²⁴³   Veröffentlichung

¹ Die Versicherer veröffentlichen den Geschäftsbericht und reichen ihn dem BAG jedes Jahr bis zum 30. Juni ein. Sie stellen ihn allen interessierten Personen zur Verfügung.

² Der Geschäftsbericht muss die Eckdaten nach Versicherungszweig und die Kennzahlen nach Artikel 31 Absatz 2 enthalten. Das BAG kann weitere Anforderungen an den Inhalt des Geschäftsberichts festlegen.

³ Eine Konzernrechnung wird in den Fällen erstellt, die in den Bestimmungen des OR²⁴⁴ über die Aktiengesellschaften vorgesehen sind.

4. Abschnitt: Revision

Art. 86²⁴⁵   Revisionsstelle

¹ Jeder Versicherer bezeichnet eine externe Revisionsstelle.

² Soweit für Versicherer keine besonderen Vorschriften bestehen, sind die Vorschriften des OR²⁴⁶ über die Revisionsstelle bei Aktiengesellschaften entsprechend anwendbar.

---

242 Fassung gemäss Ziff. I der V vom 27. Juni 2007, in Kraft seit 1. Jan. 2008 (AS **2007** 3573).
243 Eingefügt durch Ziff. I der V vom 6. Juni 2003 (AS **2003** 3249). Fassung gemäss Ziff. I der V vom 9. Nov. 2005, in Kraft seit 1. Jan. 2006 (AS **2005** 5639).
244 SR **220**
245 Fassung gemäss Anhang Ziff. II 8 der Revisionsaufsichtsverordnung vom 22. Aug. 2007, in Kraft seit 1. Jan. 2008 (SR **221.302.3**).
246 SR **220**

[3] Als Revisionsstelle können tätig sein:

a. natürliche Personen und Revisionsunternehmen, die als Revisionsexpertinnen oder Revisionsexperten im Sinne des Revisionsaufsichtsgesetzes vom 16. Dezember 2005[247] zugelassen sind;

b. bei Krankenkassen des öffentlichen Rechts: Finanzkontrollen der öffentlichen Hand, die über eine Zulassung nach Buchstabe a verfügen.

[4] Die Verantwortlichkeit der Revisionsstelle richtet sich nach den Vorschriften des Aktienrechts (Art. 755 ff. OR).

[5] Hat ein Versicherer trotz Mahnung keine Revisionsstelle bezeichnet, so weist ihm das BAG eine solche zu.

[6] Genügt eine Revisionsstelle den Anforderungen nach den Absätzen 1–3 nicht mehr oder erfüllt sie ihre Aufgaben unvollständig oder gar nicht, so muss der Versicherer eine andere bezeichnen.

[7] Das BAG kann den Versicherern für den der Revisionsstelle zu erteilenden Revisionsauftrag Weisungen erteilen.

Art. 87   Aufgaben der Revisionsstelle

[1] Die Revisionsstelle führt jährlich eine ordentliche Revision nach den Bestimmungen des OR[248] und dieser Verordnung durch. Sie prüft überdies, ob die Geschäftsführung für die korrekte und ordnungsgemässe Geschäftsabwicklung Gewähr bietet, namentlich ob sie zweckmässig organisiert ist und die gesetzlichen und internen Bestimmungen einhält. Das BAG kann im Einzelfall weitere Prüfpunkte festlegen.[249]

[2] Die Revisionsstelle kann vor Ort unangemeldete Zwischenrevisionen durchführen, namentlich wenn Zweifel an der ordnungsgemässen Rechnungsführung und Verwaltung bestehen.

Art. 88   Berichte der Revisionsstelle

[1] Die Revisionsstelle erstellt über die jährliche Revision die Berichte nach den Bestimmungen des OR[250].[251]

---

247 SR **221.302**
248 SR **220**
249 Fassung gemäss Anhang Ziff. II 8 der Revisionsaufsichtsverordnung vom 22. Aug. 2007, in Kraft seit 1. Jan. 2008 (SR **221.302.3**).
250 SR **220**
251 Fassung gemäss Anhang Ziff. II 8 der Revisionsaufsichtsverordnung vom 22. Aug. 2007, in Kraft seit 1. Jan. 2008 (SR **221.302.3**).

² Zwei vollständige und übereinstimmende Exemplare jedes Berichtes sind dem zuständigen Organ des Versicherers sowie dem BAG im Original einzureichen. Die Berichte über die jährliche Revision sind bis zum 31. Mai des folgenden Jahres und die Berichte über die Zwischenrevisionen innert drei Monaten seit der Durchführung der Kontrollen einzureichen.[252]

³ Stellt die Revisionsstelle wesentliche Mängel, Unregelmässigkeiten, Missstände oder andere Tatbestände fest, welche die finanzielle Sicherheit des Versicherers oder dessen Fähigkeit, seine Aufgaben zu erfüllen, in Frage stellen, so unterbreitet sie den Bericht unverzüglich dem leitenden Organ des Versicherers und dem BAG.

⁴ Das BAG kann Weisungen über Form und Inhalt der Berichte erlassen und Berichte an die Revisionsstelle zurückweisen, wenn sie den verlangten Erfordernissen nicht genügen.

2. Kapitel: Prämien der Versicherten

1. Abschnitt: Allgemeine Bestimmungen

Art. 89   Angabe der Prämien

Der Versicherer hat gegenüber jeder versicherten Person klar zu unterscheiden zwischen den Prämien:

    a.[253] der obligatorischen Krankenpflegeversicherung, wobei der Prämienanteil für den Einschluss des Unfallrisikos gesondert aufzuführen ist;

    b.   der Taggeldversicherung;

    c.   der Zusatzversicherungen;

    d.   der weiteren Versicherungsarten.

Art. 90[254]   Prämienbezahlung

Die Prämien sind im Voraus und in der Regel monatlich zu bezahlen.

---

252   Fassung gemäss Anhang Ziff. II 8 der Revisionsaufsichtsverordnung vom 22. Aug. 2007, in Kraft seit 1. Jan. 2008 (SR **221.302.3**).

253   Fassung gemäss Ziff. I der V vom 26. April 2006 (AS **2006** 1717).

254   Fassung gemäss Ziff. I der V vom 27. Juni 2007, in Kraft seit 1. Aug. 2007 (AS **2007** 3573).

Art. 90a[255] Vergütungszinsen

[1] Vergütungszinsen nach Artikel 26 Absatz 1 ATSG werden ausgerichtet für nicht geschuldete Prämien, die vom Versicherer zurückerstattet oder verrechnet werden, sowie für vom Versicherer zu ersetzende Prämiendifferenzen nach Artikel 7 Absätze 5 und 6 KVG, sofern die Forderung 3000 Franken übersteigt und vom Versicherer nicht innert sechs Monaten beglichen wird.

[2] Der Satz für den Vergütungszins beträgt 5 Prozent im Jahr. Für die Berechnung gelten die Vorschriften von Artikel 7 der Verordnung vom 11. September 2002[256] über den Allgemeinen Teil des Sozialversicherungsrechts sinngemäss.

Art. 90b[257]

Art. 90c[258] Minimale Prämie

[1] Die Prämie der besonderen Versicherungsformen nach den Artikeln 93–10 1 beträgt mindestens 50 Prozent der Prämie der ordentlichen Versicherung mit Unfalldeckung für die Prämienregion und Altersgruppe des Versicherten.

[2] Die Prämienermässigungen für die besonderen Versicherungsformen nach den Artikeln 93–10 1 sind so auszugestalten, dass die Prämienermässigung bei Sistierung der Unfalldeckung gewährt werden kann, ohne dass die minimale Prämie nach Absatz 1 unterschritten wird.

Art. 91   Abstufung der Prämien

[1] Nimmt der Versicherer Abstufungen nach Regionen nach Artikel 61 Absatz 2 des Gesetzes vor, so darf innerhalb des gleichen Kantons die Differenz für die Prämie der ordentlichen Versicherung mit Unfalldeckung höchstens betragen:

    a.   15 Prozent zwischen der Region 1 und der Region 2;

    b.   10 Prozent zwischen der Region 2 und der Region 3.[259]

---

255 Eingefügt durch Ziff. I der V vom 11. Sept. 2002, in Kraft seit 1. Jan. 2003 (AS **2002** 3908).
256 SR **830.11**
257 Eingefügt durch Ziff. I der V vom 26. April 2006 (AS **2006** 1717). Aufgehoben durch Ziff. I der V vom 24. Juni 2009, mit Wirkung seit 1. Aug. 2009 (AS **2009** 3525).
258 Eingefügt durch Ziff. I der V vom 26. April 2006 (AS **2006** 1717).
259 Fassung gemäss Ziff. I der V vom 26. April 2006 (AS **2006** 1717).

[2] Für die in den Artikeln 3, 4 und 5 bezeichneten Personen, die der schweizerischen Versicherung unterstehen, kann der Versicherer die Prämien nach den ausgewiesenen Kostenunterschieden regional nach ihrem Wohnort abstufen.

[3] Die Abstufung nach Altersgruppen für Versicherte nach Artikel 61 Absatz 3 des Gesetzes erfolgt aufgrund der Geburtsjahre.

Art. 91a[260]   Prämienreduktion bei anderweitiger Versicherung

[1] ... [261]

[2] Die Versicherer müssen die Prämien der Krankenpflegeversicherung derjenigen Personen, die eine obligatorische Versicherung nach dem UVG[262] abgeschlossen haben, während der Dauer der Unfalldeckung reduzieren.[263]

[3] Die Versicherer können die Prämien der Krankenpflegeversicherung derjenigen Personen, die eine freiwillige Versicherung oder eine Abredeversicherung nach dem UVG abgeschlossen haben, während der Dauer der Unfalldeckung reduzieren.[264]

[4] Die Prämien dürfen nur um den Prämienanteil für die Unfalldeckung reduziert werden, höchstens aber um 7 Prozent.[265]

Art. 92   Prämientarife

[1] Die Versicherer haben die Prämientarife der obligatorischen Krankenpflegeversicherung sowie deren Änderungen dem BAG spätestens fünf Monate, bevor sie zur Anwendung gelangen, zur Genehmigung einzureichen. Diese Tarife dürfen erst angewandt werden, nachdem sie vom BAG genehmigt worden sind.

[2] Den Prämientarifen beizulegen sind auf einem vom BAG abgegebenen Formular:

   a.   das Budget (Bilanz und Betriebsrechnung) des laufenden Geschäftsjahres;

   b.   das Budget (Bilanz und Betriebsrechnung) des folgenden Geschäftsjahres.

---

260   Eingefügt durch Ziff. I der V vom 25. Nov. 1996, in Kraft seit 1. Jan. 1997 (AS **1996** 3139).
261   Aufgehoben durch Ziff. I der V vom 11. Dez. 2000 (AS **2001** 138).
262   SR **832.20**
263   Fassung gemäss Ziff. I der V vom 26. April 2006 (AS **2006** 1717).
264   Eingefügt durch Ziff. I der V vom 26. April 2006 (AS **2006** 1717).
265   Eingefügt durch Ziff. I der V vom 26. April 2006 (AS **2006** 1717).

³ Werden die Prämien kantonal oder regional abgestuft, so kann das BAG vom Versicherer periodisch eine Aufstellung über die durchschnittlichen Kosten der letzten Geschäftsjahre in den entsprechenden Kantonen oder Regionen einverlangen.

⁴ Bei besonderen Versicherungsformen nach Artikel 62 des Gesetzes sind die Prämien ebenfalls anzugeben und die entsprechenden Versicherungsbedingungen beizulegen.

⁵ Mit der Genehmigung der Prämientarife oder im Anschluss daran kann das BAG dem Versicherer Weisungen für die Festsetzung der Prämien der folgenden Geschäftsjahre erteilen.

1a. Abschnitt:[266]
Prämien der Versicherten mit Wohnort in einem Mitgliedstaat der Europäischen Gemeinschaft, in Island oder Norwegen[267]

Art. 92a   Prämienerhebung

Wohnt die versicherte Person im Ausland, so erhebt der Versicherer die Prämien in Schweizer Franken oder in Euro. Der Versicherer kann die Prämien ohne Zustimmung der versicherten Person quartalsweise erheben.

Art. 92b   Prämienberechnung

¹ Der Versicherer berechnet für die Versicherten, die in einem Mitgliedstaat der Europäischen Gemeinschaft, in Island oder Norwegen wohnen, die Prämien je Staat.[268]

² Innerhalb eines der in Absatz 1 genannten Staaten kann er die Prämien nach den ausgewiesenen Kostenunterschieden regional abstufen; es können höchstens drei regionale Abstufungen gemacht werden. Artikel 61 Absatz 3 des Gesetzes ist anwendbar.[269]

³ Bei der Festlegung der Prämien berücksichtigt der Versicherer:

    a. bei den Versicherten, für die auf Grund von Artikel 94 und 95 der Verordnung EWG 574/72[270] eine Rückvergütung der Leistungen auf der Grundlage von Pauschalbeträgen vorgesehen ist:

266 Eingefügt durch Ziff. I der V vom 3. Juli 2001, in Kraft seit 1. Juni 2002 (AS **2002** 915).
267 Fassung gemäss Ziff. I der V vom 22. Mai 2002 (AS **2002** 1633).
268 Fassung gemäss Ziff. I der V vom 22. Mai 2002 (AS **2002** 1633).
269 Fassung gemäss Ziff. I der V vom 22. Mai 2002 (AS **2002** 1633).
270 Verordnung (EWG) Nr. 574/72 des Rates vom 21. März 1972 über die Durchführung der Verordnung (EWG) Nr. 1408/71 (ABl Nr. L 74 vom 27. März 1972) (ebenfalls

1. die Kosten der Vergütung der Pauschalbeträge,

2. einen Zuschlag für die Bildung von Reserven nach Artikel 78 Absatz 4, für die Deckung der Verwaltungskosten nach Artikel 84 und für die Berücksichtigung der Kostenentwicklung zwischen dem Jahr, für welches die Kostenstatistik nach Artikel 19 Absatz 2 Buchstabe a erstellt wird, und dem Jahr, für welches die Prämien erhoben werden;

b. bei den Versicherten, für die auf Grund von Artikel 93 der Verordnung EWG 574/72 eine Rückvergütung der Leistungen nach den effektiven Kosten vorgesehen ist:

1. die Kosten der Übernahme dieser Leistungen,

2. einen Zuschlag für die Bildung von Reserven nach Artikel 78 Absatz 4 und von Rückstellungen nach Artikel 83 Absatz 1, für die Deckung der Verwaltungskosten nach Artikel 84 sowie für eine Risikoabgabe nach Artikel 4 Absätze 2 und 5 der Verordnung vom 12. April 1995[271] über den Risikoausgleich in der Krankenversicherung.

Art. 92c[272]   Rechnungsführung

Die Versicherer führen für Versicherte nach Artikel 92b Absatz 3 Buchstaben a und b nach Mitgliedstaat der Europäischen Gemeinschaft, nach Island und Norwegen getrennt Rechnung.

2. Abschnitt: Besondere Versicherungsformen

Art. 93   Versicherung mit wählbaren Franchisen
            a. Wählbare Franchisen

[1] Die Versicherer können neben der ordentlichen Krankenpflegeversicherung eine Versicherung betreiben, bei der Versicherte eine höhere Franchise als nach Artikel 103 Absatz 1 wählen können (wählbare Franchisen). Die wählbaren Franchisen betragen für Erwachsene und junge Erwachsene 500, 1000, 1500, 2000 und 2500 Franken, für Kinder 100, 200, 300, 400, 500 und 600 Franken. Ein Versicherer kann für Erwachsene und junge Erwachsene unter-

kodifiziert durch die Verordnung [EG] Nr. 118/97 des Rates vom 2. Dez. 1996); zuletzt geändert durch Verordnung (EG) Nr. 307/1999 des Rates vom 8. Febr. 1999 (ABl Nr. L 38 vom 12. Febr. 1999)
271 SR **832.112.1**
272 Fassung gemäss Ziff. I der V vom 22. Mai 2002 (AS **2002** 1633).

schiedliche Franchisen anbieten. Die Angebote des Versicherers müssen für den ganzen Kanton gelten.[273]

[2] Der jährliche Höchstbetrag des Selbstbehalts entspricht jenem von Artikel 103 Absatz 2.

[3] Sind mehrere Kinder einer Familie beim gleichen Versicherer versichert, so darf ihre Kostenbeteiligung das Zweifache des Höchstbetrages je Kind (wählbare Franchise und Selbstbehalt nach Art. 103 Abs. 2) nicht übersteigen. Wurden für die Kinder unterschiedliche Franchisen gewählt, so setzt der Versicherer die Höchstbeteiligung fest.

Art. 94   b. Bei- und Austritt, Wechsel der Franchise

[1] Die Versicherung mit wählbaren Franchisen steht sämtlichen Versicherten offen. Die Wahl einer höheren Franchise kann nur auf den Beginn eines Kalenderjahres erfolgen.

[2] Der Wechsel zu einer tieferen Franchise, in eine andere Versicherungsform oder zu einem anderen Versicherer ist unter Einhaltung der in Artikel 7 Absätze 1 und 2 des Gesetzes festgesetzten Kündigungsfristen auf das Ende eines Kalenderjahres möglich.[274]

[3] Wechselt die versicherte Person den Versicherer auf Grund von Artikel 7 Absatz 2, 3 oder 4 des Gesetzes während des Kalenderjahres, so behält sie die beim bisherigen Versicherer gewählte Franchise, sofern der übernehmende Versicherer diese Versicherungsform führt. Artikel 103 Absatz 4 ist sinngemäss anwendbar.[275]

Art. 95   c. Prämien

[1] Die Prämien für die Versicherung mit wählbaren Franchisen müssen von denjenigen der ordentlichen Versicherung ausgehen. Die Versicherer haben dafür zu sorgen, dass die Versicherten beider Versicherungsformen im versicherungstechnisch erforderlichen Masse an die Reserven und an den Risikoausgleich beitragen.

---

273 Fassung gemäss Ziff. I der V vom 26. Mai 2004, in Kraft seit 1. Jan. 2005 (AS **2004** 3437).
274 Fassung gemäss Ziff. I der V vom 6. Juni 2003, in Kraft seit 1. Okt. 2003 (AS **2003** 3249).
275 Fassung gemäss Ziff. I der V vom 6. Juni 2003, in Kraft seit 1. Okt. 2003 (AS **2003** 3249).

[1bis] Die Versicherer legen den Betrag, um den sie eine Prämie herabsetzen, aufgrund versicherungsmässiger Erfordernisse fest. Sie halten die in Absatz 2bis und Artikel 90c vorgeschriebenen maximalen Prämienreduktionen ein.[276]

[2] ...[277]

[2bis] Die Prämienreduktion je Kalenderjahr darf nicht höher sein als 70 Prozent des von den Versicherten mit der Wahl der höheren Franchise übernommenen Risikos, sich an den Kosten zu beteiligen.[278]

[3] ...[279]

Art. 96   Bonusversicherung
          a. Grundsatz

[1] Die Versicherer können neben der ordentlichen Krankenpflegeversicherung eine Versicherung betreiben, bei der eine Prämienermässigung gewährt wird, wenn die versicherte Person während eines Jahres keine Leistungen in Anspruch genommen hat (Bonusversicherung). Ausgenommen sind Leistungen für Mutterschaft sowie für medizinische Prävention.

[2] Als Periode für die Feststellung, ob Leistungen in Anspruch genommen worden sind, gilt das Kalenderjahr. Die Versicherer können jedoch eine um höchstens drei Monate vorverlegte Beobachtungsperiode vorsehen. In diesem Fall verkürzt sich im ersten Jahr der Zugehörigkeit zur Bonusversicherung die Beobachtungsperiode entsprechend.

[3] Als Zeitpunkt der Inanspruchnahme einer Leistung gilt das Behandlungsdatum. Die Versicherer regeln, innert welcher Frist die Versicherten ihnen die Rechnungen einreichen müssen.

[4] Die Bonusversicherung darf nicht in Verbindung mit einer wählbaren Franchise nach Artikel 93 angeboten werden.

Art. 97   b. Bei- und Austritt

[1] Die Bonusversicherung steht sämtlichen Versicherten offen. Der Wechsel von der ordentlichen Versicherung zur Bonusversicherung ist nur auf den Beginn eines Kalenderjahres möglich.

---

276 Eingefügt durch Ziff. I der V vom 23. Febr. 2000 (AS **2000** 889). Fassung gemäss Ziff. I
     der V vom 26. April 2006 (AS **2006** 1717).
277 Aufgehoben durch Ziff. I der V vom 26. April 2006 (AS **2006** 1717).
278 Eingefügt durch Ziff. I der V vom 6. Juni 2003 (AS **2003** 3249). Fassung gemäss Ziff. I
     der V vom 1. Juli 2009, in Kraft seit 1. Jan. 2010 (AS **2009** 4245).
279 Aufgehoben durch Ziff. I der V vom 23. Febr. 2000 (AS **2000** 889).

² Der Wechsel zu einer anderen Versicherungsform oder zu einem anderen Versicherer ist unter Einhaltung der in Artikel 7 Absätze 1 und 2 des Gesetzes festgesetzten Kündigungsfristen auf das Ende eines Kalenderjahres möglich.[280]

³ Wechselt die versicherte Person den Versicherer auf Grund von Artikel 7 Absatz 2, 3 oder 4 des Gesetzes während des Kalenderjahres, so hat der übernehmende Versicherer die leistungsfreie Zeit in der Bonusversicherung des bisherigen Versicherers anzurechnen, sofern er die Bonusversicherung führt und die versicherte Person dieser beitritt.[281]

Art. 98   c. Prämien

¹ Die Versicherer haben die Prämien der Bonusversicherung so festzusetzen, dass die Versicherten der ordentlichen Versicherung und der Bonusversicherung im versicherungstechnisch erforderlichen Mass an die Reserven und an den Risikoausgleich beitragen.

² Die Ausgangsprämien der Bonusversicherung müssen 10 Prozent höher sein als die Prämien der ordentlichen Versicherung.

³ In der Bonusversicherung gelten folgende Prämienstufen:

Prämienstufen	Bonus in % der Ausgangsprämie
4	0
3	15
2	25
1	35
0	45

⁴ Nehmen die Versicherten während des Kalenderjahres keine Leistungen in Anspruch, so gilt für sie im folgenden Kalenderjahr die nächsttiefere Prämienstufe. Massgebend für die Prämienermässigung sind allein die leistungsfreien Jahre während der Zugehörigkeit zur Bonusversicherung.

⁵ Nehmen die Versicherten während des Kalenderjahres Leistungen in Anspruch, so gilt für sie im folgenden Kalenderjahr die nächsthöhere Prämienstufe.

---

280 Fassung gemäss Ziff. I der V vom 6. Juni 2003, in Kraft seit 1. Okt. 2003 (AS **2003** 3249).
281 Fassung gemäss Ziff. I der V vom 6. Juni 2003, in Kraft seit 1. Okt. 2003 (AS **2003** 3249).

Art. 99   Versicherung mit eingeschränkter Wahl der Leistungserbringer
               a. Grundsatz

[1] Die Versicherer können neben der ordentlichen Krankenpflegeversicherung Versicherungen betreiben, bei denen die Wahl der Leistungserbringer eingeschränkt ist.

[2] Bei einer Versicherung mit eingeschränkter Wahl der Leistungserbringer kann der Versicherer auf die Erhebung des Selbstbehaltes und der Franchise ganz oder teilweise verzichten.[282]

Art. 100   b. Bei- und Austritt

[1] Die Versicherungen mit eingeschränkter Wahl der Leistungserbringer stehen sämtlichen Versicherten mit Wohnsitz im Gebiet offen, in dem der Versicherer die betreffende Versicherungsform betreibt.

[2] Der Wechsel von der ordentlichen Versicherung in eine Versicherung mit eingeschränkter Wahl der Leistungserbringer ist jederzeit möglich.

[3] Der Wechsel zu einer anderen Versicherungsform oder zu einem anderen Versicherer ist unter Einhaltung der in Artikel 7 Absätze 1 und 2 des Gesetzes festgesetzten Kündigungsfristen auf das Ende eines Kalenderjahres möglich.[283]

[4] Der Wechsel des Versicherers während des Kalenderjahres auf Grund von Artikel 7 Absatz 2, 3 oder 4 des Gesetzes bleibt vorbehalten.[284]

Art. 101   c. Prämien

[1] Versicherungen mit eingeschränkter Wahl der Leistungserbringer sind keine besonderen Risikogemeinschaften innerhalb eines Versicherers. Bei der Festsetzung der Prämien hat der Versicherer die Verwaltungskosten und allfällige Rückversicherungsprämien einzurechnen und darauf zu achten, dass die Versicherten mit eingeschränkter Wahl der Leistungserbringer im versicherungstechnisch erforderlichen Mass an die Reserven und an den Risikoausgleich beitragen.

---

282 Fassung gemäss Ziff. I der V vom 17. Sept. 1997, in Kraft seit 1. Jan. 1998 (AS **1997** 2272).

283 Fassung gemäss Ziff. I der V vom 6. Juni 2003, in Kraft seit 1. Okt. 2003 (AS **2003** 3249).

284 Eingefügt durch Ziff. I der V vom 6. Juni 2003, in Kraft seit 1. Okt. 2003 (AS **2003** 3249).

[2] Prämienermässigungen sind nur zulässig für Kostenunterschiede, die auf die eingeschränkte Wahl der Leistungserbringer sowie auf eine besondere Art und Höhe der Entschädigung der Leistungserbringer zurückzuführen sind. Kostenunterschiede aufgrund eines günstigeren Risikobestandes geben keinen Anspruch auf Prämienermässigung. Die Kostenunterschiede müssen durch Erfahrungszahlen von mindestens fünf Rechnungsjahren nachgewiesen sein.

[3] Liegen noch keine Erfahrungszahlen von mindestens fünf Rechnungsjahren vor, dürfen die Prämien um höchstens 20 Prozent unter den Prämien der ordentlichen Versicherung des betreffenden Versicherers liegen.

[4] Erbringt eine Institution, die der Durchführung einer Versicherung mit eingeschränkter Wahl der Leistungserbringer dient, ihre Leistungen für Versicherte von mehreren Versicherern, kann für die Versicherten eine einheitliche Prämie festgelegt werden.

Art. 101a[285] Besondere Versicherungsformen für Versicherte mit Wohnort in einem Mitgliedstaat der Europäischen Gemeinschaft, in Island oder Norwegen

[1] Die besonderen Versicherungsformen nach den Artikeln 93–10 1 stehen nicht offen für Versicherte, die in einem Mitgliedstaat der Europäischen Gemeinschaft, in Island oder Norwegen wohnen.

[2] Die Versicherer können die Versicherung mit eingeschränkter Wahl der Leistungserbringer nach den Artikeln 99–10 1 anbieten für Versicherte, die in einem Mitgliedstaat der Europäischen Gemeinschaft, in Island oder Norwegen wohnen und in der Schweiz erwerbstätig sind sowie für ihre versicherten Familienangehörigen. Bei der Festlegung von Prämienermässigungen im Sinne von Artikel 101 Absätze 2 und 3 ist dem Umstand Rechnung zu tragen, dass sich diese Versicherten auch im Wohnland behandeln lassen können.

3. Abschnitt: Entschädigungen an Dritte

Art. 102

[1] Die Entschädigung an Dritte nach Artikel 63 des Gesetzes darf die Kosten nicht übersteigen, die dem Versicherer für die dem Dritten übertragenen Aufgaben entstehen würden.

---

285 Eingefügt durch Ziff. I der V vom 3. Juli 2001 (AS **2002** 915). Fassung gemäss Ziff. I der V vom 22. Mai 2002 (AS **2002** 1633).

[2] Die Entschädigung zählt zu den Verwaltungskosten des Versicherers. Sie darf den Versicherten nicht als Prämienermässigung weitergegeben werden.

3. Kapitel: Kostenbeteiligung

Art. 103   Franchise und Selbstbehalt

[1] Die Franchise nach Artikel 64 Absatz 2 Buchstabe a des Gesetzes beträgt 300 Franken je Kalenderjahr.[286]

[2] Der jährliche Höchstbetrag des Selbstbehaltes nach Artikel 64 Absatz 2 Buchstabe b des Gesetzes beläuft sich auf 700 Franken für Erwachsene und 350 Franken für Kinder.[287]

[3] Massgebend für die Erhebung der Franchise und des Selbstbehaltes ist das Behandlungsdatum.

[4] Bei Wechsel des Versicherers im Verlaufe eines Kalenderjahrs rechnet der neue Versicherer die in diesem Jahr bereits in Rechnung gestellte Franchise und den Selbstbehalt an. Wurden keine Franchise und kein Selbstbehalt in Rechnung gestellt, erfolgt eine Anrechnung unter dem Vorbehalt des entsprechenden Nachweises durch die Versicherten.

[5] Die Versicherer können für Erwachsene, bei denen der Versicherungsschutz auf weniger als ein Kalenderjahr angelegt ist, eine Pauschale für Franchise und Selbst- behalt bei Inanspruchnahme von Leistungen erheben. Diese Pauschale beträgt 250 Franken innerhalb eines Zeitraumes von 90 Tagen. Sie darf nicht in Verbindung mit besonderen Versicherungsformen nach den Artikeln 93–101a angeboten werden.[288]

[6] Bei Versicherten, die in einem Mitgliedstaat der Europäischen Gemeinschaft, in Island, Liechtenstein oder Norwegen wohnen und die bei einem Aufenthalt in der Schweiz aufgrund von Artikel 95a des Gesetzes Anspruch auf internationale Leistungsaushilfe haben, wird eine Pauschale für Franchise und Selbstbehalt erhoben. Diese Pauschale beträgt für Erwachsene 92 Franken und für Kinder 33 Franken innerhalb eines Zeitraumes von 30 Tagen.[289]

---

286 Fassung gemäss Ziff. I der V vom 6. Juni 2003, in Kraft seit 1. Jan. 2004 (AS **2003** 3249).

287 Fassung gemäss Ziff. I der V vom 6. Juni 2003, in Kraft seit 1. Jan. 2004 (AS **2003** 3249).

288   Fassung gemäss Ziff. I der V vom 3. Dez. 2004 (AS **2004** 5075).

289 Eingefügt durch Ziff. I der V vom 3. Juli 2001 (AS **2002** 915). Fassung gemäss Ziff. I der V vom 6. Juni 2003, in Kraft seit 1. Jan. 2004 (AS **2003** 3249).

[7] Für Versicherte, die in einem Mitgliedstaat der Europäischen Gemeinschaft, in Island oder Norwegen wohnen und in der Schweiz erwerbstätig sind und für Versicherte, die in Belgien, Deutschland, Frankreich, den Niederlanden, Österreich oder Ungarn wohnen und sich aufgrund von Artikel 95*a* Buchstabe a des Gesetzes wahlweise im Wohnstaat oder in der Schweiz behandeln lassen können, gelten die Absätze 1–4 sinngemäss.[290]

Art. 104   Beitrag an die Kosten des Spitalaufenthalts

[1] Der tägliche Beitrag an die Kosten des Aufenthalts im Spital nach Artikel 64 Absatz 5 des Gesetzes beträgt 10 Franken.

[2] Keinen Beitrag haben zu entrichten:

    a.   Versicherte, welche mit einer oder mehreren Personen, mit denen sie in einer familienrechtlichen Beziehung stehen, in gemeinsamem Haushalt leben;

    b.   Frauen für Leistungen bei Mutterschaft;

    c.[291] Versicherte nach Artikel 103 Absatz 6.

Art. 105   Erhöhung, Herabsetzung oder Aufhebung
                    der Kostenbeteiligung

[1] Das Departement bezeichnet die Leistungen, für die nach Artikel 64 Absatz 6 Buchstabe a des Gesetzes eine höhere Kostenbeteiligung zu entrichten ist, und bestimmt deren Höhe. Es kann auch eine höhere Kostenbeteiligung vorsehen, wenn die Leistungen:

    a.   während einer bestimmten Zeit erbracht worden sind;

    b.   einen bestimmten Umfang erreicht haben.

[1bis] Das Departement bezeichnet die Arzneimittel, für die nach Artikel 64 Absatz 6 Buchstabe a des Gesetzes ein höherer Selbstbehalt zu entrichten ist, und bestimmt dessen Höhe.[292]

[2] Ist ein höherer als der in Artikel 64 Absatz 2 Buchstabe b des Gesetzes festgelegte Selbstbehalt zu entrichten, wird der den gesetzlichen Ansatz übersteigende Betrag nur zur Hälfte an den Höchstbetrag nach Artikel 103 Absatz 2 angerechnet.

---

290 Eingefügt durch Ziff. I der V vom 3. Juli 2001 (AS **2002** 915). Fassung gemäss Ziff. I der V vom 9. Nov. 2005, in Kraft seit 1. Febr. 2006 (AS **2005** 5639).

291 Eingefügt durch Ziff. I der V vom 3. Juli 2001, in Kraft seit 1. Juni 2002 (AS **2002** 915).

292 Eingefügt durch Ziff. I der V vom 9. Nov. 2005, in Kraft seit 1. Jan. 2006 (AS **2005** 5639).

[3] Das Departement bezeichnet die Leistungen, für die nach Artikel 64 Absatz 6 Buchstabe b des Gesetzes die Kostenbeteiligung herabgesetzt oder aufgehoben ist. Es bestimmt die Höhe der herabgesetzten Kostenbeteiligung.

[3bis] Das Departement bezeichnet die Leistungen, welche nach Artikel 64 Absatz 6 Buchstabe d des Gesetzes von der Franchise ausgenommen sind.[293]

[4] Vor Erlass der Bestimmungen nach den Absätzen 1, 3 und [3bis] hört das Departement die zuständige Kommission an.[294]

3a. Abschnitt:[295]
Nichtbezahlung von Prämien und Kostenbeteiligungen

Art. 105a   Verzugszins

Der Satz für den Verzugszins auf fälligen Prämien nach Artikel 26 Absatz 1 ATSG beträgt 5 Prozent im Jahr.

Art. 105b[296] Mahn- und Betreibungsverfahren

[1] Der Versicherer muss unbezahlte fällige Prämien und Kostenbeteiligungen im Rahmen der obligatorischen Krankenpflegeversicherung, nachdem er mindestens einmal an diese Ausstände erinnert hatte, getrennt von allfälligen anderen Zahlungsausständen spätestens drei Monate ab Fälligkeit schriftlich mahnen. Mit der Mahnung muss er der versicherten Person eine Frist von 30 Tagen zur nachträglichen Erfüllung ansetzen und sie auf die Folgen der Nichtbezahlung hinweisen.

[2] Bezahlt die versicherte Person innerhalb der angesetzten Frist nicht, so muss der Versicherer die Forderung innerhalb von weiteren vier Monaten getrennt von allfälligen anderen Zahlungsausständen in Betreibung setzen.

[3] Verschuldet die versicherte Person Aufwendungen, die bei rechtzeitiger Zahlung nicht entstanden wären, so kann der Versicherer angemessene Bearbeitungsgebühren erheben, sofern er in seinen allgemeinen Bestimmungen über die Rechte und Pflichten der Versicherten eine entsprechende Regelung vorsieht.

---

293 Eingefügt durch Ziff. I der V vom 11. Dez. 2000 (AS **2001** 138).
294 Fassung gemäss Ziff. I der V vom 11. Dez. 2000 (AS **2001** 138).
295 Eingefügt durch Ziff. I der V vom 27. Juni 2007, in Kraft seit 1. Aug. 2007 (AS **2007** 3573).
296 Siehe die SchlB der Änd. vom 27. Juni 2007 am Ende dieser Verordnung.

Art. 105*c*[297] Aufschub der Übernahme der Kosten für die Leistungen

[1] Hat der Versicherer im Betreibungsverfahren ein Fortsetzungsbegehren gestellt, so muss er die Rückerstattung von Kosten (System des *Tiers garant*) oder die Vergütung von Leistungen (System des *Tiers payant*) aufschieben.

[2] Der Aufschub beginnt am Tag seiner Mitteilung. Er gilt für jene Rechnungen, die dem Versicherer während des Aufschubs zur Rückerstattung von Kosten oder zur Vergütung von Leistungen zukommen.

[3] Der Aufschub endet, sobald die Prämien und Kostenbeteiligungen, die Gegenstand des Fortsetzungsbegehrens waren, sowie die angefallenen Verzugszinse und Betreibungskosten bezahlt sind.

[4] Der Versicherer muss die für die Einhaltung der Versicherungspflicht zuständige kantonale Stelle über die Verlustscheine benachrichtigen, die ihm zugestellt werden. Vorbehalten bleiben kantonale Bestimmungen, die eine Meldung an eine andere Stelle vorsehen.

[5] Während eines Aufschubs der Kostenübernahme darf der Versicherer die Versicherungsleistungen nicht mit geschuldeten Prämien oder Kostenbeteiligungen verrechnen.

[6] Garantiert der Kanton die Übernahme oder die pauschale Abgeltung uneinbringlicher Prämien, Kostenbeteiligungen, Verzugszinse und Betreibungskosten, so kann er mit einem oder mit mehreren Versicherern vereinbaren, unter welchen Voraussetzungen die Versicherer auf den Aufschub der Übernahme der Kosten verzichten.

Art. 105*d*   Wechsel des Versicherers bei Säumigkeit

[1] Säumig im Sinne von Artikel 64*a* Absatz 4 des Gesetzes ist die versicherte Person ab Zustellung der schriftlichen Mahnung nach Artikel 105*b* Absatz 1.

[2] Kündigt eine säumige versicherte Person ihr Versicherungsverhältnis, so muss der Versicherer sie informieren, dass die Kündigung keine Wirkung entfaltet, wenn die bis einen Monat vor Ablauf der Kündigungsfrist gemahnten Prämien, Kostenbeteiligungen und Verzugszinse sowie die bis zu diesem Zeitpunkt aufgelaufenen Betreibungskosten bis zum Ablauf der Kündigungsfrist nicht vollständig bezahlt sind.

[3] Sind die ausstehende Beträge nach Absatz 2 bis zum Ablauf der Kündigungsfrist beim Versicherer nicht eingetroffen, so muss dieser die betroffene Person informieren, dass sie weiterhin bei ihm versichert ist und frühestens

297 Siehe die SchlB der Änd. vom 27. Juni 2007 am Ende dieser Verordnung.

auf den nächstmöglichen Termin nach Artikel 7 Absätze 1 und 2 des Gesetzes den Versicherer wechseln kann.

Art. 105*e* Versicherte mit Wohnort in einem Mitgliedstaat der Europäischen Gemeinschaft, in Island oder in Norwegen

[1] Bezahlt eine versicherte Person mit Wohnort in einem Mitgliedstaat der Europäischen Gemeinschaft, in Island oder in Norwegen die gemahnten Prämien und Kostenbeteiligungen innerhalb der angesetzten Nachfrist von 30 Tagen nicht, so muss der Versicherer die Übernahme der Kosten für die Leistungen aufschieben, ohne vorgängig ein Betreibungsverfahren einzuleiten. Gleichzeitig muss er die versicherte Person und den zuständigen aushelfenden Träger am Wohnort der versicherten Person informieren.

[2] Der Aufschub endet, sobald die gemahnten Prämien und Kostenbeteiligungen sowie die angefallenen Verzugszinse bezahlt sind.

[3] Der Versicherer darf während eines Aufschubs der Übernahme der Kosten die Versicherungsleistungen mit geschuldeten Prämien oder Kostenbeteiligungen verrechnen.

4. Kapitel:[298] Prämienverbilligung durch die Kantone

Art. 106[299] Prämienverbilligung durch die Kantone für Versicherte mit einer Aufenthaltsbewilligung, die mindestens drei Monate gültig ist

Anspruch auf Prämienverbilligung haben auch versicherungspflichtige Personen nach Artikel 1 Absatz 2 Buchstaben a und f, soweit sie die Anspruchsvoraussetzungen des Kantons erfüllen.

Art. 106*a* Prämienverbilligung durch die Kantone für Versicherte, die in einem Mitgliedstaat der Europäischen Gemeinschaft, in Island oder Norwegen wohnen[300]

[1] Die Prämienverbilligung richtet sich nach Artikel 65*a* des Gesetzes:

    a.   für Versicherte, die eine schweizerische Rente beziehen, solange sie in der Schweiz erwerbstätig sind oder eine Leistung der schweizerischen Arbeitslosenversicherung beziehen;

---

298 Fassung gemäss Ziff. I der V vom 3. Juli 2001, in Kraft seit 1. Juni 2002 (AS **2002** 915).
299 Fassung gemäss Ziff. I der V vom 22. Mai 2002 (AS **2002** 1633).
300 Fassung gemäss Ziff. I der V vom 22. Mai 2002 (AS **2002** 1633).

b. für versicherte Familienangehörige einer versicherten Person nach Buchstabe a, selbst wenn ein anderer versicherter Familienangehöriger nur eine schweizerische Rente bezieht;

c. für versicherte Familienangehörige einer versicherten Person, die in der Schweiz erwerbstätig ist oder eine Leistung der schweizerischen Arbeitslosenversicherung bezieht, selbst wenn ein anderer versicherter Familienangehöriger nur eine schweizerische Rente bezieht.

[2] Die Kantone dürfen bei der Prüfung der bescheidenen wirtschaftlichen Verhältnisse der in einem Mitgliedstaat der Europäischen Gemeinschaft, in Island oder Norwegen wohnenden Versicherten das Einkommen und das Reinvermögen derjenigen Familienangehörigen, die dem Verfahren nach Artikel 66a des Gesetzes unterstellt sind, nicht berücksichtigen.[301]

2. Teil: Freiwillige Taggeldversicherung

Art. 107   Finanzierungsverfahren

Die Artikel 78 und 79 sind sinngemäss anwendbar.

Art. 108   Prämientarife

Artikel 92 ist sinngemäss anwendbar.

Art. 108a[302] Prämienbezahlung, Verzugs- und Vergütungszinsen

Die Artikel 90, 90a, und 105a sind sinngemäss anwendbar.

Art. 109   Beitritt

Jede Person, welche die Voraussetzungen von Artikel 67 Absatz 1 des Gesetzes erfüllt, kann zu den gleichen Bedingungen, namentlich hinsichtlich der Dauer und der Höhe des Taggeldes, wie sie für die anderen Versicherten gelten, der Taggeldversicherung beitreten, soweit dadurch voraussichtlich keine Überentschädigung entsteht.

---

301 Fassung gemäss Ziff. I der V vom 22. Mai 2002 (AS **2002** 1633).
302 Eingefügt durch Ziff. I der V vom 11. Sept. 2002 (AS **2002** 3908). Fassung gemäss Ziff. I der V vom 27. Juni 2007, in Kraft seit 1. Aug. 2007 (AS **2007** 3573).

3. Teil: Koordinationsregeln

1. Titel: Leistungskoordination

1. Kapitel: Verhältnis zu anderen Sozialversicherungen

1. Abschnitt: Abgrenzung der Leistungspflicht

Art. 110[303]   Grundsatz

Soweit in einem Versicherungsfall Leistungen der Krankenversicherung mit gleichartigen Leistungen der Unfallversicherung nach dem UVG[304], der Militärversicherung, der Alters- und Hinterlassenenversicherung, der Invalidenversicherung oder dem Erwerbsersatzgesetz vom 25. September 1952[305] für Dienstleistende und bei Mutterschaft zusammentreffen, gehen die Leistungen dieser anderen Sozialversicherungen vor. Artikel 128 der Verordnung vom 20. Dezember 1982[306] über die Unfallversicherung bleibt vorbehalten.

Art. 111   Unfallmeldung

Die Versicherten haben Unfälle, die nicht bei einem UVG-Versicherer oder bei der Militärversicherung angemeldet sind, ihrem Krankenversicherer zu melden. Sie haben Auskunft zu geben über:[307]

a.   Zeit, Ort, Hergang und Folgen des Unfalles;

b.   den behandelnden Arzt, die behandelnde Ärztin oder das Spital;

c.   allfällige betroffene Haftpflichtige und Versicherungen.

2. Abschnitt: Vorleistungspflicht

Art. 112   Im Verhältnis zur Unfallversicherung und zur Militärversicherung

[1] Ist bei Krankheit oder Unfall die Leistungspflicht der Unfallversicherung nach UVG[308] oder der Militärversicherung zweifelhaft, so darf der Kran-

---

303   Fassung gemäss Art. 45 Ziff. I der V vom 24. Nov. 2004 zum Erwerbsersatzgesetz, in Kraft seit 1. Juli 2005 (SR **834.11**).

304   SR **832.20**

305   SR **834.1**

306   SR **832.202**

307   Fassung gemäss Ziff. I der V vom 11. Sept. 2002, in Kraft seit 1. Jan. 2003 (AS **2002** 3908).

308   SR **832.20**

kenversicherer die bei ihm versicherten Leistungen ohne Antrag bei voller Wahrung seiner Rückerstattungsrechte von sich aus vorläufig ausrichten.[309]

[2] Ist eine Person bei mehreren Krankenversicherern für Taggeld versichert, so ist jeder dieser Versicherer vorleistungspflichtig.

Art. 113   Im Verhältnis zur Invalidenversicherung

Hat sich eine versicherte Person sowohl beim Krankenversicherer als auch bei der Invalidenversicherung zum Leistungsbezug angemeldet, so hat der Krankenversicherer vorläufig für die Krankenpflegekosten Gutsprache zu erteilen oder Zahlungen zu leisten, bis feststeht, welche Versicherung den Fall übernimmt.

Art. 114[310] Informationspflicht

Der vorleistende Krankenversicherer macht die versicherte Person auf die Rückerstattungsordnung von Artikel 71 ATSG aufmerksam.

Art. 115[311]

Art. 116   Unterschiedliche Tarife

[1] Bei Vorleistung durch den Krankenversicherer haben die anderen Sozialversicherer den Leistungserbringern eine allfällige Differenz zwischen dem für sie geltenden Tarif und dem vom Krankenversicherer angewandten Tarif nachzuzahlen.

[2] Hat der Krankenversicherer Leistungserbringern aufgrund seiner Tarife mehr vergütet, als aufgrund der für die anderen Versicherungen geltenden Tarife geschuldet gewesen wäre, so haben ihm die Leistungserbringer die Differenz zurückzuerstatten.

---

309 Fassung gemäss Ziff. I der V vom 11. Sept. 2002, in Kraft seit 1. Jan. 2003 (AS **2002** 3908).

310 Fassung gemäss Ziff. I der V vom 11. Sept. 2002, in Kraft seit 1. Jan. 2003 (AS **2002** 3908).

311 Aufgehoben durch Ziff. I der V vom 11. Sept. 2002 (AS **2002** 3908).

3. Abschnitt:
Rückvergütung von Leistungen anderer Sozialversicherer

Art. 117   Grundsatz

[1] Hat der Krankenversicherer anstelle eines anderen Sozialversicherers zu Unrecht Leistungen ausgerichtet oder hat dies ein anderer Sozialversicherer anstelle des Krankenversicherers getan, so muss der entlastete Versicherer den Betrag, um den er entlastet wurde, dem anderen Versicherer rückvergüten, höchstens jedoch bis zu seiner gesetzlichen Leistungspflicht.

[2] Sind mehrere Krankenversicherer rückvergütungsberechtigt oder rückvergütungspflichtig, so bemisst sich ihr Anteil nach den Leistungen, die sie erbracht haben oder hätten erbringen sollen.

[3] Der Rückvergütungsanspruch erlischt fünf Jahre nach der Ausrichtung der Leistung.

Art. 118   Auswirkungen auf die Versicherten

[1] In laufenden Versicherungsfällen sorgt der weiterhin leistungspflichtige Versicherer für die Ausrichtung der Leistungen nach den für ihn geltenden Vorschriften. Er informiert die versicherte Person darüber.

[2] Hätte die versicherte Person bei einer sachgerechten Behandlung des Falles höhere Geldleistungen empfangen, als ihr ausgerichtet wurden, so vergütet ihr der rückvergütungspflichtige Versicherer die Differenz. Dies gilt auch dann, wenn das Versicherungsverhältnis inzwischen aufgelöst wurde.

Art. 119   Unterschiedliche Tarife

[1] Der rückvergütungspflichtige Versicherer erstattet den Leistungserbringern eine allfällige Differenz zwischen dem Tarif, den der rückvergütungsberechtigte Versicherer angewandt hat, und dem Tarif, der für ihn selber gilt.

[2] Hat der rückvergütungsberechtigte Versicherer mehr erstattet, als aufgrund der für den rückvergütungspflichtigen Versicherer geltenden Tarife geschuldet gewesen wäre, müssen die Leistungserbringer dem rückvergütungsberechtigten Versicherer die Differenz zurückerstatten.

4. Abschnitt:[312] Informationspflicht der Versicherer

Art. 120

Die Versicherten sind über die Bekanntgabe von Daten (Art. 84*a* KVG) und über geleistete Verwaltungshilfe (Art. 32 Abs. 2 ATSG und Art. 82 KVG) zu informieren.

Art. 121

Aufgehoben

2. Kapitel: Überentschädigung

Art. 122[313]

[1] Eine Überentschädigung bei Sachleistungen liegt in dem Masse vor, als die jeweiligen Sozialversicherungsleistungen für denselben Gesundheitsschaden namentlich die folgenden Grenzen übersteigen:

    a.   die der versicherten Person entstandenen Diagnose- und Behandlungskosten;

    b.   die der versicherten Person entstandenen Pflegekosten und andere ungedeckte Krankheitskosten;

[2] Ist die versicherte Person bei mehr als einem Krankenversicherer für Taggeld gemäss den Artikeln 67–77 des Gesetzes versichert, gilt als Überentschädigungsgrenze diejenige von Artikel 69 Absatz 2 ATSG. Sind die Leistungen zu kürzen, so ist jeder Versicherer im Verhältnis des von ihm versicherten Taggeldes zum Gesamtbetrag der versicherten Taggelder leistungspflichtig.

...

Art. 123–126[314]

---

312 Fassung gemäss Ziff. I der V vom 11. Sept. 2002, in Kraft seit 1. Jan. 2003 (AS **2002** 3908).

313 Fassung gemäss Ziff. I der V vom 11. Sept. 2002, in Kraft seit 1. Jan. 2003 (AS **2002** 3908).

314 Aufgehoben durch Ziff. I der V vom 11. Sept. 2002 (AS **2002** 3908).

4. Teil:
Verfügung, Kosten der Bekanntgabe und Publikation von Daten[315]

Art. 127[316]   Verfügung

Wird eine Verfügung auf Grund von Artikel 51 Absatz 2 ATSG verlangt, so hat der Versicherer sie innerhalb von 30 Tagen zu erlassen.

Art. 128–129[317]

...[318]

Art. 130[319]   Kosten der Bekanntgabe und Publikation von Daten[320]

[1] In den Fällen nach Artikel 84a Absatz 5 des Gesetzes wird eine Gebühr erhoben, wenn die Datenbekanntgabe zahlreiche Kopien oder andere Vervielfältigungen oder besondere Nachforschungen erfordert. Die Höhe dieser Gebühr entspricht den in den Artikeln 14 und 16 der Verordnung vom 10. September 1969[321] über Kosten und Entschädigungen im Verwaltungsverfahren festgesetzten Beträgen.

[2] Für Publikationen nach Artikel 84a Absatz 3 des Gesetzes wird eine kostendeckende Gebühr erhoben.

[3] Die Gebühr kann wegen Bedürftigkeit der gebührenpflichtigen Person oder aus anderen wichtigen Gründen ermässigt oder erlassen werden.

---

315 Fassung gemäss Ziff. I der V vom 11. Sept. 2002, in Kraft seit 1. Jan. 2003 (AS **2002** 3908).

316 Aufgehoben durch Ziff. I der V vom 22. Nov. 2000 (AS **2000** 2911). Fassung gemäss Ziff. I der V vom 11. Sept. 2002, in Kraft seit 1. Jan. 2003 (AS **2002** 3908).

317 Aufgehoben durch Ziff. I der V vom 11. Sept. 2002 (AS **2002** 3908).

318 Aufgehoben durch Ziff. I der V vom 11. Sept. 2002 (AS **2002** 3908).

319 Fassung gemäss Ziff. I der V vom 22. Nov. 2000, in Kraft seit 1. Jan. 2001 (AS **2000** 2911).

320 Fassung gemäss Ziff. I der V vom 11. Sept. 2002, in Kraft seit 1. Jan. 2003 (AS **2002** 3908).

321 SR **172.041.0**

5. Teil: Schlussbestimmungen

1. Titel: Übergangsbestimmungen

Art. 131[322]

Art. 132   Bestehende Versicherungsverhältnisse

[1] Die Krankenkassen können beim Inkrafttreten des Gesetzes bestehende Versicherungsverhältnisse mit Personen, die der obligatorischen Krankenpflegeversicherung nicht unterstehen und auch nicht auf Gesuch hin unterstellt werden können, bis spätestens am 31. Dezember 1996 weiterführen. Diese Versicherungsverhältnisse richten sich nach dem bisherigen Recht.

[2] Ein neues Versicherungsverhältnis nach Absatz 1 darf nur begründet werden, wenn damit die Weiterführung bis zum 31. Dezember 1996 einer entsprechenden Versicherungsdeckung gewährleistet wird, die von einem Versicherer gewährt worden war, der auf die Fortführung der sozialen Krankenversicherung verzichtet hat (Art. 99 KVG).

[3] Die Krankenkassen können den Personen nach den Absätzen 1 und 2 auf vertraglicher Basis eine Fortdauer des Versicherungsschutzes nach dem 31. Dezember 1996 anbieten. Der Vertrag kann bei der gleichen Krankenkasse oder bei einem anderen Versicherer nach Artikel 11 des Gesetzes abgeschlossen werden. Die Finanzierung von Leistungen, welche denjenigen der obligatorischen Krankenpflegeversicherung entsprechen, richtet sich nach den Grundsätzen der sozialen Krankenversicherung. Die Versicherungsverhältnisse unterliegen dem Versicherungsvertragsgesetz[323].[324]

[4] Läuft eine vor dem 1. Januar 1997 begonnene Behandlung nach diesem Datum weiter, so hat die Krankenkasse das Versicherungsverhältnis bis zum Abschluss dieser Behandlung nach altem Recht weiterzuführen.[325]

Art. 133[326]

---

322 Aufgehoben durch Ziff. IV 51 der V vom 22. Aug. 2007 zur formellen Bereinigung des Bundesrechts, mit Wirkung seit 1. Jan. 2008 (AS **2007** 4477).

323 SR **221.229.1**

324 Eingefügt durch Ziff. I der V vom 25. Nov. 1996, in Kraft seit 1. Jan. 1997 (AS **1996** 3139).

325 Eingefügt durch Ziff. I der V vom 25. Nov. 1996, in Kraft seit 1. Jan. 1997 (AS **1996** 3139).

326 Aufgehoben durch Ziff. I der V vom 25. Juni 1997 (AS **1997** 1639).

Art. 134   Leistungserbringer

[1] Leistungserbringer im Sinne der Artikel 44–54, die im Zeitpunkt des Inkrafttretens des Gesetzes gestützt auf eine Bewilligung nach altem Recht für die Krankenversicherung tätig sind, bleiben zugelassen, wenn sie innert einem Jahr nach Inkrafttreten des Gesetzes nach kantonalem Recht zugelassen sind.

[2] Logopäden und Logopädinnen sowie Ernährungsberater und Ernährungsberaterinnen, welche die Zulassungsbedingungen dieser Verordnung nur teilweise erfüllen, aber vor dem Inkrafttreten des Gesetzes ihre Ausbildung abgeschlossen und ihren Beruf selbständig ausgeübt haben, können unter dem neuen Recht für die Krankenversicherung tätig sein, wenn sie innert vier Jahren nach Inkrafttreten des Gesetzes nach kantonalem Recht zugelassen werden.[327]

[3] Laboratorien, die bereits nach den Artikeln 53 und 54 als Leistungserbringer für die Durchführung genetischer Untersuchungen zugelassen sind, können solche Untersuchungen bis zum Bewilligungsentscheid des BAG weiter durchführen, wenn sie:

    a.   die Zulassungsbedingungen nach den Artikeln 53 und 54 erfüllen; und

    b.   innerhalb von drei Monaten nach Inkrafttreten der Verordnung vom 14. Februar 2007[328] über genetische Untersuchungen beim Menschen beim BAG ein Bewilligungsgesuch einreichen.[329]

Art. 135   Qualitätssicherung

Die Verträge nach Artikel 77 Absatz 1 der Verordnung sind bis zum 31. Dezember 1997 abzuschliessen.

Art. 136[330]

---

327 Fassung gemäss Ziff. I der V vom 25. Nov. 1996, in Kraft seit 1. Jan. 1997 (AS **1996** 3139).

328 SR **810.122.1**; in Kraft seit 1. April 2007.

329 Eingefügt durch Art. 37 Ziff. 2 der V vom 14. Febr. 2007 über genetische Untersuchungen beim Menschen, in Kraft seit 1. April 2007 (SR **810.122.1**).

330 Aufgehoben durch Ziff. IV 51 der V vom 22. Aug. 2007 zur formellen Bereinigung des Bundesrechts, mit Wirkung seit 1. Jan. 2008 (AS **2007** 4477).

2. Titel: Inkrafttreten

Art. 137

Diese Verordnung tritt am 1. Januar 1996 in Kraft.

Schlussbestimmungen der Änderung vom 17. September 1997[331]

Schlussbestimmungen der Änderung vom 23. Februar 2000[332]

Schlussbestimmungen der Änderung vom 2. Oktober 2000[333]

Das BAG kann für bestimmte Arzneimittelgruppen während höchstens fünf Jahren auf die Anpassung der Preise an die in Artikel 67 vorgesehene Preisstruktur verzichten oder eine gestaffelte Anpassung vorsehen.

Schlussbestimmungen der Änderung vom 22. Mai 2002[334]

Schlussbestimmungen der Änderung vom 26. Juni 2002[335]

Für die im Zeitpunkt des Inkrafttretens dieser Änderung hängigen Verfahren gilt das neue Recht.

Schlussbestimmungen der Änderung vom 6. Juni 2003[336]

Schlussbestimmungen der Änderung vom 26. Mai 2004[337]

[1] Die Versicherer haben jede versicherte Person bis spätestens am 31. Oktober 2004 schriftlich über die von ihnen angebotenen neuen wählbaren Franchisen und die dafür gewährten Prämienreduktionen zu informieren.

[2] Für die mit einer wählbaren Franchise versicherten Personen gilt ab dem 1. Januar 2005 die von ihrem Versicherer angebotene wählbare Franchise,

---

331 AS **1997** 2272. Aufgehoben durch Ziff. IV 51 der V vom 22. Aug. 2007 zur formellen Bereinigung des Bundesrechts, mit Wirkung seit 1. Jan. 2008 (AS **2007** 4477).

332 AS **2000** 889. Aufgehoben durch Ziff. IV 51 der V vom 22. Aug. 2007 zur formellen Bereinigung des Bundesrechts, mit Wirkung seit 1. Jan. 2008 (AS **2007** 4477).

333 AS **2000** 2835

334 AS **2002** 1633. Aufgehoben durch Ziff. IV 51 der V vom 22. Aug. 2007 zur formellen Bereinigung des Bundesrechts, mit Wirkung seit 1. Jan. 2008 (AS **2007** 4477).

335 AS **2002** 2129

336 AS **2003** 3249. Aufgehoben durch Ziff. IV 51 der V vom 22. Aug. 2007 zur formellen Bereinigung des Bundesrechts, mit Wirkung seit 1. Jan. 2008 (AS **2007** 4477).

337 AS **2004** 3437

die ihrer bisherigen Franchise entspricht oder die dieser am nächsten ist. Haben die nächstliegende höhere Franchise und die nächstliegende tiefere Franchise den gleichen Abstand zur bisherigen Franchise, so gilt die höhere. Die mit einer wählbaren Franchise versicherten Personen können jedoch eine andere Franchise wählen oder in die ordentliche Versicherung wechseln, wenn sie dies dem Versicherer bis spätestens am 30. November 2004 schriftlich mitteilen.

Schlussbestimmungen der Änderung vom 3. Dezember 2004[338]

[1] Als Diplome im Sinne der Artikel 45, 47–49 und 50a gelten auch diejenigen Diplome, die von der von den Kantonen gemeinsam oder vom Departement bezeichneten Stelle vor Inkrafttreten dieser Änderung ausgestellt oder als gleichwertig anerkannt worden sind.

[2] Für Versicherungsverhältnisse, die vor Inkrafttreten dieser Änderung von Artikel 103 Absatz 5 abgeschlossen worden sind, gilt die bisherige Regelung für die vereinbarte Vertragsdauer, höchstens aber bis zum 31. Dezember 2005.

Schlussbestimmungen der Änderung vom 9. November 2005[339]

Schlussbestimmungen der Änderung vom 26. April 2006[340]

[1] Die Versicherer müssen die Vorschriften von Artikel 6a bis zum 1. August 2006 anwenden.

[2] Für versicherte Personen, deren Versicherungspflicht wegen Militärdienst vor dem 1. Juli 2006 sistiert wird, wird Artikel 10a in seiner bisherigen Fassung angewendet[341].

[3] Die Artikel 65–65c sowie 66a gelten für die Arzneimittel, die vor dem Inkrafttreten dieser Änderung in die Spezialitätenliste aufgenommen worden sind.

[4] ...[342]

---

338 AS **2004** 5075
339 AS **2005** 5639. Aufgehoben durch Ziff. IV 51 der V vom 22. Aug. 2007 zur formellen Bereinigung des Bundesrechts, mit Wirkung seit 1. Jan. 2008 (AS **2007** 4477).
340 AS **2006** 1717
341 AS **2001** 138
342 Aufgehoben durch Ziff. I der V vom 27. Juni 2007, mit Wirkung seit 1. Aug. 2007 (AS **2007** 3573).

⁵ Die Sicherheitsreserve muss entgegen der in Artikel 78 festgehaltenen Prozentsätze für die dem Inkrafttreten dieser Änderung folgenden zwei Kalenderjahre pro Rechnungsjahr mindestens folgenden Prozentanteil der geschuldeten Prämien (Prämiensoll) betragen:

Anzahl Versicherte	Minimale Sicherheitsreserve in %
zwischen 50 000 und 150 000	18 für das Jahr 2007
	16 für das Jahr 2008
zwischen 150 000 und 250 000	16 für das Jahr 2007
	12 für das Jahr 2008
über 250 000	13 für das Jahr 2007
	11 für das Jahr 2008

Schlussbestimmungen der Änderung vom 27. Juni 2007[343]

¹ Für Originalpräparate, die vor dem Inkrafttreten dieser Änderung in die Spezialitätenliste aufgenommen wurden, gilt Artikel 65a in der Fassung vom 26. April 2006[344].

² Originalpräparate und Generika, die zwischen dem 1. Januar 1993 und dem 31. Dezember 2002 in die Spezialitätenliste aufgenommen wurden, werden bis zum 30. Juni 2008 daraufhin überprüft, ob sie die Aufnahmebedingungen noch erfüllen. Das Departement legt das Verfahren der Überprüfung fest.

³ Artikel 66 gilt auch für Arzneimittel, die vor dem 10. Mai 2006 in die Spezialitätenliste aufgenommen wurden.

⁴ Für Prämien, die vor dem 1. August 2007 fällig wurden, und Kostenbeteiligungen an Leistungen, die vor dem 1. August 2007 erbracht wurden, ist Artikel 105b Absätze 1 und 2 nicht anwendbar.

⁵ Bei am 1. August 2007 bestehenden Aufschüben von Kostenübernahmen für Leistungen ist Artikel 105c Absatz 2 nicht anwendbar.

⁶ Unbezahlte Prämien und Kostenbeteiligungen sowie Verzugszinse und Betreibungskosten, die vor dem 1. Januar 2006 angefallen sind, verhindern einen Wechsel des Versicherers nicht.

343 AS **2007** 3573
344 AS **2006** 1717

Schlussbestimmungen der Änderung vom 22. August 2007[345]

Die Bestimmungen dieser Verordnung zur Revisionsstelle gelten vom ersten Geschäftsjahr an, das mit Inkrafttreten dieser Änderung oder danach beginnt.

Schlussbestimmungen der Änderung vom 22. Oktober 2008[346]

[1] Die Organisation nach Artikel 49 Absatz 2 des Gesetzes muss ihre Tätigkeit spätestens am 31. Januar 2009 aufnehmen. Die Tarifpartner und die Kantone müssen den Bundesrat über das Datum des Beginns der Tätigkeit der Organisation in Kenntnis setzen und ihm die Statuten der Organisation übermitteln.

[2] Das erste Gesuch um Genehmigung des Tarifvertrags nach Artikel 59d muss dem Bundesrat spätestens am 30. Juni 2009 unterbreitet werden. Der Tarifvertrag muss zusätzlich zur einheitlichen Tarifstruktur und zu den Anwendungsmodalitäten des Tarifs einen gemeinsamen Vorschlag der Tarifpartner über die bei der Einführung der leistungsbezogenen Pauschalen erforderlichen Begleitmassnahmen enthalten. Dafür vereinbaren die Tarifpartner namentlich Instrumente zur Überwachung der Entwicklung der Kosten und der Leistungsmengen (Monitoring) sowie die Korrekturmassnahmen.

[3] Die Tarifpartner müssen dem Bundesrat den Betrag des Fallbeitrags nach Artikel 59e spätestens zusammen mit dem ersten Genehmigungsgesuch nach Absatz 2 zur Genehmigung unterbreiten.

Schlussbestimmungen der Änderung vom 13. März 2009[347]

Die gemeinsame Einrichtung informiert in Zusammenarbeit mit dem BAG, den rentenauszahlenden Stellen und den zuständigen Auslandvertretungen die Rentnerinnen und Rentner, die in einem neuen Mitgliedstaat der Europäischen Gemeinschaft wohnen, bis spätestens drei Monate nach dem Inkrafttreten des Protokolls vom 27. Mai 2008[348] über die Ausdehnung des Freizügigkeitsabkommens auf Bulgarien und Rumänien im Hinblick auf die Aufnahme von Bulgarien und Rumänien als Vertragsparteien infolge ihres Beitritts zur Europäischen Union über die Versicherungspflicht. Mit diesen Informationen gelten auch die in einem neuen Mitgliedstaat der Europäischen Gemeinschaft wohnhaften Familienangehörigen als informiert. Der

---

345 AS **2007** 3989
346 AS **2008** 5097
347 AS **2009** 1825
348 SR **0.142.112.681.1**

Bund übernimmt die der gemeinsamen Einrichtung entstehenden Kosten für die Information.

Übergangsbestimmungen der Änderung vom 24. Juni 2009[349]

Für Pilotprojekte nach Artikel 36a, die vor dem Inkrafttreten der Änderung vom 24. Juni 2009 genehmigt wurden, wird die Projektdauer von vier Jahren um die im Zeitpunkt des Inkrafttretens dieser Änderung bereits abgelaufene Zeit gekürzt.

Übergangsbestimmungen zur Änderung vom 1. Juli 2009[350]

[1] Das BAG überprüft die Fabrikabgabepreise der Originalpräparate, die zwischen dem 1. Januar 1955 und dem 31. Dezember 2006 in die Spezialitätenliste aufgenommen wurden, daraufhin, ob sie die Aufnahmebedingungen noch erfüllen.

[2] Das Unternehmen, das ein zu überprüfendes Originalpräparat vertreibt, ermittelt die Fabrikabgabepreise der in der Schweiz meistverkauften Packung in Deutschland, Dänemark, Grossbritannien, den Niederlanden, Frankreich und Österreich aufgrund von Regelungen der entsprechenden Behörden oder Verbände. Es lässt diese Fabrikabgabepreise von einer zeichnungsberechtigten Person der jeweiligen Länderniederlassung bestätigen. Die Anzahl der in der Schweiz verkauften Packungen des Originalpräparates der letzten 12 Monate muss für sämtliche Handelsformen ausgewiesen und von einer zeichnungsberechtigten Person des Unternehmens in der Schweiz bestätigt werden.

[3] Das Unternehmen, welches das Originalpräparat vertreibt, muss dem BAG die am 1. Oktober 2009 gültigen Fabrikabgabepreise bis zum 30. November 2009 mitteilen. Das BAG ermittelt den durchschnittlichen Fabrikabgabepreis anhand der geltenden Preise in Deutschland, Dänemark, Grossbritannien, den Niederlanden, Frankreich und Österreich sowie den durchschnittlichen Wechselkurs der Monate April bis September 2009 und rechnet diesen Preis in Schweizer Franken um.

[4] Das BAG senkt den Fabrikabgabepreis eines Originalpräparates mit Wirkung ab 1. März 2010 auf den nach Absatz 3 ermittelten durchschnittlichen Fabrikabgabepreis, wenn:

349 AS **2009** 3525
350 AS **2009** 4245

a. der Fabrikabgabepreis des Originalpräparates am 1. Oktober 2009 (Ausgangswert) den nach Absatz 3 ermittelten Preis um mehr als 4 Prozent übersteigt;

b. das Unternehmen bis zum 30. November 2009 kein Gesuch stellt, den Fabrikabgabepreis mit Wirkung ab 1. März 2010 auf einen Preis zu senken, welcher den Fabrikabgabepreis nach Absatz 3 um höchstens 4 Prozent übersteigt.

[5] Die Preissenkung nach Absatz 4 kann stufenweise erfolgen. Beträgt die Preissenkung mehr als 15 Prozent des Ausgangswertes, so wird der Preis auf den 1. März 2010 auf 85 Prozent des Ausgangswertes und auf den 1. Januar 2011 auf den nach Absatz 3 ermittelten durchschnittlichen Fabrikabgabepreis gesenkt.

[6] Generika, die bis zum Inkrafttreten der Änderung vom 1. Juli 2009 in die Spezialitätenliste aufgenommen wurden, werden bis zum 1. Januar 2010 überprüft und per 1. März 2010 preislich angepasst. Im Zuge dieser ausserordentlichen Preisüberprüfung gelten Generika als wirtschaftlich, wenn ihre Fabrikabgabepreise mindestens 10 Prozent tiefer sind als die am 1. Oktober 2009 gültigen durchschnittlichen Fabrikabgabepreise der dazugehörenden Originalpräparate im Ausland. Berechnet wird der durchschnittliche Fabrikabgabepreis anhand der geltenden Preise des Originalpräparats in Deutschland, Dänemark, Grossbritannien, den Niederlanden, Frankreich und Österreich. [351]

[7] Der preisbezogene Zuschlag und der Zuschlag je Packung nach Artikel 67 Absatz 1[quater] werden bei allen Präparaten, die vor Inkrafttreten der Änderung vom 1. Juli 2009 in die Spezialitätenliste aufgenommen wurden, bis zum 1. Januar 2010 überprüft und preislich per 1. März 2010 angepasst.

---

351 Fassung gemäss Ziff. I der V vom 11. Sept. 2009, in Kraft seit 1. Okt. 2009 (AS **2009** 4759).

Anhang

Aufhebung und Änderung von Verordnungen

1. Es werden aufgehoben:

a. Die Verordnung I vom 22. Dezember 1964[352] über die Krankenversicherung betreffend das Rechnungswesen und die Kontrolle der vom Bund anerkannten Krankenkassen und Rückversicherungsverbände sowie die Berechnung der Bundesbeiträge;

b. die Verordnung II vom 22. Dezember 1964[353] über die Krankenversicherung betreffend die Kollektivversicherung bei den vom Bund anerkannten Krankenkassen;

c. die Verordnung III vom 15. Januar 1965[354] über die Krankenversicherung betreffend die Leistungen der vom Bund anerkannten Krankenkassen und Rückversicherungsverbände;

d. die Verordnung IV vom 15. Januar 1965[355] über die Krankenversicherung betreffend die Anerkennung kantonaler Befähigungsausweise der Chiropraktoren für die Krankenversicherung;

e. die Verordnung V vom 2. Februar 1965[356] über die Krankenversicherung betreffend die Anerkennung von Krankenkassen und Rückversicherungsverbänden sowie ihre finanzielle Sicherheit;

f. die Verordnung VI vom 11. März 1966[357] über die Krankenversicherung betreffend die Zulassung von medizinischen Hilfspersonen zur Betätigung für die Krankenversicherung;

g. die Verordnung VII vom 29. März 1966[358] über die Krankenversicherung betreffend die Zulassung von Laboratorien zur Betätigung für die Krankenversicherung;

h. die Verordnung VIII vom 30. Oktober 1968[359] über die Krankenversicherung betreffend die Auswahl von Arzneimitteln und Analysen;

352 [AS **1964** 1289, **1974** 978, **1986** 685, **1990** 1675, **1991** 609 2547, **1992** 1738 Art. 18]
353 [AS **1965** 31, **1984** 1481, **1990** 1674, **1991** 606 2546]
354 [AS **1965** 41, **1968** 43 Ziff. V 1068, **1969** 1126 Ziff. II, **1974** 978 Ziff. II, **1983** 38 Art. 142, **1984** 1485, **1986** 85]
355 [AS **1965** 55]
356 [AS **1965** 90, **1969** 77 Ziff. II Bst. B Ziff. 3 1220, **1970** 1644, **1984** 1479, **1986** 80 1706, **1990** 21 2039, **1991** 370 Anhang Ziff. 18]
357 [AS **1966** 499, **1971** 1185]
358 [AS **1966** 570]
359 [AS **1968** 1318, **1982** 2178, **1984** 1486, **1986** 89, **1988** 1563]

   i   die Verordnung vom 22. November 1989[360] über den Betrieb anderer Versicherungsarten durch anerkannte Krankenkassen.

2. Die Verordnung vom 17. Januar 1961[361] über die Invalidenversicherung wird wie folgt geändert:

Art. 76 Abs. 1 Bst. h

...

Art. 88ter

...

Art. 88quater

...

Art. 88quinquies

...

3. Die Verordnung vom 15. Januar 1971[362] über die Ergänzungsleistungen zur Alters-, Hinterlassenen- und Invalidenversicherung wird wie folgt geändert:

Art. 19

...

4. Die Verordnung vom 20. Dezember 1982[363] über die Unfallversicherung wird wie folgt geändert:

Art. 18 Abs. 1

...

---

360   [AS **1989** 2430]
361   SR **831.201**. Die nachstehend aufgeführten Änd. sind in der genannten V eingefügt.
362   SR **831.301**. Die nachstehend aufgeführten Änd. sind in der genannten V eingefügt.
363   SR **832.202**. Die nachstehend aufgeführten Änd. sind in der genannten V eingefügt.

Art. 69

...

Art. 71 Abs. 2

...

Art. 90 Abs. 2 Bst. c

...

Art. 104 Abs. 2, zweiter Satz

Aufgehoben

Art. 129

...

Art. 142

Aufgehoben

5. Die Verordnung vom 10. November 1993[364] über die Militär-versicherung wird wie folgt geändert:

Art. 12

...

Art. 14 Abs. 2

...

364 SR **833.11**. Die nachstehend aufgeführten Änd. sind in der genannten V eingefügt.

6. Die Schadenversicherungsverordnung vom 8. September 1993[365] **wird wie folgt geändert:**

Art. 26 Abs. 2 Bst. a

...

7. Die Aufsichtsverordnung vom 11. September 1931[366] **wird wie folgt geändert:**

Art. 53 Abs. 3 ...

...

Art. 54 Abs. 2 ...

8. Die Beamtenordnung 1 vom 10. November 1959[367] **wird wie folgt geändert:**

Art. 63

Aufgehoben

9. Die Beamtenordnung 2 vom 15. März 1993[368] **wird wie folgt geändert:**

Art. 78

Aufgehoben

---

365 [AS **1993** 2620, **1995** 5690, **1998** 84 Anhang Ziff. 3, **2001** 1286 Ziff. II, **2003** 4999, **2005** 2389. AS **2005** 5305 Art. 217 Ziff. 10]
366 [BS **10** 311; AS **1979** 1588, **1986** 2529, **1988** 116, **1990** 787, **1992** 2415, **1993** 2614 3219, **1995** 3867 Anhang Ziff. 7, **1996** 2243 Ziff. I 38, **1998** 84 Anhang Ziff. 1, **1999** 3671. AS **2005** 5305 Art. 217 Ziff. 3]
367 [AS **1959** 1103, **1962** 279 1229, **1964** 595, **1968** 111 1655, **1971** 70, **1973** 133, **1974** 1, **1976** 2699, **1977** 1413, **1979** 1287, **1982** 938, **1984** 394, **1986** 193 2091, **1987** 941, **1988** 7, **1989** 8 1217, **1990** 102 1736, **1991** 1075 1078 1145 1380 1642, **1992** 3, **1993** 820 Anhang Ziff. 1 1565 Art. 13 Abs. 1 2812, **1994** 2 269 364, **1995** 3 5067, **1997** 230 299, **1998** 726, **2000** 419 Anhang Ziff. I 2953. AS **2001** Anhang Ziff. I 2]
368 [AS **1993** 1098, **1994** 273, **1995** 5 5079, **1997** 232 301, **1998** 728, **1999** 2, **2000** 947 2954, **2001** 917 Art. 3 Abs. 2. AS **2001** 3292 Art. 3]

**10. Die Angestelltenordnung vom 10. November 1959[369]
wird wie folgt geändert:**

Gliederungstitel vor Artikel 72

...

Art. 72 Abs. 6

Aufgehoben

---

369 [AS **1959** 1181, **1962** 289 1237, **1968** 130 1674, **1971** 101, **1972** 192, **1973** 157, **1976**
2713, **1977** 1421, **1979** 1290, **1982** 49 945 1111, **1984** 406 743, **1986** 197 2097, **1987**
974, **1988** 31, **1989** 30 1223 1498, **1990** 105, **1991** 1087 1090 1148 1397 1642, **1992** 6,
1993 820 Anhang Ziff. 2 1565 Art. 13 Abs. 3 2819 2936, **1994** 6 279 366, **1995** 9 5099,
1997 237 305 804, **1998** 732, **2000** 457 Anhang 2958. AS **2001** 2197 Anhang Ziff. I 4]

Anhang 2

Verordnung des EDI über Leistungen in der obligatorischen Krankenpflegeversicherung[1]

832.112.31

(Krankenpflege-Leistungsverordnung, KLV)

vom 29. September 1995 (Stand am 1. Januar 2010)

Das Eidgenössische Departement des Innern,

gestützt auf die Artikel 33, 36 Absatz 1, 54 Absätze 2–4, 59a, 62, 65 Absatz 3, 71 Absatz 4, 75, 77 Absatz 4 sowie 105 Absatz [1bis] der Verordnung vom 27. Juni 1995[2] über die Krankenversicherung (KVV),[3]

verordnet:

1. Titel: Leistungen

1. Kapitel:
Ärztliche, chiropraktische und pharmazeutische Leistungen[4]

1. Abschnitt: Vergütungspflicht

Art. 1[5]

Der Anhang 1 bezeichnet diejenigen Leistungen, die nach Artikel 33 Buchstaben a und c KVV von der Leistungs- und Grundsatzkommission geprüft wurden und deren Kosten von der obligatorischen Krankenpflegeversicherung (Versicherung):

AS **1995** 4964

1 Fassung gemäss Ziff. I der V des EDI vom 7. Okt. 2002, in Kraft seit 1. Jan. 2003 (AS **2002** 3670).
2 SR **832.102**
3 Fassung gemäss Ziff. I der V des EDI vom 26. Juni 2008, in Kraft seit 1. Aug. 2008 (AS **2008** 3553).
4 Fassung gemäss Ziff. I der V des EDI vom 27. Nov. 2000, in Kraft seit 1. Jan. 2001 (AS **2000** 3088).
5 Fassung gemäss Ziff. I der V des EDI vom 10. Dez. 2008, in Kraft seit 1. Jan. 2009 (AS **2008** 6493).

a. übernommen werden;

b. nur unter bestimmten Voraussetzungen übernommen werden;

c. nicht übernommen werden.

2. Abschnitt: Ärztliche Psychotherapie

Art. 2[6]   Grundsatz

[1] Die Versicherung übernimmt die Kosten für Leistungen der ärztlichen Psychotherapie nach Methoden, deren Wirksamkeit wissenschaftlich belegt ist.

[2] Psychotherapie ist eine Form der Therapie, die:

a. psychische und psychosomatische Erkrankungen betrifft;

b. ein definiertes therapeutisches Ziel anstrebt;

c. vorwiegend auf der sprachlichen Kommunikation beruht, aber eine unterstützende medikamentöse Therapie nicht ausschliesst;

d. auf einer Theorie des normalen und pathologischen Erlebens und Verhaltens sowie einer ätiologisch orientierten Diagnostik aufbaut;

e. die systematische Reflexion und die kontinuierliche Gestaltung der therapeutischen Beziehung beinhaltet;

f. sich durch ein Arbeitsbündnis und durch regelmässige und vorausgeplante Therapiesitzungen auszeichnet; und

g. als Einzel-, Paar-, Familien- oder Gruppentherapie durchgeführt wird.

Art. 3[7]   Kostenübernahme

Die Versicherung übernimmt die Kosten für höchstens 40 Abklärungs- und Therapiesitzungen. Artikel 3b bleibt vorbehalten.

Art. 3a[8]

---

6   Fassung gemäss Ziff. I der V des EDI vom 5. Juni 2009, in Kraft seit 1. Juli 2009 (AS **2009** 2821).

7   Fassung gemäss Ziff. I der V des EDI vom 5. Juni 2009, in Kraft seit 1. Juli 2009 (AS **2009** 2821).

8   Eingefügt durch Ziff. I der V des EDI vom 3. Juli 2006 (AS **2006** 2957). Aufgehoben durch Ziff. I der V des EDI vom 5. Juni 2009, mit Wirkung seit 1. Juli 2009 (AS **2009** 2821).

Art. 3b[9] Verfahren zur Kostenübernahme bei Fortsetzung der Therapie nach 40 Sitzungen

[1] Soll die Psychotherapie nach 40 Sitzungen zu Lasten der Versicherung fortgesetzt werden, so hat der behandelnde Arzt oder die behandelnde Ärztin dem Vertrauensarzt oder der Vertrauensärztin rechtzeitig zu berichten. Der Bericht muss enthalten:

   a. Art der Erkrankung;

   b. Art, Setting, Verlauf und Ergebnisse der bisherigen Behandlung;

   c. einen Vorschlag über die Fortsetzung der Therapie unter Angabe von Ziel, Zweck, Setting und voraussichtlicher Dauer.

[2] Der Bericht darf nur Angaben enthalten, die zur Beurteilung der Leistungspflicht des Versicherers nötig sind.

[3] Der Vertrauensarzt oder die Vertrauensärztin prüft den Vorschlag und beantragt, ob und für welche Dauer bis zum nächsten Bericht die Psychotherapie zu Lasten der Krankenversicherung fortgesetzt werden kann.

[4] Der Versicherer teilt der versicherten Person mit Kopie an den behandelnden Arzt oder die behandelnde Ärztin innerhalb von 15 Arbeitstagen nach Eingang des Berichts beim Vertrauensarzt oder der Vertrauensärztin mit, ob und für welche Dauer die Kosten für die Psychotherapie weiter übernommen werden.

Art. 3c und 3d[10]

3. Abschnitt:
Von Chiropraktoren und Chiropraktorinnen verordnete Leistungen

Art. 4

Die Versicherung übernimmt die Kosten der folgenden von Chiropraktoren und Chiropraktorinnen verordneten Analysen, Arzneimittel, der Untersu-

---

9 Eingefügt durch Ziff. I der V des EDI vom 3. Juli 2006 (AS **2006** 2957). Fassung gemäss Ziff. I der V des EDI vom 5. Juni 2009, in Kraft seit 1. Juli 2009 (AS **2009** 2821).

10 Eingefügt durch Ziff. I der V des EDI vom 3. Juli 2006 (AS **2006** 2957). Aufgehoben durch Ziff. I der V des EDI vom 5. Juni 2009, mit Wirkung seit 1. Juli 2009 (AS **2009** 2821).

chung oder Behandlung dienenden Mittel und Gegenstände sowie bildgebenden Verfahren:[11]

a.[12] Analysen: die Analysen sind gestützt auf Artikel 62 Absatz 1 Buchstabe b KVV in der Analysenliste separat bezeichnet;

b. Arzneimittel:

pharmazeutische Spezialitäten der therapeutischen Gruppen 01.01.
Analgetica und 07.10. Arthritis und rheumatische Krankheiten der
Spezialitätenliste, soweit die zuständige schweizerische Prüfstelle
für diese Spezialitäten als Verkaufsart eine Abgabe durch Apotheken ohne ärztliches Rezept (C) oder eine Abgabe durch Apotheken
und Drogerien (D) bestimmt hat;

c. Mittel und Gegenstände:

1. Produkte der Gruppe 05.12.01. Halskragen der Liste der Mittel
und Gegenstände,

2. Produkte der Gruppe 34. Verbandmaterial der Liste der Mittel
und Gegenstände für die Anwendung an der Wirbelsäule;

d.[13] Bildgebende Verfahren:

1. Röntgen des Skelettes,

2. Computertomographie (CT) des Skelettes,

3. Magnetische Kernresonanz (MRI) des Achsenskelettes,

4. Szintigrafie des Skelettes.

Änderungen per 01.01.2011 (AS 2009 3527; AS 2009 6849)

Art. 4   Einleitungssatz und Bst. e

*Die Versicherung übernimmt die Kosten der folgenden von Chiropraktoren
und Chiropraktorinnen verordneten Analysen, Arzneimittel, der Untersuchung oder Behandlung dienenden Mittel und Gegenstände, bildgebenden
Verfahren sowie physiotherapeutischen Leistungen:*
e. physiotherapeutische Leistungen nach Artikel 5.

---

11 Fassung gemäss Ziff. I der V des EDI vom 10. Juli 2000, in Kraft seit 1. Jan. 2001 (AS
    2000 2546).
12 Fassung gemäss Ziff. I der V des EDI vom 17. Nov. 2003, in Kraft seit 1. Jan. 2004 (AS
    2003 5283).
13 Eingefügt durch Ziff. I der V des EDI vom 10. Juli 2000 (AS **2000** 2546). Fassung
    gemäss Ziff. I der V des EDI vom 9. Dez. 2002 (AS **2002** 4253).

4. Abschnitt:[14] *Pharmazeutische Leistungen*

Art. 4*a*

[1] Die Versicherung übernimmt die Kosten folgender Leistungen der Apothekerinnen und Apotheker:

a. Beratung beim Ausführen einer ärztlichen Verordnung, die mindestens ein Arzneimittel der Spezialitätenliste enthält;

b. Ausführung einer ärztlichen Verordnung ausserhalb der ortsüblichen Geschäftszeiten, wenn ein Notfall vorliegt;

c. Ersatz eines ärztlich verordneten Originalpräparates oder eines Generikums durch ein preisgünstigeres Generikum;

d. ärztlich angeordnete Betreuung bei der Einnahme eines Arzneimittels.

[2] Die Versicherung kann die Kosten von weitergehenden kostendämpfenden Leistungen zugunsten einer Gruppe von Versicherten im Rahmen eines Tarifvertrages übernehmen.

2. Kapitel:
Auf Anordnung oder im Auftrag eines Arztes oder einer Ärztin erbrachte Leistungen

1. Abschnitt: Physiotherapie

Art. 5

[1] Die Kosten folgender Leistungen werden übernommen, wenn sie auf ärztliche Anordnung hin von Physiotherapeuten und Physiotherapeutinnen im Sinne der Artikel 46 und 47 KVV oder von Organisationen im Sinne von Artikel 52*a* KVV und im Rahmen der Behandlung von Krankheiten des muskuloskelettalen oder neurologischen Systems oder der Systeme der inneren Organe und Gefässe, soweit diese der Physiotherapie zugänglich sind, erbracht werden:[15]

a. Massnahmen der physiotherapeutischen Untersuchung und der Abklärung;

---

14   Eingefügt durch Ziff. I der V des EDI vom 27. Nov. 2000, in Kraft seit 1. Jan. 2001 (AS **2000** 3088).
15   Fassung gemäss Ziff. I der V des EDI vom 27. Okt. 2009, in Kraft seit 1. Jan. 2010 (AS **2009** 6083).

b. Massnahmen der Behandlung, Beratung und Instruktion:

   1. aktive und passive Bewegungstherapie,

   2. manuelle Therapie,

   3. detonisierende Physiotherapie,

   4. Atemphysiotherapie (inkl. Aerosolinhalationen),

   5. medizinische Trainingstherapie,

   6. lymphologische Physiotherapie,

   7. Bewegungstherapie im Wasser,

   8. Physiotherapie auf dem Pferd bei multipler Sklerose,

   9. Herz-Kreislauf-Physiotherapie,

   10. [16]Beckenboden-Physiotherapie;

c. Physikalische Massnahmen:

   1. Wärme- und Kältetherapie,

   2. Elektrotherapie,

   3. Lichttherapie (Ultraviolett, Infrarot, Rotlicht)

   4. Ultraschall,

   5. Hydrotherapie,

   6. Muskel- und Bindegewebsmassage.[17]

[1bis] Massnahmen nach Absatz 1 Buchstaben b Ziffern 1, 3–5, 7 und 9 können in Einzel- oder Gruppentherapie durchgeführt werden.[18]

[1ter] Die medizinische Trainingstherapie beginnt mit einer Einführung in das Training an Geräten und ist maximal drei Monate nach der Einführung abgeschlossen. Der medizinischen Trainingstherapie geht eine physiotherapeutische Einzelbehandlung voran.[19]

16   Fassung gemäss Ziff. I der V des EDI vom 27. Okt. 2009, in Kraft seit 1. Jan. 2010 (AS **2009** 6083).

17   Fassung gemäss Ziff. I der V des EDI vom 5. Juni 2009, in Kraft seit 1. Juli 2009 (AS **2009** 2821).

18   Eingefügt durch Ziff. I der V des EDI vom 5. Juni 2009, in Kraft seit 1. Juli 2009 (AS **2009** 2821).

19   Eingefügt durch Ziff. I der V des EDI vom 5. Juni 2009, in Kraft seit 1. Juli 2009 (AS **2009** 2821).

[2] Die Versicherung übernimmt je ärztliche Anordnung die Kosten von höchstens neun Sitzungen, wobei die erste Behandlung innert fünf Wochen seit der ärztlichen Anordnung durchgeführt werden muss.[20]

[3] Für die Übernahme von weiteren Sitzungen ist eine neue ärztliche Anordnung erforderlich.

[4] Soll die Physiotherapie nach einer Behandlung, die 36 Sitzungen entspricht, zu Lasten der Versicherung fortgesetzt werden, so hat der behandelnde Arzt oder die behandelnde Ärztin dem Vertrauensarzt oder der Vertrauensärztin zu berichten und einen begründeten Vorschlag über die Fortsetzung der Therapie zu unterbreiten. Der Vertrauensarzt oder die Vertrauensärztin prüft den Vorschlag und beantragt, ob, in welchem Umfang und für welche Zeitdauer bis zum nächsten Bericht die Physiotherapie zu Lasten der Krankenversicherung fortgesetzt werden kann.[21]

[5] Bei Versicherten, welche bis zum vollendeten 20. Altersjahr Anspruch auf Leistungen nach Artikel 13 des Bundesgesetzes vom 19. Juni 1959[22] über die Invalidenversicherung haben, richtet sich die Kostenübernahme für die Fortsetzung einer bereits begonnenen Physiotherapie nach dem vollendeten 20. Altersjahr nach Absatz 4.[23]

2. Abschnitt: Ergotherapie

Art. 6

[1] Die Versicherung übernimmt die Kosten der Leistungen, die auf ärztliche Anordnung hin von Ergotherapeuten und Ergotherapeutinnen sowie von Organisationen der Ergotherapie im Sinne der Artikel 46, 48 und 52 KVV erbracht werden, soweit sie:

    a. der versicherten Person bei somatischen Erkrankungen durch Verbesserung der körperlichen Funktionen zur Selbständigkeit in den alltäglichen Lebensverrichtungen verhelfen oder

---

20   Fassung gemäss Ziff. I der V des EDI vom 5. Juni 2009, in Kraft seit 1. Juli 2009 (AS **2009** 2821).
21   Eingefügt durch Ziff. I des EDI vom 9. Dez. 2002 (AS **2002** 4253). Fassung gemäss Ziff. I der V des EDI vom 10. Dez. 2008, in Kraft seit 1. Jan. 2009 (AS **2008** 6493).
22   SR **831.20**
23   Eingefügt durch Ziff. I der V des EDI vom 10. Dez. 2008 (AS **2008** 6493). Fassung gemäss Ziff. I der V des EDI vom 5. Juni 2009, in Kraft seit 1. Juli 2009 (AS **2009** 2821).

b.[24] im Rahmen einer psychiatrischen Behandlung durchgeführt werden.

[2] Die Versicherung übernimmt je ärztliche Anordnung die Kosten von höchstens neun Sitzungen, wobei die erste Behandlung innert acht Wochen seit der ärztlichen Anordnung durchgeführt werden muss.[25]

[3] Für die Übernahme von weiteren Sitzungen ist eine neue ärztliche Anordnung erforderlich.

[4] Soll die Ergotherapie nach einer Behandlung, die 36 Sitzungen entspricht, zu Lasten der Versicherung fortgesetzt werden, so hat der behandelnde Arzt oder die behandelnde Ärztin dem Vertrauensarzt oder der Vertrauensärztin zu berichten und einen begründeten Vorschlag über die Fortsetzung der Therapie zu unterbreiten. Der Vertrauensarzt oder die Vertrauensärztin prüft den Vorschlag und beantragt, ob, in welchem Umfang und für welche Zeitdauer bis zum nächsten Bericht die Ergotherapie zu Lasten der Krankenversicherung fortgesetzt werden kann.[26]

[5] Bei Versicherten, welche bis zum vollendeten 20. Altersjahr Anspruch auf Leistungen nach Artikel 13 des Bundesgesetzes vom 19. Juni 1959[27] über die Invalidenversicherung haben, richtet sich die Kostenübernahme für die Fortsetzung einer bereits begonnenen Ergotherapie nach dem vollendeten 20. Altersjahr nach Absatz 4.[28]

3. Abschnitt:
Krankenpflege zu Hause, ambulant oder im Pflegeheim

Art. 7   Umschreibung des Leistungsbereichs

[1] Die Versicherung übernimmt die Kosten der Untersuchungen, Behandlungen und Pflegemassnahmen (Leistungen), die aufgrund der Bedarfsabklärung (Art. 7 Abs. 2 und 8a) auf ärztliche Anordnung hin oder im ärztlichen Auftrag erbracht werden:[29]

---

24 Fassung gemäss Ziff. I der V des EDI vom 13. Dez. 1996 (AS **1997** 564).
25 Fassung gemäss Ziff. I der V des EDI vom 5. Juni 2009, in Kraft seit 1. Juli 2009 (AS **2009** 2821).
26 Eingefügt durch Ziff. I des EDI vom 9. Dez. 2002 (AS **2002** 4253). Fassung gemäss Ziff. I der V des EDI vom 10. Dez. 2008, in Kraft seit 1. Jan. 2009 (AS **2008** 6493).
27 SR **831.20**
28 Eingefügt durch Ziff. I der V des EDI vom 10. Dez. 2008 (AS **2008** 6493). Fassung gemäss Ziff. I der V des EDI vom 5. Juni 2009, in Kraft seit 1. Juli 2009 (AS **2009** 2821).
29 Fassung gemäss Ziff. I der V des EDI vom 3. Juli 1997, in Kraft seit 1. Jan. 1998 (AS **1997** 2039).

a.[30] von Pflegefachfrauen und Pflegefachmännern (Art. 49 KVV);

b.   von Organisationen der Krankenpflege und Hilfe zu Hause (Art. 51 KVV);

c.   von Pflegeheimen (Art. 39 Abs. 3 des Krankenversicherungsgesetzes vom 18. März 1994[31], KVG).

[2] Leistungen im Sinne von Absatz 1 sind:

a.[32] Massnahmen der Abklärung und der Beratung:

1.   Abklärung des Pflegebedarfs und des Umfeldes des Patienten oder der Patientin und Planung der notwendigen Massnahmen zusammen mit dem Arzt oder der Ärztin und dem Patienten oder der Patientin,

2.   Beratung des Patienten oder der Patientin sowie gegebenenfalls der nichtberuflich an der Krankenpflege Mitwirkenden bei der Durchführung der Krankenpflege, insbesondere im Umgang mit Krankheitssymptomen, bei der Einnahme von Medikamenten oder beim Gebrauch medizinischer Geräte, und Vornahme der notwendigen Kontrollen;

b.   Massnahmen der Untersuchung und der Behandlung:

1.   Messung der Vitalzeichen (Puls, Blutdruck, Temperatur, Atem, Gewicht),

2.   einfache Bestimmung des Zuckers in Blut und Urin,

3.   Entnahme von Untersuchungsmaterial zu Laborzwecken,

4.   Massnahmen zur Atemtherapie (wie O^2-Verabreichung, Inhalation, einfache Atemübungen, Absaugen),

5.   Einführen von Sonden oder Kathetern und die damit verbundenen pflegerischen Massnahmen,

6.   Massnahmen bei Hämo- oder Peritonealdialyse,

7.   Verabreichung von Medikamenten, insbesondere durch Injektion oder Infusion,

8.   enterale oder parenterale Verabreichung von Nährlösungen,

9.   Massnahmen zur Überwachung von Infusionen, Transfusionen und Geräten, die der Behandlung oder der Kontrolle und Erhaltung von vitalen Funktionen dienen,

---

30   Fassung gemäss Ziff. I der V des EDI vom 30. Nov. 2004, in Kraft seit 1. Jan. 2005 (AS **2004** 5401).

10. Spülen, Reinigen und Versorgen von Wunden (inkl. Dekubitus- und Ulcus-cruris-Pflege) und von Körperhöhlen (inkl. Stoma- und Tracheostomiepflege) sowie Fusspflege bei Diabetikern,

11. pflegerische Massnahmen bei Störungen der Blasen- oder Darmentleerung, inkl. Rehabilitationsgymnastik bei Inkontinenz,

12. Hilfe bei Medizinal-Teil- oder -Vollbädern; Anwendung von Wickeln, Packungen und Fangopackungen,

13.[33] pflegerische Massnahmen zur Umsetzung der ärztlichen Therapie im Alltag, wie Einüben von Bewältigungsstrategien und Anleitung im Umgang mit Aggression, Angst, Wahnvorstellungen,

14.[34] Unterstützung für psychisch kranke Personen in Krisensituationen, insbesondere zur Vermeidung von akuter Selbst- oder Fremdgefährdung;

c. Massnahmen der Grundpflege:

1. Allgemeine Grundpflege bei Patienten oder Patientinnen, welche die Tätigkeiten nicht selber ausführen können, wie Beine einbinden, Kompressionsstrümpfe anlegen; Betten, Lagern; Bewegungsübungen, Mobilisieren; Dekubitusprophylaxe, Massnahmen zur Verhütung oder Behebung von behandlungsbedingten Schädigungen der Haut; Hilfe bei der Mund- und Körperpflege, beim An- und Auskleiden, beim Essen und Trinken,

2.[35] Massnahmen zur Überwachung und Unterstützung psychisch kranker Personen in der grundlegenden Alltagsbewältigung, wie: Erarbeitung und Einübung einer angepassten Tagesstruktur, zielgerichtetes Training zur Gestaltung und Förderung sozialer Kontakte, Unterstützung beim Einsatz von Orientierungshilfen und Sicherheitsmassnahmen.

[2bis] Die Abklärung, ob Massnahmen nach Buchstabe b Ziffern 13 und 14 und Buchstabe c Ziffer 2 durchgeführt werden sollen, muss von einer Pflegefachfrau oder einem Pflegefachmann (Art. 49 KVV) vorgenommen werden, die

---

31 SR **832.10**
32 Fassung gemäss Ziff. I der V des EDI vom 20. Dez. 2006 (AS **2006** 5769).
33 Eingefügt durch Ziff. I der V des EDI vom 20. Dez. 2006 (AS **2006** 5769).
34 Eingefügt durch Ziff. I der V des EDI vom 20. Dez. 2006 (AS **2006** 5769).
35 Fassung gemäss Ziff. I der V des EDI vom 20. Dez. 2006 (AS **2006** 5769).

oder der eine zweijährige praktische Tätigkeit in der Fachrichtung Psychiatrie nachweisen kann.[36]

[3] Allgemeine Infrastruktur- und Betriebskosten der Leistungserbringer werden bei der Ermittlung der Kosten der Leistungen nicht angerechnet.[37]

Änderungen per 01.01.2011 (AS 2009 3527; AS 2009 6849; Neuordnung der Pflegefinanzierung)

3. Abschnitt: Krankenpflege ambulant oder im Pflegeheim

Art. 7 Abs. 1, 2ter und 3

[1] *Als Leistungen nach Artikel 33 Buchstaben b KVV gelten Untersuchungen, Behandlungen und Pflegemassnahmen, die aufgrund der Bedarfsabklärung nach Absatz 2 Buchstabe a und nach Artikel 8 auf ärztliche Anordnung hin oder im ärztlichen Auftrag erbracht werden:*

a. *von Pflegefachfrauen und Pflegefachmännern (Art. 49 KVV);*

b. *von Organisationen der Krankenpflege und Hilfe zu Hause (Art. 51 KVV);*

c. *von Pflegeheimen (Art. 39 Abs. 3 des Krankenversicherungsgesetzes vom 18. März 1994[2], KVG).*

[2ter] *Die Leistungen können ambulant oder in einem Pflegeheim erbracht werden. Sie können auch ausschliesslich während des Tages oder der Nacht erbracht werden.*

[3] *Als Leistungen der Akut- und Übergangspflege nach Artikel 25a Absatz 2 KVG gelten die Leistungen nach Absatz 2, die aufgrund der Bedarfsabklärung nach Absatz 2 Buchstabe a und Artikel 8 nach einem Spitalaufenthalt auf spitalärztliche Anordnung hin erbracht werden von Personen und Institutionen nach Absatz 1 Buchstaben a–c.*

---

36 Eingefügt durch Ziff. I der V des EDI vom 20. Dez. 2006, in Kraft seit 1. Juli 2007 (AS **2006** 5769).

37 Eingefügt durch Ziff. I der V des EDI vom 3. Juli 1997 (AS **1997** 2039). Fassung gemäss Ziff. I der V des EDI vom 18. Dez. 1997 (AS **1998** 150).

Art. 7a Beiträge

¹ *Die Versicherung übernimmt für Leistungserbringer nach Artikel 7 Absatz 1Buchstaben a und b folgende Beiträge an die Kosten der Leistungen nach Artikel 7Absatz 2 pro Stunde:*

a.	*für Leistungen nach Artikel 7 Absatz 2 Buchstabe a: 79.80 Franken;*

b.	*für Leistungen nach Artikel 7 Absatz 2 Buchstabe b: 65.40 Franken;*

c.	*für Leistungen nach Artikel 7 Absatz 2 Buchstabe c: 54.60 Franken.*

² *Die Vergütung der Beiträge nach Absatz 1 erfolgt in Zeiteinheiten von 5 Minuten.*

Zu vergüten sind mindestens 10 Minuten.

³ *Die Versicherung übernimmt für Leistungserbringer nach Artikel 7 Absatz 1 Buchstabe c folgende Beiträge an die Kosten der Leistungen nach Artikel 7 Absatz 2 pro Tag:*

a.	*bei einem Pflegebedarf bis 20 Minuten: 9.00 Franken;*

b.	*bei einem Pflegebedarf von 21 bis 40 Minuten: 18.00 Franken;*

c.	*bei einem Pflegebedarf von 41 bis 60 Minuten: 27.00 Franken;*

d.	*bei einem Pflegebedarf von 61 bis 80 Minuten: 36.00 Franken;*

e.	*bei einem Pflegebedarf von 81 bis 100 Minuten: 45.00 Franken;*

f.	*bei einem Pflegebedarf von 101 bis 120 Minuten: 54.00 Franken;*

g.	*bei einem Pflegebedarf von 121 bis 140 Minuten: 63.00 Franken;*

h.	*bei einem Pflegebedarf von 141 bis 160 Minuten: 72.00 Franken;*

i.	*bei einem Pflegebedarf von 161 bis 180 Minuten: 81.00 Franken;*

j.	*bei einem Pflegebedarf von 181 bis 200 Minuten: 90.00 Franken;*

k.	*bei einem Pflegebedarf von 201 bis 220 Minuten: 99.00 Franken;*

l.	*bei einem Pflegebedarf von mehr als 220 Minuten: 108.00 Franken.*

⁴ *Die Versicherung übernimmt für Tages- oder Nachtstrukturen nach Artikel 7 Absatz 2ᵗᵉʳ die Beiträge nach Absatz 3 an die Kosten der Leistungen nach Artikel 7 Absatz 2 pro Tag oder Nacht.*

**Art. 7b	Übernahme der Kosten für Leistungen der Akut-
und Übergangspflege**

¹ *Der Wohnkanton und die Versicherer übernehmen die Kosten der Leistungen der Akut- und Übergangspflege anteilsmässig. Der Wohnkanton setzt jeweils*

für das Kalenderjahr spätestens neun Monate vor dessen Beginn den für alle Kantonseinwohner und -einwohnerinnen geltenden kantonalen Anteil fest. Der kantonale Anteil beträgt mindestens 55 Prozent.

² Der Wohnkanton entrichtet seinen Anteil direkt dem Leistungserbringer. Die Modalitäten werden zwischen Leistungserbringer und Wohnkanton vereinbart. Versicherer und Wohnkanton können vereinbaren, dass der Wohnkanton seinen Anteil dem Versicherer leistet und dieser dem Leistungserbringer beide Anteile überweist. Die Rechnungsstellung zwischen Leistungserbringer und Versicherer richtet sich nach Artikel 42 KVG.

Art. 8[38]   Ärztlicher Auftrag, ärztliche Anordnung, Bedarfsabklärung

¹ Der ärztliche Auftrag oder die ärztliche Anordnung von Leistungen der Pflegefachfrauen und Pflegefachmänner oder der Organisationen der Krankenpflege und Hilfe zu Hause ist aufgrund der Bedarfsabklärung und der gemeinsamen Planung der notwendigen Massnahmen näher zu umschreiben.[39]

² Die Bedarfsabklärung umfasst die Beurteilung der Gesamtsituation des Patienten oder der Patientin sowie die Abklärung des Umfeldes und des individuellen Pflege- und Hilfebedarfs.

³ Die Bedarfsabklärung erfolgt aufgrund einheitlicher Kriterien. Ihr Ergebnis wird auf einem Formular festgehalten. Dort ist insbesondere der voraussichtliche Zeitbedarf anzugeben. Die Tarifpartner sorgen für die einheitliche Ausgestaltung des Formulars.

⁴ Die Bedarfsabklärung in Pflegeheimen erfolgt durch die Ermittlung von Pflegebedarfsstufen (Art. 9 Abs. 4). Bestätigt ein Arzt oder eine Ärztin die Einreihung einer versicherten Person in eine Pflegebedarfsstufe, gilt dies als ärztliche Anordnung oder als ärztlicher Auftrag.

⁵ Der Versicherer kann verlangen, dass ihm diejenigen Elemente der Bedarfsabklärung mitgeteilt werden, welche die Leistungen nach Artikel 7 Absatz 2 betreffen.

⁶ Der ärztliche Auftrag oder die ärztliche Anordnung sind zu befristen. Sie können erteilt werden:

    a.   bei Akutkranken für maximal drei Monate;

    b.   bei Langzeitpatienten oder -patientinnen für maximal sechs Monate.

---

38   Fassung gemäss Ziff. I der V des EDI vom 3. Juli 1997, in Kraft seit 1. Jan. 1998 (AS **1997** 2039).
39   Fassung gemäss Ziff. I der V des EDI vom 30. Nov. 2004, in Kraft seit 1. Jan. 2005 (AS **2004** 5401).

[6bis] Bei Personen, die eine Hilflosenentschädigung der Alters- und Hinterlassenenversicherung, der Invalidenversicherung oder der Unfallversicherung wegen mittlerer oder schwerer Hilflosigkeit erhalten, gilt der ärztliche
Auftrag oder die ärztliche Anordnung bezogen auf Leistungen infolge des
die Hilflosigkeit verursachenden Gesundheitszustandes unbefristet. Wird
die Hilflosenentschädigung einer Revision unterzogen, so ist deren Resultat
vom Versicherten dem Versicherer bekannt zu geben. Im Anschluss an eine
derartige Revision ist der ärztliche Auftrag oder die ärztliche Anordnung zu
erneuern.[40]

[7] Der ärztliche Auftrag oder die ärztliche Anordnung können wiederholt werden.

*Änderungen per 01.01.2011 (AS 2009 3527; AS 2009 6849; Neuordnung der
Pflegefinanzierung)*

Art. 8 Abs. 3bis, 4, 6 und 7

[3bis] *Die Bedarfsabklärung der Akut- und Übergangspflege erfolgt aufgrund
einheitlicher Kriterien. Ihr Ergebnis wird auf einem einheitlichen Formular
festgehalten.*

[4] *Die Bedarfsabklärung in Pflegeheimen erfolgt durch die Ermittlung des
Pflegebedarfs (Art. 9 Abs. 2). Der vom Arzt oder von der Ärztin bestimmte
Pflegebedarf gilt als ärztliche Anordnung oder als ärztlicher Auftrag*

[6] *Der Arzt oder die Ärztin kann den Auftrag oder die Anordnung erteilen:*

   a. bei Akutkranken für maximal drei Monate;

   b. bei Langzeitpatienten und -patientinnen für maximal sechs Monate;

   *c. bei Patienten und Patientinnen der Akut- und Übergangspflege für
      maximal zwei Wochen.*

[7] *Aufträge oder Anordnungen nach Absatz 6 Buchstaben a und b können verlängert werden.*

Art. 8a[41]   Kontroll- und Schlichtungsverfahren

[1] Versicherer und Leistungserbringer vereinbaren in den Tarifverträgen gemeinsame Kontroll- und Schlichtungsverfahren bei Krankenpflege zu Hause.

---

40 Eingefügt durch Ziff. I der V des EDI vom 18. Sept. 1997, in Kraft seit 1. Jan. 1998 (AS
    1997 2436).
41 Eingefügt durch Ziff. I der V des EDI vom 3. Juli 1997, in Kraft seit 1. Jan. 1998 (AS
    1997 2039).

² Im vertragslosen Zustand setzt die Kantonsregierung nach Anhören der Beteiligten neben dem Tarif (Art. 47 KVG⁴²) das Verfahren nach Absatz 1 fest.

³ Das Verfahren dient der Überprüfung der Bedarfsabklärung sowie der Kontrolle der Zweckmässigkeit und der Wirtschaftlichkeit der Leistungen. Die ärztlichen Aufträge oder Anordnungen sind zu überprüfen, wenn voraussichtlich mehr als 60 Stunden pro Quartal benötigt werden. Werden voraussichtlich weniger als 60 Stunden pro Quartal benötigt, sind systematische Stichproben durchzuführen.

Änderungen per 01.01.2011 (AS 2009 3527; AS 2009 6849; Neuordnung der Pflegefinanzierung)

Art. 8a Kontroll- und Schlichtungsverfahren

¹ Leistungserbringer nach Artikel 7 Absatz 1 Buchstaben a und b und Versicherer vereinbaren gemeinsame Kontroll- und Schlichtungsverfahren bei ambulanter Krankenpflege.

² Im vertragslosen Zustand setzt die Kantonsregierung nach Anhören der Beteiligten das Verfahren nach Absatz 1 fest.

³ Das Verfahren dient der Überprüfung der Bedarfsabklärung sowie der Kontrolle der Zweckmässigkeit und der Wirtschaftlichkeit der Leistungen. Die ärztlichen Aufträge oder Anordnungen können vom Vertrauensarzt oder von der Vertrauensärztin (Art. 57 KVG) überprüft werden, wenn voraussichtlich mehr als 60 Stunden pro Quartal benötigt werden. Werden voraussichtlich weniger als 60 Stunden pro Quartal benötigt, sind systematische Stichproben durchzuführen.

Art. 9   Abrechnung

¹ Die Leistungen können insbesondere nach Zeit- oder nach Pauschaltarifen (Art. 43 KVG⁴³) in Rechnung gestellt werden.

² Die verschiedenen Tarifarten können kombiniert werden.

³ Für die Leistungen der Pflegefachfrauen und Pflegefachmänner oder der Organisationen der Krankenpflege und Hilfe zu Hause vereinbaren die Ver-

---

42   SR **832.10**
43   SR **832.10**

tragspartner oder setzen die zuständigen Behörden Tarife fest, die nach Art und Schwierigkeit der notwendigen Leistungen abzustufen sind.[44]

[4] Für die Leistungen der Pflegeheime vereinbaren die Vertragspartner oder setzen die zuständigen Behörden Tarife fest, die nach dem Pflegebedarf abzustufen sind (Pflegebedarfsstufen). Es sind mindestens vier Stufen vorzusehen.[45]

Änderungen per 01.01.2011 (AS 2009 3527; AS 2009 6849; Neuordnung der Pflegefinanzierung)

Art. 9   Abrechnung

[1] *Die Leistungen nach Artikel 7 Absatz 2 der Pflegefachfrauen und Pflegefachmänner oder der Organisationen der Krankenpflege und Hilfe zu Hause müssen nach Art der Leistung in Rechnung gestellt werden.*

[2] *Die Leistungen nach Artikel 7 Absatz 2 der Pflegeheime müssen nach dem Pflegebedarf in Rechnung gestellt werden.*

Art. 9a[46]   Kostentransparenz und Tariflimiten

[1] Solange die Leistungserbringer nach Artikel 7 Absatz 1 Buchstaben a und b nicht über mit den Versicherern gemeinsam erarbeitete Kostenberechnungsgrundlagen verfügen, dürfen bei der Tariffestsetzung die folgenden Rahmentarife pro Stunde nicht überschritten werden:

    a. für Leistungen nach Artikel 7 Absatz 2 Buchstabe c in einfachen und stabilen Situationen: 30–48.50 Franken;

    b. für Leistungen nach Artikel 7 Absatz 2 Buchstabe c in instabilen und komplexen Situationen sowie für Leistungen nach Artikel 7 Absatz 2 Buchstabe b: 45–70.00 Franken;

    c. für Leistungen nach Artikel 7 Absatz 2 Buchstabe a: 50–75.00 Franken.[47]

---

44 Fassung gemäss Ziff. I der V des EDI vom 30. Nov. 2004, in Kraft seit 1. Jan. 2005 (AS **2004** 5401).
45 Eingefügt durch Ziff. I der V des EDI vom 3. Juli 1997, in Kraft seit 1. Jan. 1998 (AS **1997** 2039).
46 Eingefügt durch Ziff. I der V des EDI vom 18. Sept. 1997, in Kraft seit 1. Jan. 1998 (AS **1997** 2436).
47 Fassung gemäss Ziff. I der V des EDI vom 21. Nov. 2007, in Kraft seit 1. Jan. 2008 (AS **2007** 6839).

² Solange die Leistungserbringer nach Artikel 7 Absatz 1 Buchstabe c nicht über eine einheitliche Kostenstellenrechnung (Art. 49 Abs. 6 und 50 KVG[48]) verfügen, dürfen bei der Tariffestsetzung die folgenden Rahmentarife pro Tag nicht überschritten werden:

    a. für die erste Pflegebedarfsstufe: 10–20.50 Franken;

    b. für die zweite Pflegebedarfsstufe: 15–41.50 Franken;

    c. für die dritte Pflegebedarfsstufe: 30–67.00 Franken;

    d. für die vierte Pflegebedarfsstufe: 40–82.50 Franken.[49]

³ Artikel 44 KVG ist anwendbar.

Änderungen per 01.01.2011 (AS 2009 3527; AS 2009 6849)

Art. 9a wird aufgehoben.

3*a*. Abschnitt:[50] Ernährungsberatung

Art. 9*b*[51]

¹ Der Ernährungsberater oder die Ernährungsberaterin im Sinne der Artikel 46 und 50*a* KVV berät auf ärztliche Anordnung hin oder in ärztlichem Auftrag Patienten und Patientinnen mit folgenden Krankheiten:[52]

    a.[53] Stoffwechselkrankheiten;

    b. Adipositas (Body-mass-Index von über 30) und Folgeerkrankungen des Übergewichts oder in Kombination mit dem Übergewicht;

    c. Herz-Kreislauf-Erkrankungen;

    d. Krankheiten des Verdauungssystems;

    e. Nierenerkrankungen;

    f. Fehl- sowie Mangelernährungszustände;

---

48 SR **832.10**
49 Fassung gemäss Ziff. I der V des EDI vom 21. Nov. 2007, in Kraft seit 1. Jan. 2008 (AS **2007** 6839).
50 Eingefügt durch Ziff. I der V des EDI vom 13. Dez. 1996, in Kraft seit 1. Juli 1997 (AS **1997** 564).
51 Ursprünglich Art. 9*a*.
52 Fassung gemäss Ziff. I der V des EDI vom 18. Nov. 1998, in Kraft seit 1. Jan. 1999 (AS **1999** 528).
53 Fassung gemäss Ziff. I der V des EDI vom 18. Nov. 1998, in Kraft seit 1. Jan. 1999 (AS **1999** 528).

g. Nahrungsmittelallergien oder allergische Reaktionen auf Nahrungs-
bestandteile.

² Die Krankenversicherung übernimmt höchstens sechs vom behandelnden
Arzt oder der behandelnden Ärztin angeordnete Sitzungen. Bedarf es weiterer Sitzungen, so kann die ärztliche Anordnung wiederholt werden.[54]

³ Soll die Ernährungsberatung nach einer Behandlung, die zwölf Sitzungen
umfasst hat, zu Lasten der Krankenversicherung fortgesetzt werden, so
muss der behandelnde Arzt oder die behandelnde Ärztin einen begründeten
Vorschlag über die Fortsetzung der Therapie an den Vertrauensarzt oder an
die Vertrauensärztin richten.[55] Der Vertrauensarzt oder die Vertrauensärztin
schlägt dem Versicherer vor, ob und in welchem Umfang die Ernährungsberatung zu Lasten der Krankenversicherung fortgesetzt werden soll.

3*b*. Abschnitt:[56] Diabetesberatung

Art. 9*c*

¹ Die Versicherung übernimmt die Kosten der Diabetesberatung, die auf ärztliche Anordnung hin oder im ärztlichen Auftrag erbracht wird:

a. von Pflegefachfrauen und Pflegefachmännern (Art. 49 KVV) mit
einer vom Schweizer Berufsverband der Pflegefachfrauen und Pflegefachmänner (SBK) anerkannten speziellen Ausbildung;

b. von einer nach Artikel 51 KVV zugelassenen Diabetesberatungs-
stelle der Schweizerischen Diabetes-Gesellschaft, die über das diplomierte Fachpersonal mit einer vom Schweizer Berufsverband der
Pflegefachfrauen und Pflegefachmänner (SBK) anerkannten speziellen Ausbildung verfügt.[57]

² Die Diabetes-Beratung umfasst die Beratung über die Zuckerkrankheit (*Diabetes mellitus*) und die Schulung im Umgang mit dieser Krankheit.

³ Die Versicherung übernimmt je ärztliche Anordnung die Kosten von höchstens zehn Sitzungen. Soll die Diabetes-Beratung nach zehn Sitzungen zu

---

54 Fassung gemäss Ziff. I der V des EDI vom 18. Nov. 1998, in Kraft seit 1. Jan. 1999 (AS
1999 528).

55 Fassung gemäss Ziff. I der V des EDI vom 18. Nov. 1998, in Kraft seit 1. Jan. 1999 (AS
1999 528).

56 Eingefügt durch Ziff. I der V des EDI vom 18. Nov. 1998, in Kraft seit 1. Jan. 1999 (AS
1999 528).

57 Fassung gemäss Ziff. I der V des EDI vom 30. Nov. 2004, in Kraft seit 1. Jan. 2005 (AS
2004 5401).

Lasten der Versicherung fortgesetzt werden, so hat der behandelnde Arzt oder die behandelnde Ärztin dem Vertrauensarzt oder der Vertrauensärztin zu berichten und einen begründeten Vorschlag über die Fortsetzung der Therapie zu unterbreiten. Der Vertrauensarzt oder die Vertrauensärztin prüft den Vorschlag und beantragt, ob und in welchem Umfang die Beratung zu Lasten der Krankenversicherung fortgesetzt werden kann.[58]

[4] In den Diabetesberatungsstellen der Schweizerischen Diabetes-Gesellschaft können Ernährungsberater und Ernährungsberaterinnen (Art. 50a KVV) die Leistung nach Artikel 9b Absätze 1 Buchstabe a sowie 2 und 3 erbringen.

4. Abschnitt: Logopädie

Art. 10   Grundsatz

Der Logopäde oder die Logopädin führt auf ärztliche Anordnung hin Behandlungen von Patienten und Patientinnen mit Störungen der Sprache, der Artikulation, der Stimme oder des Redeflusses durch, die zurückzuführen sind auf:

a.   organische Hirnschädigungen mit infektiöser, traumatischer, chirurgisch- postoperativer, toxischer, tumoraler oder vaskulärer Ursache;

b.   phoniatrische Leiden (z. B. partielle oder totale Missbildung der Lippen, des Gaumens und des Kiefers; Störungen der Beweglichkeit der Zunge und der Mundmuskulatur oder des Gaumensegels mit infektiöser, traumatischer oder chirurgisch-postoperativer Ursache; hypokinetische oder hyperkinetische funktionelle Dysphonie; Störungen der Larynxfunktion mit infektiöser, traumatischer oder chirurgisch-postoperativer Ursache).

Art. 11   Voraussetzungen

[1] Die Versicherung übernimmt je ärztliche Anordnung die Kosten von höchstens zwölf Sitzungen der logopädischen Therapie in einem Zeitraum von längstens drei Monaten seit der ärztlichen Anordnung.

[2] Für die Übernahme von weiteren Sitzungen ist eine neue ärztliche Anordnung erforderlich.

[3] Soll die logopädische Therapie nach einer Behandlung, die 60 einstündigen Sitzungen innert einem Jahr entspricht, zu Lasten der Versicherung fortge-

---

58   Fassung gemäss Ziff. I des EDI vom 9. Dez. 2002 (AS **2002** 4253).

setzt werden, hat der behandelnde Arzt oder die behandelnde Ärztin dem Vertrauensarzt oder der Vertrauensärztin zu berichten und einen begründeten Vorschlag über die Fortsetzung der Therapie zu unterbreiten. Der Vertrauensarzt oder die Vertrauensärztin prüft den Vorschlag und beantragt, ob und in welchem Umfang die logopädische Therapie zu Lasten der Krankenversicherung fortgesetzt werden kann.

⁴ Der behandelnde Arzt oder die behandelnde Ärztin hat dem Vertrauensarzt oder der Vertrauensärztin wenigstens einmal jährlich über den Verlauf und die weitere Indikation der Therapie zu berichten.

⁵ Die Berichte an den Vertrauensarzt oder die Vertrauensärztin nach den Absätzen 3 und 4 dürfen nur Angaben enthalten, welche zur Beurteilung der Leistungspflicht des Versicherers nötig sind.

3. Kapitel: Massnahmen der Prävention

Art. 12[59]   Grundsatz

Die Versicherung übernimmt die Kosten für folgende Massnahmen der medizinischen Prävention (Art. 26 KVG[60]):

- a. prophylaktische Impfungen (Art. 12*a*);
- b. Massnahmen zur Prophylaxe von Krankheiten (Art. 12*b*);
- c. Untersuchungen des allgemeinen Gesundheitszustandes (Art. 12*c*);
- d. Massnahmen zur frühzeitigen Erkennung von Krankheiten bei bestimmten Risikogruppen (Art. 12*d*);
- e. Massnahmen zur frühzeitigen Erkennung von Krankheiten in der allgemeinen Bevölkerung, einschliesslich Massnahmen, die sich an alle Personen einer bestimmten Altersgruppe oder an alle Männer oder alle Frauen richten (Art. 12*e*).

Art. 12*a*[61]   Prophylaktische Impfungen

Die Versicherung übernimmt die Kosten für folgende prophylaktische Impfungen unter folgenden Voraussetzungen:

---

59 Fassung gemäss Ziff. I der V des EDI vom 21. Nov. 2007, in Kraft seit 1. Jan. 2008 (AS **2007** 6839).
60 SR **832.10**
61 Eingefügt durch Ziff. I der V des EDI vom 21. Nov. 2007 (AS **2007** 6839). Fassung gemäss Ziff. I der V des EDI vom 5. Juni 2009, in Kraft seit 1. Juli 2009 (AS **2009** 2821).

Massnahme	Voraussetzung
a. Impfung und Booster gegen Diphtherie, Tetanus, Pertussis, Poliomyelitis; Impfung gegen Masern, Mumps und Röteln	Bei Kindern und Jugendlichen bis zum Alter von 16 Jahren sowie bei nicht immunen Erwachsenen, gemäss dem «Schweizerischen Impfplan 2009» des Bundesamts für Gesundheit (BAG) und der Eidgenössischen Kommission für Impffragen (EKIF).
b. Booster-Impfung gegen Tetanus und Diphtherie	Bei Personen über 16 Jahren gemäss dem «Schweizerischen Impfplan 2009» des BAG und der EKIF.
c.[62] Haemophilus-Influenzae-Impfung	Bei Kleinkindern bis zum Alter von fünf Jahren gemäss dem «Schweizerischen Impfplan 2009» des BAG und der EKIF.
d. Impfung gegen Influenza	1. Jährliche Impfung bei Personen mit einer Grunderkrankung, bei denen eine Grippe zu schweren Komplikationen führen kann (gemäss den Empfehlungen zur Grippeprävention des BAG, der Arbeitsgruppe Influenza und der EKIF, Stand August 2000; Supplementum XIII, BAG 2000), und bei über 65-jährigen Personen.
	2. Während einer InfluenzaPandemiebedrohung oder einer Influenza-Pandemie bei denjenigen Personen, bei denen das BAG eine Impfung empfiehlt (gemäss Art. 12 der Influenza-Pandemieverordnung vom 27. April 2005[63]).
	Auf dieser Leistung wird keine Franchise erhoben. Für die Impfung inklusive Impfstoff wird eine pauschale Vergütung vereinbart.

---

62   Fassung gemäss Ziff. I der V des EDI vom 27. Okt. 2009, in Kraft seit 1. Jan. 2010 (AS **2009** 6083).
63   SR **818.101.23**

Massnahme	Voraussetzung
e. Hepatitis-B-Impfung	1. Bei Neugeborenen HBs-Ag-positiver Mütter und bei Personen, die einer Ansteckungsgefahr ausgesetzt sind. Bei beruflicher Indikation erfolgt keine Kostenübernahme durch die Versicherung. 2. Impfung nach den Empfehlungen des BAG und der EKIF von 1997 (Beilage zum Bulletin des BAG 5/98 und Ergänzung des Bulletins 36/98) und gemäss dem «Schweizerischen Impfplan 2009» des BAG und der EKIF.
f. Passive Impfung mit Hepatitis B- Immunglobulin	Bei Neugeborenen HBs-Ag-positiver Mütter.
g. Pneumokokken-Impfung	1. Mit Polysaccharid-Impfstoff: Erwachsene ab 65 Jahren sowie Erwachsene und Kinder ab zwei Jahren mit schweren chronischen Krankheiten, Immunsuppression, Diabetes mellitus, zerebraler Liquorfistel, funktioneller oder anatomischer Splenektomie, *Cochlea*Implantat oder Schädel-BasisMissbildung oder vor einer Splenektomie oder dem Einlegen eines Cochleaimplantats, gemäss dem «Schweizerischen Impfplan 2009» des BAG und der EKIF. 2. Mit Konjugat-Impfstoff: Kinder unter zwei Jahren und Kinder mit chronischer Vorerkrankung unter fünf Jahren gemäss dem «Schweizerischen Impfplan 2009» des BAG und der EKIF.
h. Meningokokken-Impfung	Gemäss dem «Schweizerischen Impfplan 2009» des BAG und der EKIF.

Massnahme	Voraussetzung
i. Impfung gegen Tuberkulose	Mit BCG-Impfstoff gemäss den Richtlinien der schweizerischen Vereinigung gegen Tuberkulose und Lungenkrankheiten (SVTL) und des BAG von 1996 (Bulletin des BAG 16/1996).
j.[64] Impfung gegen Frühsommer-Meningoenzephalitis (FSME)	Gemäss dem «Schweizerischen Impfplan 2009» des BAG und der EKIF. Bei beruflicher Indikation erfolgt keine Kostenübernahme durch die Versicherung.
k. Varizellen-Impfung	Gemäss dem «Schweizerischen Impfplan 2009» des BAG und der EKIF.
l. Impfung gegen Humane Papillomaviren (HPV)	1. Gemäss den Empfehlungen des BAG und der EKIF vom Juni 2007 (BAG-Bulletin Nr. 25, 2007): a. Generelle Impfung der Mädchen im Schulalter; b. Impfung der Mädchen und Frauen im Alter von 15–19 Jahren. Diese Bestimmung gilt bis zum 31. Dezember 2012. 2. Impfung im Rahmen von kantonalen Impfprogrammen, die folgende Minimalanforderungen erfüllen: a. Die Information der Zielgruppen und deren Eltern/gesetzlichen Vertretung über die Verfügbarkeit der Impfung und die Empfehlungen des BAG und der EKIF ist sichergestellt; b. Der Einkauf des Impfstoffs erfolgt zentral; c. Die Vollständigkeit der Impfungen (Impfschema gemäss Empfehlungen des BAG und der EKIF) wird angestrebt;

---

64 Fassung gemäss Ziff. I der V des EDI vom 27. Okt. 2009, in Kraft seit 1. Jan. 2010 (AS **2009** 6083).

Massnahme	Voraussetzung
	d. Die Leistungen und Pflichten der Programmträger, der impfenden Ärztinnen und Ärzte und der Krankenversicherer sind definiert;
	e. Datenerhebung, Abrechnung, Informations- und Finanzflüsse sind geregelt.
	3. Auf dieser Leistung wird keine Franchise erhoben.
m. Hepatitis-A-Impfung	Gemäss dem «Schweizerischen Impfplan 2009» des BAG und der EKIF.
	Bei folgenden Personen:
	– bei Patientinnen und Patienten mit einer chronischen Lebererkrankung
	– bei Kindern aus Ländern mit mittlerer und hoher Endemizität, die in der Schweiz leben und für einen vorübergehenden Aufenthalt in ihr Herkunftsland zurückkehren
	– bei drogeninjizierenden Personen
	– bei Männern mit sexuellen Kontakten zu Männern ausserhalb einer stabilen Beziehung.
	Postexpositionelle Impfung innerhalb von sieben Tagen nach Exposition.
	Bei beruflicher und reisemedizinischer Indikation erfolgt keine Kostenübernahme durch die Versicherung.
n. Impfung gegen Tollwut	Postexpositionelle Impfung nach Biss durch ein tollwütiges oder tollwutverdächtiges Tier.
	Bei beruflicher Indikation erfolgt keine Kostenübernahme durch die Versicherung.

Art. 12*b*[65]   Massnahmen zur Prophylaxe von Krankheiten

Die Versicherung übernimmt die Kosten für folgende Massnahmen zur Prophylaxe von Krankheiten unter folgenden Voraussetzungen:

Massnahme	Voraussetzung
a. Vitamin-K-Prophylaxe	Bei Neugeborenen (3 Dosen).
b. Vitamin-D-Gabe zur Rachitisprophylaxe	Während des ersten Lebensjahres.
c.[66] HIV-Postexpositionsprophylaxe	Gemäss den Empfehlungen des BAG (BAG-Bulletin Nr. 36, 2006).
	Bei beruflicher Indikation erfolgt keine Kostenübernahme durch die Versicherung.
d.[67] Postexpositionelle passive Immunisierung	Gemäss den Empfehlungen des BAG und der Schweizerischen Kommission für Impffragen (Richtlinien und Empfehlungen «Postexpositionelle passive Immunisierung» vom Oktober 2004).
	Bei beruflicher Indikation erfolgt keine Kostenübernahme durch die Versicherung.

Art. 12*c*[68]   Untersuchungen des allgemeinen Gesundheitszustandes

Die Versicherung übernimmt die Kosten für folgende Untersuchungen des allgemeinen Gesundheitszustandes:

---

65   Eingefügt durch Ziff. I der V des EDI vom 21. Nov. 2007, in Kraft seit 1. Jan. 2008 (AS **2007** 6839).
66   Eingefügt durch Ziff. I der V des EDI vom 5. Juni 2009, in Kraft seit 1. Juli 2009 (AS **2009** 2821).
67   Eingefügt durch Ziff. I der V des EDI vom 5. Juni 2009, in Kraft seit 1. Juli 2009 (AS **2009** 2821).
68   Eingefügt durch Ziff. I der V des EDI vom 21. Nov. 2007, in Kraft seit 1. Jan. 2008 (AS **2007** 6839).

Massnahme	Voraussetzung
a. Untersuchung des Gesundheitszustandes und der normalen kindlichen Entwicklung bei Kindern im Vorschulalter	Gemäss dem von der Schweizerischen Gesellschaft für Pädiatrie herausgegebenen Leitfaden «Vorsorgeuntersuchungen» (2. Auflage, Bern, 1993). Total acht Untersuchungen.

Art. 12d[69]   Massnahmen zur frühzeitigen Erkennung von Krankheiten bei bestimmten Risikogruppen

Die Versicherung übernimmt die Kosten für folgende Massnahmen zur frühzeitigen Erkennung von Krankheiten bei bestimmten Risikogruppen unter folgenden Voraussetzungen:

Massnahme	Voraussetzung
a. HIV-Test	Bei Neugeborenen HIV-positiver Mütter und bei Personen, die einer Ansteckungsgefahr ausgesetzt sind, verbunden mit einem Beratungsgespräch, das dokumentiert werden muss.
b. Kolonoskopie	Bei familiärem Kolonkarzinom (im ersten Verwandtschaftsgrad mindestens drei Personen befallen oder eine Person vor dem 30. Altersjahr).
c. Untersuchung der Haut	Bei familiär erhöhtem Melanomrisiko (Melanom bei einer Person im ersten Verwandtschaftsgrad).
d.[70] Mammografie	Mammakarzinom bei Mutter, Tochteroder Schwester. Häufigkeit nach klinischem Ermessen, bis zu einer präventiven Untersuchung pro Jahr. Nach einem umfassenden Aufklärungs- und Beratungsgespräch vor der ersten Mammografie, das dokumentiert

69   Eingefügt durch Ziff. I der V des EDI vom 21. Nov. 2007, in Kraft seit 1. Jan. 2008 (AS **2007** 6839).
70   Fassung gemäss Ziff. I der V des EDI vom 27. Okt. 2009, in Kraft seit 1. Jan. 2010 (AS **2009** 6083).

Massnahme	Voraussetzung
	werden muss. Die Mammografie muss von einem Arzt oder einer Ärztin, der/die speziell in medizinischer Radiologie ausgebildet ist, durchgeführt werden. Die Sicherheit der Geräte muss den EU-Leitlinien von 1996 entsprechen (European Guidelines for quality assurance in mammography screening. 2nd edition).
	Die Vertragsparteien legen dem BAG bis zum 30. Juni 2008 einen gesamtschweizerischen Qualitätssicherungsvertrag im Sinne von Artikel 77 KVV vor. Können sie sich nicht einigen, so erlässt das Departement die nötigen Vorschriften
e. In-vitro-Muskelkontraktur-Test zur Erkennung einer Prädisposition für maligne Hyperthermie	Bei Personen nach einem Anästhesiezwischenfall mit Verdacht auf maligne Hyperthermie und bei Blutsverwandten ersten Grades von Personen, bei denen eine maligne Hyperthermie unter Anästhesie bekannt ist und eine Prädisposition für maligne Hyperthermie dokumentiert ist.
	In einem Zentrum, das von der «European Malignant Hyperthermia Group» anerkannt ist.
f. Genetische Beratung, Indikationsstellung für genetische Untersuchungen und Veranlassen der dazugehörigen Laboranalysen gemäss Analysenliste (AL) bei Verdacht auf das Vorliegen einer Prädisposition für eine familiäre Krebskrankheit erlässt das Departement die nötigen Vorschriften.	Bei Patienten und Patientinnen und Angehörigen ersten Grades von Patienten und Patientinnen mit: – hereditärem Brust- oder Ovarialkrebssyndrom – Polyposis Coli/attenuierter Form der Polyposis Coli – hereditärem Coloncarcinom-Syndrom ohne Polyposis (hereditary non polypotic colon cancer HNPCC) – Retinoblastom

Massnahme	Voraussetzung
	Durch Fachärzte und Fachärztinnen medizinische Genetik oder Mitglieder des «Network for Cancer Predisposition Testing and Counseling» des Schweizerischen Institutes für Angewandte Krebsforschung (SIAK), die den Nachweis einer fachlichen Zusammenarbeit mit einem Facharzt oder einer Fachärztin medizinische Genetik erbringen können.

Art. 12e[71]   Massnahmen zur frühzeitigen Erkennung von Krankheiten in der allgemeinen Bevölkerung

Die Versicherung übernimmt die Kosten für folgende Massnahmen zur frühzeitigen Erkennung in der allgemeinen Bevölkerung unter folgenden Voraussetzungen:

Massnahme	Voraussetzung
a.[72] Screening-Untersuchung auf Phenylketonurie, Galaktosämie, Biotinidasemangel, Adrenogenitales Syndrom, Kongenitale Hypothyreose, Medium-Chain-Acyl-CoA-Dehydrogenase (MCAD)-Mangel	Bei Neugeborenen Laboranalysen gemäss Analysenliste (AL).
b. Gynäkologische Vorsorgeuntersuchung inklusive Krebsabstrich Bei Neugeborenen.	Die ersten beiden Untersuchungen inklusive Krebsabstrich im Jahresintervall und danach alle drei Jahre. Dies gilt bei normalen Befunden; sonst Untersuchungsintervall nach klinischem Ermessen.

71   Eingefügt durch Ziff. I der V des EDI vom 21. Nov. 2007, in Kraft seit 1. Jan. 2008 (AS **2007** 6839).
72   Fassung gemäss Ziff. I der V des EDI vom 5. Juni 2009, in Kraft seit 1. Juli 2009 (AS **2009** 2821).

Massnahme	Voraussetzung
c.[73] Screening-Mammografie	Ab dem 50. Altersjahr alle zwei Jahre.
	Im Rahmen eines Programms zur Früherkennung des Brustkrebses gemäss der Verordnung vom 23. Juni 1999[74] über die Qualitätssicherung bei Programmen zur Früherkennung von Brustkrebs durch Mammografie. Auf dieser Leistung wird keine Franchise erhoben.

4. Kapitel: Besondere Leistungen bei Mutterschaft

Art. 13   Kontrolluntersuchungen

Die Versicherung übernimmt bei Mutterschaft die folgenden Kontrolluntersuchungen (Art. 29 Abs. 2 Bst. a KVG[75]):

Massnahme	Voraussetzung
a. Kontrollen 1.[76] In der normalen Schwangerschaft sieben Untersuchungen	– *Erstkonsultation:* Anamnese, klinische und vaginale Untersuchung und Beratung, Untersuchung auf Varizen und Beinödeme. Veranlassung der notwendigen Laboranalysen gemäss Analysenliste (AL).
	– *Weitere Konsultationen:* Kontrolle von Gewicht, Blutdruck, Fundusstand, Urinstatus und Auskultation fötaler Herztöne. Veranlassung der notwendigen Laboranalysen gemäss Analysenliste (AL).
2. In der Risikoschwangerschaft	Untersuchungsintervall nach klinischem Ermessen.

73 Fassung gemäss Ziff. I der V des EDI vom 27. Okt. 2009, in Kraft seit 1. Jan. 2010 (AS **2009** 6083).
74 SR **832.102.4**
75 SR **832.10**
76 Fassung gemäss Ziff. I der V des EDI vom 10. Dez. 2008, in Kraft seit 1. Jan. 2009 (AS **2008** 6493).

Massnahme	Voraussetzung
b.[77] Ultraschallkontrollen	Nach einem umfassenden Aufklärungs- und Beratungsgespräch, das dokumentiert werden muss.
1. in der normalen Schwangerschaft eine Routineuntersuchung in der 11.–14. Schwangerschaftswoche; eine Routineuntersuchung in der 20.–23. Schwangerschaftswoche	Durchführung gemäss den «Empfehlungen zur Ultraschalluntersuchung in der Schwangerschaft» der Schweizerischen Gesellschaft für Ultraschall in der
	Medizin (SGUM) in der Fassung vom 15. Oktober 2002.
	Nur durch Ärzte oder Ärztinnen mit Fähigkeitsausweis Schwangerschaftsultraschall (SGUM).
2. in der Risikoschwangerschaft	Untersuchungsintervall nach klinischem Ermessen.
	Nur durch Ärzte oder Ärztinnen mit Fähigkeitsausweis Schwangerschaftsultraschall (SGUM) .
c.[78] Präpartale Untersuchungen mittels Kardiotokografie	Bei entsprechender Indikation in der Risikoschwangerschaft.
d.[79] Amniozentese, Chorionbiopsie	Nach einem umfassenden Aufklärungs- und Beratungsgespräch, das dokumentiert werden muss, in den folgenden Fällen:
	– bei Schwangeren ab 35 Jahren
	– bei Schwangeren unter 35 Jahren, bei denen ein Risiko von 1:380 oder höher besteht, dass beim Kind eine ausschliesslich genetisch bedingte Erkrankung vorliegt.
	Laboranalysen gemäss Analysenliste (AL).

77 Fassung gemäss Ziff. I der V des EDI vom 26. Juni 2008, in Kraft seit 1. Aug. 2008 (AS **2008** 3553).
78 Fassung gemäss Ziff. I der V des EDI vom 26. Juni 2008, in Kraft seit 1. Aug. 2008 (AS **2008** 3553).
79 Fassung gemäss Ziff. I der V des EDI vom 10. Dez. 2008, in Kraft seit 1. Jan. 2009 (AS **2008** 6493).

Massnahme	Voraussetzung
e. Kontrolle post-partum eine Untersuchung	Zwischen sechster und zehnter post-partum-Woche: Zwischenanamnese, klinische und gynäkologische Untersuchung inkl. Beratung.

Art. 14   Geburtsvorbereitung

Die Versicherung übernimmt einen Beitrag von 100 Franken für die Geburtsvorbereitung in Kursen, welche die Hebamme in Gruppen durchführt.

Art. 15   Stillberatung

[1] Die Stillberatung (Art. 29 Abs. 2 Bst. c KVG[80]) wird von der Versicherung übernommen, wenn sie durch Hebammen oder durch speziell in Stillberatung ausgebildete Krankenschwestern oder Krankenpfleger durchgeführt wird.

[2] Die Übernahme beschränkt sich auf drei Sitzungen.

Art. 16[81]   Leistungen der Hebammen

[1] Die Hebammen können zu Lasten der Versicherung die folgenden Leistungen erbringen:

   a. die Leistungen nach Artikel 13 Buchstabe a:

      1. In der normalen Schwangerschaft kann die Hebamme sechs Kontrolluntersuchungen durchführen. Sie weist die Versicherte darauf hin, dass vor der 16. Schwangerschaftswoche eine ärztliche Untersuchung angezeigt ist.

      2. Bei einer Risikoschwangerschaft ohne manifeste Pathologie arbeitet die Hebamme mit dem Arzt oder mit der Ärztin zusammen. Bei einer Risikoschwangerschaft mit manifester Pathologie erbringt sie ihre Leistungen nach ärztlicher Anordnung.

   b. Die Hebamme kann während den Kontrolluntersuchungen Ultraschallkontrollen nach Artikel 13 Buchstabe b anordnen.

---

80 SR **832.10**
81 Fassung gemäss Ziff. I der V des EDI vom 10. Dez. 2008, in Kraft seit 1. Jan. 2009 (AS **2008** 6493).

c. Die Leistungen nach Artikel 13 Buchstaben c und e sowie nach den Artikeln 14 und 15.

[2] Die Hebammen können gemäss separater Bezeichnung in der Analysenliste für die Leistungen nach Artikel 13 Buchstaben a und e die notwendigen Laboranalysen veranlassen.

[3] Sie können zu Lasten der Versicherung auch Leistungen der Krankenpflege nach Artikel 7 Absatz 2 erbringen. Die Leistungen sind nach der Entbindung zu Hause, nach der ambulanten Geburt und nach der vorzeitigen Entlassung aus dem Spital oder aus dem Geburtshaus durchzuführen.

5. Kapitel: Zahnärztliche Behandlungen

Art. 17   Erkrankungen des Kausystems

Die Versicherung übernimmt die Kosten der zahnärztlichen Behandlungen, die durch eine der folgenden schweren, nicht vermeidbaren Erkrankungen des Kausystems bedingt sind (Art. 31 Abs. 1 Bst. a KVG[82]). Voraussetzung ist, dass das Leiden Krankheitswert erreicht; die Behandlung ist nur so weit von der Versicherung zu übernehmen, wie es der Krankheitswert des Leidens notwendig macht:

a. Erkrankungen der Zähne:

1. Idiopathisches internes Zahngranulom,

2. Verlagerung und Überzahl von Zähnen und Zahnkeimen mit Krankheitswert (z. B. Abszess, Zyste);

b. Erkrankungen des Zahnhalteapparates (Parodontopathien):

1. Präpubertäre Parodontitis,

2. Juvenile, progressive Parodontitis,

3. Irreversible Nebenwirkungen von Medikamenten;

c. Erkrankungen des Kieferknochens und der Weichteile:

1. Gutartige Tumore im Kiefer- und Schleimhautbereich und tumorähnliche Veränderungen,

2. Maligne Tumore im Gesichts-, Kiefer- und Halsbereich,

3. Osteopathien der Kiefer,

4. Zysten (ohne Zusammenhang mit Zahnelementen),

     5. Osteomyelitis der Kiefer;

  d. Erkrankungen des Kiefergelenks und des Bewegungsapparates:

     1. Kiefergelenksarthrose,

     2. Ankylose,

     3. Kondylus- und Diskusluxation;

  e. Erkrankungen der Kieferhöhle:

     1. In die Kieferhöhle dislozierter Zahn oder Zahnteil,

     2. Mund-Antrumfistel;

  f. Dysgnathien, die zu folgenden Störungen mit Krankheitswert führen:

     1. Schlafapnoesyndrom,

     2. Schwere Störungen des Schluckens,

     3. Schwere Schädel-Gesichts-Asymmetrien.

Art. 18   Allgemeinerkrankungen[83]

[1] Die Versicherung übernimmt die Kosten der zahnärztlichen Behandlungen, die durch eine der folgenden schweren Allgemeinerkrankungen oder ihre Folgen bedingt und zur Behandlung des Leidens notwendig sind (Art. 31 Abs. 1 Bst. b KVG[84]):

  a.[85] Erkrankungen des Blutsystems:

     1. Neutropenie, Agranulozytose,

     2. Schwere aplastische Anämie,

     3. Leukämien,

     4. Myelodysplastische Syndrome (MDS),

     5. Hämorraghische Diathesen.

  b. Stoffwechselerkrankungen:

     1. Akromegalie,

     2. Hyperparathyreoidismus,

     3. Idiopathischer Hypoparathyreoidismus,

---

83 Fassung gemäss Ziff. I der V des EDI vom 9. Juli 1998, in Kraft seit 1. Jan. 1999 (AS **1998** 2923).

84 SR **832.10**

85 Fassung gemäss Ziff. I der V des EDI vom 9. Juli 1998, in Kraft seit 1. Jan. 1999 (AS **1998** 2923).

    4. Hypophosphatasie (genetisch bedingte Vitamin-D-resistente Rachitis);

c. Weitere Erkrankungen:

    1. Chronische Polyarthritis mit Kieferbeteiligung,

    2. Morbus Bechterew mit Kieferbeteiligung,

    3. Arthritis psoriatica mit Kieferbeteiligung,

    4. Papillon-Lefèvre-Syndrom,

    5. Sklerodermie,

    6. AIDS,

    7. Schwere psychische Erkrankungen mit konsekutiver schwerer Beeinträchtigung der Kaufunktion;

d. Speicheldrüsenerkrankungen;

e. ...[86]

[2] Die Versicherung übernimmt die Kosten der in Absatz 1 aufgeführten Leistungen nur auf vorgängige besondere Gutsprache des Versicherers und mit ausdrücklicher Bewilligung des Vertrauensarztes oder der Vertrauensärztin.[87]

Art. 19[88]   Allgemeinerkrankungen; Zahnherdbehandlung

Die Versicherung übernimmt die Kosten der zahnärztlichen Behandlungen, die zur Unterstützung und Sicherstellung der ärztlichen Behandlungen notwendig sind (Art. 31 Abs. 1 Bst. c KVG[89]):

a. bei Herzklappenersatz, Gefässprothesenimplantation, kraniellen Shuntoperationen;

b. bei Eingriffen mit nachfolgender langdauernder Immunsuppression;

c. bei Strahlentherapie oder Chemotherapie maligner Leiden;

d. bei Endokarditis.

---

86   Aufgehoben durch Ziff. I der V des EDI vom 9. Juli 1998 (AS **1998** 2923).

87   Eingefügt durch Ziff. I der V vom 2. Juli 2002 (AS **2002** 3013).

88   Fassung gemäss Ziff. I der V des EDI vom 9. Juli 1998, in Kraft seit 1. Jan. 1999 (AS **1998** 2923).

89   SR **832.10**

Art. 19*a*[90] Geburtsgebrechen

[1] Die Versicherung übernimmt die Kosten der zahnärztlichen Behandlungen, die durch ein Geburtsgebrechen nach Absatz 2 bedingt sind, wenn:[91]

 a. die Behandlungen nach dem 20. Lebensjahr notwendig sind;

 b. die Behandlungen vor dem 20. Lebensjahr bei einer nach dem KVG[92], nicht aber bei der eidgenössischen Invalidenversicherung (IV) versicherten Person notwendig sind.

[2] Geburtsgebrechen im Sinne von Absatz 1 sind:

 1. *Dysplasia ectodermalis*;

 2. Angeborene blasenbildende Hautkrankheiten (*Epidermolysis bullosa hereditaria, Acrodermatitis enteropathica* und *Pemphigus benignus familiaris chronicus*);

 3. Chondrodystrophie (wie Achondroplasie, Hypochondroplasie, *Dysplasia epiphysaria multiplex*);

 4. Angeborene Dysostosen;

 5. Kartilaginäre Exostosen, sofern Operation notwendig ist;

 6. Angeborene Hemihypertrophien und andere Körperasymmetrien, sofern Operation notwendig ist;

 7. Angeborene Schädeldefekte;

 8. Kraniosynostosen;

 9. Angeborene Wirbelmissbildungen (hochgradige Keilwirbel, Blockwirbel wie Klippel-Feil, aplastische Wirbel und hochgradig dysplastische Wirbel);

 10. *Arthromyodysplasia congenita* (Arthrogryposis);

 11. *Dystrophia musculorum progressiva* und andere congenitale Myopathien;

 12. *Myositis ossificans progressiva congenita*;

 13. Cheilo-gnatho-palatoschisis (Lippen-, Kiefer-, Gaumenspalte);

 14. Mediane, schräge und quere Gesichtsspalten;

 15. Angeborene Nasen- und Lippenfistel;

---

90 Eingefügt durch Ziff. I der V des EDI vom 13. Dez. 1996 (AS **1997** 564).
91 Fassung gemäss Ziff. I der V des EDI vom 4. Juli 1997, in Kraft seit 1. Jan. 1998 (AS **1997** 2697).
92 SR **832.10**

16.[93] *Proboscis lateralis*;

17.[94] Angeborene Dysplasien der Zähne, sofern mindestens zwölf Zähne der zweiten Dentition nach Durchbruch hochgradig befallen sind und sofern bei diesen eine definitive Versorgung mittels zirkulärer Umfassungen voraussehbar ist;

18. *Anodontia totalis congenita* oder *Anodontia partialis congenita* bei Nichtanlage von mindestens zwei nebeneinander liegenden bleibenden Zähnen oder vier bleibenden Zähnen pro Kiefer, exklusive Weisheitszähne;

19. *Hyperodontia congenita*, sofern der oder die überzähligen Zähne eine intramaxilläre oder intramandibuläre Deviation verursachen, welche eine apparative Behandlung verlangt;

20. *Micrognathia inferior congenita* mit im ersten Lebensjahr auftretenden behandlungsbedürftigen Schluck- und Atemstörungen, oder wenn:

    – die kephalometrische Beurteilung eine Diskrepanz der sagittalen Kieferbasenrelation mit einem Winkel ANB von mindestens 9 Grad (beziehungsweise von mindestens 7 Grad bei Kombination mit einem Kieferbasenwinkel von mindestens 37 Grad) ergibt;

    – bei den bleibenden Zähnen, exklusive Weisheitszähne, eine buccale Nonokklusion von mindestens drei Antagonistenpaaren im Seitenzahnbereich pro Kieferhälfte vorliegt;

21. *Mordex apertus congenitus*, sofern ein vertikal offener Biss nach Durchbruch der bleibenden Incisiven besteht und die kephalometrische Beurteilung einen Kieferbasenwinkel von 40 Grad und mehr (beziehungsweise von mindestens 37 Grad bei Kombination mit einem Winkel ANB von mindestens 7 Grad) ergibt;

    Mordex clausus congenitus, sofern ein Tiefbiss nach Durchbruch der bleibenden Incisiven besteht und die kephalometrische Beurteilung einen Kieferbasenwinkel von 12 Grad und weniger (beziehungsweise von 15 Grad und weniger bei Kombination mit einem Winkel ANB von mindestens 7 Grad) ergibt;

---

93 Fassung gemäss Ziff. I der V des EDI vom 9. Juli 1998, in Kraft seit 1. Jan. 1998 (AS **1998** 2923).

94 Fassung gemäss Ziff. I der V des EDI vom 9. Juli 1998, in Kraft seit 1. Jan. 1998 (AS **1998** 2923).

22. *Prognathia inferior congenita*, sofern:

   – die kephalometrische Beurteilung eine Diskrepanz der sagittalen Kieferbasenregulation mit einem Winkel ANB von mindestens –1 Grad ergibt und sich mindestens zwei Antagonistenpaare der zweiten Dentition in frontaler Kopf- oder Kreuzbissrelation befinden oder

   – eine Diskrepanz von +1 Grad und weniger bei Kombination mit einem Kieferbasenwinkel von mindestens 37 Grad und mehr respektive von 15 Grad und weniger vorliegt;

23. Epulis des Neugeborenen;

24. Choanalatresie;

25. Glossoschisis;

26. Makro- und *Microglossia congenita*, sofern Operation der Zunge notwendig ist;

27. Angeborene Zungenzysten und -tumoren;

28.[95] Angeborene Speicheldrüsen- und Speichelgangaffektionen (Fisteln, Steno- sen, Zysten, Tumoren, Ektasien und Hypo- oder Aplasien sämtlicher grossen Speicheldrüsen);

28a.[96] Kongenitale Retention oder Ankylose von Zähnen, sofern mehrere Molaren oder mindestens zwei nebeneinander liegende Zähne im Bereich der Prämolaren und Molaren (exklusive Weisheitszähne) der zweiten Dentition betroffen sind; fehlende Anlagen (exklusive Weisheitszähne) sind retinierten und ankylosierten Zähnen gleichgestellt.

29. Angeborene Halszysten, -fisteln, -spalten und -tumoren (Reichert'scher Knorpel);

30. *Haemangioma cavernosum aut tuberosum*;

31. *Lymphangioma congenitum*, sofern Operation notwendig ist;

32. Angeborene Koagulopathien und Thrombozytopathien;

33. Histiozytosen (eosinophiles Granulom, Hand-Schüller-Christian und Letterer-Siwesche-Krankheit);

---

95   Fassung gemäss Ziff. I der V des EDI vom 9. Juli 2001, in Kraft seit 1. Jan. 2001 (AS **2001** 2150).
96   Eingefügt durch Ziff. I der V des EDI vom 9. Juli 1998 (AS **1998** 2923). Fassung gemäss Ziff. I der V des EDI vom 9. Juli 2001, in Kraft seit 1. Jan. 2001 (AS **2001** 2150).

34. Missbildungen des Zentralnervensystems und seiner Häute (*Encephalocele, Arachnoidalzyste, Myelomeningozele, Hydromyelie, Meningocele, Megalencephalie, Porencephalie* und *Diastematomyelie*);

35. Heredo-degenerative Erkrankungen des Nervensystems (wie Friedreich'sche Ataxie, Leukodystrophien und progrediente Erkrankungen der grauen Substanz, spinale und neurale Muskelatrophien, familiäre Dysautonomie, *Analgesia congenita*);

36. Angeborene Epilepsie;

37. Angeborene cerebrale Lähmungen (spastisch, athetotisch, ataktisch);

38. Kongenitale Paralysen und Paresen;

39. *Ptosis palpebrae congenita*;

40. Aplasie der Tränenwege;

41. *Anophtalmus*;

42. Angeborene Tumoren der Augenhöhle;

43. *Atresia auris congenita* inklusive Anotie und Microtie;

44. Angeborene Missbildungen des Ohrmuschelskelettes;

45. Angeborene Störungen des Mucopolysaccharid- und Glycoproteinstoffwechsels (wie Morbus Pfaundler-Hurler, Morbus Morquio);

46. Angeborene Störungen des Knochen-Stoffwechsels (wie Hypophosphatasie, progressive diaphysäre Dysplasie Camurati-Engelmann, Osteodystrophia Jaffé-Lichtenstein, Vitamin D-resistente Rachitisformen);

47. Angeborene Störungen der Thyreoidea-Funktion (Athyreose, Hypothyreose und Kretinismus);

48. Angeborene Störungen der hypothalamo- hypophysären Funktion (hypophysärer Zwergwuchs, Diabetes insipidus und Prader-Willi-Syndrom, Kallmann-Syndrom);

49. Angeborene Störungen der Gonadenfunktion (Turner-Syndrom, Missbildungen des Ovars, Anorchie und Klinefelter-Syndrom);

50. Neurofibromatose;

51. *Angiomatosis encephalo-trigeminalis* (Sturge-Weber-Krabbe);

52. Kongenitale Dystrophien des Bindegewebes (wie Marfan-Syndrom, EhlersDanlos-Syndrom, *Cutis laxa congenita, Pseudoxanthoma elasticum*);

53. Teratome und andere Keimzellentumoren (wie Dysgerminom, embryonales Karzinom, gemischter Keimzellentumor, Dottersacktumor, Choriokarzinom, Gonadoblastom).

6. Kapitel:
Mittel und Gegenstände, die der Untersuchung oder Behandlung dienen

Art. 20[97]   Grundsatz

Die Versicherung leistet eine Vergütung an Mittel und Gegenstände, die der Behandlung oder der Untersuchung im Sinne einer Überwachung der Behandlung einer Krankheit und ihrer Folgen dienen, die auf ärztliche Anordnung von einer Abgabestelle nach Artikel 55 KVV abgegeben werden und von der versicherten Person selbst oder mit Hilfe einer nichtberuflich an der Untersuchung oder der Behandlung mitwirkenden Person angewendet werden.

Art. 20*a*[98]   Liste der Mittel und Gegenstände

[1] Die Mittel und Gegenstände sind in Anhang 2 nach Arten und Produktgruppen aufgeführt.

[2] Mittel und Gegenstände, die in den Körper implantiert werden oder von Leistungserbringern nach Artikel 35 Absatz 2 KVG[99] im Rahmen ihrer Tätigkeit zu Lasten der obligatorischen Krankenpflegeversicherung verwendet werden, sind in der Liste nicht aufgeführt. Die Vergütung wird mit der entsprechenden Untersuchung oder Behandlung in den Tarifverträgen geregelt.

[3] Die Mittel- und Gegenständeliste wird in der Amtlichen Sammlung des Bundesrechts (AS) und in der Systematischen Sammlung des Bundesrechts (SR) nicht veröffentlicht. Sie wird in der Regel jährlich herausgegeben. [100]

---

97 Fassung gemäss Ziff. I der V des EDI vom 28. Juni 2007, in Kraft seit 1. Aug. 2007 (AS **2007** 3581).
98 Eingefügt durch Ziff. I der V des EDI vom 28. Juni 2007, in Kraft seit 1. Aug. 2007 (AS **2007** 3581).
99 SR **832.10**
100 Die Mittel- und Gegenständeliste kann beim Bundesamt für Bauten und Logistik (BBL), Verkauf Bundespublikationen, 3003 Bern, bestellt und beim Bundesamt für Ge-

Art. 21[101]   Anmeldung

Vorschläge für die Aufnahme von neuen Mitteln und Gegenständen in die Liste sowie für den Umfang der Vergütung sind beim BAG einzureichen. Das BAG prüft den Vorschlag und unterbreitet ihn der Eidgenössischen Kommission für Analysen, Mittel und Gegenstände.

Art. 22   Limitierungen

Die Aufnahme in die Liste kann mit einer Limitierung verbunden werden. Die Limitierung kann sich insbesondere auf die Menge, die Dauer der Verwendung, die medizinischen Indikationen oder das Alter der Versicherten beziehen.

Art. 23   Anforderungen

Von den in der Liste aufgeführten Arten von Mitteln und Gegenständen dürfen sämtliche Produkte abgegeben werden, welche nach der Gesetzgebung des Bundes oder der Kantone in Verkehr gebracht werden dürfen. Massgebend ist die Gesetzgebung des Kantons, in welchem sich die Abgabestelle befindet.

Art. 24   Vergütung

[1] Die Mittel und Gegenstände werden höchstens zu dem Betrag vergütet, der in der Liste für die entsprechende Art von Mitteln und Gegenständen angegeben ist.

[2] Liegt für ein Produkt der von der Abgabestelle in Rechnung gestellte Betrag über dem in der Liste angegebenen Betrag, so geht die Differenz zu Lasten der versicherten Person.

[3] Die Vergütung kann als Kauf- oder als Mietpreis umschrieben sein. Kostspielige und durch andere Patienten und Patientinnen wieder verwendbare Mittel und Gegenstände werden in der Regel in Miete abgegeben.

[4] Die Versicherung übernimmt die Kosten nach Anhang 2 nur für Mittel und Gegenstände in gebrauchsfertigem Zustand. Bei Mitteln und Gegenständen, die durch Kauf erworben werden, kann in der Liste eine Vergütung an die

sundheit, Kranken- und Unfallversicherung, 3003 Bern oder unter der Internetadresse http://www.bag.admin.ch/themen/krankenversicherung/02874/index.html?lang=de eingesehen werden.
101 Fassung gemäss Ziff. I der V des EDI vom 28. Juni 2007, in Kraft seit 1. Jan. 2008 (AS **2007** 3581).

Kosten für die notwendige Anpassung und den Unterhalt vorgesehen werden. Bei Miete sind Unterhalts- und Anpassungskosten im Mietpreis inbegriffen.

7. Kapitel:
Beitrag an die Kosten von Badekuren sowie an Transport- und Rettungskosten

Art. 25   Beitrag an die Kosten von Badekuren

Die Versicherung übernimmt während höchstens 21 Tagen pro Kalenderjahr einen täglichen Beitrag von 10 Franken an die Kosten von ärztlich angeordneten Badekuren.

Art. 26   Beitrag an die Transportkosten

[1] Die Versicherung übernimmt 50 Prozent der Kosten von medizinisch indizierten Krankentransporten zu einem zugelassenen, für die Behandlung geeigneten und im Wahlrecht des Versicherten stehenden Leistungserbringer, wenn der Gesundheitszustand des Patienten oder der Patientin den Transport in einem anderen öffentlichen oder privaten Transportmittel nicht zulässt. Maximal wird pro Kalenderjahr ein Betrag von 500 Franken übernommen.

[2] Der Transport hat in einem den medizinischen Anforderungen des Falles entsprechenden Transportmittel zu erfolgen.

Art. 27   Beitrag an die Rettungskosten

Die Versicherung übernimmt für Rettungen in der Schweiz 50 Prozent der Rettungskosten. Maximal wird pro Kalenderjahr ein Betrag von 5000 Franken übernommen.

8. Kapitel: Analysen und Arzneimittel

1. Abschnitt: Analysenliste

Art. 28

[1] Die in Artikel 52 Absatz 1 Buchstabe a Ziffer 1 KVG[102] vorgesehene Liste gehört unter dem Titel Analysenliste (abgekürzt «AL») als Anhang 3 zu dieser Verordnung.[103]

[2] Die Analysenliste wird in der Amtlichen Sammlung des Bundesrechts (AS) und in der Systematischen Sammlung des Bundesrechts (SR) nicht veröffentlicht. Sie wird in der Regel jährlich herausgegeben[104].[105]

2. Abschnitt: Arzneimittelliste mit Tarif Art. 29[106]

[1] Die Liste nach Artikel 52 Absatz 1 Buchstabe a Ziffer 2 KVG[107] gehört unter dem Titel Arzneimittelliste mit Tarif (abgekürzt «ALT») als Anhang 4 zu dieser Verordnung.

[2] Die Arzneimittelliste mit Tarif wird in der AS und in der SR des Bundesrechts nicht veröffentlicht. Sie wird in der Regel jährlich herausgegeben und kann beim Bundesamt für Bauten und Logistik, Vertrieb Publikationen, CH-3 003 Bern, bestellt werden.[108]

---

102 SR **832.10**
103 Fassung gemäss Ziff. I der V des EDI vom 10. Juli 2000, in Kraft seit 1. Jan. 2001 (AS **2000** 2546).
104 Die Analysenliste kann beim Bundesamt für Bauten und Logistik (BBL), Verkauf Bundespublikationen, 3003 Bern, bestellt und beim Bundesamt für Gesundheit, Kranken- und Unfallversicherung, 3003 Bern oder unter der Internetadresse http://www.bag.admin.ch/themen/krankenversicherung/02874/index.html?lang=de eingesehen werden.
105 Fassung gemäss Ziff. I der V des EDI vom 30. Nov. 2004, in Kraft seit 1. Jan. 2005 (AS **2004** 5401).
106 Fassung gemäss Ziff. I der V des EDI vom 26. Febr. 1996, in Kraft seit 1. Juni 1996 (AS **1996** 1232).
107 SR **832.10**
108 Fassung gemäss Ziff. I der V vom 2. Juli 2002 (AS **2002** 3013).

3. Abschnitt: Spezialitätenliste

Art. 30   Grundsatz

[1] Ein Arzneimittel wird in die Spezialitätenliste aufgenommen, wenn:[109]

 a.[110] seine Wirksamkeit, Zweckmässigkeit und Wirtschaftlichkeit nachgewiesen sind;

 b.[111] die Zulassung des Schweizerischen Heilmittelinstituts (Swissmedic) vorliegt.

[2] ...[112]

Art. 30a[113]   Aufnahmegesuch

[1] Ein Gesuch um Aufnahme in die Spezialitätenliste hat insbesondere zu enthalten:

 a.[114]   die Voranzeige der Swissmedic mit deren Mitteilung über die beabsichtigte Zulassung und der Angabe der zuzulassenden Indikationen und Dosierungen;

 b.   die der Swissmedic eingereichte Fachinformation;

 b.bis[115] bei Originalpräparaten mit Patentschutz: die Nummern der Patente und der ergänzenden Schutzzertifikate sowie deren Ablaufdaten;

 c.   falls das Arzneimittel im Ausland bereits zugelassen ist, die genehmigten ausländischen Fachinformationen;

 d.   die der Swissmedic eingereichte Zusammenfassung der klinischen Dokumentation;

 e.   die wichtigsten klinischen Studien;

 f.   die Fabrikabgabepreise in allen Vergleichsländern gemäss Artikel 35 sowie der Zielpreis für die Europäische Gemeinschaft;

---

109 Fassung gemäss Ziff. I der V des EDI vom 27. Nov. 2000, in Kraft seit 1. Jan. 2001 (AS **2000** 3088).

110 Fassung gemäss Ziff. I der V des EDI vom 27. Nov. 2000, in Kraft seit 1. Jan. 2001 (AS **2000** 3088).

111 Fassung gemäss Ziff. I der V vom 2. Juli 2002 (AS **2002** 3013).

112 Aufgehoben durch Ziff. II 2 der V des EDI vom 26. Okt. 2001 (AS **2001** 3397).

113 Eingefügt durch Ziff. I der V vom 2. Juli 2002 (AS **2002** 3013).

114 Fassung gemäss Ziff. I der V des EDI vom 26. April 2006 (AS **2006** 1757).

115 Eingefügt durch Ziff. I der V des EDI vom 26. April 2006 (AS **2006** 1757).

g. eine Erklärung der Gesuchstellerin, wonach sie sich verpflichtet, allfällige Mehreinnahmen nach Artikel 67 Absatz 2ter KVV an die gemeinsame Einrichtung zu bezahlen.

[2] Zusammen mit der Zulassungsverfügung und der Zulassungsbescheinigung sind die definitive Fachinformation mit Angabe allfälliger Änderungen und der definitive Zielpreis für die Europäische Gemeinschaft nachzureichen.

Art. 31[116]   Aufnahmeverfahren

[1] Das BAG unterbreitet Gesuche um Aufnahme in die Spezialitätenliste der Eidgenössischen Arzneimittelkommission (Kommission) in der Regel anlässlich deren Sitzung.

[2] Die Kommission teilt jedes Arzneimittel in eine der folgenden Kategorien ein:

a. medizinisch-therapeutischer Durchbruch;

b. therapeutischer Fortschritt;

c. Kosteneinsparung im Vergleich zu anderen Arzneimitteln;

d. kein therapeutischer Fortschritt und keine Kosteneinsparung;

a. unzweckmässig für die soziale Krankenversicherung.

[3] Folgende Gesuche werden der Kommission nicht unterbreitet:

a. neue galenische Formen, die zum gleichen Preis angeboten werden wie eine vergleichbare galenische Form, die bereits in der Spezialitätenliste ist;

b. Arzneimittel, die gemäss Artikel 12 des Heilmittelgesetzes vom 15. Dezember 2000[117] bei der Swissmedic zweitangemeldet wurden, wenn das Originalpräparat bereits in der Spezialitätenliste ist;

c. Co-Marketing-Arzneimittel, wenn das Basispräparat bereits in der Spezialitätenliste ist.

[4] Hat die Swissmedic die Durchführung eines beschleunigten Zulassungsverfahrens gemäss Artikel 5 der Arzneimittelverordnung vom 17. Oktober 2001[118] bewilligt, führt das BAG ein beschleunigtes Aufnahmeverfahren durch. Im beschleunigten Aufnahmeverfahren kann ein Gesuch bis spätestens 20 Tage vor der Sitzung der Kommission, an der es behandelt werden soll, eingereicht werden.

116 Fassung gemäss Ziff. I der V vom 2. Juli 2002 (AS **2002** 3013).
117 SR **812.21**
118 SR **812.212.21**

5 ...[119]

Art. 31a[120]

Art. 32[121] Wirksamkeit

Das BAG stützt sich für die Beurteilung der Wirksamkeit auf die Unterlagen, die für die Registrierung durch die Swissmedic massgebend waren. Es kann weitere Unterlagen verlangen.

Art. 33[122] Zweckmässigkeit

[1] Die Zweckmässigkeit eines Arzneimittels in Bezug auf seine Wirkung und Zusammensetzung wird nach klinisch-pharmakologischen und galenischen Erwägungen, nach unerwünschten Wirkungen sowie nach der Gefahr missbräuchlicher Verwendung beurteilt.

[2] Das BAG stützt sich für die Beurteilung der Zweckmässigkeit auf die Unterlagen, die für die Zulassung durch die Swissmedic massgebend waren. Es kann weitere Unterlagen verlangen.[123]

Art. 34 Wirtschaftlichkeit

1 ...[124]

[2] Für die Beurteilung der Wirtschaftlichkeit eines Arzneimittels werden berücksichtigt:

    a. dessen Fabrikabgabepreise im Ausland;

    b. dessen Wirksamkeit im Verhältnis zu anderen Arzneimitteln gleicher Indikation oder ähnlicher Wirkungsweise;

    c. dessen Kosten pro Tag oder Kur im Verhältnis zu den Kosten von Arzneimitteln gleicher Indikation oder ähnlicher Wirkungsweise

---

119 Aufgehoben durch Ziff. I der V des EDI vom 1. Juli 2009, mit Wirkung seit 1. Okt. 2009 (AS **2009** 4251).

120 Eingefügt durch Ziff. I der V vom 2. Juli 2002 (AS **2002** 3013). Aufgehoben durch Ziff. I der V des EDI vom 26. April 2006 (AS **2006** 1757).

121 Fassung gemäss Ziff. I der V vom 2. Juli 2002 (AS **2002** 3013).

122 Fassung gemäss Ziff. I der V des EDI vom 27. Nov. 2000, in Kraft seit 1. Jan. 2001 (AS **2000** 3088).

123 Fassung gemäss Ziff. I der V vom 2. Juli 2002 (AS **2002** 3013).

124 Aufgehoben durch Ziff. I der V des EDI vom 1. Juli 2009, mit Wirkung seit 1. Okt. 2009 (AS **2009** 4251).

d. bei einem Arzneimittel im Sinne von Artikel 31 Absatz 2 Buchsta-
    ben a und b ein Innovationszuschlag für die Dauer von höchstens
    15 Jahren; in diesem Zuschlag sind die Kosten für Forschung und
    Entwicklung angemessen zu berücksichtigen.[125]

3 ...[126]

Art. 35[127] Preisvergleich mit dem Ausland

[1] Der Fabrikabgabepreis eines Arzneimittels darf in der Regel den durch-
schnittlichen Fabrikabgabepreis, abzüglich der Mehrwertsteuer, dieses
Arzneimittels in Ländern mit wirtschaftlich vergleichbaren Strukturen im
Pharmabereich nicht überschreiten. Das BAG vergleicht mit Ländern, in de-
nen der Fabrikabgabepreis aufgrund von Bestimmungen von Behörden oder
Verbänden eindeutig bestimmt werden kann.

[2] Verglichen wird mit Deutschland, Dänemark, Grossbritannien, den Niederlanden, Frankreich und Österreich. Es kann mit weiteren Ländern verglichen
werden.[128]

[3] Der Fabrikabgabepreis in den erwähnten Ländern wird dem BAG vom Unternehmen, welches das Arzneimittel vertreibt, mitgeteilt. Das Unternehmen
ermittelt ihn aufgrund von Regelungen von Behörden oder Verbänden und
lässt ihn von einer Behörde oder einem Verband bestätigen. Er wird gestützt
auf einen vom BAG ermittelten durchschnittlichen Wechselkurs über sechs
Monate in Schweizer Franken umgerechnet.

Art. 35*a*[129] Vertriebsanteil

[1] Der preisbezogene Zuschlag für verschreibungspflichtige Arzneimittel beträgt bei einem Fabrikabgabepreis:

a. bis Fr. 879.99:   12 %

b. ab Fr. 880.– bis Fr. 2569.99:   7 %

c. ab Fr. 2570.–:   0 %

---

125 Fassung gemäss Ziff. I der V vom 2. Juli 2002 (AS **2002** 3013).
126 Eingefügt durch Ziff. I der V des EDI vom 26. April 2006 (AS **2006** 1757). Aufgehoben
     durch Ziff. I der V des EDI vom 1. Juli 2009, mit Wirkung seit 1. Okt. 2009 (AS **2009**
     4251).
127 Fassung gemäss Ziff. I der V vom 2. Juli 2002 (AS **2002** 3013).
128 Fassung gemäss Ziff. I der V des EDI vom 1. Juli 2009, in Kraft seit 1. Okt. 2009 (AS
     2009 4251).
129 Eingefügt durch Ziff. I der V des EDI vom 27. Nov. 2000 (AS **2000** 3088). Fassung ge-
     mäss Ziff. I der V des EDI vom 1. Juli 2009, in Kraft seit 1. Okt. 2009 (AS **2009** 4251).

² Der Zuschlag je Packung für verschreibungspflichtige Arzneimittel beträgt bei einem Fabrikabgabepreis:

a.	bis Fr. 4.99:	Fr. 4.–
b.	ab Fr. 5.– bis Fr. 10.99:	Fr. 8.–
c.	ab Fr. 11.– bis Fr. 14.99:	Fr. 12.–
d.	ab Fr. 15.– bis Fr. 879.99:	Fr. 16.–
e.	ab Fr. 880.– bis Fr. 2569.99:	Fr. 60.–
f.	ab Fr. 2570.–:	Fr. 240.–

³ Der preisbezogene Zuschlag für nicht verschreibungspflichtige Arzneimittel beträgt 80 Prozent des Fabrikabgabepreises.

⁴ Der Vertriebsanteil wird für alle Leistungserbringer gleich bemessen. Das BAG kann besondere Vertriebsverhältnisse berücksichtigen.

Art. 35b¹³⁰   Überprüfung der Aufnahmebedingungen alle drei Jahre

¹ Für die Überprüfung nach Artikel 65d Absatz 1 KVV muss die Zulassungsinhaberin dem BAG bis zum 31. August des Überprüfungsjahres folgende Unterlagen einreichen:

a. die von einer zeichnungsberechtigten Person der zuständigen Auslandsvertretung der Zulassungsinhaberin bestätigten, am 1. Juli des Überprüfungsjahres geltenden Preise aller Vergleichsländer nach Artikel 35 Absatz 2;

b. die Anzahl der seit der vorausgegangenen Überprüfung verkauften Packungen des Arzneimittels in der Schweiz in sämtlichen Handelsformen zur Ermittlung der umsatzstärksten Packung;

c. aktualisierte Daten mit Angabe der gegenüber der vorausgegangenen Überprüfung veränderten Informationen zum Präparat.

² Eine Preissenkung gilt per 1. November des Überprüfungsjahres.

Art. 36   Wirtschaftlichkeitsbeurteilung während der ersten 15 Jahre¹³¹

¹ Arzneimittel, für die ein Preiserhöhungsgesuch gestellt wird, werden vom BAG daraufhin überprüft, ob sie die Voraussetzungen nach den Artikeln 32–35a noch erfüllen.¹³²

---

130 Eingefügt durch Ziff. I der V vom 2. Juli 2002 (AS **2002** 3013). Fassung gemäss Ziff. I der V des EDI vom 1. Juli 2009, in Kraft seit 1. Okt. 2009 (AS **2009** 4251).
131 Fassung gemäss Ziff. I der V des EDI vom 26. April 2006 (AS **2006** 1757).
132 Fassung gemäss Ziff. I der V des EDI vom 26. April 2006 (AS **2006** 1757).

² Ergibt die Überprüfung, dass der ersuchte Preis zu hoch ist, lehnt das BAG das Gesuch ab.

³ Die Kommission kann dem BAG beantragen, den Innovationszuschlag ganz oder teilweise zu streichen, wenn die Voraussetzungen dafür nicht mehr erfüllt sind.

Art. 37[133]   Überprüfung der Aufnahmebedingungen nach Patentablauf

Für die Überprüfung eines Originalpräparates nach Artikel 65e KVV muss die Zulassungsinhaberin dem BAG spätestens sechs Monate vor Ablauf des Patentschutzes unaufgefordert die Preise in allen Vergleichsländern nach Artikel 35 Absatz 2 und die Umsatzzahlen der letzten vier Jahre vor Patentablauf nach Artikel 65c Absätze 2–4 KVV angeben.

Art. 37a[134]

Art. 37b[135]   Indikationserweiterung

Für die Überprüfung eines Originalpräparates aufgrund einer Indikationserweiterung nach Artikel 66 KVV muss die Zulassungsinhaberin dem BAG die entsprechende Zulassungsverfügung sowie die Unterlagen nach Artikel 30a Absatz 1 Buchstaben a–f und Absatz 2 einreichen.

Art. 37c[136]

Art. 37d[137] Umfang und Zeitpunkt der Überprüfungen

¹ Die Überprüfungen nach den Artikeln 37–37c umfassen alle Packungsgrössen, Dosierungen und galenischen Formen des Originalpräparates.

² Massgebend für den Zeitpunkt der Überprüfung ist das Datum der Aufnahme der ersten Packungsgrösse, Dosierung oder galenischen Form eines Originalpräparates in die Spezialitätenliste.

133 Fassung gemäss Ziff. I der V des EDI vom 1. Juli 2009, in Kraft seit 1. Okt. 2009 (AS **2009** 4251).

134 Eingefügt durch Ziff. I der V des EDI vom 26. April 2006 (AS **2006** 1757). Aufgehoben durch Ziff. I der V des EDI vom 21. Nov. 2007, mit Wirkung seit 1. Jan. 2008 (AS **2007** 6839).

135 Eingefügt durch Ziff. I der V des EDI vom 26. April 2006 (AS **2006** 1757). Fassung gemäss Ziff. I der V des EDI vom 1. Juli 2009, in Kraft seit 1. Okt. 2009 (AS **2009** 4251).

136 Eingefügt durch Ziff. I der V des EDI vom 26. April 2006 (AS **2006** 1757). Aufgehoben durch Ziff. I der V des EDI vom 24. Sept. 2007 (AS **2007** 4443 4633).

137 Eingefügt durch Ziff. I der V des EDI vom 26. April 2006 (AS **2006** 1757).

Art. 38   Gebühren

[1] Mit jedem Gesuch um Neuaufnahme eines Arzneimittels ist für jede galenische Form eine Gebühr von 2000 Franken zu entrichten. Betrifft das Gesuch ein Arzneimittel, das in einem beschleunigten Verfahren zugelassen wurde und soll das Gesuch auch vom BAG beschleunigt behandelt werden, beträgt die Gebühr 2400 Franken.[138]

[2] Mit jedem Gesuch um Preiserhöhung, um Erweiterung der Limitierung, um Änderung der Wirkstoffdosierung oder der Packungsgrösse sowie bei Wiedererwägungsgesuchen ist für jede galenische Form eine Gebühr von 400 Franken zu entrichten.[139]

[3] Für alle übrigen Verfügungen des BAG wird nach Massgabe des Aufwandes eine Gebühr von 100–1600 Franken erhoben.

[4] Ausserordentliche Auslagen, namentlich für weitere Expertisen, können zusätzlich in Rechnung gestellt werden.

[5] Für jedes in die Spezialitätenliste aufgenommene Arzneimittel sowie für jede darin aufgeführte Packung ist jährlich eine Gebühr von 20 Franken zu bezahlen.

4. Abschnitt:[140] Selbstbehalt bei Arzneimitteln

Art. 38a[141]

[1] Der Selbstbehalt beträgt 20 Prozent der die Franchise übersteigenden Kosten bei:[142]

a.[143] Originalpräparaten, wenn in der Spezialitätenliste damit austauschbare Generika aufgeführt sind, deren Höchstpreise (Art. 67 Abs. [1bis] KVV) mindestens 20 Prozent tiefer sind als der Höchstpreis des entsprechenden Originalpräparates;

b.   Co-Marketing-Präparaten im Sinne von Artikel 2 Buchstabe c der Verordnung des Schweizerischen Heilmittelinstituts vom 9. Novem-

---

138 Fassung gemäss Ziff. I der V vom 2. Juli 2002 (AS **2002** 3013).
139 Fassung gemäss Ziff. I der V des EDI vom 27. Nov. 2000, in Kraft seit 1. Jan. 2001 (AS **2000** 3088).
140 Eingefügt durch Ziff. I der V des EDI vom 9. Nov. 2005, in Kraft seit 1. Jan. 2006 (AS **2006** 23).
141 Siehe die SchlB Änd. 12.12.2005 am Ende dieses Textes.
142 Fassung gemäss Ziff. I der V des EDI vom 12. Dez. 2005 (AS **2006** 21).
143 Fassung gemäss Ziff. I der V des EDI vom 12. Dez. 2005 (AS **2006** 21).

ber 2001[144] über die vereinfachte Zulassung und die Meldepflicht von Arzneimitteln (VAZV), die einem Originalpräparat gemäss Buchstabe a entsprechen.

[2] Verschreibt der Arzt oder die Ärztin beziehungsweise der Chiropraktor oder die Chiropraktorin aus medizinischen Gründen ausdrücklich ein Originalpräparat, kommt Absatz 1 nicht zur Anwendung.[145]

[3] Der Arzt oder die Ärztin beziehungsweise der Chiropraktor oder die Chiropraktorin informiert den Patienten oder die Patientin, wenn in der Spezialitätenliste mindestens ein mit dem Originalpräparat austauschbares Generikum aufgeführt ist.[146]

2. Titel: Voraussetzungen der Leistungserbringung

1. Kapitel:[147] ...

Art. 39

Kapitel: Schulen für Chiropraktik

Art. 40[148]

Die nach Artikel 44 Absatz 1 Buchstabe a KVV anerkannten Schulen für Chiropraktik werden in Artikel 1 der Verordnung des EDI vom 20. August 2007[149] über die anerkannten Studiengänge für Chiropraktik ausländischer universitärer Hochschulen bestimmt.

144 [AS **2001** 3469. AS **2006** 3623 Art. 43]. Siehe heute: die V des Schweizerischen Heilmittelinstituts vom 22. Juni 2006 über die vereinfachte Zulassung von Arzneimitteln und die Zulassung von Arzneimitteln im Meldeverfahren (SR **81 2.212.23**).
145 Fassung gemäss Ziff. I der V des EDI vom 12. Dez. 2005 (AS **2006** 21).
146 Fassung gemäss Ziff. I der V des EDI vom 12. Dez. 2005 (AS **2006** 21).
147 Aufgehoben durch Ziff. I der V vom 2. Juli 2002 (AS **2002** 3013).
148 Fassung gemäss Art. 2 der V des EDI vom 20. Aug. 2007 über die anerkannten Studiengänge für Chiropraktik ausländischer universitärer Hochschulen (SR **811.115.4**).
149 SR **811.115.4**

Kapitel:[150] ...

Art. 41

Kapitel: Laboratorien

Art. 42   Aus- und Weiterbildung

[1] Als Hochschulausbildung im Sinne von Artikel 54 Absätze 2 und 3 Buchstabe a KVV gilt ein abgeschlossenes Hochschulstudium in Zahnmedizin, Veterinärmedizin, Chemie, Biochemie, Biologie oder Mikrobiologie.

[2] Als höhere Fachausbildung im Sinne von Artikel 54 Absatz 2 KVV gilt das Diplom einer vom Schweizerischen Roten Kreuz anerkannten Ausbildungsstätte mit dem Titel «medizinische Laboranten oder Laborantinnen mit höherer Fachausbildung» oder ein vom Schweizerischen Roten Kreuz als gleichwertig anerkanntes Diplom.

[3] Als Weiterbildung im Sinne von Artikel 54 Absatz 3 Buchstabe b KVV gilt die vom Schweizerischen Verband der Leiter medizinisch-analytischer Laboratorien (FAMH) anerkannte Weiterbildung in Hämatologie, klinischer Chemie, klinischer Immunologie und medizinischer Mikrobiologie. Das Eidgenössische Departement des Innern entscheidet über die Gleichwertigkeit einer Weiterbildung, die den Regelungen der FAMH nicht entspricht.[151]

[4] ...[152]

Art. 43[153]   Weitergehende Anforderungen im Bereich der medizinischen Genetik

[1] Analysen des Kapitels Genetik der Analysenliste dürfen nur in Laboratorien durchgeführt werden:

    a.   deren Leiter oder Leiterin sich über eine für die Leitung eines Laboratoriums anerkannte Ausbildung nach Artikel 42 Absatz 1 und eine von der FAMH anerkannte oder vom Eidgenössischen Departement des Innern als gleichwertig anerkannte Weiterbildung nach Artikel

---

150 Aufgehoben durch Ziff. I der V des EDI vom 29. Juni 1999 (AS **1999** 2517).

151 Fassung gemäss Ziff. I der V des EDI vom 17. Nov. 2003, in Kraft seit 1. Jan. 2004 (AS **2003** 5283).

152 Aufgehoben durch Ziff. I der V des EDI vom 4. April 2007 (AS **2007** 1367).

153 Fassung gemäss Ziff. I der V des EDI vom 17. Nov. 2003, in Kraft seit 1. Jan. 2004 (AS **2003** 5283).

42 Absatz 3 in medizinischer Genetik (Genetik des Menschen mit Ausrichtung auf Gesundheit und Krankheit) ausweist;

b. die für die entsprechenden Untersuchungen über eine Bewilligung des BAG zur Durchführung genetischer Untersuchungen beim Menschen verfügen.[154]

[2] Einzelne Analysen des Kapitels Genetik der Analysenliste dürfen auch in Laboratorien durchgeführt werden, deren Leiter oder Leiterin sich über eine von der FAMH anerkannte oder vom Eidgenössischen Departement des Innern als gleichwertig anerkannte Weiterbildung ausweist, welche die medizinische Genetik einschliesst. Die Anforderungen an die Weiterbildung für die einzelnen Analysen sind in der Analysenliste festgelegt (Suffix).[155]

3. Titel: Schlussbestimmungen

Art. 44　　　Aufhebung bisherigen Rechts

Es werden aufgehoben:

a. die Verordnung 2 des EDI vom 16. Februar 1965[156] über die Krankenversicherung betreffend die Beiträge der Versicherungsträger an die Kosten der zur Erkennung und Behandlung der Tuberkulose notwendigen Massnahmen;

b. die Verordnung 3 des EDI vom 5. Mai 1965[157] über die Krankenversicherung betreffend die Geltendmachung der Bundesbeiträge an die Krankenpflege Invalider;

c. die Verordnung 4 des EDI vom 30. Juli 1965[158] über die Krankenversicherung betreffend die Anerkennung und Überwachung von Präventorien zur Aufnahme Minderjähriger;

d. die Verordnung 6 des EDI vom 10. Dezember 1965[159] über die Krankenversicherung betreffend die Anerkennung chiropraktischer Ausbildungsinstitute;

154　Fassung gemäss Ziff. I der V des EDI vom 4. April 2007 (AS **2007** 1367).
155　Siehe die SchlB Änd. 4.4.2007 am Ende dieses Textes.
156　[AS **1965** 127, **1970** 949, **1971** 1714, **1986** 1487 Ziff. II]
157　[AS **1965** 425, **1968** 1012, **1974** 688, **1986** 891]
158　[AS **1965** 613, **1986** 1487 Ziff. II]
159　[AS **1965** 1199, **1986** 1487 Ziff. II, **1988** 973]

e. die Verordnung 7 des EDI vom 13. Dezember 1965[160] über die Krankenversicherung betreffend die von den anerkannten Krankenkassen zu übernehmenden wissenschaftlich anerkannten Heilanwendungen;

f. die Verordnung 8 des EDI vom 20. Dezember 1985[161] über die Krankenversicherung betreffend die von der anerkannten Krankenkassen zu übernehmenden psychotherapeutischen Behandlungen;

g. die Verordnung 9 des EDI vom 18. Dezember 1990[162] über die Krankenversicherung über die Leistungspflicht der Krankenkassen für bestimmte diagnostische und therapeutische Massnahmen;

h. die Verordnung 10 des EDI vom 19. November 1968[163] über die Krankenversicherung betreffend die Aufnahme von Arzneimitteln in die Spezialitätenliste;

i. die Verordnung des EDI vom 28. Dezember 1989[164] über die von den anerkannten Krankenkassen als Pflichtleistungen zu übernehmenden Arzneimittel;

k. die Verordnung des EDI vom 23. Dezember 1988[165] über die von den anerkannten Krankenkassen als Pflichtleistungen zu übernehmenden Analysen.

Art. 45[166]

Art. 46   Inkrafttreten[167]

[1] Diese Verordnung tritt am 1. Januar 1996 in Kraft.

[2] ...[168]

[3] ...[169]

---

160 [AS **1965** 1201, **1968** 798, **1971** 1262, **1986** 1487 Ziff. II, **1988** 2012, **1993** 349, **1995** 890]
161 [AS **1986** 87]
162 [AS **1991** 519, **1995** 891]
163 [AS **1968** 1496, **1986** 1487]
164 [AS **1990** 127, **1991** 959, **1994** 765]
165 [AS **1989** 374, **1995** 750 3688]
166 Aufgehoben durch Ziff. I der V des EDI vom 27. Nov. 2000 (AS **2000** 3088).
167 Fassung gemäss Ziff. I der V des EDI vom 26. Febr. 1996, in Kraft seit 1. Juni 1996 (AS **1996** 1232).
168 Aufgehoben durch Ziff. I der V des EDI vom 15. Jan. 1996 (AS **1996** 909).
169 Aufgehoben durch Ziff. I der V des EDI vom 26. Febr. 1996 (AS **1996**

Schlussbestimmung der Änderung vom 17. November 2003[170]

Laboratorien, deren Leiter oder Leiterin sich über eine von der FAMH anerkannte Weiterbildung ohne Einschluss der medizinischen Genetik ausweist und die vor dem Inkrafttreten dieser Verordnungsänderung bereits Analysen nach Artikel 43 Absatz 2 durchgeführt haben, können diese weiterhin durchführen, sofern der Leiter oder die Leiterin über eine Bestätigung der FAMH über Erfahrung in medizinischer Genetik nach Punkt 8.4 der Übergangsbestimmungen des Reglements und Weiterbildungsprogramms zum Spezialisten für labormedizinische Analytik FAMH in der Fassung vom 1. März 2001 (Zusatz «inkl. DNS/RNS-Diagnostik») verfügt[171].

Schlussbestimmung der Änderung vom 12. Dezember 2005[172]

Die Versicherer setzen die in Artikel 38a vorgesehene Selbstbehaltsregelung bis spätestens zum 1. April 2006 um.

Schlussbestimmungen der Änderung vom 3. Juli 2006[173]

[1] Für die Zeit vom 1. Juli bis zum 30. September 2006 erfolgt die Kostenübernahme für die Positron-Emissions-Tomographie (PET) gemäss Anhang 1 Ziffer 9.2 der Fassung vom 9. November 2005[174].[175]

[2] Für psychotherapeutische Behandlungen, die vor dem Inkrafttreten dieser Änderung[176] begonnen wurden, werden die Artikel 2 und 3 der Fassung vom 29. September 1995[177] angewendet.

Schlussbestimmungen zur Änderung vom 4. April 2007[178]

[1] Laborleiter und Laborleiterinnen, die die Anforderungen nach Artikel 42 Absatz 3 nicht erfüllen und bereits nach bisherigem Recht für die Durchführung von bestimmten Spezialanalysen zugelassen waren, bleiben nach Inkrafttreten der Änderung vom 4. April 2007 weiterhin zugelassen.

170 AS **2003** 5283
171 In der AS nicht veröffentlicht. Das Reglement kann beim Bundesamt für Gesundheit eingesehen werden.
172 AS **2006** 21
173 AS **2006** 2957
174 AS **2006** 23
175 In Kraft seit 1. Juli 2006.
176 Diese Änd. tritt am 1. Jan. 2007 in Kraft.
177 AS **1995** 4964
178 AS **2007** 1367

[2] Für die im Zeitpunkt des Inkrafttretens der Änderung vom 4. April 2007 hängigen Gesuche wird das bisherige Recht angewendet.

Schlussbestimmungen zur Änderung vom 24. September 2007[179]

[1] Das BAG überprüft die Fabrikabgabepreise der Originalpräparate, die zwischen dem 1. Januar 1993 und dem 31. Dezember 2002 in die Spezialitätenliste aufgenommen wurden, und der entsprechenden Generika.

[2] Das Unternehmen, das ein zu überprüfendes Originalpräparat vertreibt, ermittelt die Fabrikabgabepreise der in der Schweiz meistverkauften Packung in Deutschland, Dänemark, Grossbritannien und den Niederlanden aufgrund von Regelungen der entsprechenden Behörden oder Verbände. Es lässt diese Fabrikabgabepreise von einer zeichnungsberechtigten Person der jeweiligen Länderniederlassung bestätigen. Das Unternehmen, welches das entsprechende Generikum vertreibt, muss dem BAG keinen Preisvergleich einreichen.

[3] Das Unternehmen, welches das Originalpräparat vertreibt, muss dem BAG die am 1. Oktober 2007 gültigen Fabrikabgabepreise bis zum 30. November 2007 mitteilen. Das BAG ermittelt den durchschnittlichen Fabrikabgabepreis anhand der geltenden Preise in Deutschland, Dänemark, Grossbritannien und den Niederlanden sowie den durchschnittlichen Wechselkurs der Monate April bis September 2007 und rechnet diesen Preis in Schweizer Franken um.

[4] Das BAG senkt den Fabrikabgabepreis eines Originalpräparates mit Wirkung ab 1. März 2008 auf den nach Absatz 3 ermittelten durchschnittlichen Fabrikabgabepreis, wenn:

     a.   der Fabrikabgabepreis des Originalpräparates am 1. Oktober 2007 (Ausgangswert) den nach Absatz 3 ermittelten Preis um mehr als 8 Prozent übersteigt;

     b.   das Unternehmen bis zum 30. November 2007 kein Gesuch stellt, den Fabrikabgabepreis mit Wirkung ab 1. März 2008 auf einen Preis zu senken, welcher den Fabrikabgabepreis nach Absatz 3 um höchstens 8 Prozent übersteigt.

[5] Die Preissenkung nach Absatz 4 kann stufenweise erfolgen. Beträgt die Preissenkung nach Absatz 4 mehr als 30 Prozent des Ausgangswertes, so wird der Preis auf den 1. März 2008 auf 70 Prozent des Ausgangswertes und

auf den 1. Januar 2009 auf den nach Absatz 3 ermittelten durchschnittlichen Fabrikabgabepreis gesenkt. Beträgt die Preissenkung auf Gesuch nach Absatz 4 Buchstabe b mehr als 20 Prozent des Ausgangswertes, so kann das Unternehmen beantragen, den Preis auf den 1. März 2008 auf 80 Prozent des Ausgangswertes und auf den 1. Januar 2009 auf das nach Absatz 4 Buchstabe b notwendige Preisniveau zu senken.

[6] Setzt das BAG den Preis eines Originalpräparates aufgrund der Überprüfung neu fest, so passt es auch die Preise der entsprechenden Generika nach den geltenden Bestimmungen an.

Vergütungspflicht der obligatorischen Krankenpflegeversicherung für bestimmte ärztliche Leistungen

Einleitende Bemerkungen

Dieser Anhang stützt sich auf Artikel 1 der Krankenpflege-Leistungsverordnung. Er enthält keine abschliessende Aufzählung der ärztlichen Pflicht- oder Nichtpflichtleistungen. Er enthält:

– Leistungen, deren Wirksamkeit, Zweckmässigkeit oder Wirtschaftlichkeit durch die Leistungs- und Grundsatzkommission geprüft wurde und deren Kosten demgemäss übernommen, allenfalls nur unter bestimmten Voraussetzungen übernommen oder gar nicht übernommen werden;

– Leistungen, deren Wirksamkeit, Zweckmässigkeit oder Wirtschaftlichkeit noch abgeklärt wird, für die jedoch die Kosten unter bestimmten Voraussetzungen und in einem festgelegten Umfang übernommen werden;

– besonders kostspielige oder schwierige Leistungen, die von der obligatorischen Krankenpflegeversicherung nur vergütet werden, wenn sie von hierfür qualifizierten Leistungserbringern durchgeführt werden.

---

[180] Fassung gemäss Ziff. II Abs. 1 der V des EDI vom 9. Nov. 2005 (AS **2006** 23). Bereinigt gemäss Ziff. II der V des EDI vom 3. Juli 2006 (AS **2006** 2957), Ziff. II Abs. 1 der V des EDI vom 20. Dez. 2006 (AS **2006** 5769), vom 28. Juni 2007 (AS **2007** 3581), vom 21. Nov. 2007 (AS **2007** 6839), vom 26. Juni 2008 (AS **2008** 3553), vom 10. Dez. 2008 (AS **2008** 6493), vom 5. Juni 2009 (AS **2009** 2821) und vom 27. Okt. 2009, in Kraft seit 1. Jan. 2010 (AS **2009** 6083).

Inhaltsverzeichnis von Anhang 1

Alphabetischer Index

Massnahmen	Leistungs-pflicht	Voraussetzungen	gültig ab

1 Chirurgie

1.1 Allgemein

Massnahmen	Leistungs-pflicht	Voraussetzungen	gültig ab
Massnahmen bei Herzoperationen	Ja	Eingeschlossen sind: Herzkatheterismus; Angiokardiographie einschliesslich Kontrastmittel; Unterkühlung; Verwendung einer Herz-Lungen-Maschine; Verwendung eines Cardioverters als Pacemaker, Defibrillator oder Monitor; Blutkonserven und Frischblut; Einsetzen einer künstlichen Herzklappe einschliesslich Prothese; Implantation eines Pacemakers einschliesslich Gerät.	1.9.1967
Stabilisierungssystem für koronare Bypass-Operationen am schlagenden Herzen	Ja	Alle Patienten und Patientinnen, die für eine Bypass-Operation vorgesehen sind. Spezielle Vorteile können in folgenden Fällen erwartet werden: – schwer verkalkte Aorta – Nierenversagen – chronisch obstruktive respiratorische Erkrankungen – hohes Alter (über 70–75 Jahre). Kontraindikationen: – tiefe intramyokardiale und schwer verkalkte oder diffuse sehr kleine (> 1,5 mm) Gefässe – peroperative hämodynamische Instabilität auf Grund der Manipulation am Herz oder aufgrund einer Ischämie	1.1.2002
Operative Mammarekonstruktion	Ja	Zur Herstellung der physischen und psychischen Integrität der Patientin nach medizinisch indizierter Amputation.	23.8.1984/ 1.3.1995
Eigenbluttransfusion	Ja		1.1.1991
Operative Adipositasbehandlung (Gastric Roux-Y Bypass, Gastric Banding, Vertical Banded Gastroplasty)	Ja	In Evaluation a. Nach Rücksprache mit dem Vertrauensarzt oder der Vertrauensärztin. b. Der Patient oder die Patientin darf nicht älter sein als 65 Jahre. c. Der Patient oder die Patientin hat einen Body-Mass-Index (BMI) von mehr als 40. d. Eine zweijährige adäquate Therapie zur Gewichtsreduktion war erfolglos. e. Vorliegen einer der folgenden Komorbiditäten: Arterielle Hypertonie mit breiter Manschette gemessen; Diabetes mellitus; Schlafapnoe-Syndrom; Dyslipidämie; degenerative behindernde Veränderungen des Bewegungsapparates; Koronaropathie; Sterilität mit Hyperandrogenismus; polyzystische Ovarien bei Frauen in gebärfähigem Alter.	1.1.2000/ 1.1.2004/ 1.1.2005/ 1.1.2007/ 1.7.2009

Massnahmen	Leistungs-pflicht	Voraussetzungen	gültig ab
		f. Durchführung der Operation in einem Spitalzentrum, das über ein inter-disziplinäres Team mit der notwendi-gen Erfahrung verfügt (Chirurgie, Psychotherapie, Ernährungsberatung, Innere Medizin).	
		g. Einheitliches Evaluationsdesign mit Mengen- und Kostenstatistik.	
Adipositasbehandlung mit Magenballons	Nein		25.8.1988
Radiofrequenzthera-pie zur Behandlung von Varizen	Nein	In Evaluation	1.7.2002
Endolasertherapie von Varizen	Nein		1.1.2004

1.2   Transplantationschirurgie

Massnahmen	Leistungs-pflicht	Voraussetzungen	gültig ab
Isolierte Nierentrans-plantation	Ja	Eingeschlossen ist die Operation beim Spender oder der Spenderin samt der Behandlung allfälliger Komplikationen sowie die Leistungen nach Artikel 14 Absätze 1 und 2 des Transplantations-gesetzes vom 8. Oktober 2004[181] und nach Artikel 12 der Transplantationsverordnung vom 16. März 2007[182].	25.3.1971/ 23.3.1972/ 1.8.2008
		Ausgeschlossen ist eine Haftung des Versicherers des Empfängers oder der Empfängerin beim allfälligen Tod des Spenders oder der Spenderin.	
Isolierte Herztransplantation	Ja	Bei schweren, unheilbaren Herzkrank-heiten wie insbesondere ischämischer Kardiopathie, idiopathischer Kardio-myopathie, Herzmissbildungen und maligner Arrhythmie.	31.8.1989
Isolierte Nicht-Lebend-Lungen-transplantation	Ja	Bei Patienten und Patientinnen im End-stadium einer chronischen Lungen-erkrankung. In folgenden Zentren: Universitätsspital Zürich, Hôpital cantonal universitaire de Genève in Zusammenarbeit mit dem Centre hospitalier universitaire vaudois, sofern sie am SwissTransplant-Register teilnehmen.	1.1.2003
Herz-Lungen-transplantation	Nein		31.8.1989/ 1.4.1994

181 SR **810.21**
182 SR **810.211**

Massnahmen	Leistungs- pflicht	Voraussetzungen	gültig ab
Isolierte Lebertransplantation	Ja	Durchführung in einem Zentrum, das über die nötige Infrastruktur und Erfahrung verfügt (Mindestfrequenz: durchschnittlich zehn Lebertransplan- tationen pro Jahr).	31.8.1989/ 1.3.1995
Lebend- Lebertransplantation	Ja	In Evaluation	1.7.2002/ 1.1.2003/ 1.1.2005/ 1.7.2005/ 1.7.2008 bis 31.12.2011
		Kostenübernahme nur auf vorgängige besondere Gutsprache des Versicherers und mit ausdrücklicher Bewilligung des Vertrauensarztes oder der Vertrauens- ärztin.	
		Durchführung in folgenden Zentren: Universitätsspital Zürich, Hôpital cantonal universitaire de Genève.	
		Eingeschlossen ist die Operation beim Spender oder der Spenderin samt der Behandlung allfälliger Komplikationen sowie die Leistungen nach Artikel 14 Absätze 1 und 2 des Transplantations- gesetzes und nach Artikel 12 der Trans- plantationsverordnung.	
		Ausgeschlossen ist eine Haftung des Versicherers des Empfängers oder der Empfängerin beim allfälligen Tod des Spenders oder der Spenderin.	
		Die Leistungserbringer müssen ein ein- heitliches Evaluationsregister mit jähr- lichem Bericht an das BAG führen (Monitoring: Anzahl Fälle, Indikation, Verlauf bei Empfängern/Spendern, Gesamtkosten bei Empfängern und Spendern separat).	
Kombinierte (simultane) Pankreas- und Nierentrans- plantation	Ja	In folgenden Zentren: Universitätsspital Zürich, Hôpital cantonal universitaire de Genève, sofern sie am SwissTransplant- Register teilnehmen.	1.1.2003
Isolierte Pankreas- Transplantation	Nein	In Evaluation	31.8.1989/ 1.4.1994/ 1.7.2002
Allotransplantation der Langerhansschen Inseln	Nein	In Evaluation	1.7.2002
Autotransplantation der Langerhansschen Inseln	Nein	In Evaluation	1.7.2002
Isolierte Dünndarm- transplantation	Nein	In Evaluation	1.7.2002
Leber-Dünndarm- und multiviszerale Transplantation	Nein	In Evaluation	1.7.2002

Massnahmen	Leistungs-pflicht	Voraussetzungen	gültig ab
Hautautograft mit gezüchteten Keratinozyten	Ja	Bei Erwachsenen: – Verbrennungen von 70 % oder mehr der gesamten Körperoberfläche – tiefe Verbrennungen von 50 % oder mehr der gesamten Körperoberfläche Bei Kindern: – Verbrennungen von 50 % oder mehr der gesamten Körperoberfläche – tiefe Verbrennungen von 40 % oder mehr der gesamten Körperoberfläche	1.1.1997/ 1.1.2001
Behandlung von schwer heilenden Wunden mittels gezüchteter Haut-transplantate	Ja	Mit autologen oder allogenen Hautäqui-valenten, die nach den entsprechenden gesetzlichen Vorschriften zugelassen sind. Nach erfolgloser, *lege artis* durchgeführter konservativer Therapie. Indikationsstellung und Wahl der Methode bzw. des Produkts gemäss den «Richt-linien zum Einsatz von Hautäquivalenten bei schwer heilenden Wunden» der Schweizerischen Gesellschaft für Dermatologie und Venerologie und der Schweizerischen Gesellschaft für Wund-behandlung vom 1. April 2008. Durchführung an Zentren, die von der Schweizerischen Gesellschaft für Dermatologie und Venerologie und der Schweizerischen Gesellschaft für Wund-behandlung zertifiziert sind.	1.1.2001/ 1.7.2002/ 1.1.2003/ 1.4.2003/ 1.1.2004/ 1.1.2008/ 1.8.2008

1.3 Orthopädie, Traumatologie

Massnahmen	Leistungs-pflicht	Voraussetzungen	gültig ab
Behandlung von Haltungsschäden	Ja	Leistungspflicht nur bei eindeutig thera-peutischem Charakter, d.h. wenn durch Röntgenaufnahmen feststellbare Struktur-veränderungen oder Fehlbildungen der Wirbelsäule manifest geworden sind. Prophylaktische Massnahmen, die zum Ziel haben, drohende Skelettveränderun-gen zu verhindern, namentlich Spezial-gymnastik zur Stärkung eines schwachen Rückens, gehen nicht zu Lasten der Krankenversicherung.	16.1.1969
Arthrosebehandlung mit intraartikulärer Injektion eines künst-lichen Gleitmittels	Nein		25.3.1971
Arthrosebehandlung mit intraartikulärer Injektion von Teflon oder Silikon als «Gleitmittel»	Nein		12.5.1977
Mischinjektion mit Jodoformöl zur Arthrosebehandlung	Nein		1.1.1997

Massnahmen	Leistungs-pflicht	Voraussetzungen	gültig ab
Extrakorporale Stosswellentherapie (ESWT) am Bewegungsapparat	Nein	In Evaluation	1.1.1997/ 1.1.2000/ 1.1.2002
Radiale Stosswellen-therapie	Nein		1.1.2004
Hüftprotektor zur Verhinderung von Schenkelhalsfrakturen	Nein		1.1.1999/ 1.1.2000
Osteochondrale Mosaikplastik zur Deckung von Knorpel-Knochen-Defekten	Nein		1.1.2002
Autologe Chondro-zytentransplantation	Nein		1.1.2002/ 1.1.2004
Viskosupplementation zur Arthrosebehand-lung	Nein		1.7.2002/ 1.1.2003/ 1.1.2004/ 1.1.2007
Ballon-Kyphoplastie zur Behandlung von Wirbelkörper-frakturen	Ja	Frische schmerzhafte Wirbelkörperfraktu-ren, die nicht auf eine Behandlung mit Analgetika ansprechen und eine Deformi-tät aufweisen, die korrigiert werden muss. Indikationsstellung gemäss den Leitlinien der Schweizerischen Gesellschaft für Spinale Chirurgie vom 23.9.2004. Durchführung der Operation nur durch einen durch die Schweizerische Gesell-schaft für Spinale Chirurgie, die Schwei-zerische Gesellschaft für Orthopädie und die Schweizerische Gesellschaft für Neurochirurgie zertifizierten Operateur. Die Leistungserbringer führen ein nationa-les Register, das durch das Institut für evaluative Forschung in der orthopädi-schen Chirurgie der Universität Bern betreut wird.	1.1.2004/ 1.1.2005/ 1.1.2008
Plättchen-Gel bei Knie-Totalprothese	Nein		1.1.2006
Kollagen-Meniskus-Implantat	Nein		1.8.2008
Laser-Meniscectomie	Nein		1.1.2006

1.4   Urologie und Proktologie

Uroflowmetrie (Messung des Urinflusses mit kurvenmässiger Registrierung)	Ja	Bei Erwachsenen.	3.12.1981

Massnahmen	Leistungs-pflicht	Voraussetzungen	gültig ab
Extrakorporale Stosswellen-lithotripsie (ESWL), Nierensteinzertrüm-merung	Ja	Indikationen: ESWL eignet sich: a. bei Harnsteinen des Nierenbeckens, b. bei Harnsteinen des Nierenkelches, c. bei Harnsteinen des Ureters, falls die konservative Behandlung jeweils erfolglos geblieben ist und wegen der Lage, der Form und der Grösse des Steines ein Spontanabgang als unwahr-scheinlich beurteilt wird. Die mit der speziellen Lagerung des Patienten oder der Patientin verbundenen erhöhten Risiken bei der Narkose erfor-dern eine besonders kompetente fachliche und apparative Betreuung während der Narkose (spezielle Ausbildung der Ärzte und Ärztinnen sowie der Narkosegehilfen und -gehilfinnen und adäquate Über-wachungsgeräte).	22.8.1985/ 1.8.2006
Operative Behandlung bei Erektionsstörungen			
– Penisprothese	Nein		1.1.1993/ 1.4.1994
– Revaskulari-sationschirurgie	Nein		1.1.1993/ 1.4.1994
Implantation eines künstlichen Sphinkters	Ja	Bei schwerer Harninkontinenz.	31.8.1989
Laser bei Tumoren der Blase und des Penis	Ja		1.1.1993
Embolisations-behandlung bei Varikozele testis			
– mittels Verödungs- oder Coilmethode	Ja		1.3.1995
– mittels Balloons oder Mikrocoils	Nein		1.3.1995
Transurethrale ultraschallgesteuerte laserinduzierte Prostatektomie	Nein		1.1.1997
Hochenergie Trans-urethrale Mikro-wellentherapie (HE-TUMT)	Nein		1.1.2004

Massnahmen	Leistungs-pflicht	Voraussetzungen	gültig ab
Elektrische Neuro-modulation der sakralen Spinalnerven mit einem implantier-baren Gerät zur Behandlung von Harninkontinenz oder Blasen-entleerungsstörungen	Ja	Kostenübernahme nur auf vorgängige besondere Gutsprache des Versicherers und mit ausdrücklicher Bewilligung des Vertrauensarztes oder der Vertrauensärz-tin	1.7.2000/ 1.7.2002/ 1.1.2005/ 1.1.2008
		An einer anerkannten Institution mit urodynamischer Abteilung zur vollständi-gen urodynamischen Untersuchung und einer Abteilung für Neuromodulation zur peripheren Nerven-Evaluation (PNE-Test).	
		Nach erfolgloser konservativer Behand-lung (inklusive Rehabilitation).	
		Nach einem positiven peripheren Nerven-Evaluationstest (PNE).	
Elektrische Neuro-modulation der sakralen Spinalnerven mit einem implantier-baren Gerät zur Behandlung der Stuhlinkontinenz	Ja	Kostenübernahme nur auf vorgängige besondere Gutsprache des Versicherers und mit ausdrücklicher Bewilligung des Vertrauensarztes oder der Vertrauens-ärztin.	1.1.2003/ 1.1.2008
		An einer anerkannten Institution mit Manometrier-Abteilung zur vollständigen manometrischen Untersuchung und einer Abteilung für Neuromodulation zur peripheren Nerven-Evaluation (PNE-Test).	
		Nach erfolgloser konservativer und/oder chirurgischer Behandlung (inklusive Rehabilitation).	
		Nach einem positiven peripheren Nerven-Evaluationstest (PNE).	
Behandlung der überaktiven neuro-genen Blase durch cystoskopische Injektion von Botuli-numtoxin Typ A in die Blasenwand	Nein		1.1.2007/ 1.8.2008
Urologische Stents	Ja	Wenn ein chirurgischer Eingriff aufgrund von Komorbidität oder schwerer körper-licher Beeinträchtigung oder aus technischen Gründen kontraindiziert ist.	1.8.2007
Hoch intensiver fokussierter Ultra-schall (HIFU) zur Behandlung des Prostatakarzinoms	Nein		1.7.2009

Massnahmen	Leistungs-pflicht	Voraussetzungen	gültig ab

## 2	Innere Medizin

### 2.1	Allgemein

Massnahmen	Leistungs-pflicht	Voraussetzungen	gültig ab
Ozon-Injektions-therapie	Nein		13.5.1976
Hyperbare Sauerstoff-therapie	Ja	Bei	
		– chronischen Bestrahlungsschäden und Bestrahlungsspätschäden	1.4.1994
		– Osteomyelitis am Kiefer	1.9.1988
		– chronischer Osteomyelitis	
		– Dekompressionskrankheit, sofern der Unfallbegriff nicht erfüllt ist	1.1.2006
Frischzellentherapie	Nein		1.1.1976
Serocytotherapie	Nein		3.12.1981
Behandlung der Adipositas	Ja	– bei Übergewicht von 20 Prozent oder mehr – bei Übergewicht und konkomittieren-der Krankheit, welche durch die Gewichtsreduktion günstig beeinflusst werden kann	7.3.1974
– durch Amphe-taminderivate	Nein		1.1.1993
– durch Schild-drüsenhormon	Nein		7.3.1974
– durch Diuretika	Nein		7.3.1974
– durch Chorion-Gonadotropin-Injektionen	Nein		7.3.1974
Hämodialyse («künstliche Niere»)	Ja		1.9.1967
Hämodialyse in Heimbehandlung	Ja		27.11.1975
Peritonealdialyse	Ja		1.9.1967
Enterale Ernährung zu Hause	Ja	Wenn eine ausreichende perorale sonden-freie Ernährung ausgeschlossen ist.	1.3.1995
Sondenfreie enterale Ernährung zu Hause	Nein		1.7.2002
Parenterale Ernährung zu Hause	Ja		1.3.1995
Insulintherapie mit einer Infusionspumpe	Ja	Unter folgenden Voraussetzungen: – Die zu behandelnde Person ist eine extrem labile Diabetikerin. – Sie kann auch mit der Methode der Mehrfachinjektion nicht befriedigend eingestellt werden.	27.8.1987/ 1.1.2000

Massnahmen	Leistungs-pflicht	Voraussetzungen	gültig ab
		– Die Indikation des Pumpeneinsatzes und die Betreuung der zu behandelnden Person erfolgen durch ein qualifiziertes Zentrum oder, nach Rücksprache mit dem Vertrauensarzt oder der Vertrauensärztin, durch einen frei praktizierenden Facharzt oder eine frei praktizierende Fachärztin mit entsprechender Erfahrung.	
Ambulante parenterale antibiotische Gabe mit Infusionspumpe	Ja		1.1.1997

Plasmapherese	Ja	Indikationen:
		– Hyperviskositätssyndrom
		– Krankheiten des Immunsystems, bei denen die Plasmapherese sich als wirksam erwiesen hat, wie insbesondere:
		  – myastenia gravis
		  – trombotisch trombozytopenische Purpura
		  – immunhämolytische Anämie
		  – Leukämie
		  – Goodpasture-Syndrom
		  – Guillain-Barré-Syndrom.
		  – akute Vergiftungen
		  – familiäre Hypercholesterinämie homozygoter Form
			25.8.1988

LDL-Apherese	Ja	Bei homozygoter familiärer Hypercholesterinämie. Durchführung in einem Zentrum, das über die nötige Infrastruktur und Erfahrung verfügt.	25.8.1988/ 1.1.2005
	Nein	Bei heterozygoter familiärer Hypercholesterinämie.	1.1.1993/ 1.3.1995/ 1.1.2005
	Nein	Bei therapierefraktärer Hypercholesterinämie.	1.1.2007
Hämatopoïetische Stammzell-Transplantation		In den durch die Zertifizierungsstelle der SwissTransplant-Arbeitsgruppe für Blood and Marrow Transplantation (STABMT) qualifizierten Zentren. Durchführung gemäss den von «The Joint Accreditation Committee-ISCT & EBMT (JACIE)» und der «Foundation for the Accreditation of Cellular Therapy (Fact)» herausgegebenen Normen: «International standards for cellular therapy product collection, procession and administration. Third edition» vom 19. Februar 2007. Eingeschlossen ist die Operation beim Spender oder der Spenderin samt der Behandlung allfälliger Komplikationen	1.8.2008

Massnahmen	Leistungs-pflicht	Voraussetzungen	gültig ab
		sowie die Leistungen nach Artikel 14 Absätze 1 und 2 des Transplantationsgesetzes und nach Artikel 12 der Transplantationsverordnung.	
		Ausgeschlossen ist eine Haftung des Versicherers des Empfängers oder der Empfängerin beim allfälligen Tod des Spenders oder der Spenderin.	
– autolog	Ja	– bei Lymphomen – bei akuter lymphatischer Leukämie – bei akuter myeloischer Leukämie – beim multiplen Myelom.	1.1.1997
	Ja	Im Rahmen von klinischen Studien: – bei myelodysplastischen Syndromen – beim Neuroblastom – beim Medulloblastom – bei der chronisch myeloischen Leukämie – beim Mammakarzinom – beim Keimzelltumor – beim Ovarialkarzinom – beim Ewing-Sarkom – bei Weichteilsarkomen – beim Wilms-Tumor – beim Rhabdomyosarkom – bei seltenen soliden Tumoren im Kindesalter.	1.1.2002/ 1.1.2008 bis 31.12.2012
	Ja	In prospektiven kontrollierten klinischen Multizenterstudien: – bei Autoimmunerkrankungen. Kostenübernahme nur auf vorgängige besondere Gutsprache des Versicherers und mit ausdrücklicher Bewilligung des Vertrauensarztes oder der Vertrauensärztin. Nach erfolgloser konventioneller Therapie oder bei Progression der Erkrankung.	1.1.2002/ 1.1.2008 bis 31.12.2012
	Nein	– im Rückfall einer akuten myeloischen Leukämie – im Rückfall einer akuten lymphatischen Leukämie – beim Mammakarzinom mit fortgeschrittenen Knochenmetastasen – beim kleinzelligen Bronchuskarzinom – bei kongenitalen Erkrankungen.	1.1.1997/ 1.1.2008

Massnahmen	Leistungs-pflicht	Voraussetzungen	gültig ab
– allogen	Ja	– bei akuter myeloischer Leukämie – bei akuter lymphatischer Leukämie – bei der chronischen myeloischen Leukämie – beim myelodysplastischen Syndrom – bei der aplastischen Anämie – bei Immundefekten und Inborn errors – bei der Thalassämie und der Sichelzellanämie (HLA-identisches Geschwister als Spender).	1.1.1997
	Ja	Im Rahmen von klinischen Studien: – beim multiplen Myelom – bei lymphatischen Krankheiten (Hodgkin's, Non-Hodgkin's, chronisch lymphatische Leukämie) – beim Nierenzellkarzinom.	1.1.2002/ 1.1.2008 bis 31.12.2012
	Ja	In prospektiven kontrollierten klinischen Multizenterstudien: – bei Autoimmunerkrankungen. Kostenübernahme nur auf vorgängige besondere Gutsprache des Versicherers und mit ausdrücklicher Bewilligung des Vertrauensarztes oder der Vertrauensärztin. Nach erfolgloser konventioneller Therapie oder bei Progression der Erkrankung.	1.1.2002/ 1.1.2008 bis 31.12.2012
	Nein	– bei soliden Tumoren – beim Melanom.	1.1.1997/ 1.1.2008
	Nein	In Evaluation – beim Mammakarzinom.	1.1.2002/ 1.1.2008
Gallenstein-zertrümmerung	Ja	Intrahepatische Gallensteine; extrahepatische Gallensteine im Bereich des Pankreas und des Choledochus. Gallenblasensteine bei inoperablen Patienten und Patientinnen (auch laparoskopische Cholezystektomie ausgeschlossen).	1.4.1994
Polysomnographie Polygraphie	Ja	Bei dringender Verdachtsdiagnose auf: – Schlafapnoesyndrom – periodische Beinbewegungen im Schlaf – Narkolepsie, wenn die klinische Diagnose unsicher ist – ernsthafte Parasomnie (epileptische nächtliche Dystonie oder gewalttätiges Verhalten im Schlaf), wenn die Diagnose unsicher ist und daraus therapeutische Konsequenzen erwachsen Indikationsstellung und Durchführung in qualifizierten Zentren, gemäss den Richtlinien der Schweizerischen Gesellschaft für Schlafforschung, Schlafmedizin und Chronobiologie von 6.9.2001.	1.3.1995/ 1.1.1997/ 1.1.2002

Massnahmen	Leistungs-pflicht	Voraussetzungen	gültig ab
	Nein	Routineabklärung der vorübergehenden und der chronischen Insomnie, der Fibrositis und des Chronic fatigue syndrome	1.1.1997
	Nein	In Evaluation Bei dringender Verdachtsdiagnose auf: – eine Ein- und Durchschlafstörung, wenn die initiale Diagnose unsicher ist und die Behandlung, ob verhaltensmässig oder medikamentös, nicht erfolgreich ist; – persistierende zirkadiane Rhythmusstörung, wenn die klinische Diagnose unsicher ist.	1.1.1997/ 1.1.2002/ 1.4.2003
Polygraphie	Ja	Bei dringender Verdachtsdiagnose auf Schlafapnoe-Syndrom. Durchführung durch Facharzt oder Fachärztin Pneumologie FMH mit Ausbildung in und praktischer Erfahrung mit Respiratorischer Polygraphie gemäss den Richtlinien der Schweizerischen Gesellschaft für Schlafforschung, Schlafmedizin und Chronobiologie von 6.9.2001.	1.7.2002/ 1.1.2006
Messung des Melatoninspiegels im Serum	Nein		1.1.1997
Multiple-Sleep Latency-Test	Ja	Indikationsstellung und Durchführung in qualifizierten Zentren, gemäss den Richtlinien der Schweizerischen Gesellschaft für Schlafforschung, Schlafmedizin und Chronobiologie von 1999.	1.1.2000
Maintenance-of-Wakefulness-Test	Ja	Indikationsstellung und Durchführung in qualifizierten Zentren, gemäss den Richtlinien der Schweizerischen Gesellschaft für Schlafforschung, Schlafmedizin und Chronobiologie von 1999.	1.1.2000
Aktigraphie	Ja	Indikationsstellung und Durchführung in qualifizierten Zentren, gemäss den Richtlinien der Schweizerischen Gesellschaft für Schlafforschung, Schlafmedizin und Chronobiologie von 1999.	1.1.2000
Atemtest mit Harnstoff 13C zum Nachweis von Helicobacter pylori	Ja		16.9.1998/ 1.1.2001
Impfung mit dendritischen Zellen zur Behandlung des fortgeschrittenen Melanoms	Nein	In Evaluation	1.7.2002
Photodynamische Behandlung mit Methyl-Ester der Aminolaevulinsäure	Ja	Patienten oder Patientinnen mit aktinischer Keratose, basozellularen Karzinomen, Morbus Bowen und dünnen spinozellularen Karzinomen.	1.7.2002

Massnahmen	Leistungs-pflicht	Voraussetzungen	gültig ab
Kalorimetrie und/oder Ganzkörpermessung im Rahmen der Adipositasbehandlung	Nein		1.1.2004
Kapselendoskopie	Ja	Zur Abklärung des Dünndarms vom Ligamentum Treitz bis zur Ileozökalklappe bei – Blutungen unbekannter Ursache – chronisch entzündlichen Erkrankungen des Dünndarms – nach vorgängig durchgeführter negativer Gastroskopie und Kolonoskopie. Kostenübernahme nur auf vorgängige besondere Gutsprache des Versicherers und mit ausdrücklicher Bewilligung des Vertrauensarztes oder der Vertrauensärztin.	1.1.2004/ 1.1.2006
Extrakorporelle Photophorese	Ja	Beim kutanen T-Zell-Lymphom (Sézary-Syndrom).	1.1.1997
	Nein	– Bei Graft-Versus-Host-Disease – bei Lungen-Transplantation.	1.1.2009

2.2   Herz- und Kreislauferkrankungen, Intensivmedizin

Massnahmen	Leistungs-pflicht	Voraussetzungen	gültig ab
Sauerstoff-Insufflation	Nein		27.6.1968
Sequentielle peristaltische Druckmassage	Ja		27.3.1969/ 1.1.1996
EKG-Langzeitregistrierung	Ja	Als Indikationen kommen vor allem Rhythmus- und Überleitungsstörungen, Durchblutungsstörungen des Myokards (Koronarerkrankungen) in Frage. Das Gerät kann auch der Überwachung der Behandlungseffizienz dienen.	13.5.1976
Implantierbares Ereignisrekordersystem zur Erstellung eines subkutanen Elektrokardiogramms	Ja	Gemäss den Richtlinien der Arbeitsgruppe Herzschrittmacher und Elektrophysiologie der Schweizerischen Gesellschaft für Kardiologie vom 26. Mai 2000.	1.1.2001
Telefonische Überwachung von Pacemaker-Patienten und -Patientinnen	Nein		12.05.1977
Implantation eines Defibrillators	Ja		31.8.1989
Intraaortale Ballonpumpe in der interventionellen Kardiologie	Ja		1.1.1997
Transmyokardiale Laser-Revaskularisation	Nein	In Evaluation	1.1.2000

Massnahmen	Leistungs-pflicht	Voraussetzungen	gültig ab
Kardiale Resyn-chronisationstherapie auf Basis eines Dreikammer-Schritt-machers, Implantation und Aggregatwechsel	Ja	Bei schwerer, therapierefraktärer chro-nischer Herzinsuffizienz mit ventrikulärer Asynchronie. Unter folgenden Voraussetzungen: – Schwere chronische Herzinsuffizienz (NYHA III oder IV) mit einer links-ventrikulären Auswurffraktion ≤ 35 % trotz adäquater medikamentöser Therapie – Linksschenkelblock mit QRS-Ver-breiterung auf ≥ 130 Millisekunden Abklärung und Implantation nur an quali-fizierten Kardiologiezentren, die über ein interdisziplinäres Team mit der erforder-lichen elektrophysiologischen Kompetenz und der notwendigen Infrastruktur (Echo-kardiographie, Programmierkonsole, Herzkatheterlabor) verfügen.	1.1.2003/ 1.1.2004
Intrakoronare Brachytherapie	Nein	In Evaluation	1.1.2003
Implantation von beschichteten Koronarstents	Ja		1.1.2005

2.3   Neurologie inkl. Schmerztherapie

Massnahmen	Leistungs-pflicht	Voraussetzungen	gültig ab
Massagen bei Lähmungen infolge Erkrankung des Zentralnervensystems	Ja		23.3.1972
Visuelle evozierte Potenziale als Gegenstand neuro-logischer Spezial-untersuchungen	Ja		15.11.1979
Elektrostimulation des Rückenmarks durch die Implantation eines Neurostimulations-systems	Ja	Behandlung schwerer chronischer Schmerzzustände, vor allem Schmerzen vom Typ der Deafferentation (Phantom-schmerzen), Status nach Diskushernie mit Wurzelverwachsungen und entsprechen-den Sensibilitätsausfällen in den Derma-tomen, Kausalgie, vor allem auch Plexus-fibrosen nach Bestrahlung (Mammakarzinom), wenn eine strenge Indikation erstellt wurde und ein Test mit perkutaner Elektrode stattgefunden hat. Der Wechsel des Pulsgenerators gehört zur Pflichtleistung.	21.4.1983/ 1.3.1995

Massnahmen	Leistungs-pflicht	Voraussetzungen	gültig ab
Elektrostimulation tiefer Hirnstrukturen durch Implantation eines Neuro-stimulationssystems	Ja	Behandlung schwerer chronischer Schmerzen vom Typ der Deafferentation zentraler Ursache (z. B. Hirn-/Rücken-marksläsionen, intraduraler Nervenaus-riss), wenn eine strenge Indikation erstellt wurde und ein Test mit perkutaner Elekt-rode stattgefunden hat. Der Wechsel des Pulsgenerators gehört zur Pflichtleistung.	1.3.1995
Stereotaktische Operationen zur Behandlung der chronischen therapie-resistenten parkinson-schen Krankheit (Radiofrequenz-läsionen und chronische Stimulationen im Pallidum, Thalamus und Subthalamus)	Ja	Etablierte Diagnose einer idiopathischen parkinsonschen Krankheit. Progredienz der Krankheitssymptome über mindestens 2 Jahre. Ungenügende Symptomkontrolle durch Dopamin-Behandlung (off-Phänomen, on/off-Fluktuationen, on-Dyskinesien). Abklärung und Durchführung in spezia-lisierten Zentren, welche über die not-wendigen Infrastrukturen verfügen (funk-tionelle Neurochirurgie, Neurologie, Neuroradiologie).	1.7.2000
Stereotaktische Operation (Radio-frequenzläsionen und chronische Stimula-tion des Thalamus) zur Behandlung des chronischen, therapie-resistenten, nicht parkinsonschen Tremors	Ja	Etablierte Diagnose eines nicht parkinson-schen Tremors, Progredienz der Sympto-me über mindestens 2 Jahre; ungenügende Symptomkontrolle durch medikamentöse Behandlung. Abklärung und Durchfüh-rung in spezialisierten Zentren, die über die nötigen Infrastrukturen verfügen (funktionelle Neurochirurgie, Neurologie, neurologische Elektrophysiologie, Neuro-radiologie).	1.7.2002
Transkutane elektrische Nerven-stimulation (TENS)	Ja	Wendet der Patient oder die Patientin selber den TENS-Stimulator an, so vergü-tet der Versicherer die Mietkosten des Apparates unter folgenden Voraus-setzungen: – Der Arzt oder die Ärztin oder auf ärzt-liche Anordnung der Physiotherapeut oder die Physiotherapeutin muss die Wirksamkeit der TENS erprobt und sie in den Gebrauch des Stimulators ein-gewiesen haben – Der Vertrauensarzt oder die Vert-rauensärztin muss die Selbstbehand-lung an der zu behandelnden Person als indiziert bestätigt haben – Die Indikation ist insbesondere gegeben bei: 　– Schmerzen, die von einem Neurom ausgehen, wie z. B. durch Druck auslösbare lokalisierte Schmerzen im Bereiche von Amputations-stümpfen	23.8.1984

Massnahmen	Leistungs-pflicht	Voraussetzungen	gültig ab
		– Schmerzen, die von einem neuralgischen Punkt aus durch Stimulation (Druck, Zug oder elektrische Reizung) ausgelöst oder verstärkt werden können, wie z. B. ischialgieforme Schmerzzustände oder Schulter-Arm-Syndrome – Schmerzzustände nach Nervenkompressionserscheinungen, wie z. B. weiter bestehende Schmerzausstrahlungen nach Diskushernieoperation oder Carpaltunneloperation	
Baclofen-Therapie mit Hilfe eines implantierten Medikamenten-Dosierers	Ja	Therapierefraktäre Spastizität.	1.1.1996
Intrathekale Behandlung chronischer somatogener Schmerzen mit Hilfe eines implantierten Medikamenten-Dosierers	Ja		1.1.1991
Motorisch evozierte Potenziale als Gegenstand neurologischer Spezialuntersuchungen	Ja	Diagnostik neurologischer Krankheiten. Die verantwortliche untersuchende Person besitzt das Zertifikat bzw. den Fähigkeitsausweis für Elektroencephalographie oder Elektroneuromyographie der Schweizerischen Gesellschaft für klinische Neurophysiologie.	1.1.1999
Resektive kurative «Herdchirurgie» der Epilepsie	Ja	Indikation: – Nachweis des Vorliegens einer «Herdepilepsie» – Schwere Beeinträchtigung des Patienten oder der Patientin durch das Anfallsleiden – Nachgewiesene Pharmakotherapieresistenz – Abklärung und Durchführung an einem Epilepsiezentrum, das über die nötige diagnostische Infrastruktur, insbesondere Elektrophysiologie, MRI, über Neuropsychologie sowie über die chirurgisch-therapeutische Erfahrung und adäquate Nachbehandlungsmöglichkeiten verfügt	1.1.1996/ 1.8.2006

Massnahmen	Leistungs-pflicht	Voraussetzungen	gültig ab
Palliative Chirurgie der Epilepsie durch: – Balkendurchtren-nung – Multiple subapiale Operation nach Morell-Whisler – Vagusstimulation	Ja	Kostenübernahme nur auf vorgängige besondere Gutsprache des Versicherers und mit ausdrücklicher Bewilligung des Vertrauensarztes oder der Vertrauens-ärztin. Sofern die Abklärung ergibt, dass eine kurative «Herdchirurgie» nicht indiziert ist und mit einem palliativen Verfahren eine verbesserte Anfallskontrolle und Lebens-qualität ermöglicht wird. Abklärung und Durchführung an einem Epilepsiezentrum, das über die nötige diagnostische Infrastruktur, insbesondere Elektrophysiologie, MRI, über Neuro-psychologie sowie über die chirurgisch-therapeutische Erfahrung und adäquate Nachbehandlungsmöglichkeiten verfügt.	1.1.1996/ 1.7.2002/ 1.1.2005/ 1.8.2006/ 1.1.2009
Laser-Diskushernien-operation; Laser-Diskusdekompression	Nein		1.1.1997
Intradiskale elektro-thermale Therapie	Nein		1.1.2004
Kryoneurolyse	Nein	Bei der Behandlung von Schmerzen der lumbalen intervertebralen Gelenke.	1.1.1997
Denervation der Facettengelenke mittels Radio-frequenztherapie	Nein		1.1.2004/ 1.1.2005
Spondylodese mittels Diskuskäfigen oder Knochen-transplantat	Ja	Kostenübernahme nur auf vorgängige besondere Gutsprache des Versicherers und mit ausdrücklicher Bewilligung des Vertrauensarztes oder der Vertrauens-ärztin. – Instabilität der Wirbelsäule mit Diskus-hernie, Diskushernienrezidiv oder Stenose bei Patienten oder Patientinnen mit therapieresistenten invali-disierenden spondylogenen oder radi-kulären Schmerzen, bedingt durch kli-nisch und radiologisch nachgewiesene instabile, degenerative Pathologien der Wirbelsäule – nach Misserfolg einer hinteren Spon-dylodese mit Pedikelschraubensystem	1.1.1999 1.1.2002/ 1.7.2002/ 1.1.2004

Massnahmen	Leistungs-pflicht	Voraussetzungen	gültig ab
Bandscheiben-Prothesen	Ja	In Evaluation Symptomatische degenerative Erkrankung der Bandscheiben der Hals- und Lenden-wirbelsäule. Eine 3-monatige (HWS) beziehungsweise 6-monatige (LWS) konservative Therapie war erfolglos – Ausnahmen sind Patienten und Patientinnen mit degenerativen Erkrankungen der Hals- und Lendenwir-belsäule, die auch unter stationären Therapiebedingungen an nicht beherrsch-baren Schmerzzuständen leiden oder bei denen trotz konservativer Therapie pro-grediente neurologische Ausfälle auftre-ten. – Degeneration von maximal 2 Segmen-ten – minimale Degeneration der Nachbar-segmente – keine primäre Facettengelenksarthrose (LWS) – keine primäre segmentale Kyphose (HWS) – Beachtung der allgemeinen Kontrain-dikationen. Durchführung der Operation nur durch einen durch die Schweizerische Gesell-schaft für Spinale Chirurgie, die Schwei-zerische Gesellschaft für Orthopädie und die Schweizerische Gesellschaft für Neurochirurgie zertifizierten Operateur. Die Leistungserbringer führen ein nationa-les Register, das durch das Institut für evaluative Forschung in der orthopädi-schen Chirurgie der Universität Bern betreut wird.	1.1.2004/ 1.1.2005/ 1.1.2008/ 1.1.2009/ 1.7.2009 bis 31.12.2010
Interspinöse dynami-sche Stabilisierung der Wirbelsäule (z.B. vom Typ DIAM)	Ja	In Evaluation Durchführung der Operation nur durch einen durch die Schweizerische Gesell-schaft für Spinale Chirurgie, die Schwei-zerische Gesellschaft für Orthopädie und die Schweizerische Gesellschaft für Neurochirurgie zertifizierten Operateur. Die Leistungserbringer führen ein nationa-les Register, das durch das Institut für evaluative Forschung in der orthopädi-schen Chirurgie der Universität Bern betreut wird.	1.1.2007/ 1.1.2008/ 1.1.2009/ 1.7.2009 bis 31.12.2010

Massnahmen	Leistungs-pflicht	Voraussetzungen	gültig ab
Dynamische Stabilisierung der Wirbelsäule (z.B. vom Typ DYNESIS)	Ja	In Evaluation Durchführung der Operation nur durch einen durch die Schweizerische Gesellschaft für Spinale Chirurgie, die Schweizerische Gesellschaft für Orthopädie und die Schweizerische Gesellschaft für Neurochirurgie zertifizierten Operateur. Die Leistungserbringer führen ein nationales Register, das durch das Institut für evaluative Forschung in der orthopädischen Chirurgie der Universität Bern betreut wird.	1.1.2007/ 1.1.2008/ 1.1.2009/ 1.7.2009 bis 31.12.2010

2.4   Physikalische Medizin, Rheumatologie

Arthrosebehandlung mit intraartikulärer Injektion eines künstlichen Gleitmittels	Nein		25.3.1971
Arthrosebehandlung mit intraartikulärer Injektion von Teflon oder Silikon als «Gleitmittel»	Nein		12.5.1977
Synoviorthese	Ja		12.5.1977
Low-Level-Laser-Therapie	Nein		1.1.2001

2.5   Krebsbehandlung

Krebsbehandlung mit Infusionspumpen (Chemotherapie)	Ja		27.8.1987
Laser bei palliativer minimaler Chirurgie	Ja		1.1.1993
Isolierte Extremitäten-Perfusion in Hyperthermie mit Tumor-Necrosis-Factor (TNF)	Ja	Bei malignen Melanomen mit ausschliesslichem Befall einer Extremität. Bei Weichteilsarkomen mit ausschliesslichem Befall einer Extremität. In spezialisierten Zentren mit Erfahrung in der interdisziplinären Behandlung von ausgedehnten Melanomen und Sarkomen mit dieser Methode. Das behandelnde Team setzt sich zusammen aus Fachärzten und Fachärztinnen für onkologische Chirurgie, vaskuläre Chirurgie, Orthopädie, Anästhesie und Intensivmedizin. Die Behandlung muss im Operationssaal unter Vollnarkose und kontinuierlicher Überwachung mittels Swan-Ganz-Katheter durchgeführt werden.	1.1.1997/ 1.1.2001

Massnahmen	Leistungs-pflicht	Voraussetzungen	gültig ab
	Nein	Bei Melanomen und Sarkomen mit – Befall oder Infiltration der Extremitä-ten-Wurzel (z. B. Inguinalbefall); – Fernmetastasen	1.1.2001
Aktive spezifische Immuntherapie zur adjuvanten Behand-lung des Kolonkarzi-noms im Stadium II	Nein		1.8.2007
Low-dose-rate-Brachytherapie	*Ja*	In Evaluation Mit Jod-125- oder Palladium-103-seeds. Bei lokalisiertem Prostatakarzinom mit niedrigem oder mittlerem Rezidivrisiko und – einer Lebenserwartung > 5 Jahre – einem Prostatavolumen < 60 ccm – keinen schweren obstruktiven Harn-Abflussstörungen. Qualifiziertes Zentrum mit enger interdis-ziplinärer Kooperation zwischen Fach-ärzten und Fachärztinnen für Urologie, Radio-Onkologie und Medizin-Physikern und -Physikerinnen. Einheitliches Evaluationsdesign mit Mengen- und Kostenstatistik.	1.7.2002/ 1.1.2005/ 1.1.2009 bis 31.12.2013

3   Gynäkologie, Geburtshilfe

Massnahmen	Leistungs-pflicht	Voraussetzungen	gültig ab
Ultraschalldiagnostik in der Geburtshilfe und Gynäkologie	Ja	Vorbehalten bleibt Artikel 13 Buchstabe b KLV für Ultraschallkontrollen während der Schwangerschaft.	23.3.1972/ 1.1.1997
Künstliche Insemination	Ja	Mittels intrauteriner Insemination. Höchstens drei Behandlungszyklen pro Schwangerschaft.	1.1.2001
In-vitro-Fertilisation zur Abklärung der Sterilität	Nein		1.4.1994
In-Vitro-Fertilisation und Embryotransfer	Nein		28.8.1986/ 1.4.1994
Sterilisation: – bei der Frau		Im Rahmen der ärztlichen Behandlung einer Frau in gebärfähigem Alter ist die Sterilisation eine Pflichtleistung, wenn eine Schwangerschaft wegen eines vor-aussichtlich bleibenden krankhaften Zustandes oder einer körperlichen Anoma-lie zu einer Gefährdung des Lebens oder	11.12.1980

Massnahmen	Leistungs-pflicht	Voraussetzungen	gültig ab
– beim Ehemann	Ja	zu einer voraussichtlich dauernden gesundheitlichen Schädigung der Patientin führen müsste und andere Methoden der Schwangerschaftsverhütung aus medizinischen Gründen (im Sinne weitherziger Interpretation) nicht in Betracht kommen. Wo die zu vergütende Sterilisation der Frau nicht möglich oder vom Ehepaar nicht erwünscht ist, hat der Versicherer der Frau für die Kosten der Sterilisation des Ehemannes aufzukommen.	1.1.1993
Laser bei Cervix-Carcinom in situ	Ja		1.1.1993
Nicht chirurgische Ablation des Endometriums	Ja	Bei therapieresistenten funktionellen Menorrhagien in der Prämenopause.	1.1.1998
Papanicolau-Test zur Früherkennung des Zervixkarzinoms (Art. 12e Bst. b KLV)	Ja		1.1.1996/ 1.8.2008
Dünnschicht-Zytologie zur Früherkennung des Zervixkarzinoms mit den Methoden ThinPrep oder Autocyte Prep / SurePath (Art. 12e Bst. b KLV)	Ja		1.4.2003/ 1.7.2005/ 1.8.2008
Nachweis des Human-Papilloma-Virus beim Cervix-Screening (Art. 12e Bst. b KLV)	Nein	In Evaluation	1.7.2002/ 1.8.2008
Radiologisch und ultraschallgesteuerte minimal invasive Mammaeingriffe	Ja	Gemäss den Richtlinien der Schweizerischen Gesellschaft für Senologie vom 2. April 2009.	1.7.2002/ 1.1.2008/ 1.1.2007/ 1.7.2009
Schlingenoperation zur Behandlung der Stressinkontinenz bei der Frau	Ja	– Gemäss den Empfehlungen der Arbeitsgemeinschaft für Urogynäkologie und Beckenbodenpathologie AUG, Update Expertenbrief vom 27.7.2004 mit dem Titel «Tension free Vaginal Tape (TVT) zur Behandlung der weiblichen Stressinkontinenz» – Das Implantat Reemex® ist von der Kostenübernahme ausgeschlossen	1.1.2004/ 1.1.2005

Massnahmen	Leistungs-pflicht	Voraussetzungen	gültig ab

4 Pädiatrie, Kinderpsychiatrie

Massnahmen	Leistungs-pflicht	Voraussetzungen	gültig ab

Ambulante multi-professionelle Thera-pieprogramme für übergewichtige und adipöse Kinder und Jugendliche	Ja	In Evaluation
		
		1. Therapieindikation:
		  a. bei Adipositas (BMI > 97. Perzen-tile);
		  b. bei Übergewicht (BMI zwischen 90. und 97. Perzentile) und Vorliegen mindestens einer der folgenden Krankheiten, deren Prognose sich durch das Übergewicht verschlech-tert oder die eine Folge des Überge-wichts ist: Hypertonie, Diabetes mellitus Typ 2, gestörte Glukoseto-leranz, endokrine Störungen, Syn-drom der polyzystischen Ovarien, orthopädische Erkrankungen, nicht alkoholbedingte Fettleberhepatitis, respiratorische Erkrankungen, Glo-merulo-pathie, Essstörungen in psy-chiatrischer Behandlung.
		
		Definition von Adipositas, Überge-wicht und Krankheiten gemäss den von der Schweizerischen Gesellschaft für Pädiatrie (SGP) herausgegebenen Emp-fehlungen in der Fachzeitschrift «Pedi-atrica», Ausgabe No. 6/2006 vom 19.12.2006.
		
		2. Programme:
		  a. multiprofessioneller Therapieansatz gemäss den vom Schweizer Fach-verein Adipositas im Kindes- und Jugendalter (akj) herausgegebenen Anforderungen in der Fachzeit-schrift «Pediatrica», Ausgabe No. 2/2007 vom 13.4.2007;
		  b. ärztlich geleitete Gruppenprogram-me, zertifiziert durch die gemein-same Kommission der SGP und des akj.
		
		3. Einheitliches Evaluationsdesign mit Mengen- und Kostenstatistik:
		  a. Behandlungen im Rahmen des Evaluationsprojektes der SGP und des akj;
		  b. für Behandlungen im Rahmen dieses Evaluationsprojektes wird eine pau-schale Vergütung vereinbart.
			1.1.2008/ 1.7.2009 bis 31.12.2013

Spiel- und Malthera-pie bei Kindern	Ja	Sofern durch den Arzt oder die Ärztin unter direkter ärztlicher Aufsicht durch-geführt.	7.3.1974
Behandlung bei Enuresis mit Weckapparaten	Ja	Nach dem vollendeten fünften Altersjahr.	1.1.1993

Massnahmen	Leistungs-pflicht	Voraussetzungen	gültig ab
Elektrostimulation der Harnblase	Ja	Bei organischen Miktionsstörungen.	16.2.1978
Gruppenturnen für übergewichtige Kinder	Nein		18.1.1979
Atemmonitoring; Atem- und Herz-frequenzmonitoring	Ja	Bei Risikosäuglingen auf Anordnung eines Arztes oder einer Ärztin einer regionalen SIDS-Abklärungsstelle.	25.8.1988/ 1.1.1996
Hüftsonografie nach Graf bei Neugeborenen und Säuglingen	Ja	Durch speziell in dieser Methode aus-gebildete Ärzte und Ärztinnen.	1.7.2004/ 1.8.2008
Stationäre wohnort-ferne Behandlung bei schwerem Über-gewicht	Nein		1.1.2005

5   Dermatologie

Massnahmen	Leistungs-pflicht	Voraussetzungen	gültig ab
PUVA-Behandlung dermatologischer Affektionen	Ja		15.11.1979
Selektive Ultraviolett-Phototherapie (SUP)	Ja	Sofern unter verantwortlicher Aufsicht und Kontrolle eines Arztes oder einer Ärztin durchgeführt.	11.12.1980
Embolisationsbehand-lung von Gesichts-hämangiomen (interventionelle Radiologie)	Ja	Es dürfen höchstens die gleichen Kosten wie für eine operative Behandlung (Excision) in Rechnung gestellt werden.	27.8.1987
Laser bei:			
– Naevus teleangiectaticus	Ja		1.1.1993
– Condylomata acuminata	Ja		1.1.1993
– Aknenarben	Nein	In Evaluation	1.7.2002
– Keloid	Nein		1.1.2004
Klimatherapie am Toten Meer	Nein		1.1.1997/ 1.1.2001
Ambulante Balneo-Phototherapie	Nein	In Evaluation	1.7.2002
Zellstimulation durch pulsierende akustische Wellen (PACE) zur Behandlung akuter und chronischer Wundheilungsstörun-gen der Haut	Nein		1.7.2009

Massnahmen	Leistungs-pflicht	Voraussetzungen	gültig ab
6 Ophthalmologie			
Sehschule	Ja	Sofern vom Arzt oder der Ärztin selbst oder unter unmittelbarer ärztlicher Aufsicht durchgeführt.	27.3.1969
Visuelle evozierte Potenziale als Gegenstand ophthalmologischer Spezialuntersuchungen	Ja		15.11.1979
Ultraschallbiometrie des Auges vor Staroperationen	Ja		8.12.1983
Laser bei:			
– diabetischer Retinopathie	Ja		1.1.1993
– Retinaleiden (inkl. Apoplexia retinae)	Ja		1.1.1993
– Kapsulotomie	Ja		1.1.1993
– Trabekulotomie	Ja		1.1.1993
Refraktive Chirurgie (Keratotomie mittels Laser oder chirurgisch)	Ja	Leistungspflicht ausschliesslich wenn eine durch Brillengläser nicht korrigierbare Anisometropie von mehr als 3 Dioptrien und eine dauerhafte Kontaktlinsenunverträglichkeit vorliegt; zur Korrektur eines Auges auf durch Brillen korrigierbare Werte. Kostenübernahme nur auf vorgängige besondere Gutsprache des Versicherers und mit ausdrücklicher Bewilligung des Vertrauensarztes oder der Vertrauensärztin.	1.1.1995/ 1.1.1997/ 1.1.2005
Refraktive Korrektur mittels Intraokularlinse	Ja	Leistungspflicht ausschliesslich bei Anisometropie von mehr als 10 Dioptrien in Kombination mit Keratotomie. Kostenübernahme nur auf vorgängige besondere Gutsprache des Versicherers und mit ausdrücklicher Bewilligung des Vertrauensarztes oder der Vertrauensärztin.	1.1.2000/ 1.1.2005
Deckung von Cornea-Defekten mittels Amnionmembran	Ja		1.1.2001
Photodynamische Therapie der Makuladegeneration mit Verteporfin	Ja	Exudative, prädominant klassische Form der altersbedingten Makuladegeneration.	1.1.2006

Massnahmen	Leistungs-pflicht	Voraussetzungen	gültig ab
	Ja	In Evaluation	1.7.2000/
		Bei durch pathologische Myopie verursachten Neovaskularisationen.	1.7.2002/ 1.1.2004/ 1.1.2005/
		Führung eines einheitlichen Evaluations-registers mit Mengen- und Kostenstatistik.	1.1.2006/ 1.1.2009 bis 31.12.2011
	Nein	Andere Formen der altersbedingten Makuladegeneration.	1.1.2008
Dilatation bei Trä-nenkanalstenose mit Lacri-Cath	Nein		1.1.2003/ 1.1.2005
Dilatation von Trä-nengangsstenosen mittels Ballonkatheter	Ja	– Unter Durchleuchtungskontrolle – Mit oder ohne Stent-Einlage – Ausführung durch interventionelle Radiologen oder Radiologinnen mit entsprechender Erfahrung.	1.1.2006/ 1.1.2008
Scanning-Laser-Ophthalmoskopie	Ja	Indikationen: – Bei schwer behandelbarem Glaukom zur Indikationsstellung für chirurgi-schen Eingriff – Indikationsstellung für Behandlungen der Retina Untersuchung am Zentrum, an dem der Eingriff bzw. die Behandlung durch-geführt werden soll.	1.1.2004/ 1.8.2008
UV-Crosslinking der Hornhaut bei Kerato-konus	Nein		1.8.2008
Keratokonusbehand-lung mittels intra-stromaler Ringe	Ja	Zur Korrektur des irregulären Astigmatismus bei Keratokonus, sofern eine Korrektur mit Brille oder Kontaktlin-se nicht möglich ist oder Kontaktlinsen-unverträglichkeit besteht. Durchführung an A-, B- und C-Zentren/ Kliniken (gemäss der Liste der FMH für anerkannte Weiterbildungsstätten in der Ophthalmologie).	1.8.2007
Osmolaritätsmessung der Tränenflüssigkeit	Nein		1.1.2010

7   Oto-Rhino-Laryngologie

Massnahmen	Leistungs-pflicht	Voraussetzungen	gültig ab
Sprachheilbehandlung	Ja	Wenn sie vom Arzt oder der Ärztin selbst vorgenommen oder unter unmittelbarer ärztlicher Leitung und Aufsicht durch-geführt wird (vgl. auch Art. 10 und 11 der KLV).	23.3.1972
Ultraschall-vibrationsaerosole	Ja		7.3.1974

Massnahmen	Leistungs-pflicht	Voraussetzungen	gültig ab
Behandlung mit «Elektronischem Ohr» nach Methode Tomatis (sog. Audio-Psychophonologie)	Nein		18.1.1979
Stimmprothese	Ja	Implantation anlässlich einer totalen Laryngektomie oder nach erfolgter totaler Laryngektomie. Der Wechsel einer implantierten Stimmprothese gehört zur Pflichtleistung.	1.3.1995
Laseranwendung bei:			
– Papillomatose der Atemwege	Ja		1.1.1993
– Zungenresektion	Ja		1.1.1993
Cochlea-Implantat zur Behandlung beidseitiger Taubheit ohne nutzbare Hörreste	Ja	Kostenübernahme nur auf vorgängige besondere Gutsprache des Versicherers und mit ausdrücklicher Bewilligung des Vertrauensarztes oder der Vertrauensärztin. Bei peri- und postlingual ertaubten Kindern und spät ertaubten Erwachsenen. In folgenden Zentren: Hôpital cantonal universitaire de Genève, Universitätsspitäler Basel, Bern und Zürich, Kantonsspital Luzern. Das Hörtraining im Zentrum ist als Bestandteil der Therapie zu übernehmen.	1.4.1994/ 1.7.2002/ 1.1.2004/
Implantation eines knochenverankerten perkutanen Hörgerätes	Ja	Indikationen: – chirurgisch nicht korrigierbare Erkrankungen und Missbildungen von Mittelohr und äusserem Gehörgang – Umgehung eines riskanten chirurgischen Eingriffes am einzig hörenden Ohr – Intoleranz eines Luftleitungsgerätes – Ersatz eines konventionellen Knochenleitungsgerätes bei Auftreten von Beschwerden, ungenügendem Halt oder ungenügender Funktion.	1.1.1996
Implantation des Mittel-Ohrimplantatsystems Typ «Vibrant Soundbridge» zur Behandlung einer Innenohrschwerhörigkeit	Ja	Einsatz bei Patienten und Patientinnen, die aus medizinischen oder audiologischen Gründen kein konventionelles Hörgerät tragen können (z.B. bei rezidivierender Otitis externa, Allergie, Exostose, usw.).	1.1.2005
Laser-Vaporisierte Palatoplastik	Nein		1.1.1997
Speichelstein-lithotripsie	Ja	Durchführung in einem Zentrum, das über die entsprechende Erfahrung verfügt (Mindestfrequenz: durchschnittlich 30 Erstbehandlungen pro Jahr).	1.1.1997/ 1.1.2000/ 1.1.2001/ 1.1.2004

Massnahmen	Leistungs-pflicht	Voraussetzungen	gültig ab

8 Psychiatrie

Massnahmen	Leistungs-pflicht	Voraussetzungen	gültig ab
Behandlung von Rauschgiftsüchtigen			25.3.1971
– ambulant	Ja	Leistungskürzungen zulässig bei nach-gewiesenem schweren Selbstverschulden.	
– stationär	Ja		
Substitutionsbehand-lung bei Opiatabhängigkeit	Ja	1. Einhaltung folgender Bestimmungen, Richtlinien und Empfehlungen:	1.1.2001/ 1.1.2007/ 1.1.2010

1. Einhaltung folgender Bestimmungen, Richtlinien und Empfehlungen:

   a. Bei der methadongestützten Behandlung: «Substitutionsgestützte Behandlungen (SGB) bei Opioid-abhängigkeit – Empfehlungen des Bundesamtes für Gesundheit (BAG), der Schweizerischen Gesellschaft für Suchtmedizin (SSAM) und der Vereinigung der Kantonsärztinnen und Kantonsärzte Schweiz (VKS)» vom Oktober 2009;

   b. Bei der buprenorphingestützten Behandlung: «Substitutionsgestützte Behandlungen (SGB) bei Opioid-abhängigkeit – Empfehlungen des Bundesamtes für Gesundheit (BAG), der Schweizerischen Gesellschaft für Suchtmedizin (SSAM) und der Vereinigung der Kantonsärztinnen und Kantonsärzte Schweiz (VKS)» vom Oktober 2009;

   c. Bei der heroingestützten Behandlung: Die Bestimmungen der Ver-ordnung über die ärztliche Ver-schreibung von Heroin vom 8. März 1999 (SR *812.121.6*) sowie die Richtlinien und Empfehlungen des Handbuches des BAG zur heroin-gestützten Behandlung «Richtlinien, Empfehlungen, Information», September 2000.

2. Die verwendete Substanz oder das verwendete Präparat muss in der Arz-neimittelliste mit Tarif (ALT) oder in der Spezialitätenliste (SL) in der von Swissmedic genehmigten therapeuti-schen Gruppe (IT) aufgeführt sein.

3. Die Substitutionsbehandlung umfasst die folgenden Leistungen:

   a. ärztliche Leistungen:
      – Eintrittsuntersuchung inkl. Suchtanamnese, Psycho- und Somatostatus mit besonderem Augenmerk auf suchtbedingte und der Sucht zu Grunde liegende Störungen

Massnahmen	Leistungs- pflicht	Voraussetzungen	gültig ab
		– Einholen von Zusatzinformationen (Familie, Lebenspartner oder -partnerin, frühere Behandlungsstellen) – Erstellen der Diagnose und der Indikation – Erstellen eines Behandlungsplanes – Einleiten des Bewilligungsverfahrens und Erstellen von Berichten an den Krankenversicherer – Einleiten und Durchführung der Substitutionsbehandlung – Überwachte Abgabe der Substanz oder des Präparats, sofern diese nicht durch den Apotheker oder die Apothekerin erfolgt – Qualitätssicherung – Behandlung von Störungen durch den Gebrauch weiterer psychotroper Substanzen – Evaluation des therapeutischen Prozesses – Rückfragen bei der Abgabestelle – Überprüfung der Diagnose und der Indikation – Anpassung der Behandlung und daraus resultierender Schriftverkehr mit Behörden – Berichterstattung an Behörden und Krankenversicherer – Qualitätskontrolle. b. Leistungen des Apothekers oder der Apothekerin: – Herstellen von peroralen Lösungen nach ALT, inklusive Qualitätskontrolle – Überwachte Abgabe der Substanz oder des Präparates – Buchhaltung über den Wirkstoff und Berichterstattung an die Behörde – Berichterstattung an den verantwortlichen Arzt oder die verantwortliche Ärztin – Beratung 4. Die Leistung muss von der nach Ziffer 1 zuständigen Einrichtung erbracht werden. 5. Für die Substitutionsbehandlung können pauschale Vergütungen vereinbart werden.	

Massnahmen	Leistungs-pflicht	Voraussetzungen	gültig ab
Opiatentzugs-eilverfahren (UROD) unter Sedation	Nein		1.1.2001
Opiatentzugs-eilverfahren (UROD) unter Narkose	Nein	In Evaluation	1.1.1998
Ambulanter Opiatent-zug nach der Methode: Endorphine Stimulated Clean & Addiction Personality Enhancement (ESCAPE)	Nein		1.1.1999
Gruppenpsycho-therapie	Ja	Gemäss Artikel 2 und 3 der KLV.	25.3.1971/ 1.1.1996
Entspannungstherapie mit der Methode nach Ajuriaguerra	Ja	In einer ärztlichen Praxis oder in einem Spital unter direkter ärztlicher Aufsicht.	22.3.1973
Spiel- und Mal-therapie bei Kindern	Ja	Sofern durch den Arzt oder die Ärztin unter direkter ärztlicher Aufsicht durch-geführt.	7.3.1974
Psychodrama	Ja	Gemäss Artikel 2 und 3 der KLV.	13.5.1976/ 1.1.1996
Therapiekontrolle durch Video	Nein		16.2.1978
Musiktherapie	Nein		11.12.1980

9   Radiologie

9.1   Röntgendiagnostik

Computertomogra-phie (Scanner)	Ja	Keine Routineuntersuchungen (Screening).	15.11.1979
Knochendensito-metrie			
– mit Doppelenergie-Röntgen-Absorptiometrie (DEXA)	Ja	– bei einer klinisch manifesten Osteo-porose und nach einem Knochenbruch bei inadäquatem Trauma – bei Langzeit-Cortisontherapie oder Hypogonadismus	1.3.1995
		– gastrointestinale Erkrankungen (Malabsorption, Morbus Crohn, Colitis ulcerosa) – primärer Hyperparathyreoïdismus (sofern keine klare Operations-indikation besteht) – Osteogenesis imperfecta	1.1.1999
		Die DEXA-Untersuchungskosten werden nur in einer Körperregion übernommen. Spätere DEXA-Untersuchungen werden nur übernommen, wenn eine medikamen-töse Behandlung erfolgt, und höchstens jedes zweite Jahr.	1.3.1995

Massnahmen	Leistungs-pflicht	Voraussetzungen	gültig ab
– mit Ganzkörper-Scanner	Nein		1.3.1995
Knochendensito-metrie mittels peri-pherem quantitativem CT (pQCT)	Nein		1.1.2003/ 1.1.2006
Ultraschallmessung des Knochens	Nein		1.1.2003
Knochenanalytische Methoden:			
– Knochen-resorptionsmarker	Nein	Zur Früherkennung des osteoporotischen Frakturrisikos	1.1.2003/ 1.8.2006
– Knochen-formationsmarker	Nein	Zur Früherkennung des osteoporotischen Frakturrisikos	1.1.2003/ 1.8.2006
Mammographie	Ja	Zur Diagnostik bei dringendem klini-schem Verdacht auf eine Brustpathologie.	1.1.2008

9.2 *Andere bildgebende Verfahren*

Massnahmen	Leistungs-pflicht	Voraussetzungen	gültig ab
Magnetische Kern-resonanz (MRI)	Ja		1.1.1999
Positron-Emissions-Tomographie (PET)	Ja	1. Durchführung gemäss den klinischen Richtlinien zu FDG-PET vom 7. April 2008 der Schweizerischen Gesellschaft für Nuklearmedizin (SGNM) in Zentren, welche die administrativen Richtlinien vom 20. Juni 2008 der SGNM erfüllen. 2. Bei folgenden Indikationen: a. in der Kardiologie: – präoperativ vor einer Herz-transplantation. b. in der Onkologie.	1.1.1994/ 1.4.1994/ 1.1.1997/ 1.1.1999/ 1.1.2001/ 1.1.2004/ 1.1.2005/ 1.1.2006/ 1.8.2006/ 1.1.2009
	Nein	Bei folgenden Indikationen: a. in der Kardiologie: – bei einem dokumentierten Status nach Infarkt und Verdacht auf «hibernating myocardium» vor einer Intervention (PTCA/CABG) – zum Nachweis oder Ausschluss einer Ischämie bei angi-ographisch dokumentierter Mehrgefässerkrankung oder bei komplexer Koronaranatomie wie z.B. nach einer Revaskularisation, oder bei Verdacht auf Mikrozirkulations-störung. b. in der Neurologie: – präoperativ vor einer aufwendi-gen Revaskularisationschirurgie bei zerebraler Ischämie	1.8.2006/ 1.1.2007

Massnahmen	Leistungs-pflicht	Voraussetzungen	gültig ab
		– Abklärung von Demenzen – bei therapieresistenter fokaler Epilepsie.	
Magnet-Enzephalographie	Nein	In Evaluation	1.7.2002

9.3   Interventionelle Radiologie

Pionen-Strahlentherapie	Nein	In Evaluation	1.1.1993
Protonen-Strahlentherapie	Ja	Bei intraokulären Melanomen.	28.8.1986
Protonen-Strahlentherapie	Ja	In Evaluation Kostenübernahme nur auf vorgängige besondere Gutsprache des Versicherers und mit ausdrücklicher Bewilligung des Vertrauensarztes oder der Vertrauensärztin. Wenn aufgrund von enger Nachbarschaft zu strahlenempfindlichen Organen oder aufgrund von besonderem Schutzbedarf des kindlichen bzw. jugendlichen Organismus keine ausreichende Photonenbestrahlung möglich ist. Indikationen: – Tumore im Bereich des Schädels (Chordome, Chondrosarkome, Plattenepithelkarzinome, Adeno- und adenocystische Karzinome, Lymphoepitheliome, Mucoepidermoidkarzinome, Esthesioneuroblastome, Weichteil- und Knochensarkome, undifferenzierte Karzinome, seltene Tumore wie z.B. Paragangliome)) – Tumore des Hirns und der Hirnhäute (Gliome Grad 1 und 2, Meningiome) – Tumore ausserhalb des Schädels im Bereich der Wirbelsäule, des Körperstamms und der Extremitäten (Weichteil- und Knochensarkome) – Tumore bei Kindern und Jugendlichen Durchführung am Paul Scherrer-Institut Villigen Einheitliches Evaluationsdesign mit Mengen- und Kostenstatistik	1.1.2002/ 1.7.2002/ 1.8.2007 bis 31.12.2010
Radiochirurgie (LINAC, Gamma-Knife)	Ja	Indikationen: – Akustikusneurinome – Rezidive von Hypophysenadenomen oder Kraniopharyngeomen – nicht radikal operable Hypophysenadenome oder Kraniopharyngeome – arterio-venöse Missbildungen – Meningeome	1.1.1996

Massnahmen	Leistungs-pflicht	Voraussetzungen	gültig ab
	Nein	In Evaluation – bei funktionellen Störungen	1.1.1996
Radiochirurgie mit LINAC	Ja	– bei Hirnmetastasen mit einem Volumen von maximal 25 cm^3 bzw. einem Durchmesser von maximal 3,5 cm, wenn nicht mehr als drei Metastasen vorliegen und das Grundleiden unter Kontrolle ist (keine systemischen Metastasen nachweisbar), zur Beseitigung nicht anders behandelbarer Schmerzen – bei primären malignen Hirntumoren mit einem Volumen von maximal 25 cm^3 bzw. einem Durchmesser von maximal 3,5 cm, wenn der Tumor auf Grund der Lokalisation nicht operabel ist	1.1.1999/ 1.1.2000/ 1.1.2003
Radiochirurgie mit Gamma-Knife	Nein	– bei Hirnmetastasen mit einem Volumen von maximal 25 cm^3 bzw. einem Durchmesser von maximal 3,5 cm, wenn nicht mehr als drei Metastasen vorliegen und das Grundleiden unter Kontrolle ist (keine systemischen Metastasen nachweisbar), zur Beseitigung nicht anders behandelbarer Schmerzen – bei primären malignen Hirntumoren mit einem Volumen von maximal 25 cm^3 bzw. einem Durchmesser von maximal 3,5 cm, wenn der Tumor auf Grund der Lokalisation nicht operabel ist	1.1.1999/ 1.1.2000/ 1.4.2003
Implantation von Goldmarkern	Ja	Zur Bestrahlungsmarkierung der Prostata	1.8.2008
Selektive interne Radiotherapie (SIRT) zur Behandlung des inoperablen primären Leberzellkarzinoms und inoperabler Lebermetastasen	Nein		1.7.2009
Embolisation von Gebärmuttermyomen	Ja	In Evaluation Durch Fachärzte und Fachärztinnen für Radiologie mit Erfahrung mit interventionell-radiologischen Techniken. Zeitgemässe Angiografieanlage. Einheitliches Evaluationsdesign mit Mengen- und Kostenstatistik.	1.1.2004/ 1.1.2005/ 1.1.2010 bis 31.12.2010

10   Komplementärmedizin

Akupunktur	Ja	Durch Ärztinnen oder Ärzte, deren Weiterbildung in dieser Disziplin durch die Verbindung der Schweizer Ärztinnen und Ärzte (FMH) anerkannt ist.	1.7.1999

Massnahmen	Leistungs-pflicht	Voraussetzungen	gültig ab
Anthroposophische Medizin	Nein		1.7.1999/ 1.1.2005/ 1.7.2005
Chinesische Medizin	Nein		1.7.1999/ 1.1.2005/ 1.7.2005
Homöopathie	Nein		1.7.1999/ 1.1.2005/ 1.7.2005
Neuraltherapie	Nein		1.7.1999/ 1.1.2005/ 1.7.2005
Phytotherapie	Nein		1.7.1999/ 1.1.2005/ 1.7.2005

11   Rehabilitation

Stationäre Rehabilitation	Ja	Kostenübernahme nur auf vorgängige besondere Gutsprache des Versicherers und mit ausdrücklicher Bewilligung des Vertrauensarztes oder der Vertrauens-ärztin.	1.1.2003
Rehabilitation für Patienten und Patien-tinnen mit Herz-Kreislauferkrankun-gen oder Diabetes		Kostenübernahme nur auf vorgängige besondere Gutsprache des Versicherers und mit ausdrücklicher Bewilligung des Vertrauensarztes oder der Vertrauens-ärztin.	12.5.1977/ 1.1.1997/ 1.1.2000/ 1.1.2003/ 1.1.2009/ 1.7.2009/ 1.1.2010

Die Rehabilitation bei Hauptdiagnose periphere arterielle Verschlusskrankheit (PAVK) und Diabetes erfolgt ambulant. Die kardiale Rehabilitation kann ambulant oder stationär durchgeführt werden. Eher für eine stationäre Rehabilitation sprechen:
– erhöhtes kardiales Risiko
– verminderte Leistung des Myokards
– Komorbidität (Diabetes mellitus, COPD usw.).

Die Dauer eines ambulanten Rehabilita-tionsprogramms beträgt je nach Intensität des Behandlungsangebotes zwischen zwei und sechs Monaten.

Die Dauer der stationären Behandlung beträgt in der Regel vier Wochen, kann aber in weniger komplexen Fällen auf zwei bis drei Wochen verkürzt werden.

Die Rehabilitation wird in einer ärztlich geleiteten Institution durchgeführt, welche bezüglich Programmablauf, Personal und Infrastruktur den nachfolgenden Vorgaben entspricht:

Massnahmen	Leistungs-pflicht	Voraussetzungen	gültig ab
		Kardiale Rehabilitation: Anforderungsprofil der Schweiz. Arbeitsgruppe für kardiale Rehabilitation der Schweiz. Gesellschaft für Kardiologie vom 29. März 2001.	
		Rehabilitation bei PAVK: Anforderungsprofil der Schweizerische Gesellschaft für Angiologie vom 5. März 2009.	
		Rehabilitation bei Diabetes: Anforderungsprofil der Schweizerischen Gesellschaft für Endokrinologie und Diabetologie vom 7. März 2009.	
	Ja	Indikationen: – Patienten und Patientinnen mit Status nach Myokardinfarkt, mit oder ohne PTCA – Patienten und Patientinnen mit Status nach Bypass-Operation – Status nach anderen Interventionen am Herzen oder an den grossen Gefässen – Patienten und Patientinnen nach PTCA, vor allem bei vorgängiger Inaktivierung und/oder Vorliegen multipler Risikofaktoren – Patienten und Patientinnen mit chronischer Herzkrankheit und multiplen therapierefraktären Risikofaktoren und sonst guter Lebenserwartung – Patienten und Patientinnen mit chronischer Herzkrankheit und mit schlechter Ventrikelfunktion – Patienten und Patientinnen mit Diabetes mellitus Typ II (Limitation: höchstens einmal in drei Jahren).	
	Ja	In Evaluation – Patienten und Patientinnen mit symptomatischer peripherer arterieller Verschlusskrankheit (PAVK), ab Stadium IIa nach Fontaine.	1.7.2009 bis 31.12.2012
Pulmonale Rehabilitation	Ja	Programme für Patienten und Patientinnen mit schweren chronischen Lungenkrankheiten.	1.1.2005

Massnahmen	Leistungs-pflicht	Voraussetzungen	gültig ab
		Die Therapie kann ambulant oder stationär in einer ärztlich geleiteten Institution durchgeführt werden. Programmablauf, Personal und Infrastruktur müssen dem Anforderungsprofil der Schweizerischen Gesellschaft für Pneumologie, Kommission für Pulmonale Rehabilitation und Patientenschulung von 2003 entsprechen. Der Leiter oder die Leiterin des Programms muss durch die Schweizerische Gesellschaft für Pneumologie, Kommission für Pulmonale Rehabilitation und Patientenschulung, zertifiziert sein. Kostenübernahme maximal 1 mal pro Jahr. Kostenübernahme nur auf vorgängige besondere Gutsprache des Versicherers und mit ausdrücklicher Bewilligung des Vertrauensarztes oder der Vertrauensärztin.	

Anhang 2[183] (Art. 20)

Mittel- und Gegenstände-Liste

---

183 In der AS nicht veröffentlicht. Die Änderung kann beim Bundesamt für Gesundheit (BAG) unter folgender Internetadresse eingesehen werden: http://www.bag.admin.ch/ themen/krankenversicherung/00263/00264/04184/index.html?la ng=de (siehe AS **2009** 2821 6083).

Anhang 3[184] (Art. 28)

Analysenliste

Anhang 4[185] (Art. 29)

Arzneimittelliste mit Tarif

---

185 In der AS nicht veröffentlicht. Diese Liste gilt in der Fassung vom 1. Juli 2005 (siehe AS
    2005 2875 Ziff. II Abs. 2).

Anhang 3

Verordnung   **832.104**
über die Kostenermittlung und
die Leistungserfassung durch Spitäler, Geburtshäuser
und Pflegeheime in der Krankenversicherung[1]
(VKL)

vom 3. Juli 2002 (Stand am 1. Januar 2009)

Der Schweizerische Bundesrat,

gestützt auf Artikel 96 des Bundesgesetzes vom 18. März 1994[2]
über die Krankenversicherung (Gesetz),[3]

verordnet:

1. Abschnitt: Allgemeines

Art. 1   Gegenstand und Geltungsbereich

[1] Diese Verordnung regelt die einheitliche Ermittlung der Kosten und Erfassung der Leistungen im Spital- und Pflegeheimbereich.

[2] Sie gilt für die nach Artikel 39 des Gesetzes zugelassenen Spitäler, Geburtshäuser und Pflegeheime.[4]

Art. 2   Ziele

[1] Die Ermittlung der Kosten und die Erfassung der Leistungen muss so erfolgen, dass damit die Grundlagen geschaffen werden für:

    a.[5] die Unterscheidung der Leistungen und der Kosten zwischen der stationären, der ambulanten und der Langzeitbehandlung;

    b.[6] die Bestimmung der Leistungen und der Kosten der obligatorischen Krankenpflegeversicherung in der stationären Behandlung im Spital und im Geburtshaus;

AS **2002** 2835

[1]   Fassung gemäss Ziff. I der V vom 22. Okt. 2008, in Kraft seit 1. Jan. 2009 (AS **2008** 5105).

[2]   SR **832.10**

[3]   Fassung gemäss Ziff. I der V vom 22. Okt. 2008, in Kraft seit 1. Jan. 2009 (AS **2008** 5105).

[4]   Fassung gemäss Ziff. I der V vom 22. Okt. 2008, in Kraft seit 1. Jan. 2009 (AS **2008** 5105).

[5]   Fassung gemäss Ziff. I der V vom 22. Okt. 2008, in Kraft seit 1. Jan. 2009 (AS **2008** 5105).

[6]   Fassung gemäss Ziff. I der V vom 22. Okt. 2008, in Kraft seit 1. Jan. 2009 (AS **2008** 5105).

c.   …[7]

d.[8]   die Bestimmung der Leistungen und der Kosten der obligatorischen Kran-kenpflegeversicherung in der ambulanten Behandlung im Spital und im Ge-burtshaus;

e.   die Bestimmung der Leistungen und der Kosten der Krankenpflege sowie der übrigen von der obligatorischen Krankenpflegeversicherung übernom-menen Leistungen und deren Kosten in Pflegeheimen und bei Langzeit-behandlung im Spital;

f.   die Bestimmung der Leistungen und der Kosten der Krankenpflege für jede Pflegebedarfsstufe in Pflegeheimen und bei Langzeitbehandlung im Spital;

g.[9]   die Ausscheidung der gemeinwirtschaftlichen Leistungen nach Artikel 49 Absatz 3 des Gesetzes und von deren Kosten.

[2] Die Unterscheidung und Bestimmung der genannten Kosten und Leistungen soll erlauben:

a.   die Bildung von Kennzahlen;

b.   Betriebsvergleiche auf regionaler, kantonaler und überkantonaler Ebene zur Beurteilung von Kosten und Leistungen;

c.   die Berechnung der Tarife;

d.   die Berechnung von Globalbudgets;

e.   die Aufstellung von kantonalen Planungen;

f.   die Beurteilung der Wirtschaftlichkeit und Billigkeit der Leistungs-erbringung;

g.   die Überprüfung der Kostenentwicklung und des Kostenniveaus.

2. Abschnitt: Definitionen

Art. 3[10]   Stationäre Behandlung

Als stationäre Behandlung nach Artikel 49 Absatz 1 des Gesetzes gelten Aufenthalte zur Untersuchung, Behandlung und Pflege im Spital oder im Geburtshaus:

a.   von mindestens 24 Stunden;

b.   von weniger als 24 Stunden, bei denen während einer Nacht ein Bett belegt wird;

---

[7]   Aufgehoben durch Ziff. I der V vom 22. Okt. 2008, mit Wirkung seit 1. Jan. 2009 (AS **2008** 5105).

[8]   Fassung gemäss Ziff. I der V vom 22. Okt. 2008, in Kraft seit 1. Jan. 2009 (AS **2008** 5105).

[9]   Fassung gemäss Ziff. I der V vom 22. Okt. 2008, in Kraft seit 1. Jan. 2009 (AS **2008** 5105).

[10]   Fassung gemäss Ziff. I der V vom 22. Okt. 2008, in Kraft seit 1. Jan. 2009 (AS **2008** 5105).

c.   im Spital bei Überweisung in ein anderes Spital;

d.   im Geburtshaus bei Überweisung in ein Spital;

e.   bei Todesfällen.

Art. 4[11]

Art. 5[12]   Ambulante Behandlung

Als ambulante Behandlung nach Artikel 49 Absatz 6 des Gesetzes gelten alle Behandlungen, die nicht stationäre Behandlungen sind. Wiederholte Aufenthalte in Tages- oder Nachtkliniken gelten ebenfalls als ambulante Behandlung.

Art. 6[13]   Langzeitbehandlung

Als Langzeitbehandlung nach den Artikeln 49 Absatz 4 und 50 des Gesetzes gelten Aufenthalte im Spital oder im Pflegeheim, ohne dass nach medizinischer Indikation eine Behandlung und Pflege oder eine medizinische Rehabilitation im Spital erforderlich ist.

Art. 7[14]   Kosten für die universitäre Lehre und für die Forschung

[1] Als Kosten für die universitäre Lehre nach Artikel 49 Absatz 3 Buchstabe b des Gesetzes gelten die Aufwendungen für:

a.   die theoretische und praktische Ausbildung der Studierenden eines im Bundesgesetz vom 23. Juni 2006[15] über die Medizinalberufe geregelten Medizinalberufes bis zum Erwerb des eidgenössischen Diploms;

b.   die Weiterbildung der Studierenden nach Buchstabe a bis zur Erlangung des eidgenössischen Weiterbildungstitels.

[2] Als Kosten für die Forschung nach Artikel 49 Absatz 3 des Gesetzes gelten die Aufwendungen für systematische schöpferische Arbeiten und experimentelle Entwicklung zwecks Erweiterung des Kenntnisstandes sowie deren Verwendung mit dem Ziel, neue Anwendungsmöglichkeiten zu finden. Darunter fallen Projekte, die zur Gewinnung wissenschaftlicher Erkenntnisse sowie zur Verbesserung der Prävention, der Diagnostik und Behandlung von Krankheiten ausgeführt werden.

---

[11]   Aufgehoben durch Ziff. I der V vom 22. Okt. 2008, mit Wirkung seit 1. Jan. 2009 (AS **2008** 5105).

[12]   Fassung gemäss Ziff. I der V vom 22. Okt. 2008, in Kraft seit 1. Jan. 2009 (AS **2008** 5105).

[13]   Fassung gemäss Ziff. I der V vom 22. Okt. 2008, in Kraft seit 1. Jan. 2009 (AS **2008** 5105).

[14]   Fassung gemäss Ziff. I der V vom 22. Okt. 2008, in Kraft seit 1. Jan. 2009 (AS **2008** 5105).

[15]   SR **811.11**

[3] Als Kosten für die universitäre Lehre und für die Forschung gelten auch die indirekten Kosten sowie die Aufwendungen, die durch von Dritten finanzierte Lehr- und Forschungstätigkeiten verursacht werden.

Art. 8[16]   Investitionen

[1] Als Investitionen im Sinne von Artikel 49 Absatz 7 des Gesetzes gelten Mobilien, Immobilien und sonstige Anlagen, die zur Erfüllung des Leistungsauftrages nach Artikel 39 Absatz 1 Buchstabe e des Gesetzes notwendig sind.

[2] Kaufgeschäften gleichgestellt sind Miet- und Abzahlungsgeschäfte. Kosten aus Miet- und Abzahlungsgeschäften werden als Anlagenutzungskosten separat ausgewiesen.

3. Abschnitt: Ermittlung der Kosten und Erfassung der Leistungen

Art. 9   Anforderungen an die Ermittlung der Kosten und Erfassung der Leistungen

[1] Spitäler, Geburtshäuser und Pflegeheime müssen eine Kostenrechnung führen, in der die Kosten nach dem Leistungsort und dem Leistungsbezug sachgerecht ausgewiesen werden.[17]

[2] Die Kostenrechnung muss insbesondere die Elemente Kostenarten, Kostenstellen, Kostenträger und die Leistungserfassung umfassen.

[3] Die Kostenrechnung muss den sachgerechten Ausweis der Kosten für die Leistungen erlauben. Die Kosten sind den Leistungen in geeigneter Form zuzuordnen.

[4] Die Kostenrechnung ist so auszugestalten, dass keine Rückschlüsse auf die behandelte Person gezogen werden können.

[5] Die Kostenrechnung ist jeweils für das Kalenderjahr zu erstellen und ist ab dem 30. April des auf das Kalenderjahr folgenden Jahres bereitzustellen.

[6] Das Eidgenössische Departement des Innern (Departement) kann nähere Bestimmungen über die technische Ausgestaltung der Kostenrechnung erlassen. Es hört dabei die Kantone, Leistungserbringer und Versicherer an.

Art. 10[18]   Anforderungen an Spitäler und Geburtshäuser

[1] Die Spitäler und die Geburtshäuser müssen eine Finanzbuchhaltung führen.

---

[16]   Fassung gemäss Ziff. I der V vom 22. Okt. 2008, in Kraft seit 1. Jan. 2009 (AS **2008** 5105).
[17]   Fassung gemäss Ziff. I der V vom 22. Okt. 2008, in Kraft seit 1. Jan. 2009 (AS **2008** 5105).
[18]   Fassung gemäss Ziff. I der V vom 22. Okt. 2008, in Kraft seit 1. Jan. 2009 (AS **2008** 5105).

[2] Die Spitäler müssen die Kosten der Kostenstellen nach der Nomenklatur der nach dem Anhang zur Verordnung vom 30. Juni 1993[19] über die Durchführung von statistischen Erhebungen des Bundes durchgeführten Krankenhausstatistik ermitteln.

[3] Die Spitäler und Geburtshäuser müssen eine Lohnbuchhaltung führen.

[4] Es ist eine Kosten- und Leistungsrechnung zu führen.

[5] Zur Ermittlung der Kosten für Anlagenutzung müssen die Spitäler und Geburtshäuser eine Anlagebuchhaltung führen. Objekte mit einem Anschaffungswert von 10 000 Franken und mehr gelten als Investitionen nach Artikel 8.

Art. 10a[20]   Angaben der Spitäler und Geburtshäuser

[1] Die Anlagebuchhaltung muss für jede Anlage mindestens die Angaben enthalten über:

    a. das Anschaffungsjahr;

    b. die geplante Nutzungsdauer in Jahren;

    c. den Anschaffungswert;

    d. den Buchwert der Anlage am Anfang des Jahres;

    e. den Abschreibungssatz;

    f. die jährliche Abschreibung;

    g. den Buchwert der Anlage am Ende des Jahres;

    h. den kalkulatorischen Zinssatz;

    i. den jährlichen kalkulatorischen Zins;

    j. die jährlichen Anlagenutzungskosten als Summe der jährlichen Abschreibung und der jährlichen kalkulatorischen Zinsen.

[2] Die zur Erfüllung des Leistungsauftrags der Einrichtung betriebsnotwendigen Anlagen dürfen höchstens mit ihrem Anschaffungswert berücksichtigt werden.

[3] Die maximalen jährlichen Abschreibungen berechnen sich bei linearer Abschreibung vom Anschaffungswert über die geplante Nutzungsdauer auf den Restwert Null.

[4] Die kalkulatorische Verzinsung der für die Erbringung der stationären Leistungen erforderlichen betriebsnotwendigen Anlagen berechnet sich nach der Durchschnittswertmethode. Der Zinssatz beträgt 3,7 Prozent. Er wird periodisch überprüft.

Art. 11   Pflegeheime

[1] Die Pflegeheime müssen eine Finanzbuchhaltung führen.

---

[19]   SR **431.012.1**
[20]   Eingefügt durch Ziff. I der V vom 22. Okt. 2008, in Kraft seit 1. Jan. 2009 (AS **2008** 5105). Siehe auch die SchlB dieser Änd. am Ende dieses Textes.

[2] Zur Ermittlung der Kosten für Anlagenutzung ist eine Anlagebuchhaltung zu führen.

[3] Es ist eine Kosten- und Leistungsrechnung zu führen.

4. Abschnitt: Ausweis der erbrachten Leistungen

Art. 12   Anforderungen an die Leistungsstatistik

[1] Die Spitäler, Geburtshäuser und Pflegeheime müssen eine Leistungsstatistik führen.[21]

[2] Die Leistungsstatistik muss den sachgerechten Ausweis der erbrachten Leistungen erlauben.

[3] Die Leistungsstatistik ist so auszugestalten, dass keine Rückschlüsse auf die behandelte Person gezogen werden können.

[4] Die Leistungsstatistik ist jeweils für das Kalenderjahr zu erstellen und ist ab dem 30. April des auf das Kalenderjahr folgenden Jahres bereitzustellen.

[5] Das Departement kann nähere Bestimmungen über die technische Ausgestaltung der Leistungsstatistik erlassen. Es hört dabei die Kantone, Leistungserbringer und Versicherer an.

Art. 13[22]   Spitäler und Geburtshäuser

[1] Die Leistungsstatistik der Spitäler muss in Abstimmung mit der nach dem Anhang zur Verordnung vom 30. Juni 1993[23] über die Durchführung von statistischen Erhebungen des Bundes erstellten Krankenhausstatistik und der Medizinischen Statistik der Krankenhäuser erstellt werden. Diese Bestimmung gilt sinngemäss für die Geburtshäuser.

[2] Die Leistungsstatistik muss namentlich die Elemente Leistungsbezeichnung, Patientenbewegung, Pflegetage, Aufenthaltsdauer und geleistete Taxpunkte umfassen.

Art. 14   Pflegeheime

[1] Die Leistungsstatistik der Pflegeheime muss in Abstimmung mit der nach dem Anhang zur Verordnung vom 30. Juni 1993[24] über die Durchführung von statistischen Erhebungen des Bundes erstellten Statistik der sozialmedizinischen Institutionen erstellt werden.

[2] Die Leistungsstatistik muss namentlich die Elemente Leistungsbezeichnung, Aufenthaltstage und Pflegetage pro Pflegebedarfsstufe umfassen.

---

[21]   Fassung gemäss Ziff. I der V vom 22. Okt. 2008, in Kraft seit 1. Jan. 2009 (AS **2008** 5105).
[22]   Fassung gemäss Ziff. I der V vom 22. Okt. 2008, in Kraft seit 1. Jan. 2009 (AS **2008** 5105).
[23]   SR **431.012.1**
[24]   SR **431.012.1**

5. Abschnitt: Einsichtnahme

Art. 15[25]

Spitäler, Geburtshäuser und Pflegeheime sind verpflichtet, die Unterlagen eines Jahres ab dem 1. Mai des Folgejahres zur Einsichtnahme bereitzuhalten. Zur Einsichtnahme berechtigt sind die Genehmigungsbehörden, die fachlich zuständigen Stellen des Bundes sowie die Tarifpartner.

6. Abschnitt: Schlussbestimmungen

Art. 16[26]

Art. 17   Inkrafttreten

Diese Verordnung tritt am 1. Januar 2003 in Kraft.

Schlussbestimmungen der Änderung vom 22. Oktober 2008[27]

[1] Die vor dem Übergang zur Vergütung der Spitäler mittels leistungsbezogenen Pauschalen getätigten Investitionen können in die Kostenermittlung einbezogen werden, wenn im Zeitpunkt des Übergangs eine Anlage mit ihrem aktuellen Buchwert in der Anlagebuchhaltung des Spitals oder des Geburtshauses erfasst ist.

[2] Im Zeitpunkt des Übergangs darf der Buchwert nach Absatz 1 den Buchwert nicht übersteigen, der durch die Wertermittlung nach Artikel 10a zustande gekommen wäre.

[3] Die Abschreibung erfolgt vom Buchwert mit der geplanten Restnutzungsdauer. Die kalkulatorischen Zinsen berechnen sich mittels Durchschnittswertmethode, wobei der Anschaffungswert durch den Buchwert im Zeitpunkt des Übergangs ersetzt wird.

---

[25]   Fassung gemäss Ziff. I der V vom 22. Okt. 2008, in Kraft seit 1. Jan. 2009 (AS **2008** 5105).
[26]   Aufgehoben durch Ziff. I der V vom 22. Okt. 2008, mit Wirkung seit 1. Jan. 2009 (AS **2008** 5105).
[27]   AS **2008** 5105

Sachregister

Der Fundort des mit dem Stichwort erfassten Sachverhalts oder Tatbestandes ist mit dem KVG-Artikel (ohne Erlassbezeichnung) und der Randziffer zum betreffenden KVG-Artikel angegeben.